LEY DE LOS IMPUESTOS GENERALES DE IMPORTACIÓN Y DE EXPORTACIÓN

México

Tarifa Arancelaria 2025 MEXICO

Actualizada al 08 de Enero de 2025

La presente Tarifa, se encuentra actualizada al 08 de Enero de 2025

Visítanos en:

www.aduanavirtual.com

ADUANA VIRTUAL

Contacto:
Sergio Sánchez Luján
Tel. (656) 242-5806
Correo Electrónico:
aduana@aduanavirtual.com

Tarifa Arancelaria 2025 MEXICO

Dr. Sergio Sánchez Luján

ISBN-13: 9798306730028

Derechos reservados conforme a la ley al autor
Prohibida la reproducción total o parcial de esta obra por cualquier medio, sin autorización escrita del autor.

NOTA: Esta obra se encuentra actualizada al 08 de Enero de 2025 y es posible utilizarla solamente como referencia en lo que respecta al impuesto aplicable y fracciones arancelarias, por lo que para cuestiones legales es necesario remitirse a la Ley del impuesto general de importación y exportación publicada en el Diario Oficial de la Federación por el gobierno mexicano, por lo tanto y en cumplimiento del Artículo 89 del Código Fiscal de la Federación, esta empresa y su autor no incurrirá en responsabilidad alguna.

Índice

ARTÍCULO 1.-

Sección I ANIMALES VIVOS Y PRODUCTOS DEL REINO ANIMAL
- Capítulo 01 Animales vivos
- Capítulo 02 Carne y despojos comestibles
- Capítulo 03 Pescados y crustáceos, moluscos y demás invertebrados acuáticos
- Capítulo 04 Leche y productos lácteos; huevos de ave; miel natural; productos comestibles de origen animal, no expresados ni comprendidos en otra parte
- Capítulo 05 Los demás productos de origen animal no expresados ni comprendidos en otra parte

Sección II PRODUCTOS DEL REINO VEGETAL
- Capítulo 06 Plantas vivas y productos de la floricultura
- Capítulo 07 Hortalizas, plantas, raíces y tubérculos alimenticios
- Capítulo 08 Frutas y frutos comestibles; cortezas de agrios (cítricos), melones o sandías
- Capítulo 09 Café, té, yerba mate y especias
- Capítulo 10 Cereales
- Capítulo 11 Productos de la molinería; malta; almidón y fécula; inulina; gluten de trigo
- Capítulo 12 Semillas y frutos oleaginosos; semillas y frutos diversos; plantas industriales o medicinales; paja y forraje
- Capítulo 13 Gomas, resinas y demás jugos y extractos vegetales
- Capítulo 14 Mat. trenzables y demás productos de origen vegetal, no expresados ni comprendidos en otra parte.

Sección III GRASAS Y ACEITES ANIMALES O VEGETALES; PRODUCTOS DE SU DESDOBLAMIENTO; GRASAS ALIMENTICIAS ELABORADAS; CERAS DE ORIGEN ANIMAL O VEGETAL
- Capítulo 15 Grasas y aceites animales o vegetales; productos de su desdoblamiento; grasas alimenticias elaboradas; ceras de origen animal o vegetal

Sección IV PRODUCTOS DE LAS INDUSTRIAS ALIMENTARIAS; BEBIDAS, LÍQUIDOS ALCOHÓLICOS Y VINAGRE; TABACO Y SUCEDÁNEOS DEL TABACO ELABORADOS
- Capítulo 16 Preparaciones de carne, pescado o de crustáceos, moluscos o demás invertebrados acuáticos
- Capítulo 17 Azúcares y artículos de confitería
- Capítulo 18 Cacao y sus preparaciones
- Capítulo 19 Preparaciones a base de cereales, harina, almidón, fécula o leche; productos de pastelería
- Capítulo 20 Preparaciones de hortalizas, frutas u otros frutos o demás partes de plantas
- Capítulo 21 Preparaciones alimenticias diversas
- Capítulo 22 Bebidas, líquidos alcohólicos y vinagre
- Capítulo 23 Residuos y desperdicios de las industrias alimentarias; alimentos preparados para animales
- Capítulo 24 Tabaco y sucedáneos del tabaco elaborados

Sección V PRODUCTOS MINERALES
- Capítulo 25 Sal; azufre; tierras y piedras; yesos, cales y cementos
- Capítulo 26 Minerales metalíferos, escorias y cenizas
- Capítulo 27 Combustibles minerales, aceites minerales y productos de su destilación; materias bituminosas; ceras minerales

Sección VI PRODUCTOS DE LAS INDUSTRIAS QUÍMICAS O DE LAS INDUSTRIAS CONEXAS
- Capítulo 28 Productos químicos inorgánicos; compuestos inorgánicos u orgánicos de metal precioso, de elementos radiactivos, de metales de las tierras raras o de isótopos
- Capítulo 29 Productos químicos orgánicos
- Capítulo 30 Productos farmacéuticos
- Capítulo 31 Abonos
- Capítulo 32 Extractos curtientes o tintóreos; taninos y sus derivados; pigmentos y demás materias colorantes; pinturas y barnices; másticos; tintas
- Capítulo 33 Aceites esenciales y resinoides; preparaciones de perfumería, de tocador o de cosmética
- Capítulo 34 Jabón, agentes de superficie orgánicos, preparaciones para lavar, preparaciones lubricantes, ceras artificiales, ceras preparadas, productos de limpieza, velas y artículos similares, pastas para modelar, "ceras para odontología" y preparaciones para odontología a base de yeso fraguable
- Capítulo 35 Materias albuminoideas; productos a base de almidón o de fécula modificados; colas; enzimas
- Capítulo 36 Pólvora y explosivos; artículos de pirotecnia; fósforos (cerillas); aleaciones pirofóricas; materias inflamables
- Capítulo 37 Productos fotográficos o cinematográficos
- Capítulo 38 Productos diversos de las industrias químicas

Sección VII PLÁSTICO Y SUS MANUFACTURAS; CAUCHO Y SUS MANUFACTURAS
- Capítulo 39 Plástico y sus manufacturas
- Capítulo 40 Caucho y sus manufacturas

Sección VIII PIELES, CUEROS, PELETERÍA Y MANUFACTURAS DE ESTAS MATERIAS; ARTÍCULOS DE TALABARTERÍA O GUARNICIONERÍA; ARTÍCULOS DE VIAJE, BOLSOS DE MANO (CARTERAS) Y CONTINENTES SIMILARES; MANUFACTURAS DE TRIPA
- Capítulo 41 Pieles (excepto la peletería) y cueros
- Capítulo 42 Manufacturas de cuero; artículos de talabartería o guarnicionería; artículos de viaje, bolsos de mano (carteras) y continentes similares; manufacturas de tripa
- Capítulo 43 Peletería y confecciones de peletería; peletería facticia o artificial

Sección IX MADERA, CARBÓN VEGETAL Y MANUFACTURAS DE MADERA; CORCHO Y SUS MANUFACTURAS; MANUFACTURAS DE ESPARTERÍA O CESTERÍA
- Capítulo 44 Madera, carbón vegetal y manufacturas de madera
- Capítulo 45 Corcho y sus manufacturas
- Capítulo 46 Manufacturas de espartería o cestería

Sección X PASTA DE MADERA O DE LAS DEMÁS MATERIAS FIBROSAS CELULÓSICAS; PAPEL O CARTÓN PARA RECICLAR (DESPERDICIOS Y DESECHOS); PAPEL O CARTÓN Y SUS APLICACIONES
- Capítulo 47 Pasta de madera o de las demás materias fibrosas celulósicas; papel o cartón para reciclar (desperdicios y desechos)
- Capítulo 48 Papel y cartón; manufacturas de pasta de celulosa, de papel o cartón
- Capítulo 49 Productos editoriales, de la prensa y de las demás industrias gráficas; textos manuscritos o mecanografiados y planos

Sección XI MATERIAS TEXTILES Y SUS MANUFACTURAS
- Capítulo 50 Seda
- Capítulo 51 Lana y pelo fino u ordinario; hilados y tejidos de crin
- Capítulo 52 Algodón
- Capítulo 53 Las demás fibras textiles vegetales; hilados de papel y tejidos de hilados de papel
- Capítulo 54 Filamentos sintéticos o artificiales; tiras y formas similares de materia textil sintética o artificial
- Capítulo 55 Fibras sintéticas o artificiales discontinuas
- Capítulo 56 Guata, fieltro y tela sin tejer; hilados especiales; cordeles, cuerdas y cordajes; Art. de cordelería.
- Capítulo 57 Alfombras y demás revestimientos para el suelo, de materia textil
- Capítulo 58 Tejidos especiales; superficies textiles con mechón insertado; encajes; tapicería; pasamanería; bordados
- Capítulo 59 Telas impregnadas, recubiertas, revestidas o estratificadas; artículos técnicos de materia textil
- Capítulo 60 Tejidos de punto
- Capítulo 61 Prendas y complementos (accesorios), de vestir, de punto
- Capítulo 62 Prendas y complementos (accesorios), de vestir, excepto los de punto
- Capítulo 63 Los demás artículos textiles confeccionados; juegos; prendería y trapos

Sección XII CALZADO, SOMBREROS Y DEMÁS TOCADOS, PARAGUAS, QUITASOLES, BASTONES, LÁTIGOS, FUSTAS, Y SUS PARTES; PLUMAS PREPARADAS Y ART. DE PLUMAS; FLORES ARTIFICIALES; MANUFACTURAS DE CABELLO
- Capítulo 64 Calzado, polainas y artículos análogos; partes de estos artículos
- Capítulo 65 Sombreros, demás tocados, y sus partes
- Capítulo 66 Paraguas, sombrillas, quitasoles, bastones, bastones asiento, látigos, fustas, y sus partes
- Capítulo 67 Plumas y plumón preparados y artículos de plumas o plumón; flores artificiales; manufacturas de cabello

Sección XIII MANUFACTURAS DE PIEDRA, YESO FRAGUABLE, CEMENTO, AMIANTO (ASBESTO), MICA O MATERIAS ANÁLOGAS; PRODUCTOS CERÁMICOS; VIDRIO Y SUS MANUFACTURAS
- Capítulo 68 Manufacturas de piedra, yeso fraguable, cemento, amianto (asbesto), mica o materias análogas
- Capítulo 69 Productos cerámicos
- Capítulo 70 Vidrio y sus manufacturas

Sección XIV PERLAS NATURALES O CULTIVADAS, PIEDRAS PRECIOSAS O SEMIPRECIOSAS, METALES PRECIOSOS, CHAPADOS DE METAL PRECIOSO (PLAQUÉ) Y MANUFACTURAS DE ESTAS MATERIAS; BISUTERÍA; MONEDAS
- Capítulo 71 Perlas naturales o cultivadas, piedras preciosas o semipreciosas, metales preciosos, chapados de metal precioso (plaqué) y manufacturas de estas materias; bisutería; monedas

Sección XV METALES COMUNES Y MANUFACTURAS DE ESTOS METALES
- Capítulo 72 Fundición, hierro y acero
- Capítulo 73 Manufacturas de fundición, hierro o acero
- Capítulo 74 Cobre y sus manufacturas
- Capítulo 75 Níquel y sus manufacturas
- Capítulo 76 Aluminio y sus manufacturas
- Capítulo 77 (Reservado para una futura utilización en el Sistema Armonizado)
- Capítulo 78 Plomo y sus manufacturas
- Capítulo 79 Cinc y sus manufacturas
- Capítulo 80 Estaño y sus manufacturas
- Capítulo 81 Los demás metales comunes; cermets; manufacturas de estas materias
- Capítulo 82 Herramientas y útiles, artículos de cuchillería y cubiertos de mesa, de metal común; partes de estos artículos, de metal común
- Capítulo 83 Manufacturas diversas de metal común

Sección XVI MÁQUINAS Y APARATOS, MATERIAL ELÉCTRICO Y SUS PARTES; APARATOS DE GRABACIÓN O REPRODUCCIÓN DE SONIDO, APARATOS DE GRABACIÓN O REPRODUCCIÓN DE IMAGEN Y SONIDO EN TELEVISIÓN, Y LAS PARTES Y ACCESORIOS DE ESTOS APARATOS
- Capítulo 84 Reactores nucleares, calderas, máquinas, aparatos y artefactos mecánicos; partes de estas máquinas o aparatos
- Capítulo 85 Máquinas, aparatos y material eléctrico, y sus partes; aparatos de grabación o reproducción de sonido, aparatos de grabación o reproducción de imagen y sonido en televisión, y las partes y accesorios de estos aparatos

Sección XVII MATERIAL DE TRANSPORTE
- Capítulo 86 Vehículos y material para vías férreas o similares, y sus partes; aparatos mecánicos (incluso electromecánicos) de señalización para vías de comunicación
- Capítulo 87 Vehículos automóviles, tractores, velocípedos y demás vehículos terrestres; sus partes y accesorios
- Capítulo 88 Aeronaves, vehículos espaciales, y sus partes
- Capítulo 89 Barcos y demás artefactos flotantes

Sección XVIII INSTRUMENTOS Y APARATOS DE ÓPTICA, FOTOGRAFÍA O CINEMATOGRAFÍA, DE MEDIDA, CONTROL O PRECISIÓN; INSTRUMENTOS Y APARATOS MEDICOQUIRÚRGICOS; APARATOS DE RELOJERÍA; INSTRUMENTOS MUSICALES; PARTES Y ACCESORIOS DE ESTOS INSTRUMENTOS O APARATOS
- Capítulo 90 Instrumentos y aparatos de óptica, fotografía o cinematografía, de medida, control o precisión; instrumentos y aparatos medicoquirúrgicos; partes y accesorios de estos instrumentos o aparatos
- Capítulo 91 Aparatos de relojería y sus partes
- Capítulo 92 Instrumentos musicales; sus partes y accesorios

Sección XIX ARMAS, MUNICIONES, Y SUS PARTES Y ACCESORIOS

Capítulo 93 Armas, municiones, y sus partes y accesorios
Sección XX MERCANCÍAS Y PRODUCTOS DIVERSOS
Capítulo 94 Muebles; mobiliario medicoquirúrgico; artículos de cama y similares; aparatos de alumbrado no expresados ni comprendidos en otra parte; anuncios, letreros y placas indicadoras, luminosos y artículos similares; construcciones prefabricadas
Capítulo 95 Juguetes, juegos y artículos para recreo o deporte; sus partes y accesorios
Capítulo 96 Manufacturas diversas
Sección XXI OBJETOS DE ARTE O COLECCIÓN Y ANTIGÜEDADES
Capítulo 97 Objetos de arte o colección y antigüedades
Sección XXII Operaciones Especiales
Capítulo 98 Operaciones especiales
ARTÍCULO 2.-
I.- **Reglas Generales.**
II.-**Reglas Complementarias.**

LEY DE LOS IMPUESTOS GENERALES DE IMPORTACIÓN Y DE EXPORTACIÓN
NÚMEROS DE IDENTIFICACIÓN COMERCIAL (NICO)

Artículo 1o.- Se establecen las cuotas que, atendiendo a la clasificación de la mercancía, servirán para determinar los Impuestos Generales de Importación y de Exportación, de conformidad con la siguiente:

TARIFA Sección I ANIMALES VIVOS Y PRODUCTOS DEL REINO ANIMAL

Notas.
1. En esta Sección, cualquier referencia a un género o a una especie determinada de un animal se aplica también, salvo disposición en contrario, a los animales jóvenes de ese género o de esa especie.
2. Salvo disposición en contrario, cualquier referencia en la Nomenclatura a productos *secos* o *desecados* alcanza también a los productos deshidratados, evaporados o liofilizados.

Nota Nacional:
1. Salvo disposición en contrario, cualquier referencia en la Nomenclatura al término "comestible" o "alimento apto para el consumo humano" se refiere a aquel que sea seguro al ser consumido, esto es, que no se encuentre contaminado, putrefacto, deteriorado o descompuesto y tal consumo, no resulte nocivo para la salud.

Capítulo 01 Animales vivos

Nota.
1. Este Capítulo comprende todos los animales vivos, excepto:
   a) los peces, los crustáceos, moluscos y demás invertebrados acuáticos, de las partidas 03.01, 03.06, 03.07 o 03.08;
   b) los cultivos de microorganismos y demás productos de la partida 30.02;
   c) los animales de la partida 95.08.

CÓDIGO		DESCRIPCIÓN	UNIDAD	ARANCEL IMP	ARANCEL EXP
01.01		**Caballos, asnos, mulos y burdéganos, vivos.**			
	-	Caballos:			
0101.21	- -	**Reproductores de raza pura.**			
0101.21.01	00	Reproductores de raza pura.	Cbza	10	Ex.
0101.29	- -	**Los demás.**			
0101.29.02	00	Sin pedigree, para reproducción.	Pza	10	Ex.
0101.29.03	00	Para abasto, cuando la importación la realicen empacadoras Tipo Inspección Federal.	Pza	10	Ex.
0101.29.99		Los demás.	Pza	20	Ex.
	01	Para saltos o carreras.			
	99	Los demás.			
0101.30	-	**Asnos.**			
0101.30.01	00	Asnos.	Cbza	20	Ex.
0101.90	-	**Los demás.**			
0101.90.99	00	Los demás.	Cbza	20	Ex.
01.02		**Animales vivos de la especie bovina.**			
	-	Bovinos domésticos:			
0102.21	- -	**Reproductores de raza pura.**			
0102.21.01	00	Reproductores de raza pura.	Cbza	Ex.	Ex.
0102.29	- -	**Los demás.**			
0102.29.01	00	Vacas lecheras.	Pza	Ex.	Ex.
0102.29.02	00	Con pedigree o certificado de alto registro, excepto lo comprendido en la fracción arancelaria 0102.29.01.	Pza	Ex.	Ex.
0102.29.99	00	Los demás.	Pza	15	Ex.
	-	Búfalos:			
0102.31	- -	**Reproductores de raza pura.**			
0102.31.01	00	Reproductores de raza pura.	Cbza	Ex.	Ex.
0102.39	- -	**Los demás.**			
0102.39.99	00	Los demás.	Cbza	15	Ex.
0102.90	-	**Los demás.**			
0102.90.99	00	Los demás.	Cbza	15	Ex.
01.03		**Animales vivos de la especie porcina.**			
0103.10	-	**Reproductores de raza pura.**			
0103.10.01	00	Reproductores de raza pura.	Cbza	Ex.	Ex.
	-	Los demás:			
0103.91	- -	**De peso inferior a 50 kg.**			
0103.91.01	00	Con pedigree o certificado de alto registro.	Cbza	9	Ex.
0103.91.99	00	Los demás.	Cbza	20	Ex.
0103.92	- -	**De peso superior o igual a 50 kg.**			
0103.92.01	00	Con pedigree o certificado de alto registro.	Cbza	9	Ex.
0103.92.99	00	Los demás.	Cbza	20	Ex.
01.04		**Animales vivos de las especies ovina o caprina.**			
0104.10	-	**De la especie ovina.**			
0104.10.01	00	Con pedigree o certificado de alto registro.	Pza	Ex.	Ex.
0104.10.99		Los demás.	Pza	10	Ex.
	01	Para abasto.			
	99	Los demás.			
0104.20	-	**De la especie caprina.**			
0104.20.01	00	Con pedigree o certificado de alto registro.	Cbza	Ex.	Ex.
0104.20.02	00	Borrego cimarrón.	Cbza	20	Ex.
0104.20.99	00	Los demás.	Cbza	10	Ex.

01.05		**Gallos, gallinas, patos, gansos, pavos (gallipavos) y pintadas, de las especies domésticas, vivos.**			
	-	De peso inferior o igual a 185 g:			
0105.11	- -	**Aves de la especie *Gallus domesticus*.**			
0105.11.03		Recién nacidos, de tres días o menos.	Pza	Ex.	Ex.
	01	Aves reproductoras de la línea de postura.			
	02	Aves reproductoras de la línea de engorda.			
	03	Aves progenitoras de la línea de engorda.			
	91	Las demás de postura.			
	92	Las demás de engorda.			
0105.11.99	00	Los demás.	Pza	10	Ex.
0105.12	- -	**Pavos (gallipavos).**			
0105.12.01	00	Pavos (gallipavos).	Pza	10	Ex.
0105.13	- -	**Patos.**			
0105.13.01	00	Patos.	Cbza	10	Ex.
0105.14	- -	**Gansos.**			
0105.14.01	00	Gansos.	Cbza	10	Ex.
0105.15	- -	**Pintadas.**			
0105.15.01	00	Pintadas.	Cbza	10	Ex.
	-	Los demás:			
0105.94	- -	**Aves de la especie *Gallus domesticus*.**			
0105.94.01	00	Gallos de pelea.	Cbza	20	Ex.
0105.94.99	00	Los demás.	Cbza	10	Ex.
0105.99	- -	**Los demás.**			
0105.99.99	00	Los demás.	Cbza	10	Ex.
01.06		**Los demás animales vivos.**			
	-	Mamíferos:			
0106.11	- -	**Primates.**			
0106.11.01	00	Monos (simios) de las variedades *Macacus rhesus* o *Macacus cercophitecus*.	Cbza	10	Ex.
0106.11.99	00	Los demás.	Cbza	20	Ex.
0106.12	- -	**Ballenas, delfines y marsopas (mamíferos del orden Cetacea); manatíes y dugones o dugongos (mamíferos del orden Sirenia); otarios y focas, leones marinos y morsas (mamíferos del suborden Pinnipedia).**			
0106.12.01	00	Ballenas, delfines y marsopas (mamíferos del orden Cetacea); manatíes y dugones o dugongos (mamíferos del orden Sirenia); otarios y focas, leones marinos y morsas (mamíferos del suborden Pinnipedia).	Cbza	20	Ex.
0106.13	- -	**Camellos y demás camélidos (*Camelidae*).**			
0106.13.01	00	Camellos y demás camélidos (*Camelidae*).	Cbza	20	Ex.
0106.14	- -	**Conejos y liebres.**			
0106.14.01	00	Conejos y liebres.	Cbza	20	Ex.
0106.19	- -	**Los demás.**			
0106.19.02	00	Venado rojo *(Cervus elaphus)*; gamo *(Dama dama)*.	Cbza	Ex.	Ex.
0106.19.99		Los demás.	Cbza	20	Ex.
	01	Perros.			
	99	Los demás.			
0106.20	-	**Reptiles (incluidas las serpientes y tortugas de mar).**			
0106.20.04	00	Reptiles (incluidas las serpientes y tortugas de mar).	Cbza	20	Ex.
	-	Aves:			
0106.31	- -	**Aves de rapiña.**			
0106.31.01	00	Aves de rapiña.	Pza	20	Ex.
0106.32	- -	**Psitaciformes (incluidos los loros, guacamayos, cacatúas y demás papagayos).**			
0106.32.01	00	Psitaciformes (incluidos los loros, guacamayos, cacatúas y demás papagayos).	Cbza	20	Ex.
0106.33	- -	**Avestruces; emúes (*Dromaius novaehollandiae*).**			
0106.33.01	00	Avestruces; emúes (*Dromaius novaehollandiae*).	Cbza	20	Ex.
0106.39	- -	**Las demás.**			
0106.39.99	00	Las demás.	Cbza	20	Ex.
	-	Insectos:			
0106.41	- -	**Abejas.**			
0106.41.01	00	Abejas.	Kg	10	Ex.
0106.49	- -	**Los demás.**			
0106.49.99	00	Los demás.	Kg	20	Ex.
0106.90	-	**Los demás.**			
0106.90.02	00	Lombriz *Rebellus (Lumbricus rubellus)*.	Kg	10	Ex.
0106.90.03	00	Lombriz acuática.	Kg	Ex.	Ex.
0106.90.04	00	Ácaros *Phytoseiulus persimilis*.	Kg	Ex.	Ex.
0106.90.99	00	Los demás.	Pza	20	Ex.

Capítulo 02 Carne y despojos Comestibles

Nota.
1. Este Capítulo no comprende:
   a) respecto de las partidas 02.01 a 02.08 y 02.10, los productos impropios para la alimentación humana;
   b) los insectos comestibles, sin vida (partida 04.10);
   c) las tripas, vejigas y estómagos de animales (partida 05.04), ni la sangre animal (partidas 05.11 o 30.02);
   d) las grasas animales, excepto los productos de la partida 02.09 (Capítulo 15).

Notas Nacionales:
1. En este Capítulo, se entiende por:
   a) "Carcasa(s) de ave", la caja torácica del animal desprovista de las alas, sin vísceras y sin la masa muscular de la pechuga, y que puede incluir vértebras cervicales y piel;
   b) "Mecánicamente deshuesados" significa carne en forma de pasta semisólida comestible y apta para consumo humano, la cual es obtenida de la molienda de la carne originalmente adherida a las carcasas o sus partes, que ha sido separada del hueso por medios mecánicos y/o separación a alta presión. La carne mecánicamente deshuesada (pasta) es comúnmente usada para la fabricación de embutidos y todo tipo de carnes frías.
2. Las pieles de cerdo, enteras o en recortes, se clasificarán como sigue:
   a) En las subpartidas 0206.30 o 0206.49, según los casos, cuando se presenten libres de tejido adiposo, o el espesor de la capa de tejido adiposo adherido a cualquier parte de la piel sea inferior a 2 mm;
   b) En la partida 02.09, cuando el espesor de la capa de tejido adiposo adherido a cualquier parte de la piel sea igual o superior a 2 mm.
3. Para efectos de las subpartidas 0207.13 y 0207.14, la expresión "Piernas, muslos o piernas unidas al muslo" significa la parte del ave que comprende el fémur y la tibia con la masa muscular, y que pueden estar unidas de manera incidental con partes de otras piezas del pollo, por ejemplo, la parte posterior del tronco y/o la rabadilla. Los cuartos de pierna también pueden llevar algo de grasa abdominal y un máximo de dos costillas. La pierna y muslo constituyen los denominados cuartos traseros del pollo.
4. Para efectos de la partida 02.09, se considera tocino el tejido adiposo situado entre la carne y la piel del cerdo.
5. La subpartida 0210.99 comprende, entre otros:
   a) Carne y despojos de aves, salados: la carne o los despojos impregnados con cloruro de sodio (sal común) en toda la masa muscular. El contenido de sal común en la carne o los despojos, libres de piel y hueso, debe ser igual o superior al 1.94% pero inferior al 3.0% en peso;
   b) Carne y despojos de aves, en salmuera: la carne o los despojos impregnados con una solución de agua y cloruro de sodio (sal común), en toda la masa muscular; dichos productos pueden presentarse inyectados o sumergidos en la solución salina. El contenido de sal común en la carne o los despojos, libres de piel y hueso, debe ser igual o superior al 1.94% pero inferior al 3.0% en peso.
   La subpartida 0210.99 no comprende las carnes y despojos de aves impregnados de cloruro de sodio (sal común), con un contenido de sal común inferior al 1.94% en peso de la carne o los despojos, libres de piel y hueso, ni la carne o los despojos que se presenten simplemente espolvoreados con sal (en ambos casos partida 02.07, generalmente).

CÓDIGO		DESCRIPCIÓN	UNIDAD	ARANCEL IMP	EXP
02.01		**Carne de animales de la especie bovina, fresca o refrigerada.**			
0201.10	-	**En canales o medias canales.**			
0201.10.01	00	En canales o medias canales.	Kg	20	Ex.
0201.20	-	**Los demás cortes (trozos) sin deshuesar.**			
0201.20.91	00	Los demás cortes (trozos) sin deshuesar.	Kg	20	Ex.
0201.30	-	**Deshuesada.**			
0201.30.01	00	Deshuesada.	Kg	20	Ex.
02.02		**Carne de animales de la especie bovina, congelada.**			
0202.10	-	**En canales o medias canales.**			
0202.10.01	00	En canales o medias canales.	Kg	25	Ex.
0202.20	-	**Los demás cortes (trozos) sin deshuesar.**			
0202.20.91	00	Los demás cortes (trozos) sin deshuesar.	Kg	25	Ex.
0202.30	-	**Deshuesada.**			
0202.30.01	00	Deshuesada.	Kg	25	Ex.
02.03		**Carne de animales de la especie porcina, fresca, refrigerada o congelada.**			
	-	**Fresca o refrigerada:**			
0203.11	- -	**En canales o medias canales.**			
0203.11.01	00	En canales o medias canales.	Kg	20	Ex.
0203.12	- -	**Piernas, paletas, y sus trozos, sin deshuesar.**			
0203.12.01		Piernas, paletas, y sus trozos, sin deshuesar.	Kg	20	Ex.
	01	Paletas y sus trozos.			
	02	Piernas y sus trozos.			
0203.19	- -	**Las demás.**			
0203.19.99	00	Las demás.	Kg	20	Ex.
	-	**Congelada:**			
0203.21	- -	**En canales o medias canales.**			
0203.21.01	00	En canales o medias canales.	Kg	20	Ex.
0203.22	- -	**Piernas, paletas, y sus trozos, sin deshuesar.**			
0203.22.01		Piernas, paletas, y sus trozos, sin deshuesar.	Kg	20	Ex.
	01	Paletas y sus trozos.			
	02	Piernas y sus trozos.			

LEY DE LOS IMPUESTOS GENERALES DE IMPORTACION Y EXPORTACION

0203.29		- - Las demás.			
0203.29.99	00	Las demás.	Kg	20	Ex.
02.04		**Carne de animales de las especies ovina o caprina, fresca, refrigerada o congelada.**			
0204.10		- Canales o medias canales de cordero, frescas o refrigeradas.			
0204.10.01	00	Canales o medias canales de cordero, frescas o refrigeradas.	Kg	10	Ex.
		- Las demás carnes de animales de la especie ovina, frescas o refrigeradas:			
0204.21		- - En canales o medias canales.			
0204.21.01	00	En canales o medias canales.	Kg	10	Ex.
0204.22		- - Los demás cortes (trozos) sin deshuesar.			
0204.22.91	00	Los demás cortes (trozos) sin deshuesar.	Kg	10	Ex.
0204.23		- - Deshuesadas.			
0204.23.01	00	Deshuesadas.	Kg	10	Ex.
0204.30		- Canales o medias canales de cordero, congeladas.			
0204.30.01	00	Canales o medias canales de cordero, congeladas.	Kg	10	Ex.
		- Las demás carnes de animales de la especie ovina, congeladas:			
0204.41		- - En canales o medias canales.			
0204.41.01	00	En canales o medias canales.	Kg	10	Ex.
0204.42		- - Los demás cortes (trozos) sin deshuesar.			
0204.42.91	00	Los demás cortes (trozos) sin deshuesar.	Kg	10	Ex.
0204.43		- - Deshuesadas.			
0204.43.01	00	Deshuesadas.	Kg	10	Ex.
0204.50		- Carne de animales de la especie caprina.			
0204.50.01	00	Carne de animales de la especie caprina.	Kg	10	Ex.
02.05		**Carne de animales de las especies caballar, asnal o mular, fresca, refrigerada o congelada.**			
0205.00		- Carne de animales de las especies caballar, asnal o mular, fresca, refrigerada o congelada.			
0205.00.01	00	Carne de animales de las especies caballar, asnal o mular, fresca, refrigerada o congelada.	Kg	10	Ex.
02.06		**Despojos comestibles de animales de las especies bovina, porcina, ovina, caprina, caballar, asnal o mular, frescos, refrigerados o congelados.**			
0206.10		- De la especie bovina, frescos o refrigerados.			
0206.10.01	00	De la especie bovina, frescos o refrigerados.	Kg	20	Ex.
		- De la especie bovina, congelados:			
0206.21		- - Lenguas.			
0206.21.01	00	Lenguas.	Kg	20	Ex.
0206.22		- - Hígados.			
0206.22.01	00	Hígados.	Kg	20	Ex.
0206.29		- - Los demás.			
0206.29.99	00	Los demás.	Kg	20	Ex.
0206.30		- De la especie porcina, frescos o refrigerados.			
0206.30.01	00	Pieles de cerdo enteras o en recortes, refrigerados, excepto el cuero precocido en trozos ("pellets").	Kg	10	Ex.
0206.30.99	00	Los demás.	Kg	20	Ex.
		- De la especie porcina, congelados:			
0206.41		- - Hígados.			
0206.41.01	00	Hígados.	Kg	10	Ex.
0206.49		- - Los demás.			
0206.49.01	00	Pieles de cerdo enteras o en recortes, excepto el cuero precocido en trozos ("pellets").	Kg	Ex.	Ex.
0206.49.99	00	Los demás.	Kg	10	Ex.
0206.80		- Los demás, frescos o refrigerados.			
0206.80.91	00	Los demás, frescos o refrigerados.	Kg	10	Ex.
0206.90		- Los demás, congelados.			
0206.90.91	00	Los demás, congelados.	Kg	10	Ex.
02.07		**Carne y despojos comestibles, de aves de la partida 01.05, frescos, refrigerados o congelados.**			
		- De aves de la especie *Gallus domesticus*:			
0207.11		- - Sin trocear, frescos o refrigerados.			
0207.11.01	00	Sin trocear, frescos o refrigerados.	Kg	75	Ex.
0207.12		- - Sin trocear, congelados.			
0207.12.01	00	Sin trocear, congelados.	Kg	75	Ex.
0207.13		- - Trozos y despojos, frescos o refrigerados.			
0207.13.04		Trozos y despojos, frescos o refrigerados.	Kg	75	Ex.
	01	Mecánicamente deshuesados (pastas).			
	02	Carcasas.			
	03	Piernas, muslos o piernas unidas al muslo.			
	04	Alas y sus partes.			
	05	Pechuga, sus trozos y recortes, con hueso.			
	06	Filetes de pechuga y pechuga, sus trozos y recortes, sin hueso (deshuesada).			
	99	Los demás.			
0207.14		- - Trozos y despojos, congelados.			
0207.14.02	00	Hígados.	Kg	10	Ex.
0207.14.99		Los demás.	Kg	75	Ex.
	01	Mecánicamente deshuesados (pastas).			

	02	Piernas, muslos o piernas unidas al muslo.			
	03	Alas y sus partes.			
	04	Pechuga, sus trozos y recortes, con hueso.			
	05	Filetes de pechuga y pechuga, sus trozos y recortes, sin hueso (deshuesada).			
	99	Los demás.			
	-	De pavo (gallipavo):			
0207.24	- -	Sin trocear, frescos o refrigerados.			
0207.24.01	00	Sin trocear, frescos o refrigerados.	Kg	45	Ex.
0207.25	- -	Sin trocear, congelados.			
0207.25.01	00	Sin trocear, congelados.	Kg	45	Ex.
0207.26	- -	Trozos y despojos, frescos o refrigerados.			
0207.26.03		Trozos y despojos, frescos o refrigerados.	Kg	75	Ex.
	01	Mecánicamente deshuesados (pastas).			
	99	Los demás.			
0207.27	- -	Trozos y despojos, congelados.			
0207.27.02	00	Hígados.	Kg	10	Ex.
0207.27.99		Los demás.	Kg	75	Ex.
	01	Mecánicamente deshuesados (pastas).			
	99	Los demás.			
	-	De pato:			
0207.41	- -	Sin trocear, frescos o refrigerados.			
0207.41.01	00	Sin trocear, frescos o refrigerados.	Kg	Ex.	Ex.
0207.42	- -	Sin trocear, congelados.			
0207.42.01	00	Sin trocear, congelados.	Kg	Ex.	Ex.
0207.43	- -	Hígados grasos, frescos o refrigerados.			
0207.43.01	00	Hígados grasos, frescos o refrigerados.	Kg	10	Ex.
0207.44	- -	Los demás, frescos o refrigerados.			
0207.44.91	00	Los demás, frescos o refrigerados.	Kg	Ex.	Ex.
0207.45	- -	Los demás, congelados.			
0207.45.01	00	Hígados.	Kg	10	Ex.
0207.45.99	00	Los demás.	Kg	Ex.	Ex.
	-	De ganso:			
0207.51	- -	Sin trocear, frescos o refrigerados.			
0207.51.01	00	Sin trocear, frescos o refrigerados.	Kg	Ex.	Ex.
0207.52	- -	Sin trocear, congelados.			
0207.52.01	00	Sin trocear, congelados.	Kg	Ex.	Ex.
0207.53	- -	Hígados grasos, frescos o refrigerados.			
0207.53.01	00	Hígados grasos, frescos o refrigerados.	Kg	10	Ex.
0207.54	- -	Los demás, frescos o refrigerados.			
0207.54.91	00	Los demás, frescos o refrigerados.	Kg	Ex.	Ex.
0207.55	- -	Los demás, congelados.			
0207.55.01	00	Hígados.	Kg	10	Ex.
0207.55.99	00	Los demás.	Kg	Ex.	Ex.
0207.60	-	De pintada.			
0207.60.03	00	De pintada.	Kg	Ex.	Ex.
02.08		**Las demás carnes y despojos comestibles, frescos, refrigerados o congelados.**			
0208.10	-	De conejo o liebre.			
0208.10.01	00	De conejo o liebre.	Kg	10	Ex.
0208.30	-	De primates.			
0208.30.01	00	De primates.	Kg	10	Ex.
0208.40	-	De ballenas, delfines y marsopas (mamíferos del orden Cetacea); de manatíes y dugones o dugongos (mamíferos del orden Sirenia); de otarios y focas, leones marinos y morsas (mamíferos del suborden Pinnipedia).			
0208.40.01	00	De ballenas, delfines y marsopas (mamíferos del orden Cetacea); de manatíes y dugones o dugongos (mamíferos del orden Sirenia); de otarios y focas, leones marinos y morsas (mamíferos del suborden Pinnipedia).	Kg	10	Ex.
0208.50	-	De reptiles (incluidas las serpientes y tortugas de mar).			
0208.50.01	00	De reptiles (incluidas las serpientes y tortugas de mar).	Kg	10	Ex.
0208.60	-	De camellos y demás camélidos (*Camelidae*).			
0208.60.01	00	De camellos y demás camélidos (*Camelidae*).	Kg	10	Ex.
0208.90	-	Los demás.			
0208.90.99	00	Los demás.	Kg	10	Ex.
02.09		**Tocino sin partes magras y grasa de cerdo o de ave sin fundir ni extraer de otro modo, frescos, refrigerados, congelados, salados o en salmuera, secos o ahumados.**			
0209.10	-	De cerdo.			
0209.10.01	00	De cerdo.	Kg	15	Ex.
0209.90	-	Los demás.			
0209.90.01	00	De gallo, gallina o pavo (gallipavo).	Kg	Ex.	Ex.
0209.90.99	00	Los demás.	Kg	15	Ex.
02.10		**Carne y despojos comestibles, salados o en salmuera, secos o ahumados; harina y polvo comestibles, de carne o de despojos.**			
	-	Carne de la especie porcina:			
0210.11	- -	Jamones, paletas, y sus trozos, sin deshuesar.			
0210.11.01	00	Jamones, paletas, y sus trozos, sin deshuesar.	Kg	10	Ex.
0210.12	- -	Tocino entreverado de panza (panceta) y sus trozos.			

Código		Descripción	Unidad	IMP	EXP
0210.12.01	00	Tocino entreverado de panza (panceta) y sus trozos.	Kg	10	Ex.
0210.19	- -	**Las demás.**			
0210.19.99	00	Las demás.	Kg	10	Ex.
0210.20	-	**Carne de la especie bovina.**			
0210.20.01	00	Carne de la especie bovina.	Kg	10	Ex.
	-	Los demás, incluidos la harina y polvo comestibles, de carne o de despojos:			
0210.91	- -	**De primates.**			
0210.91.01	00	De primates.	Kg	10	Ex.
0210.92	- -	**De ballenas, delfines y marsopas (mamíferos del orden Cetacea); de manatíes y dugones o dugongos (mamíferos del orden Sirenia); de otarios y focas, leones marinos y morsas (mamíferos del suborden Pinnipedia).**			
0210.92.01	00	De ballenas, delfines y marsopas (mamíferos del orden Cetacea); de manatíes y dugones o dugongos (mamíferos del orden Sirenia); de otarios y focas, leones marinos y morsas (mamíferos del suborden Pinnipedia).	Kg	10	Ex.
0210.93	- -	**De reptiles (incluidas las serpientes y tortugas de mar).**			
0210.93.01	00	De reptiles (incluidas las serpientes y tortugas de mar).	Kg	10	Ex.
0210.99	- -	**Los demás.**			
0210.99.02	00	Pieles de cerdo ahumadas, enteras o en recortes.	Kg	15	Ex.
0210.99.99	00	Los demás.	Kg	10	Ex.

Capítulo 03
Pescados y crustáceos, moluscos y demás invertebrados acuáticos

Notas.

1. Este Capítulo no comprende:
   a) los mamíferos de la partida 01.06;
   b) la carne de los mamíferos de la partida 01.06 (partidas 02.08 o 02.10);
   c) el pescado (incluidos los hígados, huevas y lechas) ni los crustáceos, moluscos o demás invertebrados acuáticos, muertos e impropios para la alimentación humana por su naturaleza o por su estado de presentación (Capítulo 05); la harina, polvo y "pellets" de pescado o de crustáceos, moluscos o demás invertebrados acuáticos, impropios para la alimentación humana (partida 23.01); o
   d) el caviar y los sucedáneos del caviar preparados con huevas de pescado (partida 16.04).

2. En este Capítulo, el término *"pellets"* designa los productos en forma de cilindro, bolita, etc., aglomerados por simple presión o con adición de una pequeña cantidad de aglutinante.

3. Las partidas 03.05 a 03.08 no comprenden la harina, polvo y "pellets", aptos para la alimentación humana (partida 03.09).

			UNIDAD	ARANCEL	
CÓDIGO		**DESCRIPCIÓN**		**IMP**	**EXP**
03.01		**Peces vivos.**			
	-	Peces ornamentales:			
0301.11	- -	**De agua dulce.**			
0301.11.01	00	De agua dulce.	Cbza	10	Ex.
0301.19	- -	**Los demás.**			
0301.19.99	00	Los demás.	Cbza	10	Ex.
	-	Los demás peces vivos:			
0301.91	- -	**Truchas (*Salmo trutta, Oncorhynchus mykiss, Oncorhynchus clarki, Oncorhynchus aguabonita, Oncorhynchus gilae, Oncorhynchus apache* y *Oncorhynchus chrysogaster*).**			
0301.91.01	00	Truchas (*Salmo trutta, Oncorhynchus mykiss, Oncorhynchus clarki, Oncorhynchus aguabonita, Oncorhynchus gilae, Oncorhynchus apache* y *Oncorhynchus chrysogaster*).	Cbza	15	Ex.
0301.92	- -	**Anguilas (*Anguilla spp.*).**			
0301.92.01	00	Anguilas (*Anguilla spp.*).	Cbza	15	Ex.
0301.93	- -	**Carpas (*Cyprinus spp., Carassius spp., Ctenopharyngodon idellus, Hypophthalmichthys spp., Cirrhinus spp., Mylopharyngodon piceus, Catla catla, Labeo spp., Osteochilus hasselti, Leptobarbus hoeveni, Megalobrama spp.*).**			
0301.93.01	00	Carpas (*Cyprinus spp., Carassius spp., Ctenopharyngodon idellus, Hypophthalmichthys spp., Cirrhinus spp., Mylopharyngodon piceus, Catla catla, Labeo spp., Osteochilus hasselti, Leptobarbus hoeveni, Megalobrama spp.*).	Cbza	15	Ex.
0301.94	- -	**Atunes comunes o de aleta azul, del Atlántico y del Pacífico (*Thunnus thynnus, Thunnus orientalis*).**			
0301.94.01	00	Atunes comunes o de aleta azul, del Atlántico y del Pacífico (*Thunnus thynnus, Thunnus orientalis*).	Cbza	Ex.	Ex.
0301.95	- -	**Atunes del sur (*Thunnus maccoyii*).**			
0301.95.01	00	Atunes del sur (*Thunnus maccoyii*).	Cbza	Ex.	Ex.
0301.99	- -	**Los demás.**			
0301.99.01		Depredadores, en sus estados de alevines, juveniles y adultos.	Prohibida	Prohibida	Prohibida
0301.99.99	00	Los demás.	Cbza	15	Ex.

03.02		**Pescado fresco o refrigerado, excepto los filetes y demás carne de pescado de la partida 03.04.**			
	-	Salmónidos, excepto los despojos comestibles de pescado de las subpartidas 0302.91 a 0302.99:			
0302.11	- -	Truchas (*Salmo trutta, Oncorhynchus mykiss, Oncorhynchus clarki, Oncorhynchus aguabonita, Oncorhynchus gilae, Oncorhynchus apache* y *Oncorhynchus chrysogaster*).			
0302.11.01	00	Truchas (*Salmo trutta, Oncorhynchus mykiss, Oncorhynchus clarki, Oncorhynchus aguabonita, Oncorhynchus gilae, Oncorhynchus apache* y *Oncorhynchus chrysogaster*).	Kg	15	Ex.
0302.13	- -	Salmones del Pacífico (*Oncorhynchus nerka, Oncorhynchus gorbuscha, Oncorhynchus keta, Oncorhynchus tschawytscha, Oncorhynchus kisutch, Oncorhynchus masou* y *Oncorhynchus rhodurus*).			
0302.13.01	00	Salmones del Pacífico (*Oncorhynchus nerka, Oncorhynchus gorbuscha, Oncorhynchus keta, Oncorhynchus tschawytscha, Oncorhynchus kisutch, Oncorhynchus masou* y *Oncorhynchus rhodurus*).	Kg	15	Ex.
0302.14	- -	Salmones del Atlántico (*Salmo salar*) y salmones del Danubio (*Hucho hucho*).			
0302.14.01	00	Salmones del Atlántico (*Salmo salar*) y salmones del Danubio (*Hucho hucho*).	Kg	15	Ex.
0302.19	- -	Los demás.			
0302.19.99	00	Los demás.	Kg	15	Ex.
	-	Pescados planos (*Pleuronectidae, Bothidae, Cynoglossidae, Soleidae, Scophthalmidae* y *Citharidae*), excepto los despojos comestibles de pescado de las subpartidas 0302.91 a 0302.99:			
0302.21	- -	Fletanes (halibut) (*Reinhardtius hippoglossoides, Hippoglossus hippoglossus, Hippoglossus stenolepis*).			
0302.21.01	00	Fletanes (halibut) (*Reinhardtius hippoglossoides, Hippoglossus hippoglossus, Hippoglossus stenolepis*).	Kg	15	Ex.
0302.22	- -	Sollas (*Pleuronectes platessa*).			
0302.22.01	00	Sollas (*Pleuronectes platessa*).	Kg	15	Ex.
0302.23	- -	Lenguados (*Solea spp.*).			
0302.23.01	00	Lenguados (*Solea spp.*).	Kg	15	Ex.
0302.24	- -	Rodaballos (turbots) *(Psetta maxima)*.			
0302.24.01	00	Rodaballos (turbots) *(Psetta maxima)*.	Kg	15	Ex.
0302.29	- -	Los demás.			
0302.29.99	00	Los demás.	Kg	15	Ex.
	-	Atunes (del género *Thunnus*), listados (bonitos de vientre rayado) *(Katsuwonus pelamis)*, excepto los despojos comestibles de pescado de las subpartidas 0302.91 a 0302.99:			
0302.31	- -	Albacoras o atunes blancos (*Thunnus alalunga*).			
0302.31.01	00	Albacoras o atunes blancos (*Thunnus alalunga*).	Kg	Ex.	Ex.
0302.32	- -	Atunes de aleta amarilla (rabiles) (*Thunnus albacares*).			
0302.32.01	00	Atunes de aleta amarilla (rabiles) (*Thunnus albacares*).	Kg	Ex.	Ex.
0302.33	- -	Listados (bonitos de vientre rayado) *(Katsuwonus pelamis)*.			
0302.33.01	00	Listados (bonitos de vientre rayado) *(Katsuwonus pelamis)*.	Kg	Ex.	Ex.
0302.34	- -	Patudos o atunes ojo grande (*Thunnus obesus*).			
0302.34.01	00	Patudos o atunes ojo grande (*Thunnus obesus*).	Kg	Ex.	Ex.
0302.35	- -	Atunes comunes o de aleta azul, del Atlántico y del Pacífico (*Thunnus thynnus, Thunnus orientalis*).			
0302.35.01	00	Atunes comunes o de aleta azul, del Atlántico y del Pacífico (*Thunnus thynnus, Thunnus orientalis*).	Kg	Ex.	Ex.
0302.36	- -	Atunes del sur *(Thunnus maccoyii)*.			
0302.36.01	00	Atunes del sur (*Thunnus maccoyii*).	Kg	Ex.	Ex.
0302.39	- -	Los demás.			
0302.39.99	00	Los demás.	Kg	Ex.	Ex.
	-	Arenques (*Clupea harengus, Clupea pallasii*), anchoas (*Engraulis spp.*), sardinas (*Sardina pilchardus, Sardinops spp.*), sardinelas (*Sardinella spp.*), espadines (*Sprattus sprattus*), caballas (*Scomber scombrus, Scomber australasicus, Scomber japonicus*), caballas de la India (*Rastrelliger spp.*), carites (*Scomberomorus spp.*), jureles (*Trachurus spp.*), pámpanos (*Caranx spp.*), cobias (*Rachycentron canadum*), palometones plateados (*Pampus spp.*), papardas del Pacífico (*Cololabis saira*), macarelas (*Decapterus spp.*), capelanes (*Mallotus villosus*), peces espada (*Xiphias gladius*), bacoretas orientales (*Euthynnus affinis*), bonitos (*Sarda spp.*), agujas, marlines, peces vela o picudos (*Istiophoridae*), excepto los despojos comestibles de pescado de las subpartidas 0302.91 a 0302.99:			
0302.41	- -	Arenques (*Clupea harengus, Clupea pallasii*).			
0302.41.01	00	Arenques (*Clupea harengus, Clupea pallasii*).	Kg	15	Ex.
0302.42	- -	Anchoas (*Engraulis spp.*).			
0302.42.01	00	Anchoas (*Engraulis spp.*).	Kg	15	Ex.
0302.43	- -	Sardinas (*Sardina pilchardus, Sardinops spp.*), sardinelas (*Sardinella spp.*) y espadines (*Sprattus sprattus*).			
0302.43.01	00	Sardinas (*Sardina pilchardus, Sardinops spp.*), sardinelas (*Sardinella spp.*) y espadines (*Sprattus sprattus*).	Kg	15	Ex.
0302.44	- -	Caballas (*Scomber scombrus, Scomber australasicus, Scomber japonicus*).			

0302.44.01	00	Caballas (*Scomber scombrus, Scomber australasicus, Scomber japonicus*).	Kg	15	Ex.
0302.45	- -	**Jureles (*Trachurus spp.*).**			
0302.45.01	00	Jureles (*Trachurus spp.*).	Kg	15	Ex.
0302.46	- -	**Cobias (*Rachycentron canadum*).**			
0302.46.01	00	Cobias (*Rachycentron canadum*).	Kg	15	Ex.
0302.47	- -	**Peces espada (*Xiphias gladius*).**			
0302.47.01	00	Peces espada (*Xiphias gladius*).	Kg	15	Ex.
0302.49	- -	**Los demás.**			
0302.49.99	00	Los demás.	Kg	15	Ex.
	-	Pescados de las familias *Bregmacerotidae, Euclichthyidae, Gadidae, Macrouridae, Melanonidae, Merlucciidae, Moridae* y *Muraenolepididae*, excepto los despojos comestibles de pescado de las subpartidas 0302.91 a 0302.99:			
0302.51	- -	**Bacalaos (*Gadus morhua, Gadus ogac, Gadus macrocephalus*).**			
0302.51.01	00	Bacalaos (*Gadus morhua, Gadus ogac, Gadus macrocephalus*).	Kg	15	Ex.
0302.52	- -	**Eglefinos *(Melanogrammus aeglefinus)*.**			
0302.52.01	00	Eglefinos (*Melanogrammus aeglefinus*).	Kg	15	Ex.
0302.53	- -	**Carboneros (*Pollachius virens*).**			
0302.53.01	00	Carboneros (*Pollachius virens*).	Kg	15	Ex.
0302.54	- -	**Merluzas *(Merluccius spp., Urophycis spp.*).**			
0302.54.01	00	Merluzas (*Merluccius spp., Urophycis spp.*).	Kg	10	Ex.
0302.55	- -	**Abadejos de Alaska (*Theragra chalcogramma*).**			
0302.55.01	00	Abadejos de Alaska (*Theragra chalcogramma*).	Kg	15	Ex.
0302.56	- -	**Bacaladillas (*Micromesistius poutassou, Micromesistius australis*).**			
0302.56.01	00	Bacaladillas (*Micromesistius poutassou, Micromesistius australis*).	Kg	15	Ex.
0302.59	- -	**Los demás.**			
0302.59.99	00	Los demás.	Kg	15	Ex.
	-	Tilapias (*Oreochromis spp.*), bagres o peces gato (*Pangasius spp., Silurus spp., Clarias spp., Ictalurus spp.*), carpas (*Cyprinus spp., Carassius spp., Ctenopharyngodon idellus, Hypophthalmichthys spp., Cirrhinus spp., Mylopharyngodon piceus, Catla catla, Labeo spp., Osteochilus hasselti, Leptobarbus hoeveni, Megalobrama spp.*), anguilas (*Anguilla spp.*), percas del Nilo (*Lates niloticus*) y peces cabeza de serpiente (*Channa spp.*), excepto los despojos comestibles de pescado de las subpartidas 0302.91 a 0302.99:			
0302.71	- -	**Tilapias (*Oreochromis spp.*).**			
0302.71.01	00	Tilapias (*Oreochromis spp.*).	Kg	15	Ex.
0302.72	- -	**Bagres o peces gato *(Pangasius spp., Silurus spp., Clarias spp., Ictalurus spp.*).**			
0302.72.01	00	Bagres o peces gato (*Pangasius spp., Silurus spp., Clarias spp., Ictalurus spp.*).	Kg	15	Ex.
0302.73	- -	**Carpas (*Cyprinus spp., Carassius spp., Ctenopharyngodon idellus, Hypophthalmichthys spp., Cirrhinus spp., Mylopharyngodon piceus, Catla catla, Labeo spp., Osteochilus hasselti, Leptobarbus hoeveni, Megalobrama spp.*).**			
0302.73.01	00	Carpas (*Cyprinus spp., Carassius spp., Ctenopharyngodon idellus, Hypophthalmichthys spp., Cirrhinus spp., Mylopharyngodon piceus, Catla catla, Labeo spp., Osteochilus hasselti, Leptobarbus hoeveni, Megalobrama spp.*).	Kg	15	Ex.
0302.74	- -	**Anguilas (*Anguilla spp.*).**			
0302.74.01	00	Anguilas (*Anguilla spp.*).	Kg	15	Ex.
0302.79	- -	**Los demás.**			
0302.79.99	00	Los demás.	Kg	15	Ex.
	-	Los demás pescados, excepto los despojos comestibles de pescado de las subpartidas 0302.91 a 0302.99:			
0302.81	- -	**Cazones y demás escualos.**			
0302.81.01	00	Cazones y demás escualos.	Kg	15	Ex.
0302.82	- -	**Rayas *(Rajidae)*.**			
0302.82.01	00	Rayas (*Rajidae*).	Kg	15	Ex.
0302.83	- -	**Austromerluzas antárticas y austromerluzas negras (merluzas negras, bacalaos de profundidad, nototenias negras*) (Dissostichus spp.).***			
0302.83.01	00	Austromerluzas antárticas y austromerluzas negras (merluzas negras, bacalaos de profundidad, nototenias negras) (*Dissostichus spp.*).	Kg	15	Ex.
0302.84	- -	**Róbalos (*Dicentrarchus spp.*).**			
0302.84.01	00	Róbalos (*Dicentrarchus spp.*).	Kg	15	Ex.
0302.85	- -	**Sargos (Doradas, Espáridos) *(Sparidae)*.**			
0302.85.01	00	Sargos (Doradas, Espáridos) (*Sparidae*).	Kg	15	Ex.
0302.89	- -	**Los demás.**			
0302.89.01	00	Totoabas.	Kg	15	Prohibida
0302.89.99	00	Los demás.	Kg	15	Ex.
	-	Hígados, huevas, lechas, aletas, cabezas, colas, vejigas natatorias y demás despojos comestibles de pescado:			
0302.91	- -	**Hígados, huevas y lechas.**			
0302.91.01	00	Hígados, huevas y lechas.	Kg	15	Ex.
0302.92	- -	**Aletas de tiburón.**			
0302.92.01	00	Aletas de tiburón.	Kg	15	Ex.

Código	Sub	Descripción	Unidad	Imp	Exp
0302.99		-- Los demás.			
0302.99.01	00	De Atunes (del género *Thunnus*), listados o bonitos de vientre rayado (*Euthynnus* (*Katsuwonus*) *pelamis*).	Kg	Ex.	Ex.
0302.99.02	00	De Merluzas (*Merluccius spp., Urophycis spp.*).	Kg	10	Ex.
0302.99.03	00	De Totoabas.	Kg	15	Prohibida
0302.99.99	00	Los demás.	Kg	15	Ex.
03.03		**Pescado congelado, excepto los filetes y demás carne de pescado de la partida 03.04.**			
		- Salmónidos, excepto los despojos comestibles de pescado de las subpartidas 0303.91 a 0303.99:			
0303.11		-- Salmones rojos (*Oncorhynchus nerka*).			
0303.11.01	00	Salmones rojos (*Oncorhynchus nerka*).	Kg	15	Ex.
0303.12		-- Los demás salmones del Pacífico (*Oncorhynchus gorbuscha, Oncorhynchus keta, Oncorhynchus tschawytscha, Oncorhynchus kisutch, Oncorhynchus masou y Oncorhynchus rhodurus*).			
0303.12.91	00	Los demás salmones del Pacífico (*Oncorhynchus gorbuscha, Oncorhynchus keta, Oncorhynchus tschawytscha, Oncorhynchus kisutch, Oncorhynchus masou y Oncorhynchus rhodurus*).	Kg	15	Ex.
0303.13		-- Salmones del Atlántico (*Salmo salar*) y salmones del Danubio (*Hucho hucho*).			
0303.13.01	00	Salmones del Atlántico (*Salmo salar*) y salmones del Danubio (*Hucho hucho*).	Kg	15	Ex.
0303.14		-- Truchas (*Salmo trutta, Oncorhynchus mykiss, Oncorhynchus clarki, Oncorhynchus aguabonita, Oncorhynchus gilae, Oncorhynchus apache y Oncorhynchus chrysogaster*).			
0303.14.01	00	Truchas (*Salmo trutta, Oncorhynchus mykiss, Oncorhynchus clarki, Oncorhynchus aguabonita, Oncorhynchus gilae, Oncorhynchus apache y Oncorhynchus chrysogaster*).	Kg	15	Ex.
0303.19		-- Los demás.			
0303.19.99	00	Los demás.	Kg	15	Ex.
		- Tilapias (*Oreochromis spp.*), bagres o peces gato (*Pangasius spp., Silurus spp., Clarias spp., Ictalurus spp.*), carpas (*Cyprinus spp., Carassius spp., Ctenopharyngodon idellus, Hypophthalmichthys spp., Cirrhinus spp., Mylopharyngodon piceus, Catla catla, Labeo spp., Osteochilus hasselti, Leptobarbus hoeveni, Megalobrama spp.*), anguilas (*Anguilla spp.*), percas del Nilo (*Lates niloticus*) y peces cabeza de serpiente (*Channa spp.*), excepto los despojos comestibles de pescado de las subpartidas 0303.91 a 0303.99:			
0303.23		-- Tilapias (*Oreochromis spp.*).			
0303.23.01	00	Tilapias (*Oreochromis spp.*).	Kg	15	Ex.
0303.24		-- Bagres o peces gato (*Pangasius spp., Silurus spp., Clarias spp., Ictalurus spp.*).			
0303.24.01	00	Bagres o peces gato (*Pangasius spp., Silurus spp., Clarias spp., Ictalurus spp.*).	Kg	15	Ex.
0303.25		-- Carpas (*Cyprinus spp., Carassius spp., Ctenopharyngodon idellus, Hypophthalmichthys spp., Cirrhinus spp., Mylopharyngodon piceus, Catla catla, Labeo spp., Osteochilus hasselti, Leptobarbus hoeveni, Megalobrama spp.*).			
0303.25.01	00	Carpas (*Cyprinus spp., Carassius spp., Ctenopharyngodon idellus, Hypophthalmichthys spp., Cirrhinus spp., Mylopharyngodon piceus, Catla catla, Labeo spp., Osteochilus hasselti, Leptobarbus hoeveni, Megalobrama spp.*).	Kg	15	Ex.
0303.26		-- Anguilas (*Anguilla spp.*).			
0303.26.01	00	Anguilas (*Anguilla spp.*).	Kg	10	Ex.
0303.29		-- Los demás.			
0303.29.99	00	Los demás.	Kg	15	Ex.
		- Pescados planos (*Pleuronectidae, Bothidae, Cynoglossidae, Soleidae, Scophthalmidae y Citharidae*), excepto los despojos comestibles de pescado de las subpartidas 0303.91 a 0303.99:			
0303.31		-- Fletanes (halibut) (*Reinhardtius hippoglossoides, Hippoglossus hippoglossus, Hippoglossus stenolepis*).			
0303.31.01	00	Fletanes (halibut) (*Reinhardtius hippoglossoides, Hippoglossus hippoglossus, Hippoglossus stenolepis*).	Kg	15	Ex.
0303.32		-- Sollas (*Pleuronectes platessa*).			
0303.32.01	00	Sollas (*Pleuronectes platessa*).	Kg	15	Ex.
0303.33		-- Lenguados (*Solea spp.*).			
0303.33.01	00	Lenguados (*Solea spp.*).	Kg	15	Ex.
0303.34		-- Rodaballos (turbots) (*Psetta maxima*).			
0303.34.01	00	Rodaballos (turbots) (*Psetta maxima*).	Kg	15	Ex.
0303.39		-- Los demás.			
0303.39.99	00	Los demás.	Kg	15	Ex.
		- Atunes (del género *Thunnus*), listados (bonitos de vientre rayado) (*Katsuwonus pelamis*), excepto los despojos comestibles de pescado de las subpartidas 0303.91 a 0303.99:			
0303.41		-- Albacoras o atunes blancos (*Thunnus alalunga*).			
0303.41.01	00	Albacoras o atunes blancos (*Thunnus alalunga*).	Kg	Ex.	Ex.
0303.42		-- Atunes de aleta amarilla (rabiles) (*Thunnus albacares*).			
0303.42.01	00	Atunes de aleta amarilla (rabiles) (*Thunnus albacares*).	Kg	Ex.	Ex.

LEY DE LOS IMPUESTOS GENERALES DE IMPORTACION Y EXPORTACION

0303.43		- - Listados (bonitos de vientre rayado) (*Katsuwonus pelamis*).			
0303.43.01	00	Listados (bonitos de vientre rayado) (*Katsuwonus pelamis*).	Kg	Ex.	Ex.
0303.44		- - Patudos o atunes ojo grande (*Thunnus obesus*).			
0303.44.01	00	Patudos o atunes ojo grande (*Thunnus obesus*).	Kg	Ex.	Ex.
0303.45		- - Atunes comunes o de aleta azul, del Atlántico y del Pacífico (*Thunnus thynnus, Thunnus orientalis*).			
0303.45.01	00	Atunes comunes o de aleta azul, del Atlántico y del Pacífico (*Thunnus thynnus, Thunnus orientalis*).	Kg	Ex.	Ex.
0303.46		- - Atunes del sur (*Thunnus maccoyii*).			
0303.46.01	00	Atunes del sur (*Thunnus maccoyii*).	Kg	Ex.	Ex.
0303.49		- - Los demás.			
0303.49.99	00	Los demás.	Kg	Ex.	Ex.
		- Arenques (*Clupea harengus, Clupea pallasii*), anchoas (*Engraulis spp.*), sardinas (*Sardina pilchardus, Sardinops spp.*), sardinelas (*Sardinella spp.*), espadines (*Sprattus sprattus*), caballas (*Scomber scombrus, Scomber australasicus, Scomber japonicus*), caballas de la India (*Rastrelliger spp.*), carites (*Scomberomorus spp.*), jureles (*Trachurus spp.*), pámpanos (*Caranx spp.*), cobias (*Rachycentron canadum*), palometones plateados (*Pampus spp.*), papardas del Pacífico (*Cololabis saira*), macarelas (*Decapterus spp.*), capelanes (*Mallotus villosus*), peces espada (*Xiphias gladius*), bacoretas orientales (*Euthynnus affinis*), bonitos (*Sarda spp.*), agujas, marlines, peces vela o picudos (*Istiophoridae*), excepto los despojos comestibles de pescado de las subpartidas 0303.91 a 0303.99:			
0303.51		- - Arenques (*Clupea harengus, Clupea pallasii*).			
0303.51.01	00	Arenques (*Clupea harengus, Clupea pallasii*).	Kg	15	Ex.
0303.53		- - Sardinas (*Sardina pilchardus, Sardinops spp.*), sardinelas (*Sardinella spp.*) y espadines (*Sprattus sprattus*).			
0303.53.01	00	Sardinas (*Sardina pilchardus, Sardinops spp.*), sardinelas (*Sardinella spp.*) y espadines (*Sprattus sprattus*).	Kg	15	Ex.
0303.54		- - Caballas (*Scomber scombrus, Scomber australasicus, Scomber japonicus*).			
0303.54.01	00	Caballas (*Scomber scombrus, Scomber australasicus, Scomber japonicus*).	Kg	15	Ex.
0303.55		- - Jureles (*Trachurus spp.*).			
0303.55.01	00	Jureles (*Trachurus spp.*).	Kg	15	Ex.
0303.56		- - Cobias (*Rachycentron canadum*).			
0303.56.01	00	Cobias (*Rachycentron canadum*).	Kg	15	Ex.
0303.57		- - Peces espada (*Xiphias gladius*).			
0303.57.01	00	Peces espada (*Xiphias gladius*).	Kg	15	Ex.
0303.59		- - Los demás.			
0303.59.99	00	Los demás.	Kg	15	Ex.
		- Pescados de las familias *Bregmacerotidae, Euclichthyidae, Gadidae, Macrouridae, Melanonidae, Merlucciidae, Moridae y Muraenolepididae*, excepto los despojos comestibles de pescado de las subpartidas 0303.91 a 0303.99:			
0303.63		- - Bacalaos (*Gadus morhua, Gadus ogac, Gadus macrocephalus*).			
0303.63.01	00	Bacalaos (*Gadus morhua, Gadus ogac, Gadus macrocephalus*).	Kg	15	Ex.
0303.64		- - Eglefinos (*Melanogrammus aeglefinus*).			
0303.64.01	00	Eglefinos (*Melanogrammus aeglefinus*).	Kg	15	Ex.
0303.65		- - Carboneros (*Pollachius virens*).			
0303.65.01	00	Carboneros (*Pollachius virens*).	Kg	15	Ex.
0303.66		- - Merluzas (*Merluccius spp., Urophycis spp.*).			
0303.66.01	00	Merluzas (*Merluccius spp., Urophycis spp.*).	Kg	10	Ex.
0303.67		- - Abadejos de Alaska (*Theragra chalcogramma*).			
0303.67.01	00	Abadejos de Alaska (*Theragra chalcogramma*).	Kg	15	Ex.
0303.68		- - Bacaladillas (*Micromesistius poutassou, Micromesistius australis*).			
0303.68.01	00	Bacaladillas (*Micromesistius poutassou, Micromesistius australis*).	Kg	15	Ex.
0303.69		- - Los demás.			
0303.69.99	00	Los demás.	Kg	15	Ex.
		- Los demás pescados, excepto los despojos comestibles de pescado de las subpartidas 0303.91 a 0303.99:			
0303.81		- - Cazones y demás escualos.			
0303.81.01	00	Cazones y demás escualos.	Kg	15	Ex.
0303.82		- - Rayas (*Rajidae*).			
0303.82.01	00	Rayas (*Rajidae*).	Kg	15	Ex.
0303.83		- - Austromerluzas antárticas y austromerluzas negras (merluzas negras, bacalaos de profundidad, nototenias negras) (*Dissostichus spp.*).			
0303.83.01	00	Austromerluzas antárticas y austromerluzas negras (merluzas negras, bacalaos de profundidad, nototenias negras) (*Dissostichus spp.*).	Kg	15	Ex.
0303.84		- - Róbalos (*Dicentrarchus spp.*).			
0303.84.01	00	Róbalos (*Dicentrarchus spp.*).	Kg	15	Ex.
0303.89		- - Los demás.			
0303.89.01	00	Totoabas.	Kg	15	Prohibida
0303.89.99	00	Los demás.	Kg	15	Ex.
		- Hígados, huevas, lechas, aletas, cabezas, colas, vejigas natatorias y demás despojos comestibles de pescado:			

Código		Descripción	Unidad		
0303.91	- -	Hígados, huevas y lechas.			
0303.91.01	00	Hígados, huevas y lechas.	Kg	15	Ex.
0303.92	- -	Aletas de tiburón.			
0303.92.01	00	Aletas de tiburón.	Kg	15	Ex.
0303.99	- -	Los demás.			
0303.99.01	00	De Atunes (del género *Thunnus*), listados o bonitos de vientre rayado (*Euthynnus* (*Katsuwonus*) *pelamis*).	Kg	Ex.	Ex.
0303.99.02	00	De Merluzas (*Merluccius spp., Urophycis spp.*) y de Anguilas.	Kg	10	Ex.
0303.99.03	00	De Totoabas.	Kg	15	Prohibida
0303.99.99	00	Los demás.	Kg	15	Ex.
03.04		**Filetes y demás carne de pescado (incluso picada), frescos, refrigerados o congelados.**			
	-	Filetes frescos o refrigerados de tilapias (*Oreochromis spp.*), bagres o peces gato (*Pangasius spp., Silurus spp., Clarias spp., Ictalurus spp.*), carpas (*Cyprinus spp., Carassius spp., Ctenopharyngodon idellus, Hypophthalmichthys spp., Cirrhinus spp., Mylopharyngodon piceus, Catla catla, Labeo spp., Osteochilus hasselti, Leptobarbus hoeveni, Megalobrama spp.*), anguilas (*Anguilla spp.*), percas del Nilo (*Lates niloticus*) y de peces cabeza de serpiente (*Channa spp.*):			
0304.31	- -	Tilapias (*Oreochromis spp.*).			
0304.31.01	00	Tilapias (*Oreochromis spp.*).	Kg	15	Ex.
0304.32	- -	Bagres o peces gato (*Pangasius spp., Silurus spp., Clarias spp., Ictalurus spp.*).			
0304.32.01	00	Bagres o peces gato (*Pangasius spp., Silurus spp., Clarias spp., Ictalurus spp.*).	Kg	15	Ex.
0304.33	- -	Percas del Nilo (*Lates niloticus*).			
0304.33.01	00	Percas del Nilo (*Lates niloticus*).	Kg	15	Ex.
0304.39	- -	Los demás.			
0304.39.99	00	Los demás.	Kg	15	Ex.
	-	Filetes de los demás pescados, frescos o refrigerados:			
0304.41	- -	Salmones del Pacífico (*Oncorhynchus nerka, Oncorhynchus gorbuscha, Oncorhynchus keta, Oncorhynchus tschawytscha, Oncorhynchus kisutch, Oncorhynchus masou y Oncorhynchus rhodurus*), salmones del Atlántico (*Salmo salar*) y salmones del Danubio (*Hucho hucho*).			
0304.41.01	00	Salmones del Pacífico (*Oncorhynchus nerka, Oncorhynchus gorbuscha, Oncorhynchus keta, Oncorhynchus tschawytscha, Oncorhynchus kisutch, Oncorhynchus masou y Oncorhynchus rhodurus*), salmones del Atlántico (*Salmo salar*) y salmones del Danubio (*Hucho hucho*).	Kg	15	Ex.
0304.42	- -	Truchas (*Salmo trutta, Oncorhynchus mykiss, Oncorhynchus clarki, Oncorhynchus aguabonita, Oncorhynchus gilae, Oncorhynchus apache y Oncorhynchus chrysogaster*).			
0304.42.01	00	Truchas (*Salmo trutta, Oncorhynchus mykiss, Oncorhynchus clarki, Oncorhynchus aguabonita, Oncorhynchus gilae, Oncorhynchus apache y Oncorhynchus chrysogaster*).	Kg	15	Ex.
0304.43	- -	Pescados planos (*Pleuronectidae, Bothidae, Cynoglossidae, Soleidae, Scophthalmidae y Citharidae*).			
0304.43.01	00	Pescados planos (*Pleuronectidae, Bothidae, Cynoglossidae, Soleidae, Scophthalmidae y Citharidae*).	Kg	15	Ex.
0304.44	- -	Pescados de las familias *Bregmacerotidae, Euclichthyidae, Gadidae, Macrouridae, Melanonidae, Merlucciidae, Moridae y Muraenolepididae*.			
0304.44.01		Pescados de las familias *Bregmacerotidae, Euclichthyidae, Gadidae, Macrouridae, Melanonidae, Merlucciidae, Moridae y Muraenolepididae*.	Kg	15	Ex.
	01	De merluza panameña (Merluccius angustimanus) o merluza del Pacífico Norte (Merluccius productus).			
	99	Los demás.			
0304.45	- -	Peces espada (*Xiphias gladius*).			
0304.45.01	00	Peces espada (*Xiphias gladius*).	Kg	15	Ex.
0304.46	- -	Austromerluzas antárticas y austromerluzas negras (merluzas negras, bacalaos de profundidad, nototenias negras) (*Dissostichus spp.*).			
0304.46.01	00	Austromerluzas antárticas y austromerluzas negras (merluzas negras, bacalaos de profundidad, nototenias negras) (*Dissostichus spp.*).	Kg	15	Ex.
0304.47	- -	Cazones y demás escualos.			
0304.47.01	00	Cazones y demás escualos.	Kg	15	Ex.
0304.48	- -	Rayas (*Rajidae*).			
0304.48.01	00	Rayas (*Rajidae*).	Kg	15	Ex.
0304.49	- -	Los demás.			
0304.49.99		Los demás.	Kg	15	Ex.
	01	De atún de aleta azul del Atlántico (Thunnus thynnus), atún de aleta azul del Pacífico (Thunnus orientalis), atún de aleta azul del Sur (Thunnus maccoyii), atún de aleta amarilla (rabiles) (Thunnus albacares), patudos o atunes ojos grandes (Thunnus obesus) o bonito de vientre rayado (Euthynnus (Katsuwonus) pelamis).			
	02	De sardina (Sardina pilchardus, Sardinops spp.), sardinela (Sardinella spp.) o espadín (Sprattus sprattus).			
	03	De anchoas (Engraulis spp.).			
	99	Los demás.			
	-	Los demás, frescos o refrigerados:			
0304.51	- -	Tilapias (*Oreochromis spp.*), bagres o peces gato (*Pangasius spp., Silurus spp., Clarias spp., Ictalurus spp.*), carpas (*Cyprinus spp., Carassius spp., Ctenopharyngodon idellus, Hypophthalmichthys spp., Cirrhinus spp.,*			

LEY DE LOS IMPUESTOS GENERALES DE IMPORTACION Y EXPORTACION

		Mylopharyngodon piceus, Catla catla, Labeo spp., Osteochilus hasselti, Leptobarbus hoeveni, Megalobrama spp.), anguilas (*Anguilla spp.*), percas del Nilo (*Lates niloticus*) y peces cabeza de serpiente (*Channa spp.*).			
0304.51.01	00	Tilapias (*Oreochromis spp.*), bagres o peces gato (*Pangasius spp., Silurus spp., Clarias spp., Ictalurus spp.*), carpas (*Cyprinus spp., Carassius spp., Ctenopharyngodon idellus, Hypophthalmichthys spp., Cirrhinus spp., Mylopharyngodon piceus, Catla catla, Labeo spp., Osteochilus hasselti, Leptobarbus hoeveni, Megalobrama spp.*), anguilas (*Anguilla spp.*), percas del Nilo (*Lates niloticus*) y peces cabeza de serpiente (*Channa spp.*).	Kg	15	Ex.
0304.52		- - **Salmónidos.**			
0304.52.01		Salmónidos.	Kg	15	Ex.
	01	De salmones del Pacífico (Oncorhynchus nerka, Oncorhynchus gorbuscha, Oncorhynchus keta, Oncorhynchus tschawytscha, Oncorhynchus kisutch, Oncorhynchus masou y Oncorhynchus rhodurus), salmones del Atlántico (Salmo salar) y salmones del Danubio (Hucho hucho).			
	99	Los demás.			
0304.53		- - **Pescados de las familias *Bregmacerotidae, Euclichthyidae, Gadidae, Macrouridae, Melanonidae, Merlucciidae, Moridae* y *Muraenolepididae*.**			
0304.53.01		Pescados de las familias *Bregmacerotidae, Euclichthyidae, Gadidae, Macrouridae, Melanonidae, Merlucciidae, Moridae* y *Muraenolepididae*.	Kg	15	Ex.
	01	De merluza panameña (Merluccius angustimanus) o merluza del Pacífico Norte (Merluccius productus).			
	99	Los demás.			
0304.54		- - **Peces espada (*Xiphias gladius*).**			
0304.54.01	00	Peces espada (*Xiphias gladius*).	Kg	15	Ex.
0304.55		- - **Austromerluzas antárticas y austromerluzas negras (merluzas negras, bacalaos de profundidad, nototenias negras) (*Dissostichus spp.*).**			
0304.55.01	00	Austromerluzas antárticas y austromerluzas negras (merluzas negras, bacalaos de profundidad, nototenias negras) (*Dissostichus spp.*).	Kg	15	Ex.
0304.56		- - **Cazones y demás escualos.**			
0304.56.01	00	Cazones y demás escualos.	Kg	15	Ex.
0304.57		- - **Rayas (*Rajidae*).**			
0304.57.01	00	Rayas (*Rajidae*).	Kg	15	Ex.
0304.59		- - **Los demás.**			
0304.59.99		Los demás.	Kg	15	Ex.
	01	De atún de aleta azul del Atlántico (Thunnus thynnus), atún de aleta azul del Pacífico (Thunnus orientalis), atún de aleta azul del Sur (Thunnus maccoyii), atún de aleta amarilla (rabiles) (Thunnus albacares), patudos o atunes ojos grandes (Thunnus obesus) o bonito de vientre rayado (Euthynnus (Katsuwonus) pelamis).			
	02	De sardina (Sardina pilchardus, Sardinops spp.), sardinela (Sardinella spp.) o espadín (Sprattus sprattus).			
	03	De anchoas (Engraulis spp.).			
	99	Los demás.			
	-	**Filetes congelados de tilapias (*Oreochromis spp.*), bagres o peces gato (*Pangasius spp., Silurus spp., Clarias spp., Ictalurus spp.*), carpas (*Cyprinus spp., Carassius spp., Ctenopharyngodon idellus, Hypophthalmichthys spp., Cirrhinus spp., Mylopharyngodon piceus, Catla catla, Labeo spp., Osteochilus hasselti, Leptobarbus hoeveni, Megalobrama spp.*), anguilas (*Anguilla spp.*), percas del Nilo (*Lates niloticus*) y de peces cabeza de serpiente (*Channa spp.*):**			
0304.61		- - **Tilapias (*Oreochromis spp.*).**			
0304.61.01	00	Tilapias (*Oreochromis spp.*).	Kg	15	Ex.
0304.62		- - **Bagres o peces gato (*Pangasius spp., Silurus spp., Clarias spp., Ictalurus spp.*).**			
0304.62.01	00	Bagres o peces gato (*Pangasius spp., Silurus spp., Clarias spp., Ictalurus spp.*).	Kg	15	Ex.
0304.63		- - **Percas del Nilo (*Lates niloticus*).**			
0304.63.01	00	Percas del Nilo (*Lates niloticus*).	Kg	15	Ex.
0304.69		- - **Los demás.**			
0304.69.99	00	Los demás.	Kg	15	Ex.
	-	**Filetes congelados de pescados de las familias *Bregmacerotidae, Euclichthyidae, Gadidae, Macrouridae, Melanonidae, Merlucciidae, Moridae* y *Muraenolepididae*:**			
0304.71		- - **Bacalaos (*Gadus morhua, Gadus ogac, Gadus macrocephalus*).**			
0304.71.01	00	Bacalaos (*Gadus morhua, Gadus ogac, Gadus macrocephalus*).	Kg	15	Ex.
0304.72		- - **Eglefinos (*Melanogrammus aeglefinus*).**			
0304.72.01	00	Eglefinos (*Melanogrammus aeglefinus*).	Kg	15	Ex.
0304.73		- - **Carboneros (*Pollachius virens*).**			
0304.73.01	00	Carboneros (*Pollachius virens*).	Kg	15	Ex.
0304.74		- - **Merluzas (*Merluccius spp., Urophycis spp.*).**			
0304.74.01		Merluzas (*Merluccius spp., Urophycis spp.*).	Kg	15	Ex.
	01	De merluza panameña (Merluccius angustimanus) o merluza del Pacífico Norte (Merluccius productus).			
	99	Los demás.			
0304.75		- - **Abadejos de Alaska (*Theragra chalcogramma*).**			
0304.75.01	00	Abadejos de Alaska (*Theragra chalcogramma*).	Kg	15	Ex.
0304.79		- - **Los demás.**			
0304.79.99	00	Los demás.	Kg	15	Ex.
	-	**Filetes congelados de los demás pescados:**			

0304.81		-- Salmones del Pacífico (*Oncorhynchus nerka, Oncorhynchus gorbuscha, Oncorhynchus keta, Oncorhynchus tschawytscha, Oncorhynchus kisutch, Oncorhynchus masou y Oncorhynchus rhodurus*), salmones del Atlántico (*Salmo salar*) y salmones del Danubio (*Hucho hucho*).			
0304.81.01	00	Salmones del Pacífico (*Oncorhynchus nerka, Oncorhynchus gorbuscha, Oncorhynchus keta, Oncorhynchus tschawytscha, Oncorhynchus kisutch, Oncorhynchus masou y Oncorhynchus rhodurus*), salmones del Atlántico (*Salmo salar*) y salmones del Danubio (*Hucho hucho*).	Kg	15	Ex.
0304.82		-- Truchas (*Salmo trutta, Oncorhynchus mykiss, Oncorhynchus clarki, Oncorhynchus aguabonita, Oncorhynchus gilae, Oncorhynchus apache y Oncorhynchus chrysogaster*).			
0304.82.01	00	Truchas (*Salmo trutta, Oncorhynchus mykiss, Oncorhynchus clarki, Oncorhynchus aguabonita, Oncorhynchus gilae, Oncorhynchus apache y Oncorhynchus chrysogaster*).	Kg	15	Ex.
0304.83		-- Pescados planos (*Pleuronectidae, Bothidae, Cynoglossidae, Soleidae, Scophthalmidae y Citharidae*).			
0304.83.01	00	Pescados planos (*Pleuronectidae, Bothidae, Cynoglossidae, Soleidae, Scophthalmidae y Citharidae*).	Kg	15	Ex.
0304.84		-- Peces espada (*Xiphias gladius*).			
0304.84.01	00	Peces espada (*Xiphias gladius*).	Kg	15	Ex.
0304.85		-- Austromerluzas antárticas y austromerluzas negras (merluzas negras, bacalaos de profundidad, nototenias negras) (*Dissostichus spp.*).			
0304.85.01	00	Austromerluzas antárticas y austromerluzas negras (merluzas negras, bacalaos de profundidad, nototenias negras) (*Dissostichus spp.*).	Kg	15	Ex.
0304.86		-- Arenques (*Clupea harengus, Clupea pallasii*).			
0304.86.01	00	Arenques (*Clupea harengus, Clupea pallasii*).	Kg	15	Ex.
0304.87		-- Atunes (del género *Thunnus*), listados (bonitos de vientre rayado) (*Katsuwonus pelamis*).			
0304.87.01	00	Atunes (del género *Thunnus*), listados (bonitos de vientre rayado) (*Katsuwonus pelamis*).	Kg	15	Ex.
0304.88		-- Cazones, demás escualos y rayas (*Rajidae*).			
0304.88.01	00	Cazones, demás escualos y rayas (*Rajidae*).	Kg	15	Ex.
0304.89		-- Los demás.			
0304.89.99		Los demás.	Kg	15	Ex.
	01	De sardina (Sardina pilchardus, Sardinops spp.), sardinela (Sardinella spp.) o espadín (Sprattus sprattus).			
	02	De anchoas (Engraulis spp.).			
	99	Los demás.			
	-	Los demás, congelados:			
0304.91		-- Peces espada (*Xiphias gladius*).			
0304.91.01	00	Peces espada (*Xiphias gladius*).	Kg	15	Ex.
0304.92		-- Austromerluzas antárticas y austromerluzas negras (merluzas negras, bacalaos de profundidad, nototenias negras) (*Dissostichus spp.*).			
0304.92.01	00	Austromerluzas antárticas y austromerluzas negras (merluzas negras, bacalaos de profundidad, nototenias negras) (*Dissostichus spp.*).	Kg	15	Ex.
0304.93		-- Tilapias (*Oreochromis spp.*), bagres o peces gato (*Pangasius spp., Silurus spp., Clarias spp., Ictalurus spp.*), carpas (*Cyprinus spp., Carassius spp., Ctenopharyngodon idellus, Hypophthalmichthys spp., Cirrhinus spp., Mylopharyngodon piceus, Catla catla, Labeo spp., Osteochilus hasselti, Leptobarbus hoeveni, Megalobrama spp.*), anguilas (*Anguilla spp.*), percas del Nilo (*Lates niloticus*) y peces cabeza de serpiente (*Channa spp.*).			
0304.93.01	00	Tilapias (*Oreochromis spp.*), bagres o peces gato (*Pangasius spp., Silurus spp., Clarias spp., Ictalurus spp.*), carpas (*Cyprinus spp., Carassius spp., Ctenopharyngodon idellus, Hypophthalmichthys spp., Cirrhinus spp., Mylopharyngodon piceus, Catla catla, Labeo spp., Osteochilus hasselti, Leptobarbus hoeveni, Megalobrama spp.*), anguilas (*Anguilla spp.*), percas del Nilo (*Lates niloticus*) y peces cabeza de serpiente (*Channa spp.*).	Kg	15	Ex.
0304.94		-- Abadejos de Alaska (*Theragra chalcogramma*).			
0304.94.01	00	Abadejos de Alaska (*Theragra chalcogramma*).	Kg	15	Ex.
0304.95		-- Pescados de las familias *Bregmacerotidae, Euclichthyidae, Gadidae, Macrouridae, Melanonidae, Merlucciidae, Moridae y Muraenolepididae*, excepto los abadejos de Alaska (*Theragra chalcogramma*).			
0304.95.01		Pescados de las familias *Bregmacerotidae, Euclichthyidae, Gadidae, Macrouridae, Melanonidae, Merlucciidae, Moridae y Muraenolepididae*, excepto los abadejos de Alaska (*Theragra chalcogramma*).	Kg	15	Ex.
	01	De merluza panameña (Merluccius angustimanus) o merluza del Pacífico Norte (Merluccius productus).			
	99	Los demás.			
0304.96		-- Cazones y demás escualos.			
0304.96.01	00	Cazones y demás escualos.	Kg	15	Ex.
0304.97		-- Rayas (*Rajidae*).			
0304.97.01	00	Rayas (*Rajidae*).	Kg	15	Ex.
0304.99		-- Los demás.			
0304.99.99		Los demás.	Kg	15	Ex.

LEY DE LOS IMPUESTOS GENERALES DE IMPORTACION Y EXPORTACION

	01	De atún de aleta azul del Atlántico (Thunnus thynnus), atún de aleta azul del Pacífico (Thunnus orientalis), atún de aleta azul del Sur (Thunnus maccoyii), atún de aleta amarilla (rabiles) (Thunnus albacares), patudos o atunes ojos grandes (Thunnus obesus) o bonito de vientre rayado (Euthynnus (Katsuwonus) pelamis).			
	02	De salmones del Pacífico (Oncorhynchus nerka, Oncorhynchus gorbuscha, Oncorhynchus keta, Oncorhynchus tschawytscha, Oncorhynchus kisutch, Oncorhynchus masou y Oncorhynchus rhodurus), salmones del Atlántico (Salmo salar) y salmones del Danubio (Hucho hucho).			
	03	De sardina (Sardina pilchardus, Sardinops spp.), sardinela (Sardinella spp.) o espadín (Sprattus sprattus).			
	04	De anchoas (Engraulis spp.).			
	99	Los demás.			
03.05		**Pescado seco, salado o en salmuera; pescado ahumado, incluso cocido antes o durante el ahumado.**			
0305.20	-	Hígados, huevas y lechas, de pescado, secos, ahumados, salados o en salmuera.			
0305.20.01	00	Hígados, huevas y lechas, de pescado, secos, ahumados, salados o en salmuera.	Kg	15	Ex.
	-	Filetes de pescado, secos, salados o en salmuera, sin ahumar:			
0305.31	- -	Tilapias (*Oreochromis spp.*), bagres o peces gato (*Pangasius spp., Silurus spp., Clarias spp., Ictalurus spp.*), carpas (*Cyprinus spp., Carassius spp., Ctenopharyngodon idellus, Hypophthalmichthys spp., Cirrhinus spp., Mylopharyngodon piceus, Catla catla, Labeo spp., Osteochilus hasselti, Leptobarbus hoeveni, Megalobrama spp.*), anguilas (*Anguilla spp.*), percas del Nilo (*Lates niloticus*) y peces cabeza de serpiente (*Channa spp.*).			
0305.31.01	00	Tilapias (*Oreochromis spp.*), bagres o peces gato (*Pangasius spp., Silurus spp., Clarias spp., Ictalurus spp.*), carpas (*Cyprinus spp., Carassius spp., Ctenopharyngodon idellus, Hypophthalmichthys spp., Cirrhinus spp., Mylopharyngodon piceus, Catla catla, Labeo spp., Osteochilus hasselti, Leptobarbus hoeveni, Megalobrama spp.*), anguilas (*Anguilla spp.*), percas del Nilo (*Lates niloticus*) y peces cabeza de serpiente (*Channa spp.*).	Kg	15	Ex.
0305.32	- -	**Pescados de las familias *Bregmacerotidae, Euclichthyidae, Gadidae, Macrouridae, Melanonidae, Merlucciidae, Moridae* y *Muraenolepididae*.**			
0305.32.01		Pescados de las familias *Bregmacerotidae, Euclichthyidae, Gadidae, Macrouridae, Melanonidae, Merlucciidae, Moridae* y *Muraenolepididae*.	Kg	15	Ex.
	01	De merluza panameña (Merluccius angustimanus) o merluza del Pacífico Norte (Merluccius productus).			
	99	Los demás.			
0305.39	- -	**Los demás.**			
0305.39.99		Los demás.	Kg	15	Ex.
	01	De atún de aleta azul del Atlántico (Thunnus thynnus), atún de aleta azul del Pacífico (Thunnus orientalis), atún de aleta azul del Sur (Thunnus maccoyii), atún de aleta amarilla (rabiles) (Thunnus albacares), patudos o atunes ojos grandes (Thunnus obesus) o bonito de vientre rayado (Euthynnus (Katsuwonus) pelamis).			
	02	De salmones del Pacífico (Oncorhynchus nerka, Oncorhynchus gorbuscha, Oncorhynchus keta, Oncorhynchus tschawytscha, Oncorhynchus kisutch, Oncorhynchus masou y Oncorhynchus rhodurus), salmones del Atlántico (Salmo salar) y salmones del Danubio (Hucho hucho).			
	03	De pez espada (Xiphias gladius).			
	04	De sardina (Sardina pilchardus, Sardinops spp.), sardinela (Sardinella spp.) o espadín (Sprattus sprattus).			
	05	De anchoas (Engraulis spp.).			
	99	Los demás.			
	-	Pescados ahumados, incluidos los filetes, excepto los despojos comestibles de pescado:			
0305.41	- -	**Salmones del Pacífico (*Oncorhynchus nerka, Oncorhynchus gorbuscha, Oncorhynchus keta, Oncorhynchus tschawytscha, Oncorhynchus kisutch, Oncorhynchus masou y Oncorhynchus rhodurus*), salmones del Atlántico (*Salmo salar*) y salmones del Danubio (*Hucho hucho*).**			
0305.41.01	00	Salmones del Pacífico (*Oncorhynchus nerka, Oncorhynchus gorbuscha, Oncorhynchus keta, Oncorhynchus tschawytscha, Oncorhynchus kisutch, Oncorhynchus masou y Oncorhynchus rhodurus*), salmones del Atlántico (*Salmo salar*) y salmones del Danubio (*Hucho hucho*).	Kg	15	Ex.
0305.42	- -	**Arenques (*Clupea harengus, Clupea pallasii*).**			
0305.42.01	00	Arenques (*Clupea harengus, Clupea pallasii*).	Kg	15	Ex.
0305.43	- -	**Truchas (*Salmo trutta, Oncorhynchus mykiss, Oncorhynchus clarki, Oncorhynchus aguabonita, Oncorhynchus gilae, Oncorhynchus apache y Oncorhynchus chrysogaster*).**			
0305.43.01	00	Truchas (*Salmo trutta, Oncorhynchus mykiss, Oncorhynchus clarki, Oncorhynchus aguabonita, Oncorhynchus gilae, Oncorhynchus apache y Oncorhynchus chrysogaster*).	Kg	15	Ex.
0305.44	- -	**Tilapias (*Oreochromis spp.*), bagres o peces gato (*Pangasius spp., Silurus spp., Clarias spp., Ictalurus spp.*), carpas (*Cyprinus spp., Carassius spp., Ctenopharyngodon idellus, Hypophthalmichthys spp., Cirrhinus spp., Mylopharyngodon piceus, Catla catla, Labeo spp., Osteochilus hasselti, Leptobarbus hoeveni, Megalobrama spp.*), anguilas (*Anguilla spp.*), percas del Nilo (*Lates niloticus*) y peces cabeza de serpiente (*Channa spp.*).**			
0305.44.01	00	Tilapias (*Oreochromis spp.*), bagres o peces gato (*Pangasius spp., Silurus spp., Clarias spp., Ictalurus spp.*), carpas (*Cyprinus spp., Carassius spp., Ctenopharyngodon idellus, Hypophthalmichthys spp.,*	Kg	15	Ex.

Cirrhinus spp., Mylopharyngodon piceus, Catla catla, Labeo spp., Osteochilus hasselti, Leptobarbus hoeveni, Megalobrama spp.), anguilas (*Anguilla spp.*), percas del Nilo (*Lates niloticus*) y peces cabeza de serpiente (*Channa spp.*).

Código		Descripción	Unidad	Arancel	
0305.49		**- - Los demás.**			
0305.49.99		Los demás.	Kg	15	Ex.
	01	Merluzas ahumadas, excepto lo comprendido en el número de identificación comercial 0305.49.99.02.			
	02	Merluza panameña (Merluccius angustimanus) o merluza del Pacífico Norte (Merluccius productus).			
	03	Atún de aleta azul del Atlántico (Thunnus thynnus), atún de aleta azul del Pacífico (Thunnus orientalis), atún de aleta azul del Sur (Thunnus maccoyii), atún de aleta amarilla (rabiles) (Thunnus albacares), patudos o atunes ojos grandes (Thunnus obesus) o bonito de vientre rayado (Euthynnus (Katsuwonus) pelamis).			
	04	Pez espada (Xiphias gladius).			
	05	Sardina (Sardina pilchardus, Sardinops spp.), sardinela (Sardinella spp.) o espadín (Sprattus sprattus).			
	06	Anchoas (Engraulis spp.).			
	99	Los demás.			

- **Pescado seco, incluso salado, sin ahumar, excepto los despojos comestibles:**

Código		Descripción	Unidad	Arancel	
0305.51		**- - Bacalaos (*Gadus morhua, Gadus ogac, Gadus macrocephalus*).**			
0305.51.02		Bacalaos (*Gadus morhua, Gadus ogac, Gadus macrocephalus*).	Kg	15	Ex.
	01	Bacalao de la variedad "ling".			
	99	Los demás.			
0305.52		**- - Tilapias (*Oreochromis spp.*), bagres o peces gato (*Pangasius spp., Silurus spp., Clarias spp., Ictalurus spp.*), carpas (*Cyprinus spp., Carassius spp., Ctenopharyngodon idellus, Hypophthalmichthys spp., Cirrhinus spp., Mylopharyngodon piceus, Catla catla, Labeo spp., Osteochilus hasselti, Leptobarbus hoeveni, Megalobrama spp.*), anguilas (*Anguilla spp.*), percas del Nilo (*Lates niloticus*) y peces cabeza de serpiente (*Channa spp.*).**			
0305.52.01	00	Tilapias (*Oreochromis spp.*), bagres o peces gato (*Pangasius spp., Silurus spp., Clarias spp., Ictalurus spp.*), carpas (*Cyprinus spp., Carassius spp., Ctenopharyngodon idellus, Hypophthalmichthys spp., Cirrhinus spp., Mylopharyngodon piceus, Catla catla, Labeo spp., Osteochilus hasselti, Leptobarbus hoeveni, Megalobrama spp.*), anguilas (*Anguilla spp.*), percas del Nilo (*Lates niloticus*) y peces cabeza de serpiente (*Channa spp.*).	Kg	15	Ex.
0305.53		**- - Pescados de las familias *Bregmacerotidae, Euclichthyidae, Gadidae, Macrouridae, Melanonidae, Merlucciidae, Moridae y Muraenolepididae*, excepto los bacalaos (*Gadus morhua, Gadus ogac, Gadus macrocephalus*).**			
0305.53.01	00	Pescados de las familias *Bregmacerotidae, Euclichthyidae, Gadidae, Macrouridae, Melanonidae, Merlucciidae, Moridae y Muraenolepididae*, excepto los bacalaos (*Gadus morhua, Gadus ogac, Gadus macrocephalus*).	Kg	15	Ex.
0305.54		**- - Arenques (*Clupea harengus, Clupea pallasii*), anchoas (*Engraulis spp.*), sardinas (*Sardina pilchardus, Sardinops spp.*), sardinelas (*Sardinella spp.*), espadines (*Sprattus sprattus*), caballas (*Scomber scombrus, Scomber australasicus, Scomber japonicus*), caballas de la India (*Rastrelliger spp.*), carites (*Scomberomorus spp.*), jureles (*Trachurus spp.*), pámpanos (*Caranx spp.*), cobias (*Rachycentron canadum*), palometones plateados (*Pampus spp.*), papardas del Pacífico (*Cololabis saira*), macarelas (*Decapterus spp.*), capelanes (*Mallotus villosus*), peces espada (*Xiphias gladius*), bacoretas orientales (*Euthynnus affinis*), bonitos (*Sarda spp.*), agujas, marlines, peces vela o picudos (*Istiophoridae*).**			
0305.54.01	00	Arenques (*Clupea harengus, Clupea pallasii*), anchoas (*Engraulis spp.*), sardinas (*Sardina pilchardus, Sardinops spp.*), sardinelas (*Sardinella spp.*), espadines (*Sprattus sprattus*), caballas (*Scomber scombrus, Scomber australasicus, Scomber japonicus*), caballas de la India (*Rastrelliger spp.*), carites (*Scomberomorus spp.*), jureles (*Trachurus spp.*), pámpanos (*Caranx spp.*), cobias (*Rachycentron canadum*), palometones plateados (*Pampus spp.*), papardas del Pacífico (*Cololabis saira*), macarelas (*Decapterus spp.*), capelanes (*Mallotus villosus*), peces espada (*Xiphias gladius*), bacoretas orientales (*Euthynnus affinis*), bonitos (*Sarda spp.*), agujas, marlines, peces vela o picudos (*Istiophoridae*).	Kg	15	Ex.
0305.59		**- - Los demás.**			
0305.59.99		Los demás.	Kg	15	Ex.
	01	Merluzas, excepto lo comprendido en el número de identificación comercial 0305.59.99.02.			
	02	Merluza panameña (Merluccius angustimanus) o merluza del Pacífico Norte (Merluccius productus).			
	03	Atún de aleta azul del Atlántico (Thunnus thynnus), atún de aleta azul del Pacífico (Thunnus orientalis), atún de aleta azul del Sur (Thunnus maccoyii), atún de aleta amarilla (rabiles) (Thunnus albacares), patudos o atunes ojos grandes (Thunnus obesus) o bonito de vientre rayado (Euthynnus (Katsuwonus) pelamis).			
	04	Salmones del Pacífico (Oncorhynchus nerka, Oncorhynchus gorbuscha, Oncorhynchus keta, Oncorhynchus tschawytscha, Oncorhynchus kisutch, Oncorhynchus masou y Oncorhynchus rhodurus), salmones del Atlántico (Salmo salar) y salmones del Danubio (Hucho hucho).			
	05	Pez espada (Xiphias gladius).			
	06	Sardina (Sardina pilchardus, Sardinops spp.), sardinela (Sardinella spp.) o espadín (Sprattus sprattus).			
	07	Anchoas (Engraulis spp.), excepto boquerón bucanero (Encrasicholina punctife), boquerón aduanero (Encrasicholina heteroloba), boquerón bombra (Stolephous commersonii) o boquerón de Andhra (Stolephous andhraensis).			
	99	Los demás.			

- **Pescado salado sin secar ni ahumar y pescado en salmuera, excepto los despojos comestibles:**

LEY DE LOS IMPUESTOS GENERALES DE IMPORTACION Y EXPORTACION

0305.61		--	**Arenques (*Clupea harengus, Clupea pallasii*).**			
0305.61.01	00		Arenques (*Clupea harengus, Clupea pallasii*).	Kg	15	Ex.
0305.62		--	**Bacalaos (*Gadus morhua, Gadus ogac, Gadus macrocephalus*).**			
0305.62.01	00		Bacalaos (*Gadus morhua, Gadus ogac, Gadus macrocephalus*).	Kg	15	Ex.
0305.63		--	**Anchoas (*Engraulis spp.*).**			
0305.63.01	00		Anchoas (*Engraulis spp.*).	Kg	15	Ex.
0305.64		--	**Tilapias (*Oreochromis spp.*), bagres o peces gato (*Pangasius spp., Silurus spp., Clarias spp., Ictalurus spp.*), carpas (*Cyprinus spp., Carassius spp., Ctenopharyngodon idellus, Hypophthalmichthys spp., Cirrhinus spp., Mylopharyngodon piceus, Catla catla, Labeo spp., Osteochilus hasselti, Leptobarbus hoeveni, Megalobrama spp.*), anguilas (*Anguilla spp.*), percas del Nilo (*Lates niloticus*) y peces cabeza de serpiente (*Channa spp.*).**			
0305.64.01	00		Tilapias (*Oreochromis spp.*), bagres o peces gato (*Pangasius spp., Silurus spp., Clarias spp., Ictalurus spp.*), carpas (*Cyprinus spp., Carassius spp., Ctenopharyngodon idellus, Hypophthalmichthys spp., Cirrhinus spp., Mylopharyngodon piceus, Catla catla, Labeo spp., Osteochilus hasselti, Leptobarbus hoeveni, Megalobrama spp.*), anguilas (*Anguilla spp.*), percas del Nilo (*Lates niloticus*) y peces cabeza de serpiente (*Channa spp.*).	Kg	15	Ex.
0305.69		--	**Los demás.**			
0305.69.99			Los demás.	Kg	15	Ex.
	01		Atún de aleta azul del Atlántico (Thunnus thynnus), atún de aleta azul del Pacífico (Thunnus orientalis), atún de aleta azul del Sur (Thunnus maccoyii), atún de aleta amarilla (rabiles) (Thunnus albacares), patudos o atunes ojos grandes (Thunnus obesus) o bonito de vientre rayado (Euthynnus (Katsuwonus) pelamis).			
	02		Salmones del Pacífico (Oncorhynchus nerka, Oncorhynchus gorbuscha, Oncorhynchus keta, Oncorhynchus tschawytscha, Oncorhynchus kisutch, Oncorhynchus masou y Oncorhynchus rhodurus), salmones del Atlántico (Salmo salar) y salmones del Danubio (Hucho hucho).			
	03		Pez espada (Xiphias gladius).			
	04		Sardina (Sardina pilchardus, Sardinops spp.), sardinela (Sardinella spp.) o espadín (Sprattus sprattus).			
	05		Merluza panameña (Merluccius angustimanus) o merluza del Pacífico Norte (Merluccius productus).			
	99		Los demás.			
		-	**Aletas, cabezas, colas, vejigas natatorias y demás despojos comestibles de pescado:**			
0305.71		--	**Aletas de tiburón.**			
0305.71.01	00		Aletas de tiburón.	Kg	15	Ex.
0305.72		--	**Cabezas, colas y vejigas natatorias, de pescado.**			
0305.72.01			Cabezas, colas y vejigas natatorias, de pescado.	Kg	15	Ex.
	01		De atún de aleta azul del Atlántico (Thunnus thynnus), atún de aleta azul del Pacífico (Thunnus orientalis), atún de aleta azul del Sur (Thunnus maccoyii), atún de aleta amarilla (rabiles) (Thunnus albacares), patudos o atunes ojos grandes (Thunnus obesus) o bonito de vientre rayado (Euthynnus (Katsuwonus) pelamis).			
	02		De salmones del Pacífico (Oncorhynchus nerka, Oncorhynchus gorbuscha, Oncorhynchus keta, Oncorhynchus tschawytscha, Oncorhynchus kisutch, Oncorhynchus masou y Oncorhynchus rhodurus), salmones del Atlántico (Salmo salar) y salmones del Danubio (Hucho hucho).			
	03		De pez espada (Xiphias gladius).			
	04		De sardina (Sardina pilchardus, Sardinops spp.), sardinela (Sardinella spp.) o espadín (Sprattus sprattus).			
	05		De anchoas (Engraulis spp.).			
	06		De merluza panameña (Merluccius angustimanus) o merluza del Pacífico Norte (Merluccius productus).			
	99		Las demás.			
0305.79		--	**Los demás.**			
0305.79.99			Los demás.	Kg	15	Ex.
	01		De atún de aleta azul del Atlántico (Thunnus thynnus), atún de aleta azul del Pacífico (Thunnus orientalis), atún de aleta azul del Sur (Thunnus maccoyii), atún de aleta amarilla (rabiles) (Thunnus albacares), patudos o atunes ojos grandes (Thunnus obesus) o bonito de vientre rayado (Euthynnus (Katsuwonus) pelamis).			
	02		De salmones del Pacífico (Oncorhynchus nerka, Oncorhynchus gorbuscha, Oncorhynchus keta, Oncorhynchus tschawytscha, Oncorhynchus kisutch, Oncorhynchus masou y Oncorhynchus rhodurus), salmones del Atlántico (Salmo salar) y salmones del Danubio (Hucho hucho).			
	03		De pez espada (Xiphias gladius).			
	04		De sardina (Sardina pilchardus, Sardinops spp.), sardinela (Sardinella spp.) o espadín (Sprattus sprattus).			
	05		De anchoas (Engraulis spp.).			
	06		De merluza panameña (Merluccius angustimanus) o merluza del Pacífico Norte (Merluccius productus).			
	99		Los demás.			
03.06			**Crustáceos, incluso pelados, vivos, frescos, refrigerados, congelados, secos, salados o en salmuera; crustáceos ahumados, incluso pelados, incluso cocidos antes o durante el ahumado; crustáceos sin pelar, cocidos en agua o vapor, incluso refrigerados, congelados, secos, salados o en salmuera.**			
		-	**Congelados:**			

ADUANA VIRTUAL

0306.11		-- Langostas (*Palinurus spp., Panulirus spp., Jasus spp.*).			
0306.11.01	00	Langostas (*Palinurus spp., Panulirus spp., Jasus spp.*).	Kg	15	Ex.
0306.12		-- Bogavantes (*Homarus spp.*).			
0306.12.01	00	Bogavantes (*Homarus spp.*).	Kg	15	Ex.
0306.14		-- Cangrejos (excepto macruros).			
0306.14.01	00	Cangrejos (excepto macruros).	Kg	15	Ex.
0306.15		-- Cigalas (*Nephrops norvegicus*).			
0306.15.01	00	Cigalas (*Nephrops norvegicus*).	Kg	15	Ex.
0306.16		-- Camarones, langostinos y demás decápodos Natantia, de agua fría (*Pandalus spp., Crangon crangon*).			
0306.16.01	00	Camarones, langostinos y demás decápodos Natantia, de agua fría (*Pandalus spp., Crangon crangon*).	Kg	15	Ex.
0306.17		-- Los demás camarones, langostinos y demás decápodos Natantia.			
0306.17.91	00	Los demás camarones, langostinos y demás decápodos Natantia.	Kg	15	Ex.
0306.19		-- Los demás.			
0306.19.99	00	Los demás.	Kg	15	Ex.
		- Vivos, frescos o refrigerados:			
0306.31		-- Langostas (*Palinurus spp., Panulirus spp., Jasus spp.*).			
0306.31.01	00	Langostas (*Palinurus spp., Panulirus spp., Jasus spp.*).	Kg	15	Ex.
0306.32		-- Bogavantes (*Homarus spp.*).			
0306.32.01	00	Bogavantes (*Homarus spp.*).	Kg	15	Ex.
0306.33		-- Cangrejos (excepto macruros).			
0306.33.01	00	Cangrejos (excepto macruros).	Kg	15	Ex.
0306.34		-- Cigalas (*Nephrops norvegicus*).			
0306.34.01	00	Cigalas (*Nephrops norvegicus*).	Kg	15	Ex.
0306.35		-- Camarones, langostinos y demás decápodos Natantia, de agua fría (*Pandalus spp., Crangon crangon*).			
0306.35.01	00	Reproductores y postlarvas de camarones peneidos y langostinos para acuacultura.	Kg	Ex.	Ex.
0306.35.99	00	Los demás.	Kg	15	Ex.
0306.36		-- Los demás camarones, langostinos y demás decápodos Natantia.			
0306.36.01	00	Reproductores y postlarvas de camarones peneidos y langostinos para acuacultura.	Kg	Ex.	Ex.
0306.36.99	00	Los demás.	Kg	15	Ex.
0306.39		-- Los demás.			
0306.39.99	00	Los demás.	Kg	15	Ex.
		- Los demás:			
0306.91		-- Langostas (*Palinurus spp., Panulirus spp., Jasus spp.*).			
0306.91.01	00	Langostas (*Palinurus spp., Panulirus spp., Jasus spp.*).	Kg	15	Ex.
0306.92		-- Bogavantes (*Homarus spp.*).			
0306.92.01	00	Bogavantes (*Homarus spp.*).	Kg	15	Ex.
0306.93		-- Cangrejos (excepto macruros).			
0306.93.01	00	Cangrejos (excepto macruros).	Kg	15	Ex.
0306.94		-- Cigalas (*Nephrops norvegicus*).			
0306.94.01	00	Cigalas (*Nephrops norvegicus*).	Kg	15	Ex.
0306.95		-- Camarones, langostinos y demás decápodos *Natantia*.			
0306.95.01	00	Reproductores y postlarvas de camarones peneidos y langostinos para acuacultura.	Kg	Ex.	Ex.
0306.95.99	00	Los demás.	Kg	15	Ex.
0306.99		-- Los demás.			
0306.99.99	00	Los demás.	Kg	15	Ex.
03.07		**Moluscos, incluso separados de sus valvas, vivos, frescos, refrigerados, congelados, secos, salados o en salmuera; moluscos ahumados, incluso pelados, incluso cocidos antes o durante el ahumado.**			
		- Ostras:			
0307.11		-- Vivas, frescas o refrigeradas.			
0307.11.01	00	Vivas, frescas o refrigeradas.	Kg	15	Ex.
0307.12		-- Congeladas.			
0307.12.01	00	Congeladas.	Kg	15	Ex.
0307.19		-- Las demás.			
0307.19.99	00	Las demás.	Kg	15	Ex.
		- Vieiras, volandeiras y demás moluscos de la familia *Pectinidae*:			
0307.21		-- Vivos, frescos o refrigerados.			
0307.21.01	00	Vivos, frescos o refrigerados.	Kg	15	Ex.
0307.22		-- Congelados.			
0307.22.01	00	Congelados.	Kg	15	Ex.
0307.29		-- Los demás.			
0307.29.99	00	Los demás.	Kg	15	Ex.
		- Mejillones (*Mytilus spp., Perna spp.*):			
0307.31		-- Vivos, frescos o refrigerados.			
0307.31.01	00	Vivos, frescos o refrigerados.	Kg	15	Ex.
0307.32		-- Congelados.			
0307.32.01	00	Congelados.	Kg	15	Ex.
0307.39		-- Los demás.			
0307.39.99	00	Los demás.	Kg	15	Ex.

LEY DE LOS IMPUESTOS GENERALES DE IMPORTACION Y EXPORTACION

			Jibias (sepias) y globitos; calamares y potas:			
0307.42		- -	Vivos, frescos o refrigerados.			
0307.42.02			Vivos, frescos o refrigerados.	Kg	15	Ex.
	01		Calamares.			
	99		Los demás.			
0307.43		- -	Congelados.			
0307.43.02			Congelados.	Kg	15	Ex.
	01		Calamares.			
	99		Los demás.			
0307.49		- -	Los demás.			
0307.49.99			Los demás.	Kg	15	Ex.
	01		Calamares.			
	99		Los demás.			
		-	Pulpos (*Octopus spp.*):			
0307.51		- -	Vivos, frescos o refrigerados.			
0307.51.01	00		Vivos, frescos o refrigerados.	Kg	15	Ex.
0307.52		- -	Congelados.			
0307.52.01	00		Congelados.	Kg	15	Ex.
0307.59		- -	Los demás.			
0307.59.99	00		Los demás.	Kg	15	Ex.
0307.60		-	Caracoles, excepto los de mar.			
0307.60.01	00		Caracoles, excepto los de mar.	Kg	15	Ex.
		-	Almejas, berberechos y arcas (familias *Arcidae, Arcticidae, Cardiidae, Donacidae, Hiatellidae, Mactridae, Mesodesmatidae, Myidae, Semelidae, Solecurtidae, Solenidae, Tridacnidae y Veneridae)*:			
0307.71		- -	Vivos, frescos o refrigerados.			
0307.71.01	00		Vivos, frescos o refrigerados.	Kg	15	Ex.
0307.72		- -	Congelados.			
0307.72.01	00		Congelados.	Kg	15	Ex.
0307.79		- -	Los demás.			
0307.79.99	00		Los demás.	Kg	15	Ex.
		-	Abulones u orejas de mar (*Haliotis spp.*) y cobos (caracoles de mar) (*Strombus spp.*):			
0307.81		- -	Abulones u orejas de mar (*Haliotis spp.*), vivos, frescos o refrigerados.			
0307.81.01	00		Abulones u orejas de mar (*Haliotis spp.*), vivos, frescos o refrigerados.	Kg	15	Ex.
0307.82		- -	Cobos (caracoles de mar) (*Strombus spp.*), vivos, frescos o refrigerados.			
0307.82.01	00		Cobos (caracoles de mar) (*Strombus spp.*), vivos, frescos o refrigerados.	Kg	15	Ex.
0307.83		- -	Abulones u orejas de mar *(Haliotis spp.)*, congelados.			
0307.83.01	00		Abulones u orejas de mar *(Haliotis spp.)*, congelados.	Kg	15	Ex.
0307.84		- -	Cobos (caracoles de mar) (*Strombus spp.*), congelados.			
0307.84.01	00		Cobos (caracoles de mar) (*Strombus spp.*), congelados.	Kg	15	Ex.
0307.87		- -	Los demás abulones u orejas de mar (*Haliotis spp.*).			
0307.87.91	00		Los demás abulones u orejas de mar (*Haliotis spp.*).	Kg	15	Ex.
0307.88		- -	Los demás cobos (caracoles de mar) (*Strombus spp.*).			
0307.88.91	00		Los demás cobos (caracoles de mar) (*Strombus spp.*).	Kg	15	Ex.
		-	Los demás:			
0307.91		- -	Vivos, frescos o refrigerados.			
0307.91.01	00		Vivos, frescos o refrigerados.	Kg	15	Ex.
0307.92		- -	Congelados.			
0307.92.01	00		Congelados.	Kg	15	Ex.
0307.99		- -	Los demás.			
0307.99.99	00		Los demás.	Kg	15	Ex.
03.08			**Invertebrados acuáticos, excepto los crustáceos y moluscos, vivos, frescos, refrigerados, congelados, secos, salados o en salmuera; invertebrados acuáticos ahumados, excepto los crustáceos y moluscos, incluso cocidos antes o durante el ahumado.**			
		-	Pepinos de mar *(Stichopus japonicus, Holothuroidea)*:			
0308.11		- -	Vivos, frescos o refrigerados.			
0308.11.01	00		Vivos, frescos o refrigerados.	Kg	15	Ex.
0308.12		- -	Congelados.			
0308.12.01	00		Congelados.	Kg	15	Ex.
0308.19		- -	Los demás.			
0308.19.99	00		Los demás.	Kg	15	Ex.
		-	Erizos de mar *(Strongylocentrotus spp., Paracentrotus lividus, Loxechinus albus, Echinus esculentus)*:			
0308.21		- -	Vivos, frescos o refrigerados.			
0308.21.01	00		Vivos, frescos o refrigerados.	Kg	15	Ex.
0308.22		- -	Congelados.			
0308.22.01	00		Congelados.	Kg	15	Ex.
0308.29		- -	Los demás.			
0308.29.99	00		Los demás.	Kg	15	Ex.
0308.30		-	Medusas *(Rhopilema spp.)*.			
0308.30.01	00		Medusas *(Rhopilema spp.)*.	Kg	15	Ex.
0308.90		-	Los demás.			

ADUANA VIRTUAL

Código		Descripción	Unidad	Imp	Exp
0308.90.99	00	Los demás.	Kg	15	Ex.
03.09		**Harina, polvo y "pellets" de pescado, crustáceos, moluscos y demás invertebrados acuáticos, aptos para la alimentación humana.**			
0309.10		- De pescado.			
0309.10.01	00	De pescado.	Kg	15	Ex.
0309.90		- Los demás.			
0309.90.99	00	Los demás.	Kg	15	Ex.

Capítulo 04
Leche y productos lácteos; huevos de ave; miel natural; productos comestibles de origen animal, no expresados ni comprendidos en otra parte

Notas.
1. Se considera *leche*, la leche entera y la leche desnatada (descremada) total o parcialmente.
2. En la partida 04.03, el yogur puede estar concentrado o aromatizado o con adición de azúcar u otro edulcorante, con frutas u otros frutos, cacao, chocolate, especias, café o extractos de café, plantas, partes de plantas, cereales o productos de panadería, siempre que cualquier sustancia añadida no se utilice para sustituir, en todo o en parte, cualquier componente de la leche, y el producto conserve el carácter esencial de yogur.
3. En la partida 04.05:
    a) Se entiende por *mantequilla (manteca)*, la mantequilla (manteca) natural, la mantequilla (manteca) del lactosuero o la mantequilla (manteca) "recombinada" (fresca, salada o rancia, incluso en recipientes herméticamente cerrados) que provengan exclusivamente de la leche, con un contenido de materias grasas de la leche que sea superior o igual al 80% pero inferior o igual al 95%, en peso, de materias sólidas de la leche, inferior o igual al 2% en peso y, de agua, inferior o igual al 16% en peso. La mantequilla (manteca) no debe contener emulsionantes añadidos pero puede contener cloruro sódico, colorantes alimentarios, sales de neutralización y cultivos de bacterias lácticas inocuas.
    b) Se entiende por *pastas lácteas para untar* las emulsiones del tipo agua-en-aceite que se puedan untar y contengan materias grasas de la leche como únicas materias grasas y en las que el contenido de éstas sea superior o igual al 39% pero inferior al 80%, en peso.
4. Los productos obtenidos por concentración del lactosuero con adición de leche o de materias grasas de la leche se clasifican en la partida 04.06 como quesos, siempre que presenten las tres características siguientes:
    a) un contenido de materias grasas de la leche superior o igual al 5%, calculado en peso sobre el extracto seco;
    b) un contenido de extracto seco superior o igual al 70% pero inferior o igual al 85%, calculado en peso;
    c) moldeados o susceptibles de serlo.
5. Este Capítulo no comprende:
    a) los insectos sin vida, impropios para la alimentación humana (partida 05.11);
    b) los productos obtenidos del lactosuero, con un contenido de lactosa superior al 95% en peso, expresado en lactosa anhidra, calculado sobre materia seca (partida 17.02);
    c) los productos resultantes de la sustitución en la leche de uno o varios de sus componentes naturales (por ejemplo, materia grasa de tipo butírico) por otra sustancia (por ejemplo, materia grasa de tipo oleico) (partidas 19.01 o 21.06);
    d) las albúminas (incluidos los concentrados de varias proteínas del lactosuero, con un contenido de proteínas del lactosuero superior al 80% en peso, calculado sobre materia seca) (partida 35.02) ni las globulinas (partida 35.04).
6. En la partida 04.10, el término *insectos* se refiere a insectos comestibles, sin vida, enteros o en trozos, frescos, refrigerados, congelados, secos, ahumados, salados o en salmuera, así como la harina y polvo, de insectos, aptos para la alimentación humana. Sin embargo, este término no comprende los insectos comestibles, sin vida, preparados o conservados de otro modo (Sección IV, generalmente).

Notas de subpartida.
1. En la subpartida 0404.10, se entiende por *lactosuero modificado* el producto constituido por componentes del lactosuero, es decir, lactosuero del que se haya extraído, total o parcialmente, lactosa, proteínas o sales minerales, o al que se haya añadido componentes naturales del lactosuero, así como los productos obtenidos por mezcla de componentes naturales del lactosuero.
2. En la subpartida 0405.10, el término *mantequilla* (manteca) no comprende la mantequilla (manteca) deshidratada ni la "ghee" (subpartida 0405.90).

Nota Nacional:
1. Para los efectos de este Capítulo, los términos, con aromatizante(s), aromatizado(s) y aromatizada(s) significan: con adición de sabor.

CÓDIGO		DESCRIPCIÓN	UNIDAD	ARANCEL	
				IMP	EXP
04.01		**Leche y nata (crema), sin concentrar, sin adición de azúcar ni otro edulcorante.**			
0401.10		- **Con un contenido de materias grasas inferior o igual al 1% en peso.**			
0401.10.02		Con un contenido de materias grasas inferior o igual al 1% en peso.	L	10	Ex.
	01	En envases herméticos.			
	99	Las demás.			
0401.20		- **Con un contenido de materias grasas superior al 1% pero inferior o igual al 6%, en peso.**			
0401.20.02		Con un contenido de materias grasas superior al 1% pero inferior o igual al 6%, en peso.	L	10	Ex.
	01	En envases herméticos.			
	99	Las demás.			
0401.40		- **Con un contenido de materias grasas superior al 6% pero inferior o igual al 10%, en peso.**			
0401.40.02		Con un contenido de materias grasas superior al 6% pero inferior o igual al 10%, en peso.	L	10	Ex.

LEY DE LOS IMPUESTOS GENERALES DE IMPORTACION Y EXPORTACION

	01	En envases herméticos.			
	99	Las demás.			
0401.50		- Con un contenido de materias grasas superior al 10% en peso.			
0401.50.02		Con un contenido de materias grasas superior al 10% en peso.	L	10	Ex.
	01	En envases herméticos.			
	99	Las demás.			
04.02		**Leche y nata (crema), concentradas o con adición de azúcar u otro edulcorante.**			
0402.10		- En polvo, gránulos o demás formas sólidas, con un contenido de materias grasas inferior o igual al 1.5% en peso.			
0402.10.01	00	Leche en polvo o en pastillas.	Kg	45	Ex.
0402.10.99	00	Las demás.	Kg	AMX (10%+0.36 Dls por Kg de azúcar)	Ex.
		- En polvo, gránulos o demás formas sólidas, con un contenido de materias grasas superior al 1.5% en peso:			
0402.21		-- Sin adición de azúcar ni otro edulcorante.			
0402.21.01	00	Leche en polvo o en pastillas.	Kg	45	Ex.
0402.21.99	00	Las demás.	Kg	10	Ex.
0402.29		-- Las demás.			
0402.29.99	00	Las demás.	Kg	AMX (20%+0.36 Dls por Kg de azúcar)	Ex.
		- Las demás:			
0402.91		-- Sin adición de azúcar ni otro edulcorante.			
0402.91.01	00	Leche evaporada.	Kg	45	Ex.
0402.91.99	00	Las demás.	Kg	20	Ex.
0402.99		-- Las demás.			
0402.99.01	00	Leche condensada.	Kg	AMX (15%+0.36 Dls por Kg de azúcar)	Ex.
0402.99.99	00	Las demás.	Kg	AMX (20%+0.36 Dls por Kg de azúcar)	Ex.
04.03		**Yogur; suero de mantequilla (de manteca), leche y nata (crema) cuajadas, kéfir y demás leches y natas (cremas), fermentadas o acidificadas, incluso concentrados o con adición de azúcar u otro edulcorante, aromatizados o con frutas u otros frutos o cacao.**			
0403.20		- Yogur.			
0403.20.01	00	Preparado, mezclado o combinado con chocolate, especias, café o extractos de café, plantas, partes de plantas, cereales o productos de panadería.	Kg	AMX (10%+0.36 Dls por Kg de azúcar)	Ex.
0403.20.99	00	Los demás.	Kg	20	Ex.
0403.90		- Los demás.			
0403.90.99	00	Los demás.	Kg	20	Ex.
04.04		**Lactosuero, incluso concentrado o con adición de azúcar u otro edulcorante; productos constituidos por los componentes naturales de la leche, incluso con adición de azúcar u otro edulcorante, no expresados ni comprendidos en otra parte.**			
0404.10		- Lactosuero, aunque esté modificado, incluso concentrado o con adición de azúcar u otro edulcorante.			
0404.10.01	00	Suero de leche en polvo, con contenido de proteínas inferior o igual a 12.5%.	Kg	10	Ex.
0404.10.99	00	Los demás.	Kg	AMX (10%+0.36 Dls por Kg de azúcar)	Ex.
0404.90		- Los demás.			
0404.90.99	00	Los demás.	Kg	20	Ex.
04.05		**Mantequilla (manteca) y demás materias grasas de la leche; pastas lácteas para untar.**			
0405.10		- Mantequilla (manteca).			
0405.10.02		Mantequilla (manteca).	Kg	20	Ex.
	01	Mantequilla, cuando su peso incluido en el envase inmediato sea inferior o igual a 1 kg.			
	99	Las demás.			
0405.20		- Pastas lácteas para untar.			
0405.20.01	00	Pastas lácteas para untar.	Kg	AMX (20%+0.36	Ex.

				Dls por Kg de azúcar)	
0405.90		-	Las demás.		
0405.90.01	00		Grasa butírica deshidratada.	Kg	Ex.	Ex.
0405.90.99	00		Las demás.	Kg	20	Ex.
04.06			**Quesos y requesón.**			
0406.10		-	Queso fresco (sin madurar), incluido el del lactosuero, y requesón.			
0406.10.01	00		Queso fresco (sin madurar), incluido el del lactosuero, y requesón.	Kg	45	Ex.
0406.20		-	Queso de cualquier tipo, rallado o en polvo.			
0406.20.01	00		Queso de cualquier tipo, rallado o en polvo.	Kg	20	Ex.
0406.30		-	Queso fundido, excepto el rallado o en polvo.			
0406.30.02	00		Queso fundido, excepto el rallado o en polvo.	Kg	45	Ex.
0406.40		-	Queso de pasta azul y demás quesos que presenten vetas producidas por *Penicillium roqueforti*.			
0406.40.01	00		Queso de pasta azul y demás quesos que presenten vetas producidas por *Penicillium roqueforti*.	Kg	20	Ex.
0406.90		-	Los demás quesos.			
0406.90.01	00		De pasta dura, denominado Sardo, cuando su presentación así lo indique.	Kg	20	Ex.
0406.90.02	00		De pasta dura, denominado Reggiano o Reggianito, cuando su presentación así lo indique.	Kg	Ex.	Ex.
0406.90.04	00		Grana o Parmegiano-reggiano, con un contenido de materias grasas inferior o igual al 40% en peso, con un contenido de agua, en la materia no grasa, inferior o igual al 47% en peso; Danbo, Edam, Fontal, Fontina, Fynbo, Gouda, Havarti, Maribo, Samsoe, Esrom, Itálico, Kernhem, Saint-Nectaire, Saint-Paulin o Taleggio, con un contenido de materias grasas inferior o igual al 40% en peso, con un contenido de agua, en la materia no grasa, superior al 47%, pero inferior o igual al 72% en peso.	Kg	20	Ex.
0406.90.99			Los demás.	Kg	45	Ex.
	01		Tipo petit suisse, cuando su composición sea: humedad de 68% a 70%, grasa de 6% a 8% (en base humeda), extracto seco de 30% a 32%, proteína mínima de 6%, y fermentos con o sin adición de frutas, azúcares, verduras, chocolate o miel.			
	99		Los demás.			
04.07			**Huevos de ave con cáscara (cascarón), frescos, conservados o cocidos.**			
		-	Huevos fecundados para incubación:			
0407.11		- -	De gallina de la especie *Gallus domesticus*.			
0407.11.01			De gallina de la especie *Gallus domesticus*.	Kg	Ex.	Ex.
	01		De pollo de la línea de engorda.			
	91		Los demás de la línea de engorda.			
	99		Los demás.			
0407.19		- -	Los demás.			
0407.19.99	00		Los demás.	Kg	Ex.	Ex.
		-	Los demás huevos frescos:			
0407.21		- -	De gallina de la especie *Gallus domesticus*.			
0407.21.02			De gallina de la especie *Gallus domesticus*.	Kg	Ex.	Ex.
	01		Para consumo humano.			
	99		Los demás.			
0407.29		- -	Los demás.			
0407.29.01	00		Para consumo humano.	Kg	45	Ex.
0407.29.99	00		Los demás.	Kg	20	Ex.
0407.90		-	Los demás.			
0407.90.99	00		Los demás.	Kg	20	Ex.
04.08			**Huevos de ave sin cáscara (cascarón) y yemas de huevo, frescos, secos, cocidos en agua o vapor, moldeados, congelados o conservados de otro modo, incluso con adición de azúcar u otro edulcorante.**			
		-	Yemas de huevo:			
0408.11		- -	Secas.			
0408.11.01	00		Secas.	Kg	Ex.	Ex.
0408.19		- -	Las demás.			
0408.19.99	00		Las demás.	Kg	Ex.	Ex.
		-	Los demás:			
0408.91		- -	Secos.			
0408.91.02			Secos.	Kg	Ex.	Ex.
	01		Congelados o en polvo.			
	99		Los demás.			
0408.99		- -	Los demás.			
0408.99.02	00		Huevos de aves marinas guaneras.	Kg	20	Ex.
0408.99.99	00		Los demás.	Kg	Ex.	Ex.
04.09			**Miel natural.**			
0409.00		-	Miel natural.			
0409.00.01	00		Miel natural.	Kg	20	Ex.
04.10			**Insectos y demás productos comestibles de origen animal, no expresados ni comprendidos en otra parte.**			
0410.10		-	Insectos.			
0410.10.01	00		Insectos.	Kg	10	Ex.

LEY DE LOS IMPUESTOS GENERALES DE IMPORTACION Y EXPORTACION

Código		Descripción	Unidad	IMP	EXP
0410.90		- Los demás.			
0410.90.01	00	Huevos de tortuga de cualquier clase.	Kg	20	Prohibida
0410.90.99	00	Los demás.	Kg	20	Ex.

Capítulo 05

Notas.
1. Este Capítulo no comprende:
    a) los productos comestibles, excepto las tripas, vejigas y estómagos de animales, enteros o en trozos, y la sangre animal (líquida o desecada);
    b) los cueros, pieles y peletería, excepto los productos de la partida 05.05 y los recortes y desperdicios similares de pieles en bruto de la partida 05.11 (Capítulos 41 o 43);
    c) las materias primas textiles de origen animal, excepto la crin y los desperdicios de crin (Sección XI);
    d) las cabezas preparadas para artículos de cepillería (partida 96.03).
2. En la partida 05.01 también se considera cabello en bruto el extendido longitudinalmente, pero sin colocarlo en el mismo sentido.
3. En la Nomenclatura, se considera *marfil* la materia de las defensas de elefante, hipopótamo, morsa, narval o jabalí y los cuernos de rinoceronte, así como los dientes de todos los animales.
4. En la Nomenclatura, se considera *crin* tanto el pelo de la crin como el de la cola de los équidos o de los bóvidos. La partida 05.11 comprende, entre otros, la crin y sus desperdicios, incluso en napas con o sin soporte.

CÓDIGO		DESCRIPCIÓN	UNIDAD	ARANCEL	
				IMP	EXP
05.01		**Cabello en bruto, incluso lavado o desgrasado; desperdicios de cabello.**			
0501.00		- Cabello en bruto, incluso lavado o desgrasado; desperdicios de cabello.			
0501.00.01	00	Cabello en bruto, incluso lavado o desgrasado; desperdicios de cabello.	Kg	20	Ex.
05.02		**Cerdas de cerdo o de jabalí; pelo de tejón y demás pelos para cepillería; desperdicios de dichas cerdas o pelos.**			
0502.10		- Cerdas de cerdo o de jabalí y sus desperdicios.			
0502.10.01	00	Cerdas de cerdo o de jabalí y sus desperdicios.	Kg	Ex.	Ex.
0502.90		- Los demás.			
0502.90.99	00	Los demás.	Kg	10	Ex.
05.04		**Tripas, vejigas y estómagos de animales, excepto los de pescado, enteros o en trozos, frescos, refrigerados, congelados, salados o en salmuera, secos o ahumados.**			
0504.00		- Tripas, vejigas y estómagos de animales, excepto los de pescado, enteros o en trozos, frescos, refrigerados, congelados, salados o en salmuera, secos o ahumados.			
0504.00.01	00	Tripas, vejigas y estómagos de animales, excepto los de pescado, enteros o en trozos, frescos, refrigerados, congelados, salados o en salmuera, secos o ahumados.	Kg	10	Ex.
05.05		**Pieles y demás partes de ave, con sus plumas o plumón, plumas y partes de plumas (incluso recortadas) y plumón, en bruto o simplemente limpiados, desinfectados o preparados para su conservación; polvo y desperdicios de plumas o de partes de plumas.**			
0505.10		- Plumas de las utilizadas para relleno; plumón.			
0505.10.01	00	Plumas de las utilizadas para relleno; plumón.	Kg	10	Ex.
0505.90		- Los demás.			
0505.90.99	00	Los demás.	Kg	10	Ex.
05.06		**Huesos y núcleos córneos, en bruto, desgrasados, simplemente preparados (pero sin cortar en forma determinada), acidulados o desgelatinizados; polvo y desperdicios de estas materias.**			
0506.10		- Oseína y huesos acidulados.			
0506.10.01	00	Oseína y huesos acidulados.	Kg	10	Ex.
0506.90		- Los demás.			
0506.90.99	00	Los demás.	Kg	10	Ex.
05.07		**Marfil, concha (caparazón) de tortuga, ballenas de mamíferos marinos (incluidas las barbas), cuernos, astas, cascos, pezuñas, uñas, garras y picos, en bruto o simplemente preparados, pero sin cortar en forma determinada; polvo y desperdicios de estas materias.**			
0507.10		- Marfil; polvo y desperdicios de marfil.			
0507.10.01	00	Marfil; polvo y desperdicios de marfil.	Kg	10	Ex.
0507.90		- Los demás.			
0507.90.99	00	Los demás.	Kg	10	Ex.
05.08		**Coral y materias similares, en bruto o simplemente preparados, pero sin otro trabajo; valvas y caparazones de moluscos, crustáceos o equinodermos, y jibiones, en bruto o simplemente preparados, pero sin cortar en forma determinada, incluso en polvo y desperdicios.**			
0508.00		- Coral y materias similares, en bruto o simplemente preparados, pero sin otro trabajo; valvas y caparazones de moluscos, crustáceos o equinodermos, y jibiones, en bruto o simplemente preparados, pero sin cortar en forma determinada, incluso en polvo y desperdicios.			
0508.00.02	00	Coral y materias similares, en bruto o simplemente preparados, pero sin otro trabajo; valvas y caparazones de moluscos, crustáceos o equinodermos, y jibiones, en bruto o simplemente preparados, pero sin cortar en forma determinada, incluso en polvo y desperdicios.	Kg	10	Ex.

05.10		Ámbar gris, castóreo, algalia y almizcle; cantáridas; bilis, incluso desecada; glándulas y demás sustancias de origen animal utilizadas para la preparación de productos farmacéuticos, frescas, refrigeradas, congeladas o conservadas provisionalmente de otra forma.			
0510.00		- Ámbar gris, castóreo, algalia y almizcle; cantáridas; bilis, incluso desecada; glándulas y demás sustancias de origen animal utilizadas para la preparación de productos farmacéuticos, frescas, refrigeradas, congeladas o conservadas provisionalmente de otra forma.			
0510.00.04	00	Ámbar gris, castóreo, algalia y almizcle; cantáridas; bilis, incluso desecada; glándulas y demás sustancias de origen animal utilizadas para la preparación de productos farmacéuticos, frescas, refrigeradas, congeladas o conservadas provisionalmente de otra forma.	Kg	10	Ex.
05.11		Productos de origen animal no expresados ni comprendidos en otra parte; animales muertos de los Capítulos 01 o 03, impropios para la alimentación humana.			
0511.10		- Semen de bovino.			
0511.10.01	00	Semen de bovino.	Kg	Ex.	Ex.
		- Los demás:			
0511.91		- Productos de pescado o de crustáceos, moluscos o demás invertebrados acuáticos; animales muertos del Capítulo 03.			
0511.91.02	00	Quistes de artemia (incluso enlatados al vacío), poliquetos y krill para acuacultura.	Kg	Ex.	Ex.
0511.91.99		Los demás.	Kg	20	Ex.
	01	Desperdicios de pescados.			
	99	Los demás.			
0511.99		- Los demás.			
0511.99.01	00	Cochinillas, enteras o en polvo.	Kg	Ex.	Ex.
0511.99.03	00	Semen.	Kg	Ex.	Ex.
0511.99.04	00	Huevas fecundadas, semillas, larvas y embriones de especies acuáticas para acuacultura.	Kg	Ex.	Ex.
0511.99.05	00	Embriones de las especies de ganado bovino, equino, porcino, ovino y caprino.	Pza	Ex.	Ex.
0511.99.08	00	Esponjas naturales de origen animal.	Kg	20	Ex.
0511.99.99		Los demás.	Kg	10	Ex.
	01	Tendones y nervios; recortes y otros desperdicios análogos.			
	02	Crin y sus desperdicios, incluso en capas con soporte o sin él.			
	99	Los demás.			

Sección II
PRODUCTOS DEL REINO VEGETAL

Nota.

1. En esta Sección, el término "*pellets*" designa los productos en forma de cilindro, bolita, etc., aglomerados por simple presión o con adición de un aglutinante en proporción inferior o igual al 3% en peso.

Capítulo 06
Plantas vivas y productos de la floricultura Notas.

1. Salvo lo dispuesto en la segunda parte de la partida 06.01, este Capítulo comprende únicamente los productos suministrados habitualmente por los horticultores, viveristas o floristas para la plantación o la ornamentación. Sin embargo, se excluyen de este Capítulo las papas (patatas), cebollas hortenses, chalotes, ajos y demás productos del Capítulo 07.
2. Los ramos, cestas, coronas y artículos similares se asimilan a las flores o follajes de las partidas 06.03 ó 06.04, sin tener en cuenta los accesorios de otras materias. Sin embargo, estas partidas no comprenden los collages y cuadros similares de la partida 97.01.

CÓDIGO		DESCRIPCIÓN	UNIDAD	ARANCEL	
				IMP	EXP
06.01		Bulbos, cebollas, tubérculos, raíces y bulbos tuberosos, turiones y rizomas, en reposo vegetativo, en vegetación o en flor; plantas y raíces de achicoria, excepto las raíces de la partida 12.12.			
0601.10		- Bulbos, cebollas, tubérculos, raíces y bulbos tuberosos, turiones y rizomas, en reposo vegetativo.			
0601.10.09		Bulbos, cebollas, tubérculos, raíces y bulbos tuberosos, turiones y rizomas, en reposo vegetativo.	Kg	Ex.	Ex.
	01	Bulbos de gladiolas.			
	02	Bulbos de tulipanes.			
	03	Bulbos de lilies.			
	99	Los demás.			
0601.20		- Bulbos, cebollas, tubérculos, raíces y bulbos tuberosos, turiones y rizomas, en vegetación o en flor; plantas y raíces de achicoria.			
0601.20.10	00	Bulbos, cebollas, tubérculos, raíces y bulbos tuberosos, turiones y rizomas, en vegetación o en flor; plantas y raíces de achicoria.	Kg	10	Ex.
06.02		Las demás plantas vivas (incluidas sus raíces), esquejes e injertos; micelios.			
0602.10		- Esquejes sin enraizar e injertos.			
0602.10.07	00	Esquejes sin enraizar e injertos.	Kg	Ex.	Ex.
0602.20		- Árboles, arbustos y matas, de frutas o de otros frutos comestibles, incluso injertados.			
0602.20.04		Árboles, arbustos y matas, de frutas o de otros frutos comestibles, incluso injertados.	Kg	10	Ex.

	01		Árboles o arbustos frutales.			
	02		Plantas para injertar (barbados), de longitud inferior o igual a 80 cm.			
	99		Los demás.			
0602.30		-	**Rododendros y azaleas, incluso injertados.**			
0602.30.01	00		Rododendros y azaleas, incluso injertados.	Kg	10	Ex.
0602.40		-	**Rosales, incluso injertados.**			
0602.40.01	00		Estacas, plantas o plántulas de rosales, con o sin raíz, incluso injertados.	Kg	Ex.	Ex.
0602.40.99	00		Los demás.	Kg	10	Ex.
0602.90		-	**Los demás.**			
0602.90.06	00		Esquejes con raíz.	Kg	Ex.	Ex.
0602.90.07	00		Plantas vivas acuáticas, incluidos sus bulbos y sus partes, para acuacultura.	Kg	Ex.	Ex.
0602.90.99			Los demás.	Kg	10	Ex.
	01		Blanco de setas (micelios).			
	02		Plantas con raíces primordiales.			
	03		Plantas de orquídeas.			
	99		Los demás.			
06.03			**Flores y capullos, cortados para ramos o adornos, frescos, secos, blanqueados, teñidos, impregnados o preparados de otra forma.**			
		-	**Frescos:**			
0603.11		- -	**Rosas.**			
0603.11.01	00		Rosas.	Kg	20	Ex.
0603.12		- -	**Claveles.**			
0603.12.01	00		Claveles.	Kg	20	Ex.
0603.13		- -	**Orquídeas.**			
0603.13.01	00		Orquídeas.	Kg	20	Ex.
0603.14		- -	**Crisantemos.**			
0603.14.02	00		Crisantemos.	Kg	20	Ex.
0603.15		- -	**Azucenas *(Lilium spp.)*.**			
0603.15.01	00		Azucenas *(Lilium spp.)*.	Kg	20	Ex.
0603.19		- -	**Los demás.**			
0603.19.99			Los demás.	Kg	20	Ex.
	01		Gladiolas.			
	91		Las demás flores frescas.			
	99		Los demás.			
0603.90		-	**Los demás.**			
0603.90.99	00		Los demás.	Kg	20	Ex.
06.04			**Follaje, hojas, ramas y demás partes de plantas, sin flores ni capullos, y hierbas, musgos y líquenes, para ramos o adornos, frescos, secos, blanqueados, teñidos, impregnados o preparados de otra forma.**			
0604.20		-	**Frescos.**			
0604.20.01	00		Musgo del género *Sphagnum*.	Kg	Ex.	Ex.
0604.20.99			Los demás.	Kg	20	Ex.
	01		Follajes u hojas.			
	02		Árboles de navidad.			
	99		Los demás.			
0604.90		-	**Los demás.**			
0604.90.01	00		Musgo del género *Sphagnum*.	Kg	Ex.	Ex.
0604.90.99			Los demás.	Kg	20	Ex.
	01		Follajes u hojas.			
	99		Los demás.			

Capítulo 07
Hortalizas, plantas, raíces y tubérculos alimenticios

Notas.
1. Este Capítulo no comprende los productos forrajeros de la partida 12.14.
2. En las partidas 07.09, 07.10, 07.11 y 07.12, la expresión *hortalizas* alcanza también a los hongos comestibles, trufas, aceitunas, alcaparras, calabacines (zapallitos), calabazas (zapallos), berenjenas, maíz dulce (*Zea mays var. saccharata*), frutos de los géneros *Capsicum* o *Pimenta*, hinojo y plantas como el perejil, perifollo, estragón, berro y mejorana cultivada (*Majorana hortensis* u *Origanum majorana*).
3. La partida 07.12 comprende todas las hortalizas secas de las especies clasificadas en las partidas 07.01 a 07.11, excepto:
   a) las hortalizas de vaina secas desvainadas (partida 07.13);
   b) el maíz dulce en las formas especificadas en las partidas 11.02 a 11.04;
   c) la harina, sémola, polvo, copos, gránulos y "pellets", de papa (patata) (partida 11.05);
   d) la harina, sémola y polvo de hortalizas de vaina secas de la partida 07.13 (partida 11.06).
4. Los frutos de los géneros *Capsicum* o *Pimenta*, secos, triturados o pulverizados, se excluyen, sin embargo, de este Capítulo (partida 09.04).
5. La partida 07.11 comprende las hortalizas que se hayan sometido a un tratamiento con el único fin de que sean conservadas provisionalmente durante el transporte y almacenamiento antes de su utilización (por ejemplo: con gas sulfuroso o con agua salada, sulfurosa o adicionada de otras sustancias para asegurar provisionalmente dicha conservación), siempre que, en este estado, sean impropias para consumo inmediato.

Notas Nacionales:
1. Salvo disposición en contrario, el término hortaliza también comprende a las "legumbres".

ADUANA VIRTUAL

2. La subpartida 0711.90 no comprende las papas (patatas) que hayan sido simplemente peladas o ralladas en la cáscara y adicionadas de ácidos u otros conservadores (subpartida 0701.90); ni aquéllas que hayan sido procesadas por cualquier otro tratamiento que altere sus características orgánicas, por ejemplo, las papas (patatas) que hayan sido lavadas, peladas y precocidas o escaldadas (subpartida 2005.20).

CÓDIGO		DESCRIPCIÓN	UNIDAD	ARANCEL IMP	EXP
07.01		**Papas (patatas) frescas o refrigeradas.**			
0701.10		- Para siembra.			
0701.10.01	00	Para siembra.	Kg	Ex.	Ex.
0701.90		- Las demás.			
0701.90.99	00	Las demás.	Kg	75	Ex.
07.02		**Tomates frescos o refrigerados.**			
0702.00		- Tomates frescos o refrigerados.			
0702.00.03		Tomates frescos o refrigerados.	Kg	10	Ex.
	01	Tomates "Cherry".			
	02	Tomate de la variedad Physalis ixocarpa ("tomatillo verde").			
	03	Tomate bola.			
	04	Tomate roma (saladette).			
	05	Tomate grape (uva).			
	99	Los demás.			
07.03		**Cebollas, chalotes, ajos, puerros y demás hortalizas aliáceas, frescos o refrigerados.**			
0703.10		- Cebollas y chalotes.			
0703.10.02		Cebollas y chalotes.	Kg	10	Ex.
	01	Cebollas.			
	99	Los demás.			
0703.20		- Ajos.			
0703.20.02		Ajos.	Kg	10	Ex.
	01	Para siembra.			
	99	Los demás.			
0703.90		- Puerros y demás hortalizas aliáceas.			
0703.90.01	00	Puerros y demás hortalizas aliáceas.	Kg	10	Ex.
07.04		**Coles, incluidos los repollos, coliflores, coles rizadas, colinabos y productos comestibles similares del género *Brassica*, frescos o refrigerados.**			
0704.10		- Coliflores y brócolis.			
0704.10.03		Coliflores y brócolis.	Kg	10	Ex.
	01	Cortados.			
	02	Brócoli ("broccoli") germinado.			
	99	Los demás.			
0704.20		- Coles (repollitos) de Bruselas.			
0704.20.01	00	Coles (repollitos) de Bruselas.	Kg	10	Ex.
0704.90		- Los demás.			
0704.90.99		Los demás.	Kg	10	Ex.
	01	"Kohlrabi", "kale" y similares.			
	99	Los demás.			
07.05		**Lechugas (*Lactuca sativa*) y achicorias, comprendidas la escarola y la endibia (*Cichorium spp.*), frescas o refrigeradas.**			
		- Lechugas:			
0705.11		- - Repolladas.			
0705.11.01	00	Repolladas.	Kg	10	Ex.
0705.19		- - Las demás.			
0705.19.99	00	Las demás.	Kg	10	Ex.
		- Achicorias, comprendidas la escarola y la endibia:			
0705.21		- - Endibia "witloof" (*Cichorium intybus var. foliosum*).			
0705.21.01	00	Endibia "witloof" (*Cichorium intybus var. foliosum*).	Kg	10	Ex.
0705.29		- - Las demás.			
0705.29.99	00	Las demás.	Kg	10	Ex.
07.06		**Zanahorias, nabos, remolachas para ensalada, salsifíes, apionabos, rábanos y raíces comestibles similares, frescos o refrigerados.**			
0706.10		- Zanahorias y nabos.			
0706.10.01	00	Zanahorias y nabos.	Kg	10	Ex.
0706.90		- Los demás.			
0706.90.99	00	Los demás.	Kg	10	Ex.
07.07		**Pepinos y pepinillos, frescos o refrigerados.**			
0707.00		- Pepinos y pepinillos, frescos o refrigerados.			
0707.00.01	00	Pepinos y pepinillos, frescos o refrigerados.	Kg	10	Ex.
07.08		**Hortalizas de vaina, aunque estén desvainadas, frescas o refrigeradas.**			
0708.10		- Chícharos (guisantes, arvejas) (*Pisum sativum*).			
0708.10.01	00	Chícharos (guisantes, arvejas) (*Pisum sativum*).	Kg	10	Ex.
0708.20		- Frijoles (porotos, alubias, judías, fréjoles) (*Vigna spp., Phaseolus spp.*).			
0708.20.01	00	Frijoles (porotos, alubias, judías, fréjoles) (*Vigna spp., Phaseolus spp.*).	Kg	10	Ex.
0708.90		- Las demás.			
0708.90.99	00	Las demás.	Kg	10	Ex.

07.09			**Las demás hortalizas, frescas o refrigeradas.**			
0709.20		-	**Espárragos.**			
0709.20.02			Espárragos.	Kg	10	Ex.
	01		Espárrago blanco.			
	99		Los demás.			
0709.30		-	**Berenjenas.**			
0709.30.01	00		Berenjenas.	Kg	10	Ex.
0709.40		-	**Apio, excepto el apionabo.**			
0709.40.02			Apio, excepto el apionabo.	Kg	10	Ex.
	01		Cortado.			
	99		Los demás.			
		-	**Hongos y trufas:**			
0709.51		- -	**Hongos del género *Agaricus*.**			
0709.51.01	00		Hongos del género *Agaricus*.	Kg	10	Ex.
0709.52		- -	**Hongos del género *Boletus*.**			
0709.52.01	00		Hongos del género *Boletus*.	Kg	10	Ex.
0709.53		- -	**Hongos del género *Cantharellus*.**			
0709.53.01	00		Hongos del género *Cantharellus*.	Kg	10	Ex.
0709.54		- -	**Shiitake (*Lentinus edodes*).**			
0709.54.01	00		Shiitake (*Lentinus edodes*).	Kg	10	Ex.
0709.55		- -	**Matsutake (*Tricholoma matsutake, Tricholoma magnivelare, Tricholoma anatolicum, Tricholoma dulciolens, Tricholoma caligatum*).**			
0709.55.01	00		Matsutake (*Tricholoma matsutake, Tricholoma magnivelare, Tricholoma anatolicum, Tricholoma dulciolens, Tricholoma caligatum*).	Kg	10	Ex.
0709.56		- -	**Trufas (*Tuber spp.*).**			
0709.56.01	00		Trufas (*Tuber spp.*).	Kg	10	Ex.
0709.59		- -	**Los demás.**			
0709.59.99	00		Los demás.	Kg	10	Ex.
0709.60		-	**Frutos de los géneros *Capsicum* o *Pimenta*.**			
0709.60.03	00		Chile Habanero de la Península de Yucatán.	Kg	10	Ex.
0709.60.04	00		Chile Yahualica.	Kg	10	Ex.
0709.60.99			Los demás.	Kg	10	Ex.
	01		Chile "Bell".			
	02		Chile habanero.			
	03		Chile jalapeño.			
	04		Chile poblano.			
	05		Chile pasilla.			
	06		Chile serrano.			
	07		Chile anahem.			
	08		Chile caribe.			
	99		Los demás.			
0709.70		-	**Espinacas (incluida la de Nueva Zelanda) y armuelles.**			
0709.70.01	00		Espinacas (incluida la de Nueva Zelanda) y armuelles.	Kg	10	Ex.
		-	**Las demás:**			
0709.91		- -	**Alcachofas (alcauciles).**			
0709.91.01	00		Alcachofas (alcauciles).	Kg	10	Ex.
0709.92		- -	**Aceitunas.**			
0709.92.01	00		Aceitunas.	Kg	10	Ex.
0709.93		- -	**Calabazas (zapallos) y calabacines (*Cucurbita* spp.).**			
0709.93.01			Calabazas (zapallos) y calabacines *(Cucurbita spp.)*.	Kg	10	Ex.
	01		Calabaza duras (por ejemplo: butternut, spaghetti, acorn, kabocha).			
	99		Las demás.			
0709.99		- -	**Las demás.**			
0709.99.99			Las demás.	Kg	10	Ex.
	01		Elotes (maíz dulce).			
	99		Los demás.			
07.10			**Hortalizas, aunque estén cocidas en agua o vapor, congeladas.**			
0710.10		-	**Papas (patatas).**			
0710.10.01	00		Papas (patatas).	Kg	15	Ex.
		-	**Hortalizas de vaina, estén o no desvainadas:**			
0710.21		- -	**Chícharos (guisantes, arvejas) (*Pisum sativum*).**			
0710.21.01	00		Chícharos (guisantes, arvejas) (*Pisum sativum*).	Kg	15	Ex.
0710.22		- -	**Frijoles (porotos, alubias, judías, fréjoles) (*Vigna spp., Phaseolus spp.*).**			
0710.22.01	00		Frijoles (porotos, alubias, judías, fréjoles) (*Vigna spp., Phaseolus spp.*).	Kg	15	Ex.
0710.29		- -	**Las demás.**			
0710.29.99	00		Las demás.	Kg	15	Ex.
0710.30		-	**Espinacas (incluida la de Nueva Zelanda) y armuelles.**			
0710.30.01	00		Espinacas (incluida la de Nueva Zelanda) y armuelles.	Kg	15	Ex.
0710.40		-	**Maíz dulce.**			
0710.40.01	00		Maíz dulce.	Kg	15	Ex.
0710.80		-	**Las demás hortalizas.**			
0710.80.01	00		Cebollas.	Kg	20	Ex.
0710.80.99			Las demás.	Kg	15	Ex.
	01		Coles de bruselas (repollitos), cortadas.			

	02	Espárragos, brócolis ("bróccoli") y coliflores.			
	99	Las demás.			
0710.90		**- Mezclas de hortalizas.**			
0710.90.02	00	Mezclas de hortalizas.	Kg	15	Ex.
07.11		**Hortalizas conservadas provisionalmente, pero todavía impropias, en este estado, para consumo inmediato.**			
0711.20		**- Aceitunas.**			
0711.20.01	00	Aceitunas.	Kg	15	Ex.
0711.40		**- Pepinos y pepinillos.**			
0711.40.01	00	Pepinos y pepinillos.	Kg	15	Ex.
		- Hongos y trufas:			
0711.51		**- - Hongos del género *Agaricus*.**			
0711.51.01	00	Hongos del género *Agaricus*.	Kg	15	Ex.
0711.59		**- - Los demás.**			
0711.59.99	00	Los demás.	Kg	15	Ex.
0711.90		**- Las demás hortalizas; mezclas de hortalizas.**			
0711.90.03	00	Alcaparras.	Kg	10	Ex.
0711.90.99	00	Las demás.	Kg	15	Ex.
07.12		**Hortalizas secas, incluidas las cortadas en trozos o en rodajas o las trituradas o pulverizadas, pero sin otra preparación.**			
0712.20		**- Cebollas.**			
0712.20.01	00	Cebollas.	Kg	20	Ex.
		- Orejas de Judas (*Auricularia spp.*), hongos gelatinosos (*Tremella spp.*) y demás hongos; trufas:			
0712.31		**- - Hongos del género *Agaricus*.**			
0712.31.01	00	Hongos del género *Agaricus*.	Kg	20	Ex.
0712.32		**- - Orejas de Judas (*Auricularia spp.*).**			
0712.32.01	00	Orejas de Judas (*Auricularia spp.*).	Kg	20	Ex.
0712.33		**- - Hongos gelatinosos (*Tremella spp.*).**			
0712.33.01	00	Hongos gelatinosos (*Tremella spp.*).	Kg	20	Ex.
0712.34		**- - Shiitake *(Lentinus edodes)*.**			
0712.34.01	00	Shiitake *(Lentinus edodes)*.	Kg	20	Ex.
0712.39		**- - Los demás.**			
0712.39.99	00	Los demás.	Kg	20	Ex.
0712.90		**- Las demás hortalizas; mezclas de hortalizas.**			
0712.90.01	00	Aceitunas deshidratadas.	Kg	15	Ex.
0712.90.99		Las demás.	Kg	20	Ex.
	01	Ajos deshidratados.			
	02	Papas (patatas), incluso cortadas en trozos o en rodajas, pero sin otra preparación.			
	99	Las demás.			
07.13		**Hortalizas de vaina secas desvainadas, aunque estén mondadas o partidas.**			
0713.10		**- Chícharos (guisantes, arvejas) (*Pisum sativum*).**			
0713.10.01	00	Para siembra.	Kg	Ex.	Ex.
0713.10.99	00	Los demás.	Kg	10	Ex.
0713.20		**- Garbanzos.**			
0713.20.01	00	Garbanzos.	Kg	10	Ex.
		- Frijoles (porotos, alubias, judías, fréjoles) (*Vigna spp., Phaseolus spp.*):			
0713.31		**- - Frijoles (porotos, alubias, judías, fréjoles) de las especies *Vigna mungo* (L) *Hepper* o *Vigna radiata* (L) *Wilczek*.**			
0713.31.01	00	Frijoles (porotos, alubias, judías, fréjoles) de las especies *Vigna mungo* (L) *Hepper* o *Vigna radiata* (L) *Wilczek*.	Kg	10	Ex.
0713.32		**- - Frijoles (porotos, alubias, judías, fréjoles) adzuki (*Phaseolus o Vigna angularis*).**			
0713.32.01	00	Frijoles (porotos, alubias, judías, fréjoles) adzuki (*Phaseolus o Vigna angularis*).	Kg	10	Ex.
0713.33		**- - Frijoles (porotos, alubias, judías, fréjoles) comunes (*Phaseolus vulgaris*).**			
0713.33.01	00	Frijol para siembra.	Kg	Ex.	Ex.
0713.33.99		Los demás.	Kg	45	Ex.
	01	Frijol blanco.			
	02	Frijol negro.			
	99	Los demás.			
0713.34		**- - Frijoles (porotos, alubias, judías, fréjoles) bambara (*Vigna subterranea o Voandzeia subterranea*).**			
0713.34.01	00	Frijoles (porotos, alubias, judías, fréjoles) bambara (*Vigna subterránea o Voandzeia subterránea*).	Kg	10	Ex.
0713.35		**- - Frijoles (porotos, alubias, judías, fréjoles) salvajes o caupí (*Vigna unguiculata*).**			
0713.35.01	00	Frijoles (porotos, alubias, judías, fréjoles) salvajes o caupí (*Vigna unguiculata*).	Kg	10	Ex.
0713.39		**- - Las demás.**			
0713.39.99	00	Las demás.	Kg	10	Ex.
0713.40		**- Lentejas.**			
0713.40.01	00	Lentejas.	Kg	10	Ex.
0713.50		**- Habas (*Vicia faba var. major*), haba caballar (*Vicia faba var. equina*) y haba menor (*Vicia faba var. minor*).**			
0713.50.01	00	Habas (*Vicia faba var. major*), haba caballar (*Vicia faba var. equina*) y haba menor (*Vicia faba var. minor*).	Kg	10	Ex.
0713.60		**- Chícharos (guisantes, arvejas) de palo, gandú o gandul (*Cajanus cajan*).**			
0713.60.01	00	Chícharos (guisantes, arvejas) de palo, gandú o gandul (*Cajanus cajan*).	Kg	10	Ex.

LEY DE LOS IMPUESTOS GENERALES DE IMPORTACION Y EXPORTACION

Código			Descripción	Unidad	IMP	EXP
0713.90		-	Las demás.			
0713.90.99	00		Las demás.	Kg	10	Ex.
07.14			**Raíces de yuca (mandioca), arrurruz o salep, aguaturmas (patacas), camotes (boniatos, batatas) y raíces y tubérculos similares ricos en fécula o inulina, frescos, refrigerados, congelados o secos, incluso troceados o en "pellets"; médula de sagú.**			
0714.10		-	Raíces de yuca (mandioca).			
0714.10.01	00		Congeladas.	Kg	20	Ex.
0714.10.99	00		Las demás.	Kg	10	Ex.
0714.20		-	Camotes (boniatos, batatas).			
0714.20.01	00		Congelados.	Kg	20	Ex.
0714.20.99	00		Los demás.	Kg	10	Ex.
0714.30		-	Ñame (*Dioscorea spp.*).			
0714.30.01	00		Congelados.	Kg	20	Ex.
0714.30.99	00		Los demás.	Kg	10	Ex.
0714.40		-	Taro (*Colocasia spp.*).			
0714.40.01	00		Congelados.	Kg	20	Ex.
0714.40.99	00		Los demás.	Kg	10	Ex.
0714.50		-	Yautía (malanga) (*Xanthosoma spp.*).			
0714.50.01	00		Congelados.	Kg	20	Ex.
0714.50.99	00		Los demás.	Kg	10	Ex.
0714.90		-	Los demás.			
0714.90.02	00		Congelados.	Kg	20	Ex.
0714.90.99	00		Los demás.	Kg	10	Ex.

Capítulo 08
Frutas y frutos comestibles; cortezas de agrios (cítricos), melones o sandías

Notas.
1. Este Capítulo no comprende los frutos no comestibles.
2. Las frutas y otros frutos refrigerados se clasifican en las mismas partidas que las frutas y frutos frescos correspondientes.
3. Las frutas y otros frutos secos de este Capítulo pueden estar parcialmente rehidratados o tratados para los fines siguientes:
    a) mejorar su conservación o estabilidad (por ejemplo: mediante tratamiento térmico moderado, sulfurado, adición de ácido sórbico o de sorbato de potasio);
    b) mejorar o mantener su aspecto (por ejemplo: por adición de aceite vegetal o pequeñas cantidades de jarabe de glucosa), siempre que conserven el carácter de frutas o frutos secos.
4. La partida 08.12 comprende las frutas y otros frutos que se hayan sometido a un tratamiento con el único fin de que sean conservados provisionalmente durante su transporte y almacenamiento antes de su utilización (por ejemplo: con gas sulfuroso o con agua salada, sulfurosa o adicionada de otras sustancias para asegurar provisionalmente dicha conservación), siempre que, en este estado, sean impropios para consumo inmediato.

Notas Nacionales:
1. En la Nomenclatura, la expresión frutos con o de cáscara se refiere a los frutos comprendidos en las partidas 08.01 y 08.02.
2. En la subpartida 0805.50, la expresión "*Citrus aurantifolia*" también se aplica a las limas ácidas conocidas como: "west indian limes", "key lime", "citron gallet", "kaghzi", "limão galego", "limetas" o "limón mexicano" (*Citrus aurantifolia Christmann Swingle*).

CÓDIGO			DESCRIPCIÓN	UNIDAD	ARANCEL	
					IMP	EXP
08.01			**Cocos, nueces del Brasil y nueces de marañón (merey, cajuil, anacardo, "cajú"), frescos o secos, incluso sin cáscara o mondados.**			
		-	Cocos:			
0801.11		- -	Secos.			
0801.11.01	00		Secos.	Kg	20	Ex.
0801.12		- -	Con la cáscara interna (endocarpio).			
0801.12.01	00		Con la cáscara interna (endocarpio).	Kg	20	Ex.
0801.19		- -	Los demás.			
0801.19.99	00		Los demás.	Kg	20	Ex.
		-	Nueces del Brasil:			
0801.21		- -	Con cáscara.			
0801.21.01	00		Con cáscara.	Kg	20	Ex.
0801.22		- -	Sin cáscara.			
0801.22.01	00		Sin cáscara.	Kg	20	Ex.
		-	Nueces de marañón (merey, cajuil, anacardo, "cajú"):			
0801.31		- -	Con cáscara.			
0801.31.01	00		Con cáscara.	Kg	20	Ex.
0801.32		- -	Sin cáscara.			
0801.32.01	00		Sin cáscara.	Kg	20	Ex.
08.02			**Los demás frutos de cáscara frescos o secos, incluso sin cáscara o mondados.**			
		-	Almendras:			
0802.11		- -	Con cáscara.			
0802.11.01	00		Con cáscara.	Kg	15	Ex.
0802.12		- -	Sin cáscara.			
0802.12.01	00		Sin cáscara.	Kg	20	Ex.
		-	Avellanas (*Corylus spp.*):			

0802.21		- - Con cáscara.			
0802.21.01	00	Con cáscara.	Kg	Ex.	Ex.
0802.22		- - Sin cáscara.			
0802.22.01	00	Sin cáscara.	Kg	Ex.	Ex.
		- Nueces de nogal:			
0802.31		- - Con cáscara.			
0802.31.01	00	Con cáscara.	Kg	20	Ex.
0802.32		- - Sin cáscara.			
0802.32.01	00	Sin cáscara.	Kg	20	Ex.
		- Castañas (*Castanea spp.*):			
0802.41		- - Con cáscara.			
0802.41.01	00	Con cáscara.	Kg	20	Ex.
0802.42		- - Sin cáscara.			
0802.42.01	00	Sin cáscara.	Kg	20	Ex.
		- Pistachos:			
0802.51		- - Con cáscara.			
0802.51.01	00	Con cáscara.	Kg	20	Ex.
0802.52		- - Sin cáscara.			
0802.52.01	00	Sin cáscara.	Kg	20	Ex.
		- Nueces de macadamia:			
0802.61		- - Con cáscara.			
0802.61.01	00	Con cáscara.	Kg	20	Ex.
0802.62		- - Sin cáscara.			
0802.62.01	00	Sin cáscara.	Kg	20	Ex.
0802.70		- Nueces de cola *(Cola spp.)*.			
0802.70.01	00	Nueces de cola *(Cola spp.)*.	Kg	20	Ex.
0802.80		- Nueces de areca.			
0802.80.01	00	Nueces de areca.	Kg	20	Ex.
		- Los demás:			
0802.91		- - Piñones con cáscara.			
0802.91.01	00	Piñones con cáscara.	Kg	20	Ex.
0802.92		- - Piñones sin cáscara.			
0802.92.01	00	Piñones sin cáscara.	Kg	20	Ex.
0802.99		- - Los demás.			
0802.99.99	00	Los demás.	Kg	20	Ex.
08.03		**Bananas, incluidos los plátanos "plantains", frescos o secos.**			
0803.10		- Plátanos "plantains".			
0803.10.01	00	Plátanos "plantains".	Kg	20	Ex.
0803.90		- Los demás.			
0803.90.99	00	Los demás.	Kg	20	Ex.
08.04		**Dátiles, higos, piñas (ananás), aguacates (paltas), guayabas, mangos y mangostanes, frescos o secos.**			
0804.10		- Dátiles.			
0804.10.02		Dátiles.	Kg	20	Ex.
	01	Frescos.			
	99	Los demás.			
0804.20		- Higos.			
0804.20.02	00	Higos.	Kg	20	Ex.
0804.30		- Piñas (ananás).			
0804.30.01	00	Piñas (ananás).	Kg	20	Ex.
0804.40		- Aguacates (paltas).			
0804.40.01	00	Aguacates (paltas).	Kg	20	Ex.
0804.50		- Guayabas, mangos y mangostanes.			
0804.50.05	00	Mango Ataúlfo del Soconusco Chiapas.	Kg	20	Ex.
0804.50.99		Los demás.	Kg	20	Ex.
	01	Mangostanes.			
	02	Guayabas.			
	03	Mangos.			
08.05		**Agrios (cítricos) frescos o secos.**			
0805.10		- Naranjas.			
0805.10.01	00	Naranjas.	Kg	20	Ex.
		- Mandarinas (incluidas las tangerinas y satsumas); clementinas, "wilkings" e híbridos similares de agrios (cítricos):			
0805.21		- - Mandarinas (incluidas las tangerinas y satsumas).			
0805.21.01	00	Mandarinas (incluidas las tangerinas y satsumas).	Kg	20	Ex.
0805.22		- - Clementinas.			
0805.22.01	00	Clementinas.	Kg	20	Ex.
0805.29		- - Los demás.			
0805.29.99	00	Los demás.	Kg	20	Ex.
0805.40		- Toronjas y pomelos.			
0805.40.01	00	Toronjas y pomelos.	Kg	20	Ex.
0805.50		- Limones (*Citrus limon, Citrus limonum*) y limas (*Citrus aurantifolia, Citrus latifolia*).			
0805.50.03		Limones (*Citrus limon, Citrus limonum*) y limas (*Citrus aurantifolia, Citrus latifolia*).	Kg	20	Ex.

LEY DE LOS IMPUESTOS GENERALES DE IMPORTACION Y EXPORTACION

		01	De la variedad *Citrus aurantifolia Christmann Swingle* (limón "mexicano").			
		02	Limón "sin semilla" o lima persa (*Citrus latifolia*).			
		99	Los demás.			
0805.90		-	**Los demás.**			
	0805.90.99	00	Los demás.	Kg	20	Ex.
08.06			**Uvas, frescas o secas, incluidas las pasas.**			
0806.10		-	**Frescas.**			
	0806.10.01	00	Frescas.	Kg	15	Ex.
0806.20		-	**Secas, incluidas las pasas.**			
	0806.20.01	00	Secas, incluidas las pasas.	Kg	20	Ex.
08.07			**Melones, sandías y papayas, frescos.**			
		-	**Melones y sandías:**			
0807.11		- -	**Sandías.**			
	0807.11.01		Sandías.	Kg	20	Ex.
		01	Sin semilla.			
		99	Las demás.			
0807.19		- -	**Los demás.**			
	0807.19.99		Los demás.	Kg	20	Ex.
		01	Melón chino ("cantaloupe").			
		99	Los demás.			
0807.20		-	**Papayas.**			
	0807.20.01	00	Papayas.	Kg	20	Ex.
08.08			**Manzanas, peras y membrillos, frescos.**			
0808.10		-	**Manzanas.**			
	0808.10.01	00	Manzanas.	Kg	20	Ex.
0808.30		-	**Peras.**			
	0808.30.01	00	Peras.	Kg	20	Ex.
0808.40		-	**Membrillos.**			
	0808.40.01	00	Membrillos.	Kg	20	Ex.
08.09			**Chabacanos (damascos, albaricoques), cerezas, duraznos (melocotones) (incluidos los griñones y nectarinas), ciruelas y endrinas, frescos.**			
0809.10		-	**Chabacanos (damascos, albaricoques).**			
	0809.10.01	00	Chabacanos (damascos, albaricoques).	Kg	20	Ex.
		-	**Cerezas:**			
0809.21		- -	**Guindas (cerezas ácidas) (*Prunus cerasus*).**			
	0809.21.01	00	Guindas (cerezas ácidas) (*Prunus cerasus*).	Kg	20	Ex.
0809.29		- -	**Las demás.**			
	0809.29.99	00	Las demás.	Kg	20	Ex.
0809.30		-	**Duraznos (melocotones), incluidos los griñones y nectarinas.**			
	0809.30.03		Duraznos (melocotones), incluidos los griñones y nectarinas.	Kg	20	Ex.
		01	Griñones y nectarinas.			
		02	Duraznos (melocotones).			
0809.40		-	**Ciruelas y endrinas.**			
	0809.40.01	00	Ciruelas y endrinas.	Kg	20	Ex.
08.10			**Las demás frutas u otros frutos, frescos.**			
0810.10		-	**Fresas (frutillas).**			
	0810.10.01		Fresas (frutillas).	Kg	20	Ex.
		01	Orgánicas.			
		99	Las demás.			
0810.20		-	**Frambuesas, zarzamoras, moras y moras-frambuesa.**			
	0810.20.01		Frambuesas, zarzamoras, moras y moras-frambuesa.	Kg	20	Ex.
		01	Frambuesas orgánicas.			
		02	Zarzamoras orgánicas.			
		91	Las demás frambuesas.			
		92	Las demás zarzamoras.			
		93	Las demás orgánicas.			
		99	Las demás.			
0810.30		-	**Grosellas negras, blancas o rojas y grosellas espinosas.**			
	0810.30.01	00	Grosellas negras, blancas o rojas y grosellas espinosas.	Kg	20	Ex.
0810.40		-	**Arándanos rojos, mirtilos y demás frutos del género *Vaccinium*.**			
	0810.40.01		Arándanos rojos, mirtilos y demás frutos del género *Vaccinium*.	Kg	20	Ex.
		01	Arándanos azules (Vaccinium corymbosum) orgánicos.			
		91	Los demás arándanos azules (Vaccinium corymbosum).			
		92	Los demás orgánicos.			
		99	Los demás.			
0810.50		-	**Kiwis.**			
	0810.50.01	00	Kiwis.	Kg	Ex.	Ex.
0810.60		-	**Duriones.**			
	0810.60.01	00	Duriones.	Kg	20	Ex.
0810.70		-	**Persimonios (caquis).**			
	0810.70.01	00	Persimonios (caquis).	Kg	20	Ex.
0810.90		-	**Los demás.**			
	0810.90.99	00	Los demás.	Kg	20	Ex.
08.11			**Frutas y otros frutos, sin cocer o cocidos en agua o vapor, congelados,**			

ADUANA VIRTUAL

		incluso con adición de azúcar u otro edulcorante.			
0811.10		- Fresas (frutillas).			
0811.10.01	00	Fresas (frutillas).	Kg	AMX (20%+0.36 Dls por Kg de azúcar)	Ex.
0811.20		- Frambuesas, zarzamoras, moras, moras-frambuesa y grosellas.			
0811.20.01		Frambuesas, zarzamoras, moras, moras-frambuesa y grosellas.	Kg	AMX (20%+0.36 Dls por Kg de azúcar)	Ex.
	01	Frambuesas.			
	02	Zarzamoras.			
	99	Las demás.			
0811.90		- Los demás.			
0811.90.99		Los demás.	Kg	AMX (20%+0.36 Dls por Kg de azúcar)	Ex.
	01	Arándanos azules.			
	99	Los demás.			
08.12		Frutas y otros frutos, conservados provisionalmente, pero todavía impropios, en este estado, para consumo inmediato.			
0812.10		- Cerezas.			
0812.10.01	00	Cerezas.	Kg	Ex.	Ex.
0812.90		- Los demás.			
0812.90.99	00	Los demás.	Kg	20	Ex.
08.13		Frutas y otros frutos, secos, excepto los de las partidas 08.01 a 08.06; mezclas de frutas u otros frutos, secos, o de frutos de cáscara de este Capítulo.			
0813.10		- Chabacanos (damascos, albaricoques).			
0813.10.02	00	Chabacanos (damascos, albaricoques).	Kg	20	Ex.
0813.20		- Ciruelas.			
0813.20.02		Ciruelas.	Kg	20	Ex.
	01	Ciruelas deshuesadas (orejones).			
	99	Las demás.			
0813.30		- Manzanas.			
0813.30.01	00	Manzanas.	Kg	20	Ex.
0813.40		- Las demás frutas u otros frutos.			
0813.40.91	00	Las demás frutas u otros frutos.	Kg	20	Ex.
0813.50		- Mezclas de frutas u otros frutos, secos, o de frutos de cáscara de este Capítulo.			
0813.50.01	00	Mezclas de frutas u otros frutos, secos, o de frutos de cáscara de este Capítulo.	Kg	20	Ex.
08.14		Cortezas de agrios (cítricos), melones o sandías, frescas, congeladas, secas o presentadas en agua salada, sulfurosa o adicionada de otras sustancias para su conservación provisional.			
0814.00		- Cortezas de agrios (cítricos), melones o sandías, frescas, congeladas, secas o presentadas en agua salada, sulfurosa o adicionada de otras sustancias para su conservación provisional.			
0814.00.01	00	Cortezas de agrios (cítricos), melones o sandías, frescas, congeladas, secas o presentadas en agua salada, sulfurosa o adicionada de otras sustancias para su conservación provisional.	Kg	15	Ex.

Capítulo 09 Café, té, yerba mate y especias

Notas.
1. Las mezclas entre sí de los productos de las partidas 09.04 a 09.10 se clasifican como sigue:
   a) las mezclas entre sí de productos de una misma partida se clasifican en dicha partida;
   b) las mezclas entre sí de productos de distintas partidas se clasifican en la partida 09.10.
   El hecho de que se añadan otras sustancias a los productos comprendidos en las partidas 09.04 a 09.10 (incluidas las mezclas citadas en los apartados a) o b) anteriores) no influye en su clasificación, siempre que las mezclas así obtenidas conserven el carácter esencial de los productos citados en cada una de estas partidas. Por el contrario, dichas mezclas se excluyen de este Capítulo y se clasifican en la partida 21.03 si constituyen condimentos o sazonadores compuestos.
2. Este Capítulo no comprende la pimienta de Cubeba (*Piper cubeba*) ni los demás productos de la partida 12.11.

Nota Nacional:
1. Para los efectos de este Capítulo, los términos, con aromatizante(s), aromatizado(s) y aromatizada(s) significan: con adición de sabor.

CÓDIGO	DESCRIPCIÓN	UNIDAD	ARANCEL	
			IMP	EXP

09.01		Café, incluso tostado o descafeinado; cáscara y cascarilla de café; sucedáneos del café que contengan café en cualquier proporción.			
		- Café sin tostar:			
0901.11		- - Sin descafeinar.			
0901.11.03	00	Café Veracruz.	Kg	20	Ex.

0901.11.04	00		Café Chiapas.	Kg	20	Ex.
0901.11.05	00		Café Pluma.	Kg	20	Ex.
0901.11.99			Los demás.	Kg	20	Ex.
	01		Variedad robusta.			
	99		Los demás.			
0901.12		- -	**Descafeinado.**			
0901.12.02	00		Café Veracruz.	Kg	20	Ex.
0901.12.03	00		Café Chiapas.	Kg	20	Ex.
0901.12.04	00		Café Pluma.	Kg	20	Ex.
0901.12.99	00		Los demás.	Kg	20	Ex.
		-	**Café tostado:**			
0901.21		- -	**Sin descafeinar.**			
0901.21.02	00		Café Veracruz.	Kg	45	Ex.
0901.21.03	00		Café Chiapas.	Kg	45	Ex.
0901.21.04	00		Café Pluma.	Kg	45	Ex.
0901.21.99	00		Los demás.	Kg	45	Ex.
0901.22		- -	**Descafeinado.**			
0901.22.02	00		Café Veracruz.	Kg	45	Ex.
0901.22.03	00		Café Chiapas.	Kg	45	Ex.
0901.22.04	00		Café Pluma.	Kg	45	Ex.
0901.22.99	00		Los demás.	Kg	45	Ex.
0901.90		-	**Los demás.**			
0901.90.99	00		Los demás.	Kg	45	Ex.
09.02			**Té, incluso aromatizado.**			
0902.10		-	**Té verde (sin fermentar) presentado en envases inmediatos con un contenido inferior o igual a 3 kg.**			
0902.10.01	00		Té verde (sin fermentar) presentado en envases inmediatos con un contenido inferior o igual a 3 kg.	Kg	20	Ex.
0902.20		-	**Té verde (sin fermentar) presentado de otra forma.**			
0902.20.01	00		Té verde (sin fermentar) presentado de otra forma.	Kg	20	Ex.
0902.30		-	**Té negro (fermentado) y té parcialmente fermentado, presentados en envases inmediatos con un contenido inferior o igual a 3 kg.**			
0902.30.01	00		Té negro (fermentado) y té parcialmente fermentado, presentados en envases inmediatos con un contenido inferior o igual a 3 kg.	Kg	20	Ex.
0902.40		-	**Té negro (fermentado) y té parcialmente fermentado, presentados de otra forma.**			
0902.40.01	00		Té negro (fermentado) y té parcialmente fermentado, presentados de otra forma.	Kg	20	Ex.
09.03			**Yerba mate.**			
0903.00		-	**Yerba mate.**			
0903.00.01	00		Yerba mate.	Kg	20	Ex.
09.04			**Pimienta del género *Piper*; frutos de los géneros *Capsicum* o *Pimenta*, secos, triturados o pulverizados.**			
		-	**Pimienta:**			
0904.11		- -	**Sin triturar ni pulverizar.**			
0904.11.01	00		Sin triturar ni pulverizar.	Kg	20	Ex.
0904.12		- -	**Triturada o pulverizada.**			
0904.12.01	00		Triturada o pulverizada.	Kg	20	Ex.
		-	**Frutos de los géneros *Capsicum* o *Pimenta*:**			
0904.21		- -	**Secos, sin triturar ni pulverizar.**			
0904.21.02			Secos, sin triturar ni pulverizar.	Kg	20	Ex.
	01		Chile "ancho" o "anaheim".			
	99		Los demás.			
0904.22		- -	**Triturados o pulverizados.**			
0904.22.02			Triturados o pulverizados.	Kg	20	Ex.
	01		Chile "ancho" o "anaheim".			
	99		Los demás.			
09.05			**Vainilla.**			
0905.10		-	**Sin triturar ni pulverizar.**			
0905.10.02	00		Vainilla de Papantla.	Kg	20	Ex.
0905.10.99	00		Las demás.	Kg	20	Ex.
0905.20		-	**Triturada o pulverizada.**			
0905.20.02	00		Vainilla de Papantla.	Kg	20	Ex.
0905.20.99	00		Las demás.	Kg	20	Ex.
09.06			**Canela y flores de canelero.**			
		-	**Sin triturar ni pulverizar:**			
0906.11		- -	**Canela (*Cinnamomum zeylanicum Blume*).**			
0906.11.01	00		Canela (*Cinnamomum zeylanicum Blume*).	Kg	Ex.	Ex.
0906.19		- -	**Las demás.**			
0906.19.99	00		Las demás.	Kg	Ex.	Ex.
0906.20		-	**Trituradas o pulverizadas.**			
0906.20.01	00		Trituradas o pulverizadas.	Kg	10	Ex.
09.07			**Clavos (frutos enteros, clavillos y pedúnculos).**			
0907.10		-	**Sin triturar ni pulverizar.**			
0907.10.01	00		Sin triturar ni pulverizar.	Kg	10	Ex.
0907.20		-	**Triturados o pulverizados.**			

0907.20.01	00	Triturados o pulverizados.	Kg	10	Ex.
09.08		**Nuez moscada, macis, amomos y cardamomos.**			
		- Nuez moscada:			
0908.11	- -	**Sin triturar ni pulverizar.**			
0908.11.01	00	Sin triturar ni pulverizar.	Kg	20	Ex.
0908.12	- -	**Triturada o pulverizada.**			
0908.12.01	00	Triturada o pulverizada.	Kg	20	Ex.
		- Macis:			
0908.21	- -	**Sin triturar ni pulverizar.**			
0908.21.01	00	Sin triturar ni pulverizar.	Kg	20	Ex.
0908.22	- -	**Triturado o pulverizado.**			
0908.22.01	00	Triturado o pulverizado.	Kg	20	Ex.
		- Amomos y cardamomos:			
0908.31	- -	**Sin triturar ni pulverizar.**			
0908.31.01	00	Sin triturar ni pulverizar.	Kg	20	Ex.
0908.32	- -	**Triturados o pulverizados.**			
0908.32.01	00	Triturados o pulverizados.	Kg	20	Ex.
09.09		**Semillas de anís, badiana, hinojo, cilantro, comino o alcaravea; bayas de enebro.**			
		- Semillas de cilantro:			
0909.21	- -	**Sin triturar ni pulverizar.**			
0909.21.01	00	Sin triturar ni pulverizar.	Kg	10	Ex.
0909.22	- -	**Trituradas o pulverizadas.**			
0909.22.01	00	Trituradas o pulverizadas.	Kg	10	Ex.
		- Semillas de comino:			
0909.31	- -	**Sin triturar ni pulverizar.**			
0909.31.01	00	Sin triturar ni pulverizar.	Kg	10	Ex.
0909.32	- -	**Trituradas o pulverizadas.**			
0909.32.01	00	Trituradas o pulverizadas.	Kg	10	Ex.
		- Semillas de anís, badiana, alcaravea o hinojo; bayas de enebro:			
0909.61	- -	**Sin triturar ni pulverizar.**			
0909.61.01	00	Semillas de alcaravea.	Kg	20	Ex.
0909.61.02	00	Semillas de anís o badiana.	Kg	10	Ex.
0909.61.99	00	Los demás.	Kg	15	Ex.
0909.62	- -	**Trituradas o pulverizadas.**			
0909.62.01	00	Semillas de alcaravea.	Kg	20	Ex.
0909.62.02	00	Semillas de anís o badiana.	Kg	10	Ex.
0909.62.99	00	Los demás.	Kg	15	Ex.
09.10		**Jengibre, azafrán, cúrcuma, tomillo, hojas de laurel, curri y demás especias.**			
		- Jengibre:			
0910.11	- -	**Sin triturar ni pulverizar.**			
0910.11.01	00	Sin triturar ni pulverizar.	Kg	10	Ex.
0910.12	- -	**Triturado o pulverizado.**			
0910.12.01	00	Triturado o pulverizado.	Kg	10	Ex.
0910.20	-	**Azafrán.**			
0910.20.01	00	Azafrán.	Kg	10	Ex.
0910.30	-	**Cúrcuma.**			
0910.30.01	00	Cúrcuma.	Kg	20	Ex.
		- Las demás especias:			
0910.91	- -	**Mezclas previstas en la Nota 1 b) de este Capítulo.**			
0910.91.01	00	Mezclas previstas en la Nota 1 b) de este Capítulo.	Kg	20	Ex.
0910.99	- -	**Las demás.**			
0910.99.99		Las demás.	Kg	20	Ex.
	01	Tomillo; hojas de laurel.			
	99	Las demás.			

Capítulo 10
Cereales

Notas.
1. A) Los productos citados en los textos de las partidas de este Capítulo se clasifican en dichas partidas solo si están presentes los granos, incluso en espigas o con los tallos.
   B) Este Capítulo no comprende los granos mondados o trabajados de otra forma. Sin embargo, el arroz descascarillado, blanqueado, pulido, glaseado, escaldado o partido se clasifica en la partida 10.06. Asimismo, la quinoa (quinua) a la cual se le ha eliminado total o parcialmente el pericarpio a fin de separar la saponina, pero que no haya sido sometida a ningún otro trabajo, permanece clasificada en la partida 10.08.
2. La partida 10.05 no comprende el maíz dulce (Capítulo 07).

Nota de subpartida.
1. Se considera *trigo duro* el de la especie *Triticum durum* y los híbridos derivados del cruce interespecífico del *Triticum durum* que tengan 28 cromosomas como aquél.

Notas Nacionales:
1. Se considera *trigo duro* el de la especie *Triticum durum* y los híbridos derivados del cruce interespecífico del *Triticum durum* que tengan 28 cromosomas, también conocido como trigo semolero para pasta.
2. Se considera *Triticum Aestivum* o Trigo Común panificable, el de la especie *Triticum Aestivum* y los híbridos derivados del cruce interespecífico del *Triticum Aestivum* que tengan 42 cromosomas, también conocido como trigos harineros duros y suaves.

LEY DE LOS IMPUESTOS GENERALES DE IMPORTACION Y EXPORTACION

CÓDIGO		DESCRIPCIÓN	UNIDAD	ARANCEL	
				IMP	EXP

10.01		**Trigo y morcajo (tranquillón).**			
	-	**Trigo duro:**			
1001.11	- -	**Para siembra.**			
1001.11.01	00	Para siembra.	Kg	15	Ex.
1001.19	- -	**Los demás.**			
1001.19.99	00	Los demás.	Kg	15	Ex.
	-	**Los demás:**			
1001.91	- -	**Para siembra.**			
1001.91.01	00	Triticum Aestivum o Trigo Común Panificable.	Kg	Ex.	Ex.
1001.91.99	00	Los demás.	Kg	15	Ex.
1001.99	- -	**Los demás.**			
1001.99.01	00	Triticum Aestivum o Trigo Común Panificable.	Kg	Ex.	Ex.
1001.99.99	00	Los demás.	Kg	15	Ex.
10.02		**Centeno.**			
1002.10	-	**Para siembra.**			
1002.10.01	00	Para siembra.	Kg	Ex.	Ex.
1002.90	-	**Los demás.**			
1002.90.99	00	Los demás.	Kg	Ex.	Ex.
10.03		**Cebada.**			
1003.10	-	**Para siembra.**			
1003.10.01	00	Para siembra.	Kg	Ex.	Ex.
1003.90	-	**Los demás.**			
1003.90.99		Los demás.	Kg	Ex.	Ex.
	01	En grano, con cáscara.			
	99	Los demás.			
10.04		**Avena.**			
1004.10	-	**Para siembra.**			
1004.10.01	00	Para siembra.	Kg	Ex.	Ex.
1004.90	-	**Los demás.**			
1004.90.99	00	Los demás.	Kg	Ex.	Ex.
10.05		**Maíz.**			
1005.10	-	**Para siembra.**			
1005.10.01	00	Para siembra.	Kg	Ex.	Ex.
1005.90	-	**Los demás.**			
1005.90.04	00	Maíz blanco (harinero).	Kg	20	Ex.
1005.90.99		Los demás.	Kg	Ex.	Ex.
	01	Palomero.			
	02	Maíz amarillo.			
	99	Los demás.			
10.06		**Arroz.**			
1006.10	-	**Arroz con cáscara (arroz "paddy").**			
1006.10.02	00	Arroz del Estado de Morelos.	Kg	9	Ex.
1006.10.99	00	Los demás.	Kg	9	Ex.
1006.20	-	**Arroz descascarillado (arroz cargo o arroz pardo).**			
1006.20.02	00	Arroz del Estado de Morelos.	Kg	20	Ex.
1006.20.99	00	Los demás.	Kg	20	Ex.
1006.30	-	**Arroz semiblanqueado o blanqueado, incluso pulido o glaseado.**			
1006.30.03	00	Arroz del Estado de Morelos.	Kg	20	Ex.
1006.30.99		Los demás.	Kg	20	Ex.
	01	Denominado grano largo (relación 3:1, o mayor, entre el largo y la anchura del grano).			
	99	Los demás.			
1006.40	-	**Arroz partido.**			
1006.40.02	00	Arroz del Estado de Morelos.	Kg	20	Ex.
1006.40.99	00	Los demás.	Kg	20	Ex.
10.07		**Sorgo de grano (granífero).**			
1007.10	-	**Para siembra.**			
1007.10.01	00	Para siembra.	Kg	Ex.	Ex.
1007.90	-	**Los demás.**			
1007.90.01	00	Cuando la operación se realice dentro del periodo comprendido entre el 16 de diciembre y el 15 de mayo.	Kg	Ex.	Ex.
1007.90.02	00	Cuando la operación se realice dentro del periodo comprendido entre el 16 de mayo y el 15 de diciembre.	Kg	15	Ex.
10.08		**Alforfón, mijo y alpiste; los demás cereales.**			
1008.10	-	**Alforfón.**			
1008.10.01	00	Alforfón.	Kg	Ex.	Ex.
	-	**Mijo:**			
1008.21	- -	**Para siembra.**			
1008.21.01	00	Para siembra.	Kg	15	Ex.
1008.29	- -	**Los demás.**			
1008.29.99	00	Los demás.	Kg	15	Ex.

Código			Descripción	Unidad	IMP	EXP
1008.30			- Alpiste.			
1008.30.01		00	Alpiste.	Kg	Ex.	Ex.
1008.40			- Fonio (*Digitaria spp.*).			
1008.40.01		00	Fonio (*Digitaria spp.*).	Kg	Ex.	Ex.
1008.50			- Quinua (quinoa) (*Chenopodium quinoa*).			
1008.50.01		00	Quinua (quinoa) (*Chenopodium quinoa*).	Kg	Ex.	Ex.
1008.60			- Triticale.			
1008.60.01		00	Triticale.	Kg	Ex.	Ex.
1008.90			- Los demás cereales.			
1008.90.91		00	Los demás cereales.	Kg	Ex.	Ex.

Capítulo 11
Productos de la molinería; malta; almidón y fécula; inulina; gluten de trigo

Notas.

1. Este Capítulo no comprende:
a) la malta tostada acondicionada como sucedáneo del café (partidas 09.01 ó 21.01, según los casos);
b) la harina, grañones, sémola, almidón y fécula preparados, de la partida 19.01;
c) las hojuelas o copos de maíz y demás productos de la partida 19.04;
d) las hortalizas preparadas o conservadas de las partidas 20.01, 20.04 ó 20.05;
e) los productos farmacéuticos (Capítulo 30);
f) el almidón y la fécula que tengan el carácter de preparaciones de perfumería, de tocador o de cosmética (Capítulo 33).

2.
A) Los productos de la molienda de los cereales designados en el cuadro siguiente se clasifican en este Capítulo, si tienen simultáneamente en peso sobre producto seco:
a) un contenido de almidón (determinado según el método polarimétrico Ewers modificado) superior al indicado en la columna (2);
b) un contenido de cenizas (deduciendo las materias minerales que hayan podido añadirse) inferior o igual al indicado en la columna (3).
Los que no cumplan las condiciones anteriores se clasifican en la partida 23.02. Sin embargo, el germen de cereales entero, aplastado, en copos o molido, siempre se clasificará en la partida 11.04.
B) Los productos incluidos en este Capítulo, en virtud de las disposiciones anteriores, se clasifican en las partidas 11.01 u 11.02 cuando el porcentaje en peso que pase por un tamiz de tela metálica con abertura de malla correspondiente a la indicada en las columnas (4) ó (5), según los casos, sea superior o igual al indicado para cada cereal.
En caso contrario, se clasifican en las partidas 11.03 u 11.04.

Cereal (1)	Contenido de almidón (2)	Contenido de cenizas (3)	Porcentaje que pasa por un tamiz con abertura de malla de	
			315 micras (micrometros, micrones) (4)	500 micras (micrometros, micrones) (5)
Trigo y centeno............	45%	2.5%	80%	-
Cebada.....................	45%	3%	80%	-
Avena.......................	45%	5%	80%	-
Maíz y sorgo de grano (granífero)..........	45%	2%	-	90%
Arroz........................	45%	1.6%	80%	-
Alforfón.....................	45%	4%	80%	-

3. En la partida 11.03, se consideran *grañones* y *sémola* los productos obtenidos por fragmentación de los granos de cereales que respondan a las condiciones siguientes:
a) los de maíz, deberán pasar por un tamiz de tela metálica con abertura de malla de 2 mm en proporción superior o igual al 95% en peso;
b) los de los demás cereales, deberán pasar por un tamiz de tela metálica con abertura de malla de 1.25 mm en proporción superior o igual al 95% en peso.

Nota Nacional:
1. Para efectos de la subpartida 1104.30, se incluye el germen de trigo parcialmente desgrasado, con un contenido de grasa superior o igual al 1% pero inferior o igual al 5% en peso.

CÓDIGO	DESCRIPCIÓN	UNIDAD	ARANCEL	
			IMP	EXP
11.01	**Harina de trigo o de morcajo (tranquillón).**			
1101.00	- Harina de trigo o de morcajo (tranquillón).			
1101.00.01 00	Harina de trigo o de morcajo (tranquillón).	Kg	10	Ex.
11.02	**Harina de cereales, excepto de trigo o de morcajo (tranquillón).**			
1102.20	- Harina de maíz.			
1102.20.01 00	Harina de maíz.	Kg	10	Ex.

1102.90		-	Las demás.			
1102.90.99			Las demás.	Kg	10	Ex.
	01		Harina de arroz.			
	99		Las demás.			
11.03			**Grañones, sémola y "pellets", de cereales.**			
		-	Grañones y sémola:			
1103.11		- -	**De trigo.**			
1103.11.01	00		De trigo.	Kg	5	Ex.
1103.13		- -	**De maíz.**			
1103.13.01	00		De maíz.	Kg	5	Ex.
1103.19		- -	**De los demás cereales.**			
1103.19.91			De los demás cereales.	Kg	5	Ex.
	01		De avena.			
	99		Los demás.			
1103.20		-	**"Pellets".**			
1103.20.02			"Pellets".	Kg	5	Ex.
	01		De trigo.			
	99		Los demás.			
11.04			**Granos de cereales trabajados de otro modo (por ejemplo: mondados, aplastados, en copos, perlados, troceados o quebrantados), excepto el arroz de la partida 10.06; germen de cereales entero, aplastado, en copos o molido.**			
		-	Granos aplastados o en copos:			
1104.12		- -	**De avena.**			
1104.12.01	00		De avena.	Kg	5	Ex.
1104.19		- -	**De los demás cereales.**			
1104.19.91	00		De los demás cereales.	Kg	5	Ex.
		-	Los demás granos trabajados (por ejemplo: mondados, perlados, troceados o quebrantados):			
1104.22		- -	**De avena.**			
1104.22.01	00		De avena.	Kg	5	Ex.
1104.23		- -	**De maíz.**			
1104.23.01	00		De maíz.	Kg	Ex.	Ex.
1104.29		- -	**De los demás cereales.**			
1104.29.91	00		De los demás cereales.	Kg	5	Ex.
1104.30		-	**Germen de cereales entero, aplastado, en copos o molido.**			
1104.30.01	00		Germen de cereales entero, aplastado, en copos o molido.	Kg	5	Ex.
11.05			**Harina, sémola, polvo, copos, gránulos y "pellets", de papa (patata).**			
1105.10		-	**Harina, sémola y polvo.**			
1105.10.01	00		Harina, sémola y polvo.	Kg	10	Ex.
1105.20		-	**Copos, gránulos y "pellets".**			
1105.20.01	00		Copos, gránulos y "pellets".	Kg	10	Ex.
11.06			**Harina, sémola y polvo de las hortalizas de la partida 07.13, de sagú o de las raíces o tubérculos de la partida 07.14 o de los productos del Capítulo 08.**			
1106.10		-	**De las hortalizas de la partida 07.13.**			
1106.10.01	00		De las hortalizas de la partida 07.13.	Kg	10	Ex.
1106.20		-	**De sagú o de las raíces o tubérculos de la partida 07.14.**			
1106.20.02	00		De sagú o de las raíces o tubérculos de la partida 07.14.	Kg	10	Ex.
1106.30		-	**De los productos del Capítulo 08.**			
1106.30.02	00		De los productos del Capítulo 08.	Kg	10	Ex.
11.07			**Malta (de cebada u otros cereales), incluso tostada.**			
1107.10		-	**Sin tostar.**			
1107.10.01	00		Sin tostar.	Kg	Ex.	Ex.
1107.20		-	**Tostada.**			
1107.20.01	00		Tostada.	Kg	Ex.	Ex.
11.08			**Almidón y fécula; inulina.**			
		-	Almidón y fécula:			
1108.11		- -	**Almidón de trigo.**			
1108.11.01	00		Almidón de trigo.	Kg	10	Ex.
1108.12		- -	**Almidón de maíz.**			
1108.12.01	00		Almidón de maíz.	Kg	10	Ex.
1108.13		- -	**Fécula de papa (patata).**			
1108.13.01	00		Fécula de papa (patata).	Kg	10	Ex.
1108.14		- -	**Fécula de yuca (mandioca).**			
1108.14.01	00		Fécula de yuca (mandioca).	Kg	10	Ex.
1108.19		- -	**Los demás almidones y féculas.**			
1108.19.91	00		Los demás almidones y féculas.	Kg	10	Ex.
1108.20		-	**Inulina.**			
1108.20.01	00		Inulina.	Kg	10	Ex.
11.09			**Gluten de trigo, incluso seco.**			
1109.00		-	**Gluten de trigo, incluso seco.**			
1109.00.01	00		Gluten de trigo, incluso seco.	Kg	10	Ex.

ADUANA VIRTUAL

Capítulo 12
Semillas y frutos oleaginosos; semillas y frutos diversos; plantas industriales o medicinales; paja y forraje

Notas.

1. La nuez y la almendra de palma (palmiste), las semillas de algodón, ricino, sésamo (ajonjolí), mostaza, cártamo, amapola (adormidera) y "karité", entre otras, se consideran *semillas oleaginosas* de la partida 12.07. Por el contrario, se excluyen de dicha partida los productos de las partidas 08.01 o 08.02, así como las aceitunas (Capítulos 07 o 20).

2. La partida 12.08 comprende no solo la harina sin desgrasar, sino también la desgrasada parcialmente o la que ha sido desgrasada y después total o parcialmente reengrasada con su propio aceite. Por el contrario, se excluyen los residuos de las partidas 23.04 a 23.06.

3. Las semillas de remolacha, las pratenses (de prados), las de flores ornamentales, de hortalizas, de árboles forestales o frutales, de vezas (excepto las de la especie *Vicia faba*) o de altramuces, se consideran *semillas para siembra* de la partida 12.09.

Por el contrario, se excluyen de esta partida, aunque se destinen a la siembra:
a) las hortalizas de vaina y el maíz dulce (Capítulo 07);
b) las especias y demás productos del Capítulo 09;
c) los cereales (Capítulo 10);
d) los productos de las partidas 12.01 a 12.07 o de la partida 12.11.

4. La partida 12.11 comprende, entre otras, las plantas y partes de plantas de las especies siguientes: albahaca, borraja, ginseng, hisopo, regaliz, diversas especies de menta, romero, ruda, salvia y ajenjo.

Por el contrario, se excluyen:
a) los productos farmacéuticos del Capítulo 30;
b) las preparaciones de perfumería, de tocador o de cosmética del Capítulo 33;
c) los insecticidas, fungicidas, herbicidas, desinfectantes y productos similares de la partida 38.08.

5. En la partida 12.12, el término *algas* no comprende:
a) los microorganismos monocelulares muertos de la partida 21.02;
b) los cultivos de microorganismos de la partida 30.02;
c) los abonos de las partidas 31.01 o 31.05.

Nota de subpartida.

1. En la subpartida 1205.10, se entiende por *semillas de nabo (nabina) o de colza con bajo contenido de ácido erúcico* las semillas de nabo (nabina) o de colza de las que se obtiene un aceite fijo el cual tiene un contenido de ácido erúcico inferior al 2% en peso y un componente sólido cuyo contenido de glucosinolatos es inferior a 30 micromoles por gramo.

CÓDIGO		DESCRIPCIÓN	UNIDAD	ARANCEL IMP	EXP
12.01		**Habas (porotos, frijoles, fréjoles) de soja (soya), incluso quebrantadas.**			
1201.10	-	Para siembra.			
1201.10.01 00		Para siembra.	Kg	Ex.	Ex.
1201.90	-	Los demás.			
1201.90.01 00		Cuando la operación se realice dentro del periodo comprendido entre el 1o. de enero y el 30 de septiembre.	Kg	Ex.	Ex.
1201.90.02 00		Cuando la operación se realice dentro del periodo comprendido entre el 1o. de octubre y el 31 de diciembre.	Kg	15	Ex.
12.02		**Cacahuates (cacahuetes, maníes) sin tostar ni cocer de otro modo, incluso sin cáscara o quebrantados.**			
1202.30	-	Para siembra.			
1202.30.01 00		Para siembra.	Kg	Ex.	Ex.
	-	Los demás:			
1202.41	- -	Con cáscara.			
1202.41.01 00		Con cáscara.	Kg	Ex.	Ex.
1202.42	- -	Sin cáscara, incluso quebrantados.			
1202.42.01 00		Sin cáscara, incluso quebrantados.	Kg	Ex.	Ex.
12.03		**Copra.**			
1203.00	-	Copra.			
1203.00.01 00		Copra.	Kg	45	Ex.
12.04		**Semillas de lino, incluso quebrantadas.**			
1204.00	-	Semillas de lino, incluso quebrantadas.			
1204.00.01 00		Semillas de lino, incluso quebrantadas.	Kg	Ex.	Ex.
12.05		**Semillas de nabo (nabina) o de colza, incluso quebrantadas.**			
1205.10	-	Semillas de nabo (nabina) o de colza con bajo contenido de ácido erúcico.			
1205.10.01 00		Semillas de nabo (nabina) o de colza con bajo contenido de ácido erúcico.	Kg	Ex.	Ex.
1205.90	-	Las demás.			
1205.90.99 00		Las demás.	Kg	Ex.	Ex.
12.06		**Semillas de girasol, incluso quebrantadas.**			
1206.00	-	Semillas de girasol, incluso quebrantadas.			
1206.00.02		Semillas de girasol, incluso quebrantadas.	Kg	Ex.	Ex.
01		Para siembra.			
99		Las demás.			
12.07		**Las demás semillas y frutos oleaginosos, incluso quebrantados.**			
1207.10	-	Nueces y almendras de palma (palmiste).			
1207.10.01 00		Nueces y almendras de palma (palmiste).	Kg	Ex.	Ex.

LEY DE LOS IMPUESTOS GENERALES DE IMPORTACION Y EXPORTACION

		- Semillas de algodón:			
1207.21		- - **Para siembra.**			
1207.21.01	00	Para siembra.	Kg	Ex.	Ex.
1207.29		- - **Las demás.**			
1207.29.99	00	Las demás.	Kg	Ex.	Ex.
1207.30		- **Semillas de ricino.**			
1207.30.01	00	Semillas de ricino.	Kg	Ex.	Ex.
1207.40		- **Semillas de sésamo (ajonjolí).**			
1207.40.01	00	Semillas de sésamo (ajonjolí).	Kg	Ex.	Ex.
1207.50		- **Semillas de mostaza.**			
1207.50.01	00	Semillas de mostaza.	Kg	Ex.	Ex.
1207.60		- **Semillas de cártamo (*Carthamus tinctorius*).**			
1207.60.03	00	Semillas de cártamo, excepto para siembra, cuando la operación se realice dentro del periodo comprendido entre el 1o. de octubre y el 31 de diciembre.	Kg	10	Ex.
1207.60.99	00	Las demás.	Kg	Ex.	Ex.
1207.70		- **Semillas de melón.**			
1207.70.01	00	Semillas de melón.	Kg	Ex.	Ex.
		- Los demás:			
1207.91		- - **Semillas de amapola (adormidera).**			
1207.91.01	00	Semillas de amapola (adormidera).	Kg	10	Prohibida
1207.99		- - **Los demás.**			
1207.99.99	00	Los demás.	Kg	Ex.	Ex.
12.08		**Harina de semillas o de frutos oleaginosos, excepto la harina de mostaza.**			
1208.10		- **De habas (porotos, frijoles, fréjoles) de soja (soya).**			
1208.10.01	00	De habas (porotos, frijoles, fréjoles) de soja (soya).	Kg	15	Ex.
1208.90		- **Las demás.**			
1208.90.03		De amapola (adormidera).	Prohibida	Prohibida	Prohibida
1208.90.99	00	Las demás.	Kg	15	Ex.
12.09		**Semillas, frutos y esporas, para siembra.**			
1209.10		- **Semillas de remolacha azucarera.**			
1209.10.01	00	Semillas de remolacha azucarera.	Kg	9	Ex.
		- Semillas forrajeras:			
1209.21		- - **De alfalfa.**			
1209.21.01	00	De alfalfa.	Kg	Ex.	Ex.
1209.22		- - **De trébol (*Trifolium spp.*).**			
1209.22.01	00	De trébol (*Trifolium spp.*).	Kg	Ex.	Ex.
1209.23		- - **De festucas.**			
1209.23.01	00	De festucas.	Kg	Ex.	Ex.
1209.24		- - **De pasto azul de Kentucky (*Poa pratensis L.*).**			
1209.24.01	00	De pasto azul de Kentucky (*Poa pratensis L.*).	Kg	Ex.	Ex.
1209.25		- - **De ballico (*Lolium multiflorum Lam., Lolium perenne L.*).**			
1209.25.01	00	De ballico (*Lolium multiflorum Lam., Lolium perenne L.*).	Kg	Ex.	Ex.
1209.29		- - **Las demás.**			
1209.29.04	00	De remolacha, excepto azucarera.	Kg	9	Ex.
1209.29.99		Las demás.	Kg	Ex.	Ex.
	01	Para prados y pastizales, excepto de pasto inglés.			
	02	De sorgo, para siembra.			
	99	Las demás.			
1209.30		- **Semillas de plantas herbáceas utilizadas principalmente por sus flores.**			
1209.30.01	00	Semillas de plantas herbáceas utilizadas principalmente por sus flores.	Kg	Ex.	Ex.
		- Los demás:			
1209.91		- - **Semillas de hortalizas.**			
1209.91.15		Semillas de hortalizas.	Kg	Ex.	Ex.
	01	De cebolla.			
	02	De tomate.			
	03	De zanahoria.			
	04	De rábano.			
	05	De espinaca.			
	06	De brócoli ("broccoli").			
	07	De calabaza.			
	08	De col.			
	09	De coliflor.			
	10	De chiles dulces o de pimientos.			
	11	De lechuga.			
	12	De pepino.			
	99	Las demás.			
1209.99		- - **Los demás.**			
1209.99.07		De marihuana (Género Cannabis), aun cuando esté mezclada con otras semillas.	Prohibida	Prohibida	Prohibida
1209.99.99		Los demás.	Kg	Ex.	Ex.
	01	De melón.			
	02	De sandía.			
	99	Los demás.			
12.10		**Conos de lúpulo frescos o secos, incluso triturados, molidos o en "pellets"; lupulino.**			

Código		Descripción	Unidad		
1210.10	-	Conos de lúpulo sin triturar ni moler ni en "pellets".			
1210.10.01 00		Conos de lúpulo sin triturar ni moler ni en "pellets".	Kg	Ex.	Ex.
1210.20	-	Conos de lúpulo triturados, molidos o en "pellets"; lupulino.			
1210.20.01 00		Conos de lúpulo triturados, molidos o en "pellets"; lupulino.	Kg	Ex.	Ex.
12.11		**Plantas, partes de plantas, semillas y frutos de las especies utilizadas principalmente en perfumería, medicina o para usos insecticidas, parasiticidas o similares, frescos, refrigerados, congelados o secos, incluso cortados, quebrantados o pulverizados.**			
1211.20	-	Raíces de ginseng.			
1211.20.01 00		Raíces de ginseng, excepto lo comprendido en la fracción arancelaria 1211.20.02.	Kg	10	Ex.
1211.20.02 00		Raíces de ginseng, refrigeradas o congeladas.	Kg	20	Ex.
1211.30	-	Hojas de coca.			
1211.30.01 00		Hojas de coca, excepto lo comprendido en la fracción arancelaria 1211.30.02.	Kg	5	Ex.
1211.30.02 00		Hojas de coca, refrigeradas o congeladas.	Kg	10	Ex.
1211.40	-	Paja de adormidera.			
1211.40.01 00		Paja de adormidera.	Kg	10	Ex.
1211.50	-	Efedra.			
1211.50.01 00		Efedra.	Kg	10	Ex.
1211.60	-	Corteza de cerezo africano *(Prunus africana)*.			
1211.60.01 00		Corteza de cerezo africano *(Prunus africana)*.	Kg	10	Ex.
1211.90	-	Los demás.			
1211.90.02		De marihuana (Género Cannabis).	Prohibida	Prohibida	Prohibida
1211.90.91 00		Los demás, preparados o conservados conforme a lo indicado en la partida 20.08, refrigerados o congelados.	Kg	20	Ex.
1211.90.99		Los demás.	Kg	10	Ex.
	01	Manzanilla.			
	02	Tubérculos raíces, tallos o partes de plantas aunque se presenten pulverizados, cuando contengan saponinas, cuyo agrupamiento aglucónico sea un esteroide.			
	03	Flor de jamaica.			
	99	Los demás.			
12.12		**Algarrobas, algas, remolacha azucarera y caña de azúcar, frescas, refrigeradas, congeladas o secas, incluso pulverizadas; huesos (carozos) y almendras de frutos y demás productos vegetales (incluidas las raíces de achicoria sin tostar de la variedad *Cichorium intybus sativum*) empleados principalmente en la alimentación humana, no expresados ni comprendidos en otra parte.**			
	-	Algas:			
1212.21	- -	Aptas para la alimentación humana.			
1212.21.01 00		Congeladas.	Kg	20	Ex.
1212.21.02 00		Algas secas de las especies Porphyra Yezoensis o Porphyra Tenera (alga nori).	Kg	Ex.	Ex.
1212.21.99 00		Las demás.	Kg	10	Ex.
1212.29	- -	Las demás.			
1212.29.01 00		Congeladas.	Kg	20	Ex.
1212.29.99 00		Las demás.	Kg	10	Ex.
	-	Los demás:			
1212.91	- -	Remolacha azucarera.			
1212.91.01 00		Remolacha azucarera.	Kg	10	Ex.
1212.92	- -	Algarrobas.			
1212.92.02 00		Algarrobas.	Kg	10	Ex.
1212.93	- -	Caña de azúcar.			
1212.93.01 00		Caña de azúcar.	Kg	36	Ex.
1212.94	- -	Raíces de achicoria.			
1212.94.02 00		Raíces de achicoria.	Kg	10	Ex.
1212.99	- -	Los demás.			
1212.99.99 00		Los demás.	Kg	10	Ex.
12.13		**Paja y cascabillo de cereales, en bruto, incluso picados, molidos, prensados o en "pellets".**			
1213.00	-	Paja y cascabillo de cereales, en bruto, incluso picados, molidos, prensados o en "pellets".			
1213.00.01 00		Paja y cascabillo de cereales, en bruto, incluso picados, molidos, prensados o en "pellets".	Kg	10	Ex.
12.14		**Nabos forrajeros, remolachas forrajeras, raíces forrajeras, heno, alfalfa, trébol, esparceta, coles forrajeras, altramuces, vezas y productos forrajeros similares, incluso en "pellets".**			
1214.10	-	Harina y "pellets" de alfalfa.			
1214.10.01 00		Harina y "pellets" de alfalfa.	Kg	15	Ex.
1214.90	-	Los demás.			
1214.90.01 00		Alfalfa.	Kg	10	Ex.
1214.90.99 00		Los demás.	Kg	15	Ex.

LEY DE LOS IMPUESTOS GENERALES DE IMPORTACION Y EXPORTACION

Capítulo 13
Gomas, resinas y demás jugos y extractos vegetales

Nota.
1. La partida 13.02 comprende, entre otros, los extractos de regaliz, piretro (pelitre), lúpulo o áloe, y el opio.
Por el contrario, se excluyen:
a) el extracto de regaliz con un contenido de sacarosa superior al 10% en peso o presentado como artículo de confitería (partida 17.04);
b) el extracto de malta (partida 19.01);
c) los extractos de café, té o yerba mate (partida 21.01);
d) los jugos y extractos vegetales que constituyan bebidas alcohólicas (Capítulo 22);
e) el alcanfor natural, la glicirricina y demás productos de las partidas 29.14 o 29.38;
f) los concentrados de paja de adormidera con un contenido de alcaloides superior o igual al 50% en peso (partida 29.39);
g) los medicamentos de las partidas 30.03 o 30.04 y los reactivos para determinación de los grupos o de los factores sanguíneos (partida 38.22);
h) los extractos curtientes o tintóreos (partidas 32.01 o 32.03);
ij) los aceites esenciales (incluidos los "concretos" o "absolutos"), los resinoides y las oleorresinas de extracción, así como los destilados acuosos aromáticos y disoluciones acuosas de aceites esenciales y las preparaciones a base de sustancias odoríferas de los tipos utilizados para la elaboración de bebidas (Capítulo 33);
k) el caucho natural, balata, gutapercha, guayule, chicle y gomas naturales análogas (partida 40.01).

CÓDIGO		DESCRIPCIÓN	UNIDAD	ARANCEL IMP	EXP
13.01		**Goma laca; gomas, resinas, gomorresinas y oleorresinas (por ejemplo, bálsamos), naturales.**			
1301.20		- Goma arábiga.			
1301.20.01	00	Goma arábiga.	Kg	10	Ex.
1301.90		- Los demás.			
1301.90.99	00	Los demás.	Kg	10	Ex.
13.02		**Jugos y extractos vegetales; materias pécticas, pectinatos y pectatos; agar-agar y demás mucílagos y espesativos derivados de los vegetales, incluso modificados.**			
		- Jugos y extractos vegetales:			
1302.11		- - Opio.			
1302.11.02		Preparado para fumar.	Prohibida	Prohibida	Prohibida
1302.11.99	00	Los demás.	Kg	10	Ex.
1302.12		- - De regaliz.			
1302.12.02		De regaliz.	Kg	10	Ex.
	01	Extractos.			
	99	Los demás.			
1302.13		- - De lúpulo.			
1302.13.01	00	De lúpulo.	Kg	Ex.	Ex.
1302.14		- - De efedra.			
1302.14.01	00	De efedra.	Kg	15	Ex.
1302.19		- - Los demás.			
1302.19.01	00	De helecho macho.	Kg	10	Ex.
1302.19.02		De marihuana (*Género Cannabis*).	Prohibida	Prohibida	Prohibida
1302.19.03	00	De Ginko-Biloba.	Kg	Ex.	Ex.
1302.19.04	00	De haba tonka.	Kg	10	Ex.
1302.19.05	00	De belladona, con un contenido de alcaloides inferior o igual al 60%.	Kg	10	Ex.
1302.19.06	00	De *Pygeum Africanum* (*Prunus Africana*).	Kg	10	Ex.
1302.19.07	00	Podofilina.	Kg	10	Ex.
1302.19.08	00	Maná.	Kg	10	Ex.
1302.19.09	00	Alcoholados, extractos fluidos o sólidos o tinturas, de coca.	Kg	10	Ex.
1302.19.13	00	De piretro (pelitre).	Kg	10	Ex.
1302.19.14	00	De raíces que contengan rotenona.	Kg	10	Ex.
1302.19.15	00	De cáscara de nuez de cajú.	Kg	10	Ex.
1302.19.16	00	De Vainilla de Papantla.	Kg	15	Ex.
1302.19.99	00	Los demás.	Kg	15	Ex.
1302.20		- Materias pécticas, pectinatos y pectatos.			
1302.20.02		Materias pécticas, pectinatos y pectatos.	Kg	15	Ex.
	01	Pectinas.			
	99	Los demás.			
		- Mucílagos y espesativos derivados de los vegetales, incluso modificados:			
1302.31		- - Agar-agar.			
1302.31.01	00	Agar-agar.	Kg	15	Ex.
1302.32		- - Mucílagos y espesativos de la algarroba o de sus semillas o de las semillas de guar, incluso modificados.			
1302.32.01	00	Harina o mucílago de algarroba.	Kg	Ex.	Ex.
1302.32.02	00	Goma guar.	Kg	10	Ex.
1302.32.99	00	Los demás.	Kg	15	Ex.
1302.39		- - Los demás.			
1302.39.01	00	Mucílago de zaragatona.	Kg	10	Ex.
1302.39.02	00	Carragenina.	Kg	10	Ex.

| 1302.39.04 | | Derivados de la marihuana (*Género Cannabis*). | Prohibida | Prohibida | Prohibida |
| 1302.39.99 | 00 | Los demás. | Kg | 15 | Ex. |

Capítulo 14
Materias trenzables y demás productos de origen vegetal, no expresados ni comprendidos en otra parte

Notas.
1. Se excluyen de este Capítulo y se clasifican en la Sección XI, las materias y fibras vegetales de las especies principalmente utilizadas para la fabricación de textiles, cualquiera que sea su preparación, así como las materias vegetales trabajadas especialmente para su utilización exclusiva como materia textil.
2. La partida 14.01 comprende, entre otras, el bambú (incluso hendido, aserrado longitudinalmente o cortado en longitudes determinadas, con los extremos redondeados, blanqueado, ignifugado, pulido o teñido), los trozos de mimbre, de caña y similares, la médula de ratán (roten) y el ratán (roten) hilado. No se clasifican en esta partida las tablillas, láminas o cintas de madera (partida 44.04).
3. La partida 14.04 no comprende la lana de madera (partida 44.05) ni las cabezas preparadas para artículos de cepillería (partida 96.03).

CÓDIGO		DESCRIPCIÓN	UNIDAD	ARANCEL IMP	EXP
14.01		**Materias vegetales de las especies utilizadas principalmente en cestería o espartería (por ejemplo: bambú, ratán (roten), caña, junco, mimbre, rafia, paja de cereales limpiada, blanqueada o teñida, corteza de tilo).**			
1401.10		- **Bambú.**			
1401.10.01	00	Bambú.	Kg	10	Ex.
1401.20		- **Ratán (roten).**			
1401.20.01	00	Ratán (roten).	Kg	Ex.	Ex.
1401.90		- **Las demás.**			
1401.90.99	00	Las demás.	Kg	10	Ex.
14.04		**Productos vegetales no expresados ni comprendidos en otra parte.**			
1404.20		- **Línteres de algodón.**			
1404.20.01	00	Línteres de algodón.	Kg	10	Ex.
1404.90		- **Los demás.**			
1404.90.99		Los demás.	Kg	10	Ex.
	01	Materias vegetales de las especies utilizadas principalmente en la fabricación de escobas, cepillos o brochas (por ejemplo: sorgo, piasava, grama, ixtle (tampico)), incluso en torcidas o en haces.			
	02	Harina de flor de zempasúchitl.			
	91	Las demás materias primas vegetales de las especies utilizadas principalmente para teñir o curtir.			
	99	Los demás.			

Sección III
GRASAS Y ACEITES ANIMALES O VEGETALES; PRODUCTOS DE SU DESDOBLAMIENTO; GRASAS ALIMENTICIAS ELABORADAS; CERAS DE ORIGEN ANIMAL O VEGETAL

Capítulo 15
Grasas y aceites animales o vegetales; productos de su desdoblamiento; grasas alimenticias elaboradas; ceras de origen animal o vegetal

Notas.
1. Este Capítulo no comprende:
a) el tocino y grasa de cerdo o de ave, de la partida 02.09;
b) la manteca, grasa y aceite de cacao (partida 18.04);
c) las preparaciones alimenticias con un contenido de productos de la partida 04.05 superior al 15% en peso (generalmente Capítulo 21);
d) los chicharrones (partida 23.01) y los residuos de las partidas 23.04 a 23.06;
e) los ácidos grasos, las ceras preparadas, las grasas transformadas en productos farmacéuticos, pinturas, barnices, jabón, preparaciones de perfumería, de tocador o de cosmética, los aceites sulfonados y demás productos de la Sección VI;
f) el caucho facticio derivado de los aceites (partida 40.02).
2. La partida 15.09 no incluye el aceite de aceituna extraído con disolventes (partida 15.10).
3. La partida 15.18 no comprende las grasas y aceites, ni sus fracciones, simplemente desnaturalizados, que permanecen clasificados en la partida de las correspondientes grasas y aceites, y sus fracciones, sin desnaturalizar.
4. Las pastas de neutralización, las borras o heces de aceite, la brea esteárica, la brea de suarda y la pez de glicerol, se clasifican en la partida 15.22.

Notas de subpartida.
1. Para la aplicación de la subpartida 1509.30, el aceite de oliva virgen tiene una acidez libre expresada como ácido oleico inferior o igual a 2.0g/ 100 g y puede distinguirse de las otras categorías de aceite de oliva virgen, según las características establecidas por la Norma 33-1981 del *Codex Alimentarius*.
2. En las subpartidas 1514.11 y 1514.19, se entiende por *aceite de nabo (de nabina) o de colza con bajo contenido de ácido erúcico*, el aceite fijo con un contenido de ácido erúcico inferior al 2% en peso.

LEY DE LOS IMPUESTOS GENERALES DE IMPORTACION Y EXPORTACION

Notas Nacionales:
1. Las mezclas o preparaciones alimenticias a base de grasas animales, o grasas animales y aceites vegetales, incluidos los denominados "shortenings", se clasifican como sigue:
a) En la partida 15.01 cuando contengan, en peso, 80% o más de manteca de cerdo fundida;
b) En la partida 15.17 cuando contengan, en peso, menos del 80% de manteca de cerdo, incluso previamente hidrogenada, emulsionada, malaxada o tratada por texturado.
2. Los productos denominados comercialmente cera de Mirica y cera del Japón son grasas vegetales y se deben clasificar en el Capítulo 15.
3. En la partida 15.09:
a) El aceite de oliva refinado debe presentar un contenido de ácidos grasos libres (expresado como ácido oleico) inferior o igual a 0.3g por 100g;
b) El aceite de oliva de esta partida se considera virgen si el coeficiente de extinción K 270 (determinado por el método CAC/RM 26-1970 de la Comisión del Codex Alimentario) es inferior a 0.25 o cuando es superior a 0.25, si después de tratamiento de la muestra con alúmina activada, es inferior o igual a 0.11.
4. Se clasifica en la subpartida 1515.90 el aceite de jojoba descrito a veces como cera líquida constituido por ésteres de alcoholes grasos superiores.

CÓDIGO		DESCRIPCIÓN	UNIDAD	ARANCEL	
				IMP	EXP
15.01		**Grasa de cerdo (incluida la manteca de cerdo) y grasa de ave, excepto las de las partidas 02.09 o 15.03.**			
1501.10	-	**Manteca de cerdo.**			
1501.10.01 00		Manteca de cerdo.	Kg	15	Ex.
1501.20	-	**Las demás grasas de cerdo.**			
1501.20.91 00		Las demás grasas de cerdo.	Kg	15	Ex.
1501.90	-	**Las demás.**			
1501.90.99 00		Las demás.	Kg	15	Ex.
15.02		**Grasa de animales de las especies bovina, ovina o caprina, excepto las de la partida 15.03.**			
1502.10	-	**Sebo.**			
1502.10.01 00		Sebo.	Kg	10	Ex.
1502.90	-	**Las demás.**			
1502.90.99 00		Las demás.	Kg	10	Ex.
15.03		**Estearina solar, aceite de manteca de cerdo, oleoestearina, oleomargarina y aceite de sebo, sin emulsionar, mezclar ni preparar de otro modo.**			
1503.00	-	**Estearina solar, aceite de manteca de cerdo, oleoestearina, oleomargarina y aceite de sebo, sin emulsionar, mezclar ni preparar de otro modo.**			
1503.00.02 00		Estearina solar, aceite de manteca de cerdo, oleoestearina, oleomargarina y aceite de sebo, sin emulsionar, mezclar ni preparar de otro modo.	Kg	10	Ex.
15.04		**Grasas y aceites, y sus fracciones, de pescado o de mamíferos marinos, incluso refinados, pero sin modificar químicamente.**			
1504.10	-	**Aceites de hígado de pescado y sus fracciones.**			
1504.10.01 00		De bacalao.	Kg	Ex.	Ex.
1504.10.99 00		Los demás.	Kg	10	Ex.
1504.20	-	**Grasas y aceites de pescado y sus fracciones, excepto los aceites de hígado.**			
1504.20.02		Grasas y aceites de pescado y sus fracciones, excepto los aceites de hígado.	Kg	10	Ex.
	01	De pescado, excepto de bacalao y de tiburón.			
	99	Los demás.			
1504.30	-	**Grasas y aceites de mamíferos marinos y sus fracciones.**			
1504.30.01 00		Grasas y aceites de mamíferos marinos y sus fracciones.	Kg	10	Ex.
15.05		**Grasa de lana y sustancias grasas derivadas, incluida la lanolina.**			
1505.00	-	**Grasa de lana y sustancias grasas derivadas, incluida la lanolina.**			
1505.00.04		Grasa de lana y sustancias grasas derivadas, incluida la lanolina.	Kg	10	Ex.
	01	Lanolina (suintina refinada).			
	99	Las demás.			
15.06		**Las demás grasas y aceites animales, y sus fracciones, incluso refinados, pero sin modificar químicamente.**			
1506.00	-	**Las demás grasas y aceites animales, y sus fracciones, incluso refinados, pero sin modificar químicamente.**			
1506.00.01 00		De pie de buey, refinado.	Kg	20	Ex.
1506.00.99 00		Los demás.	Kg	10	Ex.
15.07		**Aceite de soja (soya) y sus fracciones, incluso refinado, pero sin modificar químicamente.**			
1507.10	-	**Aceite en bruto, incluso desgomado.**			
1507.10.01 00		Aceite en bruto, incluso desgomado.	Kg	5	Ex.
1507.90	-	**Los demás.**			
1507.90.99 00		Los demás.	Kg	5	Ex.
15.08		**Aceite de cacahuate (cacahuete, maní) y sus fracciones, incluso refinado, pero sin modificar químicamente.**			
1508.10	-	**Aceite en bruto.**			
1508.10.01 00		Aceite en bruto.	Kg	10	Ex.
1508.90	-	**Los demás.**			
1508.90.99 00		Los demás.	Kg	20	Ex.

Código		Descripción	UM		
15.09		**Aceite de oliva y sus fracciones, incluso refinado, pero sin modificar químicamente.**			
1509.20	-	**Aceite de oliva virgen extra.**			
1509.20.01 00		Aceite de oliva virgen extra.	Kg	Ex.	Ex.
1509.30	-	**Aceite de oliva virgen.**			
1509.30.01 00		Aceite de oliva virgen.	Kg	Ex.	Ex.
1509.40	-	**Los demás aceites de oliva vírgenes.**			
1509.40.91 00		Los demás aceites de oliva vírgenes.	Kg	Ex.	Ex.
1509.90	-	**Los demás.**			
1509.90.99		Los demás.	Kg	Ex.	Ex.
01		Refinado cuyo peso, incluido el envase inmediato, sea menor de 50 kg.			
99		Los demás.			
15.10		**Los demás aceites y sus fracciones obtenidos exclusivamente de aceituna, incluso refinados, pero sin modificar químicamente, y mezclas de estos aceites o fracciones con los aceites o fracciones de la partida 15.09.**			
1510.10	-	**Aceite de orujo de oliva en bruto.**			
1510.10.01 00		Aceite de orujo de oliva en bruto.	Kg	10	Ex.
1510.90	-	**Los demás.**			
1510.90.99 00		Los demás.	Kg	10	Ex.
15.11		**Aceite de palma y sus fracciones, incluso refinado, pero sin modificar químicamente.**			
1511.10	-	**Aceite en bruto.**			
1511.10.01 00		Aceite en bruto.	Kg	3	Ex.
1511.90	-	**Los demás.**			
1511.90.99 00		Los demás.	Kg	5	Ex.
15.12		**Aceites de girasol, cártamo o algodón, y sus fracciones, incluso refinados, pero sin modificar químicamente.**			
	-	**Aceites de girasol o cártamo, y sus fracciones:**			
1512.11	- -	**Aceites en bruto.**			
1512.11.01 00		Aceites en bruto.	Kg	5	Ex.
1512.19	- -	**Los demás.**			
1512.19.99 00		Los demás.	Kg	5	Ex.
	-	**Aceite de algodón y sus fracciones:**			
1512.21	- -	**Aceite en bruto, incluso sin gosipol.**			
1512.21.01 00		Aceite en bruto, incluso sin gosipol.	Kg	Ex.	Ex.
1512.29	- -	**Los demás.**			
1512.29.99 00		Los demás.	Kg	Ex.	Ex.
15.13		**Aceites de coco (de copra), de almendra de palma (palmiste) o de babasú, y sus fracciones, incluso refinados, pero sin modificar químicamente.**			
	-	**Aceite de coco (de copra) y sus fracciones:**			
1513.11	- -	**Aceite en bruto.**			
1513.11.01 00		Aceite en bruto.	Kg	Ex.	Ex.
1513.19	- -	**Los demás.**			
1513.19.99 00		Los demás.	Kg	3	Ex.
	-	**Aceites de almendra de palma (palmiste) o de babasú, y sus fracciones:**			
1513.21	- -	**Aceites en bruto.**			
1513.21.01 00		Aceites en bruto.	Kg	Ex.	Ex.
1513.29	- -	**Los demás.**			
1513.29.99 00		Los demás.	Kg	3	Ex.
15.14		**Aceites de nabo (de nabina), colza o mostaza, y sus fracciones, incluso refinados, pero sin modificar químicamente.**			
	-	**Aceites de nabo (de nabina) o de colza con bajo contenido de ácido erúcico y sus fracciones:**			
1514.11	- -	**Aceites en bruto.**			
1514.11.01 00		Aceites en bruto.	Kg	Ex.	Ex.
1514.19	- -	**Los demás.**			
1514.19.99 00		Los demás.	Kg	Ex.	Ex.
	-	**Los demás:**			
1514.91	- -	**Aceites en bruto.**			
1514.91.01 00		Aceites en bruto.	Kg	Ex.	Ex.
1514.99	- -	**Los demás.**			
1514.99.99 00		Los demás.	Kg	Ex.	Ex.
15.15		**Las demás grasas y aceites, vegetales (incluido el aceite de jojoba) o de origen microbiano, fijos, y sus fracciones, incluso refinados, pero sin modificar químicamente.**			
	-	**Aceite de lino (de linaza) y sus fracciones:**			
1515.11	- -	**Aceite en bruto.**			
1515.11.01 00		Aceite en bruto.	Kg	10	Ex.
1515.19	- -	**Los demás.**			
1515.19.99 00		Los demás.	Kg	20	Ex.
	-	**Aceite de maíz y sus fracciones:**			
1515.21	- -	**Aceite en bruto.**			
1515.21.01 00		Aceite en bruto.	Kg	10	Ex.
1515.29	- -	**Los demás.**			
1515.29.99 00		Los demás.	Kg	20	Ex.
1515.30	-	**Aceite de ricino y sus fracciones.**			
1515.30.01 00		Aceite de ricino y sus fracciones.	Kg	Ex.	Ex.
1515.50	-	**Aceite de sésamo (ajonjolí) y sus fracciones.**			
1515.50.01 00		Aceite de sésamo (ajonjolí) y sus fracciones.	Kg	10	Ex.

1515.60	-	**Grasas y aceites, de origen microbiano, y sus fracciones.**			
1515.60.01	00	Grasas y aceites, de origen microbiano, y sus fracciones.	Kg	10	Ex.
1515.90	-	**Los demás.**			
1515.90.99	00	Los demás.	Kg	10	Ex.
15.16		**Grasas y aceites, animales, vegetales o de origen microbiano, y sus fracciones, parcial o totalmente hidrogenados, interesterificados, reesterificados o elaidinizados, incluso refinados, pero sin preparar de otro modo.**			
1516.10	-	**Grasas y aceites, animales, y sus fracciones.**			
1516.10.01	00	Grasas y aceites, animales, y sus fracciones.	Kg	15	Ex.
1516.20	-	**Grasas y aceites, vegetales, y sus fracciones.**			
1516.20.01	00	Grasas y aceites, vegetales, y sus fracciones.	Kg	5	Ex.
1516.30	-	**Grasas y aceites, de origen microbiano, y sus fracciones.**			
1516.30.01	00	Grasas y aceites, de origen microbiano, y sus fracciones.	Kg	5	Ex.
15.17		**Margarina; mezclas o preparaciones alimenticias de grasas o aceites, animales, vegetales o de origen microbiano, o de fracciones de diferentes grasas o aceites, de este Capítulo, excepto las grasas y aceites, alimenticios o sus fracciones, de la partida 15.16.**			
1517.10	-	**Margarina, excepto la margarina líquida.**			
1517.10.01	00	Margarina, excepto la margarina líquida.	Kg	20	Ex.
1517.90	-	**Las demás.**			
1517.90.99	00	Las demás.	Kg	20	Ex.
15.18		**Grasas y aceites, animales, vegetales o de origen microbiano, y sus fracciones, cocidos, oxidados, deshidratados, sulfurados, soplados, polimerizados por calor en vacío o atmósfera inerte ("estandolizados"), o modificados químicamente de otra forma, excepto los de la partida 15.16; mezclas o preparaciones no alimenticias de grasas o de aceites, animales, vegetales o de origen microbiano, o de fracciones de diferentes grasas o aceites, de este Capítulo, no expresadas ni comprendidas en otra parte.**			
1518.00	-	**Grasas y aceites, animales, vegetales o de origen microbiano, y sus fracciones, cocidos, oxidados, deshidratados, sulfurados, soplados, polimerizados por calor en vacío o atmósfera inerte ("estandolizados"), o modificados químicamente de otra forma, excepto los de la partida 15.16; mezclas o preparaciones no alimenticias de grasas o de aceites, animales, vegetales o de origen microbiano, o de fracciones de diferentes grasas o aceites, de este Capítulo, no expresadas ni comprendidas en otra parte.**			
1518.00.01	00	Mezcla de aceites de girasol y oliva, bromados, calidad farmacéutica.	Kg	Ex.	Ex.
1518.00.02	00	Aceites animales o vegetales epoxidados.	Kg	15	Ex.
1518.00.99	00	Los demás.	Kg	10	Ex.
15.20		**Glicerol en bruto; aguas y lejías glicerinosas.**			
1520.00	-	**Glicerol en bruto; aguas y lejías glicerinosas.**			
1520.00.01	00	Glicerol en bruto; aguas y lejías glicerinosas.	Kg	10	Ex.
15.21		**Ceras vegetales (excepto los triglicéridos), cera de abejas o de otros insectos y esperma de ballena o de otros cetáceos (espermaceti), incluso refinadas o coloreadas.**			
1521.10	-	**Ceras vegetales.**			
1521.10.01	00	Carnauba.	Kg	Ex.	Ex.
1521.10.99	00	Las demás.	Kg	10	Ex.
1521.90	-	**Las demás.**			
1521.90.04	00	Esperma de ballena y de otros cetáceos.	Kg	10	Ex.
1521.90.99		Las demás.	Kg	15	Ex.
	01	Cera de abejas, refinada o blanqueada, sin colorear.			
	99	Las demás.			
15.22		**Degrás; residuos procedentes del tratamiento de grasas o ceras, animales o vegetales.**			
1522.00	-	**Degrás; residuos procedentes del tratamiento de grasas o ceras, animales o vegetales.**			
1522.00.01	00	Degrás; residuos procedentes del tratamiento de grasas o ceras, animales o vegetales.	Kg	10	Ex.

Sección IV
PRODUCTOS DE LAS INDUSTRIAS ALIMENTARIAS; BEBIDAS, LÍQUIDOS ALCOHÓLICOS Y VINAGRE; TABACO Y SUCEDÁNEOS DEL TABACO ELABORADOS

Nota.
1. En esta Sección, el término *"pellets"* designa los productos en forma de cilindro, bolita, etc., aglomerados por simple presión o con adición de un aglutinante en proporción inferior o igual al 3% en peso.

Capítulo 16
Preparaciones de carne, pescado o de crustáceos, moluscos o demás invertebrados acuáticos

Notas.
1. Este Capítulo no comprende la carne, despojos, pescado, crustáceos, moluscos y demás invertebrados acuáticos, así como los insectos, preparados o conservados por los procedimientos citados en los Capítulos 02 y 03, en la Nota 6 del Capítulo 04 o en la partida 05.04.
2. Las preparaciones alimenticias se clasifican en este Capítulo siempre que contengan una proporción superior al 20% en peso de embutidos, carne, despojos, sangre, insectos, pescado o de crustáceos, moluscos o demás invertebrados acuáticos, o de una combinación de estos productos. Cuando estas preparaciones contengan dos o más productos de los mencionados, se clasifican en la partida del Capítulo 16 que corresponda al componente que predomine en peso. Estas disposiciones no se aplican a los productos rellenos de la partida 19.02 ni a las preparaciones de las partidas 21.03 o 21.04.

Notas de subpartida.
1. En la subpartida 1602.10, se entiende por *preparaciones homogeneizadas*, las preparaciones de carne, despojos, sangre o de insectos, finamente homogeneizadas, acondicionadas para la venta al por menor como alimento para lactantes o niños de corta edad o

para uso dietético en recipientes con un contenido de peso neto inferior o igual a 250 g. Para la aplicación de esta definición se hará abstracción, en su caso, de los diversos ingredientes añadidos a la preparación en pequeña cantidad para sazonar, conservar u otros fines. Estas preparaciones pueden contener pequeñas cantidades de fragmentos visibles de carne, despojos o de insectos. La subpartida 1602.10 tendrá prioridad sobre las demás subpartidas de la partida 16.02.

2. Los pescados, crustáceos, moluscos y demás invertebrados acuáticos citados en las subpartidas de las partidas 16.04 y 16.05 solo con los nombres vulgares corresponden a las mismas especies mencionadas en el Capítulo 03 con el mismo nombre.

Nota Nacional:
1. Las subpartidas 1602.31 y 1602.39 no comprenden:
a) Las carnes y despojos de aves, frescos, refrigerados o congelados, secos, salados o en salmuera, simplemente adicionados con condimentos u otros ingredientes que no alteren las características esenciales de dichas carnes y despojos; tales mercancías se clasifican en las partidas 02.07 o 02.10, según corresponda;
b) Las carnes y despojos comestibles que se presenten simplemente espolvoreados con sal (Capítulo 02, generalmente).

CÓDIGO		DESCRIPCIÓN	UNIDAD	ARANCEL IMP	EXP
16.01		**Embutidos y productos similares de carne, despojos, sangre o de insectos; preparaciones alimenticias a base de estos productos.**			
1601.00	-	Embutidos y productos similares de carne, despojos, sangre o de insectos; preparaciones alimenticias a base de estos productos.			
1601.00.03		Embutidos y productos similares de carne, despojos, sangre o de insectos; preparaciones alimenticias a base de estos productos.	Kg	15	Ex.
	01	De aves de la especie *Gallus domesticus* o pavo (gallipavo).			
	02	De la especie porcina.			
	03	De insectos.			
	99	Los demás.			
16.02		**Las demás preparaciones y conservas de carne, despojos, sangre o de insectos.**			
1602.10	-	**Preparaciones homogeneizadas.**			
1602.10.02		Preparaciones homogeneizadas.	Kg	20	Ex.
	01	De insectos.			
	99	Los demás.			
1602.20	-	**De hígado de cualquier animal.**			
1602.20.02 00		De hígado de cualquier animal.	Kg	20	Ex.
	-	De aves de la partida 01.05:			
1602.31	- -	**De pavo (gallipavo).**			
1602.31.01 00		De pavo (gallipavo).	Kg	20	Ex.
1602.32	- -	**De aves de la especie *Gallus domesticus*.**			
1602.32.01 00		De aves de la especie *Gallus domesticus*.	Kg	20	Ex.
1602.39	- -	**Las demás.**			
1602.39.99 00		Las demás.	Kg	20	Ex.
	-	De la especie porcina:			
1602.41	- -	**Jamones y trozos de jamón.**			
1602.41.01 00		Jamones y trozos de jamón.	Kg	20	Ex.
1602.42	- -	**Paletas y trozos de paleta.**			
1602.42.01 00		Paletas y trozos de paleta.	Kg	20	Ex.
1602.49	- -	**Las demás, incluidas las mezclas.**			
1602.49.91		Las demás, incluidas las mezclas.	Kg	20	Ex.
	01	Cuero de cerdo cocido en trozos ("pellets").			
	99	Las demás.			
1602.50	-	**De la especie bovina.**			
1602.50.02 00		De la especie bovina.	Kg	20	Ex.
1602.90	-	**Las demás, incluidas las preparaciones de sangre de cualquier animal.**			
1602.90.91		Las demás, incluidas las preparaciones de sangre de cualquier animal.	Kg	20	Ex.
	01	De insectos.			
	99	Las demás.			
16.03		**Extractos y jugos de carne, pescado o de crustáceos, moluscos o demás invertebrados acuáticos.**			
1603.00	-	Extractos y jugos de carne, pescado o de crustáceos, moluscos o demás invertebrados acuáticos.			
1603.00.01 00		Extractos de carne.	Kg	20	Ex.
1603.00.99 00		Los demás.	Kg	Ex.	Ex.
16.04		**Preparaciones y conservas de pescado; caviar y sus sucedáneos preparados con huevas de pescado.**			
	-	Pescado entero o en trozos, excepto el pescado picado:			
1604.11	- -	**Salmones.**			
1604.11.01 00		Salmones.	Kg	Ex.	Ex.
1604.12	- -	**Arenques.**			
1604.12.01 00		Arenques.	Kg	Ex.	Ex.
1604.13	- -	**Sardinas, sardinelas y espadines.**			
1604.13.02		Sardinas, sardinelas y espadines.	Kg	20	Ex.
	01	Sardinas.			
	02	Arenque, sardinela o espadín de la India (Sardinella brachysoma), sardinela fringescale (Sardinella fimbriata), sardinela de la India (Sardinella longiceps), sardinela rabo negro (Sardinella melanura), sardinela de Bali (Sardinella samarensis o lemuru) o sardinela dorada			

		(Sardinella gibbosa).			
	99	Las demás.			
1604.14	- -	**Atunes, listados y bonitos (*Sarda spp.*).**			
1604.14.04	00	Filetes ("lomos") de atunes aleta amarilla ("Yellowfin Tuna"), de barrilete ("Skip Jask") o de patudo ("Big Eye"), de peso superior o igual a 0.5 kg, pero inferior o igual a 7.5 kg, precocidos, congelados y empacados al vacío en fundas de plástico, libres de escamas, espinas, hueso, piel y carne negra.	Kg	Ex.	Ex.
1604.14.99		Las demás.	Kg	20	Ex.
	01	Atunes (del género "Thunus"), excepto lo comprendido en el número de identificación comercial 1604.14.99.02.			
	02	Filetes ("lomos") de atunes (del género "*Thunus*").			
	99	Las demás.			
1604.15	- -	**Caballas.**			
1604.15.01	00	Caballas.	Kg	20	Ex.
1604.16	- -	**Anchoas.**			
1604.16.02		Anchoas.	Kg	20	Ex.
	01	Filetes o sus rollos, en aceite.			
	02	Boquerón bucanero (Encrasicholina punctifer), Boquerón aduanero (Encrasicholina heteroloba), Boquerón bombra (Stolephorus commersonii) o Boquerón de Andhra (Stolephorus andhraensis).			
	99	Las demás.			
1604.17	- -	**Anguilas.**			
1604.17.01	00	Anguilas.	Kg	20	Ex.
1604.18	- -	**Aletas de tiburón.**			
1604.18.01	00	Aletas de tiburón.	Kg	20	Ex.
1604.19	- -	**Los demás.**			
1604.19.99		Los demás.	Kg	20	Ex.
	01	De barrilete del género "Euthynnus", distinto de la variedad "Katsuwonus pelamis".			
	02	Filetes ("lomos") de barrilete del género "Euthynnus", distinto de la variedad "Katsuwonus pelamis".			
	03	De merluza panameña (Merluccius angustimanus) o merluza del Pacífico Norte (Merluccius productus).			
	99	Las demás.			
1604.20	-	**Las demás preparaciones y conservas de pescado.**			
1604.20.91		Las demás preparaciones y conservas de pescado.	Kg	20	Ex.
	01	De sardinas.			
	02	De atún, de barrilete, u otros pescados del género "Euthynnus".			
	03	De anchoas (Engraulis spp.).			
	04	De atún del género Thunnini.			
	05	De merluza panameña (Merluccius angustimanus) o merluza del Pacífico Norte (Merluccius productus).			
	06	Surimi y sus preparaciones.			
	07	Arenque, sardinela o espadín de la India (Sardinella brachysoma), sardinela fringescale (Sardinella fimbriata), sardinela de la India (Sardinella longiceps), sardinela rabo negro (Sardinella melanura), sardinela de Bali (Sardinella samarensis o lemuru) o sardinela dorada (Sardinella gibbosa).			
	91	Los demás de sardinela (Sardinella spp.) o de espadín (Sprattus sprattus).			
	99	Las demás.			
	-	**Caviar y sus sucedáneos:**			
1604.31	- -	**Caviar.**			
1604.31.01	00	Caviar.	Kg	Ex.	Ex.
1604.32	- -	**Sucedáneos del caviar.**			
1604.32.01	00	Sucedáneos del caviar.	Kg	20	Ex.
16.05		**Crustáceos, moluscos y demás invertebrados acuáticos, preparados o conservados.**			
1605.10	-	**Cangrejos (excepto macruros).**			
1605.10.02		Cangrejos (excepto macruros).	Kg	20	Ex.
	01	Centollas.			
	99	Los demás.			
	-	**Camarones, langostinos y demás decápodos *Natantia*:**			
1605.21	- -	**Presentados en envases no herméticos.**			
1605.21.01	00	Presentados en envases no herméticos.	Kg	20	Ex.
1605.29	- -	**Los demás.**			
1605.29.99	00	Los demás.	Kg	20	Ex.
1605.30	-	**Bogavantes.**			
1605.30.01	00	Bogavantes.	Kg	20	Ex.
1605.40	-	**Los demás crustáceos.**			
1605.40.91	00	Los demás crustáceos.	Kg	20	Ex.
	-	**Moluscos:**			
1605.51	- -	**Ostras.**			
1605.51.01	00	Ostras.	Kg	20	Ex.
1605.52	- -	**Vieiras, volandeiras y demás moluscos.**			
1605.52.01	00	Vieiras, volandeiras y demás moluscos.	Kg	20	Ex.
1605.53	- -	**Mejillones.**			
1605.53.01	00	Mejillones.	Kg	20	Ex.
1605.54	- -	**Sepias (jibias), globitos, calamares y potas.**			

1605.54.01	00	Sepias (jibias), globitos, calamares y potas.	Kg	20	Ex.
1605.55	- -	**Pulpos.**			
1605.55.01	00	Pulpos.	Kg	20	Ex.
1605.56	- -	**Almejas, berberechos y arcas.**			
1605.56.01	00	Almejas, berberechos y arcas.	Kg	20	Ex.
1605.57	- -	**Abulones u orejas de mar.**			
1605.57.01	00	Abulones u orejas de mar.	Kg	20	Ex.
1605.58	- -	**Caracoles, excepto los de mar.**			
1605.58.01	00	Caracoles, excepto los de mar.	Kg	20	Ex.
1605.59	- -	**Los demás.**			
1605.59.99	00	Los demás.	Kg	20	Ex.
	-	**Los demás invertebrados acuáticos:**			
1605.61	- -	**Pepinos de mar.**			
1605.61.01	00	Pepinos de mar.	Kg	20	Ex.
1605.62	- -	**Erizos de mar.**			
1605.62.01	00	Erizos de mar.	Kg	20	Ex.
1605.63	- -	**Medusas.**			
1605.63.01	00	Medusas.	Kg	20	Ex.
1605.69	- -	**Los demás.**			
1605.69.99	00	Los demás.	Kg	20	Ex.

Capítulo 17
Azúcares y artículos de confitería

Nota.
1. Este Capítulo no comprende:
a) los artículos de confitería que contengan cacao (partida 18.06);
b) los azúcares químicamente puros (excepto la sacarosa, lactosa, maltosa, glucosa y fructosa (levulosa)) y demás productos de la partida 29.40;
c) los medicamentos y demás productos del Capítulo 30.

Notas de subpartida.
1. En las subpartidas 1701.12, 1701.13 y 1701.14, se entiende por *azúcar en bruto*, el que contenga en peso, calculado sobre producto seco, un porcentaje de sacarosa correspondiente a una lectura en el polarímetro inferior a 99.5°.
2. La subpartida 1701.13 comprende solamente el azúcar de caña, obtenida sin centrifugación, con un contenido de sacarosa en peso, en estado seco, correspondiente a una lectura polarimétrica superior o igual a 69° pero inferior a 93°. El producto contiene solamente microcristales anhédricos naturales, de forma irregular, invisibles a simple vista, rodeados por residuos de melaza y demás constituyentes del azúcar de caña.

Nota Nacional:
1. Para los efectos de este Capítulo, los términos, con aromatizante(s), aromatizado(s) y aromatizada(s) significan: con adición de sabor.

CÓDIGO		DESCRIPCIÓN	UNIDAD	ARANCEL	
				IMP	EXP
17.01		**Azúcar de caña o de remolacha y sacarosa químicamente pura, en estado sólido.**			
	-	**Azúcar en bruto sin adición de aromatizante ni colorante:**			
1701.12	- -	**De remolacha.**			
1701.12.05		De remolacha.	Kg	AE (0.36 Dls EUA por Kg)	Ex.
	01	Azúcar cuyo contenido en peso de sacarosa, en estado seco, tenga una polarización igual o superior a 99.2 pero inferior a 99.5 grados.			
	02	Azúcar cuyo contenido en peso de sacarosa, en estado seco, tenga una polarización inferior a 99.2 grados.			
1701.13	- -	**Azúcar de caña mencionado en la Nota 2 de subpartida de este Capítulo.**			
1701.13.01	00	Azúcar de caña mencionado en la Nota 2 de subpartida de este Capítulo.	Kg	AE (0.338 Dls EUA por Kg)	Ex.
1701.14	- -	**Los demás azúcares de caña.**			
1701.14.91		Los demás azúcares de caña.	Kg	AE (0.338 Dls EUA por Kg)	Ex.
	01	Azúcar cuyo contenido en peso de sacarosa, en estado seco, tenga una polarización igual o superior a 99.2 pero inferior a 99.5 grados.			
	02	Azúcar cuyo contenido en peso de sacarosa, en estado seco, tenga una polarización inferior a 99.2 grados.			
	-	**Los demás:**			
1701.91	- -	**Con adición de aromatizante o colorante.**			
1701.91.04		Con adición de aromatizante o colorante.	Kg	AE (0.36 Dls EUA por Kg)	Ex.
	01	Azúcar cuyo contenido en peso de sacarosa, en estado seco, tenga una polarización igual o superior a 99.2 grados.			
	02	Azúcar cuyo contenido en peso de sacarosa, en estado seco, tenga una polarización inferior a 99.2 grados.			

LEY DE LOS IMPUESTOS GENERALES DE IMPORTACION Y EXPORTACION

1701.99		--	**Los demás.**			
1701.99.99			Los demás.	Kg	AE (0.36 Dls EUA por Kg)	Ex.
	01		Azúcar cuyo contenido en peso de sacarosa, en estado seco, tenga una polarización igual o superior a 99.5 pero inferior a 99.7 grados.			
	02		Azúcar cuyo contenido en peso de sacarosa, en estado seco, tenga una polarización igual o superior a 99.7 pero inferior a 99.9 grados.			
	99		Los demás.			
17.02			**Los demás azúcares, incluidas la lactosa, maltosa, glucosa y fructosa (levulosa) químicamente puras, en estado sólido; jarabe de azúcar sin adición de aromatizante ni colorante; sucedáneos de la miel, incluso mezclados con miel natural; azúcar y melaza caramelizados.**			
		-	Lactosa y jarabe de lactosa:			
1702.11		--	**Con un contenido de lactosa superior o igual al 99% en peso, expresado en lactosa anhidra, calculado sobre producto seco.**			
1702.11.01	00		Con un contenido de lactosa superior o igual al 99% en peso, expresado en lactosa anhidra, calculado sobre producto seco.	Kg	10	Ex.
1702.19		--	**Los demás.**			
1702.19.01	00		Lactosa.	Kg	10	Ex.
1702.19.99	00		Los demás.	Kg	15	Ex.
1702.20		-	**Azúcar y jarabe de arce ("maple").**			
1702.20.01	00		Azúcar y jarabe de arce ("maple").	Kg	15	Ex.
1702.30		-	**Glucosa y jarabe de glucosa, sin fructosa o con un contenido de fructosa sobre producto seco, inferior al 20% en peso.**			
1702.30.01	00		Glucosa y jarabe de glucosa, sin fructosa o con un contenido de fructosa sobre producto seco, inferior al 20% en peso.	Kg	15	Ex.
1702.40		-	**Glucosa y jarabe de glucosa, con un contenido de fructosa sobre producto seco superior o igual al 20% pero inferior al 50%, en peso, excepto el azúcar invertido.**			
1702.40.01	00		Glucosa.	Kg	15	Ex.
1702.40.99	00		Los demás.	Kg	50	Ex.
1702.50		-	**Fructosa químicamente pura.**			
1702.50.01	00		Fructosa químicamente pura.	Kg	75	Ex.
1702.60		-	**Las demás fructosas y jarabe de fructosa, con un contenido de fructosa sobre producto seco superior al 50% en peso, excepto el azúcar invertido.**			
1702.60.91			Las demás fructosas y jarabe de fructosa, con un contenido de fructosa sobre producto seco superior al 50% en peso, excepto el azúcar invertido.	Kg	75	Ex.
	03		De maíz, con un contenido de fructuosa, sobre producto seco, superior al 50% pero inferior o igual al 60%, en peso.			
	04		De agave, con un contenido de fructuosa, sobre producto seco, superior al 50% pero inferior o igual al 60%, en peso.			
	05		De agave, con un contenido de fructuosa, sobre producto seco, superior al 60% pero inferior al 80%, en peso.			
	06		De agave, con un contenido de fructuosa, calculado sobre producto seco, superior al 80% pero inferior o igual al 99.9%, en peso.			
	91		Las demás fructosas y jarabe de fructosa, con un contenido de fructosa, sobre producto seco, superior al 50% pero inferior o igual al 60%, en peso.			
	92		Las demás fructosas y jarabe de fructosa, con un contenido de fructosa, sobre producto seco, superior al 60% pero inferior o igual al 80%, en peso.			
	99		Los demás.			
1702.90		-	**Los demás, incluido el azúcar invertido y demás azúcares y jarabes de azúcar, con un contenido de fructosa sobre producto seco de 50% en peso.**			
1702.90.01	00		Azúcar líquida refinada y azúcar invertido.	Kg	AE (0.39586 Dls EUA por Kg)	Ex.
1702.90.99	00		Los demás.	Kg	15	Ex.
17.03			**Melaza procedente de la extracción o del refinado del azúcar.**			
1703.10		-	**Melaza de caña.**			
1703.10.01	00		Melaza de caña.	Kg	AMX (10%+0.36 Dls por Kg de azúcar)	Ex.
1703.90		-	**Las demás.**			
1703.90.99	00		Las demás.	Kg	AMX (10%+0.36 Dls por Kg de azúcar)	Ex.
17.04			**Artículos de confitería sin cacao (incluido el chocolate blanco).**			
1704.10		-	**Chicles y demás gomas de mascar, incluso recubiertos de azúcar.**			
1704.10.01	00		Chicles y demás gomas de mascar, incluso recubiertos de azúcar.	Kg	AMX (20%+0.36 Dls por Kg de azúcar)	Ex.

ADUANA VIRTUAL

1704.90	-	Los demás.			
1704.90.99	00	Los demás.	Kg	AMX (20%+0.36 Dls por Kg de azúcar)	Ex.

Capítulo 18
Cacao y sus preparaciones

Notas.

1. Este Capítulo no comprende:

   a) las preparaciones alimenticias que contengan una proporción superior al 20% en peso de embutidos, carne, despojos, sangre, insectos, pescado o de crustáceos, moluscos o demás invertebrados acuáticos, o de una combinación de estos productos (Capítulo 16);

   b) las preparaciones de las partidas 04.03, 19.01, 19.02, 19.04, 19.05, 21.05, 22.02, 22.08, 30.03 o 30.04.

2. La partida 18.06 comprende los artículos de confitería que contengan cacao y, salvo lo dispuesto en la Nota 1 de este Capítulo, las demás preparaciones alimenticias que contengan cacao.

CÓDIGO	DESCRIPCIÓN	UNIDAD	ARANCEL IMP	EXP
18.01	**Cacao en grano, entero o partido, crudo o tostado.**			
1801.00	- Cacao en grano, entero o partido, crudo o tostado.			
1801.00.02 00	Cacao Grijalva.	Kg	Ex.	Ex.
1801.00.99 00	Los demás.	Kg	Ex.	Ex.
18.02	**Cáscara, películas y demás residuos de cacao.**			
1802.00	- Cáscara, películas y demás residuos de cacao.			
1802.00.01 00	Cáscara, películas y demás residuos de cacao.	Kg	Ex.	Ex.
18.03	**Pasta de cacao, incluso desgrasada.**			
1803.10	- Sin desgrasar.			
1803.10.01 00	Sin desgrasar.	Kg	Ex.	Ex.
1803.20	- Desgrasada total o parcialmente.			
1803.20.01 00	Desgrasada total o parcialmente.	Kg	Ex.	Ex.
18.04	**Manteca, grasa y aceite de cacao.**			
1804.00	- Manteca, grasa y aceite de cacao.			
1804.00.01 00	Manteca, grasa y aceite de cacao.	Kg	Ex.	Ex.
18.05	**Cacao en polvo sin adición de azúcar ni otro edulcorante.**			
1805.00	- Cacao en polvo sin adición de azúcar ni otro edulcorante.			
1805.00.01 00	Cacao en polvo sin adición de azúcar ni otro edulcorante.	Kg	5	Ex.
18.06	**Chocolate y demás preparaciones alimenticias que contengan cacao.**			
1806.10	- Cacao en polvo con adición de azúcar u otro edulcorante.			
1806.10.01 00	Con un contenido de azúcar superior o igual al 90%, en peso.	Kg	AE (0.36 Dls EUA por Kg)	Ex.
1806.10.99 00	Los demás.	Kg	AMX (20%+0.36 Dls por Kg de azúcar)	Ex.
1806.20	- Las demás preparaciones, en bloques, tabletas o barras con peso superior a 2 kg o en forma líquida, pastosa o en polvo, gránulos o formas similares, en recipientes o en envases inmediatos, con un contenido superior a 2 kg:			
1806.20.91 00	Las demás preparaciones, en bloques, tabletas o barras con peso superior a 2 kg o en forma líquida, pastosa o en polvo, gránulos o formas similares, en recipientes o en envases inmediatos con un contenido superior a 2 kg.	Kg	AMX (20%+0.36 Dls por Kg de azúcar)	Ex.
	- Los demás, en bloques, tabletas o barras:			
1806.31	- - Rellenos.			
1806.31.01 00	Rellenos.	Kg	AMX (20%+0.36 Dls por Kg de azúcar)	Ex.
1806.32	- - Sin rellenar.			
1806.32.01 00	Sin rellenar.	Kg	AMX (20%+0.36 Dls por Kg de azúcar)	Ex.
1806.90	- Los demás.			
1806.90.99	Los demás.	Kg	AMX (20%+0.36 Dls por Kg de azúcar)	Ex.

LEY DE LOS IMPUESTOS GENERALES DE IMPORTACION Y EXPORTACION

01 Preparaciones alimenticias de productos de las partidas 04.01 a 04.04, que contengan polvo de cacao en una proporción, calculada sobre una base totalmente desgrasada, superior al 5% en peso.
99 Los demás.

Capítulo 19
Preparaciones a base de cereales, harina, almidón, fécula o leche; productos de pastelería

Notas.
1. Este Capítulo no comprende:
a) las preparaciones alimenticias que contengan una proporción superior al 20% en peso de embutidos, carne, despojos, sangre, insectos, pescado o de crustáceos, moluscos o demás invertebrados acuáticos, o de una combinación de estos productos (Capítulo 16), excepto los productos rellenos de la partida 19.02;
b) los productos a base de harina, almidón o fécula (galletas, etc.) especialmente preparados para la alimentación de los animales (partida 23.09);
c) los medicamentos y demás productos del Capítulo 30.
2. En la partida 19.01, se entiende por:
a) *grañones*, los grañones de cereales del Capítulo 11;
b) *harina* y *sémola*:
1) la harina y sémola de cereales del Capítulo 11;
2) la harina, sémola y polvo, de origen vegetal, de cualquier Capítulo, excepto la harina, sémola y polvo de hortalizas secas (partida 07.12), de papa (patata) (partida 11.05) o de hortalizas de vaina secas (partida 11.06).
3. La partida 19.04 no comprende las preparaciones con un contenido de cacao superior al 6% en peso calculado sobre una base totalmente desgrasada, ni las recubiertas totalmente de chocolate o demás preparaciones alimenticias que contengan cacao de la partida 18.06 (partida 18.06).
4. En la partida 19.04, la expresión *preparados de otro modo* significa que los cereales se han sometido a un tratamiento o a una preparación más avanzados que los previstos en las partidas o en las Notas de los Capítulos 10 u 11.

CÓDIGO		DESCRIPCIÓN	UNIDAD	ARANCEL	
				IMP	EXP
19.01		**Extracto de malta; preparaciones alimenticias de harina, grañones, sémola, almidón, fécula o extracto de malta, que no contengan cacao o con un contenido de cacao inferior al 40% en peso calculado sobre una base totalmente desgrasada, no expresadas ni comprendidas en otra parte; preparaciones alimenticias de productos de las partidas 04.01 a 04.04 que no contengan cacao o con un contenido de cacao inferior al 5% en peso calculado sobre una base totalmente desgrasada, no expresadas ni comprendidas en otra parte.**			
1901.10		- **Preparaciones para la alimentación de lactantes o niños de corta edad, acondicionadas para la venta al por menor.**			
1901.10.02		Preparaciones para la alimentación de lactantes o niños de corta edad, acondicionadas para la venta al por menor.	Kg	10	Ex.
	01	Con un contenido de sólidos lácteos superior al 10%, en peso.			
	99	Las demás.			
1901.20		- **Mezclas y pastas para la preparación de productos de panadería, pastelería o galletería, de la partida 19.05.**			
1901.20.02	00	Con un contenido de grasa butírica superior al 25%, en peso, sin acondicionar para la venta al por menor, excepto a base de harinas, almidones o fécula, de avena, maíz o trigo.	Kg	10	Ex.
1901.20.99		Los demás.	Kg	AMX (10%+0.36 Dls por Kg de azúcar)	Ex.
	01	A base de harinas, almidones o fécula, de avena, maíz o trigo.			
	99	Los demás.			
1901.90		- **Los demás.**			
1901.90.02	00	Productos alimenticios vegetales, dietéticos, para diabéticos.	Kg	10	Ex.
1901.90.03	00	Preparaciones a base de productos lácteos con un contenido de sólidos lácteos superior al 10%, pero inferior o igual a 50%, en peso, excepto las comprendidas en la fracción arancelaria 1901.90.04.	Kg	10	Ex.
1901.90.04	00	Preparaciones a base de productos lácteos con un contenido de sólidos lácteos superior al 10%, acondicionadas en envases para la venta al por menor cuya etiqueta contenga indicaciones para la utilización directa del producto en la preparación de alimentos o postres, por ejemplo.	Kg	10	Ex.
1901.90.05	00	Preparaciones a base de productos lácteos con un contenido de sólidos lácteos superior al 50%, en peso, excepto las comprendidas en la fracción arancelaria 1901.90.04.	Kg	45	Ex.
1901.90.99		Los demás.	Kg	AMX (10%+0.36 Dls por Kg de azúcar)	Ex.
	01	Extractos de malta.			
	99	Los demás.			

Fracción	Sub	Descripción	Unidad	IMP	EX
19.02		**Pastas alimenticias, incluso cocidas o rellenas (de carne u otras sustancias) o preparadas de otra forma, tales como espaguetis, fideos, macarrones, tallarines, lasañas, ñoquis, ravioles, canelones; cuscús, incluso preparado.**			
	-	Pastas alimenticias sin cocer, rellenar ni preparar de otra forma:			
1902.11	- -	Que contengan huevo.			
1902.11.01	00	Que contengan huevo.	Kg	20	Ex.
1902.19	- -	Las demás.			
1902.19.99	00	Las demás.	Kg	10	Ex.
1902.20	-	Pastas alimenticias rellenas, incluso cocidas o preparadas de otra forma.			
1902.20.01	00	Pastas alimenticias rellenas, incluso cocidas o preparadas de otra forma.	Kg	10	Ex.
1902.30	-	Las demás pastas alimenticias.			
1902.30.91	00	Las demás pastas alimenticias.	Kg	10	Ex.
1902.40	-	Cuscús.			
1902.40.01	00	Cuscús.	Kg	10	Ex.
19.03		**Tapioca y sus sucedáneos preparados con fécula, en copos, grumos, granos perlados, cerniduras o formas similares.**			
1903.00	-	Tapioca y sus sucedáneos preparados con fécula, en copos, grumos, granos perlados, cerniduras o formas similares.			
1903.00.01	00	Tapioca y sus sucedáneos preparados con fécula, en copos, grumos, granos perlados, cerniduras o formas similares.	Kg	10	Ex.
19.04		**Productos a base de cereales obtenidos por inflado o tostado (por ejemplo: hojuelas o copos de maíz); cereales (excepto el maíz) en grano o en forma de copos u otro grano trabajado (excepto la harina, grañones y sémola), precocidos o preparados de otro modo, no expresados ni comprendidos en otra parte.**			
1904.10	-	Productos a base de cereales obtenidos por inflado o tostado.			
1904.10.01	00	Productos a base de cereales obtenidos por inflado o tostado.	Kg	AMX (10%+0.36 Dls por Kg de azúcar)	Ex.
1904.20	-	Preparaciones alimenticias obtenidas con copos de cereales sin tostar o con mezclas de copos de cereales sin tostar y copos de cereales tostados o cereales inflados.			
1904.20.01	00	Preparaciones alimenticias obtenidas con copos de cereales sin tostar o con mezclas de copos de cereales sin tostar y copos de cereales tostados o cereales inflados.	Kg	AMX (10%+0.36 Dls por Kg de azúcar)	Ex.
1904.30	-	Trigo bulgur.			
1904.30.01	00	Trigo bulgur.	Kg	10	Ex.
1904.90	-	Los demás.			
1904.90.99	00	Los demás.	Kg	10	Ex.
19.05		**Productos de panadería, pastelería o galletería, incluso con adición de cacao; hostias, sellos vacíos de los tipos utilizados para medicamentos, obleas para sellar, pastas secas de harina, almidón o fécula, en hojas, y productos similares.**			
1905.10	-	Pan crujiente llamado "Knäckebrot".			
1905.10.01	00	Pan crujiente llamado "Knäckebrot".	Kg	10	Ex.
1905.20	-	Pan de especias.			
1905.20.01	00	Pan de especias.	Kg	10	Ex.
	-	Galletas dulces (con adición de edulcorante); barquillos y obleas, incluso rellenos ("gaufrettes", "wafers") y "waffles" ("gaufres"):			
1905.31	- -	Galletas dulces (con adición de edulcorante).			
1905.31.01	00	Galletas dulces (con adición de edulcorante).	Kg	AMX (10%+0.36 Dls por Kg de azúcar)	Ex.
1905.32	- -	Barquillos y obleas, incluso rellenos ("gaufrettes", "wafers") y "waffles" ("gaufres").			
1905.32.01	00	Barquillos y obleas, incluso rellenos ("gaufrettes", "wafers") y "waffles" ("gaufres").	Kg	AMX (10%+0.36 Dls por Kg de azúcar)	Ex.
1905.40	-	Pan tostado y productos similares tostados.			
1905.40.01	00	Pan tostado y productos similares tostados.	Kg	10	Ex.
1905.90	-	Los demás.			
1905.90.99		Los demás.	Kg	10	Ex.
	01	Sellos para medicamentos.			
	02	Frituras de maíz.			
	91	Las demás frituras.			
	99	Los demás.			

Capítulo 20
Preparaciones de hortalizas, frutas u otros frutos o demás partes de plantas

Notas.

1. Este Capítulo no comprende:

a) las hortalizas y frutas u otros frutos preparados o conservados por los procedimientos citados en los Capítulos 07, 08 u 11;

b) las grasas y aceites, vegetales (Capítulo 15);

c) las preparaciones alimenticias que contengan una proporción superior al 20% en peso de embutidos, carne, despojos, sangre, insectos, pescado o de crustáceos, moluscos o demás invertebrados acuáticos, o de una combinación de estos productos (Capítulo 16);

d) los productos de panadería, pastelería o galletería y los demás productos de la partida 19.05;
e) las preparaciones alimenticias compuestas homogeneizadas de la partida 21.04.
2. Las partidas 20.07 y 20.08 no comprenden las jaleas y pastas de frutas u otros frutos, las almendras confitadas y los productos similares presentados como artículos de confitería (partida 17.04) ni los artículos de chocolate (partida 18.06).
3. Las partidas 20.01, 20.04 y 20.05 comprenden, según los casos, solo los productos del Capítulo 07 o de las partidas 11.05 u 11.06 (excepto la harina, sémola y polvo de los productos del Capítulo 08), preparados o conservados por procedimientos distintos de los mencionados en la Nota 1 a).
4. El jugo de tomate con un contenido de extracto seco superior o igual al 7% en peso, se clasifica en la partida 20.02.
5. En la partida 20.07, la expresión *obtenidos por cocción* significa obtenidos por tratamiento térmico a presión atmosférica o bajo presión reducida con el fin de aumentar la viscosidad del producto por reducción de su contenido de agua u otros medios.
6. En la partida 20.09, se entiende por *jugos sin fermentar y sin adición de alcohol*, los jugos cuyo grado alcohólico volumétrico sea inferior o igual al 0.5% vol. (véase la Nota 2 del Capítulo 22).

Notas de subpartida.
1. En la subpartida 2005.10, se entiende por *hortalizas homogeneizadas*, las preparaciones de hortalizas, finamente homogeneizadas, acondicionadas para la venta al por menor como alimento para lactantes o niños de corta edad o para uso dietético en recipientes con un contenido de peso neto inferior o igual a 250 g. Para la aplicación de esta definición se hará abstracción, en su caso, de los diversos ingredientes añadidos a la preparación en pequeña cantidad para sazonar, conservar u otros fines. Estas preparaciones pueden contener pequeñas cantidades de fragmentos visibles de hortalizas. La subpartida 2005.10 tendrá prioridad sobre las demás subpartidas de la partida 20.05.
2. En la subpartida 2007.10, se entiende por *preparaciones homogeneizadas*, las preparaciones de frutas u otros frutos finamente homogeneizadas, acondicionadas para la venta al por menor como alimento para lactantes o niños de corta edad o para uso dietético en recipientes con un contenido de peso neto inferior o igual a 250 g. Para la aplicación de esta definición se hará abstracción, en su caso, de los diversos ingredientes añadidos a la preparación en pequeña cantidad para sazonar, conservar u otros fines. Estas preparaciones pueden contener pequeñas cantidades de fragmentos visibles de frutas u otros frutos. La subpartida 2007.10 tendrá prioridad sobre las demás subpartidas de la partida 20.07.
3. En las subpartidas 2009.12, 2009.21, 2009.31, 2009.41, 2009.61 y 2009.71, se entiende por *valor Brix* los grados Brix leídos directamente en la escala de un hidrómetro Brix o el índice de refracción expresado en porcentaje del contenido de sacarosa medido en refractómetro, a una temperatura de 20°C o corregido para una temperatura de 20°C cuando la lectura se realice a una temperatura diferente.

CÓDIGO		DESCRIPCIÓN	UNIDAD	ARANCEL IMP	EXP
20.01		**Hortalizas, frutas u otros frutos y demás partes comestibles de plantas, preparados o conservados en vinagre o en ácido acético.**			
2001.10		- Pepinos y pepinillos.			
2001.10.01	00	Pepinos y pepinillos.	Kg	20	Ex.
2001.90		- Los demás.			
2001.90.99		Los demás.	Kg	20	Ex.
	01	Pimientos (*Capsicum anuum*).			
	91	Las demás hortalizas.			
	99	Los demás.			
20.02		**Tomates preparados o conservados (excepto en vinagre o en ácido acético).**			
2002.10		- Tomates enteros o en trozos.			
2002.10.01	00	Tomates enteros o en trozos.	Kg	20	Ex.
2002.90		- Los demás.			
2002.90.99	00	Los demás.	Kg	20	Ex.
20.03		**Hongos y trufas, preparados o conservados (excepto en vinagre o en ácido acético).**			
2003.10		- Hongos del género *Agaricus*.			
2003.10.01	00	Hongos del género *Agaricus*.	Kg	20	Ex.
2003.90		- Los demás.			
2003.90.99	00	Los demás.	Kg	20	Ex.
20.04		**Las demás hortalizas preparadas o conservadas (excepto en vinagre o en ácido acético), congeladas, excepto los productos de la partida 20.06.**			
2004.10		- Papas (patatas).			
2004.10.01	00	Papas (patatas).	Kg	20	Ex.
2004.90		- Las demás hortalizas y las mezclas de hortalizas.			
2004.90.91	00	Las demás hortalizas y las mezclas de hortalizas.	Kg	20	Ex.
20.05		**Las demás hortalizas preparadas o conservadas (excepto en vinagre o en ácido acético), sin congelar, excepto los productos de la partida 20.06.**			
2005.10		- Hortalizas homogeneizadas.			
2005.10.01	00	Hortalizas homogeneizadas.	Kg	20	Ex.
2005.20		- Papas (patatas).			
2005.20.01	00	Papas (patatas).	Kg	20	Ex.
2005.40		- Chícharos (arvejas, guisantes) (*Pisum sativum*).			
2005.40.01	00	Chícharos (arvejas, guisantes) (*Pisum sativum*).	Kg	20	Ex.
		- Frijoles (porotos, alubias, judías, fréjoles) (*Vigna spp., Phaseolus spp.*):			
2005.51		- - Desvainadas.			
2005.51.01	00	Desvainadas.	Kg	20	Ex.

2005.59		--	Las demás.			
2005.59.99	00		Las demás.	Kg	20	Ex.
2005.60		-	Espárragos.			
2005.60.01	00		Espárragos.	Kg	20	Ex.
2005.70		-	Aceitunas.			
2005.70.01	00		Aceitunas.	Kg	20	Ex.
2005.80		-	Maíz dulce (*Zea mays* var. *saccharata*).			
2005.80.01	00		Maíz dulce (*Zea mays* var. *saccharata*).	Kg	20	Ex.
		-	Las demás hortalizas y las mezclas de hortalizas:			
2005.91		--	Brotes de bambú.			
2005.91.01	00		Brotes de bambú.	Kg	20	Ex.
2005.99		--	Las demás.			
2005.99.99			Las demás.	Kg	20	Ex.
	01		Pimientos (*Capsicum anuum*).			
	99		Las demás.			
20.06			**Hortalizas, frutas u otros frutos o sus cortezas y demás partes de plantas, confitados con azúcar (almibarados, glaseados o escarchados).**			
2006.00		-	Hortalizas, frutas u otros frutos o sus cortezas y demás partes de plantas, confitados con azúcar (almibarados, glaseados o escarchados).			
2006.00.01	00		Frijoles (porotos, alubias, judías, fréjoles) (*Vigna spp.*, *Phaseolus spp.*).	Kg	20	Ex.
2006.00.02	00		Espárragos.	Kg	20	Ex.
2006.00.91	00		Las demás hortalizas congeladas, excepto lo comprendido en las fracciones arancelarias 2006.00.01 y 2006.00.02.	Kg	20	Ex.
2006.00.99	00		Los demás.	Kg	AMX (20%+0.36 Dls por Kg de azúcar)	Ex.
20.07			**Confituras, jaleas y mermeladas, purés y pastas de frutas u otros frutos, obtenidos por cocción, incluso con adición de azúcar u otro edulcorante.**			
2007.10		-	Preparaciones homogeneizadas.			
2007.10.01	00		Preparaciones homogeneizadas.	Kg	AMX (20%+0.36 Dls por Kg de azúcar)	Ex.
		-	Los demás:			
2007.91		--	De agrios (cítricos).			
2007.91.01	00		De agrios (cítricos).	Kg	AMX (20%+0.36 Dls por Kg de azúcar)	Ex.
2007.99		--	Los demás.			
2007.99.01	00		Compotas o mermeladas destinadas a diabéticos.	Kg	20	Ex.
2007.99.02	00		Jaleas, destinadas a diabéticos.	Kg	20	Ex.
2007.99.03	00		Purés o pastas destinadas a diabéticos.	Kg	20	Ex.
2007.99.99			Las demás.	Kg	AMX (20%+0.36 Dls por Kg de azúcar)	Ex.
	01		Mermeladas.			
	99		Los demás.			
20.08			**Frutas u otros frutos y demás partes comestibles de plantas, preparados o conservados de otro modo, incluso con adición de azúcar u otro edulcorante o alcohol, no expresados ni comprendidos en otra parte.**			
		-	Frutos de cáscara, cacahuates (cacahuetes, maníes) y demás semillas, incluso mezclados entre sí:			
2008.11		--	Cacahuates (cacahuetes, maníes).			
2008.11.02			Cacahuates (cacahuetes, maníes).	Kg	20	Ex.
	01		Sin cáscara.			
	99		Los demás.			
2008.19		--	Los demás, incluidas las mezclas.			
2008.19.91			Los demás, incluidas las mezclas.	Kg	20	Ex.
	01		Almendras.			
	02		Semillas de girasol.			
	03		Semillas de calabaza.			
	99		Los demás.			
2008.20		-	Piñas (ananás).			
2008.20.01	00		Piñas (ananás).	Kg	20	Ex.
2008.30		-	Agrios (cítricos).			
2008.30.09			Agrios (cítricos).	Kg	20	Ex.
	01		Pulpa de naranja.			
	02		Toronjas, excepto cáscara de toronja y pulpa de toronja.			
	99		Los demás.			
2008.40		-	Peras.			
2008.40.01	00		Peras.	Kg	20	Ex.
2008.50		-	Chabacanos (damascos, albaricoques).			

2008.50.01	00	Chabacanos (damascos, albaricoques).	Kg	20	Ex.
2008.60	-	**Cerezas.**			
2008.60.01	00	Cerezas.	Kg	20	Ex.
2008.70	-	**Duraznos (melocotones), incluidos los griñones y nectarinas.**			
2008.70.01	00	Duraznos (melocotones), incluidos los griñones y nectarinas.	Kg	20	Ex.
2008.80	-	**Fresas (frutillas).**			
2008.80.01	00	Fresas (frutillas).	Kg	20	Ex.
	-	**Los demás, incluidas las mezclas, excepto las mezclas de la subpartida 2008.19:**			
2008.91	- -	**Palmitos.**			
2008.91.01	00	Palmitos.	Kg	20	Ex.
2008.93	- -	**Arándanos agrios, trepadores o palustres *(Vaccinium macrocarpon, Vaccinium oxycoccos)*; arándanos rojos o encarnados *(Vaccinium vitis-idaea)*.**			
2008.93.01	00	Arándanos agrios, trepadores o palustres *(Vaccinium macrocarpon, Vaccinium oxycoccos)*; arándanos rojos o encarnados *(Vaccinium vitis-idaea)*.	Kg	20	Ex.
2008.97	- -	**Mezclas.**			
2008.97.01	00	Mezclas.	Kg	20	Ex.
2008.99	- -	**Los demás.**			
2008.99.99	00	Los demás.	Kg	20	Ex.
20.09		**Jugos de frutas u otros frutos (incluido el mosto de uva y el agua de coco) o de hortalizas, sin fermentar y sin adición de alcohol, incluso con adición de azúcar u otro edulcorante.**			
	-	**Jugo de naranja:**			
2009.11	- -	**Congelado.**			
2009.11.01	00	Congelado.	L	20	Ex.
2009.12	- -	**Sin congelar, de valor Brix inferior o igual a 20.**			
2009.12.02		Sin congelar, de valor Brix inferior o igual a 20.	L	20	Ex.
	01	Con un grado de concentración inferior o igual a 1.5.			
	99	Los demás.			
2009.19	- -	**Los demás.**			
2009.19.99	00	Los demás.	L	20	Ex.
	-	**Jugo de toronja; jugo de pomelo:**			
2009.21	- -	**De valor Brix inferior o igual a 20.**			
2009.21.01	00	De valor Brix inferior o igual a 20.	L	20	Ex.
2009.29	- -	**Los demás.**			
2009.29.99	00	Los demás.	L	20	Ex.
	-	**Jugo de cualquier otro agrio (cítrico):**			
2009.31	- -	**De valor Brix inferior o igual a 20.**			
2009.31.02		De valor Brix inferior o igual a 20.	L	20	Ex.
	01	Jugo de lima *(Citrus aurantifolia, Citrus latifolia)*.			
	99	Los demás.			
2009.39	- -	**Los demás.**			
2009.39.99		Los demás.	L	20	Ex.
	01	Jugo de lima *(Citrus aurantifolia, Citrus latifolia)*.			
	99	Los demás.			
	-	**Jugo de piña (ananá):**			
2009.41	- -	**De valor Brix inferior o igual a 20.**			
2009.41.02		De valor Brix inferior o igual a 20.	L	20	Ex.
	01	Sin concentrar.			
	99	Los demás.			
2009.49	- -	**Los demás.**			
2009.49.99	00	Los demás.	L	20	Ex.
2009.50	-	**Jugo de tomate.**			
2009.50.01	00	Jugo de tomate.	L	20	Ex.
	-	**Jugo de uva (incluido el mosto):**			
2009.61	- -	**De valor Brix inferior o igual a 30.**			
2009.61.01	00	De valor Brix inferior o igual a 30.	L	20	Ex.
2009.69	- -	**Los demás.**			
2009.69.99	00	Los demás.	L	20	Ex.
	-	**Jugo de manzana:**			
2009.71	- -	**De valor Brix inferior o igual a 20.**			
2009.71.01	00	De valor Brix inferior o igual a 20.	L	20	Ex.
2009.79	- -	**Los demás.**			
2009.79.99	00	Los demás.	L	20	Ex.
	-	**Jugo de cualquier otra fruta o fruto u hortaliza:**			
2009.81	- -	**Jugo de arándanos agrios, trepadores o palustres *(Vaccinium macrocarpon, Vaccinium oxycoccos)*; jugo de arándanos rojos o encarnados *(Vaccinium vitis-idaea)*.**			
2009.81.01	00	Jugo de arándanos agrios, trepadores o palustres *(Vaccinium macrocarpon, Vaccinium oxycoccos)*; jugo de arándanos rojos o encarnados *(Vaccinium vitis-idaea)*.	L	20	Ex.
2009.89	- -	**Los demás.**			
2009.89.99	00	Los demás.	L	20	Ex.
2009.90	-	**Mezclas de jugos.**			

| 2009.90.02 | 00 | Mezclas de jugos. | L | 20 | Ex. |

Capítulo 21
Preparaciones alimenticias diversas

Notas.
1. Este Capítulo no comprende:
a) las mezclas de hortalizas de la partida 07.12;
b) los sucedáneos del café tostados que contengan café en cualquier proporción (partida 09.01);
c) el té aromatizado (partida 09.02);
d) las especias y demás productos de las partidas 09.04 a 09.10;
e) las preparaciones alimenticias que contengan una proporción superior al 20% en peso de embutidos, carne, despojos, sangre, insectos, pescado o de crustáceos, moluscos o demás invertebrados acuáticos, o de una combinación de estos productos (Capítulo 16), excepto los productos descritos en las partidas 21.03 o 21.04;
f) los productos de la partida 24.04;
g) las levaduras acondicionadas como medicamentos y demás productos de las partidas 30.03 o 30.04;
h) las preparaciones enzimáticas de la partida 35.07.
2. Los extractos de los sucedáneos mencionados en la Nota 1 b) anterior se clasifican en la partida 21.01.
3. En la partida 21.04, se entiende por *preparaciones alimenticias compuestas homogeneizadas*, las preparaciones que consistan en una mezcla finamente homogeneizada de varias sustancias básicas, tales como carne, pescado, hortalizas, frutas u otros frutos, acondicionadas para la venta al por menor como alimento para lactantes o niños de corta edad o para uso dietético en recipientes con un contenido de peso neto inferior o igual a 250 g. Para la aplicación de esta definición se hará abstracción, en su caso, de los diversos ingredientes añadidos a la mezcla en pequeña cantidad para sazonar, conservar u otros fines. Estas preparaciones pueden contener pequeñas cantidades de fragmentos visibles.

Notas Nacionales:
1.En la Nomenclatura, la expresión polvos preparados para esponjar masas debe entenderse como preparaciones en polvo para hornear.
2.Para los efectos de este Capítulo, los términos, con aromatizante(s), aromatizado(s) y aromatizada(s) significan: con adición de sabor.

CÓDIGO		DESCRIPCIÓN	UNIDAD	ARANCEL IMP	EXP
21.01		**Extractos, esencias y concentrados de café, té o yerba mate y preparaciones a base de estos productos o a base de café, té o yerba mate; achicoria tostada y demás sucedáneos del café tostados y sus extractos, esencias y concentrados.**			
		- Extractos, esencias y concentrados de café y preparaciones a base de estos extractos, esencias o concentrados o a base de café:			
2101.11		-- Extractos, esencias y concentrados.			
2101.11.02	00	Extracto de café líquido concentrado, aunque se presente congelado.	L	45	Ex.
2101.11.99		Los demás.	Kg	45	Ex.
	01	Café instantáneo sin aromatizar.			
	99	Los demás.			
2101.12		-- Preparaciones a base de extractos, esencias o concentrados o a base de café.			
2101.12.01	00	Preparaciones a base de extractos, esencias o concentrados o a base de café.	Kg	45	Ex.
2101.20		- Extractos, esencias y concentrados de té o de yerba mate y preparaciones a base de estos extractos, esencias o concentrados o a base de té o de yerba mate.			
2101.20.01	00	Extractos, esencias y concentrados de té o de yerba mate y preparaciones a base de estos extractos, esencias o concentrados o a base de té o de yerba mate.	Kg	Ex.	Ex.
2101.30		- Achicoria tostada y demás sucedáneos del café tostados y sus extractos, esencias y concentrados.			
2101.30.01	00	Achicoria tostada y demás sucedáneos del café tostados y sus extractos, esencias y concentrados.	Kg	20	Ex.
21.02		**Levaduras (vivas o muertas); los demás microorganismos monocelulares muertos (excepto las vacunas de la partida 30.02); polvos preparados para esponjar masas.**			
2102.10		- Levaduras vivas.			
2102.10.02	00	De tórula.	Kg	10	Ex.
2102.10.99		Las demás.	Kg	15	Ex.
	01	Deshidratadas, cuando contengan hasta el 10% de humedad.			
	99	Las demás.			
2102.20		- Levaduras muertas; los demás microorganismos monocelulares muertos.			
2102.20.01	00	Levaduras de tórula.	Kg	10	Ex.
2102.20.99	00	Los demás.	Kg	15	Ex.
2102.30		- Polvos preparados para esponjar masas.			
2102.30.01	00	Polvos preparados para esponjar masas.	Kg	15	Ex.
21.03		**Preparaciones para salsas y salsas preparadas; condimentos y sazonadores, compuestos; harina de mostaza y mostaza preparada.**			
2103.10		- Salsa de soja (soya).			
2103.10.01	00	Salsa de soja (soya).	Kg	20	Ex.
2103.20		- Kétchup y demás salsas de tomate.			
2103.20.02		Kétchup y demás salsas de tomate.	Kg	20	Ex.
	01	Kétchup.			

LEY DE LOS IMPUESTOS GENERALES DE IMPORTACION Y EXPORTACION

	99	Las demás.			
2103.30		**- Harina de mostaza y mostaza preparada.**			
2103.30.02		Harina de mostaza y mostaza preparada.	Kg	20	Ex.
	01	Harina de mostaza.			
	99	Las demás.			
2103.90		**- Los demás.**			
2103.90.99	00	Los demás.	Kg	20	Ex.
21.04		**Preparaciones para sopas, potajes o caldos; sopas, potajes o caldos, preparados; preparaciones alimenticias compuestas homogeneizadas.**			
2104.10		**- Preparaciones para sopas, potajes o caldos; sopas, potajes o caldos, preparados.**			
2104.10.01	00	Preparaciones para sopas, potajes o caldos; sopas, potajes o caldos, preparados.	Kg	10	Ex.
2104.20		**- Preparaciones alimenticias compuestas homogeneizadas.**			
2104.20.01	00	Preparaciones alimenticias compuestas homogeneizadas.	Kg	10	Ex.
21.05		**Helados, incluso con cacao.**			
2105.00		**- Helados, incluso con cacao.**			
2105.00.01	00	Helados, incluso con cacao.	Kg	AMX (20%+0.36 Dls por Kg de azúcar)	Ex.
21.06		**Preparaciones alimenticias no expresadas ni comprendidas en otra parte.**			
2106.10		**- Concentrados de proteínas y sustancias proteicas texturadas.**			
2106.10.01	00	Concentrados de proteína de soja (soya).	Kg	Ex.	Ex.
2106.10.99	00	Los demás.	Kg	15	Ex.
2106.90		**- Las demás.**			
2106.90.01	00	Polvos para la elaboración de budines y gelatinas destinadas a diabéticos.	Kg	15	Ex.
2106.90.03	00	Autolizados o extractos de levadura.	Kg	15	Ex.
2106.90.04	00	A base de corazón de res pulverizado, aceite de ajonjolí; almidón de tapioca, azúcar, vitaminas y minerales.	Kg	10	Ex.
2106.90.05	00	Jarabes aromatizados o con adición de colorantes.	Kg	AE (0.36 Dls EUA por Kg)	Ex.
2106.90.07	00	Mezclas de jugos concentrados de frutas, legumbres u hortalizas, enriquecidos con minerales o vitaminas.	Kg	15	Ex.
2106.90.08	00	Con un contenido de sólidos lácteos superior al 10%, en peso.	Kg	15	Ex.
2106.90.09	00	Preparaciones a base de huevo.	Kg	15	Ex.
2106.90.10	00	Extractos y concentrados del tipo de los utilizados en la elaboración de bebidas que contengan alcohol, excepto las preparaciones a base de sustancias odoríferas de la partida 33.02.	L	10	Ex.
2106.90.12	00	Derivados de proteína de leche, cuya composición sea: manteca de coco hidrogenada 44%, glucosa anhidra 38%, caseinato de sodio 10%, emulsificantes 6%, estabilizador 2%, en peso.	Kg	15	Ex.
2106.90.91	00	Las demás preparaciones del tipo de las utilizadas en la elaboración de bebidas que contengan alcohol, excepto las preparaciones a base de sustancias odoríferas de la partida 33.02.	L	20	Ex.
2106.90.92	00	Las demás de proteína de soja (soya), cuyo contenido de proteína sea inferior o igual al 50%, en peso.	Kg	10	Ex.
2106.90.99		Las demás.	Kg	AMX (15%+0.36 Dls por Kg de azúcar)	Ex.
	01	Concentrados de jugos de una sola fruta, legumbre u hortaliza, enriquecidos con minerales o vitaminas.			
	99	Las demás.			

Capítulo 22
Bebidas, líquidos alcohólicos y vinagre

Notas.
1. Este Capítulo no comprende:
a) los productos de este Capítulo (excepto los de la partida 22.09) preparados para uso culinario de tal forma que resulten impropios para el consumo como bebida (generalmente, partida 21.03);
b) el agua de mar (partida 25.01);
c) el agua destilada, de conductividad o del mismo grado de pureza (partida 28.53);
d) las disoluciones acuosas con un contenido de ácido acético superior al 10% en peso (partida 29.15);
e) los medicamentos de las partidas 30.03 o 30.04;
f) los productos de perfumería o de tocador (Capítulo 33).
2. En este Capítulo y en los Capítulos 20 y 21, el *grado alcohólico volumétrico* se determina a la temperatura de 20°C.
3. En la partida 22.02, se entiende por *bebidas no alcohólicas*, las bebidas cuyo grado alcohólico volumétrico sea inferior o igual al 0.5% vol. Las bebidas alcohólicas se clasifican, según los casos, en las partidas 22.03 a 22.06 o en la partida 22.08.

Nota de subpartida.
1. En la subpartida 2204.10, se entiende por *vino espumoso* el que tiene una sobrepresión superior o igual a 3 bar cuando esté conservado a la temperatura de 20°C en recipiente cerrado.
Notas Nacionales:
1. Para los efectos de este Capítulo, los términos, con aromatizante(s), aromatizado(s) y aromatizada(s) significan: con adición de sabor.
2. En la partida 22.02:

a) En la subpartida 2202.10: Las "aguas aromatizadas" son aquellas elaboradas con un contenido inferior al 10% de jugos o pulpas de frutas, legumbres u hortalizas, u otros edulcorantes, saborizantes, dióxido de carbono, y aditivos;
b) En la subpartida 2202.99 se clasifican:
 A. El néctar de tamarindo que se ha adecuado al consumo como bebida añadiéndole agua, azúcar u otro edulcorante y tamizándolo;
 B. En esta subpartida "néctar" es un producto elaborado con pulpa de fruta, natural o concentrada; a base de jugo de frutas, el cual previamente se ha eliminado parte de su contenido de agua y que para su conservación pueda estar congelado o envasado asépticamente; adicionado de agua purificada para su reconstrucción, así como azúcares o edulcorantes, acidulantes, aromas naturales, antioxidantes, vitaminas y minerales, para obtener un producto similar en cuanto a concentración y características sensoriales del jugo de la fruta o de la hortaliza de que se trate, el cual debe entregar un producto terminado de al menos 8°-10° Brix, aproximadamente, con un contenido de fruta superior al 25%.
Se excluyen de esta partida el yogur líquido y demás leches y natas (cremas) fermentadas o acidificadas, con adición de azúcar u otro edulcorante, aromatizados o con frutas u otros frutos o cacao (partida 04.03).
3. Se excluyen de la partida 22.04:
a) Las bebidas a base de vino de la partida 22.05;
b) El jugo (zumo) y el mosto de uva, incluso concentrados, sin fermentar o cuyo grado alcohólico volumétrico sea inferior o igual a 0.5 % vol. (partida 20.09).
4. La partida 22.08 comprende, por una parte, cualquiera que sea su grado alcohólico:
a) Los aguardientes;
b) Los licores;
c) Todas las demás bebidas espirituosas no comprendidas en cualquier otra partida de este Capítulo.

CÓDIGO		DESCRIPCIÓN	UNIDAD	ARANCEL IMP	EXP
22.01		**Agua, incluidas el agua mineral natural o artificial y la gaseada, sin adición de azúcar u otro edulcorante ni aromatizada; hielo y nieve.**			
2201.10		- Agua mineral y agua gaseada.			
2201.10.02		Agua mineral y agua gaseada.	L	20	Ex.
	01	Agua mineral.			
	99	Las demás.			
2201.90		- Los demás.			
2201.90.01	00	Agua potable.	L	10	Ex.
2201.90.02	00	Hielo.	Kg	10	Ex.
2201.90.99	00	Los demás.	L	20	Ex.
22.02		**Agua, incluidas el agua mineral y la gaseada, con adición de azúcar u otro edulcorante o aromatizada, y demás bebidas no alcohólicas, excepto los jugos de frutas u otros frutos o de hortalizas de la partida 20.09.**			
2202.10		- Agua, incluidas el agua mineral y la gaseada, con adición de azúcar u otro edulcorante o aromatizada.			
2202.10.01	00	Agua, incluidas el agua mineral y la gaseada, con adición de azúcar u otro edulcorante o aromatizada.	L	AMX (20%+0.36 Dls por Kg de azúcar)	Ex.
		- Las demás:			
2202.91		- - Cerveza sin alcohol.			
2202.91.01	00	Cerveza sin alcohol.	L	20	Ex.
2202.99		- - Las demás.			
2202.99.01	00	A base de ginseng y jalea real.	L	10	Ex.
2202.99.02		A base de jugos de una sola fruta, legumbre u hortaliza, enriquecidos con minerales o vitaminas.	L	20	Ex.
	01	Néctar.			
	99	Los demás.			
2202.99.03	00	A base de mezclas de jugos de frutas, legumbres u hortalizas, enriquecidos con minerales o vitaminas.	L	20	Ex.
2202.99.04	00	Que contengan leche.	L	20	Ex.
2202.99.99	00	Las demás.	L	AMX (20%+0.36 Dls por Kg de azúcar)	Ex.
22.03		**Cerveza de malta.**			
2203.00		- Cerveza de malta.			
2203.00.01	00	Cerveza de malta.	L	20	Ex.
22.04		**Vino de uvas frescas, incluso encabezado; mosto de uva, excepto el de la partida 20.09.**			
2204.10		- Vino espumoso.			
2204.10.02		Vino espumoso.	L	20	Ex.
	01	"Champagne".			
	99	Los demás.			
		- Los demás vinos; mosto de uva en el que la fermentación se ha impedido o cortado añadiendo alcohol:			
2204.21		- - En recipientes con capacidad inferior o igual a 2 l.			
2204.21.04		En recipientes con capacidad inferior o igual a 2 l.	L	20	Ex.
	01	Vinos, cuya graduación alcohólica sea mayor de 14 grados centesimales Gay-Lussac pero menor o igual a 20 grados centesimales Gay-Lussac, a la temperatura de 15°C.			

LEY DE LOS IMPUESTOS GENERALES DE IMPORTACION Y EXPORTACION

	02		Vinos tinto, rosado, clarete o blanco, cuya graduación alcohólica sea hasta 14 grados centesimales Gay-Lussac, a la temperatura de 15°C.			
	99		Los demás.			
2204.22		**- -**	**En recipientes con capacidad superior a 2 l pero inferior o igual a 10 l.**			
2204.22.01	00		En recipientes con capacidad superior a 2 l pero inferior o igual a 10 l.	L	20	Ex.
2204.29		**- -**	**Los demás.**			
2204.29.99	00		Los demás.	L	20	Ex.
2204.30		**-**	**Los demás mostos de uva.**			
2204.30.91	00		Los demás mostos de uva.	L	20	Ex.
22.05			**Vermut y demás vinos de uvas frescas preparados con plantas o sustancias aromáticas.**			
2205.10		**-**	**En recipientes con capacidad inferior o igual a 2 l.**			
2205.10.02	00		En recipientes con capacidad inferior o igual a 2 l.	L	20	Ex.
2205.90		**-**	**Los demás.**			
2205.90.99	00		Los demás.	L	20	Ex.
22.06			**Las demás bebidas fermentadas (por ejemplo: sidra, perada, aguamiel, sake); mezclas de bebidas fermentadas y mezclas de bebidas fermentadas y bebidas no alcohólicas, no expresadas ni comprendidas en otra parte.**			
2206.00		**-**	**Las demás bebidas fermentadas (por ejemplo: sidra, perada, aguamiel, sake); mezclas de bebidas fermentadas y mezclas de bebidas fermentadas y bebidas no alcohólicas, no expresadas ni comprendidas en otra parte.**			
2206.00.91			Las demás bebidas fermentadas (por ejemplo: sidra, perada, aguamiel, sake); mezclas de bebidas fermentadas y mezclas de bebidas fermentadas y bebidas no alcohólicas, no expresadas ni comprendidas en otra parte.	L	20	Ex.
	01		Bebidas refrescantes a base de una mezcla de limonada y cerveza o vino, o de una mezcla de cerveza y vino ("wine coolers").			
	99		Las demás.			
22.07			**Alcohol etílico sin desnaturalizar con grado alcohólico volumétrico superior o igual al 80% vol.; alcohol etílico y aguardiente desnaturalizados, de cualquier graduación.**			
2207.10		**-**	**Alcohol etílico sin desnaturalizar con grado alcohólico volumétrico superior o igual al 80% vol.**			
2207.10.01	00		Alcohol etílico sin desnaturalizar con grado alcohólico volumétrico superior o igual al 80% vol.	L	AMX (10%+0.36 Dls por Kg de azúcar)	Ex.
2207.20		**-**	**Alcohol etílico y aguardiente desnaturalizados, de cualquier graduación.**			
2207.20.01	00		Alcohol etílico y aguardiente desnaturalizados, de cualquier graduación.	L	AMX (10%+0.36 Dls por Kg de azúcar)	Ex.
22.08			**Alcohol etílico sin desnaturalizar con grado alcohólico volumétrico inferior al 80% vol.; aguardientes, licores y demás bebidas espirituosas.**			
2208.20		**-**	**Aguardiente de vino o de orujo de uvas.**			
2208.20.01	00		Cognac.	L	Ex.	Ex.
2208.20.02	00		Brandy o "Wainbrand" cuya graduación alcohólica sea superior o igual a 37.5 grados centesimales Gay-Lussac, con una cantidad total de sustancias volátiles que no sean los alcoholes etílico y metílico superior a 200 g/hl de alcohol a 100% vol.	L	20	Ex.
2208.20.03	00		Destilados puros de uva, cuya graduación alcohólica sea superior o igual a 80 grados centesimales Gay-Lussac, a la temperatura de 15°C, a granel.	L	10	Ex.
2208.20.99	00		Los demás.	L	20	Ex.
2208.30		**-**	**Whisky.**			
2208.30.05			Whisky.	L	Ex.	Ex.
	01		Whisky canadiense (*"Canadian whiskey"*).			
	02		Whisky cuya graduación alcohólica sea mayor de 53 grados centesimales Gay-Lussac a la temperatura de 15°C, a granel.			
	03		Whisky o Whiskey cuya graduación alcohólica sea igual o superior a 40 grados centesimales Gay-Lussac, destilado a menos de 94.8% vol.			
	04		Whisky "*Tennessee"* o whisky Bourbon.			
	99		Los demás.			
2208.40		**-**	**Ron y demás aguardientes procedentes de la destilación, previa fermentación, de productos de la caña de azúcar.**			
2208.40.02			Ron y demás aguardientes procedentes de la destilación, previa fermentación, de productos de la caña de azúcar.	L	20	Ex.
	01		Ron.			
	99		Los demás.			
2208.50		**-**	**Gin y ginebra.**			
2208.50.01	00		Gin y ginebra.	L	20	Ex.
2208.60		**-**	**Vodka.**			
2208.60.01	00		Vodka.	L	20	Ex.
2208.70		**-**	**Licores.**			
2208.70.03			Licores.	L	20	Ex.
	01		De más de 14 grados sin exceder de 23 grados centesimales Gay-Lussac a la temperatura de 15°C, en vasijería de barro, loza o vidrio, excepto lo comprendido en el número de identificación comercial 2208.70.03.02.			

	02	Licores que contengan aguardiente, o destilados, de agave.			
	99	Los demás.			
2208.90	-	**Los demás.**			
2208.90.01	00	Alcohol etílico.	L	10	Ex.
2208.90.02	00	Bacanora.	L	20	Ex.
2208.90.03		Tequila.	L	20	Ex.
	01	Tequila contenido en envases con capacidad inferior o igual a 5 litros.			
	91	Los demás tequilas.			
2208.90.04	00	Sotol.	L	20	Ex.
2208.90.05	00	Mezcal.	L	20	Ex.
2208.90.06	00	Charanda.	L	20	Ex.
2208.90.07	00	Raicilla.	L	20	Ex.
2208.90.99		Los demás.	L	20	Ex.
	91	Las demás bebidas alcohólicas que contengan aguardiente, o destilados, de agave.			
	99	Los demás.			
22.09		**Vinagre y sucedáneos del vinagre obtenidos a partir del ácido acético.**			
2209.00	-	**Vinagre y sucedáneos del vinagre obtenidos a partir del ácido acético.**			
2209.00.01	00	Vinagre y sucedáneos del vinagre obtenidos a partir del ácido acético.	L	20	Ex.

Capítulo 23
Residuos y desperdicios de las industrias alimentarias; alimentos preparados para animales

Nota.
1. Se incluyen en la partida 23.09 los productos de los tipos utilizados para la alimentación de los animales, no expresados ni comprendidos en otra parte, obtenidos por tratamiento de materias vegetales o animales y que, por este hecho, hayan perdido las características esenciales de la materia originaria, excepto los desperdicios vegetales, residuos y subproductos vegetales procedentes de estos tratamientos.

Nota de subpartida.
1. En la subpartida 2306.41, se entiende por *de semillas de nabo (nabina) o de colza con bajo contenido de ácido erúcico* las semillas definidas en la Nota 1 de subpartida del Capítulo 12.

CÓDIGO		DESCRIPCIÓN	UNIDAD	ARANCEL	
				IMP	EXP
23.01		**Harina, polvo y "pellets", de carne, despojos, pescado o de crustáceos, moluscos o demás invertebrados acuáticos, impropios para la alimentación humana; chicharrones.**			
2301.10	-	**Harina, polvo y "pellets", de carne o despojos; chicharrones.**			
2301.10.02		Harina, polvo y "pellets", de carne o despojos; chicharrones.	Kg	15	Ex.
	01	Harina.			
	99	Los demás.			
2301.20	-	**Harina, polvo y "pellets", de pescado o de crustáceos, moluscos o demás invertebrados acuáticos.**			
2301.20.01	00	Harina, polvo y "pellets", de pescado o de crustáceos, moluscos o demás invertebrados acuáticos.	Kg	15	Ex.
23.02		**Salvados, moyuelos y demás residuos del cernido, de la molienda o de otros tratamientos de los cereales o de las leguminosas, incluso en "pellets".**			
2302.10	-	**De maíz.**			
2302.10.01	00	De maíz.	Kg	10	Ex.
2302.30	-	**De trigo.**			
2302.30.01	00	De trigo.	Kg	10	Ex.
2302.40	-	**De los demás cereales.**			
2302.40.91		De los demás cereales.	Kg	10	Ex.
	01	De arroz.			
	99	Los demás.			
2302.50	-	**De leguminosas.**			
2302.50.01	00	De leguminosas.	Kg	10	Ex.
23.03		**Residuos de la industria del almidón y residuos similares, pulpa de remolacha, bagazo de caña de azúcar y demás desperdicios de la industria azucarera, heces y desperdicios de cervecería o de destilería, incluso en "pellets".**			
2303.10	-	**Residuos de la industria del almidón y residuos similares.**			
2303.10.01	00	Residuos de la industria del almidón y residuos similares.	Kg	15	Ex.
2303.20	-	**Pulpa de remolacha, bagazo de caña de azúcar y demás desperdicios de la industria azucarera.**			
2303.20.01	00	Pulpa de remolacha, bagazo de caña de azúcar y demás desperdicios de la industria azucarera.	Kg	10	Ex.
2303.30	-	**Heces y desperdicios de cervecería o de destilería.**			
2303.30.01	00	Solubles y granos desecados de la destilación del maíz.	Kg	Ex.	Ex.
2303.30.99	00	Los demás.	Kg	10	Ex.
23.04		**Tortas y demás residuos sólidos de la extracción del aceite de soja (soya), incluso molidos o en "pellets".**			
2304.00	-	**Tortas y demás residuos sólidos de la extracción del aceite de soja (soya), incluso molidos o en "pellets".**			
2304.00.01	00	Tortas y demás residuos sólidos de la extracción del aceite de soja (soya), incluso molidos o en "pellets".	Kg	Ex.	Ex.

23.05		**Tortas y demás residuos sólidos de la extracción del aceite de cacahuate (cacahuete, maní), incluso molidos o en "pellets".**			
2305.00	-	Tortas y demás residuos sólidos de la extracción del aceite de cacahuate (cacahuete, maní), incluso molidos o en "pellets".			
2305.00.01	00	Tortas y demás residuos sólidos de la extracción del aceite de cacahuate (cacahuete, maní), incluso molidos o en "pellets".	Kg	15	Ex.
23.06		**Tortas y demás residuos sólidos de la extracción de grasas o aceites, vegetales o de origen microbiano, incluso molidos o en "pellets", excepto los de las partidas 23.04 o 23.05.**			
2306.10	-	De semillas de algodón.			
2306.10.01	00	De semillas de algodón.	Kg	15	Ex.
2306.20	-	De semillas de lino.			
2306.20.01	00	De semillas de lino.	Kg	15	Ex.
2306.30	-	De semillas de girasol.			
2306.30.01	00	De semillas de girasol.	Kg	15	Ex.
	-	De semillas de nabo (nabina) o de colza:			
2306.41	- -	Con bajo contenido de ácido erúcico.			
2306.41.01	00	Con bajo contenido de ácido erúcico.	Kg	15	Ex.
2306.49	- -	Los demás.			
2306.49.99	00	Los demás.	Kg	15	Ex.
2306.50	-	De coco o de copra.			
2306.50.01	00	De coco o de copra.	Kg	15	Ex.
2306.60	-	De nuez o de almendra de palma (palmiste).			
2306.60.01	00	De nuez o de almendra de palma (palmiste).	Kg	15	Ex.
2306.90	-	Los demás.			
2306.90.99		Los demás.	Kg	15	Ex.
	01	De germen de maíz.			
	99	Los demás.			
23.07		**Lías o heces de vino; tártaro bruto.**			
2307.00	-	Lías o heces de vino; tártaro bruto.			
2307.00.01	00	Lías o heces de vino; tártaro bruto.	Kg	10	Ex.
23.08		**Materias vegetales y desperdicios vegetales, residuos y subproductos vegetales, incluso en "pellets", de los tipos utilizados para la alimentación de los animales, no expresados ni comprendidos en otra parte.**			
2308.00	-	Materias vegetales y desperdicios vegetales, residuos y subproductos vegetales, incluso en "pellets", de los tipos utilizados para la alimentación de los animales, no expresados ni comprendidos en otra parte.			
2308.00.02		Materias vegetales y desperdicios vegetales, residuos y subproductos vegetales, incluso en "pellets", de los tipos utilizados para la alimentación de los animales, no expresados ni comprendidos en otra parte.	Kg	10	Ex.
	01	Hojas de maíz.			
	99	Los demás.			
23.09		**Preparaciones de los tipos utilizados para la alimentación de los animales.**			
2309.10	-	Alimentos para perros o gatos, acondicionados para la venta al por menor.			
2309.10.01	00	Alimentos para perros o gatos, acondicionados para la venta al por menor.	Kg	10	Ex.
2309.90	-	Las demás.			
2309.90.04	00	Mezclas, preparaciones o productos de origen orgánico para la alimentación de peces de ornato.	Kg	20	Ex.
2309.90.99		Las demás.	Kg	Ex.	Ex.
	01	Con un contenido de sólidos lácteos superior al 10%, pero inferior o igual al 50%, en peso.			
	02	Alimentos preparados con un contenido de sólidos lácteos superior al 50%, en peso.			
	99	Las demás.			

Capítulo 24
Tabaco y sucedáneos del tabaco elaborados

Nota.
1. Este Capítulo no comprende los cigarrillos medicinales (Capítulo 30).
2. Cualquier producto susceptible de clasificarse en la partida 24.04 y en otra partida de este Capítulo, se clasifica en la partida 24.04.
3. En la partida 24.04, se entiende por *inhalación sin combustión*, la inhalación a través de calentamiento u otros medios, sin combustión.

Nota de subpartida.
1. En la subpartida 2403.11, se considera *tabaco para pipa de agua* el tabaco destinado a ser fumado en una pipa de agua y que está constituido por una mezcla de tabaco y glicerol, incluso con aceites y extractos aromáticos, melaza o azúcar, e incluso aromatizado o saborizado con frutas. Sin embargo, los productos para pipa de agua, que no contengan tabaco, se excluyen de esta subpartida.

Nota Nacional:
1. En la partida 24.04 se clasifican los productos que contengan tabaco, tabaco reconstituido, nicotina o sucedáneos del tabaco o de nicotina, destinados para la inhalación sin combustión; otros productos que contengan nicotina destinados para la absorción de nicotina en el cuerpo humano, incluidos los productos de tabaco calentado, así como los cigarrillos electrónicos desechables y dispositivos personales de vaporización eléctricos o electrónicos desechables similares que incorporen el producto, sus componentes, los cartuchos, unidades no diseñadas para ser reemplazadas o recargadas, o depósitos que contengan líquidos o soluciones, incluso con otros componentes (elementos calefactores, atomizadores o baterías) destinados a estos productos.

CÓDIGO		DESCRIPCIÓN	UNIDAD	ARANCEL	
				IMP	EXP

24.01		**Tabaco en rama o sin elaborar; desperdicios de tabaco.**			
2401.10		- **Tabaco sin desvenar o desnervar.**			
2401.10.02		Tabaco sin desvenar o desnervar.	Kg	45	Ex.
	01	Tabaco para envoltura.			
	99	Los demás.			
2401.20		- **Tabaco total o parcialmente desvenado o desnervado.**			
2401.20.03		Tabaco total o parcialmente desvenado o desnervado.	Kg	45	Ex.
	01	Tabaco rubio, Burley o Virginia.			
	99	Los demás.			
2401.30		- **Desperdicios de tabaco.**			
2401.30.01	00	Desperdicios de tabaco.	Kg	45	Ex.
24.02		**Cigarros (puros) (incluso despuntados), cigarritos (puritos) y cigarrillos, de tabaco o de sucedáneos del tabaco.**			
2402.10		- **Cigarros (puros) (incluso despuntados) y cigarritos (puritos), que contengan tabaco.**			
2402.10.01	00	Cigarros (puros) (incluso despuntados) y cigarritos (puritos), que contengan tabaco.	Pza	45	Ex.
2402.20		- **Cigarrillos que contengan tabaco.**			
2402.20.01	00	Cigarrillos que contengan tabaco.	Kg	67	Ex.
2402.90		- **Los demás.**			
2402.90.99	00	Los demás.	Kg	67	Ex.
24.03		**Los demás tabacos y sucedáneos del tabaco, elaborados; tabaco "homogeneizado" o "reconstituido"; extractos y jugos de tabaco.**			
	-	**Tabaco para fumar, incluso con sucedáneos de tabaco en cualquier proporción:**			
2403.11	- -	**Tabaco para pipa de agua mencionado en la Nota 1 de subpartida de este Capítulo.**			
2403.11.01	00	Tabaco para pipa de agua mencionado en la Nota 1 de subpartida de este Capítulo.	Kg	67	Ex.
2403.19	- -	**Los demás.**			
2403.19.99	00	Los demás.	Kg	67	Ex.
	-	**Los demás:**			
2403.91	- -	**Tabaco "homogeneizado" o "reconstituido".**			
2403.91.02		Tabaco "homogeneizado" o "reconstituido".	Kg	45	Ex.
	01	Tabaco del tipo utilizado para envoltura de tabaco.			
	99	Los demás.			
2403.99	- -	**Los demás.**			
2403.99.01	00	Rapé húmedo oral.	Kg	20	Ex.
2403.99.99	00	Los demás.	Kg	45	Ex.
24.04		**Productos que contengan tabaco, tabaco reconstituido, nicotina o sucedáneos del tabaco o de nicotina, destinados para la inhalación sin combustión; otros productos que contengan nicotina destinados para la absorción de nicotina en el cuerpo humano.**			
	- -	**Productos destinados para la inhalación sin combustión:**			
2404.11	- -	**Que contengan tabaco o tabaco reconstituido.**			
2404.11.01		Que contengan tabaco o tabaco reconstituido.	Prohibida	Prohibida	Prohibida
2404.12	- -	**Los demás, que contengan nicotina.**			
2404.12.01		Los demás, que contengan nicotina.	Prohibida	Prohibida	Prohibida
2404.19	- -	**Los demás.**			
2404.19.01		De los diseñados para lo comprendido en la fracción arancelaria 8543.40.01.	Prohibida	Prohibida	Prohibida
2404.19.99	00	Los demás.	Kg	45	Ex.
	-	**Los demás:**			
2404.91	- -	**Para administrarse por vía oral.**			
2404.91.01	00	Para administrarse por vía oral.	Kg	AMX(15% +0.36 Dls por Kg de azúcar)	Ex.
2404.92	- -	**Para administrarse por vía transdérmica.**			
2404.92.01	00	Para administrarse por vía transdérmica.	Kg	5	Ex.
2404.99	- -	**Los demás.**			
2404.99.99	00	Los demás.	Kg	5	Ex.

Sección V
PRODUCTOS MINERALES

Capítulo 25
Sal; azufre; tierras y piedras; yesos, cales y cementos

Notas.

1. Salvo disposición en contrario y a reserva de lo previsto en la Nota 4 siguiente, solo se clasifican en las partidas de este Capítulo los productos en bruto o los productos lavados (incluso con sustancias químicas que eliminen las impurezas sin cambiar la estructura del producto), quebrantados, triturados, molidos, pulverizados, levigados, cribados, tamizados, enriquecidos por flotación,

LEY DE LOS IMPUESTOS GENERALES DE IMPORTACION Y EXPORTACION

separación magnética u otros procedimientos mecánicos o físicos (excepto la cristalización), pero no los productos tostados, calcinados, los obtenidos por mezcla o los sometidos a un tratamiento que supere al indicado en cada partida.
Se puede añadir a los productos de este Capítulo una sustancia antipolvo, siempre que no haga al producto más apto para usos determinados que para uso general.
2. Este Capítulo no comprende:
a) el azufre sublimado o precipitado ni el coloidal (partida 28.02);
b) las tierras colorantes con un contenido de hierro combinado, expresado en Fe_2O_3, superior o igual al 70% en peso (partida 28.21);
c)   los medicamentos y demás productos del Capítulo 30;
d)   las preparaciones de perfumería, de tocador o de cosmética (Capítulo 33);
e)   el aglomerado de dolomita (partida 38.16);
f)   los adoquines, encintados (bordillos) y losas para pavimentos (partida 68.01); los cubos, dados y artículos similares para mosaicos (partida 68.02); las pizarras para tejados o revestimientos de edificios (partida 68.03);
g)   las piedras preciosas o semipreciosas (partidas 71.02 o 71.03);
h)   los cristales cultivados de cloruro de sodio o de óxido de magnesio (excepto los elementos de óptica) de peso unitario superior o igual a 2.5 g, de la partida 38.24; los elementos de óptica de cloruro de sodio o de óxido de magnesio (partida 90.01);
ij)   las tizas para billar (partida 95.04);
k)   las tizas para escribir o dibujar y los jaboncillos (tizas) de sastre (partida 96.09).
3. Cualquier producto susceptible de clasificarse en la partida 25.17 y en otra partida de este Capítulo, se clasifica en la partida 25.17.
4. La partida 25.30 comprende, entre otras: la vermiculita, la perlita y las cloritas, sin dilatar; las tierras colorantes, incluso calcinadas o mezcladas entre sí; los óxidos de hierro micáceos naturales; la espuma de mar natural (incluso en trozos pulidos); el ámbar natural (succino); la espuma de mar y el ámbar reconstituidos, en plaquitas, varillas, barras o formas similares, simplemente moldeados; el azabache; el carbonato de estroncio (estroncianita), incluso calcinado, excepto el óxido de estroncio; los restos y cascos de cerámica, trozos de ladrillo y bloques de hormigón rotos.

CÓDIGO		DESCRIPCIÓN	UNIDAD	ARANCEL	
				IMP	EXP
25.01		Sal (incluidas la de mesa y la desnaturalizada) y cloruro de sodio puro, incluso en disolución acuosa o con adición de antiaglomerantes o de agentes que garanticen una buena fluidez; agua de mar.			
2501.00	-	Sal (incluidas la de mesa y la desnaturalizada) y cloruro de sodio puro, incluso en disolución acuosa o con adición de antiaglomerantes o de agentes que garanticen una buena fluidez; agua de mar.			
2501.00.02		Sal (incluidas la de mesa y la desnaturalizada) y cloruro de sodio puro, incluso en disolución acuosa o con adición de antiaglomerantes o de agentes que garanticen una buena fluidez; agua de mar.	Kg	Ex.	Ex.
	01	Sal para consumo humano directo, incluso la de mesa.			
	99	Las demás.			
25.02		Piritas de hierro sin tostar.			
2502.00	-	Piritas de hierro sin tostar.			
2502.00.01	00	Piritas de hierro sin tostar.	Kg	Ex.	Ex.
25.03		Azufre de cualquier clase, excepto el sublimado, el precipitado y el coloidal.			
2503.00	-	Azufre de cualquier clase, excepto el sublimado, el precipitado y el coloidal.			
2503.00.02		Azufre de cualquier clase, excepto el sublimado, el precipitado y el coloidal.	Kg	Ex.	Ex.
	01	Azufre en bruto y azufre sin refinar.			
	99	Los demás.			
25.04		Grafito natural.			
2504.10	-	En polvo o en escamas.			
2504.10.01	00	En polvo o en escamas.	Kg	Ex.	Ex.
2504.90	-	Los demás.			
2504.90.99	00	Los demás.	Kg	Ex.	Ex.
25.05		Arenas naturales de cualquier clase, incluso coloreadas, excepto las arenas metalíferas del Capítulo 26.			
2505.10	-	Arenas silíceas y arenas cuarzosas.			
2505.10.01	00	Arenas silíceas y arenas cuarzosas.	Kg	Ex.	Ex.
2505.90	-	Las demás.			
2505.90.99	00	Las demás.	Kg	Ex.	Ex.
25.06		Cuarzo (excepto las arenas naturales); cuarcita, incluso desbastada o simplemente troceada, por aserrado o de otro modo, en bloques o en placas cuadradas o rectangulares.			
2506.10	-	Cuarzo.			
2506.10.01	00	Cuarzo.	Kg	Ex.	Ex.
2506.20	-	Cuarcita.			
2506.20.02	00	Cuarcita.	Kg	Ex.	Ex.
25.07		Caolín y demás arcillas caolínicas, incluso calcinados.			
2507.00	-	Caolín y demás arcillas caolínicas, incluso calcinados.			
2507.00.01	00	Caolín y demás arcillas caolínicas, incluso calcinados.	Kg	Ex.	Ex.
25.08		Las demás arcillas (excepto las arcillas dilatadas de la partida 68.06), andalucita, cianita y silimanita, incluso calcinadas; mullita; tierras de chamota o de dinas.			
2508.10	-	Bentonita.			
2508.10.01	00	Bentonita.	Kg	Ex.	Ex.
2508.30	-	Arcillas refractarias.			
2508.30.01	00	Arcillas refractarias.	Kg	Ex.	Ex.
2508.40	-	Las demás arcillas.			
2508.40.91		Las demás arcillas.	Kg	Ex.	Ex.

	01	Tierras decolorantes y tierras de batán.			
	99	Las demás.			
2508.50	-	**Andalucita, cianita y silimanita.**			
2508.50.01	00	Andalucita, cianita y silimanita.	Kg	Ex.	Ex.
2508.60	-	**Mullita.**			
2508.60.01	00	Mullita.	Kg	Ex.	Ex.
2508.70	-	**Tierras de chamota o de dinas.**			
2508.70.01	00	Tierras de chamota o de dinas.	Kg	Ex.	Ex.
25.09		**Creta.**			
2509.00	-	**Creta.**			
2509.00.01	00	Creta.	Kg	Ex.	Ex.
25.10		**Fosfatos de calcio naturales, fosfatos aluminocálcicos naturales y cretas fosfatadas.**			
2510.10	-	**Sin moler.**			
2510.10.02		Sin moler.	Kg	Ex.	Ex.
	01	Fosfatos de calcio (fosforitas), naturales.			
	99	Los demás.			
2510.20	-	**Molidos.**			
2510.20.02		Molidos.	Kg	Ex.	Ex.
	01	Fosfatos de calcio (fosforitas), naturales.			
	99	Los demás.			
25.11		**Sulfato de bario natural (baritina); carbonato de bario natural (witherita), incluso calcinado, excepto el óxido de bario de la partida 28.16.**			
2511.10	-	**Sulfato de bario natural (baritina).**			
2511.10.01	00	Sulfato de bario natural (baritina).	Kg	Ex.	Ex.
2511.20	-	**Carbonato de bario natural (witherita).**			
2511.20.01	00	Carbonato de bario natural (witherita).	Kg	Ex.	Ex.
25.12		**Harinas silíceas fósiles (por ejemplo: "kieselguhr", tripolita, diatomita) y demás tierras silíceas análogas, de densidad aparente inferior o igual a 1, incluso calcinadas.**			
2512.00	-	**Harinas silíceas fósiles (por ejemplo: "kieselguhr", tripolita, diatomita) y demás tierras silíceas análogas, de densidad aparente inferior o igual a 1, incluso calcinadas.**			
2512.00.01	00	Harinas silíceas fósiles (por ejemplo: "kieselguhr", tripolita, diatomita) y demás tierras silíceas análogas, de densidad aparente inferior o igual a 1, incluso calcinadas.	Kg	Ex.	Ex.
25.13		**Piedra pómez; esmeril; corindón natural, granate natural y demás abrasivos naturales, incluso tratados térmicamente.**			
2513.10	-	**Piedra pómez.**			
2513.10.02	00	Piedra pómez.	Kg	Ex.	Ex.
2513.20	-	**Esmeril, corindón natural, granate natural y demás abrasivos naturales.**			
2513.20.01	00	Esmeril, corindón natural, granate natural y demás abrasivos naturales.	Kg	Ex.	Ex.
25.14		**Pizarra, incluso desbastada o simplemente troceada, por aserrado o de otro modo, en bloques o en placas cuadradas o rectangulares.**			
2514.00	-	**Pizarra, incluso desbastada o simplemente troceada, por aserrado o de otro modo, en bloques o en placas cuadradas o rectangulares.**			
2514.00.01	00	Pizarra, incluso desbastada o simplemente troceada, por aserrado o de otro modo, en bloques o en placas cuadradas o rectangulares.	Kg	Ex.	Ex.
25.15		**Mármol, travertinos, "ecaussines" y demás piedras calizas de talla o de construcción de densidad aparente superior o igual a 2.5, y alabastro, incluso desbastados o simplemente troceados, por aserrado o de otro modo, en bloques o en placas cuadradas o rectangulares.**			
	-	**Mármol y travertinos:**			
2515.11	- -	**En bruto o desbastados.**			
2515.11.01	00	En bruto o desbastados.	Kg	Ex.	Ex.
2515.12	- -	**Simplemente troceados, por aserrado o de otro modo, en bloques o en placas cuadradas o rectangulares.**			
2515.12.01	00	Mármol aserrado en hojas, de espesor superior a 5 cm.	Kg	Ex.	Ex.
2515.12.99	00	Los demás.	Kg	10	Ex.
2515.20	-	**"Ecaussines" y demás piedras calizas de talla o de construcción; alabastro.**			
2515.20.01	00	"Ecaussines" y demás piedras calizas de talla o de construcción; alabastro.	Kg	Ex.	Ex.
25.16		**Granito, pórfido, basalto, arenisca y demás piedras de talla o de construcción, incluso desbastados o simplemente troceados, por aserrado o de otro modo, en bloques o en placas cuadradas o rectangulares.**			
	-	**Granito:**			
2516.11	- -	**En bruto o desbastado.**			
2516.11.01	00	En bruto o desbastado.	Kg	Ex.	Ex.
2516.12	- -	**Simplemente troceado, por aserrado o de otro modo, en bloques o en placas cuadradas o rectangulares.**			
2516.12.01	00	Simplemente troceado, por aserrado o de otro modo, en bloques o en placas cuadradas o rectangulares.	Kg	Ex.	Ex.
2516.20	-	**Arenisca.**			
2516.20.01	00	Arenisca.	Kg	Ex.	Ex.
2516.90	-	**Las demás piedras de talla o de construcción.**			
2516.90.91	00	Las demás piedras de talla o de construcción.	Kg	Ex.	Ex.
25.17		**Cantos, grava, piedras machacadas, de los tipos generalmente utilizados para hacer hormigón, o para firmes de carreteras, vías férreas u otros balastos, guijarros y pedernal, incluso tratados térmicamente; macadán de escorias o de desechos industriales similares, incluso con materiales comprendidos en la primera parte de la partida; macadán**			

LEY DE LOS IMPUESTOS GENERALES DE IMPORTACION Y EXPORTACION

		alquitranado; gránulos, tasquiles (fragmentos) y polvo de piedras de las partidas 25.15 o 25.16, incluso tratados térmicamente.			
2517.10	-	Cantos, grava, piedras machacadas, de los tipos generalmente utilizados para hacer hormigón, o para firmes de carreteras, vías férreas u otros balastos, guijarros y pedernal, incluso tratados térmicamente.			
2517.10.01	00	Cantos, grava, piedras machacadas, de los tipos generalmente utilizados para hacer hormigón, o para firmes de carreteras, vías férreas u otros balastos, guijarros y pedernal, incluso tratados térmicamente.	Kg	Ex.	Ex.
2517.20	-	Macadán de escorias o de desechos industriales similares, incluso con materiales citados en la subpartida 2517.10.			
2517.20.01	00	Macadán de escorias o de desechos industriales similares, incluso con materiales citados en la subpartida 2517.10.	Kg	Ex.	Ex.
2517.30	-	Macadán alquitranado.			
2517.30.01	00	Macadán alquitranado.	Kg	Ex.	Ex.
	-	Gránulos, tasquiles (fragmentos) y polvo de piedras de las partidas 25.15 o 25.16, incluso tratados térmicamente:			
2517.41	- -	De mármol.			
2517.41.01	00	De mármol.	Kg	Ex.	Ex.
2517.49	- -	Los demás.			
2517.49.99	00	Los demás.	Kg	Ex.	Ex.
25.18		Dolomita, incluso sinterizada o calcinada, incluida la dolomita desbastada o simplemente troceada, por aserrado o de otro modo, en bloques o en placas cuadradas o rectangulares.			
2518.10	-	Dolomita sin calcinar ni sinterizar, llamada "cruda".			
2518.10.01	00	Dolomita sin calcinar ni sinterizar, llamada "cruda".	Kg	Ex.	Ex.
2518.20	-	Dolomita calcinada o sinterizada.			
2518.20.01	00	Dolomita calcinada o sinterizada.	Kg	Ex.	Ex.
25.19		Carbonato de magnesio natural (magnesita); magnesia electrofundida; magnesia calcinada a muerte (sinterizada), incluso con pequeñas cantidades de otros óxidos añadidos antes de la sinterización; otro óxido de magnesio, incluso puro.			
2519.10	-	Carbonato de magnesio natural (magnesita).			
2519.10.01	00	Carbonato de magnesio natural (magnesita).	Kg	Ex.	Ex.
2519.90	-	Los demás.			
2519.90.01	00	Óxido de magnesio, excepto la magnesia electrofundida y la magnesia calcinada a muerte (sinterizada).	Kg	6	Ex.
2519.90.02	00	Magnesia calcinada a muerte (sinterizada) con un contenido de óxido de magnesio inferior o igual al 94%, en peso.	Kg	Ex.	Ex.
2519.90.03	00	Óxido de magnesio electrofundido, con un contenido de óxido de magnesio inferior o igual a 98%, en peso.	Kg	5	Ex.
2519.90.99	00	Los demás.	Kg	10	Ex.
25.20		Yeso natural; anhidrita; yeso fraguable (consistente en yeso natural calcinado o en sulfato de calcio), incluso coloreado o con pequeñas cantidades de aceleradores o retardadores.			
2520.10	-	Yeso natural; anhidrita.			
2520.10.01	00	Yeso natural; anhidrita.	Kg	Ex.	Ex.
2520.20	-	Yeso fraguable.			
2520.20.01	00	Yeso fraguable.	Kg	Ex.	Ex.
25.21		Castinas; piedras para la fabricación de cal o de cemento.			
2521.00	-	Castinas; piedras para la fabricación de cal o de cemento.			
2521.00.01	00	Castinas; piedras para la fabricación de cal o de cemento.	Kg	Ex.	Ex.
25.22		Cal viva, cal apagada y cal hidráulica, excepto el óxido y el hidróxido de calcio de la partida 28.25.			
2522.10	-	Cal viva.			
2522.10.01	00	Cal viva.	Kg	Ex.	Ex.
2522.20	-	Cal apagada.			
2522.20.01	00	Cal apagada.	Kg	Ex.	Ex.
2522.30	-	Cal hidráulica.			
2522.30.01	00	Cal hidráulica.	Kg	Ex.	Ex.
25.23		Cementos hidráulicos (comprendidos los cementos sin pulverizar o clínker), incluso coloreados.			
2523.10	-	Cementos sin pulverizar o clínker.			
2523.10.01	00	Cementos sin pulverizar o clínker.	Kg	Ex.	Ex.
	-	Cemento Pórtland:			
2523.21	- -	Cemento blanco, incluso coloreado artificialmente.			
2523.21.01	00	Cemento blanco, incluso coloreado artificialmente.	Kg	Ex.	Ex.
2523.29	- -	Los demás.			
2523.29.99	00	Los demás.	Kg	Ex.	Ex.
2523.30	-	Cementos aluminosos.			
2523.30.01	00	Cementos aluminosos.	Kg	Ex.	Ex.
2523.90	-	Los demás cementos hidráulicos.			
2523.90.91	00	Los demás cementos hidráulicos.	Kg	Ex.	Ex.
25.24		Amianto (asbesto).			
2524.10	-	Crocidolita.			
2524.10.03	00	Crocidolita.	Kg	Ex.	Ex.
2524.90	-	Los demás.			
2524.90.99		Los demás.	Kg	Ex.	Ex.

	01	En fibra o roca.			
	02	En polvo o en copos, incluidos los desperdicios.			
25.25		**Mica, incluida la exfoliada en laminillas irregulares ("splittings"); desperdicios de mica.**			
2525.10	-	**Mica en bruto o exfoliada en hojas o en laminillas irregulares ("splittings").**			
2525.10.01	00	Mica en bruto o exfoliada en hojas o en laminillas irregulares ("splittings").	Kg	Ex.	Ex.
2525.20	-	**Mica en polvo.**			
2525.20.01	00	Mica en polvo.	Kg	Ex.	Ex.
2525.30	-	**Desperdicios de mica.**			
2525.30.01	00	Desperdicios de mica.	Kg	Ex.	Ex.
25.26		**Esteatita natural, incluso desbastada o simplemente troceada, por aserrado o de otro modo, en bloques o en placas cuadradas o rectangulares; talco.**			
2526.10	-	**Sin triturar ni pulverizar.**			
2526.10.01	00	Sin triturar ni pulverizar.	Kg	Ex.	Ex.
2526.20	-	**Triturados o pulverizados.**			
2526.20.01	00	Triturados o pulverizados.	Kg	Ex.	Ex.
25.28		**Boratos naturales y sus concentrados (incluso calcinados), excepto los boratos extraídos de las salmueras naturales; ácido bórico natural con un contenido de H_3BO_3 inferior o igual al 85%, calculado sobre producto seco.**			
2528.00	-	**Boratos naturales y sus concentrados (incluso calcinados), excepto los boratos extraídos de las salmueras naturales; ácido bórico natural con un contenido de H_3BO_3 inferior o igual al 85%, calculado sobre producto seco.**			
2528.00.01	00	Boratos de sodio naturales y sus concentrados (incluso calcinados).	Kg	Ex.	Ex.
2528.00.99	00	Los demás.	Kg	7	Ex.
25.29		**Feldespato; leucita; nefelina y nefelina sienita; espato flúor.**			
2529.10	-	**Feldespato.**			
2529.10.01	00	Feldespato.	Kg	Ex.	Ex.
	-	Espato flúor:			
2529.21	- -	**Con un contenido de fluoruro de calcio inferior o igual al 97% en peso.**			
2529.21.01	00	Con un contenido de fluoruro de calcio inferior o igual al 97% en peso.	Kg	Ex.	Ex.
2529.22	- -	**Con un contenido de fluoruro de calcio superior al 97% en peso.**			
2529.22.01	00	Con un contenido de fluoruro de calcio superior al 97% en peso.	Kg	Ex.	Ex.
2529.30	-	**Leucita; nefelina y nefelina sienita.**			
2529.30.01	00	Leucita; nefelina y nefelina sienita.	Kg	Ex.	Ex.
25.30		**Materias minerales no expresadas ni comprendidas en otra parte.**			
2530.10	-	**Vermiculita, perlita y cloritas, sin dilatar.**			
2530.10.01	00	Vermiculita, perlita y cloritas, sin dilatar.	Kg	Ex.	Ex.
2530.20	-	**Kieserita, epsomita (sulfatos de magnesio naturales).**			
2530.20.01	00	Kieserita, epsomita (sulfatos de magnesio naturales).	Kg	Ex.	Ex.
2530.90	-	**Las demás.**			
2530.90.99		Las demás.	Kg	Ex.	Ex.
	01	Arenas o harinas de circón micronizadas que contengan 70% o menos de óxido de circonio, con granulometría de más de 200 mallas.			
	99	Las demás.			

Capítulo 26
Minerales metalíferos, escorias y cenizas

Notas.
1.   Este Capítulo no comprende:
a)   las escorias y desechos industriales similares preparados en forma de macadán (partida 25.17);
b)   el carbonato de magnesio natural (magnesita), incluso calcinado (partida 25.19);
c)   los lodos procedentes de los depósitos de almacenamiento de aceites de petróleo constituidos principalmente por estos aceites (partida 27.10);
d)   las escorias de desfosforación del Capítulo 31;
e)   la lana de escoria, de roca y lanas minerales similares (partida 68.06);
f)   los desperdicios y desechos de metal precioso o de chapado de metal precioso (plaqué); los demás desperdicios y desechos que contengan metal precioso o compuestos de metal precioso, de los tipos utilizados principalmente para la recuperación del metal precioso (partidas 71.12 u 85.49);
g)   las matas de cobre, níquel o cobalto, obtenidas por fusión de los minerales (Sección XV).
2.   En las partidas 26.01 a 26.17, se entiende por *minerales*, los de las especies mineralógicas efectivamente utilizadas en metalurgia para la extracción del mercurio, de los metales de la partida 28.44 o de los metales de las Secciones XIV o XV, aunque no se destinen a la metalurgia siempre que, sin embargo, solo se hayan sometido a los tratamientos usuales en la industria metalúrgica.
3.   La partida 26.20 solo comprende:
a)   las escorias, cenizas y residuos de los tipos utilizados en la industria para la extracción del metal o la fabricación de compuestos metálicos, excepto las cenizas y residuos procedentes de la incineración de desechos municipales (partida 26.21);
b)   las escorias, cenizas y residuos que contengan arsénico, incluso si contienen metal, de los tipos utilizados para la extracción de arsénico o metal o para la fabricación de sus compuestos químicos.
Notas de subpartida.
1.   En la subpartida 2620.21, se entiende por *lodos de gasolina con plomo y lodos de compuestos antidetonantes con plomo,* los lodos procedentes de los depósitos de almacenamiento de gasolina y los de compuestos antidetonantes, que contengan plomo (por ejemplo, tetraetilo de plomo), y constituidos esencialmente por plomo, compuestos de plomo y óxido de hierro.
2.   Las escorias, cenizas y residuos que contengan arsénico, mercurio, talio o sus mezclas, de los tipos utilizados para la extracción de arsénico o de estos metales o para la elaboración de sus compuestos químicos, se clasifican en la subpartida 2620.60.

LEY DE LOS IMPUESTOS GENERALES DE IMPORTACION Y EXPORTACION

CÓDIGO		DESCRIPCIÓN	UNIDAD	ARANCEL	
				IMP	EXP
26.01		**Minerales de hierro y sus concentrados, incluidas las piritas de hierro tostadas (cenizas de piritas).**			
		- Minerales de hierro y sus concentrados, excepto las piritas de hierro tostadas (cenizas de piritas):			
2601.11	- -	**Sin aglomerar.**			
2601.11.01	00	Sin aglomerar.	Kg	Ex.	Ex.
2601.12	- -	**Aglomerados.**			
2601.12.01	00	Aglomerados.	Kg	Ex.	Ex.
2601.20	-	**Piritas de hierro tostadas (cenizas de piritas).**			
2601.20.01	00	Piritas de hierro tostadas (cenizas de piritas).	Kg	Ex.	Ex.
26.02		**Minerales de manganeso y sus concentrados, incluidos los minerales de manganeso ferruginosos y sus concentrados con un contenido de manganeso superior o igual al 20% en peso, sobre producto seco.**			
2602.00		- Minerales de manganeso y sus concentrados, incluidos los minerales de manganeso ferruginosos y sus concentrados con un contenido de manganeso superior o igual al 20% en peso, sobre producto seco.			
2602.00.02		Minerales de manganeso y sus concentrados, incluidos los minerales de manganeso ferruginosos y sus concentrados con un contenido de manganeso superior o igual al 20% en peso, sobre producto seco.	Kg	Ex.	Ex.
	01	Con un contenido de manganeso igual o superior a 46% en peso sobre producto seco.			
	99	Los demás.			
26.03		**Minerales de cobre y sus concentrados.**			
2603.00	-	**Minerales de cobre y sus concentrados.**			
2603.00.01	00	Minerales de cobre y sus concentrados.	Kg	Ex.	Ex.
26.04		**Minerales de níquel y sus concentrados.**			
2604.00	-	**Minerales de níquel y sus concentrados.**			
2604.00.01	00	Minerales de níquel y sus concentrados.	Kg	Ex.	Ex.
26.05		**Minerales de cobalto y sus concentrados.**			
2605.00	-	**Minerales de cobalto y sus concentrados.**			
2605.00.01	00	Minerales de cobalto y sus concentrados.	Kg	Ex.	Ex.
26.06		**Minerales de aluminio y sus concentrados.**			
2606.00	-	**Minerales de aluminio y sus concentrados.**			
2606.00.02		Minerales de aluminio y sus concentrados.	Kg	Ex.	Ex.
	01	Bauxita calcinada.			
	99	Los demás.			
26.07		**Minerales de plomo y sus concentrados.**			
2607.00	-	**Minerales de plomo y sus concentrados.**			
2607.00.01	00	Minerales de plomo y sus concentrados.	Kg	Ex.	Ex.
26.08		**Minerales de cinc y sus concentrados.**			
2608.00	-	**Minerales de cinc y sus concentrados.**			
2608.00.01	00	Minerales de cinc y sus concentrados.	Kg	Ex.	Ex.
26.09		**Minerales de estaño y sus concentrados.**			
2609.00	-	**Minerales de estaño y sus concentrados.**			
2609.00.01	00	Minerales de estaño y sus concentrados.	Kg	Ex.	Ex.
26.10		**Minerales de cromo y sus concentrados.**			
2610.00	-	**Minerales de cromo y sus concentrados.**			
2610.00.02		Minerales de cromo y sus concentrados.	Kg	Ex.	Ex.
	01	Minerales de cromo.			
	99	Los demás.			
26.11		**Minerales de volframio (tungsteno) y sus concentrados.**			
2611.00	-	**Minerales de volframio (tungsteno) y sus concentrados.**			
2611.00.01	00	Minerales de volframio (tungsteno) y sus concentrados.	Kg	Ex.	Ex.
26.12		**Minerales de uranio o torio, y sus concentrados.**			
2612.10	-	**Minerales de uranio y sus concentrados.**			
2612.10.01	00	Minerales de uranio y sus concentrados.	Kg	Ex.	Ex.
2612.20	-	**Minerales de torio y sus concentrados.**			
2612.20.01	00	Minerales de torio y sus concentrados.	Kg	Ex.	Ex.
26.13		**Minerales de molibdeno y sus concentrados.**			
2613.10	-	**Tostados.**			
2613.10.01	00	Tostados.	Kg	Ex.	Ex.
2613.90	-	**Los demás.**			
2613.90.99	00	Los demás.	Kg	Ex.	Ex.
26.14		**Minerales de titanio y sus concentrados.**			
2614.00	-	**Minerales de titanio y sus concentrados.**			
2614.00.03		Minerales de titanio y sus concentrados.	Kg	Ex.	Ex.
	01	Ilmenita.			
	02	Arenas opacificantes micronizadas que contengan 96% o menos de óxido de titanio (arenas de rutilo).			
	99	Los demás.			
26.15		**Minerales de niobio, tantalio, vanadio o circonio, y sus concentrados.**			
2615.10	-	**Minerales de circonio y sus concentrados.**			
2615.10.02		Minerales de circonio y sus concentrados.	Kg	Ex.	Ex.

	01	Arenas de circón con 70% o menos de óxido de circonio, con granulometría menor a 120 mallas (0.125 mm).			
	99	Los demás.			
2615.90		**- Los demás.**			
2615.90.99	00	Los demás.	Kg	Ex.	Ex.
26.16		**Minerales de los metales preciosos y sus concentrados.**			
2616.10		**- Minerales de plata y sus concentrados.**			
2616.10.01	00	Minerales de plata y sus concentrados.	Kg	Ex.	Ex.
2616.90		**- Los demás.**			
2616.90.99	00	Los demás.	Kg	Ex.	Ex.
26.17		**Los demás minerales y sus concentrados.**			
2617.10		**- Minerales de antimonio y sus concentrados.**			
2617.10.01	00	Minerales de antimonio y sus concentrados.	Kg	Ex.	Ex.
2617.90		**- Los demás.**			
2617.90.99	00	Los demás.	Kg	Ex.	Ex.
26.18		**Escorias granuladas (arena de escorias) de la siderurgia.**			
2618.00		**- Escorias granuladas (arena de escorias) de la siderurgia.**			
2618.00.01	00	Escorias granuladas (arena de escoria) de la siderurgia.	Kg	Ex.	Ex.
26.19		**Escorias (excepto las granuladas), batiduras y demás desperdicios de la siderurgia.**			
2619.00		**- Escorias (excepto las granuladas), batiduras y demás desperdicios de la siderurgia.**			
2619.00.02		Escorias (excepto las granuladas), batiduras y demás desperdicios de la siderurgia.	Kg	Ex.	Ex.
	01	Escorias de mineral ferrotitánico concentrado, cuando contengan más del 65% de titanio combinado, expresado como bióxido de titanio.			
	99	Los demás.			
26.20		**Escorias, cenizas y residuos (excepto los de la siderurgia) que contengan metal, arsénico, o sus compuestos.**			
		- Que contengan principalmente cinc:			
2620.11		**- - Matas de galvanización.**			
2620.11.01	00	Matas de galvanización.	Kg	Ex.	Ex.
2620.19		**- - Los demás.**			
2620.19.99	00	Los demás.	Kg	Ex.	Ex.
		- Que contengan principalmente plomo:			
2620.21		**- - Lodos de gasolina con plomo y lodos de compuestos antidetonantes con plomo.**			
2620.21.01	00	Lodos de gasolina con plomo y lodos de compuestos antidetonantes con plomo.	Kg	Ex.	Ex.
2620.29		**- - Los demás.**			
2620.29.99	00	Los demás.	Kg	Ex.	Ex.
2620.30		**- Que contengan principalmente cobre.**			
2620.30.01	00	Que contengan principalmente cobre.	Kg	Ex.	Ex.
2620.40		**- Que contengan principalmente aluminio.**			
2620.40.02	00	Que contengan principalmente aluminio.	Kg	Ex.	Ex.
2620.60		**- Que contengan arsénico, mercurio, talio o sus mezclas, de los tipos utilizados para la extracción de arsénico o de estos metales o para la elaboración de sus compuestos químicos.**			
2620.60.01	00	Que contengan arsénico, mercurio, talio o sus mezclas, de los tipos utilizados para la extracción de arsénico o de estos metales o para la elaboración de sus compuestos químicos.	Kg	Ex.	Ex.
		- Los demás:			
2620.91		**- - Que contengan antimonio, berilio, cadmio, cromo, o sus mezclas.**			
2620.91.02	00	Que contengan antimonio, berilio, cadmio, cromo, o sus mezclas.	Kg	Ex.	Ex.
2620.99		**- - Los demás.**			
2620.99.99		Los demás.	Kg	Ex.	Ex.
	01	Que contengan principalmente vanadio.			
	99	Los demás.			
26.21		**Las demás escorias y cenizas, incluidas las cenizas de algas; cenizas y residuos procedentes de la incineración de desechos municipales.**			
2621.10		**- Cenizas y residuos procedentes de la incineración de desechos municipales.**			
2621.10.01	00	Cenizas y residuos procedentes de la incineración de desechos municipales.	Kg	Ex.	Ex.
2621.90		**- Las demás.**			
2621.90.99	00	Las demás.	Kg	Ex.	Ex.

Capítulo 27
Combustibles minerales, aceites minerales y productos de su destilación; materias bituminosas; ceras minerales

Notas.

1. Este Capítulo no comprende:

a) los productos orgánicos de constitución química definida presentados aisladamente; esta exclusión no afecta al metano ni al propano puros, que se clasifican en la partida 27.11;

b) los medicamentos de las partidas 30.03 o 30.04;

c) las mezclas de hidrocarburos no saturados, de las partidas 33.01, 33.02 o 38.05.

2. La expresión *aceites de petróleo o de mineral bituminoso,* empleada en el texto de la partida 27.10, se aplica, no solo a los aceites de petróleo o de mineral bituminoso, sino también a los aceites análogos, así como a los constituidos principalmente por mezclas de hidrocarburos no saturados en las que los constituyentes no aromáticos predominen en peso sobre los aromáticos, cualquiera que sea el procedimiento de obtención.

Sin embargo, dicha expresión no se aplica a las poliolefinas sintéticas líquidas que destilen una proporción inferior al 60% en volumen a 300°C referidos a 1.013 milibares cuando se utilice un método de destilación a baja presión (Capítulo 39).

LEY DE LOS IMPUESTOS GENERALES DE IMPORTACION Y EXPORTACION

3. En la partida 27.10, se entiende por *desechos de aceites* los desechos que contengan principalmente aceites de petróleo o de mineral bituminoso (tal como se definen en la Nota 2 de este Capítulo), incluso mezclados con agua. Estos desechos incluyen, principalmente:
a) los aceites impropios para su utilización inicial (por ejemplo: aceites lubricantes, hidráulicos o para transformadores, usados);
b) los lodos de aceites procedentes de los depósitos de almacenamiento de aceites de petróleo que contengan principalmente aceites de este tipo y una alta concentración de aditivos (por ejemplo, productos químicos) utilizados en la elaboración de productos primarios;
c) los aceites que se presenten en emulsión acuosa o mezclados con agua, tales como los resultantes del derrame o lavado de depósitos de almacenamiento, o del uso de aceites de corte en las operaciones de mecanizado.

Notas de subpartida.
1. En la subpartida 2701.11, se considera *antracita*, la hulla con un contenido límite de materias volátiles inferior o igual al 14%, calculado sobre producto seco sin materias minerales.
2. En la subpartida 2701.12, se considera *hulla bituminosa*, la hulla con un contenido límite de materias volátiles superior al 14%, calculado sobre producto seco sin materias minerales, y cuyo valor calorífico límite sea superior o igual a 5.833 kcal/ kg, calculado sobre producto húmedo sin materias minerales.
3. En las subpartidas 2707.10, 2707.20, 2707.30 y 2707.40, se consideran *benzol* (benceno), *toluol* (tolueno), *xilol* (xilenos) y *naftaleno* los productos con un contenido de benceno, tolueno, xilenos o naftaleno, superior al 50% en peso, respectivamente.
4. En la subpartida 2710.12, se entiende por *aceites ligeros (livianos) y preparaciones*, los aceites y las preparaciones que destilen, incluidas las pérdidas, una proporción superior o igual al 90% en volumen a 210°C, según el método ISO 3405 (equivalente al método ASTM D 86).
5. En las subpartidas de la partida 27.10, el término *biodiésel* designa a los ésteres monoalquílicos de ácidos grasos de los tipos utilizados como carburantes o combustibles, derivados de grasas y aceites, animales, vegetales o de origen microbiano, incluso usados.

Notas Nacionales:
1. Este Capítulo no comprende:
a) Las preparaciones para perfumería, tocador o cosmética, comprendidas en las partidas 33.03 a 33.07;
b) Los combustibles líquidos y los gases combustibles licuados en recipientes de los tipos utilizados para cargar o recargar encendedores o mecheros, de capacidad inferior o igual a 300 cm^3 (partida 36.06).
2. Para efectos de la subpartida 2709.00, se entiende por:
a) Aceites crudos de petróleo pesados: aquellos que se encuentran en un rango de 10° API (American Pretroleum Institute), pero inferior o igual a 22.3° API;
b) Aceites crudos de petróleo medianos: aquellos que se encuentran en un rango superior a 22.3°API, pero inferior o igual a 31.1°API;
c) Aceites crudos de petróleo ligeros: aquellos que se encuentran en un rango superior a 31.1°API, pero inferior o igual a 39°API.
3. Para los efectos de la subpartida 2710.19, se entenderá por aceites lubricantes básicos aquellos que tengan una viscosidad cinemática superior a 7.5 centistokes (cSt) a 40 °C, determinada por el método de la norma ASTM D-445 (De la Sociedad Americana para Pruebas y Materiales, "ASTM" por sus siglas en inglés).

CÓDIGO		DESCRIPCIÓN	UNIDAD	ARANCEL	
				IMP	EXP
27.01		**Hullas; briquetas, ovoides y combustibles sólidos similares, obtenidos de la hulla.**			
	-	Hullas, incluso pulverizadas, pero sin aglomerar:			
2701.11	- -	**Antracitas.**			
2701.11.01	00	Antracitas.	Kg	Ex.	Ex.
2701.12	- -	**Hulla bituminosa.**			
2701.12.01	00	Hulla bituminosa.	Kg	Ex.	Ex.
2701.19	- -	**Las demás hullas.**			
2701.19.91	00	Las demás hullas.	Kg	Ex.	Ex.
2701.20	-	**Briquetas, ovoides y combustibles sólidos similares, obtenidos de la hulla.**			
2701.20.01	00	Briquetas, ovoides y combustibles sólidos similares, obtenidos de la hulla.	Kg	Ex.	Ex.
27.02		**Lignitos, incluso aglomerados, excepto el azabache.**			
2702.10	-	**Lignitos, incluso pulverizados, pero sin aglomerar.**			
2702.10.01	00	Lignitos, incluso pulverizados, pero sin aglomerar.	Kg	Ex.	Ex.
2702.20	-	**Lignitos aglomerados.**			
2702.20.01	00	Lignitos aglomerados.	Kg	Ex.	Ex.
27.03		**Turba (comprendida la utilizada para cama de animales), incluso aglomerada.**			
2703.00	-	**Turba (comprendida la utilizada para cama de animales), incluso aglomerada.**			
2703.00.02		Turba (comprendida la utilizada para cama de animales), incluso aglomerada.	Kg	Ex.	Ex.
	01	Proveniente del musgo *Sphagnum* y otros desechos vegetales, para el enraizamiento, denominada *Peat-moss*.			
	99	Las demás.			
27.04		**Coques y semicoques de hulla, lignito o turba, incluso aglomerados; carbón de retorta.**			
2704.00	-	**Coques y semicoques de hulla, lignito o turba, incluso aglomerados; carbón de retorta.**			
2704.00.03		Coques y semicoques de hulla, lignito o turba, incluso aglomerados; carbón de retorta.	Kg	Ex.	Ex.
	01	Coques y semicoques de hulla, lignito o turba, incluso aglomerados.			
	02	Carbón de retorta.			
27.05		**Gas de hulla, gas de agua, gas pobre y gases similares, excepto el gas de petróleo y demás hidrocarburos gaseosos.**			

Código		Descripción	U		
2705.00	-	**Gas de hulla, gas de agua, gas pobre y gases similares, excepto el gas de petróleo y demás hidrocarburos gaseosos.**			
2705.00.01	00	Gas de hulla, gas de agua, gas pobre y gases similares, excepto el gas de petróleo y demás hidrocarburos gaseosos.	L	Ex.	Ex.
27.06		**Alquitranes de hulla, lignito o turba y demás alquitranes minerales, aunque estén deshidratados o descabezados, incluidos los alquitranes reconstituidos.**			
2706.00	-	**Alquitranes de hulla, lignito o turba y demás alquitranes minerales, aunque estén deshidratados o descabezados, incluidos los alquitranes reconstituidos.**			
2706.00.01	00	Alquitranes de hulla, lignito o turba y demás alquitranes minerales, aunque estén deshidratados o descabezados, incluidos los alquitranes reconstituidos.	L	Ex.	Ex.
27.07		**Aceites y demás productos de la destilación de los alquitranes de hulla de alta temperatura; productos análogos en los que los constituyentes aromáticos predominen en peso sobre los no aromáticos.**			
2707.10	-	**Benzol (benceno).**			
2707.10.01	00	Benzol (benceno).	L	Ex.	Ex.
2707.20	-	**Toluol (tolueno).**			
2707.20.01	00	Toluol (tolueno).	L	Ex.	Ex.
2707.30	-	**Xilol (xilenos).**			
2707.30.01	00	Xilol (xilenos).	L	Ex.	Ex.
2707.40	-	**Naftaleno.**			
2707.40.01	00	Naftaleno.	L	Ex.	Ex.
2707.50	-	**Las demás mezclas de hidrocarburos aromáticos que destilen, incluidas las pérdidas, una proporción superior o igual al 65% en volumen a 250°C, según el método ISO 3405 (equivalente al método ASTM D 86).**			
2707.50.91	00	Las demás mezclas de hidrocarburos aromáticos que destilen, incluidas las pérdidas, una proporción superior o igual al 65% en volumen a 250°C, según el método ISO 3405 (equivalente al método ASTM D 86).	L	Ex.	Ex.
	-	**Los demás:**			
2707.91	- -	**Aceites de creosota.**			
2707.91.01	00	Aceites de creosota.	L	Ex.	Ex.
2707.99	- -	**Los demás.**			
2707.99.99		Los demás.	L	Ex.	Ex.
	01	Cresol.			
	99	Los demás.			
27.08		**Brea y coque de brea de alquitrán de hulla o de otros alquitranes minerales.**			
2708.10	-	**Brea.**			
2708.10.01	00	Brea.	Kg	Ex.	Ex.
2708.20	-	**Coque de brea.**			
2708.20.01	00	Coque de brea.	Kg	Ex.	Ex.
27.09		**Aceites crudos de petróleo o de mineral bituminoso.**			
2709.00	-	**Aceites crudos de petróleo o de mineral bituminoso.**			
2709.00.05		Aceites crudos de petróleo pesados, medianos y ligeros.	Barr	Ex.	Ex.
	01	Pesados.			
	02	Medianos.			
	03	Ligeros.			
2709.00.99	00	Los demás.	M³	Ex.	Ex.
27.10		**Aceites de petróleo o de mineral bituminoso, excepto los aceites crudos; preparaciones no expresadas ni comprendidas en otra parte, con un contenido de aceites de petróleo o de mineral bituminoso superior o igual al 70% en peso, en las que estos aceites constituyan el elemento base; desechos de aceites.**			
	-	Aceites de petróleo o de mineral bituminoso, (excepto los aceites crudos) y preparaciones no expresadas ni comprendidas en otra parte, con un contenido de aceites de petróleo o de mineral bituminoso superior o igual al 70% en peso, en las que estos aceites constituyan el elemento base, excepto las que contengan biodiésel y los desechos de aceites:			
2710.12	- -	**Aceites ligeros (livianos) y preparaciones.**			
2710.12.06	00	Mezcla isomérica de trimetil penteno y dimetil hexeno (Diisobutileno).	Kg	Ex.	Ex.
2710.12.99		Los demás.	L	Ex.	Ex.
	01	Aceites minerales puros del petróleo, en carro-tanque, buque-tanque o auto-tanque.			
	02	Nafta precursora de aromáticos.			
	03	Gasolina para aviones.			
	04	Gasolina con octanaje inferior a 87.			
	05	Gasolina con octanaje superior o igual a 87 pero inferior a 92.			
	06	Gasolina con octanaje superior o igual a 92 pero inferior a 95.			
	07	Tetrámero de propileno.			
	08	Hexano; heptano.			
	91	Las demás gasolinas.			
	99	Los demás.			
2710.19	- -	**Los demás.**			
2710.19.02	00	Aceites de engrase o preparaciones lubricantes a base de aceites minerales derivados del petróleo, con aditivos (aceites lubricantes terminados).	L	3	Ex.
2710.19.99		Los demás.	L	Ex.	Ex.
	01	Aceites minerales puros del petróleo, sin aditivos (aceites lubricantes básicos), en carro-tanque, buque-tanque o auto-tanque.			
	02	Grasas lubricantes.			
	03	Aceite diésel (gasóleo) y sus mezclas, con contenido de azufre inferior o igual a 15 ppm.			

LEY DE LOS IMPUESTOS GENERALES DE IMPORTACION Y EXPORTACION

	04	Aceite diésel (gasóleo) y sus mezclas, con un contenido de azufre superior a 15 ppm pero inferior o igual a 500 ppm.			
	05	Fueloil (combustóleo).			
	06	Aceite extendedor para caucho.			
	07	Aceite parafínico.			
	08	Turbosina, keroseno (petróleo lampante) y sus mezclas.			
	91	Los demás aceites diéseles (gasóleos) y sus mezclas.			
	92	Las demás mezclas de hidrocarburos (n-alcanos, isoalcanos y cicloalcanos) de longitud de cadena con 95% mínimo de C11 a C16, con rango de ebullición entre 200°C y 280°C según la norma ASTM D86, cuyo contenido de hidrocarburos aromáticos sea igual o inferior al 1.0% en peso.			
	99	Los demás.			
2710.20	-	**Aceites de petróleo o de mineral bituminoso (excepto los aceites crudos) y preparaciones no expresadas ni comprendidas en otra parte, con un contenido de aceites de petróleo o de mineral bituminoso superior o igual al 70% en peso, en las que estos aceites constituyan el elemento base, que contengan biodiésel, excepto los desechos de aceites.**			
2710.20.01	00	Aceites de petróleo o de mineral bituminoso (excepto los aceites crudos) y preparaciones no expresadas ni comprendidas en otra parte, con un contenido de aceites de petróleo o de mineral bituminoso superior o igual al 70% en peso, en las que estos aceites constituyan el elemento base, que contengan biodiésel, excepto los desechos de aceites.	L	Ex.	Ex.
	-	**Desechos de aceites:**			
2710.91	- -	**Que contengan bifenilos policlorados (PCB), terfenilos policlorados (PCT) o bifenilos polibromados (PBB).**			
2710.91.01	00	Que contengan bifenilos policlorados (PCB), terfenilos policlorados (PCT) o bifenilos polibromados (PBB).	L	Ex.	Ex.
2710.99	- -	**Los demás.**			
2710.99.99	00	Los demás.	L	Ex.	Ex.
27.11		**Gas de petróleo y demás hidrocarburos gaseosos.**			
	-	**Licuados:**			
2711.11	- -	**Gas natural.**			
2711.11.01	00	Gas natural.	L	Ex.	Ex.
2711.12	- -	**Propano.**			
2711.12.01	00	Propano.	L	Ex.	Ex.
2711.13	- -	**Butanos.**			
2711.13.01	00	Butanos.	L	Ex.	Ex.
2711.14	- -	**Etileno, propileno, butileno y butadieno.**			
2711.14.01	00	Etileno, propileno, butileno y butadieno.	L	Ex.	Ex.
2711.19	- -	**Los demás.**			
2711.19.01	00	Butano y propano, mezclados entre sí, licuados.	L	Ex.	Ex.
2711.19.99		Los demás.	Kg	Ex.	Ex.
	01	Alcanos, alquenos o alquinos utilizados para cortes y soldaduras, aun cuando estén mezclados entre sí.			
	99	Los demás.			
	-	**En estado gaseoso:**			
2711.21	- -	**Gas natural.**			
2711.21.01	00	Gas natural.	L	Ex.	Ex.
2711.29	- -	**Los demás.**			
2711.29.99	00	Los demás.	M³	Ex.	Ex.
27.12		**Vaselina; parafina, cera de petróleo microcristalina, "slack wax", ozoquerita, cera de lignito, cera de turba, demás ceras minerales y productos similares obtenidos por síntesis o por otros procedimientos, incluso coloreados.**			
2712.10	-	**Vaselina.**			
2712.10.01	00	Vaselina.	Kg	Ex.	Ex.
2712.20	-	**Parafina con un contenido de aceite inferior al 0.75% en peso.**			
2712.20.01	00	Parafina con un contenido de aceite inferior al 0.75% en peso.	Kg	Ex.	Ex.
2712.90	-	**Los demás.**			
2712.90.01	00	Cera de lignito.	Kg	Ex.	Ex.
2712.90.02	00	Ceras microcristalinas.	Kg	Ex.	Ex.
2712.90.03	00	Residuos parafínicos ("slack wax"), con un contenido de aceite superior o igual a 8%, en peso.	Kg	Ex.	Ex.
2712.90.99		Los demás.	Kg	7	Ex.
	01	Ceras.			
	99	Los demás.			
27.13		**Coque de petróleo, betún de petróleo y demás residuos de los aceites de petróleo o de mineral bituminoso.**			
	-	**Coque de petróleo:**			
2713.11	- -	**Sin calcinar.**			
2713.11.01	00	Sin calcinar.	Kg	Ex.	Ex.
2713.12	- -	**Calcinado.**			
2713.12.01	00	Calcinado.	Kg	Ex.	Ex.
2713.20	-	**Betún de petróleo.**			
2713.20.01	00	Betún de petróleo.	Kg	Ex.	Ex.
2713.90	-	**Los demás residuos de los aceites de petróleo o de mineral bituminoso.**			
2713.90.91	00	Los demás residuos de los aceites de petróleo o de mineral bituminoso.	Kg	Ex.	Ex.
27.14		**Betunes y asfaltos naturales; pizarras y arenas bituminosas; asfaltitas y rocas asfálticas.**			

2714.10	- **Pizarras y arenas bituminosas.**		
2714.10.01 00	Pizarras y arenas bituminosas.	Kg	Ex. Ex.
2714.90	- **Los demás.**		
2714.90.01 00	Betunes y asfaltos naturales.	Kg	Ex. Ex.
2714.90.99 00	Los demás.	Kg	Ex. 25
27.15	**Mezclas bituminosas a base de asfalto o de betún naturales, de betún de petróleo, de alquitrán mineral o de brea de alquitrán mineral (por ejemplo: mástiques bituminosos, "cut backs").**		
2715.00	- Mezclas bituminosas a base de asfalto o de betún naturales, de betún de petróleo, de alquitrán mineral o de brea de alquitrán mineral (por ejemplo: mástiques bituminosos, "cut backs").		
2715.00.01 00	Betunes fluidificados; mezclas bituminosas a base de asfalto acondicionadas para su venta en envases con capacidad inferior o igual a 200 l.	Kg	Ex. Ex.
2715.00.99 00	Los demás.	Kg	Ex. 25
27.16	**Energía eléctrica.**		
2716.00	- Energía eléctrica.		
2716.00.01 00	Energía eléctrica.	KWH	Ex. Ex.

Sección VI
PRODUCTOS DE LAS INDUSTRIAS QUÍMICAS O DE LAS INDUSTRIAS CONEXAS

Notas.

1. A) Cualquier producto que responda al texto específico de una de las partidas 28.44 o 28.45, se clasifica en dicha partida y no en otra de la Nomenclatura, excepto los minerales de metales radiactivos.
B) Salvo lo dispuesto en el apartado A) anterior, cualquier producto que responda al texto específico de una de las partidas 28.43, 28.46 o 28.52, se clasifica en dicha partida y no en otra de esta Sección.

2. Sin perjuicio de las disposiciones de la Nota 1 anterior, cualquier producto que, por su presentación en forma de dosis o por su acondicionamiento para la venta al por menor, pueda incluirse en una de las partidas 30.04, 30.05, 30.06, 32.12, 33.03, 33.04, 33.05, 33.06, 33.07, 35.06, 37.07 o 38.08, se clasifica en dicha partida y no en otra de la Nomenclatura.

3. Los productos presentados en surtidos que consistan en varios componentes distintos comprendidos, en su totalidad o en parte, en esta Sección e identificables como destinados, después de mezclados, a constituir un producto de las Secciones VI o VII, se clasifican en la partida correspondiente a este último producto siempre que los componentes sean:
a) netamente identificables, por su acondicionamiento, como destinados a utilizarse juntos sin previo reacondicionamiento;
b) presentados simultáneamente;
c) identificables, por su naturaleza o por sus cantidades respectivas, como complementarios unos de otros.

4. Cuando un producto responda a las especificaciones de una o más de las partidas de la Sección VI, por el hecho de que en ellas se mencione su nombre o función y también responda a las especificaciones de la partida 38.27, se clasifica en la partida cuyo texto mencione su nombre o función y no en la partida 38.27.

Nota Nacional:

1. Para efectos de la descripción de los productos químicos en las fracciones arancelarias de esta Sección, la ausencia en la denominación de los prefijos *o- (orto), m- (meta), p- (para), cis, trans* o análogos, o de letras, números o los signos (+), (-), que indiquen formas isoméricas correspondientes a una misma fórmula condensada, no modificará su clasificación, pero la presencia de uno o varios prefijos, letras, números o signos, sí indica que la fracción es exclusiva para dicho isómero.

Capítulo 28
Productos químicos inorgánicos; compuestos inorgánicos u orgánicos de metal precioso, de elementos radiactivos, de metales de las tierras raras o de isótopos

Notas.

1. Salvo disposición en contrario, las partidas de este Capítulo comprenden solamente:
a) los elementos químicos aislados y los compuestos de constitución química definida presentados aisladamente, aunque contengan impurezas;
b) las disoluciones acuosas de los productos del apartado a) anterior;
c) las demás disoluciones de los productos del apartado a) anterior, siempre que constituyan un modo de acondicionamiento usual e indispensable, exclusivamente motivado por razones de seguridad o por necesidades del transporte y que el disolvente no haga al producto más apto para usos determinados que para uso general.
d) los productos de los apartados a), b) o c) anteriores, con adición de un estabilizante (incluido un antiaglomerante) indispensable para su conservación o transporte;
e) los productos de los apartados a), b), c) o d) anteriores, con adición de una sustancia antipolvo o de un colorante, para facilitar su identificación o por razones de seguridad, siempre que estas adiciones no hagan al producto más apto para usos determinados que para uso general.

2. Además de los ditionitos y sulfoxilatos, estabilizados con sustancias orgánicas (partida 28.31), los carbonatos y peroxocarbonatos de bases inorgánicas (partida 28.36), los cianuros, oxicianuros y cianuros complejos de bases inorgánicas (partida 28.37), los fulminatos, cianatos y tiocianatos de bases inorgánicas (partida 28.42), los productos orgánicos comprendidos en las partidas 28.43 a 28.46 y 28.52, y los carburos (partida 28.49), solamente se clasifican en este Capítulo los compuestos de carbono que se enumeran a continuación:
a) los óxidos de carbono, el cianuro de hidrógeno, los ácidos fulmínico, isociánico, tiociánico y demás ácidos cianogénicos simples o complejos (partida 28.11);
b) los oxihalogenuros de carbono (partida 28.12);
c) el disulfuro de carbono (partida 28.13);

LEY DE LOS IMPUESTOS GENERALES DE IMPORTACION Y EXPORTACION

d) los tiocarbonatos, los seleniocarbonatos y telurocarbonatos, los seleniocianatos y telurocianatos, los tetratiocianodiaminocromatos (reinecatos) y demás cianatos complejos de bases inorgánicas (partida 28.42);
e) el peróxido de hidrógeno solidificado con urea (partida 28.47), el oxisulfuro de carbono, los halogenuros de tiocarbonilo, el cianógeno y sus halogenuros y la cianamida y sus derivados metálicos (partida 28.53), excepto la cianamida cálcica, incluso pura (Capítulo 31).
3. Salvo las disposiciones de la Nota 1 de la Sección VI, este Capítulo no comprende:
a) el cloruro de sodio y el óxido de magnesio, incluso puros, y los demás productos de la Sección V;
b) los compuestos órgano-inorgánicos, excepto los mencionados en la Nota 2 anterior;
c) los productos citados en las Notas 2, 3, 4 o 5 del Capítulo 31;
d) los productos inorgánicos de los tipos utilizados como luminóforos, de la partida 32.06; frita de vidrio y demás vidrios, en polvo, gránulos, copos o escamillas, de la partida 32.07;
e) el grafito artificial (partida 38.01), los productos extintores presentados como cargas para aparatos extintores o en granadas o bombas extintoras de la partida 38.13; los productos borradores de tinta acondicionados en envases para la venta al por menor, de la partida 38.24; los cristales cultivados (excepto los elementos de óptica) de sales halogenadas de metales alcalinos o alcalinotérreos, de peso unitario superior o igual a 2.5 g, de la partida 38.24;
f) las piedras preciosas o semipreciosas (naturales, sintéticas o reconstituidas), el polvo de piedras preciosas o semipreciosas, naturales o sintéticas (partidas 71.02 a 71.05), así como los metales preciosos y sus aleaciones del Capítulo 71;
g) los metales, incluso puros, las aleaciones metálicas o los cermets, incluidos los carburos metálicos sinterizados (es decir, carburos metálicos sinterizados con un metal), de la Sección XV;
h) los elementos de óptica, por ejemplo, los de sales halogenadas de metales alcalinos o alcalinotérreos (partida 90.01).

4. Los ácidos complejos de constitución química definida constituidos por un ácido de elementos no metálicos del Subcapítulo II y un ácido que contenga un elemento metálico del Subcapítulo IV, se clasifican en la partida 28.11.
5. Las partidas 28.26 a 28.42 comprenden solamente las sales y peroxosales de metales y las de amonio.
    Salvo disposición en contrario, las sales dobles o complejas se clasifican en la partida 28.42.
6. La partida 28.44 comprende solamente:
a) el tecnecio (número atómico 43), el prometio (número atómico 61), el polonio (número atómico 84) y todos los elementos de número atómico superior a 84;
b) los isótopos radiactivos naturales o artificiales (comprendidos los de metal precioso o de metal común de las Secciones XIV y XV), incluso mezclados entre sí;
c) los compuestos inorgánicos u orgánicos de estos elementos o isótopos, aunque no sean de constitución química definida, incluso mezclados entre sí;
d) las aleaciones, dispersiones (incluidos los cermets), productos cerámicos y mezclas que contengan estos elementos o isótopos o sus compuestos inorgánicos u orgánicos y con una radiactividad específica superior a 74 Bq/g (0.002 µCi/g);
e) los elementos combustibles (cartuchos) agotados (irradiados) de reactores nucleares;
f) los productos radiactivos residuales aunque no sean utilizables.
    En la presente Nota y en las partidas 28.44 y 28.45 se consideran *isótopos*:
-    los núclidos aislados, excepto los elementos que existen en la naturaleza en estado monoisotópico;
-    las mezclas de isótopos de un mismo elemento enriquecidas en uno o varios de sus isótopos, es decir, los elementos cuya composición isotópica natural se haya modificado artificialmente.
7. Se clasifican en la partida 28.53 las combinaciones fósforo y cobre (cuprofósforos) con un contenido de fósforo superior al 15% en peso.
8. Los elementos químicos, tales como el silicio y el selenio, dopados para su utilización en electrónica, se clasifican en este Capítulo, siempre que se presenten en la forma bruta en que se han obtenido, en cilindros o en barras. Cortados en discos, obleas ("wafers") o formas análogas, se clasifican en la partida 38.18.

Nota de subpartida.
1. En la subpartida 2852.10, se entiende por *de constitución química definida* todos los compuestos orgánicos o inorgánicos de mercurio que cumplan las condiciones de los apartados a) a e) de la Nota 1 del Capítulo 28 o de los apartados a) a h) de la Nota 1 del Capítulo 29.

CÓDIGO		DESCRIPCIÓN	UNIDAD	ARANCEL	
				IMP	EXP
		SUBCAPÍTULO I ELEMENTOS QUÍMICOS			
28.01		**Flúor, cloro, bromo y yodo.**			
2801.10	-	**Cloro.**			
2801.10.01	00	Cloro.	Kg	Ex.	Ex.
2801.20	-	**Yodo.**			
2801.20.01	00	Yodo.	Kg	Ex.	Ex.
2801.30	-	**Flúor; bromo.**			
2801.30.01	00	Flúor; bromo.	Kg	Ex.	Ex.
28.02		**Azufre sublimado o precipitado; azufre coloidal.**			
2802.00	-	**Azufre sublimado o precipitado; azufre coloidal.**			
2802.00.01	00	Azufre sublimado o precipitado; azufre coloidal.	Kg	Ex.	Ex.
28.03		**Carbono (negros de humo y otras formas de carbono no expresadas ni comprendidas en otra parte).**			
2803.00	-	**Carbono (negros de humo y otras formas de carbono no expresadas ni comprendidas en otra parte).**			
2803.00.02	00	Negro de humo de hornos.	Kg	25	Ex.
2803.00.99	00	Los demás.	Kg	Ex.	Ex.
28.04		**Hidrógeno, gases nobles y demás elementos no metálicos.**			
2804.10	-	**Hidrógeno.**			

2804.10.01	00	Hidrógeno.	L	Ex.	Ex.
		- Gases nobles:			
2804.21		-- Argón.			
2804.21.01	00	Argón.	L	Ex.	Ex.
2804.29		-- Los demás.			
2804.29.99		Los demás.	L	Ex.	Ex.
	01	Helio.			
	99	Los demás.			
2804.30		- Nitrógeno.			
2804.30.01	00	Nitrógeno.	L	Ex.	Ex.
2804.40		- Oxígeno.			
2804.40.01	00	Oxígeno.	L	Ex.	Ex.
2804.50		- Boro; telurio.			
2804.50.01	00	Boro; telurio.	Kg	Ex.	Ex.
		- Silicio:			
2804.61		-- Con un contenido de silicio superior o igual al 99.99% en peso.			
2804.61.01	00	Con un contenido de silicio superior o igual al 99.99% en peso.	Kg	Ex.	Ex.
2804.69		-- Los demás.			
2804.69.99	00	Los demás.	Kg	Ex.	Ex.
2804.70		- Fósforo.			
2804.70.04	00	Fósforo.	Kg	Ex.	Ex.
2804.80		- Arsénico.			
2804.80.01	00	Arsénico.	Kg	Ex.	Ex.
2804.90		- Selenio.			
2804.90.01	00	Selenio.	Kg	Ex.	Ex.
28.05		**Metales alcalinos o alcalinotérreos; metales de las tierras raras, escandio e itrio, incluso mezclados o aleados entre sí; mercurio.**			
		- Metales alcalinos o alcalinotérreos:			
2805.11		-- Sodio.			
2805.11.01	00	Sodio.	Kg	Ex.	Ex.
2805.12		-- Calcio.			
2805.12.01	00	Calcio.	Kg	Ex.	Ex.
2805.19		-- Los demás.			
2805.19.99	00	Los demás.	Kg	Ex.	Ex.
2805.30		- Metales de las tierras raras, escandio e itrio, incluso mezclados o aleados entre sí.			
2805.30.01	00	Metales de las tierras raras, escandio e itrio, incluso mezclados o aleados entre sí.	Kg	Ex.	Ex.
2805.40		- Mercurio.			
2805.40.01	00	Mercurio.	Kg	Ex.	Ex.
		SUBCAPÍTULO II **ÁCIDOS INORGÁNICOS Y COMPUESTOS OXIGENADOS INORGÁNICOS DE LOS ELEMENTOS NO METÁLICOS**			
28.06		**Cloruro de hidrógeno (ácido clorhídrico); ácido clorosulfúrico.**			
2806.10		- Cloruro de hidrógeno (ácido clorhídrico).			
2806.10.01	00	Cloruro de hidrógeno (ácido clorhídrico).	Kg	Ex.	Ex.
2806.20		- Ácido clorosulfúrico.			
2806.20.01	00	Ácido clorosulfúrico.	Kg	Ex.	Ex.
28.07		**Ácido sulfúrico; oleum.**			
2807.00		- Ácido sulfúrico; oleum.			
2807.00.01	00	Ácido sulfúrico; oleum.	Kg	5	Ex.
28.08		**Ácido nítrico; ácidos sulfonítricos.**			
2808.00		- Ácido nítrico; ácidos sulfonítricos.			
2808.00.01	00	Ácido nítrico; ácidos sulfonítricos.	Kg	Ex.	Ex.
28.09		**Pentóxido de difósforo; ácido fosfórico; ácidos polifosfóricos, aunque no sean de constitución química definida.**			
2809.10		- Pentóxido de difósforo.			
2809.10.01	00	Pentóxido de difósforo.	Kg	Ex.	Ex.
2809.20		- Ácido fosfórico y ácidos polifosfóricos.			
2809.20.01	00	Ácido fosfórico (ácido ortofosfórico).	Kg	7	Ex.
2809.20.99	00	Los demás.	Kg	Ex.	Ex.
28.10		**Óxidos de boro; ácidos bóricos.**			
2810.00		- Óxidos de boro; ácidos bóricos.			
2810.00.02	00	Óxidos de boro; ácidos bóricos.	Kg	Ex.	Ex.
28.11		**Los demás ácidos inorgánicos y los demás compuestos oxigenados inorgánicos de los elementos no metálicos.**			
		- Los demás ácidos inorgánicos:			
2811.11		-- Fluoruro de hidrógeno (ácido fluorhídrico).			
2811.11.01	00	Fluoruro de hidrógeno (ácido fluorhídrico), grado técnico.	Kg	7	Ex.
2811.11.99	00	Los demás.	Kg	Ex.	Ex.
2811.12		-- Cianuro de hidrógeno (ácido cianhídrico).			
2811.12.01	00	Cianuro de hidrógeno (ácido cianhídrico).	Kg	Ex.	Ex.
2811.19		-- Los demás.			
2811.19.99	00	Los demás.	Kg	Ex.	Ex.

LEY DE LOS IMPUESTOS GENERALES DE IMPORTACION Y EXPORTACION

			-	Los demás compuestos oxigenados inorgánicos de los elementos no metálicos:			
2811.21			- -	Dióxido de carbono.			
	2811.21.03			Dióxido de carbono.	Kg	Ex.	Ex.
		01		Dióxido de carbono (anhídrido carbónico) al estado líquido o gaseoso.			
		02		Dióxido de carbono al estado sólido (hielo seco).			
2811.22			- -	Dióxido de silicio.			
	2811.22.03			Dióxido de silicio.	Kg	Ex.	Ex.
		01		Dióxido de silicio, excepto lo comprendido en el número de identificación comercial 2811.22.03.02.			
		02		Dióxido de silicio, incluso la gel de sílice (sílica gel), grado farmacéutico.			
2811.29			- -	Los demás.			
	2811.29.99			Los demás.	Kg	Ex.	Ex.
		01		Protóxido de nitrógeno (óxido nitroso).			
		99		Los demás.			
				SUBCAPÍTULO III			
				DERIVADOS HALOGENADOS, OXIHALOGENADOS O SULFURADOS DE LOS ELEMENTOS NO METÁLICOS			
28.12				**Halogenuros y oxihalogenuros de los elementos no metálicos.**			
			-	Cloruros y oxicloruros:			
2812.11			- -	Dicloruro de carbonilo (fosgeno).			
	2812.11.01	00		Dicloruro de carbonilo (fosgeno).	Kg	Ex.	Ex.
2812.12			- -	Oxicloruro de fósforo.			
	2812.12.01	00		Oxicloruro de fósforo.	Kg	Ex.	Ex.
2812.13			- -	Tricloruro de fósforo.			
	2812.13.01	00		Tricloruro de fósforo.	Kg	Ex.	Ex.
2812.14			- -	Pentacloruro de fósforo.			
	2812.14.01	00		Pentacloruro de fósforo.	Kg	Ex.	Ex.
2812.15			- -	Monocloruro de azufre.			
	2812.15.01	00		Monocloruro de azufre.	Kg	Ex.	Ex.
2812.16			- -	Dicloruro de azufre.			
	2812.16.01	00		Dicloruro de azufre.	Kg	Ex.	Ex.
2812.17			- -	Cloruro de tionilo.			
	2812.17.01	00		Cloruro de tionilo.	Kg	Ex.	Ex.
2812.19			- -	Los demás.			
	2812.19.99			Los demás.	Kg	Ex.	Ex.
		01		Tricloruro de arsénico.			
		99		Los demás.			
2812.90			-	Los demás.			
	2812.90.99	00		Los demás.	Kg	Ex.	Ex.
28.13				**Sulfuros de los elementos no metálicos; trisulfuro de fósforo comercial.**			
2813.10			-	Disulfuro de carbono.			
	2813.10.01	00		Disulfuro de carbono.	Kg	Ex.	Ex.
2813.90			-	Los demás.			
	2813.90.99	00		Los demás.	Kg	Ex.	Ex.
				SUBCAPÍTULO IV			
				BASES INORGÁNICAS Y ÓXIDOS, HIDRÓXIDOS Y PERÓXIDOS DE METALES			
28.14				**Amoníaco anhidro o en disolución acuosa.**			
2814.10			-	Amoníaco anhidro.			
	2814.10.01	00		Amoníaco anhidro.	L	Ex.	Ex.
2814.20			-	Amoníaco en disolución acuosa.			
	2814.20.01	00		Amoníaco en disolución acuosa.	Kg	Ex.	Ex.
28.15				**Hidróxido de sodio (sosa o soda cáustica); hidróxido de potasio (potasa cáustica); peróxidos de sodio o de potasio.**			
			-	Hidróxido de sodio (sosa o soda cáustica):			
2815.11			- -	Sólido.			
	2815.11.01	00		Sólido.	Kg	5	Ex.
2815.12			- -	En disolución acuosa (lejía de sosa o soda cáustica).			
	2815.12.01	00		En disolución acuosa (lejía de sosa o soda cáustica).	Kg	Ex.	Ex.
2815.20			-	Hidróxido de potasio (potasa cáustica).			
	2815.20.03			Hidróxido de potasio (potasa cáustica) líquida.	Kg	Ex.	Ex.
		01		Hidróxido de potasio (potasa cáustica).			
		02		Hidróxido de potasio sólido.			
2815.30			-	Peróxidos de sodio o de potasio.			
	2815.30.01	00		Peróxidos de sodio o de potasio.	Kg	Ex.	Ex.
28.16				**Hidróxido y peróxido de magnesio; óxidos, hidróxidos y peróxidos, de estroncio o de bario.**			
2816.10			-	Hidróxido y peróxido de magnesio.			
	2816.10.01	00		Hidróxido y peróxido de magnesio.	Kg	7	Ex.
2816.40			-	Óxidos, hidróxidos y peróxidos, de estroncio o de bario.			
	2816.40.03	00		Óxidos, hidróxidos y peróxidos, de estroncio o de bario.	Kg	Ex.	Ex.
28.17				**Óxido de cinc; peróxido de cinc.**			
2817.00			-	**Óxido de cinc; peróxido de cinc.**			

2817.00.01	00	Óxido de cinc.	Kg	5	Ex.
2817.00.02	00	Peróxido de cinc.	Kg	Ex.	Ex.
28.18		**Corindón artificial, aunque no sea de constitución química definida; óxido de aluminio; hidróxido de aluminio.**			
2818.10		- **Corindón artificial, aunque no sea de constitución química definida.**			
2818.10.03		Corindón artificial, aunque no sea de constitución química definida.	Kg	Ex.	Ex.
	01	Corindón artificial café.			
	02	Corindón artificial blanco o rosa.			
	99	Los demás.			
2818.20		- **Óxido de aluminio, excepto el corindón artificial.**			
2818.20.02		Óxido de aluminio, excepto el corindón artificial.	Kg	Ex.	Ex.
	01	Óxido de aluminio, (alúmina anhidra).			
	99	Los demás.			
2818.30		- **Hidróxido de aluminio.**			
2818.30.03		Hidróxido de aluminio.	Kg	Ex.	Ex.
	01	Hidróxido de aluminio, excepto grado farmacéutico.			
	02	Hidróxido de aluminio, grado farmacéutico.			
28.19		**Óxidos e hidróxidos de cromo.**			
2819.10		- **Trióxido de cromo.**			
2819.10.01	00	Trióxido de cromo.	Kg	Ex.	Ex.
2819.90		- **Los demás.**			
2819.90.99	00	Los demás.	Kg	Ex.	Ex.
28.20		**Óxidos de manganeso.**			
2820.10		- **Dióxido de manganeso.**			
2820.10.02	00	Dióxido de manganeso.	Kg	Ex.	Ex.
2820.90		- **Los demás.**			
2820.90.99	00	Los demás.	Kg	Ex.	Ex.
28.21		**Óxidos e hidróxidos de hierro; tierras colorantes con un contenido de hierro combinado, expresado en Fe_2O_3, superior o igual al 70% en peso.**			
2821.10		- **Óxidos e hidróxidos de hierro.**			
2821.10.04		Óxidos e hidróxidos de hierro.	Kg	Ex.	Ex.
	01	Óxidos de hierro, excepto lo comprendido en el número de identificación comercial 2821.10.04.03.			
	02	Hidróxidos de hierro.			
	03	Óxido férrico magnético, con coercitividad superior a 300 oersteds.			
2821.20		- **Tierras colorantes.**			
2821.20.01	00	Tierras colorantes.	Kg	Ex.	Ex.
28.22		**Óxidos e hidróxidos de cobalto; óxidos de cobalto comerciales.**			
2822.00		- **Óxidos e hidróxidos de cobalto; óxidos de cobalto comerciales.**			
2822.00.01	00	Óxidos e hidróxidos de cobalto; óxidos de cobalto comerciales.	Kg	Ex.	Ex.
28.23		**Óxidos de titanio.**			
2823.00		- **Óxidos de titanio.**			
2823.00.01	00	Óxidos de titanio.	Kg	7	Ex.
28.24		**Óxidos de plomo; minio y minio anaranjado.**			
2824.10		- **Monóxido de plomo (litargirio, masicote).**			
2824.10.01	00	Monóxido de plomo (litargirio, masicote).	Kg	Ex.	Ex.
2824.90		- **Los demás.**			
2824.90.99	00	Los demás.	Kg	Ex.	Ex.
28.25		**Hidrazina e hidroxilamina y sus sales inorgánicas; las demás bases inorgánicas; los demás óxidos, hidróxidos y peróxidos de metales.**			
2825.10		- **Hidrazina e hidroxilamina y sus sales inorgánicas.**			
2825.10.02		Hidrazina e hidroxilamina y sus sales inorgánicas.	Kg	Ex.	Ex.
	01	Hidrato de hidrazina.			
	99	Los demás.			
2825.20		- **Óxido e hidróxido de litio.**			
2825.20.01	00	Óxido e hidróxido de litio.	Kg	Ex.	Ex.
2825.30		- **Óxidos e hidróxidos de vanadio.**			
2825.30.01	00	Óxidos e hidróxidos de vanadio.	Kg	Ex.	Ex.
2825.40		- **Óxidos e hidróxidos de níquel.**			
2825.40.02		Óxidos e hidróxidos de níquel.	Kg	Ex.	Ex.
	01	Óxidos de níquel.			
	99	Los demás.			
2825.50		- **Óxidos e hidróxidos de cobre.**			
2825.50.03		Óxidos e hidróxidos de cobre.	Kg	Ex.	Ex.
	01	Óxidos de cobre.			
	02	Hidróxido cúprico.			
	99	Los demás.			
2825.60		- **Óxidos de germanio y dióxido de circonio.**			
2825.60.01	00	Óxidos de germanio y dióxido de circonio.	Kg	Ex.	Ex.
2825.70		- **Óxidos e hidróxidos de molibdeno.**			
2825.70.01	00	Óxidos e hidróxidos de molibdeno.	Kg	Ex.	Ex.
2825.80		- **Óxidos de antimonio.**			
2825.80.01	00	Óxidos de antimonio.	Kg	Ex.	Ex.
2825.90		- **Los demás.**			
2825.90.99	00	Los demás.	Kg	Ex.	Ex.

SUBCAPÍTULO V
SALES Y PEROXOSALES METÁLICAS DE LOS ÁCIDOS INORGÁNICOS

28.26			**Fluoruros; fluorosilicatos, fluoroaluminatos y demás sales complejas de flúor.**			
		-	**Fluoruros:**			
2826.12		- -	**De aluminio.**			
2826.12.01	00		De aluminio.	Kg	Ex.	Ex.
2826.19		- -	**Los demás.**			
2826.19.99			Los demás.	Kg	Ex.	Ex.
	01		De amonio.			
	02		De sodio.			
	99		Los demás.			
2826.30		-	**Hexafluoroaluminato de sodio (criolita sintética).**			
2826.30.01	00		Hexafluoroaluminato de sodio (criolita sintética).	Kg	Ex.	Ex.
2826.90		-	**Los demás.**			
2826.90.99			Los demás.	Kg	Ex.	Ex.
	01		Fluorosilicatos de sodio o de potasio.			
	99		Los demás.			
28.27			**Cloruros, oxicloruros e hidroxicloruros; bromuros y oxibromuros; yoduros y oxiyoduros.**			
2827.10		-	**Cloruro de amonio.**			
2827.10.01	00		Cloruro de amonio.	Kg	Ex.	Ex.
2827.20		-	**Cloruro de calcio.**			
2827.20.01	00		Cloruro de calcio.	Kg	35	Ex.
		-	**Los demás cloruros:**			
2827.31		- -	**De magnesio.**			
2827.31.01	00		De magnesio.	Kg	Ex.	Ex.
2827.32		- -	**De aluminio.**			
2827.32.01	00		De aluminio.	Kg	Ex.	Ex.
2827.35		- -	**De níquel.**			
2827.35.01	00		De níquel.	Kg	Ex.	Ex.
2827.39		- -	**Los demás.**			
2827.39.99			Los demás.	Kg	Ex.	Ex.
	01		De cinc.			
	99		Los demás.			
		-	**Oxicloruros e hidroxicloruros:**			
2827.41		- -	**De cobre.**			
2827.41.02	00		De cobre.	Kg	Ex.	Ex.
2827.49		- -	**Los demás.**			
2827.49.99	00		Los demás.	Kg	Ex.	Ex.
		-	**Bromuros y oxibromuros:**			
2827.51		- -	**Bromuros de sodio o potasio.**			
2827.51.01	00		Bromuros de sodio o potasio.	Kg	Ex.	Ex.
2827.59		- -	**Los demás.**			
2827.59.99	00		Los demás.	Kg	5	Ex.
2827.60		-	**Yoduros y oxiyoduros.**			
2827.60.01	00		Yoduros y oxiyoduros.	Kg	Ex.	Ex.
28.28			**Hipocloritos; hipoclorito de calcio comercial; cloritos; hipobromitos.**			
2828.10		-	**Hipoclorito de calcio comercial y demás hipocloritos de calcio.**			
2828.10.01	00		Hipoclorito de calcio comercial y demás hipocloritos de calcio.	Kg	Ex.	Ex.
2828.90		-	**Los demás.**			
2828.90.99	00		Los demás.	Kg	5	Ex.
28.29			**Cloratos y percloratos; bromatos y perbromatos; yodatos y peryodatos.**			
		-	**Cloratos:**			
2829.11		- -	**De sodio.**			
2829.11.03			De sodio.	Kg	Ex.	Ex.
	01		Clorato de sodio, excepto grado reactivo.			
	02		Clorato de sodio, grado reactivo.			
2829.19		- -	**Los demás.**			
2829.19.99			Los demás.	Kg	Ex.	Ex.
	01		Clorato de potasio.			
	99		Los demás.			
2829.90		-	**Los demás.**			
2829.90.01	00		Percloratos de hierro o de potasio.	Kg	7	Ex.
2829.90.99	00		Los demás.	Kg	Ex.	Ex.
28.30			**Sulfuros; polisulfuros, aunque no sean de constitución química definida.**			
2830.10		-	**Sulfuros de sodio.**			
2830.10.01	00		Sulfuros de sodio.	Kg	Ex.	Ex.
2830.90		-	**Los demás.**			
2830.90.99	00		Los demás.	Kg	Ex.	Ex.
28.31			**Ditionitos y sulfoxilatos.**			
2831.10		-	**De sodio.**			
2831.10.01	00		De sodio.	Kg	Ex.	Ex.
2831.90		-	**Los demás.**			

2831.90.99	00	Los demás.	Kg	Ex.	Ex.
28.32		**Sulfitos; tiosulfatos.**			
2832.10		- **Sulfitos de sodio.**			
2832.10.02		Sulfitos de sodio.	Kg	7	Ex.
	01	Sulfito o metabisulfito de sodio.			
	99	Los demás.			
2832.20		- **Los demás sulfitos.**			
2832.20.91	00	Los demás sulfitos.	Kg	Ex.	Ex.
2832.30		- **Tiosulfatos.**			
2832.30.01	00	Tiosulfatos.	Kg	7	Ex.
28.33		**Sulfatos; alumbres; peroxosulfatos (persulfatos).**			
		- Sulfatos de sodio:			
2833.11		- - **Sulfato de disodio.**			
2833.11.01	00	Sulfato de disodio.	Kg	5	Ex.
2833.19		- - **Los demás.**			
2833.19.99	00	Los demás.	Kg	Ex.	Ex.
		- Los demás sulfatos:			
2833.21		- - **De magnesio.**			
2833.21.01	00	De magnesio.	Kg	7	Ex.
2833.22		- - **De aluminio.**			
2833.22.01	00	De aluminio.	Kg	Ex.	Ex.
2833.24		- - **De níquel.**			
2833.24.01	00	De níquel.	Kg	Ex.	Ex.
2833.25		- - **De cobre.**			
2833.25.01	00	De cobre, excepto lo comprendido en la fracción arancelaria 2833.25.02.	Kg	5	Ex.
2833.25.02	00	Sulfato tetraminocúprico.	Kg	Ex.	Ex.
2833.27		- - **De bario.**			
2833.27.01	00	De bario.	Kg	Ex.	Ex.
2833.29		- - **Los demás.**			
2833.29.03		Sulfato de talio.	Prohibida	Prohibida	Prohibida
2833.29.05	00	De cinc.	Kg	7	Ex.
2833.29.99		Los demás.	Kg	Ex.	Ex.
	01	Sulfato de cobalto.			
	02	De cromo.			
	99	Los demás.			
2833.30		- **Alumbres.**			
2833.30.01	00	Alumbres.	Kg	Ex.	Ex.
2833.40		- **Peroxosulfatos (persulfatos).**			
2833.40.03		Peroxosulfatos (persulfatos).	Kg	Ex.	Ex.
	01	Persulfato de amonio.			
	02	Persulfato de potasio.			
	99	Los demás.			
28.34		**Nitritos; nitratos.**			
2834.10		- **Nitritos.**			
2834.10.02		Nitritos.	Kg	Ex.	Ex.
	01	Nitrito de sodio.			
	99	Los demás.			
		- Nitratos:			
2834.21		- - **De potasio.**			
2834.21.01	00	De potasio.	Kg	Ex.	Ex.
2834.29		- - **Los demás.**			
2834.29.01	00	Subnitrato de bismuto.	Kg	Ex.	Ex.
2834.29.99	00	Los demás.	Kg	5	Ex.
28.35		**Fosfinatos (hipofosfitos), fosfonatos (fosfitos) y fosfatos; polifosfatos, aunque no sean de constitución química definida.**			
2835.10		- **Fosfinatos (hipofosfitos) y fosfonatos (fosfitos).**			
2835.10.01	00	Fosfinatos (hipofosfitos) y fosfonatos (fosfitos).	Kg	Ex.	Ex.
		- Fosfatos:			
2835.22		- - **De monosodio o de disodio.**			
2835.22.01	00	De monosodio o de disodio.	Kg	Ex.	Ex.
2835.24		- - **De potasio.**			
2835.24.01	00	De potasio.	Kg	Ex.	Ex.
2835.25		- - **Hidrogenoortofosfato de calcio ("fosfato dicálcico").**			
2835.25.02		Hidrogenoortofosfato de calcio ("fosfato dicálcico").	Kg	Ex.	Ex.
	01	Fosfato dicálcico dihidratado, para dentífricos.			
	99	Los demás.			
2835.26		- - **Los demás fosfatos de calcio.**			
2835.26.91	00	Los demás fosfatos de calcio.	Kg	Ex.	Ex.
2835.29		- - **Los demás.**			
2835.29.99	00	Los demás.	Kg	Ex.	Ex.
		- Polifosfatos:			
2835.31		- - **Trifosfato de sodio (tripolifosfato de sodio).**			
2835.31.01	00	Trifosfato de sodio (tripolifosfato de sodio).	Kg	7	Ex.
2835.39		- - **Los demás.**			
2835.39.01	00	Pirofosfato tetrasódico.	Kg	7	Ex.

2835.39.02	00	Hexametafosfato de sodio.	Kg	7	Ex.
2835.39.99	00	Los demás.	Kg	Ex.	Ex.
28.36		**Carbonatos; peroxocarbonatos (percarbonatos); carbonato de amonio comercial que contenga carbamato de amonio.**			
2836.20	-	**Carbonato de disodio.**			
2836.20.01	00	Carbonato de disodio.	Kg	35	Ex.
2836.30	-	**Hidrogenocarbonato (bicarbonato) de sodio.**			
2836.30.01	00	Hidrogenocarbonato (bicarbonato) de sodio.	Kg	35	Ex.
2836.40	-	**Carbonatos de potasio.**			
2836.40.03		Carbonatos de potasio.	Kg	7	Ex.
	01	Carbonato de potasio.			
	02	Bicarbonato de potasio.			
2836.50	-	**Carbonato de calcio.**			
2836.50.01	00	Carbonato de calcio.	Kg	5	Ex.
2836.60	-	**Carbonato de bario.**			
2836.60.01	00	Carbonato de bario.	Kg	Ex.	Ex.
	-	**Los demás:**			
2836.91	- -	**Carbonatos de litio.**			
2836.91.01	00	Carbonatos de litio.	Kg	Ex.	Ex.
2836.92	- -	**Carbonato de estroncio.**			
2836.92.01	00	Carbonato de estroncio.	Kg	Ex.	Ex.
2836.99	- -	**Los demás.**			
2836.99.99		Los demás.	Kg	Ex.	Ex.
	01	Carbonato de amonio comercial y demás carbonatos de amonio.			
	99	Los demás.			
28.37		**Cianuros, oxicianuros y cianuros complejos.**			
	-	**Cianuros y oxicianuros:**			
2837.11	- -	**De sodio.**			
2837.11.02		De sodio.	Kg	25	Ex.
	01	Cianuro de sodio.			
	99	Los demás.			
2837.19	- -	**Los demás.**			
2837.19.99	00	Los demás.	Kg	Ex.	Ex.
2837.20	-	**Cianuros complejos.**			
2837.20.02		Cianuros complejos.	Kg	Ex.	Ex.
	01	Ferrocianuro de sodio o de potasio.			
	99	Los demás.			
28.39		**Silicatos; silicatos comerciales de los metales alcalinos.**			
	-	**De sodio:**			
2839.11	- -	**Metasilicatos.**			
2839.11.01	00	Metasilicatos.	Kg	7	Ex.
2839.19	- -	**Los demás.**			
2839.19.99	00	Los demás.	Kg	5	Ex.
2839.90	-	**Los demás.**			
2839.90.04		Los demás.	Kg	Ex.	Ex.
	01	De calcio.			
	99	Los demás.			
28.40		**Boratos; peroxoboratos (perboratos).**			
	-	**Tetraborato de disodio (bórax refinado):**			
2840.11	- -	**Anhidro.**			
2840.11.01	00	Anhidro.	Kg	Ex.	Ex.
2840.19	- -	**Los demás.**			
2840.19.99	00	Los demás.	Kg	Ex.	Ex.
2840.20	-	**Los demás boratos.**			
2840.20.91	00	Los demás boratos.	Kg	Ex.	Ex.
2840.30	-	**Peroxoboratos (perboratos).**			
2840.30.01	00	Peroxoboratos (perboratos).	Kg	Ex.	Ex.
28.41		**Sales de los ácidos oxometálicos o peroxometálicos.**			
2841.30	-	**Dicromato de sodio.**			
2841.30.01	00	Dicromato de sodio.	Kg	Ex.	Ex.
2841.50	-	**Los demás cromatos y dicromatos; peroxocromatos.**			
2841.50.91	00	Los demás cromatos y dicromatos; peroxocromatos.	Kg	Ex.	Ex.
	-	**Manganitos, manganatos y permanganatos:**			
2841.61	- -	**Permanganato de potasio.**			
2841.61.01	00	Permanganato de potasio.	Kg	Ex.	Ex.
2841.69	- -	**Los demás.**			
2841.69.99	00	Los demás.	Kg	Ex.	Ex.
2841.70	-	**Molibdatos.**			
2841.70.01	00	Molibdatos.	Kg	Ex.	Ex.
2841.80	-	**Volframatos (tungstatos).**			
2841.80.01	00	Volframatos (tungstatos).	Kg	Ex.	Ex.
2841.90	-	**Los demás.**			
2841.90.99		Los demás.	Kg	Ex.	Ex.
	01	Aluminatos.			

	99		Los demás.			
28.42			**Las demás sales de los ácidos o peroxoácidos inorgánicos (incluidos los aluminosilicatos, aunque no sean de constitución química definida), excepto los aziduros (azidas).**			
2842.10		-	Silicatos dobles o complejos, incluidos los aluminosilicatos, aunque no sean de constitución química definida.			
2842.10.02			Silicatos dobles o complejos, incluidos los aluminosilicatos, aunque no sean de constitución química definida.	Kg	Ex.	Ex.
	01		Aluminosilicato de sodio.			
	99		Los demás.			
2842.90		-	**Las demás.**			
2842.90.99			Las demás.	Kg	Ex.	Ex.
	01		Fulminatos, cianatos y tiocianatos.			
	99		Las demás.			
			SUBCAPÍTULO VI			
			VARIOS			
28.43			**Metal precioso en estado coloidal; compuestos inorgánicos u orgánicos de metal precioso, aunque no sean de constitución química definida; amalgamas de metal precioso.**			
2843.10		-	Metal precioso en estado coloidal.			
2843.10.01	00		Metal precioso en estado coloidal.	Kg	Ex.	Ex.
		-	Compuestos de plata:			
2843.21		- -	Nitrato de plata.			
2843.21.01	00		Nitrato de plata.	Kg	Ex.	Ex.
2843.29		- -	Los demás.			
2843.29.99	00		Los demás.	Kg	Ex.	Ex.
2843.30		-	Compuestos de oro.			
2843.30.01	00		Compuestos de oro.	Kg	Ex.	Ex.
2843.90		-	Los demás compuestos; amalgamas.			
2843.90.91	00		Los demás compuestos; amalgamas.	Kg	Ex.	Ex.
28.44			**Elementos químicos radiactivos e isótopos radiactivos (incluidos los elementos químicos e isótopos fisionables o fértiles) y sus compuestos; mezclas y residuos que contengan estos productos.**			
2844.10		-	**Uranio natural y sus compuestos; aleaciones, dispersiones (incluido el cermet), productos cerámicos y mezclas, que contengan uranio natural o compuestos de uranio natural.**			
2844.10.01	00		Uranio natural y sus compuestos; aleaciones, dispersiones (incluido el cermet), productos cerámicos y mezclas, que contengan uranio natural o compuestos de uranio natural.	Kg	Ex.	Ex.
2844.20		-	**Uranio enriquecido en U 235 y sus compuestos; plutonio y sus compuestos; aleaciones, dispersiones (incluido el cermet), productos cerámicos y mezclas, que contengan uranio enriquecido en U 235, plutonio o compuestos de estos productos.**			
2844.20.01	00		Uranio enriquecido en U 235 y sus compuestos; plutonio y sus compuestos; aleaciones, dispersiones (incluido el cermet), productos cerámicos y mezclas, que contengan uranio enriquecido en U 235, plutonio o compuestos de estos productos.	Kg	Ex.	Ex.
2844.30		-	**Uranio empobrecido en U 235 y sus compuestos; torio y sus compuestos; aleaciones, dispersiones (incluido el cermet), productos cerámicos y mezclas, que contengan uranio empobrecido en U 235, torio o compuestos de estos productos.**			
2844.30.01	00		Uranio empobrecido en U 235 y sus compuestos; torio y sus compuestos; aleaciones, dispersiones (incluido el cermet), productos cerámicos y mezclas, que contengan uranio empobrecido en U 235, torio o compuestos de estos productos.	Kg	Ex.	Ex.
		-	Elementos e isótopos y compuestos, radiactivos, excepto los de las subpartidas 2844.10, 2844.20 o 2844.30; aleaciones, dispersiones (incluido el cermet), productos cerámicos y mezclas, que contengan estos elementos, isótopos o compuestos; residuos radiactivos.			
2844.41		- -	**Tritio y sus compuestos; aleaciones, dispersiones (incluido el cermet), productos cerámicos y mezclas, que contengan tritio o sus compuestos.**			
2844.41.01	00		Tritio y sus compuestos; aleaciones, dispersiones (incluido el cermet), productos cerámicos y mezclas, que contengan tritio o sus compuestos.	Kg	Ex.	Ex.
2844.42		- -	**Actinio-225, actinio-227, californio-253, curio-240, curio-241, curio-242, curio-243, curio-244, einstenio-253, einstenio-254, gadolinio-148, polonio-208, polonio-209, polonio-210, radio-223, uranio-230 o uranio-232, y sus compuestos; aleaciones, dispersiones (incluido el cermet), productos cerámicos y mezclas, que contengan estos elementos o compuestos.**			
2844.42.01	00		Actinio-225, actinio-227, californio-253, curio-240, curio-241, curio-242, curio-243, curio-244, einstenio-253, einstenio-254, gadolinio-148, polonio-208, polonio-209, polonio-210, radio-223, uranio-230 o uranio-232, y sus compuestos; aleaciones, dispersiones (incluido el cermet), productos cerámicos y mezclas, que contengan estos elementos o compuestos.	Kg	Ex.	Ex.

LEY DE LOS IMPUESTOS GENERALES DE IMPORTACION Y EXPORTACION

2844.43		--	Los demás elementos e isótopos y compuestos, radiactivos; aleaciones, dispersiones (incluido el cermet), productos cerámicos y mezclas, que contengan estos elementos, isótopos o compuestos.			
2844.43.91			Los demás elementos e isótopos y compuestos, radiactivos; aleaciones, dispersiones (incluido el cermet), productos cerámicos y mezclas, que contengan estos elementos, isótopos o compuestos.	Kg	Ex.	Ex.
	01		Cesio 137.			
	02		Cobalto radiactivo.			
	99		Los demás.			
2844.44		--	Residuos radiactivos.			
2844.44.01			Residuos radiactivos.	Kg	Ex.	Ex.
	01		De cesio 137.			
	02		De cobalto.			
	99		Los demás.			
2844.50		-	Elementos combustibles (cartuchos) agotados (irradiados) de reactores nucleares.			
2844.50.01	00		Elementos combustibles (cartuchos) agotados (irradiados) de reactores nucleares.	Kg	Ex.	Ex.
28.45			**Isótopos, excepto los de la partida 28.44; sus compuestos inorgánicos u orgánicos, aunque no sean de constitución química definida.**			
2845.10		-	Agua pesada (óxido de deuterio).			
2845.10.01	00		Agua pesada (óxido de deuterio).	Kg	Ex.	Ex.
2845.20		-	Boro enriquecido en boro-10 y sus compuestos.			
2845.20.01	00		Boro enriquecido en boro-10 y sus compuestos.	Kg	Ex.	Ex.
2845.30		-	Litio enriquecido en litio-6 y sus compuestos.			
2845.30.01	00		Litio enriquecido en litio-6 y sus compuestos.	Kg	Ex.	Ex.
2845.40		-	Helio-3.			
2845.40.01	00		Helio-3.	Kg	Ex.	Ex.
2845.90		-	Los demás.			
2845.90.99	00		Los demás.	Kg	Ex.	Ex.
28.46			**Compuestos inorgánicos u orgánicos, de metales de las tierras raras, del itrio, del escandio o de las mezclas de estos metales.**			
2846.10		-	Compuestos de cerio.			
2846.10.01	00		Compuestos de cerio.	Kg	Ex.	Ex.
2846.90		-	Los demás.			
2846.90.99	00		Los demás.	Kg	Ex.	Ex.
28.47			**Peróxido de hidrógeno (agua oxigenada), incluso solidificado con urea.**			
2847.00		-	Peróxido de hidrógeno (agua oxigenada), incluso solidificado con urea.			
2847.00.01	00		Peróxido de hidrógeno (agua oxigenada), incluso solidificado con urea.	Kg	Ex.	Ex.
28.49			**Carburos, aunque no sean de constitución química definida.**			
2849.10		-	De calcio.			
2849.10.01	00		De calcio.	Kg	Ex.	Ex.
2849.20		-	De silicio.			
2849.20.99	00		De silicio.	Kg	Ex.	Ex.
2849.90		-	Los demás.			
2849.90.99	00		Los demás.	Kg	Ex.	Ex.
28.50			**Hidruros, nitruros, aziduros (azidas), siliciuros y boruros, aunque no sean de constitución química definida, excepto los compuestos que consistan igualmente en carburos de la partida 28.49.**			
2850.00		-	Hidruros, nitruros, aziduros (azidas), siliciuros y boruros, aunque no sean de constitución química definida, excepto los compuestos que consistan igualmente en carburos de la partida 28.49.			
2850.00.03	00		Hidruros, nitruros, aziduros (azidas), siliciuros y boruros, aunque no sean de constitución química definida, excepto los compuestos que consistan igualmente en carburos de la partida 28.49.	Kg	Ex.	Ex.
28.52			**Compuestos inorgánicos u orgánicos de mercurio, aunque no sean de constitución química definida, excepto las amalgamas.**			
2852.10		-	De constitución química definida.			
2852.10.04	00		De constitución química definida.	Kg	Ex.	Ex.
2852.90		-	Los demás.			
2852.90.99	00		Los demás.	Kg	5	Ex.
28.53			**Fosfuros, aunque no sean de constitución química definida, excepto los ferrofósforos; los demás compuestos inorgánicos (incluida el agua destilada, de conductividad o del mismo grado de pureza); aire líquido, aunque se le hayan eliminado los gases nobles; aire comprimido; amalgamas, excepto las de metal precioso.**			
2853.10		-	Cloruro de cianógeno ("chlorcyan").			
2853.10.01	00		Cloruro de cianógeno ("chlorcyan").	Kg	Ex.	Ex.
2853.90		-	Los demás.			
2853.90.99			Los demás.	Kg	Ex.	Ex.
	01		De cobre (cuprofósforos), con un contenido de fósforo superior al 15% en peso.			
	02		De cinc.			
	03		De aluminio.			
	99		Los demás.			

Capítulo 29
Productos químicos orgánicos

Notas.
1. Salvo disposición en contrario, las partidas de este Capítulo comprenden solamente:
a) los compuestos orgánicos de constitución química definida presentados aisladamente, aunque contengan impurezas;
b) las mezclas de isómeros de un mismo compuesto orgánico (aunque contengan impurezas), excepto las mezclas de isómeros de los hidrocarburos acíclicos saturados o sin saturar (distintos de los estereoisómeros) (Capítulo 27);
c) los productos de las partidas 29.36 a 29.39, los éteres, acetales y ésteres de azúcares, y sus sales, de la partida 29.40, y los productos de la partida 29.41, aunque no sean de constitución química definida;
d) las disoluciones acuosas de los productos de los apartados a), b) o c) anteriores;
e) las demás disoluciones de los productos de los apartados a), b) o c) anteriores, siempre que constituyan un modo de acondicionamiento usual e indispensable, exclusivamente motivado por razones de seguridad o necesidades del transporte y que el disolvente no haga al producto más apto para usos determinados que para uso general;
f) los productos de los apartados a), b), c), d) o e) anteriores, con adición de un estabilizante (incluido un antiaglomerante) indispensable para su conservación o transporte;
g) los productos de los apartados a), b), c), d), e) o f) anteriores, con adición de una sustancia antipolvo, un colorante, un odorante o un emético, para facilitar su identificación o por razones de seguridad, siempre que estas adiciones no hagan al producto más apto para usos determinados que para uso general;
h) los productos siguientes, normalizados, para la producción de colorantes azoicos: sales de diazonio, copulantes utilizados para estas sales y aminas diazotables y sus sales.
2. Este Capítulo no comprende:
a) los productos de la partida 15.04 y el glicerol en bruto de la partida 15.20;
b) el alcohol etílico (partidas 22.07 o 22.08);
c) el metano y el propano (partida 27.11);
d) los compuestos de carbono mencionados en la Nota 2 del Capítulo 28;
e) los productos inmunológicos de la partida 30.02.
f) la urea (partidas 31.02 o 31.05);
g) las materias colorantes de origen vegetal o animal (partida 32.03), las materias colorantes orgánicas sintéticas, los productos orgánicos sintéticos de los tipos utilizados como agentes de avivado fluorescente o como luminóforos (partida 32.04), así como los tintes y demás materias colorantes presentados en formas o en envases para la venta al por menor (partida 32.12);
h) las enzimas (partida 35.07);
ij) el metaldehído, la hexametilentetramina y los productos análogos, en tabletas, barritas o formas similares que impliquen su utilización como combustibles, así como los combustibles líquidos y los gases combustibles licuados, en recipientes de los tipos utilizados para cargar o recargar encendedores o mecheros, de capacidad inferior o igual a 300 cm^3 (partida 36.06);
k) los productos extintores presentados como cargas para aparatos extintores o en granadas o bombas extintoras de la partida 38.13; los productos borradores de tinta acondicionados en envases para la venta al por menor, clasificados en la partida 38.24;
l) los elementos de óptica, por ejemplo, los de tartrato de etilendiamina (partida 90.01).
3. Cualquier producto que pudiera clasificarse en dos o más partidas de este Capítulo se clasificará en la última de dichas partidas por orden de numeración.
4. En las partidas 29.04 a 29.06, 29.08 a 29.11 y 29.13 a 29.20, cualquier referencia a los derivados halogenados, sulfonados, nitrados o nitrosados, se aplica también a los derivados mixtos, tales como los sulfohalogenados, nitrohalogenados, nitrosulfonados o nitrosulfohalogenados.
Para la aplicación de la partida 29.29, los grupos nitrados o nitrosados no deben considerarse *funciones nitrogenadas*.
En las partidas 29.11, 29.12, 29.14, 29.18 y 29.22, se entiende por *funciones oxigenadas* (grupos orgánicos característicos que contienen oxígeno, comprendidos en estas partidas) las que se limitan a las funciones oxigenadas citadas en los textos de las partidas 29.05 a 29.20.
5. A) Los ésteres de compuestos orgánicos de función ácida de los Subcapítulos I a VII con compuestos orgánicos de los mismos Subcapítulos se clasifican con el compuesto que pertenezca a la última partida por orden de numeración de dichos Subcapítulos.
B) Los ésteres del alcohol etílico con compuestos orgánicos de función ácida de los Subcapítulos I a VII se clasifican en la partida de los compuestos de función ácida correspondientes.
C) Salvo lo dispuesto en la Nota 1 de la Sección VI y en la Nota 2 del Capítulo 28:
1°) las sales inorgánicas de compuestos orgánicos, tales como los compuestos de función ácida, función fenol o función enol o las bases orgánicas, de los Subcapítulos I a X o de la partida 29.42, se clasifican en la partida que comprenda el compuesto orgánico correspondiente;
2°) las sales formadas por reacción entre compuestos orgánicos de los Subcapítulos I a X o de la partida 29.42 se clasifican en la última partida del Capítulo por orden de numeración que comprenda la base o el ácido del que se han formado (incluidos los compuestos de función fenol o de función enol);
3°) los compuestos de coordinación, excepto los productos del Subcapítulo XI o de la partida 29.41, se clasifican en la partida del Capítulo 29 situada en último lugar por orden de numeración entre las correspondientes a los fragmentos formados por escisión de todos los enlaces metálicos, excepto los enlaces metal-carbono.
D) Los alcoholatos metálicos se clasifican en la misma partida que los alcoholes correspondientes, salvo en el caso del etanol (partida 29.05).
E) Los halogenuros de los ácidos carboxílicos se clasifican en la misma partida que los ácidos correspondientes.
6. Los compuestos de las partidas 29.30 y 29.31 son compuestos orgánicos cuya molécula contiene, además de átomos de hidrógeno, oxígeno o nitrógeno, átomos de otros elementos no metálicos o de metales, tales como azufre, arsénico o plomo, directamente unidos al carbono.
Las partidas 29.30 (tiocompuestos orgánicos) y 29.31 (los demás compuestos órgano-inorgánicos) no comprenden los derivados sulfonados o halogenados ni los derivados mixtos, que solo contengan en unión directa con el carbono, los átomos de azufre o de halógeno que les confieran el carácter de tales, sin considerar el hidrógeno, oxígeno o nitrógeno que puedan contener.
7. Las partidas 29.32, 29.33 y 29.34 no comprenden los epóxidos con tres átomos en el ciclo, los peróxidos de cetonas, los polímeros cíclicos de los aldehídos o de los tioaldehídos, los anhídridos de ácidos carboxílicos polibásicos, los ésteres cíclicos de polialcoholes o de polifenoles con ácidos polibásicos ni las imidas de ácidos polibásicos.

LEY DE LOS IMPUESTOS GENERALES DE IMPORTACION Y EXPORTACION

Las disposiciones anteriores solo se aplican cuando la estructura heterocíclica proceda exclusivamente de las funciones ciclantes antes citadas.

8. En la partida 29.37:

a) el término *hormonas* comprende los factores liberadores o estimulantes de hormonas, los inhibidores de hormonas y los antagonistas de hormonas (antihormonas);

b) la expresión *utilizados principalmente como hormonas,* se aplica no solamente a los derivados de hormonas y a sus análogos estructurales utilizados principalmente por su acción hormonal, sino también a los derivados y análogos estructurales de hormonas utilizados principalmente como intermedios en la síntesis de productos de esta partida.

Notas de subpartida.

1. Dentro de una partida de este Capítulo, los derivados de un compuesto químico (o de un grupo de compuestos químicos) se clasifican en la misma subpartida que el compuesto (o grupo de compuestos), siempre que no estén comprendidos más específicamente en otra subpartida y que no exista una subpartida residual "Los/Las demás" en la serie de subpartidas involucradas.

2. La Nota 3 del Capítulo 29 no se aplica a las subpartidas de este Capítulo.

Notas Nacionales:

1. De conformidad con la Nota 1 b) del Capítulo 29 de la Tarifa de la Ley de los Impuestos Generales de Importación y de Exportación, las mezclas de isómeros del butano (por ejemplo: *n*-butano e isobutano), y las mezclas de isómeros del butileno (por ejemplo: 1-buteno e isobutileno) se clasifican en la partida 27.11.

2. Se excluye del Capítulo 29 el sorbitol con otros polioles en solución acuosa, con un contenido superior o igual al 60% pero inferior o igual al 80% de sorbitol (D-glucitol) sobre el extracto seco. (partida 38.24).

3. Se excluyen de la partida 29.01:

a) El etileno con una pureza inferior al 95% de masa molar y el propeno (propileno) con una pureza inferior al 90% de masa molar (partida 27.11);

b) El butano en bruto, el gas de petróleo en bruto y los hidrocarburos gaseosos similares de la partida 27.11.

4. En la partida 29.02 están comprendidos el benceno y tolueno con pureza superior o igual al 95.0% en peso y, el naftaleno con un punto de cristalización superior o igual a 79.4 °C.

5. Están comprendidos en la partida 29.07:

a) El fenol con una pureza superior o igual al 90% en peso;

b) Los cresoles aislados o mezclados deben contener un grado de pureza superior o igual al 95% en peso de cresol, tomando en conjunto todos los isómeros del cresol;

c) Los xilenoles aislados o las mezclas deben contener un grado de pureza superior o igual al 95% del peso de xilenol, tomando en conjunto todos los isómeros del xilenol.

6. Para los efectos de las subpartidas 2924.11, 2924.12 y 2924.19, el término "incluidos los carbamatos" señalado en el texto de la subpartida sin codificación que las precede debe entenderse como "incluidos los carbamatos acíclicos".

Para los efectos de las subpartidas 2924.21, 2924.23, 2924.24, 2924.25 y 2924.29, el término "incluidos los carbamatos" señalado en el texto de la subpartida sin codificación que las precede debe entenderse como "incluidos los carbamatos cíclicos".

CÓDIGO		DESCRIPCIÓN	UNIDAD	ARANCEL	
				IMP	EXP
		SUBCAPÍTULO I HIDROCARBUROS Y SUS DERIVADOS HALOGENADOS, SULFONADOS, NITRADOS O NITROSADOS			
29.01		**Hidrocarburos acíclicos.**			
2901.10		- **Saturados.**			
2901.10.05		Saturados.	L	Ex.	Ex.
	01	Butano.			
	02	Hexano; heptano.			
	99	Los demás.			
		- **No saturados:**			
2901.21		- - **Etileno.**			
2901.21.01	00	Etileno.	Kg	Ex.	Ex.
2901.22		- - **Propeno (propileno).**			
2901.22.01	00	Propeno (propileno).	Kg	Ex.	Ex.
2901.23		- - **Buteno (butileno) y sus isómeros.**			
2901.23.01	00	Buteno (butileno) y sus isómeros.	Kg	Ex.	Ex.
2901.24		- - **Buta-1,3-dieno e isopreno.**			
2901.24.01	00	Buta-1,3-dieno e isopreno.	Kg	Ex.	Ex.
2901.29		- - **Los demás.**			
2901.29.99	00	Los demás.	Kg	Ex.	Ex.
29.02		**Hidrocarburos cíclicos.**			
		- Ciclánicos, ciclénicos o cicloterpénicos:			
2902.11		- - **Ciclohexano.**			
2902.11.01	00	Ciclohexano.	Kg	Ex.	Ex.
2902.19		- - **Los demás.**			
2902.19.99		Los demás.	Kg	Ex.	Ex.
	01	Cicloterpénicos.			
	99	Los demás.			
2902.20		- **Benceno.**			
2902.20.01	00	Benceno.	L	Ex.	Ex.
2902.30		- **Tolueno.**			
2902.30.01	00	Tolueno.	L	Ex.	Ex.
		- **Xilenos:**			

2902.41		-- o-Xileno.			
2902.41.01	00	o-Xileno.	L	Ex.	Ex.
2902.42		-- m-Xileno.			
2902.42.01	00	m-Xileno.	L	Ex.	Ex.
2902.43		-- p-Xileno.			
2902.43.01	00	p-Xileno.	L	Ex.	Ex.
2902.44		-- Mezclas de isómeros del xileno.			
2902.44.01	00	Mezclas de isómeros del xileno.	L	Ex.	Ex.
2902.50		- Estireno.			
2902.50.01	00	Estireno.	Kg	Ex.	Ex.
2902.60		- Etilbenceno.			
2902.60.01	00	Etilbenceno.	Kg	Ex.	Ex.
2902.70		- Cumeno.			
2902.70.01	00	Cumeno.	Kg	Ex.	Ex.
2902.90		- Los demás.			
2902.90.99	00	Los demás.	Kg	Ex.	Ex.
29.03		Derivados halogenados de los hidrocarburos.			
		- Derivados clorados de los hidrocarburos acíclicos saturados:			
2903.11		-- Clorometano (cloruro de metilo) y cloroetano (cloruro de etilo).			
2903.11.01	00	Clorometano (cloruro de metilo) y cloroetano (cloruro de etilo).	Kg	Ex.	Ex.
2903.12		-- Diclorometano (cloruro de metileno).			
2903.12.01	00	Diclorometano (cloruro de metileno).	Kg	Ex.	Ex.
2903.13		-- Cloroformo (triclorometano).			
2903.13.02		Cloroformo (triclorometano).	Kg	Ex.	Ex.
	01	Cloroformo, Q.P. o U.S.P.			
	99	Los demás.			
2903.14		-- Tetracloruro de carbono.			
2903.14.01	00	Tetracloruro de carbono.	Kg	Ex.	Ex.
2903.15		-- Dicloruro de etileno (ISO) (1,2-dicloroetano).			
2903.15.01	00	Dicloruro de etileno (ISO) (1,2-dicloroetano).	Kg	Ex.	Ex.
2903.19		-- Los demás.			
2903.19.99	00	Los demás.	Kg	Ex.	Ex.
		- Derivados clorados de los hidrocarburos acíclicos no saturados:			
2903.21		-- Cloruro de vinilo (cloroetileno).			
2903.21.01	00	Cloruro de vinilo (cloroetileno).	Kg	Ex.	Ex.
2903.22		-- Tricloroetileno.			
2903.22.01	00	Tricloroetileno.	Kg	Ex.	Ex.
2903.23		-- Tetracloroetileno (percloroetileno).			
2903.23.01	00	Tetracloroetileno (percloroetileno).	Kg	Ex.	Ex.
2903.29		-- Los demás.			
2903.29.99	00	Los demás.	Kg	Ex.	Ex.
		- Derivados fluorados de los hidrocarburos acíclicos saturados:			
2903.41		-- Trifluorometano (HFC-23).			
2903.41.01	00	Trifluorometano (HFC-23).	Kg	Ex.	Ex.
2903.42		-- Difluorometano (HFC-32).			
2903.42.01	00	Difluorometano (HFC-32).	Kg	Ex.	Ex.
2903.43		-- Fluorometano (HFC-41), 1,2-difluoroetano (HFC-152) y 1,1-difluoroetano (HFC-152a).			
2903.43.01		Fluorometano (HFC-41), 1,2-difluoroetano (HFC-152) y 1,1-difluoroetano (HFC-152a).	Kg	Ex.	Ex.
	01	1,2-difluoroetano (HFC-152).			
	02	1,1-difluoroetano (HFC-152a).			
	99	Los demás.			
2903.44		-- Pentafluoroetano (HFC-125), 1,1,1-trifluoroetano (HFC-143a) y 1,1,2-trifluoroetano (HFC-143).			
2903.44.01	00	Pentafluoroetano (HFC-125), 1,1,1-trifluoroetano (HFC-143a) y 1,1,2-trifluoroetano (HFC-143).	Kg	Ex.	Ex.
2903.45		-- 1,1,1,2-Tetrafluoroetano (HFC-134a) y 1,1,2,2-tetrafluoroetano (HFC-134).			
2903.45.01	00	1,1,1,2-Tetrafluoroetano (HFC-134a) y 1,1,2,2-tetrafluoroetano (HFC-134).	Kg	Ex.	Ex.
2903.46		-- 1,1,1,2,3,3,3-Heptafluoropropano (HFC-227ea), 1,1,1,2,2,3-hexafluoropropano (HFC-236cb), 1,1,1,2,3,3-hexafluoropropano (HFC-236ea) y 1,1,1,3,3,3-hexafluoropropano (HFC-236fa).			
2903.46.01	00	1,1,1,2,3,3,3-Heptafluoropropano (HFC-227ea), 1,1,1,2,2,3-hexafluoropropano (HFC-236cb), 1,1,1,2,3,3-hexafluoropropano (HFC-236ea) y 1,1,1,3,3,3-hexafluoropropano (HFC-236fa).	Kg	Ex.	Ex.
2903.47		-- 1,1,1,3,3-Pentafluoropropano (HFC-245fa) y 1,1,2,2,3-pentafluoropropano (HFC-245ca).			
2903.47.01	00	1,1,1,3,3-Pentafluoropropano (HFC-245fa) y 1,1,2,2,3-pentafluoropropano (HFC-245ca).	Kg	Ex.	Ex.
2903.48		-- 1,1,1,3,3-Pentafluorobutano (HFC-365mfc) y 1,1,1,2,2,3,4,5,5,5-decafluoropentano (HFC-43-10mee).			
2903.48.01	00	1,1,1,3,3-Pentafluorobutano (HFC-365mfc) y 1,1,1,2,2,3,4,5,5,5-decafluoropentano (HFC-43-10mee).	Kg	Ex.	Ex.
2903.49		-- Los demás.			
2903.49.99	00	Los demás.	Kg	Ex.	Ex.

LEY DE LOS IMPUESTOS GENERALES DE IMPORTACION Y EXPORTACION

			- Derivados fluorados de los hidrocarburos acíclicos no saturados:			
2903.51			-- 2,3,3,3-Tetrafluoropropeno (HFO-1234yf), 1,3,3,3-tetrafluoropropeno (HFO-1234ze) y (Z)-1,1,1,4,4,4-hexafluoro-2-buteno (HFO-1336mzz).			
2903.51.01	00		2,3,3,3-Tetrafluoropropeno (HFO-1234yf), 1,3,3,3-tetrafluoropropeno (HFO-1234ze) y (Z)-1,1,1,4,4,4-hexafluoro-2-buteno (HFO-1336mzz).	Kg	Ex.	Ex.
2903.59			-- Los demás.			
2903.59.99	00		Los demás.	Kg	Ex.	Ex.
			- Derivados bromados o derivados yodados, de los hidrocarburos acíclicos:			
2903.61			-- Bromuro de metilo (bromometano).			
2903.61.01	00		Bromuro de metilo (bromometano).	Kg	Ex.	Ex.
2903.62			-- Dibromuro de etileno (ISO) (1,2-dibromoetano).			
2903.62.01	00		Dibromuro de etileno (ISO) (1,2-dibromoetano).	Kg	Ex.	Ex.
2903.69			-- Los demás.			
2903.69.99	00		Los demás.	Kg	Ex.	Ex.
			- Derivados halogenados de los hidrocarburos acíclicos con dos halógenos diferentes, por lo menos:			
2903.71			-- Clorodifluorometano (HCFC-22).			
2903.71.01	00		Clorodifluorometano (HCFC-22).	L	Ex.	Ex.
2903.72			-- Diclorotrifluoroetanos (HCFC-123).			
2903.72.01	00		Diclorotrifluoroetanos (HCFC-123).	L	Ex.	Ex.
2903.73			-- Diclorofluoroetanos (HCFC-141, 141b).			
2903.73.01	00		Diclorofluoroetanos (HCFC-141, 141b).	L	Ex.	Ex.
2903.74			-- Clorodifluoroetanos (HCFC-142, 142b).			
2903.74.01	00		Clorodifluoroetanos (HCFC-142, 142b).	L	Ex.	Ex.
2903.75			-- Dicloropentafluoropropanos (HCFC-225, 225ca, 225cb).			
2903.75.01	00		Dicloropentafluoropropanos (HCFC-225, 225ca, 225cb).	L	Ex.	Ex.
2903.76			-- Bromoclorodifluorometano (Halón-1211), bromotrifluorometano (Halón-1301) y dibromotetrafluoroetanos (Halón-2402).			
2903.76.01	00		Bromoclorodifluorometano (Halón-1211), bromotrifluorometano (Halón-1301) y dibromotetrafluoroetanos (Halón-2402).	L	Ex.	Ex.
2903.77			-- Los demás, perhalogenados solamente con flúor y cloro.			
2903.77.91	00		Los demás, perhalogenados solamente con flúor y cloro.	L	Ex.	Ex.
2903.78			-- Los demás derivados perhalogenados.			
2903.78.91	00		Los demás derivados perhalogenados.	L	Ex.	Ex.
2903.79			-- Los demás.			
2903.79.99	00		Los demás.	L	Ex.	Ex.
			- Derivados halogenados de los hidrocarburos ciclánicos, ciclénicos o cicloterpénicos:			
2903.81			-- 1,2,3,4,5,6-Hexaclorociclohexano (HCH (ISO)), incluido el lindano (ISO, DCI).			
2903.81.04			1,2,3,4,5,6-Hexaclorociclohexano (HCH (ISO)), incluido el lindano (ISO, DCI).	Prohibida	Prohibida	Prohibida
2903.82			-- Aldrina (ISO), clordano (ISO) y heptacloro (ISO).			
2903.82.02			1,4,5,6,7,8,8-Heptacloro-3a,4,7,7atetrahidro-4,7-metanoindeno (Heptacloro).	Prohibida	Prohibida	Prohibida
2903.82.04			1,2,4,5,6,7,8,8-Octacloro-3-alfa,4,7,7-alfa tetrahidro-4,7- metanoindeno (Clordano).	Prohibida	Prohibida	Prohibida
2903.82.99	00		Los demás.	Kg	Ex.	Ex.
2903.83			-- Mirex (ISO).			
2903.83.01	00		Mirex (ISO).	Kg	Ex.	Ex.
2903.89			-- Los demás.			
2903.89.03			1,2,3,4,10,10-Hexacloro-1,4,4a,5,8,8a-hexahidro-endo-endo-1,4:5,8-dimetanonaftaleno (Isodrin).	Prohibida	Prohibida	Prohibida
2903.89.99			Los demás.	Kg	Ex.	Ex.
		01	Hexabromociclododecano.			
		99	Los demás.			
			- Derivados halogenados de los hidrocarburos aromáticos:			
2903.91			-- Clorobenceno, o-diclorobenceno y p-diclorobenceno.			
2903.91.01	00		Clorobenceno, o-diclorobenceno y p-diclorobenceno.	Kg	Ex.	Ex.
2903.92			-- Hexaclorobenceno (ISO) y DDT (ISO) (clofenotano (DCI), 1,1,1-tricloro-2,2-bis(p-clorofenil)etano).			
2903.92.01	00		Hexaclorobenceno (ISO).	Kg	Ex.	Ex.
2903.92.04			1,1,1-tricloro-2,2-bis(p-clorofenil)etano, DDT (ISO), clofenotano (DCI)).	Prohibida	Prohibida	Prohibida
2903.93			-- Pentaclorobenceno (ISO).			
2903.93.01	00		Pentaclorobenceno (ISO).	Kg	Ex.	Ex.
2903.94			-- Hexabromobifenilos.			
2903.94.01	00		Hexabromobifenilos.	Kg	Ex.	Ex.
2903.99			-- Los demás.			
2903.99.01	00		Cloruro de bencilo.	Kg	Ex.	Ex.
2903.99.99			Los demás.	Kg	Ex.	Ex.
		01	Triclorobenceno.			
		99	Los demás.			

29.04			Derivados sulfonados, nitrados o nitrosados de los hidrocarburos, incluso halogenados.			
2904.10		-	Derivados solamente sulfonados, sus sales y sus ésteres etílicos.			
2904.10.01	00		Butilnaftalensulfonato de sodio.	Kg	Ex.	Ex.
2904.10.02	00		1,3,6-Naftalentrisulfonato trisódico.	Kg	Ex.	Ex.
2904.10.03	00		Alil o metalilsulfonato de sodio.	Kg	Ex.	Ex.
2904.10.04	00		6,7-Dihidro-2-naftalensulfonato de sodio.	Kg	Ex.	Ex.
2904.10.05	00		Ácido p-toluensulfónico.	Kg	Ex.	Ex.
2904.10.99	00		Los demás.	Kg	5	Ex.
2904.20		-	Derivados solamente nitrados o solamente nitrosados.			
2904.20.08	00		Nitroetano.	Kg	Ex.	Ex.
2904.20.99	00		Los demás.	Kg	Ex.	Ex.
		-	Ácido perfluorooctano sulfónico, sus sales y fluoruro de perfluorooctano sulfonilo:			
2904.31		- -	Ácido perfluorooctano sulfónico.			
2904.31.01	00		Ácido perfluorooctano sulfónico.	Kg	Ex.	Ex.
2904.32		- -	Perfluorooctano sulfonato de amonio.			
2904.32.01	00		Perfluorooctano sulfonato de amonio.	Kg	Ex.	Ex.
2904.33		- -	Perfluorooctano sulfonato de litio.			
2904.33.01	00		Perfluorooctano sulfonato de litio.	Kg	Ex.	Ex.
2904.34		- -	Perfluorooctano sulfonato de potasio.			
2904.34.01	00		Perfluorooctano sulfonato de potasio.	Kg	Ex.	Ex.
2904.35		- -	Las demás sales del ácido perfluorooctano sulfónico.			
2904.35.91	00		Las demás sales del ácido perfluorooctano sulfónico.	Kg	Ex.	Ex.
2904.36		- -	Fluoruro de perfluorooctano sulfonilo.			
2904.36.01	00		Fluoruro de perfluorooctano sulfonilo.	Kg	Ex.	Ex.
		-	Los demás:			
2904.91		- -	Tricloronitrometano (cloropicrina).			
2904.91.01	00		Tricloronitrometano (cloropicrina).	Kg	Ex.	Ex.
2904.99		- -	Los demás.			
2904.99.99			Los demás.	Kg	Ex.	Ex.
	01		Nitroclorobenceno.			
	02		Cloruro de p-toluensulfonilo.			
	03		1-Trifluorometil-3,5-dinitro-4-clorobenceno.			
	04		Pentacloronitrobenceno.			
	05		m-Nitrobencensulfonato de sodio.			
	06		2,4-Dinitroclorobenceno; 1-Nitro-2,4,5-triclorobenceno.			
	99		Los demás.			
			SUBCAPÍTULO II			
			ALCOHOLES Y SUS DERIVADOS HALOGENADOS, SULFONADOS, NITRADOS O NITROSADOS			
29.05			Alcoholes acíclicos y sus derivados halogenados, sulfonados, nitrados o nitrosados.			
		-	Monoalcoholes saturados:			
2905.11		- -	Metanol (alcohol metílico).			
2905.11.01	00		Metanol (alcohol metílico).	L	Ex.	Ex.
2905.12		- -	Propan-1-ol (alcohol propílico) y propan-2-ol (alcohol isopropílico).			
2905.12.02			Propan-1-ol (alcohol propílico) y propan-2-ol (alcohol isopropílico).	Kg	Ex.	Ex.
	01		Propan-1-ol (alcohol propílico).			
	99		Los demás.			
2905.13		- -	Butan-1-ol (alcohol n-butílico).			
2905.13.01	00		Butan-1-ol (alcohol n-butílico).	Kg	Ex.	Ex.
2905.14		- -	Los demás butanoles.			
2905.14.91			Los demás butanoles.	Kg	Ex.	Ex.
	01		2-Metil-1-propanol (alcohol isobutílico).			
	02		2-Butanol.			
	99		Los demás.			
2905.16		- -	Octanol (alcohol octílico) y sus isómeros.			
2905.16.03			Octanol (alcohol octílico) y sus isómeros.	Kg	Ex.	Ex.
	01		2-Etilhexanol.			
	99		Los demás.			
2905.17		- -	Dodecan-1-ol (alcohol laurílico), hexadecan-1-ol (alcohol cetílico) y octadecan-1-ol (alcohol estearílico).			
2905.17.01	00		Dodecan-1-ol (alcohol laurílico), hexadecan-1-ol (alcohol cetílico) y octadecan-1-ol (alcohol estearílico).	Kg	Ex.	Ex.
2905.19		- -	Los demás.			
2905.19.06	00		Metil isobutil carbinol.	Kg	7	Ex.
2905.19.99			Los demás.	Kg	Ex.	Ex.
	01		Alcohol decílico o pentadecílico.			
	02		Hexanol.			
	03		Alcohol tridecílico o isononílico.			
	04		Pentanol (alcohol amílico) y sus isómeros.			
	99		Los demás.			
		-	Monoalcoholes no saturados:			
2905.22		- -	Alcoholes terpénicos acíclicos.			

LEY DE LOS IMPUESTOS GENERALES DE IMPORTACION Y EXPORTACION

2905.22.06		Alcoholes terpénicos acíclicos.	Kg	Ex.	Ex.
	01	Citronelol.			
	02	trans-3,7-Dimetil-2,6-octadien-1-ol (Geraniol).			
	03	Linalol.			
	99	Los demás.			
2905.29	- -	**Los demás.**			
2905.29.99		Los demás.	Kg	Ex.	Ex.
	01	Hexenol.			
	99	Los demás.			
	-	Dioles:			
2905.31	- -	**Etilenglicol (etanodiol).**			
2905.31.01	00	Etilenglicol (etanodiol).	Kg	5	Ex.
2905.32	- -	**Propilenglicol (propano-1,2-diol).**			
2905.32.01	00	Propilenglicol (propano-1,2-diol).	Kg	7	Ex.
2905.39	- -	**Los demás.**			
2905.39.01	00	Butilenglicol.	Kg	5	Ex.
2905.39.02	00	2-Metil-2,4-pentanodiol.	Kg	5	Ex.
2905.39.99		Los demás.	Kg	Ex.	Ex.
	01	Neopentilglicol.			
	99	Los demás.			
	-	Los demás polialcoholes:			
2905.41	- -	**2-Etil-2-(hidroximetil)propano-1,3-diol (trimetilolpropano).**			
2905.41.01	00	2-Etil-2-(hidroximetil)propano-1,3-diol (trimetilolpropano).	Kg	Ex.	Ex.
2905.42	- -	**Pentaeritritol (pentaeritrita).**			
2905.42.01	00	Pentaeritritol (pentaeritrita).	Kg	Ex.	Ex.
2905.43	- -	**Manitol.**			
2905.43.01	00	Manitol.	Kg	Ex.	Ex.
2905.44	- -	**D-glucitol (sorbitol).**			
2905.44.01	00	D-glucitol (sorbitol).	Kg	5	Ex.
2905.45	- -	**Glicerol.**			
2905.45.01	00	Glicerol, excepto grado dinamita.	Kg	15	Ex.
2905.45.99	00	Los demás.	Kg	7	Ex.
2905.49	- -	**Los demás.**			
2905.49.99		Los demás.	Kg	Ex.	Ex.
	01	Trimetiloletano; xilitol.			
	99	Los demás.			
	-	Derivados halogenados, sulfonados, nitrados o nitrosados de los alcoholes acíclicos:			
2905.51	- -	**Etclorvinol (DCI).**			
2905.51.01	00	Etclorvinol (DCI).	Kg	Ex.	Ex.
2905.59	- -	**Los demás.**			
2905.59.99	00	Los demás.	Kg	Ex.	Ex.
29.06		**Alcoholes cíclicos y sus derivados halogenados, sulfonados, nitrados o nitrosados.**			
	-	Ciclánicos, ciclénicos o cicloterpénicos:			
2906.11	- -	**Mentol.**			
2906.11.01	00	Mentol.	Kg	Ex.	Ex.
2906.12	- -	**Ciclohexanol, metilciclohexanoles y dimetilciclohexanoles.**			
2906.12.02	00	Ciclohexanol, metilciclohexanoles y dimetilciclohexanoles.	Kg	Ex.	Ex.
2906.13	- -	**Esteroles e inositoles.**			
2906.13.99	00	Esteroles e inositoles.	Kg	Ex.	Ex.
2906.19	- -	**Los demás.**			
2906.19.99		Los demás.	Kg	Ex.	Ex.
	01	Terpineoles.			
	99	Los demás.			
	-	Aromáticos:			
2906.21	- -	**Alcohol bencílico.**			
2906.21.01	00	Alcohol bencílico.	Kg	Ex.	Ex.
2906.29	- -	**Los demás.**			
2906.29.05	00	Feniletanol.	Kg	7	Ex.
2906.29.99	00	Los demás.	Kg	Ex.	Ex.
		SUBCAPÍTULO III **FENOLES Y FENOLES-ALCOHOLES Y SUS DERIVADOS HALOGENADOS, SULFONADOS, NITRADOS O NITROSADOS**			
29.07		**Fenoles; fenoles-alcoholes.**			
	-	Monofenoles:			
2907.11	- -	**Fenol (hidroxibenceno) y sus sales.**			
2907.11.02		Fenol (hidroxibenceno) y sus sales.	Kg	Ex.	Ex.
	01	Fenol (hidroxibenceno).			
	99	Los demás.			
2907.12	- -	**Cresoles y sus sales.**			
2907.12.02		Cresoles y sus sales.	Kg	Ex.	Ex.
	01	Cresoles.			
	99	Los demás.			

2907.13		-- **Octilfenol, nonilfenol y sus isómeros; sales de estos productos.**			
2907.13.03		Octilfenol, nonilfenol y sus isómeros; sales de estos productos.	Kg	Ex.	Ex.
	01	Nonilfenol.			
	99	Los demás.			
2907.15		-- **Naftoles y sus sales.**			
2907.15.03	00	Naftoles y sus sales.	Kg	Ex.	Ex.
2907.19		-- **Los demás.**			
2907.19.99		Los demás.	Kg	Ex.	Ex.
	01	2,6-Di-ter-butil-4-metilfenol.			
	02	p-ter-Butilfenol.			
	03	p-Amilfenol.			
	99	Los demás.			
	-	**Polifenoles; fenoles-alcoholes:**			
2907.21		-- **Resorcinol y sus sales.**			
2907.21.01	00	Resorcinol y sus sales.	Kg	Ex.	Ex.
2907.22		-- **Hidroquinona y sus sales.**			
2907.22.01	00	Hidroquinona.	Kg	7	Ex.
2907.22.02	00	Sales de la hidroquinona.	Kg	Ex.	Ex.
2907.23		-- **4,4'-Isopropilidendifenol (bisfenol A, difenilolpropano) y sus sales.**			
2907.23.03		4,4'-Isopropilidendifenol (bisfenol A, difenilolpropano) y sus sales.	Kg	Ex.	Ex.
	01	4,4'-Isopropilidendifenol (bisfenol A, difenilolpropano).			
	02	Sales de 4,4'-Isopropilidendifenol.			
2907.29		-- **Los demás.**			
2907.29.99	00	Los demás.	Kg	Ex.	Ex.
29.08		**Derivados halogenados, sulfonados, nitrados o nitrosados, de los fenoles o de los fenoles-alcoholes.**			
	-	**Derivados solamente halogenados y sus sales:**			
2908.11		-- **Pentaclorofenol (ISO).**			
2908.11.01	00	Pentaclorofenol (ISO).	Kg	Ex.	Ex.
2908.19		-- **Los demás.**			
2908.19.99	00	Los demás.	Kg	Ex.	Ex.
	-	**Los demás:**			
2908.91		-- **Dinoseb (ISO) y sus sales.**			
2908.91.01	00	Dinoseb (ISO) y sus sales.	Kg	Ex.	Ex.
2908.92		-- **4,6-Dinitro-o-cresol (DNOC (ISO)) y sus sales.**			
2908.92.01	00	4,6-Dinitro-o-cresol (DNOC (ISO)) y sus sales.	Kg	Ex.	Ex.
2908.99		-- **Los demás.**			
2908.99.01	00	p-Nitrofenol y su sal de sodio.	Kg	7	Ex.
2908.99.99		Los demás.	Kg	Ex.	Ex.
	01	2,5-Dihidroxibencensulfonato de calcio.			
	02	2-Naftol-3,6-disulfonato de sodio.			
	99	Los demás.			

SUBCAPÍTULO IV
ÉTERES, PERÓXIDOS DE ALCOHOLES, PERÓXIDOS DE ÉTERES, PERÓXIDOS DE ACETALES Y DE HEMIACETALES, PERÓXIDOS DE CETONAS, EPÓXIDOS CON TRES ÁTOMOS EN EL CICLO, ACETALES Y HEMIACETALES, Y SUS DERIVADOS HALOGENADOS, SULFONADOS, NITRADOS O NITROSADOS

29.09		**Éteres, éteres-alcoholes, éteres-fenoles, éteres-alcoholes-fenoles, peróxidos de alcoholes, peróxidos de éteres, peróxidos de acetales y de hemiacetales, peróxidos de cetonas (aunque no sean de constitución química definida), y sus derivados halogenados, sulfonados, nitrados o nitrosados.**			
	-	**Éteres acíclicos y sus derivados halogenados, sulfonados, nitrados o nitrosados:**			
2909.11		-- **Éter dietílico (óxido de dietilo).**			
2909.11.01	00	Éter dietílico (óxido de dietilo).	Kg	Ex.	Ex.
2909.19		-- **Los demás.**			
2909.19.99		Los demás.	Kg	Ex.	Ex.
	01	Éter isopropílico.			
	02	Éter metil ter-butílico.			
	99	Los demás.			
2909.20	-	**Éteres ciclánicos, ciclénicos, cicloterpénicos, y sus derivados halogenados, sulfonados, nitrados o nitrosados.**			
2909.20.01	00	Éteres ciclánicos, ciclénicos, cicloterpénicos, y sus derivados halogenados, sulfonados, nitrados o nitrosados.	Kg	Ex.	Ex.
2909.30	-	**Éteres aromáticos y sus derivados halogenados, sulfonados, nitrados o nitrosados.**			
2909.30.10		Éteres aromáticos y sus derivados halogenados, sulfonados, nitrados o nitrosados.	Kg	Ex.	Ex.
	01	Éter fenílico.			
	99	Los demás.			
	-	**Éteres-alcoholes y sus derivados halogenados, sulfonados, nitrados o nitrosados:**			
2909.41		-- **2,2'-Oxidietanol (dietilenglicol).**			

Código		Descripción	Unidad	Imp.	Exp.
2909.41.01	00	2,2'-Oxidietanol (dietilenglicol).	Kg	7	Ex.
2909.43	- -	**Éteres monobutílicos del etilenglicol o del dietilenglicol.**			
2909.43.01	00	Éteres monobutílicos del etilenglicol o del dietilenglicol.	Kg	7	Ex.
2909.44	- -	**Los demás éteres monoalquílicos del etilenglicol o del dietilenglicol.**			
2909.44.01	00	Éter monoetílico del etilenglicol o del dietilenglicol.	Kg	7	Ex.
2909.44.03	00	Éteres monometílicos del etilenglicol o del dietilenglicol.	Kg	7	Ex.
2909.44.99	00	Los demás.	Kg	Ex.	Ex.
2909.49	- -	**Los demás.**			
2909.49.01	00	Éter monometílico, monoetílico o monobutílico del trietilenglicol.	Kg	7	Ex.
2909.49.02	00	3-(2-Metilfenoxi)-1,2-propanodiol (mefenesina).	Kg	Ex.	Ex.
2909.49.03	00	Trietilenglicol.	Kg	7	Ex.
2909.49.04	00	Éter monofenílico del etilenglicol (Fenoxietanol).	Kg	Ex.	Ex.
2909.49.05	00	Alcohol 3-fenoxibencílico.	Kg	Ex.	Ex.
2909.49.06	00	Dipropilenglicol.	Kg	7	Ex.
2909.49.07	00	Tetraetilenglicol.	Kg	Ex.	Ex.
2909.49.08	00	Tripropilenglicol.	Kg	7	Ex.
2909.49.09	00	1,2-Dihidroxi- 3-(2-metoxifenoxi)propano (Guayacolato de glicerilo).	Kg	Ex.	Ex.
2909.49.99	00	Los demás.	Kg	5	Ex.
2909.50	-	**Éteres-fenoles, éteres-alcoholes-fenoles, y sus derivados halogenados, sulfonados, nitrados o nitrosados.**			
2909.50.01	00	Éter monometílico de la hidroquinona.	Kg	7	Ex.
2909.50.99		Los demás.	Kg	Ex.	Ex.
	01	Eugenol o isoeugenol.			
	99	Los demás.			
2909.60	-	**Peróxidos de alcoholes, peróxidos de éteres, peróxidos de acetales y de hemiacetales, peróxidos de cetonas, y sus derivados halogenados, sulfonados, nitrados o nitrosados.**			
2909.60.01	00	Peróxido de laurilo.	Kg	Ex.	Ex.
2909.60.02	00	Hidroperóxido de cumeno.	Kg	Ex.	Ex.
2909.60.03	00	Hidroxioxianisol.	Kg	Ex.	Ex.
2909.60.04	00	Peróxido de dicumilo.	Kg	Ex.	Ex.
2909.60.05	00	Hidroperóxido de paramentano.	Kg	Ex.	Ex.
2909.60.06	00	Peróxidos de acetales y hemiacetales.	Kg	Ex.	Ex.
2909.60.99	00	Los demás.	Kg	7	Ex.
29.10		**Epóxidos, epoxialcoholes, epoxifenoles y epoxiéteres, con tres átomos en el ciclo, y sus derivados halogenados, sulfonados, nitrados o nitrosados.**			
2910.10	-	**Oxirano (óxido de etileno).**			
2910.10.01	00	Oxirano (óxido de etileno).	Kg	Ex.	Ex.
2910.20	-	**Metiloxirano (óxido de propileno).**			
2910.20.01	00	Metiloxirano (óxido de propileno).	Kg	Ex.	Ex.
2910.30	-	**1-Cloro-2,3-epoxipropano (epiclorhidrina).**			
2910.30.01	00	1-Cloro-2,3-epoxipropano (epiclorhidrina).	Kg	Ex.	Ex.
2910.40	-	**Dieldrina (ISO, DCI).**			
2910.40.01	00	Dieldrina (ISO, DCI).	Kg	Ex.	Ex.
2910.50	-	**Endrina (ISO).**			
2910.50.01		Endrina (ISO).	Prohibida	Prohibida	Prohibida
2910.90	-	**Los demás.**			
2910.90.99	00	Los demás.	Kg	Ex.	Ex.
29.11		**Acetales y hemiacetales, incluso con otras funciones oxigenadas, y sus derivados halogenados, sulfonados, nitrados o nitrosados.**			
2911.00	-	**Acetales y hemiacetales, incluso con otras funciones oxigenadas, y sus derivados halogenados, sulfonados, nitrados o nitrosados.**			
2911.00.04	00	Acetales y hemiacetales, incluso con otras funciones oxigenadas, y sus derivados halogenados, sulfonados, nitrados o nitrosados.	Kg	Ex.	Ex.

SUBCAPÍTULO V
COMPUESTOS CON FUNCIÓN ALDEHÍDO

Código		Descripción	Unidad	Imp.	Exp.
29.12		**Aldehídos, incluso con otras funciones oxigenadas; polímeros cíclicos de los aldehídos; paraformaldehído.**			
	-	Aldehídos acíclicos sin otras funciones oxigenadas:			
2912.11	- -	**Metanal (formaldehído).**			
2912.11.01	00	Metanal (formaldehído).	Kg	7	Ex.
2912.12	- -	**Etanal (acetaldehído).**			
2912.12.01	00	Etanal (acetaldehído).	Kg	Ex.	Ex.
2912.19	- -	**Los demás.**			
2912.19.05	00	Glutaraldehído.	Kg	7	Ex.
2912.19.99		Los demás.	Kg	Ex.	Ex.
	01	Metilnonilacetaldehído (2-metilundecanal).			
	02	Citral.			
	03	Aldehído undecilénico.			
	99	Los demás.			
	-	Aldehídos cíclicos sin otras funciones oxigenadas:			
2912.21	- -	**Benzaldehído (aldehído benzoico).**			

2912.21.01	00		Benzaldehído (aldehído benzoico).	Kg	Ex.	Ex.
2912.29		- -	**Los demás.**			
2912.29.02	00		Fenilacetaldehído.	Kg	Ex.	Ex.
2912.29.99			Los demás.	Kg	Ex.	Ex.
	01		Aldehídos cinámico, amilcinámico o hexil cinámico.			
	02		Aldehído ciclámico.			
	03		p-Terbutil-alfa-metil-hidrocinamaldehído (Lilial).			
	99		Los demás.			
		-	Aldehídos-alcoholes, aldehídos-éteres, aldehídos-fenoles y aldehídos con otras funciones oxigenadas:			
2912.41		- -	**Vainillina (aldehído metilprotocatéquico).**			
2912.41.01	00		Vainillina (aldehído metilprotocatéquico).	Kg	Ex.	Ex.
2912.42		- -	**Etilvainillina (aldehído etilprotocatéquico).**			
2912.42.01	00		Etilvainillina (aldehído etilprotocatéquico).	Kg	Ex.	Ex.
2912.49		- -	**Los demás.**			
2912.49.99			Los demás.	Kg	Ex.	Ex.
	01		Aldehídos-alcoholes.			
	99		Los demás.			
2912.50		-	**Polímeros cíclicos de los aldehídos.**			
2912.50.01	00		Polímeros cíclicos de los aldehídos.	Kg	Ex.	Ex.
2912.60		-	**Paraformaldehído.**			
2912.60.01	00		Paraformaldehído.	Kg	Ex.	Ex.
29.13			**Derivados halogenados, sulfonados, nitrados o nitrosados de los productos de la partida 29.12.**			
2913.00		-	**Derivados halogenados, sulfonados, nitrados o nitrosados de los productos de la partida 29.12.**			
2913.00.03	00		Derivados halogenados, sulfonados, nitrados o nitrosados de los productos de la partida 29.12.	Kg	Ex.	Ex.

SUBCAPÍTULO VI
COMPUESTOS CON FUNCIÓN CETONA O CON FUNCIÓN QUINONA

29.14			**Cetonas y quinonas, incluso con otras funciones oxigenadas, y sus derivados halogenados, sulfonados, nitrados o nitrosados.**			
		-	Cetonas acíclicas sin otras funciones oxigenadas:			
2914.11		- -	**Acetona.**			
2914.11.01	00		Acetona.	Kg	Ex.	Ex.
2914.12		- -	**Butanona (metiletilcetona).**			
2914.12.01	00		Butanona (metiletilcetona).	Kg	Ex.	Ex.
2914.13		- -	**4-Metilpentan-2-ona (metilisobutilcetona).**			
2914.13.01	00		4-Metilpentan-2-ona (metilisobutilcetona).	Kg	7	Ex.
2914.19		- -	**Las demás.**			
2914.19.02	00		Óxido de mesitilo.	Kg	7	Ex.
2914.19.99			Las demás.	Kg	Ex.	Ex.
	01		Diisobutilcetona.			
	99		Las demás.			
		-	Cetonas ciclánicas, ciclénicas o cicloterpénicas, sin otras funciones oxigenadas:			
2914.22		- -	**Ciclohexanona y metilciclohexanonas.**			
2914.22.01	00		Ciclohexanona y metilciclohexanonas.	Kg	Ex.	Ex.
2914.23		- -	**Iononas y metiliononas.**			
2914.23.03			Iononas y metiliononas.	Kg	Ex.	Ex.
	01		Iononas.			
	02		Metiliononas.			
2914.29		- -	**Las demás.**			
2914.29.01	00		2-Metil-5-(1-metiletenil)-2-ciclohexen-1-ona (Carvona).	Kg	Ex.	Ex.
2914.29.02	00		3,5,5-Trimetil-2-ciclohexen-1-ona (Isoforona).	Kg	Ex.	Ex.
2914.29.03	00		1-p-Menten-3-ona (Piperitona).	Kg	Ex.	Ex.
2914.29.04	00		Alcanfor.	Kg	Ex.	Ex.
2914.29.99	00		Las demás.	Kg	5	Ex.
		-	Cetonas aromáticas sin otras funciones oxigenadas:			
2914.31		- -	**Fenilacetona (fenilpropan-2-ona).**			
2914.31.01	00		Fenilacetona (fenilpropan-2-ona).	Kg	Ex.	Ex.
2914.39		- -	**Las demás.**			
2914.39.99			Las demás.	Kg	Ex.	Ex.
	01		7-Acetil-1,1,3,4,4,6-hexametiltetrahidronaftaleno (Tonalide).			
	99		Los demás.			
2914.40		-	**Cetonas-alcoholes y cetonas-aldehídos.**			
2914.40.01	00		Acetilmetilcarbinol.	Kg	Ex.	Ex.
2914.40.02	00		Fenil acetil carbinol.	Kg	7	Ex.
2914.40.99	00		Los demás.	Kg	5	Ex.
2914.50		-	**Cetonas-fenoles y cetonas con otras funciones oxigenadas.**			
2914.50.04			Cetonas-fenoles y cetonas con otras funciones oxigenadas.	Kg	Ex.	Ex.
	01		Derivados de la benzofenona con otras funciones oxigenadas.			
	02		p-Metoxiacetofenona.			
	99		Los demás.			
		-	**Quinonas:**			

2914.61	- -	**Antraquinona.**			
2914.61.01	00	Antraquinona.	Kg	Ex.	Ex.
2914.62	- -	**Coenzima Q10 (ubidecarenona (DCI)).**			
2914.62.01	00	Coenzima Q10 (ubidecarenona (DCI)).	Kg	Ex.	Ex.
2914.69	- -	**Las demás.**			
2914.69.99	00	Las demás.	Kg	Ex.	Ex.
	-	Derivados halogenados, sulfonados, nitrados o nitrosados:			
2914.71	- -	**Clordecona (ISO).**			
2914.71.01	00	Clordecona (ISO).	Kg	Ex.	Ex.
2914.79	- -	**Los demás.**			
2914.79.99		Los demás.	Kg	Ex.	Ex.
	01	2-Bromo-4-hidroxiacetofenona.			
	02	Dinitrodimetilbutilacetofenona.			
	03	Sal de sodio del derivado bisulfítico de la 2-metil-1,4-naftoquinona.			
	99	Los demás.			
		SUBCAPÍTULO VII			
		ÁCIDOS CARBOXÍLICOS, SUS ANHÍDRIDOS, HALOGENUROS, PERÓXIDOS Y PEROXIÁCIDOS; SUS DERIVADOS HALOGENADOS, SULFONADOS, NITRADOS O NITROSADOS			
29.15		**Ácidos monocarboxílicos acíclicos saturados y sus anhídridos, halogenuros, peróxidos y peroxiácidos; sus derivados halogenados, sulfonados, nitrados o nitrosados.**			
	-	Ácido fórmico, sus sales y sus ésteres:			
2915.11	- -	**Ácido fórmico.**			
2915.11.01	00	Ácido fórmico.	Kg	Ex.	Ex.
2915.12	- -	**Sales del ácido fórmico.**			
2915.12.03		Sales del ácido fórmico.	Kg	Ex.	Ex.
	01	Formiato de sodio o de calcio.			
	99	Los demás.			
2915.13	- -	**Ésteres del ácido fórmico.**			
2915.13.01	00	Ésteres del ácido fórmico.	Kg	Ex.	Ex.
	-	Ácido acético y sus sales; anhídrido acético:			
2915.21	- -	**Ácido acético.**			
2915.21.01	00	Ácido acético.	Kg	Ex.	Ex.
2915.24	- -	**Anhídrido acético.**			
2915.24.01	00	Anhídrido acético.	Kg	10	Ex.
2915.29	- -	**Las demás.**			
2915.29.99		Las demás.	Kg	Ex.	Ex.
	01	Acetatos de cobalto.			
	99	Las demás.			
	-	Ésteres del ácido acético:			
2915.31	- -	**Acetato de etilo.**			
2915.31.01	00	Acetato de etilo.	Kg	10	Ex.
2915.32	- -	**Acetato de vinilo.**			
2915.32.01	00	Acetato de vinilo.	Kg	Ex.	Ex.
2915.33	- -	**Acetato de *n*-butilo.**			
2915.33.01	00	Acetato de *n*-butilo.	Kg	Ex.	Ex.
2915.36	- -	**Acetato de dinoseb (ISO).**			
2915.36.01	00	Acetato de dinoseb (ISO).	Kg	Ex.	Ex.
2915.39	- -	**Los demás.**			
2915.39.02	00	Acetato del éter monometílico del etilenglicol.	Kg	5	Ex.
2915.39.03	00	Acetato de isopropilo o de metilamilo.	Kg	10	Ex.
2915.39.04	00	Acetato de isobornilo.	Kg	5	Ex.
2915.39.05	00	Acetato de cedrilo.	Kg	5	Ex.
2915.39.09	00	Acetato de mentanilo.	Kg	5	Ex.
2915.39.13	00	Acetato del éter monobutílico del etilenglicol.	Kg	5	Ex.
2915.39.15	00	Acetato de terpenilo.	Kg	5	Ex.
2915.39.17	00	Acetato de isobutilo.	Kg	5	Ex.
2915.39.18	00	Acetato de 2-etoxietilo.	Kg	7	Ex.
2915.39.99		Los demás.	Kg	Ex.	Ex.
	01	Acetato de metilo.			
	02	Acetato de linalilo.			
	99	Los demás.			
2915.40	-	**Ácidos mono-, di- o tricloroacéticos, sus sales y sus ésteres.**			
2915.40.01	00	Ácidos mono- o dicloroacéticos y sus sales de sodio.	Kg	9	Ex.
2915.40.99	00	Los demás.	Kg	Ex.	Ex.
2915.50	-	**Ácido propiónico, sus sales y sus ésteres.**			
2915.50.03	00	Propionato de terpenilo.	Kg	5	Ex.
2915.50.99		Los demás.	Kg	Ex.	Ex.
	01	Ácido propiónico.			
	02	Propionato de calcio.			
	99	Los demás.			
2915.60	-	**Ácidos butanoicos, ácidos pentanoicos, sus sales y sus ésteres.**			
2915.60.01	00	Ácido butanoico (Ácido butírico).	Kg	Ex.	Ex.

2915.60.03	00	Diisobutanoato de 2,2,4-trimetilpentanodiol.	Kg	Ex.	Ex.
2915.60.99		Los demás.	Kg	5	Ex.
	01	Butanoato de etilo (Butirato de etilo).			
	99	Los demás.			
2915.70	-	**Ácido palmítico, ácido esteárico, sus sales y sus ésteres.**			
2915.70.01	00	Estearato de isopropilo.	Kg	5	Ex.
2915.70.02	00	Monoestearato de etilenglicol o de propilenglicol.	Kg	5	Ex.
2915.70.03	00	Estearato de butilo.	Kg	5	Ex.
2915.70.04	00	Monoestearato de sorbitan.	Kg	5	Ex.
2915.70.05	00	Monoestearato de glicerilo.	Kg	5	Ex.
2915.70.06	00	Palmitato de metilo.	Kg	5	Ex.
2915.70.07	00	Palmitato de isopropilo.	Kg	5	Ex.
2915.70.99	00	Los demás.	Kg	Ex.	Ex.
2915.90	-	**Los demás.**			
2915.90.01	00	Ácido 2-etilhexanoico.	Kg	Ex.	Ex.
2915.90.03	00	Ácido cáprico.	Kg	Ex.	Ex.
2915.90.04	00	Ácido láurico.	Kg	Ex.	Ex.
2915.90.05	00	Ácido mirístico.	Kg	Ex.	Ex.
2915.90.06	00	Ácido caproico.	Kg	Ex.	Ex.
2915.90.07	00	Ácido 2-propilpentanoico (Ácido valproico).	Kg	Ex.	Ex.
2915.90.08	00	Heptanoato de etilo.	Kg	Ex.	Ex.
2915.90.09	00	Laurato de metilo.	Kg	Ex.	Ex.
2915.90.10	00	Ácido nonanoico o isononanoico.	Kg	Ex.	Ex.
2915.90.11	00	Sal sódica del ácido 2-propilpentanoico (Valproato de sodio).	Kg	Ex.	Ex.
2915.90.12	00	Peróxido de lauroilo o de decanoilo.	Kg	7	Ex.
2915.90.15	00	Peroxi-2-etilhexanoato de terbutilo; peroxibenzoato de terbutilo.	Kg	10	Ex.
2915.90.16	00	Cloruro de lauroilo, de decanoilo o de isononanoilo.	Kg	Ex.	Ex.
2915.90.18	00	Anhídrido propiónico.	Kg	Ex.	Ex.
2915.90.19	00	Ácido 3-(3,5-diterbutil-4-hidroxifenil)-propiónico.	Kg	Ex.	Ex.
2915.90.20	00	Tetraésteres del pentaeritritol.	Kg	Ex.	Ex.
2915.90.22	00	Cloruro de palmitoilo.	Kg	Ex.	Ex.
2915.90.23	00	Di-(2-etilbutanoato) de trietilenglicol.	Kg	Ex.	Ex.
2915.90.24	00	Cloruro de n-pentanoilo.	Kg	Ex.	Ex.
2915.90.25	00	Ácido caprílico.	Kg	Ex.	Ex.
2915.90.26	00	Ácido behénico.	Kg	Ex.	Ex.
2915.90.27	00	Cloruro de pivaloilo.	Kg	Ex.	Ex.
2915.90.29	00	Cloropropionato de metilo.	Kg	Ex.	Ex.
2915.90.30	00	Ortoformiato de trietilo.	Kg	Ex.	Ex.
2915.90.31	00	Cloroformiato de 2-etilhexilo.	Kg	Ex.	Ex.
2915.90.32	00	Cloroformiato de metilo.	Kg	Ex.	Ex.
2915.90.33	00	Cloroformiato de bencilo.	Kg	Ex.	Ex.
2915.90.99		Los demás.	Kg	5	Ex.
	01	Miristato de isopropilo.			
	02	Sales del ácido 2-propilpentanoico (Sales del ácido valproico).			
	99	Los demás.			
29.16		**Ácidos monocarboxílicos acíclicos no saturados y ácidos monocarboxílicos cíclicos, sus anhídridos, halogenuros, peróxidos y peroxiácidos; sus derivados halogenados, sulfonados, nitrados o nitrosados.**			
	-	Ácidos monocarboxílicos acíclicos no saturados, sus anhídridos, halogenuros, peróxidos, peroxiácidos y sus derivados:			
2916.11	- -	**Ácido acrílico y sus sales.**			
2916.11.01	00	Ácido acrílico y sus sales.	Kg	5	Ex.
2916.12	- -	**Ésteres del ácido acrílico.**			
2916.12.01	00	Acrilato de metilo o de etilo.	Kg	6	Ex.
2916.12.02	00	Acrilato de butilo.	Kg	Ex.	Ex.
2916.12.03	00	Acrilato de 2-etilhexilo.	Kg	3	Ex.
2916.12.99	00	Los demás.	Kg	7	Ex.
2916.13	- -	**Ácido metacrílico y sus sales.**			
2916.13.01	00	Ácido metacrílico y sus sales.	Kg	Ex.	Ex.
2916.14	- -	**Ésteres del ácido metacrílico.**			
2916.14.01	00	Metacrilato de metilo.	Kg	Ex.	Ex.
2916.14.02	00	Metacrilato de etilo o de butilo.	Kg	7	Ex.
2916.14.03	00	Metacrilato de 2-hidroxipropilo.	Kg	7	Ex.
2916.14.04	00	Dimetacrilato de etilenglicol.	Kg	7	Ex.
2916.14.99	00	Los demás.	Kg	5	Ex.
2916.15	- -	**Ácidos oleico, linoleico o linolénico, sus sales y sus ésteres.**			
2916.15.05	00	Monooleato de sorbitan; monooleato de propanotriol.	Kg	Ex.	Ex.
2916.15.99	00	Los demás.	Kg	5	Ex.
2916.16	- -	**Binapacril (ISO).**			
2916.16.01	00	Binapacril (ISO).	Kg	Ex.	Ex.
2916.19	- -	**Los demás.**			
2916.19.99		Los demás.	Kg	Ex.	Ex.
	01	Ácido sórbico (ácido 2, 4-hexadienoico).			
	02	Ácido undecilénico y su sal de sodio.			

LEY DE LOS IMPUESTOS GENERALES DE IMPORTACION Y EXPORTACION

	03	Sorbato de potasio.			
	04	Ácido 13-docosenoico (Ácido Erucico).			
	99	Los demás.			
2916.20	-	**Ácidos monocarboxílicos ciclánicos, ciclénicos o cicloterpénicos, sus anhídridos, halogenuros, peróxidos, peroxiácidos y sus derivados.**			
2916.20.05		Ácidos monocarboxílicos ciclánicos, ciclénicos o cicloterpénicos, sus anhídridos, halogenuros, peróxidos, peroxiácidos y sus derivados.	Kg	Ex.	Ex.
	01	(+.-)-cis, trans-3-(2,2-dicloroetenil)-2,2-dimetilciclopropancarboxilato de (3-fenoxifenil)-metilo (Permetrina).			
	99	Los demás.			
	-	**Ácidos monocarboxílicos aromáticos, sus anhídridos, halogenuros, peróxidos, peroxiácidos y sus derivados:**			
2916.31	- -	**Ácido benzoico, sus sales y sus ésteres.**			
2916.31.01	00	Sal de sodio del ácido benzoico.	Kg	5	Ex.
2916.31.02	00	Dibenzoato de dipropilenglicol.	Kg	5	Ex.
2916.31.03	00	Benzoato de etilo o de bencilo.	Kg	5	Ex.
2916.31.99		Los demás.	Kg	Ex.	Ex.
	01	Ácido benzoico.			
	99	Los demás.			
2916.32	- -	**Peróxido de benzoilo y cloruro de benzoilo.**			
2916.32.03		Peróxido de benzoilo y cloruro de benzoilo.	Kg	Ex.	Ex.
	01	Peróxido de benzoilo.			
	02	Cloruro de benzoilo.			
2916.34	- -	**Ácido fenilacético y sus sales.**			
2916.34.01	00	Ácido fenilacético y sus sales.	Kg	Ex.	Ex.
2916.39	- -	**Los demás.**			
2916.39.08	00	Esteres del ácido fenilacético.	Kg	Ex.	Ex.
2916.39.99		Los demás.	Kg	Ex.	Ex.
	01	Ácido 2-(4-isobutil fenil) propiónico (Ibuprofén).			
	99	Los demás.			
29.17		**Ácidos policarboxílicos, sus anhídridos, halogenuros, peróxidos y peroxiácidos; sus derivados halogenados, sulfonados, nitrados o nitrosados.**			
	-	**Ácidos policarboxílicos acíclicos, sus anhídridos, halogenuros, peróxidos, peroxiácidos y sus derivados:**			
2917.11	- -	**Ácido oxálico, sus sales y sus ésteres.**			
2917.11.02	00	Ácido oxálico, sus sales y sus ésteres.	Kg	Ex.	Ex.
2917.12	- -	**Ácido adípico, sus sales y sus ésteres.**			
2917.12.01	00	Ácido adípico, sus sales y sus ésteres.	Kg	Ex.	Ex.
2917.13	- -	**Ácido azelaico, ácido sebácico, sus sales y sus ésteres.**			
2917.13.03	00	Ácido azelaico, ácido sebácico, sus sales y sus ésteres.	Kg	Ex.	Ex.
2917.14	- -	**Anhídrido maleico.**			
2917.14.01	00	Anhídrido maleico.	Kg	10	Ex.
2917.19	- -	**Los demás.**			
2917.19.04	00	Ácido maleico y sus sales.	Kg	7	Ex.
2917.19.08	00	Ácido fumárico.	Kg	5	Ex.
2917.19.99		Los demás.	Kg	Ex.	Ex.
	01	Fumarato ferroso.			
	02	Malonato de dietilo; 2-(n-butil)-malonato de dietilo.			
	99	Los demás.			
2917.20	-	**Ácidos policarboxílicos ciclánicos, ciclénicos o cicloterpénicos, sus anhídridos, halogenuros, peróxidos, peroxiácidos y sus derivados.**			
2917.20.04		Ácidos policarboxílicos ciclánicos, ciclénicos o cicloterpénicos, sus anhídridos, halogenuros, peróxidos, peroxiácidos y sus derivados.	Kg	Ex.	Ex.
	01	Anhídridos: tetrahidroftálico, hexahidroftálico o metiltetrahidroftálico.			
	99	Los demás.			
	-	**Ácidos policarboxílicos aromáticos, sus anhídridos, halogenuros, peróxidos, peroxiácidos y sus derivados:**			
2917.32	- -	**Ortoftalatos de dioctilo.**			
2917.32.01	00	Ortoftalatos de dioctilo.	Kg	35	Ex.
2917.33	- -	**Ortoftalatos de dinonilo o de didecilo.**			
2917.33.01	00	Ortoftalatos de dinonilo o de didecilo.	Kg	7	Ex.
2917.34	- -	**Los demás ésteres del ácido ortoftálico.**			
2917.34.01	00	Ortoftalatos de dibutilo.	Kg	7	Ex.
2917.34.99	00	Los demás.	Kg	Ex.	Ex.
2917.35	- -	**Anhídrido ftálico.**			
2917.35.01	00	Anhídrido ftálico.	Kg	25	Ex.
2917.36	- -	**Ácido tereftálico y sus sales.**			
2917.36.01	00	Ácido tereftálico y sus sales.	Kg	10	Ex.
2917.37	- -	**Tereftalato de dimetilo.**			
2917.37.01	00	Tereftalato de dimetilo.	Kg	10	Ex.
2917.39	- -	**Los demás.**			
2917.39.01	00	Sal sódica del sulfoisoftalato de dimetilo.	Kg	Ex.	Ex.
2917.39.02	00	Tetracloro tereftalato de dimetilo.	Kg	Ex.	Ex.

2917.39.03	00	Ftalato dibásico de plomo.	Kg	Ex.	Ex.
2917.39.04	00	Trimelitato de trioctilo.	Kg	7	Ex.
2917.39.05	00	Ácido isoftálico.	Kg	Ex.	Ex.
2917.39.06	00	Anhídrido trimelítico.	Kg	Ex.	Ex.
2917.39.99	00	Los demás.	Kg	35	Ex.
29.18		**Ácidos carboxílicos con funciones oxigenadas suplementarias y sus anhídridos, halogenuros, peróxidos y peroxiácidos; sus derivados halogenados, sulfonados, nitrados o nitrosados.**			
		- Ácidos carboxílicos con función alcohol, pero sin otra función oxigenada, sus anhídridos, halogenuros, peróxidos, peroxiácidos y sus derivados:			
2918.11		- - **Ácido láctico, sus sales y sus ésteres.**			
2918.11.01	00	Ácido láctico, sus sales y sus ésteres.	Kg	Ex.	Ex.
2918.12		- - **Ácido tartárico.**			
2918.12.01	00	Ácido tartárico.	Kg	5	Ex.
2918.13		- - **Sales y ésteres del ácido tartárico.**			
2918.13.05	00	Sales y ésteres del ácido tartárico.	Kg	Ex.	Ex.
2918.14		- - **Ácido cítrico.**			
2918.14.01	00	Ácido cítrico.	Kg	Ex.	Ex.
2918.15		- - **Sales y ésteres del ácido cítrico.**			
2918.15.01	00	Citrato de sodio.	Kg	AMX (7%+0.36 Dls por Kg de azúcar)	Ex.
2918.15.02	00	Citrato férrico amónico.	Kg	AMX (7%+0.36 Dls por Kg de azúcar)	Ex.
2918.15.05	00	Sales del ácido cítrico, excepto citratro de litio; ferrocitrato de calcio; y lo comprendido en las fracciones arancelarias 2918.15.01 y 2918.15.02.	Kg	5	Ex.
2918.15.99	00	Los demás.	Kg	Ex.	Ex.
2918.16		- - **Ácido glucónico, sus sales y sus ésteres.**			
2918.16.03		Ácido glucónico, sus sales y sus ésteres.	Kg	Ex.	Ex.
	01	Ácido glucónico y sus sales de sodio, magnesio, calcio o de hierro, excepto lactogluconato de calcio.			
	99	Los demás.			
2918.17		- - **Ácido 2,2-difenil-2-hidroxiacético (ácido bencílico).**			
2918.17.01	00	Ácido 2,2-difenil-2-hidroxiacético (ácido bencílico).	Kg	Ex.	Ex.
2918.18		- - **Clorobencilato (ISO).**			
2918.18.01	00	Clorobencilato (ISO).	Kg	Ex.	Ex.
2918.19		- - **Los demás.**			
2918.19.06	00	Ácido málico.	Kg	5	Ex.
2918.19.99	00	Los demás.	Kg	Ex.	Ex.
		- Ácidos carboxílicos con función fenol, pero sin otra función oxigenada, sus anhídridos, halogenuros, peróxidos, peroxiácidos y sus derivados:			
2918.21		- - **Ácido salicílico y sus sales.**			
2918.21.02	00	Subsalicilato de bismuto.	Kg	5	Ex.
2918.21.99		Los demás.	Kg	Ex.	Ex.
	01	Ácido salicílico.			
	99	Los demás.			
2918.22		- - **Ácido o-acetilsalicílico, sus sales y sus ésteres.**			
2918.22.02		Ácido o-acetilsalicílico, sus sales y sus ésteres.	Kg	Ex.	Ex.
	01	Ácido o-acetilsalicílico.			
	99	Los demás.			
2918.23		- - **Los demás ésteres del ácido salicílico y sus sales.**			
2918.23.91		Los demás ésteres del ácido salicílico y sus sales.	Kg	Ex.	Ex.
	01	Salicilato de metilo.			
	02	Salicilato de bencilo.			
	99	Los demás.			
2918.29		- - **Los demás.**			
2918.29.01	00	p-Hidroxibenzoato de metilo o propilo.	Kg	5	Ex.
2918.29.04	00	p-Hidroxibenzoato de etilo.	Kg	5	Ex.
2918.29.99		Los demás.	Kg	Ex.	Ex.
	01	3-(3,5-diterbutil-4-hidroxifenil)-propionato de octadecilo.			
	02	Tetrakis(3-(3,5-Di-ter-butil-4-hidroxifenil) propionato) de pentaeritritol.			
	99	Los demás.			
2918.30		- **Ácidos carboxílicos con función aldehído o cetona, pero sin otra función oxigenada, sus anhídridos, halogenuros, peróxidos, peroxiácidos y sus derivados.**			
2918.30.10		Ácidos carboxílicos con función aldehído o cetona, pero sin otra función oxigenada, sus anhídridos, halogenuros, peróxidos, peroxiácidos y sus derivados.	Kg	Ex.	Ex.
	01	Acetoacetato de etilo o de metilo.			

	02	Ácido 2-(3-benzoilfenil) propiónico y su sal de sodio; Ácido 3-(4-bifenililcarbonil) propiónico (Ketoprofeno).			
	99	Los demás.			
	-	**Los demás:**			
2918.91	- -	**2,4,5-T (ISO) (ácido 2,4,5-triclorofenoxiacético), sus sales y sus ésteres.**			
2918.91.01	00	2,4,5-T (ISO) (ácido 2,4,5-triclorofenoxiacético), sus sales y sus ésteres.	Kg	Ex.	Ex.
2918.99	- -	**Los demás.**			
2918.99.01	00	Ácido 2,4-diclorofenoxiacético.	Kg	35	Ex.
2918.99.02	00	Estearoil 2-lactilato de calcio o de sodio.	Kg	10	Ex.
2918.99.04	00	Ácido d-2-(6-metoxi-2-naftil) propiónico (Naproxeno) o su sal de sodio, excepto Ácido dl-2-(6-metoxi-2-naftil) propiónico.	Kg	5	Ex.
2918.99.99		Los demás.	Kg	Ex.	Ex.
	01	Ácido 3,6-dicloro-2-metoxibenzoico (Dicamba).			
	02	Ácido dl-2-(6-metoxi-2-naftil) propiónico.			
	99	Los demás.			
		SUBCAPÍTULO VIII **ÉSTERES DE LOS ÁCIDOS INORGÁNICOS DE LOS NO METALES Y SUS SALES, Y SUS DERIVADOS HALOGENADOS, SULFONADOS, NITRADOS O NITROSADOS**			
29.19		**Ésteres fosfóricos y sus sales, incluidos los lactofosfatos; sus derivados halogenados, sulfonados, nitrados o nitrosados.**			
2919.10	-	**Fosfato de tris(2,3-dibromopropilo).**			
2919.10.01	00	Fosfato de tris(2,3-dibromopropilo).	Kg	Ex.	Ex.
2919.90	-	**Los demás.**			
2919.90.10	00	Fosfato de dimetil 1,2-dibromo-2,2-dicloroetilo (Naled).	Kg	5	Ex.
2919.90.99		Los demás.	Kg	Ex.	Ex.
	01	Fosfato de tributilo, de trietilo o de trioctilo.			
	02	Fosfato de dimetil 2,2-diclorovinilo (Diclorvos).			
	03	Tri (cloropropil) fosfato.			
	99	Los demás.			
29.20		**Ésteres de los demás ácidos inorgánicos de los no metales (excepto los ésteres de halogenuros de hidrógeno) y sus sales; sus derivados halogenados, sulfonados, nitrados o nitrosados.**			
	-	**Ésteres tiofosfóricos (fosforotioatos) y sus sales; sus derivados halogenados, sulfonados, nitrados o nitrosados:**			
2920.11	- -	**Paratión (ISO) y paratión-metilo (ISO) (metil paratión).**			
2920.11.01	00	Fósforotioato de O,O-dietil-O-p-nitrofenilo (Paratión).	Kg	5	Ex.
2920.11.03		Fósforotioato de O,O-dimetil-O-p-nitrofenilo (Paratión metílico).	Prohibida	Prohibida	Prohibida
2920.19	- -	**Los demás.**			
2920.19.99	00	Los demás.	Kg	Ex.	Ex.
	-	**Ésteres de fosfitos y sus sales; sus derivados halogenados, sulfonados, nitrados o nitrosados:**			
2920.21	- -	**Fosfito de dimetilo.**			
2920.21.01	00	Fosfito de dimetilo.	Kg	Ex.	Ex.
2920.22	- -	**Fosfito de dietilo.**			
2920.22.01	00	Fosfito de dietilo.	Kg	Ex.	Ex.
2920.23	- -	**Fosfito de trimetilo.**			
2920.23.01	00	Fosfito de trimetilo.	Kg	Ex.	Ex.
2920.24	- -	**Fosfito de trietilo.**			
2920.24.01	00	Fosfito de trietilo.	Kg	Ex.	Ex.
2920.29	- -	**Los demás.**			
2920.29.01	00	Fosfito del Trisnonilfenilo.	Kg	5	Ex.
2920.29.99		Los demás.	Kg	Ex.	Ex.
	01	Fosfito de Tris (2,4-diterbutilfenilo).			
	02	Fosfito del didecilfenilo.			
	99	Los demás.			
2920.30	-	**Endosulfán (ISO).**			
2920.30.01		Endosulfán (ISO).	Prohibida	Prohibida	Prohibida
2920.90	-	**Los demás.**			
2920.90.09	00	Peroxidicarbonatos de: di-secbutilo; di-n-butilo; diisopropilo; di(2-etilhexilo); bis(4- ter-butilciclohexilo); di-cetilo; di- ciclohexilo; dimiristilo.	Kg	10	Ex.
2920.90.99		Los demás.	Kg	Ex.	Ex.
	01	Tetranitrato de pentaeritritol.			
	02	Sulfato de dimetilo o de dietilo.			
	03	Silicato de etilo.			
	04	Esteres carbónicos, sus sales y sus derivados, excepto carbonato de dietilo, de dimetilo o de etileno.			
	99	Los demás.			
		SUBCAPÍTULO IX **COMPUESTOS CON FUNCIONES NITROGENADAS**			
29.21		**Compuestos con función amina.**			
	-	**Monoaminas acíclicas y sus derivados; sales de estos productos:**			

Código	Sub	Descripción	Unidad		
2921.11		-- **Mono-, di- o trimetilamina y sus sales.**			
2921.11.05		Mono-, di- o trimetilamina.	Kg	10	Ex.
	01	Monometilamina.			
	02	Dimetilamina.			
	03	Trimetilamina.			
2921.11.99	00	Los demás.	Kg	Ex.	Ex.
2921.12		-- **Clorhidrato de 2-cloroetil (N,N-dimetilamina).**			
2921.12.01	00	Clorhidrato de 2-cloroetil (N,N-dimetilamina).	Kg	Ex.	Ex.
2921.13		-- **Clorhidrato de 2-cloroetil (N,N-dietilamina).**			
2921.13.01	00	Clorhidrato de 2-cloroetil (N,N-dietilamina).	Kg	Ex.	Ex.
2921.14		-- **Clorhidrato de 2-cloroetil (N,N-diisopropilamina).**			
2921.14.01	00	Clorhidrato de 2-cloroetil (N,N-diisopropilamina).	Kg	Ex.	Ex.
2921.19		-- **Los demás.**			
2921.19.02	00	Trietilamina.	Kg	5	Ex.
2921.19.04	00	Monoetilamina.	Kg	5	Ex.
2921.19.05	00	2-Aminopropano.	Kg	5	Ex.
2921.19.11	00	Dimetiletilamina.	Kg	5	Ex.
2921.19.12	00	n-Oleilamina.	Kg	5	Ex.
2921.19.99		Los demás.	Kg	Ex.	Ex.
	01	Dibutilamina.			
	02	2,5-Dihidroxi-3-bencensulfonato de trietilamina; 1,4-Dihidroxi-3-bencensulfonato de dietilamina (Etamsilato).			
	99	Los demás.			
	-	**Poliaminas acíclicas y sus derivados; sales de estos productos:**			
2921.21		-- **Etilendiamina y sus sales.**			
2921.21.02		Etilendiamina y sus sales.	Kg	Ex.	Ex.
	01	Etilendiamina (1,2-diaminoetano).			
	99	Los demás.			
2921.22		-- **Hexametilendiamina y sus sales.**			
2921.22.01	00	Hexametilendiamina y sus sales.	Kg	Ex.	Ex.
2921.29		-- **Los demás.**			
2921.29.10	00	Pentametildietilentriamina.	Kg	7	Ex.
2921.29.99		Los demás.	Kg	Ex.	Ex.
	01	Dietilentriamina.			
	02	3-Dimetilamino propilamina.			
	99	Los demás.			
2921.30		- **Monoaminas y poliaminas, ciclánicas, ciclénicas o cicloterpénicas, y sus derivados; sales de estos productos.**			
2921.30.02	00	Tetrametil ciclohexil diamina.	Kg	Ex.	Ex.
2921.30.99	00	Los demás.	Kg	5	Ex.
	-	**Monoaminas aromáticas y sus derivados; sales de estos productos:**			
2921.41		-- **Anilina y sus sales.**			
2921.41.01	00	Anilina y sus sales.	Kg	Ex.	Ex.
2921.42		-- **Derivados de la anilina y sus sales.**			
2921.42.14	00	m-Cloroanilina.	Kg	5	Ex.
2921.42.17	00	p-Nitroanilina.	Kg	5	Ex.
2921.42.99		Los demás.	Kg	Ex.	Ex.
	01	Dicloroanilina.			
	02	Ácido sulfanílico y su sal de sodio.			
	99	Los demás.			
2921.43		-- **Toluidinas y sus derivados; sales de estos productos.**			
2921.43.13		Toluidinas y sus derivados; sales de estos productos.	Kg	Ex.	Ex.
	01	Toluidina, excepto 3-Aminotolueno (m-toluidina).			
	99	Los demás.			
2921.44		-- **Difenilamina y sus derivados; sales de estos productos.**			
2921.44.02		Difenilamina y sus derivados; sales de estos productos.	Kg	Ex.	Ex.
	01	Difenilamina.			
	99	Los demás.			
2921.45		-- **1-Naftilamina (alfa-naftilamina), 2-naftilamina (beta-naftilamina), y sus derivados; sales de estos productos.**			
2921.45.08	00	Ácido naftiónico.	Kg	5	Ex.
2921.45.99	00	Los demás.	Kg	Ex.	Ex.
2921.46		-- **Anfetamina (DCI), benzfetamina (DCI), dexanfetamina (DCI), etilanfetamina (DCI), fencanfamina (DCI), fentermina (DCI), lefetamina (DCI), levanfetamina (DCI) y mefenorex (DCI); sales de estos productos.**			
2921.46.01	00	Anfetamina (DCI), benzfetamina (DCI), dexanfetamina (DCI), etilanfetamina (DCI), fencanfamina (DCI), fentermina (DCI), lefetamina (DCI), levanfetamina (DCI) y mefenorex (DCI); sales de estos productos.	Kg	Ex.	Ex.
2921.49		-- **Los demás.**			
2921.49.14	00	4,4'bis(alfa,alfa-Dimetilbencil)difenilamina.	Kg	5	Ex.
2921.49.99	00	Los demás.	Kg	Ex.	Ex.
	-	**Poliaminas aromáticas y sus derivados; sales de estos productos:**			
2921.51		-- **o-, m- y p-Fenilendiamina, diaminotoluenos, y sus derivados; sales de estos productos.**			
2921.51.01	00	p- o m-Fenilendiamina.	Kg	Ex.	Ex.

LEY DE LOS IMPUESTOS GENERALES DE IMPORTACION Y EXPORTACION

2921.51.02	00	Diaminotoluenos.	Kg	Ex.	Ex.
2921.51.03	00	Difenil-p-fenilendiamina.	Kg	Ex.	Ex.
2921.51.04	00	N,N-Diheptil-p-fenilendiamina.	Kg	Ex.	Ex.
2921.51.05	00	N,N-Di-beta-naftil-p-fenilendiamina.	Kg	Ex.	Ex.
2921.51.06	00	N-fenil-p-fenilendiamina.	Kg	Ex.	Ex.
2921.51.07	00	N-1,3-Dimetilbutil-N-fenil-p-fenilendiamina.	Kg	Ex.	Ex.
2921.51.08	00	Ácido nitro-amino difenilamino-sulfónico.	Kg	Ex.	Ex.
2921.51.09	00	Ácido 4-amino difenil amino 2-sulfónico.	Kg	Ex.	Ex.
2921.51.99	00	Los demás.	Kg	7	Ex.
2921.59	- -	**Los demás.**			
2921.59.99	00	Los demás.	Kg	Ex.	Ex.
29.22		**Compuestos aminados con funciones oxigenadas.**			
	-	Amino-alcoholes, excepto los que contengan funciones oxigenadas diferentes, sus éteres y sus ésteres; sales de estos productos:			
2922.11	- -	**Monoetanolamina y sus sales.**			
2922.11.01	00	Monoetanolamina.	Kg	35	Ex.
2922.11.99	00	Los demás.	Kg	Ex.	Ex.
2922.12	- -	**Dietanolamina y sus sales.**			
2922.12.01	00	Dietanolamina.	Kg	35	Ex.
2922.12.99	00	Los demás.	Kg	Ex.	Ex.
2922.14	- -	**Dextropropoxifeno (DCI) y sus sales.**			
2922.14.03	00	Dextropropoxifeno (DCI) y sus sales.	Kg	Ex.	Ex.
2922.15	- -	**Trietanolamina.**			
2922.15.01	00	Trietanolamina.	Kg	10	Ex.
2922.16	- -	**Perfluorooctano sulfonato de dietanolamonio.**			
2922.16.01	00	Perfluorooctano sulfonato de dietanolamonio.	Kg	Ex.	Ex.
2922.17	- -	**Metildietanolamina y etildietanolamina.**			
2922.17.01	00	Metildietanolamina y etildietanolamina.	Kg	Ex.	Ex.
2922.18	- -	**2-(N,N-Diisopropilamino)etanol.**			
2922.18.01	00	2-(N,N-Diisopropilamino)etanol.	Kg	Ex.	Ex.
2922.19	- -	**Los demás.**			
2922.19.10	00	Tri-isopropanolamina.	Kg	5	Ex.
2922.19.14	00	Fenildietanolamina.	Kg	5	Ex.
2922.19.20	00	Laurato de dietanolamina.	Kg	5	Ex.
2922.19.40	00	Dioxietil-meta-cloroanilina; Dioxietil-meta- toluidina.	Kg	5	Ex.
2922.19.99		Los demás.	Kg	Ex.	Ex.
	01	(2-(N,N-dimetilamino) etanol) Dimetilaminoetanol.			
	02	2-Amino-2-metil-1-propanol.			
	03	Maleato de 3,4,5-trimetoxibenzoato de 2-fenil- 2-dimetilamino-N-butilo (Maleato de trimebutina).			
	04	Clorhidrato de 4-(((2-Amino-3,5-dibromofenil) metil)amino) ciclohexanol (Clorhidrato de ambroxol).			
	05	Tartrato de 1-(4-(2-metoxietil)fenoxi)-3-(1-metiletil)amino-2-propanol (Tartrato de metoprolol).			
	06	Sales de la N-Etil dietanolamina y de la N-Metil dietanolamina.			
	07	5-(3-((1,1-Dimetiletil)amino-2-hidroxipropoxi)-1,2,3,4-tetrahidro-2,3-naftalendiol (Nadolol).			
	99	Los demás.			
	-	Amino-naftoles y demás amino-fenoles, excepto los que contengan funciones oxigenadas diferentes, sus éteres y sus ésteres; sales de estos productos:			
2922.21	- -	**Ácidos aminohidroxinaftalensulfónicos y sus sales.**			
2922.21.03		Ácidos aminohidroxinaftalensulfónicos y sus sales.	Kg	Ex.	Ex.
	01	Ácidos aminohidroxinaftalen mono o disulfónico y sus sales.			
	99	Los demás.			
2922.29	- -	**Los demás.**			
2922.29.99		Los demás.	Kg	Ex.	Ex.
	01	5-Metil-o-anisidina; ácido p-cresidín-o-sulfónico.			
	99	Los demás.			
	-	Amino-aldehidos, amino-cetonas y amino-quinonas, excepto los que contengan funciones oxigenadas diferentes; sales de estos productos:			
2922.31	- -	**Anfepramona (DCI), metadona (DCI) y normetadona (DCI); sales de estos productos.**			
2922.31.01	00	Anfepramona (DCI), metadona (DCI) y normetadona (DCI); sales de estos productos.	Kg	Ex.	Ex.
2922.39	- -	**Los demás.**			
2922.39.09	00	Difenil amino acetona.	Kg	5	Ex.
2922.39.99		Los demás.	Kg	Ex.	Ex.
	01	Ácido 1-amino-4-bromo-2-antraquinonsulfónico y sus sales.			
	02	N,N-Dietil-4-amino benzaldehído.			
	99	Los demás.			
	-	Aminoácidos, excepto los que contengan funciones oxigenadas diferentes, y sus ésteres; sales de estos productos:			
2922.41	- -	**Lisina y sus ésteres; sales de estos productos.**			

Código	Sub	Descripción	Unidad	Imp	Exp
2922.41.02		Lisina y sus ésteres; sales de estos productos.	Kg	Ex.	Ex.
	01	Clorhidrato del ácido alfa, epsilon-diamino-caproico (Clorhidrato de lisina).			
	99	Los demás.			
2922.42	- -	**Ácido glutámico y sus sales.**			
2922.42.01	00	Glutamato de sodio.	Kg	5	Ex.
2922.42.99	00	Los demás.	Kg	Ex.	Ex.
2922.43	- -	**Ácido antranílico y sus sales.**			
2922.43.01	00	Ácido antranílico y sus sales.	Kg	Ex.	Ex.
2922.44	- -	**Tilidina (DCI) y sus sales.**			
2922.44.01	00	Tilidina (DCI) y sus sales.	Kg	Ex.	Ex.
2922.49	- -	**Los demás.**			
2922.49.01	00	Ácido aminoacético (Glicina).	Kg	Ex.	Ex.
2922.49.02	00	Clorhidrato de *p*-amino- benzoato de 2-dietilaminoetanol (Clorhidrato de procaína).	Kg	Ex.	Ex.
2922.49.03	00	Fenilalanina.	Kg	Ex.	Ex.
2922.49.04	00	Beta-Alanina y sus sales.	Kg	Ex.	Ex.
2922.49.05	00	Ácido yodopanoico y sus sales sódicas.	Kg	Ex.	Ex.
2922.49.06	00	Sal doble monocálcica disódica del ácido etilendiaminotetracético.	Kg	Ex.	Ex.
2922.49.07	00	Ácido aspártico.	Kg	Ex.	Ex.
2922.49.08	00	Ácidos etilendiamino tri o tetra acético y sus sales, excepto lo comprendido en la fracción arancelaria 2922.49.06.	Kg	10	Ex.
2922.49.09	00	Ácido dietilentriaminopentacético y sus sales.	Kg	5	Ex.
2922.49.10	00	Ácido N-(2,3-xilil)antranílico (Ácido mefenámico).	Kg	Ex.	Ex.
2922.49.11	00	Acamilofenina.	Kg	Ex.	Ex.
2922.49.12	00	N-(Alcoxi-carbonil-alquil) fenilglicinato de sodio.	Kg	Ex.	Ex.
2922.49.13	00	N-(1-Metoxicarbonil-propen-2-il) alfa-amino-*p*- hidroxifenil acetato de sodio.	Kg	Ex.	Ex.
2922.49.14	00	Clorhidrato de cloruro alfa-amino fenilacético.	Kg	Ex.	Ex.
2922.49.15	00	Alfa-Fenilglicina.	Kg	Ex.	Ex.
2922.49.16	00	Ácido 3'-trifluorometil-difenil-amino-2- carboxílico (Ácido flufenámico) y su sal de aluminio.	Kg	Ex.	Ex.
2922.49.17	00	Diclorhidrato del éster isopentílico de N-(2- dietilaminoetil)-2-fenilglicina (Diclorhidrato de acamilofenina).	Kg	Ex.	Ex.
2922.49.18	00	Sal sódica o potásica del ácido 2-((2,6-diclorofenil)amino) bencenacético (Diclofenac sódico o pótásico).	Kg	Ex.	Ex.
2922.49.19	00	*p*-n-Butilaminobenzoato del éter monometílico del nonaetilenglicol (Benzonatato).	Kg	Ex.	Ex.
2922.49.20	00	Sal de sodio del ácido aminonitrobenzoico.	Kg	Ex.	Ex.
2922.49.21	00	Ester etílico del ácido *p*-aminobenzoico (Benzocaina).	Kg	Ex.	Ex.
2922.49.22	00	N,N-bis(2-Metoxicarbonil etil anilina).	Kg	Ex.	Ex.
2922.49.23	00	Ester 2-(2-hidroxietoxi) etílico del ácido (2-((3-(trifluorometil)fenil)amino) benzoico (Etofenamato).	Kg	Ex.	Ex.
2922.49.99	00	Los demás.	Kg	7	Ex.
2922.50	-	**Amino-alcoholes-fenoles, aminoácidos-fenoles y demás compuestos aminados con funciones oxigenadas.**			
2922.50.01	00	Ácido N-(hidroxietil)etilen diamino triacético y su sal trisódica.	Kg	5	Ex.
2922.50.99		Los demás.	Kg	Ex.	Ex.
	01	Clorhidrato de p-hidroxifeniletanolamina.			
	02	p-Hidroxifenilglicina, sus sales y sus ésteres.			
	03	3-(3,4-Dihidroxifenil)-L-alanina (Levodopa).			
	04	Sales de fenilefrina.			
	05	L-treonina (Ácido 2-Amino-3-Hidroxibutírico).			
	99	Los demás.			
29.23		**Sales e hidróxidos de amonio cuaternario; lecitinas y demás fosfoaminolípidos, aunque no sean de constitución química definida.**			
2923.10	-	**Colina y sus sales.**			
2923.10.01	00	Dicloruro de trimetiletilamonio (Dicloruro de colina).	Kg	Ex.	Ex.
2923.10.02	00	Quelato de ferrocitrato de colina (Ferrocolinato).	Kg	Ex.	Ex.
2923.10.99	00	Los demás.	Kg	10	Ex.
2923.20	-	**Lecitinas y demás fosfoaminolípidos.**			
2923.20.01		Lecitinas y demás fosfoaminolípidos.	Kg	Ex.	Ex.
	01	Lecitina de soya.			
	99	Los demás.			
2923.30	-	**Perfluorooctano sulfonato de tetraetilamonio.**			
2923.30.01	00	Perfluorooctano sulfonato de tetraetilamonio.	Kg	Ex.	Ex.
2923.40	-	**Perfluorooctano sulfonato de didecildimetilamonio.**			
2923.40.01	00	Perfluorooctano sulfonato de didecildimetilamonio.	Kg	Ex.	Ex.
2923.90	-	**Los demás.**			
2923.90.02	00	Haluros de trimetilalquil amonio o de dialquil dimetilamonio, excepto bromuro de cetiltrimetilamonio.	Kg	5	Ex.
2923.90.03	00	Cloruro de benzalconio.	Kg	5	Ex.
2923.90.99		Los demás.	Kg	Ex.	Ex.
	01	Betaína base, clorhidrato o yodhidrato.			
	02	Cloruro de hidroxietil hidroxipropil dimetilamonio.			
	99	Los demás.			

LEY DE LOS IMPUESTOS GENERALES DE IMPORTACION Y EXPORTACION

29.24			**Compuestos con función carboxiamida; compuestos con función amida del ácido carbónico.**		
	-		Amidas acíclicas (incluidos los carbamatos) y sus derivados; sales de estos productos:		
2924.11		- -	**Meprobamato (DCI).**		
2924.11.01	00		Meprobamato (DCI).	Kg	Ex.	Ex.
2924.12		- -	**Fluoroacetamida (ISO), fosfamidón (ISO) y monocrotofós (ISO).**		
2924.12.03			Dimetilfosfato de 2-cloro-2-dietilcarbamoil-1-metilvinilo (Fosfamidón).	Prohibida	Prohibida	Prohibida
2924.12.99	00		Los demás.	Kg	Ex.	Ex.
2924.19		- -	**Los demás.**		
2924.19.01	00		Oleamida.	Kg	Ex.	Ex.
2924.19.02	00		Acrilamida.	Kg	Ex.	Ex.
2924.19.04	00		Erucamida.	Kg	Ex.	Ex.
2924.19.05	00		Metacrilamida.	Kg	Ex.	Ex.
2924.19.06	00		Formamida y sus derivados de sustitución.	Kg	Ex.	Ex.
2924.19.07	00		Estearamida, sus sales y otros derivados de sustitución, excepto lo comprendido en la fracción arancelaria 2924.19.10.	Kg	Ex.	Ex.
2924.19.08	00		N,N-Dimetilacetamida.	Kg	Ex.	Ex.
2924.19.09	00		N-Metil-2-cloroacetoacetamida.	Kg	Ex.	Ex.
2924.19.10	00		N,N'-Etilen-bis-estearamida.	Kg	Ex.	Ex.
2924.19.11	00		Dimetilformamida.	Kg	10	Ex.
2924.19.12	00		N-lauroil sarcosinato de sodio.	Kg	Ex.	Ex.
2924.19.13	00		Dimetilfosfato de 3-hidroxi-N,N-dimetil-cis- crotonamida (dicrotofós).	Kg	Ex.	Ex.
2924.19.91	00		Los demás carbamatos y dicarbamatos, acíclicos.	Kg	Ex.	Ex.
2924.19.99	00		Los demás.	Kg	7	Ex.
	-		Amidas cíclicas (incluidos los carbamatos) y sus derivados; sales de estos productos:		
2924.21		- -	**Ureínas y sus derivados; sales de estos productos.**		
2924.21.08			Ureínas y sus derivados; sales de estos productos.	Kg	Ex.	Ex.
	01		3-(3,4-Diclorofenil)-1,1-dimetilurea.		
	02		3,4,4'-Triclorocarbanilida (Triclocarban).		
	99		Los demás.		
2924.23		- -	**Ácido 2-acetamidobenzoico (ácido N-acetilantranílico) y sus sales.**		
2924.23.01	00		Ácido 2-acetamidobenzoico (ácido N-acetilantranílico) y sus sales.	Kg	Ex.	Ex.
2924.24		- -	**Etinamato (DCI).**		
2924.24.01	00		Etinamato (DCI).	Kg	Ex.	Ex.
2924.25		- -	**Alaclor (ISO).**		
2924.25.01			Alaclor (ISO).	Prohibida	Prohibida	Prohibida
2924.29		- -	**Los demás.**		
2924.29.09	00		Acetotoluidina.	Kg	5	Ex.
2924.29.99			Los demás.	Kg	Ex.	Ex.
	01		3-(o-Metoxifenoxi)-1,2-propanodiol-1- carbamato (Metocarbamol).		
	02		N-Acetil-p-aminofenol.		
	03		Acetoacetanilida y sus derivados de sustitución.		
	04		Ester 1-metílico del N-L-alfa-Aspartil-L-fenilalanina (Aspartame).		
	05		4-(2-Hidroxi-3-((1-metiletil)amino)-propoxi) bencenacetamida.		
	06		Ester metílico de N-(2,6-dimetilfenil)-N-(metoxi-acetil)- DL-alanina.		
	99		Los demás.		
29.25			**Compuestos con función carboxiimida (incluida la sacarina y sus sales) o con función imina.**		
	-		Imidas y sus derivados; sales de estos productos:		
2925.11		- -	**Sacarina y sus sales.**		
2925.11.01	00		Sacarina y sus sales.	Kg	Ex.	Ex.
2925.12		- -	**Glutetimida (DCI).**		
2925.12.01	00		Glutetimida (DCI).	Kg	Ex.	Ex.
2925.19		- -	**Los demás.**		
2925.19.99			Los demás.	Kg	Ex.	Ex.
	01		Crisantemato de 3,4,5,6-tetrahidroftalimido metilo (Tetrametrina).		
	99		Los demás.		
	-		Iminas y sus derivados; sales de estos productos:		
2925.21		- -	**Clordimeformo (ISO).**		
2925.21.01	00		Clordimeformo (ISO).	Kg	Ex.	Ex.
2925.29		- -	**Los demás.**		
2925.29.99	00		Los demás.	Kg	Ex.	Ex.
29.26			**Compuestos con función nitrilo.**		
2926.10		-	**Acrilonitrilo.**		
2926.10.01	00		Acrilonitrilo.	Kg	Ex.	Ex.
2926.20		-	**1-Cianoguanidina (diciandiamida).**		
2926.20.01	00		1-Cianoguanidina (diciandiamida).	Kg	Ex.	Ex.
2926.30		-	**Fenproporex (DCI) y sus sales; intermedio de la metadona (DCI) (4- ciano-2-dimetilamino-4,4-difenilbutano).**		

Código		Descripción	Unidad		
2926.30.01	00	Fenproporex (DCI) y sus sales; intermedio de la metadona (DCI) (4- ciano-2-dimetilamino-4,4-difenilbutano).	Kg	Ex.	Ex.
2926.40		- **alfa-Fenilacetoacetonitrilo.**			
2926.40.01	00	alfa-Fenilacetoacetonitrilo.	Kg	Ex.	Ex.
2926.90		- **Los demás.**			
2926.90.99		Los demás.	Kg	Ex.	Ex.
	01	2,4,5,6-Tetracloro-1,3-bencendicarbonitrilo.			
	02	3-(2,2-Dibromoetenil)-2,2-dimetilciclopropan carboxilato de ciano (3-fenoxifenil)-metilo (Deltametrina).			
	03	(+)-cis, trans-3-(2,2-diclorovinil)- 2,2-dimetilciclopropan carboxilato de alfa-ciano-3-fenoxibencilo (Cipermetrina).			
	99	Los demás.			
29.27		**Compuestos diazoicos, azoicos o azoxi.**			
2927.00		- **Compuestos diazoicos, azoicos o azoxi.**			
2927.00.06		Compuestos diazoicos, azoicos o azoxi.	Kg	Ex.	Ex.
	01	Azodicarbonamida.			
	02	2,2'Azobis(isobutironitrilo).			
	99	Los demás.			
29.28		**Derivados orgánicos de la hidrazina o de la hidroxilamina.**			
2928.00		- **Derivados orgánicos de la hidrazina o de la hidroxilamina.**			
2928.00.01	00	Metil-etil-cetoxima.	Kg	Ex.	Ex.
2928.00.02	00	Hidrazobenceno.	Kg	Ex.	Ex.
2928.00.03	00	Fosforotioato de O,O-dietil O-iminofenil acetonitrilo.	Kg	Ex.	Ex.
2928.00.05	00	1,2-Naftoquinona-monosemicarbazona.	Kg	Ex.	Ex.
2928.00.06	00	Ácido (-)L-alfa-hidrazino-3,4-dihidroxi-alfa-metilhidrocinámico monohidratado (Carbidopa).	Kg	Ex.	Ex.
2928.00.07	00	Clorhidrato de 1,3-bis-((p-clorobenciliden)-amino)guanidina.	Kg	Ex.	Ex.
2928.00.99	00	Los demás.	Kg	7	Ex.
29.29		**Compuestos con otras funciones nitrogenadas.**			
2929.10		- **Isocianatos.**			
2929.10.01	00	Mono o diclorofenilisocianato.	Kg	Ex.	Ex.
2929.10.02	00	3-Trifluorometilfenilisocianato.	Kg	Ex.	Ex.
2929.10.04	00	Toluen diisocianato.	Kg	Ex.	Ex.
2929.10.05	00	Hexametilen diisocianato.	Kg	Ex.	Ex.
2929.10.06	00	Diisocianato de isoforona.	Kg	Ex.	Ex.
2929.10.99		Los demás.	Kg	5	Ex.
	01	Difenilmetan-4,4'-diisocianato.			
	99	Los demás.			
2929.90		- **Los demás.**			
2929.90.99	00	Los demás.	Kg	Ex.	Ex.
		SUBCAPÍTULO X			
		COMPUESTOS ÓRGANO-INORGÁNICOS, COMPUESTOS HETEROCÍCLICOS, ÁCIDOS NUCLEICOS Y SUS SALES, Y SULFONAMIDAS			
29.30		**Tiocompuestos orgánicos.**			
2930.10		- **2-(N,N-Dimetilamino)etanotiol.**			
2930.10.01	00	2-(N,N-Dimetilamino)etanotiol.	Kg	Ex.	Ex.
2930.20		- **Tiocarbamatos y ditiocarbamatos.**			
2930.20.05	00	Etilen bis ditiocarbamato de manganeso (Maneb); Etilen bis ditiocarbamato de cinc (Zineb).	Kg	5	Ex.
2930.20.06	00	N-Metilditiocarbamato de sodio, dihidratado.	Kg	5	Ex.
2930.20.07	00	Dipropiltiocarbamato de S-Propilo (Vernolato).	Kg	5	Ex.
2930.20.99	00	Los demás.	Kg	Ex.	Ex.
2930.30		- **Mono-, di- o tetrasulfuros de tiourama.**			
2930.30.02		Mono-, di- o tetrasulfuros de tiourama.	Kg	Ex.	Ex.
	01	Mono-,di-,o tetrasulfuros de tetrametil, de tetraetil, de tetrabutil o de dipentametilen tiourama.			
	99	Los demás.			
2930.40		- **Metionina.**			
2930.40.01	00	Metionina.	Kg	Ex.	Ex.
2930.60		- **2-(N,N-Dietilamino)etanotiol.**			
2930.60.01	00	2-(N,N-Dietilamino)etanotiol.	Kg	Ex.	Ex.
2930.70		- **Sulfuro de bis(2-hidroxietilo) (tiodiglicol (DCI)).**			
2930.70.01	00	Sulfuro de bis(2-hidroxietilo) (tiodiglicol (DCI)).	Kg	Ex.	Ex.
2930.80		- **Aldicarb (ISO), captafol (ISO) y metamidofos (ISO).**			
2930.80.01		N-(1,1,2,2-Tetracloroetilmercapto)-4-ciclohexen-1,2-dicarboximida (Captafol).	Prohibida	Prohibida	Prohibida
2930.80.02		2-metil-2- (metiltio) propionaldehido-O-metil carbamoil-oxima (Aldicarb).	Prohibida	Prohibida	Prohibida
2930.80.99	00	Los demás.	Kg	Ex.	Ex.
2930.90		- **Los demás.**			
2930.90.11	00	Amilxantato de potasio; secbutilxantato de sodio; isopropilxantato de sodio; isobutilxantato de sodio.	Kg	5	Ex.
2930.90.31	00	Hexa-sulfuro de dipentametilen tiourama.	Kg	5	Ex.

LEY DE LOS IMPUESTOS GENERALES DE IMPORTACION Y EXPORTACION

2930.90.74			Ester etílico del ácido O,O-dimetilditiofosforil-fenilacético (Fentoato).	Prohibida	Prohibida	Prohibida
2930.90.99			Los demás.	Kg	Ex.	Ex.
	01		Lauril mercaptano.			
	02		N-Triclorometilmercapto-4-ciclohexen-1,2- dicarboximida (Captan).			
	03		O,O-Dimetilditiofosfato de dietilmercapto succinato (Malation).			
	04		Fosforoditioato de O,O-dimetil S-(N- metilcarbamoil)metilo (Dimetoato).			
	05		Metil mercaptano; etil mercaptano; propil mercaptano; butil mercaptano.			
	06		Fosforoditioato de S-(1,1-Dimetiletiltio)-metil-O,O-dietilo.			
	07		Fosforoditioato de O-Etil-S,S-dipropilo (Etoprop).			
	08		Clorhidrato de -L-cisteina.			
	09		Ácido 2-hidroxi-4- (metilmercapto) butírico o su sal de calcio.			
	10		N-Ciclohexil tioftalimida.			
	11		Ácido 5-fluoro-2-metil-1-((4-(metilsulfinil)fenil)metilen)-1H-indeno-3-acético (Sulindac).			
	12		1,2 bis-(3-(metoxicarbonil)-2-tioureido)benceno (Metil-tiofanato).			
	99		Los demás.			
29.31			**Los demás compuestos órgano-inorgánicos.**			
2931.10		-	**Tetrametilplomo y tetraetilplomo.**			
2931.10.01	00		Tetrametilplomo y tetraetilplomo.	Kg	Ex.	Ex.
2931.20		-	**Compuestos de tributilestaño.**			
2931.20.01	00		Compuestos de tributilestaño.	Kg	Ex.	Ex.
		-	Derivados órgano-fosforados no halogenados:			
2931.41		- -	**Metilfosfonato de dimetilo.**			
2931.41.01	00		Metilfosfonato de dimetilo.	Kg	Ex.	Ex.
2931.42		- -	**Propilfosfonato de dimetilo.**			
2931.42.01	00		Propilfosfonato de dimetilo.	Kg	Ex.	Ex.
2931.43		- -	**Etilfosfonato de dietilo.**			
2931.43.01	00		Etilfosfonato de dietilo.	Kg	Ex.	Ex.
2931.44		- -	**Ácido metilfosfónico.**			
2931.44.01	00		Ácido metilfosfónico.	Kg	Ex.	Ex.
2931.45		- -	**Sal del ácido metilfosfónico y de (aminoiminometil)urea (1 : 1).**			
2931.45.01	00		Sal del ácido metilfosfónico y de (aminoiminometil)urea (1 : 1).	Kg	Ex.	Ex.
2931.46		- -	**2,4,6-Trióxido de 2,4,6-tripropil-1,3,5,2,4,6-trioxatrifosfinano.**			
2931.46.01	00		2,4,6-Trióxido de 2,4,6-tripropil-1,3,5,2,4,6-trioxatrifosfinano.	Kg	Ex.	Ex.
2931.47		- -	**Metilfosfonato de (5-etil-2-metil-2-óxido-1,3,2-dioxafosfinan-5-il)metil metilo.**			
2931.47.01	00		Metilfosfonato de (5-etil-2-metil-2-óxido-1,3,2-dioxafosfinan-5-il)metil metilo.	Kg	Ex.	Ex.
2931.48		- -	**3,9-Dióxido de 3,9-dimetil-2,4,8,10-tetraoxa-3,9-difosfaspiro [5.5]undecano.**			
2931.48.01	00		3,9-Dióxido de 3,9-dimetil-2,4,8,10-tetraoxa-3,9-difosfaspiro [5.5]undecano.	Kg	Ex.	Ex.
2931.49		-- - -	**Los demás.**			
2931.49.01	00		Ácido amino tri(metilenfosfónico) y sus sales sódicas.	Kg	5	Ex.
2931.49.99			Los demás.	Kg	Ex.	Ex.
	01		Metilfosfonato de (Aminoiminometil)-urea; Metilfosfonato de dietilo y demás ésteres.			
	02		Sal sódica del ácido alfa- hidroxibencilfosfínico.			
	03		Sal monosódica trihidratada del ácido (4-amino-1-hidroxibutilidén) bis-fosfónico (Alendronato de sodio).			
	04		Ácido organofosfónico y sus sales.			
	05		Fenilfosfonotioato de O-etil O-p-nitrofenil (EPN).			
	06		Sal isopropilamínica de N-(fosfonometil) glicina.			
	07		N-1,3,5-diterbutil-4-hidroxifenil fosfonato de etilo.			
	08		3-(Trihidroxisilil)propil metilfosfonato de sodio.			
	09		Metilfosfonato de bis[(5-etil-2-metil-2-óxido-1,3,2-dioxafosfinan-5-il)metilo].			
	99		Los demás.			
	- -		Derivados órgano-fosforados halogenados:			
2931.51		- -	**Dicloruro metilfosfónico.**			
2931.51.01	00		Dicloruro metilfosfónico.	Kg	Ex.	Ex.
2931.52		- -	**Dicloruro propilfosfónico.**			
2931.52.01	00		Dicloruro propilfosfónico.	Kg	Ex.	Ex.
2931.53		- -	**Metilfosfonotionato de O-(3-cloropropil) O-[4-nitro-3-(trifluorometil)fenil].**			
2931.53.01	00		Metilfosfonotionato de O-(3-cloropropil) O-[4-nitro-3-(trifluorometil)fenil].	Kg	Ex.	Ex.
2931.54		- -	**Triclorfón (ISO).**			
2931.54.01			Triclorfón (ISO).	Prohibida	Prohibida	Prohibida
2931.59		- -	**Los demás.**			
2931.59.01			Feniltiofosfonato de O-(2,5-dicloro-4-bromofenil)-O-metilo (Leptofos).	Prohibida	Prohibida	Prohibida
2931.59.99			Los demás.	Kg	Ex.	Ex.
	01		Ácido (2-cloroetil) fosfónico (Etefon).			
	99		Los demás.			
2931.90		-	**Los demás.**			
2931.90.03	00		Óxidos o cloruros de dialquil estaño.	Kg	5	Ex.

2931.90.09	00	Ácido arsanílico.	Kg	5	Ex.
2931.90.99	00	Los demás.	Kg	Ex.	Ex.
29.32		**Compuestos heterocíclicos con heteroátomo(s) de oxígeno exclusivamente.**			
		- Compuestos cuya estructura contenga uno o más ciclos furano (incluso hidrogenado), sin condensar:			
2932.11		- - **Tetrahidrofurano.**			
2932.11.01	00	Tetrahidrofurano.	Kg	Ex.	Ex.
2932.12		- - **2-Furaldehído (furfural).**			
2932.12.01	00	2-Furaldehído (furfural).	Kg	Ex.	Ex.
2932.13		- - **Alcohol furfurílico y alcohol tetrahidrofurfurílico.**			
2932.13.01	00	Alcohol furfurílico y alcohol tetrahidrofurfurílico.	Kg	Ex.	Ex.
2932.14		- - **Sucralosa.**			
2932.14.01	00	Sucralosa.	Kg	Ex.	Ex.
2932.19		- - **Los demás.**			
2932.19.02	00	Nitrofurazona.	Kg	5	Ex.
2932.19.99		Los demás.	Kg	Ex.	Ex.
	01	Derivados de sustitución del furano y sales de estos productos, excepto lo comprendido en el número de identificación comercial 2932.19.99.02.			
	02	Sales de N-(2-(((5-((Dimetilamino)-metil-2-furanil)metil)tio)etil)-N-metil-2-nitro-1,1-etendiamina (Sales de la ranitidina).			
	99	Los demás.			
2932.20		- **Lactonas.**			
2932.20.11		Lactonas.	Kg	Ex.	Ex.
	01	Cumarina, metilcumarinas y etilcumarinas.			
	02	Fosforotioato de O,O-dietil-O-(3-cloro-4-metil-2-oxo-2H-1-benzopiran-7-ilo) (Cumafos).			
	03	Ácido giberélico.			
	99	Los demás.			
		- Los demás:			
2932.91		- - **Isosafrol.**			
2932.91.01	00	Isosafrol.	Kg	Ex.	Ex.
2932.92		- - **1-(1,3-Benzodioxol-5-il)propan-2-ona.**			
2932.92.01	00	1-(1,3-Benzodioxol-5-il)propan-2-ona.	Kg	Ex.	Ex.
2932.93		- - **Piperonal.**			
2932.93.01	00	Piperonal.	Kg	Ex.	Ex.
2932.94		- - **Safrol.**			
2932.94.01	00	Safrol.	Kg	Ex.	Ex.
2932.95		- - **Tetrahidrocannabinoles (todos los isómeros).**			
2932.95.01	00	Tetrahidrocannabinoles (todos los isómeros).	Kg	Ex.	Ex.
2932.96		- - **Carbofurano (carbofurán) (ISO).**			
2932.96.01		Carbofurano (carbofurán) (ISO).	Prohibida	Prohibida	Prohibida
2932.99		- - **Los demás.**			
2932.99.99		Los demás.	Kg	Ex.	Ex.
	01	Derivados de sustitución de la 3-hidroxi-gamapirona.			
	02	Eucaliptol.			
	03	Butoxido de piperonilo.			
	04	Sales de amiodarona.			
	99	Los demás.			
29.33		**Compuestos heterocíclicos con heteroátomo(s) de nitrógeno exclusivamente.**			
		- Compuestos cuya estructura contenga uno o más ciclos pirazol (incluso hidrogenado), sin condensar:			
2933.11		- - **Fenazona (antipirina) y sus derivados.**			
2933.11.03	00	Fenazona (antipirina) y sus derivados.	Kg	Ex.	Ex.
2933.19		- - **Los demás.**			
2933.19.04	00	Fenilbutazona base.	Kg	5	Ex.
2933.19.08	00	2,3-Dimetil-1-fenil-5-pirazolón-4- metilaminometasulfonato sódico o de magnesio (Dipirona sódica o magnésica).	Kg	5	Ex.
2933.19.99		Los demás.	Kg	Ex.	Ex.
	91	Los demás derivados de sustitución de la 5-pirazolinona, y sales de estos productos.			
	99	Los demás.			
		- Compuestos cuya estructura contenga uno o más ciclos imidazol (incluso hidrogenado), sin condensar:			
2933.21		- - **Hidantoína y sus derivados.**			
2933.21.01	00	Hidantoína y sus derivados.	Kg	Ex.	Ex.
2933.29		- - **Los demás.**			
2933.29.99		Los demás.	Kg	Ex.	Ex.
	01	Derivados de sustitución de la imidazolina y sales de estos productos.			
	02	Derivados de sustitución del imidazol, excepto lo comprendido en el número de identificación comercial 2933.29.99.03.			
	03	2-Metil-5-nitroimidazol-1-etanol (Metronidazol).			
	04	Nitrato de miconazol.			

		05	Sales de la clonidina.			
		99	Los demás.			
		-	**Compuestos cuya estructura contenga uno o más ciclos piridina (incluso hidrogenado), sin condensar:**			
2933.31		- -	**Piridina y sus sales.**			
2933.31.03	00		Piridina y sus sales.	Kg	Ex.	Ex.
2933.32		- -	**Piperidina y sus sales.**			
2933.32.01	00		Pentametilenditiocarbamato de piperidina.	Kg	5	Ex.
2933.32.99	00		Los demás.	Kg	Ex.	Ex.
2933.33		- -	**Alfentanilo (DCI), anileridina (DCI), bezitramida (DCI), bromazepam (DCI), carfentanilo (DCI), cetobemidona (DCI), difenoxilato (DCI), difenoxina (DCI), dipipanona (DCI), fenciclidina (DCI) (PCP), fenoperidina (DCI), fentanilo (DCI), metilfenidato (DCI), pentazocina (DCI), petidina (DCI), intermedio A de la petidina (DCI), pipradrol (DCI), piritramida (DCI), propiram (DCI), remifentanilo (DCI) y trimeperidina (DCI); sales de estos productos.**			
2933.33.03			Alfentanilo (DCI), anileridina (DCI), bezitramida (DCI), bromazepam (DCI), carfentanilo (DCI), cetobemidona (DCI), difenoxilato (DCI), difenoxina (DCI), dipipanona (DCI), fenciclidina (DCI) (PCP), fenoperidina (DCI), fentanilo (DCI), metilfenidato (DCI), pentazocina (DCI), petidina (DCI), intermedio A de la petidina (DCI), pipradrol (DCI), piritramida (DCI), propiram (DCI), remifentanilo (DCI) y trimeperidina (DCI); sales de estos productos.	Kg	Ex.	Ex.
	01		Alfentanilo (DCI), anileridina (DCI), bezitramida (DCI), bromazepam (DCI), carfentanilo (DCI), cetobemidona (DCI), difenoxilato (DCI), difenoxina (DCI), dipipanona (DCI), fenciclidina (DCI) (PCP), fenoperidina (DCI), fentanilo (DCI), metilfenidato (DCI), pentazocina (DCI), petidina (DCI), intermedio A de la petidina (DCI), pipradrol (DCI), piritramida (DCI), propiram (DCI), remifentanilo (DCI) y trimeperidina (DCI).			
	02		Sales de los productos del número de identificación comercial 2933.33.03.01.			
2933.34	- -	- -	**Los demás fentanilos y sus derivados.**			
2933.34.91	00		Los demás fentanilos y sus derivados.	Kg	Ex.	Ex.
2933.35	- -	- -	**Quinuclidin-3-ol.**			
2933.35.01	00		Quinuclidin-3-ol.	Kg	Ex.	Ex.
2933.36	- -	- -	**4-Anilino-N-fenetilpiperidina (ANPP).**			
2933.36.01	00		4-Anilino-N-fenetilpiperidina (ANPP).	Kg	Ex.	Ex.
2933.37	- -	- -	**N-Fenetil-4-piperidona (NPP).**			
2933.37.01	00		N-Fenetil-4-piperidona (NPP).	Kg	Ex.	Ex.
2933.39		- -	**Los demás.**			
2933.39.02	00		Feniramina, bromofeniramina y sus maleatos.	Kg	5	Ex.
2933.39.06	00		4,4'-Bipiridilo.	Kg	5	Ex.
2933.39.17	00		Ester dimetílico del ácido 1,4-dihidro-2,6-dimetil-4-(2-nitrofenil)-3,5-piridindicarboxílico (Nifedipina).	Kg	5	Ex.
2933.39.22	00		5,9-Dimetil-2'- hidroxibenzomorfan, sus derivados de sustitución y sus sales.	Kg	5	Ex.
2933.39.91	00		Los demás derivados de la piperidina y sales de estos productos.	Kg	Ex.	Ex.
2933.39.99			Los demás.	Kg	Ex.	Ex.
	01		Dicloruro de 1,1'-dimetil-4,4'-dipiridilio (Paraquat).			
	02		Fosforotioato O,O-Dietil O-3,5,6-tricloro-2- piridilo (Clorpirifos).			
	03		Ácido 4-amino-3,5,6-tricloropicolínico (Picloram).			
	04		Diacetato de 4,4'-(2- piridilmetilén)bisfenilo (Bisacodilo).			
	05		2-(4-(5-Trifluorometil-2- piridiloxi) fenoxi) propionato de butilo (Fluazifop-butilo).			
	06		Sal del cinc de 1,1'-dióxido de bis (2-tiopiridilo) (Piritionato de cinc).			
	07		Omeprazol y sus sales.			
	99		Los demás.			
		-	**Compuestos cuya estructura contenga ciclos quinoleína o isoquinoleína (incluso hidrogenados), sin otras condensaciones:**			
2933.41		- -	**Levorfanol (DCI) y sus sales.**			
2933.41.01	00		Levorfanol (DCI) y sus sales.	Kg	Ex.	Ex.
2933.49		- -	**Los demás.**			
2933.49.01	00		Diyodo oxiquinolina (Yodoquinol).	Kg	5	Ex.
2933.49.04	00		6-Dodecil-1,2-dihidro-2,2,4-trimetil quinolina.	Kg	5	Ex.
2933.49.10	00		Yodo cloro-8-hidroxiquinolina (Clioquinol).	Kg	5	Ex.
2933.49.99			Los demás.	Kg	Ex.	Ex.
	01		6-Etoxi-1,2-dihidro-2,2,4-trimetilquinolina (Etoxiquin).			
	02		Bromhidrato de d-3-metoxi-17-metilmorfinano (Bromhidrato de dextrometorfan).			
	99		Los demás.			
		-	**Compuestos cuya estructura contenga uno o más ciclos pirimidina (incluso hidrogenado) o piperazina:**			
2933.52		- -	**Malonilurea (ácido barbitúrico) y sus sales.**			
2933.52.01	00		Malonilurea (ácido barbitúrico) y sus sales.	Kg	Ex.	Ex.
2933.53		- -	**Alobarbital (DCI), amobarbital (DCI), barbital (DCI), butalbital (DCI), butobarbital, ciclobarbital (DCI), fenobarbital (DCI), metilfenobarbital (DCI), pentobarbital (DCI), secbutabarbital (DCI), secobarbital (DCI) y vinilbital (DCI); sales de estos productos.**			

2933.53.01	00	Alobarbital (DCI), amobarbital (DCI), barbital (DCI), butalbital (DCI), butobarbital, ciclobarbital (DCI), fenobarbital (DCI), metilfenobarbital (DCI), pentobarbital (DCI), secbutabarbital (DCI), secobarbital (DCI) y vinilbital (DCI); sales de estos productos.	Kg	Ex.	Ex.
2933.54		- - **Los demás derivados de la malonilurea (ácido barbitúrico); sales de estos productos.**			
2933.54.91	00	Los demás derivados de la malonilurea (ácido barbitúrico); sales de estos productos.	Kg	Ex.	Ex.
2933.55		- - **Loprazolam (DCI), meclocualona (DCI), metacualona (DCI) y zipeprol (DCI); sales de estos productos.**			
2933.55.03	00	Loprazolam (DCI), meclocualona (DCI), metacualona (DCI) y zipeprol (DCI); sales de estos productos.	Kg	Ex.	Ex.
2933.59		- - **Los demás.**			
2933.59.07	00	Sales de la piperazina.	Kg	5	Ex.
2933.59.99		Los demás.	Kg	Ex.	Ex.
	01	Derivados de sustitución de la pirimidina y sus sales, excepto los comprendidos en el número de identificación comercial 2933.59.99.07.			
	02	Piperazina; sus derivados de sustitución y sales de estos derivados.			
	03	Fosforotioato de O,O-dietil-O-(2-isopropil-6-metil-4-pirimidinilo) (Diazinon).			
	04	5-Bromo-3-secbutil-6-metiluracilo.			
	05	2,4-Diamino-5-(3,4,5- trimetoxibencil) pirimidina (Trimetoprim).			
	06	2-Amino-1,9-dihidro-9-((2-hidroxietoxi)metil)-6H-purin-6-ona (Aciclovir).			
	07	1H-Pirazol-(3,4-d)pirimidin-4-ol (Alopurinol).			
	08	Clorhidrato de ciprofloxacina.			
	99	Los demás.			
		- **Compuestos cuya estructura contenga uno o más ciclos triazina (incluso hidrogenado), sin condensar:**			
2933.61		- - **Melamina.**			
2933.61.01	00	Melamina.	Kg	Ex.	Ex.
2933.69		- - **Los demás.**			
2933.69.12	00	Hexametilentetramina (Metenamina).	Kg	5	Ex.
2933.69.15	00	Dinitroso pentametilen tetramina.	Kg	5	Ex.
2933.69.99		Los demás.	Kg	Ex.	Ex.
	01	Ácido cianúrico o isocianúrico, sus derivados y sus sales.			
	02	4-(Isopropilamino)-2- (etilamino)-6-(metiltio)-S-triazina (Ametrin).			
	03	2-Cloro-4-(etilamino)-6-(isopropilamino)-S-triazina (Atrazina).			
	04	Tricloro triazina.			
	91	Los demás derivados de sustitución de la 1,3,5-triazina y sus sales, excepto lo comprendido en los números de identificación comercial 2933.69.99.03 y 2933.69.99.04.			
	99	Los demás.			
		- **Lactamas:**			
2933.71		- - **6-Hexanolactama (épsilon-caprolactama).**			
2933.71.01	00	6-Hexanolactama (épsilon-caprolactama).	Kg	7	Ex.
2933.72		- - **Clobazam (DCI) y metiprilona (DCI).**			
2933.72.01	00	Clobazam (DCI) y metiprilona (DCI).	Kg	Ex.	Ex.
2933.79		- - **Las demás lactamas.**			
2933.79.91		Las demás lactamas.	Kg	Ex.	Ex.
	01	Derivados de sustitución de la 2-pirrolidona y sus sales, excepto lo comprendido en el número de identificación comercial 2933.79.05.02.			
	02	2-oxo-1-pirrolidinil-acetamida (Piracetam).			
	99	Los demás.			
		- **Los demás:**			
2933.91		- - **Alprazolam (DCI), camazepam (DCI), clonazepam (DCI), clorazepato, clordiazepóxido (DCI), delorazepam (DCI), diazepam (DCI), estazolam (DCI), fludiazepam (DCI), flunitrazepam (DCI), flurazepam (DCI), halazepam (DCI), loflazepato de etilo (DCI), lorazepam (DCI), lormetazepam (DCI), mazindol (DCI), medazepam (DCI), midazolam (DCI), nimetazepam (DCI), nitrazepam (DCI), nordazepam (DCI), oxazepam (DCI), pinazepam (DCI), pirovalerona (DCI), prazepam (DCI), temazepam (DCI), tetrazepam (DCI) y triazolam (DCI); sales de estos productos.**			
2933.91.03		Alprazolam (DCI), camazepam (DCI), clonazepam (DCI), clorazepato, clordiazepóxido (DCI), delorazepam (DCI), diazepam (DCI), estazolam (DCI), fludiazepam (DCI), flunitrazepam (DCI), flurazepam (DCI), halazepam (DCI), loflazepato de etilo (DCI), lorazepam (DCI), lormetazepam (DCI), mazindol (DCI), medazepam (DCI), midazolam (DCI), nimetazepam (DCI), nitrazepam (DCI), nordazepam (DCI), oxazepam (DCI), pinazepam (DCI), pirovalerona (DCI), prazepam (DCI), temazepam (DCI), tetrazepam (DCI) y triazolam (DCI); sales de estos productos.	Kg	Ex.	Ex.
	01	Alprazolam (DCI), camazepam (DCI), clonazepam (DCI), clorazepato, clordiazepóxido (DCI), delorazepam (DCI), diazepam (DCI), estazolam (DCI), fludiazepam (DCI), flunitrazepam (DCI), flurazepam (DCI), halazepam (DCI), loflazepato de etilo (DCI), lorazepam (DCI), lormetazepam (DCI), medazepam (DCI), midazolam (DCI), nimetazepam (DCI), nitrazepam (DCI), nordazepam			

			(DCI), oxazepam (DCI), pinazepam (DCI), prazepam (DCI), temazepam (DCI), tetrazepam (DCI) y triazolam (DCI); sales de estos productos.			
		02	Mazindol (DCI), pirovalerona (DCI); sales de estos productos.			
2933.92		- -	**Azinfos-metil (ISO).**			
2933.92.01			Azinfos-metil (ISO).		Prohibida	Prohibida	Prohibida
2933.99		- -	**Los demás.**			
2933.99.04	00		1-((4-Clorofenil)metil)-2-(1-pirrolidinil metil)-1H-bencimidazol (Clemizol).	Kg	5	Ex.
2933.99.10	00		Dimetilacridan.	Kg	5	Ex.
2933.99.26	00		Fosforoditioato de O,O-dietil-S-(4-oxo-1,2,3- benzotriazin-3(4H)-il)metilo (Azinfos etílico).	Kg	5	Ex.
2933.99.99			Los demás.	Kg	Ex.	Ex.
	01		(5-(Feniltio)-1H-bencimidazol-2-il)carbamato de metilo (Fenbendazol).			
	02		Derivados de sustitución de la 10,11-dihidro-5H-dibenzo (b,f) azepina y sus sales.			
	03		Indol y sus derivados de sustitución, y sales de estos productos, excepto lo comprendido en el número de identificación comercial 2933.99.99.12.			
	04		Ácido 1-etil-7-metil-1,8-naftiridin-4-ona-3- carboxílico (Ácido nalidíxico).			
	05		(Quinoxalín-1,4-dióxido)metilencarbazato de metilo (Carbadox).			
	06		1-(3-Mercapto-2-metil-1-oxopropil)-L-prolina (Captopril).			
	07		5H-Dibenzo (b,f)azepin-5-carboxamida (Carbamazepina).			
	08		Maleato de 1-(N-(1-(etoxicarbonil)-3- fenilpropil)-L-alanil) L-prolina (Maleato de Enalapril).			
	09		Derivados de sustitución del benzotriazol y sus sales.			
	10		Derivados de sustitución del bencimidazol y sus sales, excepto lo comprendido en los números de identificación comercial 2933.99.99.01, 2933.99.99.11, 2933.99.99.13, 2933.99.99.14.			
	11		1-(Butilcarbamoil)-2-bencimidazolil-carbamato de metilo (Benomilo).			
	12		Indometacina.			
	13		2-Bencimidazolil carbamato de metilo (Carbendazim).			
	14		Ester metílico del ácido (5-benzoil-1H-bencimidazol-2-il) carbámico (Mebendazol).			
	15		Clorhidrato de benzidamina.			
	99		Los demás.			
29.34			**Ácidos nucleicos y sus sales, aunque no sean de constitución química definida; los demás compuestos heterocíclicos.**			
2934.10		-	**Compuestos cuya estructura contenga uno o más ciclos tiazol (incluso hidrogenado), sin condensar.**			
2934.10.09			Compuestos cuya estructura contenga uno o más ciclos tiazol (incluso hidrogenado), sin condensar.	Kg	Ex.	Ex.
	01		2-(4-Tiazolil)-1H-bencimidazol (Tiabendazol).			
	99		Los demás.			
2934.20		-	**Compuestos cuya estructura contenga ciclos benzotiazol (incluso hidrogenados), sin otras condensaciones.**			
2934.20.05	00		Disulfuro de benzotiazilo sulfenamida.	Kg	5	Ex.
2934.20.99			Los demás.	Kg	Ex.	Ex.
	01		Disulfuro de benzotiazol.			
	02		N-Ciclohexil o N-terbutil o N-oxidietilen- benzotiazol sulfenamida.			
	99		Los demás.			
2934.30		-	**Compuestos cuya estructura contenga ciclos fenotiazina (incluso hidrogenados), sin otras condensaciones.**			
2934.30.02	00		Compuestos cuya estructura contenga ciclos fenotiazina (incluso hidrogenados), sin otras condensaciones.	Kg	Ex.	Ex.
		-	**Los demás:**			
2934.91		- -	**Aminorex (DCI), brotizolam (DCI), clotiazepam (DCI), cloxazolam (DCI), dextromoramida (DCI), fendimetrazina (DCI), fenmetrazina (DCI), haloxazolam (DCI), ketazolam (DCI), mesocarb (DCI), oxazolam (DCI), pemolina (DCI) y sufentanil (DCI); sales de estos productos.**			
2934.91.01	00		Aminorex (DCI), brotizolam (DCI), clotiazepam (DCI), cloxazolam (DCI), dextromoramida (DCI), fendimetrazina (DCI), fenmetrazina (DCI), haloxazolam (DCI), ketazolam (DCI), mesocarb (DCI), oxazolam (DCI), pemolina (DCI) y sufentanil (DCI); sales de estos productos.	Kg	Ex.	Ex.
2934.92		- -	**Los demás fentanilos y sus derivados.**			
2934.92.91	00		Los demás fentanilos y sus derivados.	Kg	Ex.	Ex.
2934.99		- -	**Los demás.**			
2934.99.01	00		Furazolidona.	Kg	5	Ex.
2934.99.10	00		3,5-Dimetil-1,3,5-(2H)-tetrahidrotiadiazin-2-tiona (Dazomet).	Kg	5	Ex.
2934.99.14	00		Furaltadona.	Kg	5	Ex.
2934.99.24	00		Clorhidrato de levo-2,3,5,6-tetrahidro-6-fenilimidazo (2,1-b) tiazol (Clorhidrato de levamisol).	Kg	5	Ex.
2934.99.41	00		4,4'-Ditiodimorfolina.	Kg	5	Ex.
2934.99.99			Los demás.	Kg	Ex.	Ex.
	01		1-Acetil-4-(4-((2-(2,4-diclorofenil)(1H-imidazol-1-il metil)-1,3-dioxolan-4-il)metoxi) fenil)piperazina (Ketoconazol).			

	02	Clorhidrato de (2S-cis)-3-(acetiloxi)-5-(2-dimetilamino)etil)2,3-dihidro-2-(4-metoxifenil)-1,5-benzotiazepin-4-(5H)ona (Clorhidrato de diltiazem).			
	03	Ácido 7-amino-desacetoxi-cefalosporánico; ácido 6-amino-penicilánico.			
	99	Los demás.			
29.35		**Sulfonamidas.**			
2935.10		- **N-Metilperfluorooctano sulfonamida.**			
2935.10.01	00	N-Metilperfluorooctano sulfonamida.	Kg	Ex.	Ex.
2935.20		- **N-Etilperfluorooctano sulfonamida.**			
2935.20.01	00	N-Etilperfluorooctano sulfonamida.	Kg	Ex.	Ex.
2935.30		- **N-Etil-N-(2-hidroxietil)perfluorooctano sulfonamida.**			
2935.30.01	00	N-Etil-N-(2-hidroxietil)perfluorooctano sulfonamida.	Kg	Ex.	Ex.
2935.40		- **N-(2-Hidroxietil)-N-metilperfluorooctano sulfonamida.**			
2935.40.01	00	N-(2-Hidroxietil)-N-metilperfluorooctano sulfonamida.	Kg	Ex.	Ex.
2935.50		- **Las demás perfluorooctano sulfonamidas.**			
2935.50.91	00	Las demás perfluorooctano sulfonamidas.	Kg	Ex.	Ex.
2935.90		- **Las demás.**			
2935.90.03	00	Clorpropamida.	Kg	5	Ex.
2935.90.07	00	Ácido 4-cloro-N-(2-furilmetil)-5-sulfamoilantranílico (Furosemida).	Kg	5	Ex.
2935.90.20	00	Tolilsulfonilbutilurea (Tolbutamida).	Kg	5	Ex.
2935.90.31	00	Ftalilsulfacetamida.	Kg	5	Ex.
2935.90.99		Las demás.	Kg	Ex.	Ex.
	01	Ácido p-(dipropilsulfamil) benzóico (Probenecid).			
	02	Sulfaguanidina; acetil sulfaguanidina.			
	03	2-Cloro-5-(1-hidroxi-3-oxo-1-isoindolinil) bencen sulfonamida (Clortalidona).			
	04	N-4-Acetil-N-1-(p-nitrofenil)sulfanilamida (Sulfanitran).			
	05	N-1-(2-Quinoxalinil) sulfanilamida (Sulfaquinoxalina).			
	06	N-(p-Acetilfenilsulfonil)-N'-ciclohexilurea (Acetohexamida).			
	07	Sal sódica de 2-benzosulfonamido-5-(beta-metoxietoxi)-pirimidina (Glimidina sódica).			
	08	N-(4-(beta-(2-metoxi-5-clorobenzamido)-etil)benzosulfonil)-N'-ciclohexilurea (Gliburide).			
	09	Sulfadimetiloxazol (Sulfamoxol).			
	10	O,O-Diisopropilfosforoditioato de N- etilbencensulfonamida.			
	11	Sulfacetamida.			
	12	Sulfametoxipiridazina.			
	13	Sulfanilamidopirimidina (Sulfadiazina).			
	14	Sulfatiazol.			
	15	Sulfisoxazol y sus derivados de sustitución.			
	16	Sulfonamidotiadiazol y sus derivados de sustitución.			
	17	Tiazidas, derivados de sustitución de las tiazidas y sales de estos productos.			
	18	Toluensulfonamida.			
	19	Sulfanilamidopirazina (Sulfapirazina), sus sales y otros derivados de sustitución.			
	20	Sulfapiridina y sus derivados de sustitución.			
	21	N-((1-Etil-2-pirrolidinil)metil)-2-metoxi-5- sulfamoilbenzamida (Sulpiride).			
	22	2-Metoxisulfamidobenzoato de etilo.			
	23	Ácido 3-(aminosulfonil)-5-(butilamino)-4- fenoxibenzóico (Bumetanida).			
	24	(3-N-Butilamino-4-fenoxi-5- sulfonamida)benzoato de butilo.			
	25	3-Sulfanilamido-5-metilisoxazol (Sulfametoxazol).			
	26	Ftalilsulfatiazol.			
	27	4-Aminobencensulfonil carbamato de metilo (Asulam).			
	28	Clorobencensulfonamida.			
	29	4-Amino-N-(6-cloro-3-piridazinil) bencen sulfonamida (Sulfacloro piridazina) y sus sales.			
	30	Sal de sodio de 4-amino-N-(5-metoxi-2- pirimidil)bencensulfonamida (Sal de sodio de sulfameter).			
	31	2-Naftol-6-sulfometiletanolamida.			
	32	N-(2-(4-((((Ciclohexilamina)carbonil)amino) sulfofenil)fenil)etil)-5-metilpirazino carboxamida (Glipizida).			
	33	Sales de la Sulfapiridina.			
	99	Las demás.			

SUBCAPÍTULO XI
PROVITAMINAS, VITAMINAS Y HORMONAS

29.36		**Provitaminas y vitaminas, naturales o reproducidas por síntesis (incluidos los concentrados naturales) y sus derivados utilizados principalmente como vitaminas, mezclados o no entre sí o en disoluciones de cualquier clase.**			
		- Vitaminas y sus derivados, sin mezclar:			
2936.21		- - **Vitaminas A y sus derivados.**			
2936.21.04		Vitaminas A y sus derivados.	Kg	Ex.	Ex.
	01	Palmitato o propionato de Vitamina A, en aceite, en concentraciones iguales o superiores a 1,000,000 U.I. por gramo.			
	99	Los demás.			
2936.22		- - **Vitamina B$_1$ y sus derivados.**			
2936.22.04		Vitamina B$_1$ y sus derivados.	Kg	Ex.	Ex.

LEY DE LOS IMPUESTOS GENERALES DE IMPORTACION Y EXPORTACION

	01		Clorhidrato o mononitrato de tiamina.			
	99		Los demás.			
2936.23		- -	**Vitamina B_2 y sus derivados.**			
2936.23.03			Vitamina B_2 y sus derivados.	Kg	Ex.	Ex.
	01		Riboflavina; fosfato de riboflavina o su sal sódica.			
	99		Los demás.			
2936.24		- -	**Ácido D- o DL-pantoténico (vitamina B_5) y sus derivados.**			
2936.24.03			Ácido D- o DL-pantoténico (vitamina B_5) y sus derivados.	Kg	Ex.	Ex.
	01		Alcohol pantotenílico o sus éteres.			
	02		Pantotenato de calcio.			
	99		Los demás.			
2936.25		- -	**Vitamina B_6 y sus derivados.**			
2936.25.02			Vitamina B_6 y sus derivados.	Kg	Ex.	Ex.
	01		Clorhidrato de piridoxina.			
	99		Los demás.			
2936.26		- -	**Vitamina B_{12} y sus derivados.**			
2936.26.01	00		Vitamina B_{12}; las demás cobalaminas.	Kg	5	Ex.
2936.26.99	00		Los demás.	Kg	Ex.	Ex.
2936.27		- -	**Vitamina C y sus derivados.**			
2936.27.02			Vitamina C y sus derivados.	Kg	Ex.	Ex.
	01		Vitamina C (Ácido ascórbico) y sus sales.			
	99		Los demás.			
2936.28		- -	**Vitamina E y sus derivados.**			
2936.28.03			Vitamina E y sus derivados.	Kg	Ex.	Ex.
	01		Vitamina E y sus derivados, en concentración mayor al 96%, en aceite.			
	99		Los demás.			
2936.29		- -	**Las demás vitaminas y sus derivados.**			
2936.29.03	00		Ácido nicotínico.	Kg	5	Ex.
2936.29.04	00		Nicotinamida (Niacinamida).	Kg	5	Ex.
2936.29.99			Los demás.	Kg	Ex.	Ex.
	01		Ácido fólico.			
	02		Vitamina D_3.			
	03		Vitamina H (Biotina).			
	99		Los demás.			
2936.90		-	**Los demás, incluidos los concentrados naturales.**			
2936.90.91	00		Los demás, incluidos los concentrados naturales.	Kg	Ex.	Ex.
29.37			**Hormonas, prostaglandinas, tromboxanos y leucotrienos, naturales o reproducidos por síntesis; sus derivados y análogos estructurales, incluidos los polipéptidos de cadena modificada, utilizados principalmente como hormonas.**			
		-	**Hormonas polipeptídicas, hormonas proteicas y hormonas glucoproteicas, sus derivados y análogos estructurales:**			
2937.11		- -	**Somatotropina, sus derivados y análogos estructurales.**			
2937.11.01	00		Somatotropina, sus derivados y análogos estructurales.	Kg	Ex.	Ex.
2937.12		- -	**Insulina y sus sales.**			
2937.12.02			Insulina y sus sales.	Kg	Ex.	Ex.
	01		Insulina.			
	99		Los demás.			
2937.19		- -	**Los demás.**			
2937.19.99			Los demás.	Kg	Ex.	Ex.
	01		Eritropoyetina.			
	99		Los demás.			
		-	**Hormonas esteroideas, sus derivados y análogos estructurales:**			
2937.21		- -	**Cortisona, hidrocortisona, prednisona (dehidrocortisona) y prednisolona (dehidrohidrocortisona).**			
2937.21.05			Cortisona, hidrocortisona, prednisona (dehidrocortisona) y prednisolona (dehidrohidrocortisona).	Kg	Ex.	Ex.
	01		Prednisona (dehidrocortisona).			
	99		Los demás.			
2937.22		- -	**Derivados halogenados de las hormonas corticosteroides.**			
2937.22.11	00		Flumetasona, parametasona; sales o ésteres de estos productos.	Kg	5	Ex.
2937.22.99			Los demás.	Kg	Ex.	Ex.
	01		Dexametasona, sus sales o sus ésteres.			
	02		Betametasona, sus sales o sus ésteres.			
	99		Los demás.			
2937.23		- -	**Estrógenos y progestógenos.**			
2937.23.04	00		Progesterona.	Kg	5	Ex.
2937.23.05	00		Estriol, sus sales o sus ésteres.	Kg	5	Ex.
2937.23.07	00		Acetato de medroxiprogesterona.	Kg	5	Ex.
2937.23.08	00		Acetato de clormadinona.	Kg	5	Ex.
2937.23.10	00		Acetato de megestrol.	Kg	5	Ex.
2937.23.11	00		17-alfa-Etinil-17-beta hidroxiestra-4-eno (Linestrenol).	Kg	5	Ex.
2937.23.17	00		Etinilestradiol, sus ésteres o sus sales.	Kg	5	Ex.
2937.23.18	00		Mestranol.	Kg	5	Ex.

2937.23.21	00	Delmadinona, sus sales o sus ésteres.	Kg	5	Ex.
2937.23.22	00	Acetofénido de dihidroxiprogesterona (Algestona acetofénido).	Kg	5	Ex.
2937.23.99		Los demás.	Kg	Ex.	Ex.
	01	Estrona.			
	02	Estrógenos equinos.			
	03	Estradiol, sus sales o sus ésteres.			
	04	Acetato de 17-alfa-Hidroxiprogesterona.			
	05	Hidroxiprogesterona, sus sales o sus ésteres, excepto lo comprendido en el número de identificación comercial 2937.23.99.04.			
	06	Noretisterona (noretindrona), sus sales o sus ésteres.			
	99	Los demás.			
2937.29		- - **Los demás.**			
2937.29.09	00	Pregnenolona, sus sales o sus ésteres.	Kg	5	Ex.
2937.29.17	00	Diosgenina.	Kg	15	Ex.
2937.29.19	00	Metiltestosterona.	Kg	5	Ex.
2937.29.24	00	Metilandrostendiol.	Kg	5	Ex.
2937.29.29	00	Testosterona o sus ésteres.	Kg	5	Ex.
2937.29.32	00	17-alfa-Pregna-2,4-dien-20-ino (2,3-d)- isoxazol-17-ol (Danazol).	Kg	5	Ex.
2937.29.33	00	Clostebol, sus sales o sus ésteres.	Kg	5	Ex.
2937.29.36	00	Dehidroisoandrosterona (Prasterona), sus sales o sus ésteres, excepto enantato de prasterona.	Kg	5	Ex.
2937.29.99		Los demás.	Kg	Ex.	Ex.
	01	Ésteres o sales de la metilprednisolona.			
	02	Androstendiona; Androst-4-en-3,17-diona.			
	03	Nortestosterona, sus sales o sus ésteres.			
	04	16-Dehidropregnenolona, sus sales o sus ésteres.			
	05	Metenolona, sus sales y sus ésteres.			
	06	Enantato de prasterona.			
	07	Espironolactona.			
	99	Los demás.			
2937.50		- **Prostaglandinas, tromboxanos y leucotrienos, sus derivados y análogos estructurales.**			
2937.50.02	00	Prostaglandinas, tromboxanos y leucotrienos, sus derivados y análogos estructurales.	Kg	Ex.	Ex.
2937.90		- **Los demás.**			
2937.90.99		Los demás.	Kg	Ex.	Ex.
	01	Hormonas de la catecolamina, sus derivados y análogos estructurales, excepto Epinefrina (adrenalina).			
	99	Los demás.			
		SUBCAPÍTULO XII **HETERÓSIDOS Y ALCALOIDES, NATURALES O REPRODUCIDOS POR SÍNTESIS, SUS SALES, ÉTERES, ÉSTERES Y DEMÁS DERIVADOS**			
29.38		**Heterósidos, naturales o reproducidos por síntesis, sus sales, éteres, ésteres y demás derivados.**			
2938.10		- **Rutósido (rutina) y sus derivados.**			
2938.10.01	00	Rutósido (rutina) y sus derivados.	Kg	Ex.	Ex.
2938.90		- **Los demás.**			
2938.90.99		Los demás.	Kg	Ex.	Ex.
	01	Mezcla de isómeros diosmina y hesperidina.			
	02	Glucosidos de Steviol.			
	99	Los demás.			
29.39		**Alcaloides, naturales o reproducidos por síntesis, sus sales, éteres, ésteres y demás derivados.**			
		- Alcaloides del opio y sus derivados; sales de estos productos:			
2939.11		- - **Concentrados de paja de adormidera; buprenorfina (DCI), codeína, dihidrocodeína (DCI) etilmorfina, etorfina (DCI), folcodina (DCI), heroína, hidrocodona (DCI), hidromorfona (DCI), morfina, nicomorfina (DCI), oxicodona (DCI), oximorfona (DCI), tebacona (DCI) y tebaína; sales de estos productos.**			
2939.11.01		Diacetilmorfina (Heroína), base o clorhidrato.	Prohibida	Prohibida	Prohibida
2939.11.99	00	Los demás.	Kg	Ex.	Ex.
2939.19		- - **Los demás.**			
2939.19.99		Los demás.	Kg	Ex.	Ex.
	91	Los demás derivados de la morfina y sus sales.			
	99	Los demás.			
2939.20		- **Alcaloides de la quina (chinchona) y sus derivados; sales de estos productos.**			
2939.20.02	00	Alcaloides de la quina (chinchona) y sus derivados; sales de estos productos.	Kg	Ex.	Ex.
2939.30		- **Cafeína y sus sales.**			
2939.30.04		Cafeína y sus sales.	Kg	Ex.	Ex.
	01	Cafeína.			
	02	Cafeína cruda.			
	99	Las demás.			
	- -	**Alcaloides de la efedra y sus derivados; sales de estos productos:**			

2939.41		- -	Efedrina y sus sales.			
2939.41.01	00		Efedrina y sus sales.	Kg	Ex.	Ex.
2939.42		- -	Seudoefedrina (DCI) y sus sales.			
2939.42.01	00		Seudoefedrina (DCI) y sus sales.	Kg	Ex.	Ex.
2939.43		- -	Catina (DCI) y sus sales.			
2939.43.01	00		Catina (DCI) y sus sales.	Kg	Ex.	Ex.
2939.44		- -	Norefedrina y sus sales.			
2939.44.01	00		Clorhidrato de 2-amino-1-fenil-1-propanol (Clorhidrato de norefedrina).	Kg	Ex.	Ex.
2939.44.99	00		Las demás.	Kg	Ex.	Ex.
2939.45	--	- -	Levometanfetamina, metanfetamina (DCI), racemato de metanfetamina, y sus sales.			
2939.45.01	00		Levometanfetamina, metanfetamina (DCI), racemato de metanfetamina, y sus sales.	Kg	Ex.	Ex.
2939.49		- -	Los demás.			
2939.49.99	00		Los demás.	Kg	Ex.	Ex.
		-	Teofilina y aminofilina (teofilina-etilendiamina) y sus derivados; sales de estos productos:			
2939.51		- -	Fenetilina (DCI) y sus sales.			
2939.51.01	00		Fenetilina (DCI) y sus sales.	Kg	Ex.	Ex.
2939.59		- -	Los demás.			
2939.59.99	00		Los demás.	Kg	Ex.	Ex.
		-	Alcaloides del cornezuelo del centeno y sus derivados; sales de estos productos:			
2939.61		- -	Ergometrina (DCI) y sus sales.			
2939.61.01	00		Ergometrina (DCI) y sus sales.	Kg	Ex.	Ex.
2939.62		- -	Ergotamina (DCI) y sus sales.			
2939.62.01	00		Ergotamina (DCI) y sus sales.	Kg	Ex.	Ex.
2939.63		- -	Ácido lisérgico y sus sales.			
2939.63.01	00		Ácido lisérgico y sus sales.	Kg	Ex.	Ex.
2939.69		- -	Los demás.			
2939.69.99	00		Los demás.	Kg	Ex.	Ex.
		-	Los demás, de origen vegetal:			
2939.72		- -	Cocaína, ecgonina; sales, ésteres y demás derivados de estos productos.			
2939.72.01			Cocaína, ecgonina; sales, ésteres y demás derivados de estos productos.	Kg	Ex.	Ex.
	01		Cocaína.			
	99		Los demás.			
2939.79		- -	Los demás.			
2939.79.99			Los demás.	Kg	Ex.	Ex.
	01		Atropina.			
	02		Tomatina.			
	03		Estricnina.			
	04		Pilocarpina.			
	05		Escopolamina.			
	06		Nitrato o clorhidrato de pilocarpina.			
	07		Alcaloides de "strychnos", excepto lo comprendido en el número de identificación comercial 2939.79.99.03.			
	08		Alcaloides del indol no comprendidos en otra parte de la nomenclatura.			
	09		Alcaloides de la ipecacuana.			
	10		Alcaloides de la purina no comprendidos en otra parte de la nomenclatura.			
	11		Alcaloides del tropano no comprendidos en otra parte de la nomenclatura.			
	12		14,15-Dihidro-14-beta-hidroxi-(3 alfa, 16 alfa)-eburnamenin-14-carboxilato de metilo (Vincamina).			
	13		Sulfato de vincaleucoblastina.			
	14		Piperina.			
	15		Conina.			
	16		N,N-dimetiltriptamina (DMT).			
	17		N,N-dietiltriptamina (DET).			
	18		Nicotina y sus sales.			
	99		Los demás.			
2939.80		-	Los demás.			
2939.80.99	00		Los demás.	Kg	Ex.	Ex.
			SUBCAPÍTULO XIII			
			LOS DEMÁS COMPUESTOS ORGÁNICOS			
29.40			**Azúcares químicamente puros, excepto la sacarosa, lactosa, maltosa, glucosa y fructosa (levulosa); éteres, acetales y ésteres de azúcares y sus sales, excepto los productos de las partidas 29.37, 29.38 o 29.39.**			
2940.00		-	Azúcares químicamente puros, excepto la sacarosa, lactosa, maltosa, glucosa y fructosa (levulosa); éteres, acetales y ésteres de azúcares y sus sales, excepto los productos de las partidas 29.37, 29.38 o 29.39.			
2940.00.05			Azúcares químicamente puros, excepto la sacarosa, lactosa, maltosa, glucosa y fructosa (levulosa); éteres, acetales y ésteres de azúcares y sus sales, excepto los productos de las partidas 29.37, 29.38 o 29.39.	Kg	Ex.	Ex.
	01		Acetoisobutirato de sacarosa; octoacetato de sacarosa.			

	99	Los demás.			
29.41		**Antibióticos.**			
2941.10		- Penicilinas y sus derivados con la estructura del ácido penicilánico; sales de estos productos.			
2941.10.03	00	Bencilpenicilina procaína.	Kg	5	Ex.
2941.10.07	00	3-Fenil-5-metil-4-isoxazolil penicilina sódica (Oxacilina sódica).	Kg	5	Ex.
2941.10.08	00	3-(2,6-diclorofenil)-5-metil-4-isoxazolil penicilina sódica (Dicloxacilina sódica).	Kg	5	Ex.
2941.10.12	00	Amoxicilina trihidratada.	Kg	5	Ex.
2941.10.99		Los demás.	Kg	Ex.	Ex.
	01	Bencilpenicilina potásica.			
	02	Ampicilina o sus sales.			
	99	Los demás.			
2941.20		- Estreptomicinas y sus derivados; sales de estos productos.			
2941.20.01	00	Estreptomicinas y sus derivados; sales de estos productos.	Kg	Ex.	Ex.
2941.30		- Tetraciclinas y sus derivados; sales de estos productos.			
2941.30.04		Tetraciclinas y sus derivados; sales de estos productos.	Kg	Ex.	Ex.
	01	Tetraciclina, oxitetraciclina, pirrolidinil-metil-tetraciclina, clortetraciclina, o sus sales.			
	99	Los demás.			
2941.40		- Cloranfenicol y sus derivados; sales de estos productos.			
2941.40.04		Cloranfenicol y sus derivados; sales de estos productos.	Kg	Ex.	Ex.
	01	Cloranfenicol y sus derivados, excepto lo comprendido en los números de identificación comercial 2941.40.04.02 y 2941.40.04.03; sales de estos productos.			
	02	Tiamfenicol y sus sales.			
	03	Florfenicol y sus sales.			
2941.50		- Eritromicina y sus derivados; sales de estos productos.			
2941.50.02	00	Eritromicina y sus derivados; sales de estos productos.	Kg	Ex.	Ex.
2941.90		- Los demás.			
2941.90.17	00	Lincomicina.	Kg	5	Ex.
2941.90.99		Los demás.	Kg	Ex.	Ex.
	01	Rifamicina, rifampicina, sus sales o sus derivados.			
	02	Polimixina, bacitracina o sus sales.			
	03	Gramicidina, tioestreptón, espectinomicina, viomicina o sus sales.			
	04	Novobiocina, cefalosporinas, monensina, pirrolnitrina, sus sales u otros derivados de sustitución excepto lo comprendido en el número de identificación comercial 2941.90.99.08.			
	05	Nistatina, amfotericina, pimaricina, sus sales u otros derivados de sustitución.			
	06	Leucomicina, tilosina, oleandomicina, virginiamicina, o sus sales.			
	07	Sulfato de neomicina.			
	08	Monohidrato de cefalexina.			
	09	Ácido monohidratado 7-((amino-(4-hidroxi-fenil)acetil)-amino)- 3-metil-8-oxo-5-tio-1-azobiciclo (4.2.0) oct-2-eno-2-carboxílico (Cefadroxil).			
	10	Amikacina o sus sales.			
	11	Sulfato de gentamicina.			
	99	Los demás.			
29.42		**Los demás compuestos orgánicos.**			
2942.00		- Los demás compuestos orgánicos.			
2942.00.91	00	Los demás compuestos orgánicos.	Kg	Ex.	Ex.

Capítulo 30
Productos farmacéuticos

Notas.

1. Este Capítulo no comprende:

a) los alimentos dietéticos, alimentos enriquecidos, alimentos para diabéticos, complementos alimenticios, bebidas tónicas y el agua mineral (Sección IV), excepto las preparaciones nutritivas para administración por vía intravenosa;

b) los productos, tales como comprimidos, gomas de mascar o parches autoadhesivos (que se administran por vía transdérmica), que contengan nicotina y destinados para ayudar a dejar de fumar (partida 24.04);

c) el yeso fraguable especialmente calcinado o finamente molido para uso en odontología (partida 25.20);

d) los destilados acuosos aromáticos y las disoluciones acuosas de aceites esenciales, medicinales (partida 33.01);

e) las preparaciones de las partidas 33.03 a 33.07, incluso si tienen propiedades terapéuticas o profilácticas;

f) el jabón y demás productos de la partida 34.01, con adición de sustancias medicamentosas;

g) las preparaciones a base de yeso fraguable para uso en odontología (partida 34.07);

h) la albúmina de la sangre sin preparar para usos terapéuticos o profilácticos (partida 35.02);

ij) los reactivos de diagnóstico de la partida 38.22.

2. En la partida 30.02 se entiende por *productos inmunológicos* a los péptidos y proteínas (excepto los productos de la partida 29.37) que participan directamente en la regulación de los procesos inmunológicos, tales como los anticuerpos monoclonales (MAB), los fragmentos de anticuerpos, los conjugados de anticuerpos y los conjugados de fragmentos de anticuerpos, las interleucinas, los interferones (IFN), las quimioquinas así como ciertos factores que provocan la necrosis tumoral (TNF), factores de crecimiento (GF), hematopoyetinas y factores estimulantes de colonias (CSF).

3. En las partidas 30.03 y 30.04 y en la Nota 4 d) del Capítulo, se consideran:

a) productos sin mezclar:

1) las disoluciones acuosas de productos sin mezclar;

2) todos los productos de los Capítulos 28 o 29;
3) los extractos vegetales simples de la partida 13.02, simplemente normalizados o disueltos en cualquier disolvente;
b) productos mezclados:
1) las disoluciones y suspensiones coloidales (excepto el azufre coloidal);
2) los extractos vegetales obtenidos por tratamiento de mezclas de sustancias vegetales;
3) las sales y aguas concentradas obtenidas por evaporación de aguas minerales naturales.
4. En la partida 30.06 solo están comprendidos los productos siguientes, que se clasifican en esta partida y no en otra de la Nomenclatura:
a) los catguts estériles y las ligaduras estériles similares, para suturas quirúrgicas (incluidos los hilos reabsorbibles estériles para cirugía u odontología) y los adhesivos estériles para tejidos orgánicos utilizados en cirugía para cerrar heridas;
b) las laminarias estériles;
c) los hemostáticos reabsorbibles estériles para cirugía u odontología; las barreras antiadherencias estériles para cirugía u odontología, incluso reabsorbibles;
d) las preparaciones opacificantes para exámenes radiológicos, así como los reactivos de diagnóstico concebidos para usar en el paciente, que sean productos sin mezclar dosificados o bien productos mezclados, constituidos por dos o más ingredientes, para los mismos usos;
e) los placebos y kits para ensayos clínicos ciegos (o doble ciego), destinados a ser utilizados en ensayos clínicos reconocidos, presentados en forma de dosis, incluso que contengan medicamentos activos;
f) los cementos y demás productos de obturación dental; los cementos para la refección de los huesos;
g) los botiquines equipados para primeros auxilios;
h) las preparaciones químicas anticonceptivas a base de hormonas, de otros productos de la partida 29.37 o de espermicidas;
ij) las preparaciones en forma de gel concebidas para ser utilizadas en medicina o veterinaria como lubricante para ciertas partes del cuerpo en operaciones quirúrgicas o exámenes médicos o como nexo entre el cuerpo y los instrumentos médicos;
k) los desechos farmacéuticos, es decir, los productos farmacéuticos impropios para su propósito original debido, por ejemplo, a que ha sobrepasado la fecha de su caducidad;
l) los dispositivos identificables para uso en estomas, es decir, las bolsas con forma para colostomía, ileostomía y urostomía, y sus protectores cutáneos adhesivos o placas frontales.

Notas de subpartida.
1. En las subpartidas 3002.13 y 3002.14, se consideran:
a) productos sin mezclar, los productos puros, aunque contengan impurezas;
b) productos mezclados:
1) las disoluciones acuosas y demás disoluciones de los productos mencionados en el apartado a);
2) los productos mencionados en los apartados a) y b) 1) con la adición de un estabilizante indispensable para su conservación o transporte;
3) los productos mencionados en los apartados a), b) 1) y b) 2) con adición de otros aditivos.
2. Las subpartidas 3003.60 y 3004.60 comprenden los medicamentos que contengan artemisinina (DCI) para su administración por vía oral combinada con otros ingredientes farmacéuticos activos, o que contengan alguno de los principios activos siguientes, incluso combinados con otros ingredientes farmacéuticos activos: ácido artelínico o sus sales; amodiaquina (DCI); arteméter (DCI); artemotil (DCI); artenimol (DCI); artesunato (DCI); cloroquina (DCI); dihidroartemisinina (DCI); lumefantrina (DCI); mefloquina (DCI); piperaquina (DCI); pirimetamina (DCI) o sulfadoxina (DCI).

Notas Nacionales:
1. Este Capítulo comprende los productos pegilados constituidos por polímeros de polietilenglicol (PEG) incorporados a los productos farmacéuticos del Capítulo 30 (por ejemplo: proteínas y péptidos, funcionales, y fragmentos de anticuerpos) con el fin de mejorar su eficacia como medicamento. Los productos pegilados de las partidas de este Capítulo permanecen clasificados en la misma partida que sus formas no pegiladas (por ejemplo, Peginterferón (DCI) de la partida 30.02).
Los fragmentos de anticuerpos, son las partes activas de una proteína de anticuerpos obtenidas, por ejemplo, por escisión enzimática específica. Este grupo comprende, entre otros, los anticuerpos de cadena simple (scFv).
2. La partida 30.02 comprende:
a) Los productos derivados de la sangre: los sueros «normales», la inmunoglobulina humana normal, el plasma, las fracciones de la sangre y sus variantes truncadas (partes) con actividad o propiedades enzimáticas, la trombina, el fibrinógeno, la fibrina y los demás factores de coagulación de la sangre, la trombomodulina, las globulinas de la sangre, las seroglobulinas y la hemoglobina, entre otros.
b) Las trombomodulinas modificadas y las hemoglobinas modificadas obtenidas por procesos biotecnológicos, por ejemplo, la sotrombomodulina alfa (DCI) y la trombomodulina alfa (DCI), así como las hemoglobinas reticuladas, tales como la hemoglobina crosfumarilo (DCI), la hemoglobina glutámero (DCI) y la hemoglobina rafímero (DCI).
c) Las interleucinas, los interferones (IFN), las quimioquinas así como ciertos factores que provocan la necrosis tumoral (TNF), factores de crecimiento (GF), hematopoyetinas y factores estimulantes de colonias (CSF).

CÓDIGO	DESCRIPCIÓN	UNIDAD	ARANCEL	
			IMP	EXP
30.01	**Glándulas y demás órganos para usos opoterápicos, desecados, incluso pulverizados; extractos de glándulas o de otros órganos o de sus secreciones, para usos opoterápicos; heparina y sus sales; las demás sustancias humanas o animales preparadas para usos terapéuticos o profilácticos, no expresadas ni comprendidas en otra parte.**			
3001.20 -	**Extractos de glándulas o de otros órganos o de sus secreciones.**			
3001.20.03 00	Mucina gástrica en polvo.	Kg	Ex.	Ex.
3001.20.04 00	Sales biliares.	Kg	Ex.	Ex.

3001.20.05	00	Ácidos biliares.	Kg	Ex.	Ex.
3001.20.06	00	Extractos de glándulas o de otros órganos.	Kg	Ex.	Ex.
3001.20.99	00	Los demás.	Kg	5	Ex.
3001.90		**- Las demás.**			
3001.90.01	00	Órganos y tejidos de seres humanos para fines terapéuticos, de docencia o investigación.	Kg	Ex.	Ex.
3001.90.03	00	Sustancias oseas.	Kg	Ex.	Ex.
3001.90.04	00	Fosfolípidos de materia gris cerebral en polvo.	Kg	Ex.	Ex.
3001.90.05	00	Heparina o heparina sódica.	Kg	Ex.	Ex.
3001.90.06	00	Heparinoide.	Kg	Ex.	Ex.
3001.90.08	00	Glándulas y demás órganos, desecados, incluso pulverizados.	Kg	Ex.	Ex.
3001.90.99		Las demás.	Kg	5	Ex.
	01	Prótesis valvulares cardiacas biológicas.			
	99	Las demás.			

30.02 Sangre humana; sangre animal preparada para usos terapéuticos, profilácticos o de diagnóstico; antisueros (sueros con anticuerpos), demás fracciones de la sangre y productos inmunológicos, incluso modificados u obtenidos por procesos biotecnológicos; vacunas, toxinas, cultivos de microorganismos (excepto las levaduras) y productos similares; cultivos de células, incluso modificadas.

- Antisueros (sueros con anticuerpos), demás fracciones de la sangre y productos inmunológicos, incluso modificados u obtenidos por procesos biotecnológicos:

3002.12		**- - Antisueros (sueros con anticuerpos) y demás fracciones de la sangre.**			
3002.12.01	00	Sueros, excepto suero antiofídico polivalente y suero humano.	Kg	15	Ex.
3002.12.04	00	Inmunoglobulina-humana anti Rh.	Kg	Ex.	Ex.
3002.12.07	00	Extracto desproteinizado de sangre de res.	Kg	Ex.	Ex.
3002.12.08	00	Preparaciones de albúmina de sangre humana, no acondicionadas para la venta al por menor.	Kg	Ex.	Ex.
3002.12.09	00	Gamma globulina de origen humano liofilizada para administración intravenosa.	Kg	Ex.	Ex.
3002.12.99		Los demás.	Kg	5	Ex.
	01	Suero antiofídico polivalente.			
	02	Globulina humana hiperinmune, excepto lo comprendido en el número de identificación comercial 3002.12.99.03.			
	03	Gamma globulina de origen humano.			
	04	Plasma humano.			
	05	Suero humano.			
	06	Fibrinógeno humano a granel.			
	07	Paquete globular humano.			
	08	Albúmina humana excepto lo comprendido en el número de identificación comercial 3002.12.99.09.			
	09	Albúmina humana acondicionada para la venta al por menor.			
	10	Fibrinógeno humano excepto lo comprendido en el número de identificación comercial 3002.12.99.06.			
	99	Los demás.			
3002.13		**- - Productos inmunológicos sin mezclar, sin dosificar ni acondicionar para la venta al por menor.**			
3002.13.01	00	Interferón beta recombinante de células de mamífero, o de fibroblastos humanos.	Kg	Ex.	Ex.
3002.13.05	00	Molgramostim.	Kg	Ex.	Ex.
3002.13.99		Los demás.	Kg	5	Ex.
	01	Interferón alfa 2A o 2B, humano recombinante.			
	99	Los demás.			
3002.14		**- - Productos inmunológicos mezclados, sin dosificar ni acondicionar para la venta al por menor.**			
3002.14.02	00	Productos inmunológicos mezclados, sin dosificar ni acondicionar para la venta al por menor.	Kg	5	Ex.
3002.15		**- - Productos inmunológicos dosificados o acondicionados para la venta al por menor.**			
3002.15.02	00	Medicamentos a base de rituximab.	Kg	Ex.	Ex.
3002.15.03	00	Medicamentos que contengan molgramostim.	Kg	10	Ex.
3002.15.99		Los demás.	Kg	5	Ex.
	01	Medicamentos que contengan anticuerpos monoclonales.			
	99	Los demás.			

- Vacunas, toxinas, cultivos de microorganismos (excepto las levaduras) y productos similares:

3002.41		**- - Vacunas para uso en medicina humana.**			
3002.41.01	00	Vacuna antiestafilocócica.	Kg	Ex.	Ex.
3002.41.02	00	Vacuna antihepatitis tipo "A" o "B".	Kg	Ex.	Ex.
3002.41.03	00	Vacuna contra la *haemophilus* tipo "B".	Kg	Ex.	Ex.
3002.41.04	00	Vacuna antineumococica polivalente.	Kg	Ex.	Ex.
3002.41.05	00	Vacuna contra el sarampión, parodítis y rubéola.	Kg	Ex.	Ex.
3002.41.06	00	Vacuna contra el virus SARS-CoV-2.	Kg	Ex.	Ex.
3002.41.99		Las demás.	Kg	5	Ex.
	01	Vacunas microbianas para uso humano, excepto lo especificado en el número de identificación comercial 3002.20.99.02.			

LEY DE LOS IMPUESTOS GENERALES DE IMPORTACION Y EXPORTACION

	02	Vacuna contra la poliomielitis; vacuna triple (antidiftérica, antitetánica y anticoqueluche).			
	03	Toxoide tetánico, diftérico y pertúsico con hidróxido de aluminio.			
	99	Las demás.			
3002.42	- -	**Vacunas para uso en medicina veterinaria.**			
3002.42.01		Vacunas para uso en medicina veterinaria.	Kg	5	Ex.
	01	Vacunas porcinas, sintomática o hemática estafiloestreptocócica.			
	99	Las demás.			
3002.49	- -	**Los demás.**			
3002.49.01	00	Cultivos bacteriológicos para inyecciones hipodérmicas o intravenosas; bacilos lácticos liofilizados.	Kg	Ex.	Ex.
3002.49.99	00	Los demás.	Kg	5	Ex.
	-	**Cultivos de células, incluso modificadas:**			
3002.51	- -	**Productos de terapia celular.**			
3002.51.01	00	Productos de terapia celular.	Kg	5	Ex.
3002.59	- -	**Los demás.**			
3002.59.99	00	Los demás.	Kg	5	Ex.
3002.90	-	**Los demás.**			
3002.90.99	00	Los demás.	Kg	5	Ex.
30.03		**Medicamentos (excepto los productos de las partidas 30.02, 30.05 o 30.06) constituidos por productos mezclados entre sí, preparados para usos terapéuticos o profilácticos, sin dosificar ni acondicionar para la venta al por menor.**			
3003.10	-	**Que contengan penicilinas o derivados de estos productos con la estructura del ácido penicilánico, o estreptomicinas o derivados de estos productos.**			
3003.10.01	00	Que contengan penicilinas o derivados de estos productos con la estructura del ácido penicilánico, o estreptomicinas o derivados de estos productos.	Kg	15	Ex.
3003.20	-	**Los demás, que contengan antibióticos.**			
3003.20.01	00	Medicamentos a base de dos o más antibióticos, aún cuando contengan vitaminas u otros productos.	Kg	Ex.	Ex.
3003.20.99	00	Los demás.	Kg	10	Ex.
	-	**Los demás, que contengan hormonas u otros productos de la partida 29.37:**			
3003.31	- -	**Que contengan insulina.**			
3003.31.02	00	Que contengan insulina.	Kg	5	Ex.
3003.39	- -	**Los demás.**			
3003.39.01	00	Anestésicos a base de 2-dietilamino- 2,6-acetoxilidida (Lidocaína) al 2% con 1-noradrenalina.	Kg	Ex.	Ex.
3003.39.99		Los demás.	Kg	10	Ex.
	01	Medicamentos que contengan eritropoyetina.			
	99	Los demás.			
	-	**Los demás, que contengan alcaloides o sus derivados:**			
3003.41	- -	**Que contengan efedrina o sus sales.**			
3003.41.01	00	Que contengan efedrina o sus sales.	Kg	5	Ex.
3003.42	- -	**Que contengan seudoefedrina (DCI) o sus sales.**			
3003.42.01	00	Que contengan seudoefedrina (DCI) o sus sales.	Kg	5	Ex.
3003.43	- -	**Que contengan norefedrina o sus sales.**			
3003.43.01	00	Que contengan norefedrina o sus sales.	Kg	5	Ex.
3003.49	- -	**Los demás.**			
3003.49.01		Preparaciones a base de *Cannabis indica*.	Prohibida	Prohibida	Prohibida
3003.49.02		Preparaciones a base de acetil morfina o de sus sales o derivados.	Prohibida	Prohibida	Prohibida
3003.49.03	00	Preparaciones a base de sulfato de vincristina.	Kg	Ex.	Ex.
3003.49.99		Los demás.	Kg	5	Ex.
	01	Preparaciones a base de diacetilmorfina (Heroína) o de sus sales o sus derivados.			
	99	Los demás.			
3003.60	-	**Los demás, que contengan los principios activos contra la malaria (paludismo) descritos en la Nota 2 de subpartida del presente Capítulo.**			
3003.60.91	00	Los demás, que contengan los principios activos contra la malaria (paludismo) descritos en la Nota 2 de subpartida del presente Capítulo.	Kg	10	Ex.
3003.90	-	**Los demás.**			
3003.90.01	00	Preparaciones a base de cal sodada.	Kg	Ex.	Ex.
3003.90.02	00	Solución isotónica glucosada.	Kg	Ex.	Ex.
3003.90.03	00	Preparaciones a base de proteínas hidrolizadas.	Kg	5	Ex.
3003.90.04	00	Tioleico RV 100.	Kg	Ex.	Ex.
3003.90.08	00	Insaponificable de aceite de germen de maíz.	Kg	Ex.	Ex.
3003.90.09	00	Preparación a base de polipéptido inhibidor de calicreína.	Kg	Ex.	Ex.
3003.90.10	00	Preparación liofilizada a base de 5-Etil-5(1-metilbutil)-2-tiobarbiturato de sodio (Tiopental sódico).	Kg	Ex.	Ex.
3003.90.11	00	Solución coloidal de polimerizado de gelatinas desintegradas, conteniendo además cloruros de sodio, de potasio y de calcio.	Kg	Ex.	Ex.
3003.90.12	00	Medicamentos homeopáticos.	Kg	5	Ex.
3003.90.13	00	Preparación de hidroxialuminato de sodio o de magnesio y sorbitol.	Kg	Ex.	Ex.
3003.90.14	00	Polvo formado con leche descremada y dimetil polisiloxano.	Kg	Ex.	Ex.
3003.90.15	00	Mezcla de glucósidos de adonis, convallaria, oleander y scila.	Kg	Ex.	Ex.
3003.90.16	00	Preparación a base de clostridiopeptidasa.	Kg	Ex.	Ex.

Código		Descripción	Unidad		
3003.90.17	00	Poli(vinilpirrolidona)-Yodo, en polvo, destinada para uso humano o veterinario.	Kg	Ex.	Ex.
3003.90.18	00	Preparación hidromiscible de vitamina A, D y E.	Kg	Ex.	Ex.
3003.90.19	00	Premezcla granulada a base de nimodipina (Nimotop).	Kg	Ex.	Ex.
3003.90.20	00	Premezcla granulada a base de acarbosa (Glucobay).	Kg	Ex.	Ex.
3003.90.21	00	Desinfectantes para boca, oídos, nariz o garganta.	Kg	Ex.	Ex.
3003.90.22	00	Antineurítico a base de enzima proteolítica inyectable, incluso asociada con vitamina B1 y B12.	Kg	Ex.	Ex.
3003.90.99	00	Los demás.	Kg	10	Ex.
30.04		**Medicamentos (excepto los productos de las partidas 30.02, 30.05 o 30.06) constituidos por productos mezclados o sin mezclar, preparados para usos terapéuticos o profilácticos, dosificados (incluidos los administrados por vía transdérmica) o acondicionados para la venta al por menor.**			
3004.10	-	Que contengan penicilinas o derivados de estos productos con la estructura del ácido penicilánico, o estreptomicinas o derivados de estos productos.			
3004.10.01	00	Antibiótico a base de piperacilina sódica.	Kg	5	Ex.
3004.10.99	00	Los demás.	Kg	15	Ex.
3004.20	-	Los demás, que contengan antibióticos.			
3004.20.01	00	A base de ciclosporina.	Kg	Ex.	Ex.
3004.20.02	00	Medicamento de amplio espectro a base de meropenem.	Kg	Ex.	Ex.
3004.20.03	00	Antibiótico de amplio espectro a base de imipenem y cilastatina sódica (Tienam).	Kg	Ex.	Ex.
3004.20.99	00	Los demás.	Kg	15	Ex.
	-	Los demás, que contengan hormonas u otros productos de la partida 29.37:			
3004.31	- -	Que contengan insulina.			
3004.31.02		Que contengan insulina.	Kg	10	Ex.
	01	Soluciones inyectables.			
	99	Los demás.			
3004.32	- -	Que contengan hormonas corticosteroides, sus derivados o análogos estructurales.			
3004.32.01	00	Medicamentos a base de budesonida.	Kg	Ex.	Ex.
3004.32.99	00	Los demás.	Kg	10	Ex.
3004.39	- -	Los demás.			
3004.39.01	00	Anestésicos a base de 2-dietilamino-2',6'-acetoxilidida (Lidocaína) al 2% con 1-noradrenalina.	Kg	Ex.	Ex.
3004.39.02	00	Que contengan somatotropina (somatropina).	Kg	Ex.	Ex.
3004.39.03	00	A base de octreotida.	Kg	Ex.	Ex.
3004.39.04	00	Antineoplásico constituido por 6-[O-(1,1-dimetiletil)-D-serina]-10 deglicinamida-FLHL-2 (amino carbonil) hidrazina (Goserelina), en excipiente biodegradable.	Kg	Ex.	Ex.
3004.39.05	00	Óvulos a base de dinoprostona o prostaglandina E2.	Kg	Ex.	Ex.
3004.39.99		Los demás.	Kg	10	Ex.
	01	Medicamentos que contengan eritropoyetina.			
	99	Los demás.			
	-	Los demás, que contengan alcaloides o sus derivados:			
3004.41	- -	Que contengan efedrina o sus sales.			
3004.41.01	00	Que contengan efedrina o sus sales.	Kg	10	Ex.
3004.42	- -	Que contengan seudoefedrina (DCI) o sus sales.			
3004.42.01	00	Que contengan seudoefedrina (DCI) o sus sales.	Kg	10	Ex.
3004.43	- -	Que contengan norefedrina o sus sales.			
3004.43.01	00	Que contengan norefedrina o sus sales.	Kg	10	Ex.
3004.49	- -	Los demás.			
3004.49.01		Preparaciones a base de acetil morfina o de sus sales o derivados.	Prohibida	Prohibida	Prohibida
3004.49.02		Preparaciones a base de *Cannabis indica*.	Prohibida	Prohibida	Prohibida
3004.49.03	00	Preparaciones a base de sulfato de vincristina.	Kg	5	Ex.
3004.49.05	00	Soluciones oftálmicas a base de maleato de timolol y clorhidrato de pilocarpina.	Kg	Ex.	Ex.
3004.49.99		Los demás.	Kg	10	Ex.
	01	Preparaciones a base de diacetilmorfina (Heroína) o de sus sales o sus derivados.			
	99	Los demás.			
3004.50	-	Los demás, que contengan vitaminas u otros productos de la partida 29.36.			
3004.50.01	00	Medicamentos en tabletas de núcleos múltiples y desintegración retardada.	Kg	Ex.	Ex.
3004.50.02	00	Antineuríticos a base de enzima proteolítica asociada con vitaminas B1 y B12, inyectable.	Kg	Ex.	Ex.
3004.50.99		Los demás.	Kg	15	Ex.
	01	Medicamentos a base de vitaminas, o de vitaminas con lipotrópicos, o de vitaminas con minerales, en cápsulas de gelatina blanda, aun cuando se presenten en sobres tropicalizados.			
	99	Los demás.			
3004.60	-	Los demás, que contengan los principios activos contra la malaria (paludismo) descritos en la Nota 2 de subpartida del presente Capítulo.			
3004.60.91	00	Los demás, que contengan los principios activos contra la malaria (paludismo) descritos en la Nota 2 de subpartida del presente Capítulo.	Kg	10	Ex.
3004.90	-	Los demás.			
3004.90.01	00	Preparaciones a base de cal sodada.	Kg	Ex.	Ex.
3004.90.02	00	Solución isotónica glucosada.	Kg	5	Ex.
3004.90.04	00	Tioleico RV 100.	Kg	5	Ex.

3004.90.05	00	Emulsión de aceite de soya al 10% o al 20%, conteniendo 1.2% de lecitina de huevo, con un pH de 5.5 a 9.0, grasa de 9.0% a 11.0% y glicerol de 19.5 mg/ml a 24.5 mg/ml.	Kg	Ex.	Ex.
3004.90.06	00	Antineurítico a base de enzima proteolítica inyectable.	Kg	Ex.	Ex.
3004.90.07	00	Insaponificable de aceite de germen de maíz.	Kg	5	Ex.
3004.90.08	00	Liofilizados a base de 5-etil-5-(1-metilbutil)-2-tiobarbiturato de sodio (Tiopental sódico).	Kg	Ex.	Ex.
3004.90.09	00	Solución coloidal de polimerizado de gelatinas desintegradas, conteniendo además cloruros de sodio, de potasio y de calcio.	Kg	5	Ex.
3004.90.11	00	Preparación de hidroxialuminato de sodio o de magnesio y sorbitol.	Kg	Ex.	Ex.
3004.90.12	00	Medicamentos a base de triyodometano, aminobenzoato de butilo, aceite esencial de menta y eugenol.	Kg	5	Ex.
3004.90.13	00	Medicamentos a base de fluoruro de sodio y glicerina.	Kg	Ex.	Ex.
3004.90.14	00	Medicamentos en aerosol a base de clorhidrato de tetracaína y amino benzoato de etilo.	Kg	Ex.	Ex.
3004.90.15	00	Preparación a base de cloruro de etilo.	Kg	Ex.	Ex.
3004.90.16	00	Medicamentos a base de 1-(4-hidroxi-3-hidroximetilfenil)-2-(terbutilamino)etanol, en envase aerosol.	Kg	Ex.	Ex.
3004.90.17	00	Mezcla de glucósidos de adonis, convallaria, oleander y scila.	Kg	5	Ex.
3004.90.18	00	Medicamentos en tabletas a base de azatioprina o de clorambucil o de melfalan o de busulfan o de 6-mercaptopurina.	Kg	5	Ex.
3004.90.19	00	Soluciones inyectables a base de besilato de atracurio o de acyclovir.	Kg	5	Ex.
3004.90.20	00	Medicamentos a base de mesilato de imatinib.	Kg	Ex.	Ex.
3004.90.21	00	Trinitrato de 1,2,3 propanotriol (nitroglicerina) absorbido en lactosa.	Kg	5	Ex.
3004.90.22	00	Medicamentos que contengan azidotimidina (Zidovudina).	Kg	Ex.	Ex.
3004.90.23	00	Solución inyectable a base de aprotinina.	Kg	Ex.	Ex.
3004.90.24	00	Solución inyectable a base de nimodipina.	Kg	Ex.	Ex.
3004.90.25	00	Solución inyectable a base de ciprofloxacina al 0.2%.	Kg	Ex.	Ex.
3004.90.26	00	Grageas de liberación prolongada o tabletas de liberación instantánea, ambas a base de nisoldipina.	Kg	Ex.	Ex.
3004.90.27	00	A base de saquinavir.	Kg	Ex.	Ex.
3004.90.28	00	Tabletas a base de anastrazol.	Kg	Ex.	Ex.
3004.90.29	00	Tabletas a base de bicalutamida.	Kg	Ex.	Ex.
3004.90.30	00	Tabletas a base de quetiapina.	Kg	Ex.	Ex.
3004.90.31	00	Anestésico a base de desflurano.	Kg	Ex.	Ex.
3004.90.32	00	Tabletas a base de zafirlukast.	Kg	Ex.	Ex.
3004.90.34	00	Tabletas a base de zolmitriptan.	Kg	Ex.	Ex.
3004.90.35	00	A base de sulfato de indinavir, o de amprenavir.	Kg	Ex.	Ex.
3004.90.36	00	A base de finasteride.	Kg	Ex.	Ex.
3004.90.37	00	Tabletas de liberación prolongada, a base de nifedipina.	Kg	Ex.	Ex.
3004.90.38	00	A base de octacosanol.	Kg	Ex.	Ex.
3004.90.39	00	Medicamentos a base de minerales, en cápsulas de gelatina blanda, aún cuando se presenten en sobres tropicalizados.	Kg	15	Ex.
3004.90.40	00	A base de orlistat.	Kg	Ex.	Ex.
3004.90.41	00	A base de zalcitabina, en comprimidos.	Kg	Ex.	Ex.
3004.90.43	00	Soluciones oftálmicas a base de: norfloxacina; clorhidrato de dorzolamida; o de maleato de timolol con gelán.	Kg	Ex.	Ex.
3004.90.44	00	A base de famotidina, en tabletas u obleas liofilizadas.	Kg	Ex.	Ex.
3004.90.45	00	A base de montelukast sódico o de benzoato de rizatriptan, en tabletas.	Kg	Ex.	Ex.
3004.90.46	00	A base de etofenamato, en solución inyectable.	Kg	Ex.	Ex.
3004.90.47	00	Anestésico a base de 2,6-bis-(1-metiletil)-fenol (Propofol), emulsión inyectable estéril.	Kg	Ex.	Ex.
3004.90.48	00	Medicamentos a base de cerivastatina, o a base de moxifloxacino.	Kg	Ex.	Ex.
3004.90.49	00	Medicamentos a base de: mesilato de nelfinavir; de ganciclovir o de sal sódica de ganciclovir.	Kg	Ex.	Ex.
3004.90.50	00	Medicamentos a base de: succinato de metoprolol incluso con hidroclorotiazida; de formoterol; de candesartan cilexetilo incluso con hidroclorotiazida; de omeprazol, sus derivados o sales, o su isómero.	Kg	Ex.	Ex.
3004.90.52	00	A base de isotretinoina, cápsulas.	Kg	Ex.	Ex.
3004.90.99		Los demás.	Kg	10	Ex.
	01	Preparaciones a base de proteínas hidrolizadas.			
	02	Medicamentos homeopáticos.			
	99	Los demás.			
30.05		**Guatas, gasas, vendas y artículos análogos (por ejemplo: apósitos, esparadrapos, sinapismos), impregnados o recubiertos de sustancias farmacéuticas o acondicionados para la venta al por menor con fines médicos, quirúrgicos, odontológicos o veterinarios.**			
3005.10		**- Apósitos y demás artículos, con una capa adhesiva.**			
3005.10.01	00	Tafetán engomado o venditas adhesivas.	Kg	20	Ex.
3005.10.02	00	Apósitos de tejido cutáneo de porcino, liofilizados.	Kg	5	Ex.
3005.10.99	00	Los demás.	Kg	15	Ex.
3005.90		**- Los demás.**			
3005.90.01	00	Algodón absorbente o gasas, con sustancias medicinales.	Kg	15	Ex.

Código		Descripción	Unidad	Impuesto	
3005.90.03	00	Hojas o bandas de materias plásticas artificiales esterilizadas para el tratamiento de quemaduras.	Kg	15	Ex.
3005.90.99		Los demás.	Kg	20	Ex.
	01	Vendas elásticas.			
	99	Los demás.			
30.06		**Preparaciones y artículos farmacéuticos a que se refiere la Nota 4 de este Capítulo.**			
3006.10	-	Catguts estériles y ligaduras estériles similares, para suturas quirúrgicas (incluidos los hilos reabsorbibles estériles para cirugía u odontología) y los adhesivos estériles para tejidos orgánicos utilizados en cirugía para cerrar heridas; laminarias estériles; hemostáticos reabsorbibles estériles para cirugía u odontología; barreras antiadherencias estériles, para cirugía u odontología, incluso reabsorbibles.			
3006.10.03		Catguts u otras ligaduras estériles.	Kg	Ex.	Ex.
	01	Catguts u otras ligaduras estériles, para suturas quirúrgicas con diámetro igual o superior a 0.10 mm., sin exceder de 0.80 mm., excepto a base de polímeros del ácido glicólico y/o ácido láctico.			
	02	Catguts u otras ligaduras estériles, excepto lo comprendido en el número de identificación comercial 3006.10.03.01.			
3006.10.99	00	Los demás.	Kg	15	Ex.
3006.30	-	Preparaciones opacificantes para exámenes radiológicos; reactivos de diagnóstico concebidos para usar en el paciente.			
3006.30.01	00	Reactivos de diagnóstico concebidos para usar en el paciente.	Kg	5	Ex.
3006.30.02	00	Complejos estanosos liofilizados a base de: pirofosfato de sodio, fitato de calcio, albúmina humana, calcio trisódico, difosfonato de metileno y glucoheptonato de calcio, solución con un contenido de yodo, de la sal meglumina del ácido iocármico al 28%.	Kg	Ex.	Ex.
3006.30.99	00	Los demás.	Kg	15	Ex.
3006.40	-	Cementos y demás productos de obturación dental; cementos para la refección de los huesos.			
3006.40.02	00	Preparaciones de metales preciosos para obturación dental.	Kg	15	Ex.
3006.40.03	00	Cera para cirugía de huesos, a base de cera natural de abeja.	Kg	Ex.	Ex.
3006.40.99		Los demás.	Kg	5	Ex.
	01	Preparaciones para obturación dental a base de resinas acrílicas.			
	99	Los demás.			
3006.50	-	Botiquines equipados para primeros auxilios.			
3006.50.01	00	Botiquines equipados para primeros auxilios.	Kg	15	Ex.
3006.60	-	Preparaciones químicas anticonceptivas a base de hormonas, de otros productos de la partida 29.37 o de espermicidas.			
3006.60.01	00	Preparaciones químicas anticonceptivas a base de hormonas, de otros productos de la partida 29.37 o de espermicidas.	Kg	15	Ex.
3006.70	-	Preparaciones en forma de gel, concebidas para ser utilizadas en medicina o veterinaria como lubricante para ciertas partes del cuerpo en operaciones quirúrgicas o exámenes médicos o como nexo entre el cuerpo y los instrumentos médicos.			
3006.70.01	00	Preparaciones en forma de gel, concebidas para ser utilizadas en medicina o veterinaria como lubricante para ciertas partes del cuerpo en operaciones quirúrgicas o exámenes médicos o como nexo entre el cuerpo y los instrumentos médicos.	Kg	Ex.	Ex.
	-	Los demás:			
3006.91	- -	Dispositivos identificables para uso en estomas.			
3006.91.01	00	Dispositivos identificables para uso en estomas.	Kg	Ex.	Ex.
3006.92	- -	Desechos farmacéuticos.			
3006.92.01	00	Desechos farmacéuticos.	Kg	15	Ex.
3006.93	- -	Placebos y kits para ensayos clínicos ciegos (o doble ciego), destinados para ensayos clínicos reconocidos, presentados en forma de dosis.			
3006.93.01	00	Hechos a base de azúcar.	Kg	AMX (20%+0.36 Dls por Kg de azúcar)	Ex.
3006.93.02	00	Hechos a base de almidón u otros productos alimenticios, excepto a base de azúcar.	Kg	AMX (15%+0.36 Dls por Kg de azúcar)	Ex.
3006.93.03	00	En forma líquida para ingestión oral.	L	AMX (20%+0.36 Dls por Kg de azúcar)	Ex.
3006.93.04	00	En forma de kit que contengan medicamentos.	Kg	10	Ex.
3006.93.99	00	Los demás.	Kg	5	Ex.

Capítulo 31
Abonos

Notas.

1. Este Capítulo no comprende:

a) la sangre animal de la partida 05.11;
b) los productos de constitución química definida presentados aisladamente, excepto los descritos en las Notas 2 a), 3 a), 4 a) o 5 siguientes;
c) los cristales cultivados de cloruro de potasio (excepto los elementos de óptica), de peso unitario superior o igual a 2.5 g, de la partida 38.24; los elementos de óptica de cloruro de potasio (partida 90.01).
2. Salvo que se presenten en las formas previstas en la partida 31.05, la partida 31.02 comprende únicamente:
a) los productos siguientes:
1) el nitrato de sodio, incluso puro;
2) el nitrato de amonio, incluso puro;
3) las sales dobles de sulfato de amonio y de nitrato de amonio, incluso puras;
4) el sulfato de amonio, incluso puro;
5) las sales dobles (incluso puras) o las mezclas entre sí de nitrato de calcio y nitrato de amonio;
6) las sales dobles (incluso puras) o las mezclas entre sí de nitrato de calcio y nitrato de magnesio;
7) la cianamida cálcica, incluso pura, aunque esté impregnada con aceite;
8) la urea, incluso pura;
b) los abonos que consistan en mezclas entre sí de los productos del apartado a) precedente;
c) los abonos que consistan en mezclas de cloruro de amonio o de productos de los apartados a) y b) precedentes, con creta, yeso natural u otras materias inorgánicas sin poder fertilizante;
d) los abonos líquidos que consistan en disoluciones acuosas o amoniacales de los productos de los apartados a) 2) o a) 8) precedentes, o de una mezcla de estos productos.
3. Salvo que se presenten en las formas previstas en la partida 31.05, la partida 31.03 comprende únicamente:
a) los productos siguientes:
1) las escorias de desfosforación;
2) los fosfatos naturales de la partida 25.10, tostados, calcinados o tratados térmicamente más de lo necesario para eliminar las impurezas;
3) los superfosfatos (simples, dobles o triples);
4) el hidrogenoortofosfato de calcio con un contenido de flúor, calculado sobre producto anhidro seco, superior o igual al 0.2%;
b) los abonos que consistan en mezclas entre sí de los productos del apartado a) precedente, pero haciendo abstracción del contenido límite de flúor;
c) los abonos que consistan en mezclas de productos de los apartados a) y b) precedentes, con creta, yeso natural u otras materias inorgánicas sin poder fertilizante, pero haciendo abstracción del contenido límite de flúor.
4. Salvo que se presenten en las formas previstas en la partida 31.05, la partida 31.04 comprende únicamente:
a) los productos siguientes:
1) las sales de potasio naturales en bruto (carnalita, kainita, silvinita y otras);
2) el cloruro de potasio, incluso puro, salvo lo dispuesto en la Nota 1 c) precedente;
3) el sulfato de potasio, incluso puro;
4) el sulfato de magnesio y potasio, incluso puro;
b) los abonos que consistan en mezclas entre sí de los productos del apartado a) precedente.
5. Se clasifican en la partida 31.05, el hidrogenoortofosfato de diamonio (fosfato diamónico) y el dihidrogenoortofosfato de amonio (fosfato monoamónico), incluso puros, y las mezclas de estos productos entre sí.
6. En la partida 31.05, la expresión *los demás abonos* solo comprende los productos de los tipos utilizados como abonos que contengan como componentes esenciales, por lo menos, uno de los elementos fertilizantes: nitrógeno, fósforo o potasio.

CÓDIGO		DESCRIPCIÓN	UNIDAD	ARANCEL	
				IMP	EXP
31.01		**Abonos de origen animal o vegetal, incluso mezclados entre sí o tratados químicamente; abonos procedentes de la mezcla o del tratamiento químico de productos de origen animal o vegetal.**			
3101.00		- Abonos de origen animal o vegetal, incluso mezclados entre sí o tratados químicamente; abonos procedentes de la mezcla o del tratamiento químico de productos de origen animal o vegetal.			
3101.00.01	00	Abonos de origen animal o vegetal, incluso mezclados entre sí o tratados químicamente; abonos procedentes de la mezcla o del tratamiento químico de productos de origen animal o vegetal.	Kg	Ex.	Ex.
31.02		**Abonos minerales o químicos nitrogenados.**			
3102.10		- Urea, incluso en disolución acuosa.			
3102.10.01	00	Urea, incluso en disolución acuosa.	Kg	Ex.	Ex.
		- Sulfato de amonio; sales dobles y mezclas entre sí de sulfato de amonio y nitrato de amonio:			
3102.21		- - Sulfato de amonio.			
3102.21.01	00	Sulfato de amonio.	Kg	35	Ex.
3102.29		- - Las demás.			
3102.29.99	00	Las demás.	Kg	Ex.	Ex.
3102.30		- Nitrato de amonio, incluso en disolución acuosa.			
3102.30.02		Nitrato de amonio, incluso en disolución acuosa.	Kg	Ex.	Ex.
	01	Para uso agrícola.			
	99	Los demás.			
3102.40		- Mezclas de nitrato de amonio con carbonato de calcio u otras materias inorgánicas sin poder fertilizante.			

3102.40.01	00	Mezclas de nitrato de amonio con carbonato de calcio u otras materias inorgánicas sin poder fertilizante.	Kg	Ex.	Ex.
3102.50	-	**Nitrato de sodio.**			
3102.50.01	00	Nitrato de sodio.	Kg	Ex.	Ex.
3102.60	-	**Sales dobles y mezclas entre sí de nitrato de calcio y nitrato de amonio.**			
3102.60.01	00	Sales dobles y mezclas entre sí de nitrato de calcio y nitrato de amonio.	Kg	Ex.	Ex.
3102.80	-	**Mezclas de urea con nitrato de amonio en disolución acuosa o amoniacal.**			
3102.80.01	00	Mezclas de urea con nitrato de amonio en disolución acuosa o amoniacal.	Kg	Ex.	Ex.
3102.90	-	**Los demás, incluidas las mezclas no comprendidas en las subpartidas precedentes.**			
3102.90.91	00	Los demás, incluidas las mezclas no comprendidas en las subpartidas precedentes.	Kg	Ex.	Ex.
31.03		**Abonos minerales o químicos fosfatados.**			
	-	**Superfosfatos:**			
3103.11	- -	**Con un contenido de pentóxido de difósforo (P_2O_5) superior o igual al 35% en peso.**			
3103.11.01	00	Con un contenido de pentóxido de difósforo (P_2O_5) superior o igual al 35% en peso.	Kg	Ex.	Ex.
3103.19	- -	**Los demás.**			
3103.19.99	00	Los demás.	Kg	Ex.	Ex.
3103.90	-	**Los demás.**			
3103.90.99	00	Los demás.	Kg	Ex.	Ex.
31.04		**Abonos minerales o químicos potásicos.**			
3104.20	-	**Cloruro de potasio.**			
3104.20.01	00	Cloruro de potasio.	Kg	Ex.	Ex.
3104.30	-	**Sulfato de potasio.**			
3104.30.02		Sulfato de potasio.	Kg	Ex.	Ex.
	01	Grado reactivo.			
	99	Los demás.			
3104.90	-	**Los demás.**			
3104.90.99	00	Los demás.	Kg	Ex.	Ex.
31.05		**Abonos minerales o químicos, con dos o tres de los elementos fertilizantes: nitrógeno, fósforo y potasio; los demás abonos; productos de este Capítulo en tabletas o formas similares o en envases de un peso bruto inferior o igual a 10 kg.**			
3105.10	-	**Productos de este Capítulo en tabletas o formas similares o en envases de un peso bruto inferior o igual a 10 kg.**			
3105.10.01	00	Productos de este capítulo en tabletas o formas similares o en envases de un peso bruto inferior o igual a 10 kg.	Kg	Ex.	Ex.
3105.20	-	**Abonos minerales o químicos con los tres elementos fertilizantes: nitrógeno, fósforo y potasio.**			
3105.20.01	00	Abonos minerales o químicos con los tres elementos fertilizantes: nitrógeno, fósforo y potasio.	Kg	Ex.	Ex.
3105.30	-	**Hidrogenoortofosfato de diamonio (fosfato diamónico).**			
3105.30.01	00	Hidrogenoortofosfato de diamonio (fosfato diamónico).	Kg	Ex.	Ex.
3105.40	-	**Dihidrogenoortofosfato de amonio (fosfato monoamónico), incluso mezclado con el hidrogenoortofosfato de diamonio (fosfato diamónico).**			
3105.40.01	00	Dihidrogenoortofosfato de amonio (fosfato monoamónico), incluso mezclado con el hidrogenoortofosfato de diamonio (fosfato diamónico).	Kg	Ex.	Ex.
	-	**Los demás abonos minerales o químicos con los dos elementos fertilizantes: nitrógeno y fósforo:**			
3105.51	- -	**Que contengan nitratos y fosfatos.**			
3105.51.01	00	Que contengan nitratos y fosfatos.	Kg	Ex.	Ex.
3105.59	- -	**Los demás.**			
3105.59.99	00	Los demás.	Kg	Ex.	Ex.
3105.60	-	**Abonos minerales o químicos con los dos elementos fertilizantes: fósforo y potasio.**			
3105.60.01	00	Abonos minerales o químicos con los dos elementos fertilizantes: fósforo y potasio.	Kg	Ex.	Ex.
3105.90	-	**Los demás.**			
3105.90.99		Los demás.	Kg	Ex.	Ex.
	01	Nitrato sódico potásico.			
	99	Los demás.			

Capítulo 32
Extractos curtientes o tintóreos; taninos y sus derivados; pigmentos y demás materias colorantes; pinturas y barnices; másticos; tintas

Notas.
1. Este Capítulo no comprende:
   a) los productos de constitución química definida presentados aisladamente, excepto los que respondan a las especificaciones de las partidas 32.03 o 32.04, los productos inorgánicos de los tipos utilizados como luminóforos (partida 32.06), los vidrios procedentes del cuarzo o demás sílices, fundidos, en las formas previstas en la partida 32.07 y los tintes y demás materias colorantes presentados en formas o en envases para la venta al por menor de la partida 32.12;
   b) los tanatos y demás derivados tánicos de los productos de las partidas 29.36 a 29.39, 29.41 o 35.01 a 35.04;
   c) los másticos de asfalto y demás másticos bituminosos (partida 27.15).
2. Las mezclas de sales de diazonio estabilizadas y de copulantes utilizados con dichas sales, para la producción de colorantes azoicos, están comprendidas en la partida 32.04.
3. Se clasifican también en las partidas 32.03, 32.04, 32.05 y 32.06, las preparaciones a base de materias colorantes (incluso, en el caso de la partida 32.06, los pigmentos de la partida 25.30 o del Capítulo 28, el polvo y escamillas metálicos) de los tipos utilizados para colorear cualquier materia o destinadas a formar parte como ingredientes en la fabricación de preparaciones colorantes. Sin embargo, estas partidas no comprenden los pigmentos en dispersión en medios no acuosos, líquidos o en pasta,

de los tipos utilizados en la fabricación de pinturas (partida 32.12), ni las demás preparaciones comprendidas en las partidas 32.07, 32.08, 32.09, 32.10, 32.12, 32.13 o 32.15.
4. Las disoluciones (excepto los colodiones) en disolventes orgánicos volátiles de productos citados en el texto de las partidas 39.01 a 39.13 se clasifican en la partida 32.08 cuando la proporción del disolvente sea superior al 50% del peso de la disolución.
5. En este Capítulo, la expresión *materias colorantes* no comprende los productos de los tipos utilizados como carga en las pinturas al aceite, incluso si se utilizan también como pigmentos colorantes en las pinturas al agua.
6. En la partida 32.12, solo se consideran *hojas para el marcado a fuego* las hojas delgadas de los tipos utilizados, por ejemplo, en el estampado de encuadernaciones, desudadores o forros para sombreros, y constituidas por:
 a) polvos metálicos impalpables (incluso de metal precioso) o pigmentos, aglomerados con cola, gelatina u otros aglutinantes;
 b) metales (incluso metal precioso) o pigmentos, depositados en una hoja de cualquier materia que sirva de soporte.

CÓDIGO		DESCRIPCIÓN	UNIDAD	ARANCEL IMP	EXP
32.01		**Extractos curtientes de origen vegetal; taninos y sus sales, éteres, ésteres y demás derivados.**			
3201.10	-	**Extracto de quebracho.**			
3201.10.01	00	Extracto de quebracho.	Kg	Ex.	Ex.
3201.20	-	**Extracto de mimosa (acacia).**			
3201.20.01	00	Extracto de mimosa (acacia).	Kg	Ex.	Ex.
3201.90	-	**Los demás.**			
3201.90.99		Los demás.	Kg	Ex.	Ex.
	01	Extracto de roble o de castaño.			
	99	Los demás.			
32.02		**Productos curtientes orgánicos sintéticos; productos curtientes inorgánicos; preparaciones curtientes, incluso con productos curtientes naturales; preparaciones enzimáticas para precurtido.**			
3202.10	-	**Productos curtientes orgánicos sintéticos.**			
3202.10.01	00	Productos curtientes orgánicos sintéticos.	Kg	7	Ex.
3202.90	-	**Los demás.**			
3202.90.99	00	Los demás.	Kg	7	Ex.
32.03		**Materias colorantes de origen vegetal o animal (incluidos los extractos tintóreos, excepto los negros de origen animal), aunque sean de constitución química definida; preparaciones a que se refiere la Nota 3 de este Capítulo a base de materias colorantes de origen vegetal o animal.**			
3203.00	-	**Materias colorantes de origen vegetal o animal (incluidos los extractos tintóreos, excepto los negros de origen animal), aunque sean de constitución química definida; preparaciones a que se refiere la Nota 3 de este Capítulo a base de materias colorantes de origen vegetal o animal.**			
3203.00.03		Materias colorantes de origen vegetal o animal (incluidos los extractos tintóreos, excepto los negros de origen animal), aunque sean de constitución química definida; preparaciones a que se refiere la Nota 3 de este Capítulo a base de materias colorantes de origen vegetal o animal.	Kg	Ex.	Ex.
	01	Oleorresina colorante extractada de flor de cempasuchil, (zempasúchitl o marigold (Tagetes erecta)).			
	99	Los demás.			
32.04		**Materias colorantes orgánicas sintéticas, aunque sean de constitución química definida; preparaciones a que se refiere la Nota 3 de este Capítulo a base de materias colorantes orgánicas sintéticas; productos orgánicos sintéticos de los tipos utilizados para el avivado fluorescente o como luminóforos, aunque sean de constitución química definida.**			
	-	Materias colorantes orgánicas sintéticas y preparaciones a que se refiere la Nota 3 de este Capítulo a base de dichas materias colorantes:			
3204.11	- -	**Colorantes dispersos y preparaciones a base de estos colorantes.**			
3204.11.01	00	Colorantes dispersos con la siguiente clasificación de "Colour Index": Amarillo: 3, 23, 42, 54, 163; Azul: 3, 56, 60, 64, 79, 183, 291, 321; Café: 1; Naranja: 25:1, 29, 30, 37, 44, 89, 90; Negro: 9, 25, 33; Rojo: 1, 5, 17, 30, 54, 55, 55:1, 60, 167:1, 277, 366; Violeta: 1, 27, 93.	Kg	6	Ex.
3204.11.99		Los demás.	Kg	Ex.	Ex.
	01	Colorantes dispersos con la siguiente clasificación de "Colour Index": Amarillo 82; Azul: 7(62500), 54, 288; Rojo: 11(62015), 288, 356; Violeta: 57.			
	02	Preparaciones a base de los colorantes comprendidos en el número de identificación comercial 3204.11.01.00.			
	91	Los demás colorantes dispersos.			
	99	Los demás.			
3204.12	- -	**Colorantes ácidos, incluso metalizados, y preparaciones a base de estos colorantes; colorantes para mordiente y preparaciones a base de estos colorantes.**			
3204.12.07		Colorantes ácidos, incluso metalizados, y preparaciones a base de estos colorantes; colorantes para mordiente y preparaciones a base de estos colorantes.	Kg	Ex.	Ex.
	01	Colorantes ácidos con la siguiente clasificación de "Colour Index": Amarillo: 38(25135), 54(19010), 99(13900), 103, 104, 111, 112, 118, 119, 121(18690), 123, 126, 127, 128, 129, 130, 136, 151, 155, 167, 169, 194, 204, 220, 232, 235; Azul: 6(17185), 9(42090), 40(62125), 72, 90(42655), 154, 157, 158(14880), 158:1(15050),158:2, 171, 182, 185, 193(15707), 199, 225, 227, 230, 239, 243, 245, 250, 252, 258, 280, 284, 288, 296, 314, 317, 349; Café: 28, 30, 44, 45, 50, 113, 226, 253, 282, 283, 289, 298, 304, 328, 355, 357, 363, 384, 396; Naranja: 20(14600), 28(16240), 59(18745), 80, 82, 85, 86, 89, 94, 102, 127, 142, 144, 154, 162, 168; Negro: 58, 60(18165), 64, 88, 124(15900), 131, 132,			

		150, 170, 177, 188, 207, 211, 218, 222; Rojo: 5(14905), 14(14720), 33(17200), 35(18065), 52(45100), 57, 60(16645), 63, 87(45380), 97(22890), 99(23285), 104(26420), 110(18020), 111(23266), 128(24125), 130, 131, 155(18130), 183(18800), 194, 195, 211, 216, 217, 225, 226, 227, 251, 253, 260, 262, 279, 281, 315, 330, 331, 359, 362, 383, 399, 403, 404, 405, 407, 423; Verde: 12(13425), 16(44025), 25(61570), 27(61580), 28, 40, 43, 60, 73, 82, 91, 104, 106; Violeta: 3(16580), 17(42650), 31, 48, 49(42640), 54, 64, 74, 90(18762), 109, 121, 126, 128, 150.			
	02	Colorantes ácidos con la siguiente clasificación de "Colour Index": Amarillo: 23, 36, 49, 219; Azul: 25, 113, 260; Café: 14, 24; Naranja: 7; Negro: 1, 172, 194, 210; Rojo: 114, 337.			
	03	Colorantes ácidos, excepto lo comprendido en los números de identificación comercial 3204.12.07.01 y 3204.12.07.02.			
	04	Preparaciones a base de los colorantes comprendidos en el número de identificación comercial 3204.12.07.02.			
	99	Los demás.			
3204.13	- -	**Colorantes básicos y preparaciones a base de estos colorantes.**			
3204.13.05		Colorantes básicos y preparaciones a base de estos colorantes.	Kg	Ex.	Ex.
	01	Colorantes básicos con la siguiente clasificación de "Colour Index": Amarillo: 28, 45; Azul: 3, 41; Café: 4; Violeta: 16; Rojo: 18, 46.			
	02	Colorantes básicos, excepto con la siguiente clasificación de "Colour Index": Amarillo: 2(41000), 40; Azul: 7(42595), 9(52015), 26(44045); Rojo: 1(45160); Violeta: 3(42555), 10(45170), 14(42510) y lo comprendido en el número de identificación comercial 3204.13.05.01.			
	03	Preparaciones a base de lo comprendido en el número de identificación comercial 3204.13.05.01.			
	99	Los demás.			
3204.14	- -	**Colorantes directos y preparaciones a base de estos colorantes.**			
3204.14.05		Colorantes directos y preparaciones a base de estos colorantes.	Kg	Ex.	Ex.
	01	Colorantes directos con la siguiente clasificación de "Colour Index": Amarillo: 11, 12, 44, 50, 106; Azul: 2, 15, 80, 86; Café: 2, 95, 115; Naranja: 26; Negro: 22, 38, 170; Rojo: 23, 28, 81, 83; Verde:1.			
	02	Colorantes directos, excepto con la siguiente clasificación de "Colour Index": Amarillo: 33(29020), 68, 69(25340), 93, 95, 96; Azul: 77, 84(23160), 90, 106(51300), 126(34010), 159(35775), 171, 211, 225, 230(22455), 251; Café: 59(22345), 97, 106, 116, 157, 169, 170, 172, 200, 212; Naranja: 1(22370, 22375, 22430), 107; Negro: 94, 97(35818), 117, 122(36250); Rojo: 9, 26(29190), 31(29100), 63, 75(25380), 155(25210), 173(29290), 184, 221, 223, 236, 254; Verde: 26(34045), 27, 28(14155), 30, 35, 59(34040), 67, 69; Violeta: 1(22570), 9(27885), 12(22550), 47(25410), 48(29125), 51(27905), 66(29120), 93 y lo comprendido en el número de identificación comercial 3204.14.05.01.			
	03	Preparaciones a base de lo comprendido en el número de identificación comercial 3204.14.05.01.			
	99	Los demás.			
3204.15	- -	**Colorantes a la tina o a la cuba (incluidos los utilizables directamente como colorantes pigmentarios) y preparaciones a base de estos colorantes.**			
3204.15.02		Colorantes a la tina o a la cuba (incluidos los utilizables directamente como colorantes pigmentarios) y preparaciones a base de estos colorantes.	Kg	Ex.	Ex.
	01	Colorantes a la tina o a la cuba con la siguiente clasificación de "Colour index": Azul a la cuba: 1(73000); Azul a la cuba reducido: 1(73001), 43(53630); Azul a la cuba solubilizado: 1(73002).			
	99	Los demás.			
3204.16	- -	**Colorantes reactivos y preparaciones a base de estos colorantes.**			
3204.16.05		Colorantes reactivos y preparaciones a base de estos colorantes.	Kg	Ex.	Ex.
	01	Colorantes reactivos con la siguiente clasificación de "Colour Index": Amarillo: 2, 3, 4, 7, 12, 15, 22, 25, 46, 71; Azul: 4(61205), 28, 40, 55, 57, 59, 82, 97, 168; Naranja: 1, 4, 13, 14, 16, 60, 70, 86; Negro: 5, 8, 11; Rojo: 2, 4(18105), 5, 11, 21, 31, 40, 77, 174.			
	02	Colorantes reactivos con la siguiente clasificación de "Colour Index": Amarillo: 84, 179; Azul: 19, 21, 71, 89, 171, 198; Naranja: 84; Rojo: 120, 141, 180.			
	03	Colorantes reactivos, excepto lo comprendido en los números de identificación comercial 3204.16.05.01 y 3204.16.05.02.			
	04	Preparaciones a base de lo comprendido en el número de identificación comercial 3204.16.05.02.			
	99	Los demás.			
3204.17	- -	**Colorantes pigmentarios y preparaciones a base de estos colorantes.**			
3204.17.01	00	Colorantes pigmentarios con la siguiente clasificación de "Colour Index": Pigmento amarillo: 24(70600), 93, 94, 95, 96, 97, 108(68420), 109, 110, 112, 120, 128, 129, 138, 139, 147, 151, 154, 155, 156, 173, 179, 183; Pigmento azul: 18(42770:1), 19(42750:1), 60(69800), 61(42765:1), 66(73000); Pigmento café: 22, 23, 25; Pigmento naranja: 31, 34(21115), 36, 38, 43(71105), 48, 49, 60, 61, 65, 66; Pigmento rojo: 37(1205), 38(21120), 88(73312), 122, 123(71140), 144, 148, 149, 166, 170, 175, 176, 177, 178, 179(71130), 181(73360), 185, 188, 202, 206, 207, 208, 214, 216, 220, 221, 222, 223, 224, 242, 247, 248; Pigmento violeta: 19(46500), 23(51319), 31(60010), 32, 37, 42.	Kg	Ex.	Ex.
3204.17.02	00	Colorantes pigmentarios: Diarilidas con la siguiente clasificación de "Colour Index": Amarillo: 12, 13, 14, 17, 83; Naranja: 13.	Kg	6	Ex.
3204.17.03	00	Colorantes pigmentarios: Ariles o toluidinas con la siguiente clasificación de "Colour Index": Amarillo: 1, 3, 65, 73, 74, 75; Naranja: 5; Rojo: 3.	Kg	6	Ex.
3204.17.04	00	Colorantes pigmentarios: Naftoles con la siguiente clasificación de "Colour Index": rojo: 2, 8, 112, 146.	Kg	6	Ex.
3204.17.05	00	Colorantes pigmentarios: Laqueados o metalizados con la siguiente clasificación de "Colour Index": Rojo: 48:1, 48:2, 48:3, 48:4, 49:1, 49:2, 52:1, 52:2, 53:1, 57:1, 58:4, 63:1, 63:2.	Kg	6	Ex.
3204.17.06	00	Colorantes pigmentarios: Ftalocianinas con la siguiente clasificación de "Colour Index": Azul: 15, 15:1, 15:2, 15:3, 15:4; Verde: 7, 36.	Kg	6	Ex.
3204.17.07	00	Colorantes pigmentarios: básicos precipitados con la siguiente clasificación de "Colour Index": Violeta: 1, 3; Rojo: 81.	Kg	6	Ex.

LEY DE LOS IMPUESTOS GENERALES DE IMPORTACION Y EXPORTACION

Fracción	NIC	Descripción	UM	IMP	EXP
3204.17.08	00	Pigmentos, excepto lo comprendido en las fracciones arancelarias 3204.17.01, 3204.17.02, 3204.17.03, 3204.17.04, 3204.17.05, 3204.17.06 y 3204.17.07.	Kg	6	Ex.
3204.17.10	00	Pigmentos orgánicos dispersos en polipropileno en una concentración de 25% a 50%, con índice de fluidez de 30 g/10 minutos a 45 g/10 minutos y tamaño de pigmento de 3 micras a 5 micras.	Kg	5	Ex.
3204.17.99		Los demás.	Kg	Ex.	Ex.
	01	Preparaciones a base de lo comprendido en los números de identificación comercial 3204.17.02.00, 3204.17.03.00, 3204.17.04.00, 3204.17.05.00, 3204.17.06.00 y 3204.17.07.00.			
	99	Los demás.			
3204.18	- -	**Colorantes carotenoides y preparaciones a base de estos colorantes.**			
3204.18.01		Colorantes carotenoides y preparaciones a base de estos colorantes.	Kg	Ex.	Ex.
	01	Preparación a base del éster etílico del ácido beta-8-apocarotenóico.			
	99	Los demás.			
3204.19	- -	**Las demás, incluidas las mezclas de materias colorantes de dos o más de las subpartidas 3204.11 a 3204.19.**			
3204.19.04	00	Colorantes al azufre con la siguiente clasificación de "Colour Index": Azul al azufre: 1(53235), 3(53235), 7(53440), 13(53450); Azul al azufre leuco: 1(53235), 3(53235), 7(53440), 13(53450), 19; Café al azufre: 10(53055), 14(53246); Negro al azufre: 1(53185); Negro al azufre leuco: 1(53185), 2(53195), 18; Rojo al azufre: 5(53830); Rojo al azufre leuco: 5(53830), 10(53228).	Kg	3	Ex.
3204.19.06	00	Colorante para alimentos con la siguiente clasificación de "Colour Index": Amarillo: 3(15985), 4(19140); Rojo: 3(14720), 7(16255), 9(16185), 17.	Kg	5	Ex.
3204.19.99		Los demás.	Kg	Ex.	Ex.
	01	Colorantes solventes con la siguiente clasificación de "Colour Index": Amarillo: 45, 47, 83, 98, 144, 145, 163; Azul: 38, 49(50315), 68(61110), 122; Café: 28, 43, 44, 45, 50; Naranja: 41, 54, 60, 62, 63; Negro: 3(26150), 27, 29, 34(12195), 35, 45; Rojo: 8, 12, 18, 49(45170:1), 86, 90:1, 91, 92, 111(60505), 122, 124, 127, 132, 135, 218; Verde: 5(59075).			
	02	Colorantes solventes, excepto con la siguiente clasificación de "Colour Index": Amarillo: 14, 36, 56, 821; Azul: 36, 56; Naranja: 14; Rojo: 24, 26 y lo comprendido en el número de identificación comercial 3204.19.99.01.			
	03	Colorantes al azufre, excepto lo comprendido en el número de identificación comercial 3204.19.04.00.			
	04	Preparación a base de cantaxantina.			
	99	Los demás.			
3204.20	-	**Productos orgánicos sintéticos de los tipos utilizados para el avivado fluorescente.**			
3204.20.01	00	Agentes de blanqueo óptico fijables sobre fibra, correspondientes al grupo de "Colour Index" de los abrillantadores fluorescentes: 135, 140, 162:1, 179, 179+371, 184, 185, 236, 238, 291, 311, 313, 315, 329, 330, 340, 352, 363, 367+372, 373, 374, 374:1, 376, 378, 381, 393.	Kg	Ex.	Ex.
3204.20.02	00	Agentes de blanqueo óptico fijables sobre fibra, derivados del ácido diaminoestilbendisulfónico, excepto lo comprendido en la fracción arancelaria 3204.20.01.	Kg	Ex.	Ex.
3204.20.99	00	Los demás.	Kg	6	Ex.
3204.90	-	**Los demás.**			
3204.90.99		Los demás.	Kg	Ex.	Ex.
	01	Productos orgánicos sintéticos de los tipos utilizados como "luminóforos".			
	99	Los demás.			
32.05		**Lacas colorantes; preparaciones a que se refiere la Nota 3 de este Capítulo a base de lacas colorantes.**			
3205.00	-	Lacas colorantes; preparaciones a que se refiere la Nota 3 de este Capítulo a base de lacas colorantes.			
3205.00.02	00	Lacas de aluminio en polvo o en dispersión con la siguiente clasificación de "Colour Index": Amarillo 3(15985), 4(19140); Azul 1(73015), 2(42090); Rojo 7(16255), 9: 1(16135:1), 14:1(45430:1).	Kg	5	Ex.
3205.00.99	00	Los demás.	Kg	Ex.	Ex.
32.06		**Las demás materias colorantes; preparaciones a que se refiere la Nota 3 de este Capítulo, excepto las de las partidas 32.03, 32.04 o 32.05; productos inorgánicos de los tipos utilizados como luminóforos, aunque sean de constitución química definida.**			
	-	Pigmentos y preparaciones a base de dióxido de titanio:			
3206.11	- -	**Con un contenido de dióxido de titanio superior o igual al 80% en peso, calculado sobre materia seca.**			
3206.11.01	00	Con un contenido de dióxido de titanio superior o igual al 80% en peso, calculado sobre materia seca.	Kg	9	Ex.
3206.19	- -	**Los demás.**			
3206.19.99	00	Los demás.	Kg	9	Ex.
3206.20	-	**Pigmentos y preparaciones a base de compuestos de cromo.**			
3206.20.01	00	Pigmentos inorgánicos con la siguiente clasificación de "Colour Index": Pigmento amarillo 34; Pigmento rojo 104.	Kg	10	Ex.
3206.20.02	00	Pigmentos inorgánicos con la siguiente clasificación de "Colour Index": Pigmento amarillo 36; Pigmento verde 15, 17; Pigmento naranja 21.	Kg	10	Ex.
3206.20.03	00	Pigmentos y preparaciones a base de compuestos de cromo, excepto lo comprendido en las fracciones arancelarias 3206.20.01 y 3206.20.02.	Kg	6	Ex.
	-	Las demás materias colorantes y las demás preparaciones:			
3206.41	- -	**Ultramar y sus preparaciones.**			
3206.41.02		Ultramar y sus preparaciones.	Kg	Ex.	Ex.
	01	Azul de ultramar (Pigmento azul 29).			
	99	Los demás.			
3206.42	- -	**Litopón y demás pigmentos y preparaciones a base de sulfuro de cinc.**			
3206.42.02	00	Litopón y demás pigmentos y preparaciones a base de sulfuro de cinc.	Kg	Ex.	Ex.

Código		Descripción	U	Imp	Exp
3206.49	- -	**Las demás.**			
3206.49.01	00	En forma de dispersiones concentradas en acetato de celulosa, utilizables para colorear en la masa.	Kg	7	Ex.
3206.49.02	00	En forma de dispersiones concentradas de polietileno, utilizables para colorear en la masa.	Kg	7	Ex.
3206.49.03	00	Pigmentos inorgánicos dispersos en polipropileno en una concentración de 25% a 50%, con índice de fluidez de 30 g/10 minutos a 45 g/10 minutos y tamaño del pigmento de 3 micras a 5 micras.	Kg	7	Ex.
3206.49.04	00	Dispersiones de pigmentos nacarados o perlescentes a base de cristales de carbonato de plomo, con un contenido de sólidos fijos inferior o igual al 65%.	Kg	10	Ex.
3206.49.05	00	Dispersiones de pigmentos nacarados o perlescentes a base de cristales de carbonato de plomo, con un contenido de sólidos fijos superior al 85% a 100 grados centígrados.	Kg	7	Ex.
3206.49.07	00	Pigmento azul 27.	Kg	10	Ex.
3206.49.08	00	Pigmentos y preparaciones a base de hexacianoferratos (ferrocianuros o ferricianuros), excepto lo comprendido en la fracción arancelaria 3206.49.07.	Kg	5	Ex.
3206.49.99		Las demás.	Kg	Ex.	Ex.
	01	Pigmentos y preparaciones a base de compuestos de cadmio.			
	99	Las demás.			
3206.50	-	**Productos inorgánicos de los tipos utilizados como luminóforos.**			
3206.50.01	00	Polvos fluorescentes para tubos, excepto para los tubos de rayos catódicos, anuncios luminosos, lámparas de vapor de mercurio o luz mixta.	Kg	5	Ex.
3206.50.99	00	Los demás.	Kg	Ex.	Ex.
32.07		**Pigmentos, opacificantes y colores preparados, composiciones vitrificables, engobes, abrillantadores (lustres) líquidos y preparaciones similares, de los tipos utilizados en cerámica, esmaltado o en la industria del vidrio; frita de vidrio y demás vidrios, en polvo, gránulos, copos o escamillas.**			
3207.10	-	**Pigmentos, opacificantes y colores preparados y preparaciones similares.**			
3207.10.02	00	Pigmentos, opacificantes y colores preparados y preparaciones similares.	Kg	Ex.	Ex.
3207.20	-	**Composiciones vitrificables, engobes y preparaciones similares.**			
3207.20.01	00	Esmaltes cerámicos a base de borosilicatos metálicos.	Kg	Ex.	Ex.
3207.20.99	00	Los demás.	Kg	5	Ex.
3207.30	-	**Abrillantadores (lustres) líquidos y preparaciones similares.**			
3207.30.01	00	Abrillantadores (lustres) líquidos y preparaciones similares.	Kg	Ex.	Ex.
3207.40	-	**Frita de vidrio y demás vidrios, en polvo, gránulos, copos o escamillas.**			
3207.40.03		Frita de vidrio y demás vidrios, en polvo, gránulos, copos o escamillas.	Kg	Ex.	Ex.
	01	Vidrio en polvo o gránulos.			
	02	Vidrio en escamillas, aun cuando estén coloreadas o plateadas.			
	99	Los demás.			
32.08		**Pinturas y barnices a base de polímeros sintéticos o naturales modificados, dispersos o disueltos en un medio no acuoso; disoluciones definidas en la Nota 4 de este Capítulo.**			
3208.10	-	**A base de poliésteres.**			
3208.10.02		A base de poliésteres.	Kg	10	Ex.
	01	Pinturas o barnices.			
	99	Los demás.			
3208.20	-	**A base de polímeros acrílicos o vinílicos.**			
3208.20.03		A base de polímeros acrílicos o vinílicos.	Kg	10	Ex.
	01	Pinturas o barnices, excepto los barnices a base de resinas catiónicas de dimetilaminoetilmetacrilato o a base de resinas aniónicas del ácido metacrílico reaccionadas con ésteres del ácido metacrílico.			
	99	Los demás.			
3208.90	-	**Los demás.**			
3208.90.99	00	Los demás.	Kg	Ex.	Ex.
32.09		**Pinturas y barnices a base de polímeros sintéticos o naturales modificados, dispersos o disueltos en un medio acuoso.**			
3209.10	-	**A base de polímeros acrílicos o vinílicos.**			
3209.10.02		A base de polímeros acrílicos o vinílicos.	Kg	Ex.	Ex.
	01	Barnices a base de resinas catiónicas de dimetilaminoetilmetacrilato o a base, de resinas aniónicas del ácido metacrílico reaccionadas con ésteres del ácido metacrílico.			
	99	Los demás.			
3209.90	-	**Los demás.**			
3209.90.99	00	Los demás.	Kg	Ex.	Ex.
32.10		**Las demás pinturas y barnices; pigmentos al agua preparados de los tipos utilizados para el acabado del cuero.**			
3210.00	-	**Las demás pinturas y barnices; pigmentos al agua preparados de los tipos utilizados para el acabado del cuero.**			
3210.00.91	00	Las demás pinturas y barnices; pigmentos al agua preparados de los tipos utilizados para el acabado del cuero.	Kg	Ex.	Ex.
32.11		**Secativos preparados.**			
3211.00	-	**Secativos preparados.**			
3211.00.02	00	Secativos preparados.	Kg	Ex.	Ex.
32.12		**Pigmentos (incluidos el polvo y escamillas metálicos) dispersos en medios no acuosos, líquidos o en pasta, de los tipos utilizados para la fabricación de pinturas; hojas para el marcado a fuego; tintes y demás materias colorantes presentados en formas o en envases para la venta al por menor.**			
3212.10	-	**Hojas para el marcado a fuego.**			
3212.10.01	00	Hojas para el marcado a fuego.	Kg	Ex.	Ex.
3212.90	-	**Los demás.**			
3212.90.99		Los demás.	Kg	Ex.	Ex.

	01	Pastas a base de pigmentos de aluminio, molidos, mezclados íntimamente en un medio, no hojeables ("non-leafing"), utilizadas para la fabricación de pinturas.			
	02	Pastas a base de pigmentos de aluminio, molidos, mezclados íntimamente en un medio, hojeables ("leafing"), utilizadas para la fabricación de pinturas.			
	99	Los demás.			
32.13		**Colores para la pintura artística, la enseñanza, la pintura de carteles, para matizar o para entretenimiento y colores similares, en pastillas, tubos, botes, frascos o en formas o envases similares.**			
3213.10	-	Colores en surtidos.			
3213.10.01	00	Colores en surtidos.	Kg	Ex.	Ex.
3213.90	-	Los demás.			
3213.90.99	00	Los demás.	Kg	10	Ex.
32.14		**Masilla, cementos de resina y demás másticos; plastes (enduidos) utilizados en pintura; plastes (enduidos) no refractarios de los tipos utilizados en albañilería.**			
3214.10	-	Masilla, cementos de resina y demás másticos; plastes (enduidos) utilizados en pintura.			
3214.10.01	00	Masilla, cementos de resina y demás másticos, excepto lo comprendido en la fracción arancelaria 3214.10.02; plastes (enduidos) utilizados en pintura.	Kg	3	Ex.
3214.10.02	00	Mástique para soldaduras por puntos.	Kg	5	Ex.
3214.90	-	Los demás.			
3214.90.99	00	Los demás.	Kg	3	Ex.
32.15		**Tintas de imprimir, tintas de escribir o de dibujar y demás tintas, incluso concentradas o sólidas.**			
	-	Tintas de imprimir:			
3215.11	- -	Negras.			
3215.11.03		Negras.	Kg	Ex.	Ex.
	01	Para litografía o mimeógrafo.			
	02	Presentadas en "cartuchos intercambiables" para "inyección de tinta", utilizados en las máquinas comprendidas en las subpartidas 8443.31 a 8443.39.			
	99	Las demás.			
3215.19	- -	Las demás.			
3215.19.02	00	Para litografía u offset.	Kg	5	Ex.
3215.19.99		Los demás.	Kg	Ex.	Ex.
	01	Presentadas en "cartuchos intercambiables" para "inyección de tinta", utilizados en las máquinas comprendidas en las subpartidas 8443.31 a 8443.39.			
	99	Los demás.			
3215.90	-	Las demás.			
3215.90.02	00	Tintas a base de mezclas de parafinas o grasas con materias colorantes.	Kg	5	Ex.
3215.90.03	00	Pastas a base de gelatina.	Kg	5	Ex.
3215.90.99		Las demás.	Kg	Ex.	Ex.
	01	De escribir.			
	99	Las demás.			

Capítulo 33
Aceites esenciales y resinoides; preparaciones de perfumería, de tocador o de cosmética

Notas.
1. Este Capítulo no comprende:
   a) las oleorresinas naturales o extractos vegetales de las partidas 13.01 o 13.02;
   b) el jabón y demás productos de la partida 34.01;
   c) las esencias de trementina, de madera de pino o de pasta celulósica al sulfato y demás productos de la partida 38.05.
2. En la partida 33.02, se entiende por *sustancias odoríferas* únicamente las sustancias de la partida 33.01, los ingredientes odoríferos extraídos de estas sustancias y los productos aromáticos sintéticos.
3. Las partidas 33.03 a 33.07 se aplican, entre otros, a los productos, incluso sin mezclar (excepto los destilados acuosos aromáticos y las disoluciones acuosas de aceites esenciales), aptos para ser utilizados como productos de dichas partidas y acondicionados para la venta al por menor para tales usos.
4. En la partida 33.07, se consideran *preparaciones de perfumería, de tocador o de cosmética*, entre otros, los siguientes productos: las bolsitas con partes de plantas aromáticas; las preparaciones odoríferas que actúan por combustión; los papeles perfumados y los papeles impregnados o recubiertos de cosméticos; las disoluciones para lentes de contacto o para ojos artificiales; la guata, fieltro y tela sin tejer, impregnados, recubiertos o revestidos de perfume o de cosméticos; las preparaciones de tocador para animales.

CÓDIGO		DESCRIPCIÓN	UNIDAD	ARANCEL	
				IMP	EXP
33.01		**Aceites esenciales (desterpenados o no), incluidos los "concretos" o "absolutos"; resinoides; oleorresinas de extracción; disoluciones concentradas de aceites esenciales en grasas, aceites fijos, ceras o materias análogas, obtenidas por enflorado o maceración; subproductos terpénicos residuales de la desterpenación de los aceites esenciales; destilados acuosos aromáticos y disoluciones acuosas de aceites esenciales.**			
	-	Aceites esenciales de agrios (cítricos):			
3301.12	- -	De naranja.			
3301.12.01	00	De naranja.	Kg	Ex.	Ex.

Código		Descripción	UM	Imp	Exp
3301.13	- -	**De limón.**			
3301.13.02		De limón.	Kg	Ex.	Ex.
	01	De la variedad *Citrus limon-L Burm.*			
	99	Los demás.			
3301.19	- -	**Los demás.**			
3301.19.07		De toronja; mandarina; lima de las variedades *Citrus limettoides Tan* y *Citrus aurantifolia-Christmann Swingle* (limón "mexicano").	Kg	5	Ex.
	01	De toronja.			
	02	De mandarina.			
	03	De lima, de la variedad *Citrus limettoides Tan.*			
	04	De lima, de la variedad *Citrus aurantifolia-Christmann Swingle* (limón "mexicano").			
3301.19.99		Los demás.	Kg	Ex.	Ex.
	01	De lima.			
	99	Los demás.			
	-	**Aceites esenciales, excepto los de agrios (cítricos):**			
3301.24	- -	**De menta piperita (*Mentha piperita*).**			
3301.24.01	00	De menta piperita (*Mentha piperita*).	Kg	Ex.	Ex.
3301.25	- -	**De las demás mentas.**			
3301.25.91	00	De las demás mentas.	Kg	Ex.	Ex.
3301.29	- -	**Los demás.**			
3301.29.99		Los demás.	Kg	Ex.	Ex.
	01	De eucalipto o de nuez moscada.			
	02	De citronela.			
	03	De lavanda (espliego) o de lavandín.			
	99	Los demás.			
3301.30	-	**Resinoides.**			
3301.30.01	00	Resinoides.	Kg	Ex.	Ex.
3301.90	-	**Los demás.**			
3301.90.01	00	Oleorresinas de extracción, excepto las comprendidas en la fracción arancelaria 3301.90.06.	Kg	Ex.	Ex.
3301.90.04	00	Aguas destiladas aromáticas y soluciones acuosas de aceites esenciales.	Kg	15	Ex.
3301.90.05	00	Alcoholados, extractos o tinturas derivados de la raíz de *Rawolfia heterophila* que contenga el alcaloide llamado reserpina.	Kg	Ex.	Ex.
3301.90.06	00	Oleorresinas de extracción, de opio.	Kg	Ex.	Ex.
3301.90.07		Terpenos de cedro; terpenos de toronja.	Kg	Ex.	Ex.
	01	Terpenos de cedro.			
	02	Terpenos de toronja.			
3301.90.99	00	Los demás.	Kg	10	Ex.
33.02		**Mezclas de sustancias odoríferas y mezclas (incluidas las disoluciones alcohólicas) a base de una o varias de estas sustancias, de los tipos utilizados como materias básicas para la industria; las demás preparaciones a base de sustancias odoríferas, de los tipos utilizados para la elaboración de bebidas.**			
3302.10	-	**De los tipos utilizados en las industrias alimentarias o de bebidas.**			
3302.10.01	00	Extractos y concentrados de los tipos utilizados en la elaboración de bebidas que contengan alcohol, a base de sustancias odoríferas.	L	Ex.	Ex.
3302.10.91	00	Las demás preparaciones de los tipos utilizados en la elaboración de bebidas que contengan alcohol, a base de sustancias odoríferas.	L	15	Ex.
3302.10.99	00	Los demás.	Kg	10	Ex.
3302.90	-	**Las demás.**			
3302.90.99	00	Las demás.	Kg	5	Ex.
33.03		**Perfumes y aguas de tocador.**			
3303.00		**Perfumes y aguas de tocador.**			
3303.00.01	00	Aguas de tocador.	L	15	Ex.
3303.00.99	00	Los demás.	L	10	Ex.
33.04		**Preparaciones de belleza, maquillaje y para el cuidado de la piel, excepto los medicamentos, incluidas las preparaciones antisolares y las bronceadoras; preparaciones para manicuras o pedicuros.**			
3304.10	-	**Preparaciones para el maquillaje de los labios.**			
3304.10.01	00	Preparaciones para el maquillaje de los labios.	Kg	10	Ex.
3304.20	-	**Preparaciones para el maquillaje de los ojos.**			
3304.20.01	00	Preparaciones para el maquillaje de los ojos.	Kg	10	Ex.
3304.30	-	**Preparaciones para manicuras o pedicuros.**			
3304.30.01	00	Preparaciones para manicuras o pedicuros.	Kg	10	Ex.
	-	**Las demás:**			
3304.91	- -	**Polvos, incluidos los compactos.**			
3304.91.01	00	Polvos, incluidos los compactos.	Kg	10	Ex.
3304.99	- -	**Las demás.**			
3304.99.01	00	Leches cutáneas.	Kg	15	Ex.
3304.99.99	00	Las demás.	Kg	10	Ex.
33.05		**Preparaciones capilares.**			
3305.10	-	**Champúes.**			
3305.10.01	00	Champúes.	Kg	10	Ex.
3305.20	-	**Preparaciones para ondulación o desrizado permanentes.**			
3305.20.01	00	Preparaciones para ondulación o desrizado permanentes.	Kg	10	Ex.
3305.30	-	**Lacas para el cabello.**			
3305.30.01	00	Lacas para el cabello.	Kg	10	Ex.

LEY DE LOS IMPUESTOS GENERALES DE IMPORTACION Y EXPORTACION

3305.90		-	Las demás.			
3305.90.99	00		Las demás.	Kg	10	Ex.
33.06			**Preparaciones para higiene bucal o dental, incluidos los polvos y cremas para la adherencia de las dentaduras; hilo utilizado para limpieza de los espacios interdentales (hilo dental), en envases individuales para la venta al por menor.**			
3306.10		-	**Dentífricos.**			
3306.10.01	00		Dentífricos.	Kg	10	Ex.
3306.20		-	**Hilo utilizado para limpieza de los espacios interdentales (hilo dental).**			
3306.20.02			Hilo utilizado para limpieza de los espacios interdentales (hilo dental).	Kg	10	Ex.
	01		De filamento de nailon.			
	99		Los demás.			
3306.90		-	**Los demás.**			
3306.90.99	00		Los demás.	Kg	10	Ex.
33.07			**Preparaciones para afeitar o para antes o después del afeitado, desodorantes corporales, preparaciones para el baño, depilatorios y demás preparaciones de perfumería, de tocador o de cosmética, no expresadas ni comprendidas en otra parte; preparaciones desodorantes de locales, incluso sin perfumar, aunque tengan propiedades desinfectantes.**			
3307.10		-	**Preparaciones para afeitar o para antes o después del afeitado.**			
3307.10.01	00		Preparaciones para afeitar o para antes o después del afeitado.	Kg	10	Ex.
3307.20		-	**Desodorantes corporales y antitraspirantes.**			
3307.20.01	00		Desodorantes corporales y antitraspirantes.	Kg	10	Ex.
3307.30		-	**Sales perfumadas y demás preparaciones para el baño.**			
3307.30.01	00		Sales perfumadas y demás preparaciones para el baño.	Kg	10	Ex.
		-	**Preparaciones para perfumar o desodorizar locales, incluidas las preparaciones odoríferas para ceremonias religiosas:**			
3307.41		- -	**"Agarbatti" y demás preparaciones odoríferas que actúan por combustión.**			
3307.41.01	00		"Agarbatti" y demás preparaciones odoríferas que actúan por combustión.	Kg	10	Ex.
3307.49		- -	**Las demás.**			
3307.49.99	00		Las demás.	Kg	10	Ex.
3307.90		-	**Los demás.**			
3307.90.99	00		Los demás.	Kg	10	Ex.

Capítulo 34

Jabón, agentes de superficie orgánicos, preparaciones para lavar, preparaciones lubricantes, ceras artificiales, ceras preparadas, productos de limpieza, velas y artículos similares, pastas para modelar, ceras para odontología y preparaciones para odontología a base de yeso fraguable

Notas.
1. Este Capítulo no comprende:
   a) las mezclas o preparaciones alimenticias de grasas o de aceites, animales, vegetales o de origen microbiano, de los tipos utilizados como preparaciones de desmoldeo (partida 15.17);
   b) los compuestos aislados de constitución química definida;
   c) los champúes, dentífricos, cremas y espumas de afeitar y las preparaciones para el baño, que contengan jabón u otros agentes de superficie orgánicos (partidas 33.05, 33.06 o 33.07).
2. En la partida 34.01, el término *jabón* solo se aplica al soluble en agua. El jabón y demás productos de esta partida pueden llevar añadidas otras sustancias (por ejemplo: desinfectantes, polvos abrasivos, cargas, productos medicamentosos). Sin embargo, los que contengan abrasivos solo se clasifican en esta partida si se presentan en barras, panes, trozos o piezas troqueladas o moldeadas. Si se presentan en otras formas, se clasifican en la partida 34.05 como pastas y polvos de fregar y preparaciones similares.
3. En la partida 34.02, los *agentes de superficie orgánicos* son productos que, al mezclarlos con agua a una concentración del 0.5% a 20°C y dejarlos en reposo durante una hora a la misma temperatura:
   a) producen un líquido transparente o traslúcido o una emulsión estable sin separación de la materia insoluble; y
   b) reducen la tensión superficial del agua a un valor inferior o igual a 4.5×10^{-2} N/m (45 dinas/cm).
4. La expresión *aceites de petróleo* o de *mineral bituminoso* empleada en el texto de la partida 34.03 se refiere a los productos definidos en la Nota 2 del Capítulo 27.
5. Salvo las exclusiones indicadas más adelante, la expresión *ceras artificiales y ceras* preparadas empleada en la partida 34.04 solo se aplica:
   a) a los productos que presenten las características de ceras obtenidos por procedimiento químico, incluso los solubles en agua;
   b) a los productos obtenidos mezclando diferentes ceras entre sí;
   c) a los productos a base de ceras o parafinas que presenten las características de ceras y contengan, además, grasas, resinas, minerales u otras materias.
   Por el contrario, la partida 34.04, no comprende:
   a) los productos de las partidas 15.16, 34.02 o 38.23, incluso si presentan las características de ceras;
   b) las ceras animales sin mezclar y las ceras vegetales sin mezclar, incluso refinadas o coloreadas, de la partida 15.21;
   c) las ceras minerales y productos similares de la partida 27.12, incluso mezclados entre sí o simplemente coloreados;
   d) las ceras mezcladas, dispersas o disueltas en un medio líquido (partidas 34.05, 38.09, etc.).

CÓDIGO		DESCRIPCIÓN	UNIDAD	ARANCEL	
				IMP	EXP

34.01		**Jabón; productos y preparaciones orgánicos tensoactivos utilizados como jabón, en barras, panes, trozos o piezas troqueladas o moldeadas, aunque contengan jabón; productos y preparaciones orgánicos tensoactivos para el lavado de la piel, líquidos o en crema, acondicionados para la venta al por menor, aunque contengan jabón; papel, guata, fieltro y tela sin tejer, impregnados, recubiertos o revestidos de jabón o de detergentes.**			
	-	Jabón, productos y preparaciones orgánicos tensoactivos, en barras, panes, trozos o piezas troqueladas o moldeadas, y papel, guata, fieltro y tela sin tejer, impregnados, recubiertos o revestidos de jabón o de detergentes:			
3401.11	- -	De tocador (incluso los medicinales).			
3401.11.01 00		De tocador (incluso los medicinales).	Kg	15	Ex.
3401.19	- -	Los demás.			
3401.19.99 00		Los demás.	Kg	15	Ex.
3401.20	-	Jabón en otras formas.			
3401.20.01 00		Jabón en otras formas.	Kg	15	Ex.
3401.30	-	Productos y preparaciones orgánicos tensoactivos para el lavado de la piel, líquidos o en crema, acondicionados para la venta al por menor, aunque contengan jabón.			
3401.30.01 00		Productos y preparaciones orgánicos tensoactivos para el lavado de la piel, líquidos o en crema, acondicionados para la venta al por menor, aunque contengan jabón.	Kg	10	Ex.
34.02		**Agentes de superficie orgánicos (excepto el jabón); preparaciones tensoactivas, preparaciones para lavar (incluidas las preparaciones auxiliares de lavado) y preparaciones de limpieza, aunque contengan jabón, excepto las de la partida 34.01.**			
	-	Agentes de superficie orgánicos aniónicos, incluso acondicionados para la venta al por menor:			
3402.31	- -	Ácidos alquilbenceno sulfónicos lineales y sus sales.			
3402.31.01 00		Ácidos alquilbenceno sulfónicos lineales y sus sales.	Kg	Ex.	Ex.
3402.39	- -	Los demás.			
3402.39.01 00		Sulfonatos sódicos de octenos y de isooctenos.	Kg	5	Ex.
3402.39.99		Los demás.	Kg	Ex.	Ex.
01		Sulfonatos sódicos de los hidrocarburos.			
02		Lauril di o tri glicoleter sulfato de sodio al 70% de sólidos.			
99		Los demás.			
	-	Los demás agentes de superficie orgánicos, incluso acondicionados para la venta al por menor:			
3402.41	- -	Catiónicos.			
3402.41.01 00		Dimetil amidas de los ácidos grasos del tall-oil.	Kg	Ex.	Ex.
3402.41.99		Los demás.	Kg	5	Ex.
01		Sales cuaternarias de amonio, provenientes de ácidos grasos.			
99		Los demás.			
3402.42	- -	No iónicos.			
3402.42.01 00		Productos de la condensación del óxido de etileno o del óxido de propileno con alquilfenoles o alcoholes grasos.	Kg	25	Ex.
3402.42.02 00		Polisorbato (Ésteres grasos de sorbitán polioxietilado).	Kg	10	Ex.
3402.42.03 00		Poliéter Polisiloxano.	Kg	Ex.	Ex.
3402.42.99 00		Los demás.	Kg	6	Ex.
3402.49	- -	Los demás.			
3402.49.99 00		Los demás.	Kg	5	Ex.
3402.50	-	Preparaciones acondicionadas para la venta al por menor.			
3402.50.01 00		Preparaciones a base de N-metil-N-oleoil-taurato de sodio, oleato de sodio y cloruro de sodio.	Kg	Ex.	Ex.
3402.50.02 00		Preparación que contenga aceite de ricino, un solvente aromático y un máximo de 80% de aceite de ricino sulfonado.	Kg	Ex.	Ex.
3402.50.03 00		Preparaciones tensoactivas a base de lauril sulfato de amonio, de monoetanolamina, de trietanolamina, de potasio o de sodio; lauril éter sulfatos de amonio o sodio.	Kg	Ex.	Ex.
3402.50.04 00		Mezclas (limpiadoras, humectantes o emulsificantes) o preparaciones de productos orgánicos sulfonados, adicionadas de carbonatos, hidróxido o fosfatos de potasio o de sodio.	Kg	7	Ex.
3402.50.05 00		Tableta limpiadora que contenga papaína estabilizada en lactosa, con clorhidrato de cisteina, edetato disódico y polietilenglicol.	Kg	Ex.	Ex.
3402.50.99 00		Los demás.	Kg	6	Ex.
3402.90	-	Las demás.			
3402.90.01 00		Preparaciones a base de nonanoil oxibencen sulfonato.	Kg	Ex.	Ex.
3402.90.02 00		Composiciones constituidas por polialquifenol- formaldehído oxietilado y/o polioxipropileno oxietilado, aunque contengan solventes orgánicos, para la fabricación de desmulsificantes para la industria petrolera.	Kg	Ex.	Ex.
3402.90.99 00		Las demás.	Kg	3	Ex.
34.03		**Preparaciones lubricantes (incluidos los aceites de corte, las preparaciones para aflojar tuercas, las preparaciones antiherrumbre o anticorrosión y las preparaciones para el desmoldeo, a base de lubricantes) y preparaciones de los tipos utilizados para el ensimado de materias textiles o el aceitado o engrasado de cueros y pieles, peletería u otras materias, excepto las que contengan como componente básico una proporción de aceites de petróleo o de mineral bituminoso superior o igual al 70% en peso.**			
	-	Que contengan aceites de petróleo o de mineral bituminoso:			
3403.11	- -	Preparaciones para el tratamiento de materias textiles, cueros y pieles, peletería u otras materias.			
3403.11.01 00		Preparaciones para el tratamiento de materias textiles, cueros y pieles, peletería u otras materias.	Kg	6	Ex.
3403.19	- -	Las demás.			
3403.19.01 00		Preparación a base de sulfonatos sódicos de los hidrocarburos clorados.	Kg	Ex.	Ex.

3403.19.99	00	Las demás.	Kg	3	Ex.
	-	Las demás:			
3403.91	- -	**Preparaciones para el tratamiento de materias textiles, cueros y pieles, peletería u otras materias.**			
3403.91.01	00	Preparaciones para el tratamiento de materias textiles, cueros y pieles, peletería u otras materias.	Kg	6	Ex.
3403.99	- -	**Las demás.**			
3403.99.99	00	Las demás.	Kg	6	Ex.
34.04		**Ceras artificiales y ceras preparadas.**			
3404.20	-	**De poli(oxietileno) (polietilenglicol).**			
3404.20.01	00	De poli(oxietileno) (polietilenglicol).	Kg	10	Ex.
3404.90	-	**Las demás.**			
3404.90.01	00	Ceras polietilénicas.	Kg	5	Ex.
3404.90.02	00	De lignito modificado químicamente.	Kg	Ex.	Ex.
3404.90.99	00	Las demás.	Kg	6	Ex.
34.05		**Betunes y cremas para el calzado, encáusticos, abrillantadores (lustres) para carrocerías, vidrio o metal, pastas y polvos para fregar y preparaciones similares (incluso papel, guata, fieltro, tela sin tejer, plástico o caucho celulares, impregnados, recubiertos o revestidos de estas preparaciones), excepto las ceras de la partida 34.04.**			
3405.10	-	**Betunes, cremas y preparaciones similares para el calzado o para cueros y pieles.**			
3405.10.01	00	Betunes, cremas y preparaciones similares para el calzado o para cueros y pieles.	Kg	Ex.	Ex.
3405.20	-	**Encáusticos y preparaciones similares para la conservación de muebles de madera, parqués u otras manufacturas de madera.**			
3405.20.02	00	Encáusticos y preparaciones similares para la conservación de muebles de madera, parqués u otras manufacturas de madera.	Kg	35	Ex.
3405.30	-	**Abrillantadores (lustres) y preparaciones similares para carrocerías, excepto las preparaciones para lustrar metal.**			
3405.30.01	00	Abrillantadores (lustres) y preparaciones similares para carrocerías, excepto las preparaciones para lustrar metal.	Kg	15	Ex.
3405.40	-	**Pastas, polvos y demás preparaciones para fregar.**			
3405.40.01	00	Pastas, polvos y demás preparaciones para fregar.	Kg	15	Ex.
3405.90	-	**Las demás.**			
3405.90.01	00	Lustres para metal.	Kg	15	Ex.
3405.90.99	00	Las demás.	Kg	15	Ex.
34.06		**Velas, cirios y artículos similares.**			
3406.00	-	**Velas, cirios y artículos similares.**			
3406.00.01	00	Velas, cirios y artículos similares.	Kg	20	Ex.
34.07		**Pastas para modelar, incluidas las presentadas para entretenimiento de los niños; preparaciones llamadas "ceras para odontología" o "compuestos para impresión dental", presentadas en juegos o surtidos, en envases para la venta al por menor o en plaquitas, herraduras, barritas o formas similares; las demás preparaciones para odontología a base de yeso fraguable.**			
3407.00	-	**Pastas para modelar, incluidas las presentadas para entretenimiento de los niños; preparaciones llamadas "ceras para odontología" o "compuestos para impresión dental", presentadas en juegos o surtidos, en envases para la venta al por menor o en plaquitas, herraduras, barritas o formas similares; las demás preparaciones para odontología a base de yeso fraguable.**			
3407.00.03	00	Estuco o yeso preparado en polvo o en pasta para trabajos dentales.	Kg	Ex.	Ex.
3407.00.04	00	Conjunto para impresiones dentales, conteniendo principalmente una pasta a base de hule o materias plásticas artificiales o sintéticas, un acelerador y un adhesivo, acondicionados para su venta al por menor.	Kg	Ex.	Ex.
3407.00.05		Preparaciones denominadas "ceras para odontología".	Kg	Ex.	Ex.
	01	Preparaciones denominadas "ceras para odontología", a base de caucho o gutapercha.			
	02	Preparaciones denominadas "ceras para odontología", excepto lo comprendido en el número de identificación comercial 3407.00.05.01.			
3407.00.99	00	Los demás.	Kg	5	Ex.

Capítulo 35
Materias albuminoideas; productos a base de almidón o de fécula modificados; colas; enzimas

Notas.
1. Este Capítulo no comprende:
    a) las levaduras (partida 21.02);
    b) las fracciones de la sangre (excepto la albúmina de la sangre sin preparar para usos terapéuticos o profilácticos), los medicamentos y demás productos del Capítulo 30;
    c) las preparaciones enzimáticas para precurtido (partida 32.02);
    d) las preparaciones enzimáticas para el lavado o prelavado y demás productos del Capítulo 34;
    e) las proteínas endurecidas (partida 39.13);
    f) los productos de las artes gráficas con soporte de gelatina (Capítulo 49).
2. El término *dextrina* empleado en la partida 35.05 se aplica a los productos de la degradación de los almidones o féculas, con un contenido de azúcares reductores, expresado en dextrosa sobre materia seca, inferior o igual al 10%.
   Los productos anteriores con un contenido de azúcares reductores superior al 10 % se clasifican en la partida 17.02.

CÓDIGO		DESCRIPCIÓN	UNIDAD	ARANCEL IMP	EXP
35.01		**Caseína, caseinatos y demás derivados de la caseína; colas de caseína.**			
3501.10		- **Caseína.**			
3501.10.01	00	Caseína.	Kg	Ex	Ex
3501.90		- **Los demás.**			
3501.90.01	00	Colas de caseína.	Kg	10	Ex
3501.90.03	00	Carboximetil caseina, grado fotográfico, en solución.	Kg	5	Ex
3501.90.99		Los demás.	Kg	Ex	Ex
	01	Caseinatos.			
	99	Los demás.			
35.02		**Albúminas (incluidos los concentrados de varias proteínas del lactosuero, con un contenido de proteínas del lactosuero superior al 80% en peso, calculado sobre materia seca), albuminatos y demás derivados de las albúminas.**			
		- **Ovoalbúmina:**			
3502.11		- - **Seca.**			
3502.11.01	00	Seca.	Kg	Ex	Ex
3502.19		- - **Las demás.**			
3502.19.99	00	Las demás.	Kg	Ex	Ex
3502.20		- **Lactoalbúmina, incluidos los concentrados de dos o más proteínas del lactosuero.**			
3502.20.01	00	Lactoalbúmina, incluidos los concentrados de dos o más proteínas del lactosuero.	Kg	5	Ex
3502.90		- **Los demás.**			
3502.90.99	00	Los demás.	Kg	5	Ex
35.03		**Gelatinas (aunque se presenten en hojas cuadradas o rectangulares, incluso trabajadas en la superficie o coloreadas) y sus derivados; ictiocola; las demás colas de origen animal, excepto las colas de caseína de la partida 35.01.**			
3503.00		- **Gelatinas (aunque se presenten en hojas cuadradas o rectangulares, incluso trabajadas en la superficie o coloreadas) y sus derivados; ictiocola; las demás colas de origen animal, excepto las colas de caseína de la partida 35.01.**			
3503.00.01	00	Gelatina, excepto de grado fotográfico y farmacéutico.	Kg	5	Ex
3503.00.99		Los demás.	Kg	Ex	Ex
	01	Colas de huesos o de pieles.			
	02	Gelatina grado farmacéutico.			
	99	Los demás.			
35.04		**Peptonas y sus derivados; las demás materias proteínicas y sus derivados, no expresados ni comprendidos en otra parte; polvo de cueros y pieles, incluso tratado al cromo.**			
3504.00		- **Peptonas y sus derivados; las demás materias proteínicas y sus derivados, no expresados ni comprendidos en otra parte; polvo de cueros y pieles, incluso tratado al cromo.**			
3504.00.07		Peptonas y sus derivados; las demás materias proteínicas y sus derivados, no expresados ni comprendidos en otra parte; polvo de cueros y pieles, incluso tratado al cromo.	Kg	Ex	Ex
	01	Peptonas.			
	02	Aislados de proteína de soja (soya).			
	99	Los demás.			
35.05		**Dextrina y demás almidones y féculas modificados (por ejemplo: almidones y féculas pregelatinizados o esterificados); colas a base de almidón, fécula, dextrina o demás almidones o féculas modificados.**			
3505.10		- **Dextrina y demás almidones y féculas modificados.**			
3505.10.01	00	Dextrina y demás almidones y féculas modificados.	Kg	5	Ex
3505.20		- **Colas.**			
3505.20.01	00	Colas.	Kg	Ex	Ex
35.06		**Colas y demás adhesivos preparados, no expresados ni comprendidos en otra parte; productos de cualquier clase utilizados como colas o adhesivos, acondicionados para la venta al por menor como colas o adhesivos, de peso neto inferior o igual a 1 kg.**			
3506.10		- **Productos de cualquier clase utilizados como colas o adhesivos, acondicionados para la venta al por menor como colas o adhesivos, de peso neto inferior o igual a 1 kg.**			
3506.10.02	00	Adhesivos a base de dextrinas, almidones y féculas.	Kg	10	Ex
3506.10.99		Los demás.	Kg	6	Ex
	01	Adhesivos a base de resinas plásticas.			
	99	Los demás.			
	-	**Los demás:**			

Código			Descripción	Unidad	IMP	EXP
3506.91		- -	**Adhesivos a base de polímeros de las partidas 39.01 a 39.13 o de caucho.**			
3506.91.01		00	Adhesivos anaeróbicos.	Kg	7	Ex
3506.91.02		00	Pegamentos a base de nitrocelulosa.	Kg	10	Ex
3506.91.99			Los demás.	Kg	30	Ex
		01	Adhesivos a base de cianoacrilatos.			
		02	Adhesivos termofusibles al 100% de concentrado de sólidos, a base de materias plásticas artificiales, ceras y otros componentes.			
		03	Adhesivos a base de resinas de poliuretano, del tipo poliol, poliéster o poliéter modificados con isocianatos, con o sin cargas y pigmentos.			
		99	Los demás.			
3506.99		- -	**Los demás.**			
3506.99.99		00	Los demás.	Kg	6	Ex
35.07			**Enzimas; preparaciones enzimáticas no expresadas ni comprendidas en otra parte.**			
3507.10		-	**Cuajo y sus concentrados.**			
3507.10.01		00	Cuajo y sus concentrados.	Kg	5	Ex
3507.90		-	**Las demás.**			
3507.90.02		00	Papaína.	Kg	5	Ex
3507.90.06		00	Diastasa de Aspergillus oryzae.	Kg	5	Ex
3507.90.08		00	Amilasas; proteasas; mezcla de proteasas y amilasas.	Kg	5	Ex
3507.90.09		00	Preparación de enzima proteolítica obtenida por fermentación sumergida del *Bacillus subtilis* y/o *Bacillus licheniformis*.	Kg	5	Ex
3507.90.99			Las demás.	Kg	Ex	Ex
		01	Pancreatina.			
		02	Celulasa; peptidasas; fibrinucleasa.			
		03	Mio-Inositol-hexafosfato-fosfohidrolasa.			
		99	Las demás.			

Capítulo 36
Pólvora y explosivos; artículos de pirotecnia; fósforos (cerillas); aleaciones pirofóricas; materias inflamables

Notas.
1. Este Capítulo no comprende los productos de constitución química definida presentados aisladamente, excepto los citados en las Notas 2 a) o 2 b) siguientes.
2. En la partida 36.06, se entiende *por artículos de materias inflamables*, exclusivamente:
   a) el metaldehído, la hexametilentetramina y productos similares, en tabletas, barritas o formas análogas, que impliquen su utilización como combustibles, así como los combustibles a base de alcohol y los combustibles preparados similares, sólidos o en pasta;
   b) los combustibles líquidos y los gases combustibles licuados en recipientes de los tipos utilizados para cargar o recargar encendedores o mecheros, de capacidad inferior o igual a 300 cm^3; y
   c) las antorchas y hachos de resina, teas y similares.

Notas Nacionales:
1. Este Capítulo no comprende los explosivos de constitución química definida presentados aisladamente como: trinitrotolueno (partida 29.04); trinitrofenol (partida 29.08), etc.
2. Este Capítulo no comprende la nitrocelulosa, también conocida como algodón pólvora (partida 39.12).

CÓDIGO	DESCRIPCIÓN	UNIDAD	ARANCEL	
			IMP	EXP
36.01	**Pólvora.**			
3601.00	- **Pólvora.**			
3601.00.01 00	Pólvora sin humo o negra.	Kg	Ex.	Ex.
3601.00.99 00	Las demás.	Kg	5	Ex.
36.02	**Explosivos preparados, excepto la pólvora.**			
3602.00	- **Explosivos preparados, excepto la pólvora.**			
3602.00.02 00	Dinamita gelatina.	Kg	Ex.	Ex.
3602.00.03 00	Cartuchos o cápsulas microgeneradores de gas utilizados en la fabricación de cinturones de seguridad para vehículos automotores.	Pza	Ex.	Ex.
3602.00.99 00	Los demás.	Kg	5	Ex.
36.03	**Mechas de seguridad; cordones detonantes; cebos y cápsulas, fulminantes; inflamadores; detonadores eléctricos.**			
3603.10	- - **Mechas de seguridad.**			
3603.10.01 00	Para minas con núcleo de pólvora negra.	Kg	5	Ex.
3603.10.99 00	Los demás.	Kg	Ex.	Ex.

Código			Descripción	Unidad	IMP	EXP
3603.20	-	-	**Cordones detonantes.**			
3603.20.01	00		Cordones detonantes.	Kg	5	Ex.
3603.30	-	-	**Cebos fulminantes.**			
3603.30.01	00		Cebos fulminantes.	Kg	Ex.	Ex.
3603.40	-	-	**Cápsulas fulminantes.**			
3603.40.01	00		Cápsulas fulminantes.	Kg	Ex.	Ex.
3603.50	-	-	**Inflamadores.**			
3603.50.01	00		Inflamadores.	Kg	Ex.	Ex.
3603.60	-	-	**Detonadores eléctricos.**			
3603.60.01	00		Detonadores eléctricos.	Kg	Ex.	Ex.
36.04			**Artículos para fuegos artificiales, cohetes de señales o granífugos y similares, petardos y demás artículos de pirotecnia.**			
3604.10		-	**Artículos para fuegos artificiales.**			
3604.10.01	00		Artículos para fuegos artificiales.	Kg	15	Ex.
3604.90		-	**Los demás.**			
3604.90.99	00		Los demás.	Kg	15	Ex.
36.05			**Fósforos (cerillas), excepto los artículos de pirotecnia de la partida 36.04.**			
3605.00		-	**Fósforos (cerillas), excepto los artículos de pirotecnia de la partida 36.04.**			
3605.00.01	00		Fósforos (cerillas), excepto los artículos de pirotecnia de la partida 36.04.	Kg	15	Ex.
36.06			**Ferrocerio y demás aleaciones pirofóricas en cualquier forma; artículos de materias inflamables a que se refiere la Nota 2 de este Capítulo.**			
3606.10		-	**Combustibles líquidos y gases combustibles licuados en recipientes de los tipos utilizados para cargar o recargar encendedores o mecheros, de capacidad inferior o igual a 300 cm³.**			
3606.10.01	00		Combustibles líquidos y gases combustibles licuados en recipientes de los tipos utilizados para cargar o recargar encendedores o mecheros, de capacidad inferior o igual a 300 cm³.	Kg	5	Ex.
3606.90		-	**Los demás.**			
3606.90.01	00		Combustibles sólidos a base de alcohol.	Kg	15	Ex.
3606.90.02	00		Ferrocerio y otras aleaciones pirofóricas, cualquiera que sea su forma de presentación.	Kg	Ex.	Ex.
3606.90.99	00		Los demás.	Kg	10	Ex.

Capítulo 37
Productos fotográficos o cinematográficos

Notas.
1. Este Capítulo no comprende los desperdicios ni los materiales de desecho.
2. En este Capítulo, el término *fotográfico* se refiere al procedimiento mediante el cual se forman imágenes visibles sobre superficies fotosensibles, directa o indirectamente, por la acción de la luz o de otras formas de radiación.

CÓDIGO	DESCRIPCIÓN	UNIDAD	ARANCEL	
			IMP	EXP
37.01	**Placas y películas planas, fotográficas, sensibilizadas, sin impresionar, excepto las de papel, cartón o textiles; películas fotográficas planas autorrevelables, sensibilizadas, sin impresionar, incluso en cargadores.**			
3701.10	- **Para rayos X.**			
3701.10.02 00	Placas fotográficas para radiografías, de uso dental.	Kg	Ex.	Ex.
3701.10.99	Los demás.	Kg	5	Ex.
01	Placas fotográficas para radiografías.			
99	Los demás.			
3701.20	- **Películas autorrevelables.**			
3701.20.01 00	Películas autorrevelables.	Kg	5	Ex.
3701.30	- **Las demás placas y películas planas en las que por lo menos un lado sea superior a 255 mm.**			
3701.30.91 00	Las demás placas y películas planas en las que por lo menos un lado sea superior a 255 mm.	Kg	Ex.	Ex.
	- Las demás:			
3701.91	- - **Para fotografía en colores (policroma).**			
3701.91.01 00	Para fotografía en colores (policroma).	Kg	10	Ex.
3701.99	- - **Las demás.**			
3701.99.01 00	Placas secas para fotografía.	Kg	5	Ex.
3701.99.04 00	Chapas sensibilizadas litoplanográficas trimetálicas para fotolitografía (offset).	Kg	5	Ex.
3701.99.99	Las demás.	Kg	Ex.	Ex.
01	Chapas de aluminio recubiertas con materiales sensibles a la luz o tratadas, para fotolitografía (offset).			
02	Planchas litográficas fotopolímeras.			

	99	Las demás.			
37.02		**Películas fotográficas en rollos, sensibilizadas, sin impresionar, excepto las de papel, cartón o textiles; películas fotográficas autorrevelables en rollos, sensibilizadas, sin impresionar.**			
3702.10	-	**Para rayos X.**			
3702.10.01	00	En rollos maestros para radiografías, con peso unitario superior o igual a 100 kg.	Kg	Ex.	Ex.
3702.10.99	00	Las demás.	Kg	5	Ex.
	-	**Las demás películas, sin perforar, de anchura inferior o igual a 105 mm:**			
3702.31	- -	**Para fotografía en colores (policroma).**			
3702.31.02	00	Para fotografía en colores (policroma).	Kg	10	Ex.
3702.32	- -	**Las demás, con emulsión de halogenuros de plata.**			
3702.32.01	00	Películas autorrevelables.	Kg	10	Ex.
3702.32.99	00	Las demás.	Kg	5	Ex.
3702.39	- -	**Las demás.**			
3702.39.99	00	Las demás.	Kg	Ex.	Ex.
	-	**Las demás películas, sin perforar, de anchura superior a 105 mm:**			
3702.41	- -	**De anchura superior a 610 mm y longitud superior a 200 m, para fotografía en colores (policroma).**			
3702.41.01	00	En rollos maestros, para cinematógrafos o exposiciones fotográficas, sin movimiento, con peso unitario superior o igual a 100 kg.	Kg	Ex.	Ex.
3702.41.99	00	Las demás.	Kg	5	Ex.
3702.42	- -	**De anchura superior a 610 mm y longitud superior a 200 m, excepto para fotografía en colores.**			
3702.42.01	00	En rollos maestros, para exposiciones fotográficas, no perforadas, de uso en las artes gráficas, con peso unitario superior o igual a 100 kg.	Kg	Ex.	Ex.
3702.42.02	00	En rollos maestros, para cinematógrafos o exposiciones fotográficas, sin movimiento, con peso unitario superior o igual a 100 kg.	Kg	Ex.	Ex.
3702.42.99	00	Las demás.	Kg	5	Ex.
3702.43	- -	**De anchura superior a 610 mm y de longitud inferior o igual a 200 m.**			
3702.43.01	00	De anchura superior a 610 mm y de longitud inferior o igual a 200 m.	Kg	5	Ex.
3702.44	- -	**De anchura superior a 105 mm pero inferior o igual a 610 mm.**			
3702.44.01	00	Películas autorrevelables.	Kg	10	Ex.
3702.44.99	00	Las demás.	Kg	5	Ex.
	-	**Las demás películas para fotografía en colores (policroma):**			
3702.52	- -	**De anchura inferior o igual a 16 mm.**			
3702.52.01	00	De anchura inferior o igual a 16 mm.	Kg	5	Ex.
3702.53	- -	**De anchura superior a 16 mm pero inferior o igual a 35 mm y longitud inferior o igual a 30 m, para diapositivas.**			
3702.53.01	00	De anchura superior a 16 mm pero inferior o igual a 35 mm y longitud inferior o igual a 30 m, para diapositivas.	Kg	5	Ex.
3702.54	- -	**De anchura superior a 16 mm pero inferior o igual a 35 mm y longitud inferior o igual a 30 m, excepto para diapositivas.**			
3702.54.01	00	De anchura superior a 16 mm pero inferior o igual a 35 mm y longitud inferior o igual a 30 m, excepto para diapositivas.	Kg	Ex.	Ex.
3702.55	- -	**De anchura superior a 16 mm pero inferior o igual a 35 mm y longitud superior a 30 m.**			
3702.55.01	00	De anchura superior a 16 mm pero inferior o igual a 35 mm y longitud superior a 30 m.	Kg	Ex.	Ex.
3702.56	- -	**De anchura superior a 35 mm.**			
3702.56.01	00	De anchura superior a 35 mm.	Kg	5	Ex.
	-	**Las demás:**			
3702.96	- -	**De anchura inferior o igual a 35 mm y longitud inferior o igual a 30 m.**			
3702.96.01	00	De anchura inferior o igual a 35 mm y longitud inferior o igual a 30 m.	Kg	5	Ex.
3702.97	- -	**De anchura inferior o igual a 35 mm y longitud superior a 30 m.**			
3702.97.01	00	De anchura inferior o igual a 35 mm y longitud superior a 30 m.	Kg	5	Ex.

3702.98	- -	De anchura superior a 35 mm.			
3702.98.01 00		De anchura superior a 35 mm.	Kg	5	Ex.
37.03		**Papel, cartón y textiles, fotográficos, sensibilizados, sin impresionar.**			
3703.10	-	En rollos de anchura superior a 610 mm.			
3703.10.02 00		En rollos de anchura superior a 610 mm.	Kg	Ex.	Ex.
3703.20	-	Los demás, para fotografía en colores (policroma).			
3703.20.01 00		Papeles para fotografía.	Kg	Ex.	Ex.
3703.20.99 00		Los demás.	Kg	5	Ex.
3703.90	-	Los demás.			
3703.90.01 00		Papel positivo a base de óxido de cinc y colorante estabilizador.	Kg	Ex.	Ex.
3703.90.02 00		Papeles para fotografía.	Kg	Ex.	Ex.
3703.90.03 00		Papel para heliografía, excepto al ferrocianuro.	Kg	Ex.	Ex.
3703.90.99 00		Los demás.	Kg	10	Ex.
37.04		**Placas, películas, papel, cartón y textiles, fotográficos, impresionados pero sin revelar.**			
3704.00	-	Placas, películas, papel, cartón y textiles, fotográficos, impresionados pero sin revelar.			
3704.00.01 00		Placas, películas, papel, cartón y textiles, fotográficos, impresionados pero sin revelar.	Kg	5	Ex.
37.05		**Placas y películas, fotográficas, impresionadas y reveladas, excepto las cinematográficas (filmes).**			
3705.00	-	Placas y películas, fotográficas, impresionadas y reveladas, excepto las cinematográficas (filmes).			
3705.00.01 00		Placas y películas ortocromáticas reveladas, para la impresión de periódicos, libros, fascículos, revistas, material didáctico o colecciones.	Kg	Ex.	Ex.
3705.00.02 00		Películas fotográficas en rollos, con anchura de 35 mm, sin sonido, con reproducción de documentos, de textos o de ilustraciones, técnicas o científicas, para enseñanza o con fines culturales, reconocibles como diseñadas exclusivamente para instituciones de educación o similares.	Kg	5	Ex.
3705.00.03 00		Microfilmes.	Kg	Ex.	Ex.
3705.00.04 00		Para la reproducción offset, excepto lo comprendido en la fracción arancelaria 3705.00.01.	Kg	5	Ex.
3705.00.99 00		Las demás.	Kg	10	Ex.
37.06		**Películas cinematográficas (filmes), impresionadas y reveladas, con registro de sonido o sin él, o con registro de sonido solamente.**			
3706.10	-	De anchura superior o igual a 35 mm.			
3706.10.01 00		Positivas.	Kg	10	Ex.
3706.10.02 00		Negativas, incluso las denominadas internegativas o "master".	Kg	5	Ex.
3706.90	-	Las demás.			
3706.90.01 00		Películas cinematográficas educativas, aun cuando tengan impresión directa de sonido.	Kg	5	Ex.
3706.90.99 00		Las demás.	Kg	10	Ex.
37.07		**Preparaciones químicas para uso fotográfico, excepto los barnices, colas, adhesivos y preparaciones similares; productos sin mezclar para uso fotográfico, dosificados o acondicionados para la venta al por menor listos para su empleo.**			
3707.10	-	Emulsiones para sensibilizar superficies.			
3707.10.01 00		Emulsiones para sensibilizar superficies.	Kg	Ex.	Ex.
3707.90	-	Los demás.			
3707.90.02		Los demás.	Kg	Ex.	Ex.
	01	"Toner" en polvo para formar imágenes por medio de descargas electromagnéticas y calor, para uso en cartuchos para impresoras o fotocopiadoras.			
	99	Los demás.			

Capítulo 38
Productos diversos de las industrias químicas

Notas.
1. Este Capítulo no comprende:
   a) los productos de constitución química definida presentados aisladamente, excepto los siguientes:
      1) el grafito artificial (partida 38.01);

LEY DE LOS IMPUESTOS GENERALES DE IMPORTACION Y EXPORTACION

2) los insecticidas, raticidas y demás antirroedores, fungicidas, herbicidas, inhibidores de germinación y reguladores del crecimiento de las plantas, desinfectantes y productos similares, presentados en las formas o envases previstos en la partida 38.08;
3) los productos extintores presentados como cargas para aparatos extintores o en granadas o bombas extintoras (partida 38.13);
4) los materiales de referencia certificados especificados en la Nota 2 siguiente;
5) los productos citados en las Notas 3 a) o 3 c) siguientes;
b) las mezclas de productos químicos con sustancias alimenticias u otras que tengan valor nutritivo, de los tipos utilizados en la preparación de alimentos para consumo humano (partida 21.06, generalmente);
c) los productos de la partida 24.04;
d) las escorias, cenizas y residuos (incluidos los lodos, excepto los lodos de depuración), que contengan metal, arsénico o sus mezclas y cumplan las condiciones de las Notas 3 a) o 3 b) del Capítulo 26 (partida 26.20);
e) los medicamentos (partidas 30.03 o 30.04);
f) los catalizadores agotados de los tipos utilizados para la extracción de metal común o para la fabricación de compuestos químicos a base de metal común (partida 26.20), los catalizadores agotados de los tipos utilizados principalmente para la recuperación de metal precioso (partida 71.12), así como los catalizadores constituidos por metales o aleaciones metálicas que se presenten, por ejemplo, en forma de polvo muy fino o de tela metálica (Secciones XIV o XV).

2. A) En la partida 38.22, se entiende por *material de referencia certificado* el material de referencia que está acompañado por un certificado que indica los valores de las propiedades certificadas y los métodos utilizados para determinar estos valores, así como el grado de certeza asociado a cada valor, el cual es apto para ser utilizado con fines de análisis, calibración o referencia.
B) Con excepción de los productos de los Capítulos 28 o 29, para la clasificación del material de referencia certificado, la partida 38.22 tiene prioridad sobre cualquier otra partida de la Nomenclatura.

3. Se clasifican en la partida 38.24 y no en otra de la Nomenclatura:
a) los cristales cultivados (excepto los elementos de óptica) de óxido de magnesio o de sales halogenadas de los metales alcalinos o alcalinotérreos, de peso unitario superior o igual a 2.5 g;
b) los aceites de fusel; el aceite de Dippel;
c) los productos borradores de tinta acondicionados en envases para la venta al por menor;
d) los productos para la corrección de clisés de mimeógrafo ("stencils"), los demás correctores líquidos y las cintas correctoras (excepto las de la partida 96.12), acondicionados en envases para la venta al por menor;
e) los indicadores cerámicos fusibles para el control de la temperatura de los hornos (por ejemplo, conos de Seger).

4. En la Nomenclatura, se entiende por *desechos municipales* los recolectados de viviendas particulares, hoteles, restaurantes, hospitales, almacenes, oficinas, etcétera y los recogidos en calzadas y aceras, así como los desechos de material de construcción y los escombros de demolición. Estos desechos y desperdicios generalmente contienen una gran variedad de materias, tales como plástico, caucho, madera, papel, textil, vidrio, metal, productos alimenticios, muebles rotos y demás artículos deteriorados o descartados. Sin embargo, la expresión *desechos municipales* no comprende:
a) las materias o artículos que han sido separados de estos desechos como, por ejemplo: los desechos de plástico, caucho, madera, papel, textiles, vidrio o metal, o de desperdicios y desechos eléctricos y electrónicos (incluidas las baterías usadas), que siguen su propio régimen;
b) los desechos industriales;
c) los desechos farmacéuticos, tal como se definen en la Nota 4 k) del Capítulo 30;
d) los desechos clínicos, tal como se definen en la Nota 6 a) siguiente.

5. En la partida 38.25, se entiende por *lodos de depuración*, los lodos procedentes de las plantas de depuración de los efluentes urbanos incluidos los desechos de pretratamiento, los desechos de la limpieza y los lodos no estabilizados. Se excluyen los lodos estabilizados aptos para ser utilizados como abono (Capítulo 31).

6. En la partida 38.25, la expresión *los demás desechos* comprende:
a) los desechos clínicos, es decir, desechos contaminados procedentes de investigaciones médicas, análisis, tratamientos o demás procedimientos médicos, quirúrgicos, odontológicos o veterinarios, los que frecuentemente contienen sustancias patógenas o farmacéuticas y requieren de procedimientos especiales de destrucción (por ejemplo: apósitos, guantes o jeringas, usados);
b) los desechos de disolventes orgánicos;
c) los desechos de soluciones decapantes, fluidos hidráulicos, líquidos para frenos y líquidos anticongelantes;
d) los demás desechos de la industria química o de las industrias conexas.
Sin embargo, la expresión *los demás desechos* no comprende los desechos que contengan principalmente aceites de petróleo o de mineral bituminoso (partida 27.10).

7. En la partida 38.26, el término *biodiésel* designa los ésteres monoalquílicos de ácidos grasos de los tipos utilizados como carburantes o combustibles, derivados de grasas y aceites, animales, vegetales o de origen microbiano, incluso usados.

Notas de subpartida.
1. Las subpartidas 3808.52 y 3808.59 comprenden únicamente los productos de la partida 38.08, que contengan una o más de las sustancias siguientes: ácido perfluorooctano sulfónico y sus sales; alaclor (ISO); aldicarb (ISO); aldrina (ISO); azinfos-metil (ISO); binapacril (ISO); canfecloro (ISO) (toxafeno); captafol (ISO); carbofurano (carbofurán) (ISO); clordano (ISO); clordimeformo (ISO); clorobencilato (ISO); compuestos de mercurio; compuestos de tributilestaño; DDT (ISO) (clofenotano (DCI), 1,1,1-tricloro-2,2-bis(*p*-clorofenil)etano); dibromuro de etileno (ISO) (1,2-dibromoetano); dicloruro de etileno (ISO) (1,2-dicloroetano); dieldrina (ISO, DCI); 4,6-dinitro-*o*-cresol (DNOC (ISO)) o sus sales; dinoseb (ISO), sus sales o sus ésteres; endosulfán (ISO); fluoroacetamida (ISO); fluoruro de perfluorooctano sulfonilo; fosfamidón (ISO); heptacloro (ISO); hexaclorobenceno (ISO); 1,2,3,4,5,6-hexaclorociclohexano (HCH (ISO)), incluido el lindano (ISO, DCI); metamidofos (ISO); monocrotofós (ISO); oxirano (óxido de etileno); paratión (ISO); paratión-metilo (ISO) (metil-paratión); pentaclorofenol (ISO), sus sales o sus ésteres; perfluorooctano sulfonamidas; 2,4,5-T (ISO) (ácido 2,4,5-triclorofenoxiacético), sus sales o sus ésteres; triclorfón (ISO).
2. Las subpartidas 3808.61 a 3808.69 comprenden únicamente productos de la partida 38.08, que contengan alfa-cipermetrina (ISO), bendiocarb (ISO), bifentrina (ISO), ciflutrina (ISO), clorfenapir (ISO), deltametrina (DCI, ISO), etofenprox (DCI), fenitrotión (ISO), lambda-cialotrina (ISO), malatión (ISO), pirimifos-metil (ISO) o propoxur (ISO).
3. Las subpartidas 3824.81 a 3824.89 comprenden únicamente las mezclas y preparaciones que contengan una o más de las sustancias siguientes: oxirano (óxido de etileno); bifenilos polibromados (PBB); bifenilos policlorados (PCB); terfenilos policlorados (PCT); fosfato de tris(2,3-dibromopropilo); aldrina (ISO); canfecloro (ISO) (toxafeno); clordano (ISO); clordecona

(ISO); DDT (ISO) (clofenotano (DCI), 1,1,1-tricloro-2,2-bis(p-clorofenil)etano); dieldrina (ISO, DCI); endosulfán (ISO); endrina (ISO); heptacloro (ISO); mirex (ISO); 1,2,3,4,5,6-hexaclorociclohexano (HCH (ISO)), incluido el lindano (ISO, DCI); pentaclorobenceno (ISO); hexaclorobenceno (ISO); ácido perfluorooctano sulfónico, sus sales; perfluorooctano sulfonamidas; fluoruro de perfluorooctano sulfonilo; éteres tetra-, penta-, hexa-, hepta- u octabromodifenílicos; parafinas cloradas de cadena corta.

Las parafinas cloradas de cadena corta son mezclas de compuestos, con un grado de cloración superior a 48 % en peso, y cuya fórmula molecular es $C_xH_{(2x-y+2)}Cl_y$, donde x = 10 - 13 e y = 1 – 13.

4. En las subpartidas 3825.41 y 3825.49, se entiende por *desechos de disolventes orgánicos*, los desechos que contengan principalmente disolventes orgánicos impropios para su utilización inicial, aunque no se destinen a la recuperación de éstos.

Notas Nacionales:

1. En la partida 38.01:

    Se clasifican los desperdicios y desechos de manufacturas; así como las manufacturas agotadas que solo sirven para la recuperación del grafito artificial.

    En esta partida, la expresión "preparaciones a base de grafito u otros carbonos, en pasta, bloques, plaquitas u otras semimanufacturas" comprende entre otras a las semimanufacturas de "composiciones metalografíticas, que se obtienen por una técnica parecida a la sinterización (aglomeración, moldeado y cocción) a partir de mezclas de polvo de grafito y de polvo de metales comunes (cobre, cadmio o aleaciones de estos metales) cuya proporción puede variar entre 10% y 95%".

    El grafito coloidal o semicoloidal clasificado en esta partida, comprende únicamente el grafito en suspensión coloidal o semicoloidal en cualquier medio, siempre que el grafito constituya el elemento base.

2. El dipenteno en bruto clasificado en la partida 38.05 puede presentar un contenido, en peso, de hasta 80% de dipenteno y 20% de otras esencias terpénicas.

3. En la partida 38.10 el decapado se efectúa como operación de acabado del metal, en una etapa anterior del proceso metalúrgico o también como operación preparatoria de trabajos de superficie. Por otra parte, quedan excluidas de esta partida las preparaciones de limpieza de los metales, que se clasifican en la partida 34.02.

4. La partida 38.14 comprende a los disolventes y diluyentes orgánicos (aunque su contenido en aceites del petróleo sea superior o igual al 70% en peso).

5. En la partida 38.22 la denominación, materiales de referencia certificados se refiere a los que son utilizados para: comprobar la calidad y trazabilidad de los productos de metrología, calibrar un aparato, evaluar un método de medida y para atribuir o asignar valores a los materiales.

6. La partida 38.23 comprende:

    a) El aceite de tall oil en bruto cuyo contenido de ácidos grasos principalmente ácido oleico y linoleico separados de la casi totalidad de los ácidos resínicos del tall oil por destilación fraccionada en vacío o por cualquier otro procedimiento, sea superior o igual al 90% en peso;

    b) El ácido oleico clasificado en esta partida presenta una pureza inferior al 85% en peso;

    c) Los demás ácidos grasos con una pureza inferior al 90% se clasifican en esta partida;

    d) Esta partida comprende a los alcoholes grasos cuya pureza sea inferior al 90% (calculado en relación con el peso del producto en estado seco).

7. Se excluyen de la partida 38.26:

    a) Las mezclas que contengan una cantidad superior o igual al 70% en peso, de aceites de petróleo o de aceites obtenidos a partir de minerales bituminosos (partida 27.10);

    b) Los productos derivados de aceites vegetales que han sido completamente desoxigenados y que se componen exclusivamente de cadenas de hidrocarburos alifáticos (partida 27.10).

8. Para las subpartidas 3808.91 a 3808.99, los productos que presenten usos múltiples susceptibles de clasificarse en varias subpartidas, su clasificación se regirá por lo establecido en la Regla General 3, de la fracción I, del Artículo 2o. de la Ley de los Impuestos Generales de importación y de Exportación.

CÓDIGO		DESCRIPCIÓN	UNIDAD	ARANCEL	
				IMP	EXP
38.01		**Grafito artificial; grafito coloidal o semicoloidal; preparaciones a base de grafito u otros carbonos, en pasta, bloques, plaquitas u otras semimanufacturas.**			
3801.10		- **Grafito artificial.**			
3801.10.01	00	Barras o bloques.	Kg	5	Ex.
3801.10.99	00	Los demás.	Kg	Ex.	Ex.
3801.20		- **Grafito coloidal o semicoloidal.**			
3801.20.01	00	Grafito coloidal o semicoloidal.	Kg	Ex.	Ex.
3801.30		- **Pastas carbonosas para electrodos y pastas similares para el revestimiento interior de hornos.**			
3801.30.02		Pastas carbonosas para electrodos y pastas similares para el revestimiento interior de hornos.	Kg	Ex.	Ex.
	01	Preparación refractaria que contenga básicamente coque, grafito, brea o alquitrán.			
	99	Los demás.			
3801.90		- **Las demás.**			
3801.90.01	00	Monofilamentos constituidos por grafito soportado en fibra de vidrio, aun cuando se presenten formando mechas.	Kg	5	Ex.
3801.90.99	00	Las demás.	Kg	Ex.	Ex.
38.02		**Carbón activado; materias minerales naturales activadas; negro de origen animal, incluido el agotado.**			
3802.10		- **Carbón activado.**			
3802.10.01	00	Carbón activado.	Kg	6	Ex.
3802.90		- **Los demás.**			
3802.90.06		Arcilla activada.	Kg	10	Ex.
	01	Arcilla activada, excepto lo comprendido en el número de identificación comercial 3802.90.06.02.			

LEY DE LOS IMPUESTOS GENERALES DE IMPORTACION Y EXPORTACION

	02		Tierras de fuller, activadas.			
3802.90.99			Los demás.	Kg	Ex.	Ex.
	01		Negro de huesos.			
	99		Los demás.			
38.03			**"Tall oil", incluso refinado.**			
3803.00		-	**"Tall oil", incluso refinado.**			
3803.00.01	00		"Tall oil", incluso refinado.	Kg	Ex.	Ex.
38.04			**Lejías residuales de la fabricación de pastas de celulosa, aunque estén concentradas, desazucaradas o tratadas químicamente, incluidos los lignosulfonatos, excepto el "tall oil" de la partida 38.03.**			
3804.00		-	**Lejías residuales de la fabricación de pastas de celulosa, aunque estén concentradas, desazucaradas o tratadas químicamente, incluidos los lignosulfonatos, excepto el "tall oil" de la partida 38.03.**			
3804.00.02			Lejías residuales de la fabricación de pastas de celulosa, aunque estén concentradas, desazucaradas o tratadas químicamente, incluidos los lignosulfonatos, excepto el "tall oil" de la partida 38.03.	Kg	Ex.	Ex.
	01		Lignosulfonatos cromados o sin cromar de calcio, sodio o potasio.			
	99		Los demás.			
38.05			**Esencias de trementina, de madera de pino o de pasta celulósica al sulfato (sulfato de trementina) y demás esencias terpénicas procedentes de la destilación o de otros tratamientos de la madera de coníferas; dipenteno en bruto; esencia de pasta celulósica al bisulfito (bisulfito de trementina) y demás paracimenos en bruto; aceite de pino con alfa-terpineol como componente principal.**			
3805.10		-	**Esencias de trementina, de madera de pino o de pasta celulósica al sulfato (sulfato de trementina).**			
3805.10.02			Esencias de trementina, de madera de pino o de pasta celulósica al sulfato (sulfato de trementina).	L	Ex.	Ex.
	01		Esencia de trementina.			
	99		Los demás.			
3805.90		-	**Los demás.**			
3805.90.01	00		Aceite de pino.	L	5	Ex.
3805.90.99	00		Los demás.	Kg	Ex.	Ex.
38.06			**Colofonias y ácidos resínicos, y sus derivados; esencia y aceites de colofonia; gomas fundidas.**			
3806.10		-	**Colofonias y ácidos resínicos.**			
3806.10.01	00		Colofonias.	Kg	Ex.	Ex.
3806.10.99	00		Los demás.	Kg	5	Ex.
3806.20		-	**Sales de colofonias, de ácidos resínicos o de derivados de colofonias o de ácidos resínicos, excepto las sales de aductos de colofonias.**			
3806.20.01	00		Sales de colofonias, de ácidos resínicos o de derivados de colofonias o de ácidos resínicos, excepto las sales de aductos de colofonias.	Kg	10	Ex.
3806.30		-	**Gomas éster.**			
3806.30.03			Gomas éster.	Kg	5	Ex.
	01		Resinas esterificadas de colofonias.			
	99		Los demás.			
3806.90		-	**Los demás.**			
3806.90.01	00		Mezcla de alcohol tetrahidroabietílico, alcohol dihidroabietílico y alcohol dehidroabietílico.	Kg	5	Ex.
3806.90.99	00		Los demás.	Kg	10	Ex.
38.07			**Alquitranes de madera; aceites de alquitrán de madera; creosota de madera; metileno (nafta de madera); pez vegetal; pez de cervecería y preparaciones similares a base de colofonia, de ácidos resínicos o de pez vegetal.**			
3807.00		-	**Alquitranes de madera; aceites de alquitrán de madera; creosota de madera; metileno (nafta de madera); pez vegetal; pez de cervecería y preparaciones similares a base de colofonia, de ácidos resínicos o de pez vegetal.**			
3807.00.01	00		Alquitranes de madera; aceites de alquitrán de madera; creosota de madera; metileno (nafta de madera); pez vegetal; pez de cervecería y preparaciones similares a base de colofonia, de ácidos resínicos o de pez vegetal.	Kg	Ex.	Ex.
38.08			**Insecticidas, raticidas y demás antirroedores, fungicidas, herbicidas, inhibidores de germinación y reguladores del crecimiento de las plantas, desinfectantes y productos similares, presentados en formas o en envases para la venta al por menor, o como preparaciones o artículos tales como cintas, mechas y velas, azufradas, y papeles matamoscas.**			
		-	**Productos mencionados en la Nota 1 de subpartida de este Capítulo:**			
3808.52		- -	**DDT (ISO) (clofenotano (DCI)), acondicionado en envases con un contenido en peso neto inferior o igual a 300 g.**			
3808.52.01			DDT (ISO) (clofenotano (DCI)), acondicionado en envases con un contenido en peso neto inferior o igual a 300 g.	Prohibida	Prohibida	Prohibida
3808.59		- -	**Los demás.**			
3808.59.01	00		Desinfectantes.	Kg	5	Ex.
3808.59.02			Formulados a base de: Aldicarb; Alaclor; Azinfos metílico; Captafol; Carbofurano (ISO); Clordano; DDT; Endosulfan; Fosfamidón; Hexaclorociclohexano (HCH (ISO)), incluido el lindano (ISO, DCI); Paratión metílico; Triclorfón (ISO).	Prohibida	Prohibida	Prohibida

Código	Sub	Descripción	U		
3808.59.99		Los demás.	Kg	Ex.	Ex.
	01	Herbicidas.			
	02	Acaricidas, excepto a base de: cihexatin; propargite.			
	99	Los demás.			
	-	**Productos mencionados en la Nota 2 de subpartida de este Capítulo:**			
3808.61	- -	**Acondicionados en envases con un contenido en peso neto inferior o igual a 300 g.**			
3808.61.01	00	Acondicionados en envases con un contenido en peso neto inferior o igual a 300 g.	Kg	Ex.	Ex.
3808.62	- -	**Acondicionados en envases con un contenido en peso neto superior a 300 g pero inferior o igual a 7.5 kg.**			
3808.62.01	00	Acondicionados en envases con un contenido en peso neto superior a 300 g pero inferior o igual a 7.5 kg.	Kg	Ex.	Ex.
3808.69	- -	**Los demás.**			
3808.69.99	00	Los demás.	Kg	Ex.	Ex.
	-	**Los demás:**			
3808.91	- -	**Insecticidas.**			
3808.91.06		Formulados a base de fentoato.	Prohibida	Prohibida	Prohibida
3808.91.99		Los demás.	Kg	Ex.	Ex.
	01	Formulados a base de: oxamil; *Bacillus thuringiensis*.			
	99	Los demás.			
3808.92	- -	**Fungicidas.**			
3808.92.03		Fungicidas.	Kg	Ex.	Ex.
	01	Formulados a base de: carboxin; dinocap; dodemorf; acetato de fentin; fosetil Al; iprodiona; kasugamicina, propiconazol; vinclozolin.			
	02	Etilen bis ditiocarbamato de manganeso con ión de cinc (Mancozeb).			
	99	Los demás.			
3808.93	- -	**Herbicidas, inhibidores de germinación y reguladores del crecimiento de las plantas.**			
3808.93.04		Herbicidas, inhibidores de germinación y reguladores del crecimiento de las plantas.	Kg	Ex.	Ex.
	01	Reguladores de crecimiento vegetal.			
	02	Herbicidas formulados a base de: aciflourfen; barban; setoxidin; dalapon; difenamida; etidimuron; hexazinona; linuron; tidiazuron.			
	99	Los demás.			
3808.94	- -	**Desinfectantes.**			
3808.94.01	00	Poli (dicloruro de oxietileno-(dimetilamonio)- etileno-(dimetilamonio)-etileno), en solución acuosa.	Kg	Ex.	Ex.
3808.94.02	00	Formulados a base de derivados de la isotiazolinona.	Kg	Ex.	Ex.
3808.94.99	00	Los demás.	Kg	5	Ex.
3808.99	- -	**Los demás.**			
3808.99.03		Acaricidas a base de ester etílico del ácido O,O-dimetilditiofosforil-fenilacético (fentoato).	Prohibida	Prohibida	Prohibida
3808.99.99	00	Los demás.	Kg	Ex.	Ex.
38.09		**Aprestos y productos de acabado, aceleradores de tintura o de fijación de materias colorantes y demás productos y preparaciones (por ejemplo: aprestos y mordientes), de los tipos utilizados en la industria textil, del papel, del cuero o industrias similares, no expresados ni comprendidos en otra parte.**			
3809.10	-	**A base de materias amiláceas.**			
3809.10.01	00	A base de materias amiláceas.	Kg	5	Ex.
	-	**Los demás:**			
3809.91	- -	**De los tipos utilizados en la industria textil o industrias similares.**			
3809.91.01	00	Preparaciones suavizantes de telas a base de aminas cuaternarias, acondicionadas para la venta al por menor.	Kg	6	Ex.
3809.91.99	00	Los demás.	Kg	6	Ex.
3809.92	- -	**De los tipos utilizados en la industria del papel o industrias similares.**			
3809.92.01	00	Preparaciones de polietileno con cera, con un contenido de sólidos superior o igual al 40%, con una viscosidad de 200 a 250 centipoises a 25°C, y con un pH de 7.0 a 8.5.	Kg	5	Ex.
3809.92.02	00	Preparación constituida por fibrilas de polipropileno y pasta de celulosa, en placas.	Kg	Ex.	Ex.
3809.92.99		Los demás.	Kg	10	Ex.
	01	Dimero ceténico de ácidos grasos monocarboxílicos.			
	99	Los demás.			
3809.93	- -	**De los tipos utilizados en la industria del cuero o industrias similares.**			
3809.93.01	00	De los tipos utilizados en la industria del cuero o industrias similares.	Kg	6	Ex.
38.10		**Preparaciones para el decapado de metal; flujos y demás preparaciones auxiliares para soldar metal; pastas y polvos para soldar, constituidos por metal y otros productos; preparaciones de los tipos utilizados para recubrir o rellenar electrodos o varillas de soldadura.**			
3810.10	-	**Preparaciones para el decapado de metal; pastas y polvos para soldar, constituidos por metal y otros productos.**			
3810.10.01	00	Preparaciones para el decapado de metal; pastas y polvos para soldar, constituidos por metal y otros productos.	Kg	3	Ex.
3810.90	-	**Los demás.**			

LEY DE LOS IMPUESTOS GENERALES DE IMPORTACION Y EXPORTACION

3810.90.99		Los demás.	Kg	Ex.	Ex.
	01	Fundentes para soldadura, usados en el proceso de arco sumergido, en forma de gránulos o pellets, a base de silicato y óxidos metálicos.			
	99	Los demás.			
38.11		**Preparaciones antidetonantes, inhibidores de oxidación, aditivos peptizantes, mejoradores de viscosidad, anticorrosivos y demás aditivos preparados para aceites minerales (incluida la gasolina) u otros líquidos utilizados para los mismos fines que los aceites minerales.**			
	-	Preparaciones antidetonantes:			
3811.11	- -	**A base de compuestos de plomo.**			
3811.11.02	00	A base de compuestos de plomo.	Kg	Ex.	Ex.
3811.19	- -	**Las demás.**			
3811.19.99	00	Las demás.	Kg	Ex.	Ex.
	-	Aditivos para aceites lubricantes:			
3811.21	- -	**Que contengan aceites de petróleo o de mineral bituminoso.**			
3811.21.01	00	Sulfonatos y/o fenatos de calcio de los hidrocarburos y sus derivados.	Kg	5	Ex.
3811.21.02	00	Derivados de ácido y/o anhídrido poliisobutenil succínico, incluyendo amida, imida o ésteres.	Kg	5	Ex.
3811.21.03	00	Ditiofosfato de cinc disubstituidos con radicales de C3 a C18, y sus derivados.	Kg	5	Ex.
3811.21.04	00	Mezclas a base de poliisobutileno o diisobutileno sulfurizados.	Kg	Ex.	Ex.
3811.21.05	00	Mezclas a base de ácido dodecilsuccínico y dodecil succinato de alquilo.	Kg	Ex.	Ex.
3811.21.06	00	Sales de O,O-dihexil ditiofosfato de alquilaminas primarias con radicales alquilo de C10 a C14.	Kg	Ex.	Ex.
3811.21.07	00	Aditivos para aceites lubricantes cuando se presenten a granel, excepto lo comprendido en las fracciones arancelarias 3811.21.01, 3811.21.02, 3811.21.03, 3811.21.04, 3811.21.05 y 3811.21.06.	Kg	5	Ex.
3811.21.99	00	Los demás.	L	15	Ex.
3811.29	- -	**Los demás.**			
3811.29.04	00	Mezclas a base de poliisobutileno o diisobutileno sulfurizados.	Kg	Ex.	Ex.
3811.29.05	00	Mezclas a base de ácido dodecilsuccínico y dodecil succinato de alquilo.	Kg	Ex.	Ex.
3811.29.06	00	Sales de O,O-dihexil ditiofosfato de alquilaminas primarias con radicales alquilo de C10 a C14.	Kg	Ex.	Ex.
3811.29.99	00	Los demás.	Kg	5	Ex.
3811.90	-	**Los demás.**			
3811.90.01	00	Aditivos para combustóleo a base de óxido de magnesio; aditivos para combustóleo a base de agentes emulsionantes.	Kg	Ex.	Ex.
3811.90.99	00	Los demás.	Kg	5	Ex.
38.12		**Aceleradores de vulcanización preparados; plastificantes compuestos para caucho o plástico, no expresados ni comprendidos en otra parte; preparaciones antioxidantes y demás estabilizantes compuestos para caucho o plástico.**			
3812.10	-	**Aceleradores de vulcanización preparados.**			
3812.10.01	00	Aceleradores de vulcanización preparados.	Kg	3	Ex.
3812.20	-	**Plastificantes compuestos para caucho o plástico.**			
3812.20.01	00	Plastificantes compuestos para caucho o plástico.	Kg	5	Ex.
	-	Preparaciones antioxidantes y demás estabilizantes compuestos para caucho o plástico:			
3812.31	- -	**Mezclas de oligómeros de 2,2,4-trimetil-1,2-dihidroquinoleína (TMQ).**			
3812.31.01	00	Mezclas de oligómeros de 2,2,4-trimetil-1,2-dihidroquinoleína (TMQ).	Kg	Ex.	Ex.
3812.39	- -	**Los demás.**			
3812.39.02	00	Mezcla antiozonante a base de o-tolil-o-anilina-p-fenilen-diamina, difenil-p-fenilendiamina y di-o-tolil-p-fenilendiamina.	Kg	5	Ex.
3812.39.03	00	Mezcla de nitrilos de ácidos grasos.	Kg	Ex.	Ex.
3812.39.04	00	2,2,4-Trimetil-1,2-dihidro-quinolina polimerizada.	Kg	Ex.	Ex.
3812.39.05	00	Poli ((6-((1,1,3,3 tetrametil butil)-imino)-1,3,5-triazina-2,4-diil)(2-(2,2,6,6-tetrametil-piperidil)-imino)-hexametilén- (4-(2,2,6,6-tetrametil-piperidil)-imino)).	Kg	Ex.	Ex.
3812.39.99		Los demás.	Kg	6	Ex.
	01	Estabilizantes para compuestos plásticos vinílicos, a base de estaño, plomo, calcio, bario, cinc y/o cadmio.			
	99	Los demás.			
38.13		**Preparaciones y cargas para aparatos extintores; granadas y bombas extintoras.**			
3813.00	-	**Preparaciones y cargas para aparatos extintores; granadas y bombas extintoras.**			
3813.00.01	00	Preparaciones y cargas para aparatos extintores; granadas y bombas extintoras.	Kg	5	Ex.
38.14		**Disolventes y diluyentes orgánicos compuestos, no expresados ni comprendidos en otra parte; preparaciones para quitar pinturas o barnices.**			
3814.00	-	**Disolventes y diluyentes orgánicos compuestos, no expresados ni comprendidos en otra parte; preparaciones para quitar pinturas o barnices.**			
3814.00.01	00	Disolventes y diluyentes orgánicos compuestos, no expresados ni comprendidos en otra parte; preparaciones para quitar pinturas o barnices.	Kg	6	Ex.
38.15		**Iniciadores y aceleradores de reacción y preparaciones catalíticas, no expresados ni comprendidos en otra parte.**			
	-	Catalizadores sobre soporte:			

3815.11		-- Con níquel o sus compuestos como sustancia activa.			
3815.11.03		Con níquel o sus compuestos como sustancia activa.	Kg	Ex.	Ex.
	01	A base de níquel Raney, de óxido de níquel disperso en ácidos grasos.			
	99	Los demás.			
3815.12		-- Con metal precioso o sus compuestos como sustancia activa.			
3815.12.03		Con metal precioso o sus compuestos como sustancia activa.	Kg	Ex.	Ex.
	01	A base de paladio aun cuando contenga carbón activado.			
	99	Los demás.			
3815.19		-- Los demás.			
3815.19.01	00	A base de pentóxido de vanadio.	Kg	10	Ex.
3815.19.99	00	Los demás.	Kg	Ex.	Ex.
3815.90		- Los demás.			
3815.90.02	00	Iniciadores de polimerización a base de peróxidos o peroxidicarbonatos orgánicos.	Kg	5	Ex.
3815.90.99		Los demás.	Kg	Ex.	Ex.
	01	Iniciadores para preparación de siliconas.			
	02	Catalizadores preparados.			
	99	Los demás.			
38.16		**Cementos, morteros, hormigones y preparaciones similares, refractarios, incluido el aglomerado de dolomita, excepto los productos de la partida 38.01.**			
3816.00	--	Cementos, morteros, hormigones y preparaciones similares, refractarios, incluido el aglomerado de dolomita, excepto los productos de la partida 38.01.			
3816.00.02	00	Mortero refractario, a base de dióxido de silicio, óxido de aluminio y óxido de calcio.	Kg	5	Ex.
3816.00.06	00	Compuestos con un contenido de: arenas silíceas superior o igual al 44% pero inferior o igual al 46%, carbono superior o igual al 24% pero inferior o igual al 26% y de carburo de silicio superior o igual al 29% pero inferior o igual al 31%.	Kg	5	Ex.
3816.00.07	00	A base de dolomita calcinada, aun cuando contenga magnesita calcinada.	Kg	5	Ex.
3816.00.99		Los demás.	Kg	Ex.	Ex.
	01	De cromo o cromita o cromomagnesita calcinada o magnesita calcinada.			
	02	De óxido de circonio o silicato de circonio, aun cuando contenga alúmina o mullita.			
	03	Aglomerado de dolomita.			
	99	Los demás.			
38.17		**Mezclas de alquilbencenos y mezclas de alquilnaftalenos, excepto las de las partidas 27.07 o 29.02.**			
3817.00	-	Mezclas de alquilbencenos y mezclas de alquilnaftalenos, excepto las de las partidas 27.07 o 29.02.			
3817.00.01	00	Mezcla a base de dodecilbenceno.	Kg	Ex.	Ex.
3817.00.02	00	Mezcla de dialquilbencenos.	Kg	Ex.	Ex.
3817.00.03	00	Alquilbenceno lineal (LAB).	Kg	Ex.	Ex.
3817.00.99	00	Los demás.	Kg	5	Ex.
38.18		**Elementos químicos dopados para uso en electrónica, en discos, obleas ("wafers") o formas análogas; compuestos químicos dopados para uso en electrónica.**			
3818.00	-	Elementos químicos dopados para uso en electrónica, en discos, obleas ("wafers") o formas análogas; compuestos químicos dopados para uso en electrónica.			
3818.00.01	00	Elementos químicos dopados para uso en electrónica, en discos, obleas ("wafers") o formas análogas; compuestos químicos dopados para uso en electrónica.	Kg	Ex.	Ex.
38.19		**Líquidos para frenos hidráulicos y demás líquidos preparados para transmisiones hidráulicas, sin aceites de petróleo ni de mineral bituminoso o con un contenido inferior al 70% en peso de dichos aceites.**			
3819.00	-	Líquidos para frenos hidráulicos y demás líquidos preparados para transmisiones hidráulicas, sin aceites de petróleo ni de mineral bituminoso o con un contenido inferior al 70% en peso de dichos aceites.			
3819.00.03	00	Líquidos para transmisiones hidráulicas a base de ésteres fosfóricos o hidrocarburos clorados y aceites minerales.	L	5	Ex.
3819.00.04		Líquidos para frenos hidráulicos.	L	7	Ex.
	01	Líquidos para frenos hidráulicos, presentados para la venta al por menor.			
	02	Líquidos para frenos hidráulicos, a base de alcoholes y aceites fijos, excepto los presentados para la venta al por menor.			
3819.00.99	00	Los demás.	L	6	Ex.
38.20		**Preparaciones anticongelantes y líquidos preparados para descongelar.**			
3820.00	-	Preparaciones anticongelantes y líquidos preparados para descongelar.			
3820.00.01	00	Preparaciones anticongelantes y líquidos preparados para descongelar.	L	6	Ex.
38.21		**Medios de cultivo preparados para el desarrollo o mantenimiento de microorganismos (incluidos los virus y organismos similares) o de células vegetales, humanas o animales.**			
3821.00	-	Medios de cultivo preparados para el desarrollo o mantenimiento de microorganismos (incluidos los virus y organismos similares) o de células vegetales, humanas o animales.			
3821.00.01	00	Medios de cultivo preparados para el desarrollo o mantenimiento de microorganismos (incluidos los virus y organismos similares) o de células vegetales, humanas o animales.	Kg	5	Ex.

38.22 — Reactivos de diagnóstico o de laboratorio sobre cualquier soporte y reactivos de diagnóstico o de laboratorio preparados, incluso sobre soporte, incluso presentados en kits, excepto los de la partida 30.06; materiales de referencia certificados.

Fracción			Descripción	UM	Imp.	Exp.
	- -		Reactivos de diagnóstico o de laboratorio sobre cualquier soporte y reactivos de diagnóstico o de laboratorio preparados, incluso sobre soporte, incluso presentados en kits:			
3822.11	--	- -	Para la malaria (paludismo).			
3822.11.01	00		Presentados en forma de Kit.	Kg	Ex.	Ex.
3822.11.99	00		Los demás.	Kg	5	Ex.
3822.12	--	- -	Para el Zika y demás enfermedades transmitidas por mosquitos del género *Aedes*.			
3822.12.01	00		Reactivos de diagnóstico para determinación de pruebas inmunológicas por medio de anticuerpos monoclonales, mezclados, incluso en forma de juegos (Kit).	Kg	Ex.	Ex.
3822.12.99	00		Los demás.	Kg	5	Ex.
3822.13	--	- -	Para la determinación de los grupos o de los factores sanguíneos.			
3822.13.01	00		Reactivos hemoclasificadores.	Kg	5	Ex.
3822.13.99	00		Los demás.	Kg	15	Ex.
3822.19	--	- -	Los demás.			
3822.19.01	00		Reactivos de diagnóstico para determinación de pruebas inmunológicas por medio de anticuerpos monoclonales, mezclados, incluso en forma de juegos (Kit).	Kg	Ex.	Ex.
3822.19.02	00		Placas, hojas, láminas, hojas o tiras, de papel, impregnadas o recubiertas con reactivos para diagnóstico o laboratorio.	Kg	Ex.	Ex.
3822.19.03	00		Juegos o surtidos de reactivos de diagnósticos, para las determinaciones en el laboratorio de hematología.	Kg	Ex.	Ex.
3822.19.99			Los demás.	Kg	5	Ex.
	01		Placas, hojas, láminas, hojas o tiras, de plástico, impregnadas o recubiertas con reactivos para diagnóstico o laboratorio.			
	02		Juegos o surtidos de reactivos de diagnóstico, para las determinaciones en el laboratorio de química clínica, excepto lo comprendido en el número de identificación comercial 3822.00.99.01.			
	91		Los demás reactivos de diagnóstico para determinación de pruebas inmunológicas por medio de anticuerpos monoclonales.			
	99		Los demás.			
3822.90	-	-	Los demás.			
3822.90.99	00		Los demás.	Kg	5	Ex.

38.23 — Ácidos grasos monocarboxílicos industriales; aceites ácidos del refinado; alcoholes grasos industriales.

Fracción			Descripción	UM	Imp.	Exp.
	-		Ácidos grasos monocarboxílicos industriales; aceites ácidos del refinado:			
3823.11		- -	Ácido esteárico.			
3823.11.01	00		Ácido esteárico.	Kg	Ex.	Ex.
3823.12		- -	Ácido oleico.			
3823.12.03			Ácido oleico.	Kg	Ex.	Ex.
	01		Ácido oléico (Oleína), excepto lo comprendido en el número de identificación comercial 3823.12.03.02.			
	02		Ácido oléico, cuyas características sean "Titer" menor de 25°C índice de yodo de 80 a 100; color Gardner 12 máximo, índice de acidez de 195 a 204, índice de saponificación de 197 a 206, composición de ácido oléico 70% mínimo.			
3823.13		- -	Ácidos grasos del "tall oil".			
3823.13.01	00		Ácidos grasos del "tall oil".	Kg	Ex.	Ex.
3823.19		- -	Los demás.			
3823.19.03	00		Ácido palmítico, cuyas características sean: "Titer" de 53°C a 62°C, índice de yodo inferior o igual a 2, color Gardner de 1 a 12, índice de acidez de 206 a 220, índice de saponificación de 207 a 221, composición de ácido palmítico de superior o igual al 64%.	Kg	5	Ex.
3823.19.99			Los demás.	Kg	Ex.	Ex.
	01		Aceites ácidos del refinado.			
	99		Los demás.			
3823.70	-		Alcoholes grasos industriales.			
3823.70.02			Alcoholes grasos industriales.	L	Ex.	Ex.
	01		Alcohol laurílico.			
	99		Los demás.			

38.24 — Preparaciones aglutinantes para moldes o núcleos de fundición; productos químicos y preparaciones de la industria química o de las industrias conexas (incluidas las mezclas de productos naturales), no expresados ni comprendidos en otra parte.

Fracción			Descripción	UM	Imp.	Exp.
3824.10	-		Preparaciones aglutinantes para moldes o núcleos de fundición.			
3824.10.01	00		Preparaciones aglutinantes para moldes o núcleos de fundición.	Kg	Ex.	Ex.
3824.30	-		Carburos metálicos sin aglomerar mezclados entre sí o con aglutinantes metálicos.			
3824.30.02			Carburos metálicos sin aglomerar mezclados entre sí o con aglutinantes metálicos.	Kg	Ex.	Ex.

Código		Descripción	UM		
	01	Mezclas de polvos de carburo de tungsteno con uno o varios de los siguientes compuestos y/o elementos: carburo de tantalio, carburo de titanio, cobalto, níquel, molibdeno, cromo o colombio; aun cuando contengan parafina.			
	99	Los demás.			
3824.40	-	**Aditivos preparados para cementos, morteros u hormigones.**			
3824.40.01 00		Para cemento.	Kg	10	Ex.
3824.40.99 00		Los demás.	Kg	Ex.	Ex.
3824.50	-	**Morteros y hormigones, no refractarios.**			
3824.50.01 00		Preparaciones a base de hierro molido, arena silícea y cemento hidráulico.	Kg	5	Ex.
3824.50.02 00		Mezclas de arena de circonio, arena silícea y resina.	Kg	Ex.	Ex.
3824.50.03 00		Aglutinantes vitrificadores o ligas cerámicas.	Kg	Ex.	Ex.
3824.50.99 00		Los demás.	Kg	10	Ex.
3824.60	-	**Sorbitol, excepto el de la subpartida 2905.44.**			
3824.60.01 00		Sorbitol, excepto el de la subpartida 2905.44.	Kg	5	Ex.
	-	Productos mencionados en la Nota 3 de subpartida de este Capítulo:			
3824.81	- -	**Que contengan oxirano (óxido de etileno).**			
3824.81.01 00		Que contengan oxirano (óxido de etileno).	Kg	Ex.	Ex.
3824.82	- -	**Que contengan bifenilos polibromados (PBB), bifenilos policlorados (PCB) o terfenilos policlorados (PCT).**			
3824.82.01 00		Que contengan bifenilos polibromados (PBB), bifenilos policlorados (PCB) o terfenilos policlorados (PCT).	Kg	Ex.	Ex.
3824.83	- -	**Que contengan fosfato de tris (2,3-dibromopropilo).**			
3824.83.01 00		Que contengan fosfato de tris (2,3-dibromopropilo).	Kg	Ex.	Ex.
3824.84	- -	**Que contengan aldrina (ISO), canfecloro (ISO) (toxafeno), clordano (ISO), clordecona (ISO), DDT (ISO) (clofenotano (DCI), 1,1,1-tricloro-2,2-bis (p-clorofenil)etano), dieldrina (ISO, DCI), endosulfán (ISO), endrina (ISO), heptacloro (ISO) o mirex (ISO).**			
3824.84.01 00		Que contengan aldrina (ISO), canfecloro (ISO) (toxafeno), clordano (ISO), clordecona (ISO), DDT (ISO) (clofenotano (DCI), 1,1,1-tricloro-2,2-bis (p-clorofenil)etano), dieldrina (ISO, DCI), endosulfán (ISO), endrina (ISO), heptacloro (ISO) o mirex (ISO).	Kg	5	Ex.
3824.85	- -	**Que contengan 1,2,3,4,5,6-hexaclorociclohexano (HCH (ISO)), incluido el lindano (ISO, DCI).**			
3824.85.01 00		Que contengan 1,2,3,4,5,6-hexaclorociclohexano (HCH (ISO)), incluido el lindano (ISO, DCI).	Kg	5	Ex.
3824.86	- -	**Que contengan pentaclorobenceno (ISO) o hexaclorobenceno (ISO).**			
3824.86.01 00		Que contengan pentaclorobenceno (ISO) o hexaclorobenceno (ISO).	Kg	5	Ex.
3824.87	- -	**Que contengan ácido perfluorooctano sulfónico o sus sales, perfluorooctano sulfonamidas o fluoruro de perfluorooctano sulfonilo.**			
3824.87.01 00		Que contengan ácido perfluorooctano sulfónico o sus sales, perfluorooctano sulfonamidas o fluoruro de perfluorooctano sulfonilo.	Kg	5	Ex.
3824.88	- -	**Que contengan éteres tetra-, penta-, hexa-, hepta- u octabromodifenílicos.**			
3824.88.01 00		Que contengan éteres tetra-, penta-, hexa-, hepta- u octabromodifenílicos.	Kg	5	Ex.
3824.89	- -	**Que contengan parafinas cloradas de cadena corta.**			
3824.89.01 00		Que contengan parafinas cloradas de cadena corta.	Kg	5	Ex.
	-	Los demás:			
3824.91	- -	**Mezclas y preparaciones constituidas esencialmente de metilfosfonato de (5-etil-2-metil-2-óxido-1,3,2-dioxafosfinan-5-il)metil metilo y metilfosfonato de bis[(5-etil-2-metil-2-óxido-1,3,2-dioxafosfinan-5-il)metilo].**			
3824.91.01 00		Mezclas y preparaciones constituidas esencialmente de metilfosfonato de (5-etil-2-metil-2-óxido-1,3,2-dioxafosfinan-5-il)metil metilo y metilfosfonato de bis[(5-etil-2-metil-2-óxido-1,3,2-dioxafosfinan-5-il)metilo].	Kg	5	Ex.
3824.92	- -	**Ésteres de poliglicol del ácido metilfosfónico.**			
3824.92.01 00		Ésteres de poliglicol del ácido metilfosfónico.	Kg	5	Ex.
3824.99	- -	**Los demás.**			
3824.99.01 00		Preparaciones borra tinta.	Kg	6	Ex.
3824.99.02 00		Composiciones a base de materias vegetales para desincrustar calderas.	Kg	Ex.	Ex.
3824.99.03 00		Desincrustantes para calderas, a base de materias minerales, aun cuando contengan productos orgánicos.	Kg	Ex.	Ex.
3824.99.06 00		Soluciones anticoagulantes para sangre humana en envases iguales o menores a 500 cm³.	Kg	Ex.	Ex.
3824.99.08 00		Aceites minerales sulfonados, insolubles en agua.	Kg	Ex.	Ex.
3824.99.09 00		Indicadores de temperatura por fusión.	Kg	Ex.	Ex.
3824.99.10 00		Conservadores de forrajes a base de formiato de calcio y nitrato de sodio.	Kg	Ex.	Ex.
3824.99.11 00		Mezclas a base de poliéter-alcohol alifático.	Kg	Ex.	Ex.
3824.99.13 00		Composiciones a base de materias minerales para el sellado y limpieza de radiadores.	Kg	Ex.	Ex.
3824.99.14 00		Sulfato de manganeso, con un contenido de otros sulfatos inferior o igual al 25%.	Kg	Ex.	Ex.
3824.99.16 00		Mezclas de fosfato de cresilo y derivados sulfurados.	Kg	Ex.	Ex.
3824.99.18 00		Polvo desecado proveniente de la fermentación bacteriana, con un contenido de kanamicina superior o igual al 30% pero inferior o igual al 45%.	Kg	Ex.	Ex.
3824.99.19 00		Mezclas a base de compuestos cíclicos polimetil siloxánicos, con un contenido de alfa, omega-dihidroxi-dimetil polisiloxano inferior o igual al 60%.	Kg	Ex.	Ex.
3824.99.20 00		Mezcla de difenilo y óxido de difenilo.	Kg	Ex.	Ex.
3824.99.22 00		Sílice en solución coloidal.	Kg	Ex.	Ex.

Fracción		Descripción	Unidad	Imp.	Exp.
3824.99.23	00	Pentaclorotiofenol con aditivos de efecto activador y dispersante.	Kg	Ex.	Ex.
3824.99.25	00	Mezclas de N,N-dimetil-alquilaminas o N,N- dialquil-metilaminas.	Kg	Ex.	Ex.
3824.99.26	00	Mezcla de éteres monoalílicos de mono-,di-, y trimetilolfenoles.	Kg	Ex.	Ex.
3824.99.28	00	Mezcla constituida por: ácidos resínicos de la colofonía con un contenido superior o igual al 27% pero inferior o igual 29%, compuestos fenólicos de alto peso molecular con un contenido superior o igual al 56% pero inferior o igual al 58%, tales como flobafenos e hidroxometoxiestilbeno, y de "compuestos neutros" formados por cera, terpenos polimerizados y dimetoxiestilbeno con un contenido superior o igual al 14% pero inferior o igual al 16%.	Kg	Ex.	Ex.
3824.99.29	00	Pasta de coque de petróleo con azufre.	Kg	Ex.	Ex.
3824.99.30	00	1,1,1-Tri(4-metil-3-isocianfenilcarbamoilmetil) propano, en acetato de etilo.	Kg	Ex.	Ex.
3824.99.31	00	Mezcla constituida por un contenido de 4,4,4'-Triisocianato de trifenilmetano en cloruro de metileno de 20%.	Kg	Ex.	Ex.
3824.99.32	00	Disolución de N,N,N'-Tri(isocianhexametilen) carbamilurea con una concentración superior al 50%, en disolventes orgánicos.	Kg	Ex.	Ex.
3824.99.33	00	Mezcla a base de dos o más siliciuros.	Kg	Ex.	Ex.
3824.99.35	00	Preparación a base de carbón activado y óxido de cobre.	Kg	Ex.	Ex.
3824.99.37	00	Preparación a base de vermiculita y turba, con o sin perlita.	Kg	Ex.	Ex.
3824.99.38	00	Preparación a base de alúmina, silicatos y carbonatos alcalinos y carbono.	Kg	Ex.	Ex.
3824.99.40	00	Preparaciones para detectar fallas en materiales, incluso los polvos magnetizables coloreados.	Kg	Ex.	Ex.
3824.99.41	00	Cartuchos con preparados químicos que al reaccionar producen luz fría.	Kg	Ex.	Ex.
3824.99.43	00	Mezcla de alquil-amina, donde el radical alquilo sea de 16 a 22 átomos de carbono.	Kg	Ex.	Ex.
3824.99.44	00	Aglutinantes vitrificadores o ligas cerámicas.	Kg	Ex.	Ex.
3824.99.45	00	Mezcla a base de politetrafluoroetileno y sílica gel.	Kg	Ex.	Ex.
3824.99.46	00	Residuales provenientes de la fermentación de la clorotetraciclina cuyo contenido de clorotetraciclina sea inferior o igual al 30%.	Kg	Ex.	Ex.
3824.99.47	00	Residuales provenientes de la fermentación de la estreptomicina cuyo contenido de estreptomicina sea inferior o igual al 30%.	Kg	Ex.	Ex.
3824.99.48	00	Preparación para producir niebla artificial ("Humo líquido").	Kg	Ex.	Ex.
3824.99.49	00	Anhídrido poliisobutenil succínico, diluido en aceite mineral.	Kg	Ex.	Ex.
3824.99.50	00	Monooleato de glicerol adicionado de estearato de sorbitan etoxilado.	Kg	Ex.	Ex.
3824.99.51	00	Mezclas de ésteres dimetílicos de los ácidos adípico, glutárico y succínico.	Kg	Ex.	Ex.
3824.99.52	00	Mezclas de N,N-dimetilamidas de ácidos grasos de aceite de soya.	Kg	Ex.	Ex.
3824.99.53	00	Dialquenil hidrógeno fosfito con radicales alquenilos de 12 a 20 átomos de carbono.	Kg	Ex.	Ex.
3824.99.54	00	Resinas de guayaco, modificada con sustancias nitrogenadas.	Kg	Ex.	Ex.
3824.99.55	00	Disolución de metilato de sodio con una concentración al 25%.	Kg	Ex.	Ex.
3824.99.56	00	Preparaciones endurecedoras o agentes curantes para resinas epóxicas a base de mercaptanos o de mezclas de poliamidas con resinas epóxicas o 4,4'-isopropilidendifenol.	Kg	Ex.	Ex.
3824.99.58	00	Mezcla de mono, di y triglicéridos de ácidos saturados de longitud de cadena C12 a C18.	Kg	Ex.	Ex.
3824.99.59	00	Mezclas orgánicas, extractantes a base de dodecilsalicilaldoxima, con alcohol tridecílico y keroseno.	Kg	Ex.	Ex.
3824.99.60	00	Sólidos de fermentación de la nistatina.	Kg	Ex.	Ex.
3824.99.61	00	Ácidos bencensulfónicos mono o polisubstituidos por radicales alquilo de C10 a C28.	Kg	Ex.	Ex.
3824.99.62	00	Mezcla de alcoholes constituida, en promedio, por: isobutanol 61%, n-pentanol 24%, metil-2-butanol 12% y metil-3-butanol con un contenido superior o igual al 1% pero inferior o igual al 3%.	Kg	Ex.	Ex.
3824.99.63	00	Mezcla de polietilen poliaminas con un contenido de nitrógeno superior o igual al 32% pero inferior o igual al 38%.	Kg	Ex.	Ex.
3824.99.64	00	Mezclas de poliésteres derivados de benzotriazol.	Kg	Ex.	Ex.
3824.99.65	00	Mezcla de ceras de polietileno, parafina y dioctil estanato ditioglicólico, en resina fenólica y estearato de calcio como vehículos.	Kg	Ex.	Ex.
3824.99.66	00	Mezcla de alcoholato de sodio y alcohol alifático polivalente.	Kg	Ex.	Ex.
3824.99.67	00	Mezcla de éteres glicidílicos alifáticos donde los grupos alquílicos son predominantemente C12 y C14.	Kg	Ex.	Ex.
3824.99.68	00	Mezcla de 3,5-diterbutil-4-hidroxibencil monoetil fosfonato de calcio y cera de polietileno.	Kg	Ex.	Ex.
3824.99.69	00	Mezcla de dimetil metil fosfonato y fosfonato de triarilo.	Kg	Ex.	Ex.
3824.99.70	00	Mezcla de metilen y anilina y polimetilen polianilinas.	Kg	Ex.	Ex.
3824.99.72	00	Preparación selladora de ponchaduras de neumáticos automotrices, a base de etilenglicol.	Kg	Ex.	Ex.
3824.99.73	00	Preparación a base de borodecanoato de cobalto y silicato de calcio.	Kg	Ex.	Ex.
3824.99.74	00	Aluminato de magnesio ("espinela") enriquecido con óxido de magnesio.	Kg	Ex.	Ex.
3824.99.75	00	Preparación a base de óxido de magnesio y sílice, electrofundido, y de partículas recubiertas con silicón, llamado "Óxido de magnesio grado eléctrico".	Kg	Ex.	Ex.
3824.99.76	00	Ácidos nafténicos; Dinonilnaftalen sulfonato de plomo.	Kg	Ex.	Ex.
3824.99.83		Soluciones y mezclas, de las utilizadas para lo comprendido en la fracción arancelaria 8543.40.01.	Prohibida	Prohibida	Prohibida
3824.99.99		Los demás.	Kg	5	Ex.

	01	Cloroparafinas.			
	02	Ácidos grasos dimerizados.			
	03	Sal orgánica compuesta por silicatos de arcillas bentónicas o modificados con compuestos cuaternarios de amonio.			
	04	Mezcla de difenilmetan diisocianato y polimetilen polifenil isocianato.			
	99	Los demás.			

38.25 Productos residuales de la industria química o de las industrias conexas, no expresados ni comprendidos en otra parte; desechos municipales; lodos de depuración; los demás desechos citados en la Nota 6 del presente Capítulo.

3825.10	- **Desechos municipales.**			
3825.10.01 00	Desechos municipales.	Kg	Ex.	Ex.
3825.20	- **Lodos de depuración.**			
3825.20.01 00	Lodos de depuración.	Kg	Ex.	Ex.
3825.30	- **Desechos clínicos.**			
3825.30.01 00	Desechos clínicos.	Kg	Ex.	Ex.
	- Desechos de disolventes orgánicos:			
3825.41	- - **Halogenados.**			
3825.41.01 00	Halogenados.	Kg	Ex.	Ex.
3825.49	- - **Los demás.**			
3825.49.99 00	Los demás.	Kg	Ex.	Ex.
3825.50	- **Desechos de soluciones decapantes, fluidos hidráulicos, líquidos para frenos y líquidos anticongelantes.**			
3825.50.01 00	Desechos de soluciones decapantes, fluidos hidráulicos, líquidos para frenos y líquidos anticongelantes.	Kg	Ex.	Ex.
	- Los demás desechos de la industria química o de las industrias conexas:			
3825.61	- - **Que contengan principalmente componentes orgánicos.**			
3825.61.03 00	Que contengan principalmente componentes orgánicos.	Kg	Ex.	Ex.
3825.69	- - **Los demás.**			
3825.69.99 00	Los demás.	Kg	Ex.	Ex.
3825.90	- **Los demás.**			
3825.90.99 00	Los demás.	Kg	Ex.	Ex.

38.26 Biodiésel y sus mezclas, sin aceites de petróleo o de mineral bituminoso o con un contenido inferior al 70% en peso de estos aceites.

3826.00	- Biodiésel y sus mezclas, sin aceites de petróleo o de mineral bituminoso o con un contenido inferior al 70% en peso de estos aceites.			
3826.00.01 00	Biodiésel y sus mezclas, sin aceites de petróleo o de mineral bituminoso o con un contenido inferior al 70% en peso de estos aceites.	L	5	Ex.

38.27 Mezclas que contengan derivados halogenados de metano, etano o propano, no expresadas ni comprendidas en otra parte.

	- Que contengan clorofluorocarburos (CFC), incluso con hidroclorofluorocarburos (HCFC), perfluorocarburos (PFC) o hidrofluorocarburos (HFC); que contengan hidrobromofluorocarburos (HBFC); que contengan tetracloruro de carbono; que contengan 1,1,1-tricloroetano (metilcloroformo):			
3827.11	- - **Que contengan clorofluorocarburos (CFC), incluso con hidroclorofluorocarburos (HCFC), perfluorocarburos (PFC) o hidrofluorocarburos (HFC).**			
3827.11.01 00	Que contengan clorofluorocarburos (CFC), incluso con hidroclorofluorocarburos (HCFC), perfluorocarburos (PFC) o hidrofluorocarburos (HFC).	Kg	Ex.	Ex.
3827.12	- - **Que contengan hidrobromofluorocarburos (HBFC).**			
3827.12.01 00	Que contengan hidrobromofluorocarburos (HBFC).	Kg	Ex.	Ex.
3827.13	- - **Que contengan tetracloruro de carbono.**			
3827.13.01 00	Que contengan tetracloruro de carbono.	Kg	Ex.	Ex.
3827.14	- - **Que contengan 1,1,1-tricloroetano (metilcloroformo).**			
3827.14.01 00	Que contengan 1,1,1-tricloroetano (metilcloroformo).	Kg	Ex.	Ex.
3827.20	- **Que contengan bromoclorodifluorometano (Halón-1211), bromotrifluorometano (Halón-1301) o dibromotetrafluoroetanos (Halón-2402).**			
3827.20.01 00	Que contengan bromoclorodifluorometano (Halón-1211), bromotrifluorometano (Halón-1301) o dibromotetrafluoroetanos (Halón-2402).	Kg	Ex.	Ex.
	- Que contengan hidroclorofluorocarburos (HCFC), incluso con perfluorocarburos (PFC) o hidrofluorocarburos (HFC), pero que no contengan clorofluorocarburos (CFC):			
3827.31	- - **Que contengan sustancias de las subpartidas 2903.41 a 2903.48.**			
3827.31.01 00	Que contengan sustancias de las subpartidas 2903.41 a 2903.48.	Kg	Ex.	Ex.
3827.32	- - **Las demás, que contengan sustancias de las subpartidas 2903.71 a 2903.75.**			
3827.32.91 00	Las demás, que contengan sustancias de las subpartidas 2903.71 a 2903.75.	Kg	Ex.	Ex.
3827.39	- - **Las demás.**			
3827.39.99 00	Las demás.	Kg	Ex.	Ex.
3827.40	- **Que contengan bromuro de metilo (bromometano) o bromoclorometano.**			
3827.40.01 00	Que contengan bromuro de metilo (bromometano) o bromoclorometano.	Kg	Ex.	Ex.
	- Que contengan trifluorometano (HFC-23) o perfluorocarburos (PFC), pero que no contengan clorofluorocarburos (CFC) o hidroclorofluorocarburos (HCFC):			
3827.51	- - **Que contengan trifluorometano (HFC-23).**			

3827.51.01	00	Que contengan trifluorometano (HFC-23).	Kg	Ex.	Ex.
3827.59	- -	**Las demás.**			
3827.59.99	00	Las demás.	Kg	Ex.	Ex.
		- Que contengan los demás hidrofluorocarburos (HFC), pero que no contengan clorofluorocarburos (CFC) o hidroclorofluorocarburos (HCFC):			
3827.61	- -	**Con un contenido de 1,1,1-trifluoroetano (HFC-143a), superior o igual al 15% en masa.**			
3827.61.01	00	Con un contenido de 1,1,1-trifluoroetano (HFC-143a), superior o igual al 15% en masa.	Kg	Ex.	Ex.
3827.62	- -	**Las demás, no comprendidas en subpartidas anteriores, con un contenido de pentafluoroetano (HFC-125) superior o igual al 55% en masa, pero que no contengan derivados fluorados de los hidrocarburos acíclicos no saturados (HFO).**			
3827.62.91	00	Las demás, no comprendidas en subpartidas anteriores, con un contenido de pentafluoroetano (HFC-125) superior o igual al 55% en masa, pero que no contengan derivados fluorados de los hidrocarburos acíclicos no saturados (HFO).	Kg	Ex.	Ex.
3827.63	- -	**Las demás, no comprendidas en subpartidas anteriores, con un contenido de pentafluoroetano (HFC-125) superior o igual al 40% en masa.**			
3827.63.91	00	Las demás, no comprendidas en subpartidas anteriores, con un contenido de pentafluoroetano (HFC-125) superior o igual al 40% en masa.	Kg	Ex.	Ex.
3827.64	- -	**Las demás, no comprendidas en subpartidas anteriores, con un contenido de 1,1,1,2-tetrafluoroetano (HFC-134a) superior o igual al 30% en masa, pero que no contengan derivados fluorados de los hidrocarburos acíclicos no saturados (HFO).**			
3827.64.91	00	Las demás, no comprendidas en subpartidas anteriores, con un contenido de 1,1,1,2-tetrafluoroetano (HFC-134a) superior o igual al 30% en masa, pero que no contengan derivados fluorados de los hidrocarburos acíclicos no saturados (HFO).	Kg	Ex.	Ex.
3827.65	- -	**Las demás, no comprendidas en subpartidas anteriores, con un contenido de difluorometano (HFC-32) superior o igual al 20% en masa y de pentafluoroetano (HFC-125) superior o igual al 20% en masa.**			
3827.65.91	00	Las demás, no comprendidas en subpartidas anteriores, con un contenido de difluorometano (HFC-32) superior o igual al 20% en masa y de pentafluoroetano (HFC-125) superior o igual al 20% en masa.	Kg	Ex.	Ex.
3827.68	- -	**Las demás, no comprendidas en subpartidas anteriores, que contengan sustancias de las subpartidas 2903.41 a 2903.48.**			
3827.68.91	00	Las demás, no comprendidas en subpartidas anteriores, que contengan sustancias de las subpartidas 2903.41 a 2903.48.	Kg	Ex.	Ex.
3827.69	- -	**Las demás.**			
3827.69.99	00	Las demás.	Kg	Ex.	Ex.
3827.90	-	**Las demás.**			
3827.90.99	00	Las demás.	Kg	Ex.	Ex.

Sección VII
PLÁSTICO Y SUS MANUFACTURAS; CAUCHO Y SUS MANUFACTURAS

Notas.
1. Los productos presentados en surtidos que consistan en varios componentes distintos comprendidos, en su totalidad o en parte, en esta Sección e identificables como destinados, después de mezclados, a constituir un producto de las Secciones VI o VII, se clasifican en la partida correspondiente a este último producto siempre que los componentes sean:
    a) por su acondicionamiento, netamente identificables como destinados a utilizarse juntos sin previo reacondicionamiento;
    b) presentados simultáneamente;
    c) identificables, por su naturaleza o por sus cantidades respectivas, como complementarios unos de otros.
2. El plástico, el caucho y las manufacturas de estas materias, con impresiones o ilustraciones que no tengan un carácter accesorio en relación con su utilización principal, corresponden al Capítulo 49, excepto los artículos de las partidas 39.18 o 39.19.

Capítulo 39
Plástico y sus manufacturas

Notas.
1. En la Nomenclatura, se entiende por *plástico* las materias de las partidas 39.01 a 39.14 que, sometidas a una influencia exterior (generalmente el calor y la presión y, en su caso, la acción de un disolvente o de un plastificante), son o han sido susceptibles de adquirir una forma por moldeo, colada, extrusión, laminado o cualquier otro procedimiento, en el momento de la polimerización o en una etapa posterior, forma que conservan cuando esta influencia ha dejado de ejercerse.
    En la Nomenclatura, el término *plástico* comprende también la fibra vulcanizada. Sin embargo, dicho término no se aplica a las materias textiles de la Sección XI.
2. Este Capítulo no comprende:
    a) las preparaciones lubricantes de las partidas 27.10 o 34.03;
    b) las ceras de las partidas 27.12 o 34.04;
    c) los compuestos orgánicos aislados de constitución química definida (Capítulo 29);
    d) la heparina y sus sales (partida 30.01);
    e) las disoluciones (excepto los colodiones) en disolventes orgánicos volátiles de los productos citados en los textos de las partidas 39.01 a 39.13, cuando la proporción del disolvente sea superior al 50% del peso de la disolución (partida 32.08); las hojas para el marcado a fuego de la partida 32.12;
    f) los agentes de superficie orgánicos y las preparaciones de la partida 34.02;
    g) las gomas fundidas y las gomas éster (partida 38.06);

h) los aditivos preparados para aceites minerales (incluida la gasolina) o para otros líquidos utilizados con los mismos fines que los aceites minerales (partida 38.11);
ij) los líquidos hidráulicos preparados a base de poliglicoles, de siliconas o de los demás polímeros del Capítulo 39 (partida 38.19);
k) los reactivos de diagnóstico o de laboratorio sobre soporte de plástico (partida 38.22);
l) el caucho sintético, tal como se define en el Capítulo 40, y las manufacturas de caucho sintético;
m) los artículos de talabartería o de guarnicionería (partida 42.01), los baúles, maletas (valijas), maletines, bolsos de mano (carteras) y demás continentes de la partida 42.02;
n) las manufacturas de espartería o cestería, del Capítulo 46;
o) los revestimientos de paredes de la partida 48.14;
p) los productos de la Sección XI (materias textiles y sus manufacturas);
q) los artículos de la Sección XII (por ejemplo: calzado y partes de calzado, sombreros, demás tocados, y sus partes, paraguas, sombrillas, bastones, látigos, fustas, y sus partes);
r) los artículos de bisutería de la partida 71.17;
s) los artículos de la Sección XVI (máquinas y aparatos, material eléctrico);
t) las partes del material de transporte de la Sección XVII;
u) los artículos del Capítulo 90 (por ejemplo: elementos de óptica, monturas (armazones) de gafas (anteojos), instrumentos de dibujo);
v) los artículos del Capítulo 91 (por ejemplo: cajas y envolturas similares de relojes o demás aparatos de relojería);
w) los artículos del Capítulo 92 (por ejemplo: instrumentos musicales y sus partes);
x) los artículos del Capítulo 94 (por ejemplo: muebles, luminarias y aparatos de alumbrado, carteles luminosos, construcciones prefabricadas);
y) los artículos del Capítulo 95 (por ejemplo: juguetes, juegos, artefactos deportivos);
z) los artículos del Capítulo 96 (por ejemplo: brochas, cepillos, botones, cierres de cremallera (cierres relámpago), peines, boquillas (embocaduras) y cañones (tubos) para pipas, boquillas para cigarrillos o similares, partes de termos, estilográficas, portaminas y monopies, bípodes, trípodes y artículos similares).

3. En las partidas 39.01 a 39.11 solo se clasifican los productos de las siguientes categorías obtenidos por síntesis química:
   a) las poliolefinas sintéticas líquidas que destilen una proporción inferior al 60% en volumen a 300°C referidos a 1,013 milibares cuando se utilice un método de destilación a baja presión (partidas 39.01 y 39.02);
   b) las resinas ligeramente polimerizadas del tipo de las resinas de cumarona-indeno (partida 39.11);
   c) los demás polímeros sintéticos que tengan por lo menos 5 unidades monoméricas, en promedio;
   d) las siliconas (partida 39.10);
   e) los resoles (partida 39.09) y demás prepolímeros.

4. Se consideran *copolímeros* todos los polímeros en los que ninguna unidad monomérica represente una proporción superior o igual al 95% en peso del contenido total del polímero.
   Salvo disposición en contrario, en este Capítulo, los copolímeros (incluidos los copolicondensados, los productos de copoliadición, los copolímeros en bloque y los copolímeros de injerto) y las mezclas de polímeros se clasifican en la partida que comprenda los polímeros de la unidad comonomérica que predomine en peso sobre cada una de las demás unidades comonoméricas simples. A los fines de esta Nota, las unidades comonoméricas constitutivas de polímeros que pertenezcan a una misma partida se consideran conjuntamente.
   Si no predominara ninguna unidad comonomérica simple, los copolímeros o mezclas de polímeros, según los casos, se clasifican en la última partida por orden de numeración entre las susceptibles de tenerse razonablemente en cuenta.

5. Los polímeros modificados químicamente, en los que solo los apéndices de la cadena polimérica principal se han modificado por reacción química, se clasifican en la partida del polímero sin modificar. Esta disposición no se aplica a los copolímeros de injerto.

6. En las partidas 39.01 a 39.14, la expresión *formas primarias* se aplica únicamente a las formas siguientes:
   a) líquidos y pastas, incluidas las dispersiones (emulsiones y suspensiones) y las disoluciones;
   b) bloques irregulares, trozos, grumos, polvo (incluido el polvo para moldear), gránulos, copos y masas no coherentes similares.

7. La partida 39.15 no comprende los desechos, desperdicios ni recortes de una sola materia termoplástica transformados en formas primarias (partidas 39.01 a 39.14).

8. En la partida 39.17, el término *tubos* designa los productos huecos, sean productos semimanufacturados o terminados (por ejemplo: tubos de riego con nervaduras, tubos perforados), de los tipos utilizados generalmente para conducir, encaminar o distribuir gases o líquidos. Este término se aplica también a las envolturas tubulares para embutidos y demás tubos planos. Sin embargo, excepto los últimos citados, no se consideran tubos sino perfiles, los que tengan la sección transversal interior de forma distinta de la redonda, oval, rectangular (si la longitud no fuese superior a 1.5 veces la anchura) o poligonal regular.

9. En la partida 39.18, la expresión *revestimientos de plástico para paredes o techos* designa los productos presentados en rollos de 45 cm de anchura mínima, susceptibles de utilizarse para la decoración de paredes o techos, constituidos por plástico (en la cara vista) graneado, gofrado, coloreado con motivos impresos o decorado de otro modo y fijado permanentemente a un soporte de cualquier materia distinta del papel.

10. En las partidas 39.20 y 39.21, los términos *placas, láminas, hojas* y *tiras* se aplican exclusivamente a las placas, láminas, hojas y tiras (excepto las del Capítulo 54) y a los bloques de forma geométrica regular, incluso impresos o trabajados de otro modo en la superficie, sin cortar o simplemente cortados en forma cuadrada o rectangular pero sin trabajar de otro modo (incluso si esta operación les confiere el carácter de artículos dispuestos para su uso).

11. La partida 39.25 se aplica exclusivamente a los artículos siguientes, siempre que no estén comprendidos en las partidas precedentes del Subcapítulo II:
    a) depósitos, cisternas (incluidas las cámaras o fosas sépticas), cubas y recipientes análogos, de capacidad superior a 300 l;
    b) elementos estructurales utilizados, por ejemplo, para la construcción de suelos, paredes, tabiques, techos o tejados;
    c) canalones y sus accesorios;
    d) puertas, ventanas, y sus marcos, contramarcos y umbrales;
    e) barandillas, pasamanos y barreras similares;
    f) contraventanas, persianas (incluidas las venecianas) y artículos similares, y sus partes y accesorios;
    g) estanterías de grandes dimensiones para montar y fijar permanentemente, por ejemplo: en tiendas, talleres, almacenes;
    h) motivos arquitectónicos de decoración, por ejemplo: los acanalados, cúpulas, remates;

LEY DE LOS IMPUESTOS GENERALES DE IMPORTACION Y EXPORTACION

ij) accesorios y guarniciones para fijar permanentemente a las puertas, ventanas, escaleras, paredes y demás partes de un edificio, por ejemplo: tiradores, perillas o manijas, ganchos, soportes, toalleros, placas de interruptores y demás placas de protección.

Notas de subpartida.
1. Dentro de una partida de este Capítulo, los polímeros (incluidos los copolímeros) y los polímeros modificados químicamente, se clasifican conforme las disposiciones siguientes:
   a) cuando en la serie de subpartidas a considerar exista una subpartida "Los/Las demás":
      1°) el prefijo *poli* que precede a la denominación de un polímero especificado en el texto de una subpartida (por ejemplo: polietileno o poliamida-6,6), significa que la o las unidades monoméricas constitutivas del polímero especificado, consideradas conjuntamente, deben contribuir con una proporción superior o igual al 95% en peso del contenido total del polímero;
      2°) los copolímeros citados en las subpartidas 3901.30, 3901.40, 3903.20, 3903.30 y 3904.30 se clasifican en estas subpartidas siempre que las unidades comonoméricas de los copolímeros mencionados contribuyan con una proporción superior o igual al 95% en peso del contenido total del polímero;
      3°) los polímeros modificados químicamente se clasifican en la subpartida denominada "Los/Las demás", siempre que estos polímeros modificados no estén comprendidos más específicamente en otra subpartida;
      4°) los polímeros a los que no les sean aplicables las disposiciones de los apartados 1°), 2°) o 3°) anteriores, se clasifican en la subpartida que, entre las restantes de la serie, comprenda los polímeros de la unidad monomérica que predomine en peso sobre cualquier otra unidad comonomérica simple. A este efecto, las unidades monoméricas constitutivas de polímeros comprendidos en la misma subpartida se consideran conjuntamente. Solo deberán compararse las unidades comonoméricas constitutivas de los polímeros de la serie de subpartidas consideradas;
   b) cuando en la misma serie no exista una subpartida "Los/Las demás":
      1°) los polímeros se clasifican en la subpartida que comprenda los polímeros de la unidad monomérica que predomine en peso sobre cualquier otra unidad comonomérica simple. A este efecto, las unidades monoméricas constitutivas de polímeros comprendidos en la misma subpartida se consideran conjuntamente. Solo deberán compararse las unidades comonoméricas constitutivas de los polímeros de la serie de subpartidas consideradas;
      2°) los polímeros modificados químicamente se clasifican en la subpartida que corresponda al polímero sin modificar.
   Las mezclas de polímeros se clasifican en la misma subpartida que los polímeros obtenidos con las mismas unidades monoméricas en las mismas proporciones.
2. En la subpartida 3920.43, el término *plastificantes* comprende también los plastificantes secundarios.

Notas Nacionales:
1. Este Capítulo no comprende las preparaciones de plástico reconocibles como diseñadas para formar globos por insuflado (partida 95.03).
2. Los polímeros en formas primarias formulados con aditivos, que hacen a los productos propios para ser utilizados expresamente como mástiques, se clasifican en la partida 32.14.
3. Para efectos de la partida 39.19, la expresión "demás formas planas", incluye artículos de cualquier forma geométrica incluso con publicidad, excluyendo las que presenten relieve (partida 49.11).

CÓDIGO		DESCRIPCIÓN	UNIDAD	ARANCEL	
				IMP	EXP
		SUBCAPÍTULO I FORMAS PRIMARIAS			
39.01		**Polímeros de etileno en formas primarias.**			
3901.10	-	**Polietileno de densidad inferior a 0.94.**			
3901.10.03		Polietileno de densidad inferior a 0.94.	Kg	5	Ex.
	01	Polietileno de densidad inferior a 0.94, excepto lo comprendido en el número de identificación comercial 3901.10.03.02.			
	02	Polietileno de baja densidad lineal (LLDPE).			
3901.20	-	**Polietileno de densidad superior o igual a 0.94.**			
3901.20.01	00	Polietileno de densidad superior o igual a 0.94.	Kg	5	Ex.
3901.30	-	**Copolímeros de etileno y acetato de vinilo.**			
3901.30.01	00	Copolímeros de etileno y acetato de vinilo.	Kg	5	Ex.
3901.40	-	**Copolímeros de etileno y alfa-olefina de densidad inferior a 0.94.**			
3901.40.01	00	Copolímeros de etileno y alfa-olefina de densidad inferior a 0.94.	Kg	5	Ex.
3901.90	-	**Los demás.**			
3901.90.01	00	Copolímero de etileno-anhídrido maléico.	Kg	Ex.	Ex.
3901.90.99		Los demás.	Kg	5	Ex.
	01	Polietileno, clorado o clorosulfonado sin cargas ni modificantes, ni pigmentos.			
	02	Copolímeros de etileno y ácido acrílico, o metacrílico.			
	99	Los demás.			
39.02		**Polímeros de propileno o de otras olefinas, en formas primarias.**			
3902.10	-	**Polipropileno.**			
3902.10.01	00	Sin adición de negro de humo.	Kg	6	Ex.
3902.10.99	00	Los demás.	Kg	5	Ex.
3902.20	-	**Poliisobutileno.**			
3902.20.02		Poliisobutileno.	Kg	Ex.	Ex.
	01	Poliisobutileno, sin adición de pigmentos, cargas o modificantes.			
	99	Los demás.			
3902.30	-	**Copolímeros de propileno.**			
3902.30.01	00	Copolímeros de propileno, sin adición de negro de humo.	Kg	6	Ex.
3902.30.99	00	Los demás.	Kg	Ex.	Ex.
3902.90	-	**Los demás.**			
3902.90.01	00	Terpolímero de metacrilato de metilo-butadieno-estireno.	Kg	Ex.	Ex.

Código	Sub	Descripción	Unidad		
3902.90.99	00	Los demás.	Kg	5	Ex.
39.03		**Polímeros de estireno en formas primarias.**			
		- Poliestireno:			
3903.11		- - **Expandible.**			
3903.11.01	00	Expandible.	Kg	35	Ex.
3903.19		- - **Los demás.**			
3903.19.99		Los demás.	Kg	35	Ex.
	01	Poliestireno cristal.			
	99	Los demás.			
3903.20		- **Copolímeros de estireno-acrilonitrilo (SAN).**			
3903.20.01	00	Copolímeros de estireno-acrilonitrilo (SAN).	Kg	6	Ex.
3903.30		- **Copolímeros de acrilonitrilo-butadieno-estireno (ABS).**			
3903.30.01	00	Copolímeros de acrilonitrilo-butadieno-estireno (ABS).	Kg	5	Ex.
3903.90		- **Los demás.**			
3903.90.01	00	Copolímeros de estireno-vinilo.	Kg	6	Ex.
3903.90.02	00	Copolímeros de estireno-maléico.	Kg	6	Ex.
3903.90.03	00	Copolímero clorometilado de estireno-divinil- benceno.	Kg	7	Ex.
3903.90.05	00	Copolímeros del estireno, excepto los elastoméricos termoplásticos y lo comprendido en las fracciones arancelarias 3903.90.01 a la 3903.90.03.	Kg	6	Ex.
3903.90.99		Los demás.	Kg	5	Ex.
	01	Copolímeros elastoméricos termoplásticos.			
	99	Los demás.			
39.04		**Polímeros de cloruro de vinilo o de otras olefinas halogenadas, en formas primarias.**			
3904.10		- **Poli(cloruro de vinilo) sin mezclar con otras sustancias.**			
3904.10.01	00	Poli(cloruro de vinilo) (P.V.C.) obtenido por el proceso de polimerización en emulsión que, en dispersión (50% resina y 50% dioctilftalato), tenga una finura de 7 Hegman mínimo.	Kg	7	Ex.
3904.10.02	00	Poli(cloruro de vinilo) (P.V.C.) obtenido por el proceso de polimerización en emulsión, cuyo tamaño de partícula sea de 30 micras, que al sinterizarse en una hoja de 0.65 mm de espesor se humecte uniformemente en un segundo (en electrolito de 1.280 de gravedad específica) y con un tamaño de poro de 14 a 18 micras con una porosidad Gurley mayor de 35 segundos (con un Gurley No. 4110).	Kg	5	Ex.
3904.10.03	00	Poli(cloruro de vinilo) (P.V.C.) obtenido por los procesos de polimerización en masa o suspensión.	Kg	3	Ex.
3904.10.04	00	Poli(cloruro de vinilo) (P.V.C.) obtenido por el proceso de polimerización en emulsión o dispersión, excepto lo comprendido en las fracciones arancelarias 3904.10.01 y 3904.10.02.	Kg	7	Ex.
3904.10.99	00	Los demás.	Kg	5	Ex.
		- Los demás poli(cloruro de vinilo):			
3904.21		- - **Sin plastificar.**			
3904.21.01	00	Dispersiones acuosas de poli(cloruro de vinilo) (P.V.C.), de viscosidades menores de 200 centipoises.	Kg	5	Ex.
3904.21.99		Los demás.	Kg	7	Ex.
	01	Poli(cloruro de vinilo) clorado, con un contenido mínimo de cloro de 64%, con o sin aditivos para moldear.			
	99	Los demás.			
3904.22		- - **Plastificados.**			
3904.22.01	00	Plastificados.	Kg	5	Ex.
3904.30		- **Copolímeros de cloruro de vinilo y acetato de vinilo.**			
3904.30.01	00	Copolímero de cloruro de vinilo-acetato de vinilo, sin cargas ni modificantes, cuyo tiempo de disolución total a 25°C en una solución de una parte de copolímero, y 4 partes de metil-etilcetona, sea menor de 30 minutos.	Kg	Ex.	Ex.
3904.30.99	00	Los demás.	Kg	10	Ex.
3904.40		- **Los demás copolímeros de cloruro de vinilo.**			
3904.40.01	00	Copolímeros de cloruro de vinilo-vinil isobutil éter.	Kg	Ex.	Ex.
3904.40.99	00	Los demás.	Kg	7	Ex.
3904.50		- **Polímeros de cloruro de vinilideno.**			
3904.50.01	00	Polímeros de cloruro de vinilideno.	Kg	7	Ex.
		- Polímeros fluorados:			
3904.61		- - **Politetrafluoroetileno.**			
3904.61.01	00	Politetrafluoroetileno.	Kg	Ex.	Ex.
3904.69		- - **Los demás.**			
3904.69.99	00	Los demás.	Kg	Ex.	Ex.
3904.90		- **Los demás.**			
3904.90.99	00	Los demás.	Kg	Ex.	Ex.
39.05		**Polímeros de acetato de vinilo o de otros ésteres vinílicos, en formas primarias; los demás polímeros vinílicos en formas primarias.**			
		- Poli(acetato de vinilo):			
3905.12		- - **En dispersión acuosa.**			
3905.12.01	00	En dispersión acuosa.	Kg	6	Ex.
3905.19		- - **Los demás.**			
3905.19.01	00	Emulsiones y soluciones a base de poli(acetato de vinilo), excepto lo comprendido en las fracciones arancelarias 3905.19.02 y 3905.19.03.	Kg	10	Ex.
3905.19.02	00	Poli(acetato de vinilo) resina termoplástica grado alimenticio, con peso molecular de 30,000 máximo y punto de ablandamiento de 90°C máximo.	Kg	5	Ex.
3905.19.03	00	Poli(acetato de vinilo), resina termoplástica, con peso molecular mayor de 30,000 y punto de ablandamiento mayor a 90°C.	Kg	Ex.	Ex.
3905.19.99	00	Los demás.	Kg	5	Ex.
		- Copolímeros de acetato de vinilo:			

LEY DE LOS IMPUESTOS GENERALES DE IMPORTACION Y EXPORTACION

3905.21		- - **En dispersión acuosa.**			
3905.21.01	00	En dispersión acuosa.	Kg	10	Ex.
3905.29		- - **Los demás.**			
3905.29.01	00	Emulsiones y soluciones a base de copolímeros de acetato de vinilo, excepto lo comprendido en la fracción arancelaria 3905.29.02.	Kg	10	Ex.
3905.29.02	00	Copolímero de acetato de vinilo-vinil pirrolidona.	Kg	Ex.	Ex.
3905.29.99	00	Los demás.	Kg	7	Ex.
3905.30		- **Poli(alcohol vinílico), incluso con grupos acetato sin hidrolizar.**			
3905.30.01	00	Poli(alcohol vinílico), incluso con grupos acetato sin hidrolizar.	Kg	Ex.	Ex.
		- **Los demás:**			
3905.91		- - **Copolímeros.**			
3905.91.01	00	Copolímeros.	Kg	Ex.	Ex.
3905.99		- - **Los demás.**			
3905.99.99		Los demás.	Kg	Ex.	Ex.
	01	Polivinilpirrolidona.			
	02	Polivinil butiral.			
	99	Los demás.			
39.06		**Polímeros acrílicos en formas primarias.**			
3906.10		- **Poli(metacrilato de metilo).**			
3906.10.02		Poli(metacrilato de metilo).	Kg	Ex.	Ex.
	01	Poli(metacrilato de metilo) incluso modificado con un valor Vicat superior a 90°C según la norma ASTM D-1525.			
	99	Los demás.			
3906.90		- **Los demás.**			
3906.90.01	00	Poli(acrilato de sodio) al 12% en solución acuosa.	Kg	10	Ex.
3906.90.02	00	Resinas acrílicas hidroxiladas, sus copolímeros y terpolímeros.	Kg	6	Ex.
3906.90.03	00	Poliacrilatos, excepto lo comprendido en las fracciones arancelarias 3906.90.01, 3906.90.05, 3906.90.06, 3906.90.08, 3906.90.09.	Kg	6	Ex.
3906.90.04	00	Poli(acrilonitrilo), sin pigmentar.	Kg	10	Ex.
3906.90.05	00	Poli(acrilato de n-butilo).	Kg	7	Ex.
3906.90.06	00	Terpolímero de (etileno-ácido acrilico-éster del ácido acrílico).	Kg	7	Ex.
3906.90.07	00	Copolímero de (acrilamida-cloruro de metacriloil oxietil trimetil amonio).	Kg	7	Ex.
3906.90.08	00	Poli(acrilato de sodio) en polvo, con granulometría de 90 a 850 micras y absorción mínima de 200 ml por g.	Kg	Ex.	Ex.
3906.90.09	00	Copolímero de metacrilato de metilo-acrilato de etilo, en polvo.	Kg	6	Ex.
3906.90.10	00	Poli(metacrilato de sodio).	Kg	7	Ex.
3906.90.99	00	Los demás.	Kg	5	Ex.
39.07		**Poliacetales, los demás poliéteres y resinas epoxi, en formas primarias; policarbonatos, resinas alcídicas, poliésteres alílicos y demás poliésteres, en formas primarias.**			
3907.10		- **Poliacetales.**			
3907.10.05		Poliacetales.	Kg	Ex.	Ex.
	01	Poli(oximetileno) aun cuando esté pigmentado y adicionado de cargas y modificantes, en pellets.			
	02	Copolímeros de trioxano con éteres cíclicos, aun cuando estén pigmentados y adicionados de cargas y modificantes, en pellets.			
	99	Los demás.			
		- **Los demás poliéteres:**			
3907.21		- - **Metilfosfonato de bis(polioxietileno).**			
3907.21.01	00	Metilfosfonato de bis(polioxietileno).	Kg	5	Ex.
3907.29		- - **Los demás.**			
3907.29.01	00	Resinas de poli(2,2-bis(3,4-dicarboxifenoxi) fenil propanol-2-fenilen bis imida.	Kg	Ex.	Ex.
3907.29.02	00	Poli(óxido de 2,6-dimetilfenileno) en polvo, sin cargas, refuerzos, pigmentos, estabilizadores y desmoldantes (Poli(óxido de fenileno)).	Kg	Ex.	Ex.
3907.29.03	00	Resinas poliéter modificadas, con función oxazolina o uretano-amina o uretano- poliolefinas, solubles en agua después de neutralizar con ácidos orgánicos débiles.	Kg	Ex.	Ex.
3907.29.04	00	Poli(tetrametilen éter glicol).	Kg	Ex.	Ex.
3907.29.05	00	Poli(etilenglicol).	Kg	6	Ex.
3907.29.06	00	Poli(propilenglicol).	Kg	6	Ex.
3907.29.07	00	Poli(oxipropilenetilenglicol)-alcohol, de peso molecular hasta 8,000.	Kg	6	Ex.
3907.29.99	00	Los demás.	Kg	5	Ex.
3907.30		- **Resinas epoxi.**			
3907.30.02	00	Resinas epóxidas tipo etoxilinas cicloalifaticas o novolacas.	Kg	5	Ex.
3907.30.99		Los demás.	Kg	6	Ex.
	01	Resinas epóxidas.			
	99	Los demás.			
3907.40		- **Policarbonatos.**			
3907.40.04		Policarbonatos.	Kg	Ex.	Ex.
	01	Resinas a base de policarbonatos, en forma líquida o pastosa, incluidas las emulsiones, dispersiones y soluciones.			
	02	Resina resultante de carbonato de difenilo y 2,2-bis(4-hidroxifenil)propano con o sin adición de cargas, refuerzos, desmoldantes, pigmentos, modificadores, estabilizadores u otros aditivos.			
	03	Resinas a base de policarbonato en proporción superior al 51% y polibutilen tereftalato en proporción inferior o igual a 49%, mezcladas en aleación entre sí y/o con otros poliésteres termoplásticos en proporción inferior o igual a 20%, con o sin cargas, refuerzos, pigmentos, aditivos o modificadores en gránulos.			

	99	Los demás.			
3907.50		- **Resinas alcídicas.**			
3907.50.02	00	Resinas alcídicas, modificadas con uretanos.	Kg	7	Ex.
3907.50.99		Los demás.	Kg	6	Ex.
	01	Resinas alcídicas (alquídicas), sin pigmentar, en forma líquida o pastosa, incluidas las emulsiones, dispersiones y soluciones.			
	99	Los demás.			
		- **Poli(tereftalato de etileno):**			
3907.61		- - **Con un índice de viscosidad superior o igual a 78 ml/g.**			
3907.61.01	00	Con un índice de viscosidad superior o igual a 78 ml/g.	Kg	35	Ex.
3907.69		- - **Los demás.**			
3907.69.01	00	Resinas de poli(tereftalato de etileno) solubles en cloruro de metileno.	Kg	7	Ex.
3907.69.99	00	Los demás.	Kg	35	Ex.
3907.70		- **Poli(ácido láctico).**			
3907.70.01	00	Poli(ácido láctico).	Kg	Ex.	Ex.
		- **Los demás poliésteres:**			
3907.91		- - **No saturados.**			
3907.91.01	00	Elastómero termoplástico a base de copolímeros de poli(ester-éter) en aleación con polibutilentereftalato, con o sin cargas, refuerzos, pigmentos, aditivos y modificadores en gránulos.	Kg	Ex.	Ex.
3907.91.99	00	Los demás.	Kg	35	Ex.
3907.99		- - **Los demás.**			
3907.99.01	00	Poliésteres del ácido adípico, modificados.	Kg	5	Ex.
3907.99.02	00	Resina poliéster derivada del ácido adípico y glicoles.	Kg	5	Ex.
3907.99.03	00	Resina termoplástica derivada de la policondensación del 1,4-butanodiol y dimetil tereftalato (polibutilen tereftalato) con cargas, refuerzos, pigmentos y aditivos, en gránulos.	Kg	Ex.	Ex.
3907.99.04	00	Resina termoplástica derivada de la policondensación del 1,4-butanodiol y dimetil tereftalato (polibutilen tereftalato) sin cargas, refuerzos, pigmentos y aditivos.	Kg	Ex.	Ex.
3907.99.05	00	Polibutilen tereftalato, excepto lo comprendido en las fracciones arancelarias 3907.99.03 y 3907.99.04.	Kg	5	Ex.
3907.99.06	00	Resinas de poliéster con función oxirano.	Kg	Ex.	Ex.
3907.99.07	00	Polímero de éster de ácido carbónico con glicoles.	Kg	Ex.	Ex.
3907.99.08	00	Resina para electrodepositación catódica poliéster-epoxiaminada, con un contenido de solidos superior o igual al 60% pero inferior o igual al 80%.	Kg	Ex.	Ex.
3907.99.09	00	Resina poliéster a base de ácido p-hidroxibenzoico, ácido tereftálico y p-dihidroxibifenilo, con aditivos, reforzantes y catalizadores.	Kg	Ex.	Ex.
3907.99.10	00	Poliésteres del ácido tereftálico-ácido isoftálico-butanodiol-polietilenglicol, excepto lo comprendido en la fracción arancelaria 3907.99.07.	Kg	Ex.	Ex.
3907.99.11	00	Resina del ácido carbanílico.	Kg	Ex.	Ex.
3907.99.99	00	Los demás.	Kg	6	Ex.
39.08		**Poliamidas en formas primarias.**			
3908.10		- **Poliamidas -6, -11, -12, -6,6, -6,9, -6, 10 o -6,12.**			
3908.10.01	00	Polímeros de la hexametilendiamina y ácido dodecandioico.	Kg	5	Ex.
3908.10.03	00	Superpoliamida del ácido 11-aminoundecanoico.	Kg	Ex.	Ex.
3908.10.04	00	Polímeros de la caprolactama sin pigmentar, ni contener materias colorantes.	Kg	10	Ex.
3908.10.05	00	Poliamidas o superpoliamidas, excepto lo comprendido en las fracciones arancelarias 3908.10.01 a la 3908.10.04, 3908.10.06, 3908.10.07 y 3908.10.08.	Kg	6	Ex.
3908.10.06	00	Poliamida 12.	Kg	3	Ex.
3908.10.07	00	Poliamida del adipato de hexametilendiamina con cargas, pigmentos o modificantes.	Kg	7	Ex.
3908.10.08	00	Poliamida del adipato de hexametilendiamina sin cargas, pigmentos o modificantes.	Kg	Ex.	Ex.
3908.90		- **Las demás.**			
3908.90.01	00	Poli(epsilón-caprolactama), en forma líquida o pastosa, incluidas las emulsiones, dispersiones y soluciones.	Kg	Ex.	Ex.
3908.90.02	00	Terpoliamidas cuyo contenido de la lactama del ácido dodecandióico o de la dodelactama y ácido undecanoico sea superior o igual al 20% pero inferior o igual al 60%, adipato de hexametilendiamina superior o igual al 10% pero inferior o igual al 50% y de caprolactama superior o igual al 10% pero inferior o igual al 45%, en peso.	Kg	Ex.	Ex.
3908.90.03	00	Resina de poliamida obtenida a partir del meta-xileno de amida (MXD6).	Kg	5	Ex.
3908.90.99	00	Las demás.	Kg	6	Ex.
39.09		**Resinas amínicas, resinas fenólicas y poliuretanos, en formas primarias.**			
3909.10		- **Resinas ureicas; resinas de tiourea.**			
3909.10.01	00	Resinas ureicas; resinas de tiourea.	Kg	35	Ex.
3909.20		- **Resinas melamínicas.**			
3909.20.02	00	Melamina formaldehído, en forma líquida o pastosa incluidas las emulsiones, aun cuando estén pigmentadas, excepto con negro de humo.	Kg	Ex.	Ex.
3909.20.99		Las demás.	Kg	35	Ex.
	01	Melamina formaldehído, sin materias colorantes, en forma líquida incluidas las emulsiones, dispersiones y soluciones.			
	99	Las demás.			
		- **Las demás resinas amínicas:**			
3909.31		- - **Poli(metilenfenilisocianato) (MDI en bruto, MDI polimérico).**			
3909.31.01	00	Poli(metilenfenilisocianato) (MDI en bruto, MDI polimérico).	Kg	3	Ex.
3909.39		- - **Las demás.**			
3909.39.01	00	Aminoplastos en solución incolora.	Kg	Ex.	Ex.
3909.39.99	00	Las demás.	Kg	3	Ex.
3909.40		- **Resinas fenólicas.**			

3909.40.01	00	Resinas de fenol-formaldehído, modificadas con vinil formal, con disolventes y anticomburentes.	Kg	10	Ex.
3909.40.03	00	Resinas de fenol-formaldehído éterificadas sin modificar.	Kg	5	Ex.
3909.40.99		Los demás.	Kg	6	Ex.
	01	Resinas provenientes de la condensación del fenol y sus derivados, con el formaldehído, y/o paraformaldehído, con o sin adición de modificantes.			
	02	Fenoplastos.			
	99	Los demás.			
3909.50		**- Poliuretanos.**			
3909.50.04	00	Prepolímeros y polímeros de difenilmetan diisocianato y polimetilen polifenil isocianato con un contenido de isocianato libre superior o igual al 17%, excepto lo comprendido en la fracción arancelaria 3909.50.05.	Kg	7	Ex.
3909.50.05	00	Prepolímero obtenido a partir de difenilmetan 4,4´-diisocianato y polipropilenglicol.	Kg	7	Ex.
3909.50.99		Los demás.	Kg	6	Ex.
	01	Poliuretanos, sin pigmentos, cargas o modificantes en forma líquida o pastosa, incluidas las emulsiones, dispersiones y soluciones.			
	02	Poliuretanos, sin pigmentos, cargas o modificantes, excepto lo comprendido en el número de identificación comercial 3909.50.99.01.			
	03	Prepolímeros y polímeros de difenilmetandiisocianato y polimetilen polifenil isocianato hasta 17% de isocianato libre.			
	99	Los demás.			
39.10		**Siliconas en formas primarias.**			
3910.00		**- Siliconas en formas primarias.**			
3910.00.01	00	Resinas de silicona ("potting compound") para empleo electrónico.	Kg	5	Ex.
3910.00.02	00	Resinas de poli(metil-fenil-siloxano), aun cuando estén pigmentadas.	Kg	Ex.	Ex.
3910.00.03	00	Alfa-Omega-Dihidroxi-dimetil polisiloxano, excepto lo comprendido en la fracción arancelaria 3910.00.05.	Kg	Ex.	Ex.
3910.00.04	00	Elastómero de silicona reticulable en caliente ("Caucho de silicona").	Kg	Ex.	Ex.
3910.00.05	00	Alfa-Omega-Dihidroxi-dimetil siloxano con una viscosidad superior o igual a 50 cps, pero inferior a 100 cps, y tamaño de cadena de 50 a 120 monómeros, libre de cíclicos.	Kg	Ex.	Ex.
3910.00.99	00	Los demás.	Kg	6	Ex.
39.11		**Resinas de petróleo, resinas de cumarona-indeno, politerpenos, polisulfuros, polisulfonas y demás productos previstos en la Nota 3 de este Capítulo, no expresados ni comprendidos en otra parte, en formas primarias.**			
3911.10		**- Resinas de petróleo, resinas de cumarona, resinas de indeno, resinas de cumarona-indeno y politerpenos.**			
3911.10.01	00	Resinas de petróleo, resinas de cumarona, resinas de indeno, resinas de cumarona-indeno y politerpenos.	Kg	Ex.	Ex.
3911.20	- -	**Poli(1,3-fenilen metilfosfonato).**			
3911.20.01	00	Poli(1,3-fenilen metilfosfonato).	Kg	6	Ex.
3911.90		**- Los demás.**			
3911.90.01	00	Resinas de policondensación de cetonas y aldehídos, modificadas.	Kg	Ex.	Ex.
3911.90.02	00	Resinas maléicas a base de butadieno o polibutadieno modificadas con ácido resolcarboxílico para terbutil fenol, solubles al agua sin pigmentar en una proporción superior o igual al 65% pero inferior o igual al 70%.	Kg	Ex.	Ex.
3911.90.03	00	Resinas de anacardo modificadas.	Kg	Ex.	Ex.
3911.90.04	00	Resinas provenientes de la condensación del alcohol furfurílico con el formaldehído incluso con modificantes.	Kg	5	Ex.
3911.90.05	00	Resinas de poliamida-epiclorhidrina.	Kg	Ex.	Ex.
3911.90.06	00	Polihidantoinas.	Kg	Ex.	Ex.
3911.90.07	00	Homopolímero de alfa metilestireno.	Kg	7	Ex.
3911.90.99	00	Los demás.	Kg	6	Ex.
39.12		**Celulosa y sus derivados químicos, no expresados ni comprendidos en otra parte, en formas primarias.**			
		- Acetatos de celulosa:			
3912.11	- -	**Sin plastificar.**			
3912.11.01	00	Sin plastificar.	Kg	Ex.	Ex.
3912.12	- -	**Plastificados.**			
3912.12.01	00	Plastificados.	Kg	Ex.	Ex.
3912.20		**- Nitratos de celulosa (incluidos los colodiones).**			
3912.20.02		Nitratos de celulosa (incluidos los colodiones).	Kg	Ex.	Ex.
	01	Nitrocelulosa en bloques, trozos, grumos, masas no coherentes, granuladas, copos o polvos; sin adición de plastificantes, aun cuando tenga hasta 41% de alcohol.			
	99	Los demás.			
		- Éteres de celulosa:			
3912.31	- -	**Carboximetilcelulosa y sus sales.**			
3912.31.01	00	Carboximetilcelulosa y sus sales.	Kg	10	Ex.
3912.39	- -	**Los demás.**			
3912.39.01	00	Metilcelulosa, en forma líquida o pastosa, incluidas las emulsiones, dispersiones o soluciones.	Kg	7	Ex.
3912.39.02	00	Etilcelulosa.	Kg	7	Ex.
3912.39.03	00	Metilcelulosa, excepto lo comprendido en la fracción arancelaria 3912.39.01.	Kg	7	Ex.
3912.39.99		Las demás.	Kg	10	Ex.
	01	Hidroxietilcelulosa; etilhidroxietilcelulosa.			
	02	Hidroxipropil-metilcelulosa.			
	99	Las demás.			

Código			Descripción	U	Imp	Exp
3912.90		-	**Los demás.**			
3912.90.01	00		Celulosa en polvo.	Kg	Ex.	Ex.
3912.90.02	00		Celulosa esponjosa.	Kg	Ex.	Ex.
3912.90.99	00		Las demás.	Kg	5	Ex.
39.13			**Polímeros naturales (por ejemplo, ácido algínico) y polímeros naturales modificados (por ejemplo: proteínas endurecidas, derivados químicos del caucho natural), no expresados ni comprendidos en otra parte, en formas primarias.**			
3913.10		-	**Ácido algínico, sus sales y sus ésteres.**			
3913.10.06			Ácido algínico, sus sales y sus ésteres.	Kg	Ex.	Ex.
	01		Alginato de sodio.			
	02		Alginato de propilenglicol.			
	03		Alginatos de magnesio, de amonio y de calcio.			
	99		Los demás.			
3913.90		-	**Los demás.**			
3913.90.02	00		Esponjas celulósicas.	Kg	3	Ex.
3913.90.05	00		Producto de la reacción del líquido obtenido de la cáscara de nuez de anacardo y el formaldehído.	Kg	5	Ex.
3913.90.06	00		Goma de Xantán.	Kg	7	Ex.
3913.90.99			Los demás.	Kg	Ex.	Ex.
	01		Polímero natural de sulfato de condroitina.			
	02		Hierro dextrán.			
	03		Caucho clorado o fluorado, sin cargas ni modificantes, ni pigmentos.			
	99		Los demás.			
39.14			**Intercambiadores de iones a base de polímeros de las partidas 39.01 a 39.13, en formas primarias.**			
3914.00		-	**Intercambiadores de iones a base de polímeros de las partidas 39.01 a 39.13, en formas primarias.**			
3914.00.01	00		Intercambiadores de iones, del tipo catiónico.	Kg	6	Ex.
3914.00.99	00		Los demás.	Kg	Ex.	Ex.
			SUBCAPÍTULO II			
			DESECHOS, DESPERDICIOS Y RECORTES; SEMIMANUFACTURAS; MANUFACTURAS			
39.15			**Desechos, desperdicios y recortes, de plástico.**			
3915.10		-	**De polímeros de etileno.**			
3915.10.01	00		De polímeros de etileno.	Kg	15	Ex.
3915.20		-	**De polímeros de estireno.**			
3915.20.01	00		De polímeros de estireno.	Kg	7	Ex.
3915.30		-	**De polímeros de cloruro de vinilo.**			
3915.30.01	00		De polímeros de cloruro de vinilo.	Kg	15	Ex.
3915.90		-	**De los demás plásticos.**			
3915.90.01	00		De manufacturas de polimetacrilato de metilo.	Kg	15	Ex.
3915.90.99			Los demás.	Kg	10	Ex.
	01		Desechos, desperdicios y recortes de poli (tereftalato de etileno) (PET).			
	99		Los demás.			
39.16			**Monofilamentos cuya mayor dimensión de la sección transversal sea superior a 1 mm, barras, varillas y perfiles, incluso trabajados en la superficie pero sin otra labor, de plástico.**			
3916.10		-	**De polímeros de etileno.**			
3916.10.02			De polímeros de etileno.	Kg	Ex.	Ex.
	01		De polietileno celular.			
	99		Los demás.			
3916.20		-	**De polímeros de cloruro de vinilo.**			
3916.20.03	00		De polímeros de cloruro de vinilo.	Kg	Ex.	Ex.
3916.90		-	**De los demás plásticos.**			
3916.90.91	00		De los demás plásticos.	Kg	Ex.	Ex.
39.17			**Tubos y accesorios de tubería (por ejemplo: juntas, codos, empalmes (racores)), de plástico.**			
3917.10		-	**Tripas artificiales de proteínas endurecidas o de plásticos celulósicos.**			
3917.10.05			Tripas artificiales de proteínas endurecidas o de plásticos celulósicos.	Kg	Ex.	Ex.
	01		De celulosa regenerada, excepto con longitud superior a 50 cm, impregnadas de solución conservadora y lo comprendido en los números de identificación comercial 3917.10.05.02 y 3917.10.05.03.			
	02		Tubos de celulosa regenerada con impresiones que indiquen su empleo en la industria de los embutidos alimenticios.			
	03		Tubos corrugados de celulosa regenerada, cuando el corrugado sea perpendicular a la longitud del tubo.			
	99		Los demás.			
		-	**Tubos rígidos:**			
3917.21		- -	**De polímeros de etileno.**			
3917.21.03			De polímeros de etileno.	Kg	Ex.	Ex.
	01		De polietileno con diámetro hasta de 640 mm (25 pulgadas).			
	02		De polietileno con diámetro superior a 640 mm (25 pulgadas).			
	99		Los demás.			
3917.22		- -	**De polímeros de propileno.**			
3917.22.03			De polímeros de propileno.	Kg	Ex.	Ex.
	01		De polipropileno (P.P.), con diámetro hasta de 640 mm (25 pulgadas).			
	99		Los demás.			
3917.23		- -	**De polímeros de cloruro de vinilo.**			
3917.23.04			De polímeros de cloruro de vinilo.	Kg	Ex.	Ex.

	01	De cloruro de polivinilo (P.V.C.) con diámetro hasta de 640 mm (25 pulgadas) y para condiciones de trabajo iguales o inferiores a las siguientes: presión de 22 kg/cm² (300 lbs/pulg²) y temperatura de 60°C (140°F).			
	02	De cloruro de polivinilo (P.V.C.) con diámetro superior a 640 mm (25 pulgadas).			
	99	Los demás.			
3917.29		- - De los demás plásticos.			
3917.29.91		De los demás plásticos.	Kg	Ex.	Ex.
	01	De nailon, con diámetro hasta de 640 mm (25 pulgadas).			
	99	Los demás.			
	-	Los demás tubos:			
3917.31		- - Tubos flexibles para una presión superior o igual a 27.6 MPa.			
3917.31.01	00	Tubos flexibles para una presión superior o igual a 27.6 MPa.	Kg	Ex.	Ex.
3917.32		- - Los demás, sin reforzar ni combinar con otras materias, sin accesorios.			
3917.32.91	00	Los demás, sin reforzar ni combinar con otras materias, sin accesorios.	Kg	Ex.	Ex.
3917.33		- - Los demás, sin reforzar ni combinar con otras materias, con accesorios.			
3917.33.01	00	Tubería de materias plásticas artificiales, hasta de 20 mm de diámetro exterior, con goteras integradas, para riego agrícola.	Kg	15	Ex.
3917.33.99	00	Los demás.	Kg	10	Ex.
3917.39		- - Los demás.			
3917.39.99	00	Los demás.	Kg	Ex.	Ex.
3917.40		- Accesorios.			
3917.40.01	00	Accesorios.	Kg	Ex.	Ex.
39.18		**Revestimientos de plástico para suelos, incluso autoadhesivos, en rollos o losetas; revestimientos de plástico para paredes o techos, definidos en la Nota 9 de este Capítulo.**			
3918.10		- De polímeros de cloruro de vinilo.			
3918.10.02		De polímeros de cloruro de vinilo.	Kg	15	Ex.
	01	Baldosas (losetas) vinílicas, para recubrimientos en pisos.			
	99	Los demás.			
3918.90		- De los demás plásticos.			
3918.90.91	00	De los demás plásticos.	Kg	15	Ex.
39.19		**Placas, láminas, hojas, cintas, tiras y demás formas planas, autoadhesivas, de plástico, incluso en rollos.**			
3919.10		- En rollos de anchura inferior o igual a 20 cm.			
3919.10.01	00	En rollos de anchura inferior o igual a 20 cm.	Kg	Ex.	Ex.
3919.90		- Las demás.			
3919.90.99	00	Las demás.	Kg	35	Ex.
39.20		**Las demás placas, láminas, hojas y tiras, de plástico no celular y sin refuerzo, estratificación ni soporte o combinación similar con otras materias.**			
3920.10		- De polímeros de etileno.			
3920.10.05		De polímeros de etileno.	Kg	Ex.	Ex.
	01	Láminas de poli(etileno) biorientado, excepto lo comprendido en los números de identificación comercial 3920.10.05.02 y 3920.10.05.04.			
	02	Tiras y/o películas que no excedan de 5 cm de ancho.			
	03	Con caracteres impresos indelebles de marcas de fábricas o análogos, que indiquen su utilización como empaque de productos lácteos.			
	04	Láminas de poli(etileno) de alta densidad, extruido, con espesor mínimo de 3 mm, excepto lo comprendido en el número de identificación comercial 3920.10.05.02.			
	99	Las demás.			
3920.20		- De polímeros de propileno.			
3920.20.05		De polímeros de propileno.	Kg	Ex.	Ex.
	01	Películas de poli(propileno) orientado en una o dos direcciones, excepto lo comprendido en los números de identificación comercial 3920.20.05.02 y 3920.20.05.03.			
	02	Películas de poli(propileno) orientada en dos direcciones, con un espesor igual o inferior a 0.012 mm.			
	03	Películas dieléctricas, de poli(propileno) orientadas en dos direcciones, inclusive pigmentada con polvos metálicos, con un espesor inferior o igual a 0.025 mm, para uso en capacitores.			
	04	Tiras o cintas que no excedan de 5 cm de ancho.			
	99	Las demás.			
3920.30		- De polímeros de estireno.			
3920.30.04		De polímeros de estireno.	Kg	Ex.	Ex.
	01	Tiras o cintas que no excedan de 5 cm de ancho.			
	02	Películas de poli(estireno) sin negro de humo, excepto lo comprendido en el número de identificación comercial 3920.30.04.03.			
	03	Película de poli(estireno) orientada biaxialmente (en dos direcciones), con una constante dieléctrica entre 2.4 y 2.6 a una frecuencia menor o igual a 10 MHz, con densidad de 1.05 g/cm³ a 23°C. Con un contenido de cenizas menor a 10 p.p.m.			
	99	Las demás.			
	-	De polímeros de cloruro de vinilo:			
3920.43		- - Con un contenido de plastificantes superior o igual al 6% en peso.			
3920.43.03		Con un contenido de plastificantes superior o igual al 6% en peso.	Kg	Ex.	Ex.
	01	Placas, láminas, hojas y tiras.			
	02	Películas que imiten tejidos o pieles, así como las que tengan labores realzadas.			
	99	Las demás.			
3920.49		- - Las demás.			

3920.49.99		Las demás.	Kg	35	Ex.
	01	Placas, láminas, hojas y tiras, rígidas.			
	02	Películas que imiten tejidos o pieles, así como las que tengan labores realzadas.			
	99	Las demás.			
	-	**De polímeros acrílicos:**			
3920.51	- -	**De poli(metacrilato de metilo).**			
3920.51.01	00	De poli(metacrilato de metilo).	Kg	Ex.	Ex.
3920.59	- -	**Las demás.**			
3920.59.99		Las demás.	Kg	35	Ex.
	01	Placas poliacrílicas, con un contenido de poli(metacrilato de metilo) inferior al 50% en peso.			
	99	Las demás.			
	-	**De policarbonatos, resinas alcídicas, poliésteres alílicos o demás poliésteres:**			
3920.61	- -	**De policarbonatos.**			
3920.61.01	00	De policarbonatos.	Kg	Ex.	Ex.
3920.62	- -	**De poli(tereftalato de etileno).**			
3920.62.02	00	Películas de poliéster biorientado.	Kg	7	Ex.
3920.62.99		Las demás.	Kg	35	Ex.
	01	Películas, bandas o tiras de poli (tereftalato de etileno).			
	99	Las demás.			
3920.63	- -	**De poliésteres no saturados.**			
3920.63.03		De poliésteres no saturados.	Kg	Ex.	Ex.
	01	Tiras que no excedan de 5 cm de ancho.			
	99	Las demás.			
3920.69	- -	**De los demás poliésteres.**			
3920.69.91	00	De los demás poliésteres.	Kg	Ex.	Ex.
	-	**De celulosa o de sus derivados químicos:**			
3920.71	- -	**De celulosa regenerada.**			
3920.71.01	00	De celulosa regenerada.	Kg	Ex.	Ex.
3920.73	- -	**De acetato de celulosa.**			
3920.73.02		De acetato de celulosa.	Kg	Ex.	Ex.
	01	De acetato de celulosa, con anchura superior a 10 cm.			
	99	Las demás.			
3920.79	- -	**De los demás derivados de la celulosa.**			
3920.79.91		De los demás derivados de la celulosa.	Kg	Ex.	Ex.
	01	De fibra vulcanizada.			
	99	Los demás.			
	-	**De los demás plásticos:**			
3920.91	- -	**De poli(vinilbutiral).**			
3920.91.01	00	De poli(vinilbutiral).	Kg	Ex.	Ex.
3920.92	- -	**De poliamidas.**			
3920.92.02		De poliamidas.	Kg	Ex.	Ex.
	01	Bandas poliamídicas con espesor inferior o igual a 8 mm.			
	99	Las demás.			
3920.93	- -	**De resinas amínicas.**			
3920.93.01	00	De resinas amínicas.	Kg	Ex.	Ex.
3920.94	- -	**De resinas fenólicas.**			
3920.94.01	00	De resinas fenólicas.	Kg	Ex.	Ex.
3920.99	- -	**De los demás plásticos.**			
3920.99.91	00	De los demás plásticos.	Kg	Ex.	Ex.
39.21		**Las demás placas, láminas, hojas y tiras, de plástico.**			
	-	**Productos celulares:**			
3921.11	- -	**De polímeros de estireno.**			
3921.11.01	00	De polímeros de estireno.	Kg	10	Ex.
3921.12	- -	**De polímeros de cloruro de vinilo.**			
3921.12.01	00	De polímeros de cloruro de vinilo.	Kg	Ex.	Ex.
3921.13	- -	**De poliuretanos.**			
3921.13.02		De poliuretanos.	Kg	Ex.	Ex.
	01	Películas con apariencia de piel, de espesor superior a 0.35 mm, pero inferior o igual a 0.45 mm, y densidad superior a 0.39 g/cm³, pero inferior o igual a 0.49 g/cm³.			
	99	Los demás.			
3921.14	- -	**De celulosa regenerada.**			
3921.14.01	00	De celulosa regenerada.	Kg	Ex.	Ex.
3921.19	- -	**De los demás plásticos.**			
3921.19.91		De los demás plásticos.	Kg	Ex.	Ex.
	01	De polietileno celular.			
	99	Las demás.			
3921.90	-	**Las demás.**			
3921.90.09	00	De poliéster metalizados con anchura superior o igual a 35 mm, con un espesor inferior a 100 micrones.	Kg	7	Ex.
3921.90.99		Las demás.	Kg	Ex.	Ex.
	01	Hojas de poliéster, metalizados, con espesor inferior o igual a 0.1 mm y un ancho inferior a 350 mm, para dieléctrico de condensadores fijos.			
	02	Películas dieléctricas, de polipropileno orientadas en dos direcciones, metalizadas, con espesor inferior o igual a 0.025 mm, para uso en capacitores.			

	03	Película adherida a un soporte de materias plásticas artificiales o de papel, en láminas o en rollos, usadas en serigrafía o rotograbado.			
	04	Cinta plástica termocontráctil de polietileno radiado y laminado con adhesivo termoplástico.			
	99	Las demás.			
39.22		**Bañeras, duchas, fregaderos, lavabos, bidés, inodoros y sus asientos y tapas, cisternas (depósitos de agua) para inodoros y artículos sanitarios e higiénicos similares, de plástico.**			
3922.10	-	**Bañeras, duchas, fregaderos y lavabos.**			
3922.10.01	00	Bañeras, duchas, fregaderos y lavabos.	Kg	15	Ex.
3922.20	-	**Asientos y tapas de inodoros.**			
3922.20.01	00	Asientos y tapas de inodoros.	Kg	15	Ex.
3922.90	-	**Los demás.**			
3922.90.99	00	Los demás.	Kg	15	Ex.
39.23		**Artículos para el transporte o envasado, de plástico; tapones, tapas, cápsulas y demás dispositivos de cierre, de plástico.**			
3923.10	-	**Cajas, cajones, jaulas y artículos similares.**			
3923.10.03		Cajas, cajones, jaulas y artículos similares.	Kg	15	Ex.
	01	Cajas, cajones, jaulas y artículos similares, excepto lo comprendido en el número de identificación comercial 3923.10.03.02.			
	02	A base de poliestireno expandible.			
	-	Sacos (bolsas), bolsitas y cucuruchos:			
3923.21	- -	**De polímeros de etileno.**			
3923.21.01	00	De polímeros de etileno.	Kg	Ex.	Ex.
3923.29	- -	**De los demás plásticos.**			
3923.29.91		De los demás plásticos.	Kg	Ex.	Ex.
	01	Fundas, sacos y bolsas, para envase o empaque.			
	02	Tubo multicapas termoencojible, coextruido, irradiado hecho a base de etilvinilacetato, copolímero de (cloruro de vinilideno-cloruro de vinilo).			
	99	Los demás.			
3923.30	-	**Bombonas (damajuanas), botellas, frascos y artículos similares.**			
3923.30.02		Bombonas (damajuanas), botellas, frascos y artículos similares.	Kg	35	Ex.
	01	Tanques o recipientes con capacidad igual o superior a 3.5 l.			
	99	Los demás.			
3923.40	-	**Bobinas, carretes, canillas y soportes similares.**			
3923.40.01	00	"Casetes" o cartuchos para embobinar cintas magnéticas o cintas para máquinas de escribir, excepto para cintas de sonido de anchura inferior a 13 mm.	Kg	Ex.	Ex.
3923.40.02	00	"Casetes" o cartuchos para embobinar cintas magnéticas de sonido de anchura inferior a 13 mm.	Kg	Ex.	Ex.
3923.40.99	00	Los demás.	Kg	15	Ex.
3923.50	-	**Tapones, tapas, cápsulas y demás dispositivos de cierre.**			
3923.50.01	00	Tapones, tapas, cápsulas y demás dispositivos de cierre.	Kg	15	Ex.
3923.90	-	**Los demás.**			
3923.90.99	00	Los demás.	Kg	15	Ex.
39.24		**Vajilla, artículos de cocina o de uso doméstico y artículos de higiene o tocador, de plástico.**			
3924.10	-	**Vajilla y demás artículos para el servicio de mesa o de cocina.**			
3924.10.01	00	Vajilla y demás artículos para el servicio de mesa o de cocina.	Kg	15	Ex.
3924.90	-	**Los demás.**			
3924.90.01	00	Mangos para maquinillas de afeitar.	Kg	Ex.	Ex.
3924.90.99	00	Los demás.	Kg	15	Ex.
39.25		**Artículos para la construcción, de plástico, no expresados ni comprendidos en otra parte.**			
3925.10	-	**Depósitos, cisternas, cubas y recipientes análogos, de capacidad superior a 300 l.**			
3925.10.01	00	Depósitos, cisternas, cubas y recipientes análogos, de capacidad superior a 300 l.	Kg	15	Ex.
3925.20	-	**Puertas, ventanas, y sus marcos, contramarcos y umbrales.**			
3925.20.01	00	Puertas, ventanas, y sus marcos, contramarcos y umbrales.	Kg	15	Ex.
3925.30	-	**Contraventanas, persianas (incluidas las venecianas) y artículos similares, y sus partes.**			
3925.30.01	00	Contraventanas, persianas (incluidas las venecianas) y artículos similares, y sus partes.	Kg	15	Ex.
3925.90	-	**Los demás.**			
3925.90.99	00	Los demás.	Kg	15	Ex.
39.26		**Las demás manufacturas de plástico y manufacturas de las demás materias de las partidas 39.01 a 39.14.**			
3926.10		**Artículos de oficina y artículos escolares.**			
3926.10.01	00	Artículos de oficina y artículos escolares.	Kg	15	Ex.
3926.20	-	**Prendas y complementos (accesorios), de vestir, incluidos los guantes, mitones y manoplas.**			
3926.20.01	00	Prendas de vestir, sus accesorios y dispositivos, para protección contra radiaciones.	Kg	Ex.	Ex.
3926.20.99	00	Los demás.	Kg	15	Ex.
3926.30	-	**Guarniciones para muebles, carrocerías o similares.**			
3926.30.02		Guarniciones para muebles, carrocerías o similares.	Kg	15	Ex.
	01	Molduras para carrocerías.			
	99	Los demás.			
3926.40	-	**Estatuillas y demás artículos de adorno.**			
3926.40.01	00	Estatuillas y demás artículos de adorno.	Kg	15	Ex.
3926.90	-	**Las demás.**			
3926.90.01	00	Mangos para herramientas de mano.	Kg	15	Ex.
3926.90.04	00	Salvavidas.	Kg	15	Ex.
3926.90.05	00	Flotadores o boyas para redes de pesca.	Kg	15	Ex.
3926.90.06	00	Loncheras; cantimploras.	Kg	35	Ex.

3926.90.07	00	Modelos o patrones.	Kg	15	Ex.
3926.90.08	00	Hormas para calzado.	Kg	15	Ex.
3926.90.11	00	Protectores para el sentido auditivo.	Kg	15	Ex.
3926.90.13	00	Letras, números o signos.	Kg	15	Ex.
3926.90.14	00	Cinchos fijadores o abrazaderas, excepto lo reconocible como diseñados exclusivamente para uso automotriz.	Kg	15	Ex.
3926.90.15	00	Almácigas, con oquedades perforadas.	Kg	15	Ex.
3926.90.18	00	Marcas para asfalto, postes reflejantes y/o dispositivos de advertencia (triángulos de seguridad), de resina plástica, para la señalización vial.	Kg	15	Ex.
3926.90.19	00	Abanicos o sus partes.	Kg	15	Ex.
3926.90.20	00	Emblemas, para vehículos automóviles.	Kg	15	Ex.
3926.90.24	00	Diablos o tacos (pigs) de poliuretanos con diámetro hasta de 122 cm, para la limpieza interior de tuberías, aun cuando estén recubiertos con banda de caucho, con incrustaciones de carburo de tungsteno o cerdas de acero.	Kg	15	Ex.
3926.90.27	00	Láminas perforadas o troqueladas de poli(etileno) y/o poli(propileno), aun cuando estén coloreadas, metalizadas o laqueadas.	Kg	15	Ex.
3926.90.29	00	Embudos.	Kg	15	Ex.
3926.90.99		Las demás.	Kg	Ex.	Ex.
	01	Empaquetaduras (juntas), excepto lo comprendido en el número de identificación comercial 3926.90.99.06.			
	02	Correas transportadoras o de transmisión, excepto lo comprendido en el número de identificación comercial 3926.90.99.06.			
	03	Lavadoras de pipetas, probetas o vasos graduados.			
	04	Partes y piezas sueltas reconocibles para naves aéreas.			
	05	Membranas filtrantes, excepto las constituidas por polímeros a base de perfluoros sulfónicos o carboxílicos, con refuerzos de teflón y/o rayón.			
	06	Reconocibles como concebidas exclusivamente para uso automotriz.			
	07	Manufacturas de poli(etileno) de alta densidad, extruido rotomodelado, con espesor mínimo de 3 mm.			
	08	Marcas para la identificación de animales.			
	09	Laminados decorativos duros y rígidos, obtenidos por superposición y compresión de hojas de papel kraft impregnadas con resinas fenólicas, con o sin cubierta de papel diseño, recubierto con resinas melamínicas.			
	10	Formas moldeadas, cortadas o en bloques, a base de poliestireno expandible, reconocibles como diseñados exclusivamente para protección en el empaque de mercancías.			
	11	Lentejuela en diversas formas, generalmente geométricas, pudiendo venir a granel, entorchadas o engarzadas.			
	12	Hojuelas brillantes, compuestas por partículas de plástico de diferentes formas (hexagonal, cuadradas, redondas, etc.), llamadas entre otras como "diamantina", "escarcha", "purpurina", "brillantina", "brillos", "escamas".			
	13	Copas menstruales.			
	99	Las demás.			

Capítulo 40
Caucho y sus manufacturas

Notas.
1. En la Nomenclatura, salvo disposición en contrario, la denominación *caucho* comprende los productos siguientes, incluso vulcanizados o endurecidos: caucho natural, balata, gutapercha, guayule, chicle y gomas naturales análogas, caucho sintético, caucho facticio derivado de los aceites y todos estos productos regenerados.
2. Este Capítulo no comprende:
    a) los productos de la Sección XI (materias textiles y sus manufacturas);
    b) el calzado y partes del calzado, del Capítulo 64;
    c) los sombreros, demás tocados, y sus partes, incluidos los gorros de baño, del Capítulo 65;
    d) las partes de caucho endurecido para máquinas y aparatos mecánicos o eléctricos, así como todos los objetos o partes de objetos de caucho endurecido para uso electrotécnico, de la Sección XVI;
    e) los artículos de los Capítulos 90, 92, 94 o 96;
    f) los artículos del Capítulo 95, excepto los guantes, mitones y manoplas de deporte y los artículos comprendidos en las partidas 40.11 a 40.13.
3. En las partidas 40.01 a 40.03 y 40.05, la expresión *formas primarias* se aplica únicamente a las formas siguientes:
    a) líquidos y pastas (incluido el látex, aunque esté prevulcanizado, y demás dispersiones y disoluciones);
    b) bloques irregulares, trozos, balas, polvo, gránulos, migas y masas no coherentes similares.
4. En la Nota 1 de este Capítulo y en la partida 40.02, la denominación *caucho sintético* se aplica:
    a) a las materias sintéticas no saturadas que puedan transformarse irreversiblemente por vulcanización con azufre en sustancias no termoplásticas que, a una temperatura comprendida entre 18°C y 29°C, puedan alargarse hasta tres veces su longitud primitiva sin romperse y que, después de alargarse hasta dos veces su longitud primitiva, adquieran en menos de cinco minutos una longitud no mayor de una vez y media su longitud primitiva. Para este ensayo, pueden añadirse las sustancias necesarias para la reticulación, tales como activadores o aceleradores de vulcanización; también se admite la presencia de las materias citadas en la Nota 5 B) 2°) y 3°). Por el contrario, no se permite la presencia de sustancias innecesarias para la reticulación, tales como diluyentes, plastificantes o cargas;
    b) a los tioplastos (TM);
    c) al caucho natural modificado por injerto o por mezcla con plástico, al caucho natural despolimerizado, a las mezclas de materias sintéticas no saturadas con altos polímeros sintéticos saturados, si todos ellos satisfacen las condiciones de aptitud para vulcanización, de alargamiento y de recuperación establecidas en el apartado a) precedente.
5. A) Las partidas 40.01 y 40.02 no comprenden el caucho ni las mezclas de caucho a las que se hubiera añadido antes o después de la coagulación:

LEY DE LOS IMPUESTOS GENERALES DE IMPORTACION Y EXPORTACION

       1°) aceleradores, retardadores, activadores u otros agentes de vulcanización (salvo los añadidos para la preparación del látex prevulcanizado);
       2°) pigmentos u otras materias colorantes, excepto los destinados simplemente a facilitar su identificación;
       3°) plastificantes o diluyentes (salvo los aceites minerales en el caso de cauchos extendidos con aceite), materias de carga inertes o activas, disolventes orgánicos o cualquier otra sustancia, excepto las permitidas en el apartado B);
  B) El caucho y las mezclas de caucho que contengan las sustancias siguientes permanecen clasificados en las partidas 40.01 o 40.02, según los casos, siempre que tanto el caucho como las mezclas de caucho conserven su carácter esencial de materia en bruto:
       1°) emulsionantes y antiadherentes;
       2°) pequeñas cantidades de productos de la descomposición de los emulsionantes;
       3°) termosensibilizantes (para obtener, generalmente, látex termosensibilizado), agentes de superficie catiónicos (para obtener, generalmente, látex electropositivo), antioxidantes, coagulantes, desmigajadores, anticongelantes, peptizantes, conservantes o conservadores, estabilizantes, controladores de viscosidad y demás aditivos especiales análogos, en muy pequeñas cantidades.

6. En la partida 40.04, se entiende por *desechos, desperdicios y recortes*, los que procedan de la fabricación o del trabajo del caucho y las manufacturas de caucho definitivamente inutilizables como tales a consecuencia de cortes, desgaste u otras causas.
7. Los hilos desnudos de caucho vulcanizado de cualquier sección, en los que la mayor dimensión de la sección transversal sea superior a 5 mm, se clasifican en la partida 40.08.
8. La partida 40.10 comprende las correas transportadoras o de transmisión de tejido impregnado, recubierto, revestido o estratificado con caucho, así como las fabricadas con hilados o cuerdas textiles impregnados, recubiertos, revestidos o enfundados con caucho.
9. En las partidas 40.01, 40.02, 40.03, 40.05 y 40.08, se entiende por *placas, hojas* y *tiras* únicamente las placas, hojas y tiras, así como los bloques de forma geométrica regular, sin cortar o simplemente cortados en forma cuadrada o rectangular (incluso si esta operación les confiere el carácter de artículos ya dispuestos para su uso), aunque tengan un simple trabajo de superficie (impresión u otros) pero sin otra labor.
Los perfiles y varillas de la partida 40.08, incluso cortados en longitudes determinadas, son los que solo tienen un simple trabajo de superficie.

Notas Nacionales:
1. Este Capítulo no comprende las preparaciones de plástico reconocibles como diseñadas para formar globos por insuflado (partida 95.03).
2. Para las fracciones contenidas en las subpartidas 4011.70 y 4011.80, los neumáticos nuevos de alto relieve se aplican a los neumáticos para maquinaria agrícola, forestal e industrial con diseño de piso en forma de V, Z o similares, de espina de pescado (espina pez), tacos o similares con profundidad o altura de 2.54 cm o más a partir del piso de la llanta. Por piso de llanta se entiende la parte externa, que estará en contacto con el suelo y donde se encuentra el diseño de los tacos o similares.

CÓDIGO		DESCRIPCIÓN	UNIDAD	ARANCEL	
				IMP	EXP
40.01		**Caucho natural, balata, gutapercha, guayule, chicle y gomas naturales análogas, en formas primarias o en placas, hojas o tiras.**			
4001.10		**- Látex de caucho natural, incluso prevulcanizado.**			
4001.10.01	00	Látex de caucho natural, incluso prevulcanizado.	Kg	Ex.	Ex.
		- Caucho natural en otras formas:			
4001.21		**- - Hojas ahumadas.**			
4001.21.01	00	Hojas ahumadas.	Kg	Ex.	Ex.
4001.22		**- - Cauchos técnicamente especificados (TSNR).**			
4001.22.01	00	Cauchos técnicamente especificados (TSNR).	Kg	Ex.	Ex.
4001.29		**- - Los demás.**			
4001.29.99	00	Los demás.	Kg	Ex.	Ex.
4001.30		**- Balata, gutapercha, guayule, chicle y gomas naturales análogas.**			
4001.30.03	00	Balata, gutapercha, guayule, chicle y gomas naturales análogas.	Kg	Ex.	Ex.
40.02		**Caucho sintético y caucho facticio derivado de los aceites, en formas primarias o en placas, hojas o tiras; mezclas de productos de la partida 40.01 con los de esta partida, en formas primarias o en placas, hojas o tiras.**			
		- Caucho estireno-butadieno (SBR); caucho estireno-butadieno carboxilado (XSBR):			
4002.11		**- - Látex.**			
4002.11.02	00	Látex frío de poli(butadieno-estireno), con un contenido de sólidos superior o igual al 38% pero inferior o igual al 41% o superior o igual al 67% pero inferior al 69%, de estireno combinado superior o igual al 21.5% pero inferior o igual al 25.5%, de estireno residual inferior o igual 0.1%.	Kg	5	Ex.
4002.11.99		Los demás.	Kg	6	Ex.
	01	De poli(butadieno-estireno) incluso modificados con ácidos carboxílicos, así como los prevulcanizados.			
	99	Los demás.			
4002.19		**- - Los demás.**			
4002.19.01	00	Poli(butadieno-estireno), con un contenido reaccionado de butadieno superior o igual al 90% pero inferior o igual al 97% y de 10% a 3% respectivamente, de estireno.	Kg	7	Ex.
4002.19.02	00	Poli(butadieno-estireno), excepto lo comprendido en la fracción arancelaria 4002.19.01.	Kg	35	Ex.
4002.19.03	00	Soluciones o dispersiones de poli(butadieno-estireno).	Kg	10	Ex.
4002.19.99	00	Los demás.	Kg	35	Ex.
4002.20		**- Caucho butadieno (BR).**			
4002.20.01	00	Caucho butadieno (BR).	Kg	Ex.	Ex.
		- Caucho isobuteno-isopreno (butilo) (IIR); caucho isobuteno-isopreno halogenado (CIIR o BIIR):			

Código		Descripción	Unidad		
4002.31	- -	Caucho isobuteno-isopreno (butilo) (IIR).			
4002.31.01	00	Caucho poli(isobuteno-isopreno).	Kg	Ex.	Ex.
4002.31.99	00	Los demás.	Kg	7	Ex.
4002.39	- -	Los demás.			
4002.39.01	00	Caucho poli(isobuteno-isopreno) halogenado.	Kg	Ex.	Ex.
4002.39.99	00	Los demás.	Kg	5	Ex.
	-	Caucho cloropreno (clorobutadieno) (CR):			
4002.41	- -	Látex.			
4002.41.01	00	Látex.	Kg	Ex.	Ex.
4002.49	- -	Los demás.			
4002.49.99		Los demás.	Kg	Ex.	Ex.
	01	Poli(2-clorobutadieno-1,3).			
	99	Los demás.			
	-	Caucho acrilonitrilo-butadieno (NBR):			
4002.51	- -	Látex.			
4002.51.01	00	Látex.	Kg	Ex.	Ex.
4002.59	- -	Los demás.			
4002.59.01	00	Poli(butadieno-acrilonitrilo) con un contenido de acrilonitrilo superior o igual al 45%.	Kg	5	Ex.
4002.59.02	00	Poli(butadieno-acrilonitrilo), excepto lo comprendido en la fracción arancelaria 4002.59.01.	Kg	9	Ex.
4002.59.03	00	Copolímero de (butadieno-acrilonitrilo) carboxilado, con un contenido de copolímero superior o igual al 73% pero inferior o igual al 84%.	Kg	Ex.	Ex.
4002.59.99	00	Los demás.	Kg	10	Ex.
4002.60	-	Caucho isopreno (IR).			
4002.60.02	00	Caucho isopreno (IR).	Kg	Ex.	Ex.
4002.70	-	Caucho etileno-propileno-dieno no conjugado (EPDM).			
4002.70.01	00	Caucho etileno-propileno-dieno no conjugado (EPDM).	Kg	Ex.	Ex.
4002.80	-	Mezclas de los productos de la partida 40.01 con los de esta partida.			
4002.80.01	00	Mezclas de los productos de la partida 40.01 con los de esta partida.	Kg	Ex.	Ex.
	-	Los demás:			
4002.91	- -	Látex.			
4002.91.01	00	Tioplastos.	Kg	Ex.	Ex.
4002.91.99		Los demás.	Kg	5	Ex.
	01	Poli(butadieno-estireno-vinilpiridina).			
	99	Los demás.			
4002.99	- -	Los demás.			
4002.99.01	00	Caucho facticio.	Kg	Ex.	Ex.
4002.99.99	00	Los demás.	Kg	5	Ex.
40.03		**Caucho regenerado en formas primarias o en placas, hojas o tiras.**			
4003.00	-	Caucho regenerado en formas primarias o en placas, hojas o tiras.			
4003.00.01	00	Caucho regenerado en formas primarias o en placas, hojas o tiras.	Kg	Ex.	Ex.
40.04		**Desechos, desperdicios y recortes, de caucho sin endurecer, incluso en polvo o gránulos.**			
4004.00	-	Desechos, desperdicios y recortes, de caucho sin endurecer, incluso en polvo o gránulos.			
4004.00.01	00	Recortes de neumáticos o de desperdicios, de hule o caucho vulcanizados, sin endurecer.	Kg	Ex.	Ex.
4004.00.02	00	Neumáticos o cubiertas gastados, inutilizables.	Kg	15	Ex.
4004.00.99	00	Los demás.	Kg	10	Ex.
40.05		**Caucho mezclado sin vulcanizar, en formas primarias o en placas, hojas o tiras.**			
4005.10	-	Caucho con adición de negro de humo o de sílice.			
4005.10.01	00	Caucho con adición de negro de humo o de sílice.	Kg	Ex.	Ex.
4005.20	-	Disoluciones; dispersiones, excepto las de la subpartida 4005.10.			
4005.20.02	00	Disoluciones; dispersiones, excepto las de la subpartida 4005.10.	Kg	Ex.	Ex.
	-	Los demás:			
4005.91	- -	Placas, hojas y tiras.			
4005.91.04		Placas, hojas y tiras.	Kg	Ex.	Ex.
	01	En placas, hojas o tiras con soportes de tejidos.			
	02	Cinta aislante eléctrica, autosoldable, de caucho (hule), de poli(etileno-propileno-dieno), resistente al efecto corona, para instalaciones de hasta 69 KW.			
	99	Los demás.			
4005.99	- -	Los demás.			
4005.99.99	00	Los demás.	Kg	Ex.	Ex.
40.06		**Las demás formas (por ejemplo: varillas, tubos, perfiles) y artículos (por ejemplo: discos, arandelas), de caucho sin vulcanizar.**			
4006.10	-	Perfiles para recauchutar.			
4006.10.01	00	Perfiles para recauchutar.	Kg	Ex.	Ex.
4006.90	-	Los demás.			
4006.90.01	00	Juntas.	Kg	Ex.	Ex.
4006.90.02	00	Parches.	Kg	15	Ex.
4006.90.03	00	Copas para portabustos, aun cuando estén recubiertas de tejidos.	Kg	Ex.	Ex.
4006.90.04	00	Reconocibles para naves aéreas.	Kg	Ex.	Ex.
4006.90.99	00	Los demás.	Kg	10	Ex.
40.07		**Hilos y cuerdas, de caucho vulcanizado.**			
4007.00	-	Hilos y cuerdas, de caucho vulcanizado.			
4007.00.01	00	Hilos y cuerdas, de caucho vulcanizado.	Kg	Ex.	Ex.
40.08		**Placas, hojas, tiras, varillas y perfiles, de caucho vulcanizado sin endurecer.**			

LEY DE LOS IMPUESTOS GENERALES DE IMPORTACION Y EXPORTACION

		- De caucho celular:			
4008.11		- - **Placas, hojas y tiras.**			
4008.11.01	00	Placas, hojas y tiras.	Kg	Ex.	Ex.
4008.19		- - **Los demás.**			
4008.19.99		Los demás.	Kg	Ex.	Ex.
	01	Perfiles.			
	99	Los demás.			
		- De caucho no celular:			
4008.21		- - **Placas, hojas y tiras.**			
4008.21.02		Placas, hojas y tiras.	Kg	Ex.	Ex.
	01	Mantillas para litografía, aun cuando tengan tejidos.			
	99	Los demás.			
4008.29		- - **Los demás.**			
4008.29.99		Los demás.	Kg	Ex.	Ex.
	01	Perfiles.			
	99	Los demás.			
40.09		**Tubos de caucho vulcanizado sin endurecer, incluso con sus accesorios (por ejemplo: juntas, codos, empalmes (racores)).**			
		- Sin reforzar ni combinar de otro modo con otras materias:			
4009.11		- - **Sin accesorios.**			
4009.11.02	00	Sin accesorios.	Kg	Ex.	Ex.
4009.12		- - **Con accesorios.**			
4009.12.03	00	Con accesorios.	Kg	Ex.	Ex.
		- Reforzados o combinados de otro modo solamente con metal:			
4009.21		- - **Sin accesorios.**			
4009.21.05		Sin accesorios.	Kg	Ex.	Ex.
	01	Con diámetro interior inferior o igual a 508 mm, excepto los reconocibles como diseñados para el manejo de productos a temperaturas inferiores a -39°C y lo comprendido en el número de identificación comercial 4009.21.05.02.			
	02	Con diámetro interior superior a 508 mm, y/o mangueras autoflotantes o submarinas, de cualquier diámetro, conforme a los estándares referidos por el "OCIMF" ("Oil Companies International Marine Forum").			
	99	Los demás.			
4009.22		- - **Con accesorios.**			
4009.22.05		Con accesorios.	Kg	Ex.	Ex.
	01	Con refuerzos metálicos, con diámetro interior inferior o igual a 508 mm, excepto reconocibles como concebidas para el manejo de productos a temperaturas inferiores a -39°C.			
	99	Los demás.			
		- Reforzados o combinados de otro modo solamente con materia textil:			
4009.31		- - **Sin accesorios.**			
4009.31.06		Sin accesorios.	Kg	Ex.	Ex.
	01	Formado por dos o tres capas de caucho y dos de materias textiles, con diámetro exterior inferior o igual a 13 mm, sin terminales.			
	02	Con diámetro interior inferior o igual a 508 mm excepto lo comprendido en el número de identificación comercial 4009.31.06.01.			
	99	Los demás.			
4009.32		- - **Con accesorios.**			
4009.32.05		Con accesorios.	Kg	Ex.	Ex.
	01	Con refuerzos textiles, con diámetro interior inferior o igual a 508 mm, excepto los reconocibles como concebidas para el manejo de productos a temperaturas inferiores a -39°C y lo comprendido en el número de identificación comercial 4009.32.05.02.			
	02	Con refuerzos textiles, con diámetro superior a 508 mm, y/o mangueras autoflotantes o submarinas, de cualquier diámetro, conforme a los estándares referidos al "OCIMF" ("Oil Companies International Marine Forum").			
	99	Los demás.			
		- Reforzados o combinados de otro modo con otras materias:			
4009.41		- - **Sin accesorios.**			
4009.41.04	00	Sin accesorios.	Kg	Ex.	Ex.
4009.42		- - **Con accesorios.**			
4009.42.03	00	Con accesorios.	Kg	Ex.	Ex.
40.10		**Correas transportadoras o de transmisión, de caucho vulcanizado.**			
		- Correas transportadoras:			
4010.11		- - **Reforzadas solamente con metal.**			
4010.11.02		Reforzadas solamente con metal.	Kg	Ex.	Ex.
	01	Con anchura superior a 20 cm.			
	99	Las demás.			
4010.12		- - **Reforzadas solamente con materia textil.**			
4010.12.03		Reforzadas solamente con materia textil.	Kg	Ex.	Ex.
	01	Correas sin fin de capas, superpuestas de tejidos de cualquier fibra textil, adheridas con caucho, recubiertas por una de sus caras con una capa de caucho vulcanizado, con ancho inferior o igual a 5 m, circunferencia exterior inferior o igual a 60 m y espesor inferior o igual a 6 mm.			
	02	Con anchura superior a 20 cm, excepto lo comprendido en el número de identificación comercial 4010.12.03.01.			
	99	Las demás.			

4010.19		--	**Las demás.**		
4010.19.99			Las demás.	Kg	Ex. Ex.
	01		Con anchura superior a 20 cm, excepto con espesor superior o igual a 45 mm pero inferior o igual a 80 mm, anchura superior o igual a 115 cm pero inferior o igual a 205 cm y circunferencia exterior inferior o igual a 5 m.		
	99		Las demás.		
		-	**Correas de transmisión:**		
4010.31		--	**Correas de transmisión sin fin, estriadas, de sección trapezoidal, de circunferencia exterior superior a 60 cm pero inferior o igual a 180 cm.**		
4010.31.01	00		Correas de transmisión sin fin, estriadas, de sección trapezoidal, de circunferencia exterior superior a 60 cm pero inferior o igual a 180 cm.	Kg	Ex. Ex.
4010.32		--	**Correas de transmisión sin fin, sin estriar, de sección trapezoidal, de circunferencia exterior superior a 60 cm pero inferior o igual a 180 cm.**		
4010.32.01	00		Correas de transmisión sin fin, sin estriar, de sección trapezoidal, de circunferencia exterior superior a 60 cm pero inferior o igual a 180 cm.	Kg	Ex. Ex.
4010.33		--	**Correas de transmisión sin fin, estriadas, de sección trapezoidal, de circunferencia exterior superior a 180 cm pero inferior o igual a 240 cm.**		
4010.33.01	00		Correas de transmisión sin fin, estriadas, de sección trapezoidal, de circunferencia exterior superior a 180 cm pero inferior o igual a 240 cm.	Kg	Ex. Ex.
4010.34		--	**Correas de transmisión sin fin, sin estriar, de sección trapezoidal, de circunferencia exterior superior a 180 cm pero inferior o igual a 240 cm.**		
4010.34.01	00		Correas de transmisión sin fin, sin estriar, de sección trapezoidal, de circunferencia exterior superior a 180 cm pero inferior o igual a 240 cm.	Kg	Ex. Ex.
4010.35		--	**Correas de transmisión sin fin, con muescas (sincrónicas), de circunferencia exterior superior a 60 cm pero inferior o igual a 150 cm.**		
4010.35.02	00		Correas de transmisión sin fin, con muescas (sincrónicas), de circunferencia exterior superior a 60 cm pero inferior o igual a 150 cm.	Kg	Ex. Ex.
4010.36		--	**Correas de transmisión sin fin, con muescas (sincrónicas), de circunferencia exterior superior a 150 cm pero inferior o igual a 198 cm.**		
4010.36.02	00		Correas de transmisión sin fin, con muescas (sincrónicas), de circunferencia exterior superior a 150 cm pero inferior o igual a 198 cm.	Kg	Ex. Ex.
4010.39		--	**Las demás.**		
4010.39.99			Las demás.	Kg	Ex. Ex.
	01		Correas de transmisión sin fin de circunferencia superior a 240 cm, incluso estriadas, de sección trapezoidal.		
	02		Correas sin fin de capas, superpuestas de tejidos de cualquier fibra textil, adheridas con caucho, recubiertas por una de sus caras con una capa de caucho vulcanizado, con ancho inferior o igual a 5 m, circunferencia exterior inferior o igual a 60 m y espesor inferior o igual a 6 mm.		
	03		De anchura superior a 20 cm, excepto lo comprendido en los números de identificación comercial 4010.39.99.01 y 4010.39.99.02.		
	99		Las demás.		
40.11			**Neumáticos (llantas neumáticas) nuevos de caucho.**		
4011.10		-	**De los tipos utilizados en automóviles de turismo (incluidos los del tipo familiar ("break" o "station wagon") y los de carreras).**		
4011.10.10			De los tipos utilizados en automóviles de turismo (incluidos los del tipo familiar ("break" o "station wagon") y los de carreras).	Pza	35 Ex.
	01		Con diámetro interior igual a 33.02 cm (13 pulgadas) y cuya altura de la sección transversal sea del 70% u 80% de su anchura.		
	02		Con diámetro interior igual a 33.02 cm (13 pulgadas) y cuya altura de la sección transversal sea del 60% de su anchura.		
	03		Con diámetro interior igual a 35.56 cm (14 pulgadas) y cuya altura de la sección transversal sea del 70% o 65% o 60% de su anchura.		
	04		Con diámetro interior igual a 38.10 cm (15 pulgadas) y cuya altura de la sección transversal sea del 80% de su anchura.		
	05		Con diámetro interior igual a 38.10 cm (15 pulgadas) y cuya altura de la sección transversal sea del 50% de su anchura.		
	06		Con diámetro interior igual a 38.10 cm (15 pulgadas) y cuya altura de la sección transversal sea del 75% o 70% o 65% o 60% de su anchura.		
	07		Con diámetro interior igual a 40.64 cm (16 pulgadas) y cuya altura de la sección transversal sea del 50% de su anchura; y las de diámetro interior igual a 43.18 cm (17 pulgadas), 45.72 cm (18 pulgadas) y 50.80 cm (20 pulgadas).		
	08		Con diámetro interior igual a 40.64 cm (16 pulgadas) y cuya altura de la sección transversal sea del 65% o 60% de su anchura.		
	99		Los demás.		
4011.20		-	**De los tipos utilizados en autobuses o camiones.**		
4011.20.04	00		Con diámetro interior superior a 44.45 cm, de construcción radial.	Pza	Ex. Ex.
4011.20.05	00		Con diámetro interior superior a 44.45 cm, de construcción diagonal.	Pza	15 Ex.
4011.20.06			Con diámetro interior inferior o igual a 44.45 cm.	Pza	35 Ex.
	01		Con diámetro interior inferior o igual a 44.45 cm, de construcción radial.		
	02		Con diámetro interior inferior o igual a 44.45 cm, de construcción diagonal.		
4011.30		-	**De los tipos utilizados en aeronaves.**		
4011.30.01	00		De los tipos utilizados en aeronaves.	Pza	Ex. Ex.
4011.40		-	**De los tipos utilizados en motocicletas.**		
4011.40.01	00		De los tipos utilizados en motocicletas.	Pza	Ex. Ex.
4011.50		-	**De los tipos utilizados en bicicletas.**		

4011.50.01	00	De los tipos utilizados en bicicletas.	Pza	Ex.	Ex.
4011.70		**- De los tipos utilizados en vehículos y máquinas agrícolas o forestales.**			
4011.70.01	00	Con altos relieves en forma de taco, ángulo o similar, para maquinaria y tractores agrícolas, cuyos números de medida sean: 8.25-15; 10.00-15; 6.00-16; 6.50-16; 7.50-16; 5.00-16; 7.50-18; 6.00-19; 13.00-24; 16.00-25; 17.50-25; 18.00-25; 18.40-26; 23.1-26; 11.25-28; 13.6-28; 14.9-28; 16.9-30; 18.4-30; 24.5-32; 18.4-34; 20.8-34; 23.1-34; 12.4-36; 13.6-38; 14.9-38; 15.5-38; 18.4-38.	Pza	Ex.	Ex.
4011.70.02	00	Con altos relieves en forma de taco, ángulo o similar, para maquinaria y tractores agrícolas, excepto lo comprendido en la fracción arancelaria 4011.70.01.	Pza	Ex.	Ex.
4011.70.03	00	De diámetro interior superior a 35 cm.	Pza	Ex.	Ex.
4011.70.99	00	Los demás.	Pza	15	Ex.
4011.80		**- De los tipos utilizados en vehículos y máquinas para la construcción, minería o mantenimiento industrial.**			
4011.80.01	00	Para maquinaria y tractores industriales, con altos relieves en forma de taco, ángulo o similar, para rines de diámetro inferior o igual a 61 cm.	Pza	Ex.	Ex.
4011.80.02	00	Para maquinaria y tractores industriales, cuyos números de medida sean: 8.25-15; 10.00-15; 6.50-16; 7.50-16, con altos relieves en forma de taco, ángulo o similar, para rines de diámetro superior a 61 cm.	Pza	Ex.	Ex.
4011.80.03	00	Para vehículos fuera de carretera, con diámetro exterior superior a 2.20 m, con altos relieves en forma de taco, ángulo o similar, para rines de diámetro superior a 61 cm.	Pza	Ex.	Ex.
4011.80.04	00	Para maquinaria y tractores industriales, con altos relieves en forma de taco, ángulo o similar, para rines de diámetro superior a 61 cm, excepto lo comprendido en la fracción arancelaria 4011.80.02.	Pza	Ex.	Ex.
4011.80.05	00	De diámetro interior superior a 35 cm, para rines de diámetro inferior o igual a 61 cm.	Pza	Ex.	Ex.
4011.80.06	00	De diámetro interior superior a 35 cm, para rines de diámetro superior a 61 cm.	Pza	Ex.	Ex.
4011.80.93		Los demás, para rines.	Pza	15	Ex.
	91	Los demás para rines de diámetro inferior o igual a 61 cm.			
	92	Los demás para rines de diámetro superior a 61 cm.			
4011.90		**- Los demás.**			
4011.90.01	00	Reconocibles como diseñados exclusivamente para trenes metropolitanos (METRO).	Pza	Ex.	Ex.
4011.90.02	00	De diámetro interior superior a 35 cm.	Pza	Ex.	Ex.
4011.90.99	00	Los demás.	Pza	15	Ex.
40.12		**Neumáticos (llantas neumáticas) recauchutados o usados, de caucho; bandajes (llantas macizas o huecas), bandas de rodadura para neumáticos (llantas neumáticas) y protectores ("flaps"), de caucho.**			
		- Neumáticos (llantas neumáticas) recauchutados:			
4012.11		**- - De los tipos utilizados en automóviles de turismo (incluidos los del tipo familiar ("break" o "station wagon") y los de carreras).**			
4012.11.01	00	De los tipos utilizados en automóviles de turismo (incluidos los del tipo familiar ("break" o "station wagon") y los de carreras).	Pza	15	Ex.
4012.12		**- - De los tipos utilizados en autobuses o camiones.**			
4012.12.01	00	De los tipos utilizados en autobuses o camiones.	Pza	15	Ex.
4012.13		**- - De los tipos utilizados en aeronaves.**			
4012.13.01	00	De los tipos utilizados en aeronaves.	Pza	15	Ex.
4012.19		**- - Los demás.**			
4012.19.99	00	Los demás.	Pza	15	Ex.
4012.20		**- Neumáticos (llantas neumáticas) usados.**			
4012.20.01	00	De los tipos utilizados en vehículos para el transporte en carretera de pasajeros o mercancía, incluyendo tractores, o en vehículos de la partida 87.05.	Pza	AE (2 Dls EUA por Pza)	Ex.
4012.20.99		Los demás.	Pza	15	Ex.
	01	Reconocibles para naves aéreas.			
	99	Los demás.			
4012.90		**- Los demás.**			
4012.90.02	00	Reconocibles para naves aéreas.	Pza	Ex.	Ex.
4012.90.99		Los demás.	Pza	15	Ex.
	01	Bandas de rodadura para recauchutar neumáticos.			
	99	Los demás.			
40.13		**Cámaras de caucho para neumáticos (llantas neumáticas).**			
4013.10		**- De los tipos utilizados en automóviles de turismo (incluidos los del tipo familiar ("break" o "station wagon") y los de carreras), en autobuses o camiones.**			
4013.10.01	00	De los tipos utilizados en automóviles de turismo (incluidos los del tipo familiar ("break" o "station wagon") y los de carreras), en autobuses o camiones.	Pza	15	Ex.
4013.20		**- De los tipos utilizados en bicicletas.**			
4013.20.01	00	De los tipos utilizados en bicicletas.	Pza	Ex.	Ex.
4013.90		**- Las demás.**			
4013.90.01	00	Reconocibles para naves aéreas.	Pza	Ex.	Ex.
4013.90.02	00	Para maquinaria y tractores agrícolas e industriales.	Pza	Ex.	Ex.
4013.90.03	00	De los tipos utilizados en motocicletas.	Pza	Ex.	Ex.
4013.90.99	00	Las demás.	Pza	15	Ex.

40.14		**Artículos de higiene o de farmacia (comprendidas las tetinas), de caucho vulcanizado sin endurecer, incluso con partes de caucho endurecido.**			
4014.10		- Preservativos.			
4014.10.01	00	Preservativos.	Kg	5	Ex.
4014.90		- Los demás.			
4014.90.01	00	Cojines neumáticos.	Kg	Ex.	Ex.
4014.90.02	00	Orinales para incontinencia.	Kg	Ex.	Ex.
4014.90.99		Los demás.	Kg	15	Ex.
	01	Copas menstruales.			
	99	Los demás.			
40.15		**Prendas de vestir, guantes, mitones y manoplas y demás complementos (accesorios), de vestir, para cualquier uso, de caucho vulcanizado sin endurecer.**			
	- -	Guantes, mitones y manoplas:			
4015.12	- -	De los tipos utilizados con fines médicos, quirúrgicos, odontológicos o veterinarios.			
4015.12.01	00	Para cirugía.	Kg	Ex.	Ex.
4015.12.99	00	Los demás.	Kg	15	Ex.
4015.19	- -	Los demás.			
4015.19.99	00	Los demás.	Kg	15	Ex.
4015.90		- Los demás.			
4015.90.01	00	Prendas de vestir totalmente de caucho.	Kg	Ex.	Ex.
4015.90.02	00	Prendas de vestir impregnadas o recubiertas de caucho.	Kg	Ex.	Ex.
4015.90.03	00	Prendas de vestir y sus accesorios, para protección contra radiaciones.	Kg	Ex.	Ex.
4015.90.99	00	Los demás.	Kg	15	Ex.
40.16		**Las demás manufacturas de caucho vulcanizado sin endurecer.**			
4016.10		- De caucho celular.			
4016.10.01	00	De caucho celular.	Kg	Ex.	Ex.
	-	Las demás:			
4016.91	- -	Revestimientos para el suelo y alfombras.			
4016.91.01	00	Revestimientos para el suelo y alfombras.	M²	10	Ex.
4016.92	- -	Gomas de borrar.			
4016.92.01	00	Cilíndricas de diámetro inferior o igual a 1 cm.	Kg	Ex.	Ex.
4016.92.99	00	Las demás.	Kg	10	Ex.
4016.93	- -	Juntas o empaquetaduras.			
4016.93.04		Juntas o empaquetaduras.	Kg	Ex.	Ex.
	01	De los tipos utilizados en los vehículos del Capítulo 87, excepto lo comprendido en el número de identificación comercial 4016.93.04.02.			
	02	Para aletas de vehículos.			
	03	Con refuerzos de metal, para juntas de dilatación de puentes, viaductos u otras construcciones.			
	99	Las demás.			
4016.94	- -	Defensas, incluso inflables, para el atraque de los barcos.			
4016.94.02	00	Defensas para muelles portuarios, flotantes (rellenas de espuma flotante) o giratorias (llantas de caucho flexible no inflable).	Kg	Ex.	Ex.
4016.94.99		Los demás.	Kg	5	Ex.
	01	Defensas para muelles portuarios, con o sin placas de montaje.			
	99	Los demás.			
4016.95	- -	Los demás artículos inflables.			
4016.95.01	00	Salvavidas.	Kg	Ex.	Ex.
4016.95.02	00	Diques.	Pza	Ex.	Ex.
4016.95.99	00	Los demás.	Kg	10	Ex.
4016.99	- -	Las demás.			
4016.99.01	00	Arandelas, válvulas u otras piezas de uso técnico, excepto artículos reconocibles como diseñados exclusivamente para ser utilizados en el moldeo de neumáticos nuevos ("Bladers").	Kg	5	Ex.
4016.99.04	00	Dedales.	Kg	10	Ex.
4016.99.99		Las demás.	Kg	Ex.	Ex.
	01	Cápsulas o tapones.			
	02	Peras, bulbos y artículos de forma análoga.			
	03	Recipientes de tejidos de fibras sintéticas poliamídicas, recubiertas con caucho sintético tipo butadieno-acrilonitrilo, vulcanizado, con llave de válvula.			
	04	Reconocibles para naves aéreas.			
	05	Artículos reconocibles como diseñados exclusivamente para ser utilizados en el moldeo de neumáticos nuevos ("Bladers").			
	06	Manufacturas circulares con o sin tacón, reconocibles como concebidas exclusivamente para ser utilizadas en la renovación de neumáticos.			
	07	Elementos para control de vibración, del tipo utilizado en los vehículos de las partidas 87.01 a 87.05.			
	99	Las demás.			
40.17		**Caucho endurecido (por ejemplo, ebonita) en cualquier forma, incluidos los desechos y desperdicios; manufacturas de caucho endurecido.**			
4017.00		- Caucho endurecido (por ejemplo, ebonita) en cualquier forma, incluidos los desechos y desperdicios; manufacturas de caucho endurecido.			
4017.00.03	00	Desperdicios y desechos.	Kg	5	Ex.
4017.00.99		Los demás.	Kg	Ex.	Ex.
	01	Manufacturas de caucho endurecido (ebonita).			
	99	Los demás.			

LEY DE LOS IMPUESTOS GENERALES DE IMPORTACION Y EXPORTACION

Sección VIII
PIELES, CUEROS, PELETERÍA Y MANUFACTURAS DE ESTAS MATERIAS; ARTÍCULOS DE TALABARTERÍA O GUARNICIONERÍA; ARTÍCULOS DE VIAJE, BOLSOS DE MANO (CARTERAS) Y CONTINENTES SIMILARES; MANUFACTURAS DE TRIPA

Capítulo 41
Pieles (excepto la peletería) y cueros

Notas.
1. Este Capítulo no comprende:
   a) los recortes y desperdicios similares de cueros y pieles en bruto (partida 05.11);
   b) las pieles y partes de pieles de ave, con sus plumas o plumón (partidas 05.05 o 67.01, según los casos);
   c) los cueros y pieles en bruto, curtidos o adobados, sin depilar, de animales de pelo (Capítulo 43). Sin embargo, se clasifican en este Capítulo las pieles en bruto sin depilar de bovino (incluidas las de búfalo), de equino, ovino (excepto las de cordero llamadas astracán, "Breitschwanz", "caracul", "persa" o similares y las pieles de cordero de Indias, de China, de Mongolia o del Tíbet), de caprino (excepto las de cabra, cabritilla o cabrito del Yemen, de Mongolia o del Tíbet), de porcino (incluidas las de pecarí), de gamuza, gacela, camello, dromedario, reno, alce, ciervo, corzo o perro.
2. A) Las partidas 41.04 a 41.06 no comprenden los cueros y pieles que hayan sufrido un proceso de curtido (incluido el precurtido) reversible (partidas 41.01 a 41.03, según el caso).
   B) En las partidas 41.04 a 41.06 la expresión "*crust*" incluye cueros y pieles que han sido recurtidos, coloreados o engrasados en baño, previo al secado.
3. En la Nomenclatura, la expresión *cuero regenerado* se refiere a las materias comprendidas en la partida 41.15.

CÓDIGO		DESCRIPCIÓN	UNIDAD	ARANCEL	
				IMP	EXP
41.01		**Cueros y pieles en bruto, de bovino (incluido el búfalo) o de equino (frescos o salados, secos, encalados, piquelados o conservados de otro modo, pero sin curtir, apergaminar ni preparar de otra forma), incluso depilados o divididos.**			
4101.20	-	**Cueros y pieles enteros, sin dividir, de peso unitario inferior o igual a 8 kg para los secos, a 10 kg para los salados secos y a 16 kg para los frescos, salados verdes (húmedos) o conservados de otro modo.**			
4101.20.03		Cueros y pieles enteros, sin dividir, de peso unitario inferior o igual a 8 kg para los secos, a 10 kg para los salados secos y a 16 kg para los frescos, salados verdes (húmedos) o conservados de otro modo.	Kg	Ex.	Ex.
	01	De bovino.			
	02	De equino.			
4101.50	-	**Cueros y pieles enteros, de peso unitario superior a 16 kg.**			
4101.50.03		Cueros y pieles enteros, de peso unitario superior a 16 kg.	Kg	Ex.	Ex.
	01	De bovino frescos o salados verdes (húmedos).			
	99	Los demás.			
4101.90	-	**Los demás, incluidos los crupones, medios crupones y faldas.**			
4101.90.91		Los demás, incluidos los crupones, medios crupones y faldas.	Kg	Ex.	Ex.
	01	De equino.			
	99	Los demás.			
41.02		**Cueros y pieles en bruto, de ovino (frescos o salados, secos, encalados, piquelados o conservados de otro modo, pero sin curtir, apergaminar ni preparar de otra forma), incluso depilados o divididos, excepto los excluidos por la Nota 1 c) de este Capítulo.**			
4102.10	-	**Con lana.**			
4102.10.01	00	Con lana.	Kg	Ex.	Ex.
	-	Sin lana (depilados):			
4102.21	- -	**Piquelados.**			
4102.21.01	00	Piquelados.	Kg	Ex.	Ex.
4102.29	- -	**Los demás.**			
4102.29.99	00	Los demás.	Kg	Ex.	Ex.
41.03		**Los demás cueros y pieles en bruto (frescos o salados, secos, encalados, piquelados o conservados de otro modo, pero sin curtir, apergaminar ni preparar de otra forma), incluso depilados o divididos, excepto los excluidos por las Notas 1 b) o 1 c) de este Capítulo.**			
4103.20	-	**De reptil.**			
4103.20.01	00	De caimán, cocodrilo o lagarto.	Cbza	Ex.	Ex.
4103.20.02		De tortuga o caguama.	Prohibida	Prohibida	Prohibida
4103.20.99	00	Los demás.	Kg	Ex.	Ex.
4103.30	-	**De porcino.**			
4103.30.01	00	De porcino.	Kg	Ex.	Ex.
4103.90	-	**Los demás.**			
4103.90.99		Los demás.	Kg	Ex.	Ex.
	01	De caprino.			
	99	Los demás.			
41.04		**Cueros y pieles curtidos o "crust", de bovino (incluido el búfalo) o de equino, depilados, incluso divididos pero sin otra preparación.**			

	-	En estado húmedo (incluido el "wet-blue"):			
4104.11	- -	Plena flor sin dividir; divididos con la flor.			
4104.11.04		Plena flor sin dividir; divididos con la flor.	M²	Ex.	Ex.
01		Enteros, de bovino, con una superficie por unidad inferior o igual a 2.6 m² (28 pies cuadrados).			
02		De bovino, precurtidos al cromo húmedo ("wet-blue"), excepto lo comprendido en el número de identificación comercial 4104.11.04.01.			
99		Los demás.			
4104.19	- -	Los demás.			
4104.19.99		Los demás.	M²	Ex.	Ex.
01		De bovino, precurtidos al cromo húmedo ("wet-blue"), excepto enteros, con una superficie por unidad inferior o igual a 2.6 m² (28 pies cuadrados).			
99		Los demás.			
	-	En estado seco ("crust"):			
4104.41	- -	Plena flor sin dividir; divididos con la flor.			
4104.41.02		Plena flor sin dividir; divididos con la flor.	M²	Ex.	Ex.
01		Enteros, de bovino, con una superficie por unidad inferior o igual a 2.6 m² (28 pies cuadrados).			
99		Los demás.			
4104.49	- -	Los demás.			
4104.49.99		Los demás.	M²	Ex.	Ex.
01		Enteros, de bovino, con una superficie por unidad inferior o igual a 2.6 m² (28 pies cuadrados).			
99		Los demás.			
41.05		**Pieles curtidas o "crust", de ovino, depiladas, incluso divididas pero sin otra preparación.**			
4105.10	-	En estado húmedo (incluido el "wet-blue").			
4105.10.04		En estado húmedo (incluido el "wet-blue").	M²	Ex.	Ex.
01		Preparadas al cromo.			
99		Las demás.			
4105.30	-	En estado seco ("crust").			
4105.30.01 00		En estado seco ("crust").	M²	Ex.	Ex.
41.06		**Cueros y pieles depilados de los demás animales y pieles de animales sin pelo, curtidos o "crust", incluso divididos pero sin otra preparación.**			
	-	De caprino:			
4106.21	- -	En estado húmedo (incluido el "wet-blue").			
4106.21.04		En estado húmedo (incluido el "wet-blue").	M²	Ex.	Ex.
01		Preparados al cromo.			
99		Las demás.			
4106.22	- -	En estado seco ("crust").			
4106.22.01 00		En estado seco ("crust").	M²	Ex.	Ex.
	-	De porcino:			
4106.31	- -	En estado húmedo (incluido el "wet-blue").			
4106.31.01 00		En estado húmedo (incluido el "wet-blue").	M²	Ex.	Ex.
4106.32	- -	En estado seco ("crust").			
4106.32.01 00		En estado seco ("crust").	M²	Ex.	Ex.
4106.40	-	De reptil.			
4106.40.02 00		De reptil.	M²	Ex.	Ex.
	-	Los demás:			
4106.91	- -	En estado húmedo (incluido el "wet-blue").			
4106.91.01 00		En estado húmedo (incluido el "wet-blue").	M²	Ex.	Ex.
4106.92	- -	En estado seco ("crust").			
4106.92.01 00		En estado seco ("crust").	M²	Ex.	Ex.
41.07		**Cueros preparados después del curtido o del secado y cueros y pieles apergaminados, de bovino (incluido el búfalo) o equino, depilados, incluso divididos, excepto los de la partida 41.14.**			
	-	Cueros y pieles enteros:			
4107.11	- -	Plena flor sin dividir.			
4107.11.02		Plena flor sin dividir.	M²	Ex.	Ex.
01		De bovino, con una superficie por unidad inferior o igual a 2.6 m² (28 pies cuadrados).			
99		Los demás.			
4107.12	- -	Divididos con la flor.			
4107.12.02		Divididos con la flor.	M²	Ex.	Ex.
01		De bovino, con una superficie por unidad inferior o igual a 2.6 m² (28 pies cuadrados).			
99		Los demás.			
4107.19	- -	Los demás.			
4107.19.99 00		Los demás.	M²	Ex.	Ex.
	-	Los demás, incluidas las hojas:			
4107.91	- -	Plena flor sin dividir.			
4107.91.01 00		Plena flor sin dividir.	M²	Ex.	Ex.
4107.92	- -	Divididos con la flor.			
4107.92.01 00		Divididos con la flor.	M²	Ex.	Ex.
4107.99	- -	Los demás.			

LEY DE LOS IMPUESTOS GENERALES DE IMPORTACION Y EXPORTACION

4107.99.99	00		Los demás.	M²	Ex.	Ex.
41.12			**Cueros preparados después del curtido o secado y cueros y pieles apergaminados, de ovino, depilados, incluso divididos, excepto los de la partida 41.14.**			
4112.00		-	Cueros preparados después del curtido o secado y cueros y pieles apergaminados, de ovino, depilados, incluso divididos, excepto los de la partida 41.14.			
4112.00.01	00		Cueros preparados después del curtido o secado y cueros y pieles apergaminados, de ovino, depilados, incluso divididos, excepto los de la partida 41.14.	M²	Ex.	Ex.
41.13			**Cueros preparados después del curtido o secado y cueros y pieles apergaminados, de los demás animales, depilados, y cueros preparados después del curtido y cueros y pieles apergaminados, de animales sin pelo, incluso los divididos, excepto los de la partida 41.14.**			
4113.10		-	**De caprino.**			
4113.10.01	00		De caprino.	M²	Ex.	Ex.
4113.20		-	**De porcino.**			
4113.20.01	00		De porcino.	M²	Ex.	Ex.
4113.30		-	**De reptil.**			
4113.30.01	00		De reptil.	M²	Ex.	Ex.
4113.90		-	**Los demás.**			
4113.90.99			Los demás.	M²	Ex.	Ex.
	01		De avestruz o de mantarraya.			
	99		Los demás.			
41.14			**Cueros y pieles agamuzados (incluido el agamuzado combinado al aceite); cueros y pieles charolados y sus imitaciones de cueros o pieles chapados; cueros y pieles metalizados.**			
4114.10		-	**Cueros y pieles agamuzados (incluido el agamuzado combinado al aceite).**			
4114.10.01	00		Cueros y pieles agamuzados (incluido el agamuzado combinado al aceite).	M²	Ex.	Ex.
4114.20		-	**Cueros y pieles charolados y sus imitaciones de cueros o pieles chapados; cueros y pieles metalizados.**			
4114.20.01	00		Cueros y pieles charolados y sus imitaciones de cueros o pieles chapados; cueros y pieles metalizados.	M²	Ex.	Ex.
41.15			**Cuero regenerado a base de cuero o fibras de cuero, en placas, hojas o tiras, incluso enrolladas; recortes y demás desperdicios de cuero o piel, preparados, o de cuero regenerado, no utilizables para la fabricación de manufacturas de cuero; aserrín, polvo y harina de cuero.**			
4115.10		-	**Cuero regenerado a base de cuero o fibras de cuero, en placas, hojas o tiras, incluso enrolladas.**			
4115.10.01	00		Cuero regenerado a base de cuero o fibras de cuero, en placas, hojas o tiras, incluso enrolladas.	Kg	Ex.	Ex.
4115.20		-	**Recortes y demás desperdicios de cuero o piel, preparados, o de cuero regenerado, no utilizables para la fabricación de manufacturas de cuero; aserrín, polvo y harina de cuero.**			
4115.20.01	00		Recortes y demás desperdicios de cuero o piel, preparados, o de cuero regenerado, no utilizables para la fabricación de manufacturas de cuero; aserrín, polvo y harina de cuero.	Kg	Ex.	Ex.

Capítulo 42
Manufacturas de cuero; artículos de talabartería o guarnicionería; artículos de viaje, bolsos de mano (carteras) y continentes similares; manufacturas de tripa

Notas.
1. En este Capítulo, la expresión *cuero natural* comprende también los cueros y pieles agamuzados (incluido el agamuzado combinado al aceite), los cueros y pieles charolados y sus imitaciones de cueros o pieles chapados y los cueros y pieles metalizados.
2. Este Capítulo no comprende:
    a) los catguts estériles y las ligaduras estériles similares para suturas quirúrgicas (partida 30.06);
    b) las prendas y complementos (accesorios), de vestir (excepto los guantes, mitones y manoplas), de cuero o piel, forrados interiormente con peletería natural o peletería facticia o artificial, así como las prendas y complementos (accesorios), de vestir, de cuero o piel con partes exteriores de peletería natural o peletería facticia o artificial, cuando éstas superen el papel de simples guarniciones (partidas 43.03 o 43.04, según los casos);
    c) los artículos confeccionados con redes de la partida 56.08;
    d) los artículos del Capítulo 64;
    e) los sombreros, demás tocados, y sus partes, del Capítulo 65;
    f) los látigos, fustas y demás artículos de la partida 66.02;
    g) los gemelos, pulseras y demás artículos de bisutería (partida 71.17);
    h) los accesorios y guarniciones de talabartería o guarnicionería (por ejemplo: frenos, estribos, hebillas), presentados aisladamente (Sección XV, generalmente);
    ij) las cuerdas armónicas, parches de tambor o de instrumentos similares y demás partes de instrumentos musicales (partida 92.09);
    k) los artículos del Capítulo 94 (por ejemplo: muebles, luminarias y aparatos de alumbrado);
    l) los artículos del Capítulo 95 (por ejemplo: juguetes, juegos, artefactos deportivos);

m) los botones, botones de presión, formas para botones y demás partes de botones o de botones de presión y esbozos de botones, de la partida 96.06.
3. A) Además de lo dispuesto en la Nota 2 anterior, la partida 42.02 no comprende:
   a) las bolsas de hojas de plástico, con asas, no concebidas para un uso prolongado, incluso impresas (partida 39.23);
   b) los artículos de materia trenzable (partida 46.02).
   B) Las manufacturas comprendidas en las partidas 42.02 y 42.03 con partes de metal precioso o de chapados de metal precioso (plaqué), de perlas naturales (finas) o cultivadas o de piedras preciosas o semipreciosas (naturales, sintéticas o reconstituidas) permanecen incluidas en estas partidas, incluso si dichas partes exceden la función de simples accesorios o adornos de mínima importancia, siempre que tales partes no confieran a las manufacturas su carácter esencial. Si, por el contrario, esas partes confieren a las manufacturas su carácter esencial, éstas deben clasificarse en el Capítulo 71.
4. En la partida 42.03, la expresión *prendas y complementos (accesorios), de vestir* se refiere, entre otros, a los guantes, mitones y manoplas (incluidos los de deporte y los de protección), a los delantales y demás equipos especiales de protección individual para cualquier oficio, a los tirantes (tiradores), cinturones, bandoleras, brazaletes y muñequeras, excepto las pulseras para relojes (partida 91.13).

CÓDIGO		DESCRIPCIÓN	UNIDAD	ARANCEL IMP	EXP
42.01		**Artículos de talabartería o guarnicionería para todos los animales (incluidos los tiros, traíllas, rodilleras, bozales, sudaderos, alforjas, abrigos para perros y artículos similares), de cualquier materia.**			
4201.00		- Artículos de talabartería o guarnicionería para todos los animales (incluidos los tiros, traíllas, rodilleras, bozales, sudaderos, alforjas, abrigos para perros y artículos similares), de cualquier materia.			
4201.00.01	00	Artículos de talabartería o guarnicionería para todos los animales (incluidos los tiros, traíllas, rodilleras, bozales, sudaderos, alforjas, abrigos para perros y artículos similares), de cualquier materia.	Pza	20	Ex.
42.02		**Baúles, maletas (valijas), maletines, incluidos los de aseo y los portadocumentos, portafolios (carteras de mano), cartapacios, fundas y estuches para gafas (anteojos), binoculares, cámaras fotográficas o cinematográficas, instrumentos musicales o armas y continentes similares; sacos de viaje, bolsas (sacos) aislantes para alimentos y bebidas, bolsas de aseo, mochilas, bolsos de mano (carteras), bolsas para la compra, billeteras, portamonedas, portamapas, petacas, pitilleras y bolsas para tabaco, bolsas para herramientas y para artículos de deporte, estuches para frascos y botellas, estuches para joyas, polveras, estuches para orfebrería y continentes similares, de cuero natural o regenerado, hojas de plástico, materia textil, fibra vulcanizada o cartón, o recubiertos totalmente o en su mayor parte con esas materias o papel.**			
		- Baúles, maletas (valijas) y maletines, incluidos los de aseo y los portadocumentos, portafolios (carteras de mano), cartapacios y continentes similares:			
4202.11		-- **Con la superficie exterior de cuero natural o cuero regenerado.**			
4202.11.01		Con la superficie exterior de cuero natural o cuero regenerado.	Pza	20	Ex.
	01	Maletas, portafolios y similares.			
	99	Los demás.			
4202.12		-- **Con la superficie exterior de plástico o materia textil.**			
4202.12.03		Con la superficie exterior de plástico o materia textil.	Pza	20	Ex.
	03	Maletas, portafolios y similares.			
	91	Los demás con la superficie exterior de plástico.			
	92	Los demás con la superficie exterior de materia textil.			
4202.19		-- **Los demás.**			
4202.19.99		Los demás.	Pza	20	Ex.
	01	Maletas, portafolios y similares.			
	99	Los demás.			
		- Bolsos de mano (carteras), incluso con bandolera o sin asas:			
4202.21		-- **Con la superficie exterior de cuero natural o cuero regenerado.**			
4202.21.01	00	Con la superficie exterior de cuero natural o cuero regenerado.	Pza	20	Ex.
4202.22		-- **Con la superficie exterior de hojas de plástico o materia textil.**			
4202.22.03		Con la superficie exterior de hojas de plástico o materia textil.	Pza	20	Ex.
	01	Con la superficie exterior de hojas de plástico.			
	02	Con la superficie exterior de materia textil.			
4202.29		-- **Los demás.**			
4202.29.99	00	Los demás.	Pza	20	Ex.
		- Artículos de bolsillo o de bolso de mano (cartera):			
4202.31		-- **Con la superficie exterior de cuero natural o cuero regenerado.**			
4202.31.01	00	Con la superficie exterior de cuero natural o cuero regenerado.	Pza	20	Ex.
4202.32		-- **Con la superficie exterior de hojas de plástico o materia textil.**			
4202.32.03		Con la superficie exterior de hojas de plástico o materia textil.	Pza	20	Ex.
	01	Con la superficie exterior de hojas de plástico.			
	02	Con la superficie exterior de materia textil.			
4202.39		-- **Los demás.**			
4202.39.99	00	Los demás.	Pza	20	Ex.
		- Los demás:			
4202.91		-- **Con la superficie exterior de cuero natural o cuero regenerado.**			
4202.91.01	00	Con la superficie exterior de cuero natural o cuero regenerado.	Pza	20	Ex.
4202.92		-- **Con la superficie exterior de hojas de plástico o materia textil.**			
4202.92.04		Con la superficie exterior de hojas de plástico o materia textil.	Pza	20	Ex.

	01	Con la superficie exterior de hojas de plástico, excepto lo comprendido en el número de identificación comercial 4202.92.04.03.			
	02	Con la superficie exterior de materia textil, excepto lo comprendido en el número de identificación comercial 4202.92.04.03.			
	03	Bolsas o fundas, utilizadas para contener llaves de cubo y/o un "gato", reconocibles como concebidas exclusivamente para uso automotriz.			
4202.99	- -	Los demás.			
4202.99.99 00		Los demás.	Pza	20	Ex.
42.03		**Prendas y complementos (accesorios), de vestir, de cuero natural o cuero regenerado.**			
4203.10	-	Prendas de vestir.			
4203.10.01 00		Para protección contra radiaciones.	Pza	Ex.	Ex.
4203.10.99		Los demás.	Pza	20	Ex.
	01	Chamarras, chaquetas, sacos, cazadoras, blazer, abrigos y chalecos.			
	99	Los demás.			
	-	Guantes, mitones y manoplas:			
4203.21	- -	Diseñados especialmente para la práctica del deporte.			
4203.21.01 00		Diseñados especialmente para la práctica del deporte.	Pza	20	Ex.
4203.29	- -	Los demás.			
4203.29.01 00		Para protección contra radiaciones.	Pza	Ex.	Ex.
4203.29.99 00		Los demás.	Pza	20	Ex.
4203.30	-	Cintos, cinturones y bandoleras.			
4203.30.02 00		Cintos, cinturones y bandoleras.	Pza	20	Ex.
4203.40	-	Los demás complementos (accesorios) de vestir.			
4203.40.01 00		Para protección contra radiaciones.	Pza	Ex.	Ex.
4203.40.99 00		Los demás.	Pza	20	Ex.
42.05		**Las demás manufacturas de cuero natural o cuero regenerado.**			
4205.00	-	Las demás manufacturas de cuero natural o cuero regenerado.			
4205.00.02 00		Artículos para usos técnicos de cuero natural o cuero regenerado.	Kg	Ex.	Ex.
4205.00.99		Las demás.	Pza	20	Ex.
	01	Partes cortadas en forma, reconocibles como concebidas exclusivamente para cinturones portaherramientas.			
	99	Las demás.			
42.06		**Manufacturas de tripa, vejigas o tendones.**			
4206.00	-	Manufacturas de tripa, vejigas o tendones.			
4206.00.01 00		Catgut, incluso cromado, con diámetro superior o igual a 0.10 mm, sin exceder de 0.89 mm.	Kg	Ex.	Ex.
4206.00.99 00		Las demás.	Kg	5	Ex.

Capítulo 43
Peletería y confecciones de peletería; peletería facticia o artificial

Notas.
1. Independientemente de la peletería en bruto de la partida 43.01, en la Nomenclatura, el término *peletería* abarca las pieles de todos los animales curtidas o adobadas, sin depilar.
2. Este Capítulo no comprende:
    a) las pieles y partes de pieles de ave con sus plumas o plumón (partidas 05.05 o 67.01, según los casos);
    b) los cueros y pieles, en bruto, sin depilar, de la naturaleza de los clasificados en el Capítulo 41 en virtud de la Nota 1 c) de dicho Capítulo;
    c) los guantes, mitones y manoplas, confeccionados a la vez con peletería natural o peletería facticia o artificial y con cuero (partida 42.03);
    d) los artículos del Capítulo 64;
    e) los sombreros, demás tocados, y sus partes, del Capítulo 65;
    f) los artículos del Capítulo 95 (por ejemplo: juguetes, juegos, artefactos deportivos).
3. Se clasifican en la partida 43.03, la peletería y partes de peletería, ensambladas con otras materias, y la peletería y partes de peletería, cosidas formando prendas, partes de prendas, complementos (accesorios), de vestir u otros artículos.
4. Se clasifican en las partidas 43.03 o 43.04, según los casos, las prendas y complementos (accesorios), de vestir, de cualquier clase (excepto los excluidos de este Capítulo por la Nota 2), forrados interiormente con peletería natural o con peletería facticia o artificial, así como las prendas y complementos (accesorios), de vestir, con partes exteriores de peletería natural o peletería facticia o artificial, cuando dichas partes no sean simples guarniciones.
5. En la Nomenclatura, se consideran *peletería facticia* o *artificial* las imitaciones de peletería obtenidas con lana, pelo u otras fibras, aplicados por pegado o cosido, sobre cuero, tejido u otras materias, excepto las imitaciones obtenidas por tejido o por punto (partidas 58.01 o 60.01, generalmente).

CÓDIGO	DESCRIPCIÓN	UNIDAD	ARANCEL	
			IMP	EXP
43.01	**Peletería en bruto (incluidas las cabezas, colas, patas y demás trozos utilizables en peletería), excepto las pieles en bruto de las partidas 41.01, 41.02 o 41.03.**			
4301.10	- De visón, enteras, incluso sin la cabeza, cola o patas.			
4301.10.01 00	De visón, enteras, incluso sin la cabeza, cola o patas.	Kg	Ex.	Ex.
4301.30	- De cordero llamadas astracán, "Breitschwanz", "caracul", "persa" o similares, de cordero de Indias, de China, de Mongolia o del Tíbet, enteras, incluso sin la cabeza, cola o patas.			

4301.30.01	00	De cordero llamadas astracán, "Breitschwanz", "caracul", "persa" o similares, de cordero de Indias, de China, de Mongolia o del Tíbet, enteras, incluso sin la cabeza, cola o patas.	Kg	Ex.	Ex.
4301.60		- **De zorro, enteras, incluso sin la cabeza, cola o patas.**			
4301.60.01	00	De zorro, enteras, incluso sin la cabeza, cola o patas.	Kg	Ex.	Ex.
4301.80		- **Las demás pieles, enteras, incluso sin la cabeza, cola o patas.**			
4301.80.91	00	Las demás pieles, enteras, incluso sin la cabeza, cola o patas.	Kg	Ex.	Ex.
4301.90		- **Cabezas, colas, patas y demás trozos utilizables en peletería.**			
4301.90.01	00	Cabezas, colas, patas y demás trozos utilizables en peletería.	Kg	Ex.	Ex.
43.02		**Peletería curtida o adobada (incluidas las cabezas, colas, patas y demás trozos, desechos y recortes), incluso ensamblada (sin otras materias), excepto la de la partida 43.03.**			
		- **Pieles enteras, incluso sin la cabeza, cola o patas, sin ensamblar:**			
4302.11		- - **De visón.**			
4302.11.01	00	De visón.	Kg	Ex.	Ex.
4302.19		- - **Las demás.**			
4302.19.99	00	Las demás.	Kg	Ex.	Ex.
4302.20		- **Cabezas, colas, patas y demás trozos, desechos y recortes, sin ensamblar.**			
4302.20.02	00	Cabezas, colas, patas y demás trozos, desechos y recortes, sin ensamblar.	Kg	Ex.	Ex.
4302.30		- **Pieles enteras y trozos y recortes de pieles, ensamblados.**			
4302.30.02	00	Pieles enteras y trozos y recortes de pieles, ensamblados.	Kg	Ex.	Ex.
43.03		**Prendas y complementos (accesorios), de vestir, y demás artículos de peletería.**			
4303.10		- **Prendas y complementos (accesorios), de vestir.**			
4303.10.01	00	Prendas y complementos (accesorios), de vestir.	Pza	20	Ex.
4303.90		- **Los demás.**			
4303.90.99	00	Los demás.	Pza	20	Ex.
43.04		**Peletería facticia o artificial y artículos de peletería facticia o artificial.**			
4304.00		- **Peletería facticia o artificial y artículos de peletería facticia o artificial.**			
4304.00.01	00	Peletería facticia o artificial y artículos de peletería facticia o artificial.	Kg	20	Ex.

Sección IX
MADERA, CARBÓN VEGETAL Y MANUFACTURAS DE MADERA; CORCHO Y SUS MANUFACTURAS; MANUFACTURAS DE ESPARTERÍA O CESTERÍA

Capítulo 44
Madera, carbón vegetal y manufacturas de madera

Notas.
1. Este Capítulo no comprende:
   a) las virutas y astillas de madera ni la madera triturada, molida o pulverizada, de las especies utilizadas principalmente en perfumería, en medicina o para usos insecticidas, parasiticidas o similares (partida 12.11);
   b) el bambú ni demás materias de naturaleza leñosa de las especies utilizadas principalmente en cestería o espartería, en bruto, incluso hendidos, aserrados longitudinalmente o cortados en longitudes determinadas (partida 14.01);
   c) las virutas y astillas de madera ni la madera molida o pulverizada, de las especies utilizadas principalmente como tintóreas o curtientes (partida 14.04);
   d) el carbón activado (partida 38.02);
   e) los artículos de la partida 42.02;
   f) las manufacturas del Capítulo 46;
   g) el calzado y sus partes, del Capítulo 64;
   h) los artículos del Capítulo 66 (por ejemplo: paraguas, bastones y sus partes);
   ij) las manufacturas de la partida 68.08;
   k) la bisutería de la partida 71.17;
   l) los artículos de las Secciones XVI o XVII (por ejemplo: partes de máquinas, cajas, cubiertas o armarios para máquinas y aparatos y partes de carretería);
   m) los artículos de la Sección XVIII (por ejemplo: cajas y envolturas similares de aparatos de relojería y los instrumentos musicales y sus partes);
   n) las partes de armas (partida 93.05);
   o) los artículos del Capítulo 94 (por ejemplo: muebles, luminarias y aparatos de alumbrado, construcciones prefabricadas);
   p) los artículos del Capítulo 95 (por ejemplo: juguetes, juegos, artefactos deportivos);
   q) los artículos del Capítulo 96 (por ejemplo: pipas y sus partes, botones, lápices y monopies, bípodes, trípodes y artículos similares) excepto los mangos y monturas, de madera, para artículos de la partida 96.03;
   r) los artículos del Capítulo 97 (por ejemplo, objetos de arte).
2. En este Capítulo, se entiende por *madera densificada*, la madera, incluso la chapada, que haya recibido un tratamiento químico o físico (en la madera chapada, éste debe ser más intenso que el necesario para asegurar la cohesión) de tal naturaleza que produzca un aumento sensible de la densidad o de la dureza, así como una mayor resistencia a los efectos mecánicos, químicos o eléctricos.
3. En las partidas 44.14 a 44.21, los artículos de tableros de partículas o tableros similares, de tableros de fibra, de madera estratificada o de madera densificada, se asimilan a los artículos correspondientes de madera.
4. Los productos de las partidas 44.10, 44.11 o 44.12 pueden estar trabajados para obtener los perfiles admitidos en la madera de la partida 44.09, curvados, ondulados, perforados, cortados u obtenidos en forma distinta de la cuadrada o rectangular o trabajados de otro modo, siempre que estos trabajos no les confieran las características de artículos de otras partidas.
5. La partida 44.17 no comprende las herramientas cuya hoja, cuchilla, superficie u otra parte operante esté constituida por alguna de las materias mencionadas en la Nota 1 del Capítulo 82.
6. Sin perjuicio de lo dispuesto en la Nota 1 anterior y salvo disposición en contrario, cualquier referencia a *madera* en un texto de partida de este Capítulo se aplica también al bambú y demás materias de naturaleza leñosa.

LEY DE LOS IMPUESTOS GENERALES DE IMPORTACION Y EXPORTACION

Notas de subpartida.
1. En la subpartida 4401.31, se entiende por *"pellets" de madera* los subproductos, tales como virutas, aserrín o plaquitas, obtenidos a partir del proceso mecánico de industrialización de la madera, de la industria del mueble u otras actividades de transformación de la madera, aglomerados por simple presión o por adición de aglutinante en una proporción inferior o igual al 3% en peso. Estos "pellets" son cilíndricos, con un diámetro inferior o igual a 25 mm y una longitud inferior o igual a 100 mm.
2. En la subpartida 4401.32, se entiende por *briquetas de madera* los subproductos tales como virutas, aserrín o plaquitas, obtenidos a partir del proceso mecánico de la industrialización de la madera, de la industria del mueble u otras actividades de transformación de la madera, aglomerados por simple presión o por adición de aglutinante en una proporción inferior o igual al 3% en peso. Estas briquetas se presentan en forma de unidades cúbicas, poliédricas o cilíndricas, con una dimensión mínima de sección transversal superior a 25 mm.
3. En la subpartida 4407.13, la abreviatura *P-P-A* ("S-P-F") se refiere a la madera proveniente de rodales mixtos de pícea, pino y abeto, donde la proporción de cada especie varía y es desconocida.
4. En la subpartida 4407.14, la designación *"Hem-fir"* (tsuga-abeto) se refiere a la madera proveniente de rodales mixtos de hemlock occidental (tsuga del pacífico) y abeto, donde la proporción de cada especie varía y es desconocida.

CÓDIGO	DESCRIPCIÓN	UNIDAD	ARANCEL IMP	EXP
44.01	**Leña; madera en plaquitas o partículas; aserrín, desperdicios y desechos, de madera, incluso aglomerados en leños, briquetas, "pellets" o formas similares.**			
	- Leña:			
4401.11	- - De coníferas.			
4401.11.01 00	De coníferas.	Kg	Ex.	Ex.
4401.12	- - Distinta de la de coníferas.			
4401.12.01 00	Distinta de la de coníferas.	Kg	Ex.	Ex.
	- Madera en plaquitas o partículas:			
4401.21	- - De coníferas.			
4401.21.01 00	De coníferas.	Kg	Ex.	Ex.
4401.22	- - Distinta de la de coníferas.			
4401.22.01 00	Distinta de la de coníferas.	Kg	Ex.	Ex.
	- Aserrín, desperdicios y desechos, de madera, aglomerados en leños, briquetas, "pellets" o formas similares:			
4401.31	- - "Pellets" de madera.			
4401.31.01 00	"Pellets" de madera.	Kg	Ex.	Ex.
4401.32	- - Briquetas de madera.			
4401.32.01 00	Briquetas de madera.	Kg	Ex.	Ex.
4401.39	- - Los demás.			
4401.39.99 00	Los demás.	Kg	Ex.	Ex.
	- Aserrín, desperdicios y desechos, de madera, sin aglomerar.			
4401.41	- - Aserrín.			
4401.41.01 00	Aserrín.	Kg	Ex.	Ex.
4401.49	- - Los demás.			
4401.49.99 00	Los demás.	Kg	Ex.	Ex.
44.02	**Carbón vegetal (comprendido el de cáscaras o de huesos (carozos) de frutos), incluso aglomerado.**			
4402.10	- De bambú.			
4402.10.01 00	De bambú.	Kg	Ex.	Ex.
4402.20	- De cáscaras o de huesos (carozos) de frutos.			
4402.20.01 00	De cáscaras o de huesos (carozos) de frutos.	Kg	Ex.	Ex.
4402.90	- Los demás.			
4402.90.99 00	Los demás.	Kg	Ex.	Ex.
44.03	**Madera en bruto, incluso descortezada, desalburada o escuadrada.**			
	- Tratada con pintura, creosota u otros agentes de conservación:			
4403.11	- - De coníferas.			
4403.11.01 00	De coníferas.	M³	Ex.	Ex.
4403.12	- - Distinta de la de coníferas.			
4403.12.01 00	Distinta de la de coníferas.	M³	Ex.	Ex.
	- Las demás, de coníferas:			
4403.21	- - De pino *(Pinus spp.)*, cuya menor dimensión de la sección transversal sea superior o igual a 15 cm.			
4403.21.01 00	De pino *(Pinus spp.)*, cuya menor dimensión de la sección transversal sea superior o igual a 15 cm.	M³	Ex.	Ex.
4403.22	- - Las demás, de pino *(Pinus spp.)*.			
4403.22.91 00	Las demás, de pino *(Pinus spp.)*.	M³	Ex.	Ex.
4403.23	- - De abeto *(Abies spp.)* y de pícea (Picea spp.), cuya menor dimensión de la sección transversal sea superior o igual a 15 cm.			
4403.23.01 00	De abeto *(Abies spp.)* y de pícea (Picea spp.), cuya menor dimensión de la sección transversal sea superior o igual a 15 cm.	M³	Ex.	Ex.
4403.24	- - Las demás, de abeto *(Abies spp.)* y de pícea *(Picea spp.)*.			
4403.24.91 00	Las demás, de abeto *(Abies spp.)* y de pícea *(Picea spp.)*.	M³	Ex.	Ex.
4403.25	- - Las demás, cuya menor dimensión de la sección transversal sea superior o igual a 15 cm.			
4403.25.91 00	Las demás, cuya menor dimensión de la sección transversal sea superior o igual a 15 cm.	M³	Ex.	Ex.

Código	Sub	Descripción	Unidad		
4403.26		- - Las demás.			
4403.26.99	00	Las demás.	M³	Ex.	Ex.
		- Las demás, de maderas tropicales:			
4403.41		- - Dark Red Meranti, Light Red Meranti y Meranti Bakau.			
4403.41.01	00	Dark Red Meranti, Light Red Meranti y Meranti Bakau.	M³	Ex.	Ex.
4403.42		- - Teca.			
4403.42.01	00	Teca.	M³	Ex.	Ex.
4403.49		- - Las demás.			
4403.49.99	00	Las demás.	M³	Ex.	Ex.
		- Las demás:			
4403.91		- - De encina, roble, alcornoque y demás belloteros (*Quercus spp.*).			
4403.91.01	00	De encina, roble, alcornoque y demás belloteros (*Quercus spp.*).	M³	Ex.	Ex.
4403.93		- - De haya *(Fagus spp.)*, cuya menor dimensión de la sección transversal sea superior o igual a 15 cm.			
4403.93.01	00	De haya *(Fagus spp.)*, cuya menor dimensión de la sección transversal sea superior o igual a 15 cm.	M³	Ex.	Ex.
4403.94		- - Las demás, de haya *(Fagus spp.)*.			
4403.94.91	00	Las demás, de haya *(Fagus spp.)*.	M³	Ex.	Ex.
4403.95		- - De abedul *(Betula spp.)*, cuya menor dimensión de la sección transversal sea superior o igual a 15 cm.			
4403.95.01	00	De abedul *(Betula spp.)*, cuya menor dimensión de la sección transversal sea superior o igual a 15 cm.	M³	Ex.	Ex.
4403.96		- - Las demás, de abedul *(Betula spp.)*.			
4403.96.91	00	Las demás, de abedul *(Betula spp.)*.	M³	Ex.	Ex.
4403.97		- - De álamo *(Populus spp.)*.			
4403.97.01	00	De álamo *(Populus spp.)*.	M³	Ex.	Ex.
4403.98		- - De eucalipto *(Eucalyptus spp.)*.			
4403.98.01	00	De eucalipto *(Eucalyptus spp.)*.	M³	Ex.	Ex.
4403.99		- - Las demás.			
4403.99.99	00	Las demás.	M³	Ex.	Ex.
44.04		**Flejes de madera; rodrigones hendidos; estacas y estaquillas de madera, apuntadas, sin aserrar longitudinalmente; madera simplemente desbastada o redondeada, pero sin tornear, curvar ni trabajar de otro modo, para bastones, paraguas, mangos de herramientas o similares; madera en tablillas, láminas, cintas o similares.**			
4404.10		- De coníferas.			
4404.10.02	00	De coníferas.	M³	5	Ex.
4404.20		- Distinta de la de coníferas.			
4404.20.01	00	Varitas de bambú aún cuando estén redondeadas.	M³	15	Ex.
4404.20.02	00	De fresno, simplemente desbastada o redondeada, para bastones, paraguas, mangos de herramientas y similares.	M³	5	Ex.
4404.20.03	00	De haya o de maple, simplemente desbastada o redondeada, para bastones, paraguas, mangos de herramientas y similares.	M³	5	Ex.
4404.20.04	00	Madera hilada.	M³	5	Ex.
4404.20.99	00	Los demás.	M³	10	Ex.
44.05		**Lana de madera; harina de madera.**			
4405.00		- Lana de madera; harina de madera.			
4405.00.03		Lana de madera; harina de madera.	Kg	5	Ex.
	01	Lana de madera.			
	02	Harina de madera.			
44.06		**Traviesas (durmientes) de madera para vías férreas o similares.**			
		- Sin impregnar:			
4406.11		- - De coníferas.			
4406.11.01	00	De coníferas.	Pza	5	Ex.
4406.12		- - Distinta de la de coníferas.			
4406.12.01	00	Distinta de la de coníferas.	Pza	5	Ex.
		- Las demás:			
4406.91		- - De coníferas.			
4406.91.01	00	De coníferas.	Pza	5	Ex.
4406.92		- - Distinta de la de coníferas.			
4406.92.01	00	Distinta de la de coníferas.	Pza	5	Ex.
44.07		**Madera aserrada o desbastada longitudinalmente, cortada o desenrollada, incluso cepillada, lijada o unida por los extremos, de espesor superior a 6 mm.**			
		- De coníferas:			
4407.11		- - De pino (*Pinus spp.*).			
4407.11.01	00	De ocote, en tablas, tablones o vigas.	M³	Ex.	Ex.
4407.11.03	00	Tablillas con ancho que no exceda de 10 cm y longitud inferior o igual a 20 cm, para la fabricación de lápices.	M³	Ex.	Ex.
4407.11.99		Las demás.	M³	5	Ex.
	01	En tablas, tablones o vigas.			
	99	Las demás.			
4407.12		- - De abeto *(Abies spp.)* y de pícea *(Picea spp.)*.			
4407.12.01	00	De pinabete o abeto (oyamel), en tablas, tablones o vigas.	M³	Ex.	Ex.
4407.12.03	00	Tablillas con ancho que no exceda de 10 cm y longitud inferior o igual a 20 cm, para la fabricación de lápices.	M³	Ex.	Ex.
4407.12.99		Las demás.	M³	5	Ex.

LEY DE LOS IMPUESTOS GENERALES DE IMPORTACION Y EXPORTACION

	01		En tablas, tablones o vigas.		
	99		Las demás.		
4407.13		- -	De P-P-A ("S-P-F") (pícea (Picea spp.), pino (Pinus spp.) y abeto (Abies spp.)).		
4407.13.01			De P-P-A ("S-P-F") (pícea (Picea spp.), pino (Pinus spp.) y abeto (Abies spp.)).	M³	5 Ex.
	01		En tablas, tablones o vigas.		
	99		Las demás.		
4407.14		- -	De "Hem-fir" (tsuga-abeto) (hemlock occidental (tsuga del pacífico) (Tsuga heterophylla) y abeto (Abies spp.)).		
4407.14.01			De "Hem-fir" (tsuga-abeto) (hemlock occidental (tsuga del pacífico) (Tsuga heterophylla) y abeto (Abies spp.)).	M³	5 Ex.
	01		En tablas, tablones o vigas.		
	99		Las demás.		
4407.19		- -	**Las demás.**		
4407.19.02	00		Tablillas con ancho que no exceda de 10 cm y longitud inferior o igual a 20 cm, para la fabricación de lápices, excepto lo comprendido en la fracción arancelaria 4407.19.03.	M³	Ex. Ex.
4407.19.03	00		Tablillas con ancho que no exceda de 10 cm y longitud inferior o igual a 70 cm, de cedro rojo occidental (Thuja plicata).	M³	Ex. Ex.
4407.19.99			Las demás.	M³	5 Ex.
	01		En tablas, tablones o vigas.		
	99		Las demás.		
		-	De maderas tropicales:		
4407.21		- -	**Mahogany (*Swietenia spp.*).**		
4407.21.03			Mahogany (*Swietenia spp.*).	M³	Ex. Ex.
	01		De *Swietenia macrophylla* aserradas, en hojas o desenrolladas.		
	99		Los demás.		
4407.22		- -	**Virola, Imbuia y Balsa.**		
4407.22.02			Virola, Imbuia y Balsa.	M³	Ex. Ex.
	01		En tablas, tablones o vigas.		
	99		Los demás.		
4407.23		- -	**Teca.**		
4407.23.01	00		Teca.	M³	Ex. Ex.
4407.25		- -	**Dark Red Meranti, Light Red Meranti y Meranti Bakau.**		
4407.25.01	00		Dark Red Meranti, Light Red Meranti y Meranti Bakau.	M³	5 Ex.
4407.26		- -	**White Lauan, White Meranti, White Seraya, Yellow Meranti y Alan.**		
4407.26.01	00		White Lauan, White Meranti, White Seraya, Yellow Meranti y Alan.	M³	5 Ex.
4407.27		- -	**Sapelli.**		
4407.27.01	00		Sapelli.	M³	Ex. Ex.
4407.28		- -	**Iroko.**		
4407.28.01	00		Iroko.	M³	Ex. Ex.
4407.29		- -	**Las demás.**		
4407.29.99			Las demás.	M³	Ex. Ex.
	01		Keruing, Ramin, Kapur, Teak, Jongkong, Merbau, Jelutong, Kempas, Okumé, Obeche, Sipo, Acajou d' Afrique, Makoré, Tiama, Mansonia, Ilomba, Dibétou, Limba o Azobé.		
	02		De *Cedrella odorata* o *Cedrella mexicana*, aserradas, en hojas o desenrolladas.		
	99		Las demás.		
		-	Las demás:		
4407.91		- -	**De encina, roble, alcornoque y demás belloteros (*Quercus spp.*).**		
4407.91.01	00		De encina, roble, alcornoque y demás belloteros (*Quercus spp.*).	M³	Ex. Ex.
4407.92		- -	**De haya *(Fagus spp.)*.**		
4407.92.02	00		De haya (Fagus spp.).	M³	Ex. Ex.
4407.93		- -	**De arce *(Acer spp.)*.**		
4407.93.01	00		De arce *(Acer spp.)*.	M³	Ex. Ex.
4407.94		- -	**De cerezo *(Prunus spp.)*.**		
4407.94.01	00		De cerezo *(Prunus spp.)*.	M³	Ex. Ex.
4407.95		- -	**De fresno *(Fraxinus spp.)*.**		
4407.95.03			De fresno (Fraxinus spp.).	M³	Ex. Ex.
	01		En tablas, tablones o vigas, excepto cuando ninguno de sus lados exceda de 18 cm y longitud igual o superior a 48 cm, sin exceder de 1 m.		
	99		Las demás.		
4407.96		- -	**De abedul (*Betula spp.*).**		
4407.96.01	00		De abedul (*Betula spp.*).	M³	Ex. Ex.
4407.97		- -	**De álamo *(Populus spp.)*.**		
4407.97.01	00		De álamo *(Populus spp.)*.	M³	Ex. Ex.
4407.99		- -	**Las demás.**		
4407.99.99			Los demás.	M³	Ex. Ex.
	01		En tablas, tablones o vigas, excepto lo comprendido en el número de identificación comercial 4407.99.99.02.		
	02		De las especies listadas a continuación: *Alnus rubra., Liriodendron tulipifera, Carya spp., Carya illinoensis, Carya pecan,* y *Juglans spp.*		
	99		Los demás.		
44.08			**Hojas para chapado (incluidas las obtenidas por cortado de madera estratificada), para contrachapado o para maderas estratificadas similares y demás maderas, aserradas longitudinalmente, cortadas o desenrolladas, incluso cepilladas, lijadas, unidas longitudinalmente o por los extremos, de espesor inferior o igual a 6 mm.**		

4408.10		-	De coníferas.			
4408.10.03			De coníferas.	M³	Ex.	Ex.
	01		De coníferas, excepto lo comprendido en el número de identificación comercial 4408.10.03.02.			
	02		De coníferas para la fabricación de lápices.			
		-	De maderas tropicales:			
4408.31		- -	Dark Red Meranti, Light Red Meranti y Meranti Bakau.			
4408.31.01	00		Dark Red Meranti, Light Red Meranti y Meranti Bakau.	M³	Ex.	Ex.
4408.39		- -	Las demás.			
4408.39.99	00		Las demás.	M³	Ex.	Ex.
4408.90		-	Las demás.			
4408.90.99			Las demás.	M³	Ex.	Ex.
	01		Tablillas de madera de *Linden (Tiliaceae o Tilia heterophylla)* con ancho que no exceda de 73 mm, y largo que no exceda de 185 mm, para la fabricación de lápices.			
	99		Las demás.			
44.09			**Madera (incluidas las tablillas y frisos para parqués, sin ensamblar) perfilada longitudinalmente (con lengüetas, ranuras, rebajes, acanalados, biselados, con juntas en v, moldurados, redondeados o similares) en una o varias caras, cantos o extremos, incluso cepillada, lijada o unida por los extremos.**			
4409.10		-	De coníferas.			
4409.10.02	00		Tablillas de *Libocedrus decurrens* con ancho que no exceda de 10 cm y longitud igual o inferior a 20 cm, para la fabricación de lápices.	M²	Ex.	Ex.
4409.10.99			Los demás.	M²	15	Ex.
	01		Listones y molduras de madera para muebles, marcos, decorados interiores, conducciones eléctricas y análogos.			
	99		Los demás.			
		-	Distinta de la de coníferas:			
4409.21		- -	De bambú.			
4409.21.03	00		De bambú.	M²	15	Ex.
4409.22		- -	De maderas tropicales.			
4409.22.01	00		De maderas tropicales.	M²	15	Ex.
4409.29		- -	Las demás.			
4409.29.99			Los demás.	M²	15	Ex.
	01		Listones y molduras para muebles, marcos, decorados interiores, conducciones eléctricas y análogos.			
	99		Los demás.			
44.10			**Tableros de partículas, tableros llamados "oriented strand board" (OSB) y tableros similares (por ejemplo, "waferboard"), de madera u otras materias leñosas, incluso aglomeradas con resinas o demás aglutinantes orgánicos.**			
		-	De madera:			
4410.11		- -	Tableros de partículas.			
4410.11.04			Tableros de partículas.	Kg	15	Ex.
	01		En bruto o simplemente lijados.			
	02		Recubiertos en la superficie con papel impregnado con melamina.			
	03		Recubiertos en la superficie con placas u hojas decorativas estratificadas de plástico.			
	99		Los demás.			
4410.12		- -	Tableros llamados "oriented strand board" (OSB).			
4410.12.02			Tableros llamados "oriented strand board" (OSB).	Kg	15	Ex.
	01		En bruto o simplemente lijados.			
	99		Los demás.			
4410.19		- -	Los demás.			
4410.19.99			Los demás.	Kg	15	Ex.
	01		Recubiertos en la superficie con placas u hojas decorativas estratificadas de plástico.			
	99		Los demás.			
4410.90		-	Los demás.			
4410.90.01	00		Aglomerados sin recubrir ni acabar.	Kg	5	Ex.
4410.90.99	00		Los demás.	Kg	15	Ex.
44.11			**Tableros de fibra de madera u otras materias leñosas, incluso aglomeradas con resinas o demás aglutinantes orgánicos.**			
		-	Tableros de fibra de densidad media (llamados "MDF"):			
4411.12		- -	De espesor inferior o igual a 5 mm.			
4411.12.01	00		De densidad superior a 0.8 g/cm³, sin trabajo mecánico ni recubrimiento de superficie.	Kg	Ex.	Ex.
4411.12.99			Los demás.	Kg	5	Ex.
	01		De densidad superior a 0.8 g/cm³.			
	02		De densidad superior a 0.5 g/cm³ pero inferior o igual a 0.8 g/cm³, sin trabajo mecánico ni recubrimiento de superficie.			
	03		De densidad superior a 0.5 g/cm³ pero inferior o igual a 0.8 g/cm³, excepto lo comprendido en el número de identificación comercial 4411.12.99.02.			
	04		De densidad inferior o igual a 0.5 g/cm³, sin trabajo mecánico ni recubrimiento de superficie.			
	99		Los demás.			
4411.13		- -	De espesor superior a 5 mm pero inferior o igual a 9 mm.			
4411.13.01	00		De densidad superior a 0.8 g/cm³, sin trabajo mecánico ni recubrimiento de superficie.	Kg	Ex.	Ex.
4411.13.99			Los demás.	Kg	5	Ex.
	01		De densidad superior a 0.8 g/cm³.			
	02		De densidad superior a 0.5 g/cm³ pero inferior o igual a 0.8 g/cm³, sin trabajo mecánico ni recubrimiento de superficie.			

	99	Los demás.			
4411.14	- -	**De espesor superior a 9 mm.**			
4411.14.01	00	De densidad superior a 0.8 g/cm³, sin trabajo mecánico ni recubrimiento de superficie.	Kg	Ex.	Ex.
4411.14.03	00	De densidad superior a 0.5 g/cm³ pero inferior o igual a 0.8 g/cm³, sin trabajo mecánico ni recubrimiento de superficie.	Kg	Ex.	Ex.
4411.14.99		Los demás.	Kg	5	Ex.
	01	De densidad superior a 0.8 g/cm³.			
	02	De densidad superior a 0.5 g/cm³ pero inferior o igual a 0.8 g/cm³.			
	99	Los demás.			
	-	**Los demás:**			
4411.92	- -	**De densidad superior a 0.8 g/cm³.**			
4411.92.02		De densidad superior a 0.8 g/cm³.	Kg	5	Ex.
	01	Sin trabajo mecánico ni recubrimiento de superficie.			
	99	Los demás.			
4411.93	- -	**De densidad superior a 0.5 g/cm³ pero inferior o igual a 0.8 g/cm³.**			
4411.93.04	00	De densidad superior a 0.5 g/cm³ pero inferior o igual a 0.8 g/cm³.	Kg	5	Ex.
4411.94	- -	**De densidad inferior o igual a 0.5 g/cm³.**			
4411.94.04	00	De densidad inferior o igual a 0.5 g/cm³.	Kg	5	Ex.
44.12		**Madera contrachapada, madera chapada y madera estratificada similar.**			
4412.10	-	**De bambú.**			
4412.10.01	00	De bambú.	Kg	7	Ex.
	-	**Las demás maderas contrachapadas, constituidas exclusivamente por hojas de madera (excepto de bambú) de espesor unitario inferior o igual a 6 mm:**			
4412.31	- -	**Que tengan, por lo menos, una hoja externa de maderas tropicales.**			
4412.31.01	00	Que tengan, por lo menos, una hoja externa de las maderas tropicales siguientes: Dark Red Meranti, Light Red Meranti, White Lauan, Sipo, Limba, Okumé, Obeché, Acajou d'Afrique, Sapelli, Mahogany, Palisandre de Para, Palisandre de Río y Palisandre de Rose.	Kg	7	Ex.
4412.31.99	00	Las demás.	Kg	7	Ex.
4412.33	- -	**Las demás, que tengan, por lo menos, una hoja externa de madera distinta de la de coníferas, de las especies: aliso (*Alnus spp.*), fresno (*Fraxinus spp.*), haya (*Fagus spp.*), abedul (*Betula spp.*), cerezo (*Prunus spp.*), castaño (*Castanea spp.*), olmo (*Ulmus spp.*), eucalipto (*Eucalyptus spp.*), caria o pacana (*Carya spp.*), castaño de Indias (*Aesculus spp.*), tilo (*Tilia spp.*), arce (*Acer spp.*), roble (*Quercus spp.*), plátano (*Platanus spp.*), álamo (*Populus spp.*), algarrobo negro (*Robinia spp.*), árbol de tulipán (*Liriodendron spp.*) o nogal (*Juglans spp.*).**			
4412.33.91	00	Las demás, que tengan, por lo menos, una hoja externa de madera distinta de la de coníferas, de las especies: aliso (*Alnus spp.*), fresno (*Fraxinus spp.*), haya (*Fagus spp.*), abedul (*Betula spp.*), cerezo (*Prunus spp.*), castaño (*Castanea spp.*), olmo (*Ulmus spp.*), eucalipto (*Eucalyptus spp.*), caria o pacana (*Carya spp.*), castaño de Indias (*Aesculus spp.*), tilo (*Tilia spp.*), arce (*Acer spp.*), roble (*Quercus spp.*), plátano (*Platanus spp.*), álamo (*Populus spp.*), algarrobo negro (*Robinia spp.*), árbol de tulipán (*Liriodendron spp.*) o nogal (*Juglans spp.*).	Kg	7	Ex.
4412.34	- -	**Las demás, que tengan, por lo menos, una hoja externa de madera distinta de la de coníferas, no especificadas en la subpartida 4412.33.**			
4412.34.91	00	Las demás, que tengan, por lo menos, una hoja externa de madera distinta de la de coníferas, no especificadas en la subpartida 4412.33.	Kg	7	Ex.
4412.39	- -	**Las demás, con las dos hojas externas de madera de coníferas.**			
4412.39.91		Las demás, con las dos hojas externas de madera de coníferas.	Kg	7	Ex.
	01	Denominada "*plywood*".			
	99	Las demás.			
	-	**Madera chapada estratificada (llamada "LVL"):**			
4412.41	- -	**Que tenga, por lo menos, una hoja externa de maderas tropicales.**			
4412.41.01		Que tenga, por lo menos, una hoja externa de maderas tropicales.	Kg	7	Ex.
	01	Que tengan, por lo menos, un tablero de partículas.			
	02	Que tengan, por lo menos, una hoja de las maderas tropicales siguientes: Abura, Acajou d'Afrique, Afrormosia, Ako, Alan, Andiroba, Aningré, Avodiré, Azobé, Balau, Balsa, Bossé clair, Cativo, Cedro, Dabema, Dark Red Meranti, Dibétou, Doussié, Framiré, Freijo, Fromager, Fuma, Geronggang, Ilomba, Imbuia, Ipé, Iroko, Jaboty, Jelutong, Jequitiba, Jongkong, Kapur, Kempas, Keruing, Kosipo, Kotibé, Koto, Light Red Meranti, Limba, Louro, Maçaranduba, Mahogany, Makoré, Mandioqueira, Mansonia, Mengkulang, Meranti Bakau, Merawan, Merbau, Merpauh, Mersawa, Moabi, Niangon, Nyatoh, Obeche, Okoumé, Onzabili, Orey, Ovengkol, Ozigo, Padauk, Paldao, Palissandre de Guatemala, Palissandre de Para, Palissandre de Rio, Palissandre de Rose, Pau Amarelo, Pau Marfim, Pulai, Punah, Quaruba, Ramin, Sapelli, Saqui–Saqui, Sepetir, Sipo, Sucupira, Suren, Tauari, Teak, Tiamara, Tola, Virola, White Lauan, White Meranti, White Seraya, Yellow Meranti.			
	99	Los demás.			
4412.42	- -	**Las demás, que tengan, por lo menos, una hoja externa de madera distinta de la de coníferas.**			
4412.42.91		Las demás, que tengan, por lo menos, una hoja externa de madera distinta de la de coníferas.	Kg	7	Ex.
	01	Que tengan, por lo menos, un tablero de partículas.			
	99	Los demás.			
4412.49	- -	**Las demás, con las dos hojas externas de madera de coníferas.**			
4412.49.91		Las demás, con las dos hojas externas de madera de coníferas.	Kg	7	Ex.
	01	Que tengan, por lo menos, un tablero de partículas.			
	99	Los demás.			

			-	Tableros denominados "blockboard", "laminboard" y "battenboard".			
4412.51			- -	**Que tengan, por lo menos, una hoja externa de maderas tropicales.**			
4412.51.01				Que tengan, por lo menos, una hoja externa de maderas tropicales.	Kg	7	Ex.
	01			Que tengan, por lo menos, una hoja de las maderas tropicales siguientes: Abura, Acajou d'Afrique, Afrormosia, Ako, Alan, Andiroba, Aningré, Avodiré, Azobé, Balau, Balsa, Bossé clair, Cativo, Cedro, Dabema, Dark Red Meranti, Dibétou, Doussié, Framiré, Freijo, Fromager, Fuma, Geronggang, Ilomba, Imbuia, Ipé, Iroko, Jaboty, Jelutong, Jequitiba, Jongkong, Kapur, Kempas, Keruing, Kosipo, Kotibé, Koto, Light Red Meranti, Limba, Louro, Maçaranduba, Mahogany, Makoré, Mandioqueira, Mansonia, Mengkulang, Meranti Bakau, Merawan, Merbau, Merpauh, Mersawa, Moabi, Niangon, Nyatoh, Obeche, Okoumé, Onzabili, Orey, Ovengkol, Ozigo, Padauk, Paldao, Palissandre de Guatemala, Palissandre de Para, Palissandre de Rio, Palissandre de Rose, Pau Amarelo, Pau Marfim, Pulai, Punah, Quaruba, Ramin, Sapelli, Saqui–Saqui, Sepetir, Sipo, Sucupira, Suren, Tauari, Teak, Tiamara, Tola, Virola, White Lauan, White Meranti, White Seraya, Yellow Meranti.			
	99			Los demás.			
4412.52			- -	**Los demás, que tengan, por lo menos, una hoja externa de madera distinta de la de coníferas.**			
4412.52.91	00			Los demás, que tengan, por lo menos, una hoja externa de madera distinta de la de coníferas.	Kg	7	Ex.
4412.59			- -	**Los demás, con las dos hojas externas de madera de coníferas.**			
4412.59.91	00			Los demás, con las dos hojas externas de madera de coníferas.	Kg	7	Ex.
			-	**Las demás:**			
4412.91			- -	**Que tengan, por lo menos, una hoja externa de maderas tropicales.**			
4412.91.01				Que tengan, por lo menos, una hoja externa de maderas tropicales.	Kg	7	Ex.
	01			Que tengan, por lo menos, un tablero de partículas.			
	02			Que tengan, por lo menos, una hoja de las maderas tropicales siguientes: Abura, Acajou d'Afrique, Afrormosia, Ako, Alan, Andiroba, Aningré, Avodiré, Azobé, Balau, Balsa, Bossé clair, Cativo, Cedro, Dabema, Dark Red Meranti, Dibétou, Doussié, Framiré, Freijo, Fromager, Fuma, Geronggang, Ilomba, Imbuia, Ipé, Iroko, Jaboty, Jelutong, Jequitiba, Jongkong, Kapur, Kempas, Keruing, Kosipo, Kotibé, Koto, Light Red Meranti, Limba, Louro, Maçaranduba, Mahogany, Makoré, Mandioqueira, Mansonia, Mengkulang, Meranti Bakau, Merawan, Merbau, Merpauh, Mersawa, Moabi, Niangon, Nyatoh, Obeche, Okoumé, Onzabili, Orey, Ovengkol, Ozigo, Padauk, Paldao, Palissandre de Guatemala, Palissandre de Para, Palissandre de Rio, Palissandre de Rose, Pau Amarelo, Pau Marfim, Pulai, Punah, Quaruba, Ramin, Sapelli, Saqui–Saqui, Sepetir, Sipo, Sucupira, Suren, Tauari, Teak, Tiamara, Tola, Virola, White Lauan, White Meranti, White Seraya, Yellow Meranti.			
	99			Los demás.			
4412.92			- -	**Las demás, que tengan, por lo menos, una hoja externa de madera distinta de la de coníferas.**			
4412.92.91				Las demás, que tengan, por lo menos, una hoja externa de madera distinta de la de coníferas.	Kg	7	Ex.
	01			Que tengan, por lo menos, un tablero de partículas.			
	99			Los demás.			
4412.99			- -	**Las demás, con las dos hojas externas de madera de coníferas.**			
4412.99.91				Las demás, con las dos hojas externas de madera de coníferas.	Kg	7	Ex.
	01			Que tengan, por lo menos, un tablero de partículas.			
	99			Los demás.			
44.13				**Madera densificada en bloques, tablas, tiras o perfiles.**			
4413.00			-	**Madera densificada en bloques, tablas, tiras o perfiles.**			
4413.00.01	00			De corte rectangular o cilíndrico, cuya sección transversal sea inferior o igual a 5 cm y longitud superior a 25 cm sin exceder de 170 cm, de haya blanca.	Kg	Ex.	Ex.
4413.00.02	00			De "maple" (*Acer spp.*).	Kg	5	Ex.
4413.00.99	00			Los demás.	Kg	15	Ex.
44.14				**Marcos de madera para cuadros, fotografías, espejos u objetos similares.**			
4414.10			-	**De maderas tropicales.**			
4414.10.01	00			De maderas tropicales.	Kg	15	Ex.
4414.90			-	**Los demás.**			
4414.90.99	00			Los demás.	Kg	15	Ex.
44.15				**Cajones, cajas, jaulas, tambores y envases similares, de madera; carretes para cables, de madera; paletas, paletas caja y demás plataformas para carga, de madera; collarines para paletas, de madera.**			
4415.10			-	**Cajones, cajas, jaulas, tambores y envases similares; carretes para cables.**			
4415.10.01	00			Cajones, cajas, jaulas, tambores y envases similares; carretes para cables.	Kg	15	Ex.
4415.20			-	**Paletas, paletas caja y demás plataformas para carga; collarines para paletas.**			
4415.20.02				Paletas, paletas caja y demás plataformas para carga; collarines para paletas.	Kg	15	Ex.
	01			Collarines para paletas.			
	99			Las demás.			
44.16				**Barriles, cubas, tinas y demás manufacturas de tonelería y sus partes, de madera, incluidas las duelas.**			
4416.00			-	**Barriles, cubas, tinas y demás manufacturas de tonelería y sus partes, de madera, incluidas las duelas.**			
4416.00.01	00			Barriles, cubas, tinas, cubos o demás manufacturas de tonelería, con capacidad superior a 5,000 l.	Kg	Ex.	Ex.
4416.00.05	00			Barriles o manufacturas de tonelería con capacidad inferior a 5,000 litros, de roble o de encino.	Kg	Ex.	Ex.
4416.00.99	00			Los demás.	Kg	15	Ex.

LEY DE LOS IMPUESTOS GENERALES DE IMPORTACION Y EXPORTACION

44.17		**Herramientas, monturas y mangos de herramientas, monturas y mangos de cepillos, brochas o escobas, de madera; hormas, ensanchadores y tensores para el calzado, de madera.**			
4417.00	-	Herramientas, monturas y mangos de herramientas, monturas y mangos de cepillos, brochas o escobas, de madera; hormas, ensanchadores y tensores para el calzado, de madera.			
4417.00.01	00	Esbozos para hormas.	Kg	5	Ex.
4417.00.99	00	Los demás.	Kg	15	Ex.
44.18		**Obras y piezas de carpintería para construcciones, incluidos los tableros celulares, los tableros ensamblados para revestimiento de suelo y tablillas para cubierta de tejados o fachadas ("shingles" y "shakes"), de madera.**			
	-	Ventanas, puertas vidriera, y sus marcos y contramarcos:			
4418.11	- -	**De maderas tropicales.**			
4418.11.01	00	De maderas tropicales.	Kg	15	Ex.
4418.19	- -	**Los demás.**			
4418.19.99	00	Los demás.	Kg	15	Ex.
	-	Puertas y sus marcos, contramarcos y umbrales:			
4418.21	- -	**De maderas tropicales.**			
4418.21.01	00	De maderas tropicales.	Kg	15	Ex.
4418.29	- -	**Los demás.**			
4418.29.99	00	Los demás.	Kg	15	Ex.
4418.30	-	**Postes y vigas, distintos de los productos de las subpartidas 4418.81 a 4418.89.**			
4418.30.01	00	Postes y vigas, distintos de los productos de las subpartidas 4418.81 a 4418.89.	Kg	15	Ex.
4418.40	-	**Encofrados para hormigón.**			
4418.40.01	00	Encofrados para hormigón.	Kg	15	Ex.
4418.50	-	**Tablillas para cubierta de tejados o fachadas ("shingles" y "shakes").**			
4418.50.01	00	Tablillas para cubierta de tejados o fachadas ("shingles" y "shakes").	Kg	15	Ex.
	-	Tableros ensamblados para revestimiento de suelo:			
4418.73	- -	**De bambú o que tengan, por lo menos, la capa superior de bambú.**			
4418.73.01	00	Multicapas.	Kg	5	Ex.
4418.73.99	00	Los demás.	Kg	15	Ex.
4418.74	- -	**Los demás, para suelos en mosaico.**			
4418.74.91	00	Los demás, para suelos en mosaico.	Kg	15	Ex.
4418.75	- -	**Los demás, multicapas.**			
4418.75.91	00	Los demás, multicapas.	Kg	15	Ex.
4418.79	- -	**Los demás.**			
4418.79.99	00	Los demás.	Kg	15	Ex.
	-	Productos de madera de ingeniería estructural:			
4418.81	- -	**Madera laminada-encolada (llamada "glulam").**			
4418.81.01	00	Madera laminada-encolada (llamada "glulam").	Kg	15	Ex.
4418.82	- -	**Madera laminada cruzada (contralaminada) (llamada "CLT" o "X-lam").**			
4418.82.01	00	Madera laminada cruzada (contralaminada) (llamada "CLT" o "X-lam").	Kg	15	Ex.
4418.83	- -	**Vigas en I.**			
4418.83.01	00	Vigas en I.	Kg	15	Ex.
4418.89	- -	**Los demás.**			
4418.89.99	00	Los demás.	Kg	15	Ex.
	-	Los demás:			
4418.91	- -	**De bambú.**			
4418.91.01	00	De bambú.	Kg	15	Ex.
4418.92	- -	**Tableros celulares de madera.**			
4418.92.01	00	Tableros celulares de madera.	Kg	15	Ex.
4418.99	- -	**Los demás.**			
4418.99.99	00	Los demás.	Kg	15	Ex.
44.19		**Artículos de mesa o de cocina, de madera.**			
	-	De bambú:			
4419.11	- -	**Tablas para pan, tablas para cortar y artículos similares.**			
4419.11.01	00	Tablas para pan, tablas para cortar y artículos similares.	Kg	15	Ex.
4419.12	- -	**Palillos.**			
4419.12.01	00	Palillos.	Kg	15	Ex.
4419.19	- -	**Los demás.**			
4419.19.99	00	Los demás.	Kg	15	Ex.
4419.20	-	**De maderas tropicales.**			
4419.20.01	00	De maderas tropicales.	Kg	15	Ex.
4419.90	-	**Los demás.**			
4419.90.99	00	Los demás.	Kg	15	Ex.
44.20		**Marquetería y taracea; cofrecillos y estuches para joyería u orfebrería y manufacturas similares, de madera; estatuillas y demás objetos de adorno, de madera; artículos de mobiliario, de madera, no comprendidos en el Capítulo 94.**			
	-	Estatuillas y demás objetos de adorno:			
4420.11	- -	**De maderas tropicales.**			
4420.11.01	00	De Olinalá.	Kg	15	Ex.
4420.11.99	00	Los demás.	Kg	15	Ex.
4420.19	- -	**Los demás.**			
4420.19.99	00	Los demás.	Kg	15	Ex.

Código			Descripción	Unidad	IMP	EXP
4420.90		-	**Los demás.**			
4420.90.01	00		De Olinalá.	Kg	15	Ex.
4420.90.99	00		Los demás.	Kg	15	Ex.
44.21			**Las demás manufacturas de madera.**			
4421.10		-	**Perchas para prendas de vestir.**			
4421.10.01	00		Perchas para prendas de vestir.	Kg	15	Ex.
4421.20		-	**Ataúdes.**			
4421.20.01	00		Ataúdes.	Kg	15	Ex.
		-	**Las demás:**			
4421.91		- -	**De bambú.**			
4421.91.01	00		Para fósforos; clavos para calzado.	Kg	5	Ex.
4421.91.02	00		Tapones.	Kg	10	Ex.
4421.91.04	00		Canillas, carretes y bobinas para la hilatura y el tejido, para hilo de coser y artículos similares de madera torneada.	Kg	5	Ex.
4421.91.99			Los demás.	Kg	15	Ex.
	01		Adoquines.			
	99		Los demás.			
4421.99		- -	**Las demás.**			
4421.99.01	00		Para fósforos; clavos para calzado.	Kg	5	Ex.
4421.99.02	00		Tapones.	Kg	10	Ex.
4421.99.04	00		Canillas, carretes y bobinas para la hilatura y el tejido, para hilo de coser y artículos similares de madera torneada.	Kg	5	Ex.
4421.99.99			Las demás.	Kg	15	Ex.
	01		Adoquines.			
	99		Las demás.			

Capítulo 45
Corcho y sus manufacturas

Nota.
1. Este Capítulo no comprende:
   a) el calzado y sus partes, del Capítulo 64;
   b) los sombreros, demás tocados, y sus partes, del Capítulo 65;
   c) los artículos del Capítulo 95 (por ejemplo: juguetes, juegos, artefactos deportivos).

CÓDIGO	DESCRIPCIÓN	UNIDAD	ARANCEL	
			IMP	EXP
45.01	**Corcho natural en bruto o simplemente preparado; desperdicios de corcho; corcho triturado, granulado o pulverizado.**			
4501.10	- Corcho natural en bruto o simplemente preparado.			
4501.10.01 00	Corcho natural en bruto o simplemente preparado.	Kg	Ex.	Ex.
4501.90	- **Los demás.**			
4501.90.99 00	Los demás.	Kg	Ex.	Ex.
45.02	**Corcho natural, descortezado o simplemente escuadrado o en bloques, placas, hojas o tiras, cuadradas o rectangulares (incluidos los esbozos con aristas vivas para tapones).**			
4502.00	- Corcho natural, descortezado o simplemente escuadrado o en bloques, placas, hojas o tiras, cuadradas o rectangulares (incluidos los esbozos con aristas vivas para tapones).			
4502.00.01 00	Corcho natural, descortezado o simplemente escuadrado o en bloques, placas, hojas o tiras, cuadradas o rectangulares (incluidos los esbozos con aristas vivas para tapones).	Kg	Ex.	Ex.
45.03	**Manufacturas de corcho natural.**			
4503.10	- **Tapones.**			
4503.10.01 00	Tapones.	Kg	Ex.	Ex.
4503.90	- **Las demás.**			
4503.90.99 00	Las demás.	Kg	Ex.	Ex.
45.04	**Corcho aglomerado (incluso con aglutinante) y manufacturas de corcho aglomerado.**			
4504.10	- Bloques, placas, hojas y tiras; baldosas y revestimientos similares de pared, de cualquier forma; cilindros macizos, incluidos los discos.			
4504.10.02 00	Empaquetaduras.	Kg	5	Ex.
4504.10.99 00	Los demás.	Kg	Ex.	Ex.
4504.90	- **Las demás.**			
4504.90.99 00	Las demás.	Kg	Ex.	Ex.

Capítulo 46
Manufacturas de espartería o cestería

Notas.
1. En este Capítulo, la expresión *materia trenzable* se refiere a materias en un estado o forma tales que puedan trenzarse, entrelazarse o trabajarse de modo análogo. Se consideran como tales, por ejemplo: la paja, mimbre, sauce, bambú, ratán (roten), junco, caña, cintas de madera, tiras de otros vegetales (por ejemplo: tiras de corteza, hojas estrechas y rafia u otras tiras obtenidas de hojas anchas), fibras textiles naturales sin hilar, monofilamentos, tiras y formas similares de plástico y tiras de papel, pero no las tiras de cuero o piel preparados o de cuero regenerado, de fieltro o tela sin tejer, ni el cabello, crin, mechas e hilados de materia textil ni monofilamentos, tiras y formas similares del Capítulo 54.

LEY DE LOS IMPUESTOS GENERALES DE IMPORTACION Y EXPORTACION

2. Este Capítulo no comprende:
   a) los revestimientos de paredes de la partida 48.14;
   b) los cordeles, cuerdas y cordajes, trenzados o no (partida 56.07);
   c) el calzado y los sombreros, demás tocados, y sus partes, de los Capítulos 64 y 65;
   d) los vehículos y las cajas para vehículos, de cestería (Capítulo 87);
   e) los artículos del Capítulo 94 (por ejemplo: muebles, luminarias y aparatos de alumbrado).
3. En la partida 46.01, se consideran *materia trenzable, trenzas* y *artículos similares de materia trenzable, paralelizados*, los artículos constituidos por materia trenzable, trenzas o artículos similares de materia trenzable, yuxtapuestos formando napas por medio de ligaduras, aunque estas últimas sean de materia textil hilada.

CÓDIGO		DESCRIPCIÓN	UNIDAD	ARANCEL IMP	EXP
46.01		**Trenzas y artículos similares, de materia trenzable, incluso ensamblados en tiras; materia trenzable, trenzas y artículos similares de materia trenzable, tejidos o paralelizados, en forma plana, incluso terminados (por ejemplo: esterillas, esteras, cañizos).**			
		- Esterillas, esteras y cañizos, de materia vegetal:			
4601.21		-- **De bambú.**			
4601.21.01	00	De bambú.	Kg	10	Ex.
4601.22		-- **De ratán (roten).**			
4601.22.01	00	De ratán (roten).	Kg	15	Ex.
4601.29		-- **Los demás.**			
4601.29.99	00	Los demás.	Kg	15	Ex.
		- Los demás:			
4601.92		-- **De bambú.**			
4601.92.01	00	Trenzas y artículos similares, incluso ensamblados en tiras.	Kg	15	Ex.
4601.92.99	00	Los demás.	Kg	10	Ex.
4601.93		-- **De ratán (roten).**			
4601.93.02	00	De ratán (roten).	Kg	15	Ex.
4601.94		-- **De las demás materias vegetales.**			
4601.94.01	00	Trenzas y artículos similares, incluso ensamblados en tiras.	Kg	15	Ex.
4601.94.99	00	Los demás.	Kg	10	Ex.
4601.99		-- **Los demás.**			
4601.99.01	00	Trenzas y artículos similares, incluso ensamblados en tiras.	Kg	15	Ex.
4601.99.99	00	Los demás.	Kg	10	Ex.
46.02		**Artículos de cestería obtenidos directamente en su forma con materia trenzable o confeccionados con artículos de la partida 46.01; manufacturas de esponja vegetal (paste o "lufa").**			
		- De materia vegetal:			
4602.11		-- **De bambú.**			
4602.11.01	00	De bambú.	Kg	15	Ex.
4602.12		-- **De ratán (roten).**			
4602.12.01	00	De ratán (roten).	Kg	15	Ex.
4602.19		-- **Los demás.**			
4602.19.99	00	Los demás.	Kg	15	Ex.
4602.90		- **Los demás.**			
4602.90.99	00	Los demás.	Kg	15	Ex.

Sección X
PASTA DE MADERA O DE LAS DEMÁS MATERIAS FIBROSAS CELULÓSICAS; PAPEL O CARTÓN PARA RECICLAR (DESPERDICIOS Y DESECHOS); PAPEL O CARTÓN Y SUS APLICACIONES
Capítulo 47
Pasta de madera o de las demás materias fibrosas celulósicas;
papel o cartón para reciclar (desperdicios y desechos)

Nota.
1. En la partida 47.02, se entiende por *pasta química de madera para disolver* la pasta química cuya fracción de pasta insoluble después de una hora en una disolución al 18% de hidróxido de sodio (NaOH) a 20°C, sea superior o igual al 92% en peso en la pasta de madera a la sosa (soda) o al sulfato o superior o igual al 88% en peso en la pasta de madera al sulfito, siempre que en este último caso el contenido de cenizas sea inferior o igual al 0.15% en peso.

CÓDIGO		DESCRIPCIÓN	UNIDAD	ARANCEL IMP	EXP
47.01		**Pasta mecánica de madera.**			
4701.00		- Pasta mecánica de madera.			
4701.00.01	00	Pasta mecánica de madera.	Kg	Ex.	Ex.
47.02		**Pasta química de madera para disolver.**			
4702.00		- Pasta química de madera para disolver.			
4702.00.02		Pasta química de madera para disolver.	Kg	Ex.	Ex.
	01	Pasta química de la alfacelulosa grado para disolver, con una viscosidad intrínseca de 3 a 4.5 y una concentración de 90 al 95% de alfacelulosa regenerable en sosa al 10%.			
	99	Las demás.			
47.03		**Pasta química de madera a la sosa (soda) o al sulfato, excepto la pasta para disolver.**			

179

		- Cruda:			
4703.11		- - De coníferas.			
4703.11.03		De coníferas.	Kg	Ex.	Ex.
	01	Al sulfato, excepto que se destinen a la fabricación de papel prensa, o de cartón Kraft, para envases desechables, para leche.			
	99	Las demás.			
4703.19		- - Distinta de la de coníferas.			
4703.19.03	00	Distinta de la de coníferas.	Kg	Ex.	Ex.
		- Semiblanqueada o blanqueada:			
4703.21		- - De coníferas.			
4703.21.03		De coníferas.	Kg	Ex.	Ex.
	01	Al sulfato.			
	02	A la sosa (soda).			
4703.29		- - Distinta de la de coníferas.			
4703.29.03		Distinta de la de coníferas.	Kg	Ex.	Ex.
	01	Al sulfato.			
	02	A la sosa (soda).			
47.04		**Pasta química de madera al sulfito, excepto la pasta para disolver.**			
		- Cruda:			
4704.11		- - De coníferas.			
4704.11.01	00	De coníferas.	Kg	Ex.	Ex.
4704.19		- - Distinta de la de coníferas.			
4704.19.01	00	Distinta de la de coníferas.	Kg	Ex.	Ex.
		- Semiblanqueada o blanqueada:			
4704.21		- - De coníferas.			
4704.21.01	00	De coníferas.	Kg	Ex.	Ex.
4704.29		- - Distinta de la de coníferas.			
4704.29.01	00	Distinta de la de coníferas.	Kg	Ex.	Ex.
47.05		**Pasta de madera obtenida por la combinación de procedimientos mecánico y químico.**			
4705.00		- Pasta de madera obtenida por la combinación de procedimientos mecánico y químico.			
4705.00.01	00	Pasta de madera obtenida por la combinación de procedimientos mecánico y químico.	Kg	Ex.	Ex.
47.06		**Pasta de fibras obtenidas de papel o cartón reciclado (desperdicios y desechos) o de las demás materias fibrosas celulósicas.**			
4706.10		- Pasta de línter de algodón.			
4706.10.01	00	Pasta de línter de algodón.	Kg	Ex.	Ex.
4706.20		- Pasta de fibras obtenidas de papel o cartón reciclado (desperdicios y desechos).			
4706.20.01	00	Pasta de fibras obtenidas de papel o cartón reciclado (desperdicios y desechos).	Kg	Ex.	Ex.
4706.30		- Las demás, de bambú.			
4706.30.91	00	Las demás, de bambú.	Kg	Ex.	Ex.
		- Las demás:			
4706.91		- - Mecánicas.			
4706.91.01	00	Mecánicas.	Kg	Ex.	Ex.
4706.92		- - Químicas.			
4706.92.01	00	Químicas.	Kg	Ex.	Ex.
4706.93		- - Obtenidas por la combinación de procedimientos mecánico y químico.			
4706.93.01	00	Obtenidas por la combinación de procedimientos mecánico y químico.	Kg	Ex.	Ex.
47.07		**Papel o cartón para reciclar (desperdicios y desechos).**			
4707.10		- Papel o cartón Kraft crudo o papel o cartón corrugado.			
4707.10.01	00	Papel o cartón Kraft crudo o papel o cartón corrugado.	Kg	Ex.	Ex.
4707.20		- Los demás papeles o cartones obtenidos principalmente a partir de pasta química blanqueada sin colorear en la masa.			
4707.20.91	00	Los demás papeles o cartones obtenidos principalmente a partir de pasta química blanqueada sin colorear en la masa.	Kg	Ex.	Ex.
4707.30		- Papel o cartón obtenido principalmente a partir de pasta mecánica (por ejemplo: diarios, periódicos e impresos similares).			
4707.30.01	00	Papel o cartón obtenido principalmente a partir de pasta mecánica (por ejemplo: diarios, periódicos e impresos similares).	Kg	Ex.	Ex.
4707.90		- Los demás, incluidos los desperdicios y desechos sin clasificar.			
4707.90.91	00	Los demás, incluidos los desperdicios y desechos sin clasificar.	Kg	Ex.	Ex.

Capítulo 48
Papel y cartón; manufacturas de pasta de celulosa, de papel o cartón

Notas.
1. En este Capítulo, salvo disposición en contrario, toda referencia a *papel* incluye también al cartón, sin que se tenga en cuenta el espesor o el peso por m^2.
2. Este Capítulo no comprende:
    a) los artículos del Capítulo 30;
    b) las hojas para el marcado a fuego de la partida 32.12;
    c) los papeles perfumados y los papeles impregnados o recubiertos de cosméticos (Capítulo 33);
    d) el papel y la guata de celulosa impregnados, recubiertos o revestidos de jabón o de detergentes (partida 34.01), o de cremas, encáusticos, abrillantadores (lustres) o preparaciones similares (partida 34.05);
    e) el papel y cartón sensibilizados de las partidas 37.01 a 37.04;
    f) el papel impregnado con reactivos de diagnóstico o de laboratorio (partida 38.22);

g) el plástico estratificado con papel o cartón, los productos constituidos por una capa de papel o cartón recubiertos o revestidos de una capa de plástico cuando el espesor de esta última sea superior a la mitad del espesor total, y las manufacturas de estas materias, excepto los revestimientos para paredes de la partida 48.14 (Capítulo 39);
h) los artículos de la partida 42.02 (por ejemplo, artículos de viaje);
ij) los artículos del Capítulo 46 (manufacturas de espartería o cestería);
k) los hilados de papel y los artículos textiles de hilados de papel (Sección XI);
l) los artículos de los Capítulos 64 o 65;
m) los abrasivos aplicados sobre papel o cartón (partida 68.05) y la mica aplicada sobre papel o cartón (partida 68.14); por el contrario, el papel o cartón revestidos de polvo de mica se clasifican en este Capítulo;
n) las hojas y tiras delgadas de metal con soporte de papel o cartón (generalmente Secciones XIV o XV);
o) los artículos de la partida 92.09;
p) los artículos del Capítulo 95 (por ejemplo: juguetes, juegos, artefactos deportivos);
q) los artículos del Capítulo 96 (por ejemplo: botones, compresas y tampones higiénicos, pañales).

3. Salvo lo dispuesto en la Nota 7, se clasifican en las partidas 48.01 a 48.05 el papel y cartón que, por calandrado u otro modo, se hayan alisado, satinado, abrillantado, glaseado, pulido o sometido a otras operaciones de acabado similares, o a un falso afiligranado o un aprestado en la superficie, así como el papel, cartón, guata de celulosa y napa de fibras de celulosa, coloreados o jaspeados en la masa por cualquier procedimiento. Salvo lo dispuesto en la partida 48.03, estas partidas no se aplican al papel, cartón, guata de celulosa y napa de fibras de celulosa que hayan sido tratados de otro modo.

4. En este Capítulo, se considera *papel prensa* el papel sin estucar ni recubrir del tipo utilizado para la impresión de diarios, en el que el contenido de fibras de madera obtenidas por procedimiento mecánico o químico-mecánico sea superior o igual al 50% en peso del contenido total de fibra, sin encolar o muy ligeramente encolado, cuyo índice de rugosidad, medido en el aparato Parker Print Surf (1 MPa) sobre cada una de las caras, sea superior a 2.5 micras (micrómetros, micrones) y de peso superior o igual a 40 g/m² pero inferior o igual a 65 g/m² y presentado exclusivamente a) en tiras o bobinas (rollos) de anchura superior a 28 cm; o b) en hojas de forma cuadrada o rectangular en las que sus lados sean superiores a 28 cm y a 15 cm, medidos sin plegar.

5. En la partida 48.02, se entiende por *papel y cartón de los tipos utilizados para escribir, imprimir u otros fines gráficos* y *papel y cartón para tarjetas o cintas para perforar (sin perforar)*, el papel y cartón fabricados principalmente con pasta blanqueada o con pasta obtenida por procedimiento mecánico o químico-mecánico que cumplan alguna de las condiciones siguientes:
A) Para el papel o cartón de peso inferior o igual a 150 g/m²:
    a) un contenido de fibras obtenidas por procedimiento mecánico o químico-mecánico superior o igual al 10%, y
        1) un peso inferior o igual a 80 g/m², o
        2) estar coloreado en la masa;
    b) un contenido de cenizas superior al 8%, y
        1) un peso inferior o igual a 80 g/m², o
        2) estar coloreado en la masa;
    c) un contenido de cenizas superior al 3% y un grado de blancura (factor de reflectancia) superior o igual al 60%;
    d) un contenido de cenizas superior al 3% pero inferior o igual al 8%, un grado de blancura (factor de reflectancia) inferior al 60% y un índice de resistencia al estallido inferior o igual a 2.5 kPa·m²/g;
    e) un contenido de cenizas inferior o igual al 3%, un grado de blancura (factor de reflectancia) superior o igual al 60% y un índice de resistencia al estallido inferior o igual a 2.5 kPa·m²/g.
B) Para el papel o cartón de peso superior a 150 g/m²:
    a) estar coloreado en la masa;
    b) un grado de blancura (factor de reflectancia) superior o igual al 60%, y
        1) un espesor inferior o igual a 225 micras (micrómetros, micrones), o
        2) un espesor superior a 225 micras (micrómetros, micrones) pero inferior o igual a 508 micras (micrómetros, micrones) y un contenido de cenizas superior al 3%;
    c) un grado de blancura (factor de reflectancia) inferior al 60%, un espesor inferior o igual a 254 micras (micrómetros, micrones) y un contenido de cenizas superior al 8%.

Sin embargo, la partida 48.02 no comprende el papel y cartón filtro (incluido el papel para bolsitas de té) ni el papel y cartón fieltro.

6. En este Capítulo, se entiende por *papel y cartón Kraft*, el papel y cartón con un contenido de fibras obtenidas por procedimiento químico al sulfato o a la sosa (soda) superior o igual al 80% en peso del contenido total de fibra.

7. Salvo disposición en contrario en los textos de partida, el papel, cartón, guata de celulosa y napa de fibras de celulosa, que puedan clasificarse en dos o más de las partidas 48.01 a 48.11, se clasifican en la que, de entre ellas, figure en la Nomenclatura en último lugar por orden de numeración.

8. En las partidas 48.03 a 48.09, se clasifican solamente el papel, cartón, guata de celulosa y napa de fibras de celulosa que se presenten en una de las formas siguientes:
a) tiras o bobinas (rollos) de anchura superior a 36 cm; o
b) hojas en forma cuadrada o rectangular en las que sus lados sean superiores a 36 cm y a 15 cm, medidos sin plegar.

9. En la partida 48.14, se entiende por *papel para decorar y revestimientos similares de paredes o techos:*
a) el papel en bobinas (rollos) de anchura superior o igual a 45 cm pero inferior o igual a 160 cm, adecuado para la decoración de paredes o de techos:
    1) graneado, gofrado, coloreado, impreso con motivos o decorado de otro modo en la superficie (por ejemplo, con tundizno), incluso recubierto o revestido de un plástico protector transparente; o
    2) con la superficie graneada debido a la presencia de partículas de madera, de paja, etc.; o
    3) recubierto o revestido en la cara vista con plástico que esté graneado, gofrado, coloreado, impreso con motivos o decorado de otro modo; o
    4) revestido en la cara vista con materia trenzable, incluso tejida en forma plana o paralelizada;
b) las cenefas y frisos de papel, tratados como los anteriores, incluso en bobinas (rollos), adecuados para la decoración de paredes o techos;
c) los revestimientos murales de papel constituidos por varios paneles, en bobinas (rollos) o en hojas, impresos de modo que formen un paisaje, una figura u otro motivo después de colocados en la pared.

Las manufacturas con soporte de papel o cartón susceptibles de utilizarse como cubresuelos o como revestimientos de paredes se clasifican en la partida 48.23.

10. La partida 48.20 no comprende las hojas y tarjetas sueltas, cortadas en formatos, incluso impresas, estampadas o perforadas.

11. Se clasifican, entre otros, en la partida 48.23, el papel y cartón perforados para mecanismos Jacquard o similares y los encajes de papel.
12. El papel, cartón, guata de celulosa y las manufacturas de estas materias, con impresiones o ilustraciones que no sean accesorias en relación con su utilización principal se clasifican en el Capítulo 49, excepto los artículos de las partidas 48.14 y 48.21.

Notas de subpartida.
1. En las subpartidas 4804.11 y 4804.19, se considera *papel y cartón para caras (cubiertas) ("Kraftliner")*, el papel y cartón alisados en ambas caras o satinados en una cara, presentados en bobinas (rollos) en los que el contenido de fibras de madera obtenidas por el procedimiento químico al sulfato o a la sosa (soda) sea superior o igual al 80% en peso del contenido total de fibra, de peso superior a 115 g/m² y con una resistencia mínima al estallido Mullen igual a los valores indicados en el cuadro siguiente o, para cualquier otro peso, sus equivalentes interpolados o extrapolados linealmente.

Peso g/m²	Resistencia mínima al estallido Mullen kPa
115	393
125	417
200	637
300	824
400	961

2. En las subpartidas 4804.21 y 4804.29, se considera *papel Kraft para sacos (bolsas)* el papel alisado en ambas caras, presentado en bobinas (rollos), en el que el contenido de fibras obtenidas por el procedimiento químico al sulfato o a la sosa (soda) sea superior o igual al 80% en peso del contenido total de fibra, de peso superior o igual a 60 g/m² pero inferior o igual a 115 m²/g, y que responda a una de las condiciones siguientes:
   a) que tenga un índice de estallido Mullen superior o igual a 3.7 kPa·m²/g y un alargamiento superior al 4.5% en la dirección transversal y al 2% en la dirección longitudinal de la máquina;
   b) que tenga la resistencia mínima al desgarre y a la ruptura por tracción indicadas en el cuadro siguiente o sus equivalentes interpolados linealmente para cualquier otro peso

Peso g/m²	Resistencia mínima al desgarre mN		Resistencia mínima a la ruptura por tracción kN/m	
	Dirección longitudinal de la máquina	Dirección longitudinal de la máquina más dirección transversal	Dirección transversal	Dirección longitudinal de la máquina más dirección transversal
60	700	1,510	1.9	6
70	830	1,790	2.3	7.2
80	965	2,070	2.8	8.3
100	1,230	2,635	3.7	1.6
115	1,425	3,060	4.4	12.3

3. En la subpartida 4805.11, se entiende por *papel semiquímico para acanalar* el papel presentado en bobinas (rollos), en el que el contenido de fibras crudas de madera de frondosas obtenidas por la combinación de procedimientos mecánico y químico sea superior o igual al 65% en peso del contenido total de fibra y con una resistencia al aplastamiento según el método CMT 30 (Corrugated Medium Test con 30 minutos de acondicionamiento) superior a 1.8 newtons/g/m² para una humedad relativa de 50%, a una temperatura de 23°C.
4. La subpartida 4805.12 comprende el papel en bobinas (rollos), compuesto principalmente de pasta de paja obtenida por la combinación de procedimientos mecánico y químico, de peso superior o igual a 130g/m² y con una resistencia al aplastamiento según el método CMT 30 (Corrugated Medium Test con 30 minutos de acondicionamiento) superior a 1.4 newtons/g/m² para una humedad relativa de 50%, a una temperatura de 23°C.
5. Las subpartidas 4805.24 y 4805.25 comprenden el papel y cartón compuestos exclusiva o principalmente de pasta de papel o cartón reciclado (de desperdicios y desechos). El papel "Testliner" puede igualmente tener una capa superficial de papel coloreado o compuesto de pasta blanqueada o cruda, sin reciclar. Estos productos tienen un índice de estallido Mullen superior o igual a 2 kPa·m²/g.
6. En la subpartida 4805.30, se entiende por *papel sulfito para envolver,* el papel satinado en una cara en el que el contenido de fibras de madera obtenidas por el procedimiento químico al sulfito sea superior al 40% en peso del contenido total de fibra, con un contenido de cenizas inferior o igual al 8% y con un índice de estallido Mullen superior o igual a 1.47 kPa·m²/g.
7. En la subpartida 4810.22, se entiende por *papel estucado o cuché ligero (liviano) ("L.W.C.") ("light-weight coated")*, el papel estucado en las dos caras, de peso inferior o igual a 72 g/m², con un peso de la capa de estucado inferior o igual a 15 g/m² por cada cara, con un soporte constituido por fibras de madera obtenidas por procedimiento mecánico, cuyo contenido sea superior o igual al 50% en peso del contenido total de fibra.

Nota Nacional:
1. En este Capítulo, la expresión papel y cartón estucados se aplica por igual a los papeles y cartones que han sido recubiertos, en una o ambas caras, con sustancias orgánicas o inorgánicas.

CÓDIGO	DESCRIPCIÓN	UNIDAD	ARANCEL
			IMP	EXP

LEY DE LOS IMPUESTOS GENERALES DE IMPORTACION Y EXPORTACION

48.01		**Papel prensa en bobinas (rollos) o en hojas.**			
4801.00	-	**Papel prensa en bobinas (rollos) o en hojas.**			
4801.00.01	00	Papel prensa en bobinas (rollos) o en hojas.	Kg	15	Ex.
48.02		**Papel y cartón, sin estucar ni recubrir, de los tipos utilizados para escribir, imprimir u otros fines gráficos y papel y cartón para tarjetas o cintas para perforar (sin perforar), en bobinas (rollos) o en hojas de forma cuadrada o rectangular, de cualquier tamaño, excepto el papel de las partidas 48.01 o 48.03; papel y cartón hechos a mano (hoja a hoja).**			
4802.10	-	**Papel y cartón hechos a mano (hoja a hoja).**			
4802.10.01	00	Papel y cartón hechos a mano (hoja a hoja).	Kg	5	Ex.
4802.20	-	**Papel y cartón soporte para papel o cartón fotosensibles, termosensibles o electrosensibles.**			
4802.20.03	00	Papel y cartón soporte para papel o cartón fotosensibles, termosensibles o electrosensibles.	Kg	5	Ex.
4802.40	-	**Papel soporte para papeles de decorar paredes.**			
4802.40.01	00	Papel soporte para papeles de decorar paredes.	Kg	5	Ex.
	-	Los demás papeles y cartones, sin fibras obtenidas por procedimiento mecánico o químico-mecánico o con un contenido total de estas fibras inferior o igual al 10% en peso del contenido total de fibra:			
4802.54	- -	**De peso inferior a 40 g/m².**			
4802.54.04	00	Para la impresión de billetes de banco, cuando se importe o exporte por el Banco de México.	Kg	Ex.	Ex.
4802.54.99		Los demás.	Kg	5	Ex.
	01	Papel para dibujo.			
	99	Los demás.			
4802.55	- -	**De peso superior o igual a 40 g/m² pero inferior o igual a 150 g/m², en bobinas (rollos).**			
4802.55.02	00	Papel utilizado en máquinas copiadoras o reproductoras y cuyo revelado se hace por la acción del calor.	Kg	15	Ex.
4802.55.03	00	Para la impresión de billetes de banco cuando se importe o exporte por el Banco de México.	Kg	Ex.	Ex.
4802.55.99		Los demás.	Kg	30	Ex.
	01	Bond o ledger.			
	99	Los demás.			
4802.56	- -	**De peso superior o igual a 40 g/m² pero inferior o igual a 150 g/m², en hojas en las que un lado sea inferior o igual a 435 mm y el otro sea inferior o igual a 297 mm, medidos sin plegar.**			
4802.56.02	00	Para la impresión de billetes de banco cuando se importe o exporte por el Banco de México.	Kg	Ex.	Ex.
4802.56.99		Los demás.	Kg	30	Ex.
	01	Bond o ledger.			
	99	Los demás.			
4802.57	- -	**Los demás, de peso superior o igual a 40 g/m² pero inferior o igual a 150 g/m².**			
4802.57.91	00	Los demás, de peso superior o igual a 40 g/m² pero inferior o igual a 150 g/m².	Kg	35	Ex.
4802.58	- -	**De peso superior a 150 g/m².**			
4802.58.04	00	De peso superior a 150 g/m².	Kg	35	Ex.
	-	Los demás papeles y cartones, con un contenido total de fibras obtenidas por procedimiento mecánico o químico-mecánico superior al 10% en peso del contenido total de fibra:			
4802.61	- -	**En bobinas (rollos).**			
4802.61.03		En bobinas (rollos).	Kg	35	Ex.
	01	Papel soporte para papel carbón (carbónico), excepto multiusos, teñido, cuyo peso sea hasta de 20 g/m².			
	99	Los demás.			
4802.62	- -	**En hojas en las que un lado sea inferior o igual a 435 mm y el otro sea inferior o igual a 297 mm, medidos sin plegar.**			
4802.62.03	00	En hojas en las que un lado sea inferior o igual a 435 mm y el otro sea inferior o igual a 297 mm, medidos sin plegar.	Kg	35	Ex.
4802.69	- -	**Los demás.**			
4802.69.99	00	Los demás.	Kg	15	Ex.
48.03		**Papel del tipo utilizado para papel higiénico, toallitas para desmaquillar, toallas, servilletas o papeles similares de uso doméstico, de higiene o tocador, guata de celulosa y napa de fibras de celulosa, incluso rizados ("crepés"), plisados, gofrados, estampados, perforados, coloreados o decorados en la superficie o impresos, en bobinas (rollos) o en hojas.**			
4803.00	-	**Papel del tipo utilizado para papel higiénico, toallitas para desmaquillar, toallas, servilletas o papeles similares de uso doméstico, de higiene o tocador, guata de celulosa y napa de fibras de celulosa, incluso rizados ("crepés"), plisados, gofrados, estampados, perforados, coloreados o decorados en la superficie o impresos, en bobinas (rollos) o en hojas.**			
4803.00.04		Papel del tipo utilizado para papel higiénico, toallitas para desmaquillar, toallas, servilletas o papeles similares de uso doméstico, de higiene o tocador, guata de celulosa y napa de fibras de celulosa, incluso rizados ("crepés"), plisados, gofrados, estampados, perforados, coloreados o decorados en la superficie o impresos, en bobinas (rollos) o en hojas.	Kg	Ex.	Ex.
	01	Guata de celulosa.			
	99	Los demás.			
48.04		**Papel y cartón Kraft, sin estucar ni recubrir, en bobinas (rollos) o en hojas, excepto el de las partidas 48.02 o 48.03.**			
	-	Papel y cartón para caras (cubiertas) ("Kraftliner"):			
4804.11	- -	**Crudos.**			
4804.11.01	00	Crudos.	Kg	Ex.	Ex.
4804.19	- -	**Los demás.**			
4804.19.99		Los demás.	Kg	Ex.	Ex.
	01	Papel Kraft a base de celulosa semiblanqueada, con peso inferior o igual a 160 g/m².			

	02	Cartón Kraft, a base de celulosa semiblanqueada, con peso superior a 160 g/m² sin exceder de 500 g/m².			
	99	Los demás.			
	-	**Papel Kraft para sacos (bolsas):**			
4804.21	--	**Crudo.**			
4804.21.01	00	Crudo.	Kg	Ex.	Ex.
4804.29	--	**Los demás.**			
4804.29.99	00	Los demás.	Kg	Ex.	Ex.
	-	**Los demás papeles y cartones Kraft, de peso inferior o igual a 150 g/m²:**			
4804.31	--	**Crudos.**			
4804.31.05		Crudos.	Kg	Ex.	Ex.
	01	Para soporte de papel carbón, de color café y peso inferior o igual a 20 g/m².			
	99	Los demás.			
4804.39	--	**Los demás.**			
4804.39.99		Los demás.	Kg	30	Ex.
	01	A base de celulosa semiblanqueada.			
	99	Los demás.			
	-	**Los demás papeles y cartones Kraft, de peso superior a 150 g/m² pero inferior a 225 g/m²:**			
4804.41	--	**Crudos.**			
4804.41.01	00	Crudos.	Kg	Ex.	Ex.
4804.42	--	**Blanqueados uniformemente en la masa y con un contenido de fibras de madera obtenidas por procedimiento químico superior al 95% en peso del contenido total de fibra.**			
4804.42.01	00	Blanqueados uniformemente en la masa y con un contenido de fibras de madera obtenidas por procedimiento químico superior al 95% en peso del contenido total de fibra.	Kg	35	Ex.
4804.49	--	**Los demás.**			
4804.49.99	00	Los demás.	Kg	Ex.	Ex.
	-	**Los demás papeles y cartones Kraft, de peso superior o igual a 225 g/m²:**			
4804.51	--	**Crudos.**			
4804.51.02		Crudos.	Kg	Ex.	Ex.
	01	Con peso superior a 600 g/m² sin exceder de 4,000 g/m², cuyo espesor sea inferior o igual a 4 mm, con resistencia dieléctrica.			
	99	Los demás.			
4804.52	--	**Blanqueados uniformemente en la masa y con un contenido de fibras de madera obtenidas por procedimiento químico superior al 95% en peso del contenido total de fibra.**			
4804.52.01	00	Blanqueados uniformemente en la masa y con un contenido de fibras de madera obtenidas por procedimiento químico superior al 95% en peso del contenido total de fibra.	Kg	Ex.	Ex.
4804.59	--	**Los demás.**			
4804.59.99		Los demás.	Kg	Ex.	Ex.
	01	A base de celulosa semiblanqueada con peso por metro cuadrado hasta 500 g.			
	99	Los demás.			
48.05		**Los demás papeles y cartones, sin estucar ni recubrir, en bobinas (rollos) o en hojas, que no hayan sido sometidos a trabajos complementarios o tratamientos distintos de los especificados en la Nota 3 de este Capítulo.**			
	-	**Papel para acanalar:**			
4805.11	--	**Papel semiquímico para acanalar.**			
4805.11.01	00	Papel semiquímico para acanalar.	Kg	Ex.	Ex.
4805.12	--	**Papel paja para acanalar.**			
4805.12.01	00	Papel paja para acanalar.	Kg	Ex.	Ex.
4805.19	--	**Los demás.**			
4805.19.99	00	Los demás.	Kg	Ex.	Ex.
	-	**"Testliner" (de fibras recicladas):**			
4805.24	--	**De peso inferior o igual a 150 g/m².**			
4805.24.02		De peso inferior o igual a 150 g/m².	Kg	20	Ex.
	01	Multicapas.			
	99	Los demás.			
4805.25	--	**De peso superior a 150 g/m².**			
4805.25.02		De peso superior a 150 g/m².	Kg	35	Ex.
	01	Multicapas.			
	99	Los demás.			
4805.30	-	**Papel sulfito para envolver.**			
4805.30.01	00	Papel sulfito para envolver.	Kg	Ex.	Ex.
4805.40	-	**Papel y cartón filtro.**			
4805.40.01	00	Papel y cartón filtro.	Kg	Ex.	Ex.
4805.50	-	**Papel y cartón fieltro, papel y cartón lana.**			
4805.50.01	00	Papel y cartón fieltro, papel y cartón lana.	Kg	Ex.	Ex.
	-	**Los demás:**			
4805.91	--	**De peso inferior o igual a 150 g/m².**			
4805.91.01	00	De peso inferior o igual a 150 g/m².	Kg	Ex.	Ex.
4805.92	--	**De peso superior a 150 g/m² pero inferior a 225 g/m².**			
4805.92.01	00	De peso superior a 150 g/m² pero inferior a 225 g/m².	Kg	Ex.	Ex.
4805.93	--	**De peso superior o igual a 225 g/m².**			
4805.93.01	00	De peso superior o igual a 225 g/m².	Kg	Ex.	Ex.
48.06		**Papel y cartón sulfurizados, papel resistente a las grasas, papel vegetal, papel cristal y demás papeles calandrados transparentes o traslúcidos, en bobinas (rollos) o en hojas.**			
4806.10	-	**Papel y cartón sulfurizados (pergamino vegetal).**			

LEY DE LOS IMPUESTOS GENERALES DE IMPORTACION Y EXPORTACION

4806.10.01	00	Papel y cartón sulfurizados (pergamino vegetal).	Kg	Ex.	Ex.
4806.20		- **Papel resistente a las grasas ("greaseproof").**			
4806.20.01	00	Papel resistente a las grasas ("greaseproof").	Kg	Ex.	Ex.
4806.30		- **Papel vegetal (papel calco).**			
4806.30.01	00	Papel vegetal (papel calco).	Kg	Ex.	Ex.
4806.40		- **Papel cristal y demás papeles calandrados transparentes o traslúcidos.**			
4806.40.01	00	Papel cristal y demás papeles calandrados transparentes o traslúcidos.	Kg	Ex.	Ex.
48.07		**Papel y cartón obtenidos por pegado de hojas planas, sin estucar ni recubrir en la superficie y sin impregnar, incluso reforzados interiormente, en bobinas (rollos) o en hojas.**			
4807.00		- **Papel y cartón obtenidos por pegado de hojas planas, sin estucar ni recubrir en la superficie y sin impregnar, incluso reforzados interiormente, en bobinas (rollos) o en hojas.**			
4807.00.03	00	Papel y cartón obtenidos por pegado de hojas planas, sin estucar ni recubrir en la superficie y sin impregnar, incluso reforzados interiormente, en bobinas (rollos) o en hojas.	Kg	Ex.	Ex.
48.08		**Papel y cartón corrugados (incluso revestidos por encolado), rizados ("crepés"), plisados, gofrados, estampados o perforados, en bobinas (rollos) o en hojas, excepto el papel de los tipos descritos en el texto de la partida 48.03.**			
4808.10		- **Papel y cartón corrugados, incluso perforados.**			
4808.10.01	00	Papel y cartón corrugados, incluso perforados.	Kg	Ex.	Ex.
4808.40		- **Papel Kraft rizado ("crepé") o plisado, incluso gofrado, estampado o perforado.**			
4808.40.04	00	Papel Kraft rizado ("crepé") o plisado, incluso gofrado, estampado o perforado.	Kg	Ex.	Ex.
4808.90		- **Los demás.**			
4808.90.99		Los demás.	Kg	Ex.	Ex.
	01	Rizados ("crepés").			
	99	Los demás.			
48.09		**Papel carbón (carbónico), papel autocopia y demás papeles para copiar o transferir (incluido el estucado o cuché, recubierto o impregnado, para clisés de mimeógrafo ("stencils") o para planchas offset), incluso impresos, en bobinas (rollos) o en hojas.**			
4809.20		- **Papel autocopia.**			
4809.20.01	00	Papel autocopia.	Kg	5	Ex.
4809.90		- **Los demás.**			
4809.90.02	00	Papel carbón (carbónico) y papeles similares.	Kg	5	Ex.
4809.90.99		Los demás.	Kg	Ex.	Ex.
	01	Reactivos a la temperatura.			
	99	Los demás.			
48.10		**Papel y cartón estucados por una o las dos caras con caolín u otras sustancias inorgánicas, con aglutinante o sin él, con exclusión de cualquier otro estucado o recubrimiento, incluso coloreados o decorados en la superficie o impresos, en bobinas (rollos) o en hojas de forma cuadrada o rectangular, de cualquier tamaño.**			
		- Papel y cartón de los tipos utilizados para escribir, imprimir u otros fines gráficos, sin fibras obtenidas por procedimiento mecánico o químico-mecánico o con un contenido total de estas fibras inferior o igual al 10% en peso del contenido total de fibra:			
4810.13		- - **En bobinas (rollos).**			
4810.13.07		En bobinas (rollos).	Kg	25	Ex.
	01	Estucados, recubiertos o pintados por una o ambas caras, satinados o abrillantados.			
	99	Los demás.			
4810.14		- - **En hojas en las que un lado sea inferior o igual a 435 mm y el otro sea inferior o igual a 297 mm, medidos sin plegar.**			
4810.14.07		En hojas en las que un lado sea inferior o igual a 435 mm y el otro sea inferior o igual a 297 mm, medidos sin plegar.	Kg	Ex.	Ex.
	01	Estucados, recubiertos o pintados por una o ambas caras, satinados o abrillantados.			
	99	Los demás.			
4810.19		- - **Los demás.**			
4810.19.99	00	Los demás.	Kg	Ex.	Ex.
		- Papel y cartón de los tipos utilizados para escribir, imprimir u otros fines gráficos, con un contenido total de fibras obtenidas por procedimiento mecánico o químico-mecánico superior al 10% en peso del contenido total de fibra:			
4810.22		- - **Papel estucado o cuché ligero (liviano) ("L.W.C.").**			
4810.22.02		Papel estucado o cuché ligero (liviano) ("L.W.C.").	Kg	Ex.	Ex.
	01	Papel cuché o tipo cuché, blanco o de color, mate o brillante, esmaltado o recubierto en ambas caras de una mezcla de sustancias minerales, propio para impresión fina.			
	99	Los demás.			
4810.29		- - **Los demás.**			
4810.29.99		Los demás.	Kg	25	Ex.
	01	Cuché o tipo cuché, blancos o de color, mate o brillante, esmaltados o recubiertos por una o ambas caras de una mezcla de sustancias minerales, propios para impresión fina, con peso superior a 72 g/m².			
	99	Los demás.			
		- Papel y cartón Kraft, excepto los de los tipos utilizados para escribir, imprimir u otros fines gráficos:			
4810.31		- - **Blanqueados uniformemente en la masa y con un contenido de fibras de madera obtenidas por procedimiento químico superior al 95% en peso del contenido total de fibra, de peso inferior o igual a 150 g/m².**			
4810.31.01	00	Estucados, pintados o recubiertos por una o ambas caras, satinados o abrillantados, con peso superior o igual a 74 g/m².	Kg	Ex.	Ex.

Código	Sub	Descripción	Unidad	Imp1	Imp2
4810.31.02	00	Coloreados por ambas caras con peso inferior o igual a 120 g/m², excepto lo comprendido en la fracción arancelaria 4810.31.01.	Kg	Ex.	Ex.
4810.31.03	00	Coloreados o decorados por una cara, excepto lo comprendido en la fracción arancelaria 4810.31.01.	Kg	Ex.	Ex.
4810.31.99	00	Los demás.	Kg	5	Ex.
4810.32	- -	**Blanqueados uniformemente en la masa y con un contenido de fibras de madera obtenidas por procedimiento químico superior al 95% en peso del contenido total de fibra, de peso superior a 150 g/m².**			
4810.32.01	00	Blanqueados uniformemente en la masa y con un contenido de fibras de madera obtenidas por procedimiento químico superior al 95% en peso del contenido total de fibra, de peso superior a 150 g/m².	Kg	25	Ex.
4810.39	- -	**Los demás.**			
4810.39.99	00	Los demás.	Kg	20	Ex.
	-	Los demás papeles y cartones:			
4810.92	- -	**Multicapas.**			
4810.92.01	00	Multicapas.	Kg	25	Ex.
4810.99	- -	**Los demás.**			
4810.99.99	00	Los demás.	Kg	25	Ex.
48.11		**Papel, cartón, guata de celulosa y napa de fibras de celulosa, estucados, recubiertos, impregnados o revestidos, coloreados o decorados en la superficie o impresos, en bobinas (rollos) o en hojas de forma cuadrada o rectangular, de cualquier tamaño, excepto los productos de los tipos descritos en el texto de las partidas 48.03, 48.09 o 48.10.**			
4811.10	-	**Papel y cartón alquitranados, embetunados o asfaltados.**			
4811.10.02	00	Cubresuelos con soporte de papel o cartón, incluso recortados.	Kg	5	Ex.
4811.10.99		Los demás.	Kg	Ex.	Ex.
	01	Papel kraft.			
	99	Los demás.			
	-	Papel y cartón engomados o adhesivos:			
4811.41	- -	**Autoadhesivos.**			
4811.41.01	00	Autoadhesivos, excepto los comprendidos en la fracción arancelaria 4811.41.02.	Kg	Ex.	Ex.
4811.41.02	00	En tiras o en bobinas (rollos).	Kg	5	Ex.
4811.49	- -	**Los demás.**			
4811.49.01	00	En tiras o en bobinas (rollos).	Kg	5	Ex.
4811.49.99	00	Los demás.	Kg	Ex.	Ex.
	-	Papel y cartón recubiertos, impregnados o revestidos de plástico (excepto los adhesivos):			
4811.51	- -	**Blanqueados, de peso superior a 150 g/m².**			
4811.51.01	00	Recubiertos por una de sus caras, con una película de materia plástica artificial, aun cuando también lleven recubrimiento de otros materiales, excepto papel milimétrico recubierto por una cara, con una película de materia plástica artificial "laminene-milimétrico".	Kg	Ex.	Ex.
4811.51.02	00	Recubiertos con caolín y resinas sintéticas, repelentes a películas vinílicas, resistentes a la tensión así como a temperaturas iguales o superiores a 210°C, con peso superior a 100 g/m².	Kg	Ex.	Ex.
4811.51.04	00	Filtro, impregnados de resinas sintéticas, aun cuando estén coloreados o acanalados.	Kg	Ex.	Ex.
4811.51.05	00	De fibras de algodón, con un contenido de algodón "transparentizado" del 100%, impregnado con resinas sintéticas.	Kg	Ex.	Ex.
4811.51.99	00	Los demás.	Kg	5	Ex.
4811.59	- -	**Los demás.**			
4811.59.07	00	Cubresuelos con soporte de papel o cartón, incluso recortados.	Kg	5	Ex.
4811.59.99		Los demás.	Kg	Ex.	Ex.
	01	Recubiertos por una de sus caras, con una película de materia plástica artificial, aun cuando también lleven recubrimiento de otros materiales.			
	02	Filtro, impregnados de resinas sintéticas, aun cuando estén coloreados o acanalados.			
	03	Papel imitación madera, en rollos, de ancho igual o superior a 120 cm pero inferior o igual a 155 cm, con un peso igual o superior a 130 Kg pero inferior o igual a 170 Kg.			
	99	Los demás.			
4811.60	-	**Papel y cartón recubiertos, impregnados o revestidos de cera, parafina, estearina, aceite o glicerol.**			
4811.60.03		Papel y cartón recubiertos, impregnados o revestidos de cera, parafina, estearina, aceite o glicerol.	Kg	5	Ex.
	01	Parafinados o encerados.			
	99	Los demás.			
4811.90	-	**Los demás papeles, cartones, guata de celulosa y napa de fibras de celulosa.**			
4811.90.10	00	Cubresuelos con soporte de papel o cartón, incluso recortados.	Kg	5	Ex.
4811.90.99		Los demás.	Kg	Ex.	Ex.
	01	Recubiertos por una de sus caras con látex.			
	02	Glassine.			
	03	Impregnados con látex acrilonitrilo-butadieno, recubiertos por una de sus caras con látex tipo acrilonitrilo y por la otra del mismo látex con partículas de dióxido de silicio coloidal y/o impregnados con látex estireno-butadieno, recubiertos por una de sus caras con resinas de estireno-butadieno.			
	99	Los demás.			
48.12		**Bloques y placas, filtrantes, de pasta de papel.**			
4812.00	-	**Bloques y placas, filtrantes, de pasta de papel.**			
4812.00.01	00	Bloques y placas, filtrantes, de pasta de papel.	Kg	Ex.	Ex.
48.13		**Papel de fumar, incluso cortado al tamaño adecuado, en librillos o en tubos.**			
4813.10	-	**En librillos o en tubos.**			
4813.10.01	00	En librillos o en tubos.	Kg	Ex.	Ex.
4813.20	-	**En bobinas (rollos) de anchura inferior o igual a 5 cm.**			
4813.20.01	00	En bobinas (rollos) de anchura inferior o igual a 5 cm.	Kg	Ex.	Ex.

LEY DE LOS IMPUESTOS GENERALES DE IMPORTACION Y EXPORTACION

4813.90		-	Los demás.		
4813.90.99	00		Los demás.	Kg	Ex. Ex.
48.14			**Papel para decorar y revestimientos similares de paredes; papel para vidrieras.**		
4814.20		-	**Papel para decorar y revestimientos similares de paredes, constituidos por papel recubierto o revestido, en la cara vista, con una capa de plástico graneada, gofrada, coloreada, impresa con motivos o decorada de otro modo.**		
4814.20.01	00		Papel para decorar y revestimientos similares de paredes, constituidos por papel recubierto o revestido, en la cara vista, con una capa de plástico graneada, gofrada, coloreada, impresa con motivos o decorada de otro modo.	Kg	5 Ex.
4814.90		-	**Los demás.**		
4814.90.02	00		Papel granito ("ingrain").	Kg	Ex. Ex.
4814.90.99	00		Los demás.	Kg	5 Ex.
48.16			**Papel carbón (carbónico), papel autocopia y demás papeles para copiar o transferir (excepto los de la partida 48.09), clisés de mimeógrafo ("stencils") completos y planchas offset, de papel, incluso acondicionados en cajas.**		
4816.20		-	**Papel autocopia.**		
4816.20.01	00		Papel autocopia.	Kg	5 Ex.
4816.90		-	**Los demás.**		
4816.90.99			Los demás.	Kg	5 Ex.
	01		Papel carbón (carbónico) y papeles similares.		
	99		Los demás.		
48.17			**Sobres, sobres carta, tarjetas postales sin ilustrar y tarjetas para correspondencia, de papel o cartón; cajas, bolsas y presentaciones similares, de papel o cartón, con un surtido de artículos de correspondencia.**		
4817.10		-	**Sobres.**		
4817.10.01	00		Sobres.	Kg	5 Ex.
4817.20		-	**Sobres carta, tarjetas postales sin ilustrar y tarjetas para correspondencia.**		
4817.20.01	00		Sobres carta, tarjetas postales sin ilustrar y tarjetas para correspondencia.	Kg	5 Ex.
4817.30		-	**Cajas, bolsas y presentaciones similares de papel o cartón, con un surtido de artículos de correspondencia.**		
4817.30.01	00		Cajas, bolsas y presentaciones similares de papel o cartón, con un surtido de artículos de correspondencia.	Kg	35 Ex.
48.18			**Papel del tipo utilizado para papel higiénico y papeles similares, guata de celulosa o napa de fibras de celulosa, de los tipos utilizados para fines domésticos o sanitarios, en bobinas (rollos) de una anchura inferior o igual a 36 cm o cortados en formato; pañuelos, toallitas de desmaquillar, toallas, manteles, servilletas, sábanas y artículos similares para uso doméstico, de tocador, higiénico o de hospital, prendas y complementos (accesorios), de vestir, de pasta de papel, papel, guata de celulosa o napa de fibras de celulosa.**		
4818.10		-	**Papel higiénico.**		
4818.10.01	00		Papel higiénico.	Kg	5 Ex.
4818.20		-	**Pañuelos, toallitas de desmaquillar y toallas.**		
4818.20.01	00		Pañuelos, toallitas de desmaquillar y toallas.	Kg	5 Ex.
4818.30		-	**Manteles y servilletas.**		
4818.30.01	00		Manteles y servilletas.	Kg	5 Ex.
4818.50		-	**Prendas y complementos (accesorios), de vestir.**		
4818.50.01	00		Prendas y complementos (accesorios), de vestir.	Kg	5 Ex.
4818.90		-	**Los demás.**		
4818.90.99	00		Los demás.	Kg	5 Ex.
48.19			**Cajas, sacos (bolsas), bolsitas, cucuruchos y demás envases de papel, cartón, guata de celulosa o napa de fibras de celulosa; cartonajes de oficina, tienda o similares.**		
4819.10		-	**Cajas de papel o cartón corrugado.**		
4819.10.01	00		Cajas de papel o cartón corrugado.	Kg	Ex. Ex.
4819.20		-	**Cajas y cartonajes, plegables, de papel o cartón, sin corrugar.**		
4819.20.02			Cajas y cartonajes, plegables, de papel o cartón, sin corrugar.	Kg	5 Ex.
	01		Envases de cartón impresos, coextruidos únicamente con una o varias películas de materia plástica unidas entre sí, destinados exclusivamente a contener productos no aptos para el consumo humano.		
	99		Los demás.		
4819.30		-	**Sacos (bolsas) con una anchura en la base superior o igual a 40 cm.**		
4819.30.01	00		Sacos (bolsas) con una anchura en la base superior o igual a 40 cm.	Kg	Ex. Ex.
4819.40		-	**Los demás sacos (bolsas); bolsitas y cucuruchos.**		
4819.40.91	00		Los demás sacos (bolsas); bolsitas y cucuruchos.	Kg	5 Ex.
4819.50		-	**Los demás envases, incluidas las fundas para discos.**		
4819.50.91	00		Los demás envases, incluidas las fundas para discos.	Kg	5 Ex.
4819.60		-	**Cartonajes de oficina, tienda o similares.**		
4819.60.01	00		Cartonajes de oficina, tienda o similares.	Kg	5 Ex.
48.20			**Libros registro, libros de contabilidad, talonarios (de notas, pedidos o recibos), agendas, bloques memorandos, bloques de papel de cartas y artículos similares, cuadernos, carpetas de mesa, clasificadores, encuadernaciones (de hojas móviles u otras), carpetas y cubiertas para documentos y demás artículos escolares, de oficina o de papelería, incluso los formularios en paquetes o plegados ("manifold"), aunque lleven papel carbón (carbónico), de papel o cartón; álbumes para muestras o para colecciones y cubiertas para libros, de papel o cartón.**		
4820.10		-	**Libros registro, libros de contabilidad, talonarios (de notas, pedidos o recibos), bloques memorandos, bloques de papel de cartas, agendas y artículos similares.**		

4820.10.02		Libros registro, libros de contabilidad, talonarios (de notas, pedidos o recibos), bloques memorandos, bloques de papel de cartas, agendas y artículos similares.	Kg	5	Ex.
	01	Agendas o librillos para direcciones o teléfonos.			
	99	Los demás.			
4820.20		- **Cuadernos.**			
4820.20.01	00	Cuadernos.	Kg	35	Ex.
4820.30		- **Clasificadores, encuadernaciones (excepto las cubiertas para libros), carpetas y cubiertas para documentos.**			
4820.30.01	00	Clasificadores, encuadernaciones (excepto las cubiertas para libros), carpetas y cubiertas para documentos.	Kg	5	Ex.
4820.40		- **Formularios en paquetes o plegados ("manifold"), aunque lleven papel carbón (carbónico).**			
4820.40.01	00	Formularios en paquetes o plegados ("manifold"), aunque lleven papel carbón (carbónico).	Kg	5	Ex.
4820.50		- **Álbumes para muestras o para colecciones.**			
4820.50.01	00	Álbumes para muestras o para colecciones.	Kg	5	Ex.
4820.90		- **Los demás.**			
4820.90.99	00	Los demás.	Kg	5	Ex.
48.21		**Etiquetas de todas clases, de papel o cartón, incluso impresas.**			
4821.10		- **Impresas.**			
4821.10.01	00	Impresas.	Kg	Ex.	Ex.
4821.90		- **Las demás.**			
4821.90.99	00	Las demás.	Kg	Ex.	Ex.
48.22		**Carretes, bobinas, canillas y soportes similares, de pasta de papel, papel o cartón, incluso perforados o endurecidos.**			
4822.10		- **De los tipos utilizados para el bobinado de hilados textiles.**			
4822.10.01	00	De los tipos utilizados para el bobinado de hilados textiles.	Kg	5	Ex.
4822.90		- **Los demás.**			
4822.90.99	00	Los demás.	Kg	5	Ex.
48.23		**Los demás papeles, cartones, guata de celulosa y napa de fibras de celulosa, cortados en formato; los demás artículos de pasta de papel, papel, cartón, guata de celulosa o napa de fibras de celulosa.**			
4823.20		- **Papel y cartón filtro.**			
4823.20.02		Papel y cartón filtro.	Kg	Ex.	Ex.
	01	Papel filtro, con peso hasta 100 g/m², en bobinas de ancho igual o inferior a 105 mm.			
	99	Los demás.			
4823.40		- **Papel diagrama para aparatos registradores, en bobinas (rollos), hojas o discos.**			
4823.40.01	00	Papel diagrama para aparatos registradores, en bobinas (rollos), hojas o discos.	Kg	Ex.	Ex.
		- Bandejas, fuentes, platos, tazas, vasos y artículos similares, de papel o cartón:			
4823.61		- - **De bambú.**			
4823.61.01	00	De bambú.	Kg	5	Ex.
4823.69		- - **Los demás.**			
4823.69.99	00	Los demás.	Kg	5	Ex.
4823.70		- **Artículos moldeados o prensados, de pasta de papel.**			
4823.70.03	00	Empaquetaduras.	Kg	Ex.	Ex.
4823.70.99		Los demás.	Kg	5	Ex.
	01	Charolas moldeadas con oquedades, para empaques.			
	99	Los demás.			
4823.90		- **Los demás.**			
4823.90.01	00	Para usos dieléctricos.	Kg	Ex.	Ex.
4823.90.02	00	"Crepé" en bandas, excepto lo comprendido en la fracción arancelaria 4823.90.01.	Kg	Ex.	Ex.
4823.90.05	00	Recubierto con resinas plásticas, con ancho superior o igual a 9 mm.	Kg	Ex.	Ex.
4823.90.10	00	Semiconos de papel filtro.	Kg	Ex.	Ex.
4823.90.11	00	Para protección de películas fotográficas.	Kg	30	Ex.
4823.90.12	00	Cartón de pasta teñida en la masa, superficie jaspeada con peso superior a 500 g/m² sin exceder de 900 g/m² ("pressboard").	Kg	Ex.	Ex.
4823.90.17	00	Cubresuelos con soporte de papel o cartón, incluso recortados.	Kg	7	Ex.
4823.90.99		Los demás.	Kg	5	Ex.
	01	Parafinado o encerado.			
	02	Autoadhesivo, en tiras o en bobinas (rollos).			
	03	Papel engomado o adhesivo, excepto lo comprendido en el número de identificación comercial 4823.90.99.02.			
	99	Los demás.			

Capítulo 49
Productos editoriales, de la prensa y de las demás industrias gráficas;
textos manuscritos o mecanografiados y planos

Notas.
1. Este Capítulo no comprende:
    a) los negativos y positivos fotográficos con soporte transparente (Capítulo 37);
    b) los mapas, planos y esferas, en relieve, incluso impresos (partida 90.23);
    c) los naipes y demás artículos del Capítulo 95;
    d) los grabados, estampas y litografías originales (partida 97.02), los sellos (estampillas) de correo, timbres fiscales, marcas postales, sobres primer día, enteros postales, demás artículos franqueados y análogos de la partida 97.04, las antigüedades de más de cien años y demás artículos del Capítulo 97.

LEY DE LOS IMPUESTOS GENERALES DE IMPORTACION Y EXPORTACION

2. En el Capítulo 49, el término *impreso* significa también reproducido con copiadora, obtenido por un procedimiento controlado por una máquina automática para tratamiento o procesamiento de datos, por estampado en relieve, fotografía, fotocopia, termocopia o mecanografiado.
3. Los diarios y publicaciones periódicas encuadernados, así como las colecciones de diarios o de publicaciones periódicas presentadas bajo una misma cubierta, se clasifican en la partida 49.01, aunque contengan publicidad.
4. También se clasifican en la partida 49.01:
   a) las colecciones de grabados, de reproducciones de obras de arte, de dibujos, etc., que constituyan obras completas, paginadas y susceptibles de formar un libro, cuando los grabados estén acompañados de un texto referido a las obras o a sus autores;
   b) las láminas ilustradas que se presenten al mismo tiempo que un libro y como complemento de éste;
   c) los libros presentados en fascículos o en hojas separadas, de cualquier formato, que constituyan una obra completa o parte de una obra para encuadernar en rústica o de otra forma.
   Sin embargo, los grabados e ilustraciones, que no tengan texto y se presenten en hojas separadas de cualquier formato, se clasifican en la partida 49.11.
5. Salvo lo dispuesto en la Nota 3 de este Capítulo, la partida 49.01 no comprende las publicaciones consagradas fundamentalmente a la publicidad (por ejemplo: folletos, prospectos, catálogos comerciales, anuarios publicados por asociaciones comerciales, propaganda turística). Estas publicaciones se clasifican en la partida 49.11.
6. En la partida 49.03, se consideran *álbumes o libros de estampas para niños* los álbumes o libros para niños cuyas ilustraciones sean el atractivo principal y cuyos textos solo tengan un interés secundario.

Nota Nacional:
1. Para los efectos de la partida 49.01, la expresión "Obras de la Literatura Universal" se aplica a las obras impresas de cualquier género literario (incluso religiosas o litúrgicas, libros de cuentos, libros para la enseñanza de idiomas, etc.) aunque sus autores, vivos o muertos, no hayan sido reconocidos a nivel mundial, así como a los manuales, los libros para trabajos escolares y demás libros para niños, con excepción de los libros infantiles para colorear o que contengan rudimentos del lenguaje (partida 49.03) y los juguetes de papel o cartón (Capítulo 95).

CÓDIGO		DESCRIPCIÓN	UNIDAD	ARANCEL	
				IMP	EXP
49.01		**Libros, folletos e impresos similares, incluso en hojas sueltas.**			
4901.10	-	**En hojas sueltas, incluso plegadas.**			
4901.10.01	00	Obras de la literatura universal y libros técnicos, científicos o de arte, incluso los de carácter biográfico.	Kg	Ex.	Ex.
4901.10.99	00	Los demás.	Kg	15	Ex.
	-	**Los demás:**			
4901.91	--	**Diccionarios y enciclopedias, incluso en fascículos.**			
4901.91.04		Diccionarios y enciclopedias, incluso en fascículos.	Pza	Ex.	Ex.
	01	Impresos y publicados en México.			
	02	Impresos en español, excepto impresos en relieve para uso de ciegos y lo comprendido en el número de identificación comercial 4901.91.04.01.			
	99	Los demás.			
4901.99	--	**Los demás.**			
4901.99.01	00	Impresos y publicado en México.	Pza	Ex.	Ex.
4901.99.02	00	Para la enseñanza primaria.	Pza	Ex.	Ex.
4901.99.03	00	Anuarios científicos o técnicos, excepto lo comprendido en la fracción arancelaria 4901.99.01.	Pza	Ex.	Ex.
4901.99.04	00	Obras de la literatura universal, libros o fascículos técnicos, científicos o de arte, incluso los de carácter biográfico, impresos en español, aunque contengan otros idiomas, excepto lo comprendido en las fracciones arancelarias 4901.99.01, 4901.99.02 y 4901.99.05.	Pza	Ex.	Ex.
4901.99.05	00	Impresos en relieve para uso de ciegos.	Pza	Ex.	Ex.
4901.99.91	00	Las demás obras de la literatura universal, libros o fascículos técnicos, científicos o de arte, incluso los de carácter biográfico, excepto lo comprendido en las fracciones arancelarias 4901.99.01, 4901.99.02, 4901.99.04 y 4901.99.05.	Pza	25	Ex.
4901.99.99	00	Los demás.	Pza	15	Ex.
49.02		**Diarios y publicaciones periódicas, impresos, incluso ilustrados o con publicidad.**			
4902.10	-	**Que se publiquen cuatro veces por semana como mínimo.**			
4902.10.02	00	Que se publiquen cuatro veces por semana como mínimo.	Kg	Ex.	Ex.
4902.90	-	**Los demás.**			
4902.90.99		Los demás.	Kg	Ex.	Ex.
	01	Diarios y publicaciones periódicas impresos en español.			
	99	Los demás.			
49.03		**Álbumes o libros de estampas y cuadernos para dibujar o colorear, para niños.**			
4903.00		**Álbumes o libros de estampas y cuadernos para dibujar o colorear, para niños.**			
4903.00.01	00	Álbumes o libros de estampas.	Pza	Ex.	Ex.
4903.00.99	00	Los demás.	Pza	15	Ex.
49.04		**Música manuscrita o impresa, incluso con ilustraciones o encuadernada.**			
4904.00	-	**Música manuscrita o impresa, incluso con ilustraciones o encuadernada.**			
4904.00.01	00	Música manuscrita o impresa, incluso con ilustraciones o encuadernada.	Pza	Ex.	Ex.

Código			Descripción	Unidad		
49.05			**Manufacturas cartográficas de todas clases, incluidos los mapas murales, planos topográficos y esferas, impresos.**			
4905.20		-	**En forma de libros o folletos.**			
4905.20.01	00		Cartas geográficas, topográficas o náuticas; mapas murales.	Pza	5	Ex.
4905.20.99	00		Los demás.	Kg	10	Ex.
4905.90		-	**Los demás.**			
4905.90.01	00		Esferas.	Pza	35	Ex.
4905.90.02	00		Cartas geográficas, topográficas o náuticas; mapas murales.	Pza	25	Ex.
4905.90.99	00		Los demás.	Kg	10	Ex.
49.06			**Planos y dibujos originales hechos a mano, de arquitectura, ingeniería, industriales, comerciales, topográficos o similares; textos manuscritos; reproducciones fotográficas sobre papel sensibilizado y copias con papel carbón (carbónico), de los planos, dibujos o textos antes mencionados.**			
4906.00		-	**Planos y dibujos originales hechos a mano, de arquitectura, ingeniería, industriales, comerciales, topográficos o similares; textos manuscritos; reproducciones fotográficas sobre papel sensibilizado y copias con papel carbón (carbónico), de los planos, dibujos o textos antes mencionados.**			
4906.00.01	00		Planos y dibujos originales hechos a mano, de arquitectura, ingeniería, industriales, comerciales, topográficos o similares; textos manuscritos; reproducciones fotográficas sobre papel sensibilizado y copias con papel carbón (carbónico), de los planos, dibujos o textos antes mencionados.	Kg	35	Ex.
49.07			**Sellos (estampillas) de correos, timbres fiscales y análogos, sin obliterar, que tengan o estén destinados a tener curso legal en el país en el que su valor facial sea reconocido; papel timbrado; billetes de banco; cheques; títulos de acciones u obligaciones y títulos similares.**			
4907.00		-	**Sellos (estampillas) de correos, timbres fiscales y análogos, sin obliterar, que tengan o estén destinados a tener curso legal en el país en el que su valor facial sea reconocido; papel timbrado; billetes de banco; cheques; títulos de acciones u obligaciones y títulos similares.**			
4907.00.03			Billetes de Banco; cheques de viajero.	Kg	Ex.	Ex.
	01		Billetes de Banco.			
	02		Cheques de viajero.			
4907.00.99	00		Los demás.	Kg	15	Ex.
49.08			**Calcomanías de cualquier clase.**			
4908.10		-	**Calcomanías vitrificables.**			
4908.10.01	00		Calcomanías vitrificables policromas, elaboradas con pigmentos metálicos, sobre soportes de papel para ser fijadas a temperaturas mayores de 500°C, diseñadas exclusivamente para ser aplicadas a loza, cerámica, porcelana y vidrio.	Kg	Ex.	Ex.
4908.10.99	00		Las demás.	Kg	15	Ex.
4908.90		-	**Las demás.**			
4908.90.02	00		Para estampar tejidos.	Kg	10	Ex.
4908.90.03	00		Calcomanías adheribles por calor, diseñadas exclusivamente para ser aplicadas en materiales plásticos y caucho.	Kg	5	Ex.
4908.90.05			Impresas a colores o en blanco y negro, presentadas para su venta en sobres o paquetes, aun cuando incluyan goma de mascar, dulces o cualquier otro tipo de artículos, conteniendo dibujos, figuras o ilustraciones que representen a la niñez de manera denigrante o ridícula, en actitudes de incitación a la violencia, a la autodestrucción o en cualquier otra forma de comportamiento antisocial, conocidas como "Garbage Pail Kids", por ejemplo, impresas por cualquier empresa o denominación comercial.	Prohibida	Prohibida	Prohibida
4908.90.99			Las demás.	Kg	35	Ex.
	01		Calcomanías transferibles sin calor, susceptibles de ser usadas en cualquier superficie, excepto lo comprendido en el número de identificación comercial 4908.90.99.02.			
	02		Franjas o láminas adheribles decorativas para carrocería de vehículos, recortadas a tamaños determinados.			
	99		Las demás.			
49.09			**Tarjetas postales impresas o ilustradas; tarjetas impresas con felicitaciones o comunicaciones personales, incluso con ilustraciones, adornos o aplicaciones, o con sobres.**			
4909.00		-	**Tarjetas postales impresas o ilustradas; tarjetas impresas con felicitaciones o comunicaciones personales, incluso con ilustraciones, adornos o aplicaciones, o con sobres.**			
4909.00.01	00		Tarjetas postales impresas o ilustradas; tarjetas impresas con felicitaciones o comunicaciones personales, incluso con ilustraciones, adornos o aplicaciones, o con sobres.	Kg	15	Ex.
49.10			**Calendarios de cualquier clase impresos, incluidos los tacos de calendario.**			
4910.00		-	**Calendarios de cualquier clase impresos, incluidos los tacos de calendario.**			
4910.00.01	00		Calendarios de cualquier clase impresos, incluidos los tacos de calendario.	Kg	15	Ex.
49.11			**Los demás impresos, incluidas las estampas, grabados y fotografías.**			
4911.10		-	**Impresos publicitarios, catálogos comerciales y similares.**			
4911.10.01	00		Catálogos en idioma distinto del español, cuando se importen asignados en cantidad no mayor de 3 ejemplares por destinatarios.	Kg	5	Ex.
4911.10.02	00		Guías, horarios o demás impresos relativos a servicios de transporte de compañías que operen en el extranjero.	Kg	5	Ex.

4911.10.03	00	Folletos o publicaciones turísticas.	Kg	5	Ex.
4911.10.04	00	Figuras o paisajes, impresos o fotografiados sobre tejidos.	Kg	5	Ex.
4911.10.99	00	Los demás.	Kg	15	Ex.
	-	**Los demás:**			
4911.91	- -	**Estampas, grabados y fotografías.**			
4911.91.01	00	Estampas, dibujos, fotografías, sobre papel o cartón para la edición de libros o colecciones de carácter educativo o cultural.	Kg	5	Ex.
4911.91.03	00	Terapéutico-pedagógicos, reconocibles como diseñados exclusivamente para instituciones de educación especial o similares.	Kg	25	Ex.
4911.91.05		Impresas a colores o en blanco y negro, presentadas para su venta en sobres o paquetes, aun cuando incluyan goma de mascar, dulces o cualquier otro tipo de artículos, conteniendo dibujos, figuras o ilustraciones que representen a la niñez de manera denigrante o ridícula, en actitudes de incitación a la violencia, a la autodestrucción o en cualquier otra forma de comportamiento antisocial, conocidas como "Garbage Pail Kids", por ejemplo, impresas por cualquier empresa o denominación comercial.	Prohibida	Prohibida	Prohibida
4911.91.99		Los demás.	Kg	15	Ex.
	01	Fotografías a colores.			
	02	Figuras o paisajes, impresos o fotografiados sobre tejidos.			
	99	Los demás.			
4911.99	- -	**Los demás.**			
4911.99.01	00	Cuadros murales para escuelas.	Kg	5	Ex.
4911.99.06	00	Terapéutico-pedagógicos, reconocibles como diseñados exclusivamente para instituciones de educación especial o similares.	Kg	5	Ex.
4911.99.99		Los demás.	Kg	15	Ex.
	01	Boletos o billetes de rifas, loterías, espectáculos, ferrocarriles u otros servicios de transporte.			
	02	Impresos con claros para escribir.			
	03	Tarjetas plásticas para identificación y para crédito, sin cinta magnética.			
	99	Los demás.			

Sección XI
MATERIAS TEXTILES Y SUS MANUFACTURAS

Notas.

1. Esta Sección no comprende:
    a) los pelos y cerdas para cepillería (partida 05.02), la crin y los desperdicios de crin (partida 05.11);
    b) el cabello y sus manufacturas (partidas 05.01, 67.03 o 67.04); sin embargo, las telas filtrantes, tejidos gruesos y capachos, de cabello, de los tipos utilizados comúnmente en las prensas de aceite o en usos técnicos análogos, se clasifican en la partida 59.11;
    c) los línteres de algodón y demás productos vegetales del Capítulo 14;
    d) el amianto (asbesto) de la partida 25.24 y los artículos de amianto y demás productos de las partidas 68.12 o 68.13;
    e) los artículos de las partidas 30.05 o 30.06; el hilo utilizado para limpieza de los espacios interdentales (hilo dental), en envases individuales acondicionados para la venta al por menor, de la partida 33.06;
    f) los textiles sensibilizados de las partidas 37.01 a 37.04;
    g) los monofilamentos cuya mayor dimensión de la sección transversal sea superior a 1 mm y las tiras y formas similares (por ejemplo, paja artificial) de anchura aparente superior a 5 mm, de plástico (Capítulo 39), así como las trenzas, tejidos y demás manufacturas de espartería o cestería de estos mismos artículos (Capítulo 46);
    h) los tejidos, incluso de punto, fieltro y tela sin tejer, impregnados, recubiertos, revestidos o estratificados con plástico y los artículos de estos productos, del Capítulo 39;
    ij) los tejidos, incluso de punto, fieltro y tela sin tejer, impregnados, recubiertos, revestidos o estratificados con caucho y los artículos de estos productos, del Capítulo 40;
    k) las pieles sin depilar (Capítulos 41 o 43) y los artículos de peletería natural o de peletería facticia o artificial de las partidas 43.03 o 43.04;
    l) los artículos de materia textil de las partidas 42.01 o 42.02;
    m) los productos y artículos del Capítulo 48 (por ejemplo, la guata de celulosa);
    n) el calzado y sus partes, polainas y artículos similares, del Capítulo 64;
    o) las redecillas para el cabello y los sombreros y demás tocados, y sus partes, del Capítulo 65;
    p) los productos del Capítulo 67;
    q) los productos textiles recubiertos de abrasivos (partida 68.05), así como las fibras de carbono y las manufacturas de estas fibras, de la partida 68.15;
    r) las fibras de vidrio, los artículos de fibras de vidrio y los bordados químicos o sin fondo visible con hilo bordador de fibras de vidrio (Capítulo 70);
    s) los artículos del Capítulo 94 (por ejemplo: muebles, artículos de cama, luminarias y aparatos de alumbrado);
    t) los artículos del Capítulo 95 (por ejemplo: juguetes, juegos, artefactos deportivos, redes para deportes);
    u) los artículos del Capítulo 96 (por ejemplo: cepillos y brochas, juegos o surtidos de viaje para costura, cierres de cremallera (cierres relámpago), cintas entintadas para máquinas de escribir, compresas y tampones higiénicos, pañales);
    v) los artículos del Capítulo 97.
2. A) Los productos textiles de los Capítulos 50 a 55 o de las partidas 58.09 o 59.02 que contengan dos o más materias textiles se clasifican como si estuviesen totalmente constituidos por la materia textil que predomine en peso sobre cada una de las demás.

Cuando ninguna materia textil predomine en peso, el producto se clasifica como si estuviese totalmente constituido por la materia textil que pertenezca a la última partida por orden de numeración entre las susceptibles de tenerse razonablemente en cuenta.
- B) Para la aplicación de esta regla:
  - a) los hilados de crin entorchados (partida 51.10) y los hilados metálicos (partida 56.05) se consideran por su peso total como una sola materia textil; los hilos de metal se consideran materia textil para la clasificación de los tejidos a los que estén incorporados;
  - b) la elección de la partida apropiada se hará determinando primero el Capítulo y luego, en este Capítulo, la partida aplicable, haciendo abstracción de cualquier materia textil que no pertenezca a dicho Capítulo;
  - c) cuando los Capítulos 54 y 55 entren en juego con otro Capítulo, estos dos Capítulos se consideran como uno solo;
  - d) cuando un Capítulo o una partida se refieran a varias materias textiles, dichas materias se consideran como una sola materia textil.
- C) Las disposiciones de los apartados A) y B) se aplican también a los hilados especificados en las Notas 3, 4, 5 o 6 siguientes.

3.
- A) Sin perjuicio de las excepciones previstas en el apartado B) siguiente, en esta Sección se entiende por *cordeles, cuerdas y cordajes*, los hilados (sencillos, retorcidos o cableados):
  - a) de seda o de desperdicios de seda, de título superior a 20.000 decitex;
  - b) de fibras sintéticas o artificiales (incluidos los formados por dos o más monofilamentos del Capítulo 54), de título superior a 10.000 decitex;
  - c) de cáñamo o lino:
    - 1°) pulidos o abrillantados, de título superior o igual a 1.429 decitex; o
    - 2°) sin pulir ni abrillantar, de título superior a 20.000 decitex;
  - d) de coco, de tres o más cabos;
  - e) de las demás fibras vegetales, de título superior a 20.000 decitex;
  - f) reforzados con hilos de metal.
- B) Las disposiciones anteriores no se aplican:
  - a) a los hilados de lana, pelo o crin ni a los hilados de papel, sin reforzar con hilos de metal;
  - b) a los cables de filamentos sintéticos o artificiales del Capítulo 55 ni a los multifilamentos sin torsión o con una torsión inferior a 5 vueltas por metro del Capítulo 54;
  - c) al pelo de Mesina de la partida 50.06 ni a los monofilamentos del Capítulo 54;
  - d) a los hilados metálicos de la partida 56.05; los hilados textiles reforzados con hilos de metal se regirán por las disposiciones del apartado A) f) anterior;
  - e) a los hilados de chenilla, a los entorchados ni a los "de cadeneta", de la partida 56.06.

4.
- A) Sin perjuicio de las excepciones previstas en el apartado B) siguiente, en los Capítulos 50, 51, 52, 54 y 55, se entiende por *hilados acondicionados para la venta al por menor*, los hilados (sencillos, retorcidos o cableados) presentados:
  - a) en cartulinas, bobinas, tubos o soportes similares, con un peso inferior o igual (incluido el soporte) a:
    - 1°) 85 g para los hilados de seda, de desperdicios de seda o de filamentos sintéticos o artificiales; o
    - 2°) 125 g para los demás hilados;
  - b) en bolas, ovillos, madejas o madejitas, con un peso inferior o igual a:
    - 1°) 85 g para los hilados de filamentos sintéticos o artificiales, de título inferior a 3.000 decitex, de seda o de desperdicios de seda; o
    - 2°) 125 g para los demás hilados de título inferior a 2.000 decitex; o
    - 3°) 500 g para los demás hilados;
  - c) en madejas subdivididas en madejitas por medio de uno o varios hilos divisores que las hacen independientes unas de otras, con un peso uniforme por cada madejita inferior o igual a:
    - 1°) 85 g para los hilados de seda, de desperdicios de seda o de filamentos sintéticos o artificiales; o
    - 2°) 125 g para los demás hilados.
- B) Las disposiciones anteriores no se aplican:
  - a) a los hilados sencillos de cualquier materia textil, excepto:
    - 1°) los hilados sencillos de lana o pelo fino, crudos; y
    - 2°) los hilados sencillos de lana o pelo fino, blanqueados, teñidos o estampados, de título superior a 5.000 decitex;
  - b) a los hilados crudos, retorcidos o cableados:
    - 1°) de seda o de desperdicios de seda, cualquiera que sea su forma de presentación; o
    - 2°) de las demás materias textiles (excepto lana y pelo fino) que se presenten en madejas;
  - c) a los hilados de seda o de desperdicios de seda, retorcidos o cableados, blanqueados, teñidos o estampados, de título inferior o igual a 133 decitex;
  - d) a los hilados sencillos, retorcidos o cableados, de cualquier materia textil, que se presenten:
    - 1°) en madejas de devanado cruzado; o
    - 2°) con soporte u otro acondicionamiento que implique su utilización en la industria textil (por ejemplo: en tubos de máquinas para el retorcido, canillas, husos cónicos o conos, en madejas para máquinas de bordar).

5. En las partidas 52.04, 54.01 y 55.08, se entiende por *hilo de coser*, el hilado retorcido o cableado que satisfaga todas las condiciones siguientes:
- a) que se presente en soportes (por ejemplo: carretes, tubos) de peso inferior o igual a 1.000 g, incluido el soporte;
- b) aprestado para su utilización como hilo de coser; y
- c) con torsión final "Z".

6. En esta Sección, se entiende por *hilados de alta tenacidad*, los hilados cuya tenacidad, expresada en cN/tex (centinewton por tex), sea superior a los límites siguientes:

hilados sencillos de nailon o demás poliamidas o de poliésteres .... 60 cN/tex
hilados retorcidos o cableados de nailon o demás poliamidas o de poliésteres .... 53 cN/tex
hilados sencillos, retorcidos o cableados de rayón viscosa .... 27 cN/tex

7. En esta Sección, se entiende por *confeccionados*:
- a) los artículos cortados en forma distinta de la cuadrada o rectangular;
- b) los artículos terminados directamente y listos para su uso o que puedan utilizarse después de haber sido separados por simple corte de los hilos sin entrelazar, sin costuras ni otra mano de obra complementaria, tales como algunos paños de cocina, toallas, manteles, pañuelos de cuello y mantas;

LEY DE LOS IMPUESTOS GENERALES DE IMPORTACION Y EXPORTACION

- c) los artículos cortados en las dimensiones requeridas en los que al menos uno de sus bordes haya sido termosellado, con el borde visiblemente adelgazado o comprimido y los demás bordes tratados según los procedimientos descritos en los demás apartados de esta Nota; sin embargo, no se considera confeccionada la materia textil en piezas cuyos bordes desprovistos de orillos hayan sido cortados en caliente o simplemente sobrehilados para evitar su deshilachado;
- d) los artículos cuyos bordes hayan sido dobladillados o ribeteados por cualquier sistema o sujetados por medio de flecos anudados obtenidos con hilos del propio artículo o con hilos aplicados; sin embargo, no se considera confeccionada la materia textil en pieza cuyos bordes desprovistos de orillos hayan sido simplemente sujetados;
- e) los artículos cortados en cualquier forma, que hayan sido objeto de un trabajo de entresacado de hilos;
- f) los artículos unidos por costura, pegado u otra forma (excepto las piezas de un mismo textil unidas por sus extremos para formar una pieza de mayor longitud, así como las piezas constituidas por dos o más textiles superpuestos en toda su superficie y unidas de esta forma, incluso con interposición de materia de relleno);
- g) los artículos de punto obtenidos con forma determinada, que se presenten en unidades o en pieza que comprenda varias unidades.

8. A los efectos de los Capítulos 50 a 60:
   - a) no se clasifican en los Capítulos 50 a 55 y 60 ni, salvo disposición en contrario, en los Capítulos 56 a 59, los artículos confeccionados tal como se definen en la Nota 7 anterior;
   - b) no se clasifican en los Capítulos 50 a 55 y 60 los artículos de los Capítulos 56 a 59.
9. Los productos constituidos por napas de hilados textiles paralelizados que se superponen en ángulo recto o agudo se asimilarán a los tejidos de los Capítulos 50 a 55. Estas napas se fijan entre sí en los puntos de cruce de sus hilados mediante un adhesivo o por termosoldado.
10. Los productos elásticos constituidos por materia textil combinada con hilos de caucho se clasifican en esta Sección.
11. En esta Sección, el término *impregnado* abarca también el adherizado.
12. En esta Sección, el término *poliamidas* abarca también las aramidas.
13. En esta Sección y, en su caso, en la Nomenclatura, se entiende por *hilados de elastómeros*, los hilados de filamentos (incluidos los monofilamentos) de materia textil sintética, excepto los hilados texturados, que puedan alargarse hasta tres veces su longitud primitiva sin romperse y que, después de alargarse hasta dos veces su longitud primitiva, adquieran, en menos de cinco minutos, una longitud inferior o igual a una vez y media su longitud primitiva.
14. Salvo disposición en contrario, las prendas de vestir de materia textil que pertenezcan a partidas distintas se clasifican en sus partidas respectivas, incluso si se presentan en surtidos para la venta al por menor. A los efectos de esta Nota, se entiende por *prendas de vestir de materia textil* las prendas de las partidas 61.01 a 61.14 y de las partidas 62.01 a 62.11.
15. Salvo lo dispuesto en la Nota 1 de la Sección XI, los textiles, prendas de vestir y demás artículos textiles, que incorporen componentes químicos, mecánicos o electrónicos para agregarles funcionalidad, ya sea incorporados como componentes integrados o en el interior de la fibra o tejido, se clasifican en sus respectivas partidas de la Sección XI, siempre que conserven el carácter esencial de artículos de esta Sección.

Notas de subpartida.
1. En esta Sección y, en su caso, en la Nomenclatura, se entiende por:
   - a) **Hilados crudos**
     los hilados:
     - 1°) con el color natural de las fibras que los constituyan, sin blanquear, teñir (incluso en la masa) ni estampar; o
     - 2°) sin color bien determinado (hilados "grisáceos") fabricados con hilachas.

     Estos hilados pueden tener un apresto sin colorear o un color fugaz (el color fugaz desaparece por simple lavado con jabón) y, en el caso de fibras sintéticas o artificiales, estar tratados en la masa con productos de mateado (por ejemplo, dióxido de titanio).
   - b) **Hilados blanqueados**
     los hilados:
     - 1°) blanqueados o fabricados con fibras blanqueadas o, salvo disposición en contrario, teñidos de blanco (incluso en la masa) o con apresto blanco; o
     - 2°) constituidos por una mezcla de fibras crudas con fibras blanqueadas; o
     - 3°) retorcidos o cableados, constituidos por hilados crudos e hilados blanqueados.
   - c) **Hilados coloreados (teñidos o estampados)**
     los hilados:
     - 1°) teñidos (incluso en la masa), excepto de blanco o un color fugaz, o bien estampados o fabricados con fibras teñidas o estampadas; o
     - 2°) constituidos por una mezcla de fibras teñidas de color diferente o por una mezcla de fibras crudas o blanqueadas con fibras coloreadas (hilados jaspeados o mezclados) o estampados a trechos con uno o varios colores, con aspecto de puntillado; o
     - 3°) en los que la mecha o "roving" de materia textil haya sido estampada; o
     - 4°) retorcidos o cableados, constituidos por hilados crudos o blanqueados e hilados coloreados.

   Las definiciones anteriores se aplican también, *mutatis mutandis*, a los monofilamentos y a las tiras o formas similares del Capítulo 54.
   - d) **Tejidos crudos**
     los tejidos de hilados crudos sin blanquear, teñir ni estampar. Estos tejidos pueden tener un apresto sin color o un color fugaz.
   - e) **Tejidos blanqueados**
     los tejidos:
     - 1°) blanqueados o, salvo disposición en contrario, teñidos de blanco o con apresto blanco, en pieza; o
     - 2°) constituidos por hilados blanqueados; o
     - 3°) constituidos por hilados crudos e hilados blanqueados.
   - f) **Tejidos teñidos**
     los tejidos:
     - 1°) teñidos en pieza con un solo color uniforme, excepto el blanco (salvo disposición en contrario) o con apresto coloreado, excepto el blanco (salvo disposición en contrario); o
     - 2°) constituidos por hilados coloreados con un solo color uniforme.

g) **Tejidos con hilados de distintos colores**
los tejidos (excepto los tejidos estampados):
1°) constituidos por hilados de colores distintos o por hilados de matiz diferente de un mismo color, distintos del color natural de las fibras constitutivas; o
2°) constituidos por hilados crudos o blanqueados e hilados coloreados; o
3°) constituidos por hilados jaspeados o mezclados.
(En ningún caso se tendrán en cuenta los hilados que forman los orillos o las cabeceras de pieza.)
h) **Tejidos estampados**
los tejidos estampados en pieza, incluso si estuvieran constituidos por hilados de distintos colores.
(Se asimilan a los tejidos estampados, los tejidos con dibujos obtenidos, por ejemplo: con pincel, brocha, pistola, calcomanías, flocado, por procedimiento "batik".)
La mercerización no influye en la clasificación de los hilados o tejidos definidos anteriormente.
Las definiciones de los apartados d) a h) anteriores se aplican, *mutatis mutandis*, a los tejidos de punto.
ij) **Ligamento tafetán**
la estructura de tejido en la que cada hilo de trama pasa alternativamente por encima y por debajo de los hilos sucesivos de la urdimbre y cada hilo de la urdimbre pasa alternativamente por encima y por debajo de los hilos sucesivos de la trama.

2. A) Los productos de los Capítulos 56 a 63 que contengan dos o más materias textiles se consideran constituidos totalmente por la materia textil que les correspondería de acuerdo con la Nota 2 de esta Sección para la clasificación de un producto de los Capítulos 50 a 55 o de la partida 58.09 obtenido con las mismas materias.
B) Para la aplicación de esta regla:
a) solo se tendrá en cuenta, en su caso, la parte que determine la clasificación según la Regla General Interpretativa 3;
b) en los productos textiles constituidos por un fondo y una superficie con pelo o con bucles, no se tendrá en cuenta el tejido de fondo;
c) solo se tendrá en cuenta el fondo en los bordados de la partida 58.10 y en las manufacturas de estas materias. Sin embargo, en los bordados químicos, aéreos o sin fondo visible y en las manufacturas de estas materias, la clasificación se realizará teniendo en cuenta solamente los hilos bordadores.

Notas Nacionales:
1. Para los efectos de esta Sección, se entenderá por:
   a) Pañaleros: la prenda de una sola pieza conformada por camiseta y calzón la cual cuenta con broches o cualquier otro sistema de cierre en la parte inferior;
   b) Comandos: la prenda que cubre la mayor parte del cuerpo completo, generalmente afelpada o capitonada que se usa para abrigar a los bebés;
   c) En las subpartidas 6111.20, 6111.30, 6111.90, 6209.20, 6209.30, 6209.90 se entenderá por "juegos" hasta tres prendas de vestir diferentes comprendidas dentro de las partidas 61.11 y 62.09, acompañadas de complementos y accesorios clasificados en las partidas 61.11, 62.09 y 65.05, que se presenten juntos, con la misma estructura de tejido, de tallas correspondientes entre sí y destinadas a ser usadas al mismo tiempo por la misma persona.
2. Las prendas de vestir denominadas de hombre, mujer, niño y niña se identificarán conforme lo siguiente:
   a) Prendas para hombres:
      A. Aquellas para la parte superior del cuerpo cuya talla mexicana sea superior o igual a 32 o extra extra chica (EECH o XXS);
      B. Adicionalmente, las camisas de las partidas 61.05 y 62.05 se podrán identificar mediante la talla de cuello superior o igual a 14, y
      C. Aquellas para la parte inferior del cuerpo, cuya talla mexicana sea superior o igual a 26 o extra extra chica (EECH o XXS).
   b) Prendas para mujeres, aquellas cuya talla mexicana sea superior o igual a 24 o extra extra chica (EECH o XXS);
   c) Prendas para niños, aquellas cuya talla mexicana sea inferior o igual a 18 o extra grande (EG o XL);
   d) Prendas para niñas, aquellas cuya talla mexicana sea inferior o igual a 18 o extra grande (EG o XL);
   e) Shorts o pantalones cortos, aquellas prendas que clasificadas según lo indicado en los incisos a), b), c) y d) de esta nota, además presenten una longitud interna de la pierna ("inseam") de acuerdo con lo siguiente:
      A. Para hombres, inferior o igual a 11 pulgadas o su equivalente en centímetros;
      B. Para mujeres, inferior o igual a 10 pulgadas o su equivalente en centímetros;
      C. Para niños, inferior o igual a 9 pulgadas o su equivalente en centímetros;
      D. Para niñas, inferior o igual a 7.5 pulgadas o su equivalente en centímetros.
3. Las prendas de vestir señaladas en tallas estadounidenses o europeas, se clasificarán de acuerdo con su equivalencia a las tallas mexicanas indicadas en los incisos a), b), c) y d) de la Nota Nacional 2 de esta Sección.
4. La Nota Nacional 2 de esta Sección no es aplicable cuando las tallas de las prendas de vestir:
   a) No se encuentren dentro de los rangos indicados en dicha Nota;
   b) Se expresen en tallas diferentes a las mexicanas, estadounidenses o europeas, y no se mencione su equivalencia a cualquiera de las anteriores, y
   c) No se identifiquen.
5. Cuando no sea aplicable la Nota Nacional 2 de esta Sección, conforme lo establecido por la Nota Nacional 4, las prendas de vestir se clasificarán de acuerdo con la medida de cuerpo definida de la siguiente forma:
Criterios para la determinación de las medidas y/o tallas que identifican a las prendas de vestir denominadas de hombre, mujer, niño y niña.
   a) Abrigos, chaquetones, chaquetas, cazadoras y artículos similares de las partidas 61.01 y 62.01 para hombres, aquellos cuyo perímetro de pecho sea superior o igual a 34 pulgadas o su equivalente en centímetros;
   b) Abrigos, chaquetones, chaquetas, cazadoras y artículos similares de la partida 61.01 y 62.01 para niños, aquellos cuyo perímetro de pecho sea inferior a 34 pulgadas o su equivalente en centímetros;
   c) Abrigos, chaquetones, chaquetas, cazadoras y artículos similares de la partida 61.02 y 62.02 para mujeres, aquellos cuyo perímetro de pecho sea superior o igual a 32 pulgadas o su equivalente en centímetros;
   d) Abrigos, chaquetones, chaquetas, cazadoras y artículos similares de la partida 61.02 y 62.02 para niñas, aquellos cuyo perímetro de pecho sea inferior a 32 pulgadas o su equivalente en centímetros;
   e) Pantalones para hombres, aquellos cuyo perímetro de cintura sea superior o igual a 28 pulgadas o su equivalente en centímetros;

- f) Pantalones para niños, aquellos cuyo perímetro de cintura sea inferior a 28 pulgadas o su equivalente en centímetros;
- g) Pantalones, faldas y faldas pantalón para mujeres, aquellos cuyo perímetro de cintura sea superior o igual a 26 pulgadas o su equivalente en centímetros;
- h) Pantalones, faldas y faldas pantalón para niñas, aquellos cuyo perímetro de cintura sea inferior a 26 pulgadas o su equivalente en centímetros;
- ij) Pantalones cortos y/o shorts para hombres, aquellos cuyo perímetro de cintura sea igual o superior a 28 pulgadas y longitud interna de la pierna ("inseam") sea inferior o igual a 11 pulgadas o su equivalente en centímetros
- k) Pantalones cortos y/o shorts para niños, aquellos cuyo perímetro de cintura sea inferior a 28 pulgadas y longitud interna de la pierna ("inseam") sea inferior o igual a 9 pulgadas o su equivalente en centímetros;
- l) Pantalones cortos y/o shorts para mujeres, aquellos cuyo perímetro de cintura sea igual o superior a 26 pulgadas y longitud interna de la pierna ("inseam") sea inferior o igual a 10 pulgadas o su equivalente en centímetros;
- m) Pantalones cortos y/o shorts para niñas, aquellos cuyo perímetro de cintura sea inferior a 26 pulgadas y longitud interna de la pierna ("inseam") sea inferior o igual a 7.5 pulgadas o su equivalente en centímetros;
- n) Camisas para hombres, a aquellas cuyo perímetro de pecho sea superior o igual a 34 pulgadas o su equivalente en centímetros;
- o) Camisas para niños, aquellas cuyo perímetro de pecho sea inferior a 34 pulgadas o su equivalente en centímetros;
- p) Camisas, blusas y blusas camiseras para mujeres, aquellas cuyo perímetro de busto sea superior o igual a 32 pulgadas o su equivalente en centímetros;
- q) Camisas, blusas y blusas camiseras para niñas, aquellas cuyo perímetro de busto sea inferior a 32 pulgadas o su equivalente en centímetros;
- r) Vestidos para mujeres, aquellos cuyo perímetro de busto sea superior o igual a 32 pulgadas o su equivalente en centímetros;
- s) Vestidos para niñas, aquellos cuyo perímetro de busto sea inferior a 32 pulgadas o su equivalente en centímetros;
- t) Calzoncillos para hombres, aquellos cuyo perímetro de cintura sea superior o igual a 28 pulgadas o su equivalente en centímetros;
- u) Calzoncillos para niños, aquellos cuyo perímetro de cintura sea inferior a 28 pulgadas o su equivalente en centímetros;
- v) Bragas (bombachas, calzones) para mujeres, aquellas cuyo perímetro de cintura sea superior o igual a 26 pulgadas o su equivalente en centímetros;
- w) Bragas (bombachas, calzones) para niñas, aquellas cuyo perímetro de cintura sea inferior a 26 pulgadas o su equivalente en centímetros;
- x) Camisones y pijamas para hombres:
  - A. Para prendas que cubran la mayor parte del cuerpo y partes altas cuando se presenten de manera individual o en conjunto: aquellas cuyo perímetro de pecho sea superior o igual a 34 pulgadas o su equivalente en centímetros, y
  - B. Para prendas que cubran partes bajas: aquellas cuyo perímetro de cintura sea superior o igual a 28 pulgadas o su equivalente en centímetros;
- y) Camisones y pijamas para niños:
  - A. Para prendas que cubran la mayor parte del cuerpo y partes altas cuando se presenten de manera individual o en conjunto: aquellas cuyo perímetro de pecho sea inferior a 34 pulgadas o su equivalente en centímetros, y
  - B. Para prendas que cubran partes bajas: aquellas cuyo perímetro interior de cintura sea inferior a 28 pulgadas o su equivalente en centímetros;
- z) Camisones y pijamas para mujeres:
  - A. Para prendas que cubran la mayor parte del cuerpo y partes altas cuando se presenten de manera individual o en conjunto: aquellas cuyo perímetro de pecho sea superior o igual a 32 pulgadas o su equivalente en centímetros, y
  - B. Para prendas que cubran partes bajas: aquellas cuyo perímetro interior de cintura sea superior o igual a 26 pulgadas o su equivalente en centímetros;
- aa) Camisones y pijamas para niñas:
  - A. Para prendas que cubran la mayor parte del cuerpo y partes altas cuando se presenten de manera individual o en conjunto: aquellas cuyo perímetro de pecho es inferior a 32 pulgadas o su equivalente en centímetros, y
  - B. Para prendas que cubran partes bajas: aquellas cuyo perímetro interior de cintura es inferior a 26 pulgadas o su equivalente en centímetros;
- bb) T-shirt y camisetas para hombres y mujeres: aquellas cuyo perímetro de pecho sea superior o igual a 34 pulgadas para hombres y a 32 pulgadas para mujeres, o su equivalente en centímetros;
- cc) T-shirt y camisetas para niños y niñas: aquellas cuyo perímetro de pecho sea inferior a 34 pulgadas para niños y a 32 pulgadas para niñas, o su equivalente en centímetros;
- dd) Suéteres (jerseys), pulóveres, cardiganes, chalecos, sudaderas y artículos similares de la partida 61.10 para hombres y mujeres: aquellas cuyo perímetro de pecho sea superior o igual a 34 pulgadas para hombres y a 32 pulgadas para mujeres, o su equivalente en centímetros, y
- ee) Suéteres (jerseys), pulóveres, cardiganes, chalecos, sudaderas y artículos similares de la partida 61.10 para niños y niñas: aquellas cuyo perímetro de pecho sea inferior a 34 pulgadas para niños y a 32 pulgadas para niñas, o su equivalente en centímetros.

Capítulo 50 Seda

CÓDIGO	DESCRIPCIÓN	UNIDAD	ARANCEL IMP	ARANCEL EXP
50.01	**Capullos de seda aptos para el devanado.**			
5001.00	- Capullos de seda aptos para el devanado.			
5001.00.01 00	Capullos de seda aptos para el devanado.	Kg	Ex.	Ex.
50.02	**Seda cruda (sin torcer).**			
5002.00	- Seda cruda (sin torcer).			
5002.00.01 00	Seda cruda (sin torcer).	Kg	Ex.	Ex.

Código		Descripción	Unidad	IMP	EXP
50.03		**Desperdicios de seda (incluidos los capullos no aptos para el devanado, desperdicios de hilados e hilachas).**			
5003.00	-	**Desperdicios de seda (incluidos los capullos no aptos para el devanado, desperdicios de hilados e hilachas).**			
5003.00.02	00	Desperdicios de seda (incluidos los capullos no aptos para el devanado, desperdicios de hilados e hilachas).	Kg	Ex.	Ex.
50.04		**Hilados de seda (excepto los hilados de desperdicios de seda) sin acondicionar para la venta al por menor.**			
5004.00	-	**Hilados de seda (excepto los hilados de desperdicios de seda) sin acondicionar para la venta al por menor.**			
5004.00.01	00	Hilados de seda (excepto los hilados de desperdicios de seda) sin acondicionar para la venta al por menor.	Kg	10	Ex.
50.05		**Hilados de desperdicios de seda sin acondicionar para la venta al por menor.**			
5005.00	-	**Hilados de desperdicios de seda sin acondicionar para la venta al por menor.**			
5005.00.01	00	Hilados de desperdicios de seda sin acondicionar para la venta al por menor.	Kg	10	Ex.
50.06		**Hilados de seda o de desperdicios de seda, acondicionados para la venta al por menor; "pelo de Mesina" ("crin de Florencia").**			
5006.00	-	**Hilados de seda o de desperdicios de seda, acondicionados para la venta al por menor; "pelo de Mesina" ("crin de Florencia").**			
5006.00.01	00	Hilados de seda o de desperdicios de seda, acondicionados para la venta al por menor; "pelo de Mesina" ("crin de Florencia").	Kg	10	Ex.
50.07		**Tejidos de seda o de desperdicios de seda.**			
5007.10		**Tejidos de borrilla.**			
5007.10.01	00	Tejidos de borrilla.	M²	10	Ex.
5007.20	-	**Los demás tejidos con un contenido de seda o de desperdicios de seda, distintos de la borrilla, superior o igual al 85% en peso.**			
5007.20.91	00	Los demás tejidos con un contenido de seda o de desperdicios de seda, distintos de la borrilla, superior o igual al 85% en peso.	M²	10	Ex.
5007.90	-	**Los demás tejidos.**			
5007.90.91	00	Los demás tejidos.	M²	10	Ex.

Capítulo 51
Lana y pelo fino u ordinario; hilados y tejidos de crin

Nota.
1. En la Nomenclatura se entiende por:
    a) *lana*, la fibra natural que recubre los ovinos;
    b) *pelo fino*, el pelo de alpaca, llama (incluido el guanaco), vicuña, camello, dromedario, yac, cabra de Angora ("mohair"), cabra del Tíbet, cabra de Cachemira o cabras similares (excepto cabras comunes), conejo (incluido el conejo de Angora), liebre, castor, coipo o rata almizclera;
    c) *pelo ordinario*, el pelo de los animales no citados anteriormente, excepto el pelo y las cerdas de cepillería (partida 05.02) y la crin (partida 05.11).

CÓDIGO		DESCRIPCIÓN	UNIDAD	ARANCEL	
				IMP	EXP
51.01		**Lana sin cardar ni peinar.**			
	-	Lana sucia, incluida la lavada en vivo:			
5101.11	- -	**Lana esquilada.**			
5101.11.02	00	Lana esquilada.	Kg	Ex.	Ex.
5101.19	- -	**Las demás.**			
5101.19.99	00	Las demás.	Kg	Ex.	Ex.
	-	Desgrasada, sin carbonizar:			
5101.21	- -	**Lana esquilada.**			
5101.21.02	00	Lana esquilada.	Kg	Ex.	Ex.
5101.29	- -	**Las demás.**			
5101.29.99	00	Las demás.	Kg	Ex.	Ex.
5101.30	-	**Carbonizada.**			
5101.30.02	00	Carbonizada.	Kg	Ex.	Ex.
51.02		**Pelo fino u ordinario, sin cardar ni peinar.**			
	-	Pelo fino:			
5102.11	- -	**De cabra de Cachemira.**			
5102.11.01	00	De cabra de Cachemira.	Kg	Ex.	Ex.
5102.19	- -	**Los demás.**			
5102.19.99	00	Los demás.	Kg	Ex.	Ex.
5102.20	-	**Pelo ordinario.**			
5102.20.02	00	Pelo ordinario.	Kg	Ex.	Ex.
51.03		**Desperdicios de lana o de pelo fino u ordinario, incluidos los desperdicios de hilados, excepto las hilachas.**			
5103.10	-	**Borras del peinado de lana o pelo fino.**			
5103.10.03	00	Borras del peinado de lana o pelo fino.	Kg	Ex.	Ex.
5103.20	-	**Los demás desperdicios de lana o pelo fino.**			
5103.20.91	00	Los demás desperdicios de lana o pelo fino.	Kg	Ex.	Ex.

LEY DE LOS IMPUESTOS GENERALES DE IMPORTACION Y EXPORTACION

5103.30		- Desperdicios de pelo ordinario.			
5103.30.01	00	Desperdicios de pelo ordinario.	Kg	Ex.	Ex.
51.04		**Hilachas de lana o de pelo fino u ordinario.**			
5104.00		- Hilachas de lana o de pelo fino u ordinario.			
5104.00.01	00	Hilachas de lana o de pelo fino u ordinario.	Kg	Ex.	Ex.
51.05		**Lana y pelo fino u ordinario, cardados o peinados (incluida la "lana peinada a granel").**			
5105.10		- Lana cardada.			
5105.10.01	00	Lana cardada.	Kg	Ex.	Ex.
		- Lana peinada:			
5105.21		- - "Lana peinada a granel".			
5105.21.01	00	"Lana peinada a granel".	Kg	Ex.	Ex.
5105.29		- - Las demás.			
5105.29.99		Las demás.	Kg	Ex.	Ex.
	01	Peinados en mechas ("tops").			
	99	Las demás.			
		- Pelo fino cardado o peinado:			
5105.31		- - De cabra de Cachemira.			
5105.31.01	00	De cabra de Cachemira.	Kg	Ex.	Ex.
5105.39		- - Los demás.			
5105.39.99	00	Los demás.	Kg	Ex.	Ex.
5105.40		- Pelo ordinario cardado o peinado.			
5105.40.01	00	Pelo ordinario cardado o peinado.	Kg	Ex.	Ex.
51.06		**Hilados de lana cardada sin acondicionar para la venta al por menor.**			
5106.10		- Con un contenido de lana superior o igual al 85% en peso.			
5106.10.01	00	Con un contenido de lana superior o igual al 85% en peso.	Kg	10	Ex.
5106.20		- Con un contenido de lana inferior al 85% en peso.			
5106.20.01	00	Con un contenido de lana inferior al 85% en peso.	Kg	10	Ex.
51.07		**Hilados de lana peinada sin acondicionar para la venta al por menor.**			
5107.10		- Con un contenido de lana superior o igual al 85% en peso.			
5107.10.01	00	Con un contenido de lana superior o igual al 85% en peso.	Kg	10	Ex.
5107.20		- Con un contenido de lana inferior al 85% en peso.			
5107.20.01	00	Con un contenido de lana inferior al 85% en peso.	Kg	10	Ex.
51.08		**Hilados de pelo fino cardado o peinado, sin acondicionar para la venta al por menor.**			
5108.10		- Cardado.			
5108.10.01	00	Cardado.	Kg	10	Ex.
5108.20		- Peinado.			
5108.20.01	00	Peinado.	Kg	10	Ex.
51.09		**Hilados de lana o pelo fino, acondicionados para la venta al por menor.**			
5109.10		- Con un contenido de lana o pelo fino superior o igual al 85% en peso.			
5109.10.01	00	Con un contenido de lana o pelo fino superior o igual al 85% en peso.	Kg	10	Ex.
5109.90		- Los demás.			
5109.90.99	00	Los demás.	Kg	10	Ex.
51.10		**Hilados de pelo ordinario o de crin (incluidos los hilados de crin entorchados), aunque estén acondicionados para la venta al por menor.**			
5110.00		- Hilados de pelo ordinario o de crin (incluidos los hilados de crin entorchados), aunque estén acondicionados para la venta al por menor.			
5110.00.01	00	Hilados de pelo ordinario o de crin (incluidos los hilados de crin entorchados), aunque estén acondicionados para la venta al por menor.	Kg	10	Ex.
51.11		**Tejidos de lana cardada o pelo fino cardado.**			
		- Con un contenido de lana o pelo fino superior o igual al 85% en peso:			
5111.11		- - De peso inferior o igual a 300 g/m².			
5111.11.02	00	De peso inferior o igual a 300 g/m².	M²	10	Ex.
5111.19		- - Los demás.			
5111.19.99	00	Los demás.	M²	10	Ex.
5111.20		- Los demás, mezclados exclusiva o principalmente con filamentos sintéticos o artificiales.			
5111.20.91	00	Los demás, mezclados exclusiva o principalmente con filamentos sintéticos o artificiales.	M²	10	Ex.
5111.30		- Los demás, mezclados exclusiva o principalmente con fibras sintéticas o artificiales discontinuas.			
5111.30.91	00	Los demás, mezclados exclusiva o principalmente con fibras sintéticas o artificiales discontinuas.	M²	10	Ex.
5111.90		- Los demás.			
5111.90.99	00	Los demás.	M²	10	Ex.
51.12		**Tejidos de lana peinada o pelo fino peinado.**			
		- Con un contenido de lana o pelo fino superior o igual al 85% en peso:			
5112.11		- - De peso inferior o igual a 200 g/m².			
5112.11.02	00	De peso inferior o igual a 200 g/m².	M²	10	Ex.
5112.19		- - Los demás.			
5112.19.99	00	Los demás.	M²	10	Ex.
5112.20		- Los demás, mezclados exclusiva o principalmente con filamentos sintéticos o artificiales.			
5112.20.91	00	Los demás, mezclados exclusiva o principalmente con filamentos sintéticos o artificiales.	M²	10	Ex.

Código		Descripción	Unidad	Arancel IMP	EXP
5112.30	-	Los demás, mezclados exclusiva o principalmente con fibras sintéticas o artificiales discontinuas.			
5112.30.91	00	Los demás, mezclados exclusiva o principalmente con fibras sintéticas o artificiales discontinuas.	M²	10	Ex.
5112.90	-	**Los demás.**			
5112.90.99	00	Los demás.	M²	10	Ex.
51.13		**Tejidos de pelo ordinario o de crin.**			
5113.00	-	**Tejidos de pelo ordinario o de crin.**			
5113.00.02	00	Tejidos de pelo ordinario o de crin.	M²	10	Ex.

Capítulo 52
Algodón

Nota de subpartida.
1. En las subpartidas 5209.42 y 5211.42, se entiende por *tejidos de mezclilla ("denim")* los tejidos con hilados de distintos colores, de ligamento sarga de curso inferior o igual a 4, incluida la sarga quebrada (a veces llamada raso de 4), de efecto por urdimbre, en los que los hilos de urdimbre sean de un solo y mismo color y los de trama, crudos, blanqueados, teñidos de gris o coloreados con un matiz más claro que el utilizado en los hilos de urdimbre.

CÓDIGO		DESCRIPCIÓN	UNIDAD	ARANCEL IMP	EXP
52.01		**Algodón sin cardar ni peinar.**			
5201.00	-	**Algodón sin cardar ni peinar.**			
5201.00.03		Algodón sin cardar ni peinar.	Kg	Ex.	Ex.
	01	Con pepita.			
	02	Sin pepita, de fibra con más de 29mm de longitud.			
	99	Los demás.			
52.02		**Desperdicios de algodón (incluidos los desperdicios de hilados y las hilachas).**			
5202.10	-	**Desperdicios de hilados.**			
5202.10.01	00	Desperdicios de hilados.	Kg	Ex.	Ex.
	-	Los demás:			
5202.91	- -	**Hilachas.**			
5202.91.01	00	Hilachas.	Kg	Ex.	Ex.
5202.99	- -	**Los demás.**			
5202.99.99		Los demás.	Kg	Ex.	Ex.
	01	Borra.			
	99	Los demás.			
52.03		**Algodón cardado o peinado.**			
5203.00	-	**Algodón cardado o peinado.**			
5203.00.01	00	Algodón cardado o peinado.	Kg	Ex.	Ex.
52.04		**Hilo de coser de algodón, incluso acondicionado para la venta al por menor.**			
	-	Sin acondicionar para la venta al por menor:			
5204.11	- -	**Con un contenido de algodón superior o igual al 85% en peso.**			
5204.11.01	00	Con un contenido de algodón superior o igual al 85% en peso.	Kg	10	Ex.
5204.19	- -	**Los demás.**			
5204.19.99	00	Los demás.	Kg	10	Ex.
5204.20	-	**Acondicionado para la venta al por menor.**			
5204.20.01	00	Acondicionado para la venta al por menor.	Kg	10	Ex.
52.05		**Hilados de algodón (excepto el hilo de coser) con un contenido de algodón superior o igual al 85% en peso, sin acondicionar para la venta al por menor.**			
	-	Hilados sencillos de fibras sin peinar:			
5205.11	- -	**De título superior o igual a 714.29 decitex (inferior o igual al número métrico 14).**			
5205.11.01	00	De título superior o igual a 714.29 decitex (inferior o igual al número métrico 14).	Kg	10	Ex.
5205.12	- -	**De título inferior a 714.29 decitex pero superior o igual a 232.56 decitex (superior al número métrico 14 pero inferior o igual al número métrico 43).**			
5205.12.01	00	De título inferior a 714.29 decitex pero superior o igual a 232.56 decitex (superior al número métrico 14 pero inferior o igual al número métrico 43).	Kg	10	Ex.
5205.13	- -	**De título inferior a 232.56 decitex pero superior o igual a 192.31 decitex (superior al número métrico 43 pero inferior o igual al número métrico 52).**			
5205.13.01	00	De título inferior a 232.56 decitex pero superior o igual a 192.31 decitex (superior al número métrico 43 pero inferior o igual al número métrico 52).	Kg	10	Ex.
5205.14	- -	**De título inferior a 192.31 decitex pero superior o igual a 125 decitex (superior al número métrico 52 pero inferior o igual al número métrico 80).**			
5205.14.01	00	De título inferior a 192.31 decitex pero superior o igual a 125 decitex (superior al número métrico 52 pero inferior o igual al número métrico 80).	Kg	10	Ex.
5205.15	- -	**De título inferior a 125 decitex (superior al número métrico 80).**			
5205.15.01	00	De título inferior a 125 decitex (superior al número métrico 80).	Kg	10	Ex.
	-	Hilados sencillos de fibras peinadas:			
5205.21	- -	**De título superior o igual a 714.29 decitex (inferior o igual al número métrico 14).**			
5205.21.01	00	De título superior o igual a 714.29 decitex (inferior o igual al número métrico 14).	Kg	10	Ex.
5205.22	- -	**De título inferior a 714.29 decitex pero superior o igual a 232.56 decitex (superior al número métrico 14 pero inferior o igual al número métrico 43).**			

5205.22.01	00	De título inferior a 714.29 decitex pero superior o igual a 232.56 decitex (superior al número métrico 14 pero inferior o igual al número métrico 43).	Kg	10	Ex.
5205.23	- -	**De título inferior a 232.56 decitex pero superior o igual a 192.31 decitex (superior al número métrico 43 pero inferior o igual al número métrico 52).**			
5205.23.01	00	De título inferior a 232.56 decitex pero superior o igual a 192.31 decitex (superior al número métrico 43 pero inferior o igual al número métrico 52).	Kg	10	Ex.
5205.24	- -	**De título inferior a 192.31 decitex pero superior o igual a 125 decitex (superior al número métrico 52 pero inferior o igual al número métrico 80).**			
5205.24.01	00	De título inferior a 192.31 decitex pero superior o igual a 125 decitex (superior al número métrico 52 pero inferior o igual al número métrico 80).	Kg	10	Ex.
5205.26	- -	**De título inferior a 125 decitex pero superior o igual a 106.38 decitex (superior al número métrico 80 pero inferior o igual al número métrico 94).**			
5205.26.01	00	De título inferior a 125 decitex pero superior o igual a 106.38 decitex (superior al número métrico 80 pero inferior o igual al número métrico 94).	Kg	10	Ex.
5205.27	- -	**De título inferior a 106.38 decitex pero superior o igual a 83.33 decitex (superior al número métrico 94 pero inferior o igual al número métrico 120).**			
5205.27.01	00	De título inferior a 106.38 decitex pero superior o igual a 83.33 decitex (superior al número métrico 94 pero inferior o igual al número métrico 120).	Kg	10	Ex.
5205.28	- -	**De título inferior a 83.33 decitex (superior al número métrico 120).**			
5205.28.01	00	De título inferior a 83.33 decitex (superior al número métrico 120).	Kg	10	Ex.
	-	**Hilados retorcidos o cableados, de fibras sin peinar:**			
5205.31	- -	**De título superior o igual a 714.29 decitex por hilo sencillo (inferior o igual al número métrico 14 por hilo sencillo).**			
5205.31.01	00	De título superior o igual a 714.29 decitex por hilo sencillo (inferior o igual al número métrico 14 por hilo sencillo).	Kg	10	Ex.
5205.32	- -	**De título inferior a 714.29 decitex pero superior o igual a 232.56 decitex, por hilo sencillo (superior al número métrico 14 pero inferior o igual al número métrico 43, por hilo sencillo).**			
5205.32.01	00	De título inferior a 714.29 decitex pero superior o igual a 232.56 decitex, por hilo sencillo (superior al número métrico 14 pero inferior o igual al número métrico 43, por hilo sencillo).	Kg	10	Ex.
5205.33	- -	**De título inferior a 232.56 decitex pero superior o igual a 192.31 decitex, por hilo sencillo (superior al número métrico 43 pero inferior o igual al número métrico 52, por hilo sencillo).**			
5205.33.01	00	De título inferior a 232.56 decitex pero superior o igual a 192.31 decitex, por hilo sencillo (superior al número métrico 43 pero inferior o igual al número métrico 52, por hilo sencillo).	Kg	10	Ex.
5205.34	- -	**De título inferior a 192.31 decitex pero superior o igual a 125 decitex, por hilo sencillo (superior al número métrico 52 pero inferior o igual al número métrico 80, por hilo sencillo).**			
5205.34.01	00	De título inferior a 192.31 decitex pero superior o igual a 125 decitex, por hilo sencillo (superior al número métrico 52 pero inferior o igual al número métrico 80, por hilo sencillo).	Kg	10	Ex.
5205.35	- -	**De título inferior a 125 decitex por hilo sencillo (superior al número métrico 80 por hilo sencillo).**			
5205.35.01	00	De título inferior a 125 decitex por hilo sencillo (superior al número métrico 80 por hilo sencillo).	Kg	10	Ex.
	-	**Hilados retorcidos o cableados, de fibras peinadas:**			
5205.41	- -	**De título superior o igual a 714.29 decitex por hilo sencillo (inferior o igual al número métrico 14 por hilo sencillo).**			
5205.41.01	00	De título superior o igual a 714.29 decitex por hilo sencillo (inferior o igual al número métrico 14 por hilo sencillo).	Kg	10	Ex.
5205.42	- -	**De título inferior a 714.29 decitex pero superior o igual a 232.56 decitex, por hilo sencillo (superior al número métrico 14 pero inferior o igual al número métrico 43, por hilo sencillo).**			
5205.42.01	00	De título inferior a 714.29 decitex pero superior o igual a 232.56 decitex, por hilo sencillo (superior al número métrico 14 pero inferior o igual al número métrico 43, por hilo sencillo).	Kg	10	Ex.
5205.43	- -	**De título inferior a 232.56 decitex pero superior o igual a 192.31 decitex, por hilo sencillo (superior al número métrico 43 pero inferior o igual al número métrico 52, por hilo sencillo).**			
5205.43.01	00	De título inferior a 232.56 decitex pero superior o igual a 192.31 decitex, por hilo sencillo (superior al número métrico 43 pero inferior o igual al número métrico 52, por hilo sencillo).	Kg	10	Ex.
5205.44	- -	**De título inferior a 192.31 decitex pero superior o igual a 125 decitex, por hilo sencillo (superior al número métrico 52 pero inferior o igual al número métrico 80, por hilo sencillo).**			
5205.44.01	00	De título inferior a 192.31 decitex pero superior o igual a 125 decitex, por hilo sencillo (superior al número métrico 52 pero inferior o igual al número métrico 80, por hilo sencillo).	Kg	10	Ex.
5205.46	- -	**De título inferior a 125 decitex pero superior o igual a 106.38 decitex, por hilo sencillo (superior al número métrico 80 pero inferior o igual al número métrico 94, por hilo sencillo).**			
5205.46.01	00	De título inferior a 125 decitex pero superior o igual a 106.38 decitex, por hilo sencillo (superior al número métrico 80 pero inferior o igual al número métrico 94, por hilo sencillo).	Kg	10	Ex.
5205.47	- -	**De título inferior a 106.38 decitex pero superior o igual a 83.33 decitex, por hilo sencillo (superior al número métrico 94 pero inferior o igual al número métrico 120, por hilo sencillo).**			
5205.47.01	00	De título inferior a 106.38 decitex pero superior o igual a 83.33 decitex, por hilo sencillo (superior al número métrico 94 pero inferior o igual al número métrico 120, por hilo sencillo).	Kg	10	Ex.
5205.48	- -	**De título inferior a 83.33 decitex por hilo sencillo (superior al número métrico 120 por hilo sencillo).**			
5205.48.01	00	De título inferior a 83.33 decitex por hilo sencillo (superior al número métrico 120 por hilo sencillo).	Kg	10	Ex.
52.06		**Hilados de algodón (excepto el hilo de coser) con un contenido de algodón inferior al 85% en peso, sin acondicionar para la venta al por menor.**			
	-	**Hilados sencillos de fibras sin peinar:**			
5206.11	- -	**De título superior o igual a 714.29 decitex (inferior o igual al número métrico 14).**			
5206.11.01	00	De título superior o igual a 714.29 decitex (inferior o igual al número métrico 14).	Kg	10	Ex.

Código		Descripción	Unidad	Arancel	
5206.12	- -	**De título inferior a 714.29 decitex pero superior o igual a 232.56 decitex (superior al número métrico 14 pero inferior o igual al número métrico 43).**			
5206.12.01	00	De título inferior a 714.29 decitex pero superior o igual a 232.56 decitex (superior al número métrico 14 pero inferior o igual al número métrico 43).	Kg	10	Ex.
5206.13	- -	**De título inferior a 232.56 decitex pero superior o igual a 192.31 decitex (superior al número métrico 43 pero inferior o igual al número métrico 52).**			
5206.13.01	00	De título inferior a 232.56 decitex pero superior o igual a 192.31 decitex (superior al número métrico 43 pero inferior o igual al número métrico 52).	Kg	10	Ex.
5206.14	- -	**De título inferior a 192.31 decitex pero superior o igual a 125 decitex (superior al número métrico 52 pero inferior o igual al número métrico 80).**			
5206.14.01	00	De título inferior a 192.31 decitex pero superior o igual a 125 decitex (superior al número métrico 52 pero inferior o igual al número métrico 80).	Kg	10	Ex.
5206.15	- -	**De título inferior a 125 decitex (superior al número métrico 80).**			
5206.15.01	00	De título inferior a 125 decitex (superior al número métrico 80).	Kg	10	Ex.
	-	**Hilados sencillos de fibras peinadas:**			
5206.21	- -	**De título superior o igual a 714.29 decitex (inferior o igual al número métrico 14).**			
5206.21.01	00	De título superior o igual a 714.29 decitex (inferior o igual al número métrico 14).	Kg	10	Ex.
5206.22	- -	**De título inferior a 714.29 decitex pero superior o igual a 232.56 decitex (superior al número métrico 14 pero inferior o igual al número métrico 43).**			
5206.22.01	00	De título inferior a 714.29 decitex pero superior o igual a 232.56 decitex (superior al número métrico 14 pero inferior o igual al número métrico 43).	Kg	10	Ex.
5206.23	- -	**De título inferior a 232.56 decitex pero superior o igual a 192.31 decitex (superior al número métrico 43 pero inferior o igual al número métrico 52).**			
5206.23.01	00	De título inferior a 232.56 decitex pero superior o igual a 192.31 decitex (superior al número métrico 43 pero inferior o igual al número métrico 52).	Kg	10	Ex.
5206.24	- -	**De título inferior a 192.31 decitex pero superior o igual a 125 decitex (superior al número métrico 52 pero inferior o igual al número métrico 80).**			
5206.24.01	00	De título inferior a 192.31 decitex pero superior o igual a 125 decitex (superior al número métrico 52 pero inferior o igual al número métrico 80).	Kg	10	Ex.
5206.25	- -	**De título inferior a 125 decitex (superior al número métrico 80).**			
5206.25.01	00	De título inferior a 125 decitex (superior al número métrico 80).	Kg	10	Ex.
	-	**Hilados retorcidos o cableados, de fibras sin peinar:**			
5206.31	- -	**De título superior o igual a 714.29 decitex por hilo sencillo (inferior o igual al número métrico 14 por hilo sencillo).**			
5206.31.01	00	De título superior o igual a 714.29 decitex por hilo sencillo (inferior o igual al número métrico 14 por hilo sencillo).	Kg	10	Ex.
5206.32	- -	**De título inferior a 714.29 decitex pero superior o igual a 232.56 decitex, por hilo sencillo (superior al número métrico 14 pero inferior o igual al número métrico 43, por hilo sencillo).**			
5206.32.01	00	De título inferior a 714.29 decitex pero superior o igual a 232.56 decitex, por hilo sencillo (superior al número métrico 14 pero inferior o igual al número métrico 43, por hilo sencillo).	Kg	10	Ex.
5206.33	- -	**De título inferior a 232.56 decitex pero superior o igual a 192.31 decitex, por hilo sencillo (superior al número métrico 43 pero inferior o igual al número métrico 52, por hilo sencillo).**			
5206.33.01	00	De título inferior a 232.56 decitex pero superior o igual a 192.31 decitex, por hilo sencillo (superior al número métrico 43 pero inferior o igual al número métrico 52, por hilo sencillo).	Kg	10	Ex.
5206.34	- -	**De título inferior a 192.31 decitex pero superior o igual a 125 decitex, por hilo sencillo (superior al número métrico 52 pero inferior o igual al número métrico 80, por hilo sencillo).**			
5206.34.01	00	De título inferior a 192.31 decitex pero superior o igual a 125 decitex, por hilo sencillo (superior al número métrico 52 pero inferior o igual al número métrico 80, por hilo sencillo).	Kg	10	Ex.
5206.35	- -	**De título inferior a 125 decitex por hilo sencillo (superior al número métrico 80 por hilo sencillo).**			
5206.35.01	00	De título inferior a 125 decitex por hilo sencillo (superior al número métrico 80 por hilo sencillo).	Kg	10	Ex.
	-	**Hilados retorcidos o cableados, de fibras peinadas:**			
5206.41	- -	**De título superior o igual a 714.29 decitex por hilo sencillo (inferior o igual al número métrico 14 por hilo sencillo).**			
5206.41.01	00	De título superior o igual a 714.29 decitex por hilo sencillo (inferior o igual al número métrico 14 por hilo sencillo).	Kg	10	Ex.
5206.42	- -	**De título inferior a 714.29 decitex pero superior o igual a 232.56 decitex, por hilo sencillo (superior al número métrico 14 pero inferior o igual al número métrico 43, por hilo sencillo).**			
5206.42.01	00	De título inferior a 714.29 decitex pero superior o igual a 232.56 decitex, por hilo sencillo (superior al número métrico 14 pero inferior o igual al número métrico 43, por hilo sencillo).	Kg	10	Ex.
5206.43	- -	**De título inferior a 232.56 decitex pero superior o igual a 192.31 decitex, por hilo sencillo (superior al número métrico 43 pero inferior o igual al número métrico 52, por hilo sencillo).**			
5206.43.01	00	De título inferior a 232.56 decitex pero superior o igual a 192.31 decitex, por hilo sencillo (superior al número métrico 43 pero inferior o igual al número métrico 52, por hilo sencillo).	Kg	10	Ex.
5206.44	- -	**De título inferior a 192.31 decitex pero superior o igual a 125 decitex, por hilo sencillo (superior al número métrico 52 pero inferior o igual al número métrico 80, por hilo sencillo).**			
5206.44.01	00	De título inferior a 192.31 decitex pero superior o igual a 125 decitex, por hilo sencillo (superior al número métrico 52 pero inferior o igual al número métrico 80, por hilo sencillo).	Kg	10	Ex.
5206.45	- -	**De título inferior a 125 decitex por hilo sencillo (superior al número métrico 80 por hilo sencillo).**			
5206.45.01	00	De título inferior a 125 decitex por hilo sencillo (superior al número métrico 80 por hilo sencillo).	Kg	10	Ex.
52.07		**Hilados de algodón (excepto el hilo de coser) acondicionados para la venta al por menor.**			
5207.10	-	**Con un contenido de algodón superior o igual al 85% en peso.**			
5207.10.01	00	Con un contenido de algodón superior o igual al 85% en peso.	Kg	10	Ex.
5207.90	-	**Los demás.**			

LEY DE LOS IMPUESTOS GENERALES DE IMPORTACION Y EXPORTACION

5207.90.99	00	Los demás.	Kg	10	Ex.
52.08		**Tejidos de algodón con un contenido de algodón superior o igual al 85% en peso, de peso inferior o igual a 200 g/m².**			
		- Crudos:			
5208.11	- -	**De ligamento tafetán, de peso inferior o igual a 100 g/m².**			
5208.11.01	00	De ligamento tafetán, de peso inferior o igual a 100 g/m².	M²	35	Ex.
5208.12	- -	**De ligamento tafetán, de peso superior a 100 g/m².**			
5208.12.01	00	De ligamento tafetán, de peso superior a 100 g/m².	M²	10	Ex.
5208.13	- -	**De ligamento sarga, incluido el cruzado, de curso inferior o igual a 4.**			
5208.13.01	00	De ligamento sarga, incluido el cruzado, de curso inferior o igual a 4.	M²	10	Ex.
5208.19	- -	**Los demás tejidos.**			
5208.19.91		Los demás tejidos.	M²	35	Ex.
	01	De ligamento sarga.			
	02	Con un contenido de algodón igual al 100%, de peso inferior o igual a 50 g/m² y anchura inferior o igual a 1.50 m.			
	99	Los demás.			
		- Blanqueados:			
5208.21	- -	**De ligamento tafetán, de peso inferior o igual a 100 g/m².**			
5208.21.01	00	De ligamento tafetán, de peso inferior o igual a 100 g/m².	M²	35	Ex.
5208.22	- -	**De ligamento tafetán, de peso superior a 100 g/m².**			
5208.22.01	00	De ligamento tafetán, de peso superior a 100 g/m².	M²	10	Ex.
5208.23	- -	**De ligamento sarga, incluido el cruzado, de curso inferior o igual a 4.**			
5208.23.01	00	De ligamento sarga, incluido el cruzado, de curso inferior o igual a 4.	M²	10	Ex.
5208.29	- -	**Los demás tejidos.**			
5208.29.91	00	Los demás tejidos.	M²	10	Ex.
		- Teñidos:			
5208.31	- -	**De ligamento tafetán, de peso inferior o igual a 100 g/m².**			
5208.31.01	00	De ligamento tafetán, de peso inferior o igual a 100 g/m².	M²	10	Ex.
5208.32	- -	**De ligamento tafetán, de peso superior a 100 g/m².**			
5208.32.01	00	De ligamento tafetán, de peso superior a 100 g/m².	M²	15	Ex.
5208.33	- -	**De ligamento sarga, incluido el cruzado, de curso inferior o igual a 4.**			
5208.33.01	00	De ligamento sarga, incluido el cruzado, de curso inferior o igual a 4.	M²	10	Ex.
5208.39	- -	**Los demás tejidos.**			
5208.39.91		Los demás tejidos.	M²	35	Ex.
	01	De ligamento sarga.			
	99	Los demás.			
		- Con hilados de distintos colores:			
5208.41	- -	**De ligamento tafetán, de peso inferior o igual a 100 g/m².**			
5208.41.01	00	De ligamento tafetán, de peso inferior o igual a 100 g/m².	M²	35	Ex.
5208.42	- -	**De ligamento tafetán, de peso superior a 100 g/m².**			
5208.42.01	00	De ligamento tafetán, de peso superior a 100 g/m².	M²	15	Ex.
5208.43	- -	**De ligamento sarga, incluido el cruzado, de curso inferior o igual a 4.**			
5208.43.01	00	De ligamento sarga, incluido el cruzado, de curso inferior o igual a 4.	M²	10	Ex.
5208.49	- -	**Los demás tejidos.**			
5208.49.91	00	Los demás tejidos.	M²	10	Ex.
		- Estampados:			
5208.51	- -	**De ligamento tafetán, de peso inferior o igual a 100 g/m².**			
5208.51.01	00	De ligamento tafetán, de peso inferior o igual a 100 g/m².	M²	10	Ex.
5208.52	- -	**De ligamento tafetán, de peso superior a 100 g/m².**			
5208.52.01	00	De ligamento tafetán, de peso superior a 100 g/m².	M²	10	Ex.
5208.59	- -	**Los demás tejidos.**			
5208.59.91	00	Los demás tejidos.	M²	10	Ex.
52.09		**Tejidos de algodón con un contenido de algodón superior o igual al 85% en peso, de peso superior a 200 g/m².**			
		- Crudos:			
5209.11	- -	**De ligamento tafetán.**			
5209.11.01	00	De ligamento tafetán.	M²	10	Ex.
5209.12	- -	**De ligamento sarga, incluido el cruzado, de curso inferior o igual a 4.**			
5209.12.01	00	De ligamento sarga, incluido el cruzado, de curso inferior o igual a 4.	M²	10	Ex.
5209.19	- -	**Los demás tejidos.**			
5209.19.91	00	Los demás tejidos.	M²	35	Ex.
		- Blanqueados:			
5209.21	- -	**De ligamento tafetán.**			
5209.21.01	00	De ligamento tafetán.	M²	10	Ex.
5209.22	- -	**De ligamento sarga, incluido el cruzado, de curso inferior o igual a 4.**			
5209.22.01	00	De ligamento sarga, incluido el cruzado, de curso inferior o igual a 4.	M²	10	Ex.
5209.29	- -	**Los demás tejidos.**			
5209.29.91		Los demás tejidos.	M²	10	Ex.
	01	De ligamento sarga.			
	99	Los demás.			
		- Teñidos:			
5209.31	- -	**De ligamento tafetán.**			
5209.31.01	00	De ligamento tafetán.	M²	10	Ex.
5209.32	- -	**De ligamento sarga, incluido el cruzado, de curso inferior o igual a 4.**			

5209.32.01	00	De ligamento sarga, incluido el cruzado, de curso inferior o igual a 4.	M²	15	Ex.
5209.39	- -	**Los demás tejidos.**			
5209.39.91		Los demás tejidos.	M²	35	Ex.
	01	De ligamento sarga.			
	99	Los demás.			
	-	**Con hilados de distintos colores:**			
5209.41	- -	**De ligamento tafetán.**			
5209.41.01	00	De ligamento tafetán.	M²	10	Ex.
5209.42	- -	**Tejidos de mezclilla ("denim").**			
5209.42.04		Tejidos de mezclilla ("denim").	M²	15	Ex.
	01	En los que los hilos de la urdimbre estén teñidos de azul y los de trama sean crudos, blanqueados, teñidos de gris o coloreados con un azul más claro que los de urdimbre, de peso inferior o igual a 300 g/m2.			
	02	En los que los hilos de la urdimbre estén teñidos de azul y los de trama sean crudos, blanqueados, teñidos de gris o coloreados con un azul más claro que los de urdimbre, de peso superior a 300 g/m2.			
	91	Los demás de peso inferior o igual a 300 g/m².			
	92	Los demás de peso superior a 300 g/m².			
5209.43	- -	**Los demás tejidos de ligamento sarga, incluido el cruzado, de curso inferior o igual a 4.**			
5209.43.91	00	Los demás tejidos de ligamento sarga, incluido el cruzado, de curso inferior o igual a 4.	M²	10	Ex.
5209.49	- -	**Los demás tejidos.**			
5209.49.91	00	Los demás tejidos.	M²	35	Ex.
	-	**Estampados:**			
5209.51	- -	**De ligamento tafetán.**			
5209.51.01	00	De ligamento tafetán.	M²	10	Ex.
5209.52	- -	**De ligamento sarga, incluido el cruzado, de curso inferior o igual a 4.**			
5209.52.01	00	De ligamento sarga, incluido el cruzado, de curso inferior o igual a 4.	M²	10	Ex.
5209.59	- -	**Los demás tejidos.**			
5209.59.91	00	Los demás tejidos.	M²	10	Ex.
52.10		**Tejidos de algodón con un contenido de algodón inferior al 85% en peso, mezclado exclusiva o principalmente con fibras sintéticas o artificiales, de peso inferior o igual a 200 g/m².**			
	-	**Crudos:**			
5210.11	- -	**De ligamento tafetán.**			
5210.11.02		De ligamento tafetán.	M²	10	Ex.
	01	Tejidos lisos, en rollos hasta de 225 cm de ancho, con 100% de algodón en la trama y 100% de rayón en la urdimbre.			
	99	Los demás.			
5210.19	- -	**Los demás tejidos.**			
5210.19.91	00	Los demás tejidos.	M²	10	Ex.
	-	**Blanqueados:**			
5210.21	- -	**De ligamento tafetán.**			
5210.21.01	00	De ligamento tafetán.	M²	10	Ex.
5210.29	- -	**Los demás tejidos.**			
5210.29.91		Los demás tejidos.	M²	10	Ex.
	01	De ligamento sarga, incluido el cruzado, de curso inferior o igual a 4.			
	99	Los demás.			
	-	**Teñidos:**			
5210.31	- -	**De ligamento tafetán.**			
5210.31.01	00	De ligamento tafetán.	M²	10	Ex.
5210.32	- -	**De ligamento sarga, incluido el cruzado, de curso inferior o igual a 4.**			
5210.32.01	00	De ligamento sarga, incluido el cruzado, de curso inferior o igual a 4.	M²	10	Ex.
5210.39	- -	**Los demás tejidos.**			
5210.39.91		Los demás tejidos.	M²	10	Ex.
	01	De ligamento sarga.			
	99	Los demás.			
	-	**Con hilados de distintos colores:**			
5210.41	- -	**De ligamento tafetán.**			
5210.41.01	00	De ligamento tafetán.	M²	10	Ex.
5210.49	- -	**Los demás tejidos.**			
5210.49.91		Los demás tejidos.	M²	10	Ex.
	01	De ligamento sarga, incluido el cruzado, de curso inferior o igual a 4.			
	99	Los demás.			
	-	**Estampados:**			
5210.51	- -	**De ligamento tafetán.**			
5210.51.01	00	De ligamento tafetán.	M²	10	Ex.
5210.59	- -	**Los demás tejidos.**			
5210.59.91	00	Los demás tejidos.	M²	35	Ex.
52.11		**Tejidos de algodón con un contenido de algodón inferior al 85% en peso, mezclado exclusiva o principalmente con fibras sintéticas o artificiales, de peso superior a 200 g/m².**			
	-	**Crudos:**			
5211.11	- -	**De ligamento tafetán.**			
5211.11.02		De ligamento tafetán.	M²	10	Ex.
	01	Tejidos lisos, en rollos hasta de 225 cm de ancho, con 100% de algodón en la trama y 100% de rayón en la urdimbre.			

	99	Los demás.			
5211.12	- -	**De ligamento sarga, incluido el cruzado, de curso inferior o igual a 4.**			
5211.12.01	00	De ligamento sarga, incluido el cruzado, de curso inferior o igual a 4.	M²	10	Ex.
5211.19	- -	**Los demás tejidos.**			
5211.19.91	00	Los demás tejidos.	M²	35	Ex.
5211.20	-	**Blanqueados.**			
5211.20.04	00	Blanqueados.	M²	10	Ex.
	-	Teñidos:			
5211.31	- -	**De ligamento tafetán.**			
5211.31.01	00	De ligamento tafetán.	M²	10	Ex.
5211.32	- -	**De ligamento sarga, incluido el cruzado, de curso inferior o igual a 4.**			
5211.32.01	00	De ligamento sarga, incluido el cruzado, de curso inferior o igual a 4.	M²	35	Ex.
5211.39	- -	**Los demás tejidos.**			
5211.39.91	00	Los demás tejidos.	M²	10	Ex.
	-	Con hilados de distintos colores:			
5211.41	- -	**De ligamento tafetán.**			
5211.41.01	00	De ligamento tafetán.	M²	10	Ex.
5211.42	- -	**Tejidos de mezclilla ("denim").**			
5211.42.04		Tejidos de mezclilla ("denim").	M²	35	Ex.
	01	En los que los hilos de la urdimbre estén teñidos de azul y los de trama sean crudos, blanqueados, teñidos de gris o coloreados con un azul más claro que los de urdimbre, de peso inferior o igual a 300 g/m².			
	02	En los que los hilos de la urdimbre estén teñidos de azul y los de trama sean crudos, blanqueados, teñidos de gris o coloreados con un azul más claro que los de urdimbre, de peso superior a 300 g/m².			
	91	Los demás de peso inferior o igual a 300 g/m².			
	92	Los demás de peso superior a 300 g/m².			
5211.43	- -	**Los demás tejidos de ligamento sarga, incluido el cruzado, de curso inferior o igual a 4.**			
5211.43.91	00	Los demás tejidos de ligamento sarga, incluido el cruzado, de curso inferior o igual a 4.	M²	35	Ex.
5211.49	- -	**Los demás tejidos.**			
5211.49.91	00	Los demás tejidos.	M²	15	Ex.
	-	Estampados:			
5211.51	- -	**De ligamento tafetán.**			
5211.51.01	00	De ligamento tafetán.	M²	10	Ex.
5211.52	- -	**De ligamento sarga, incluido el cruzado, de curso inferior o igual a 4.**			
5211.52.01	00	De ligamento sarga, incluido el cruzado, de curso inferior o igual a 4.	M²	10	Ex.
5211.59	- -	**Los demás tejidos.**			
5211.59.91	00	Los demás tejidos.	M²	10	Ex.
52.12		**Los demás tejidos de algodón.**			
	-	De peso inferior o igual a 200 g/m²:			
5212.11	- -	**Crudos.**			
5212.11.01	00	Crudos.	M²	10	Ex.
5212.12	- -	**Blanqueados.**			
5212.12.01	00	Blanqueados.	M²	10	Ex.
5212.13	- -	**Teñidos.**			
5212.13.01	00	Teñidos.	M²	10	Ex.
5212.14	- -	**Con hilados de distintos colores.**			
5212.14.01	00	Con hilados de distintos colores.	M²	10	Ex.
5212.15	- -	**Estampados.**			
5212.15.01	00	Estampados.	M²	10	Ex.
	-	De peso superior a 200 g/m²:			
5212.21	- -	**Crudos.**			
5212.21.01	00	Crudos.	M²	10	Ex.
5212.22	- -	**Blanqueados.**			
5212.22.01	00	Blanqueados.	M²	10	Ex.
5212.23	- -	**Teñidos.**			
5212.23.01	00	Teñidos.	M²	10	Ex.
5212.24	- -	**Con hilados de distintos colores.**			
5212.24.02		Con hilados de distintos colores.	M²	10	Ex.
	01	De tipo mezclilla.			
	99	Los demás.			
5212.25	- -	**Estampados.**			
5212.25.01	00	Estampados.	M²	10	Ex.

Capítulo 53
Las demás fibras textiles vegetales; hilados de papel y tejidos de hilados de papel

CÓDIGO	DESCRIPCIÓN	UNIDAD	ARANCEL	
			IMP	EXP
53.01	**Lino en bruto o trabajado, pero sin hilar; estopas y desperdicios de lino (incluidos los desperdicios de hilados y las hilachas).**			

5301.10		- Lino en bruto o enriado.			
5301.10.01	00	Lino en bruto o enriado.	Kg	Ex.	Ex.
		- Lino agramado, espadado, peinado o trabajado de otro modo, pero sin hilar:			
5301.21		- - Agramado o espadado.			
5301.21.01	00	Agramado o espadado.	Kg	Ex.	Ex.
5301.29		- - Los demás.			
5301.29.99	00	Los demás.	Kg	Ex.	Ex.
5301.30		- Estopas y desperdicios de lino.			
5301.30.01	00	Estopas y desperdicios de lino.	Kg	Ex.	Ex.
53.02		**Cáñamo (*Cannabis sativa L.*) en bruto o trabajado, pero sin hilar; estopas y desperdicios de cáñamo (incluidos los desperdicios de hilados y las hilachas).**			
5302.10		- Cáñamo en bruto o enriado.			
5302.10.01	00	Cáñamo en bruto o enriado.	Kg	Ex.	Ex.
5302.90		- Los demás.			
5302.90.99	00	Los demás.	Kg	Ex.	Ex.
53.03		**Yute y demás fibras textiles del líber (excepto el lino, cáñamo y ramio), en bruto o trabajados, pero sin hilar; estopas y desperdicios de estas fibras (incluidos los desperdicios de hilados y las hilachas).**			
5303.10		- Yute y demás fibras textiles del líber, en bruto o enriados.			
5303.10.01	00	Yute y demás fibras textiles del líber, en bruto o enriados.	Kg	Ex.	Ex.
5303.90		- Los demás.			
5303.90.99	00	Los demás.	Kg	Ex.	Ex.
53.05		**Coco, abacá (cáñamo de Manila (*Musa textilis Nee*)), ramio y demás fibras textiles vegetales no expresadas ni comprendidas en otra parte, en bruto o trabajadas, pero sin hilar; estopas y desperdicios de estas fibras (incluidos los desperdicios de hilados y las hilachas).**			
5305.00		- Coco, abacá (cáñamo de Manila (*Musa textilis Nee*)), ramio y demás fibras textiles vegetales no expresadas ni comprendidas en otra parte, en bruto o trabajadas, pero sin hilar; estopas y desperdicios de estas fibras (incluidos los desperdicios de hilados y las hilachas).			
5305.00.08		Coco, abacá (cáñamo de Manila (Musa textilis Nee)), ramio y demás fibras textiles vegetales no expresadas ni comprendidas en otra parte, en bruto o trabajadas, pero sin hilar; estopas y desperdicios de estas fibras (incluidos los desperdicios de hilados y las hilachas).	Kg	Ex.	Ex.
	01	De coco, en bruto.			
	02	Fibras de coco, excepto lo comprendido en el número de identificación comercial 5305.00.08.01.			
	03	Sisal y demás fibras textiles del género *Agave*, en bruto.			
	99	Los demás.			
53.06		**Hilados de lino.**			
5306.10		- Sencillos.			
5306.10.01	00	Sencillos.	Kg	10	Ex.
5306.20		- Retorcidos o cableados.			
5306.20.01	00	Retorcidos o cableados.	Kg	10	Ex.
53.07		**Hilados de yute o demás fibras textiles del líber de la partida 53.03.**			
5307.10		- Sencillos.			
5307.10.01	00	Sencillos.	Kg	Ex.	Ex.
5307.20		- Retorcidos o cableados.			
5307.20.01	00	Retorcidos o cableados.	Kg	Ex.	Ex.
53.08		**Hilados de las demás fibras textiles vegetales; hilados de papel.**			
5308.10		- Hilados de coco.			
5308.10.01	00	Hilados de coco.	Kg	Ex.	Ex.
5308.20		- Hilados de cáñamo.			
5308.20.01	00	Hilados de cáñamo.	Kg	10	Ex.
5308.90		- Los demás.			
5308.90.03	00	De ramio.	Kg	10	Ex.
5308.90.99		Los demás.	Kg	Ex.	Ex.
	01	Hilados de papel.			
	99	Los demás.			
53.09		**Tejidos de lino.**			
		- Con un contenido de lino superior o igual al 85% en peso:			
5309.11		- - Crudos o blanqueados.			
5309.11.01	00	Crudos o blanqueados.	M²	10	Ex.
5309.19		- - Los demás.			
5309.19.99	00	Los demás.	M²	10	Ex.
		- Con un contenido de lino inferior al 85% en peso:			
5309.21		- - Crudos o blanqueados.			
5309.21.01	00	Crudos o blanqueados.	M²	10	Ex.
5309.29		- - Los demás.			
5309.29.99	00	Los demás.	M²	10	Ex.
53.10		**Tejidos de yute o demás fibras textiles del líber de la partida 53.03.**			
5310.10		- Crudos.			
5310.10.01	00	Crudos.	M²	10	Ex.
5310.90		- Los demás.			
5310.90.99	00	Los demás.	M²	10	Ex.
53.11		**Tejidos de las demás fibras textiles vegetales; tejidos de hilados de papel.**			
5311.00		- Tejidos de las demás fibras textiles vegetales; tejidos de hilados de papel.			
5311.00.02	00	Tejidos de las demás fibras textiles vegetales; tejidos de hilados de papel.	M²	10	Ex.

LEY DE LOS IMPUESTOS GENERALES DE IMPORTACION Y EXPORTACION

Capítulo 54
Filamentos sintéticos o artificiales; tiras y formas similares de materia textil sintética o artificial

Notas.
1. En la Nomenclatura, las expresiones *fibras sintéticas* y *fibras artificiales* se refieren a las fibras discontinuas y a los filamentos de polímeros orgánicos obtenidos industrialmente:
   a) por polimerización de monómeros orgánicos para obtener polímeros tales como poliamidas, poliésteres, poliolefinas o poliuretanos, o por modificación química de polímeros obtenidos por este procedimiento (por ejemplo, poli(alcohol vinílico) obtenido por hidrólisis del poli(acetato de vinilo));
   b) por disolución o tratamiento químico de polímeros orgánicos naturales (por ejemplo, celulosa) para obtener polímeros tales como rayón cuproamónico (cupro) o rayón viscosa, o por modificación química de polímeros orgánicos naturales (por ejemplo: celulosa, caseína y otras proteínas, o ácido algínico) para obtener polímeros tales como acetato de celulosa o alginatos.

   Se consideran *sintéticas* las fibras definidas en a) y *artificiales* las definidas en b). Las tiras y formas similares de la partida 54.04 o 54.05 no se consideran fibras sintéticas o artificiales.

   Los términos *sintético* y *artificial* se aplican también, con el mismo sentido, a la expresión *materia textil*.

2. Las partidas 54.02 y 54.03 no comprenden los cables de filamentos sintéticos o artificiales del Capítulo 55.

CÓDIGO	DESCRIPCIÓN	UNIDAD	ARANCEL IMP	EXP
54.01	**Hilo de coser de filamentos sintéticos o artificiales, incluso acondicionado para la venta al por menor.**			
5401.10	- De filamentos sintéticos.			
5401.10.01 00	De filamentos sintéticos.	Kg	10	Ex.
5401.20	- De filamentos artificiales.			
5401.20.01 00	De filamentos artificiales.	Kg	10	Ex.
54.02	**Hilados de filamentos sintéticos (excepto el hilo de coser) sin acondicionar para la venta al por menor, incluidos los monofilamentos sintéticos de título inferior a 67 decitex.**			
	- Hilados de alta tenacidad de nailon o demás poliamidas, incluso texturados:			
5402.11	- - De aramidas.			
5402.11.01 00	De aramidas.	Kg	Ex.	Ex.
5402.19	- - Los demás.			
5402.19.99	Los demás.	Kg	5	Ex.
01	De filamentos de nailon, de alta tenacidad, sencillos, planos, tensados al máximo, producidos con una torsión que no exceda de 40 vueltas por metro.			
99	Los demás.			
5402.20	- Hilados de alta tenacidad de poliésteres, incluso texturados.			
5402.20.02	Hilados de alta tenacidad de poliésteres, incluso texturados.	Kg	5	Ex.
01	Sencillos, planos, tensados al máximo, producidos con una torsión que no exceda de 40 vueltas por metro.			
99	Los demás.			
	- Hilados texturados:			
5402.31	- - De nailon o demás poliamidas, de título inferior o igual a 50 tex por hilo sencillo.			
5402.31.01 00	De nailon o demás poliamidas, de título inferior o igual a 50 tex por hilo sencillo.	Kg	5	Ex.
5402.32	- - De nailon o demás poliamidas, de título superior a 50 tex por hilo sencillo.			
5402.32.01 00	De nailon o demás poliamidas, de título superior a 50 tex por hilo sencillo.	Kg	5	Ex.
5402.33	- - De poliésteres.			
5402.33.01 00	De poliésteres.	Kg	5	Ex.
5402.34	- - De polipropileno.			
5402.34.01 00	De polipropileno.	Kg	Ex.	Ex.
5402.39	- - Los demás.			
5402.39.99 00	Los demás.	Kg	Ex.	Ex.
	- Los demás hilados sencillos sin torsión o con una torsión inferior o igual a 50 vueltas por metro:			
5402.44	- - De elastómeros.			
5402.44.01 00	De poliuretanos, del tipo de los denominados "elastanos", sin torsión, no en carretes de urdido (enjulios).	Kg	5	Ex.
5402.44.99 00	Los demás.	Kg	Ex.	Ex.
5402.45	- - Los demás, de nailon o demás poliamidas.			
5402.45.03 00	De aramidas.	Kg	Ex.	Ex.
5402.45.99	Los demás.	Kg	5	Ex.
01	Hilados de filamentos de nailon, excepto los comprendidos en los números de identificación comercial 5402.45.99.02 y 5402.45.99.03.			
02	De 44.4 decitex (40 deniers) y 34 filamentos, excepto lo comprendido en el número de identificación comercial 5402.45.99.03.			
03	De filamentos de nailon parcialmente orientados.			
99	Los demás.			
5402.46	- - Los demás, de poliésteres, parcialmente orientados.			
5402.46.91 00	Los demás, de poliésteres, parcialmente orientados.	Kg	5	Ex.
5402.47	- - Los demás, de poliésteres.			
5402.47.91	Los demás, de poliésteres.	Kg	5	Ex.
01	De filamentos de poliéster, sencillos, planos, tensados al máximo, producidos con una torsión que no exceda de 40 vueltas por metro.			
99	Los demás.			

5402.48		- -	Los demás, de polipropileno.			
5402.48.91			Los demás, de polipropileno.	Kg	Ex.	Ex.
	01		De poliolefinas.			
	02		De polipropileno fibrilizado.			
	99		Los demás.			
5402.49		- -	**Los demás.**			
5402.49.06	00		De poliuretanos.	Kg	5	Ex.
5402.49.99	00		Los demás.	Kg	Ex.	Ex.
		-	Los demás hilados sencillos con una torsión superior a 50 vueltas por metro:			
5402.51		- -	**De nailon o demás poliamidas.**			
5402.51.02	00		De nailon o demás poliamidas.	Kg	Ex.	Ex.
5402.52		- -	**De poliésteres.**			
5402.52.03	00		De poliésteres.	Kg	5	Ex.
5402.53		- -	**De polipropileno.**			
5402.53.01	00		De polipropileno.	Kg	Ex.	Ex.
5402.59		- -	**Los demás.**			
5402.59.99	00		Los demás.	Kg	Ex.	Ex.
		-	Los demás hilados retorcidos o cableados:			
5402.61		- -	**De nailon o demás poliamidas.**			
5402.61.02			De nailon o demás poliamidas.	Kg	Ex.	Ex.
	01		De fibras aramídicas.			
	99		Los demás.			
5402.62		- -	**De poliésteres.**			
5402.62.02			De poliésteres.	Kg	5	Ex.
	01		De 75.48 decitex (68 deniers), teñido en rígido brillante con 32 filamentos y torsión de 800 vueltas por metro.			
	99		Los demás.			
5402.63		- -	**De polipropileno.**			
5402.63.01	00		De polipropileno.	Kg	Ex.	Ex.
5402.69		- -	**Los demás.**			
5402.69.99			Los demás.	Kg	Ex.	Ex.
	01		De poliolefinas.			
	99		Los demás.			
54.03			**Hilados de filamentos artificiales (excepto el hilo de coser) sin acondicionar para la venta al por menor, incluidos los monofilamentos artificiales de título inferior a 67 decitex.**			
5403.10		-	**Hilados de alta tenacidad de rayón viscosa.**			
5403.10.01	00		Hilados de alta tenacidad de rayón viscosa.	Kg	Ex.	Ex.
		-	Los demás hilados sencillos:			
5403.31		- -	**De rayón viscosa, sin torsión o con una torsión inferior o igual a 120 vueltas por metro.**			
5403.31.03			De rayón viscosa, sin torsión o con una torsión inferior o igual a 120 vueltas por metro.	Kg	Ex.	Ex.
	01		De rayón viscosa, sin texturar, sin torsión o con una torsión inferior o igual a 120 vueltas por metro.			
	02		De hilados texturados.			
5403.32		- -	**De rayón viscosa, con una torsión superior a 120 vueltas por metro.**			
5403.32.03	00		De rayón viscosa, con una torsión superior a 120 vueltas por metro.	Kg	Ex.	Ex.
5403.33		- -	**De acetato de celulosa.**			
5403.33.01	00		De acetato de celulosa.	Kg	Ex.	Ex.
5403.39		- -	**Los demás.**			
5403.39.99	00		Los demás.	Kg	Ex.	Ex.
		-	Los demás hilados retorcidos o cableados:			
5403.41		- -	**De rayón viscosa.**			
5403.41.03			De rayón viscosa.	Kg	Ex.	Ex.
	01		De rayón viscosa sin texturar.			
	02		De hilados texturados.			
5403.42		- -	**De acetato de celulosa.**			
5403.42.01	00		De acetato de celulosa.	Kg	Ex.	Ex.
5403.49		- -	**Los demás.**			
5403.49.99	00		Los demás.	Kg	Ex.	Ex.
54.04			**Monofilamentos sintéticos de título superior o igual a 67 decitex y cuya mayor dimensión de la sección transversal sea inferior o igual a 1 mm; tiras y formas similares (por ejemplo, paja artificial) de materia textil sintética, de anchura aparente inferior o igual a 5 mm.**			
		-	Monofilamentos:			
5404.11		- -	**De elastómeros.**			
5404.11.01	00		De poliuretanos, del tipo de los denominados "elastanos".	Kg	5	Ex.
5404.11.99	00		Los demás.	Kg	Ex.	Ex.
5404.12		- -	**Los demás, de polipropileno.**			
5404.12.91	00		Los demás, de polipropileno.	Kg	Ex.	Ex.
5404.19		- -	**Los demás.**			
5404.19.99			Los demás.	Kg	Ex.	Ex.
	01		De poliéster.			
	02		De poliamidas o superpoliamidas.			
	99		Los demás.			
5404.90		-	**Las demás.**			
5404.90.99	00		Las demás.	Kg	5	Ex.

LEY DE LOS IMPUESTOS GENERALES DE IMPORTACION Y EXPORTACION

54.05		**Monofilamentos artificiales de título superior o igual a 67 decitex y cuya mayor dimensión de la sección transversal sea inferior o igual a 1 mm; tiras y formas similares (por ejemplo, paja artificial) de materia textil artificial, de anchura aparente inferior o igual a 5 mm.**			
5405.00	-	Monofilamentos artificiales de título superior o igual a 67 decitex y cuya mayor dimensión de la sección transversal sea inferior o igual a 1 mm; tiras y formas similares (por ejemplo, paja artificial) de materia textil artificial, de anchura aparente inferior o igual a 5 mm.			
5405.00.05	00	Monofilamentos artificiales de título superior o igual a 67 decitex y cuya mayor dimensión de la sección transversal sea inferior o igual a 1 mm; tiras y formas similares (por ejemplo, paja artificial) de materia textil artificial, de anchura aparente inferior o igual a 5 mm.	Kg	Ex.	Ex.
54.06		**Hilados de filamentos sintéticos o artificiales (excepto el hilo de coser), acondicionados para la venta al por menor.**			
5406.00	-	Hilados de filamentos sintéticos o artificiales (excepto el hilo de coser), acondicionados para la venta al por menor.			
5406.00.01	00	De poliamidas o superpoliamidas.	Kg	10	Ex.
5406.00.02	00	De aramidas, retardantes a la flama.	Kg	Ex.	Ex.
5406.00.05	00	Hilados de filamentos artificiales.	Kg	Ex.	Ex.
5406.00.91	00	Los demás hilados de filamentos sintéticos.	Kg	10	Ex.
54.07		**Tejidos de hilados de filamentos sintéticos, incluidos los tejidos fabricados con los productos de la partida 54.04.**			
5407.10	-	Tejidos fabricados con hilados de alta tenacidad de nailon o demás poliamidas o de poliésteres.			
5407.10.03	00	Tejidos fabricados con hilados de alta tenacidad de nailon o demás poliamidas o de poliésteres.	M²	10	Ex.
5407.20	-	**Tejidos fabricados con tiras o formas similares.**			
5407.20.02		Tejidos fabricados con tiras o formas similares.	M²	10	Ex.
	01	De tiras de polipropileno e hilados.			
	99	Los demás.			
5407.30	-	**Productos citados en la Nota 9 de la Sección XI.**			
5407.30.04		Productos citados en la Nota 9 de la Sección XI.	M²	10	Ex.
	01	De fibras sintéticas, crudos o blanqueados.			
	02	Reconocibles para naves aéreas.			
	03	Redes o mallas de materias plásticas, con monofilamentos de menos de 1 mm en su corte transversal, en cuyo punto de cruce estén termosoldados, en rollos de ancho inferior a 2.20 m.			
	99	Los demás.			
	-	**Los demás tejidos con un contenido de filamentos de nailon o demás poliamidas superior o igual al 85% en peso:**			
5407.41	--	**Crudos o blanqueados.**			
5407.41.05		Crudos o blanqueados.	M²	10	Ex.
	01	De peso inferior o igual a 50 g/m².			
	02	De peso superior a 50 g/m² pero inferior o igual a 100 g/m².			
	03	De peso superior a 100 g/m².			
5407.42	--	**Teñidos.**			
5407.42.05		Teñidos.	M²	10	Ex.
	01	De peso inferior o igual a 50 g/m².			
	02	De peso superior a 50 g/m² pero inferior o igual a 100 g/m².			
	03	De peso superior a 100 g/m².			
5407.43	--	**Con hilados de distintos colores.**			
5407.43.04	00	Con hilados de distintos colores.	M²	10	Ex.
5407.44	--	**Estampados.**			
5407.44.01	00	Estampados.	M²	10	Ex.
	-	**Los demás tejidos con un contenido de filamentos de poliéster texturados superior o igual al 85% en peso:**			
5407.51	--	**Crudos o blanqueados.**			
5407.51.05		Crudos o blanqueados.	M²	10	Ex.
	01	De peso inferior o igual a 100 g/m².			
	02	De peso superior a 100 g/m² pero inferior o igual a 200 g/m².			
	03	De peso superior a 200 g/m².			
5407.52	--	**Teñidos.**			
5407.52.05		Teñidos.	M²	10	Ex.
	01	De peso inferior o igual a 100 g/m².			
	02	De peso superior a 100 g/m2 pero inferior o igual a 200 g/m².			
	03	De peso superior a 200 g/m².			
5407.53	--	**Con hilados de distintos colores.**			
5407.53.04		Con hilados de distintos colores.	M²	10	Ex.
	01	Gofrados o sometidos a cualquier operación complementaria sobre el teñido, incluidos los tejidos dobles o adheridos.			
	02	Reconocibles para naves aéreas.			
	03	Con ancho de 64 a 72 cm, para la confección de corbatas.			
	91	Los demás de peso inferior o igual a 100 g/m².			
	92	Los demás de peso superior a 100 g/m² pero inferior o igual a 200 g/m².			
	93	Los demás de peso superior a 200 g/m².			
5407.54	--	**Estampados.**			
5407.54.05		Estampados.	M²	10	Ex.
	01	De peso inferior o igual a 100 g/m².			
	02	De peso superior a 100 g/m² pero inferior o igual a 200 g/m².			

		03	De peso superior a 200 g/m².			
			- **Los demás tejidos con un contenido de filamentos de poliéster superior o igual al 85% en peso:**			
5407.61			-- **Con un contenido de filamentos de poliéster sin texturar superior o igual al 85% en peso.**			
5407.61.06			Con un contenido de filamentos de poliéster sin texturar superior o igual al 85% en peso.	M²	35	Ex.
		01	Totalmente de poliéster, de hilados sencillos, de título igual o superior a 75 decitex pero inferior o igual a 80 decitex, y 24 filamentos por hilo, y una torsión igual o superior a 900 vueltas por metro.			
		02	Crudos o blanqueados, de peso inferior o igual a 100 g/m2, excepto lo comprendido en el número de identificación comercial 5407.61.06.01.			
		03	Crudos o blanqueados, de peso superior a 100 g/m2 pero inferior o igual a 200 g/m2, excepto lo comprendido en el número de identificación comercial 5407.61.06.01.			
		04	Crudos o blanqueados, de peso superior a 200 g/m2, excepto lo comprendido en el número de identificación comercial 5407.61.06.01.			
		91	Los demás de peso inferior o igual a 100 g/m².			
		92	Los demás de peso superior a 100 g/m² pero inferior o igual a 200 g/m².			
		93	Los demás de peso superior a 200 g/m².			
5407.69			-- **Los demás.**			
5407.69.99			Los demás.	M²	10	Ex.
		01	Reconocibles para naves aéreas.			
		91	Los demás de peso inferior o igual a 100 g/m².			
		92	Los demás de peso superior a 100 g/m² pero inferior o igual a 200 g/m².			
		93	Los demás de peso superior a 200 g/m².			
			- **Los demás tejidos con un contenido de filamentos sintéticos superior o igual al 85% en peso:**			
5407.71			-- **Crudos o blanqueados.**			
5407.71.01	00		Crudos o blanqueados.	M²	10	Ex.
5407.72			-- **Teñidos.**			
5407.72.01	00		Teñidos.	M²	10	Ex.
5407.73			-- **Con hilados de distintos colores.**			
5407.73.04			Con hilados de distintos colores.	M²	10	Ex.
		01	Gofrados, incluidos los tejidos dobles o adheridos.			
		99	Los demás.			
5407.74			-- **Estampados.**			
5407.74.01	00		Estampados.	M²	10	Ex.
			- **Los demás tejidos con un contenido de filamentos sintéticos inferior al 85% en peso, mezclados exclusiva o principalmente con algodón:**			
5407.81			-- **Crudos o blanqueados.**			
5407.81.01	00		Crudos o blanqueados.	M²	10	Ex.
5407.82			-- **Teñidos.**			
5407.82.04			Teñidos.	M²	10	Ex.
		01	Gofrados, o sometidos a cualquier operación complementaria sobre el teñido, incluidos los tejidos dobles o adheridos.			
		99	Los demás.			
5407.83			-- **Con hilados de distintos colores.**			
5407.83.01	00		Con hilados de distintos colores.	M²	10	Ex.
5407.84			-- **Estampados.**			
5407.84.01	00		Estampados.	M²	10	Ex.
			- **Los demás tejidos:**			
5407.91			-- **Crudos o blanqueados.**			
5407.91.08			Crudos o blanqueados.	M²	10	Ex.
		01	Asociados con hilos de caucho.			
		02	Gofrados, incluidos los tejidos dobles o adheridos.			
		03	Tejidos de alcohol polivinílico.			
		04	Reconocibles para naves aéreas.			
		05	De poliuretanos, "elásticos" entorchados tanto en el pie como en la trama, con capacidad de elongación de 68 a 88% en el sentido longitudinal (pie) y de 90 a 120% en el sentido transversal (trama).			
		06	De nailon, cuya trama sea de 40 deniers con 34 filamentos y pie de 70 deniers con 34 filamentos.			
		07	Con un contenido de lana o pelo fino superior o igual a 36% en peso.			
		99	Los demás.			
5407.92			-- **Teñidos.**			
5407.92.07			Teñidos.	M²	10	Ex.
		01	Asociados con hilos de caucho.			
		02	Gofrados o sometidos a cualquier operación complementaria sobre el teñido, incluidos los tejidos dobles o adheridos.			
		03	De alcohol polivinílico.			
		04	Reconocibles para naves aéreas.			
		05	De poliuretanos, "elásticos" entorchados tanto en el pie como en la trama con capacidad de elongación de 68 a 88% en el sentido longitudinal (pie) y de 90 a 120% en sentido transversal (trama).			
		06	Con un contenido de lana o pelo fino superior o igual a 36% en peso.			
		99	Los demás.			
5407.93			-- **Con hilados de distintos colores.**			
5407.93.08			Con hilados de distintos colores.	M²	10	Ex.
		01	Asociados con hilos de caucho.			
		02	Gofrados, incluidos los tejidos dobles o adheridos.			

	03		De alcohol polivinílico.			
	04		Reconocibles para naves aéreas.			
	05		Con ancho de 64 a 72 cm para la confección de corbatas.			
	06		De poliuretanos, "elásticos" entorchados tanto en el pie como en la trama, con capacidad de elongación de 68 a 88% en el sentido longitudinal (pie) y de 90 a 120% en el sentido transversal (trama).			
	07		Con un contenido de lana o pelo fino superior o igual a 36% en peso.			
	99		Los demás.			
5407.94	- -		**Estampados.**			
5407.94.08			Estampados.	M²	10	Ex.
	01		Asociados con hilos de caucho.			
	02		Gofrados, incluidos los tejidos dobles o adheridos.			
	03		De alcohol polivinílico.			
	04		Reconocibles para naves aéreas.			
	05		Con ancho de 64 a 72 cm para la confección de corbatas.			
	06		De poliuretanos,"elásticos" entorchados tanto en el pie como en la trama, con capacidad de elongación de 68 a 88% en el sentido longitudinal (pie) y de 90 a 120% en el sentido transversal (trama).			
	07		Con un contenido de lana o pelo fino superior o igual a 36% en peso.			
	99		Los demás.			
54.08			**Tejidos de hilados de filamentos artificiales, incluidos los fabricados con productos de la partida 54.05.**			
5408.10	-		**Tejidos fabricados con hilados de alta tenacidad de rayón viscosa.**			
5408.10.05			Tejidos fabricados con hilados de alta tenacidad de rayón viscosa.	M²	10	Ex.
	01		Asociados con hilos de caucho.			
	02		Crudos o blanqueados.			
	03		Reconocibles para naves aéreas.			
	04		Empleados en armaduras de neumáticos, de rayón, con un máximo de 6 hilos por pulgada de la trama.			
	99		Los demás.			
	-		**Los demás tejidos con un contenido de filamentos o de tiras o formas similares, artificiales, superior o igual al 85% en peso:**			
5408.21	- -		**Crudos o blanqueados.**			
5408.21.04	00		Crudos o blanqueados.	M²	10	Ex.
5408.22	- -		**Teñidos.**			
5408.22.05			Teñidos.	M²	10	Ex.
	01		De rayón cupramonio.			
	99		Los demás.			
5408.23	- -		**Con hilados de distintos colores.**			
5408.23.06	00		Con hilados de distintos colores.	M²	10	Ex.
5408.24	- -		**Estampados.**			
5408.24.02	00		Estampados.	M²	10	Ex.
	-		**Los demás tejidos:**			
5408.31	- -		**Crudos o blanqueados.**			
5408.31.05			Crudos o blanqueados.	M²	10	Ex.
	01		Asociados con hilos de caucho.			
	02		Gofrados, incluidos los tejidos dobles o adheridos.			
	03		Reconocibles para naves aéreas.			
	04		Con un contenido de lana o pelo fino superior o igual a 36% en peso.			
	99		Los demás.			
5408.32	- -		**Teñidos.**			
5408.32.06			Teñidos.	M²	10	Ex.
	01		Asociados con hilos de caucho.			
	02		Gofrados o sometidos a cualquier operación complementaria sobre el teñido, incluidos los tejidos dobles o adheridos.			
	03		Reconocibles para naves aéreas.			
	04		Redes o mallas, con monofilamentos de menos de 1 mm en su corte transversal, en cuyo punto de cruce estén termo soldados, en rollos de ancho inferior a 2.20 m.			
	05		Con un contenido de lana o pelo fino superior o igual a 36% en peso.			
	99		Los demás.			
5408.33	- -		**Con hilados de distintos colores.**			
5408.33.05			Con hilados de distintos colores.	M²	10	Ex.
	01		Asociados con hilos de caucho.			
	02		Gofrados, incluidos los tejidos dobles o adheridos.			
	03		Reconocibles para naves aéreas.			
	04		Con un contenido de lana o pelo fino superior o igual a 36% en peso.			
	99		Los demás.			
5408.34	- -		**Estampados.**			
5408.34.04			Estampados.	M²	10	Ex.
	01		Asociados con hilos de caucho.			
	02		Gofrados, incluidos los tejidos dobles o adheridos.			
	03		Con un contenido de lana o pelo fino superior o igual a 36% en peso.			
	99		Los demás.			

Capítulo 55
Fibras sintéticas o artificiales discontinuas

Nota.
1. En las partidas 55.01 y 55.02, se entiende por *cables de filamentos sintéticos* y *cables de filamentos artificiales*, los cables constituidos por un conjunto de filamentos paralelos de longitud uniforme e igual a la de los cables, que satisfagan las condiciones siguientes:
   a) longitud del cable superior a 2 m;
   b) torsión del cable inferior a 5 vueltas por metro;
   c) título unitario de los filamentos inferior a 67 decitex;
   d) solamente para los cables de filamentos sintéticos: que hayan sido estirados y, por ello, no puedan alargarse una proporción superior al 100% de su longitud;
   e) título total del cable superior a 20,000 decitex.
   Los cables de longitud inferior o igual a 2 m se clasifican en las partidas 55.03 o 55.04.

CÓDIGO		DESCRIPCIÓN	UNIDAD	ARANCEL	
				IMP	EXP
55.01		**Cables de filamentos sintéticos.**			
		- De nailon o demás poliamidas:			
5501.11		-- De aramidas.			
5501.11.01	00	De aramidas.	Kg	5	Ex.
5501.19		-- Los demás.			
5501.19.99	00	Los demás.	Kg	5	Ex.
5501.20		- De poliésteres.			
5501.20.02	00	De tereftalato de polietileno color negro, teñido en la masa.	Kg	5	Ex.
5501.20.99	00	Los demás.	Kg	Ex.	Ex.
5501.30		- Acrílicos o modacrílicos.			
5501.30.01	00	Acrílicos o modacrílicos.	Kg	5	Ex.
5501.40		- De polipropileno.			
5501.40.01	00	De polipropileno.	Kg	5	Ex.
5501.90		- Los demás.			
5501.90.99	00	Los demás.	Kg	5	Ex.
55.02		**Cables de filamentos artificiales.**			
5502.10		- De acetato de celulosa.			
5502.10.01	00	De acetato de celulosa.	Kg	5	Ex.
5502.90		- Los demás.			
5502.90.01	00	Cables de rayón.	Kg	Ex.	Ex.
5502.90.99	00	Los demás.	Kg	5	Ex.
55.03		**Fibras sintéticas discontinuas, sin cardar, peinar ni transformar de otro modo para la hilatura.**			
		- De nailon o demás poliamidas:			
5503.11		-- De aramidas.			
5503.11.01	00	De aramidas.	Kg	5	Ex.
5503.19		-- Las demás.			
5503.19.99	00	Las demás.	Kg	5	Ex.
5503.20		- De poliésteres.			
5503.20.03	00	De tereftalato de polietileno color negro, teñidas en la masa.	Kg	Ex.	Ex.
5503.20.99		Los demás.	Kg	5	Ex.
	01	De tereftalato de polietileno, excepto lo comprendido en el número de identificación comercial 5503.20.99.02.			
	02	De tereftalato de polietileno alta tenacidad igual o superior a 7.67 g por decitex (6.9 g por denier).			
	99	Los demás.			
5503.30		- Acrílicas o modacrílicas.			
5503.30.01	00	Acrílicas o modacrílicas.	Kg	5	Ex.
5503.40		- De polipropileno.			
5503.40.01	00	De polipropileno de 3 a 25 deniers.	Kg	5	Ex.
5503.40.99	00	Los demás.	Kg	Ex.	Ex.
5503.90		- Las demás.			
5503.90.01	00	De alcohol polivinílico, de longitud inferior o igual a 12 mm.	Kg	Ex.	Ex.
5503.90.99	00	Las demás.	Kg	5	Ex.
55.04		**Fibras artificiales discontinuas, sin cardar, peinar ni transformar de otro modo para la hilatura.**			
5504.10		- De rayón viscosa.			
5504.10.02		De rayón viscosa.	Kg	Ex.	Ex.
	01	Rayón fibra corta.			
	99	Los demás.			
5504.90		- Las demás.			
5504.90.99	00	Las demás.	Kg	Ex.	Ex.
55.05		**Desperdicios de fibras sintéticas o artificiales (incluidas las borras, los desperdicios de hilados y las hilachas).**			
5505.10		- De fibras sintéticas.			
5505.10.01	00	De fibras sintéticas.	Kg	5	Ex.
5505.20		- De fibras artificiales.			
5505.20.01	00	De fibras artificiales.	Kg	Ex.	Ex.

LEY DE LOS IMPUESTOS GENERALES DE IMPORTACION Y EXPORTACION

55.06		**Fibras sintéticas discontinuas, cardadas, peinadas o transformadas de otro modo para la hilatura.**			
5506.10	-	**De nailon o demás poliamidas.**			
5506.10.01	00	De nailon o demás poliamidas.	Kg	5	Ex.
5506.20	-	**De poliésteres.**			
5506.20.01	00	De poliésteres.	Kg	5	Ex.
5506.30	-	**Acrílicas o modacrílicas.**			
5506.30.01	00	Acrílicas o modacrílicas.	Kg	5	Ex.
5506.40	-	**De polipropileno.**			
5506.40.01	00	De polipropileno.	Kg	5	Ex.
5506.90	-	**Las demás.**			
5506.90.99	00	Las demás.	Kg	5	Ex.
55.07		**Fibras artificiales discontinuas, cardadas, peinadas o transformadas de otro modo para la hilatura.**			
5507.00	-	**Fibras artificiales discontinuas, cardadas, peinadas o transformadas de otro modo para la hilatura.**			
5507.00.01	00	Fibras artificiales discontinuas, cardadas, peinadas o transformadas de otro modo para la hilatura.	Kg	5	Ex.
55.08		**Hilo de coser de fibras sintéticas o artificiales, discontinuas, incluso acondicionado para la venta al por menor.**			
5508.10	-	**De fibras sintéticas discontinuas.**			
5508.10.01	00	De fibras sintéticas discontinuas.	Kg	10	Ex.
5508.20	-	**De fibras artificiales discontinuas.**			
5508.20.01	00	De fibras artificiales discontinuas.	Kg	10	Ex.
55.09		**Hilados de fibras sintéticas discontinuas (excepto el hilo de coser) sin acondicionar para la venta al por menor.**			
	-	**Con un contenido de fibras discontinuas de nailon o demás poliamidas superior o igual al 85% en peso:**			
5509.11	- -	**Sencillos.**			
5509.11.01	00	Sencillos.	Kg	10	Ex.
5509.12	- -	**Retorcidos o cableados.**			
5509.12.01	00	Retorcidos o cableados.	Kg	10	Ex.
	-	**Con un contenido de fibras discontinuas de poliéster superior o igual al 85% en peso:**			
5509.21	- -	**Sencillos.**			
5509.21.01	00	Sencillos.	Kg	10	Ex.
5509.22	- -	**Retorcidos o cableados.**			
5509.22.01	00	Retorcidos o cableados.	Kg	10	Ex.
	-	**Con un contenido de fibras discontinuas acrílicas o modacrílicas superior o igual al 85% en peso:**			
5509.31	- -	**Sencillos.**			
5509.31.01	00	Sencillos.	Kg	10	Ex.
5509.32	- -	**Retorcidos o cableados.**			
5509.32.01	00	Retorcidos o cableados.	Kg	10	Ex.
	-	**Los demás hilados con un contenido de fibras sintéticas discontinuas superior o igual al 85% en peso:**			
5509.41	- -	**Sencillos.**			
5509.41.01	00	Sencillos.	Kg	10	Ex.
5509.42	- -	**Retorcidos o cableados.**			
5509.42.01	00	Retorcidos o cableados.	Kg	10	Ex.
	-	**Los demás hilados de fibras discontinuas de poliéster:**			
5509.51	- -	**Mezclados exclusiva o principalmente con fibras artificiales discontinuas.**			
5509.51.01	00	Mezclados exclusiva o principalmente con fibras artificiales discontinuas.	Kg	10	Ex.
5509.52	- -	**Mezclados exclusiva o principalmente con lana o pelo fino.**			
5509.52.01	00	Mezclados exclusiva o principalmente con lana o pelo fino.	Kg	10	Ex.
5509.53	- -	**Mezclados exclusiva o principalmente con algodón.**			
5509.53.01	00	Mezclados exclusiva o principalmente con algodón.	Kg	10	Ex.
5509.59	- -	**Los demás.**			
5509.59.99	00	Los demás.	Kg	10	Ex.
	-	**Los demás hilados de fibras discontinuas acrílicas o modacrílicas:**			
5509.61	- -	**Mezclados exclusiva o principalmente con lana o pelo fino.**			
5509.61.01	00	Mezclados exclusiva o principalmente con lana o pelo fino.	Kg	10	Ex.
5509.62	- -	**Mezclados exclusiva o principalmente con algodón.**			
5509.62.01	00	Mezclados exclusiva o principalmente con algodón.	Kg	10	Ex.
5509.69	- -	**Los demás.**			
5509.69.99	00	Los demás.	Kg	10	Ex.
	-	**Los demás hilados:**			
5509.91	- -	**Mezclados exclusiva o principalmente con lana o pelo fino.**			
5509.91.01	00	Mezclados exclusiva o principalmente con lana o pelo fino.	Kg	10	Ex.
5509.92	- -	**Mezclados exclusiva o principalmente con algodón.**			
5509.92.01	00	Mezclados exclusiva o principalmente con algodón.	Kg	10	Ex.
5509.99	- -	**Los demás.**			
5509.99.99	00	Los demás.	Kg	10	Ex.
55.10		**Hilados de fibras artificiales discontinuas (excepto el hilo de coser) sin acondicionar para la venta al por menor.**			
	-	**Con un contenido de fibras artificiales discontinuas superior o igual al 85% en peso:**			

Código		Descripción	U	Imp	Ex
5510.11	- -	**Sencillos.**			
5510.11.01	00	Sencillos.	Kg	10	Ex.
5510.12	- -	**Retorcidos o cableados.**			
5510.12.01	00	Retorcidos o cableados.	Kg	10	Ex.
5510.20	-	**Los demás hilados mezclados exclusiva o principalmente con lana o pelo fino.**			
5510.20.91	00	Los demás hilados mezclados exclusiva o principalmente con lana o pelo fino.	Kg	10	Ex.
5510.30	-	**Los demás hilados mezclados exclusiva o principalmente con algodón.**			
5510.30.91	00	Los demás hilados mezclados exclusiva o principalmente con algodón.	Kg	10	Ex.
5510.90	-	**Los demás hilados.**			
5510.90.91	00	Los demás hilados.	Kg	10	Ex.
55.11		**Hilados de fibras sintéticas o artificiales, discontinuas (excepto el hilo de coser), acondicionados para la venta al por menor.**			
5511.10	-	**De fibras sintéticas discontinuas con un contenido de estas fibras superior o igual al 85% en peso.**			
5511.10.01	00	De fibras sintéticas discontinuas con un contenido de estas fibras superior o igual al 85% en peso.	Kg	10	Ex.
5511.20	-	**De fibras sintéticas discontinuas con un contenido de estas fibras inferior al 85% en peso.**			
5511.20.01	00	De fibras sintéticas discontinuas con un contenido de estas fibras inferior al 85% en peso.	Kg	10	Ex.
5511.30	-	**De fibras artificiales discontinuas.**			
5511.30.01	00	De fibras artificiales discontinuas.	Kg	10	Ex.
55.12		**Tejidos de fibras sintéticas discontinuas con un contenido de fibras sintéticas discontinuas superior o igual al 85% en peso.**			
	-	Con un contenido de fibras discontinuas de poliéster superior o igual al 85% en peso:			
5512.11	- -	**Crudos o blanqueados.**			
5512.11.05		Crudos o blanqueados.	M²	15	Ex.
	01	De peso inferior o igual a 100 g/m².			
	02	De peso superior a 100 g/m² pero inferior o igual a 200 g/m².			
	03	De peso superior a 200 g/m².			
5512.19	- -	**Los demás.**			
5512.19.99		Los demás.	M²	35	Ex.
	01	Tipo mezclilla.			
	91	Los demás de peso inferior o igual a 100 g/m².			
	92	Los demás de peso superior a 100 g/m² pero inferior o igual a 200 g/m².			
	93	Los demás de peso superior a 200 g/m².			
	-	Con un contenido de fibras discontinuas acrílicas o modacrílicas superior o igual al 85% en peso:			
5512.21	- -	**Crudos o blanqueados.**			
5512.21.01	00	Crudos o blanqueados.	M²	10	Ex.
5512.29	- -	**Los demás.**			
5512.29.99	00	Los demás.	M²	10	Ex.
	-	Los demás:			
5512.91	- -	**Crudos o blanqueados.**			
5512.91.01	00	Crudos o blanqueados.	M²	35	Ex.
5512.99	- -	**Los demás.**			
5512.99.99	00	Los demás.	M²	10	Ex.
55.13		**Tejidos de fibras sintéticas discontinuas con un contenido de estas fibras inferior al 85% en peso, mezcladas exclusiva o principalmente con algodón, de peso inferior o igual a 170 g/m².**			
	-	Crudos o blanqueados:			
5513.11	- -	**De fibras discontinuas de poliéster, de ligamento tafetán.**			
5513.11.04		De fibras discontinuas de poliéster, de ligamento tafetán.	M²	15	Ex.
	01	De peso inferior o igual a 90 g/m².			
	02	De peso superior a 90 g/m².			
5513.12	- -	**De fibras discontinuas de poliéster, de ligamento sarga, incluido el cruzado, de curso inferior o igual a 4.**			
5513.12.01		De fibras discontinuas de poliéster, de ligamento sarga, incluido el cruzado, de curso inferior o igual a 4.	M²	10	Ex.
	01	De peso inferior o igual a 90 g/m².			
	99	Los demás.			
5513.13	- -	**Los demás tejidos de fibras discontinuas de poliéster.**			
5513.13.91		Los demás tejidos de fibras discontinuas de poliéster.	M²	35	Ex.
	01	De peso inferior o igual a 90 g/m².			
	99	Los demás.			
5513.19	- -	**Los demás tejidos.**			
5513.19.91		Los demás tejidos.	M²	10	Ex.
	01	De peso inferior o igual a 90 g/m².			
	99	Los demás.			
	-	Teñidos:			
5513.21	- -	**De fibras discontinuas de poliéster, de ligamento tafetán.**			
5513.21.04		De fibras discontinuas de poliéster, de ligamento tafetán.	M²	10	Ex.
	01	De peso inferior o igual a 90 g/m².			
	02	De peso superior a 90 g/m².			
5513.23	- -	**Los demás tejidos de fibras discontinuas de poliéster.**			
5513.23.91		Los demás tejidos de fibras discontinuas de poliéster.	M²	10	Ex.
	01	De ligamento sarga incluido el cruzado, de curso inferior o igual a 4, de peso inferior o igual a 90 g/m².			

	02		De ligamento sarga incluido el cruzado, de curso inferior o igual a 4, de peso superior a 90 g/m².			
	91		Los demás de peso inferior o igual a 90 g/m².			
	99		Los demás.			
5513.29		- -	**Los demás tejidos.**			
5513.29.91			Los demás tejidos.	M²	35	Ex.
	01		De peso inferior o igual a 90 g/m².			
	99		Los demás.			
		-	**Con hilados de distintos colores:**			
5513.31		- -	**De fibras discontinuas de poliéster, de ligamento tafetán.**			
5513.31.01			De fibras discontinuas de poliéster, de ligamento tafetán.	M²	10	Ex.
	01		De peso inferior o igual a 90 g/m².			
	99		Los demás.			
5513.39		- -	**Los demás tejidos.**			
5513.39.91			Los demás tejidos.	M²	35	Ex.
	01		De fibras discontinuas de poliéster, de ligamento sarga incluido el cruzado, de curso inferior o igual a 4, de peso inferior o igual a 90 g/m².			
	02		De fibras discontinuas de poliéster, de peso inferior o igual a 90 g/m².			
	03		De fibras discontinuas de poliéster, de peso superior a 90 g/m².			
	91		Los demás de peso inferior o igual a 90 g/m².			
	99		Los demás.			
		-	**Estampados:**			
5513.41		- -	**De fibras discontinuas de poliéster, de ligamento tafetán.**			
5513.41.01			De fibras discontinuas de poliéster, de ligamento tafetán.	M²	10	Ex.
	01		De peso inferior o igual a 90 g/m².			
	99		Los demás.			
5513.49		- -	**Los demás tejidos.**			
5513.49.91			Los demás tejidos.	M²	35	Ex.
	01		De fibras discontinuas de poliéster, de ligamento sarga incluido el cruzado, de curso inferior o igual a 4, de peso inferior o igual a 90 g/m².			
	02		De fibras discontinuas de poliéster, de ligamento sarga incluido el cruzado, de curso inferior o igual a 4, de peso superior a 90 g/m².			
	91		Los demás de peso inferior o igual a 90 g/m².			
	92		Los demás tejidos de fibras discontinuas de poliéster.			
	99		Los demás.			
55.14			**Tejidos de fibras sintéticas discontinuas con un contenido de estas fibras inferior al 85% en peso, mezcladas exclusiva o principalmente con algodón, de peso superior a 170 g/m².**			
		-	**Crudos o blanqueados:**			
5514.11		- -	**De fibras discontinuas de poliéster, de ligamento tafetán.**			
5514.11.01	00		De fibras discontinuas de poliéster, de ligamento tafetán.	M²	10	Ex.
5514.12		- -	**De fibras discontinuas de poliéster, de ligamento sarga, incluido el cruzado, de curso inferior o igual a 4.**			
5514.12.01	00		De fibras discontinuas de poliéster, de ligamento sarga, incluido el cruzado, de curso inferior o igual a 4.	M²	10	Ex.
5514.19		- -	**Los demás tejidos.**			
5514.19.91			Los demás tejidos.	M²	10	Ex.
	01		De fibras discontinuas de poliéster.			
	99		Los demás.			
		-	**Teñidos:**			
5514.21		- -	**De fibras discontinuas de poliéster, de ligamento tafetán.**			
5514.21.01	00		De fibras discontinuas de poliéster, de ligamento tafetán.	M²	15	Ex.
5514.22		- -	**De fibras discontinuas de poliéster, de ligamento sarga, incluido el cruzado, de curso inferior o igual a 4.**			
5514.22.01	00		De fibras discontinuas de poliéster, de ligamento sarga, incluido el cruzado, de curso inferior o igual a 4.	M²	10	Ex.
5514.23		- -	**Los demás tejidos de fibras discontinuas de poliéster.**			
5514.23.91	00		Los demás tejidos de fibras discontinuas de poliéster.	M²	35	Ex.
5514.29		- -	**Los demás tejidos.**			
5514.29.91	00		Los demás tejidos.	M²	35	Ex.
5514.30		-	**Con hilados de distintos colores.**			
5514.30.05			Con hilados de distintos colores.	M²	10	Ex.
	91		Los demás tejidos de fibras discontinuas de poliéster.			
	99		Los demás.			
		-	**Estampados:**			
5514.41		- -	**De fibras discontinuas de poliéster, de ligamento tafetán.**			
5514.41.01	00		De fibras discontinuas de poliéster, de ligamento tafetán.	M²	10	Ex.
5514.42		- -	**De fibras discontinuas de poliéster, de ligamento sarga, incluido el cruzado, de curso inferior o igual a 4.**			
5514.42.01	00		De fibras discontinuas de poliéster, de ligamento sarga, incluido el cruzado, de curso inferior o igual a 4.	M²	10	Ex.
5514.43		- -	**Los demás tejidos de fibras discontinuas de poliéster.**			
5514.43.91	00		Los demás tejidos de fibras discontinuas de poliéster.	M²	10	Ex.
5514.49		- -	**Los demás tejidos.**			
5514.49.91	00		Los demás tejidos.	M²	10	Ex.
55.15			**Los demás tejidos de fibras sintéticas discontinuas.**			

	-	**De fibras discontinuas de poliéster:**			
5515.11	- -	**Mezcladas exclusiva o principalmente con fibras discontinuas de rayón viscosa.**			
5515.11.01		Mezcladas exclusiva o principalmente con fibras discontinuas de rayón viscosa.	M²	10	Ex.
	01	De peso inferior o igual a 100 g/m².			
	02	De peso superior a 100 g/m² pero inferior o igual a 200 g/m².			
	99	Los demás.			
5515.12	- -	**Mezcladas exclusiva o principalmente con filamentos sintéticos o artificiales.**			
5515.12.01		Mezcladas exclusiva o principalmente con filamentos sintéticos o artificiales.	M²	15	Ex.
	01	De peso inferior o igual a 100 g/m².			
	02	De peso superior a 100 g/m² pero inferior o igual a 200 g/m².			
	99	Los demás.			
5515.13	- -	**Mezcladas exclusiva o principalmente con lana o pelo fino.**			
5515.13.02		Mezcladas exclusiva o principalmente con lana o pelo fino.	M²	10	Ex.
	01	Con un contenido inferior a 36% en peso de lana o pelo fino.			
	99	Los demás.			
5515.19	- -	**Los demás.**			
5515.19.99		Los demás.	M²	35	Ex.
	01	De peso inferior o igual a 100 g/m².			
	02	De peso superior a 100 g/m² pero inferior o igual a 200 g/m².			
	99	Los demás.			
	-	**De fibras discontinuas acrílicas o modacrílicas:**			
5515.21	- -	**Mezcladas exclusiva o principalmente con filamentos sintéticos o artificiales.**			
5515.21.01		Mezcladas exclusiva o principalmente con filamentos sintéticos o artificiales.	M²	35	Ex.
	01	De peso inferior o igual a 100 g/m².			
	02	De peso superior a 100 g/m² pero inferior o igual a 200 g/m².			
	99	Los demás.			
5515.22	- -	**Mezcladas exclusiva o principalmente con lana o pelo fino.**			
5515.22.02	00	Mezcladas exclusiva o principalmente con lana o pelo fino.	M²	10	Ex.
5515.29	- -	**Los demás.**			
5515.29.99		Los demás.	M²	10	Ex.
	01	De peso inferior o igual a 100 g/m².			
	02	De peso superior a 100 g/m² pero inferior o igual a 200 g/m².			
	99	Los demás.			
	-	**Los demás tejidos:**			
5515.91	- -	**Mezclados exclusiva o principalmente con filamentos sintéticos o artificiales.**			
5515.91.01		Mezclados exclusiva o principalmente con filamentos sintéticos o artificiales.	M²	35	Ex.
	01	De peso inferior o igual a 100 g/m².			
	02	De peso superior a 100 g/m² pero inferior o igual a 200 g/m².			
	99	Los demás.			
5515.99	- -	**Los demás.**			
5515.99.99		Los demás.	M²	35	Ex.
	01	Mezclados exclusiva o principalmente con lana o pelo fino, con un contenido inferior a 36% en peso de lana o pelo fino.			
	02	Mezclados exclusiva o principalmente con lana o pelo fino excepto lo comprendido en el número de identificación comercial 5515.99.99.01.			
	03	De peso inferior o igual a 100 g/m², excepto lo comprendido en los números de identificación comercial 5515.99.99.01 y 5515.99.99.02.			
	04	De peso superior a 100 g/m² pero inferior o igual a 200 g/m², en los números de identificación comercial 5515.99.99.01 y 5515.99.99.02.			
	99	Los demás.			
55.16		**Tejidos de fibras artificiales discontinuas.**			
	-	**Con un contenido de fibras artificiales discontinuas superior o igual al 85% en peso:**			
5516.11	- -	**Crudos o blanqueados.**			
5516.11.01	00	Crudos o blanqueados.	M²	10	Ex.
5516.12	- -	**Teñidos.**			
5516.12.01	00	Teñidos.	M²	10	Ex.
5516.13	- -	**Con hilados de distintos colores.**			
5516.13.01	00	Con hilados de distintos colores.	M²	10	Ex.
5516.14	- -	**Estampados.**			
5516.14.01	00	Estampados.	M²	10	Ex.
	-	**Con un contenido de fibras artificiales discontinuas inferior al 85% en peso, mezcladas exclusiva o principalmente con filamentos sintéticos o artificiales:**			
5516.21	- -	**Crudos o blanqueados.**			
5516.21.01	00	Crudos o blanqueados.	M²	10	Ex.
5516.22	- -	**Teñidos.**			
5516.22.01	00	Teñidos.	M²	10	Ex.
5516.23	- -	**Con hilados de distintos colores.**			
5516.23.01	00	Con hilados de distintos colores.	M²	10	Ex.
5516.24	- -	**Estampados.**			
5516.24.01	00	Estampados.	M²	10	Ex.
	-	**Con un contenido de fibras artificiales discontinuas inferior al 85% en peso, mezcladas exclusiva o principalmente con lana o pelo fino:**			
5516.31	- -	**Crudos o blanqueados.**			
5516.31.02	00	Crudos o blanqueados.	M²	10	Ex.
5516.32	- -	**Teñidos.**			

5516.32.02	00	Teñidos.	M²	10	Ex.
5516.33	--	**Con hilados de distintos colores.**			
5516.33.02	00	Con hilados de distintos colores.	M²	10	Ex.
5516.34	--	**Estampados.**			
5516.34.02	00	Estampados.	M²	10	Ex.
	-	Con un contenido de fibras artificiales discontinuas inferior al 85% en peso, mezcladas exclusiva o principalmente con algodón:			
5516.41	--	**Crudos o blanqueados.**			
5516.41.01	00	Crudos o blanqueados.	M²	10	Ex.
5516.42	--	**Teñidos.**			
5516.42.01	00	Teñidos.	M²	10	Ex.
5516.43	--	**Con hilados de distintos colores.**			
5516.43.01	00	Con hilados de distintos colores.	M²	10	Ex.
5516.44	--	**Estampados.**			
5516.44.01	00	Estampados.	M²	10	Ex.
	-	Los demás:			
5516.91	--	**Crudos o blanqueados.**			
5516.91.01	00	Crudos o blanqueados.	M²	10	Ex.
5516.92	--	**Teñidos.**			
5516.92.01	00	Teñidos.	M²	10	Ex.
5516.93	--	**Con hilados de distintos colores.**			
5516.93.01	00	Con hilados de distintos colores.	M²	10	Ex.
5516.94	--	**Estampados.**			
5516.94.01	00	Estampados.	M²	10	Ex.

Capítulo 56
Guata, fieltro y tela sin tejer; hilados especiales; cordeles, cuerdas y cordajes; artículos de cordelería

Notas.
1. Este Capítulo no comprende:
   a) la guata, fieltro y tela sin tejer, impregnados, recubiertos o revestidos de sustancias o preparaciones (por ejemplo: de perfume o cosméticos del Capítulo 33, de jabón o detergentes de la partida 34.01, de betunes o cremas para el calzado, encáusticos, abrillantadores (lustres), etc. o preparaciones similares de la partida 34.05, de suavizantes para textiles de la partida 38.09), cuando la materia textil sea un simple soporte;
   b) los productos textiles de la partida 58.11;
   c) los abrasivos naturales o artificiales, en polvo o gránulos, con soporte de fieltro o tela sin tejer (partida 68.05);
   d) la mica aglomerada o reconstituida con soporte de fieltro o tela sin tejer (partida 68.14);
   e) las hojas y tiras delgadas de metal con soporte de fieltro o tela sin tejer (generalmente Secciones XIV o XV);
   f) las compresas y los tampones higiénicos, pañales y artículos similares de la partida 96.19.
2. El término *fieltro* comprende también el fieltro punzonado y los productos constituidos por una capa de fibra textil cuya cohesión se ha reforzado mediante costura por cadeneta con las fibras de la propia capa.
3. Las partidas 56.02 y 56.03 comprenden, respectivamente, el fieltro y la tela sin tejer, impregnados, recubiertos, revestidos o estratificados con plástico o caucho, cualquiera que sea la naturaleza de estas materias (compacta o celular).
   La partida 56.03 comprende, además, la tela sin tejer aglomerada con plástico o caucho.
   Las partidas 56.02 y 56.03 no comprenden, sin embargo:
   a) el fieltro impregnado, recubierto, revestido o estratificado, con plástico o caucho, con un contenido de materia textil inferior o igual al 50% en peso, así como el fieltro inmerso totalmente en plástico o caucho (Capítulos 39 o 40);
   b) la tela sin tejer totalmente inmersa en plástico o caucho o totalmente recubierta o revestida por las dos caras con estas mismas materias, siempre que el recubrimiento o revestimiento sea perceptible a simple vista, hecha abstracción para la aplicación de esta disposición de los cambios de color producidos por estas operaciones (Capítulos 39 o 40);
   c) las placas, hojas o tiras, de plástico o caucho celulares, combinadas con fieltro o tela sin tejer, en las que la materia textil sea un simple soporte (Capítulos 39 o 40).
4. La partida 56.04 no comprende los hilados textiles, ni las tiras y formas similares de las partidas 54.04 o 54.05, cuya impregnación, recubrimiento o revestimiento no sea perceptible a simple vista (Capítulos 50 a 55, generalmente); para la aplicación de esta disposición, se hará abstracción de los cambios de color producidos por estas operaciones.

CÓDIGO	DESCRIPCIÓN	UNIDAD	ARANCEL	
			IMP	EXP
56.01		**Guata de materia textil y artículos de esta guata; fibras textiles de longitud inferior o igual a 5 mm (tundizno), nudos y motas de materia textil.**			
	-	Guata de materia textil y artículos de esta guata:			
5601.21	--	**De algodón.**			
5601.21.02		De algodón.	Kg	Ex.	Ex.
	01	Guata.			
	99	Los demás.			
5601.22	--	**De fibras sintéticas o artificiales.**			
5601.22.01	00	Guata.	Kg	Ex.	Ex.
5601.22.99	00	Los demás.	Kg	10	Ex.
5601.29	--	**Los demás.**			
5601.29.99	00	Los demás.	Kg	Ex.	Ex.
5601.30	-	**Tundizno, nudos y motas de materia textil.**			
5601.30.02		Tundizno, nudos y motas de materia textil.	Kg	Ex.	Ex.

	01	Motas de "seda" de acetato, rayón-viscosa o de lino.			
	99	Los demás.			
56.02		**Fieltro, incluso impregnado, recubierto, revestido o estratificado.**			
5602.10	-	**Fieltro punzonado y productos obtenidos mediante costura por cadeneta.**			
5602.10.02 00		Fieltro punzonado y productos obtenidos mediante costura por cadeneta.	Kg	10	Ex.
	-	Los demás fieltros sin impregnar, recubrir, revestir ni estratificar:			
5602.21	- -	**De lana o pelo fino.**			
5602.21.03		De lana o pelo fino.	Kg	10	Ex.
	01	De lana.			
	02	De forma cilíndrica o rectangular.			
	99	Los demás.			
5602.29	- -	**De las demás materias textiles.**			
5602.29.91 00		De las demás materias textiles.	Kg	10	Ex.
5602.90	-	**Los demás.**			
5602.90.99 00		Los demás.	Kg	10	Ex.
56.03		**Tela sin tejer, incluso impregnada, recubierta, revestida o estratificada.**			
	-	De filamentos sintéticos o artificiales:			
5603.11	- -	**De peso inferior o igual a 25 g/m².**			
5603.11.01 00		De peso inferior o igual a 25 g/m².	Kg	10	Ex.
5603.12	- -	**De peso superior a 25 g/m² pero inferior o igual a 70 g/m².**			
5603.12.02		De peso superior a 25 g/m² pero inferior o igual a 70 g/m².	Kg	10	Ex.
	01	De anchura inferior o igual a 45 mm, para uso exclusivo en la fabricación de pilas eléctricas.			
	99	Los demás.			
5603.13	- -	**De peso superior a 70 g/m² pero inferior o igual a 150 g/m².**			
5603.13.02		De peso superior a 70 g/m² pero inferior o igual a 150 g/m².	Kg	35	Ex.
	01	De fibras aramídicas, o de propiedades dieléctricas a base de rayón y alcohol polivinílico con peso superior a 70 g/m² pero inferior a 85 g/m².			
	99	Las demás.			
5603.14	- -	**De peso superior a 150 g/m².**			
5603.14.01 00		De peso superior a 150 g/m².	Kg	10	Ex.
	-	Las demás:			
5603.91	- -	**De peso inferior o igual a 25 g/m².**			
5603.91.01 00		De peso inferior o igual a 25 g/m².	Kg	10	Ex.
5603.92	- -	**De peso superior a 25 g/m² pero inferior o igual a 70 g/m².**			
5603.92.01 00		De peso superior a 25 g/m² pero inferior o igual a 70 g/m².	Kg	10	Ex.
5603.93	- -	**De peso superior a 70 g/m² pero inferior o igual a 150 g/m².**			
5603.93.01 00		De peso superior a 70 g/m² pero inferior o igual a 150 g/m².	Kg	10	Ex.
5603.94	- -	**De peso superior a 150 g/m².**			
5603.94.01 00		De peso superior a 150 g/m².	Kg	10	Ex.
56.04		**Hilos y cuerdas de caucho revestidos de textiles; hilados textiles, tiras y formas similares de las partidas 54.04 o 54.05, impregnados, recubiertos, revestidos o enfundados con caucho o plástico.**			
5604.10	-	**Hilos y cuerdas de caucho revestidos de textiles.**			
5604.10.01 00		Hilos y cuerdas de caucho revestidos de textiles.	Kg	10	Ex.
5604.90	-	**Los demás.**			
5604.90.01 00		Impregnados o recubiertos de caucho vulcanizado.	Kg	10	Ex.
5604.90.02 00		De seda o de desperdicios de seda, acondicionados para la venta al por menor, pelo de Mesina (crin de Florencia); imitaciones de catgut preparados con hilados de seda.	Kg	10	Ex.
5604.90.04 00		Imitaciones de catgut, de materia textil sintética y artificial, continua, con diámetro superior o igual a 0.05 mm, sin exceder de 0.70 mm.	Kg	10	Ex.
5604.90.05 00		De materia textil sintética y artificial, excepto lo comprendido en la fracción arancelaria 5604.90.01.	Kg	10	Ex.
5604.90.06 00		De lana, de pelos (finos u ordinarios) o de crin incluso acondicionados para la venta al por menor.	Kg	10	Ex.
5604.90.07 00		De lino o de ramio.	Kg	10	Ex.
5604.90.08 00		De algodón, sin acondicionar para la venta al por menor.	Kg	10	Ex.
5604.90.09 00		De algodón, acondicionados para la venta al por menor.	Kg	10	Ex.
5604.90.10 00		Hilados de alta tenacidad de poliésteres, de nailon o demás poliamidas o de rayón viscosa, impregnados o recubiertos, reconocibles para naves aéreas.	Kg	Ex.	Ex.
5604.90.11 00		Hilados de alta tenacidad impregnados o recubiertos, de fibras aramídicas.	Kg	Ex.	Ex.
5604.90.12 00		Hilados de alta tenacidad impregnados o recubiertos, de poliamidas o superpoliamidas de 44.44 decitex (40 deniers) y 34 filamentos.	Kg	Ex.	Ex.
5604.90.13 00		Hilados de alta tenacidad impregnados o recubiertos, de rayón, de 1,333.33 decitex (1,200 deniers).	Kg	10	Ex.
5604.90.14 00		Hilados de alta tenacidad de poliésteres, de nailon o demás poliamidas o de rayón viscosa, impregnados o recubiertos, excepto lo comprendido en las fracciones arancelarias 5604.90.10, 5604.90.11, 5604.90.12 y 5604.90.13.	Kg	10	Ex.
5604.90.99		Los demás.	Kg	Ex.	Ex.
	01	Imitaciones de catgut, de materia textil sintética y artificial, continua.			
	99	Los demás.			
56.05		**Hilados metálicos e hilados metalizados, incluso entorchados, constituidos por hilados textiles, tiras o formas similares de las partidas 54.04 o 54.05, combinados con metal en forma de hilos, tiras o polvo, o revestidos de metal.**			
5605.00	-	**Hilados metálicos e hilados metalizados, incluso entorchados, constituidos por hilados textiles, tiras o formas similares de las partidas 54.04 o 54.05, combinados con metal en forma de hilos, tiras o polvo, o revestidos de metal.**			

Código			Descripción	Unidad	IMP	EXP
5605.00.01	00		Hilados metálicos e hilados metalizados, incluso entorchados, constituidos por hilados textiles, tiras o formas similares de las partidas 54.04 o 54.05, combinados con metal en forma de hilos, tiras o polvo, o revestidos de metal.	Kg	10	Ex.
56.06			**Hilados entorchados, tiras y formas similares de las partidas 54.04 o 54.05, entorchadas (excepto los de la partida 56.05 y los hilados de crin entorchados); hilados de chenilla; hilados "de cadeneta".**			
5606.00		-	Hilados entorchados, tiras y formas similares de las partidas 54.04 o 54.05, entorchadas (excepto los de la partida 56.05 y los hilados de crin entorchados); hilados de chenilla; hilados "de cadeneta".			
5606.00.03			Hilados entorchados, tiras y formas similares de las partidas 54.04 o 54.05, entorchadas (excepto los de la partida 56.05 y los hilados de crin entorchados); hilados de chenilla; hilados "de cadeneta".	Kg	10	Ex.
	01		Hilados de poliuretanos entorchados o enrollados con hilos de fibras textiles poliamídicas o poliestéricas, con decitex total superior a 99.9 (90 deniers).			
	02		Hilados de poliuretanos entorchados o enrollados con hilos de fibras textiles poliamídicas o poliestéricas, excepto lo comprendido en el número de identificación comercial 5606.00.03.01.			
	99		Los demás.			
56.07			**Cordeles, cuerdas y cordajes, estén o no trenzados, incluso impregnados, recubiertos, revestidos o enfundados con caucho o plástico.**			
		-	De sisal o demás fibras textiles del género *Agave*:			
5607.21		- -	Cordeles para atar o engavillar.			
5607.21.01	00		Cordeles para atar o engavillar.	Kg	10	Ex.
5607.29		- -	Los demás.			
5607.29.99	00		Los demás.	Kg	10	Ex.
		-	De polietileno o polipropileno:			
5607.41		- -	Cordeles para atar o engavillar.			
5607.41.01	00		Cordeles para atar o engavillar.	Kg	10	Ex.
5607.49		- -	Los demás.			
5607.49.99	00		Los demás.	Kg	10	Ex.
5607.50		-	De las demás fibras sintéticas.			
5607.50.91	00		De las demás fibras sintéticas.	Kg	10	Ex.
5607.90		-	Los demás.			
5607.90.02	00		De yute o demás fibras textiles del liber de la partida 53.03.	Kg	Ex.	Ex.
5607.90.99			Los demás.	Kg	10	Ex.
	01		De abacá (cáñamo de Manila (Musa textilis Nee)) o demás fibras duras de hojas.			
	99		Los demás.			
56.08			**Redes de mallas anudadas, en paño o en pieza, fabricadas con cordeles, cuerdas o cordajes; redes confeccionadas para la pesca y demás redes confeccionadas, de materia textil.**			
		-	De materia textil sintética o artificial:			
5608.11		- -	Redes confeccionadas para la pesca.			
5608.11.02			Redes confeccionadas para la pesca.	Kg	10	Ex.
	01		Con luz de malla inferior a 3.81 cm.			
	99		Las demás.			
5608.19		- -	Las demás.			
5608.19.99	00		Las demás.	Kg	10	Ex.
5608.90		-	Las demás.			
5608.90.99	00		Las demás.	Kg	10	Ex.
56.09			**Artículos de hilados, tiras o formas similares de las partidas 54.04 o 54.05, cordeles, cuerdas o cordajes, no expresados ni comprendidos en otra parte.**			
5609.00		-	Artículos de hilados, tiras o formas similares de las partidas 54.04 o 54.05, cordeles, cuerdas o cordajes, no expresados ni comprendidos en otra parte.			
5609.00.02			Artículos de hilados, tiras o formas similares de las partidas 54.04 o 54.05, cordeles, cuerdas o cordajes, no expresados ni comprendidos en otra parte.	Kg	10	Ex.
	01		Eslingas.			
	99		Los demás.			

Capítulo 57
Alfombras y demás revestimientos para el suelo, de materia textil

Notas.
1. En este Capítulo, se entiende por *alfombras y demás revestimientos para el suelo, de materia textil,* cualquier revestimiento para el suelo cuya superficie de materia textil quede al exterior después de colocado. También están comprendidos los artículos que tengan las características de los revestimientos para el suelo de materia textil pero que se utilicen para otros fines.
2. Este Capítulo no comprende los productos textiles planos y bastos de protección que se colocan bajo las alfombras y demás revestimientos para el suelo.

CÓDIGO	DESCRIPCIÓN	UNIDAD	ARANCEL		
			IMP	EXP	
57.01			**Alfombras de nudo de materia textil, incluso confeccionadas.**		
5701.10	-	De lana o pelo fino.			
5701.10.01 00		De lana o pelo fino.	M²	15	Ex.

Código		Descripción	UM	%	
5701.90	-	De las demás materias textiles.			
5701.90.91	00	De las demás materias textiles.	M²	15	Ex.
57.02		**Alfombras y demás revestimientos para el suelo, de materia textil, tejidos, excepto los de mechón insertado y los flocados, aunque estén confeccionados, incluidas las alfombras llamadas "Kelim" o "Kilim", "Schumacks" o "Soumak", "Karamanie" y alfombras similares tejidas a mano.**			
5702.10	-	**Alfombras llamadas "Kelim" o "Kilim", "Schumacks" o "Soumak", "Karamanie" y alfombras similares tejidas a mano.**			
5702.10.01	00	Alfombras llamadas "Kelim" o "Kilim", "Schumacks" o "Soumak", "Karamanie" y alfombras similares tejidas a mano.	M²	15	Ex.
5702.20	-	**Revestimientos para el suelo de fibras de coco.**			
5702.20.01	00	Revestimientos para el suelo de fibras de coco.	M²	15	Ex.
	-	Los demás, aterciopelados, sin confeccionar:			
5702.31	--	**De lana o pelo fino.**			
5702.31.01	00	De lana o pelo fino.	M²	15	Ex.
5702.32	--	**De materia textil sintética o artificial.**			
5702.32.01	00	De materia textil sintética o artificial.	M²	15	Ex.
5702.39	--	**De las demás materias textiles.**			
5702.39.91	00	De las demás materias textiles.	M²	15	Ex.
	-	Los demás, aterciopelados, confeccionados:			
5702.41	--	**De lana o pelo fino.**			
5702.41.01	00	De lana o pelo fino.	M²	15	Ex.
5702.42	--	**De materia textil sintética o artificial.**			
5702.42.01	00	De materia textil sintética o artificial.	M²	15	Ex.
5702.49	--	**De las demás materias textiles.**			
5702.49.91	00	De las demás materias textiles.	M²	15	Ex.
5702.50	-	**Los demás, sin aterciopelar ni confeccionar.**			
5702.50.91		Los demás, sin aterciopelar ni confeccionar.	M²	15	Ex.
	01	De lana o pelo fino.			
	02	De materia textil sintética o artificial.			
	99	Los demás.			
	-	Los demás, sin aterciopelar, confeccionados:			
5702.91	--	**De lana o pelo fino.**			
5702.91.01	00	De lana o pelo fino.	M²	15	Ex.
5702.92	--	**De materia textil sintética o artificial.**			
5702.92.01	00	De materia textil sintética o artificial.	M²	15	Ex.
5702.99	--	**De las demás materias textiles.**			
5702.99.91	00	De las demás materias textiles.	M²	15	Ex.
57.03		**Alfombras y demás revestimientos para el suelo (incluido el césped), de materia textil, con mechón insertado, incluso confeccionados.**			
5703.10	-	**De lana o pelo fino.**			
5703.10.01	00	De lana o pelo fino.	M²	15	Ex.
	-	De nailon o demás poliamidas:			
5703.21	--	**Césped.**			
5703.21.01		Césped.	M²	15	Ex.
	01	De superficie inferior a 5.25 m².			
	99	Los demás.			
5703.29	--	**Los demás.**			
5703.29.99		Los demás.	M²	15	Ex.
	01	Tapetes de superficie inferior a 5.25 m².			
	99	Los demás.			
	-	De las demás materias textiles sintéticas o de materias textiles artificiales:			
5703.31	--	**Césped.**			
5703.31.01		Césped.	M²	15	Ex.
	01	De superficie inferior a 5.25 m².			
	99	Los demás.			
5703.39	--	**Los demás.**			
5703.39.99		Los demás.	M²	15	Ex.
	01	Tapetes de superficie inferior a 5.25 m².			
	99	Los demás.			
5703.90	-	**De las demás materias textiles.**			
5703.90.91	00	De las demás materias textiles.	M²	15	Ex.
57.04		**Alfombras y demás revestimientos para el suelo, de fieltro, excepto los de mechón insertado y los flocados, incluso confeccionados.**			
5704.10	-	**De superficie inferior o igual a 0.3 m².**			
5704.10.01	00	De superficie inferior o igual a 0.3 m².	M²	15	Ex.
5704.20	-	**De superficie superior a 0.3 m² pero inferior o igual a 1 m².**			
5704.20.01	00	De superficie superior a 0.3 m² pero inferior o igual a 1 m².	M²	15	Ex.
5704.90	-	**Los demás.**			
5704.90.99	00	Los demás.	M²	15	Ex.
57.05		**Las demás alfombras y revestimientos para el suelo, de materia textil, incluso confeccionados.**			
5705.00	-	**Las demás alfombras y revestimientos para el suelo, de materia textil, incluso confeccionados.**			
5705.00.91		Las demás alfombras y revestimientos para el suelo, de materia textil, incluso confeccionados.	M²	15	Ex.

LEY DE LOS IMPUESTOS GENERALES DE IMPORTACION Y EXPORTACION

01 Alfombra en rollos, de fibras de poliamidas y con un soporte antiderrapante, de anchura igual o superior a 1.1 m pero inferior o igual a 2.2 m.
99 Los demás.

Capítulo 58
Tejidos especiales; superficies textiles con mechón insertado; encajes; tapicería; pasamanería; bordados

Notas.
1. No se clasifican en este Capítulo los tejidos especificados en la Nota 1 del Capítulo 59, impregnados, recubiertos, revestidos o estratificados ni los demás productos del Capítulo 59.
2. Se clasifican también en la partida 58.01 el terciopelo y la felpa por trama sin cortar todavía que no presenten ni pelo ni bucles en la superficie.
3. En la partida 58.03, se entiende por *tejido de gasa de vuelta* el tejido en el que la urdimbre esté compuesta en toda o parte de su superficie por hilos fijos (hilos derechos) y por hilos móviles (hilos de vuelta) que se cruzan con los fijos dando media vuelta, una vuelta completa o más de una vuelta, para formar un bucle que aprisiona la trama.
4. No se clasifican en la partida 58.04 las redes de mallas anudadas, en paño o en pieza, fabricadas con cordeles, cuerdas o cordajes, de la partida 56.08.
5. En la partida 58.06, se entiende por *cintas*:
    a) - los tejidos (incluido el terciopelo) en tiras de anchura inferior o igual a 30 cm y con orillos verdaderos;
    - las tiras de anchura inferior o igual a 30 cm obtenidas por corte de tejido y provistas de falsos orillos tejidos, pegados u obtenidos de otra forma;
    b) los tejidos tubulares que, aplanados, tengan una anchura inferior o igual a 30 cm;
    c) los tejidos al bies con bordes plegados de anchura inferior o igual a 30 cm una vez desplegados.
    Las cintas con flecos obtenidos durante el tejido se clasifican en la partida 58.08.
6. El término *bordados* de la partida 58.10 se extiende a las aplicaciones por costura de lentejuelas, cuentas o motivos decorativos de textil u otra materia, así como a los trabajos realizados con hilos bordadores de metal o fibra de vidrio. Se excluye de la partida 58.10 la tapicería de aguja (partida 58.05).
7. Además de los productos de la partida 58.09, se clasifican también en las partidas de este Capítulo los productos hechos con hilos de metal, de los tipos utilizados en prendas de vestir, tapicería o usos similares.

CÓDIGO		DESCRIPCIÓN	UNIDAD	ARANCEL	
				IMP	EXP
58.01		**Terciopelo y felpa, excepto los de punto, y tejidos de chenilla, excepto los productos de las partidas 58.02 o 58.06.**			
5801.10	-	De lana o pelo fino.			
5801.10.01	00	De lana o pelo fino.	M²	10	Ex.
	-	**De algodón:**			
5801.21	- -	Terciopelo y felpa por trama, sin cortar.			
5801.21.01	00	Terciopelo y felpa por trama, sin cortar.	M²	10	Ex.
5801.22	- -	Terciopelo y felpa por trama, cortados, rayados (pana rayada, "corduroy").			
5801.22.01	00	Terciopelo y felpa por trama, cortados, rayados (pana rayada, "corduroy").	M²	10	Ex.
5801.23	- -	Los demás terciopelos y felpas por trama.			
5801.23.91	00	Los demás terciopelos y felpas por trama.	M²	10	Ex.
5801.26	- -	Tejidos de chenilla.			
5801.26.01	00	Tejidos de chenilla.	M²	10	Ex.
5801.27	- -	Terciopelo y felpa por urdimbre.			
5801.27.01	00	Terciopelo y felpa por urdimbre.	M²	10	Ex.
	-	**De fibras sintéticas o artificiales:**			
5801.31	- -	Terciopelo y felpa por trama, sin cortar.			
5801.31.01	00	Terciopelo y felpa por trama, sin cortar.	M²	10	Ex.
5801.32	- -	Terciopelo y felpa por trama, cortados, rayados (pana rayada, "corduroy").			
5801.32.01	00	Terciopelo y felpa por trama, cortados, rayados (pana rayada, "corduroy").	M²	10	Ex.
5801.33	- -	Los demás terciopelos y felpas por trama.			
5801.33.91	00	Los demás terciopelos y felpas por trama.	M²	10	Ex.
5801.36	- -	Tejidos de chenilla.			
5801.36.01	00	Tejidos de chenilla.	M²	10	Ex.
5801.37	- -	Terciopelo y felpa por urdimbre.			
5801.37.01	00	Terciopelo y felpa por urdimbre.	M²	10	Ex.
5801.90	-	De las demás materias textiles.			
5801.90.91	00	De las demás materias textiles.	M²	10	Ex.
58.02		**Tejidos con bucles del tipo toalla, excepto los productos de la partida 58.06; superficies textiles con mechón insertado, excepto los productos de la partida 57.03.**			
5802.10	-	Tejidos con bucles del tipo toalla, de algodón.			
5802.10.01	00	Crudos.	M²	10	Ex.
5802.10.99	00	Los demás.	M²	20	Ex.
5802.20	-	Tejidos con bucles del tipo toalla, de las demás materias textiles.			
5802.20.01	00	Tejidos con bucles del tipo toalla, de las demás materias textiles.	M²	10	Ex.
5802.30	-	Superficies textiles con mechón insertado.			
5802.30.01	00	Superficies textiles con mechón insertado.	M²	10	Ex.
58.03		**Tejidos de gasa de vuelta, excepto los productos de la partida 58.06.**			
5803.00	-	Tejidos de gasa de vuelta, excepto los productos de la partida 58.06.			
5803.00.05		Tejidos de gasa de vuelta, excepto los productos de la partida 58.06.	M²	10	Ex.
	01	De algodón.			

	02	De fibras sintéticas continuas, crudos o blanqueados, excepto las reconocibles para naves aéreas.			
	03	De fibras sintéticas continuas, reconocibles para naves aéreas.			
	04	De fibras textiles vegetales, excepto de lino, de ramio o de algodón.			
	99	Los demás.			
58.04		**Tul, tul-bobinot y tejidos de mallas anudadas; encajes en pieza, en tiras o en aplicaciones, excepto los productos de las partidas 60.02 a 60.06.**			
5804.10	-	**Tul, tul-bobinot y tejidos de mallas anudadas.**			
5804.10.01	00	Tul, tul-bobinot y tejidos de mallas anudadas.	Kg	15	Ex.
	-	Encajes fabricados a máquina:			
5804.21	- -	**De fibras sintéticas o artificiales.**			
5804.21.01	00	De fibras sintéticas o artificiales.	Kg	15	Ex.
5804.29	- -	**De las demás materias textiles.**			
5804.29.91	00	De las demás materias textiles.	Kg	10	Ex.
5804.30	-	**Encajes hechos a mano.**			
5804.30.01	00	Encajes hechos a mano.	Kg	10	Ex.
58.05		**Tapicería tejida a mano (gobelinos, Flandes, Aubusson, Beauvais y similares) y tapicería de aguja (por ejemplo: de "petit point", de punto de cruz), incluso confeccionadas.**			
5805.00	-	**Tapicería tejida a mano (gobelinos, Flandes, Aubusson, Beauvais y similares) y tapicería de aguja (por ejemplo: de "petit point", de punto de cruz), incluso confeccionadas.**			
5805.00.01	00	Tapicería tejida a mano (gobelinos, Flandes, Aubusson, Beauvais y similares) y tapicería de aguja (por ejemplo: de "petit point", de punto de cruz), incluso confeccionadas.	M²	10	Ex.
58.06		**Cintas, excepto los artículos de la partida 58.07; cintas sin trama, de hilados o fibras paralelizados y aglutinados.**			
5806.10	-	**Cintas de terciopelo, de felpa, de tejidos de chenilla o de tejidos con bucles del tipo toalla.**			
5806.10.01	00	De seda.	Kg	Ex.	Ex.
5806.10.99	00	Las demás.	Kg	10	Ex.
5806.20	-	**Las demás cintas, con un contenido de hilos de elastómeros o de hilos de caucho superior o igual al 5% en peso.**			
5806.20.01	00	De seda.	Kg	Ex.	Ex.
5806.20.99	00	Las demás.	Kg	15	Ex.
	-	Las demás cintas:			
5806.31	- -	**De algodón.**			
5806.31.01	00	De algodón.	Kg	10	Ex.
5806.32	- -	**De fibras sintéticas o artificiales.**			
5806.32.01	00	De fibras sintéticas o artificiales.	Kg	15	Ex.
5806.39	- -	**De las demás materias textiles.**			
5806.39.01	00	De seda.	Kg	Ex.	Ex.
5806.39.99	00	Las demás.	Kg	10	Ex.
5806.40	-	**Cintas sin trama, de hilados o fibras paralelizados y aglutinados.**			
5806.40.01	00	De seda.	Kg	Ex.	Ex.
5806.40.99	00	Las demás.	Kg	10	Ex.
58.07		**Etiquetas, escudos y artículos similares, de materia textil, en pieza, cintas o recortados, sin bordar.**			
5807.10	-	**Tejidos.**			
5807.10.01	00	Tejidos.	Kg	10	Ex.
5807.90	-	**Los demás.**			
5807.90.99	00	Los demás.	Kg	10	Ex.
58.08		**Trenzas en pieza; artículos de pasamanería y artículos ornamentales análogos, en pieza, sin bordar, excepto los de punto; bellotas, madroños, pompones, borlas y artículos similares.**			
5808.10	-	**Trenzas en pieza.**			
5808.10.01	00	Trenzas en pieza.	Kg	10	Ex.
5808.90	-	**Los demás.**			
5808.90.99	00	Los demás.	Kg	10	Ex.
58.09		**Tejidos de hilos de metal y tejidos de hilados metálicos o de hilados textiles metalizados de la partida 56.05, de los tipos utilizados en prendas de vestir, tapicería o usos similares, no expresados ni comprendidos en otra parte.**			
5809.00	-	**Tejidos de hilos de metal y tejidos de hilados metálicos o de hilados textiles metalizados de la partida 56.05, de los tipos utilizados en prendas de vestir, tapicería o usos similares, no expresados ni comprendidos en otra parte.**			
5809.00.01	00	Tejidos de hilos de metal y tejidos de hilados metálicos o de hilados textiles metalizados de la partida 56.05, de los tipos utilizados en prendas de vestir, tapicería o usos similares, no expresados ni comprendidos en otra parte.	M²	10	Ex.
58.10		**Bordados en pieza, en tiras o en aplicaciones.**			
5810.10	-	**Bordados químicos o aéreos y bordados con fondo recortado.**			
5810.10.01	00	Bordados químicos o aéreos y bordados con fondo recortado.	Kg	10	Ex.
	-	Los demás bordados:			
5810.91	- -	**De algodón.**			
5810.91.01	00	De algodón.	Kg	10	Ex.
5810.92	- -	**De fibras sintéticas o artificiales.**			
5810.92.01	00	De fibras sintéticas o artificiales.	Kg	10	Ex.
5810.99	- -	**De las demás materias textiles.**			
5810.99.91	00	De las demás materias textiles.	Kg	10	Ex.
58.11		**Productos textiles acolchados en pieza, constituidos por una o varias capas de materia textil combinadas con una materia de relleno y mantenidas mediante puntadas u otro modo de sujeción, excepto los bordados de la partida 58.10.**			

5811.00	-	**Productos textiles acolchados en pieza, constituidos por una o varias capas de materia textil combinadas con una materia de relleno y mantenidas mediante puntadas u otro modo de sujeción, excepto los bordados de la partida 58.10.**			
5811.00.01	00	Productos textiles acolchados en pieza, constituidos por una o varias capas de materia textil combinadas con una materia de relleno y mantenidas mediante puntadas u otro modo de sujeción, excepto los bordados de la partida 58.10.	M²	10	Ex.

Capítulo 59
Telas impregnadas, recubiertas, revestidas o estratificadas; artículos técnicos de materia textil

Notas.
1. Salvo disposición en contrario, cuando se utilice en este Capítulo el término *tela(s)*, se refiere a los tejidos de los Capítulos 50 a 55 y de las partidas 58.03 y 58.06, a las trenzas, artículos de pasamanería y artículos ornamentales análogos, en pieza, de la partida 58.08 y a los tejidos de punto de las partidas 60.02 a 60.06.
2. La partida 59.03 comprende:
   a) las telas impregnadas, recubiertas, revestidas o estratificadas con plástico, cualquiera que sea el peso por metro cuadrado y la naturaleza del plástico (compacto o celular), excepto:
      1) las telas cuya impregnación, recubrimiento o revestimiento no sea perceptible a simple vista (Capítulos 50 a 55, 58 o 60, generalmente); para la aplicación de esta disposición, se hará abstracción de los cambios de color producidos por estas operaciones;
      2) los productos que no puedan enrollarse a mano, sin agrietarse, en un cilindro de 7 mm de diámetro a una temperatura comprendida entre 15°C y 30°C (Capítulo 39, generalmente);
      3) los productos en los que la tela esté totalmente inmersa en plástico o totalmente recubierta o revestida por las dos caras con esta misma materia, siempre que el recubrimiento o revestimiento sea perceptible a simple vista, hecha abstracción para la aplicación de esta disposición de los cambios de color producidos por estas operaciones (Capítulo 39);
      4) las telas recubiertas o revestidas parcialmente de plástico, que presenten dibujos producidos por estos tratamientos (Capítulos 50 a 55, 58 o 60, generalmente);
      5) las placas, hojas o tiras de plástico celular, combinadas con tela en las que ésta sea un simple soporte (Capítulo 39);
      6) los productos textiles de la partida 58.11;
   b) las telas fabricadas con hilados, tiras o formas similares, impregnados, recubiertos, revestidos o enfundados con plástico, de la partida 56.04.
3. En la partida 59.03, se entiende por *tejidos estratificados con plástico* los productos obtenidos por montaje de una o varias capas de tejido con una o varias capas de hojas o láminas de plástico que se combinan mediante cualquier proceso que permita unir las capas, incluso si las capas de hojas o láminas de plástico son visibles a simple vista en sección transversal.
4. En la partida 59.05, se entiende por *revestimientos de materia textil para paredes* los productos presentados en rollos de anchura superior o igual a 45 cm para decoración de paredes o techos, constituidos por una superficie textil con un soporte o, a falta de soporte, con un tratamiento en el envés (impregnación o recubrimiento que permita pegarlos).
Sin embargo, esta partida no comprende los revestimientos para paredes constituidos por tundizno o polvo de textiles fijado directamente a un soporte de papel (partida 48.14) o materia textil (partida 59.07, generalmente).
5. En la partida 59.06, se entiende por *telas cauchutadas*:
   a) las telas impregnadas, recubiertas, revestidas o estratificadas con caucho:
      - de peso inferior o igual a 1,500 g/m²; o
      - de peso superior a 1,500 g/m² y con un contenido de materia textil superior al 50% en peso;
   b) las telas fabricadas con hilados, tiras o formas similares, impregnados, recubiertos, revestidos o enfundados con caucho, de la partida 56.04;
   c) las napas de hilados textiles paralelizados y aglutinados entre sí con caucho.
Sin embargo, esta partida no comprende las placas, hojas o tiras de caucho celular, combinadas con tela en las que ésta sea un simple soporte (Capítulo 40), ni los productos textiles de la partida 58.11.
6. La partida 59.07 no comprende:
   a) las telas cuya impregnación, recubrimiento o revestimiento no sea perceptible a simple vista (Capítulos 50 a 55, 58 o 60, generalmente); para la aplicación de esta disposición, se hará abstracción de los cambios de color producidos por estas operaciones;
   b) las telas pintadas con dibujos (excepto los lienzos pintados para decoraciones de teatro, fondos de estudio o usos análogos);
   c) las telas parcialmente recubiertas de tundizno, de polvo de corcho o de productos análogos, que presenten dibujos producidos por estos tratamientos; sin embargo, las imitaciones de terciopelo se clasifican en esta partida;
   d) las telas que tengan los aprestos normales de acabado a base de materias amiláceas o materias similares;
   e) las hojas de madera para chapado con soporte de tela (partida 44.08);
   f) los abrasivos naturales o artificiales en polvo o gránulos con soporte de tela (partida 68.05);
   g) la mica aglomerada o reconstituida con soporte de tela (partida 68.14);
   h) las hojas y tiras delgadas de metal con soporte de tela (generalmente Secciones XIV o XV).
7. La partida 59.10 no comprende:
   a) las correas de materia textil de espesor inferior a 3 mm, en pieza o cortadas en longitudes determinadas;
   b) las correas de tela impregnada, recubierta, revestida o estratificada con caucho, así como las fabricadas con hilados o cordeles textiles impregnados, recubiertos, revestidos o enfundados con caucho (partida 40.10).
8. La partida 59.11 comprende los productos siguientes, que se consideran excluidos de las demás partidas de la Sección XI:
   a) los productos textiles en pieza cortados en longitudes determinadas o simplemente cortados en forma cuadrada o rectangular, mencionados limitativamente a continuación (excepto los que tengan el carácter de productos de las partidas 59.08 a 59.10):
      - las telas, fieltro y tejidos forrados de fieltro, combinados con una o varias capas de caucho, cuero u otra materia, de los tipos utilizados para la fabricación de guarniciones de cardas y productos análogos para otros usos técnicos, incluidas las cintas de terciopelo impregnadas de caucho para forrar enjulios;
      - las gasas y telas para cerner;

- las telas filtrantes, tejidos gruesos y capachos de los tipos utilizados en las prensas de aceite o para usos técnicos análogos, incluidos los de cabello;
- los tejidos planos para usos técnicos, aunque estén afieltrados, incluso impregnados o recubiertos, con la urdimbre o la trama múltiples;
- las telas reforzadas con metal de los tipos utilizados para usos técnicos;
- los cordones lubricantes y las trenzas, cuerdas y productos textiles similares de relleno industrial, incluso impregnados, recubiertos o armados;

b) los artículos textiles (excepto los de las partidas 59.08 a 59.10) para usos técnicos (por ejemplo: telas y fieltros sin fin o con dispositivos de unión, de los tipos utilizados en las máquinas de fabricar papel o máquinas similares (por ejemplo: para pasta, para amiantocemento), discos para pulir, juntas o empaquetaduras, arandelas y demás partes de máquinas o aparatos).

CÓDIGO		DESCRIPCIÓN	UNIDAD	ARANCEL IMP	EXP
59.01		**Telas recubiertas de cola o materias amiláceas, de los tipos utilizados para encuadernación, cartonaje, estuchería o usos similares; transparentes textiles para calcar o dibujar; lienzos preparados para pintar; bucarán y telas rígidas similares de los tipos utilizados en sombrerería.**			
5901.10		- **Telas recubiertas de cola o materias amiláceas, de los tipos utilizados para encuadernación, cartonaje, estuchería o usos similares.**			
5901.10.01	00	Telas recubiertas de cola o materias amiláceas, de los tipos utilizados para encuadernación, cartonaje, estuchería o usos similares.	M²	10	Ex.
5901.90		- **Los demás.**			
5901.90.99		Los demás.	M²	10	Ex.
	01	Telas para calcar.			
	02	Telas preparadas para la pintura.			
	99	Los demás.			
59.02		**Napas tramadas para neumáticos fabricadas con hilados de alta tenacidad de nailon o demás poliamidas, de poliésteres o de rayón viscosa.**			
5902.10		- **De nailon o demás poliamidas.**			
5902.10.01	00	De nailon o demás poliamidas.	Kg	10	Ex.
5902.20		- **De poliésteres.**			
5902.20.01	00	De poliésteres.	Kg	10	Ex.
5902.90		- **Las demás.**			
5902.90.99	00	Las demás.	Kg	10	Ex.
59.03		**Telas impregnadas, recubiertas, revestidas o estratificadas con plástico, excepto las de la partida 59.02.**			
5903.10		- **Con poli(cloruro de vinilo).**			
5903.10.02		Con poli(cloruro de vinilo).	M²	10	Ex.
	01	De fibras sintéticas o artificiales.			
	99	Los demás.			
5903.20		- **Con poliuretano.**			
5903.20.02		Con poliuretano.	M²	10	Ex.
	01	De fibras sintéticas o artificiales.			
	99	Los demás.			
5903.90		- **Las demás.**			
5903.90.99		Las demás.	M²	10	Ex.
	01	Cintas o tiras adhesivas.			
	02	De peso inferior o igual a 100 g/m², de fibras sintéticas o artificiales, excepto lo comprendido número de identificación comercial 5903.90.99.01.			
	03	De peso superior a 100 g/m² pero inferior o igual a 200 g/m², de fibras sintéticas o artificiales, excepto lo comprendido en número de identificación comercial 5903.90.99.01.			
	04	De peso superior a 200 g/m², de fibras sintéticas o artificiales, excepto lo comprendido en número de identificación comercial 5903.90.99.01.			
	99	Las demás.			
59.04		**Linóleo, incluso cortado; revestimientos para el suelo formados por un recubrimiento o revestimiento aplicado sobre un soporte textil, incluso cortados.**			
5904.10		- **Linóleo.**			
5904.10.01	00	Linóleo.	M²	10	Ex.
5904.90		- **Los demás.**			
5904.90.99	00	Los demás.	M²	10	Ex.
59.05		**Revestimientos de materia textil para paredes.**			
5905.00		- **Revestimientos de materia textil para paredes.**			
5905.00.01	00	Revestimientos de materia textil para paredes.	M²	10	Ex.
59.06		**Telas cauchutadas, excepto las de la partida 59.02.**			
5906.10		- **Cintas adhesivas de anchura inferior o igual a 20 cm.**			
5906.10.01	00	Cintas adhesivas de anchura inferior o igual a 20 cm.	M	10	Ex.
		- **Las demás:**			
5906.91		- - **De punto.**			
5906.91.02	00	De punto.	M²	10	Ex.
5906.99		- - **Las demás.**			
5906.99.99		Las demás.	M²	10	Ex.
	01	Tela cauchutada con alma de tejido de nailon o algodón, recubierta por ambas caras con hule sintético, vulcanizada, con espesor entre 0.3 y 2.0 mm.			

	02	Tejidos de algodón, recubiertos o impregnados de caucho por una o ambas caras.			
	03	De fibras sintéticas o artificiales, recubiertos o impregnados de caucho por una o ambas caras.			
	99	Los demás.			
59.07		**Las demás telas impregnadas, recubiertas o revestidas; lienzos pintados para decoraciones de teatro, fondos de estudio o usos análogos.**			
5907.00	-	Las demás telas impregnadas, recubiertas o revestidas; lienzos pintados para decoraciones de teatro, fondos de estudio o usos análogos.			
5907.00.01	00	Tejidos impregnados con materias incombustibles.	M²	10	Ex.
5907.00.05	00	Telas impregnadas o bañadas, con tundiznos cuya longitud sea hasta 2 mm.	M²	10	Ex.
5907.00.06	00	De fibras sintéticas o artificiales, del tipo de los comprendidos en las fracciones arancelarias 5907.00.01 y 5907.00.05.	M²	10	Ex.
5907.00.99		Los demás.	Kg	10	Ex.
	01	Cintas o tiras impregnadas con aceites oxidados.			
	02	Tejidos impregnados con preparaciones a base de aceites oxidados, aislantes de la electricidad.			
	03	Telas y tejidos encerados o aceitados.			
	99	Los demás.			
59.08		**Mechas de materia textil tejida, trenzada o de punto, para lámparas, hornillos, mecheros, velas o similares; manguitos de incandescencia y tejidos de punto tubulares utilizados para su fabricación, incluso impregnados.**			
5908.00	-	Mechas de materia textil tejida, trenzada o de punto, para lámparas, hornillos, mecheros, velas o similares; manguitos de incandescencia y tejidos de punto tubulares utilizados para su fabricación, incluso impregnados.			
5908.00.03	00	Tejidos tubulares.	Kg	Ex.	Ex.
5908.00.99		Los demás.	Kg	10	Ex.
	01	Capuchones.			
	02	Mechas de algodón montadas en anillos de metal común.			
	99	Los demás.			
59.09		**Mangueras para bombas y tubos similares, de materia textil, incluso con armadura o accesorios de otras materias.**			
5909.00	-	Mangueras para bombas y tubos similares, de materia textil, incluso con armadura o accesorios de otras materias.			
5909.00.01	00	Mangueras para bombas y tubos similares, de materia textil, incluso con armadura o accesorios de otras materias.	Kg	10	Ex.
59.10		**Correas transportadoras o de transmisión, de materia textil, incluso impregnadas, recubiertas, revestidas o estratificadas con plástico o reforzadas con metal u otra materia.**			
5910.00	-	Correas transportadoras o de transmisión, de materia textil, incluso impregnadas, recubiertas, revestidas o estratificadas con plástico o reforzadas con metal u otra materia.			
5910.00.01	00	Correas transportadoras o de transmisión, de materia textil, incluso impregnadas, recubiertas, revestidas o estratificadas con plástico o reforzadas con metal u otra materia.	Kg	10	Ex.
59.11		**Productos y artículos textiles para usos técnicos mencionados en la Nota 8 de este Capítulo.**			
5911.10	-	Telas, fieltro y tejidos forrados de fieltro, combinados con una o varias capas de caucho, cuero u otra materia, de los tipos utilizados para la fabricación de guarniciones de cardas y productos análogos para otros usos técnicos, incluidas las cintas de terciopelo impregnadas de caucho para forrar enjulios.			
5911.10.01	00	Cintas de terciopelo impregnadas de caucho para forrar enjulios.	M	10	Ex.
5911.10.99	00	Los demás.	Kg	Ex.	Ex.
5911.20		Gasas y telas para cerner, incluso confeccionadas.			
5911.20.01	00	Gasas y telas para cerner, incluso confeccionadas.	M²	Ex.	Ex.
	-	Telas y fieltros sin fin o con dispositivos de unión, de los tipos utilizados en las máquinas de fabricar papel o máquinas similares (por ejemplo: para pasta, para amiantocemento):			
5911.31	- -	De peso inferior a 650 g/m².			
5911.31.01	00	De peso inferior a 650 g/m².	Kg	10	Ex.
5911.32	- -	De peso superior o igual a 650 g/m².			
5911.32.01	00	De peso superior o igual a 650 g/m².	Kg	10	Ex.
5911.40	-	Telas filtrantes, tejidos gruesos y capachos de los tipos utilizados en las prensas de aceite o para usos técnicos análogos, incluidos los de cabello.			
5911.40.01	00	Telas filtrantes, tejidos gruesos y capachos de los tipos utilizados en las prensas de aceite o para usos técnicos análogos, incluidos los de cabello.	Kg	10	Ex.
5911.90	-	Los demás.			
5911.90.01	00	Artículos textiles para usos técnicos u otras partes o piezas de máquinas o aparatos.	Kg	Ex.	Ex.
5911.90.99		Los demás.	Kg	10	Ex.
	01	Tejidos armados con metal, de los tipos comúnmente empleados en usos técnicos.			
	02	Juntas, arandelas, membranas, discos, manguitos o artículos análogos para usos técnicos.			
	99	Los demás.			

Capítulo 60
Tejidos de punto

Notas.
1. Este Capítulo no comprende:
    a) los encajes de croché o ganchillo de la partida 58.04;
    b) las etiquetas, escudos y artículos similares, de punto, de la partida 58.07;

c) los tejidos de punto impregnados, recubiertos, revestidos o estratificados, del Capítulo 59. Sin embargo, el terciopelo, la felpa y los tejidos con bucles, de punto, incluso impregnados, recubiertos, revestidos o estratificados, se clasifican en la partida 60.01.

2. Este Capítulo comprende también los tejidos de punto fabricados con hilos de metal, de los tipos utilizados en prendas de vestir, tapicería o usos similares.

3. En la Nomenclatura, la expresión *de punto* incluye los productos obtenidos mediante costura por cadeneta en los que las mallas estén constituidas por hilados textiles.

Nota de subpartida

1. La subpartida 6005.35 comprende los tejidos de monofilamentos de polietileno o de multifilamentos de poliéster, con un peso superior o igual a 30 g/m^2 pero inferior o igual a 55 g/ m^2, cuya malla contenga una cantidad superior o igual a 20 perforaciones/cm^2 pero inferior o igual a 100 perforaciones/cm^2, impregnados o recubiertos con alfa-cipermetrina (ISO), clorfenapir (ISO), deltametrina (DCI, ISO), lambda-cialotrina (ISO), permetrina (ISO) o pirimifos-metil (ISO).

CÓDIGO		DESCRIPCIÓN	UNIDAD	ARANCEL IMP	EXP
60.01		**Terciopelo, felpa (incluidos los tejidos de punto "de pelo largo") y tejidos con bucles, de punto.**			
6001.10		- **Tejidos "de pelo largo".**			
6001.10.03		Tejidos "de pelo largo".	Kg	10	Ex.
	01	Crudos o blanqueados.			
	99	Los demás.			
		- **Tejidos con bucles:**			
6001.21		- - **De algodón.**			
6001.21.01		De algodón.	Kg	10	Ex.
	01	Crudos o blanqueados.			
	99	Los demás.			
6001.22		- - **De fibras sintéticas o artificiales.**			
6001.22.01		De fibras sintéticas o artificiales.	Kg	10	Ex.
	01	De fibras sintéticas, crudos o blanqueados.			
	02	De fibras artificiales, crudos o blanqueados.			
	99	Los demás.			
6001.29		- - **De las demás materias textiles.**			
6001.29.01	00	De seda.	Kg	Ex.	Ex.
6001.29.99		Los demás.	Kg	10	Ex.
	01	De lana, pelo o crin.			
	99	Los demás.			
		- **Los demás:**			
6001.91		- - **De algodón.**			
6001.91.01		De algodón.	Kg	10	Ex.
	01	Crudos o blanqueados.			
	99	Los demás.			
6001.92		- - **De fibras sintéticas o artificiales.**			
6001.92.01		De fibras sintéticas o artificiales.	Kg	10	Ex.
	01	De fibras sintéticas, crudos o blanqueados.			
	02	De fibras artificiales, crudos o blanqueados.			
	99	Los demás.			
6001.99		- - **De las demás materias textiles.**			
6001.99.91	00	De las demás materias textiles.	Kg	10	Ex.
60.02		**Tejidos de punto de anchura inferior o igual a 30 cm, con un contenido de hilados de elastómeros o de hilos de caucho superior o igual al 5% en peso, excepto los de la partida 60.01.**			
6002.40		- **Con un contenido de hilados de elastómeros superior o igual al 5% en peso, sin hilos de caucho.**			
6002.40.01	00	De seda.	Kg	Ex.	Ex.
6002.40.99		Los demás.	Kg	10	Ex.
	01	De algodón.			
	02	De fibras sintéticas.			
	03	De fibras artificiales.			
	99	Los demás.			
6002.90		- **Los demás.**			
6002.90.01	00	De seda.	Kg	Ex.	Ex.
6002.90.99		Los demás.	Kg	10	Ex.
	01	De algodón.			
	02	De fibras sintéticas.			
	03	De fibras artificiales.			
	99	Los demás.			
60.03		**Tejidos de punto de anchura inferior o igual a 30 cm, excepto los de las partidas 60.01 o 60.02.**			
6003.10		- **De lana o pelo fino.**			
6003.10.01	00	De lana o pelo fino.	Kg	10	Ex.
6003.20		- **De algodón.**			
6003.20.01	00	De algodón.	Kg	10	Ex.
6003.30		- **De fibras sintéticas.**			
6003.30.01	00	De fibras sintéticas.	Kg	10	Ex.

6003.40		- De fibras artificiales.			
6003.40.01	00	De fibras artificiales.	Kg	10	Ex.
6003.90		- Los demás.			
6003.90.01	00	De seda.	Kg	Ex.	Ex.
6003.90.99	00	Los demás.	Kg	10	Ex.

60.04 Tejidos de punto de anchura superior a 30 cm, con un contenido de hilados de elastómeros o de hilos de caucho superior o igual al 5% en peso, excepto los de la partida 60.01.

6004.10		- Con un contenido de hilados de elastómeros superior o igual al 5% en peso, sin hilos de caucho.			
6004.10.01	00	De seda.	Kg	Ex.	Ex.
6004.10.99		Los demás.	Kg	15	Ex.
	01	De algodón.			
	02	De filamentos sintéticos, excepto lo comprendido en el número de identificación comercial 6004.10.99.05.			
	03	De fibras artificiales.			
	04	De fibras cortas sintéticas, excepto lo comprendido en el número de identificación comercial 6004.10.99.05.			
	05	De poliamidas, excepto lo comprendido en los números de identificación comercial 6004.10.99.02 y 6004.10.99.04.			
	99	Los demás.			
6004.90		- Los demás.			
6004.90.01	00	De seda.	Kg	Ex.	Ex.
6004.90.99	00	Los demás.	Kg	10	Ex.

60.05 Tejidos de punto por urdimbre (incluidos los obtenidos en telares de pasamanería), excepto los de las partidas 60.01 a 60.04.

		- De algodón:			
6005.21		- - Crudos o blanqueados.			
6005.21.01	00	Crudos o blanqueados.	Kg	10	Ex.
6005.22		- - Teñidos.			
6005.22.01	00	Teñidos.	Kg	10	Ex.
6005.23		- - Con hilados de distintos colores.			
6005.23.01	00	Con hilados de distintos colores.	Kg	35	Ex.
6005.24		- - Estampados.			
6005.24.01	00	Estampados.	Kg	10	Ex.
		- De fibras sintéticas:			
6005.35		- - Tejidos mencionados en la Nota 1 de subpartida de este Capítulo.			
6005.35.01	00	Tejidos mencionados en la Nota 1 de subpartida de este Capítulo.	Kg	10	Ex.
6005.36		- - Los demás, crudos o blanqueados.			
6005.36.91		Los demás, crudos o blanqueados.	Kg	10	Ex.
	01	De poliamida.			
	99	Los demás.			
6005.37		- - Los demás, teñidos.			
6005.37.91		Los demás, teñidos.	Kg	15	Ex.
	01	Totalmente de poliamidas, con un fieltro de fibras de polipropileno en una de sus caras, como soporte.			
	99	Los demás.			
6005.38		- - Los demás, con hilados de distintos colores.			
6005.38.91	00	Los demás, con hilados de distintos colores.	Kg	10	Ex.
6005.39		- - Los demás, estampados.			
6005.39.91	00	Los demás, estampados.	Kg	10	Ex.
		- De fibras artificiales:			
6005.41		- - Crudos o blanqueados.			
6005.41.01	00	Crudos o blanqueados.	Kg	10	Ex.
6005.42		- - Teñidos.			
6005.42.01	00	Teñidos.	Kg	10	Ex.
6005.43		- - Con hilados de distintos colores.			
6005.43.01	00	Con hilados de distintos colores.	Kg	10	Ex.
6005.44		- - Estampados.			
6005.44.01	00	Estampados.	Kg	10	Ex.
6005.90		- Los demás.			
6005.90.99		Los demás.	Kg	10	Ex.
	01	De lana o pelo fino.			
	99	Los demás.			

60.06 Los demás tejidos de punto.

6006.10		- De lana o pelo fino.			
6006.10.01	00	De lana o pelo fino.	Kg	10	Ex.
		- De algodón:			
6006.21		- - Crudos o blanqueados.			
6006.21.02		Crudos o blanqueados.	Kg	10	Ex.
	01	Tejido circular, totalmente de algodón, de hilados sencillos con título inferior o igual a 100 dtex (superior al número métrico 100).			
	99	Los demás.			
6006.22		- - Teñidos.			
6006.22.02		Teñidos.	Kg	15	Ex.

	01	Tejido circular, totalmente de algodón, de hilados sencillos con título inferior o igual a 100 dtex (superior al número métrico 100).			
	99	Los demás.			
6006.23		**- - Con hilados de distintos colores.**			
6006.23.02		Con hilados de distintos colores.	Kg	10	Ex.
	01	Tejido circular, totalmente de algodón, de hilados sencillos con título inferior o igual a 100 dtex (superior al número métrico 100).			
	99	Los demás.			
6006.24		**- - Estampados.**			
6006.24.02		Estampados.	Kg	10	Ex.
	01	Tejido circular, totalmente de algodón, de hilados sencillos con título inferior o igual a 100 dtex (superior al número métrico 100).			
	99	Los demás.			
		- De fibras sintéticas:			
6006.31		**- - Crudos o blanqueados.**			
6006.31.03		Crudos o blanqueados.	Kg	10	Ex.
	01	De filamentos de poliéster.			
	99	Los demás.			
6006.32		**- - Teñidos.**			
6006.32.03		Teñidos.	Kg	15	Ex.
	01	De filamentos de poliéster.			
	99	Los demás.			
6006.33		**- - Con hilados de distintos colores.**			
6006.33.03		Con hilados de distintos colores.	Kg	10	Ex.
	01	De filamentos de poliéster.			
	99	Los demás.			
6006.34		**- - Estampados.**			
6006.34.03		Estampados.	Kg	10	Ex.
	01	De filamentos de poliéster.			
	99	Los demás.			
		- De fibras artificiales:			
6006.41		**- - Crudos o blanqueados.**			
6006.41.01	00	Crudos o blanqueados.	Kg	10	Ex.
6006.42		**- - Teñidos.**			
6006.42.01	00	Teñidos.	Kg	10	Ex.
6006.43		**- - Con hilados de distintos colores.**			
6006.43.01	00	Con hilados de distintos colores.	Kg	10	Ex.
6006.44		**- - Estampados.**			
6006.44.01	00	Estampados.	Kg	10	Ex.
6006.90		**- Los demás.**			
6006.90.99	00	Los demás.	Kg	10	Ex.

Capítulo 61
Prendas y complementos (accesorios), de vestir, de punto

Notas.
1. Este Capítulo solo comprende artículos de punto confeccionados.
2. Este Capítulo no comprende:
    a) los artículos de la partida 62.12;
    b) los artículos de prendería de la partida 63.09;
    c) los artículos de ortopedia, tales como bragueros para hernias, fajas medicoquirúrgicas (partida 90.21).
3. En las partidas 61.03 y 61.04:
    a) se entiende por *trajes (ambos o ternos)* y *trajes sastre* los surtidos formados por dos o tres prendas de vestir confeccionadas en su superficie exterior con la misma tela y compuestos por:
    - una sola chaqueta (saco) que cubra la parte superior del cuerpo, cuyo exterior, excepto las mangas, esté constituido por cuatro o más piezas, eventualmente acompañada de un solo chaleco sastre en el que su parte delantera esté confeccionada con la misma tela que la superficie exterior de los demás componentes del surtido y cuya espalda sea de la misma tela que el forro de la chaqueta (saco); y
    - una sola prenda que cubra la parte inferior del cuerpo y que consista en un pantalón largo, un pantalón corto (calzón), un short (excepto de baño), una falda o una falda pantalón, sin tirantes (tiradores) ni peto.

    Todos los componentes del *traje (ambo o terno)* o del *traje sastre* deberán confeccionarse con una tela de la misma estructura, color y composición; además, deberán ser del mismo estilo y de tallas correspondientes o compatibles. Sin embargo, estos componentes pueden presentar un vivo (tira de tela cosida a las costuras) de una tela diferente.

    Si se presentan simultáneamente varias prendas de la parte inferior, por ejemplo: un pantalón largo y un short o dos pantalones largos, o una falda o falda pantalón y un pantalón, se dará prioridad al pantalón largo o a uno de ellos como parte inferior constitutiva del traje (ambo o terno), y a la falda o falda pantalón en el caso del traje sastre, clasificándose separadamente las demás prendas.

    Aunque no cumplan todas las condiciones antes citadas, la expresión *trajes (ambos o ternos)* también comprende los trajes de etiqueta o de noche siguientes:
    - el chaqué, en el que la chaqueta (saco), lisa, presenta faldones redondeados que descienden muy bajo hacia atrás, con un pantalón de rayas verticales;
    - el frac, hecho generalmente de tela negra, con una chaqueta (saco) relativamente corta por delante, que se mantiene abierta, con los faldones estrechos, escotados en las caderas y colgantes por detrás;

- el esmoquin, en el que la chaqueta (saco), aunque quizás permita mayor visibilidad de la pechera, es de corte similar al de la chaqueta (saco) común y presenta la particularidad de llevar solapas brillantes de seda o de imitación de seda.
   b) se entiende por *conjunto* un surtido de prendas de vestir (excepto los artículos de las partidas 61.07, 61.08 o 61.09) que comprenda varias prendas confeccionadas con una misma tela, acondicionado para la venta al por menor y compuesto por:
      - una sola prenda que cubra la parte superior del cuerpo, excepto el pulóver que puede constituir una segunda prenda exterior solamente en el caso de los "twinset" o un chaleco que puede constituir una segunda prenda en los demás casos; y
      - una o dos prendas diferentes que cubran la parte inferior del cuerpo y que consistan en un pantalón largo, un pantalón con peto, un pantalón corto (calzón), un short (excepto de baño), una falda o una falda pantalón.
      Todos los componentes del *conjunto* deben tener la misma estructura, estilo, color y composición; además, deben ser de tallas correspondientes o compatibles. El término *conjunto* no comprende los conjuntos de abrigo para entrenamiento o deporte ni los monos (overoles) y conjuntos de esquí, de la partida 61.12.
4. Las partidas 61.05 y 61.06 no comprenden las prendas de vestir con bolsillos por debajo de la cintura o con acanalado elástico u otro medio para ceñir el bajo de la prenda, ni las prendas que tengan una media inferior a 10 puntos por centímetro lineal en cada dirección, contados en una superficie mínima de 10 cm x 10 cm. La partida 61.05 no comprende las prendas sin mangas. Las *camisas* y *blusas camiseras* son prendas destinadas a cubrir la parte superior del cuerpo y llevan mangas, largas o cortas, así como una abertura, incluso parcial, a partir del escote. Las *blusas* son prendas holgadas también destinadas a cubrir la parte superior del cuerpo. Pueden carecer de mangas y tener o no una abertura en el escote. Las *camisas, blusas* y *blusas camiseras* también pueden tener un cuello.
5. La partida 61.09 no comprende las prendas de vestir con acanalado elástico, cordón corredizo u otro medio para ceñir el bajo.
6. En la partida 61.11:
   a) la expresión *prendas y complementos (accesorios), de vestir, para bebés* se refiere a los artículos para niños de corta edad con estatura no superior a 86 cm;
   b) los artículos susceptibles de clasificarse en la partida 61.11 y en otras partidas de este Capítulo se clasifican en la partida 61.11.
7. En la partida 61.12, se entiende por *monos (overoles) y conjuntos de esquí,* las prendas de vestir o surtidos de prendas de vestir que, por su aspecto general y su textura, sean identificables como destinados principalmente para uso en la práctica del esquí (alpino o de fondo). Se componen de:
   a) un *mono (overol)* de esquí, es decir, una prenda de una sola pieza que cubre la parte superior y la inferior del cuerpo; además de mangas y cuello, este artículo puede llevar bolsillos y trabillas; o
   b) un *conjunto de esquí*, es decir, un surtido de prendas de vestir que comprenda dos o tres prendas, acondicionado para la venta al por menor y compuesto por:
      - una sola prenda del tipo anorak, cazadora o artículo similar, con cierre de cremallera (cierre relámpago), eventualmente acompañada de un chaleco; y
      - un solo pantalón, aunque suba por encima de la cintura, un solo pantalón corto (calzón) o un solo pantalón con peto.
   El *conjunto de esquí* puede también estar compuesto por un mono (overol) de esquí del tipo mencionado anteriormente y por una especie de chaqueta (saco) acolchada sin mangas que se viste sobre el mono (overol).
   Todos los componentes del *conjunto de esquí* deben estar confeccionados con una tela de la misma textura, estilo y composición, del mismo color o de colores distintos; además, deben ser de tallas correspondientes o compatibles.
8. Las prendas de vestir susceptibles de clasificarse en la partida 61.13 y en otras partidas de este Capítulo, excepto en la partida 61.11, se clasifican en la partida 61.13.
9. Las prendas de vestir de este Capítulo que se cierren por delante de izquierda sobre derecha se consideran como prendas para hombres o niños, y aquellas que se cierren por delante de derecha sobre izquierda, como prendas para mujeres o niñas. Estas disposiciones no se aplicarán cuando el corte de la prenda indique manifiestamente que ha sido diseñada para uno u otro sexo. Las prendas que no sean identificables como prendas para hombres o niños, o como prendas para mujeres o niñas, se clasifican con estas últimas.
10. Los artículos de este Capítulo pueden confeccionarse con hilos de metal.

Notas Nacionales:
1. Sin perjuicio de lo dispuesto en la Nota 5 del Capítulo 61 de la Tarifa de la Ley de los Impuestos Generales de Importación y de Exportación, la partida 61.09 también comprende a las camisetas sin mangas, sin cuello, de punto de algodón sin perchar o de fibras sintéticas o artificiales, distintas del terciopelo, la felpa o los tejidos con bucles de punto, incluso de varios colores, que pueden tener motivos de tipo deportivo, decorativo o publicitario, con excepción de los encajes.
2. En las partidas 61.03 y 61.04, el sinónimo "calzones" utilizado en la expresión "pantalones cortos (calzones)", se refiere a las prendas exteriores que, como los pantalones, envuelven por separado cada pierna, pero no cubren las rodillas. Los "calzones" comprendidos en dichas partidas no deben confundirse con las prendas interiores, de punto, conocidas en algunos países también con el nombre de "calzones" o "calzoncillos", que se clasifican en las partidas 61.07 o 61.08, según los casos.
3. En la partida 61.06, el término "blusa" comprende también a las prendas que no tengan mangas o que su altura esté por encima de la cintura.
4. Para los efectos de la subpartida 6110.12, la expresión "De cabra de Cachemira" debe entenderse como "De cabra de Cachemira ("cashmere")".
5. Para efecto de las subpartidas 6112.41 y 6112.49 el término bañador (traje de baño) comprende las prendas femeninas constituidas por una sola pieza que cubran el dorso hasta por debajo de las ingles y los de dos piezas compuestos por una braga y un sostén. Los bañadores de dos piezas se clasifican en estas subpartidas aun cuando se presenten por separado para la venta al por menor.

Anotaciones de los Números de Identificación Comercial:
1. Se entenderá por "Cortes de tela para la fabricación o ensamble de prendas de vestir confeccionadas" a las piezas de tela cortadas que, una vez que se han cosido o fijado, constituirán la prenda de vestir."

CÓDIGO		DESCRIPCIÓN	UNIDAD	ARANCEL	
				IMP	EXP

61.01 — Abrigos, chaquetones, capas, anoraks, cazadoras y artículos similares, de punto, para hombres o niños, excepto los artículos de la partida 61.03.

6101.20 - **De algodón.**
6101.20.03   De algodón.   Pza   35   Ex.
     01   Para hombres.
     99   Los demás.

6101.30 - **De fibras sintéticas o artificiales.**
6101.30.01   00   Con un contenido de lana o pelo fino superior o igual a 23% en peso.   Pza   20   Ex.
6101.30.99   Los demás.   Pza   35   Ex.
     01   Chamarras para niños.
     91   Los demás para hombres.
     92   Los demás para niños.

6101.90 - **De las demás materias textiles.**
6101.90.91   De las demás materias textiles.   Pza   20   Ex.
     01   De lana o pelo fino.
     99   Los demás.

61.02 — Abrigos, chaquetones, capas, anoraks, cazadoras y artículos similares, de punto, para mujeres o niñas, excepto los artículos de la partida 61.04.

6102.10 - **De lana o pelo fino.**
6102.10.01   00   De lana o pelo fino.   Pza   20   Ex.

6102.20 - **De algodón.**
6102.20.03   De algodón.   Pza   35   Ex.
     01   Para mujeres.
     99   Los demás.

6102.30 - **De fibras sintéticas o artificiales.**
6102.30.01   00   Con un contenido de lana o pelo fino superior o igual a 23% en peso.   Pza   20   Ex.
6102.30.99   Los demás.   Pza   35   Ex.
     01   Chamarras para niñas.
     02   Para mujeres.
     99   Los demás.

6102.90 - **De las demás materias textiles.**
6102.90.91   00   De las demás materias textiles.   Pza   35   Ex.

61.03 — Trajes (ambos o ternos), conjuntos, chaquetas (sacos), pantalones largos, pantalones con peto, pantalones cortos (calzones) y shorts (excepto de baño), de punto, para hombres o niños.

6103.10 - **Trajes (ambos o ternos).**
6103.10.05   Trajes (ambos o ternos).   Pza   20   Ex.
     01   De lana o pelo fino.
     02   De fibras sintéticas.
     03   De algodón o de fibras artificiales.
     04   Con un contenido de seda mayor o igual a 70% en peso.
     99   Los demás.

- Conjuntos:

6103.22 - - **De algodón.**
6103.22.01   00   De algodón.   Pza   20   Ex.

6103.23 - - **De fibras sintéticas.**
6103.23.01   00   De fibras sintéticas.   Pza   20   Ex.

6103.29 - - **De las demás materias textiles.**
6103.29.91   De las demás materias textiles.   Pza   20   Ex.
     01   De lana o pelo fino.
     99   Los demás.

- Chaquetas (sacos):

6103.31 - - **De lana o pelo fino.**
6103.31.01   00   De lana o pelo fino.   Pza   35   Ex.

6103.32 - - **De algodón.**
6103.32.01   00   De algodón.   Pza   20   Ex.

6103.33 - - **De fibras sintéticas.**
6103.33.02   De fibras sintéticas.   Pza   35   Ex.
     01   Con un contenido de lana o pelo fino mayor o igual a 23% en peso.
     99   Los demás.

6103.39 - - **De las demás materias textiles.**
6103.39.91   De las demás materias textiles.   Pza   35   Ex.
     01   De fibras artificiales.
     02   Con un contenido de seda mayor o igual a 70% en peso.
     99   Los demás.

- Pantalones largos, pantalones con peto, pantalones cortos (calzones) y shorts:

6103.41 - - **De lana o pelo fino.**
6103.41.01   00   De lana o pelo fino.   Pza   20   Ex.

6103.42 - - **De algodón.**
6103.42.03   De algodón.   Pza   35   Ex.
     01   Pantalones con peto y tirantes.
     02   Para hombres, pantalones largos.

	03	Para niños, pantalones largos.				
	91	Los demás para hombres.				
	92	Los demás para niños.				
6103.43	- -	**De fibras sintéticas.**				
6103.43.01	00	Con un contenido de lana o pelo fino superior o igual a 23% en peso.	Pza	20	Ex.	
6103.43.99		Los demás.	Pza	35	Ex.	
	01	Para hombres, pantalones largos.				
	02	Para hombres, pantalones cortos o shorts.				
	03	Para niños, pantalones largos.				
	04	Para niños, pantalones cortos o shorts.				
	91	Los demás para hombres.				
	92	Los demás para niños.				
6103.49	- -	**De las demás materias textiles.**				
6103.49.91		De las demás materias textiles.	Pza	20	Ex.	
	01	De fibras artificiales.				
	02	Con un contenido de seda mayor o igual a 70% en peso.				
	99	Los demás.				
61.04		**Trajes sastre, conjuntos, chaquetas (sacos), vestidos, faldas, faldas pantalón, pantalones largos, pantalones con peto, pantalones cortos (calzones) y shorts (excepto de baño), de punto, para mujeres o niñas.**				
	-	Trajes sastre:				
6104.13	- -	**De fibras sintéticas.**				
6104.13.02		De fibras sintéticas.	Pza	20	Ex.	
	01	Con un contenido de lana o pelo fino mayor o igual a 23% en peso.				
	99	Los demás.				
6104.19	- -	**De las demás materias textiles.**				
6104.19.91		De las demás materias textiles.	Pza	35	Ex.	
	01	De fibras artificiales.				
	02	Con un contenido de seda mayor o igual a 70% en peso.				
	03	Con un contenido de lana o pelo fino mayor o igual a 23%, sin exceder de 50% en peso.				
	04	De lana o pelo fino, excepto lo comprendido en el número de identificación comercial 6104.19.91.03.				
	05	De algodón.				
	99	Los demás.				
	-	Conjuntos:				
6104.22	- -	**De algodón.**				
6104.22.01	00	De algodón.	Pza	20	Ex.	
6104.23	- -	**De fibras sintéticas.**				
6104.23.01	00	De fibras sintéticas.	Pza	35	Ex.	
6104.29	- -	**De las demás materias textiles.**				
6104.29.91		De las demás materias textiles.	Pza	20	Ex.	
	01	De lana o pelo fino.				
	99	Los demás.				
	-	Chaquetas (sacos):				
6104.31	- -	**De lana o pelo fino.**				
6104.31.01	00	De lana o pelo fino.	Pza	20	Ex.	
6104.32	- -	**De algodón.**				
6104.32.01	00	De algodón.	Pza	35	Ex.	
6104.33	- -	**De fibras sintéticas.**				
6104.33.02		De fibras sintéticas.	Pza	35	Ex.	
	01	Con un contenido de lana o pelo fino mayor o igual a 23% en peso.				
	99	Los demás.				
6104.39	- -	**De las demás materias textiles.**				
6104.39.91		De las demás materias textiles.	Pza	20	Ex.	
	01	De fibras artificiales.				
	02	Con un contenido de seda mayor o igual a 70% en peso.				
	99	Las demás.				
	-	Vestidos:				
6104.41	- -	**De lana o pelo fino.**				
6104.41.01	00	De lana o pelo fino.	Pza	35	Ex.	
6104.42	- -	**De algodón.**				
6104.42.03		De algodón.	Pza	35	Ex.	
	01	Para mujeres.				
	99	Los demás.				
6104.43	- -	**De fibras sintéticas.**				
6104.43.02		De fibras sintéticas.	Pza	35	Ex.	
	01	Con un contenido de lana o pelo fino mayor o igual a 23% en peso.				
	91	Los demás para mujeres.				
	92	Los demás para niñas.				
6104.44	- -	**De fibras artificiales.**				
6104.44.02		De fibras artificiales.	Pza	35	Ex.	
	01	Con un contenido de lana o pelo fino mayor o igual a 23% en peso.				
	02	Para mujeres, excepto lo comprendido en el número de identificación comercial 6104.44.02.01.				
	99	Los demás.				

6104.49		- -	De las demás materias textiles.			
6104.49.91			De las demás materias textiles.	Pza	20	Ex.
	01		Con un contenido de seda mayor o igual a 70 % en peso.			
	99		Los demás.			
		-	Faldas y faldas pantalón:			
6104.51		- -	De lana o pelo fino.			
6104.51.01	00		De lana o pelo fino.	Pza	35	Ex.
6104.52		- -	De algodón.			
6104.52.01			De algodón.	Pza	35	Ex.
	01		Para mujeres.			
	99		Los demás.			
6104.53		- -	De fibras sintéticas.			
6104.53.02			De fibras sintéticas.	Pza	35	Ex.
	01		Con un contenido de lana o pelo fino mayor o igual a 23% en peso.			
	91		Los demás para mujeres.			
	92		Los demás para niñas.			
6104.59		- -	De las demás materias textiles.			
6104.59.91			De las demás materias textiles.	Pza	35	Ex.
	01		De fibras artificiales.			
	02		Con un contenido de seda mayor o igual a 70% en peso.			
	99		Las demás.			
		-	Pantalones largos, pantalones con peto, pantalones cortos (calzones) y shorts:			
6104.61		- -	De lana o pelo fino.			
6104.61.01	00		De lana o pelo fino.	Pza	20	Ex.
6104.62		- -	De algodón.			
6104.62.03			De algodón.	Pza	35	Ex.
	01		Pantalones con peto y tirantes.			
	02		Para mujeres, pantalones cortos o shorts.			
	03		Para niñas, pantalones cortos o shorts.			
	91		Los demás para mujeres.			
	92		Los demás para niñas.			
6104.63		- -	De fibras sintéticas.			
6104.63.01	00		Con un contenido de lana o pelo fino superior o igual a 23% en peso.	Pza	20	Ex.
6104.63.99			Los demás.	Pza	35	Ex.
	01		Para mujeres, pantalones cortos o shorts.			
	02		Para niñas, pantalones cortos o shorts, de poliéster.			
	03		Para niñas, pantalones cortos o shorts.			
	91		Los demás para niñas.			
	92		Los demás para mujeres.			
6104.69		- -	De las demás materias textiles.			
6104.69.91			De las demás materias textiles.	Pza	35	Ex.
	01		De fibras artificiales.			
	02		Con un contenido de seda mayor o igual a 70% en peso.			
	99		Los demás.			
61.05			**Camisas de punto para hombres o niños.**			
6105.10		-	De algodón.			
6105.10.02			De algodón.	Pza	35	Ex.
	01		Camisas deportivas, para hombres.			
	02		Camisas deportivas, para niños.			
	99		Las demás.			
6105.20		-	De fibras sintéticas o artificiales.			
6105.20.03			De fibras sintéticas o artificiales.	Pza	35	Ex.
	01		Para hombres.			
	99		Las demás.			
6105.90		-	De las demás materias textiles.			
6105.90.91			De las demás materias textiles.	Pza	20	Ex.
	01		Con un contenido de seda mayor o igual a 70% en peso.			
	99		Las demás.			
61.06			**Camisas, blusas y blusas camiseras, de punto, para mujeres o niñas.**			
6106.10		-	De algodón.			
6106.10.02			De algodón.	Pza	35	Ex.
	01		Camisas deportivas, para mujeres.			
	02		Camisas deportivas, para niñas.			
	91		Las demás para mujeres.			
	92		Las demás para niñas.			
6106.20		-	De fibras sintéticas o artificiales.			
6106.20.01	00		Con un contenido de lana o pelo fino superior o igual a 23% en peso.	Pza	35	Ex.
6106.20.99			Los demás.	Pza	35	Ex.
	91		Las demás para mujeres.			
	92		Las demás para niñas.			
6106.90		-	De las demás materias textiles.			
6106.90.91			De las demás materias textiles.	Pza	35	Ex.
	01		De lana o pelo fino.			
	02		Con un contenido de seda mayor o igual a 70% en peso.			
	99		Las demás.			

61.07		**Calzoncillos (incluidos los largos y los slips), camisones, pijamas, albornoces de baño, batas de casa y artículos similares, de punto, para hombres o niños.**			
	-	Calzoncillos (incluidos los largos y los slips):			
6107.11	- -	**De algodón.**			
6107.11.03		De algodón.	Pza	35	Ex.
	01	Para hombres.			
	99	Los demás.			
6107.12	- -	**De fibras sintéticas o artificiales.**			
6107.12.03		De fibras sintéticas o artificiales.	Pza	35	Ex.
	01	Para hombres.			
	99	Los demás.			
6107.19	- -	**De las demás materias textiles.**			
6107.19.91	00	De las demás materias textiles.	Pza	20	Ex.
	-	Camisones y pijamas:			
6107.21	- -	**De algodón.**			
6107.21.01		De algodón.	Pza	35	Ex.
	01	Para hombres.			
	99	Los demás.			
6107.22	- -	**De fibras sintéticas o artificiales.**			
6107.22.01		De fibras sintéticas o artificiales.	Pza	35	Ex.
	01	Para hombres.			
	99	Los demás.			
6107.29	- -	**De las demás materias textiles.**			
6107.29.91		De las demás materias textiles.	Pza	20	Ex.
	01	Con un contenido de seda mayor o igual a 70% en peso.			
	99	Los demás.			
	-	**Los demás:**			
6107.91	- -	**De algodón.**			
6107.91.01	00	De algodón.	Pza	20	Ex.
6107.99	- -	**De las demás materias textiles.**			
6107.99.91		De las demás materias textiles.	Pza	20	Ex.
	01	Con un contenido de seda mayor o igual a 70% en peso.			
	02	De fibras sintéticas o artificiales.			
	99	Los demás.			
61.08		**Combinaciones, enaguas, bragas (bombachas, calzones) (incluso las que no llegan hasta la cintura), camisones, pijamas, saltos de cama, albornoces de baño, batas de casa y artículos similares, de punto, para mujeres o niñas.**			
	-	Combinaciones y enaguas:			
6108.11	- -	**De fibras sintéticas o artificiales.**			
6108.11.01	00	De fibras sintéticas o artificiales.	Pza	20	Ex.
6108.19	- -	**De las demás materias textiles.**			
6108.19.91	00	De las demás materias textiles.	Pza	20	Ex.
	-	Bragas (bombachas, calzones) (incluso las que no llegan hasta la cintura):			
6108.21	- -	**De algodón.**			
6108.21.03		De algodón.	Pza	35	Ex.
	01	Para mujeres.			
	99	Los demás.			
6108.22	- -	**De fibras sintéticas o artificiales.**			
6108.22.03		De fibras sintéticas o artificiales.	Pza	35	Ex.
	01	Para mujeres.			
	99	Los demás.			
6108.29	- -	**De las demás materias textiles.**			
6108.29.91	00	De las demás materias textiles.	Pza	20	Ex.
	-	Camisones y pijamas:			
6108.31	- -	**De algodón.**			
6108.31.03		De algodón.	Pza	35	Ex.
	01	Para mujeres.			
	99	Los demás.			
6108.32	- -	**De fibras sintéticas o artificiales.**			
6108.32.03		De fibras sintéticas o artificiales.	Pza	35	Ex.
	01	Para mujeres.			
	99	Los demás.			
6108.39	- -	**De las demás materias textiles.**			
6108.39.91		De las demás materias textiles.	Pza	20	Ex.
	01	De lana o pelo fino.			
	99	Los demás.			
	-	**Los demás:**			
6108.91	- -	**De algodón.**			
6108.91.02		De algodón.	Pza	35	Ex.
	01	Saltos de cama, albornoces de baño, batas de casa y artículos similares.			
	99	Los demás.			
6108.92	- -	**De fibras sintéticas o artificiales.**			
6108.92.02		De fibras sintéticas o artificiales.	Pza	35	Ex.
	01	Saltos de cama, albornoces de baño, batas de casa y artículos similares.			

	99	Los demás.			
6108.99		-- **De las demás materias textiles.**			
6108.99.91		De las demás materias textiles.	Pza	20	Ex.
	01	De lana o pelo fino.			
	99	Los demás.			

61.09 "T-shirts" y camisetas, de punto.

6109.10		- **De algodón.**			
6109.10.03		De algodón.	Pza	35	Ex.
	01	Para hombres y mujeres.			
	99	Las demás.			
6109.90		- **De las demás materias textiles.**			
6109.90.04		De fibras sintéticas o artificiales.	Pza	35	Ex.
	01	Para hombres y mujeres, de fibras sintéticas o artificiales.			
	91	Las demás de fibras sintéticas o artificiales.			
6109.90.99		Los demás.	Pza	35	Ex.
	01	Con un contenido de seda mayor o igual a 70% en peso.			
	91	Las demás para hombres y mujeres.			
	92	Las demás para niños y niñas.			

61.10 Suéteres (jerseys), pulóveres, cárdigan, chalecos y artículos similares, de punto.

		- De lana o pelo fino:			
6110.11		-- **De lana.**			
6110.11.03		De lana.	Pza	20	Ex.
	01	Para hombres y mujeres.			
	99	Los demás.			
6110.12		-- **De cabra de Cachemira.**			
6110.12.01		De cabra de Cachemira.	Pza	35	Ex.
	01	Para hombres y mujeres.			
	99	Los demás.			
6110.19		-- **Los demás.**			
6110.19.99		Los demás.	Pza	35	Ex.
	01	Para hombres y mujeres.			
	99	Los demás.			
6110.20		- **De algodón.**			
6110.20.05		De algodón.	Pza	35	Ex.
	01	Para hombres y mujeres, suéteres (jerseys), "pullovers" y chalecos.			
	02	Para hombres y mujeres, sudaderas con dispositivo para abrochar.			
	03	Para hombres y mujeres, sudaderas sin dispositivo para abrochar.			
	91	Los demás suéteres (jerseys), "pullovers" y chalecos.			
	92	Las demás sudaderas con dispositivo para abrochar.			
	93	Las demás sudaderas sin dispositivo para abrochar.			
	94	Los demás, para hombres y mujeres.			
	99	Los demás.			
6110.30		- **De fibras sintéticas o artificiales.**			
6110.30.01		Construidos con 9 o menos puntadas por cada 2 cm, medidos en dirección horizontal, excepto los chalecos.	Pza	35	Ex.
	01	Para hombres y mujeres.			
	99	Los demás.			
6110.30.99		Los demás.	Pza	35	Ex.
	01	Para hombres y mujeres, sudaderas con dispositivos para abrochar, excepto lo comprendido en el número de identificación comercial 6110.30.99.02.			
	02	Con un contenido de lana o pelo fino mayor o igual a 23% en peso, para hombres y mujeres.			
	03	Con un contenido de lana o pelo fino mayor o igual a 23% en peso, para niños y niñas.			
	91	Las demás sudaderas con dispositivo para abrochar.			
	92	Las demás sudaderas, para niño o niña.			
	93	Los demás para hombres y mujeres.			
	99	Los demás.			
6110.90		- **De las demás materias textiles.**			
6110.90.91		De las demás materias textiles.	Pza	35	Ex.
	01	Con un contenido de seda mayor o igual a 70% en peso.			
	02	Para hombres y mujeres, sudadera con dispositivo para abrochar, excepto lo comprendido en el número de identificación comercial 6110.90.91.01.			
	03	Para niños y niñas, sudadera con dispositivo para abrochar, excepto lo comprendido en el número de identificación comercial 6110.90.91.01.			
	04	Para hombres y mujeres, sudadera sin dispositivo para abrochar, excepto lo comprendido en el número de identificación comercial 6110.90.91.01.			
	05	Para niños y niñas, sudadera sin dispositivo para abrochar, excepto lo comprendido en el número de identificación comercial 6110.90.91.01.			
	91	Los demás para hombres y mujeres.			
	99	Las demás.			

61.11 Prendas y complementos (accesorios), de vestir, de punto, para bebés.

6111.20		- **De algodón.**			
6111.20.12		De algodón.	Pza	35	Ex.
	01	Faldas, calzoncillos y demás prendas de vestir que cubran la parte inferior del cuerpo, excepto lo comprendido en los números de identificación comercial 6111.20.12.13 y 6111.20.12.14.			
	02	Juegos.			

	03	Pañaleros.				
	04	Camisas y blusas.				
	05	"T-shirt" y camisetas.				
	06	Calcetines, patucos, guantes, manoplas y artículos similares.				
	07	Camisones y pijamas.				
	08	Vestidos.				
	09	Sudaderas.				
	10	Suéteres.				
	11	Mamelucos.				
	12	Comandos.				
	13	Pantalones largos.				
	14	Pantalones cortos y shorts.				
	91	Las demás prendas de vestir que cubran la mayor parte del cuerpo.				
	92	Las demás prendas de vestir que cubran solo la parte superior del cuerpo.				
	99	Los demás.				
6111.30	-	**De fibras sintéticas.**				
6111.30.07		De fibras sintéticas.	Pza	35	Ex.	
	01	Juegos.				
	02	Abrigos, chaquetones, capas, anoraks, cazadoras y artículos similares.				
	03	Camisones y pijamas.				
	04	Pañaleros.				
	05	Vestidos.				
	06	"T-shirt" y camisetas.				
	07	Sudaderas.				
	08	Suéteres.				
	09	Calzoncillos.				
	10	Faldas.				
	11	Pantalones cortos y shorts.				
	12	Mamelucos.				
	13	Comandos.				
	14	Calcetines, patucos, guantes, manoplas y artículos similares.				
	91	Las demás prendas de vestir que cubran la mayor parte del cuerpo.				
	92	Las demás prendas de vestir que cubran solo la parte superior del cuerpo.				
	93	Las demás prendas de vestir que solo cubran la parte inferior del cuerpo.				
	99	Los demás.				
6111.90	-	**De las demás materias textiles.**				
6111.90.91		De las demás materias textiles.	Pza	20	Ex.	
	01	De lana o pelo fino.				
	02	Mamelucos, pañaleros, vestidos, abrigos, chaquetones, juegos y demás prendas de vestir que cubran la mayor parte del cuerpo, excepto de lana o pelo fino.				
	03	Camisas, camisetas, sudaderas, chamarras, suéteres y demás prendas de vestir que cubran la parte superior del cuerpo, excepto de lana o pelo fino.				
	04	Pantalones, shorts, faldas, calzoncillos y demás prendas de vestir que cubran la parte inferior del cuerpo, excepto de lana o pelo fino.				
	99	Los demás.				
61.12		**Conjuntos de abrigo para entrenamiento o deporte (chandales), monos (overoles) y conjuntos de esquí y bañadores, de punto.**				
	-	Conjuntos de abrigo para entrenamiento o deporte (chandales):				
6112.11	- -	**De algodón.**				
6112.11.01	00	De algodón.	Pza	35	Ex.	
6112.12	- -	**De fibras sintéticas.**				
6112.12.01	00	De fibras sintéticas.	Pza	35	Ex.	
6112.19	- -	**De las demás materias textiles.**				
6112.19.91		De las demás materias textiles.	Pza	35	Ex.	
	01	De fibras artificiales.				
	02	Con un contenido de seda mayor o igual a 70% en peso.				
	99	Los demás.				
6112.20	-	**Monos (overoles) y conjuntos de esquí.**				
6112.20.02	00	Monos (overoles) y conjuntos de esquí.	Pza	20	Ex.	
	-	Bañadores para hombres o niños:				
6112.31	- -	**De fibras sintéticas.**				
6112.31.01	00	De fibras sintéticas.	Pza	35	Ex.	
6112.39	- -	**De las demás materias textiles.**				
6112.39.91	00	De las demás materias textiles.	Pza	20	Ex.	
	-	Bañadores para mujeres o niñas:				
6112.41	- -	**De fibras sintéticas.**				
6112.41.01		De fibras sintéticas.	Pza	35	Ex.	
	01	Para mujeres.				
	99	Los demás				
6112.49	- -	**De las demás materias textiles.**				
6112.49.91	00	De las demás materias textiles.	Pza	20	Ex.	
61.13		**Prendas de vestir confeccionadas con tejidos de punto de las partidas 59.03, 59.06 o 59.07.**				
6113.00	-	**Prendas de vestir confeccionadas con tejidos de punto de las partidas 59.03, 59.06 o 59.07.**				

Código		Descripción	Unidad	Imp.	Ex.
6113.00.02		Prendas de vestir confeccionadas con tejidos de punto de las partidas 59.03, 59.06 o 59.07.	Pza	35	Ex.
	01	Para bucear (de buzo).			
	99	Los demás.			
61.14		**Las demás prendas de vestir, de punto.**			
6114.20	-	**De algodón.**			
6114.20.01	00	De algodón.	Pza	35	Ex.
6114.30	-	**De fibras sintéticas o artificiales.**			
6114.30.02		De fibras sintéticas o artificiales.	Pza	35	Ex.
	01	Con un contenido de lana o pelo fino mayor o igual a 23% en peso.			
	99	Los demás.			
6114.90	-	**De las demás materias textiles.**			
6114.90.91		De las demás materias textiles.	Pza	35	Ex.
	01	De lana o pelo fino.			
	99	Los demás.			
61.15		**Calzas, panty-medias, leotardos, medias, calcetines y demás artículos de calcetería, incluso de compresión progresiva (por ejemplo, medias para várices), de punto.**			
6115.10	-	**Calzas, panty-medias, leotardos y medias, de compresión progresiva (por ejemplo, medias para várices).**			
6115.10.01	00	Calzas, panty-medias, leotardos y medias, de compresión progresiva (por ejemplo, medias para várices).	Pza	35	Ex.
	-	**Las demás calzas, panty-medias y leotardos:**			
6115.21	- -	**De fibras sintéticas, de título inferior a 67 decitex por hilo sencillo.**			
6115.21.01	00	De fibras sintéticas, de título inferior a 67 decitex por hilo sencillo.	Pza	35	Ex.
6115.22	- -	**De fibras sintéticas, de título superior o igual a 67 decitex por hilo sencillo.**			
6115.22.01	00	De fibras sintéticas, de título superior o igual a 67 decitex por hilo sencillo.	Pza	35	Ex.
6115.29	- -	**De las demás materias textiles.**			
6115.29.91	00	De las demás materias textiles.	Pza	35	Ex.
6115.30	-	**Las demás medias de mujer, de título inferior a 67 decitex por hilo sencillo.**			
6115.30.91	00	Las demás medias de mujer, de título inferior a 67 decitex por hilo sencillo.	Par	35	Ex.
	-	**Los demás:**			
6115.94	- -	**De lana o pelo fino.**			
6115.94.01	00	De lana o pelo fino.	Par	20	Ex.
6115.95	- -	**De algodón.**			
6115.95.01		De algodón.	Par	35	Ex.
	01	Con contenido de encaje o red.			
	99	Los demás			
6115.96	- -	**De fibras sintéticas.**			
6115.96.01		De fibras sintéticas.	Par	35	Ex.
	01	Con contenido de encaje o red.			
	99	Los demás			
6115.99	- -	**De las demás materias textiles.**			
6115.99.91	00	De las demás materias textiles.	Par	35	Ex.
61.16		**Guantes, mitones y manoplas, de punto.**			
6116.10	-	**Impregnados, recubiertos, revestidos o estratificados, con plástico o caucho.**			
6116.10.02		Impregnados, recubiertos, revestidos o estratificados, con plástico o caucho.	Par	35	Ex.
	01	Mitones y manoplas, de lana o pelo fino.			
	99	Los demás.			
	-	**Los demás:**			
6116.91	- -	**De lana o pelo fino.**			
6116.91.01	00	De lana o pelo fino.	Par	20	Ex.
6116.92	- -	**De algodón.**			
6116.92.01	00	De algodón.	Par	35	Ex.
6116.93	- -	**De fibras sintéticas.**			
6116.93.01	00	De fibras sintéticas.	Par	35	Ex.
6116.99	- -	**De las demás materias textiles.**			
6116.99.91	00	De las demás materias textiles.	Par	20	Ex.
61.17		**Los demás complementos (accesorios) de vestir confeccionados, de punto; partes de prendas o de complementos (accesorios), de vestir, de punto.**			
6117.10	-	**Chales, pañuelos de cuello, bufandas, mantillas, velos y artículos similares.**			
6117.10.02		Chales, pañuelos de cuello, bufandas, mantillas, velos y artículos similares.	Pza	20	Ex.
	01	De lana o pelo fino.			
	99	Los demás.			
6117.80	-	**Los demás complementos (accesorios) de vestir.**			
6117.80.02	00	Cintas, bandas o ligas, de sujeción para el cabello y artículos similares.	Kg	20	Ex.
6117.80.99		Los demás.	Pza	20	Ex.
	01	Corbatas y lazos similares.			
	99	Los demás.			
6117.90	-	**Partes.**			
6117.90.01		Partes.	Pza	20	Ex.
	01	Cortes de tela para la fabricación o ensamble de prendas de vestir confeccionadas, de algodón.			
	02	Cortes de tela para la fabricación o ensamble de prendas de vestir confeccionadas, de fibras sintéticas.			
	03	Cortes de tela para la fabricación o ensamble de prendas de vestir confeccionadas, de fibras artificiales.			
	99	Las demás.			

LEY DE LOS IMPUESTOS GENERALES DE IMPORTACION Y EXPORTACION

Capítulo 62
Prendas y complementos (accesorios), de vestir, excepto los de punto

Notas.
1. Este Capítulo solo se aplica a los artículos confeccionados con cualquier textil, excepto la guata y los artículos de punto distintos de los de la partida 62.12.
2. Este Capítulo no comprende:
   a) los artículos de prendería de la partida 63.09;
   b) los artículos de ortopedia, tales como bragueros para hernias, fajas medicoquirúrgicas (partida 90.21).
3. En las partidas 62.03 y 62.04:
   a) se entiende por *trajes (ambos o ternos)* y *trajes sastre* los surtidos formados por dos o tres prendas de vestir confeccionadas en su superficie exterior con la misma tela y compuestos por:
      - una sola chaqueta (saco) que cubra la parte superior del cuerpo, cuyo exterior, excepto las mangas, esté constituido por cuatro o más piezas, eventualmente acompañada de un solo chaleco sastre en el que su parte delantera esté confeccionada con la misma tela que la superficie exterior de los demás componentes del surtido y cuya espalda sea de la misma tela que el forro de la chaqueta (saco); y
      - una sola prenda que cubra la parte inferior del cuerpo y que consista en un pantalón largo, un pantalón corto (calzón), un short (excepto de baño), una falda o una falda pantalón, sin tirantes (tiradores) ni peto.

      Todos los componentes del *traje (ambo o terno)* o del *traje sastre* deberán confeccionarse con una tela de la misma estructura, color y composición; además, deberán ser del mismo estilo y de tallas correspondientes o compatibles. Sin embargo, estos componentes pueden presentar un vivo (tira de tela cosida a las costuras) de una tela diferente.

      Si se presentan simultáneamente varias prendas de la parte inferior, por ejemplo: un pantalón largo y un short o dos pantalones largos, o una falda o falda pantalón y un pantalón, se dará prioridad al pantalón largo o a uno de ellos como parte inferior constitutiva del traje (ambo o terno), y a la falda o falda pantalón en el caso del traje sastre, clasificándose separadamente las demás prendas.

      Aunque no cumplan todas las condiciones antes citadas, la expresión *trajes (ambos o ternos)* también comprende los trajes de etiqueta o de noche siguientes:
      - el chaqué, en el que la chaqueta (saco), lisa, presenta faldones redondeados que descienden muy bajo hacia atrás, con un pantalón de rayas verticales;
      - el frac, hecho generalmente de tela negra, con una chaqueta (saco) relativamente corta por delante, que se mantiene abierta, con los faldones estrechos, escotados en las caderas y colgantes por detrás;
      - el esmoquin, en el que la chaqueta (saco), aunque quizás permita mayor visibilidad de la pechera, es de corte similar al de la chaqueta (saco) común y presenta la particularidad de llevar solapas brillantes de seda o de imitación de seda.
   b) se entiende por *conjunto* un surtido de prendas de vestir (excepto los artículos de las partidas 62.07 o 62.08) que comprenda varias prendas confeccionadas con una misma tela, acondicionado para la venta al por menor y compuesto por:
      - una sola prenda que cubra la parte superior del cuerpo, excepto el chaleco que puede constituir una segunda prenda; y
      - una o dos prendas diferentes que cubran la parte inferior del cuerpo y que consistan en un pantalón largo, un pantalón con peto, un pantalón corto (calzón), un short (excepto de baño), una falda o una falda pantalón.

      Todos los componentes del *conjunto* deben tener la misma estructura, estilo, color y composición; además, deben ser de tallas correspondientes o compatibles. El término *conjunto* no comprende los conjuntos de abrigo para entrenamiento o deporte ni los monos (overoles) y conjuntos de esquí, de la partida 62.11.
4. Las partidas 62.05 y 62.06 no comprenden las prendas de vestir con bolsillos por debajo de la cintura o con acanalado elástico u otro medio para ceñir el bajo de la prenda. La partida 62.05 no comprende las prendas sin mangas.

   Las *camisas* y *blusas camiseras* son prendas destinadas a cubrir la parte superior del cuerpo y llevan mangas, largas o cortas, así como una abertura, incluso parcial, a partir del escote. Las *blusas* son prendas holgadas también destinadas a cubrir la parte superior del cuerpo. Pueden carecer de mangas y tener o no una abertura en el escote. Las *camisas*, *blusas* y *blusas camiseras* también pueden tener un cuello.
5. Para la interpretación de la partida 62.09:
   a) la expresión *prendas y complementos (accesorios), de vestir, para bebés* se refiere a los artículos para niños de corta edad con estatura no superior a 86 cm;
   b) los artículos susceptibles de clasificarse en la partida 62.09 y en otras partidas de este Capítulo se clasifican en la partida 62.09.
6. Las prendas de vestir susceptibles de clasificarse en la partida 62.10 y en otras partidas de este Capítulo, excepto en la partida 62.09, se clasifican en la partida 62.10.
7. En la partida 62.11, se entiende por *monos (overoles) y conjuntos de esquí*, las prendas de vestir o surtidos de prendas de vestir que, por su aspecto general y su textura, sean identificables como destinados principalmente para uso en la práctica del esquí (alpino o de fondo). Se componen de:
   a) un *mono (overol) de esquí*, es decir, una prenda de una sola pieza que cubre la parte superior y la inferior del cuerpo; además de mangas y cuello, este artículo puede llevar bolsillos y trabillas; o
   b) un *conjunto de esquí*, es decir, un surtido de prendas de vestir que comprenda dos o tres prendas, acondicionado para la venta al por menor y compuesto por:
      - una sola prenda del tipo anorak, cazadora o artículo similar, con cierre de cremallera (cierre relámpago), eventualmente acompañada de un chaleco; y
      - un solo pantalón, aunque suba por encima de la cintura, un solo pantalón corto (calzón) o un solo pantalón con peto.

      El *conjunto de esquí* puede también estar compuesto por un mono (overol) de esquí del tipo mencionado anteriormente y por una especie de chaqueta (saco) acolchada sin mangas que se viste sobre el mono (overol).

      Todos los componentes del *conjunto de esquí* deben estar confeccionados con una tela de la misma textura, estilo y composición, del mismo color o de colores distintos; además, deben ser de tallas correspondientes o compatibles.
8. Se asimilan a los pañuelos de bolsillo de la partida 62.13, los artículos de la partida 62.14 de los tipos pañuelos de cuello, de forma cuadrada o sensiblemente cuadrada, en los que ningún lado sea superior a 60 cm. Los pañuelos de bolsillo con uno de los lados de longitud superior a 60 cm se clasifican en la partida 62.14.

9. Las prendas de vestir de este Capítulo que se cierren por delante de izquierda sobre derecha se consideran como prendas para hombres o niños, y aquellas que se cierren por delante de derecha sobre izquierda, como prendas para mujeres o niñas. Estas disposiciones no se aplicarán cuando el corte de la prenda indique manifiestamente que ha sido diseñada para uno u otro sexo. Las prendas que no sean identificables como prendas para hombres o niños, o como prendas para mujeres o niñas, se clasifican con estas últimas.
10. Los artículos de este Capítulo pueden confeccionarse con hilos de metal.

Notas Nacionales:
1. En las partidas 62.03 y 62.04, el sinónimo "calzones" utilizado en la expresión "pantalones cortos (calzones)", se refiere a las prendas exteriores que, como los pantalones, envuelven por separado cada pierna, pero no cubren las rodillas. Los "calzones" comprendidos en dichas partidas no deben confundirse con las prendas interiores conocidas en algunos países también con el nombre de "calzones" o "calzoncillos", que se clasifican en las partidas 62.07 o 62.08, según los casos.
2. Para efecto de la subpartida 6211.12, el término bañador (traje de baño) comprende las prendas femeninas constituidas por una sola pieza que cubran el dorso hasta por debajo de las ingles y los de dos piezas compuestos por una braga y un sostén. Los bañadores de dos piezas se clasifican en esta subpartida aun cuando se presenten por separado para la venta al por menor.

Anotaciones de los Números de Identificación Comercial:
1. Se entenderá por "Cortes de tela para la fabricación o ensamble de prendas de vestir confeccionadas" a las piezas de tela cortadas que, una vez que se han cosido o fijado, constituirán la prenda de vestir."

CÓDIGO	DESCRIPCIÓN	UNIDAD	ARANCEL IMP	EXP
62.01	**Abrigos, chaquetones, capas, anoraks, cazadoras y artículos similares, para hombres o niños, excepto los artículos de la partida 62.03.**			
6201.20	- De lana o pelo fino.			
6201.20.01 00	Abrigos, impermeables, chaquetones, capas y artículos similares.	Pza	35	Ex.
6201.20.99 00	Los demás.	Pza	35	Ex.
6201.30	- De algodón.			
6201.30.01 00	Con un contenido de plumón y plumas de ave acuática superior o igual al 15%, en peso, siempre que el contenido de plumón sea superior o igual al 35%, en peso; con un contenido del plumaje superior o igual al 10%, en peso.	Pza	35	Ex.
6201.30.99	Los demás.	Pza	35	Ex.
01	Para hombres.			
02	Para niños.			
6201.40	- De fibras sintéticas o artificiales.			
6201.40.01 00	Con un contenido de plumón y plumas de ave acuática superior o igual al 15%, en peso, siempre que el contenido de plumón sea superior o igual al 35%, en peso; con un contenido del plumaje superior o igual al 10%, en peso.	Pza	20	Ex.
6201.40.02 00	Con un contenido de lana o pelo fino superior o igual a 36% en peso, excepto lo comprendido en la fracción arancelaria 6201.40.01.	Pza	20	Ex.
6201.40.99	Los demás.	Pza	35	Ex.
01	Para hombres.			
02	Para niños.			
6201.90	- De las demás materias textiles.			
6201.90.91 00	De las demás materias textiles.	Pza	35	Ex.
62.02	**Abrigos, chaquetones, capas, anoraks, cazadoras y artículos similares, para mujeres o niñas, excepto los artículos de la partida 62.04.**			
6202.20	- De lana o pelo fino.			
6202.20.01 00	Abrigos, impermeables, chaquetones, capas y artículos similares.	Pza	35	Ex.
6202.20.99 00	Los demás.	Pza	35	Ex.
6202.30	- De algodón.			
6202.30.01 00	Con un contenido de plumón y plumas de ave acuática superior o igual al 15%, en peso, siempre que el contenido de plumón sea superior o igual al 35%, en peso; con un contenido del plumaje superior o igual al 10%, en peso.	Pza	25	Ex.
6202.30.99	Los demás.	Pza	35	Ex.
01	Para mujeres.			
02	Para niñas.			
6202.40	- De fibras sintéticas o artificiales.			
6202.40.01 00	Con un contenido de plumón y plumas de ave acuática superior o igual al 15%, en peso, siempre que el contenido de plumón sea superior o igual al 35%, en peso; con un contenido del plumaje superior o igual al 10%, en peso.	Pza	35	Ex.
6202.40.02 00	Con un contenido de lana o pelo fino superior o igual a 36% en peso, excepto lo comprendido en la fracción arancelaria 6202.40.01.	Pza	35	Ex.
6202.40.99	Los demás.	Pza	35	Ex.
01	Para mujeres.			
02	Para niñas.			
6202.90	- De las demás materias textiles.			
6202.90.91 00	De las demás materias textiles.	Pza	35	Ex.
62.03	**Trajes (ambos o ternos), conjuntos, chaquetas (sacos), pantalones largos, pantalones con peto, pantalones cortos (calzones) y shorts (excepto de baño), para hombres o niños.**			
	- Trajes (ambos o ternos):			
6203.11	- - De lana o pelo fino.			
6203.11.01 00	De lana o pelo fino.	Pza	35	Ex.

6203.12		**- -**	**De fibras sintéticas.**		
6203.12.01	00		De fibras sintéticas.	Pza 35	Ex.
6203.19		**- -**	**De las demás materias textiles.**		
6203.19.91			De las demás materias textiles.	Pza 35	Ex.
	01		De algodón o de fibras artificiales.		
	02		Con un contenido de seda mayor o igual a 70% en peso.		
	99		Las demás.		
		-	**Conjuntos:**		
6203.22		**- -**	**De algodón.**		
6203.22.01	00		De algodón.	Pza 20	Ex.
6203.23		**- -**	**De fibras sintéticas.**		
6203.23.01	00		De fibras sintéticas.	Pza 20	Ex.
6203.29		**- -**	**De las demás materias textiles.**		
6203.29.91			De las demás materias textiles.	Pza 20	Ex.
	01		De lana o pelo fino.		
	99		Los demás.		
		-	**Chaquetas (sacos):**		
6203.31		**- -**	**De lana o pelo fino.**		
6203.31.01	00		De lana o pelo fino.	Pza 35	Ex.
6203.32		**- -**	**De algodón.**		
6203.32.03			De algodón.	Pza 35	Ex.
	01		Para hombres.		
	99		Los demás.		
6203.33		**- -**	**De fibras sintéticas.**		
6203.33.01	00		Con un contenido de lana o pelo fino superior o igual a 36% en peso.	Pza 20	Ex.
6203.33.99			Los demás.	Pza 35	Ex.
	01		Para hombres.		
	02		Para niños.		
6203.39		**- -**	**De las demás materias textiles.**		
6203.39.91			De las demás materias textiles.	Pza 35	Ex.
	01		De fibras artificiales, excepto lo comprendido en el número de identificación comercial 6203.39.91.03.		
	02		Con un contenido de seda mayor o igual a 70% en peso.		
	03		Con un contenido de lana o pelo fino mayor o igual a 36% en peso.		
	99		Los demás.		
		-	**Pantalones largos, pantalones con peto, pantalones cortos (calzones) y shorts:**		
6203.41		**- -**	**De lana o pelo fino.**		
6203.41.01	00		De lana o pelo fino.	Pza 35	Ex.
6203.42		**- -**	**De algodón.**		
6203.42.01	00		Con un contenido de plumón y plumas de ave acuática superior o igual al 15%, en peso, siempre que el contenido de plumón sea superior o igual al 35%, en peso; con un contenido del plumaje superior o igual al 10%, en peso.	Pza 35	Ex.
6203.42.02	00		Pantalones con peto y tirantes.	Pza 20	Ex.
6203.42.91			Los demás, para hombres.	Pza 35	Ex.
	01		Cortos y shorts, ceñidos en la cintura por una banda elástica, un cordón o cualquier otro elemento, sin cremallera, botones o cualquier otro sistema de cierre.		
	02		Cortos y shorts de mezclilla ("denim"), con cremallera, botones o cualquier otro sistema de cierre.		
	91		Los demás para hombres, de mezclilla ("denim"), con cremallera, botones o cualquier otro sistema de cierre.		
	92		Los demás ceñidos en la cintura por una banda elástica, un cordón o cualquier otro elemento, sin cremallera, botones o cualquier otro sistema de cierre.		
	99		Los demás.		
6203.42.92			Los demás, para niños.	Pza 35	Ex.
	01		Cortos y shorts, ceñidos en la cintura por una banda elástica, un cordón o cualquier otro elemento, sin cremallera, botones o cualquier otro sistema de cierre.		
	02		Cortos y shorts de mezclilla ("denim"), con cremallera, botones o cualquier otro sistema de cierre.		
	91		Los demás ceñidos en la cintura por una banda elástica, un cordón o cualquier otro elemento, sin cremallera, botones o cualquier otro sistema de cierre.		
	92		Los demás de mezclilla ("denim"), con cremallera, botones o cualquier otro sistema de cierre.		
	99		Los demás.		
6203.43		**- -**	**De fibras sintéticas.**		
6203.43.01	00		Con un contenido de lana o pelo fino superior o igual a 36% en peso.	Pza 20	Ex.
6203.43.91			Los demás, para hombres.	Pza 35	Ex.
	01		Del tipo mezclilla, con cremallera, botones o cualquier otro sistema de cierre.		
	02		Cortos y shorts, ceñidos en la cintura por una banda elástica, un cordón o cualquier otro elemento, sin cremallera, botones o cualquier otro sistema de cierre.		
	03		Cortos y shorts de poliéster, con cremallera, botones o cualquier otro sistema de cierre.		
	91		Los demás ceñidos en la cintura por una banda elástica, un cordón o cualquier otro elemento, sin cremallera, botones o cualquier otro sistema de cierre.		
	92		Los demás de poliéster, con cremallera, botones o cualquier otro sistema de cierre.		
	99		Los demás.		
6203.43.92			Los demás, para niños.	Pza 35	Ex.

	01	Del tipo mezclilla, con cremallera, botones o cualquier otro sistema de cierre.			
	02	Cortos y shorts, ceñidos en la cintura por una banda elástica, un cordón o cualquier otro elemento, sin cremallera, botones o cualquier otro sistema de cierre.			
	03	Cortos y shorts de poliéster, con cremallera, botones o cualquier otro sistema de cierre.			
	91	Los demás ceñidos en la cintura por una banda elástica, un cordón o cualquier otro elemento, sin cremallera, botones o cualquier otro sistema de cierre.			
	92	Los demás de poliéster, con cremallera, botones o cualquier otro sistema de cierre.			
	99	Los demás.			
6203.49		**- - De las demás materias textiles.**			
6203.49.91	00	De las demás materias textiles.	Pza	35	Ex.
62.04		**Trajes sastre, conjuntos, chaquetas (sacos), vestidos, faldas, faldas pantalón, pantalones largos, pantalones con peto, pantalones cortos (calzones) y shorts (excepto de baño), para mujeres o niñas.**			
		- Trajes sastre:			
6204.11		**- - De lana o pelo fino.**			
6204.11.01	00	De lana o pelo fino.	Pza	20	Ex.
6204.12		**- - De algodón.**			
6204.12.01	00	De algodón.	Pza	20	Ex.
6204.13		**- - De fibras sintéticas.**			
6204.13.02		De fibras sintéticas.	Pza	20	Ex.
	01	Con un contenido de lana o pelo fino mayor o igual a 36% en peso.			
	99	Los demás.			
6204.19		**- - De las demás materias textiles.**			
6204.19.91		De las demás materias textiles.	Pza	20	Ex.
	01	De fibras artificiales, excepto lo comprendido en el número de identificación comercial 6204.19.91.03.			
	02	Con un contenido de seda mayor o igual a 70% en peso.			
	03	Con un contenido de lana o pelo fino mayor o igual a 36% en peso.			
	99	Los demás.			
		- Conjuntos:			
6204.21		**- - De lana o pelo fino.**			
6204.21.01	00	De lana o pelo fino.	Pza	20	Ex.
6204.22		**- - De algodón.**			
6204.22.01	00	De algodón.	Pza	20	Ex.
6204.23		**- - De fibras sintéticas.**			
6204.23.01	00	De fibras sintéticas.	Pza	35	Ex.
6204.29		**- - De las demás materias textiles.**			
6204.29.91	00	De las demás materias textiles.	Pza	35	Ex.
		- Chaquetas (sacos):			
6204.31		**- - De lana o pelo fino.**			
6204.31.01	00	De lana o pelo fino.	Pza	20	Ex.
6204.32		**- - De algodón.**			
6204.32.03		De algodón.	Pza	35	Ex.
	01	Para mujer.			
	99	Las demás.			
6204.33		**- - De fibras sintéticas.**			
6204.33.01	00	Con un contenido de lana o pelo fino superior o igual a 36% en peso.	Pza	20	Ex.
6204.33.02	00	Con un contenido de lino superior o igual a 36% en peso.	Pza	20	Ex.
6204.33.99		Los demás.	Pza	35	Ex.
	01	Para mujeres.			
	02	Para niñas.			
	91	Los demás con forro o relleno para mujeres.			
6204.39		**- - De las demás materias textiles.**			
6204.39.91		De las demás materias textiles.	Pza	35	Ex.
	01	De fibras artificiales, excepto con un contenido de lana o pelo fino mayor o igual a 36% en peso.			
	02	Con un contenido de seda mayor o igual a 70% en peso.			
	03	Con un contenido de lana o pelo fino mayor o igual a 36% en peso.			
	99	Los demás.			
		- Vestidos:			
6204.41		**- - De lana o pelo fino.**			
6204.41.01	00	De lana o pelo fino.	Pza	35	Ex.
6204.42		**- - De algodón.**			
6204.42.01	00	Hechos totalmente a mano.	Pza	35	Ex.
6204.42.99		Los demás.	Pza	35	Ex.
	91	Para mujeres.			
	92	Para niñas.			
6204.43		**- - De fibras sintéticas.**			
6204.43.01	00	Hechos totalmente a mano.	Pza	20	Ex.
6204.43.02	00	Con un contenido de lana o pelo fino superior o igual a 36% en peso, excepto lo comprendido en la fracción arancelaria 6204.43.01.	Pza	20	Ex.
6204.43.99		Los demás.	Pza	35	Ex.
	01	De novia, de coctel o de gala, para mujeres.			
	91	Para mujeres.			
	92	Para niñas.			
6204.44		**- - De fibras artificiales.**			

6204.44.01	00	Hechos totalmente a mano.	Pza	20	Ex.
6204.44.02	00	Con un contenido de lana o pelo fino superior o igual a 36% en peso, excepto lo comprendido en la fracción arancelaria 6204.44.01.	Pza	20	Ex.
6204.44.99		Los demás.	Pza	35	Ex.
	91	Para mujeres.			
	92	Para niñas.			
6204.49	- -	**De las demás materias textiles.**			
6204.49.91		De las demás materias textiles.	Pza	35	Ex.
	01	Con un contenido de seda mayor o igual a 70% en peso.			
	99	Los demás.			
	-	**Faldas y faldas pantalón:**			
6204.51	- -	**De lana o pelo fino.**			
6204.51.01	00	De lana o pelo fino.	Pza	20	Ex.
6204.52	- -	**De algodón.**			
6204.52.03		De algodón.	Pza	35	Ex.
	01	Para mujeres.			
	99	Las demás.			
6204.53	- -	**De fibras sintéticas.**			
6204.53.01	00	Hechas totalmente a mano.	Pza	20	Ex.
6204.53.02	00	Con un contenido de lana o pelo fino superior o igual a 36% en peso, excepto lo comprendido en la fracción arancelaria 6204.53.01.	Pza	20	Ex.
6204.53.99		Los demás.	Pza	35	Ex.
	91	Para mujeres.			
	92	Para niñas.			
6204.59	- -	**De las demás materias textiles.**			
6204.59.91		De las demás materias textiles.	Pza	35	Ex.
	01	De fibras artificiales.			
	02	Con un contenido de seda mayor o igual a 70% en peso.			
	03	Hechas totalmente a mano, de fibras artificiales.			
	04	Con un contenido de lana o pelo fino mayor o igual a 36% en peso, excepto lo comprendido en los números de identificación comercial 6204.59.91.01, 6204.59.91.03 y 6204.59.91.04.			
	91	Las demás hechas totalmente a mano.			
	99	Los demás.			
	-	**Pantalones largos, pantalones con peto, pantalones cortos (calzones) y shorts:**			
6204.61	- -	**De lana o pelo fino.**			
6204.61.01	00	De lana o pelo fino.	Pza	20	Ex.
6204.62	- -	**De algodón.**			
6204.62.09		De algodón.	Pza	35	Ex.
	01	Para mujeres, cortos y shorts, ceñidos en la cintura por una banda elástica, un cordón o cualquier otro elemento, sin cremallera, botones o cualquier otro sistema de cierre.			
	02	Para mujeres, cortos y shorts de mezclilla ("denim"), con cremallera, botones o cualquier otro sistema de cierre.			
	03	Para niñas, cortos y shorts de mezclilla ("denim"), con cremallera, botones o cualquier otro sistema de cierre.			
	04	Para niñas, cortos y shorts, ceñidos en la cintura por una banda elástica, un cordón o cualquier otro elemento, sin cremallera, botones o cualquier otro sistema de cierre.			
	91	Los demás para mujeres, ceñidos en la cintura por una banda elástica, un cordón o cualquier otro elemento, sin cremallera, botones o cualquier otro sistema de cierre.			
	92	Los demás para mujeres, de mezclilla ("denim"), con cremallera, botones o cualquier otro sistema de cierre.			
	93	Los demás para niñas, de mezclilla ("denim"), con cremallera, botones o cualquier otro sistema de cierre.			
	94	Los demás para niñas, ceñidos en la cintura por una banda elástica, un cordón o cualquier otro elemento, sin cremallera, botones o cualquier otro sistema de cierre.			
	95	Los demás para mujeres.			
	96	Los demás para niñas.			
6204.63	- -	**De fibras sintéticas.**			
6204.63.01	00	Con un contenido de lana o pelo fino superior o igual a 36% en peso.	Pza	20	Ex.
6204.63.91		Los demás, para mujeres.	Pza	35	Ex.
	01	Pantalones largos, pantalones cortos (calzones) y shorts, del tipo mezclilla, con cremallera, botones o cualquier otro sistema de cierre.			
	02	Para mujeres, cortos y shorts, ceñidos en la cintura por una banda elástica, un cordón o cualquier otro elemento, sin cremallera, botones o cualquier otro sistema de cierre.			
	03	Cortos y shorts, de poliéster, con cremallera, botones o cualquier otro sistema de cierre.			
	91	Los demás para mujeres, ceñidos en la cintura por una banda elástica, un cordón o cualquier otro elemento, sin cremallera, botones o cualquier otro sistema de cierre.			
	92	Los demás para mujeres, de poliéster, con cremallera, botones o cualquier otro sistema de cierre.			
	99	Los demás.			
6204.63.92		Los demás, para niñas.	Pza	35	Ex.
	01	Cortos y shorts, ceñidos en la cintura por una banda elástica, un cordón o cualquier otro elemento, sin cremallera, botones o cualquier otro sistema de cierre.			
	02	Pantalones largos, pantalones cortos (calzones) y shorts, del tipo mezclilla, con cremallera, botones o cualquier otro sistema de cierre.			

	03		Pantalones largos, pantalones cortos (calzones) y shorts, de poliéster, con cremallera, botones o cualquier otro sistema de cierre.			
	91		Los demás ceñidos en la cintura por una banda elástica, un cordón o cualquier otro elemento, sin cremallera, botones o cualquier otro sistema de cierre.			
	99		Los demás.			
6204.69		- -	**De las demás materias textiles.**			
6204.69.02	00		Con un contenido de seda superior o igual a 70% en peso.	Pza	20	Ex.
6204.69.03	00		Con un contenido de lana o pelo fino superior o igual a 36% en peso.	Pza	20	Ex.
6204.69.99			Los demás.	Pza	35	Ex.
	01		De fibras artificiales para mujeres.			
	02		De fibras artificiales para niñas.			
	99		Los demás.			
62.05			**Camisas para hombres o niños.**			
6205.20		-	**De algodón.**			
6205.20.01	00		Hechas totalmente a mano.	Pza	20	Ex.
6205.20.91	00		Para hombres, excepto lo comprendido en la fracción arancelaria 6205.20.01.	Pza	35	Ex.
6205.20.92	00		Para niños, excepto lo comprendido en la fracción arancelaria 6205.20.01.	Pza	35	Ex.
6205.30		-	**De fibras sintéticas o artificiales.**			
6205.30.01	00		Hechas totalmente a mano.	Pza	20	Ex.
6205.30.91	00		Para hombres, excepto lo comprendido en la fracción arancelaria 6205.30.01.	Pza	35	Ex.
6205.30.92	00		Para niños, excepto lo comprendido en la fracción arancelaria 6205.30.01.	Pza	35	Ex.
6205.90		-	**De las demás materias textiles.**			
6205.90.01	00		Con un contenido en seda superior o igual a 70% en peso.	Pza	20	Ex.
6205.90.02	00		De lana o pelo fino.	Pza	20	Ex.
6205.90.99	00		Las demás.	Pza	35	Ex.
62.06			**Camisas, blusas y blusas camiseras, para mujeres o niñas.**			
6206.10		-	**De seda o desperdicios de seda.**			
6206.10.01	00		De seda o desperdicios de seda.	Pza	20	Ex.
6206.20		-	**De lana o pelo fino.**			
6206.20.02			De lana o pelo fino.	Pza	20	Ex.
	01		Hechas totalmente a mano.			
	99		Los demás.			
6206.30		-	**De algodón.**			
6206.30.04			De algodón.	Pza	35	Ex.
	01		Para mujeres.			
	02		Para niñas.			
6206.40		-	**De fibras sintéticas o artificiales.**			
6206.40.01	00		Hechas totalmente a mano.	Pza	35	Ex.
6206.40.02	00		Con un contenido de lana o pelo fino superior o igual a 36% en peso, excepto lo comprendido en la fracción arancelaria 6206.40.01.	Pza	20	Ex.
6206.40.91	00		Para mujeres, excepto lo comprendido en las fracciones arancelarias 6206.40.01 y 6206.40.02.	Pza	35	Ex.
6206.40.92	00		Para niñas, excepto lo comprendido en las fracciones arancelarias 6206.40.01 y 6206.40.02.	Pza	35	Ex.
6206.90		-	**De las demás materias textiles.**			
6206.90.01	00		Con mezclas de algodón.	Pza	20	Ex.
6206.90.99	00		Los demás.	Pza	35	Ex.
62.07			**Camisetas, calzoncillos (incluidos los largos y los slips), camisones, pijamas, albornoces de baño, batas de casa y artículos similares, para hombres o niños.**			
		-	**Calzoncillos (incluidos los largos y los slips):**			
6207.11		- -	**De algodón.**			
6207.11.01			De algodón.	Pza	35	Ex.
	01		Para hombres.			
	99		Los demás.			
6207.19		- -	**De las demás materias textiles.**			
6207.19.91	00		De las demás materias textiles.	Pza	20	Ex.
		-	**Camisones y pijamas:**			
6207.21		- -	**De algodón.**			
6207.21.01			De algodón.	Pza	20	Ex.
	01		Para hombres.			
	99		Los demás.			
6207.22		- -	**De fibras sintéticas o artificiales.**			
6207.22.01	00		De fibras sintéticas o artificiales.	Pza	20	Ex.
6207.29		- -	**De las demás materias textiles.**			
6207.29.91			De las demás materias textiles.	Pza	20	Ex.
	01		Con un contenido de seda mayor o igual a 70% en peso.			
	99		Los demás.			
		-	**Los demás:**			
6207.91		- -	**De algodón.**			
6207.91.01	00		De algodón.	Pza	35	Ex.
6207.99		- -	**De las demás materias textiles.**			
6207.99.91			De las demás materias textiles.	Pza	20	Ex.
	01		Con un contenido de seda mayor o igual a 70% en peso.			
	02		De fibras sintéticas o artificiales.			
	99		Los demás.			

62.08		**Camisetas, combinaciones, enaguas, bragas (bombachas, calzones) (incluso las que no llegan hasta la cintura), camisones, pijamas, saltos de cama, albornoces de baño, batas de casa y artículos similares, para mujeres o niñas.**			
		- Combinaciones y enaguas:			
6208.11	- -	De fibras sintéticas o artificiales.			
6208.11.01	00	De fibras sintéticas o artificiales.	Pza	20	Ex.
6208.19	- -	De las demás materias textiles.			
6208.19.91	00	De las demás materias textiles.	Pza	20	Ex.
		- Camisones y pijamas:			
6208.21	- -	De algodón.			
6208.21.01		De algodón.	Pza	20	Ex.
	01	Para mujeres.			
	99	Los demás.			
6208.22	- -	De fibras sintéticas o artificiales.			
6208.22.01		De fibras sintéticas o artificiales.	Pza	35	Ex.
	01	Para mujeres.			
	99	Los demás.			
6208.29	- -	De las demás materias textiles.			
6208.29.91		De las demás materias textiles.	Pza	20	Ex.
	01	Con un contenido de seda mayor o igual a 70% en peso.			
	99	Los demás.			
		- Los demás:			
6208.91	- -	De algodón.			
6208.91.01	00	De algodón.	Pza	35	Ex.
6208.92	- -	De fibras sintéticas o artificiales.			
6208.92.02		De fibras sintéticas o artificiales.	Pza	35	Ex.
	01	Saltos de cama, albornoces de baño, batas de casa y artículos similares.			
	02	Bragas (bombachas, calzones), para niña.			
	99	Los demás para mujeres.			
6208.99	- -	De las demás materias textiles.			
6208.99.91		De las demás materias textiles.	Pza	20	Ex.
	01	De lana o pelo fino.			
	02	Camisetas interiores y bragas (bombachas, calzones) con un contenido de seda, en peso, igual o superior a 70%.			
	99	Las demás.			
62.09		**Prendas y complementos (accesorios), de vestir, para bebés.**			
6209.20	-	De algodón.			
6209.20.07		De algodón.	Pza	35	Ex.
	01	Faldas, calzoncillos y demás prendas de vestir que cubran la parte inferior del cuerpo, excepto lo comprendido en los números de identificación comercial 6209.20.07.08 y 6209.20.07.09.			
	02	Camisas y blusas.			
	03	Juegos.			
	04	Comandos.			
	05	Pañaleros.			
	06	Abrigos y chaquetones.			
	07	"T-shirt" y camisetas.			
	08	Pantalones largos.			
	09	Pantalones cortos y shorts.			
	91	Las demás prendas de vestir que cubran la mayor parte del cuerpo.			
	92	Las demás prendas de vestir que cubran solo la parte superior del cuerpo.			
	99	Los demás.			
6209.30	-	De fibras sintéticas.			
6209.30.05		De fibras sintéticas.	Pza	35	Ex.
	01	Pantalones, shorts, faldas, calzoncillos y demás prendas de vestir que cubran la parte inferior del cuerpo.			
	02	Juegos.			
	03	Comandos.			
	04	Pañaleros.			
	05	Camisas y blusas.			
	06	"T-shirt" y camisetas.			
	91	Las demás prendas de vestir que cubran la mayor parte del cuerpo.			
	92	Las demás prendas de vestir que cubran solo la parte superior del cuerpo.			
	99	Los demás.			
6209.90	-	De las demás materias textiles.			
6209.90.91		De las demás materias textiles.	Pza	35	Ex.
	01	De lana o pelo fino.			
	02	Mamelucos, pañaleros, vestidos, abrigos, chaquetones, juegos y demás prendas de vestir que cubran la mayor parte del cuerpo, excepto de lana o pelo fino.			
	03	Camisas, camisetas, sudaderas, chamarras, suéteres y demás prendas de vestir que cubran la parte superior del cuerpo, excepto de lana o pelo fino.			
	04	Pantalones, shorts, faldas, calzoncillos y demás prendas de vestir que cubran la parte inferior del cuerpo, excepto de lana o pelo fino.			
	99	Los demás.			

Código		Descripción	Unidad	Arancel	
62.10		**Prendas de vestir confeccionadas con productos de las partidas 56.02, 56.03, 59.03, 59.06 o 59.07.**			
6210.10	-	Con productos de las partidas 56.02 o 56.03.			
6210.10.01		Con productos de las partidas 56.02 o 56.03.	Pza	35	Ex.
	01	Prendas desechables no tejidas diseñadas para uso en hospitales, clínicas, laboratorios o áreas contaminadas.			
	99	Los demás			
6210.20	-	Las demás prendas de vestir de los tipos citados en la partida 62.01.			
6210.20.91	00	Las demás prendas de vestir de los tipos citados en la partida 62.01.	Pza	35	Ex.
6210.30	-	Las demás prendas de vestir de los tipos citados en la partida 62.02.			
6210.30.91	00	Las demás prendas de vestir de los tipos citados en la partida 62.02.	Pza	35	Ex.
6210.40	-	Las demás prendas de vestir para hombres o niños.			
6210.40.91	00	Las demás prendas de vestir para hombres o niños.	Pza	35	Ex.
6210.50	-	Las demás prendas de vestir para mujeres o niñas.			
6210.50.91	00	Las demás prendas de vestir para mujeres o niñas.	Pza	35	Ex.
62.11		**Conjuntos de abrigo para entrenamiento o deporte (chandales), monos (overoles) y conjuntos de esquí y bañadores; las demás prendas de vestir.**			
	-	Bañadores:			
6211.11	- -	Para hombres o niños.			
6211.11.01	00	Para hombres o niños.	Pza	35	Ex.
6211.12	- -	Para mujeres o niñas.			
6211.12.01	00	Para mujeres o niñas.	Pza	35	Ex.
6211.20	-	Monos (overoles) y conjuntos de esquí.			
6211.20.02		Monos (overoles) y conjuntos de esquí.	Pza	20	Ex.
	01	Con un contenido del 15% o más, en peso, de plumón y plumas de ave acuática, siempre que el plumón comprenda 35% o más, en peso; con un contenido del 10% o más por peso del plumaje.			
	99	Los demás.			
	-	Las demás prendas de vestir para hombres o niños:			
6211.32	- -	De algodón.			
6211.32.02		De algodón.	Pza	35	Ex.
	01	Camisas deportivas.			
	99	Las demás.			
6211.33	- -	De fibras sintéticas o artificiales.			
6211.33.02		De fibras sintéticas o artificiales.	Pza	35	Ex.
	01	Camisas deportivas.			
	99	Las demás.			
6211.39	- -	De las demás materias textiles.			
6211.39.91		De las demás materias textiles.	Pza	20	Ex.
	01	Con un contenido de seda mayor o igual a 70% en peso.			
	02	De lana o pelo fino.			
	99	Las demás.			
	-	Las demás prendas de vestir para mujeres o niñas:			
6211.42	- -	De algodón.			
6211.42.02		De algodón.	Pza	35	Ex.
	01	Pantalones con peto y tirantes.			
	99	Las demás.			
6211.43	- -	De fibras sintéticas o artificiales.			
6211.43.02		De fibras sintéticas o artificiales.	Pza	35	Ex.
	01	Pantalones con peto y tirantes.			
	99	Las demás.			
6211.49	- -	De las demás materias textiles.			
6211.49.91	00	De las demás materias textiles.	Pza	35	Ex.
62.12		**Sostenes (corpiños), fajas, corsés, tirantes (tiradores), ligas y artículos similares, y sus partes, incluso de punto.**			
6212.10	-	Sostenes (corpiños).			
6212.10.07		Sostenes (corpiños).	Pza	35	Ex.
	01	De algodón, con encaje.			
	02	De fibras sintéticas o artificiales, con encaje.			
	03	Sostenes (corpiños) para niña, sin encaje, de fibras sintéticas o artificiales.			
	91	Los demás, de algodón.			
	92	Los demás, de fibras sintéticas o artificiales.			
	93	De las demás materias textiles.			
6212.20	-	Fajas y fajas braga (fajas bombacha).			
6212.20.01	00	Fajas y fajas braga (fajas bombacha).	Pza	35	Ex.
6212.30	-	Fajas sostén (fajas corpiño).			
6212.30.01	00	Fajas sostén (fajas corpiño).	Pza	35	Ex.
6212.90	-	Los demás.			
6212.90.99		Los demás.	Pza	35	Ex.
	01	Copas de tejidos de fibras artificiales para portabustos.			
	02	Partes, excepto lo comprendido en el número de identificación comercial 6212.90.99.01.			
	99	Los demás.			
62.13		**Pañuelos de bolsillo.**			
6213.20	-	De algodón.			
6213.20.01	00	De algodón.	Pza	20	Ex.
6213.90	-	De las demás materias textiles.			

6213.90.91		De las demás materias textiles.	Pza	20	Ex.
	01	De seda o desperdicios de seda.			
	02	Pañuelos de fibras sintéticas.			
	99	Los demás.			
62.14		**Chales, pañuelos de cuello, bufandas, mantillas, velos y artículos similares.**			
6214.10	-	**De seda o desperdicios de seda.**			
6214.10.01	00	De seda o desperdicios de seda.	Pza	20	Ex.
6214.20	-	**De lana o pelo fino.**			
6214.20.01	00	De lana o pelo fino.	Pza	20	Ex.
6214.30	-	**De fibras sintéticas.**			
6214.30.01	00	De fibras sintéticas.	Pza	35	Ex.
6214.40	-	**De fibras artificiales.**			
6214.40.01	00	De fibras artificiales.	Pza	20	Ex.
6214.90	-	**De las demás materias textiles.**			
6214.90.91	00	De las demás materias textiles.	Pza	20	Ex.
62.15		**Corbatas y lazos similares.**			
6215.10	-	**De seda o desperdicios de seda.**			
6215.10.01	00	De seda o desperdicios de seda.	Pza	35	Ex.
6215.20	-	**De fibras sintéticas o artificiales.**			
6215.20.01	00	De fibras sintéticas o artificiales.	Pza	35	Ex.
6215.90	-	**De las demás materias textiles.**			
6215.90.91	00	De las demás materias textiles.	Pza	20	Ex.
62.16		**Guantes, mitones y manoplas.**			
6216.00	-	**Guantes, mitones y manoplas.**			
6216.00.01	00	Guantes, mitones y manoplas.	Par	20	Ex.
62.17		**Los demás complementos (accesorios) de vestir confeccionados; partes de prendas o de complementos (accesorios), de vestir, excepto las de la partida 62.12.**			
6217.10	-	**Complementos (accesorios) de vestir.**			
6217.10.01		Complementos (accesorios) de vestir.	Pza	35	Ex.
	01	Ligas para el cabello.			
	99	Los demás.			
6217.90	-	**Partes.**			
6217.90.01		Partes.	Pza	20	Ex.
	01	Cortes de tela para la fabricación o ensamble de prendas de vestir confeccionadas, de algodón.			
	02	Cortes de tela para la fabricación o ensamble de prendas de vestir confeccionadas, de fibras sintéticas.			
	03	Cortes de tela para la fabricación o ensamble de prendas de vestir confeccionadas, de fibras artificiales.			
	99	Las demás.			

Capítulo 63
Los demás artículos textiles confeccionados; juegos; prendería y trapos

Notas.
1. El Subcapítulo I, que comprende artículos de cualquier textil, solo se aplica a los artículos confeccionados.
2. El Subcapítulo I no comprende:
   a) los productos de los Capítulos 56 a 62;
   b) los artículos de prendería de la partida 63.09.
3. La partida 63.09 solo comprende los artículos citados limitativamente a continuación:
   a) artículos de materias textiles:
      - prendas y complementos (accesorios), de vestir, y sus partes;
      - mantas;
      - ropa de cama, mesa, tocador o cocina;
      - artículos de tapicería, excepto las alfombras de las partidas 57.01 a 57.05 y la tapicería de la partida 58.05;
   b) calzado, sombreros y demás tocados, de materias distintas del amianto (asbesto).

   Para que se clasifiquen en esta partida, los artículos antes citados deben cumplir las dos condiciones siguientes:
   - tener señales apreciables de uso, y
   - presentarse a granel o en balas, sacos (bolsas) o acondicionamientos similares.

Nota de subpartida.
1. La subpartida 6304.20 comprende los artículos confeccionados a partir de tejidos de punto por urdimbre, impregnados o recubiertos con alfa-cipermetrina (ISO), clorfenapir (ISO), deltametrina (DCI, ISO), lambda-cialotrina (ISO), permetrina (ISO) o pirimifos-metil (ISO).

CÓDIGO	DESCRIPCIÓN	UNIDAD	ARANCEL	
			IMP	EXP
	SUBCAPÍTULO I **LOS DEMÁS ARTÍCULOS TEXTILES CONFECCIONADOS**			
63.01	**Mantas.**			
6301.10	- Mantas eléctricas.			

Código		Descripción	U	Imp	
6301.10.01	00	Mantas eléctricas.	Pza	15	Ex.
6301.20	-	**Mantas de lana o pelo fino (excepto las eléctricas).**			
6301.20.01	00	Mantas de lana o pelo fino (excepto las eléctricas).	Pza	35	Ex.
6301.30	-	**Mantas de algodón (excepto las eléctricas).**			
6301.30.01	00	Mantas de algodón (excepto las eléctricas).	Pza	35	Ex.
6301.40	-	**Mantas de fibras sintéticas (excepto las eléctricas).**			
6301.40.01	00	Mantas de fibras sintéticas (excepto las eléctricas).	Pza	35	Ex.
6301.90	-	**Las demás mantas.**			
6301.90.91	00	Las demás mantas.	Pza	20	Ex.
63.02		**Ropa de cama, mesa, tocador o cocina.**			
6302.10	-	**Ropa de cama, de punto.**			
6302.10.01	00	Ropa de cama, de punto.	Pza	35	Ex.
	-	Las demás ropas de cama, estampadas:			
6302.21	- -	**De algodón.**			
6302.21.01		De algodón.	Pza	35	Ex.
	01	Fundas para edredón y fundas para colchón, de ancho inferior o igual a 160 cm.			
	02	Fundas para edredón y fundas para colchón, de ancho superior a 160 cm pero inferior o igual a 210 cm.			
	03	Fundas para edredón y fundas para colchón, ancho superior a 210 cm pero inferior o igual a 240 cm.			
	04	Fundas para edredón y fundas para colchón, de ancho superior a 240 cm.			
	05	Sábana, de ancho inferior o igual a 160 cm.			
	06	Sábana, de ancho superior a 160 cm pero inferior o igual a 210 cm.			
	07	Sábana, de ancho superior a 210 cm pero inferior o igual a 240 cm.			
	08	Sábana, de ancho superior a 240 cm.			
	99	Los demás.			
6302.22	- -	**De fibras sintéticas o artificiales.**			
6302.22.01		De fibras sintéticas o artificiales.	Pza	35	Ex.
	01	Fundas para edredón y fundas para colchón, de ancho inferior o igual a 160 cm.			
	02	Fundas para edredón y fundas para colchón, de ancho superior a 160 cm pero inferior o igual a 210 cm.			
	03	Fundas para edredón y fundas para colchón, de ancho superior a 210 cm pero inferior o igual a 240 cm.			
	04	Fundas para edredón y fundas para colchón, de ancho superior a 240 cm.			
	05	Sábana, de ancho inferior o igual a 160 cm.			
	06	Sábana, de ancho superior a 160 cm pero inferior o igual a 210 cm.			
	07	Sábana, de ancho superior a 210 cm pero inferior o igual a 240 cm.			
	08	Sábana, de ancho superior a 240 cm.			
	99	Los demás.			
6302.29	- -	**De las demás materias textiles.**			
6302.29.91	00	De las demás materias textiles.	Pza	35	Ex.
	-	Las demás ropas de cama:			
6302.31	- -	**De algodón.**			
6302.31.06		De algodón.	Pza	35	Ex.
	01	Fundas para edredón y fundas para colchón, de ancho inferior o igual a 160 cm.			
	02	Sábana, de ancho inferior o igual a 160 cm.			
	03	Fundas para edredón y fundas para colchón, de ancho superior a 160 cm pero inferior o igual a 210 cm.			
	04	Sábana, de ancho superior a 160 cm pero inferior o igual a 210 cm.			
	05	Fundas para edredón y fundas para colchón, de ancho superior a 210 cm pero inferior o igual a 240 cm.			
	06	Sábana, de ancho superior a 210 cm pero inferior o igual a 240 cm.			
	07	Fundas para edredón y fundas para colchón, de ancho superior a 240 cm .			
	08	Sábana, de ancho superior a 240 cm.			
	99	Las demás.			
6302.32	- -	**De fibras sintéticas o artificiales.**			
6302.32.06		De fibras sintéticas o artificiales.	Pza	35	Ex.
	01	Fundas para edredón y fundas para colchón, de ancho inferior o igual a 160 cm.			
	02	Sábana, de ancho inferior o igual a 160 cm.			
	03	Fundas para edredón y fundas para colchón, de ancho superior a 160 cm pero inferior o igual a 210 cm.			
	04	Sábana, de ancho superior a 160 cm pero inferior o igual a 210 cm.			
	05	Fundas para edredón y fundas para colchón, de ancho superior a 210 cm pero inferior o igual a 240 cm.			
	06	Sábana, de ancho superior a 210 cm pero inferior o igual a 240 cm.			
	07	Fundas para edredón y fundas para colchón, de ancho superior a 240 cm .			
	08	Sábana, de ancho superior a 240 cm.			
	99	Las demás.			
6302.39	- -	**De las demás materias textiles.**			
6302.39.91	00	De las demás materias textiles.	Pza	35	Ex.
6302.40	-	**Ropa de mesa, de punto.**			
6302.40.01	00	Ropa de mesa, de punto.	Pza	35	Ex.
	-	Las demás ropas de mesa:			
6302.51	- -	**De algodón.**			
6302.51.01	00	De algodón.	Pza	20	Ex.

6302.53		- - De fibras sintéticas o artificiales.			
6302.53.01	00	De fibras sintéticas o artificiales.	Pza	35	Ex.
6302.59		- - De las demás materias textiles.			
6302.59.91		De las demás materias textiles.	Pza	20	Ex.
	01	De lino.			
	99	Las demás.			
6302.60		- Ropa de tocador o cocina, de tejido con bucles del tipo toalla, de algodón.			
6302.60.06		Ropa de tocador o cocina, de tejido con bucles del tipo toalla, de algodón.	Pza	35	Ex.
	01	De ancho y largo inferior o igual a 35 cm.			
	02	De ancho superior a 35 cm pero inferior o igual a 80 cm y de largo superior a 35 cm pero inferior o igual a 150 cm.			
	03	De ancho superior a 80 cm pero inferior o igual a 90 cm y de largo superior a 150 cm pero inferior o igual a 190 cm.			
	04	De ancho superior a 90 cm y de largo superior a 190 cm.			
	99	Las demás.			
		- Las demás:			
6302.91		- - De algodón.			
6302.91.01		De algodón.	Pza	35	Ex.
	01	Cortes de tela para la confección de ropa de cama y mesa.			
	99	Los demás.			
6302.93		- - De fibras sintéticas o artificiales.			
6302.93.01		De fibras sintéticas o artificiales.	Pza	35	Ex.
	01	Cortes de tela para la confección de ropa de cama y mesa.			
	99	Los demás.			
6302.99		- - De las demás materias textiles.			
6302.99.91		De las demás materias textiles.	Pza	20	Ex.
	01	De lino.			
	02	Cortes de tela para la confección de ropa de cama y mesa.			
	99	Las demás.			
63.03		**Visillos y cortinas; guardamalletas y rodapiés de cama.**			
		- De punto:			
6303.12		- - De fibras sintéticas.			
6303.12.01	00	De fibras sintéticas.	Pza	35	Ex.
6303.19		- - De las demás materias textiles.			
6303.19.91		De las demás materias textiles.	Pza	35	Ex.
	01	De lino.			
	99	Las demás.			
		- Los demás:			
6303.91		- - De algodón.			
6303.91.01	00	De algodón.	Pza	35	Ex.
6303.92		- - De fibras sintéticas.			
6303.92.02		De fibras sintéticas.	Pza	35	Ex.
	01	Confeccionadas con tejidos totalmente de poliéster, de hilados sencillos, de título igual o superior a 75 decitex pero inferior o igual a 80 decitex, y 24 filamentos por hilo, y una torsión igual o superior a 900 vueltas por metro.			
	99	Las demás.			
6303.99		- - De las demás materias textiles.			
6303.99.91	00	De las demás materias textiles.	Pza	35	Ex.
63.04		**Los demás artículos de tapicería, excepto los de la partida 94.04.**			
		- Colchas:			
6304.11		- - De punto.			
6304.11.01	00	De punto.	Pza	20	Ex.
6304.19		- - Las demás.			
6304.19.99	00	Las demás.	Pza	35	Ex.
6304.20		- Mosquiteros para camas, especificados en la Nota 1 de subpartida de este Capítulo.			
6304.20.01	00	Mosquiteros para camas, especificados en la Nota 1 de subpartida de este Capítulo.	Pza	20	Ex.
		- Los demás:			
6304.91		- - De punto.			
6304.91.01	00	De punto.	Pza	35	Ex.
6304.92		- - De algodón, excepto de punto.			
6304.92.01	00	De algodón, excepto de punto.	Pza	20	Ex.
6304.93		- - De fibras sintéticas, excepto de punto.			
6304.93.01	00	De fibras sintéticas, excepto de punto.	Pza	35	Ex.
6304.99		- - De las demás materias textiles, excepto de punto.			
6304.99.91	00	De las demás materias textiles, excepto de punto.	Pza	20	Ex.
63.05		**Sacos (bolsas) y talegas, para envasar.**			
6305.10		- De yute o demás fibras textiles del líber de la partida 53.03.			
6305.10.01	00	De yute o demás fibras textiles del líber de la partida 53.03.	Pza	15	Ex.
6305.20		- De algodón.			
6305.20.01	00	De algodón.	Pza	15	Ex.
		- De materias textiles sintéticas o artificiales:			
6305.32		- - Continentes intermedios flexibles para productos a granel.			
6305.32.01	00	Continentes intermedios flexibles para productos a granel.	Pza	35	Ex.
6305.33		- - Los demás, de tiras o formas similares, de polietileno o polipropileno.			

6305.33.91	00	Los demás, de tiras o formas similares, de polietileno o polipropileno.	Pza	35	Ex.
6305.39	- -	**Los demás.**			
6305.39.99	00	Los demás.	Pza	15	Ex.
6305.90	-	**De las demás materias textiles.**			
6305.90.91	00	De las demás materias textiles.	Pza	35	Ex.
63.06		**Toldos de cualquier clase; tiendas (carpas, incluidos los pabellones ("gazebos", templetes) temporales y artículos similares); velas para embarcaciones, deslizadores o vehículos terrestres; artículos de acampar.**			
	-	Toldos de cualquier clase:			
6306.12	- -	**De fibras sintéticas.**			
6306.12.01	00	De fibras sintéticas.	Pza	15	Ex.
6306.19	- -	**De las demás materias textiles.**			
6306.19.91		De las demás materias textiles.	Pza	35	Ex.
	01	De algodón.			
	99	Los demás.			
	-	Tiendas (carpas, incluidos los pabellones ("gazebos", templetes) temporales y artículos similares):			
6306.22	- -	**De fibras sintéticas.**			
6306.22.01	00	De fibras sintéticas.	Pza	15	Ex.
6306.29	- -	**De las demás materias textiles.**			
6306.29.91		De las demás materias textiles.	Pza	35	Ex.
	01	De algodón.			
	99	Los demás.			
6306.30	-	**Velas.**			
6306.30.02		Velas.	Pza	15	Ex.
	01	De fibras sintéticas.			
	99	Las demás.			
6306.40	-	**Colchones neumáticos.**			
6306.40.02		Colchones neumáticos.	Pza	35	Ex.
	01	De algodón.			
	99	Los demás.			
6306.90	-	**Los demás.**			
6306.90.99		Los demás.	Pza	15	Ex.
	01	De algodón.			
	99	Los demás.			
63.07		**Los demás artículos confeccionados, incluidos los patrones para prendas de vestir.**			
6307.10	-	**Paños para fregar o lavar (bayetas, paños rejilla), franelas y artículos similares para limpieza.**			
6307.10.01	00	Paños para fregar o lavar (bayetas, paños rejilla), franelas y artículos similares para limpieza.	Kg	35	Ex.
6307.20	-	**Cinturones y chalecos salvavidas.**			
6307.20.01	00	Cinturones y chalecos salvavidas.	Kg	15	Ex.
6307.90	-	**Los demás.**			
6307.90.01	00	Toallas quirúrgicas.	Pza	20	Ex.
6307.90.99		Los demás.	Kg	10	Ex.
	01	Respiradores N95.			
	02	Cubrebocas y mascarillas desechables.			
	91	Los demás respiradores.			
	92	Los demás cubrebocas o mascarillas.			
	99	Los demás.			
		SUBCAPÍTULO II			
		JUEGOS			
63.08		**Juegos constituidos por piezas de tejido e hilados, incluso con accesorios, para la confección de alfombras, tapicería, manteles o servilletas bordados o de artículos textiles similares, en envases para la venta al por menor.**			
6308.00	-	**Juegos constituidos por piezas de tejido e hilados, incluso con accesorios, para la confección de alfombras, tapicería, manteles o servilletas bordados o de artículos textiles similares, en envases para la venta al por menor.**			
6308.00.01	00	Juegos constituidos por piezas de tejido e hilados, incluso con accesorios, para la confección de alfombras, tapicería, manteles o servilletas bordados o de artículos textiles similares, en envases para la venta al por menor.	Kg	15	Ex.
		SUBCAPÍTULO III			
		PRENDERÍA Y TRAPOS			
63.09		**Artículos de prendería.**			
6309.00	-	**Artículos de prendería.**			
6309.00.01	00	Artículos de prendería.	Kg	20	Ex.
63.10		**Trapos; cordeles, cuerdas y cordajes, de materia textil, en desperdicios o en artículos inservibles.**			
6310.10	-	**Clasificados.**			
6310.10.02		Clasificados.	Kg	20	Ex.
	01	Trapos mutilados o picados.			
	99	Los demás.			
6310.90	-	**Los demás.**			
6310.90.99		Los demás.	Kg	20	Ex.
	01	Trapos mutilados o picados.			
	99	Los demás.			

LEY DE LOS IMPUESTOS GENERALES DE IMPORTACION Y EXPORTACION

Sección XII
CALZADO, SOMBREROS Y DEMÁS TOCADOS, PARAGUAS, QUITASOLES, BASTONES, LÁTIGOS, FUSTAS, Y SUS PARTES; PLUMAS PREPARADAS Y ARTÍCULOS DE PLUMAS; FLORES ARTIFICIALES; MANUFACTURAS DE CABELLO

Capítulo 64
Calzado, polainas y artículos análogos; partes de estos artículos

Notas.
1. Este Capítulo no comprende:
    a) los artículos desechables para cubrir los pies o el calzado, de materiales livianos o poco resistentes (por ejemplo: papel, hojas de plástico) y sin suela aplicada (régimen de la materia constitutiva);
    b) el calzado de materia textil, sin suela exterior encolada, cosida o fijada o aplicada de otro modo a la parte superior (Sección XI);
    c) el calzado usado de la partida 63.09;
    d) los artículos de amianto (asbesto) (partida 68.12);
    e) el calzado y aparatos de ortopedia, y sus partes (partida 90.21);
    f) el calzado que tenga el carácter de juguete y el calzado con patines fijos (para hielo o de ruedas); espinilleras (canilleras) y demás artículos de protección utilizados en la práctica del deporte (Capítulo 95).
2. En la partida 64.06, no se consideran *partes* las clavijas (estaquillas), protectores, anillos para ojetes, ganchos, hebillas, galones, borlas, cordones y demás artículos de ornamentación o de pasamanería, que siguen su propio régimen, ni los botones para el calzado (partida 96.06).
3. En este Capítulo:
    a) los términos *caucho y plástico* comprenden los tejidos y demás soportes textiles con una capa exterior de caucho o plástico perceptible a simple vista; a los efectos de esta disposición, se hará abstracción de los cambios de color producidos por las operaciones de obtención de esta capa exterior;
    b) la expresión *cuero natural* se refiere a los productos de las partidas 41.07 y 41.12 a 41.14
4. Sin perjuicio de lo dispuesto en la Nota 3 de este Capítulo:
    a) la materia de la parte superior será la que constituya la superficie mayor de recubrimiento exterior, sin considerar los accesorios o refuerzos, tales como ribetes, protectores de tobillos, adornos, hebillas, orejas, anillos para ojetes o dispositivos análogos;
    b) la materia constitutiva de la suela será aquella cuya superficie en contacto con el suelo sea la mayor, sin considerar los accesorios o refuerzos, tales como puntas, tiras, clavos, protectores o dispositivos análogos.

Nota de subpartida.
1. En las subpartidas 6402.12, 6402.19, 6403.12, 6403.19 y 6404.11, se entiende por *calzado de deporte* exclusivamente:
    a) el calzado concebido para la práctica de una actividad deportiva y que tiene o está diseñado para la fijación de clavos, tacos (tapones), sujetadores, tiras o dispositivos similares;
    b) el calzado para patinar, esquiar, para la práctica de "snowboard" (tabla para nieve), lucha, boxeo o ciclismo.

Notas Nacionales:
1. Para los efectos de la Nota 4, inciso a) del Capítulo 64 de la Tarifa de la Ley de los Impuestos Generales de Importación y de Exportación, se entenderá que la expresión *materia de la parte superior* incluye la parte componente conocida comúnmente como *"lengüeta"*.
2. Para los efectos de la Nota de subpartida 1 del Capítulo 64 de la Ley de los Impuestos Generales de Importación y de Exportación:
    a) Los términos sujetadores, tiras o dispositivos similares no comprenden las agujetas, cordones, tiras (cintas) de velcro y demás artículos destinados a ajustar o sujetar el calzado al pie;
    b) El calzado de deporte no comprende al calzado cuya suela cuente con dibujos resaltados en la superficie en contacto con el suelo.
3. En este Capítulo, la expresión *"que cubran el tobillo"* se refiere al tipo de calzado cuya parte superior (corte), está diseñada para cubrir totalmente el pie, el talón y las partes laterales del pie (cubrir la totalidad del pie), desde la suela hasta la parte superior de los maléolos (interno y externo).
4. Para los efectos de las fracciones arancelarias de este Capítulo, se entenderá por:
    a) Calzado para hombres, adultos y jóvenes, el de talla mexicana superior o igual a 19 (equivalente a la talla 11-1/2 de Estados Unidos de América (E.U.A.);
    b) Calzado para mujeres, adultas y jóvenes, el de talla mexicana superior o igual a 20 (equivalente a la talla 12-1/2 de Estados Unidos de América (E.U.A.). El calzado identificable para ser utilizado indistintamente por hombres o mujeres, se clasificará como calzado para mujeres;
    c) Calzado para niños o niñas, el de talla mexicana superior o igual a 17 (equivalente a la talla 8-1/2 de Estados Unidos de América [E.U.A.]), pero inferior a lo señalado en las notas precedentes a) y b);
    d) Calzado para infantes, el de talla mexicana inferior a lo señalado en las notas precedentes a), b) y c);
    e) Calzado de construcción "Welt", el que se elabora uniendo durante el proceso de montado el corte, la planta y el cerco por medio de una costura, más una segunda costura exterior que une la suela y/o entresuela al bloque anterior;
    f) Partes superiores (cortes) de calzado sin formar ni moldear, los que hayan sido cosidos, incluido el cosido por la parte de abajo, pero no montados, modelados, conformados o moldeados por cualquier procedimiento.
5. En la partida 64.01, la expresión *calzado impermeable* se refiere al calzado cerrado totalmente hasta la altura de la boca o entrada, cuya suela y parte superior (corte) sean de caucho o plástico, y está diseñado para la protección contra el agua y otros líquidos.
El calzado permanece en esta partida incluso si está hecho en parte de uno y en parte de otro de los materiales especificados en el párrafo anterior (por ejemplo, la suela puede ser de caucho y la parte superior de tejido con una capa exterior de plástico que es perceptible a simple vista; a los efectos de esta disposición, se hará abstracción de los cambios de color producidos por estas operaciones).

6. En las subpartidas 6402.19, 6402.99, 6404.11 y 6404.19, la expresión "*banda o aplicación similar*" se refiere a la pieza unida por adhesión, pegado, vulcanizado, termosoldado, inyectado, o cosida entre la parte inferior del corte y el canto de la suela en todo su perímetro; y a las *suelas tipo caja*, suelas moldeadas en una sola pieza que proyectan un muro o borde en todo el perímetro de la suela sobreponiéndose al corte.
7. En las subpartidas 6402.99, 6403.59, 6403.99 y 6404.19, la expresión "sandalia básica" no incluye:
   a) El calzado con planta conformada y rígida del talón;
   b) El calzado que cuenta con cambrillón o espinazo colocado entre la planta y la suela, y
   c) El calzado que cuenta con plataforma rígida o cuña.
   Los calzados que incluyan cualquiera de las características mencionadas en los incisos a), b) y c), y además su corte esté conformado por tiras o bridas, o el mismo deje expuesto el empeine del pie o parte de éste, así como los costados del pie o parte de éstos, se considerará sandalia de vestir o formal.

Anotaciones de los Números de Identificación Comercial:
1. En las subpartidas 6402.19, 6402.99, 6404.11 y 6404.19, la expresión que tenga una banda pegada a la suela y sobrepuesta al corte unido mediante el proceso de vulcanizado, significa que el calzado presenta una tira de hule o caucho que debe de cubrir la suela y la parte inferior del corte en todo el perímetro del canto de la suela de manera uniforme y continua. La implantación de dicha tira o banda se realiza en un recipiente de alta temperatura y presión (por ejemplo, autoclave), que permite fundir los materiales de forma inseparable, formando una sola pieza.

CÓDIGO	DESCRIPCIÓN	UNIDAD	ARANCEL IMP	EXP
64.01	**Calzado impermeable con suela y parte superior de caucho o plástico, cuya parte superior no se haya unido a la suela por costura o por medio de remaches, clavos, tornillos, espigas o dispositivos similares, ni se haya formado con diferentes partes unidas de la misma manera.**			
6401.10	- **Calzado con puntera metálica de protección.**			
6401.10.01	Calzado con puntera metálica de protección.	Par	35	Ex.
01	Para hombres, adultos y jóvenes, y mujeres, adultas y jóvenes.			
99	Los demás.			
	- Los demás calzados:			
6401.92	- - **Que cubran el tobillo sin cubrir la rodilla.**			
6401.92.11	Con suela y parte superior recubierta (incluidos los accesorios o refuerzos) con un contenido de poli(cloruro de vinilo) (P.V.C.) superior al 90%, incluso con soporte o forro de poli(cloruro de vinilo) (P.V.C.), pero con exclusión de cualquier otro soporte o forro.	Par	35	Ex.
01	Para hombres, adultos y jóvenes.			
02	Para mujeres, adultas y jóvenes.			
03	Para niños, niñas o infantes.			
6401.92.99	Los demás.	Par	35	Ex.
01	Para hombres, adultos y jóvenes, totalmente de plástico inyectado.			
02	Para mujeres, adultas y jóvenes, totalmente de plástico inyectado.			
03	Para niños, niñas o infantes, totalmente de plástico inyectado.			
91	Los demás para hombres, adultos y jóvenes.			
92	Los demás para mujeres, adultas y jóvenes.			
93	Los demás para niños, niñas o infantes.			
6401.99	- - **Los demás.**			
6401.99.99	Los demás.	Par	35	Ex.
01	Con suela y parte superior recubierta (incluidos los accesorios o refuerzos) de caucho o plástico en más del 90%, excepto los reconocibles para ser utilizados para protección industrial o para protección contra el mal tiempo.			
02	Que cubran la rodilla.			
03	Para hombres, adultos y jóvenes, que haya sido totalmente inyectado y moldeado en una sola pieza, excepto que cubran la rodilla.			
04	Para mujeres, adultas y jóvenes, que haya sido totalmente inyectado y moldeado en una sola pieza, excepto que cubran la rodilla.			
05	Para niños, niñas o infantes, que hayan sido totalmente inyectado y moldeado en una sola pieza, excepto que cubran la rodilla.			
91	Los demás para hombres, adultos y jóvenes.			
92	Los demás para mujeres, adultas y jóvenes.			
93	Los demás para niños, niñas o infantes.			
64.02	**Los demás calzados con suela y parte superior de caucho o plástico.**			
	- **Calzado de deporte:**			
6402.12	- - **Calzado de esquí y calzado para la práctica de "snowboard" (tabla para nieve).**			
6402.12.01 00	Calzado de esquí y calzado para la práctica de "snowboard" (tabla para nieve).	Par	35	Ex.
6402.19	- - **Los demás.**			
6402.19.01 00	Para hombres, adultos y jóvenes, con la parte superior (corte) con un contenido de caucho o plástico superior al 90%, excepto el que tenga una banda o aplicación similar pegada o moldeada a la suela y sobrepuesta al corte.	Par	35	Ex.
6402.19.99	Los demás.	Par	35	Ex.
01	Calzado para mujeres, adultas y jóvenes, con la parte superior (corte) de caucho o plástico en más del 90%, excepto el que tenga una banda o aplicación similar pegada o moldeada a la suela y sobrepuesta al corte.			
02	Calzado para niños, niñas o infantes con la parte superior (corte) de caucho o plástico en más del 90%, excepto el que tenga una banda o aplicación similar pegada o moldeada a la suela y sobrepuesta al corte.			

	03	Para hombres, adultos y jóvenes.			
	04	Para mujeres, adultas y jóvenes.			
	05	Para niños, niñas o infantes.			
6402.20	-	**Calzado con la parte superior de tiras o bridas fijadas a la suela por tetones (espigas).**			
6402.20.04		Calzado con la parte superior de tiras o bridas fijadas a la suela por tetones (espigas).	Par	35	Ex.
	01	Para hombres, adultos y jóvenes, mujeres, adultas y jóvenes.			
	02	Para niños, niñas o infantes.			
	-	**Los demás calzados:**			
6402.91	- -	**Que cubran el tobillo.**			
6402.91.02	00	Con puntera metálica de protección.	Par	35	Ex.
6402.91.06		Sin puntera metálica.	Par	35	Ex.
	01	Para hombres, adultos y jóvenes.			
	02	Para mujeres, adultas y jóvenes.			
	03	Para niños y niñas.			
	91	Los demás sin puntera metálica.			
6402.99	- -	**Los demás.**			
6402.99.06		Con puntera metálica de protección.	Par	35	Ex.
	01	Para hombres, adultos y jóvenes, y mujeres, adultas y jóvenes.			
	99	Los demás.			
6402.99.19		Sandalias.	Par	35	Ex.
	01	Formal o de vestir, para hombres, adultos y jóvenes.			
	02	Formal o de vestir, para mujeres, adultas y jóvenes.			
	03	Formal o de vestir, para niños o niñas.			
	04	Para infantes.			
	91	Las demás para hombres, adultos y jóvenes.			
	92	Las demás para mujeres, adultas y jóvenes.			
	93	Las demás para niños o niñas.			
6402.99.20		Reconocibles como diseñados para la práctica de tenis, baloncesto, gimnasia, entrenamiento, caminata, ejercicios y demás actividades físicas similares, excepto lo contenido en la fracción arancelaria 6402.99.21.	Par	35	Ex.
	01	Para hombres, adultos y jóvenes.			
	02	Para mujeres, adultas y jóvenes.			
	03	Para niños, niñas o infantes.			
6402.99.21		Calzado que tenga una banda o aplicación similar pegada o moldeada a la suela y sobrepuesta al corte.	Par	35	Ex.
	01	Para hombres, adultos y jóvenes, con corte de caucho o plástico, que tenga una banda pegada a la suela y sobrepuesta al corte unido mediante el proceso de "vulcanizado".			
	02	Para mujeres, adultas y jóvenes, con corte de caucho o plástico, que tenga una banda pegada a la suela y sobrepuesta al corte unido mediante el proceso de "vulcanizado".			
	03	Calzado para niños o niñas, con corte de caucho o plástico, que tenga una banda pegada a la suela y sobrepuesta al corte unido mediante el proceso de "vulcanizado".			
	04	Calzado para infantes con corte de caucho o plástico, que tenga una banda pegada a la suela y sobrepuesta al corte unido mediante el proceso de "vulcanizado".			
	91	Los demás para hombres, adultos y jóvenes.			
	92	Los demás para mujeres, adultas y jóvenes.			
	93	Los demás para niños o niñas.			
6402.99.91	00	Los demás para hombres, adultos y jóvenes.	Par	35	Ex.
6402.99.92	00	Los demás para mujeres, adultas y jóvenes.	Par	35	Ex.
6402.99.93	00	Los demás, para niños y niñas.	Par	35	Ex.
6402.99.94	00	Los demás para infantes.	Par	35	Ex.
64.03		**Calzado con suela de caucho, plástico, cuero natural o regenerado y parte superior de cuero natural.**			
	-	**Calzado de deporte:**			
6403.12	- -	**Calzado de esquí y calzado para la práctica de "snowboard" (tabla para nieve).**			
6403.12.01	00	Calzado de esquí y calzado para la práctica de "snowboard" (tabla para nieve).	Par	Ex.	Ex.
6403.19	- -	**Los demás.**			
6403.19.02	00	Para hombres, adultos y jóvenes, excepto de construcción "Welt".	Par	35	Ex.
6403.19.99		Los demás.	Par	35	Ex.
	01	Para hombres, adultos y jóvenes, de construcción "Welt".			
	02	Para mujeres, adultas y jóvenes.			
	03	Para niños o niñas.			
	99	Los demás.			
6403.20	-	**Calzado con suela de cuero natural y parte superior de tiras de cuero natural que pasan por el empeine y rodean el dedo gordo.**			
6403.20.01	00	Calzado con suela de cuero natural y parte superior de tiras de cuero natural que pasan por el empeine y rodean el dedo gordo.	Par	35	Ex.
6403.40	-	**Los demás calzados, con puntera metálica de protección.**			
6403.40.91		Los demás calzados, con puntera metálica de protección.	Par	35	Ex.
	01	Para hombres, adultos y jóvenes.			
	02	Para mujeres, adultas y jóvenes.			
	03	Para niños, niñas o infantes.			
	-	**Los demás calzados, con suela de cuero natural:**			
6403.51	- -	**Que cubran el tobillo.**			
6403.51.05		Que cubran el tobillo.	Par	35	Ex.

	01	Para hombres, adultos y jóvenes, de construcción "Welt".			
	02	Para hombres, adultos y jóvenes, excepto lo comprendido en el número de identificación comercial 6403.51.05.01.			
	03	Para mujeres, adultas y jóvenes.			
	04	Para niños, niñas o infantes.			
6403.59		**- - Los demás.**			
6403.59.99		Los demás.	Par	35	Ex.
	01	Para hombres, adultos y jóvenes, de construcción "Welt".			
	02	Sandalias para hombres, adultos y jóvenes.			
	03	Sandalias para mujeres, adultas y jóvenes.			
	04	Sandalias para niños, niñas o infantes.			
	91	Los demás para hombres, adultos y jóvenes.			
	92	Los demás para mujeres, adultas y jóvenes.			
	93	Los demás para niños, niñas o infantes.			
	-	**Los demás calzados:**			
6403.91		**- - Que cubran el tobillo.**			
6403.91.04 00		Con palmilla o plataforma de madera, sin plantillas ni puntera metálica de protección.	Par	Ex.	Ex.
6403.91.12		De construcción "Welt".	Par	35	Ex.
	01	Para hombres, adultos y jóvenes, mujeres, adultas y jóvenes.			
	02	Para niños, niñas o infantes.			
6403.91.13		Reconocibles como diseñados para la práctica de tenis, baloncesto, gimnasia, entrenamiento, caminata, ejercicios y demás actividades físicas similares.	Par	35	Ex.
	01	Para hombres, adultos y jóvenes.			
	02	Para mujeres, adultas y jóvenes.			
	03	Para niños, niñas o infantes.			
6403.91.99		Los demás.	Par	35	Ex.
	01	Para hombres, adultos y jóvenes.			
	02	Para mujeres, adultas y jóvenes.			
	03	Para niños, niñas o infantes.			
6403.99		**- - Los demás.**			
6403.99.01 00		De construcción "Welt".	Par	35	Ex.
6403.99.06 00		Con palmilla o plataforma de madera, sin plantillas ni puntera metálica de protección.	Par	Ex.	Ex.
6403.99.12 00		Sandalias para niños, niñas o infantes.	Par	35	Ex.
6403.99.13		Reconocibles como diseñados para la práctica de tenis, baloncesto, gimnasia, entrenamiento, caminata, ejercicios y demás actividades físicas similares.	Par	35	Ex.
	01	Para hombres, adultos y jóvenes.			
	02	Para mujeres, adultas y jóvenes.			
	03	Para niños, niñas o infantes.			
6403.99.14		Sandalias, excepto lo comprendido en la fracción arancelaria 6403.99.12.	Par	35	Ex.
	01	Para hombres, adultos y jóvenes.			
	02	Para mujeres, adultas y jóvenes.			
6403.99.91 00		Los demás para niños, niñas o infantes.	Par	35	Ex.
6403.99.99		Los demás.	Par	35	Ex.
	01	Para hombres, adultos y jóvenes.			
	02	Para mujeres, adultas y jóvenes.			
64.04		**Calzado con suela de caucho, plástico, cuero natural o regenerado y parte superior de materia textil.**			
	-	**Calzado con suela de caucho o plástico:**			
6404.11		**- - Calzado de deporte; calzado de tenis, baloncesto, gimnasia, entrenamiento y calzados similares.**			
6404.11.09 00		De deporte para niños, niñas o infantes, excepto los que tengan una banda o aplicación similar pegada o moldeada a la suela y sobrepuesta al corte.	Par	35	Ex.
6404.11.12		Para niños, niñas o infantes, reconocibles como diseñados para la práctica de tenis, baloncesto, gimnasia, entrenamiento, caminata, ejercicios y demás actividades físicas similares, excepto los que tengan una banda o aplicación similar pegada o moldeada a la suela y sobrepuesta al corte.	Par	35	Ex.
	01	Para niños o niñas.			
	02	Para infantes.			
6404.11.16		De deporte, excepto lo comprendido en la fracción arancelaria 6404.11.09 y los que tengan una banda o aplicación similar pegada o moldeada a la suela y sobrepuesta al corte.	Par	25	Ex.
	01	Para hombres, adultos y jóvenes.			
	02	Para mujeres, adultas y jóvenes.			
6404.11.17		Reconocibles como diseñados para la práctica de tenis, baloncesto, gimnasia, entrenamiento, caminata, ejercicios y demás actividades físicas similares, excepto lo comprendido en la fracción arancelaria 6404.11.12 y los que tengan una banda o aplicación similar pegada o moldeada a la suela y sobrepuesta al corte.	Par	35	Ex.
	01	Para hombres, adultos y jóvenes.			
	02	Para mujeres, adultas y jóvenes.			
6404.11.99		Los demás.	Par	35	Ex.
	01	Para hombres, adultos y jóvenes, que tenga una banda pegada a la suela y sobrepuesta al corte unido mediante el proceso de "vulcanizado".			
	02	Para mujeres, adultas y jóvenes, que tenga una banda pegada a la suela y sobrepuesta al corte unido mediante el proceso de "vulcanizado".			
	03	Para niños o niñas, que tenga una banda pegada a la suela y sobrepuesta al corte unido mediante el proceso de "vulcanizado".			

	04	Para infantes, que tenga una banda pegada a la suela y sobrepuesta al corte unido mediante el proceso de "vulcanizado".				
	91	Los demás para hombres, adultos y jóvenes.				
	92	Los demás para mujeres, adultas y jóvenes.				
	93	Los demás para niños o niñas.				
	94	Los demás para infantes.				
6404.19		**- - Los demás.**				
6404.19.02	00	Para mujeres, adultas y jóvenes, excepto el que tenga una banda o aplicación similar pegada o moldeada a la suela y sobrepuesta al corte y lo comprendido en la fracción arancelaria 6404.19.08.	Par	35	Ex.
6404.19.08		Sandalias para mujeres, adultas y jóvenes.	Par	35	Ex.
	01	Básica.			
	02	Formal o de vestir.			
6404.19.99		Los demás.	Par	35	Ex.
	01	Para hombres, adultos y jóvenes, excepto el que tenga una banda o aplicación similar pegada o moldeada a la suela y sobrepuesta al corte y lo comprendido en el número de identificación comercial 6404.19.99.06.			
	02	Para niños o niñas, excepto el que tenga una banda o aplicación similar pegada o moldeada a la suela y sobrepuesta al corte y sandalias.			
	03	Para infantes, excepto el que tenga una banda o aplicación similar pegada o moldeada a la suela y sobrepuesta al corte y sandalias.			
	04	Para hombres, adultos y jóvenes, que tenga una banda pegada a la suela y sobrepuesta al corte unido mediante el proceso de "vulcanizado".			
	05	Para mujeres, adultas y jóvenes, que tenga una banda pegada a la suela y sobrepuesta al corte unido mediante el proceso de "vulcanizado".			
	06	Para niños, niñas o infantes, que tenga una banda pegada a la suela y sobrepuesta al corte unido mediante el proceso de "vulcanizado".			
	07	Sandalias para hombres, adultos y jóvenes.			
	08	Sandalias para niños, niñas o infantes.			
	09	Sandalia formal o de vestir, para hombres, adultos y jóvenes.			
	10	Sandalia formal o de vestir, para niños o niñas.			
	91	Los demás para hombres, adultos y jóvenes.			
	92	Los demás para mujeres, adultas y jóvenes.			
	93	Los demás para niños o niñas.			
	94	Los demás para infantes.			
6404.20		**- Calzado con suela de cuero natural o regenerado.**			
6404.20.01		Calzado con suela de cuero natural o regenerado.	Par	35	Ex.
	01	Para hombres, adultos y jóvenes.			
	02	Para mujeres, adultas y jóvenes.			
	99	Los demás.			
64.05		**Los demás calzados.**			
6405.10		**- Con la parte superior de cuero natural o regenerado.**			
6405.10.01	00	Con la parte superior de cuero natural o regenerado.	Par	35	Ex.
6405.20		**- Con la parte superior de materia textil.**			
6405.20.01	00	Con la suela de madera o corcho.	Par	Ex.	Ex.
6405.20.02	00	Con suela y parte superior de fieltro de lana.	Par	35	Ex.
6405.20.99		Los demás.	Par	35	Ex.
	91	Los demás calzados para hombres, adultos y jóvenes.			
	92	Los demás calzados para mujeres, adultas y jóvenes.			
	93	Los demás calzados para niños o niñas.			
	94	Los demás calzados para infantes.			
6405.90		**- Los demás.**			
6405.90.99		Los demás.	Par	35	Ex.
	01	Calzado desechable.			
	02	Calzado para infantes, excepto los desechables.			
	99	Los demás.			
64.06		**Partes de calzado (incluidas las partes superiores fijadas a las palmillas distintas de la suela); plantillas, taloneras y artículos similares, amovibles; polainas y artículos similares, y sus partes.**			
6406.10		**- Partes superiores de calzado y sus partes, excepto los contrafuertes y punteras duras.**			
6406.10.08		Partes superiores (cortes) de calzado.	Par	20	Ex.
	01	De cuero o piel, sin formar ni moldear.			
	02	De materia textil, sin formar ni moldear.			
	99	Las demás.			
6406.10.09		Partes de cortes de calzado.	Pza	20	Ex.
	01	De cuero o piel.			
	02	De materia textil.			
	99	Las demás.			
6406.20		**- Suelas y tacones (tacos), de caucho o plástico.**			
6406.20.01	00	Suelas.	Pza	5	Ex.
6406.20.02	00	Tacones (tacos).	Pza	Ex.	Ex.
6406.90		**- Los demás.**			
6406.90.01	00	De madera.	Kg	Ex.	Ex.
6406.90.02	00	Botines, polainas y artículos similares y sus partes.	Kg	Ex.	Ex.
6406.90.99	00	Los demás.	Kg	10	Ex.

Capítulo 65
Sombreros, demás tocados, y sus partes

Notas.
1. Este Capítulo no comprende:
   a) los sombreros y demás tocados usados de la partida 63.09;
   b) los sombreros y demás tocados de amianto (asbesto) (partida 68.12);
   c) los sombreros y demás tocados que tengan el carácter de juguetes, tales como los sombreros para muñecas y los artículos para fiestas (Capítulo 95).
2. La partida 65.02 no comprende los cascos o formas confeccionados por costura, excepto los que se obtienen por unión de tiras simplemente cosidas en espiral.

CÓDIGO		DESCRIPCIÓN	UNIDAD	ARANCEL IMP	EXP
65.01		**Cascos sin ahormado ni perfilado del ala, platos (discos) y cilindros aunque estén cortados en el sentido de la altura, de fieltro, para sombreros.**			
6501.00	-	Cascos sin ahormado ni perfilado del ala, platos (discos) y cilindros aunque estén cortados en el sentido de la altura, de fieltro, para sombreros.			
6501.00.01	00	Cascos sin ahormado ni perfilado del ala, platos (discos) y cilindros aunque estén cortados en el sentido de la altura, de fieltro, para sombreros.	Pza	Ex.	Ex.
65.02		**Cascos para sombreros, trenzados o fabricados por unión de tiras de cualquier materia, sin ahormado ni perfilado del ala y sin guarnecer.**			
6502.00	-	Cascos para sombreros, trenzados o fabricados por unión de tiras de cualquier materia, sin ahormado ni perfilado del ala y sin guarnecer.			
6502.00.01	00	Cascos para sombreros, trenzados o fabricados por unión de tiras de cualquier materia, sin ahormado ni perfilado del ala y sin guarnecer.	Pza	Ex.	Ex.
65.04		**Sombreros y demás tocados, trenzados o fabricados por unión de tiras de cualquier materia, incluso guarnecidos.**			
6504.00	-	Sombreros y demás tocados, trenzados o fabricados por unión de tiras de cualquier materia, incluso guarnecidos.			
6504.00.01	00	Sombreros y demás tocados, trenzados o fabricados por unión de tiras de cualquier materia, incluso guarnecidos.	Pza	35	Ex.
65.05		**Sombreros y demás tocados, de punto o confeccionados con encaje, fieltro u otro producto textil, en pieza (pero no en tiras), incluso guarnecidos; redecillas para el cabello, de cualquier materia, incluso guarnecidas.**			
6505.00	-	Sombreros y demás tocados, de punto o confeccionados con encaje, fieltro u otro producto textil, en pieza (pero no en tiras), incluso guarnecidos; redecillas para el cabello, de cualquier materia, incluso guarnecidas.			
6505.00.04		Sombreros y demás tocados, de punto o confeccionados con encaje, fieltro u otro producto textil, en pieza (pero no en tiras), incluso guarnecidos; redecillas para el cabello, de cualquier materia, incluso guarnecidas.	Pza	35	Ex.
	01	Redecillas para el cabello.			
	02	Gorras, cachuchas, boinas, monteras o bonetes.			
	03	Sombreros y demás tocados de fieltro, fabricados con cascos o platos de la partida 65.01, incluso guarnecidos.			
	99	Los demás.			
65.06		**Los demás sombreros y tocados, incluso guarnecidos.**			
6506.10	-	Cascos de seguridad.			
6506.10.01	00	Cascos de seguridad.	Pza	5	Ex.
	-	Los demás:			
6506.91	--	De caucho o plástico.			
6506.91.01	00	Gorras.	Pza	15	Ex.
6506.91.99	00	Los demás.	Pza	10	Ex.
6506.99	--	De las demás materias.			
6506.99.91	00	De las demás materias.	Pza	15	Ex.
65.07		**Desudadores, forros, fundas, armaduras, viseras y barboquejos (barbijos), para sombreros y demás tocados.**			
6507.00	-	Desudadores, forros, fundas, armaduras, viseras y barboquejos (barbijos), para sombreros y demás tocados.			
6507.00.01	00	Desudadores, forros, fundas, armaduras, viseras y barboquejos (barbijos), para sombreros y demás tocados.	Kg	15	Ex.

Capítulo 66
Paraguas, sombrillas, quitasoles, bastones, bastones asiento, látigos, fustas, y sus partes

Notas.
1. Este Capítulo no comprende:
   a) los bastones medida y similares (partida 90.17);
   b) los bastones escopeta, bastones estoque, bastones plomados y similares (Capítulo 93);
   c) los artículos del Capítulo 95 (por ejemplo: los paraguas y sombrillas manifiestamente destinados al entretenimiento de los niños).

LEY DE LOS IMPUESTOS GENERALES DE IMPORTACION Y EXPORTACION

2. La partida 66.03 no comprende los accesorios de materia textil, las vainas, fundas, borlas, dragonas y similares, de cualquier materia, para los artículos de las partidas 66.01 o 66.02. Estos accesorios se clasifican separadamente, incluso cuando se presenten con los artículos a los que se destinen, pero sin montar en dichos artículos.

CÓDIGO		DESCRIPCIÓN	UNIDAD	ARANCEL IMP	EXP
66.01		**Paraguas, sombrillas y quitasoles (incluidos los paraguas bastón, los quitasoles toldo y artículos similares).**			
6601.10	-	**Quitasoles toldo y artículos similares.**			
6601.10.01	00	Quitasoles toldo y artículos similares.	Pza	15	Ex.
	-	Los demás:			
6601.91	--	**Con astil o mango telescópico.**			
6601.91.01	00	Con astil o mango telescópico.	Pza	15	Ex.
6601.99	--	**Los demás.**			
6601.99.99	00	Los demás.	Pza	15	Ex.
66.02		**Bastones, bastones asiento, látigos, fustas y artículos similares.**			
6602.00	-	**Bastones, bastones asiento, látigos, fustas y artículos similares.**			
6602.00.01	00	Bastones, bastones asiento, látigos, fustas y artículos similares.	Pza	15	Ex.
66.03		**Partes, guarniciones y accesorios para los artículos de las partidas 66.01 o 66.02.**			
6603.20	-	**Monturas ensambladas, incluso con el astil o mango, para paraguas, sombrillas o quitasoles.**			
6603.20.01	00	Monturas ensambladas, sin puños.	Kg	Ex.	Ex.
6603.20.99	00	Los demás.	Kg	15	Ex.
6603.90	-	**Los demás.**			
6603.90.99	00	Los demás.	Kg	15	Ex.

Capítulo 67
Plumas y plumón preparados y artículos de plumas o plumón; flores artificiales; manufacturas de cabello

Notas.
1. Este Capítulo no comprende:
   a) las telas filtrantes y capachos, de cabello (partida 59.11);
   b) los motivos florales de encaje, bordados u otros tejidos (Sección XI);
   c) el calzado (Capítulo 64);
   d) los sombreros y demás tocados y las redecillas para el cabello (Capítulo 65);
   e) los juguetes, artefactos deportivos y artículos para carnaval (Capítulo 95);
   f) los plumeros, borlas y similares para la aplicación de polvos y los cedazos de cabello (Capítulo 96).
2. La partida 67.01 no comprende:
   a) los artículos en los que las plumas o plumón sean únicamente material de relleno y, en particular, los artículos de cama de la partida 94.04;
   b) las prendas y complementos (accesorios), de vestir, en los que las plumas o plumón sean simples adornos o material de relleno;
   c) las flores, follaje, y sus partes y los artículos confeccionados de la partida 67.02.
3. La partida 67.02 no comprende:
   a) los artículos de vidrio (Capítulo 70);
   b) las imitaciones de flores, follaje o frutos, de cerámica, piedra, metal, madera, etc., obtenidas en una sola pieza por moldeo, forjado, cincelado, estampado o por cualquier otro procedimiento, ni las formadas por varias partes unidas por procedimientos distintos del atado, encolado, encajado o similares.

CÓDIGO		DESCRIPCIÓN	UNIDAD	ARANCEL IMP	EXP
67.01		**Pieles y demás partes de ave con sus plumas o plumón; plumas, partes de plumas, plumón y artículos de estas materias, excepto los productos de la partida 05.05 y los cañones y astiles de plumas, trabajados.**			
6701.00	-	**Pieles y demás partes de ave con sus plumas o plumón; plumas, partes de plumas, plumón y artículos de estas materias, excepto los productos de la partida 05.05 y los cañones y astiles de plumas, trabajados.**			
6701.00.01	00	Artículos de pluma o plumón.	Kg	Ex.	Ex.
6701.00.99	00	Los demás.	Kg	15	Ex.
67.02		**Flores, follaje y frutos, artificiales, y sus partes; artículos confeccionados con flores, follaje o frutos, artificiales.**			
6702.10	-	**De plástico.**			
6702.10.01	00	De plástico.	Kg	15	Ex.
6702.90	-	**De las demás materias.**			
6702.90.91	00	De las demás materias.	Kg	Ex.	Ex.
67.03		**Cabello peinado, afinado, blanqueado o preparado de otra forma; lana, pelo u otra materia textil, preparados para la fabricación de pelucas o artículos similares.**			
6703.00	-	**Cabello peinado, afinado, blanqueado o preparado de otra forma; lana, pelo u otra materia textil, preparados para la fabricación de pelucas o artículos similares.**			
6703.00.01	00	Cabello peinado, afinado, blanqueado o preparado de otra forma; lana, pelo u otra materia textil, preparados para la fabricación de pelucas o artículos similares.	Kg	15	Ex.

67.04		Pelucas, barbas, cejas, pestañas, mechones y artículos análogos, de cabello, pelo o materia textil; manufacturas de cabello no expresadas ni comprendidas en otra parte.			
	-	De materias textiles sintéticas:			
6704.11	- -	Pelucas que cubran toda la cabeza.			
6704.11.01	00	Pelucas que cubran toda la cabeza.	Kg	Ex.	Ex.
6704.19	- -	Los demás.			
6704.19.99	00	Los demás.	Kg	Ex.	Ex.
6704.20	-	De cabello.			
6704.20.01	00	De cabello.	Kg	Ex.	Ex.
6704.90	-	De las demás materias.			
6704.90.91	00	De las demás materias.	Kg	15	Ex.

Sección XIII
MANUFACTURAS DE PIEDRA, YESO FRAGUABLE, CEMENTO, AMIANTO (ASBESTO), MICA O MATERIAS ANÁLOGAS; PRODUCTOS CERÁMICOS; VIDRIO Y SUS MANUFACTURAS

Capítulo 68
Manufacturas de piedra, yeso fraguable, cemento, amianto (asbesto), mica o materias análogas

Notas.
1. Este Capítulo no comprende:
   a) los artículos del Capítulo 25;
   b) el papel y cartón estucados, recubiertos, impregnados o revestidos de las partidas 48.10 o 48.11 (por ejemplo: los revestidos de polvo de mica o grafito, el papel y cartón embetunados o asfaltados);
   c) los tejidos y otras superficies textiles recubiertos, impregnados o revestidos de los Capítulos 56 o 59 (por ejemplo: los revestidos de polvo de mica, de betún, de asfalto);
   d) los artículos del Capítulo 71;
   e) las herramientas y partes de herramientas del Capítulo 82;
   f) las piedras litográficas de la partida 84.42;
   g) los aisladores eléctricos (partida 85.46) y las piezas aislantes de la partida 85.47;
   h) las pequeñas muelas para tornos de dentista (partida 90.18);
   ij) los artículos del Capítulo 91 (por ejemplo: cajas y envolturas similares de relojes u otros aparatos de relojería);
   k) los artículos del Capítulo 94 (por ejemplo: muebles, luminarias y aparatos de alumbrado, construcciones prefabricadas);
   l) los artículos del Capítulo 95 (por ejemplo: juguetes, juegos, artefactos deportivos);
   m) los artículos de la partida 96.02, cuando estén constituidos por las materias mencionadas en la Nota 2 b) del Capítulo 96, los artículos de la partida 96.06 (por ejemplo, botones), de la partida 96.09 (por ejemplo, pizarrines), de la partida 96.10 (por ejemplo, pizarras para escribir o dibujar) o de la partida 96.20 (monopies, bípodes, trípodes y artículos similares);
   n) los artículos del Capítulo 97 (por ejemplo, objetos de arte).
2. En la partida 68.02, la denominación *piedras de talla o de construcción trabajadas* se aplica no solo a las piedras de las partidas 25.15 o 25.16, sino también a todas las demás piedras naturales (por ejemplo: cuarcita, sílex, dolomita, esteatita) trabajadas de la misma forma, excepto la pizarra.

CÓDIGO		DESCRIPCIÓN	UNIDAD	ARANCEL	
				IMP	EXP
68.01		**Adoquines, encintados (bordillos) y losas para pavimentos, de piedra natural (excepto la pizarra).**			
6801.00	-	Adoquines, encintados (bordillos) y losas para pavimentos, de piedra natural (excepto la pizarra).			
6801.00.01	00	Adoquines, encintados (bordillos) y losas para pavimentos, de piedra natural (excepto la pizarra).	Kg	15	Ex.
68.02		**Piedras de talla o de construcción trabajadas (excluida la pizarra) y sus manufacturas, excepto las de la partida 68.01; cubos, dados y artículos similares para mosaicos, de piedra natural (incluida la pizarra), aunque estén sobre soporte; gránulos, tasquiles (fragmentos) y polvo de piedra natural (incluida la pizarra), coloreados artificialmente.**			
6802.10	-	Losetas, cubos, dados y artículos similares, incluso de forma distinta a la cuadrada o rectangular, en los que la superficie mayor pueda inscribirse en un cuadrado de lado inferior a 7 cm; gránulos, tasquiles (fragmentos) y polvo, coloreados artificialmente.			
6802.10.01	00	Losetas, cubos, dados y artículos similares, incluso de forma distinta a la cuadrada o rectangular, en los que la superficie mayor pueda inscribirse en un cuadrado de lado inferior a 7 cm.	Kg	15	Ex.
6802.10.99	00	Los demás.	Kg	10	Ex.
	-	Las demás piedras de talla o de construcción y sus manufacturas, simplemente talladas o aserradas, con superficie plana o lisa:			
6802.21	- -	Mármol, travertinos y alabastro.			
6802.21.01	00	Mármol, travertinos y alabastro.	Kg	15	Ex.
6802.23	- -	Granito.			
6802.23.02		Granito.	Kg	Ex.	Ex.
	01	Placas para recuadrar.			
	99	Los demás.			
6802.29	- -	Las demás piedras.			
6802.29.91		Las demás piedras.	Kg	15	Ex.
	01	Piedras calizas.			
	99	Las demás.			

LEY DE LOS IMPUESTOS GENERALES DE IMPORTACION Y EXPORTACION

		- Los demás:			
6802.91		-- Mármol, travertinos y alabastro.			
6802.91.01	00	Mármol, travertinos y alabastro.	Kg	15	Ex.
6802.92		-- Las demás piedras calizas.			
6802.92.91	00	Las demás piedras calizas.	Kg	15	Ex.
6802.93		-- Granito.			
6802.93.01	00	Granito.	Kg	Ex.	Ex.
6802.99		-- Las demás piedras.			
6802.99.91	00	Las demás piedras.	Kg	15	Ex.
68.03		**Pizarra natural trabajada y manufacturas de pizarra natural o aglomerada.**			
6803.00		Pizarra natural trabajada y manufacturas de pizarra natural o aglomerada.			
6803.00.01	00	En losas rectangulares, cuyas medidas en milímetros sean: longitud inferior o igual a 700, anchura inferior o igual a 350 y un espesor inferior o igual a 26.	Kg	5	Ex.
6803.00.99	00	Las demás.	Kg	15	Ex.
68.04		**Muelas y artículos similares, sin bastidor, para moler, desfibrar, triturar, afilar, pulir, rectificar, cortar o trocear, piedras de afilar o pulir a mano, y sus partes, de piedra natural, de abrasivos naturales o artificiales aglomerados o de cerámica, incluso con partes de otras materias.**			
6804.10		- Muelas para moler o desfibrar.			
6804.10.02		Muelas para moler o desfibrar.	Kg	Ex.	Ex.
	01	Muelas circulares.			
	99	Los demás.			
		- Las demás muelas y artículos similares:			
6804.21		-- De diamante natural o sintético, aglomerado.			
6804.21.02		De diamante natural o sintético, aglomerado.	Kg	Ex.	Ex.
	01	Elementos o segmentos con polvo de diamante aglomerado, para integrarse a soportes de metal común.			
	99	Los demás.			
6804.22		-- De los demás abrasivos aglomerados o de cerámica.			
6804.22.91		De los demás abrasivos aglomerados o de cerámica.	Kg	Ex.	Ex.
	01	Discos dentados o con bordes continuos.			
	02	Piedras para afilar o pulir a mano, de abrasivos aglomerados o de pasta cerámica.			
	03	Insertos de cerámica en cualquier forma, reconocibles exclusivamente para el trabajo de los metales.			
	99	Los demás.			
6804.23		-- De piedras naturales.			
6804.23.02		De piedras naturales.	Kg	Ex.	Ex.
	01	Discos dentados o con bordes continuos.			
	99	Los demás.			
6804.30		- Piedras de afilar o pulir a mano.			
6804.30.01	00	Piedras de afilar o pulir a mano.	Kg	10	Ex.
68.05		**Abrasivos naturales o artificiales en polvo o gránulos con soporte de materia textil, papel, cartón u otras materias, incluso recortados, cosidos o unidos de otra forma.**			
6805.10		- Con soporte constituido solamente por tejido de materia textil.			
6805.10.01		Con soporte constituido solamente por tejido de materia textil.	Kg	5	Ex.
	01	De anchura superior a 1800 mm.			
	99	Los demás.			
6805.20		- Con soporte constituido solamente por papel o cartón.			
6805.20.01	00	Con soporte constituido solamente por papel o cartón.	Kg	5	Ex.
6805.30		- Con soporte de otras materias.			
6805.30.01	00	Con soporte de otras materias.	Kg	5	Ex.
68.06		**Lana de escoria, de roca y lanas minerales similares; vermiculita dilatada, arcilla dilatada, espuma de escoria y productos minerales similares dilatados; mezclas y manufacturas de materias minerales para aislamiento térmico o acústico o para la absorción del sonido, excepto las de las partidas 68.11, 68.12 o del Capítulo 69.**			
6806.10		- Lana de escoria, de roca y lanas minerales similares, incluso mezcladas entre sí, en masa, hojas o enrolladas.			
6806.10.01	00	Lana de escoria, de roca y lanas minerales similares, incluso mezcladas entre sí, en masa, hojas o enrolladas.	Kg	Ex.	Ex.
6806.20		- Vermiculita dilatada, arcilla dilatada, espuma de escoria y productos minerales similares dilatados, incluso mezclados entre sí.			
6806.20.01	00	Vermiculita dilatada, arcilla dilatada, espuma de escoria y productos minerales similares dilatados, incluso mezclados entre sí.	Kg	Ex.	Ex.
6806.90		- Los demás.			
6806.90.99	00	Los demás.	Kg	Ex.	Ex.
68.07		**Manufacturas de asfalto o de productos similares (por ejemplo: pez de petróleo, brea).**			
6807.10		- En rollos.			
6807.10.01	00	En rollos.	Kg	Ex.	Ex.
6807.90		- Las demás.			
6807.90.99	00	Las demás.	Kg	Ex.	Ex.
68.08		**Paneles, placas, losetas, bloques y artículos similares, de fibra vegetal, paja o viruta, de plaquitas o partículas, o de aserrín o demás desperdicios de madera, aglomerados con cemento, yeso fraguable o demás aglutinantes minerales.**			

Código		Descripción	UM	Imp	Exp
6808.00	-	Paneles, placas, losetas, bloques y artículos similares, de fibra vegetal, paja o viruta, de plaquitas o partículas, o de aserrín o demás desperdicios de madera, aglomerados con cemento, yeso fraguable o demás aglutinantes minerales.			
6808.00.01	00	Paneles, placas, losetas, bloques y artículos similares, de fibra vegetal, paja o viruta, de plaquitas o partículas, o de aserrín o demás desperdicios de madera, aglomerados con cemento, yeso fraguable o demás aglutinantes minerales.	Kg	15	Ex.
68.09		**Manufacturas de yeso fraguable o de preparaciones a base de yeso fraguable.**			
	-	Placas, hojas, paneles, losetas y artículos similares, sin adornos:			
6809.11	- -	Revestidos o reforzados exclusivamente con papel o cartón.			
6809.11.01	00	Revestidos o reforzados exclusivamente con papel o cartón.	Kg	15	Ex.
6809.19	- -	Los demás.			
6809.19.99	00	Los demás.	Kg	15	Ex.
6809.90	-	Las demás manufacturas.			
6809.90.91	00	Las demás manufacturas.	Kg	15	Ex.
68.10		**Manufacturas de cemento, hormigón o piedra artificial, incluso armadas.**			
	-	Tejas, losetas, losas, ladrillos y artículos similares:			
6810.11	- -	Bloques y ladrillos para la construcción.			
6810.11.01	00	Bloques y ladrillos para la construcción.	Kg	15	Ex.
6810.19	- -	Los demás.			
6810.19.99	00	Los demás.	Kg	15	Ex.
	-	Las demás manufacturas:			
6810.91	- -	Elementos prefabricados para la construcción o ingeniería civil.			
6810.91.01	00	Postes, no decorativos.	Kg	5	Ex.
6810.91.99	00	Las demás.	Kg	15	Ex.
6810.99	- -	Las demás.			
6810.99.99	00	Las demás.	Kg	15	Ex.
68.11		**Manufacturas de amiantocemento, celulosacemento o similares.**			
6811.40	-	Que contengan amianto (asbesto).			
6811.40.03	00	Tubería de presión, tubería sanitaria o para ductos eléctricos.	Kg	5	Ex.
6811.40.05	00	Placas, paneles, losetas, tejas y artículos similares.	Kg	5	Ex.
6811.40.91	00	Los demás tubos, fundas y accesorios de tubería.	Kg	35	Ex.
6811.40.99	00	Las demás.	Kg	35	Ex.
	-	Que no contengan amianto (asbesto):			
6811.81	- -	Placas onduladas.			
6811.81.01	00	Placas onduladas.	Kg	5	Ex.
6811.82	- -	Las demás placas, paneles, losetas, tejas y artículos similares.			
6811.82.91	00	Las demás placas, paneles, losetas, tejas y artículos similares.	Kg	5	Ex.
6811.89	- -	Las demás manufacturas.			
6811.89.02	00	Tubos, fundas y accesorios de tubería.	Kg	5	Ex.
6811.89.99	00	Las demás.	Kg	Ex.	Ex.
68.12		**Amianto (asbesto) en fibras trabajado; mezclas a base de amianto o a base de amianto y carbonato de magnesio; manufacturas de estas mezclas o de amianto (por ejemplo: hilados, tejidos, prendas de vestir, sombreros y demás tocados, calzado, juntas), incluso armadas, excepto las de las partidas 68.11 o 68.13.**			
6812.80	-	De crocidolita.			
6812.80.01	00	Prendas y complementos (accesorios), de vestir, calzado, sombreros y demás tocados.	Kg	10	Ex.
6812.80.05	00	Crocidolita en fibras, trabajada; mezclas a base de crocidolita o a base de crocidolita y carbonato de magnesio.	Kg	5	Ex.
6812.80.06	00	Hilados.	Kg	5	Ex.
6812.80.08	00	Tejidos, incluso de punto.	Kg	5	Ex.
6812.80.99	00	Las demás.	Kg	Ex.	Ex.
	-	Las demás:			
6812.91	- -	Prendas y complementos (accesorios), de vestir, calzado, sombreros y demás tocados.			
6812.91.01	00	Prendas y complementos (accesorios), de vestir, calzado, sombreros y demás tocados.	Kg	10	Ex.
6812.99	- -	Las demás.			
6812.99.02	00	Amianto (asbesto) en fibras trabajado; mezclas a base de amianto o a base de amianto y carbonato de magnesio.	Kg	35	Ex.
6812.99.03	00	Hilados.	Kg	35	Ex.
6812.99.05	00	Tejidos, incluso de punto.	Kg	35	Ex.
6812.99.06	00	Amianto (asbesto) y elastómeros comprimidos, para juntas o empaquetaduras, en hojas o rollos, excepto lo comprendido en la fracción arancelaria 6812.99.02.	Kg	35	Ex.
6812.99.99	00	Las demás.	Kg	35	Ex.
68.13		**Guarniciones de fricción (por ejemplo: hojas, rollos, tiras, segmentos, discos, arandelas, plaquitas) sin montar, para frenos, embragues o cualquier órgano de frotamiento, a base de amianto (asbesto), de otras sustancias minerales o de celulosa, incluso combinados con textiles o demás materias.**			
6813.20	-	Que contengan amianto (asbesto).			
6813.20.05		Que contengan amianto (asbesto).	Kg	Ex.	Ex.
	01	Discos de embrague, excepto con diámetro interior superior a 7.5 cm, sin exceder de 8 cm, y diámetro exterior igual o superior a 34.5 cm, sin exceder de 35 cm.			
	99	Las demás.			
	-	Que no contengan amianto (asbesto):			
6813.81	- -	Guarniciones para frenos.			
6813.81.01	00	Reconocibles para naves aéreas.	Kg	Ex.	Ex.
6813.81.99	00	Las demás.	Kg	5	Ex.

6813.89		-- **Las demás.**			
6813.89.99		Las demás.	Kg	Ex.	Ex.
	01	Discos de embrague, excepto reconocibles para naves aéreas.			
	99	Las demás.			
68.14		**Mica trabajada y manufacturas de mica, incluida la aglomerada o reconstituida, incluso con soporte de papel, cartón o demás materias.**			
6814.10		- **Placas, hojas y tiras de mica aglomerada o reconstituida, incluso con soporte.**			
6814.10.02	00	Placas, hojas y tiras de mica aglomerada o reconstituida, incluso con soporte.	Kg	Ex.	Ex.
6814.90		- **Las demás.**			
6814.90.99	00	Las demás.	Kg	Ex.	Ex.
68.15		**Manufacturas de piedra o demás materias minerales (incluidas las fibras de carbono y sus manufacturas y las manufacturas de turba), no expresadas ni comprendidas en otra parte.**			
		- Fibras de carbono; manufacturas de fibras de carbono para usos distintos de los eléctricos; las demás manufacturas de grafito u otros carbonos, para usos distintos de los eléctricos:			
6815.11		-- **Fibras de carbono.**			
6815.11.01	00	Fibras de carbono.	Kg	5	Ex.
6815.12		-- **Textiles de fibras de carbono.**			
6815.12.01	00	Textiles de fibras de carbono.	Kg	5	Ex.
6815.13		-- **Las demás manufacturas de fibras de carbono.**			
6815.13.91	00	Las demás manufacturas de fibras de carbono.	Kg	5	Ex.
6815.19		-- **Las demás.**			
6815.19.01	00	Tapones o tapas de grafito.	Kg	Ex.	Ex.
6815.19.02	00	Bloques y ladrillos de carbón, con aglutinantes.	Kg	Ex.	Ex.
6815.19.03	00	Filtros, caños, codos o uniones de grafito, impermeabilizados con resinas polimerizadas, reconocibles como diseñadas exclusivamente para intercambiadores de calor.	Kg	Ex.	Ex.
6815.19.04	00	Láminas de grafito natural.	Kg	Ex.	Ex.
6815.19.99	00	Las demás.	Kg	5	Ex.
6815.20		- **Manufacturas de turba.**			
6815.20.01	00	Manufacturas de turba.	Kg	5	Ex.
		- Las demás manufacturas:			
6815.91		-- **Que contengan magnesita, magnesia en forma de periclasa, dolomita incluida la cal dolomítica, o cromita.**			
6815.91.02		Que contengan magnesita, dolomita o cromita, excepto que contengan magnesia en forma de periclasa y cal dolomítica.	Kg	Ex.	Ex.
	01	A base de óxidos, fundidos eléctricamente.			
	99	Las demás.			
6815.91.99	00	Las demás.	Kg	5	Ex.
6815.99		-- **Las demás.**			
6815.99.01	00	A base de óxidos, fundidos eléctricamente.	Kg	Ex.	Ex.
6815.99.99	00	Las demás.	Kg	5	Ex.

Capítulo 69
Productos cerámicos

Notas.
1. Este Capítulo solo comprende los productos cerámicos cocidos después de darles forma:
    a) las partidas 69.04 a 69.14 comprenden exclusivamente los productos que no puedan clasificarse en las partidas 69.01 a 69.03;
    b) no se pueden considerar cocidos los productos que se han calentado a temperaturas inferiores a 800°C para provocar el endurecimiento de las resinas que contienen, la aceleración de las reacciones de hidratación o la eliminación de agua o de otras sustancias volátiles eventualmente presentes. Estos productos están excluidos del Capítulo 69;
    c) los artículos cerámicos se obtienen cociendo materias no metálicas inorgánicas después de haberlas preparado y de darles forma previamente, normalmente a temperatura ambiente. Las materias primas utilizadas son entre otras la arcilla, materias silíceas (incluida la sílice fundida), materias con punto de fusión elevado tales como los óxidos, carburos, nitruros, grafito u otros carbonos y, en algunos casos, aglomerantes tales como arcillas refractarias y fosfatos.
2. Este Capítulo no comprende:
    a) los productos de la partida 28.44;
    b) los artículos de la partida 68.04;
    c) los artículos del Capítulo 71 (por ejemplo, bisutería);
    d) los cermets de la partida 81.13;
    e) los artículos del Capítulo 82;
    f) los aisladores eléctricos (partida 85.46) y las piezas aislantes de la partida 85.47;
    g) los dientes artificiales de cerámica (partida 90.21);
    h) los artículos del Capítulo 91 (por ejemplo: cajas y envolturas similares de relojes u otros aparatos de relojería);
    ij) los artículos del Capítulo 94 (por ejemplo: muebles, luminarias y aparatos de alumbrado, construcciones prefabricadas);

k) los artículos del Capítulo 95 (por ejemplo: juguetes, juegos, artefactos deportivos);
l) los artículos de la partida 96.06 (por ejemplo, botones) o de la partida 96.14 (por ejemplo, pipas);
m) los artículos del Capítulo 97 (por ejemplo, objetos de arte).

CÓDIGO			DESCRIPCIÓN	UNIDAD	ARANCEL IMP	EXP
			SUBCAPÍTULO I **PRODUCTOS DE HARINAS SILÍCEAS FÓSILES O DE TIERRAS SILÍCEAS ANÁLOGAS Y PRODUCTOS REFRACTARIOS**			
69.01			**Ladrillos, placas, baldosas y demás piezas cerámicas de harinas silíceas fósiles (por ejemplo: "kieselguhr", tripolita, diatomita) o de tierras silíceas análogas.**			
6901.00		-	Ladrillos, placas, baldosas y demás piezas cerámicas de harinas silíceas fósiles (por ejemplo: "kieselguhr", tripolita, diatomita) o de tierras silíceas análogas.			
6901.00.01	00		Ladrillos, placas, baldosas y demás piezas cerámicas de harinas silíceas fósiles (por ejemplo: "kieselguhr", tripolita, diatomita) o de tierras silíceas análogas.	Kg	Ex.	Ex.
69.02			**Ladrillos, placas, baldosas y piezas cerámicas análogas de construcción, refractarios, excepto los de harinas silíceas fósiles o de tierras silíceas análogas.**			
6902.10		-	Con un contenido de los elementos Mg (magnesio), Ca (calcio) o Cr (cromo), considerados aislada o conjuntamente, superior al 50% en peso, expresados en MgO (óxido de magnesio), CaO (óxido de calcio) o Cr_2O_3 (óxido crómico).			
6902.10.01	00		Con un contenido de los elementos Mg (magnesio), Ca (calcio) o Cr (cromo), considerados aislada o conjuntamente, superior al 50% en peso, expresados en MgO (óxido de magnesio), CaO (óxido de calcio) o Cr_2O_3 (óxido crómico).	Kg	Ex.	Ex.
6902.20		-	Con un contenido de alúmina (Al_2O_3), de sílice (SiO_2) o de una mezcla o combinación de estos productos, superior al 50% en peso.			
6902.20.01	00		Con un contenido de alúmina (Al_2O_3), de sílice (SiO_2) o de una mezcla o combinación de estos productos, superior al 50% en peso.	Kg	Ex.	Ex.
6902.90		-	Los demás.			
6902.90.99	00		Los demás.	Kg	Ex.	Ex.
69.03			**Los demás artículos cerámicos refractarios (por ejemplo: retortas, crisoles, muflas, toberas, tapones, soportes, copelas, tubos, fundas, varillas, compuertas deslizantes), excepto los de harinas silíceas fósiles o de tierras silíceas análogas.**			
6903.10		-	Con un contenido de carbono libre, superior al 50% en peso.			
6903.10.03			Con un contenido de carbono libre, superior al 50% en peso.	Kg	Ex.	Ex.
	01		Con un contenido igual o superior al 85% de carburo de silicio.			
	99		Los demás.			
6903.20		-	Con un contenido de alúmina (Al_2O_3) o de una mezcla o combinación de alúmina y de sílice (SiO_2), superior al 50% en peso.			
6903.20.06			Con un contenido de alúmina (Al2O3) o de una mezcla o combinación de alúmina y de sílice (SiO2), superior al 50% en peso.	Kg	Ex.	Ex.
	01		Crisoles, con capacidad de hasta 300 decímetros cúbicos.			
	02		Boquillas.			
	03		Norias o botas, cubiertas de norias, y tubos, agujas o émbolos, rotores, agitadores o anillos.			
	99		Los demás.			
6903.90		-	Los demás.			
6903.90.99	00		Los demás.	Kg	Ex.	Ex.
			SUBCAPÍTULO II **LOS DEMÁS PRODUCTOS CERÁMICOS**			
69.04			**Ladrillos de construcción, bovedillas, cubrevigas y artículos similares, de cerámica.**			
6904.10		-	Ladrillos de construcción.			
6904.10.01	00		Ladrillos de construcción.	Kg	15	Ex.
6904.90		-	Los demás.			
6904.90.99	00		Los demás.	Kg	15	Ex.
69.05			**Tejas, elementos de chimenea, conductos de humo, ornamentos arquitectónicos y demás artículos cerámicos de construcción.**			
6905.10		-	Tejas.			
6905.10.01	00		Tejas.	Kg	15	Ex.
6905.90		-	Los demás.			
6905.90.01	00		Ornamentos arquitectónicos (cornisas, frisos, etc.) y demás artículos cerámicos de construcción, (sombretes, cañones de chimenea, etc.).	Kg	Ex.	Ex.
6905.90.99	00		Los demás.	Kg	15	Ex.
69.06			**Tubos, canalones y accesorios de tubería, de cerámica.**			
6906.00		-	Tubos, canalones y accesorios de tubería, de cerámica.			
6906.00.01	00		Tubos, canalones y accesorios de tubería, de cerámica.	Kg	15	Ex.
69.07			**Placas y baldosas, de cerámica, para pavimentación o revestimiento; cubos, dados y artículos similares, de cerámica, para mosaicos, incluso con soporte; piezas de acabado de cerámica.**			
		-	Placas y baldosas, para pavimentación o revestimiento, excepto las de las subpartidas 6907.30 y 6907.40:			
6907.21		- -	Con un coeficiente de absorción de agua inferior o igual al 0.5% en peso.			
6907.21.02			Con un coeficiente de absorción de agua inferior o igual al 0.5% en peso.	M²	35	Ex.
	01		Azulejos, losas y artículos similares, sin barnizar ni esmaltar, incluso de forma distinta de la cuadrada o rectangular para pavimentación o revestimiento, con absorción de agua inferior o igual a 0.5% de acuerdo al método de prueba ASTM C373.			

LEY DE LOS IMPUESTOS GENERALES DE IMPORTACION Y EXPORTACION

	02		Azulejos, losas y artículos similares, barnizadas o esmaltadas, incluso de forma distinta de la cuadrada o rectangular para pavimentación o revestimiento, con absorción de agua inferior o igual a 0.5% de acuerdo al método de prueba ASTM C373.			
	99		Los demás.			
6907.22		--	**Con un coeficiente de absorción de agua superior al 0.5% pero inferior o igual al 10%, en peso.**			
6907.22.02			Con un coeficiente de absorción de agua superior al 0.5% pero inferior o igual al 10%, en peso.	M²	35	Ex.
	01		Azulejos, losas y artículos similares, incluso de forma distinta de la cuadrada o rectangular para pavimentación o revestimiento.			
	99		Los demás.			
6907.23		--	**Con un coeficiente de absorción de agua superior al 10% en peso.**			
6907.23.02			Con un coeficiente de absorción de agua superior al 10% en peso.	M²	35	Ex.
	01		Azulejos, losas y artículos similares, incluso de forma distinta de la cuadrada o rectangular para pavimentación o revestimiento.			
	99		Los demás.			
6907.30		-	**Cubos, dados y artículos similares para mosaicos, excepto los de la subpartida 6907.40.**			
6907.30.01	00		Cubos, dados y artículos similares para mosaicos, excepto los de la subpartida 6907.40.	M²	35	Ex.
6907.40		-	**Piezas de acabado.**			
6907.40.01	00		Piezas de acabado.	M²	35	Ex.
69.09			**Aparatos y artículos, de cerámica, para usos químicos o demás usos técnicos; abrevaderos, pilas y recipientes similares, de cerámica, para uso rural; cántaros y recipientes similares, de cerámica, para transporte o envasado.**			
		-	Aparatos y artículos para usos químicos o demás usos técnicos:			
6909.11		--	**De porcelana.**			
6909.11.06	00		De porcelana.	Kg	Ex.	Ex.
6909.12		--	**Artículos con una dureza equivalente a 9 o superior en la escala de Mohs.**			
6909.12.01	00		Artículos con una dureza equivalente a 9 o superior en la escala de Mohs.	Kg	5	Ex.
6909.19		--	**Los demás.**			
6909.19.99	00		Los demás.	Kg	Ex.	Ex.
6909.90		-	**Los demás.**			
6909.90.99	00		Los demás.	Kg	Ex.	Ex.
69.10			**Fregaderos (piletas de lavar), lavabos, pedestales de lavabo, bañeras, bidés, inodoros, cisternas (depósitos de agua) para inodoros, urinarios y aparatos fijos similares, de cerámica, para usos sanitarios.**			
6910.10		-	**De porcelana.**			
6910.10.01	00		De porcelana.	Kg	25	Ex.
6910.90		-	**Los demás.**			
6910.90.01	00		Inodoros (retretes).	Kg	35	Ex.
6910.90.99	00		Los demás.	Kg	35	Ex.
69.11			**Vajilla y demás artículos de uso doméstico, higiene o tocador, de porcelana.**			
6911.10		-	**Artículos para el servicio de mesa o cocina.**			
6911.10.01	00		Artículos para el servicio de mesa o cocina.	Kg	15	Ex.
6911.90		-	**Los demás.**			
6911.90.99	00		Los demás.	Kg	15	Ex.
69.12			**Vajilla y demás artículos de uso doméstico, higiene o tocador, de cerámica, excepto porcelana.**			
6912.00		-	**Vajilla y demás artículos de uso doméstico, higiene o tocador, de cerámica, excepto porcelana.**			
6912.00.03	00		De Talavera.	Kg	15	Ex.
6912.00.99			Los demás.	Kg	15	Ex.
	01		Vajillas y demás artículos para el servicio de mesa.			
	99		Los demás.			
69.13			**Estatuillas y demás artículos para adorno, de cerámica.**			
6913.10		-	**De porcelana.**			
6913.10.01	00		De porcelana.	Kg	15	Ex.
6913.90		-	**Los demás.**			
6913.90.01	00		De Talavera.	Kg	15	Ex.
6913.90.99	00		Los demás.	Kg	15	Ex.
69.14			**Las demás manufacturas de cerámica.**			
6914.10		-	**De porcelana.**			
6914.10.01	00		De porcelana.	Kg	15	Ex.
6914.90		-	**Las demás.**			
6914.90.01	00		De Talavera.	Kg	15	Ex.
6914.90.99	00		Las demás.	Kg	15	Ex.

Capítulo 70
Vidrio y sus manufacturas

Notas.
1. Este Capítulo no comprende:
   a) los artículos de la partida 32.07 (por ejemplo: composiciones vitrificables, frita de vidrio y demás vidrios, en polvo, gránulos, copos o escamillas);
   b) los artículos del Capítulo 71 (por ejemplo, bisutería);

c) los cables de fibras ópticas de la partida 85.44, los aisladores eléctricos (partida 85.46) y las piezas aislantes de la partida 85.47;
d) los parabrisas, vidrios traseros (lunetas) y demás ventanillas, enmarcados, para vehículos de los Capítulos 86 a 88;
e) los parabrisas, vidrios traseros (lunetas) y demás ventanillas, incluso enmarcados, que incorporen dispositivos de calefacción u otros dispositivos eléctricos o electrónicos, para vehículos de los Capítulos 86 a 88;
f) las fibras ópticas, elementos de óptica trabajados ópticamente, jeringas, ojos artificiales, así como termómetros, barómetros, areómetros, densímetros y demás artículos e instrumentos del Capítulo 90;
g) las luminarias y los aparatos de alumbrado, los anuncios, letreros y placas indicadoras, luminosos y artículos similares, con fuente de luz inseparable, así como sus partes, de la partida 94.05;
h) los juegos, juguetes y accesorios para árboles de Navidad, así como los demás artículos del Capítulo 95, excepto los ojos sin mecanismo para muñecas o demás artículos del Capítulo 95;
ij) los botones, pulverizadores, termos y demás artículos del Capítulo 96.

2. En las partidas 70.03, 70.04 y 70.05:
   a) el vidrio elaborado antes del recocido no se considera trabajado;
   b) el corte en cualquier forma no afecta la clasificación del vidrio en placas u hojas;
   c) se entiende *por capa absorbente, reflectante o antirreflectante*, la capa metálica o de compuestos químicos (por ejemplo, óxidos metálicos), de espesor microscópico que absorbe, en particular, los rayos infrarrojos o mejora las cualidades reflectantes del vidrio sin impedir su transparencia o translucidez o que impide que la superficie del vidrio refleje la luz.
3. Los productos de la partida 70.06 permanecen clasificados en dicha partida, aunque tengan ya el carácter de manufacturas.
4. En la partida 70.19, se entiende por *lana de vidrio*:
   a) la lana mineral con un contenido de sílice (SiO_2) superior o igual al 60% en peso;
   b) la lana mineral con un contenido de sílice (SiO_2) inferior al 60% en peso, pero con un contenido de óxidos alcalinos (K_2O o Na_2O) superior al 5% en peso o con un contenido de anhídrido bórico (B_2O_3) superior al 2% en peso.
   Las lanas minerales que no cumplan estas condiciones se clasifican en la partida 68.06.
5. En la Nomenclatura, el cuarzo y demás sílices, fundidos, se consideran *vidrio*.

Nota de subpartida.
1. En las subpartidas 7013.22, 7013.33, 7013.41 y 7013.91, la expresión *cristal al plomo* solo comprende el vidrio con un contenido de monóxido de plomo (PbO) superior o igual al 24% en peso.

CÓDIGO			DESCRIPCIÓN	UNIDAD	ARANCEL	
					IMP	EXP
70.01			**Calcín y demás desperdicios y desechos de vidrio, excepto el vidrio de tubos de rayos catódicos y demás vidrios activados de la partida 85.49; vidrio en masa.**			
7001.00		-	Calcín y demás desperdicios y desechos de vidrio, excepto el vidrio de tubos de rayos catódicos y demás vidrios activados de la partida 85.49; vidrio en masa.			
7001.00.01	00		Calcín y demás desperdicios y desechos de vidrio, excepto el vidrio de tubos de rayos catódicos y demás vidrios activados de la partida 85.49; vidrio en masa.	Kg	Ex.	Ex.
70.02			**Vidrio en bolas (excepto las microesferas de la partida 70.18), barras, varillas o tubos, sin trabajar.**			
7002.10		-	Bolas.			
7002.10.01	00		Bolas.	Kg	5	Ex.
7002.20		-	Barras o varillas.			
7002.20.05	00		Barras o varillas.	Kg	Ex.	Ex.
		-	Tubos:			
7002.31		- -	De cuarzo o demás sílices fundidos.			
7002.31.03			De cuarzo o demás sílices fundidos.	Kg	Ex.	Ex.
	01		De borosilicato.			
	99		Los demás.			
7002.32		- -	De otro vidrio con un coeficiente de dilatación lineal inferior o igual a 5×10^{-6} por Kelvin, entre 0°C y 300°C.			
7002.32.01	00		De otro vidrio con un coeficiente de dilatación lineal inferior o igual a 5×10^{-6} por Kelvin, entre 0°C y 300°C.	Kg	5	Ex.
7002.39		- -	Los demás.			
7002.39.99	00		Los demás.	Kg	Ex.	Ex.
70.03			**Vidrio colado o laminado, en placas, hojas o perfiles, incluso con capa absorbente, reflectante o antirreflectante, pero sin trabajar de otro modo.**			
		-	Placas y hojas, sin armar:			
7003.12		- -	Coloreadas en la masa, opacificadas, chapadas o con capa absorbente, reflectante o antirreflectante.			
7003.12.02	00		Coloreadas en la masa, opacificadas, chapadas o con capa absorbente, reflectante o antirreflectante.	Kg	35	Ex.
7003.19		- -	Las demás.			
7003.19.02			Las demás.	Kg	35	Ex.
	01		De vidrio claro, estriado, ondulado o estampado con espesor igual o inferior a 6 mm.			
	99		Las demás.			
7003.20		-	Placas y hojas, armadas.			
7003.20.01	00		Placas y hojas, armadas.	Kg	35	Ex.
7003.30		-	Perfiles.			
7003.30.01	00		Perfiles.	Kg	15	Ex.
70.04			**Vidrio estirado o soplado, en hojas, incluso con capa absorbente, reflectante o antirreflectante, pero sin trabajar de otro modo.**			
7004.20		-	Vidrio coloreado en la masa, opacificado, chapado o con capa absorbente, reflectante o antirreflectante.			
7004.20.03	00		Vidrio coloreado en la masa, opacificado, chapado o con capa absorbente, reflectante o antirreflectante.	Kg	15	Ex.

Fracción			Descripción	Unidad	Imp.	Imp.
7004.90			- **Los demás vidrios.**			
7004.90.91	00		Los demás vidrios.	Kg	15	Ex.
70.05			**Vidrio flotado y vidrio desbastado o pulido por una o las dos caras, en placas u hojas, incluso con capa absorbente, reflectante o antirreflectante, pero sin trabajar de otro modo.**			
7005.10			- **Vidrio sin armar con capa absorbente, reflectante o antirreflectante.**			
7005.10.02			Vidrio sin armar con capa absorbente, reflectante o antirreflectante.	Kg	35	Ex.
	01		Curvado, biselado, grabado, taladrado, o trabajado de otro modo, sin enmarcar ni combinar con otras materias.			
	99		Los demás.			
			- **Los demás vidrios sin armar:**			
7005.21			- - **Coloreados en la masa, opacificados, chapados o simplemente desbastados.**			
7005.21.03			Coloreados en la masa, opacificados, chapados o simplemente desbastados.	Kg	35	Ex.
	01		De vidrio flotado, coloreado en la masa, con espesor inferior o igual a 6 mm.			
	02		De vidrio flotado, coloreado en la masa, con espesor superior a 6 mm.			
	99		Los demás.			
7005.29			- - **Los demás.**			
7005.29.01	00		De vidrio flotado claro, con espesor inferior o igual a 1 mm y con una superficie que no exceda de 4.65 m².	Kg	35	Ex.
7005.29.99			Los demás.	Kg	35	Ex.
	01		De vidrio flotado claro, con espesor inferior o igual a 6 mm, excepto lo comprendido en el número de identificación comercial 7005.29.99.03.			
	02		De vidrio flotado claro, con espesor superior a 6 mm.			
	03		De vidrio flotado claro, con espesor superior a 1 mm sin exceder de 2 mm.			
	99		Los demás.			
7005.30			- **Vidrio armado.**			
7005.30.01	00		Vidrio armado.	Kg	35	Ex.
70.06			**Vidrio de las partidas 70.03, 70.04 o 70.05, curvado, biselado, grabado, taladrado, esmaltado o trabajado de otro modo, pero sin enmarcar ni combinar con otras materias.**			
7006.00			- **Vidrio de las partidas 70.03, 70.04 o 70.05, curvado, biselado, grabado, taladrado, esmaltado o trabajado de otro modo, pero sin enmarcar ni combinar con otras materias.**			
7006.00.04			Vidrio de las partidas 70.03, 70.04 o 70.05, curvado, biselado, grabado, taladrado, esmaltado o trabajado de otro modo, pero sin enmarcar ni combinar con otras materias.	Kg	35	Ex.
	01		Estriado, ondulado y estampado.			
	02		Flotado claro.			
	99		Los demás.			
70.07			**Vidrio de seguridad constituido por vidrio templado o contrachapado.**			
			- **Vidrio templado:**			
7007.11			- - **De dimensiones y formatos que permitan su empleo en automóviles, aeronaves, barcos u otros vehículos.**			
7007.11.01	00		Reconocibles para naves aéreas.	Kg	Ex.	Ex.
7007.11.99			Los demás.	Kg	35	Ex.
	01		Vidrios laterales, claros, planos o curvos para uso automotriz.			
	02		Medallones sombreados, de color o polarizados, planos o curvos, para uso automotriz.			
	99		Los demás.			
7007.19			- - **Los demás.**			
7007.19.99			Los demás.	Kg	35	Ex.
	01		Vidrios planos o curvos, biselados, grabados, taladrados, esmaltados o trabajados de otra forma, con espesor igual o inferior a 6 mm.			
	99		Los demás.			
			- **Vidrio contrachapado:**			
7007.21			- - **De dimensiones y formatos que permitan su empleo en automóviles, aeronaves, barcos u otros vehículos.**			
7007.21.03	00		Reconocibles para naves aéreas.	Kg	Ex.	Ex.
7007.21.99			Los demás.	Kg	35	Ex.
	01		Parabrisas, medallones y vidrios laterales, claros, planos o curvos, para uso automotriz.			
	02		Parabrisas, medallones y vidrios laterales, planos o curvos, sombreados y de color o polarizados, para uso automotriz.			
	99		Los demás.			
7007.29			- - **Los demás.**			
7007.29.99	00		Los demás.	Kg	35	Ex.
70.08			**Vidrieras aislantes de paredes múltiples.**			
7008.00			- **Vidrieras aislantes de paredes múltiples.**			
7008.00.01	00		Vidrieras aislantes de paredes múltiples.	Kg	35	Ex.
70.09			**Espejos de vidrio, enmarcados o no, incluidos los espejos retrovisores.**			
7009.10			- **Espejos retrovisores para vehículos.**			
7009.10.04	00		Reconocibles para naves aéreas.	Kg	Ex.	Ex.
7009.10.99			Los demás.	Kg	15	Ex.
	01		Con control remoto, excepto deportivos.			
	02		Con marco de uso automotriz.			
	99		Los demás.			
			- **Los demás:**			
7009.91			- - **Sin enmarcar.**			
7009.91.01	00		Espejos semitransparentes, sin película reflejante de plata, sin montar, con espesor igual o inferior a 2 mm y con dimensiones máximas de 900 mm de largo y 320 mm de ancho.	Kg	Ex.	Ex.

7009.91.99	00	Los demás.	Kg	10	Ex.
7009.92	- -	**Enmarcados.**			
7009.92.01	00	Enmarcados.	Kg	15	Ex.
70.10		**Bombonas (damajuanas), botellas, frascos, bocales, tarros, envases tubulares, ampollas y demás recipientes para el transporte o envasado, de vidrio; bocales para conservas, de vidrio; tapones, tapas y demás dispositivos de cierre, de vidrio.**			
7010.10	-	**Ampollas.**			
7010.10.01	00	Para inseminación artificial.	Kg	5	Ex.
7010.10.99	00	Los demás.	Kg	15	Ex.
7010.20	-	**Tapones, tapas y demás dispositivos de cierre.**			
7010.20.01	00	Tapones, tapas y demás dispositivos de cierre.	Kg	5	Ex.
7010.90	-	**Los demás.**			
7010.90.99		Los demás.	Kg	35	Ex.
	01	De capacidad superior a 1 l.			
	02	De capacidad superior a 0.33 l pero inferior o igual a 1 l.			
	03	De capacidad superior a 0.15 l pero inferior o igual a 0.33 l.			
	99	Los demás.			
70.11		**Ampollas y envolturas tubulares, abiertas, y sus partes, de vidrio, sin guarniciones, para lámparas y fuentes luminosas, eléctricas, tubos de rayos catódicos o similares.**			
7011.10	-	**Para alumbrado eléctrico.**			
7011.10.05		Para alumbrado eléctrico.	Kg	Ex.	Ex.
	01	Ampollas para focos eléctricos de filamento incandescente del tipo A-19, A-15, A-21, A-23, F-15 y PS-25.			
	02	Ampollas para focos eléctricos de filamento incandescente, excepto lo comprendido en el número de identificación comercial 7011.10.05.01.			
	03	Envolturas tubulares y ampollas de vidrio, en cualquier forma, para lámparas de descarga.			
	99	Los demás.			
7011.20	-	**Para tubos de rayos catódicos.**			
7011.20.05	00	Para tubos de rayos catódicos.	Kg	Ex.	Ex.
7011.90	-	**Las demás.**			
7011.90.99	00	Las demás.	Kg	Ex.	Ex.
70.13		**Artículos de vidrio para servicio de mesa, cocina, tocador, baño, oficina, adorno de interiores o usos similares (excepto los de las partidas 70.10 o 70.18).**			
7013.10	-	**Artículos de vitrocerámica.**			
7013.10.01	00	Artículos de vitrocerámica.	Kg	25	Ex.
	-	Recipientes con pie para beber, excepto los de vitrocerámica:			
7013.22	- -	**De cristal al plomo.**			
7013.22.01	00	De cristal al plomo.	Kg	25	Ex.
7013.28	- -	**Los demás.**			
7013.28.99		Los demás.	Kg	30	Ex.
	01	De vidrio calizo.			
	99	Los demás.			
	-	Los demás recipientes para beber, excepto los de vitrocerámica:			
7013.33	- -	**De cristal al plomo.**			
7013.33.01	00	De cristal al plomo.	Kg	25	Ex.
7013.37	- -	**Los demás.**			
7013.37.99		Los demás.	Kg	25	Ex.
	01	Vasos de vidrio calizo.			
	91	Los demás de vidrio calizo.			
	99	Los demás.			
	-	Artículos para servicio de mesa (excluidos los recipientes para beber) o cocina, excepto los de vitrocerámica:			
7013.41	- -	**De cristal al plomo.**			
7013.41.01	00	De cristal al plomo.	Kg	25	Ex.
7013.42	- -	**De vidrio con un coeficiente de dilatación lineal inferior o igual a 5×10^{-6} por Kelvin, entre 0°C y 300°C.**			
7013.42.01	00	De vidrio con un coeficiente de dilatación lineal inferior o igual a 5×10^{-6} por Kelvin, entre 0°C y 300°C.	Kg	25	Ex.
7013.49	- -	**Los demás.**			
7013.49.99		Los demás.	Kg	15	Ex.
	01	Vajillas templadas de vidrio opal.			
	02	Moldes, fuentes, bandejas, para hornear de vidrio calizo.			
	03	Tazones y ensaladeras de vidrio calizo.			
	04	Especieros, bocales y frascos de vidrio calizo.			
	05	Jarras, decantadores, botellas, garrafas y licoreras de vidrio calizo.			
	06	Vajillas.			
	91	Los demás de vidrio calizo.			
	99	Los demás.			
	-	Los demás artículos:			
7013.91	- -	**De cristal al plomo.**			
7013.91.01	00	De cristal al plomo.	Kg	25	Ex.
7013.99	- -	**Los demás.**			
7013.99.99		Los demás.	Kg	25	Ex.
	01	Floreros.			
	02	Votivos o portavelas.			
	03	Peceras.			

LEY DE LOS IMPUESTOS GENERALES DE IMPORTACION Y EXPORTACION

	04	Figuras y artículos decorativos.			
	99	Los demás.			
70.14		**Vidrio para señalización y elementos de óptica de vidrio (excepto los de la partida 70.15), sin trabajar ópticamente.**			
7014.00	-	Vidrio para señalización y elementos de óptica de vidrio (excepto los de la partida 70.15), sin trabajar ópticamente.			
7014.00.01	00	Elementos de óptica común.	Kg	Ex.	Ex.
7014.00.02	00	Elementos de vidrio para alumbrado y señalización.	Kg	Ex.	Ex.
7014.00.03	00	De borosilicato, refractivos, para alumbrado.	Kg	Ex.	Ex.
7014.00.04	00	Lentes o reflectores de borosilicato, reconocibles como diseñados exclusivamente para la fabricación de faros o proyectores sellados (unidades selladas) de uso automotriz.	Kg	Ex.	Ex.
7014.00.99	00	Los demás.	Kg	15	Ex.
70.15		**Cristales para relojes y cristales análogos, cristales para gafas (anteojos), incluso correctores, abombados, curvados, ahuecados o similares, sin trabajar ópticamente; esferas huecas y sus segmentos (casquetes esféricos), de vidrio, para la fabricación de estos cristales.**			
7015.10	-	Cristales correctores para gafas (anteojos).			
7015.10.01	00	Cristales correctores para gafas (anteojos).	Kg	5	Ex.
7015.90	-	**Los demás.**			
7015.90.99	00	Los demás.	Kg	Ex.	Ex.
70.16		**Adoquines, baldosas, ladrillos, placas, tejas y demás artículos, de vidrio prensado o moldeado, incluso armado, para la construcción; cubos, dados y demás artículos similares, de vidrio, incluso con soporte, para mosaicos o decoraciones similares; vidrieras artísticas (vitrales, incluso de vidrios incoloros); vidrio multicelular o vidrio "espuma", en bloques, paneles, placas, coquillas o formas similares.**			
7016.10	-	Cubos, dados y demás artículos similares, de vidrio, incluso con soporte, para mosaicos o decoraciones similares.			
7016.10.01	00	Cubos, dados y demás artículos similares, de vidrio, incluso con soporte, para mosaicos o decoraciones similares.	Kg	15	Ex.
7016.90	-	**Los demás.**			
7016.90.99	00	Los demás.	Kg	Ex.	Ex.
70.17		**Artículos de vidrio para laboratorio, higiene o farmacia, incluso graduados o calibrados.**			
7017.10	-	De cuarzo o demás sílices fundidos.			
7017.10.04	00	Embudos, buretas y probetas.	Kg	5	Ex.
7017.10.06	00	Retortas.	Kg	5	Ex.
7017.10.07	00	Frascos para el cultivo de microbios.	Kg	5	Ex.
7017.10.08	00	Juntas.	Kg	5	Ex.
7017.10.09	00	Tubos de viscosidad; tubos desecadores.	Kg	5	Ex.
7017.10.10	00	Agitadores.	Kg	5	Ex.
7017.10.99		Los demás.	Kg	Ex.	Ex.
	01	Goteros, pipetas, vasos de precipitados y vasos graduados.			
	02	Ampollas, tubos de ensayo, portaobjetos y cubreobjetos para microscopios.			
	99	Los demás.			
7017.20	-	De otro vidrio con un coeficiente de dilatación lineal inferior o igual a 5×10^{-6} por Kelvin, entre 0°C y 300°C.			
7017.20.01	00	Goteros y matraces, pipetas, vasos de precipitados y vasos graduados.	Kg	Ex.	Ex.
7017.20.03	00	Cápsulas y refrigerantes.	Kg	Ex.	Ex.
7017.20.99		Los demás.	Kg	5	Ex.
	01	Retortas, embudos, buretas y probetas.			
	99	Los demás.			
7017.90	-	**Los demás.**			
7017.90.03	00	Desecadores, tapas o tiras para el cultivo de microbios.	Kg	5	Ex.
7017.90.04	00	Tubos de viscosidad; tubos desecadores.	Kg	5	Ex.
7017.90.99	00	Los demás.	Kg	Ex.	Ex.
70.18		**Cuentas de vidrio, imitaciones de perlas, de piedras preciosas o semipreciosas y artículos similares de abalorio, y sus manufacturas, excepto la bisutería; ojos de vidrio, excepto los de prótesis; estatuillas y demás artículos de adorno, de vidrio trabajado al soplete (vidrio ahilado), excepto la bisutería; microesferas de vidrio con un diámetro inferior o igual a 1 mm.**			
7018.10	-	Cuentas de vidrio, imitaciones de perlas, de piedras preciosas o semipreciosas y artículos similares de abalorio.			
7018.10.01	00	Cuentas de vidrio, imitaciones de perlas, de piedras preciosas o semipreciosas y artículos similares de abalorio.	Kg	Ex.	Ex.
7018.20	-	**Microesferas de vidrio con un diámetro inferior o igual a 1 mm.**			
7018.20.01	00	Microesferas de borosilicato-óxido de calcio-soda, unicelulares.	Kg	Ex.	Ex.
7018.20.99	00	Los demás.	Kg	5	Ex.
7018.90	-	**Los demás.**			
7018.90.99	00	Los demás.	Kg	Ex.	Ex.
70.19		**Fibra de vidrio (incluida la lana de vidrio) y manufacturas de esta materia (por ejemplo: hilados, "rovings", tejidos).**			
	-	Mechas, "rovings", hilados, aunque estén cortados y "mats" de estas materias:			
7019.11	- -	**Hilados cortados ("chopped strands"), de longitud inferior o igual a 50 mm.**			
7019.11.01	00	Hilados cortados ("chopped strands"), de longitud inferior o igual a 50 mm.	Kg	Ex.	Ex.
7019.12	- -	**"Rovings".**			
7019.12.01	00	"Rovings".	Kg	Ex.	Ex.
7019.13	- -	**Los demás hilados, mechas.**			

263

7019.13.91	00	Los demás hilados, mechas.	Kg	Ex.	Ex.
7019.14	- -	**"Mats" unidos mecánicamente.**			
7019.14.01	00	"Mats" unidos mecánicamente.	Kg	Ex.	Ex.
7019.15	- -	**"Mats" unidos químicamente.**			
7019.15.01	00	"Mats" unidos químicamente.	Kg	Ex.	Ex.
7019.19	- -	**Los demás.**			
7019.19.99	00	Los demás.	Kg	Ex.	Ex.
	-	Telas unidas mecánicamente:			
7019.61	- -	**Tejidos planos de "rovings" de malla cerrada.**			
7019.61.01		Tejidos planos de "rovings" de malla cerrada.	Kg	Ex.	Ex.
	01	Sin recubrir.			
	99	Los demás.			
7019.62	- -	**Las demás telas de "rovings" de malla cerrada.**			
7019.62.91	00	Las demás telas de "rovings" de malla cerrada.	Kg	Ex.	Ex.
7019.63	- -	**Tejidos de hilados de malla cerrada, de ligamento tafetán, sin recubrir ni estratificar.**			
7019.63.01	00	De anchura superior a 30 cm, de ligamento tafetán, con peso inferior a 250 g/m², de filamentos de título inferior o igual a 136 tex por hilo sencillo, sin recubrir.	Kg	5	Ex.
7019.63.99	00	Los demás.	Kg	Ex.	Ex.
7019.64	- -	**Tejidos de hilados de malla cerrada, de ligamento tafetán, recubiertos o estratificados.**			
7019.64.01	00	Tejidos de hilados de malla cerrada, de ligamento tafetán, recubiertos o estratificados.	Kg	Ex.	Ex.
7019.65	- -	**Tejidos de malla abierta, de anchura inferior o igual a 30 cm.**			
7019.65.01		Tejidos de malla abierta, de anchura inferior o igual a 30 cm.	Kg	Ex.	Ex.
	01	Sin recubrir.			
	99	Los demás.			
7019.66	- -	**Tejidos de malla abierta, de anchura superior a 30 cm.**			
7019.66.01	00	De ligamento tafetán, con peso inferior a 250 g/m², de filamentos de título inferior o igual a 136 tex por hilo sencillo, sin recubrir.	Kg	5	Ex.
7019.66.99		Los demás.	Kg	Ex.	Ex.
	01	Sin recubrir.			
	99	Los demás.			
7019.69	- -	**Las demás.**			
7019.69.99		Las demás.	Kg	Ex.	Ex.
	01	Sin recubrir.			
	99	Los demás.			
	-	Telas unidas químicamente:			
7019.71	- -	**Velos (capas delgadas).**			
7019.71.01	00	Velos (capas delgadas).	Kg	Ex.	Ex.
7019.72	- -	**Las demás telas de malla cerrada.**			
7019.72.91	00	Las demás telas de malla cerrada.	Kg	Ex.	Ex.
7019.73	- -	**Las demás telas de malla abierta.**			
7019.73.91	00	Las demás telas de malla abierta.	Kg	Ex.	Ex.
7019.80	-	**Lana de vidrio y sus manufacturas.**			
7019.80.01		Lana de vidrio y sus manufacturas.	Kg	Ex.	Ex.
	01	Tubos de tejidos reforzados de lana de vidrio, recubiertos y/o impregnados para usarse como aislantes de la electricidad.			
	99	Las demás.			
7019.90	-	**Las demás.**			
7019.90.01	00	De anchura superior a 30 cm, de ligamento tafetán, con peso inferior a 250 g/m², de filamentos de título inferior o igual a 136 tex por hilo sencillo, sin recubrir.	Kg	5	Ex.
7019.90.99		Las demás.	Kg	Ex.	Ex.
	01	Fibras cortas hasta de 5 cm de longitud.			
	02	Tubos sin recubrir.			
	03	Aislamientos termo-acústicos.			
	05	Tubos recubiertos.			
	06	Desechos y desperdicios de fibra de vidrio.			
	99	Las demás.			
70.20		**Las demás manufacturas de vidrio.**			
7020.00	-	**Las demás manufacturas de vidrio.**			
7020.00.91		Las demás manufacturas de vidrio.	Kg	Ex.	Ex.
	01	Tubos de cuarzo fundido, rectos o doblados, cuando contengan más del 95% de sílice.			
	99	Los demás.			

Sección XIV
PERLAS NATURALES (FINAS) O CULTIVADAS, PIEDRAS PRECIOSAS O SEMIPRECIOSAS, METALES PRECIOSOS, CHAPADOS DE METAL PRECIOSO (PLAQUÉ) Y MANUFACTURAS DE ESTAS MATERIAS; BISUTERÍA; MONEDAS

Capítulo 71
Perlas naturales (finas) o cultivadas, piedras preciosas o semipreciosas, metales preciosos, chapados de metal precioso (plaqué) y manufacturas de estas materias; bisutería; monedas

Notas.
1. Sin perjuicio de la aplicación de la Nota 1 A) de la Sección VI y de las excepciones previstas a continuación, se incluye en este Capítulo cualquier artículo compuesto total o parcialmente:
   a) de perlas naturales (finas) o cultivadas, de piedras preciosas o semipreciosas (naturales, sintéticas o reconstituidas); o
   b) de metal precioso o de chapado de metal precioso (plaqué).
2. A) Las partidas 71.13, 71.14 y 71.15 no comprenden los artículos en los que el metal precioso o el chapado de metal precioso (plaqué) sean únicamente simples accesorios o adornos de mínima importancia (por ejemplo: iniciales, monogramas, virolas, orlas); el apartado b) de la Nota 1 anterior no incluye estos artículos.
   B) En la partida 71.16 solo se clasifican los artículos que no lleven metal precioso ni chapado de metal precioso (plaqué) o que, llevándolos, solo sean simples accesorios o adornos de mínima importancia.
3. Este Capítulo no comprende:
   a) las amalgamas de metal precioso y el metal precioso en estado coloidal (partida 28.43);
   b) las ligaduras estériles para suturas quirúrgicas, los productos de obturación dental y demás artículos del Capítulo 30;
   c) los productos del Capítulo 32 (por ejemplo, abrillantadores (lustres) líquidos);
   d) los catalizadores sobre soporte (partida 38.15);
   e) los artículos de las partidas 42.02 y 42.03, a los que se refiere la Nota 3 B) del Capítulo 42;
   f) los artículos de las partidas 43.03 o 43.04;
   g) los productos de la Sección XI (materias textiles y sus manufacturas);
   h) el calzado, los sombreros y demás tocados y otros artículos de los Capítulos 64 o 65;
   ij) los paraguas, bastones y demás artículos del Capítulo 66;
   k) los artículos guarnecidos con polvo de piedras preciosas o semipreciosas (naturales o sintéticas) que sean manufacturas de abrasivos de las partidas 68.04 o 68.05, o herramientas del Capítulo 82; las herramientas o artículos del Capítulo 82 cuya parte operante esté constituida por piedras preciosas o semipreciosas (naturales, sintéticas o reconstituidas); las máquinas, aparatos y material eléctrico y sus partes de la Sección XVI. Sin embargo, los artículos y las partes de estos artículos, constituidos totalmente por piedras preciosas o semipreciosas (naturales, sintéticas o reconstituidas), quedan comprendidos en este Capítulo, excepto los zafiros y diamantes trabajados, sin montar, para agujas (púas) de fonocaptores (partida 85.22);
   l) los artículos de los Capítulos 90, 91 o 92 (instrumentos científicos, aparatos de relojería, instrumentos musicales);
   m) las armas y sus partes (Capítulo 93);
   n) los artículos contemplados en la Nota 2 del Capítulo 95;
   o) los artículos clasificados en el Capítulo 96 conforme la Nota 4 de dicho Capítulo;
   p) las obras originales de estatuaria o escultura (partida 97.03), las piezas de colección (partida 97.05) y las antigüedades de más de cien años (partida 97.06). Sin embargo, las perlas naturales (finas) o cultivadas y las piedras preciosas o semipreciosas se clasifican en este Capítulo.
4. A) Se consideran *metal precioso* la plata, el oro y el platino.
   B) El término *platino* abarca el platino, iridio, osmio, paladio, rodio y rutenio.
   C) La expresión *piedras preciosas o semipreciosas* no incluye las materias mencionadas en la Nota 2 b) del Capítulo 96.
5. En este Capítulo, se consideran *aleaciones de metal precioso*, las aleaciones (incluidas las mezclas sinterizadas y los compuestos intermetálicos) que contengan uno o varios metales preciosos, siempre que el peso del metal precioso o de uno de los metales preciosos sea superior o igual al 2% del peso de la aleación. Las aleaciones de metal precioso se clasifican como sigue:
   a) las aleaciones con un contenido de platino superior o igual al 2% en peso, se clasifican como aleaciones de platino;
   b) las aleaciones con un contenido de oro superior o igual al 2% en peso, pero sin platino o con un contenido de platino inferior al 2% en peso, se clasifican como aleaciones de oro;
   c) las demás aleaciones con un contenido de plata superior o igual al 2% en peso, se clasifican como aleaciones de plata.
6. En la Nomenclatura, salvo disposición en contrario, cualquier referencia a metal precioso o a uno o varios metales preciosos mencionados específicamente, se extiende también a las aleaciones clasificadas con dichos metales por aplicación de la Nota 5. La expresión *metal precioso* no comprende los artículos definidos en la Nota 7 ni los metales comunes o las materias no metálicas, platinados, dorados o plateados.
7. En la Nomenclatura, la expresión *chapado de metal precioso (plaqué)* se refiere a los artículos con un soporte de metal en los que una o varias caras estén recubiertas con metal precioso por soldadura, laminado en caliente o por procedimiento mecánico similar. Salvo disposición en contrario, dicha expresión comprende los artículos de metal común incrustado con metal precioso.
8. Salvo lo dispuesto en la Nota 1 A) de la Sección VI, los productos citados en el texto de la partida 71.12 se clasifican en dicha partida y no en otra de la Nomenclatura.
9. En la partida 71.13, se entiende por *artículos de joyería*:
   a) los pequeños objetos utilizados como adorno personal (por ejemplo: sortijas, pulseras, collares, broches, pendientes, cadenas de reloj, dijes, colgantes, alfileres y botones de corbata, gemelos, medallas o insignias, religiosas u otras);
   b) los artículos de uso personal que se llevan sobre la persona, así como los artículos de bolsillo o de bolso de mano (cartera) (por ejemplo: cigarreras, pitilleras, petacas, bomboneras, polveras, pastilleros, monederos de malla, rosarios).
   Estos artículos pueden combinarse o incluir, por ejemplo: perlas naturales (finas) o cultivadas, piedras preciosas o semipreciosas (naturales, sintéticas o reconstituidas), concha, nácar, marfil, ámbar natural o reconstituido, azabache o coral.
10. En la partida 71.14, se entiende por *artículos de orfebrería* los objetos tales como los de servicio de mesa, tocador, escritorio, fumador, de adorno de interiores, los artículos para el culto.
11. En la partida 71.17, se entiende por *bisutería* los artículos de la misma naturaleza que los definidos en la Nota 9 a) (excepto los botones y demás artículos de la partida 96.06, las peinetas, pasadores y similares, así como las horquillas para el cabello, de la partida 96.15) que no tengan perlas naturales (finas) o cultivadas, piedras preciosas o semipreciosas (naturales, sintéticas o reconstituidas) ni, salvo que sean guarniciones o accesorios de mínima importancia, metal precioso o chapado de metal precioso (plaqué).

Notas de subpartida.
1. En las subpartidas 7106.10, 7108.11, 7110.11, 7110.21, 7110.31 y 7110.41, los términos *polvo* y *en polvo* comprenden los productos que pasen a través de un tamiz con abertura de malla de 0.5 mm en proporción superior o igual al 90% en peso.
2. A pesar de las disposiciones de la Nota 4 B) de este Capítulo, en las subpartidas 7110.11 y 7110.19, el término *platino* no incluye el iridio, osmio, paladio, rodio ni rutenio.

3. Para la clasificación de las aleaciones en las subpartidas de la partida 71.10, cada aleación se clasifica con aquel metal (platino, paladio, rodio, iridio, osmio o rutenio) que predomine en peso sobre cada uno de los demás.

CÓDIGO	DESCRIPCIÓN	UNIDAD	ARANCEL IMP	EXP
	SUBCAPÍTULO I **PERLAS NATURALES (FINAS) O CULTIVADAS, PIEDRAS PRECIOSAS O SEMIPRECIOSAS**			
71.01	**Perlas naturales (finas) o cultivadas, incluso trabajadas o clasificadas, pero sin ensartar, montar ni engarzar; perlas naturales (finas) o cultivadas, ensartadas temporalmente para facilitar el transporte.**			
7101.10	- **Perlas naturales (finas).**			
7101.10.02 00	Perlas naturales (finas).	Kg	Ex.	Ex.
	- Perlas cultivadas:			
7101.21	- - **En bruto.**			
7101.21.01 00	En bruto.	Kg	Ex.	Ex.
7101.22	- - **Trabajadas.**			
7101.22.01 00	Graduadas y ensartadas temporalmente para facilitar su transporte.	Kg	5	Ex.
7101.22.99 00	Las demás.	Kg	Ex.	Ex.
71.02	**Diamantes, incluso trabajados, sin montar ni engarzar.**			
7102.10	- **Sin clasificar.**			
7102.10.01 00	Sin clasificar.	G	Ex.	Ex.
	- Industriales:			
7102.21	- - **En bruto o simplemente aserrados, exfoliados o desbastados.**			
7102.21.01 00	En bruto o simplemente aserrados, exfoliados o desbastados.	G	Ex.	Ex.
7102.29	- - **Los demás.**			
7102.29.99 00	Los demás.	CARAT	Ex.	Ex.
	- No industriales:			
7102.31	- - **En bruto o simplemente aserrados, exfoliados o desbastados.**			
7102.31.01 00	En bruto o simplemente aserrados, exfoliados o desbastados.	G	Ex.	Ex.
7102.39	- - **Los demás.**			
7102.39.99 00	Los demás.	CARAT	Ex.	Ex.
71.03	**Piedras preciosas (excepto los diamantes) o semipreciosas, naturales, incluso trabajadas o clasificadas, sin ensartar, montar ni engarzar; piedras preciosas (excepto los diamantes) o semipreciosas, naturales, sin clasificar, ensartadas temporalmente para facilitar el transporte.**			
7103.10	- **En bruto o simplemente aserradas o desbastadas.**			
7103.10.01 00	En bruto o simplemente aserradas o desbastadas.	Kg	Ex.	Ex.
	- Trabajadas de otro modo:			
7103.91	- - **Rubíes, zafiros y esmeraldas.**			
7103.91.01 00	Rubíes, zafiros y esmeraldas.	CARAT	Ex.	Ex.
7103.99	- - **Las demás.**			
7103.99.99 00	Las demás.	CARAT	Ex.	Ex.
71.04	**Piedras preciosas o semipreciosas, sintéticas o reconstituidas, incluso trabajadas o clasificadas, sin ensartar, montar ni engarzar; piedras preciosas o semipreciosas, sintéticas o reconstituidas, sin clasificar, ensartadas temporalmente para facilitar el transporte.**			
7104.10	- **Cuarzo piezoeléctrico.**			
7104.10.01 00	Cuarzo piezoeléctrico.	Kg	25	Ex.
	- Las demás, en bruto o simplemente aserradas o desbastadas:			
7104.21	- - **Diamantes.**			
7104.21.01 00	Diamantes.	Kg	Ex.	Ex.
7104.29	- - **Las demás.**			
7104.29.99 00	Las demás.	Kg	Ex.	Ex.
	- - Las demás:			
7104.91	- - **Diamantes.**			
7104.91.01 00	Diamantes.	Kg	25	Ex.
7104.99	- - **Las demás.**			
7104.99.99 00	Las demás.	Kg	25	Ex.
71.05	**Polvo de piedras preciosas o semipreciosas, naturales o sintéticas.**			
7105.10	- **De diamante.**			
7105.10.01 00	De diamante.	CARAT	Ex.	Ex.
7105.90	- **Los demás.**			
7105.90.99 00	Los demás.	Kg	Ex.	Ex.
	SUBCAPÍTULO II **METALES PRECIOSOS Y CHAPADOS DE METAL PRECIOSO (PLAQUÉ)**			
71.06	**Plata (incluida la plata dorada y la platinada) en bruto, semilabrada o en polvo.**			
7106.10	- **Polvo.**			
7106.10.01 00	Polvo.	Kg	5	Ex.
	- Las demás:			
7106.91	- - **En bruto.**			
7106.91.01 00	En bruto.	Kg	Ex.	Ex.
7106.92	- - **Semilabrada.**			
7106.92.01 00	Semilabrada.	Kg	5	Ex.

LEY DE LOS IMPUESTOS GENERALES DE IMPORTACION Y EXPORTACION

71.07		**Chapado (plaqué) de plata sobre metal común, en bruto o semilabrado.**			
7107.00	-	Chapado (plaqué) de plata sobre metal común, en bruto o semilabrado.			
7107.00.01	00	Chapado (plaqué) de plata sobre metal común, en bruto o semilabrado.	Kg	15	Ex.
71.08		**Oro (incluido el oro platinado) en bruto, semilabrado o en polvo.**			
	-	Para uso no monetario:			
7108.11	- -	Polvo.			
7108.11.01	00	Polvo.	G	Ex.	Ex.
7108.12	- -	Las demás formas en bruto.			
7108.12.91	00	Las demás formas en bruto.	Kg	Ex.	Ex.
7108.13	- -	Las demás formas semilabradas.			
7108.13.91	00	Las demás formas semilabradas.	Kg	Ex.	Ex.
7108.20	-	Para uso monetario.			
7108.20.01	00	Oro en bruto o semilabrado.	Kg	Ex.	Ex.
7108.20.99	00	Los demás.	Kg	15	Ex.
71.09		**Chapado (plaqué) de oro sobre metal común o sobre plata, en bruto o semilabrado.**			
7109.00	-	Chapado (plaqué) de oro sobre metal común o sobre plata, en bruto o semilabrado.			
7109.00.01	00	Chapado (plaqué) de oro sobre metal común o sobre plata, en bruto o semilabrado.	Kg	15	Ex.
71.10		**Platino en bruto, semilabrado o en polvo.**			
	-	Platino:			
7110.11	- -	En bruto o en polvo.			
7110.11.01	00	En bruto o en polvo.	G	Ex.	Ex.
7110.19	- -	Los demás.			
7110.19.99	00	Los demás.	Kg	Ex.	Ex.
	-	Paladio:			
7110.21	- -	En bruto o en polvo.			
7110.21.01	00	En bruto o en polvo.	G	Ex.	Ex.
7110.29	- -	Los demás.			
7110.29.99	00	Los demás.	Kg	Ex.	Ex.
	-	Rodio:			
7110.31	- -	En bruto o en polvo.			
7110.31.01	00	En bruto o en polvo.	G	Ex.	Ex.
7110.39	- -	Los demás.			
7110.39.99	00	Los demás.	Kg	Ex.	Ex.
	-	Iridio, osmio y rutenio:			
7110.41	- -	En bruto o en polvo.			
7110.41.01	00	En bruto o en polvo.	G	Ex.	Ex.
7110.49	- -	Los demás.			
7110.49.99	00	Los demás.	Kg	Ex.	Ex.
71.11		**Chapado (plaqué) de platino sobre metal común, plata u oro, en bruto o semilabrado.**			
7111.00	-	Chapado (plaqué) de platino sobre metal común, plata u oro, en bruto o semilabrado.			
7111.00.01	00	Chapado (plaqué) de platino sobre metal común, plata u oro, en bruto o semilabrado.	Kg	15	Ex.
71.12		**Desperdicios y desechos, de metal precioso o de chapado de metal precioso (plaqué); demás desperdicios y desechos que contengan metal precioso o compuestos de metal precioso, de los tipos utilizados principalmente para la recuperación del metal precioso, distintos de los productos de la partida 85.49.**			
7112.30	-	Cenizas que contengan metal precioso o compuestos de metal precioso.			
7112.30.01	00	Cenizas que contengan metal precioso o compuestos de metal precioso.	G	Ex.	Ex.
	-	Los demás:			
7112.91	- -	De oro o de chapado (plaqué) de oro, excepto las barreduras que contengan otro metal precioso.			
7112.91.02		De oro o de chapado (plaqué) de oro, excepto las barreduras que contengan otro metal precioso.	G	Ex.	Ex.
	01	Desperdicios y desechos, de los tipos utilizados principalmente para la recuperación del oro.			
	99	Los demás.			
7112.92	- -	De platino o de chapado (plaqué) de platino, excepto las barreduras que contengan otro metal precioso.			
7112.92.01	00	De platino o de chapado (plaqué) de platino, excepto las barreduras que contengan otro metal precioso.	Kg	Ex.	Ex.
7112.99	- -	Los demás.			
7112.99.99	00	Los demás.	Kg	Ex.	Ex.
		SUBCAPÍTULO III			
		JOYERÍA Y DEMÁS MANUFACTURAS			
71.13		**Artículos de joyería y sus partes, de metal precioso o de chapado de metal precioso (plaqué).**			
	-	De metal precioso, incluso revestido o chapado de metal precioso (plaqué):			
7113.11	- -	De plata, incluso revestida o chapada de otro metal precioso (plaqué).			
7113.11.01	00	Sujetadores ("broches") de plata, incluso revestida o chapada de otro metal precioso.	G	15	Ex.
7113.11.02	00	Cadenas en rollo continuo, de longitud superior o igual a 10 m.	G	15	Ex.
7113.11.99	00	Los demás.	Kg	Ex.	Ex.
7113.19	- -	De los demás metales preciosos, incluso revestidos o chapados de metal precioso (plaqué).			
7113.19.03	00	Cadenas en rollo continuo, de longitud superior o igual a 10 m.	G	15	Ex.
7113.19.99		Los demás.	G	Ex.	Ex.
	01	Sujetadores ("broches") de oro.			

	99	Los demás.			
7113.20		**- De chapado de metal precioso (plaqué) sobre metal común.**			
7113.20.01	00	De chapado de metal precioso (plaqué) sobre metal común.	Kg	Ex.	Ex.
71.14		**Artículos de orfebrería y sus partes, de metal precioso o de chapado de metal precioso (plaqué).**			
		- De metal precioso, incluso revestido o chapado de metal precioso (plaqué):			
7114.11		**- - De plata, incluso revestida o chapada de otro metal precioso (plaqué).**			
7114.11.01	00	De plata, incluso revestida o chapada de otro metal precioso (plaqué).	Kg	15	Ex.
7114.19		**- - De los demás metales preciosos, incluso revestidos o chapados de metal precioso (plaqué).**			
7114.19.91	00	De los demás metales preciosos, incluso revestidos o chapados de metal precioso (plaqué).	Kg	Ex.	Ex.
7114.20		**- De chapado de metal precioso (plaqué) sobre metal común.**			
7114.20.01	00	De chapado de metal precioso (plaqué) sobre metal común.	Kg	15	Ex.
71.15		**Las demás manufacturas de metal precioso o de chapado de metal precioso (plaqué).**			
7115.10		**- Catalizadores de platino en forma de tela o enrejado.**			
7115.10.01	00	Catalizadores de platino en forma de tela o enrejado.	Kg	Ex.	Ex.
7115.90		**- Las demás.**			
7115.90.99	00	Las demás.	Kg	Ex.	Ex.
71.16		**Manufacturas de perlas naturales (finas) o cultivadas, de piedras preciosas o semipreciosas (naturales, sintéticas o reconstituidas).**			
7116.10		**- De perlas naturales (finas) o cultivadas.**			
7116.10.01	00	De perlas naturales (finas) o cultivadas.	Kg	5	Ex.
7116.20		**- De piedras preciosas o semipreciosas (naturales, sintéticas o reconstituidas).**			
7116.20.01	00	De piedras preciosas o semipreciosas (naturales, sintéticas o reconstituidas).	Kg	15	Ex.
71.17		**Bisutería.**			
		- De metal común, incluso plateado, dorado o platinado:			
7117.11		**- - Gemelos y pasadores similares.**			
7117.11.01	00	Gemelos y pasadores similares.	Kg	15	Ex.
7117.19		**- - Las demás.**			
7117.19.01	00	Cadenas y cadenitas de metales comunes, sin dorar ni platear.	Kg	5	Ex.
7117.19.99	00	Las demás.	Kg	15	Ex.
7117.90		**- Las demás.**			
7117.90.01	00	Partes o piezas sueltas, de metales comunes, sin dorar o platear, incluso broches.	Kg	Ex.	Ex.
7117.90.02	00	De Ámbar de Chiapas.	Kg	10	Ex.
7117.90.99	00	Las demás.	Kg	10	Ex.
71.18		**Monedas.**			
7118.10		**- Monedas sin curso legal, excepto las de oro.**			
7118.10.01	00	Monedas sin curso legal, excepto las de oro.	Pza	35	Ex.
7118.90		**- Las demás.**			
7118.90.99	00	Las demás.	Pza	Ex.	Ex.

Sección XV
METALES COMUNES Y MANUFACTURAS DE ESTOS METALES

Notas.
1. Esta Sección no comprende:
   a) los colores y tintas preparados a base de polvo o escamillas metálicos, así como las hojas para el marcado a fuego (partidas 32.07 a 32.10, 32.12, 32.13 o 32.15);
   b) el ferrocerio y demás aleaciones pirofóricas (partida 36.06);
   c) los cascos y demás tocados, y sus partes, metálicos, de las partidas 65.06 y 65.07;
   d) las monturas de paraguas y demás artículos de la partida 66.03;
   e) los productos del Capítulo 71 (por ejemplo: aleaciones de metal precioso, metal común chapado de metal precioso (plaqué), bisutería);
   f) los artículos de la Sección XVI (máquinas y aparatos; material eléctrico);
   g) las vías férreas ensambladas (partida 86.08) y demás artículos de la Sección XVII (vehículos, barcos, aeronaves);
   h) los instrumentos y aparatos de la Sección XVIII, incluidos los muelles (resortes) de aparatos de relojería;
   ij) los perdigones (partida 93.06) y demás artículos de la Sección XIX (armas y municiones);
   k) los artículos del Capítulo 94 (por ejemplo: muebles, somieres, luminarias y aparatos de alumbrado, letreros luminosos, construcciones prefabricadas);
   l) los artículos del Capítulo 95 (por ejemplo: juguetes, juegos, artefactos deportivos);
   m) los cedazos de mano, botones, plumas, portaminas, plumillas, monopies, bípodes, trípodes y artículos similares y demás artículos del Capítulo 96 (manufacturas diversas);
   n) los artículos del Capítulo 97 (por ejemplo, objetos de arte).
2. En la Nomenclatura, se consideran *partes y accesorios de uso general*:
   a) los artículos de las partidas 73.07, 73.12, 73.15, 73.17 o 73.18, así como los artículos similares de los demás metales comunes, distintos de los artículos especialmente diseñados para ser utilizados exclusivamente como implantes de uso médico, quirúrgico, odontológico o veterinario (partida 90.21);

LEY DE LOS IMPUESTOS GENERALES DE IMPORTACION Y EXPORTACION

b) los muelles (resortes), ballestas y sus hojas, de metal común, excepto los muelles (resortes) de aparatos de relojería (partida 91.14);
c) los artículos de las partidas 83.01, 83.02, 83.08 u 83.10, así como los marcos y espejos de metal común de la partida 83.06.

En los Capítulos 73 a 76 y 78 a 82 (excepto la partida 73.15), la referencia a partes no alcanza a las partes y accesorios de uso general en el sentido antes indicado.
Salvo lo dispuesto en el párrafo anterior y en la Nota 1 del Capítulo 83, las manufacturas de los Capítulos 82 u 83 están excluidas de los Capítulos 72 a 76 y 78 a 81.

3. En la Nomenclatura, se entiende por *metal(es) común(es)*: la fundición, hierro y acero, el cobre, níquel, aluminio, plomo, cinc, estaño, volframio (tungsteno), molibdeno, tantalio, magnesio, cobalto, bismuto, cadmio, titanio, circonio, antimonio, manganeso, berilio, cromo, germanio, vanadio, galio, hafnio (celtio), indio, niobio (colombio), renio y talio.

4. En la Nomenclatura, se entiende por *cermet* un producto que consiste en una combinación heterogénea microscópica de un componente metálico y uno cerámico. Este término comprende también los metales duros (carburos metálicos sinterizados), que son carburos metálicos sinterizados con metal.

5. Regla para la clasificación de las aleaciones (excepto las ferroaleaciones y las aleaciones madre de cobre definidas en los Capítulos 72 y 74):
   a) las aleaciones de metales comunes se clasifican con el metal que predomine en peso sobre cada uno de los demás;
   b) las aleaciones de metales comunes de esta Sección con elementos no comprendidos en la misma se clasifican como aleaciones de metales comunes de esta Sección cuando el peso total de estos metales sea superior o igual al de los demás elementos;
   c) las mezclas sinterizadas de polvos metálicos, las mezclas heterogéneas íntimas obtenidas por fusión (excepto el cermet) y los compuestos intermetálicos, siguen el régimen de las aleaciones.

6. En la Nomenclatura, salvo disposición en contrario, cualquier referencia a un metal común alcanza también a las aleaciones clasificadas con ese metal por aplicación de la Nota 5.

7. Regla para la clasificación de los artículos compuestos:
Salvo disposición en contrario en un texto de partida, las manufacturas de metal común (incluidas las manufacturas de materiales mezclados, consideradas como tales conforme a las Reglas Generales Interpretativas), que comprendan dos o más metales comunes, se clasifican con las manufacturas del metal que predomine en peso sobre cada uno de los demás metales.
Para la aplicación de esta regla se considera:
   a) la fundición, el hierro y el acero, como un solo metal;
   b) las aleaciones, como si estuvieran constituidas totalmente por el metal cuyo régimen sigan en virtud de la aplicación de la Nota 5;
   c) el cermet de la partida 81.13, como si constituyera un solo metal común.

8. En esta Sección, se entiende por:
   a) **Desperdicios y desechos**
      1°) todos los desperdicios y desechos metálicos;
      2°) las manufacturas de metal definitivamente inservibles como tales a consecuencia de rotura, corte, desgaste u otra causa.
   b) **Polvo**
      el producto que pase por un tamiz con abertura de malla de 1 mm en proporción superior o igual al 90% en peso.

9. En los Capítulos 74 a 76 y 78 a 81, se entiende por:
   a) **Barras**
      los productos laminados, extruidos, estirados o forjados, sin enrollar, cuya sección transversal, maciza y constante en toda su longitud, tenga forma de círculo, óvalo, cuadrado, rectángulo, triángulo equilátero o polígono regular convexo (incluidos los *círculos aplanados* y los *rectángulos modificados*, en los que dos lados opuestos tengan forma de arco convexo y los otros dos sean rectos, iguales y paralelos). Los productos de sección transversal cuadrada, rectangular, triangular o poligonal, pueden tener las aristas redondeadas en toda su longitud. El espesor de los productos de sección transversal rectangular (incluidos los de sección *rectangular modificada*) debe ser superior a la décima parte de la anchura. También se consideran barras, los productos de las mismas formas y dimensiones, moldeados, colados o sinterizados, que han recibido, después de su obtención, un trabajo superior a un desbarbado grosero, siempre que este trabajo no confiera a los productos el carácter de artículos o manufacturas comprendidos en otra parte.
      Sin embargo, las barras para alambrón ("wire-bars") y los tochos, del Capítulo 74, apuntados o simplemente trabajados de otro modo en sus extremos, para facilitar su introducción en las máquinas para transformarlos, por ejemplo, en alambrón o en tubos, se consideran cobre en bruto de la partida 74.03. Esta disposición se aplica *mutatis mutandis* a los productos del Capítulo 81.
   b) **Perfiles**
      los productos laminados, extruidos, estirados, forjados u obtenidos por conformado o plegado, enrollados o sin enrollar, de sección transversal constante en toda su longitud, que no cumplan las definiciones de barras, alambre, chapas, hojas, tiras o tubos. También se consideran perfiles, los productos de las mismas formas, moldeados, colados o sinterizados, que han recibido, después de su obtención, un trabajo superior a un desbarbado grosero, siempre que este trabajo no confiera a los productos el carácter de artículos o manufacturas comprendidos en otra parte.
   c) **Alambre**
      el producto laminado, extruido o trefilado, enrollado, cuya sección transversal maciza y constante en toda su longitud, tenga forma de círculo, óvalo, cuadrado, rectángulo, triángulo equilátero o polígono regular convexo (incluidos los *círculos aplanados* y los *rectángulos modificados*, en los que dos lados opuestos tengan forma de arco convexo y los otros dos sean rectos, iguales y paralelos). Los productos de sección transversal cuadrada, rectangular, triangular o poligonal, pueden tener las aristas redondeadas en toda su longitud. El espesor de los productos de sección transversal rectangular (incluidos los de sección *rectangular modificada*) debe ser superior a la décima parte de la anchura.
   d) **Chapas, hojas y tiras**
      los productos planos de espesor constante (excepto los productos en bruto), enrollados o sin enrollar, de sección transversal rectangular maciza, aunque tengan las aristas redondeadas (incluidos los *rectángulos modificados*, en los que dos lados opuestos tengan forma de arco convexo y los otros dos sean rectos, iguales y paralelos), que se presenten:
      - en forma cuadrada o rectangular, de espesor inferior o igual a la décima parte de la anchura,

- en forma distinta de la cuadrada o rectangular, de cualquier dimensión, siempre que no tengan el carácter de artículos o manufacturas comprendidos en otra parte.

En las partidas referentes a chapas, hojas y tiras, se clasifican en particular, las chapas, hojas y tiras, aunque presenten motivos (por ejemplo: acanaladuras, estrías, gofrados, lágrimas, botones, rombos), así como las perforadas, onduladas, pulidas o revestidas, siempre que estos trabajos no les confieran el carácter de artículos o manufacturas comprendidos en otra parte.

e) **Tubos**

los productos con un solo hueco cerrado, de sección transversal constante en toda su longitud, en forma de círculo, óvalo, cuadrado, rectángulo, triángulo equilátero o polígono regular convexo, enrollados o sin enrollar y cuyas paredes sean de espesor constante. También se consideran tubos, los productos de sección transversal en forma de cuadrado, rectángulo, triángulo equilátero o polígono regular convexo, que tengan las aristas redondeadas en toda su longitud, siempre que las secciones transversales interior y exterior tengan la misma forma, la misma disposición y el mismo centro. Los tubos que tengan las secciones transversales citadas anteriormente pueden estar pulidos, revestidos, curvados, roscados, taladrados, estrechados o abocardados, tener forma cónica o estar provistos de bridas, collarines o anillos.

Nota Nacional:

1. Para efectos de las partidas 72.16, 73.06, 74.07, 75.05, 76.04, 78.06, 79.04, 80.03 y las subpartidas, 8101.99, 8102.95, 8103.99, 8104.90, 8105.90, 8106.10, 8106.90, 8108.90, 8109.91, 8109.99, 8110.90, 8111.00, 8112.19, 8112.29, 8112.59, 8112.69, 8112.99 y 8113.00, para los perfiles el término espesor se refiere al grosor solido del material y no al contorno de la sección transversal.

Capítulo 72 Fundición, hierro y acero

Notas.

1. En este Capítulo y, respecto a los apartados d), e) y f) de esta Nota, en toda la Nomenclatura, se consideran:

   a) **Fundición en bruto**

   las aleaciones hierro-carbono que no se presten prácticamente a la deformación plástica, con un contenido de carbono superior al 2% en peso, incluso con otro u otros elementos en las proporciones en peso siguientes:
   - inferior o igual al 10% de cromo
   - inferior o igual al 6% de manganeso
   - inferior o igual al 3% de fósforo
   - inferior o igual al 8% de silicio
   - inferior o igual al 10%, en total, de los demás elementos.

   b) **Fundición especular**

   las aleaciones hierro-carbono con un contenido de manganeso superior al 6% pero inferior o igual al 30%, en peso, siempre que las demás características respondan a la definición de la Nota 1 a).

   c) **Ferroaleaciones**

   las aleaciones en lingotes, bloques, masas o formas primarias similares, en formas obtenidas por colada continua o en granallas o en polvo, incluso aglomerados, corrientemente utilizadas en la siderurgia como productos de aporte para la preparación de otras aleaciones, o como desoxidantes, desulfurantes o en usos similares y que no se presten generalmente a la deformación plástica, con un contenido de hierro superior o igual al 4% en peso y con uno o varios elementos en las proporciones en peso siguientes:
   - superior al 10% de cromo
   - superior al 30% de manganeso
   - superior al 3% de fósforo
   - superior al 8% de silicio
   - superior al 10%, en total, de los demás elementos, excepto el carbono, sin que el porcentaje de cobre sea superior al 10%.

   d) **Acero**

   las materias férreas, excepto las de la partida 72.03 que, salvo determinados tipos de aceros producidos en forma de piezas moldeadas, se presten a la deformación plástica y con un contenido de carbono inferior o igual al 2% en peso. Sin embargo, los aceros al cromo pueden tener un contenido de carbono más elevado.

   e) **Acero inoxidable**

   el acero aleado con un contenido de carbono inferior o igual al 1.2% en peso y de cromo superior o igual al 10.5% en peso, incluso con otros elementos.

   f) **Los demás aceros aleados**

   los aceros que no respondan a la definición de acero inoxidable y que contengan uno o varios de los elementos indicados a continuación en las proporciones en peso siguientes:
   - superior o igual al 0.3% de aluminio
   - superior o igual al 0.0008% de boro
   - superior o igual al 0.3% de cromo
   - superior o igual al 0.3% de cobalto
   - superior o igual al 0.4% de cobre
   - superior o igual al 0.4% de plomo
   - superior o igual al 1.65% de manganeso
   - superior o igual al 0.08% de molibdeno
   - superior o igual al 0.3% de níquel
   - superior o igual al 0.06% de niobio
   - superior o igual al 0.6% de silicio
   - superior o igual al 0.05% de titanio
   - superior o igual al 0.3% de volframio (tungsteno)
   - superior o igual al 0.1% de vanadio
   - superior o igual al 0.05% de circonio
   - superior o igual al 0.1% de los demás elementos considerados individualmente (excepto el azufre, fósforo, carbono y nitrógeno).

g) **Lingotes de chatarra de hierro o de acero**
los productos colados groseramente en forma de lingotes sin mazarotas o de bloques, que presenten defectos profundos en la superficie y no respondan, en su composición química, a las definiciones de fundición en bruto, de fundición especular o de ferroaleaciones.

h) **Granallas**
los productos que pasen por un tamiz con abertura de malla de 1 mm en proporción inferior al 90% en peso, y por un tamiz con abertura de malla de 5 mm en proporción superior o igual al 90% en peso.

ij) **Productos intermedios**
los productos de sección maciza obtenidos por colada continua, incluso con un laminado grosero en caliente; y
los demás productos de sección maciza simplemente laminados groseramente en caliente o simplemente desbastados por forjado, incluidos los desbastes de perfiles.
Estos productos no se presentan enrollados.

k) **Productos laminados planos**
los productos laminados de sección transversal rectangular maciza que no respondan a la definición de la Nota ij) anterior,
- enrollados en espiras superpuestas, o
- sin enrollar, de anchura superior o igual a diez veces el espesor si éste es inferior a 4.75 mm, o de anchura superior a 150 mm si el espesor es superior o igual a 4.75 mm pero inferior o igual a la mitad de la anchura.

Estos productos se clasifican como productos laminados planos aunque presenten motivos en relieve que procedan directamente del laminado (por ejemplo: acanaladuras, estrías, gofrados, lágrimas, botones, rombos), así como los perforados, ondulados o pulidos, siempre que estos trabajos no les confieran el carácter de artículos o manufacturas comprendidos en otra parte.
Los productos laminados planos de cualquier dimensión, excepto los cuadrados o rectangulares, se clasifican como productos de anchura superior o igual a 600 mm, siempre que no tengan el carácter de artículos o manufacturas comprendidos en otra parte.

l) **Alambrón**
el producto laminado en caliente, enrollado en espiras irregulares (coronas), cuya sección transversal maciza tenga forma de círculo, segmento circular, óvalo, cuadrado, rectángulo, triángulo u otro polígono convexo (incluidos los *círculos aplanados* y los *rectángulos modificados*, en los que dos lados opuestos tengan forma de arco convexo y los otros dos sean rectos, iguales y paralelos). Estos productos pueden tener muescas, cordones, surcos o relieves, producidos en el laminado (llamados "armaduras para hormigón" o "redondos para construcción").

m) **Barras**
los productos que no respondan a las definiciones de los apartados ij), k) o l) anteriores ni a la definición de alambre, cuya sección transversal maciza y constante tenga forma de círculo, segmento circular, óvalo, cuadrado, rectángulo, triángulo u otro polígono convexo (incluidos los *círculos aplanados* y los *rectángulos modificados*, en los que dos lados opuestos tengan forma de arco convexo y los otros dos sean rectos, iguales y paralelos). Estos productos pueden:
- tener muescas, cordones, surcos o relieves, producidos en el laminado (llamados "armaduras para hormigón" o "redondos para construcción");
- haberse sometido a torsión después del laminado.

n) **Perfiles**
los productos de sección transversal maciza y constante que no respondan a las definiciones de los apartados ij), k), l) o m) anteriores ni a la definición de alambre.
El Capítulo 72 no comprende los productos de las partidas 73.01 o 73.02.

o) **Alambre**
el producto de cualquier sección transversal maciza y constante, obtenido en frío y enrollado, que no responda a la definición de productos laminados planos.

p) **Barras huecas para perforación**
las barras de cualquier sección adecuadas para la fabricación de barrenas, cuya mayor dimensión exterior de la sección transversal, superior a 15 mm pero inferior o igual a 52 mm, sea por lo menos el doble de la mayor dimensión interior (hueco). Las barras huecas de hierro o acero que no respondan a esta definición se clasifican en la partida 73.04.

2. Los metales férreos chapados con metal férreo de calidad diferente siguen el régimen del metal férreo que predomine en peso.
3. Los productos de hierro o acero obtenidos por electrólisis, por colada a presión o por sinterizado, se clasifican según su forma, composición y aspecto, en las partidas correspondientes a los productos análogos laminados en caliente.

Notas de subpartida.
1. En este Capítulo, se entiende por:
   a) **Fundición en bruto aleada**
   la fundición en bruto que contenga uno o varios de los elementos siguientes en las proporciones en peso que se indican:
   - superior al 0.2% de cromo
   - superior al 0.3% de cobre
   - superior al 0.3% de níquel
   - superior al 0.1% de cualquiera de los elementos siguientes: aluminio, molibdeno, titanio, volframio (tungsteno), vanadio.

   b) **Acero sin alear de fácil mecanización**
   el acero sin alear que contenga uno o varios de los elementos siguientes en las proporciones en peso que se indican:
   - superior o igual al 0.08% de azufre
   - superior o igual al 0.1% de plomo
   - superior al 0.05% de selenio
   - superior al 0.01% de telurio
   - superior al 0.05% de bismuto.

   c) **Acero al silicio llamado "magnético" (acero magnético al silicio)**
   el acero con un contenido de silicio superior o igual al 0.6% pero inferior o igual al 6%, en peso, y un contenido de carbono inferior o igual al 0.08% en peso, aunque contenga aluminio en proporción inferior o igual al 1% en peso, pero sin otro elemento cuya proporción le confiera el carácter de otro acero aleado.

   d) **Acero rápido**

el acero aleado que contenga, incluso con otros elementos, por lo menos dos de los tres elementos siguientes: molibdeno, volframio (tungsteno) y vanadio, con un contenido total superior o igual al 7% en peso para estos elementos considerados en conjunto, y un contenido de carbono superior o igual al 0.6% y de cromo del 3% al 6%, en peso.

e) **Acero silicomanganeso**
el acero aleado que contenga en peso una proporción:
- inferior o igual al 0.7% de carbono,
- superior o igual al 0.5% pero inferior o igual al 1.9%, de manganeso, y
- superior o igual al 0.6% pero inferior o igual al 2.3%, de silicio, sin otro elemento cuya proporción le confiera el carácter de otro acero aleado.

2. La clasificación de las ferroaleaciones en las subpartidas de la partida 72.02 se regirá por la regla siguiente:
Una ferroaleación se considerará binaria y se clasifica en la subpartida apropiada (si existe), cuando solo uno de los elementos de la aleación tenga un contenido superior al porcentaje mínimo estipulado en la Nota 1 c) del Capítulo. Por analogía, se considerará ternaria o cuaternaria, respectivamente, cuando dos o tres de los elementos de la aleación tengan contenidos superiores a los porcentajes mínimos indicados en dicha Nota.
Para la aplicación de esta regla, los elementos no citados específicamente en la Nota 1 c) del Capítulo y comprendidos en la expresión *los demás elementos* deberán, sin embargo, exceder cada uno del 10% en peso.

Notas Nacionales:
1. Para efectos de este Capítulo, se considera como acero grado herramienta el acero aleado que contiene alguna combinación conforme a lo siguiente:
    a) Un contenido superior al 1.2% de carbono y un contenido superior al 10.5% de cromo; o
    b) Un contenido superior o igual al 0.3% de carbono y un contenido superior o igual al 10.5% de cromo; o
    c) Un contenido superior o igual al 0.85% de carbono y un contenido superior o igual al 1% pero inferior o igual al 1.8% de manganeso; o
    d) Un contenido superior o igual al 0.9% pero inferior o igual al 1.2% de cromo y un contenido superior o igual al 0.9% pero inferior o igual al 1.4% de molibdeno; o
    e) Un contenido superior o igual al 0.5% de carbono y un contenido superior o igual a 3.5% de molibdeno; o
    f) Un contenido superior o igual a 0.5% de carbono y un contenido superior o igual a 5.5% de volframio (tungsteno).

Anotaciones de los Números de Identificación Comercial:
1. Se entenderá por:
    - "Acero de alta resistencia" aquel cuyo límite de resistencia a la deformación sea igual o superior a 355 MPa. Entre ellos se encuentran, por ejemplo: Acero Estructural o Structural Steel (SS), Hot Stamped (HSS), High Strenght Low Alloy Steel (HSLAS), Bake Hardening (BH), Dual Phase (DP), TRIP, entre otros.
    - "De la serie 200" a la aleación austenítica dentro los aceros inoxidables, conforme al sistema del American Iron and Steel Institute (AISI), cuya integración química contenga cromo, manganeso, nitrógeno y bajo contenido de níquel.
    - "De la serie 300" a la aleación austenítica dentro los aceros inoxidables, conforme al sistema del AISI, cuya integración química contenga un alto contenido de cromo y níquel.
    - "De la serie 400" a las aleaciones ferríticas y martensíticas dentro los aceros inoxidables, conforme al sistema del AISI, cuya integración química contenga un alto contenido de cromo, así como carbono, manganeso y bajo o nulo contenido de níquel."

CÓDIGO		DESCRIPCIÓN	UNIDAD	ARANCEL	
				IMP	EXP
		SUBCAPÍTULO I **PRODUCTOS BÁSICOS; GRANALLAS Y POLVO**			
72.01		**Fundición en bruto y fundición especular, en lingotes, bloques o demás formas primarias.**			
7201.10	-	**Fundición en bruto sin alear con un contenido de fósforo inferior o igual al 0.5% en peso.**			
7201.10.01	00	Fundición en bruto sin alear con un contenido de fósforo inferior o igual al 0.5% en peso.	Kg	Ex.	Ex.
7201.20	-	**Fundición en bruto sin alear con un contenido de fósforo superior al 0.5% en peso.**			
7201.20.01	00	Fundición en bruto sin alear con un contenido de fósforo superior al 0.5% en peso.	Kg	Ex.	Ex.
7201.50	-	**Fundición en bruto aleada; fundición especular.**			
7201.50.02	00	Fundición en bruto aleada; fundición especular.	Kg	Ex.	Ex.
72.02		**Ferroaleaciones.**			
	-	**Ferromanganeso:**			
7202.11	- -	**Con un contenido de carbono superior al 2% en peso.**			
7202.11.01	00	Con un contenido de carbono superior al 2% en peso.	Kg	35	Ex.
7202.19	- -	**Los demás.**			
7202.19.99		Los demás.	Kg	35	Ex.
	01	Con un contenido inferior o igual al 1% de carbono.			
	99	Los demás.			
	-	**Ferrosilicio:**			
7202.21	- -	**Con un contenido de silicio superior al 55% en peso.**			
7202.21.02	00	Con un contenido de silicio superior al 55% en peso.	Kg	Ex.	Ex.
7202.29	- -	**Los demás.**			
7202.29.99	00	Los demás.	Kg	Ex.	Ex.
7202.30	-	**Ferro-sílico-manganeso.**			
7202.30.01	00	Ferro-sílico-manganeso.	Kg	35	Ex.
	-	**Ferrocromo:**			
7202.41	- -	**Con un contenido de carbono superior al 4% en peso.**			
7202.41.01	00	Con un contenido de carbono superior al 4% en peso.	Kg	Ex.	Ex.
7202.49	- -	**Los demás.**			
7202.49.99	00	Los demás.	Kg	Ex.	Ex.
7202.50	-	**Ferro-sílico-cromo.**			

7202.50.01	00	Ferro-sílico-cromo.	Kg	Ex.	Ex.
7202.60	-	**Ferroníquel.**			
7202.60.01	00	Ferroníquel.	Kg	Ex.	Ex.
7202.70	-	**Ferromolibdeno.**			
7202.70.01	00	Ferromolibdeno.	Kg	Ex.	Ex.
7202.80	-	**Ferrovolframio y ferro-sílico-volframio.**			
7202.80.01	00	Ferrovolframio y ferro-sílico-volframio.	Kg	Ex.	Ex.
	-	**Las demás:**			
7202.91	- -	**Ferrotitanio y ferro-sílico-titanio.**			
7202.91.04		Ferrotitanio y ferro-sílico-titanio.	Kg	Ex.	Ex.
	01	Ferrotitanio, encapsulado.			
	02	Ferro-sílico-titanio.			
	03	Ferrotitanio, excepto lo comprendido en el número de identificación comercial 7202.91.04.01.			
7202.92	- -	**Ferrovanadio.**			
7202.92.02	00	Ferrovanadio.	Kg	Ex.	Ex.
7202.93	- -	**Ferroniobio.**			
7202.93.01	00	Ferroniobio.	Kg	Ex.	Ex.
7202.99	- -	**Las demás.**			
7202.99.99		Las demás.	Kg	Ex.	Ex.
	01	Ferrocalcio-silicio, excepto lo comprendido en el número de identificación comercial 7202.99.99.02.			
	02	Ferrocalcio, ferrocalcio-aluminio o ferrocalcio-silicio, encapsulados.			
	03	Ferrofósforo; ferroboro.			
	99	Las demás.			
72.03		**Productos férreos obtenidos por reducción directa de minerales de hierro y demás productos férreos esponjosos, en trozos, "pellets" o formas similares; hierro con una pureza superior o igual al 99.94% en peso, en trozos, "pellets" o formas similares.**			
7203.10	-	**Productos férreos obtenidos por reducción directa de minerales de hierro.**			
7203.10.01	00	Productos férreos obtenidos por reducción directa de minerales de hierro.	Kg	Ex.	Ex.
7203.90	-	**Los demás.**			
7203.90.99	00	Los demás.	Kg	Ex.	Ex.
72.04		**Desperdicios y desechos (chatarra), de fundición, hierro o acero; lingotes de chatarra de hierro o acero.**			
7204.10	-	**Desperdicios y desechos, de fundición.**			
7204.10.01	00	Desperdicios y desechos, de fundición.	Kg	Ex.	Ex.
	-	**Desperdicios y desechos, de aceros aleados:**			
7204.21	- -	**De acero inoxidable.**			
7204.21.01	00	De acero inoxidable.	Kg	Ex.	Ex.
7204.29	- -	**Los demás.**			
7204.29.99	00	Los demás.	Kg	Ex.	Ex.
7204.30	-	**Desperdicios y desechos, de hierro o acero estañados.**			
7204.30.01	00	Desperdicios y desechos, de hierro o acero estañados.	Kg	Ex.	Ex.
	-	**Los demás desperdicios y desechos:**			
7204.41	- -	**Torneaduras, virutas, esquirlas, limaduras (de amolado, aserrado, limado) y recortes de estampado o de corte, incluso en paquetes.**			
7204.41.01	00	Torneaduras, virutas, esquirlas, limaduras (de amolado, aserrado, limado) y recortes de estampado o de corte, incluso en paquetes.	Kg	Ex.	Ex.
7204.49	- -	**Los demás.**			
7204.49.99	00	Los demás.	Kg	Ex.	Ex.
7204.50	-	**Lingotes de chatarra.**			
7204.50.01	00	Lingotes de chatarra.	Kg	Ex.	Ex.
72.05		**Granallas y polvo, de fundición en bruto, de fundición especular, de hierro o acero.**			
7205.10	-	**Granallas.**			
7205.10.01	00	Granallas.	Kg	Ex.	Ex.
	-	**Polvo:**			
7205.21	- -	**De aceros aleados.**			
7205.21.01	00	De aceros aleados.	Kg	Ex.	Ex.
7205.29	- -	**Los demás.**			
7205.29.99	00	Los demás.	Kg	Ex.	Ex.

SUBCAPÍTULO II
HIERRO Y ACERO SIN ALEAR

72.06		**Hierro y acero sin alear, en lingotes o demás formas primarias, excepto el hierro de la partida 72.03.**			
7206.10	-	**Lingotes.**			
7206.10.01	00	Lingotes.	Kg	Ex.	Ex.
7206.90	-	**Las demás.**			
7206.90.99	00	Las demás.	Kg	Ex.	Ex.
72.07		**Productos intermedios de hierro o acero sin alear.**			
	-	**Con un contenido de carbono inferior al 0.25% en peso:**			
7207.11	- -	**De sección transversal cuadrada o rectangular, cuya anchura sea inferior al doble del espesor.**			
7207.11.01	00	De sección transversal cuadrada o rectangular, cuya anchura sea inferior al doble del espesor.	Kg	Ex.	Ex.
7207.12	- -	**Los demás, de sección transversal rectangular.**			
7207.12.91		Los demás, de sección transversal rectangular.	Kg	Ex.	Ex.

	01	Con espesor inferior o igual a 185 mm.			
	99	Los demás.			
7207.19	- -	**Los demás.**			
7207.19.99	00	Los demás.	Kg	Ex.	Ex.
7207.20	-	**Con un contenido de carbono superior o igual al 0.25% en peso.**			
7207.20.02		Con un contenido de carbono superior o igual al 0.25% en peso.	Kg	Ex.	Ex.
	01	Con espesor inferior o igual a 185 mm, y anchura igual o superior al doble del espesor.			
	99	Los demás.			
72.08		**Productos laminados planos de hierro o acero sin alear, de anchura superior o igual a 600 mm, laminados en caliente, sin chapar ni revestir.**			
7208.10	-	**Enrollados, simplemente laminados en caliente, con motivos en relieve.**			
7208.10.03		Enrollados, simplemente laminados en caliente, con motivos en relieve.	Kg	25	Ex.
	01	De espesor superior a 10 mm.			
	02	De espesor superior a 4.75 mm pero inferior o igual a 10 mm.			
	03	De espesor inferior a 4.75 mm, sin decapar.			
	99	Los demás.			
	-	Los demás, enrollados, simplemente laminados en caliente, decapados:			
7208.25	- -	**De espesor superior o igual a 4.75 mm.**			
7208.25.02		De espesor superior o igual a 4.75 mm.	Kg	25	Ex.
	01	De espesor superior a 10 mm.			
	99	Los demás.			
7208.26	- -	**De espesor superior o igual a 3 mm pero inferior a 4.75 mm.**			
7208.26.01		De espesor superior o igual a 3 mm pero inferior a 4.75 mm.	Kg	25	Ex.
	01	De acero de alta resistencia.			
	99	Los demás.			
7208.27	- -	**De espesor inferior a 3 mm.**			
7208.27.01		De espesor inferior a 3 mm.	Kg	25	Ex.
	01	De acero de alta resistencia.			
	99	Los demás.			
	-	Los demás, enrollados, simplemente laminados en caliente:			
7208.36	- -	**De espesor superior a 10 mm.**			
7208.36.01		De espesor superior a 10 mm.	Kg	25	Ex.
	01	De acero de alta resistencia.			
	02	Acero para la fabricación de tubos de los tipos utilizados en oleoductos o gasoductos.			
	99	Los demás.			
7208.37	- -	**De espesor superior o igual a 4.75 mm pero inferior o igual a 10 mm.**			
7208.37.01		De espesor superior o igual a 4.75 mm pero inferior o igual a 10 mm.	Kg	25	Ex.
	01	De acero de alta resistencia.			
	02	Acero para la fabricación de tubos de los tipos utilizados en oleoductos o gasoductos.			
	99	Los demás.			
7208.38	- -	**De espesor superior o igual a 3 mm pero inferior a 4.75 mm.**			
7208.38.01		De espesor superior o igual a 3 mm pero inferior a 4.75 mm.	Kg	25	Ex.
	01	De acero de alta resistencia.			
	99	Los demás.			
7208.39	- -	**De espesor inferior a 3 mm.**			
7208.39.01		De espesor inferior a 3 mm.	Kg	25	Ex.
	01	De acero de alta resistencia.			
	99	Los demás.			
7208.40	-	**Sin enrollar, simplemente laminados en caliente, con motivos en relieve.**			
7208.40.02		Sin enrollar, simplemente laminados en caliente, con motivos en relieve.	Kg	25	Ex.
	01	De espesor superior a 4.75 mm.			
	99	Los demás.			
	-	Los demás, sin enrollar, simplemente laminados en caliente:			
7208.51	- -	**De espesor superior a 10 mm.**			
7208.51.04		De espesor superior a 10 mm.	Kg	25	Ex.
	01	De espesor superior a 10 mm, excepto lo comprendido en los números de identificación comercial 7208.51.04.02 y 7208.51.04.03.			
	02	Placas de acero de espesor superior a 10 mm, grados SHT-80, SHT-110, AR-400, SMM-400 o A-516.			
	03	Placas de acero de espesor superior a 70 mm, grado A-36.			
	04	Normalizado, excepto lo comprendido en el número de identificación comercial 7208.51.04.02.			
	05	Acero para la fabricación de tubos de los tipos utilizados en oleoductos o gasoductos.			
7208.52	- -	**De espesor superior o igual a 4.75 mm pero inferior o igual a 10 mm.**			
7208.52.01	00	De espesor superior o igual a 4.75 mm pero inferior o igual a 10 mm.	Kg	25	Ex.
7208.53	- -	**De espesor superior o igual a 3 mm pero inferior a 4.75 mm.**			
7208.53.01	00	De espesor superior o igual a 3 mm pero inferior a 4.75 mm.	Kg	25	Ex.
7208.54	- -	**De espesor inferior a 3 mm.**			
7208.54.01	00	De espesor inferior a 3 mm.	Kg	25	Ex.
7208.90	-	**Los demás.**			
7208.90.99	00	Los demás.	Kg	25	Ex.
72.09		**Productos laminados planos de hierro o acero sin alear, de anchura superior o igual a 600 mm, laminados en frío, sin chapar ni revestir.**			
	-	Enrollados, simplemente laminados en frío:			
7209.15	- -	**De espesor superior o igual a 3 mm.**			
7209.15.04		De espesor superior o igual a 3 mm.	Kg	25	Ex.

	01		Con un contenido de carbono superior a 0.4 % en peso.			
	02		Aceros cuyo límite de resistencia a la deformación sea igual o superior a 355 MPa.			
	03		Aceros para porcelanizar en partes expuestas.			
	99		Los demás.			
7209.16	- -		**De espesor superior a 1 mm pero inferior a 3 mm.**			
7209.16.01			De espesor superior a 1 mm pero inferior a 3 mm.	Kg	25	Ex.
	01		De acero de alta resistencia.			
	99		Los demás.			
7209.17	- -		**De espesor superior o igual a 0.5 mm pero inferior o igual a 1 mm.**			
7209.17.01			De espesor superior o igual a 0.5 mm pero inferior o igual a 1 mm.	Kg	25	Ex.
	01		De acero de alta resistencia.			
	99		Los demás.			
7209.18	- -		**De espesor inferior a 0.5 mm.**			
7209.18.01			De espesor inferior a 0.5 mm.	Kg	25	Ex.
	01		Con un espesor inferior a 0.361 mm (placa negra).			
	99		Los demás.			
		-	**Sin enrollar, simplemente laminados en frío:**			
7209.25	- -		**De espesor superior o igual a 3 mm.**			
7209.25.01	00		De espesor superior o igual a 3 mm.	Kg	25	Ex.
7209.26	- -		**De espesor superior a 1 mm pero inferior a 3 mm.**			
7209.26.01	00		De espesor superior a 1 mm pero inferior a 3 mm.	Kg	25	Ex.
7209.27	- -		**De espesor superior o igual a 0.5 mm pero inferior o igual a 1 mm.**			
7209.27.01	00		De espesor superior o igual a 0.5 mm pero inferior o igual a 1 mm.	Kg	25	Ex.
7209.28	- -		**De espesor inferior a 0.5 mm.**			
7209.28.01	00		De espesor inferior a 0.5 mm.	Kg	25	Ex.
7209.90		-	**Los demás.**			
7209.90.99	00		Los demás.	Kg	25	Ex.
72.10			**Productos laminados planos de hierro o acero sin alear, de anchura superior o igual a 600 mm, chapados o revestidos.**			
		-	**Estañados:**			
7210.11	- -		**De espesor superior o igual a 0.5 mm.**			
7210.11.01	00		De espesor superior o igual a 0.5 mm.	Kg	Ex.	Ex.
7210.12	- -		**De espesor inferior a 0.5 mm.**			
7210.12.04			De espesor inferior a 0.5 mm.	Kg	Ex.	Ex.
	01		Con espesor igual o superior a 0.20 mm, cuyos primeros dos dígitos de código de temple sean "T2", "T3", "T4" y "T5", conforme a la norma internacional ASTM A623 para producto simple reducido, o su equivalente en otras normas, excepto lo comprendido en el número de identificación comercial 7210.12.04.03.			
	02		Cuyos primeros dos dígitos del código de la designación de características mecánicas sean "DR", conforme a la norma internacional ASTM A623 para producto doble reducido, o su equivalente en otras normas.			
	03		Láminas estañadas, con un espesor igual o superior a 0.20 mm, cuyos primeros dos dígitos de código de temple sean "T2", "T3", "T4" y "T5", reconocibles como diseñadas exclusivamente para la fabricación de tapas y fondos para pilas secas.			
	99		Los demás.			
7210.20		-	**Emplomados, incluidos los revestidos con una aleación de plomo y estaño.**			
7210.20.01	00		Emplomados, incluidos los revestidos con una aleación de plomo y estaño.	Kg	Ex.	Ex.
7210.30		-	**Cincados electrolíticamente.**			
7210.30.02			Cincados electrolíticamente.	Kg	25	Ex.
	01		Láminas cincadas por las dos caras.			
	99		Los demás.			
		-	**Cincados de otro modo:**			
7210.41	- -		**Ondulados.**			
7210.41.01	00		Láminas cincadas por las dos caras.	Kg	25	Ex.
7210.41.99	00		Los demás.	Kg	25	Ex.
7210.49	- -		**Los demás.**			
7210.49.99			Los demás.	Kg	25	Ex.
	01		De espesor inferior a 3 mm, cuyo límite de resistencia a la deformación sea igual o superior a 275 MPa.			
	02		De acero de alta resistencia.			
	99		Los demás.			
7210.50		-	**Revestidos de óxidos de cromo o de cromo y óxidos de cromo.**			
7210.50.03			Revestidos de óxidos de cromo o de cromo y óxidos de cromo.	Kg	Ex.	Ex.
	01		Con espesor igual o superior a 0.20 mm, cuyos primeros dos dígitos de código de temple sean "T2", "T3", "T4" y "T5", conforme a la norma internacional ASTM A623 para producto simple reducido, o su equivalente en otras normas.			
	02		Cuyos primeros dos dígitos del código de la designación de características mecánicas sean "DR", conforme a la norma internacional ASTM A623 para producto doble reducido, o su equivalente en otras normas.			
	99		Los demás.			
		-	**Revestidos de aluminio:**			
7210.61	- -		**Revestidos de aleaciones de aluminio y cinc.**			
7210.61.01	00		Revestidos de aleaciones de aluminio y cinc.	Kg	35	Ex.
7210.69		- -	**Los demás.**			

7210.69.99		Los demás.	Kg	Ex.	Ex.
	01	Revestidas con aluminio sin alear, conocidas como "aluminizadas".			
	99	Los demás.			
7210.70	-	**Pintados, barnizados o revestidos de plástico.**			
7210.70.02		Pintados, barnizados o revestidos de plástico.	Kg	25	Ex.
	01	Láminas pintadas, cincadas por inmersión.			
	02	Sin revestimiento metálico o plaqueado.			
	03	Cincados electrolíticamente.			
	91	Los demás cincados por inmersión.			
	99	Los demás.			
7210.90	-	**Los demás.**			
7210.90.99		Los demás.	Kg	25	Ex.
	01	Plaqueadas con acero inoxidable.			
	91	Los demás plaqueados.			
	99	Los demás.			
72.11		**Productos laminados planos de hierro o acero sin alear, de anchura inferior a 600 mm, sin chapar ni revestir.**			
	-	**Simplemente laminados en caliente:**			
7211.13	- -	**Laminados en las cuatro caras o en acanaladuras cerradas, de anchura superior a 150 mm y espesor superior o igual a 4 mm, sin enrollar y sin motivos en relieve.**			
7211.13.01	00	Laminados en las cuatro caras o en acanaladuras cerradas, de anchura superior a 150 mm y espesor superior o igual a 4 mm, sin enrollar y sin motivos en relieve.	Kg	25	Ex.
7211.14	- -	**Los demás, de espesor superior o igual a 4.75 mm.**			
7211.14.91		Los demás, de espesor superior o igual a 4.75 mm.	Kg	25	Ex.
	01	Flejes, excepto enrollados.			
	02	Laminados en caliente ("chapas"), de espesor superior o igual a 4.75 mm pero inferior a 12 mm, excepto enrollados.			
	03	Enrollados.			
	99	Los demás.			
7211.19	- -	**Los demás.**			
7211.19.99		Los demás.	Kg	25	Ex.
	01	Flejes con espesor inferior a 4.75 mm.			
	02	Laminadas en caliente ("chapas"), con espesor superior o igual a 1.9 mm, pero inferior a 4.75 mm.			
	03	Desbastes en rollo para chapas ("Coils").			
	04	Chapas laminadas en caliente, de anchura superior a 500 mm. pero inferior a 600 mm. y espesor igual o superior a 1.9 mm pero inferior a 4.75 mm.			
	99	Los demás.			
	-	**Simplemente laminados en frío:**			
7211.23	- -	**Con un contenido de carbono inferior al 0.25% en peso.**			
7211.23.03		Con un contenido de carbono inferior al 0.25% en peso.	Kg	25	Ex.
	01	Flejes de espesor igual o superior a 0.05 mm.			
	02	Chapas laminadas en frío, con un espesor superior a 0.46 mm sin exceder de 3.4 mm.			
	99	Los demás.			
7211.29	- -	**Los demás.**			
7211.29.99		Los demás.	Kg	25	Ex.
	01	Flejes de espesor igual o superior a 0.05 mm con un contenido de carbono inferior a 0.6%.			
	02	Flejes con un contenido de carbono igual o superior a 0.6%.			
	03	Chapas laminadas en frío, con un espesor superior a 0.46 mm sin exceder de 3.4 mm.			
	99	Los demás.			
7211.90	-	**Los demás.**			
7211.90.99	00	Los demás.	Kg	25	Ex.
72.12		**Productos laminados planos de hierro o acero sin alear, de anchura inferior a 600 mm, chapados o revestidos.**			
7212.10	-	**Estañados.**			
7212.10.03		Estañados.	Kg	Ex.	Ex.
	01	Flejes estañados.			
	02	Chapas o láminas estañadas (hojalata).			
	99	Los demás.			
7212.20	-	**Cincados electrolíticamente.**			
7212.20.03		Cincados electrolíticamente.	Kg	25	Ex.
	01	Flejes.			
	02	Cincadas por las dos caras, de ancho superior a 500 mm.			
	99	Los demás.			
7212.30	-	**Cincados de otro modo.**			
7212.30.03		Cincados de otro modo.	Kg	25	Ex.
	01	Flejes.			
	02	Cincados por las dos caras, de ancho superior a 500 mm.			
	99	Los demás.			
7212.40	-	**Pintados, barnizados o revestidos de plástico.**			
7212.40.04		Pintados, barnizados o revestidos de plástico.	Kg	25	Ex.
	01	Chapas recubiertas con barniz de siliconas.			
	02	De espesor total igual o superior a 0.075 mm sin exceder de 0.55 mm con recubrimiento plástico por una o ambas caras.			
	03	Cincados por las dos caras, de ancho superior a 500 mm.			

	99	Los demás.			
7212.50		**- Revestidos de otro modo.**			
7212.50.01	00	Revestidos de otro modo.	Kg	25	Ex.
7212.60		**- Chapados.**			
7212.60.04		Chapados.	Kg	Ex.	Ex.
	01	Chapas cromadas sin trabajar.			
	02	Flejes cobrizados electrolíticamente, por ambos lados y pulidos con una proporción de cobre que no exceda de 5%, con ancho inferior o igual a 100 mm y un espesor que no exceda de 0.6 mm.			
	03	Chapas plaqueadas con acero inoxidable.			
	99	Los demás.			
72.13		**Alambrón de hierro o acero sin alear.**			
7213.10		**- Con muescas, cordones, surcos o relieves, producidos en el laminado.**			
7213.10.01	00	Con muescas, cordones, surcos o relieves, producidos en el laminado.	Kg	35	Ex.
7213.20		**- Los demás, de acero de fácil mecanización.**			
7213.20.91	00	Los demás, de acero de fácil mecanización.	Kg	25	Ex.
		- Los demás:			
7213.91		**-- De sección circular con diámetro inferior a 14 mm.**			
7213.91.03		De sección circular con diámetro inferior a 14 mm.	Kg	50	Ex.
	01	Con un contenido de carbono inferior a 0.4% en peso.			
	02	Con un contenido de carbono igual o superior a 0.4% en peso.			
7213.99		**-- Los demás.**			
7213.99.99		Los demás.	Kg	50	Ex.
	01	Alambrón de acero con un contenido máximo de carbono de 0.13%, 0.1% máximo de silicio, y un contenido mínimo de aluminio de 0.02%, en peso, excepto lo comprendido en el número de identificación comercial 7213.99.99.02.			
	02	De sección transversal circular, con un diámetro igual o superior a 19 mm.			
	99	Los demás.			
72.14		**Barras de hierro o acero sin alear, simplemente forjadas, laminadas o extrudidas, en caliente, así como las sometidas a torsión después del laminado.**			
7214.10		**- Forjadas.**			
7214.10.01	00	Forjadas.	Kg	Ex.	Ex.
7214.20		**- Con muescas, cordones, surcos o relieves, producidos en el laminado o sometidas a torsión después del laminado.**			
7214.20.01	00	Varillas corrugadas o barras para armadura, para cemento u hormigón.	Kg	35	Ex.
7214.20.99	00	Los demás.	Kg	35	Ex.
7214.30		**- Las demás, de acero de fácil mecanización.**			
7214.30.91	00	Las demás, de acero de fácil mecanización.	Kg	25	Ex.
		- Las demás:			
7214.91		**-- De sección transversal rectangular.**			
7214.91.03		De sección transversal rectangular.	Kg	25	Ex.
-	01	Con un contenido de carbono inferior a 0.25% en peso, de sección transversal inferior o igual a 80 mm.			
	02	Con un contenido de carbono superior o igual a 0.25% pero inferior a 0.6% en peso.			
-	91	Los demás con un contenido de carbono inferior a 0.25% en peso.			
	99	Los demás.			
7214.99		**-- Las demás.**			
7214.99.99		Las demás.	Kg	25	Ex.
	01	Barras de sección redonda, con un contenido de carbono inferior a 0.25% en peso.			
	02	Barras de sección cuadrada, con un contenido de carbono inferior a 0.25% en peso.			
	03	Barras de sección redonda, con un contenido de carbono superior o igual a 0.25% pero inferior a 0.6% en peso.			
	04	Barras de sección redonda, con un contenido de carbono superior a 0.6% en peso.			
	91	Los demás con un contenido de carbono inferior a 0.25% en peso.			
	92	Los demás con un contenido de carbono superior o igual a 0.25% pero inferior a 0.6% en peso.			
	99	Los demás.			
72.15		**Las demás barras de hierro o acero sin alear.**			
7215.10		**- De acero de fácil mecanización, simplemente obtenidas o acabadas en frío.**			
7215.10.01	00	De acero de fácil mecanización, simplemente obtenidas o acabadas en frío.	Kg	25	Ex.
7215.50		**- Las demás, simplemente obtenidas o acabadas en frío.**			
7215.50.91		Las demás, simplemente obtenidas o acabadas en frío.	Kg	25	Ex.
	01	Macizas, revestidas de aluminio o de cobre.			
	99	Las demás.			
7215.90		**- Las demás.**			
7215.90.99		Las demás.	Kg	25	Ex.
	01	Laminados en caliente, plaqueados o revestidos con metal.			
	99	Las demás.			
72.16		**Perfiles de hierro o acero sin alear.**			
7216.10		**- Perfiles en U, en I o en H, simplemente laminados o extrudidos en caliente, de altura inferior a 80 mm.**			
7216.10.01		Perfiles en U, en I o en H, simplemente laminados o extrudidos en caliente, de altura inferior a 80 mm.	Kg	25	Ex.
	01	Perfiles en U.			
	99	Los demás.			

			-	Perfiles en L o en T, simplemente laminados o extrudidos en caliente, de altura inferior a 80 mm:			
7216.21			- -	Perfiles en L.			
7216.21.01				Perfiles en L.	Kg	25	Ex.
	01			De altura inferior o igual a 50 mm.			
	99			Los demás.			
7216.22			- -	Perfiles en T.			
7216.22.01	00			Perfiles en T.	Kg	35	Ex.
			-	Perfiles en U, en I o en H, simplemente laminados o extrudidos en caliente, de altura superior o igual a 80 mm:			
7216.31			- -	Perfiles en U.			
7216.31.03				Perfiles en U.	Kg	25	Ex.
	01			Cuyo espesor no exceda de 23 cm, excepto lo comprendido en el número de identificación comercial 7216.31.03.02.			
	02			Cuyo espesor sea igual o superior a 13 cm, sin exceder de 20 cm.			
	99			Los demás.			
7216.32			- -	Perfiles en I.			
7216.32.04	00			Cuyo patín (ancho de las secciones paralelas) sea superior a 270 mm y su peso sea superior a 190 kg por metro lineal.	Kg	Ex.	Ex.
7216.32.99				Los demás.	Kg	25	Ex.
	01			Cuyo espesor no exceda de 23 cm, excepto lo comprendido en el número de identificación comercial 7216.32.99.02.			
	02			Cuyo espesor sea igual o superior a 13 cm, sin exceder de 20 cm.			
	99			Los demás.			
7216.33			- -	Perfiles en H.			
7216.33.01				Perfiles en H, excepto lo comprendido en la fracción arancelaria 7216.33.02.	Kg	25	Ex.
	01			Cuyo peralte (altura) sea menor o igual a 254 mm.			
	02			Cuyo peralte (altura) sea superior a 254 mm, pero inferior o igual a 457 mm.			
	03			Cuyo peralte (altura) sea superior a 457 mm, pero inferior o igual a 609 mm.			
	04			Cuyo peralte (altura) sea superior a 609 mm pero inferior o igual a 914 mm.			
	99			Los demás.			
7216.33.02				Cuyo patín (ancho de las secciones paralelas) sea superior a 300 mm.	Kg	Ex.	Ex.
	01			Cuyo peralte (altura) sea menor o igual a 254 mm.			
	02			Cuyo peralte (altura) sea superior a 254 mm, pero inferior o igual a 457 mm.			
	03			Cuyo peralte (altura) sea superior a 457 mm, pero inferior o igual a 609 mm.			
	04			Cuyo peralte (altura) sea superior a 609 mm pero inferior o igual a 914 mm.			
	99			Los demás.			
7216.40			-	Perfiles en L o en T, simplemente laminados o extrudidos en caliente, de altura superior o igual a 80 mm.			
7216.40.01				Perfiles en L o en T, simplemente laminados o extrudidos en caliente, de altura superior o igual a 80 mm.	Kg	25	Ex.
	01			Perfiles en L, de peralte (altura) inferior a 152 mm.			
	02			Perfiles en L, de peralte (altura) superior o igual 152 mm, pero inferior a 203 mm.			
	91			Los demás perfiles en L.			
	99			Los demás.			
7216.50			-	Los demás perfiles, simplemente laminados o extrudidos en caliente.			
7216.50.01	00			Perfiles en forma de Z, cuyo espesor no exceda de 23 cm.	Kg	Ex.	Ex.
7216.50.99	00			Los demás.	Kg	25	Ex.
			-	Perfiles simplemente obtenidos o acabados en frío:			
7216.61			- -	Obtenidos a partir de productos laminados planos.			
7216.61.01	00			Perfiles en forma de H, I, L, T, U y Z, cuyo espesor no exceda a 23 cm, excepto lo comprendido en la fracción arancelaria 7216.61.02.	Kg	25	Ex.
7216.61.02	00			En forma de U e I, cuyo espesor sea superior o igual a 13 cm, sin exceder de 20 cm.	Kg	35	Ex.
7216.61.99	00			Los demás.	Kg	35	Ex.
7216.69			- -	Los demás.			
7216.69.99				Los demás.	Kg	35	Ex.
	01			Perfiles en forma de H, I, L, T, U y Z, cuyo espesor no exceda a 23 cm, excepto lo comprendido en el número de identificación comercial 7216.69.99.02.			
	02			En forma de U e I, cuyo espesor sea igual o superior a 13 cm, sin exceder de 20 cm.			
	99			Los demás.			
			-	Los demás:			
7216.91			- -	Obtenidos o acabados en frío, a partir de productos laminados planos.			
7216.91.01	00			Obtenidos o acabados en frío, a partir de productos laminados planos.	Kg	25	Ex.
7216.99			- -	Los demás.			
7216.99.99	00			Los demás.	Kg	25	Ex.
72.17				**Alambre de hierro o acero sin alear.**			
7217.10			-	Sin revestir, incluso pulido.			
7217.10.02				Sin revestir, incluso pulido.	Kg	35	Ex.
	01			Trefilado en frío, con la mayor sección transversal igual o superior a 7 mm, pero inferior o igual a 28 mm, con un contenido de carbono inferior a 0.6% en peso.			
	02			Conocidos como alambres de presfuerzo, pretensado, postensado o grafilados, excepto los de los números de identificación comercial 7217.10.02.03, 7217.10.02.04, 7217.10.02.05 y 7217.10.02.06.			
	03			Con un contenido de carbono inferior a 0.25% en su peso, de diámetro mayor o igual a 3.5 mm.			

	04	Con un contenido de carbono superior o igual a 0.25% pero inferior a 0.6% en su peso, de diámetro inferior a 1.25 mm.			
	05	Con un contenido de carbono superior o igual a 0.25% pero inferior a 0.6% en su peso, de diámetro mayor o igual a 2.1 mm pero inferior 3.5 mm.			
	06	Con un contenido de carbono superior a 0.6% en su peso, de diámetro mayor o igual a 3.5 mm.			
	91	Los demás con un contenido de carbono inferior a 0.25%.			
	92	Los demás con un contenido de carbono superior o igual a 0.25% pero inferior a 0.6% en su peso.			
	93	Los demás con un contenido de carbono superior a 0.6% en su peso.			
7217.20	-	**Cincado.**			
7217.20.02		Cincado.	Kg	35	Ex.
	01	Laminados, unidos longitudinalmente entre sí, reconocibles como diseñados exclusivamente para la fabricación de grapas.			
	99	Los demás.			
7217.30	-	**Revestido de otro metal común.**			
7217.30.02		Revestido de otro metal común.	Kg	35	Ex.
	01	Con recubrimiento de cobre, con un contenido de carbono inferior a 0.6%.			
	99	Los demás.			
7217.90	-	**Los demás.**			
7217.90.99		Los demás.	Kg	35	Ex.
	01	Con recubrimiento de plástico.			
	99	Los demás.			
		SUBCAPÍTULO III			
		ACERO INOXIDABLE			
72.18		**Acero inoxidable en lingotes o demás formas primarias; productos intermedios de acero inoxidable.**			
7218.10	-	**Lingotes o demás formas primarias.**			
7218.10.01	00	Lingotes o demás formas primarias.	Kg	Ex.	Ex.
	-	**Los demás:**			
7218.91	- -	**De sección transversal rectangular.**			
7218.91.01	00	De sección transversal rectangular.	Kg	Ex.	Ex.
7218.99	- -	**Los demás.**			
7218.99.99	00	Los demás.	Kg	Ex.	Ex.
72.19		**Productos laminados planos de acero inoxidable, de anchura superior o igual a 600 mm.**			
	-	**Simplemente laminados en caliente, enrollados:**			
7219.11	- -	**De espesor superior a 10 mm.**			
7219.11.01	00	De espesor superior a 10 mm.	Kg	Ex.	Ex.
7219.12	- -	**De espesor superior o igual a 4.75 mm pero inferior o igual a 10 mm.**			
7219.12.02		De espesor superior o igual a 4.75 mm pero inferior o igual a 10 mm.	Kg	Ex.	Ex.
	01	De espesor igual o inferior a 6 mm, y ancho igual o superior a 710 mm, sin exceder de 1,350 mm.			
	99	Los demás.			
7219.13	- -	**De espesor superior o igual a 3 mm pero inferior a 4.75 mm.**			
7219.13.01		De espesor superior o igual a 3 mm pero inferior a 4.75 mm.	Kg	Ex.	Ex.
	01	De la serie 200.			
	02	De la serie 300.			
	03	De la serie 400.			
	99	Los demás.			
7219.14	- -	**De espesor inferior a 3 mm.**			
7219.14.01		De espesor inferior a 3 mm.	Kg	Ex.	Ex.
	01	De la serie 200.			
	02	De la serie 300.			
	03	De la serie 400.			
	99	Los demás.			
	-	**Simplemente laminados en caliente, sin enrollar:**			
7219.21	- -	**De espesor superior a 10 mm.**			
7219.21.01	00	De espesor superior a 10 mm.	Kg	Ex.	Ex.
7219.22	- -	**De espesor superior o igual a 4.75 mm pero inferior o igual a 10 mm.**			
7219.22.01		De espesor superior o igual a 4.75 mm pero inferior o igual a 10 mm.	Kg	Ex.	Ex.
	01	De la serie 200.			
	02	De la serie 300.			
	03	De la serie 400.			
	99	Los demás.			
7219.23	- -	**De espesor superior o igual a 3 mm pero inferior a 4.75 mm.**			
7219.23.01	00	De espesor superior o igual a 3 mm pero inferior a 4.75 mm.	Kg	Ex.	Ex.
7219.24	- -	**De espesor inferior a 3 mm.**			
7219.24.01	00	De espesor inferior a 3 mm.	Kg	Ex.	Ex.
	-	**Simplemente laminados en frío:**			
7219.31	- -	**De espesor superior o igual a 4.75 mm.**			
7219.31.01		De espesor superior o igual a 4.75 mm.	Kg	Ex.	Ex.
	01	Enrollados.			
	99	Los demás.			
7219.32	- -	**De espesor superior o igual a 3 mm pero inferior a 4.75 mm.**			
7219.32.02		De espesor superior o igual a 3 mm pero inferior a 4.75 mm.	Kg	25	Ex.
	02	De la serie 200, con espesor que no exceda de 4 mm.			

	03	De la serie 300, con espesor que no exceda de 4 mm.			
	04	De la serie 400, con espesor que no exceda de 4 mm.			
	91	Las demás de la serie 200.			
	92	Las demás de la serie 300.			
	93	Las demás de la serie 400.			
	99	Los demás.			
7219.33	--	**De espesor superior a 1 mm pero inferior a 3 mm.**			
7219.33.01		De espesor superior a 1 mm pero inferior a 3 mm.	Kg	25	Ex.
	01	De la serie 200.			
	02	De la serie 300.			
	03	De la serie 400.			
	99	Los demás.			
7219.34	--	**De espesor superior o igual a 0.5 mm pero inferior o igual a 1 mm.**			
7219.34.01		De espesor superior o igual a 0.5 mm pero inferior o igual a 1 mm.	Kg	25	Ex.
	01	De la serie 200.			
	02	De la serie 300.			
	03	De la serie 400.			
	99	Los demás.			
7219.35	--	**De espesor inferior a 0.5 mm.**			
7219.35.02		De espesor inferior a 0.5 mm.	Kg	25	Ex.
	01	De espesor igual o superior a 0.3 mm.			
	99	Los demás.			
7219.90	-	**Los demás.**			
7219.90.99	00	Los demás.	Kg	25	Ex.
72.20		**Productos laminados planos de acero inoxidable, de anchura inferior a 600 mm.**			
	-	Simplemente laminados en caliente:			
7220.11	--	**De espesor superior o igual a 4.75 mm.**			
7220.11.01	00	De espesor superior o igual a 4.75 mm.	Kg	Ex.	Ex.
7220.12	--	**De espesor inferior a 4.75 mm.**			
7220.12.01	00	De espesor inferior a 4.75 mm.	Kg	Ex.	Ex.
7220.20	-	**Simplemente laminados en frío.**			
7220.20.03		Simplemente laminados en frío.	Kg	20	Ex.
	01	Sin templar o pretemplado (DGN-410, DGN-420 y DGN-440) con espesor igual o superior a 0.3 mm, sin exceder de 6.0 mm, y con anchura máxima de 325 mm.			
	03	De la serie 200, con espesor igual o superior a 0.3 mm, sin exceder de 4.0 mm, excepto lo comprendido en el número de identificación comercial 7220.20.03.01.			
	04	De la serie 300, con espesor igual o superior a 0.3 mm, sin exceder de 4.0 mm, excepto lo comprendido en el número de identificación comercial 7220.20.03.01.			
	05	De la serie 400, con espesor igual o superior a 0.3 mm, sin exceder de 4.0 mm, excepto lo comprendido en el número de identificación comercial 7220.20.03.01.			
	99	Los demás.			
7220.90	-	**Los demás.**			
7220.90.99	00	Los demás.	Kg	Ex.	Ex.
72.21		**Alambrón de acero inoxidable.**			
7221.00	-	**Alambrón de acero inoxidable.**			
7221.00.01		Alambrón de acero inoxidable.	Kg	Ex.	Ex.
	01	De sección transversal circular, con un diámetro inferior a 19 mm.			
	99	Las demás.			
72.22		**Barras y perfiles, de acero inoxidable.**			
	-	Barras simplemente laminadas o extrudidas en caliente:			
7222.11	--	**De sección circular.**			
7222.11.02		De sección circular.	Kg	Ex.	Ex.
	01	De acero nitrogenado, laminadas en caliente, pelado o rectificado.			
	99	Las demás.			
7222.19	--	**Las demás.**			
7222.19.99	00	Las demás.	Kg	Ex.	Ex.
7222.20	-	**Barras simplemente obtenidas o acabadas en frío.**			
7222.20.01	00	Barras simplemente obtenidas o acabadas en frío.	Kg	Ex.	Ex.
7222.30	-	**Las demás barras.**			
7222.30.91		Las demás barras.	Kg	Ex.	Ex.
	01	Huecas, para perforación de minas.			
	99	Las demás.			
7222.40	-	**Perfiles.**			
7222.40.01		Perfiles.	Kg	Ex.	Ex.
	01	Laminados en caliente, sin perforar ni trabajar de otro modo, con un peralte (altura) máximo de 80 mm.			
	99	Los demás.			
72.23		**Alambre de acero inoxidable.**			
7223.00	-	**Alambre de acero inoxidable.**			
7223.00.02		Alambre de acero inoxidable.	Kg	Ex.	Ex.
	01	De sección transversal circular.			
	99	Los demás.			

SUBCAPÍTULO IV
LOS DEMÁS ACEROS ALEADOS; BARRAS HUECAS PARA PERFORACIÓN, DE ACERO ALEADO O SIN ALEAR

72.24		**Los demás aceros aleados en lingotes o demás formas primarias; productos intermedios de los demás aceros aleados.**			
7224.10		- **Lingotes o demás formas primarias.**			
7224.10.06		Lingotes o demás formas primarias.	Kg	Ex.	Ex.
	01	Lingotes de acero grado herramienta.			
	02	Lingotes de acero rápido.			
	03	Lingotes, excepto de acero grado herramienta y de acero rápido.			
	04	Desbastes cuadrados o rectangulares (blooms) y palanquillas de acero grado herramienta.			
	05	Desbastes cuadrados o rectangulares (blooms) y palanquillas de acero rápido.			
	91	Los demás de acero grado herramienta.			
	99	Los demás.			
7224.90		- **Los demás.**			
7224.90.02	00	Productos intermedios, con un contenido de carbono inferior o igual a 0.006% en peso, excepto de acero grado herramienta.	Kg	Ex.	Ex.
7224.90.99		Los demás.	Kg	Ex.	Ex.
	01	Piezas forjadas, reconocibles para la fabricación de juntas o uniones de elementos de perforación.			
	02	De acero grado herramienta.			
	99	Los demás.			
72.25		**Productos laminados planos de los demás aceros aleados, de anchura superior o igual a 600 mm.**			
		- De acero al silicio llamado "magnético" (acero magnético al silicio):			
7225.11		- - **De grano orientado.**			
7225.11.01	00	De grano orientado.	Kg	Ex.	Ex.
7225.19		- - **Los demás.**			
7225.19.99	00	Los demás.	Kg	35	Ex.
7225.30		- **Los demás, simplemente laminados en caliente, enrollados.**			
7225.30.91		Los demás, simplemente laminados en caliente, enrollados.	Kg	25	Ex.
	01	Con un contenido de boro igual o superior a 0.0008%, de espesor superior a 10 mm, excepto lo comprendido en el número de identificación comercial 7225.30.91.06.			
	02	Con un contenido de boro igual o superior a 0.0008%, de espesor superior o igual a 4.75 mm, pero inferior o igual a 10 mm, excepto lo comprendido en el número de identificación comercial 7225.30.91.06.			
	03	Con un contenido de boro igual o superior a 0.0008%, de espesor superior o igual a 3 mm, pero inferior a 4.75 mm, excepto lo comprendido en el número de identificación comercial 7225.30.91.06.			
	04	Con un contenido de boro igual o superior a 0.0008%, de espesor inferior a 3 mm, excepto lo comprendido en el número de identificación comercial 7225.30.91.06.			
	05	De acero rápido.			
	06	De acero grado herramienta, excepto de acero rápido.			
	07	Decapados, con un contenido de boro igual o superior a 0.0008%.			
	08	Decapados de espesor superior o igual a 4.75 mm, excepto lo comprendido en el número de identificación comercial 7225.30.91.07.			
	91	Los demás decapados.			
	92	Los demás de espesor inferior a 4.75 mm.			
	99	Los demás.			
7225.40		- **Los demás, simplemente laminados en caliente, sin enrollar.**			
7225.40.91		Los demás, simplemente laminados en caliente, sin enrollar.	Kg	25	Ex.
	01	Con un contenido de boro igual o superior a 0.0008%, de espesor superior a 10 mm, excepto de grado herramienta.			
	02	Con un contenido de boro igual o superior a 0.0008%, de espesor superior o igual a 4.75 mm, pero inferior o igual a 10 mm, excepto de grado herramienta.			
	03	Con un contenido de boro igual o superior a 0.0008%, de espesor superior o igual a 3 mm, pero inferior a 4.75 mm, excepto de grado herramienta.			
	04	Con un contenido de boro igual o superior a 0.0008%, de espesor inferior a 3 mm, excepto de grado herramienta.			
	05	Acero rápido.			
	06	Acero de alta resistencia.			
	07	Acero de grado herramienta.			
	08	Acero para la fabricación de tubos de los tipos utilizados en oleoductos o gasoductos.			
	91	Los demás de espesor inferior a 4.75 mm.			
	99	Los demás.			
7225.50		- **Los demás, simplemente laminados en frío.**			
7225.50.91		Los demás, simplemente laminados en frío.	Kg	25	Ex.
	01	Con un contenido de boro igual o superior a 0.0008%, y espesor superior a 1 mm, pero inferior a 3 mm, enrollada, excepto de acero grado herramienta.			
	02	Con un contenido de boro igual o superior a 0.0008%, y espesor superior o igual a 0.5 mm, pero inferior o igual a 1 mm, enrollada, excepto de acero grado herramienta.			
	03	Con un contenido de boro igual o superior a 0.0008%, y espesor inferior a 0.5 mm, enrollada, excepto de acero grado herramienta.			
	04	Con un contenido de boro igual o superior a 0.0008%, y espesor superior o igual a 3 mm, pero inferior a 4.75 mm, enrollada, excepto de acero grado herramienta.			
	05	Con un contenido de boro igual o superior a 0.0008%, y espesor superior o igual a 4.75 mm, enrollada, excepto de acero grado herramienta.			

	06		Con un contenido de boro igual o superior a 0.0008%, y espesor inferior a 4.75 mm, sin enrollar, excepto de acero grado herramienta.			
	07		Con un contenido de boro igual o superior a 0.0008%, y espesor superior o igual a 4.75 mm, sin enrollar, excepto de acero grado herramienta.			
	08		De acero rápido.			
	09		De acero grado herramienta.			
	10		De acero para porcelanizar, de espesor superior o igual a 4.75 mm.			
	11		De acero de alta resistencia.			
	91		Los demás de espesor superior o igual a 4.75 mm.			
	92		Los demás de acero para porcelanizar.			
	99		Los demás.			
		-	**Los demás:**			
7225.91		- -	**Cincados electrolíticamente.**			
7225.91.01	00		Cincados electrolíticamente.	Kg	25	Ex.
7225.92		- -	**Cincados de otro modo.**			
7225.92.01			Cincados de otro modo.	Kg	25	Ex.
	01		De acero de alta resistencia.			
	99		Los demás.			
7225.99		- -	**Los demás.**			
7225.99.99			Los demás.	Kg	25	Ex.
	01		Aluminizados.			
	02		Pintados.			
	03		Revestidos de aleaciones de aluminio y cinc (galvalume).			
	99		Los demás.			
72.26			**Productos laminados planos de los demás aceros aleados, de anchura inferior a 600 mm.**			
		-	**De acero al silicio llamado "magnético" (acero magnético al silicio):**			
7226.11		- -	**De grano orientado.**			
7226.11.01	00		De grano orientado.	Kg	Ex.	Ex.
7226.19		- -	**Los demás.**			
7226.19.99	00		Los demás.	Kg	35	Ex.
7226.20		-	**De acero rápido.**			
7226.20.01	00		De acero rápido.	Kg	Ex.	Ex.
		-	**Los demás:**			
7226.91		- -	**Simplemente laminados en caliente.**			
7226.91.07			Simplemente laminados en caliente.	Kg	25	Ex.
	01		Con un contenido de boro igual o superior a 0.0008%, y espesor superior a 1 mm, pero inferior a 3 mm, enrollada, excepto de acero grado herramienta.			
	02		Con un contenido de boro igual o superior a 0.0008%, y espesor superior o igual a 0.5 mm, pero inferior o igual a 1 mm, enrollada, excepto de acero grado herramienta.			
	03		Con un contenido de boro igual o superior a 0.0008%, y espesor inferior a 0.5 mm, enrollada, excepto de acero grado herramienta.			
	04		Con un contenido de boro igual o superior a 0.0008%, y espesor superior o igual a 3 mm pero inferior a 4.75 mm, enrollada, excepto de acero grado herramienta.			
	05		Con un contenido de boro igual o superior a 0.0008%, y espesor superior a 4.75, enrollada, excepto de acero grado herramienta.			
	06		Con un contenido de boro igual o superior a 0.0008%, sin enrollar, con un espesor inferior a 4.75 mm, excepto de acero grado herramienta.			
	07		Con un contenido de boro igual o superior a 0.0008%, sin enrollar, con un espesor superior o igual a 4.75 mm, excepto de acero grado herramienta.			
	08		De acero grado herramienta, excepto acero rápido.			
	91		Los demás de espesor superior o igual a 4.75 mm.			
	99		Los demás.			
7226.92		- -	**Simplemente laminados en frío.**			
7226.92.06			Simplemente laminados en frío.	Kg	25	Ex.
	01		Con un contenido de boro igual o superior a 0.0008%, y espesor superior o igual a 3 mm, enrollada, excepto de acero grado herramienta.			
	02		Con un contenido de boro igual o superior a 0.0008%, y espesor superior a 1 mm, pero inferior a 3 mm, enrollada, excepto de acero grado herramienta.			
	03		Con un contenido de boro igual o superior a 0.0008%, y espesor superior o igual a 0.5 mm, pero inferior o igual a 1 mm, enrollada, excepto de acero grado herramienta.			
	04		Con un contenido de boro igual o superior a 0.0008%, y espesor inferior a 0.5 mm, enrollada, excepto de acero grado herramienta.			
	05		Con un contenido de boro igual o superior a 0.0008%, sin enrollar, excepto de acero grado herramienta.			
	06		De acero grado herramienta, excepto acero rápido.			
	99		Los demás.			
7226.99		- -	**Los demás.**			
7226.99.99			Los demás.	Kg	25	Ex.
	01		Cincados electrolíticamente.			
	02		Cincados de otro modo.			
	99		Los demás.			
72.27			**Alambrón de los demás aceros aleados.**			
7227.10		-	**De acero rápido.**			
7227.10.01	00		De acero rápido.	Kg	35	Ex.
7227.20		-	**De acero silicomanganeso.**			

7227.20.01		De acero silicomanganeso.	Kg	25	Ex.
	01	Alambre para soldadura con diámetro inferior a 10 mm, con un contenido inferior a 0.2 % de carbono, inferior a 0.04 % de azufre e inferior a 0.04 % de fósforo.			
	99	Los demás.			
7227.90		**- Los demás.**			
7227.90.99		Los demás.	Kg	35	Ex.
	01	De acero grado herramienta.			
	02	Alambre para soldadura con diámetro inferior a 10 mm, con un contenido inferior a 0.2% de carbono, inferior a 0.04 % de azufre e inferior a 0.04 % de fósforo.			
	03	De diámetro inferior a 19 mm, de sección transversal circular, excepto de acero grado herramienta.			
	04	De acero al boro y acero al cromo.			
	99	Los demás.			
72.28		**Barras y perfiles, de los demás aceros aleados; barras huecas para perforación, de aceros aleados o sin alear.**			
7228.10		**- Barras de acero rápido.**			
7228.10.02		Barras de acero rápido.	Kg	Ex.	Ex.
	01	Barras acabadas en caliente.			
	99	Las demás.			
7228.20		**- Barras de acero silicomanganeso.**			
7228.20.02		Barras de acero silicomanganeso.	Kg	Ex.	Ex.
	01	Barras acabadas en caliente.			
	99	Las demás.			
7228.30		**- Las demás barras, simplemente laminadas o extrudidas en caliente.**			
7228.30.01	00	En aceros grado herramienta.	Kg	35	Ex.
7228.30.99		Las demás.	Kg	25	Ex.
	01	Barras y varillas para concreto.			
	99	Las demás.			
7228.40		**- Las demás barras, simplemente forjadas.**			
7228.40.91		Las demás barras, simplemente forjadas.	Kg	Ex.	Ex.
	01	De acero grado herramienta.			
	99	Las demás.			
7228.50		**- Las demás barras, simplemente obtenidas o acabadas en frío.**			
7228.50.91		Las demás barras, simplemente obtenidas o acabadas en frío.	Kg	25	Ex.
	01	De acero grado herramienta.			
	99	Las demás.			
7228.60		**- Las demás barras.**			
7228.60.91		Las demás barras.	Kg	Ex.	Ex.
	01	De acero grado herramienta.			
	02	Laminadas en caliente, excepto lo comprendido el número de identificación comercial 7228.60.91.01.			
	99	Las demás.			
7228.70		**- Perfiles.**			
7228.70.01		Perfiles.	Kg	25	Ex.
	01	Laminados en caliente, sin perforar ni trabajar de otro modo, con un peralte (altura) inferior a 76 mm.			
	99	Los demás.			
7228.80		**- Barras huecas para perforación.**			
7228.80.01	00	Barras huecas para perforación.	Kg	Ex.	Ex.
72.29		**Alambre de los demás aceros aleados.**			
7229.20		**- De acero silicomanganeso.**			
7229.20.01		De acero silicomanganeso.	Kg	35	Ex.
	01	Alambre de soldadura para proceso SAW.			
	02	Varilla de soldadura para proceso TIG.			
	03	Microalambre o alambre para soldadura revestido de cobre en carrete.			
	04	Microalambre o alambre para soldadura revestido de cobre en tambor.			
	05	Microalambre o alambre para soldadura sin revestido de cobre en carrete.			
	06	Microalambre o alambre para soldadura sin revestido de cobre en tambor.			
	91	Los demás microalambres o alambres para soldadura revestidos.			
	92	Los demás microalambres o alambres para soldadura sin revestidos.			
	99	Los demás.			
7229.90		**- Los demás.**			
7229.90.99		Los demás.	Kg	35	Ex.
	01	Revestidos de cobre y tratados o no con boro, con diámetro inferior o igual a 0.8 mm, reconocibles para la fabricación de electrodos para cátodos de encendido de focos, tubos de descarga o tubos de rayos cátodicos.			
	02	De acero grado herramienta.			
	03	Templados en aceite ("oil tempered"), de acero al cromo-silicio y/o al cromo-vanadio, con un contenido de carbono inferior a 1.3% en peso, y un diámetro inferior o igual a 6.35 mm.			
	04	De acero rápido.			
	99	Los demás.			

Capítulo 73
Manufacturas de fundición, hierro o acero

Notas.
1. En este Capítulo, se entiende por *fundición* el producto obtenido por moldeo que no responda a la composición química del acero definido en la Nota 1 d) del Capítulo 72, en el que el hierro predomine en peso sobre cada uno de los demás elementos.
2. En este Capítulo, el término *alambre* se refiere a los productos obtenidos en caliente o en frío cuya sección transversal, cualquiera que fuese su forma, sea inferior o igual a 16 mm en su mayor dimensión.

Notas Nacionales:
1. Para efectos de las subpartidas 7304.31, 7304.39, 7304.51 y 7304.59, la expresión "barras huecas" se refieren a los productos largos de sección transversal circular, obtenidos taladrando un agujero en el centro de la sección transversal y a lo largo de toda la longitud de una barra laminada o forjada, o bien utilizando un procedimiento de fabricación como el utilizado para los tubos sin costura.
Se caracterizan por poseer propiedades metalúrgicas que les confieren maquinabilidad y carecen de trabajo (biselado) en sus extremos. Se utilizan generalmente para la fabricación de piezas industriales o componentes para maquinaria (bujes, pistones, cilindros, ejes, entre otros).
No se consideran barras huecas de estas subpartidas:
   a) Las barras huecas utilizadas para perforación, que cumplan con lo descrito en la Nota 1, inciso p) del Capítulo 72 de la Tarifa de la Ley de los Impuestos Generales de Importación y de Exportación. Éstas deben clasificarse en la subpartida 7228.80;
   b) La tubería sin costura del tipo generalmente utilizado para aplicaciones estructurales, mecánicas (distintas del mecanizado), de construcción o de conducción;
   c) Con costura.
2. En la partida 73.08, la expresión Construcciones y sus partes se refiere a estructuras metálicas y partes de estructuras metálicas, conocidas también —erróneamente — como "construcciones metálicas" que se destinan a ser llevadas a pie de obra.

CÓDIGO		DESCRIPCIÓN	UNIDAD	ARANCEL	
				IMP	EXP
73.01		**Tablestacas de hierro o acero, incluso perforadas o hechas con elementos ensamblados; perfiles de hierro o acero obtenidos por soldadura.**			
7301.10	-	**Tablestacas.**			
7301.10.01	00	Tablestacas.	Kg	Ex.	Ex.
7301.20	-	**Perfiles.**			
7301.20.01	00	Perfiles.	Kg	Ex.	Ex.
73.02		**Elementos para vías férreas, de fundición, hierro o acero: carriles (rieles), contracarriles (contrarrieles) y cremalleras, agujas, puntas de corazón, varillas para mando de agujas y otros elementos para cruce o cambio de vías, traviesas (durmientes), bridas, cojinetes, cuñas, placas de asiento, placas de unión, placas y tirantes de separación y demás piezas diseñadas especialmente para la colocación, unión o fijación de carriles (rieles).**			
7302.10	-	**Carriles (rieles).**			
7302.10.02		Carriles (rieles).	Kg	Ex.	Ex.
	01	Cuando se importen para su relaminación por empresas laminadoras, o para hornos de fundición.			
	02	De acero al carbón o sin alear, nuevos, excepto los rieles estándar de peso superior a 30 kg por metro.			
	99	Los demás.			
7302.30	-	**Agujas, puntas de corazón, varillas para mando de agujas y otros elementos para cruce o cambio de vías.**			
7302.30.01	00	Agujas, puntas de corazón, varillas para mando de agujas y otros elementos para cruce o cambio de vías.	Kg	Ex.	Ex.
7302.40	-	**Bridas y placas de asiento.**			
7302.40.02		Bridas y placas de asiento.	Kg	Ex.	Ex.
	01	Placas de asiento.			
	99	Los demás.			
7302.90	-	**Los demás.**			
7302.90.99		Los demás.	Kg	Ex.	Ex.
	01	Placas de sujeción y anclas de vía.			
	02	Traviesas (durmientes).			
	99	Los demás.			
73.03		**Tubos y perfiles huecos, de fundición.**			
7303.00	-	**Tubos y perfiles huecos, de fundición.**			
7303.00.02		Tubos y perfiles huecos, de fundición.	Kg	Ex.	Ex.
	01	Con diámetro exterior inferior o igual a 35 cm.			
	99	Los demás.			
73.04		**Tubos y perfiles huecos, sin costura (sin soldadura), de hierro o acero.**			
	-	**Tubos de los tipos utilizados en oleoductos o gasoductos:**			
7304.11	- -	**De acero inoxidable.**			
7304.11.01	00	Tubos laminados en caliente, sin recubrimiento u otros trabajos de superficie, incluidos los tubos laminados en caliente barnizados o laqueados: de diámetro exterior inferior o igual a 114.3 mm y espesor de pared superior o igual a 4 mm sin exceder de 19.5 mm.	Kg	5	Ex.
7304.11.02	00	Tubos laminados en caliente, sin recubrimiento u otros trabajos de superficie, incluidos los tubos laminados en caliente barnizados o laqueados: de diámetro exterior superior a 114.3 mm sin exceder de 406.4 mm y espesor de pared superior o igual a 6.35 mm sin exceder de 38.1 mm.	Kg	5	Ex.

7304.11.03	00	Tubos laminados en caliente, sin recubrimiento u otros trabajos de superficie, incluidos los tubos laminados en caliente barnizados o laqueados: de diámetro exterior superior a 406.4 mm y espesor de pared superior o igual a 9.52 mm sin exceder de 31.75 mm.	Kg	35	Ex.
7304.11.04	00	Tubos laminados en frío, sin recubrimiento u otros trabajos de superficie, incluidos los tubos laminados en frío barnizados o laqueados: de diámetro exterior inferior o igual a 114.3 mm y espesor de pared superior o igual a 1.27 mm sin exceder de 9.5 mm.	Kg	5	Ex.
7304.11.99		Los demás.	Kg	Ex.	Ex.
	01	Tubos semiterminados o esbozos para uso exclusivo de empresas fabricantes de tubería estirada en frío.			
	99	Los demás.			
7304.19	- -	**Los demás.**			
7304.19.01		Tubos laminados en caliente, sin recubrimiento u otros trabajos de superficie, incluidos los tubos laminados en caliente barnizados o laqueados: de diámetro exterior inferior o igual a 114.3 mm y espesor de pared superior o igual a 4 mm sin exceder de 19.5 mm.	Kg	25	Ex.
	01	De diámetro exterior inferior a 60.3 mm, de acero sin alear.			
	02	De diámetro exterior igual o superior a 60.3mm pero inferior o igual de 114.3 mm, de acero sin alear.			
	03	De diámetro exterior inferior a 60.3 mm, de acero aleado.			
	04	De diámetro exterior igual o superior a 60.3mm pero inferior o igual de 114.3mm de acero aleado.			
7304.19.02		Tubos laminados en caliente, sin recubrimiento u otros trabajos de superficie, incluidos los tubos laminados en caliente barnizados o laqueados: de diámetro exterior superior a 114.3 mm sin exceder de 406.4 mm y espesor de pared superior o igual a 6.35 mm sin exceder de 38.1 mm.	Kg	35	Ex.
	01	De acero aleado.			
	99	Los demás.			
7304.19.03		Tubos laminados en caliente, sin recubrimiento u otros trabajos de superficie, incluidos los tubos laminados en caliente barnizados o laqueados: de diámetro exterior superior a 406.4 mm y espesor de pared superior o igual a 9.52 mm sin exceder de 31.75 mm.	Kg	35	Ex.
	01	De acero aleado.			
	99	Los demás.			
7304.19.04		Tubos laminados en frío, sin recubrimiento u otros trabajos de superficie, incluidos los tubos laminados en frío barnizados o laqueados: de diámetro exterior inferior o igual a 114.3 mm y espesor de pared superior o igual a 1.27 mm sin exceder de 9.5 mm.	Kg	35	Ex.
	01	De diámetro exterior igual o superior a 60.3 mm pero inferior o igual a 114.3 mm, excepto la tubería "mecánica", de acero sin alear.			
	91	Los demás de acero sin alear.			
	99	Los demás.			
7304.19.05	00	Tubos semiterminados o esbozos para uso exclusivo de empresas fabricantes de tubería estirada en frío.	Kg	25	Ex.
7304.19.99		Los demás.	Kg	25	Ex.
	01	De acero sin alear.			
	91	Los demás con un diámetro exterior inferior o igual a 406.4 mm.			
	99	Los demás.			
	-	**Tubos de entubación ("casing") o de producción ("tubing") y tubos de perforación, de los tipos utilizados para la extracción de petróleo o gas:**			
7304.22	- -	**Tubos de perforación de acero inoxidable.**			
7304.22.04		Tubos de perforación de acero inoxidable.	Kg	25	Ex.
	01	Tubos de perforación ("Drill pipe"), laminados en caliente, con diámetro exterior igual o superior a 60.3 mm sin exceder de 168.3 mm, con extremos roscados.			
	02	Con diámetro exterior inferior o igual a 35.6 mm y espesor de pared igual o superior a 3.3 mm sin exceder de 3.5 mm, con recalcado exterior.			
	03	Tubos semiterminados para la fabricación de tubos de perforación ("Drill pipe"), laminados en caliente, con diámetro exterior igual o superior a 60.3 mm sin exceder de 168.3 mm, sin roscar.			
	99	Los demás.			
7304.23	- -	**Los demás tubos de perforación.**			
7304.23.04	00	Tubos de perforación ("Drill pipe"), laminados en caliente, con diámetro exterior superior o igual a 60.3 mm sin exceder de 168.3 mm, con extremos roscados.	Kg	25	Ex.
7304.23.99		Los demás.	Kg	25	Ex.
	01	Con diámetro exterior inferior o igual a 35.6 mm y espesor de pared igual o superior a 3.3 mm sin exceder de 3.5 mm, con recalcado exterior.			
	02	Tubos semiterminados para la fabricación de tubos de perforación ("Drill pipe"), laminados en caliente, con diámetro exterior igual o superior a 60.3 mm sin exceder de 168.3 mm, sin roscar.			
	99	Los demás.			
7304.24	- -	**Los demás, de acero inoxidable.**			
7304.24.91		Los demás, de acero inoxidable.	Kg	35	Ex.
	01	Tubos de entubación ("Casing"), laminados en caliente, con extremos roscados, de diámetro exterior igual o superior a 114.3 mm sin exceder de 346.1 mm.			
	02	Tubos de entubación ("Casing"), laminados en caliente, con extremos roscados, de diámetro exterior igual o superior a 460.4 mm sin exceder de 508 mm.			
	03	Tubos de entubación ("Casing"), laminados en caliente, sin roscar, de diámetro exterior igual o superior a 114.3 mm sin exceder de 346.1 mm.			
	04	Tubos de entubación ("Casing"), laminados en caliente, sin roscar, de diámetro exterior igual o superior a 460.4 mm sin exceder de 508 mm.			
	05	Tubos de producción ("Tubing"), laminados en caliente, roscados, de diámetro exterior inferior o igual a 114.3 mm.			

	06	Tubos de producción ("Tubing"), laminados en caliente, sin roscar, de diámetro exterior inferior o igual a 114.3 mm.			
	99	Los demás.			
7304.29	--	**Los demás.**			
7304.29.99		Los demás.	Kg	25	Ex.
	01	Tubos de entubación ("Casing"), laminados en caliente, con extremos roscados, de diámetro exterior superior o igual a 114.3 mm sin exceder de 346.1 mm.			
	02	Tubos de entubación ("Casing"), laminados en caliente, con extremos roscados, de diámetro exterior superior o igual a 460.4 mm sin exceder de 508 mm.			
	03	Tubos de entubación ("Casing"), laminados en caliente, sin roscar, de diámetro exterior superior o igual a 114.3 mm sin exceder de 346.1 mm.			
	04	Tubos de entubación ("Casing"), laminados en caliente, sin roscar, de diámetro exterior superior o igual a 460.4 mm sin exceder de 508 mm.			
	05	Tubos de producción ("Tubing"), laminados en caliente, roscados, de diámetro exterior inferior o igual a 114.3 mm.			
	06	Tubos de producción ("Tubing"), laminados en caliente, sin roscar, de diámetro exterior inferior o igual a 114.3 mm.			
	91	Los demás tubos de entubación ("Casing").			
	99	Los demás.			
	-	**Los demás, de sección circular, de hierro o acero sin alear:**			
7304.31	--	**Estirados o laminados en frío.**			
7304.31.01		Tubos llamados "mecánicos" o "estructurales", sin recubrimientos u otros trabajos de superficie, de diámetro exterior inferior o igual a 114.3 mm y espesor de pared superior o igual a 1.27 mm sin exceder de 9.5 mm.	Kg	25	Ex.
	01	Tubos "estructurales" de diámetro exterior superior o igual a 60.3 mm pero inferior o igual a 114.3 mm.			
	99	Los demás.			
7304.31.10		Tubos llamados "térmicos" o de "conducción", sin recubrimientos u otros trabajos de superficie, de diámetro exterior inferior o igual a 114.3 mm y espesor de pared superior o igual a 1.27 mm sin exceder de 9.5 mm.	Kg	25	Ex.
	01	De diámetro exterior igual o superior a 60.3 mm pero inferior o igual de 114.3 mm.			
	99	Los demás.			
7304.31.99		Los demás.	Kg	25	Ex.
	01	Barras huecas de diámetro exterior superior a 30 mm sin exceder de 50 mm.			
	02	Barras huecas con diámetro exterior superior a 50 mm.			
	03	Serpentines.			
	04	Tubos aletados o con birlos.			
	05	De acero al carbono, con diámetro superior a 120 mm.			
	06	Conducciones forzadas, incluso con zunchos, del tipo utilizado en instalaciones hidroeléctricas.			
	07	Tubos de sondeo y perforación minera.			
	08	Tubos semiterminados o esbozos, cuyo diámetro exterior sea de 38.1 mm o 57.7 mm, con tolerancia de ±1%, para uso exclusivo de empresas fabricantes de tubería.			
	09	De diámetro exterior igual o superior a 60.3 mm pero inferior o igual a 114.3 mm, excepto los tubos "mecánicos" y lo comprendido en los números de identificación comercial 7304.31.99.01 y 7304.31.99.06.			
	91	Los demás, diseñados para su uso en calderas, sobrecalentadores, intercambiadores de calor, condensadores, hornos de refinación, calentadores de agua u otros similares.			
	99	Los demás.			
7304.39	--	**Los demás.**			
7304.39.01		Tubos llamados "mecánicos" o "estructurales", laminados en caliente, sin recubrimiento o trabajos de superficie, incluidos los tubos llamados "mecánicos" o "estructurales" laminados en caliente, laqueados o barnizados: de diámetro exterior inferior o igual a 114.3 mm, y espesor de pared superior o igual a 4 mm sin exceder de 19.5 mm.	Kg	35	Ex.
	01	Tubos "estructurales" de diámetro exterior superior o igual a 60.3 mm pero inferior o igual a 114.3 mm.			
	99	Los demás.			
7304.39.02		Tubos llamados "mecánicos" o "estructurales", laminados en caliente, sin recubrimiento u otros trabajos de superficie, incluidos los tubos llamados "mecánicos" o "estructurales", laminados en caliente, laqueados o barnizados: de diámetro exterior superior a 114.3 mm sin exceder de 355.6 mm y espesor de pared superior o igual a 6.35 mm sin exceder de 38.1 mm.	Kg	35	Ex.
	01	Tubos mecánicos.			
	99	Los demás.			
7304.39.03	00	Barras huecas laminadas en caliente, con diámetro exterior superior a 30 mm sin exceder de 50 mm, así como las de diámetro exterior superior a 300 mm.	Kg	35	Ex.
7304.39.04	00	Barras huecas laminadas en caliente, de diámetro exterior superior a 50 mm sin exceder de 300 mm.	Kg	35	Ex.
7304.39.08	00	Tubos aletados o con birlos.	Kg	5	Ex.
7304.39.09	00	Tubos semiterminados o esbozos, sin recubrimiento u otros trabajos de superficie, de diámetro exterior superior o igual a 20 mm sin exceder de 460 mm y espesor de pared superior o igual a 2.8 mm sin exceder de 35.4 mm, con extremos lisos, biselados, recalcados y/o con rosca y cople.	Kg	35	Ex.
7304.39.10	00	Tubos llamados "térmicos", sin recubrimientos distintos de los obtenidos por laqueado y barnizado o sin trabajos de superficie, de diámetro exterior inferior o igual a 114.3 mm y espesor de pared superior o igual a 4 mm, sin exceder 19.5 mm.	Kg	25	Ex.

7304.39.11	00	Tubos llamados de "conducción", sin recubrimientos distintos de los obtenidos por laqueado y barnizado o sin trabajos de superficie, de diámetro exterior inferior o igual a 114.3 mm y espesor de pared superior o igual a 4 mm, sin exceder 19.5 mm.	Kg	35	Ex.
7304.39.12	00	Tubos llamados "térmicos", sin recubrimientos distintos de los obtenidos por laqueado y barnizado o sin trabajos de superficie, de diámetro exterior superior a 114.3 mm sin exceder de 406.4 mm y espesor de pared superior o igual a 6.35 mm sin exceder de 38.1 mm.	Kg	25	Ex.
7304.39.13	00	Tubos llamados de "conducción", sin recubrimientos distintos de los obtenidos por laqueado y barnizado o sin trabajos de superficie, de diámetro exterior superior a 114.3 mm sin exceder de 406.4 mm y espesor de pared superior o igual a 6.35 mm sin exceder de 38.1 mm.	Kg	35	Ex.
7304.39.14	00	Tubos llamados "térmicos", sin recubrimientos distintos de los obtenidos por laqueado y barnizado o sin trabajos de superficie, de diámetro exterior superior a 406.4 mm y espesor de pared superior o igual a 9.52 mm sin exceder de 31.75 mm.	Kg	25	Ex.
7304.39.15	00	Tubos llamados de "conducción", sin recubrimientos distintos de los obtenidos por laqueado y barnizado o sin trabajos de superficie, de diámetro exterior superior a 406.4 mm y espesor de pared superior o igual a 9.52 mm sin exceder de 31.75 mm.	Kg	35	Ex.
7304.39.16	00	Diseñados para su uso en calderas, sobrecalentadores, intercambiadores de calor, condensadores, hornos de refinación, calentadores de agua u otros similares, excepto lo comprendido en las fracciones arancelarias 7304.39.10, 7304.39.12 y 7304.39.14.	Kg	25	Ex.
7304.39.91	00	Los demás de diámetro exterior superior o igual a 38.1 mm, pero inferior o igual a 406.4 mm, con un espesor de pared superior a 12.7 mm.	Kg	35	Ex.
7304.39.92	00	Los demás de diámetro exterior superior o igual a 38.1 mm, pero inferior a 114.3 mm, con un espesor de pared superior a 6.4 mm pero inferior o igual a 12.7 mm.	Kg	35	Ex.
7304.39.99		Los demás.	Kg	35	Ex.
	01	Tubos "térmicos" y de "conducción" de diámetro exterior inferior o igual a 60.3 mm.			
	02	Tubos de diámetro exterior superior a 114.3mm.			
	91	Los demás tubos de diámetro exterior inferior o igual a 60.3 mm.			
	92	Los demás tubos de diámetro exterior superior o igual a 60.3 mm pero inferior o igual a 114.3 mm, excepto los tubos mecánicos.			
	99	Los demás.			
	-	**Los demás, de sección circular, de acero inoxidable:**			
7304.41	- -	**Estirados o laminados en frío.**			
7304.41.03		Estirados o laminados en frío.	Kg	Ex.	Ex.
	01	Serpentines.			
	02	De diámetro exterior inferior a 19 mm.			
	99	Los demás.			
7304.49	- -	**Los demás.**			
7304.49.99		Los demás.	Kg	Ex.	Ex.
	01	Serpentines.			
	99	Los demás.			
	-	**Los demás, de sección circular, de los demás aceros aleados:**			
7304.51	- -	**Estirados o laminados en frío.**			
7304.51.12		Estirados o laminados en frío.	Kg	35	Ex.
	01	Tubos llamados "mecánicos" o "estructurales", sin recubrimiento u otros trabajos de superficie, de diámetro exterior inferior o igual a 114.3 mm y espesor de pared igual o superior a 1.27 mm sin exceder de 9.5 mm.			
	02	Barras huecas de diámetro exterior superior a 30 mm sin exceder de 50 mm.			
	03	Barras huecas de diámetro exterior superior a 50 mm sin exceder de 300 mm.			
	04	Serpentines.			
	05	Tubos aletados o con birlos.			
	06	Tubos de aleación 52100 (conforme a la NOM-B-325).			
	07	Tubería para calderas, según las normas NOM-B-194 (ASME o ASTM-213) y NOM-B-181 (ASME o ASTM-335), excepto las series T2, T11, T12, T22, P1, P2, P11 y P22.			
	08	Reconocibles para naves aéreas.			
	09	Conducciones forzadas, incluso con zunchos, del tipo utilizado en instalaciones hidroeléctricas.			
	10	Tubos semiterminados o esbozos de cualquier tipo de acero, cuyo diámetro exterior sea de 38.1 mm o 57.7 mm, o de aceros aleados cuyo diámetro exterior sea de 82.5 mm, 95 mm o 127 mm, con tolerancias de ±1% en todos los casos, para uso exclusivo de empresas fabricantes de tubería estirada en frío.			
	11	Tubos llamados "térmicos" o de "conducción", sin recubrimiento u otros trabajos de superficie, de diámetro exterior inferior o igual a 114.3 mm y espesor de pared igual o superior a 1.27 mm sin exceder de 9.5 mm.			
	91	Los demás, diseñados para su uso en calderas, sobrecalentadores, intercambiadores de calor, condensadores, hornos de refinación, calentadores de agua u otros similares.			
	99	Los demás.			
7304.59	- -	**Los demás.**			
7304.59.09	00	Tubos aletados o con birlos.	Kg	35	Ex.
7304.59.99		Los demás.	Kg	35	Ex.
	01	Tubos llamados "mecánicos" o "estructurales" sin recubrimiento u otros trabajos de superficie, incluidos los tubos llamados "mecánicos" o "estructurales" laqueados o barnizados: de diámetro exterior inferior o igual a 114.3 mm y espesor de pared igual o superior a 4 mm pero inferior o igual a 19.5 mm.			
	02	Tubos llamados "mecánicos" o "estructurales", sin recubrimiento u otros trabajos de superficie, incluidos los tubos llamados "mecánicos" o "estructurales" laqueados o barnizados: de diámetro			

		exterior superior a 114.3 mm sin exceder de 355.6 mm y espesor de pared igual o superior a 6.35 mm pero inferior o igual a 38.1 mm.			
	03	Tubos de aleación llamada 52100 (correspondiente a la NOM-B-325).			
	04	Barras huecas de diámetro exterior superior a 30 mm sin exceder de 50 mm, así como las de diámetro exterior superior a 300 mm.			
	05	Barras huecas de diámetro exterior superior a 50 mm sin exceder de 300 mm.			
	06	Tubos semielaborados o esbozos, sin recubrimiento u otros trabajos de superficie de diámetro exterior igual o superior a 20 mm sin exceder de 460 mm y espesor de pared igual o superior a 2.8 mm sin exceder de 35.4 mm con extremos lisos, biselados, recalcados y/o con rosca y cople.			
	07	Tubos llamados "térmicos", sin recubrimientos distintos de los obtenidos por laqueado y barnizado o sin trabajos de superficie, de diámetro exterior inferior o igual a 114.3 mm y espesor de pared igual o superior a 4 mm sin exceder de 19.5 mm.			
	08	Tubos llamados de "conducción", sin recubrimientos distintos de los obtenidos por laqueado y barnizado o sin trabajos de superficie, de diámetro exterior inferior o igual a 114.3 mm y espesor de pared igual o superior a 4 mm sin exceder de 19.5 mm.			
	09	Tubos llamados "térmicos", sin recubrimientos distintos de los obtenidos por laqueado y barnizado o sin trabajos de superficie, de diámetro exterior superior a 114.3 mm sin exceder de 406.4 mm y espesor de pared igual o superior a 6.35 mm sin exceder de 38.1 mm.			
	10	Tubos llamados de "conducción", sin recubrimientos distintos de los obtenidos por laqueado y barnizado o sin trabajos de superficie, de diámetro exterior superior a 114.3 mm sin exceder de 406.4 mm y espesor de pared igual o superior a 6.35 mm sin exceder de 38.1 mm.			
	11	Tubos llamados "térmicos", sin recubrimientos distintos de los obtenidos por laqueado y barnizado o sin trabajos de superficie, de diámetro exterior superior a 406.4 mm y espesor de pared igual o superior a 9.52 mm sin exceder de 31.75 mm.			
	12	Tubos llamados de "conducción", sin recubrimientos distintos de los obtenidos por laqueado y barnizado o sin trabajos de superficie, de diámetro exterior superior a 406.4 mm y espesor de pared igual o superior a 9.52 mm sin exceder de 31.75 mm.			
	13	Diseñados para su uso en calderas, sobrecalentadores, intercambiadores de calor, condensadores, hornos de refinación, calentadores de agua u otros similares.			
	14	Tubos llamados "mecánicos" o "estructurales", sin recubrimiento u otros trabajos de superficie, incluidos los tubos llamados mecánicos" o "estructurales" laqueados o barnizados: de diámetro exterior superior a 355.6 mm sin exceder de 550.0 mm y de cualquier espesor de pared.			
	91	Los demás de diámetro exterior superior o igual a 38.1 mm, pero inferior o igual a 406.4 mm, con un espesor de pared superior a 12.7 mm.			
	92	Los demás de diámetro exterior superior o igual a 38.1 mm, pero inferior o igual a 114.3 mm, con un espesor de pared superior a 6.4 mm.pero inferior o igual a 12.7 mm.			
	99	Los demás.			
7304.90		**- Los demás.**			
7304.90.99	00	Los demás.	Kg	25	Ex.
73.05		**Los demás tubos (por ejemplo: soldados o remachados) de sección circular con diámetro exterior superior a 406.4 mm, de hierro o acero.**			
		- Tubos de los tipos utilizados en oleoductos o gasoductos:			
7305.11	- -	**Soldados longitudinalmente con arco sumergido.**			
7305.11.02		Soldados longitudinalmente con arco sumergido.	Kg	35	Ex.
	01	Con espesor de pared inferior a 50.8 mm.			
	02	Con espesor de pared superior o igual a 4.77 mm pero inferior o igual a 25.4 mm, de diámetro exterior inferior o igual a 1,219.2 mm.			
	99	Los demás.			
7305.12	- -	**Los demás, soldados longitudinalmente.**			
7305.12.91		Los demás, soldados longitudinalmente.	Kg	35	Ex.
	01	Con espesor de pared inferior a 50.8 mm.			
	02	Con espesor de pared superior o igual a 4.77 mm pero inferior o igual a 25.4 mm, de diámetro exterior inferior o igual a 1,219.2 mm.			
	99	Los demás.			
7305.19	- -	**Los demás.**			
7305.19.99		Los demás.	Kg	35	Ex.
	01	Con espesor de pared inferior a 50.8 mm.			
	99	Los demás.			
7305.20	-	**Tubos de entubación ("casing") de los tipos utilizados para la extracción de petróleo o gas.**			
7305.20.01	00	Con espesor de pared inferior a 50.8 mm.	Kg	35	Ex.
7305.20.99	00	Los demás.	Kg	35	Ex.
		- Los demás, soldados:			
7305.31	- -	**Soldados longitudinalmente.**			
7305.31.01	00	Galvanizados.	Kg	25	Ex.
7305.31.02	00	De acero inoxidable con diámetro exterior superior a 1,220 mm.	Kg	Ex.	Ex.
7305.31.03	00	Tubos aletados o con birlos.	Kg	35	Ex.
7305.31.04	00	Con paredes ranuradas de cualquier tipo o forma, aun cuando se presenten con recubrimientos anticorrosivos.	Kg	35	Ex.
7305.31.05	00	Con espesor de pared superior a 50.8 mm.	Kg	25	Ex.
7305.31.06	00	Conducciones forzadas de acero, incluso con zunchos, del tipo utilizado en instalaciones hidroeléctricas.	Kg	35	Ex.
7305.31.91	00	Los demás de acero inoxidable.	Kg	25	Ex.
7305.31.99	00	Los demás.	Kg	25	Ex.
7305.39	- -	**Los demás.**			
7305.39.01	00	Galvanizados.	Kg	25	Ex.

7305.39.02	00	De acero inoxidable con diámetro exterior superior a 1,220 mm.	Kg	Ex.	Ex.
7305.39.03	00	Tubos aletados o con birlos.	Kg	35	Ex.
7305.39.04	00	Con espesor de pared superior a 50.8 mm.	Kg	35	Ex.
7305.39.05	00	Conducciones forzadas de acero, incluso con zunchos, del tipo utilizado en instalaciones hidroeléctricas.	Kg	35	Ex.
7305.39.99	00	Los demás.	Kg	25	Ex.
7305.90		**- Los demás.**			
7305.90.99		Los demás.	Kg	25	Ex.
	01	Con espesor de pared superior a 50.8 mm.			
	99	Los demás.			
73.06		**Los demás tubos y perfiles huecos (por ejemplo: soldados, remachados, grapados o con los bordes simplemente aproximados), de hierro o acero.**			
		- Tubos de los tipos utilizados en oleoductos o gasoductos:			
7306.11		**- - Soldados, de acero inoxidable.**			
7306.11.01	00	Soldados, de acero inoxidable.	Kg	5	Ex.
7306.19		**- - Los demás.**			
7306.19.99		Los demás.	Kg	35	Ex.
	01	De diámetro exterior superior o igual a 114.3 mm, excepto lo comprendido en el número de identificación comercial 7306.19.99.02.			
	02	Soldados en toda su longitud.			
	99	Los demás.			
		- Tubos de entubación ("casing") o de producción ("tubing"), de los tipos utilizados para la extracción de petróleo o gas:			
7306.21		**- - Soldados, de acero inoxidable.**			
7306.21.01	00	Soldados, de acero inoxidable.	Kg	5	Ex.
7306.29		**- - Los demás.**			
7306.29.99	00	Los demás.	Kg	25	Ex.
7306.30		**- Los demás, soldados, de sección circular, de hierro o acero sin alear.**			
7306.30.02	00	Tubo de acero, al bajo carbono, galvanizado por inmersión, con diámetro exterior superior o igual a 3.92 mm pero inferior o igual a 4.08 mm, y espesor de pared superior o igual a 0.51 mm pero inferior o igual a 0.77 mm.	Kg	35	Ex.
7306.30.03	00	Galvanizados, con un espesor de pared inferior a 1.65 mm, excepto lo comprendido en la fracción arancelaria 7306.30.02.	Kg	35	Ex.
7306.30.04	00	Galvanizados, con un espesor de pared superior o igual a 1.65 mm, excepto lo comprendido en la fracción arancelaria 7306.30.02.	Kg	35	Ex.
7306.30.99		Los demás.	Kg	35	Ex.
	01	Diseñados para su uso en calderas, sobrecalentadores, intercambiadores de calor, condensadores, hornos de refinación y calentadores de agua.			
	02	Tubería cónica y tubos de acero utilizados principalmente como partes de artículos de iluminación.			
	03	Tubos pintados.			
	04	Tubería contra incendio.			
	05	Tubos de acero para la conducción de fluidos.			
	06	Tubos de acero para uso automotriz.			
	91	Los demás con un espesor de pared inferior a 1.65 mm o rolados en frío.			
	99	Los demás.			
7306.40		**- Los demás, soldados, de sección circular, de acero inoxidable.**			
7306.40.01	00	Tubos de diámetro superior o igual a 0.20 mm pero inferior a 1.5 mm.	Kg	Ex.	Ex.
7306.40.99	00	Los demás.	Kg	25	Ex.
7306.50		**- Los demás, soldados, de sección circular, de los demás aceros aleados.**			
7306.50.01	00	De hierro o acero, cobrizados, de doble pared soldados por fusión (proceso "brazing") con o sin recubrimiento anticorrosivo.	Kg	Ex.	Ex.
7306.50.99		Los demás.	Kg	25	Ex.
	01	Diseñados para su uso en calderas, sobrecalentadores, intercambiadores de calor, condensadores, hornos de refinación y calentadores de agua.			
	02	Tubería cónica y tubos de acero utilizados principalmente como partes de artículos de iluminación.			
	99	Los demás.			
		- Los demás, soldados, excepto los de sección circular:			
7306.61		**- - De sección cuadrada o rectangular.**			
7306.61.01		De sección cuadrada o rectangular.	Kg	25	Ex.
	01	Con un espesor de pared superior o igual a 4 mm.			
	02	Con un espesor de pared inferior a 4 mm, de acero inoxidable.			
	03	Galvanizados, con un espesor de pared superior o igual a 4 mm.			
	91	Los demás galvanizados.			
	99	Los demás.			
7306.69		**- - Los demás.**			
7306.69.99		Los demás.	Kg	25	Ex.
	01	Con un espesor de pared superior o igual a 4 mm.			
	02	Con un espesor de pared inferior a 4 mm, de acero inoxidable.			
	99	Los demás.			
7306.90		**- Los demás.**			
7306.90.99	00	Los demás.	Kg	25	Ex.

73.07			Accesorios de tubería (por ejemplo: empalmes (racores), codos, manguitos), de fundición, hierro o acero.			
	-		Moldeados:			
7307.11	- -		De fundición no maleable.			
7307.11.02	00		De fundición no maleable.	Kg	Ex.	Ex.
7307.19	- -		Los demás.			
7307.19.99			Los demás.	Kg	Ex.	Ex.
		01	Sin recubrimiento.			
		02	Con recubrimiento metálico.			
		03	Boquillas o espreas.			
		99	Los demás.			
	-		Los demás, de acero inoxidable:			
7307.21	- -		Bridas.			
7307.21.01	00		Bridas.	Kg	Ex.	Ex.
7307.22	- -		Codos, curvas y manguitos, roscados.			
7307.22.02	00		Codos, curvas y manguitos, roscados.	Kg	35	Ex.
7307.23	- -		Accesorios para soldar a tope.			
7307.23.01	00		Mangas o sillas sin rosca.	Kg	Ex.	Ex.
7307.23.99	00		Los demás.	Kg	35	Ex.
7307.29	- -		Los demás.			
7307.29.99	00		Los demás.	Kg	Ex.	Ex.
	-		Los demás:			
7307.91	- -		Bridas.			
7307.91.01	00		Bridas.	Kg	Ex.	Ex.
7307.92	- -		Codos, curvas y manguitos, roscados.			
7307.92.02	00		Codos, curvas y manguitos, roscados.	Kg	Ex.	Ex.
7307.93	- -		Accesorios para soldar a tope.			
7307.93.01			Accesorios para soldar a tope.	Kg	25	Ex.
		01	Conexiones del tipo curvas; codos; conexiones "T"; conexiones "T" reducidas y reducciones, en diámetros hasta 406.4mm bajo la norma ASTM A234, en grado de acero sin alear.			
		99	Los demás.			
7307.99	- -		Los demás.			
7307.99.99			Los demás.	Kg	Ex.	Ex.
		01	Sin recubrimientos.			
		02	Con recubrimientos metálicos.			
		03	Boquillas o espreas.			
		99	Los demás.			
73.08			Construcciones y sus partes (por ejemplo: puentes y sus partes, compuertas de esclusas, torres, castilletes, pilares, columnas, armazones para techumbre, techados, puertas y ventanas y sus marcos, contramarcos y umbrales, cortinas de cierre, barandillas), de fundición, hierro o acero, excepto las construcciones prefabricadas de la partida 94.06; chapas, barras, perfiles, tubos y similares, de fundición, hierro o acero, preparados para la construcción.			
7308.10	-		Puentes y sus partes.			
7308.10.01	00		Puentes y sus partes.	Kg	5	Ex.
7308.20	-		Torres y castilletes.			
7308.20.02			Torres y castilletes.	Kg	35	Ex.
		01	Torres reconocibles como diseñadas exclusivamente para conducción de energía eléctrica.			
		99	Los demás.			
7308.30	-		Puertas y ventanas y sus marcos, contramarcos y umbrales.			
7308.30.02			Puertas y ventanas y sus marcos, contramarcos y umbrales.	Kg	25	Ex.
		01	Puertas, ventanas y sus marcos.			
		99	Los demás.			
7308.40	-		Material de andamiaje, encofrado, apeo o apuntalamiento.			
7308.40.01	00		Material de andamiaje, encofrado, apeo o apuntalamiento.	Kg	5	Ex.
7308.90	-		Los demás.			
7308.90.01	00		Barandales; balcones; escaleras.	Kg	7	Ex.
7308.90.02	00		Estructuras desarmadas consistentes en armaduras, columnas y sus placas de asiento, ménsulas, planchas de unión, tensores y tirantes, aun cuando se presenten con tuercas y demás partes para la construcción.	Kg	35	Ex.
7308.90.99			Los demás.	Kg	35	Ex.
		01	Panel de acero para la construcción, también conocidos como paneles de acero; panel de lámina; panel sandwich con poliuretano inyectado; panel de aislamiento; paneles prefabricados.			
		99	Los demás.			
73.09			Depósitos, cisternas, cubas y recipientes similares para cualquier materia (excepto gas comprimido o licuado), de fundición, hierro o acero, de capacidad superior a 300 l, sin dispositivos mecánicos ni térmicos, incluso con revestimiento interior o calorífugo.			
7309.00	-		Depósitos, cisternas, cubas y recipientes similares para cualquier materia (excepto gas comprimido o licuado), de fundición, hierro o acero, de capacidad superior a 300 l, sin dispositivos mecánicos ni térmicos, incluso con revestimiento interior o calorífugo.			
7309.00.04			Depósitos, cisternas, cubas y recipientes similares para cualquier materia (excepto gas comprimido o licuado), de fundición, hierro o acero, de capacidad superior a 300 l, sin dispositivos mecánicos ni térmicos, incluso con revestimiento interior o calorífugo.	Kg	Ex.	Ex.
		01	Esmaltados, vidriados o cubiertos con resinas sintéticas.			
		99	Los demás.			

LEY DE LOS IMPUESTOS GENERALES DE IMPORTACION Y EXPORTACION

73.10		**Depósitos, barriles, tambores, bidones, latas o botes, cajas y recipientes similares, para cualquier materia (excepto gas comprimido o licuado), de fundición, hierro o acero, de capacidad inferior o igual a 300 l, sin dispositivos mecánicos ni térmicos, incluso con revestimiento interior o calorífugo.**			
7310.10		- De capacidad superior o igual a 50 l.			
7310.10.05		De capacidad superior o igual a 50 l.	Pza	Ex.	Ex.
	01	Barriles o tambores, excepto lo comprendido en el número de identificación comercial 7310.10.05.02.			
	02	Barriles de acero inoxidable reconocibles como diseñados exclusivamente para cerveza.			
	99	Los demás.			
		- De capacidad inferior a 50 l:			
7310.21	--	Latas o botes para ser cerrados por soldadura o rebordeado.			
7310.21.01	00	Latas o botes para ser cerrados por soldadura o rebordeado.	Kg	35	Ex.
7310.29	--	Los demás.			
7310.29.01	00	Barriles o tambores, excepto lo comprendido en la fracción arancelaria 7310.29.05.	Kg	Ex.	Ex.
7310.29.05	00	Barriles de acero inoxidable reconocibles como diseñados exclusivamente para cerveza.	Pza	Ex.	Ex.
7310.29.99		Los demás.	Kg	35	Ex.
	01	Envases de hojalata y/o de lámina cromada.			
	99	Los demás.			
73.11		**Recipientes para gas comprimido o licuado, de fundición, hierro o acero.**			
7311.00		- Recipientes para gas comprimido o licuado, de fundición, hierro o acero.			
7311.00.05		Recipientes para gas comprimido o licuado, de fundición, hierro o acero.	Kg	Ex.	Ex.
	01	Cilíndricos, diseñados para resistir presiones superiores a 5.25 kg/cm², excepto lo comprendido en el número de identificación comercial 7311.00.05.02.			
	02	Cilíndricos, fabricados a partir de tubo sin costura, diseñados para resistir presiones superiores a 5.25 kg/cm², con capacidad volumétrica superior a 100 l.			
	99	Los demás.			
73.12		**Cables, trenzas, eslingas y artículos similares, de hierro o acero, sin aislar para electricidad.**			
7312.10		- Cables.			
7312.10.01	00	Galvanizados, con diámetro mayor de 4 mm, constituidos por más de 5 alambres y con núcleos sin torcer de la misma materia, excepto los comprendidos en la fracción arancelaria 7312.10.07.	Kg	25	Ex.
7312.10.05		De acero sin recubrimiento, con o sin lubricación, excepto los comprendidos en la fracción arancelaria 7312.10.08.	Kg	35	Ex.
	01	De diámetro inferior a 9.53 mm.			
	02	De diámetro superior o igual a 9.53 mm. pero inferior a 25.4 mm.			
	99	Los demás.			
7312.10.07	00	Galvanizados, con un diámetro mayor a 4 mm pero inferior a 19 mm, constituidos por 7 alambres, lubricados o sin lubricar.	Kg	25	Ex.
7312.10.08		Sin galvanizar, de diámetro menor o igual a 19 mm, constituidos por 7 alambres.	Kg	25	Ex.
	01	Para concreto presforzado, conocidos como torón de presfuerzo (pre tensado o post tensado).			
	99	Los demás.			
7312.10.99		Los demás.	Kg	35	Ex.
	01	Cable flexible (cable Bowden) constituido por alambres de acero cobrizado enrollado en espiral sobre alma del mismo material, con diámetro inferior o igual a 5 mm.			
	02	De acero latonado, reconocibles exclusivamente para la fabricación de neumáticos.			
	03	Trenzados o torcidos, de longitud inferior a 500 m, provistos de aditamentos metálicos en sus extremos.			
	04	Cables plastificados.			
	05	De acero, de diámetro inferior a 12.7 mm (1/2 pulgada).			
	06	De acero, de diámetro superior o igual a 12.7 mm (1/2 pulgada) pero inferior a 25.4 mm (1 pulgada).			
	07	De acero, de diámetro superior o igual a 25.4 mm (1 pulgada).			
	99	Los demás.			
7312.90		- Los demás.			
7312.90.99	00	Los demás.	Kg	Ex.	Ex.
73.13		**Alambre de púas, de hierro o acero; alambre (simple o doble) y fleje, torcidos, incluso con púas, de hierro o acero, de los tipos utilizados para cercar.**			
7313.00		- Alambre de púas, de hierro o acero; alambre (simple o doble) y fleje, torcidos, incluso con púas, de hierro o acero, de los tipos utilizados para cercar.			
7313.00.01	00	Alambre de púas, de hierro o acero; alambre (simple o doble) y fleje, torcidos, incluso con púas, de hierro o acero, de los tipos utilizados para cercar.	Kg	35	Ex.
73.14		**Telas metálicas (incluidas las continuas o sin fin), redes y rejas, de alambre de hierro o acero; chapas y tiras, extendidas (desplegadas), de hierro o acero.**			
		- Telas metálicas tejidas:			
7314.12	--	Telas metálicas continuas o sin fin, de acero inoxidable, para máquinas.			
7314.12.01	00	Telas metálicas continuas o sin fin, de acero inoxidable, para máquinas.	Kg	Ex.	Ex.
7314.14	--	Las demás telas metálicas tejidas, de acero inoxidable.			
7314.14.91	00	Las demás telas metálicas tejidas, de acero inoxidable.	Kg	Ex.	Ex.
7314.19	--	Las demás.			
7314.19.03		Cincadas.	Kg	35	Ex.
	01	De alambre de acero sin alear, en forma de cuadrícula, con medidas de 2x2 a 8x8 aberturas por pulgada lineal ("malla de acero").			
	02	De alambre de acero al bajo carbón, en forma de hexágono.			

	99	Las demás.			
7314.19.99		Los demás.	Kg	25	Ex.
	01	De alambres de sección circular, excepto de anchura inferior o igual a 50 mm.			
	02	De alambre de acero al bajo carbón, en forma de hexágono.			
	99	Los demás.			
7314.20	-	**Redes y rejas, soldadas en los puntos de cruce, de alambre cuya mayor dimensión de la sección transversal sea superior o igual a 3 mm y con malla de superficie superior o igual a 100 cm².**			
7314.20.01	00	Redes y rejas, soldadas en los puntos de cruce, de alambre cuya mayor dimensión de la sección transversal sea superior o igual a 3 mm y con malla de superficie superior o igual a 100 cm².	Kg	35	Ex.
	-	**Las demás redes y rejas, soldadas en los puntos de cruce:**			
7314.31	- -	**Cincadas.**			
7314.31.01		Cincadas.	Kg	25	Ex.
	01	De diámetro superior o igual a 1.2 mm.			
	02	De alambre de acero sin alear en forma de cuadrícula, con medidas de 2x2 a 8x8 aberturas por pulgada lineal ("malla de acero").			
	03	De alambre de acero al bajo carbón, en forma de hexágono.			
	99	Las demás.			
7314.39	- -	**Las demás.**			
7314.39.99	00	Las demás.	Kg	25	Ex.
	-	**Las demás telas metálicas, redes y rejas:**			
7314.41	- -	**Cincadas.**			
7314.41.01		Cincadas.	Kg	25	Ex.
	01	De forma hexagonal.			
	02	Conocidas como malla ciclónica, con aperturas en forma de rombo.			
	99	Las demás.			
7314.42	- -	**Revestidas de plástico.**			
7314.42.01	00	Revestidas de plástico.	Kg	25	Ex.
7314.49	- -	**Las demás.**			
7314.49.99		Las demás.	Kg	35	Ex.
	01	De alambre de acero al bajo carbón, en forma de hexágono.			
	99	Las demás.			
7314.50	-	**Chapas y tiras, extendidas (desplegadas).**			
7314.50.01	00	Chapas y tiras, extendidas (desplegadas).	Kg	35	Ex.
73.15		**Cadenas y sus partes, de fundición, hierro o acero.**			
	-	**Cadenas de eslabones articulados y sus partes:**			
7315.11	- -	**Cadenas de rodillos.**			
7315.11.06		Cadenas de rodillos.	Kg	Ex.	Ex.
	01	De peso superior a 15 kg/m, excepto lo comprendido en el número de identificación comercial 7315.11.06.02.			
	02	Para transmisión de movimiento.			
	03	De distribución (silenciosas) para uso automotriz.			
	04	De peso inferior a 15 kg/m, excepto lo comprendido en el número de identificación comercial 7315.11.06.02.			
	99	Las demás.			
7315.12	- -	**Las demás cadenas.**			
7315.12.91		Las demás cadenas.	Kg	35	Ex.
	01	Para transmisión de movimiento.			
	99	Las demás.			
7315.19	- -	**Partes.**			
7315.19.04		Partes.	Kg	Ex.	Ex.
	01	Reconocibles como diseñadas para las cadenas de transmisión de movimiento, excepto lo comprendido en el número de identificación comercial 7315.19.04.03.			
	02	Eslabones, excepto lo comprendido en el número de identificación comercial 7315.19.04.03.			
	03	Eslabones para cadenas de rodillos, utilizadas en tractores de oruga para transmisión de movimiento.			
	99	Las demás.			
7315.20	-	**Cadenas antideslizantes.**			
7315.20.01	00	Cadenas antideslizantes.	Kg	Ex.	Ex.
	-	**Las demás cadenas:**			
7315.81	- -	**Cadenas de eslabones con contrete (travesaño).**			
7315.81.03		Cadenas de eslabones con contrete (travesaño).	Kg	25	Ex.
	01	De peso superior a 15 kg/m, excepto con terminales o accesorios de enganche.			
	99	Las demás.			
7315.82	- -	**Las demás cadenas, de eslabones soldados.**			
7315.82.91		Las demás cadenas, de eslabones soldados.	Kg	35	Ex.
	01	Con terminales o accesorios de enganche.			
	02	De peso inferior a 15 kg por metro lineal, extendida, excepto lo comprendido en el número de identificación comercial 7315.82.91.01.			
	99	Las demás.			
7315.89	- -	**Las demás.**			
7315.89.99		Las demás.	Kg	35	Ex.
	01	De peso inferior a 15 kg/m, excepto troqueladas, sin pernos o remaches, para máquinas sembradoras o abonadoras.			
	99	Las demás.			

LEY DE LOS IMPUESTOS GENERALES DE IMPORTACION Y EXPORTACION

7315.90		-	**Las demás partes.**		
7315.90.91	00		Las demás partes.	Kg	35 Ex.
73.16			**Anclas, rezones y sus partes, de fundición, hierro o acero.**		
7316.00		-	**Anclas, rezones y sus partes, de fundición, hierro o acero.**		
7316.00.01	00		Anclas, rezones y sus partes, de fundición, hierro o acero.	Kg	Ex. Ex.
73.17			**Puntas, clavos, chinchetas (chinches), grapas apuntadas, onduladas o biseladas, y artículos similares, de fundición, hierro o acero, incluso con cabeza de otras materias, excepto de cabeza de cobre.**		
7317.00		-	**Puntas, clavos, chinchetas (chinches), grapas apuntadas, onduladas o biseladas, y artículos similares, de fundición, hierro o acero, incluso con cabeza de otras materias, excepto de cabeza de cobre.**		
7317.00.01	00		Clavos para herrar.	Kg	30 Ex.
7317.00.02	00		Púas o dientes para cardar.	Kg	35 Ex.
7317.00.03	00		Placas con puntas en una de sus superficies, para ensamblar piezas de madera.	Kg	Ex. Ex.
7317.00.04	00		Puntas o escarpias puntiagudas, reconocibles como diseñadas exclusivamente para preparar (raspar) llantas para su vulcanización.	Kg	35 Ex.
7317.00.99			Los demás.	Kg	35 Ex.
	01		Grapas.		
	02		Tachuelas, chinchetas o chinches.		
	03		Clavos de acero para concreto.		
	04		Clavos de acero en rollo o en tira para pistola, de cualquier longitud y superficie.		
	05		Clavos de acero sin alear de superficie roscada o anillada, a granel o en pieza, de cualquier dimensión.		
	06		Clavos de acero sin alear de longitud inferior a 1.5 pulgadas, excepto lo comprendido en los números de identificación comercial 7317.00.99.03, 7317.00.99.04 y 7317.00.99.05.		
	91		Los demás clavos.		
	99		Los demás.		
73.18			**Tornillos, pernos, tuercas, tirafondos, escarpias roscadas, remaches, pasadores, chavetas, arandelas (incluidas las arandelas de muelle (resorte)) y artículos similares, de fundición, hierro o acero.**		
		-	**Artículos roscados:**		
7318.11		- -	**Tirafondos.**		
7318.11.01	00		Tirafondos.	Kg	35 Ex.
7318.12		- -	**Los demás tornillos para madera.**		
7318.12.91	00		Los demás tornillos para madera.	Kg	35 Ex.
7318.13		- -	**Escarpias y armellas, roscadas.**		
7318.13.01	00		Escarpias y armellas, roscadas.	Kg	35 Ex.
7318.14		- -	**Tornillos taladradores.**		
7318.14.01	00		Tornillos taladradores.	Kg	35 Ex.
7318.15		- -	**Los demás tornillos y pernos, incluso con sus tuercas y arandelas.**		
7318.15.04	00		Tornillos con diámetro inferior a 6.4 mm (¼ pulgada) y longitud inferior a 50.8 mm (2 pulgadas), excepto las de acero inoxidable y las reconocibles para naves aéreas o uso automotriz.	Kg	35 Ex.
7318.15.99			Los demás.	Kg	35 Ex.
	01		Reconocibles para naves aéreas.		
	02		Pernos de anclaje o de cimiento.		
	03		Reconocibles como diseñados exclusivamente para uso automotriz.		
	04		Tornillos con diámetro inferior a 6.4 mm (¼ pulgada) y longitud igual o superior a 50.8 mm (2 pulgadas), excepto lo comprendido en los números de identificación comercial 7318.15.99.01, 7318.15.99.03 y 7318.15.99.09.		
	05		Tornillos con diámetro igual o superior a 6.4 mm (¼ pulgada) pero inferior a 19.1 mm (¾ pulgada) y longitud inferior a 152.4 mm (6 pulgadas), excepto lo comprendido en los números de identificación comercial 7318.15.99.01, 7318.15.99.03 y 7318.15.99.09.		
	06		Tornillos con diámetro igual o superior a 6.4 mm (¼ pulgada) pero inferior a 19.1 mm (¾ pulgada) y longitud igual o superior a 152.4 mm (6 pulgadas), excepto lo comprendido en los números de identificación comercial 7318.15.99.01, 7318.15.99.03 y 7318.15.99.09.		
	07		Tornillos con diámetro igual o superior a 19.1 mm (¾ pulgada) y longitud inferior a 152.4 mm (6 pulgadas), excepto lo comprendido en los números de identificación comercial 7318.15.99.01, 7318.15.99.03 y 7318.15.99.09.		
	08		Tornillos con diámetro igual o superior a 19.1 mm (¾ pulgada) y longitud igual o superior a 152.4 mm (6 pulgadas), excepto lo comprendido en los números de identificación comercial 7318.15.99.01, 7318.15.99.03 y 7318.15.99.09.		
	09		De acero inoxidable.		
	99		Los demás.		
7318.16		- -	**Tuercas.**		
7318.16.06			Tuercas.	Kg	35 Ex.
	01		Reconocibles para naves aéreas.		
	02		De acero inoxidable.		
	03		De diámetro interior inferior o igual a 15.9 mm (5/8 pulgada), excepto lo comprendido en los números de identificación comercial 7318.16.06.01 y 7318.16.06.02.		
	04		De diámetro interior superior a 15.9 mm (5/8 pulgada) pero inferior o igual a 38.1 mm (1½ pulgadas), excepto lo comprendido en los números de identificación comercial 7318.16.06.01 y 7318.16.06.02.		
	05		De diámetro superior a 38.1 mm (1½ pulgadas), excepto lo comprendido en los números de identificación comercial 7318.16.06.01 y 7318.16.06.02.		

7318.19	--	Los demás.			
7318.19.99		Los demás.	Kg	35	Ex.
01		Arandelas de retén.			
99		Los demás.			
	-	Artículos sin rosca:			
7318.21	--	Arandelas de muelle (resorte) y las demás de seguridad.			
7318.21.02 00		Arandelas de muelle (resorte) y las demás de seguridad.	Kg	Ex.	Ex.
7318.22	--	Las demás arandelas.			
7318.22.91		Las demás arandelas.	Kg	35	Ex.
01		Reconocibles para naves aéreas.			
99		Las demás.			
7318.23	--	Remaches.			
7318.23.02		Remaches.	Kg	35	Ex.
01		Reconocibles para naves aéreas.			
99		Los demás.			
7318.24	--	Pasadores y chavetas.			
7318.24.03 00		Pasadores y chavetas.	Kg	35	Ex.
7318.29	--	Los demás.			
7318.29.99		Los demás.	Kg	35	Ex.
01		Reconocibles para naves aéreas.			
99		Los demás.			
73.19		**Agujas de coser, de tejer, pasacintas, agujas de ganchillo (croché), punzones para bordar y artículos similares, de uso manual, de hierro o acero; alfileres de gancho (imperdibles) y demás alfileres de hierro o acero, no expresados ni comprendidos en otra parte.**			
7319.40	-	Alfileres de gancho (imperdibles) y demás alfileres.			
7319.40.01 00		Alfileres de gancho (imperdibles) y demás alfileres.	Kg	10	Ex.
7319.90	-	Los demás.			
7319.90.01 00		Agujas de coser, zurcir o bordar.	Kg	5	Ex.
7319.90.99 00		Los demás.	Kg	10	Ex.
73.20		**Muelles (resortes), ballestas y sus hojas, de hierro o acero.**			
7320.10	-	Ballestas y sus hojas.			
7320.10.02 00		Ballestas y sus hojas.	Kg	Ex.	Ex.
7320.20	-	Muelles (resortes) helicoidales.			
7320.20.05		Muelles (resortes) helicoidales.	Kg	Ex.	Ex.
01		Con peso unitario inferior o igual a 30 g.			
02		Con peso unitario superior a 30 g, excepto para suspensión automotriz.			
03		Con peso unitario igual o superior a 2 kg, sin exceder de 20 kg, reconocibles para suspensión de uso automotriz.			
99		Los demás.			
7320.90	-	Los demás.			
7320.90.99		Los demás.	Kg	Ex.	Ex.
01		Para acoplamientos flexibles.			
99		Los demás.			
73.21		**Estufas, calderas con hogar, cocinas (incluidas las que puedan utilizarse accesoriamente para calefacción central), parrillas (barbacoas), braseros, hornillos de gas, calientaplatos y aparatos no eléctricos similares, de uso doméstico, y sus partes, de fundición, hierro o acero.**			
	-	Aparatos de cocción y calientaplatos:			
7321.11	--	De combustibles gaseosos, o de gas y otros combustibles.			
7321.11.01 00		Cocinas que consumen combustibles gaseosos.	Pza	35	Ex.
7321.11.91 00		Las demás cocinas, excepto portátiles.	Pza	35	Ex.
7321.11.99 00		Los demás.	Pza	15	Ex.
7321.12	--	De combustibles líquidos.			
7321.12.01 00		De combustibles líquidos.	Pza	15	Ex.
7321.19	--	Los demás, incluidos los aparatos de combustibles sólidos.			
7321.19.91 00		Los demás, incluidos los aparatos de combustibles sólidos.	Pza	15	Ex.
		Los demás aparatos:			
7321.81	--	De combustibles gaseosos, o de gas y otros combustibles.			
7321.81.02		De combustibles gaseosos, o de gas y otros combustibles.	Pza	15	Ex.
01		Estufas o caloríferos.			
99		Los demás.			
7321.82	--	De combustibles líquidos.			
7321.82.02 00		De combustibles líquidos.	Pza	15	Ex.
7321.89	--	Los demás, incluidos los aparatos de combustibles sólidos.			
7321.89.91 00		Los demás, incluidos los aparatos de combustibles sólidos.	Pza	15	Ex.
7321.90	-	Partes.			
7321.90.01 00		Rosticeros accionados por motor eléctrico, reconocibles como diseñados exclusivamente para cocinas de uso doméstico.	Kg	15	Ex.
7321.90.02 00		Reconocibles como diseñadas exclusivamente para cocinas que consumen combustibles gaseosos, excepto lo comprendido en las fracciones arancelarias 7321.90.01 y 7321.90.03.	Kg	Ex.	Ex.
7321.90.03 00		Quemadores troquelados o estampados, de lámina de acero, reconocibles como diseñados exclusivamente para cocinas y/o hornos que consumen combustibles gaseosos.	Kg	Ex.	Ex.
7321.90.04 00		Esparcidores de flama y galerías, reconocibles como diseñados exclusivamente para estufas o caloríferos portátiles, que consumen petróleo.	Kg	Ex.	Ex.

7321.90.05	00	Cámaras de cocción, incluso sin ensamblar, reconocibles como diseñadas exclusivamente para lo comprendido en la fracción arancelaria 7321.11.91.	Kg	Ex.	Ex.
7321.90.06	00	Panel superior con o sin controles, con o sin quemadores, reconocibles como diseñados exclusivamente para lo comprendido en la fracción arancelaria 7321.11.91.	Kg	Ex.	Ex.
7321.90.07	00	Ensambles de puertas, que incorporen más de uno de los siguientes componentes: paredes interiores, paredes exteriores, ventana, aislamiento, reconocibles como diseñados exclusivamente para lo comprendido en la fracción arancelaria 7321.11.91.	Kg	Ex.	Ex.
7321.90.99	00	Los demás.	Kg	35	Ex.
73.22		**Radiadores para calefacción central, de calentamiento no eléctrico, y sus partes, de fundición, hierro o acero; generadores y distribuidores de aire caliente (incluidos los distribuidores que puedan funcionar también como distribuidores de aire fresco o acondicionado), de calentamiento no eléctrico, que lleven un ventilador o un soplador con motor, y sus partes, de fundición, hierro o acero.**			
	-	Radiadores y sus partes:			
7322.11	- -	**De fundición.**			
7322.11.02	00	De fundición.	Kg	15	Ex.
7322.19	- -	**Los demás.**			
7322.19.01	00	Para naves aéreas.	Kg	25	Ex.
7322.19.99	00	Los demás.	Kg	35	Ex.
7322.90	-	**Los demás.**			
7322.90.01	00	Reconocibles para naves aéreas, incluidas sus partes.	Kg	Ex.	Ex.
7322.90.99	00	Los demás.	Kg	35	Ex.
73.23		**Artículos de uso doméstico y sus partes, de fundición, hierro o acero; lana de hierro o acero; esponjas, estropajos, guantes y artículos similares para fregar, lustrar o usos análogos, de hierro o acero.**			
7323.10	-	**Lana de hierro o acero; esponjas, estropajos, guantes y artículos similares para fregar, lustrar o usos análogos.**			
7323.10.01	00	Lana de hierro o acero; esponjas, estropajos, guantes y artículos similares para fregar, lustrar o usos análogos.	Kg	35	Ex.
	-	Los demás:			
7323.91	- -	**De fundición, sin esmaltar.**			
7323.91.03	00	De fundición, sin esmaltar.	Kg	15	Ex.
7323.92	- -	**De fundición, esmaltados.**			
7323.92.04		De fundición, esmaltados.	Kg	15	Ex.
	01	Artículos de cocina.			
	99	Los demás.			
7323.93	- -	**De acero inoxidable.**			
7323.93.05	00	De acero inoxidable.	Kg	35	Ex.
7323.94	- -	**De hierro o acero, esmaltados.**			
7323.94.05		De hierro o acero, esmaltados.	Kg	35	Ex.
	01	Moldes.			
	02	Artículos de cocina.			
	99	Los demás.			
7323.99	- -	**Los demás.**			
7323.99.99	00	Los demás.	Kg	35	Ex.
73.24		**Artículos de higiene o tocador, y sus partes, de fundición, hierro o acero.**			
7324.10	-	**Fregaderos (piletas de lavar) y lavabos, de acero inoxidable.**			
7324.10.01	00	Fregaderos (piletas de lavar) y lavabos, de acero inoxidable.	Kg	25	Ex.
	-	Bañeras:			
7324.21	- -	**De fundición, incluso esmaltadas.**			
7324.21.01	00	De fundición, incluso esmaltadas.	Kg	25	Ex.
7324.29	- -	**Las demás.**			
7324.29.99	00	Las demás.	Kg	25	Ex.
7324.90	-	**Los demás, incluidas las partes.**			
7324.90.91		Los demás, incluidas las partes.	Kg	35	Ex.
	01	Partes.			
	99	Los demás.			
73.25		**Las demás manufacturas moldeadas de fundición, hierro o acero.**			
7325.10	-	**De fundición no maleable.**			
7325.10.05		De fundición no maleable.	Kg	Ex.	Ex.
	01	Crisoles.			
	99	Los demás.			
	-	Las demás:			
7325.91	- -	**Bolas y artículos similares para molinos.**			
7325.91.03		Bolas y artículos similares para molinos.	Kg	35	Ex.
	01	Bolas sin calibrar.			
	99	Las demás.			
7325.99	- -	**Las demás.**			
7325.99.99		Las demás.	Kg	35	Ex.
	01	Abrazaderas, con diámetro interior inferior o igual a 609.6 mm.			
	02	Bobinas o carretes.			
	99	Las demás.			
73.26		**Las demás manufacturas de hierro o acero.**			
	-	Forjadas o estampadas pero sin trabajar de otro modo:			

7326.11	--	**Bolas y artículos similares para molinos.**			
7326.11.03		Bolas y artículos similares para molinos.	Kg	35	Ex.
	01	Bolas sin calibrar.			
	99	Los demás.			
7326.19	--	**Las demás.**			
7326.19.99		Los demás.	Kg	Ex.	Ex.
	01	Partes componentes de estrobos (eslingas), excepto destorcedoras, grilletes y guardacabos.			
	02	Uniones giratorias (destorcedoras).			
	03	Grilletes de unión.			
	04	Protectores para calzado de seguridad.			
	05	Abrazaderas, con diámetro interior inferior o igual a 609.6 mm.			
	06	Reconocibles para naves aéreas.			
	07	Ancoras para corazones de fundición.			
	08	Juntas o empaquetaduras.			
	09	Mordazas para tensión de cables o alambres.			
	10	Abrazaderas, excepto lo comprendido en el número de identificación comercial 7326.19.99.05.			
	99	Los demás.			
7326.20	-	**Manufacturas de alambre de hierro o acero.**			
7326.20.06		Manufacturas de alambre de hierro o acero.	Kg	30	Ex.
	01	Accesorios para tendidos aéreos eléctricos.			
	02	Grapas o empalmes, para correas de transmisión o de transporte.			
	99	Los demás.			
7326.90	-	**Las demás.**			
7326.90.99		Las demás.	Kg	35	Ex.
	01	Moldes para pan o sus partes sueltas, de uso industrial.			
	02	Accesorios para tendidos aéreos eléctricos.			
	03	Abrazaderas, con diámetro interior inferior o igual a 609.6 mm.			
	04	Grapas o empalmes de acero, para correas de transmisión o de transporte.			
	05	Reconocibles para naves aéreas.			
	06	Bobinas o carretes.			
	07	Abrazaderas, excepto lo comprendido en el número de identificación comercial 7326.90.99.03.			
	08	Cospeles.			
	09	Mangos o bastones metálicos para escobas, incluso con rosca de plástico.			
	10	Casquillos para herramientas.			
	99	Las demás.			

Capítulo 74
Cobre y sus manufacturas

Nota.
1. En este Capítulo, se entiende por:
   a) **Cobre refinado**
   el metal con un contenido de cobre superior o igual al 99.85% en peso; o el metal con un contenido de cobre superior o igual al 97.5% en peso, siempre que el contenido de cualquier otro elemento sea inferior o igual a los límites indicados en el cuadro siguiente:

   CUADRO - Otros elementos

Elemento		Contenido límite % en peso
Ag	Plata	0.25
As	Arsénico	0.5
Cd	Cadmio	1.3
Cr	Cromo	1.4
Mg	Magnesio	0.8
Pb	Plomo	1.5
S	Azufre	0.7
Sn	Estaño	0.8
Te	Telurio	0.8
Zn	Cinc	1
Zr	Circonio	0.3
Los demás elementos*, cada uno		0.3

   * Los demás elementos, por ejemplo: Al, Be, Co, Fe, Mn, Ni, Si.

   b) **Aleaciones de cobre**
   las materias metálicas, excepto el cobre sin refinar, en las que el cobre predomine en peso sobre cada uno de los demás elementos, siempre que:
   1) el contenido en peso de, al menos, uno de los demás elementos sea superior a los límites indicados en el cuadro anterior; o
   2) el contenido total de los demás elementos sea superior al 2.5% en peso.

   c) **Aleaciones madre de cobre**
   las composiciones que contengan cobre en proporción superior al 10% en peso y otros elementos, que no se presten a la deformación plástica y se utilicen como productos de aporte en la preparación de otras aleaciones o como desoxidantes, desulfurantes o usos similares en la metalurgia de los metales no férreos. Sin embargo, las combinaciones fósforo y cobre (cuprofósforos) con un contenido de fósforo superior al 15% en peso, se clasifican en la partida 28.53.

LEY DE LOS IMPUESTOS GENERALES DE IMPORTACION Y EXPORTACION

Nota de subpartida.
1. En este Capítulo, se entiende por:
   a) **Aleaciones a base de cobre-cinc (latón)**
      las aleaciones de cobre y cinc, incluso con otros elementos. Cuando estén presentes otros elementos:
      - el cinc debe predominar en peso sobre cada uno de los demás elementos;
      - el contenido eventual de níquel debe ser inferior al 5% en peso (véanse las aleaciones a base de cobre-níquel-cinc (alpaca));
      - el contenido eventual de estaño debe ser inferior al 3% en peso (véanse las aleaciones a base de cobre-estaño (bronce)).
   b) **Aleaciones a base de cobre-estaño (bronce)**
      las aleaciones de cobre y estaño, incluso con otros elementos. Cuando estén presentes otros elementos, el estaño debe predominar en peso sobre cada uno de estos otros elementos. Sin embargo, cuando el contenido de estaño sea superior o igual al 3% en peso, el de cinc puede predominar, pero debe ser inferior al 10% en peso.
   c) **Aleaciones a base de cobre-níquel-cinc (alpaca)**
      las aleaciones de cobre, níquel y cinc, incluso con otros elementos. El contenido de níquel debe ser superior o igual al 5% en peso (véanse las aleaciones a base de cobre-cinc (latón)).
   d) **Aleaciones a base de cobre-níquel**
      las aleaciones de cobre y níquel, incluso con otros elementos, pero que, en ningún caso, el contenido de cinc sea superior al 1% en peso. Cuando estén presentes otros elementos, el níquel debe predominar en peso sobre cada uno de estos otros elementos.

CÓDIGO		DESCRIPCIÓN	UNIDAD	ARANCEL	
				IMP	EXP
74.01		**Matas de cobre; cobre de cementación (cobre precipitado).**			
7401.00	-	Matas de cobre; cobre de cementación (cobre precipitado).			
7401.00.03		Matas de cobre; cobre de cementación (cobre precipitado).	Kg	Ex.	Ex.
	01	Matas de cobre.			
	02	Cobre de cementación (cobre precipitado).			
74.02		**Cobre sin refinar; ánodos de cobre para refinado electrolítico.**			
7402.00	-	Cobre sin refinar; ánodos de cobre para refinado electrolítico.			
7402.00.01	00	Cobre sin refinar; ánodos de cobre para refinado electrolítico.	Kg	Ex.	Ex.
74.03		**Cobre refinado y aleaciones de cobre, en bruto.**			
	-	Cobre refinado:			
7403.11	- -	Cátodos y secciones de cátodos.			
7403.11.01	00	Cátodos y secciones de cátodos.	Kg	Ex.	Ex.
7403.12	- -	Barras para alambrón ("wire-bars").			
7403.12.01	00	Barras para alambrón ("wire-bars").	Kg	Ex.	Ex.
7403.13	- -	Tochos.			
7403.13.01	00	Tochos.	Kg	Ex.	Ex.
7403.19	- -	Los demás.			
7403.19.99	00	Los demás.	Kg	Ex.	Ex.
	-	Aleaciones de cobre:			
7403.21	- -	A base de cobre-cinc (latón).			
7403.21.01	00	A base de cobre-cinc (latón).	Kg	Ex.	Ex.
7403.22	- -	A base de cobre-estaño (bronce).			
7403.22.01	00	A base de cobre-estaño (bronce).	Kg	Ex.	Ex.
7403.29	- -	Las demás aleaciones de cobre (excepto las aleaciones madre de la partida 74.05).			
7403.29.91		Las demás aleaciones de cobre (excepto las aleaciones madre de la partida 74.05).	Kg	Ex.	Ex.
	01	A base de cobre-níquel (cuproníquel) o de cobre-níquel-cinc (alpaca).			
	99	Las demás.			
74.04		**Desperdicios y desechos, de cobre.**			
7404.00	-	Desperdicios y desechos, de cobre.			
7404.00.03		Desperdicios y desechos, de cobre.	Kg	Ex.	Ex.
	01	Aleados, excepto lo comprendido en el número de identificación comercial 7404.00.03.02.			
	02	Anodos gastados; desperdicios y desechos con contenido de cobre inferior al 94%, en peso.			
	99	Los demás.			
74.05		**Aleaciones madre de cobre.**			
7405.00	-	Aleaciones madre de cobre.			
7405.00.01	00	Aleaciones madre de cobre.	Kg	Ex.	Ex.
74.06		**Polvo y escamillas, de cobre.**			
7406.10	-	Polvo de estructura no laminar.			
7406.10.01	00	Polvo de estructura no laminar.	Kg	Ex.	Ex.
7406.20	-	Polvo de estructura laminar; escamillas.			
7406.20.01	00	Polvo de estructura laminar; escamillas.	Kg	Ex.	Ex.
74.07		**Barras y perfiles, de cobre.**			
7407.10	-	De cobre refinado.			
7407.10.01	00	Barras.	Kg	5	Ex.
7407.10.99		Los demás.	Kg	Ex.	Ex.
	01	Perfiles huecos.			
	99	Los demás.			
	-	De aleaciones de cobre:			
7407.21	- -	A base de cobre-cinc (latón).			

7407.21.02	00	Perfiles huecos.	Kg	Ex.	Ex.
7407.21.99		Los demás.	Kg	5	Ex.
	01	Barras.			
	99	Los demás.			
7407.29	- -	**Los demás.**			
7407.29.99		Los demás.	Kg	Ex.	Ex.
	01	Barras de cobre aleadas, con uno o más de los siguientes metales: cromo, berilio, cobalto, zirconio.			
	02	Barras de cobre aleadas con telurio.			
	03	Barras a base de cobre-níquel (cuproníquel) o de cobre-níquel-cinc (alpaca).			
	99	Los demás.			
74.08		**Alambre de cobre.**			
	-	**De cobre refinado:**			
7408.11	- -	**Con la mayor dimensión de la sección transversal superior a 6 mm.**			
7408.11.02		Con la mayor dimensión de la sección transversal superior a 6 mm.	Kg	5	Ex.
	01	De sección transversal inferior o igual a 9.5 mm.			
	99	Los demás.			
7408.19	- -	**Los demás.**			
7408.19.01	00	De cobre libres de oxígeno, con pureza superior o igual al 99.22%, de diámetro inferior o igual a 1 mm, con o sin recubrimiento de níquel, reconocibles para la fabricación de electrodos para cátodos de encendido de focos, tubos de descarga o tubos de rayos catódicos.	Kg	Ex.	Ex.
7408.19.02	00	Con recubrimiento de plata inferior o igual al 2% (plateado), inclusive, con diámetro de 0.08 mm a 1 mm.	Kg	Ex.	Ex.
7408.19.99	00	Los demás.	Kg	5	Ex.
	-	**De aleaciones de cobre:**			
7408.21	- -	**A base de cobre-cinc (latón).**			
7408.21.01	00	A base de cobre-cinc (latón).	Kg	Ex.	Ex.
7408.22	- -	**A base de cobre-níquel (cuproníquel) o de cobre-níquel-cinc (alpaca).**			
7408.22.01	00	A base de cobre-níquel (cuproníquel) de cualquier diámetro, o a base de cobre-níquel-cinc (alpaca) de diámetro superior o igual a 0.5 mm.	Kg	5	Ex.
7408.22.99	00	Los demás.	Kg	Ex.	Ex.
7408.29	- -	**Los demás.**			
7408.29.99	00	Los demás.	Kg	Ex.	Ex.
74.09		**Chapas y tiras, de cobre, de espesor superior a 0.15 mm.**			
	-	**De cobre refinado:**			
7409.11	- -	**Enrolladas.**			
7409.11.01	00	Enrolladas.	Kg	Ex.	Ex.
7409.19	- -	**Las demás.**			
7409.19.99	00	Las demás.	Kg	Ex.	Ex.
	-	**De aleaciones a base de cobre-cinc (latón):**			
7409.21	- -	**Enrolladas.**			
7409.21.01	00	Enrolladas.	Kg	Ex.	Ex.
7409.29	- -	**Las demás.**			
7409.29.99	00	Las demás.	Kg	Ex.	Ex.
	-	**De aleaciones a base de cobre-estaño (bronce):**			
7409.31	- -	**Enrolladas.**			
7409.31.01	00	Enrolladas.	Kg	Ex.	Ex.
7409.39	- -	**Las demás.**			
7409.39.99	00	Las demás.	Kg	Ex.	Ex.
7409.40	-	**De aleaciones a base de cobre-níquel (cuproníquel) o de cobre-níquel-cinc (alpaca).**			
7409.40.01	00	De aleaciones a base de cobre-níquel (cuproníquel) o de cobre-níquel-cinc (alpaca).	Kg	Ex.	Ex.
7409.90	-	**De las demás aleaciones de cobre.**			
7409.90.91	00	De las demás aleaciones de cobre.	Kg	Ex.	Ex.
74.10		**Hojas y tiras, delgadas, de cobre (incluso impresas o fijadas sobre papel, cartón, plástico o soportes similares), de espesor inferior o igual a 0.15 mm (sin incluir el soporte).**			
	-	**Sin soporte:**			
7410.11	- -	**De cobre refinado.**			
7410.11.01	00	De cobre refinado.	Kg	Ex.	Ex.
7410.12	- -	**De aleaciones de cobre.**			
7410.12.01	00	De aleaciones de cobre.	Kg	25	Ex.
	-	**Con soporte:**			
7410.21	- -	**De cobre refinado.**			
7410.21.04	00	De cobre refinado.	Kg	Ex.	Ex.
7410.22	- -	**De aleaciones de cobre.**			
7410.22.01	00	De aleaciones de cobre.	Kg	Ex.	Ex.
74.11		**Tubos de cobre.**			
7411.10	-	**De cobre refinado.**			
7411.10.01	00	Con espesor de pared inferior o igual a 3 mm, excepto serpentines.	Kg	5	Ex.
7411.10.99		Los demás.	Kg	Ex.	Ex.
	01	Con espesor de pared superior a 3 mm, sin exceder de 15 mm, excepto lo comprendido en el número de identificación comercial 7411.10.99.02.			
	02	Serpentines.			
	03	Tubos aletados de una sola pieza.			
	99	Los demás.			
	-	**De aleaciones de cobre:**			
7411.21	- -	**A base de cobre-cinc (latón).**			

7411.21.01	00	Con espesor de pared inferior o igual a 3 mm, excepto serpentines y lo comprendido en la fracción arancelaria 7411.21.05.	Kg	5	Ex.
7411.21.05	00	Sin costura, con espesor de pared superior o igual a 0.20 mm pero inferior o igual a 0.40 mm, para instalaciones sanitarias.	Kg	35	Ex.
7411.21.99		Los demás.	Kg	Ex.	Ex.
	01	Con espesor de pared superior a 3 mm, sin exceder de 15 mm, excepto serpentines.			
	99	Los demás.			
7411.22	- -	A base de cobre-níquel (cuproníquel) o de cobre-níquel-cinc (alpaca).			
7411.22.01	00	Con espesor de pared inferior o igual a 3 mm, excepto serpentines.	Kg	5	Ex.
7411.22.02	00	Con espesor de pared superior a 3 mm, sin exceder de 15 mm, excepto serpentines.	Kg	5	Ex.
7411.22.99	00	Los demás.	Kg	Ex.	Ex.
7411.29	- -	Los demás.			
7411.29.01	00	Con espesor de pared inferior o igual a 3 mm, excepto serpentines.	Kg	5	Ex.
7411.29.99	00	Los demás.	Kg	Ex.	Ex.
74.12		**Accesorios de tubería (por ejemplo: empalmes (racores), codos, manguitos) de cobre.**			
7412.10	-	De cobre refinado.			
7412.10.01	00	De cobre refinado.	Kg	5	Ex.
7412.20	-	De aleaciones de cobre.			
7412.20.01	00	De aleaciones de cobre.	Kg	5	Ex.
74.13		**Cables, trenzas y artículos similares, de cobre, sin aislar para electricidad.**			
7413.00	-	Cables, trenzas y artículos similares, de cobre, sin aislar para electricidad.			
7413.00.02	00	Cables, trenzas y artículos similares, de cobre, sin aislar para electricidad.	Kg	5	Ex.
74.15		**Puntas, clavos, chinchetas (chinches), grapas apuntadas y artículos similares, de cobre, o con espiga de hierro o acero y cabeza de cobre; tornillos, pernos, tuercas, escarpias roscadas, remaches, pasadores, chavetas y arandelas (incluidas las arandelas de muelle (resorte)) y artículos similares, de cobre.**			
7415.10	-	Puntas y clavos, chinchetas (chinches), grapas apuntadas y artículos similares.			
7415.10.02	00	Puntas y clavos, chinchetas (chinches), grapas apuntadas y artículos similares.	Kg	Ex.	Ex.
	-	Los demás artículos sin rosca:			
7415.21	- -	Arandelas (incluidas las arandelas de muelle (resorte)).			
7415.21.01	00	Arandelas (incluidas las arandelas de muelle (resorte)).	Kg	Ex.	Ex.
7415.29	- -	Los demás.			
7415.29.99	00	Los demás.	Kg	Ex.	Ex.
	-	Los demás artículos roscados:			
7415.33	- -	Tornillos; pernos y tuercas.			
7415.33.03	00	Tornillos; pernos y tuercas.	Kg	Ex.	Ex.
7415.39	- -	Los demás.			
7415.39.99	00	Los demás.	Kg	Ex.	Ex.
74.18		**Artículos de uso doméstico, higiene o tocador, y sus partes, de cobre; esponjas, estropajos, guantes y artículos similares para fregar, lustrar o usos análogos, de cobre.**			
7418.10	-	Artículos de uso doméstico y sus partes; esponjas, estropajos, guantes y artículos similares para fregar, lustrar o usos análogos.			
7418.10.01	00	Artículos de uso doméstico y sus partes; esponjas, estropajos, guantes y artículos similares para fregar, lustrar o usos análogos.	Kg	15	Ex.
7418.20	-	Artículos de higiene o tocador, y sus partes.			
7418.20.01	00	Artículos de higiene o tocador, y sus partes.	Kg	15	Ex.
74.19		**Las demás manufacturas de cobre.**			
7419.20	-	Coladas, moldeadas, estampadas o forjadas, pero sin trabajar de otro modo.			
7419.20.01	00	Cadenas y sus partes.	Kg	Ex.	Ex.
7419.20.02	00	Terminales para cables.	Kg	15	Ex.
7419.20.03	00	Accesorios para tendidos aéreos eléctricos.	Kg	25	Ex.
7419.20.04	00	Reconocibles para naves aéreas.	Kg	Ex.	Ex.
7419.20.05	00	Electrodos circulares para máquinas o aparatos de soldar.	Kg	Ex.	Ex.
7419.20.06	00	Terminales reconocibles como diseñadas exclusivamente para resistencias no calentadoras.	Kg	25	Ex.
7419.20.07	00	Arillos o cospeles, reconocibles como diseñados exclusivamente para la acuñación de monedas.	Kg	Ex.	Ex.
7419.20.99	00	Los demás.	Kg	10	Ex.
7419.80	-	Las demás.			
7419.80.01	00	Cadenas y sus partes.	Kg	Ex.	Ex.
7419.80.02	00	Terminales para cables.	Kg	15	Ex.
7419.80.03	00	Accesorios para tendidos aéreos eléctricos.	Kg	15	Ex.
7419.80.99		Los demás.	Kg	Ex.	Ex.
	01	Reconocibles para naves aéreas.			
	02	Terminales reconocibles como diseñadas exclusivamente para resistencias no calentadoras.			
	03	Arillos o cospeles, reconocibles como diseñados exclusivamente para la acuñación de monedas.			
	04	Chapas o bandas extendidas.			
	05	Muelles (resortes), excepto planos, con almohadilla de fieltro, para cassette.			
	99	Los demás.			

Capítulo 75
Níquel y sus manufacturas

Notas de subpartida.

1. En este Capítulo, se entiende por:
   a) **Níquel sin alear**
      el metal con un contenido total de níquel y de cobalto superior o igual al 99% en peso, siempre que:
      1) el contenido de cobalto sea inferior o igual al 1.5% en peso, y
      2) el contenido de cualquier otro elemento sea inferior o igual a los límites que figuran en el cuadro siguiente:

      CUADRO - Otros elementos

Elemento	Contenido límite % en peso
Fe Hierro	0.5
O Oxígeno	0.4
Los demás elementos, cada uno	0.3

   b) **Aleaciones de níquel**
      las materias metálicas en las que el níquel predomine en peso sobre cada uno de los demás elementos, siempre que:
      1) el contenido de cobalto sea superior al 1.5% en peso;
      2) el contenido en peso de, al menos, uno de los demás elementos sea superior a los límites indicados en el cuadro anterior; o
      3) el contenido total de elementos distintos del níquel y del cobalto sea superior al 1 % en peso.

2. No obstante lo dispuesto en la Nota 9 c) de la Sección XV, en la subpartida 7508.10, solamente se admite como *alambre* el producto, enrollado o sin enrollar, cuya sección transversal, de cualquier forma, sea inferior o igual a 6 mm en su mayor dimensión.

CÓDIGO		DESCRIPCIÓN	UNIDAD	ARANCEL IMP	EXP
75.01		**Matas de níquel, "sinters" de óxidos de níquel y demás productos intermedios de la metalurgia del níquel.**			
7501.10	-	**Matas de níquel.**			
7501.10.01	00	Matas de níquel.	Kg	Ex.	Ex.
7501.20	-	**"Sinters" de óxidos de níquel y demás productos intermedios de la metalurgia del níquel.**			
7501.20.01	00	"Sinters" de óxidos de níquel y demás productos intermedios de la metalurgia del níquel.	Kg	Ex.	Ex.
75.02		**Níquel en bruto.**			
7502.10	-	**Níquel sin alear.**			
7502.10.01	00	Níquel sin alear.	Kg	Ex.	Ex.
7502.20	-	**Aleaciones de níquel.**			
7502.20.01	00	Aleaciones de níquel.	Kg	Ex.	Ex.
75.03		**Desperdicios y desechos, de níquel.**			
7503.00	-	**Desperdicios y desechos, de níquel.**			
7503.00.01	00	Desperdicios y desechos, de níquel.	Kg	Ex.	Ex.
75.04		**Polvo y escamillas, de níquel.**			
7504.00	-	**Polvo y escamillas, de níquel.**			
7504.00.01	00	Polvo y escamillas, de níquel.	Kg	Ex.	Ex.
75.05		**Barras, perfiles y alambre, de níquel.**			
	-	**Barras y perfiles:**			
7505.11	- -	**De níquel sin alear.**			
7505.11.01	00	De níquel sin alear.	Kg	Ex.	Ex.
7505.12	- -	**De aleaciones de níquel.**			
7505.12.01	00	De aleaciones de níquel.	Kg	Ex.	Ex.
	-	**Alambre:**			
7505.21	- -	**De níquel sin alear.**			
7505.21.01	00	De níquel sin alear.	Kg	Ex.	Ex.
7505.22	- -	**De aleaciones de níquel.**			
7505.22.01	00	De aleaciones de níquel.	Kg	Ex.	Ex.
75.06		**Chapas, hojas y tiras, de níquel.**			
7506.10	-	**De níquel sin alear.**			
7506.10.02		De níquel sin alear.	Kg	Ex.	Ex.
	01	Hojas con espesor inferior o igual a 0.15 mm.			
	99	Las demás.			
7506.20	-	**De aleaciones de níquel.**			
7506.20.02	00	De aleaciones de níquel.	Kg	Ex.	Ex.
75.07		**Tubos y accesorios de tubería (por ejemplo: empalmes (racores), codos, manguitos), de níquel.**			
	-	**Tubos:**			
7507.11	- -	**De níquel sin alear.**			
7507.11.01	00	De níquel sin alear.	Kg	Ex.	Ex.
7507.12	- -	**De aleaciones de níquel.**			
7507.12.01	00	De aleaciones de níquel.	Kg	Ex.	Ex.
7507.20	-	**Accesorios de tubería.**			
7507.20.01	00	Accesorios de tubería.	Kg	Ex.	Ex.

LEY DE LOS IMPUESTOS GENERALES DE IMPORTACION Y EXPORTACION

75.08			Las demás manufacturas de níquel.			
7508.10		-	Telas metálicas, redes y rejas, de alambre de níquel.			
7508.10.01	00		Telas metálicas, redes y rejas, de alambre de níquel.	Kg	25	Ex.
7508.90		-	Las demás.			
7508.90.99			Las demás.	Kg	Ex.	Ex.
	01		Anodos para niquelar incluso los obtenidos por electrólisis, en bruto o manufacturados.			
	99		Las demás.			

Capítulo 76
Aluminio y sus manufacturas

Notas de subpartida.
1. En este Capítulo, se entiende por:
   a) **Aluminio sin alear**
      el metal con un contenido de aluminio superior o igual al 99% en peso, siempre que el contenido en peso de los demás elementos sea inferior o igual a los límites indicados en el cuadro siguiente:

CUADRO - Otros elementos

Elemento	Contenido límite % en peso
Fe+Si (total hierro más silicio)	1
Los demás elementos [1], cada uno	0.1 [2]

[1] Los demás elementos, por ejemplo: Cr, Cu, Mg, Mn, Ni, Zn.
[2] Se tolera un contenido de cobre superior al 0.1% pero inferior o igual al 0.2%, siempre que ni el contenido de cromo ni el de manganeso sea superior al 0.05%

   b) **Aleaciones de aluminio**
      las materias metálicas en las que el aluminio predomine en peso sobre cada uno de los demás elementos, siempre que:
      1) el contenido en peso de, al menos, uno de los demás elementos o el total hierro más silicio, sea superior a los límites indicados en el cuadro anterior; o
      2) el contenido total de los demás elementos sea superior al 1% en peso.
2. No obstante lo dispuesto en la Nota 9 c) de la Sección XV, en la subpartida 7616.91, solamente se admite como *alambre* el producto, enrollado o sin enrollar, cuya sección transversal, de cualquier forma, sea inferior o igual a 6 mm en su mayor dimensión.

CÓDIGO			DESCRIPCIÓN	UNIDAD	ARANCEL	
					IMP	EXP
76.01			**Aluminio en bruto.**			
7601.10		-	**Aluminio sin alear.**			
7601.10.02			Aluminio sin alear.	Kg	35	Ex.
	01		Lingotes de aluminio con pureza mínima de 99.7% de aluminio, conteniendo en peso: 0.010 a 0.025% de boro, 0.04 a 0.08% de silicio y 0.13 a 0.18% de hierro, reconocibles como destinados a la fabricación de conductores eléctricos.			
	99		Los demás.			
7601.20		-	**Aleaciones de aluminio.**			
7601.20.02			Aleaciones de aluminio.	Kg	20	Ex.
	01		En cualquier forma, con un contenido igual o superior a: 5% de titanio y 1% de boro; o de 10% de estroncio, excepto -en ambos casos- de sección transversal circular de diámetro igual o superior a 50 mm.			
	99		Las demás.			
76.02			**Desperdicios y desechos, de aluminio.**			
7602.00		-	**Desperdicios y desechos, de aluminio.**			
7602.00.02			Desperdicios y desechos, de aluminio.	Kg	Ex.	Ex.
	01		Chatarra o desperdicios de aluminio provenientes de cables, placas, hojas, barras, perfiles o tubos.			
	99		Los demás.			
76.03			**Polvo y escamillas, de aluminio.**			
7603.10		-	**Polvo de estructura no laminar.**			
7603.10.01	00		Polvo de estructura no laminar.	Kg	Ex.	Ex.
7603.20		-	**Polvo de estructura laminar; escamillas.**			
7603.20.01	00		Polvo de estructura laminar; escamillas.	Kg	Ex.	Ex.
76.04			**Barras y perfiles, de aluminio.**			
7604.10		-	**De aluminio sin alear.**			
7604.10.01	00		Con pureza mínima de 99.5%, diámetro superior o igual a 9 mm, para la fabricación de conductores eléctricos.	Kg	Ex.	Ex.
7604.10.02	00		Perfiles.	Kg	30	Ex.
7604.10.99	00		Los demás.	Kg	35	Ex.
		-	De aleaciones de aluminio:			
7604.21		- -	**Perfiles huecos.**			
7604.21.01	00		Perfiles huecos.	Kg	25	Ex.
7604.29		- -	**Los demás.**			
7604.29.01	00		Barras de aluminio, con un contenido de: hierro de 0.7%, silicio superior o igual al 0.4% pero inferior o igual al 0.8%, cobre superior o igual 0.15% pero inferior o igual al 0.40%, magnesio superior o	Kg	25	Ex.

		igual al 0.8% pero inferior o igual al 1.2%, cromo superior o igual al 0.04% pero inferior o igual al 0.35%, además de los otros elementos, en peso.			
7604.29.02	00	Perfiles.	Kg	25	Ex.
7604.29.99	00	Los demás.	Kg	25	Ex.
76.05		**Alambre de aluminio.**			
	-	**De aluminio sin alear:**			
7605.11	- -	**Con la mayor dimensión de la sección transversal superior a 7 mm.**			
7605.11.01	00	De aluminio con pureza superior o igual de 99.5% y diámetro superior o igual a 9 mm, para la fabricación de conductores eléctricos.	Kg	3	Ex.
7605.11.99	00	Los demás.	Kg	5	Ex.
7605.19	- -	**Los demás.**			
7605.19.99	00	Los demás.	Kg	5	Ex.
	-	**De aleaciones de aluminio:**			
7605.21	- -	**Con la mayor dimensión de la sección transversal superior a 7 mm.**			
7605.21.01	00	Con un contenido de: hierro de 0.7%, silicio superior o igual al 0.4% pero inferior o igual al 0.8%, cobre superior o igual 0.15% pero inferior o igual al 0.40%, magnesio superior o igual al 0.8% pero inferior o igual al 1.2%, cromo superior o igual al 0.04% pero inferior o igual al 0.35%, además de los otros elementos, en peso.	Kg	3	Ex.
7605.21.02	00	De aleación 5056.	Kg	Ex.	Ex.
7605.21.99	00	Los demás.	Kg	5	Ex.
7605.29	- -	**Los demás.**			
7605.29.01	00	Con un contenido de: hierro de 0.7%, silicio superior o igual al 0.4% pero inferior o igual al 0.8%, cobre superior o igual 0.15% pero inferior o igual al 0.40%, magnesio superior o igual al 0.8% pero inferior o igual al 1.2%, cromo superior o igual al 0.04% pero inferior o igual al 0.35%, además de los otros elementos, en peso.	Kg	Ex.	Ex.
7605.29.02	00	De la aleación A2011TD, según Norma JIS-H-4040, o sus equivalentes.	Kg	Ex.	Ex.
7605.29.99	00	Los demás.	Kg	5	Ex.
76.06		**Chapas y tiras, de aluminio, de espesor superior a 0.2 mm.**			
	-	**Cuadradas o rectangulares:**			
7606.11	- -	**De aluminio sin alear.**			
7606.11.01	00	Hojas o tiras o chapas en rollos, con un contenido de aluminio superior o igual al 93%, con resistencia a la tensión superior o igual a 2,812 kg/cm² y con elongación superior o igual al 1% en 5 cm de longitud, reconocibles exclusivamente para la elaboración de envases para bebidas o alimentos.	Kg	Ex.	Ex.
7606.11.99	00	Los demás.	Kg	5	Ex.
7606.12	- -	**De aleaciones de aluminio.**			
7606.12.01	00	Hojas o tiras o chapas en rollos, con un contenido de aluminio superior o igual al 93%, con resistencia a la tensión superior o igual a 2,812 kg/cm² y con elongación superior o igual al 1% en 5 cm de longitud, reconocibles exclusivamente para la elaboración de envases para bebidas o alimentos.	Kg	Ex.	Ex.
7606.12.02	00	Reconocibles para fuselaje de naves aéreas.	Kg	Ex.	Ex.
7606.12.03	00	Anodizadas, en rollos, excepto las comprendidas en la fracción arancelaria 7606.12.01.	Kg	5	Ex.
7606.12.99	00	Los demás.	Kg	30	Ex.
	-	**Las demás:**			
7606.91	- -	**De aluminio sin alear.**			
7606.91.01	00	Reconocibles para naves aéreas.	Kg	Ex.	Ex.
7606.91.99	00	Las demás.	Kg	3	Ex.
7606.92	- -	**De aleaciones de aluminio.**			
7606.92.01	00	Reconocibles para naves aéreas.	Kg	Ex.	Ex.
7606.92.99	00	Las demás.	Kg	5	Ex.
76.07		**Hojas y tiras, delgadas, de aluminio (incluso impresas o fijadas sobre papel, cartón, plástico o soportes similares), de espesor inferior o igual a 0.2 mm (sin incluir el soporte).**			
	-	**Sin soporte:**			
7607.11	- -	**Simplemente laminadas.**			
7607.11.01	00	Simplemente laminadas.	Kg	5	Ex.
7607.19	- -	**Las demás.**			
7607.19.01	00	Reconocibles para naves aéreas.	Kg	Ex.	Ex.
7607.19.02	00	Atacadas en su superficie, reconocibles para la fabricación de condensadores electrolíticos.	Kg	Ex.	Ex.
7607.19.03	00	De espesor inferior o igual a 0.02 mm y anchura inferior a 20 mm, o en espesor inferior a 0.006 mm, en cualquier anchura, en rollos, reconocibles como diseñadas exclusivamente para condensadores eléctricos.	Kg	Ex.	Ex.
7607.19.99	00	Los demás.	Kg	5	Ex.
7607.20	-	**Con soporte.**			
7607.20.02	00	Con soporte.	Kg	Ex.	Ex.
76.08		**Tubos de aluminio.**			
7608.10	-	**De aluminio sin alear.**			
7608.10.03	00	Serpentines.	Kg	5	Ex.
7608.10.99		Los demás.	Kg	25	Ex.
	01	Con diámetro interior inferior o igual a 203.2 mm.			
	99	Los demás.			
7608.20	-	**De aleaciones de aluminio.**			
7608.20.01	00	Con diámetro interior inferior o igual a 203.2 mm, excepto lo comprendido en las fracciones arancelarias 7608.20.02 y 7608.20.03.	Kg	25	Ex.

LEY DE LOS IMPUESTOS GENERALES DE IMPORTACION Y EXPORTACION

7608.20.02	00	Con diámetro interior inferior o igual a 203.2 mm, incluso con órganos de acoplamiento y compuertas laterales de descarga reconocibles como diseñados exclusivamente para sistemas de riego agrícola a flor de tierra.	Kg	Ex.	Ex.
7608.20.03	00	Serpentines.	Kg	5	Ex.
7608.20.99	00	Los demás.	Kg	30	Ex.
76.09		**Accesorios de tubería (por ejemplo: empalmes (racores), codos, manguitos) de aluminio.**			
7609.00	-	Accesorios de tubería (por ejemplo: empalmes (racores), codos, manguitos) de aluminio.			
7609.00.02		Accesorios de tubería (por ejemplo: empalmes (racores), codos, manguitos) de aluminio.	Kg	25	Ex.
	01	Reconocibles para naves aéreas.			
	99	Los demás.			
76.10		**Construcciones y sus partes (por ejemplo: puentes y sus partes, torres, castilletes, pilares, columnas, armazones para techumbre, techados, puertas y ventanas, y sus marcos, contramarcos y umbrales, barandillas), de aluminio, excepto las construcciones prefabricadas de la partida 94.06; chapas, barras, perfiles, tubos y similares, de aluminio, preparados para la construcción.**			
7610.10	-	Puertas y ventanas, y sus marcos, contramarcos y umbrales.			
7610.10.01	00	Puertas y ventanas, y sus marcos, contramarcos y umbrales.	Kg	30	Ex.
7610.90	-	Los demás.			
7610.90.01	00	Mástiles para embarcaciones.	Kg	Ex.	Ex.
7610.90.99	00	Los demás.	Kg	30	Ex.
76.11		**Depósitos, cisternas, cubas y recipientes similares para cualquier materia (excepto gas comprimido o licuado), de aluminio, de capacidad superior a 300 l, sin dispositivos mecánicos ni térmicos, incluso con revestimiento interior o calorífugo.**			
7611.00	-	Depósitos, cisternas, cubas y recipientes similares para cualquier materia (excepto gas comprimido o licuado), de aluminio, de capacidad superior a 300 l, sin dispositivos mecánicos ni térmicos, incluso con revestimiento interior o calorífugo.			
7611.00.01	00	Depósitos, cisternas, cubas y recipientes similares para cualquier materia (excepto gas comprimido o licuado), de aluminio, de capacidad superior a 300 l, sin dispositivos mecánicos ni térmicos, incluso con revestimiento interior o calorífugo.	Pza	15	Ex.
76.12		**Depósitos, barriles, tambores, bidones, botes, cajas y recipientes similares, de aluminio (incluidos los envases tubulares rígidos o flexibles), para cualquier materia (excepto gas comprimido o licuado), de capacidad inferior o igual a 300 l, sin dispositivos mecánicos ni térmicos, incluso con revestimiento interior o calorífugo.**			
7612.10	-	Envases tubulares flexibles.			
7612.10.01	00	Envases tubulares flexibles.	Pza	15	Ex.
7612.90	-	Los demás.			
7612.90.01	00	Reconocibles como diseñados exclusivamente para el transporte y conservación de semen para animales y las demás muestras biológicas.	Pza	Ex.	Ex.
7612.90.99	00	Los demás.	Pza	15	Ex.
76.13		**Recipientes para gas comprimido o licuado, de aluminio.**			
7613.00	-	Recipientes para gas comprimido o licuado, de aluminio.			
7613.00.02	00	Tanques para oxígeno de uso medicinal.	Pza	Ex.	Ex.
7613.00.99	00	Los demás.	Pza	35	Ex.
76.14		**Cables, trenzas y similares, de aluminio, sin aislar para electricidad.**			
7614.10	-	Con alma de acero.			
7614.10.01		Con alma de acero.	Kg	5	Ex.
	01	Cable de aluminio reforzado con acero recubierto con aluminio (Por ejemplo: Cable "ACSR/AW").			
	91	Los demás cables ACSR.			
	99	Los demás.			
7614.90	-	Los demás.			
7614.90.99		Los demás.	Kg	5	Ex.
	01	Cable de aluminio.			
	99	Los demás.			
76.15		**Artículos de uso doméstico, higiene o tocador, y sus partes, de aluminio; esponjas, estropajos, guantes y artículos similares para fregar, lustrar o usos análogos, de aluminio.**			
7615.10	-	Artículos de uso doméstico y sus partes; esponjas, estropajos, guantes y artículos similares para fregar, lustrar o usos análogos.			
7615.10.02		Artículos de uso doméstico y sus partes; esponjas, estropajos, guantes y artículos similares para fregar, lustrar o usos análogos.	Kg	15	Ex.
	01	Ollas de presión.			
	02	Ollas, sartenes y baterías de aluminio.			
	99	Los demás.			
7615.20	-	Artículos de higiene o tocador, y sus partes.			
7615.20.01	00	Artículos de higiene o tocador, y sus partes.	Kg	15	Ex.
76.16		**Las demás manufacturas de aluminio.**			
7616.10	-	Puntas, clavos, grapas apuntadas, tornillos, pernos, tuercas, escarpias roscadas, remaches, pasadores, chavetas, arandelas y artículos similares.			
7616.10.01	00	Clavos, puntillas, remaches, arandelas, tornillos o tuercas.	Kg	Ex.	Ex.
7616.10.03	00	Reconocibles para naves aéreas.	Kg	Ex.	Ex.
7616.10.99	00	Los demás.	Kg	15	Ex.
		- Las demás:			
7616.91	--	Telas metálicas, redes y rejas, de alambre de aluminio.			
7616.91.01	00	Telas metálicas, redes y rejas, de alambre de aluminio.	Kg	15	Ex.
7616.99	--	Las demás.			

7616.99.01	00	Accesorios para tendidos aéreos eléctricos.	Kg	5	Ex.
7616.99.02	00	Carretes de urdido, seccionales.	Kg	Ex.	Ex.
7616.99.03	00	Bobinas o carretes reconocibles como diseñadas exclusivamente para la industria textil.	Kg	Ex.	Ex.
7616.99.04	00	Bobinas o carretes, excepto lo comprendido en la fracción arancelaria 7616.99.03.	Kg	Ex.	Ex.
7616.99.05	00	Quemadores de aluminio, para calentadoras de ambiente.	Kg	Ex.	Ex.
7616.99.06	00	Agujas para tejer a mano.	Kg	15	Ex.
7616.99.07	00	Ganchillos para tejer a mano.	Kg	15	Ex.
7616.99.08	00	Chapas o bandas extendidas.	Kg	Ex.	Ex.
7616.99.09	00	Portagomas (casquillos) o tapas (conteras) para lápices.	Kg	Ex.	Ex.
7616.99.10	00	Discos con un contenido de aluminio superior o igual a 97%, excepto lo comprendido en la fracción arancelaria 7616.99.14.	Kg	3	Ex.
7616.99.11	00	Anodos.	Kg	Ex.	Ex.
7616.99.12	00	Reconocibles para naves aéreas.	Kg	Ex.	Ex.
7616.99.13	00	Escaleras.	Kg	35	Ex.
7616.99.14	00	Manufacturas planas con un contenido de aluminio superior o igual a 99.7%, cuyas dimensiones se circunscriban en una circunferencia de un círculo cuyo diámetro sea superior o igual a 12 mm, pero inferior a 70 mm, y espesor superior o igual a 3 mm, pero inferior o igual a 16 mm.	Kg	3	Ex.
7616.99.15	00	Casquillos troquelados, reconocibles como diseñados exclusivamente para esferas de navidad.	Kg	35	Ex.
7616.99.99		Las demás.	Kg	25	Ex.
	91	Las demás piezas coladas.			
	92	Las demás piezas forjadas.			
	99	La demás.			

Capítulo 77
(Reservado para una futura utilización en el Sistema Armonizado)

Capítulo 78
Plomo y sus manufacturas

Nota.
Nota de subpartida.
1. En este Capítulo, se entiende por *plomo refinado*:
el metal con un contenido de plomo superior o igual al 99.9% en peso, siempre que el contenido en peso de cualquier otro elemento sea inferior o igual a los límites indicados en el cuadro siguiente:

CUADRO - Otros elementos

Elemento		Contenido límite % en peso
Ag	Plata	0.02
As	Arsénico	0.005
Bi	Bismuto	0.05
Ca	Calcio	0.002
Cd	Cadmio	0.002
Cu	Cobre	0.08
Fe	Hierro	0.002
S	Azufre	0.002
Sb	Antimonio	0.005
Sn	Estaño	0.005
Zn	Cinc	0.002
Los demás (por ejemplo, Te), cada uno		0.001

CÓDIGO		DESCRIPCIÓN	UNIDAD	ARANCEL	
				IMP	EXP
78.01		**Plomo en bruto.**			
7801.10	-	**Plomo refinado.**			
7801.10.01	00	Plomo refinado.	Kg	Ex.	Ex.
	-	Los demás:			
7801.91	- -	**Con antimonio como el otro elemento predominante en peso.**			
7801.91.01	00	Con antimonio como el otro elemento predominante en peso.	Kg	Ex.	Ex.
7801.99	- -	**Los demás.**			
7801.99.99	00	Los demás.	Kg	Ex.	Ex.
78.02		**Desperdicios y desechos, de plomo.**			
7802.00	-	**Desperdicios y desechos, de plomo.**			
7802.00.01	00	Desperdicios y desechos, de plomo.	Kg	Ex.	Ex.
78.04		**Chapas, hojas y tiras, de plomo; polvo y escamillas, de plomo.**			
	-	Chapas, hojas y tiras:			
7804.11	- -	**Hojas y tiras, de espesor inferior o igual a 0.2 mm (sin incluir el soporte).**			
7804.11.01	00	Hojas y tiras, de espesor inferior o igual a 0.2 mm (sin incluir el soporte).	Kg	Ex.	Ex.

7804.19		- -	Las demás.			
7804.19.99	00		Las demás.	Kg	Ex.	Ex.
7804.20		-	Polvo y escamillas.			
7804.20.01	00		Polvo y escamillas.	Kg	Ex.	Ex.
78.06			**Las demás manufacturas de plomo.**			
7806.00		-	Las demás manufacturas de plomo.			
7806.00.91			Las demás manufacturas de plomo.	Kg	Ex.	Ex.
	01		Barras, perfiles y alambre, de plomo.			
	99		Las demás.			

Capítulo 79
Cinc y sus manufacturas

Nota de subpartida.
1. En este Capítulo, se entiende por:
   a) **Cinc sin alear**
      el metal con un contenido de cinc superior o igual al 97.5% en peso.
   b) **Aleaciones de cinc**
      las materias metálicas en las que el cinc predomine en peso sobre cada uno de los demás elementos, siempre que el contenido total de los demás elementos sea superior al 2.5% en peso.
   c) **Polvo de condensación, de cinc**
      el producto obtenido por condensación de vapor de cinc constituido por partículas esféricas más finas que el polvo. Estas partículas deben pasar por un tamiz con abertura de malla de 63 micras (micrómetros, micrones) en una proporción superior o igual al 80% en peso. El contenido de cinc metálico debe ser superior o igual al 85% en peso.

CÓDIGO	DESCRIPCIÓN	UNIDAD	ARANCEL	
			IMP	EXP
79.01	**Cinc en bruto.**			
	- Cinc sin alear:			
7901.11	- - Con un contenido de cinc superior o igual al 99.99% en peso.			
7901.11.01 00	Con un contenido de cinc superior o igual al 99.99% en peso.	Kg	Ex.	Ex.
7901.12	- - Con un contenido de cinc inferior al 99.99% en peso.			
7901.12.01 00	Con un contenido de cinc inferior al 99.99% en peso.	Kg	Ex.	Ex.
7901.20	- Aleaciones de cinc.			
7901.20.01 00	Aleaciones de cinc.	Kg	Ex.	Ex.
79.02	**Desperdicios y desechos, de cinc.**			
7902.00	- Desperdicios y desechos, de cinc.			
7902.00.01 00	Desperdicios y desechos, de cinc.	Kg	Ex.	Ex.
79.03	**Polvo y escamillas, de cinc.**			
7903.10	- Polvo de condensación.			
7903.10.01 00	Polvo de condensación.	Kg	Ex.	Ex.
7903.90	- Los demás.			
7903.90.99 00	Los demás.	Kg	Ex.	Ex.
79.04	**Barras, perfiles y alambre, de cinc.**			
7904.00	- Barras, perfiles y alambre, de cinc.			
7904.00.01 00	Barras, perfiles y alambre, de cinc.	Kg	Ex.	Ex.
79.05	**Chapas, hojas y tiras, de cinc.**			
7905.00	- Chapas, hojas y tiras, de cinc.			
7905.00.01 00	Chapas, hojas y tiras, de cinc.	Kg	Ex.	Ex.
79.07	**Las demás manufacturas de cinc.**			
7907.00	- Las demás manufacturas de cinc.			
7907.00.91	Las demás manufacturas de cinc.	Kg	Ex.	Ex.
01	Tubos y accesorios de tubería (por ejemplo: empalmes (racores), codos, manguitos), de cinc.			
99	Las demás.			

Capítulo 80
Estaño y sus manufacturas

Nota de subpartida.
1. En este Capítulo, se entiende por:
   a) **Estaño sin alear**
      el metal con un contenido de estaño superior o igual al 99% en peso, siempre que el contenido de bismuto o de cobre, eventualmente presentes, sea inferior en peso a los límites indicados en el cuadro siguiente:

CUADRO - Otros elementos

Elemento		Contenido límite % en peso
Bi	Bismuto	0.1
Cu	Cobre	0.4

b) **Aleaciones de estaño**
las materias metálicas en las que el estaño predomine en peso sobre cada uno de los demás elementos, siempre que:
1) el contenido total de los demás elementos sea superior al 1% en peso; o
2) el contenido de bismuto o cobre sea superior o igual en peso a los límites indicados en el cuadro anterior.

CÓDIGO		DESCRIPCIÓN	UNIDAD	ARANCEL IMP	EXP
80.01		**Estaño en bruto.**			
8001.10	-	**Estaño sin alear.**			
8001.10.01	00	Estaño sin alear.	Kg	Ex.	Ex.
8001.20	-	**Aleaciones de estaño.**			
8001.20.01	00	Aleaciones de estaño.	Kg	Ex.	Ex.
80.02		**Desperdicios y desechos, de estaño.**			
8002.00	-	**Desperdicios y desechos, de estaño.**			
8002.00.01	00	Desperdicios y desechos, de estaño.	Kg	Ex.	Ex.
80.03		**Barras, perfiles y alambre, de estaño.**			
8003.00		**Barras, perfiles y alambre, de estaño.**			
8003.00.01	00	Barras, perfiles y alambre, de estaño.	Kg	Ex.	Ex.
80.07		**Las demás manufacturas de estaño.**			
8007.00	-	**Las demás manufacturas de estaño.**			
8007.00.01	00	Chapas, hojas y tiras, de estaño, de espesor superior a 0.2 mm.	Kg	Ex.	Ex.
8007.00.02	00	Hojas y tiras, delgadas, de estaño (incluso impresas o fijadas sobre papel, cartón, plástico o soportes similares), de espesor inferior o igual a 0.2 mm (sin incluir el soporte); polvo y escamillas, de estaño.	Kg	Ex.	Ex.
8007.00.03	00	Tubos y accesorios de tubería (por ejemplo: empalmes (racores), codos, manguitos), de estaño.	Kg	Ex.	Ex.
8007.00.99	00	Las demás.	Kg	15	Ex.

Capítulo 81
Los demás metales comunes; cermets; manufacturas de estas materias

CÓDIGO		DESCRIPCIÓN	UNIDAD	ARANCEL IMP	EXP
81.01		**Volframio (tungsteno) y sus manufacturas, incluidos los desperdicios y desechos.**			
8101.10	-	**Polvo.**			
8101.10.01	00	Polvo.	Kg	Ex.	Ex.
	-	**Los demás:**			
8101.94	- -	**Volframio (tungsteno) en bruto, incluidas las barras simplemente obtenidas por sinterizado.**			
8101.94.01	00	Volframio (tungsteno) en bruto, incluidas las barras simplemente obtenidas por sinterizado.	Kg	Ex.	Ex.
8101.96	- -	**Alambre.**			
8101.96.03		Alambre.	Kg	Ex.	Ex.
	01	De sección circular, con diámetro inferior a 0.89 mm para la fabricación de filamentos de lámparas incandescentes.			
	99	Los demás.			
8101.97	- -	**Desperdicios y desechos.**			
8101.97.01	00	Desperdicios y desechos.	Kg	Ex.	Ex.
8101.99	- -	**Los demás.**			
8101.99.99		Los demás.	Kg	Ex.	Ex.
	01	Barras, excepto las simplemente obtenidas por sinterizado, perfiles, chapas, hojas y tiras.			
	99	Los demás.			
81.02		**Molibdeno y sus manufacturas, incluidos los desperdicios y desechos.**			
8102.10	-	**Polvo.**			
8102.10.01	00	Polvo.	Kg	Ex.	Ex.
	-	**Los demás:**			
8102.94	- -	**Molibdeno en bruto, incluidas las barras simplemente obtenidas por sinterizado.**			
8102.94.01	00	Molibdeno en bruto, incluidas las barras simplemente obtenidas por sinterizado.	Kg	Ex.	Ex.
8102.95	- -	**Barras, excepto las simplemente obtenidas por sinterizado, perfiles, chapas, hojas y tiras.**			
8102.95.02	00	Barras, excepto las simplemente obtenidas por sinterizado, perfiles, chapas, hojas y tiras.	Kg	Ex.	Ex.
8102.96	- -	**Alambre.**			
8102.96.01	00	Alambre.	Kg	Ex.	Ex.
8102.97	- -	**Desperdicios y desechos.**			
8102.97.01	00	Desperdicios y desechos.	Kg	Ex.	Ex.
8102.99	- -	**Los demás.**			
8102.99.99	00	Los demás.	Kg	Ex.	Ex.
81.03		**Tantalio y sus manufacturas, incluidos los desperdicios y desechos.**			
8103.20	-	**Tantalio en bruto, incluidas las barras simplemente obtenidas por sinterizado; polvo.**			
8103.20.01	00	Tantalio en bruto, incluidas las barras simplemente obtenidas por sinterizado; polvo.	Kg	Ex.	Ex.
8103.30	-	**Desperdicios y desechos.**			
8103.30.01	00	Desperdicios y desechos.	Kg	Ex.	Ex.
	-	**Los demás:**			
8103.91	- -	**Crisoles.**			
8103.91.01	00	Crisoles.	Kg	Ex.	Ex.

8103.99	- -	Los demás.			
8103.99.99	00	Los demás.	Kg	Ex.	Ex.
81.04		**Magnesio y sus manufacturas, incluidos los desperdicios y desechos.**			
	-	Magnesio en bruto:			
8104.11	- -	**Con un contenido de magnesio superior o igual al 99.8% en peso.**			
8104.11.01	00	Con un contenido de magnesio superior o igual al 99.8% en peso.	Kg	Ex.	Ex.
8104.19	- -	**Los demás.**			
8104.19.99	00	Los demás.	Kg	Ex.	Ex.
8104.20	-	**Desperdicios y desechos.**			
8104.20.01	00	Desperdicios y desechos.	Kg	Ex.	Ex.
8104.30	-	**Virutas, torneaduras y gránulos calibrados; polvo.**			
8104.30.01	00	Virutas, torneaduras y gránulos calibrados; polvo.	Kg	Ex.	Ex.
8104.90	-	**Los demás.**			
8104.90.99		Los demás.	Kg	Ex.	Ex.
	01	Perfiles.			
	02	Anodos.			
	99	Los demás.			
81.05		**Matas de cobalto y demás productos intermedios de la metalurgia del cobalto; cobalto y sus manufacturas, incluidos los desperdicios y desechos.**			
8105.20	-	**Matas de cobalto y demás productos intermedios de la metalurgia del cobalto; cobalto en bruto; polvo.**			
8105.20.01	00	Matas de cobalto y demás productos intermedios de la metalurgia del cobalto; cobalto en bruto; polvo.	Kg	Ex.	Ex.
8105.30	-	**Desperdicios y desechos.**			
8105.30.01	00	Desperdicios y desechos.	Kg	Ex.	Ex.
8105.90	-	**Los demás.**			
8105.90.99	00	Los demás.	Kg	Ex.	Ex.
81.06		**Bismuto y sus manufacturas, incluidos los desperdicios y desechos.**			
8106.10	-	**Con un contenido de bismuto superior al 99.99% en peso.**			
8106.10.01	00	Con un contenido de bismuto superior al 99.99% en peso.	Kg	Ex.	Ex.
8106.90	-	**Los demás.**			
8106.90.99	00	Los demás.	Kg	Ex.	Ex.
81.08		**Titanio y sus manufacturas, incluidos los desperdicios y desechos.**			
8108.20	-	**Titanio en bruto; polvo.**			
8108.20.01	00	Titanio en bruto; polvo.	Kg	Ex.	Ex.
8108.30	-	**Desperdicios y desechos.**			
8108.30.01	00	Desperdicios y desechos.	Kg	Ex.	Ex.
8108.90	-	**Los demás.**			
8108.90.01	00	Canastillas, bastidores ("Racks") y serpentines.	Kg	10	Ex.
8108.90.99	00	Los demás.	Kg	Ex.	Ex.
81.09		**Circonio y sus manufacturas, incluidos los desperdicios y desechos.**			
	-	Circonio en bruto; polvo:			
8109.21	- -	**Con un contenido inferior a 1 parte de hafnio (celtio) por 500 partes de circonio, en peso.**			
8109.21.01	00	Con un contenido inferior a 1 parte de hafnio (celtio) por 500 partes de circonio, en peso.	Kg	Ex.	Ex.
8109.29	- -	**Los demás.**			
8109.29.99	00	Los demás.	Kg	Ex.	Ex.
	-	Desperdicios y desechos:			
8109.31	- -	**Con un contenido inferior a 1 parte de hafnio (celtio) por 500 partes de circonio, en peso.**			
8109.31.01	00	Con un contenido inferior a 1 parte de hafnio (celtio) por 500 partes de circonio, en peso.	Kg	Ex.	Ex.
8109.39	- -	**Los demás.**			
8109.39.99	00	Los demás.	Kg	Ex.	Ex.
	- -	Los demás:			
8109.91	- -	**Con un contenido inferior a 1 parte de hafnio (celtio) por 500 partes de circonio, en peso.**			
8109.91.01	00	Con un contenido inferior a 1 parte de hafnio (celtio) por 500 partes de circonio, en peso.	Kg	Ex.	Ex.
8109.99	- -	**Los demás.**			
8109.99.99	00	Los demás.	Kg	Ex.	Ex.
81.10		**Antimonio y sus manufacturas, incluidos los desperdicios y desechos.**			
8110.10	-	**Antimonio en bruto; polvo.**			
8110.10.01	00	Antimonio en bruto; polvo.	Kg	Ex.	Ex.
8110.20	-	**Desperdicios y desechos.**			
8110.20.01	00	Desperdicios y desechos.	Kg	Ex.	Ex.
8110.90	-	**Los demás.**			
8110.90.99	00	Los demás.	Kg	Ex.	Ex.
81.11		**Manganeso y sus manufacturas, incluidos los desperdicios y desechos.**			
8111.00	-	**Manganeso y sus manufacturas, incluidos los desperdicios y desechos.**			
8111.00.02		Manganeso y sus manufacturas, incluidos los desperdicios y desechos.	Kg	Ex.	Ex.
	01	Polvos de manganeso y sus manufacturas.			
	99	Los demás.			
81.12		**Berilio, cadmio, cromo, germanio, vanadio, galio, hafnio (celtio), indio, niobio (colombio), renio y talio, así como las manufacturas de estos metales, incluidos los desperdicios y desechos.**			
	-	Berilio:			
8112.12	- -	**En bruto; polvo.**			
8112.12.01	00	En bruto; polvo.	Kg	Ex.	Ex.

Código		Descripción	Unidad	IMP	EXP
8112.13	- -	**Desperdicios y desechos.**			
8112.13.01	00	Desperdicios y desechos.	Kg	Ex.	Ex.
8112.19	- -	**Los demás.**			
8112.19.99	00	Los demás.	Kg	Ex.	Ex.
	-	Cromo:			
8112.21	- -	**En bruto; polvo.**			
8112.21.01	00	En bruto; polvo.	Kg	Ex.	Ex.
8112.22	- -	**Desperdicios y desechos.**			
8112.22.01	00	Desperdicios y desechos.	Kg	Ex.	Ex.
8112.29	- -	**Los demás.**			
8112.29.99	00	Los demás.	Kg	Ex.	Ex.
	-	Hafnio (celtio):			
8112.31	- -	**En bruto; desperdicios y desechos; polvo.**			
8112.31.01	00	En bruto; desperdicios y desechos; polvo.	Kg	Ex.	Ex.
8112.39	- -	**Los demás.**			
8112.39.99	00	Los demás.	Kg	Ex.	Ex.
	-	Renio:			
8112.41	- -	**En bruto; desperdicios y desechos; polvo.**			
8112.41.01	00	En bruto; desperdicios y desechos; polvo.	Kg	Ex.	Ex.
8112.49	- -	**Los demás.**			
8112.49.99	00	Los demás.	Kg	Ex.	Ex.
	-	Talio:			
8112.51	- -	**En bruto; polvo.**			
8112.51.01	00	En bruto; polvo.	Kg	Ex.	Ex.
8112.52	- -	**Desperdicios y desechos.**			
8112.52.01	00	Desperdicios y desechos.	Kg	Ex.	Ex.
8112.59	- -	**Los demás.**			
8112.59.99	00	Los demás.	Kg	Ex.	Ex.
	-	Cadmio:			
8112.61	- -	**Desperdicios y desechos.**			
8112.61.01	00	Desperdicios y desechos.	Kg	Ex.	Ex.
8112.69	- -	**Los demás.**			
8112.69.99	00	Los demás.	Kg	Ex.	Ex.
	-	Los demás:			
8112.92	- -	**En bruto; desperdicios y desechos; polvo.**			
8112.92.01	00	En bruto; desperdicios y desechos; polvo.	Kg	Ex.	Ex.
8112.99	- -	**Los demás.**			
8112.99.99	00	Los demás.	Kg	Ex.	Ex.
81.13		**Cermet y sus manufacturas, incluidos los desperdicios y desechos.**			
8113.00	-	Cermet y sus manufacturas, incluidos los desperdicios y desechos.			
8113.00.02		Cermet y sus manufacturas, incluidos los desperdicios y desechos.	Kg	Ex.	Ex.
	01	Cermet y sus manufacturas.			
	99	Los demás.			

Capítulo 82
Herramientas y útiles, artículos de cuchillería y cubiertos de mesa, de metal común; partes de estos artículos, de metal común

Notas.
1. Independientemente de las lámparas de soldar, de las fraguas portátiles, de las muelas con bastidor y de los juegos de manicura o pedicuro, así como de los artículos de la partida 82.09, este Capítulo comprende solamente los artículos provistos de una hoja u otra parte operante:
    a) de metal común;
    b) de carburo metálico o de cermet;
    c) de piedras preciosas o semipreciosas (naturales, sintéticas o reconstituidas), con soporte de metal común, carburo metálico o cermet;
    d) de abrasivos con soporte de metal común, siempre que se trate de útiles cuyos dientes, aristas u otras partes cortantes no hayan perdido su función propia por la presencia de polvo abrasivo.
2. Las partes de metal común de los artículos de este Capítulo se clasifican con los mismos, excepto las partes especialmente citadas y los portaútiles para herramientas de mano de la partida 84.66. Sin embargo, siempre se excluyen de este Capítulo las partes o accesorios de uso general, tal como se definen en la Nota 2 de esta Sección.
    Se excluyen de este Capítulo, las cabezas, peines, contrapeines, hojas y cuchillas de afeitadoras, cortadoras de pelo o esquiladoras, eléctricas (partida 85.10).
3. Los surtidos formados por uno o varios cuchillos de la partida 82.11 y un número, por lo menos igual, de artículos de la partida 82.15, se clasifican en esta última partida.

CÓDIGO	DESCRIPCIÓN	UNIDAD	ARANCEL
			IMP	EXP

| **82.01** | **Layas, palas, azadas, picos, binaderas, horcas de labranza, rastrillos y raederas; hachas, hocinos y herramientas similares con filo; tijeras de podar de cualquier tipo; hoces y guadañas, cuchillos para heno o para paja, cizallas para setos, cuñas y demás herramientas de mano, agrícolas, hortícolas o forestales.** |

LEY DE LOS IMPUESTOS GENERALES DE IMPORTACION Y EXPORTACION

8201.10		-	**Layas y palas.**			
8201.10.02	00		Layas y palas.	Pza	15	Ex.
8201.30		-	**Azadas, picos, binaderas, rastrillos y raederas.**			
8201.30.02			Azadas, picos, binaderas, rastrillos y raederas.	Pza	15	Ex.
	01		Rastrillos.			
	99		Los demás.			
8201.40		-	**Hachas, hocinos y herramientas similares con filo.**			
8201.40.01	00		Hachas, hocinos y herramientas similares con filo.	Pza	15	Ex.
8201.50		-	**Tijeras de podar (incluidas las de trinchar aves) para usar con una sola mano.**			
8201.50.01	00		Tijeras de podar (incluidas las de trinchar aves) para usar con una sola mano.	Pza	15	Ex.
8201.60		-	**Cizallas para setos, tijeras de podar y herramientas similares, para usar con las dos manos.**			
8201.60.01	00		Cizallas para setos, tijeras de podar y herramientas similares para usar con las dos manos, excepto lo comprendido en la fracción arancelaria 8201.60.02.	Pza	15	Ex.
8201.60.02	00		Cabezas de tijeras de podar, sin mango.	Pza	Ex.	Ex.
8201.90		-	**Las demás herramientas de mano, agrícolas, hortícolas o forestales.**			
8201.90.02	00		Guadañas.	Pza	Ex.	Ex.
8201.90.03	00		Bieldos de más de cinco dientes.	Pza	Ex.	Ex.
8201.90.99			Los demás.	Pza	15	Ex.
	01		Horcas para labranza excepto los bieldos de más de cinco dientes.			
	99		Los demás.			
82.02			**Sierras de mano; hojas de sierra de cualquier clase (incluidas las fresas sierra y las hojas sin dentar).**			
8202.10		-	**Sierras de mano.**			
8202.10.01	00		Serruchos (serrotes).	Kg	15	Ex.
8202.10.04	00		Sierras con marco o de arco (arcos con segueta, arcos para seguetas).	Kg	15	Ex.
8202.10.05	00		Seguetas para ampolletas; tronzadores.	Kg	Ex.	Ex.
8202.10.99	00		Los demás.	Kg	10	Ex.
8202.20		-	**Hojas de sierra de cinta.**			
8202.20.01	00		Hojas de sierra de cinta.	Kg	Ex.	Ex.
		-	**Hojas de sierra circulares (incluidas las fresas sierra):**			
8202.31		- -	**Con parte operante de acero.**			
8202.31.01	00		Con diámetro exterior inferior o igual a 800 mm.	Kg	15	Ex.
8202.31.99	00		Los demás.	Kg	Ex.	Ex.
8202.39		- -	**Las demás, incluidas las partes.**			
8202.39.01	00		Con diámetro inferior o igual a 800 mm, excepto lo comprendido en la fracción arancelaria 8202.39.02.	Kg	15	Ex.
8202.39.02	00		Guarnecidas de diamante.	Kg	Ex.	Ex.
8202.39.03	00		Con diámetro exterior superior a 800 mm, excepto lo comprendido en la fracción arancelaria 8202.39.02.	Kg	Ex.	Ex.
8202.39.04	00		Esbozos (corazas o centros) de acero, reconocibles como diseñados exclusivamente para sierras circulares guarnecidas de diamante.	Kg	Ex.	Ex.
8202.39.05	00		Segmentos o dientes sin polvo de diamante para sierras circulares, excepto lo comprendido en la fracción arancelaria 8202.39.07.	Kg	Ex.	Ex.
8202.39.06	00		Segmentos o dientes guarnecidos con polvo de diamante aglomerado.	Kg	Ex.	Ex.
8202.39.07	00		Segmentos o dientes con parte operante de acero.	Kg	Ex.	Ex.
8202.39.99	00		Las demás.	Kg	10	Ex.
8202.40		-	**Cadenas cortantes.**			
8202.40.02			Cadenas cortantes.	Kg	Ex.	Ex.
	01		Cadenas para motosierras manuales con motor de explosión.			
	99		Las demás.			
		-	**Las demás hojas de sierra:**			
8202.91		- -	**Hojas de sierra rectas para trabajar metal.**			
8202.91.04			Hojas de sierra rectas para trabajar metal.	Kg	Ex.	Ex.
	01		Seguetas.			
	99		Los demás.			
8202.99		- -	**Las demás.**			
8202.99.01	00		Hojas de sierra de pelo.	Kg	Ex.	Ex.
8202.99.99	00		Las demás.	Kg	5	Ex.
82.03			**Limas, escofinas, alicates (incluso cortantes), tenazas, pinzas, cizallas para metales, cortatubos, cortapernos, sacabocados y herramientas similares, de mano.**			
8203.10		-	**Limas, escofinas y herramientas similares.**			
8203.10.02	00		Limas con longitud superior a 50 cm.	Pza	Ex.	Ex.
8203.10.99			Las demás.	Pza	15	Ex.
	01		Limas, con peso inferior o igual a 22 g.			
	99		Las demás.			
8203.20		-	**Alicates (incluso cortantes), tenazas, pinzas y herramientas similares.**			
8203.20.01	00		Trabadores para sierra.	Kg	Ex.	Ex.
8203.20.99	00		Los demás.	Pza	15	Ex.
8203.30		-	**Cizallas para metales y herramientas similares.**			
8203.30.01	00		Cizallas para metales y herramientas similares.	Pza	15	Ex.
8203.40		-	**Cortatubos, cortapernos, sacabocados y herramientas similares.**			
8203.40.01	00		Sacabocados.	Pza	Ex.	Ex.
8203.40.03	00		Cortapernos y cortarremaches.	Pza	Ex.	Ex.
8203.40.99			Los demás.	Pza	15	Ex.

309

	01	Cortatubos.			
	99	Los demás.			
82.04		**Llaves de ajuste de mano (incluidas las llaves dinamométricas); cubos (vasos) de ajuste intercambiables, incluso con mango.**			
	-	Llaves de ajuste de mano:			
8204.11	- -	No ajustables.			
8204.11.01	00	Llaves de palanca con matraca, excepto lo comprendido en la fracción arancelaria 8204.11.02.	Kg	15	Ex.
8204.11.02	00	Con longitud igual o inferior a 610 mm, para tubos.	Kg	15	Ex.
8204.11.99	00	Los demás.	Kg	10	Ex.
8204.12	- -	Ajustables.			
8204.12.01	00	Llaves de cadena; llaves ajustables con longitud superior a 785 mm, para tubos.	Kg	Ex.	Ex.
8204.12.99		Los demás.	Kg	15	Ex.
	01	Llaves de ajuste con longitud igual o inferior a 785 mm, para tubos.			
	99	Los demás.			
8204.20	-	Cubos (vasos) de ajuste intercambiables, incluso con mango.			
8204.20.01	00	Con mango.	Kg	15	Ex.
8204.20.99	00	Los demás.	Kg	10	Ex.
82.05		**Herramientas de mano (incluidos los diamantes de vidriero) no expresadas ni comprendidas en otra parte; lámparas de soldar y similares; tornillos de banco, prensas de carpintero y similares, excepto los que sean accesorios o partes de máquinas herramienta o de máquinas para cortar por chorro de agua; yunques; fraguas portátiles; muelas de mano o pedal, con bastidor.**			
8205.10	-	Herramientas de taladrar o roscar (incluidas las terrajas).			
8205.10.01	00	Taladros, excepto los berbiquíes .	Pza	Ex.	Ex.
8205.10.99		Las demás.	Pza	15	Ex.
	01	Manerales para aterrajar, aun cuando se presenten con sus dados (terrajas).			
	99	Las demás.			
8205.20	-	Martillos y mazas.			
8205.20.01	00	Martillos y mazas.	Pza	15	Ex.
8205.30	-	Cepillos, formones, gubias y herramientas cortantes similares para trabajar madera.			
8205.30.01	00	Guillames, acanaladores o machihembradores.	Pza	Ex.	Ex.
8205.30.99	00	Los demás.	Pza	15	Ex.
8205.40	-	Destornilladores.			
8205.40.01	00	Con probador de corriente, incluso con su lámpara; de matraca; de cabeza giratoria.	Pza	Ex.	Ex.
8205.40.99	00	Los demás.	Pza	15	Ex.
	-	Las demás herramientas de mano (incluidos los diamantes de vidriero):			
8205.51	- -	De uso doméstico.			
8205.51.02	00	Destapadores mecánicos, para cañerías.	Pza	5	Ex.
8205.51.99		Los demás.	Pza	15	Ex.
	01	Abrelatas.			
	99	Los demás.			
8205.59	- -	Las demás.			
8205.59.05	00	Cuñas de hierro o acero.	Pza	Ex.	Ex.
8205.59.08	00	Engrapadoras.	Pza	Ex.	Ex.
8205.59.09	00	Tensores para cadenas.	Pza	Ex.	Ex.
8205.59.10	00	Tiradores o guías, para instalación de conductores eléctricos.	Pza	Ex.	Ex.
8205.59.13	00	Extractores de poleas o de rodamientos.	Pza	5	Ex.
8205.59.14	00	Compresores para colocar anillos de pistones.	Pza	5	Ex.
8205.59.15	00	Herramientas o utensilios para colocar válvulas de broche.	Pza	Ex.	Ex.
8205.59.16	00	Extractores de piezas de reloj.	Pza	Ex.	Ex.
8205.59.99		Las demás.	Pza	15	Ex.
	01	Punzones.			
	02	Paletas (cucharas) de albañil.			
	03	Espátulas.			
	04	Avellanadoras o expansores para tubos.			
	05	Aparatos o herramientas tipo pistola, impulsados por cartuchos detonantes, para incrustar o remachar taquetes, pernos o clavos.			
	06	Remachadoras.			
	07	Atadores o precintadores.			
	08	Llanas.			
	09	Cinceles y cortafríos.			
	99	Las demás.			
8205.60	-	Lámparas de soldar y similares.			
8205.60.02	00	Lámparas de soldar y similares.	Pza	15	Ex.
8205.70	-	Tornillos de banco, prensas de carpintero y similares.			
8205.70.03	00	Sujetadores de piezas de reloj.	Pza	Ex.	Ex.
8205.70.99		Los demás.	Pza	15	Ex.
	01	Tornillos de banco.			
	02	Prensas de sujeción.			
	99	Los demás.			
8205.90	-	Los demás, incluidos los juegos de artículos de dos o más de las subpartidas anteriores.			
8205.90.91	00	Los demás, incluidos los juegos de artículos de dos o más de las subpartidas anteriores.	Pza	15	Ex.
82.06		**Herramientas de dos o más de las partidas 82.02 a 82.05, acondicionadas en juegos para la venta al por menor.**			

LEY DE LOS IMPUESTOS GENERALES DE IMPORTACION Y EXPORTACION

8206.00		-	**Herramientas de dos o más de las partidas 82.02 a 82.05, acondicionadas en juegos para la venta al por menor.**			
8206.00.01	00		Herramientas de dos o más de las partidas 82.02 a 82.05, acondicionadas en juegos para la venta al por menor.	Kg	15	Ex.
82.07			**Útiles intercambiables para herramientas de mano, incluso mecánicas, o para máquinas herramienta (por ejemplo: de embutir, estampar, punzonar, roscar (incluso aterrajar), taladrar, escariar, brochar, fresar, tornear, atornillar), incluidas las hileras de extrudir o de estirar (trefilar) metal, así como los útiles de perforación o sondeo.**			
		-	Útiles de perforación o sondeo:			
8207.13		- -	**Con parte operante de cermet.**			
8207.13.08			Con parte operante de cermet.	Pza	Ex.	Ex.
	01		Reconocibles, como diseñados exclusivamente para martillos neumáticos.			
	02		Trépanos (de tricono, de corona y otros).			
	03		Barrenas.			
	99		Los demás.			
8207.19		- -	**Los demás, incluidas las partes.**			
8207.19.91			Los demás, incluidas las partes.	Pza	Ex.	Ex.
	01		Brocas, con parte operante de carburos.			
	02		Reconocibles, como diseñados exclusivamente para martillos neumáticos.			
	03		Brocas con diámetro igual o superior a 1.00 mm, pero inferior o igual a 64.1 mm, excepto las brocas con extremidades dentadas y lo comprendido en el número de identificación comercial 8207.19.91.01.			
	04		Brocas con diámetro inferior a 1.00 mm, o con diámetro superior a 64.1 mm, excepto las brocas con extremidades dentadas y lo comprendido en el número de identificación comercial 8207.19.91.01.			
	05		Trépanos (de tricono, de corona y otros).			
	06		Estructuras de corte y/o conos, para trépanos.			
	07		Barrenas.			
	99		Los demás.			
8207.20		-	**Hileras de extrudir o de estirar (trefilar) metal.**			
8207.20.01	00		Hileras de extrudir o de estirar (trefilar) metal.	Pza	Ex.	Ex.
8207.30		-	**Útiles de embutir, estampar o punzonar.**			
8207.30.03			Útiles de embutir, estampar o punzonar.	Pza	Ex.	Ex.
	01		Útiles de embutir, estampar o punzonar, excepto lo comprendido en el número de identificación comercial 8207.30.03.02.			
	02		Esbozos de matrices o troqueles, con peso igual o superior a 1,000 Kg, para el estampado de metales; y sus partes.			
8207.40		-	**Útiles de roscar (incluso aterrajar).**			
8207.40.04			Útiles de roscar (incluso aterrajar).	Pza	Ex.	Ex.
	01		Machuelos con diámetro igual o inferior a 50.8 mm.			
	99		Los demás.			
8207.50		-	**Útiles de taladrar.**			
8207.50.07			Útiles de taladrar.	Pza	35	Ex.
	01		Brocas, con parte operante de diamante.			
	02		Brocas, con parte operante de carburos.			
	03		Brocas con diámetro igual o superior a 1.00 mm, pero inferior o igual a 64.1 mm, excepto lo comprendido en los números de identificación comercial 8207.50.07.01, 8207.50.07.02 y 8707.50.07.04.			
	04		Brocas constituidas enteramente por carburos metálicos.			
	05		Brocas de centro del tipo plana o campana con diámetro inferior o igual a 25.4 mm, excepto lo comprendido en los números de identificación comercial 8207.50.07.02 y 8207.50.07.03.			
	99		Los demás.			
8207.60		-	**Útiles de escariar o brochar.**			
8207.60.06			Útiles de escariar o brochar.	Pza	35	Ex.
	01		Mandriles, reconocibles como diseñados exclusivamente para laminadores.			
	02		Escariadores o rimas ajustables.			
	03		Limas rotativas.			
	04		Escariadores constituidos enteramente por carburos metálicos.			
	99		Los demás.			
8207.70		-	**Útiles de fresar.**			
8207.70.03			Útiles de fresar.	Pza	Ex.	Ex.
	01		Fresas madre para generar engranes.			
	02		Fresas constituidas enteramente por carburos metálicos.			
	99		Los demás.			
8207.80		-	**Útiles de tornear.**			
8207.80.01	00		Útiles de tornear.	Pza	35	Ex.
8207.90		-	**Los demás útiles intercambiables.**			
8207.90.01	00		Extractores de tornillos.	Pza	35	Ex.
8207.90.99	00		Los demás.	Pza	35	Ex.
82.08			**Cuchillas y hojas cortantes, para máquinas o aparatos mecánicos.**			
8208.10		-	**Para trabajar metal.**			
8208.10.02			Para trabajar metal.	Pza	Ex.	Ex.
	01		Hojas con espesor máximo de 6 mm y anchura máxima de 500 mm, con filo continuo o discontinuo.			
	99		Los demás.			

311

Código		Descripción	Unidad	Imp.	Ex.
8208.20	-	**Para trabajar madera.**			
8208.20.02	00	Para trabajar madera.	Pza	25	Ex.
8208.30	-	**Para aparatos de cocina o máquinas de la industria alimentaria.**			
8208.30.02		Para aparatos de cocina o máquinas de la industria alimentaria.	Pza	Ex.	Ex.
	01	Hojas con espesor máximo de 6 mm y anchura máxima de 500 mm, con filo continuo o discontinuo.			
	99	Los demás.			
8208.40	-	**Para máquinas agrícolas, hortícolas o forestales.**			
8208.40.03		Para máquinas agrícolas, hortícolas o forestales.	Pza	Ex.	Ex.
	01	Secciones de cuchillas y chapitas (contracuchillas) para máquinas de segar.			
	02	Hojas con espesor máximo de 6 mm y anchura máxima de 500 mm, con filo continuo o discontinuo.			
	99	Los demás.			
8208.90	-	**Las demás.**			
8208.90.99	00	Las demás.	Pza	Ex.	Ex.
82.09		**Plaquitas, varillas, puntas y artículos similares para útiles, sin montar, de cermet.**			
8209.00	-	Plaquitas, varillas, puntas y artículos similares para útiles, sin montar, de cermet.			
8209.00.01	00	Plaquitas, varillas, puntas y artículos similares para útiles, sin montar, de cermet.	Kg	Ex.	Ex.
82.10		**Aparatos mecánicos accionados a mano, de peso inferior o igual a 10 kg, utilizados para preparar, acondicionar o servir alimentos o bebidas.**			
8210.00	-	Aparatos mecánicos accionados a mano, de peso inferior o igual a 10 kg, utilizados para preparar, acondicionar o servir alimentos o bebidas.			
8210.00.01	00	Aparatos mecánicos accionados a mano, de peso inferior o igual a 10 kg, utilizados para preparar, acondicionar o servir alimentos o bebidas.	Pza	15	Ex.
82.11		**Cuchillos con hoja cortante o dentada, incluidas las navajas de podar, y sus hojas (excepto los de la partida 82.08).**			
8211.10	-	**Surtidos.**			
8211.10.01	00	Surtidos.	Kg	15	Ex.
	-	**Los demás:**			
8211.91	- -	**Cuchillos de mesa de hoja fija.**			
8211.91.01	00	Cuchillos de mesa de hoja fija.	Pza	15	Ex.
8211.92	- -	**Los demás cuchillos de hoja fija.**			
8211.92.01	00	Chairas.	Pza	Ex.	Ex.
8211.92.99	00	Los demás.	Kg	15	Ex.
8211.93	- -	**Cuchillos, excepto los de hoja fija, incluidas las navajas de podar.**			
8211.93.01	00	Cuchillos, excepto los de hoja fija, incluidas las navajas de podar.	Pza	15	Ex.
8211.94	- -	**Hojas.**			
8211.94.01	00	Hojas.	Pza	15	Ex.
8211.95	- -	**Mangos de metal común.**			
8211.95.01	00	Mangos de metal común.	Pza	Ex.	Ex.
82.12		**Navajas y máquinas de afeitar y sus hojas (incluidos los esbozos en fleje).**			
8212.10	-	**Navajas y máquinas de afeitar.**			
8212.10.01	00	Navajas de barbero.	Pza	5	Ex.
8212.10.99	00	Las demás.	Pza	Ex.	Ex.
8212.20	-	**Hojas para maquinillas de afeitar, incluidos los esbozos en fleje.**			
8212.20.01	00	Hojas para maquinillas de afeitar, incluidos los esbozos en fleje.	Pza	Ex.	Ex.
8212.90	-	**Las demás partes.**			
8212.90.01	00	Para máquinas de afeitar.	Kg	Ex.	Ex.
8212.90.99	00	Las demás.	Kg	15	Ex.
82.13		**Tijeras y sus hojas.**			
8213.00	-	Tijeras y sus hojas.			
8213.00.01	00	Tijeras y sus hojas.	Pza	15	Ex.
82.14		**Los demás artículos de cuchillería (por ejemplo: máquinas de cortar el pelo o de esquilar, cuchillas para picar carne, tajaderas de carnicería o cocina y cortapapeles); herramientas y juegos de herramientas de manicura o de pedicuro (incluidas las limas para uñas).**			
8214.10	-	**Cortapapeles, abrecartas, raspadores, sacapuntas y sus cuchillas.**			
8214.10.02		Cortapapeles, abrecartas, raspadores, sacapuntas y sus cuchillas.	Kg	15	Ex.
	01	Sacapuntas.			
	99	Los demás.			
8214.20	-	**Herramientas y juegos de herramientas de manicura o de pedicuro (incluidas las limas para uñas).**			
8214.20.02		Herramientas y juegos de herramientas de manicura o de pedicuro (incluidas las limas para uñas).	Kg	15	Ex.
	01	Juegos de manicure.			
	99	Los demás.			
8214.90	-	**Los demás.**			
8214.90.01	00	Máquinas de cortar el pelo.	Pza	5	Ex.
8214.90.05	00	Esquiladoras; peines para máquinas de cortar el pelo.	Pza	Ex.	Ex.
8214.90.99	00	Los demás.	Pza	15	Ex.
82.15		**Cucharas, tenedores, cucharones, espumaderas, palas para tarta, cuchillos para pescado o mantequilla (manteca), pinzas para azúcar y artículos similares.**			
8215.10	-	**Surtidos que contengan por lo menos un objeto plateado, dorado o platinado.**			
8215.10.01	00	Surtidos que contengan por lo menos un objeto plateado, dorado o platinado.	Kg	15	Ex.
8215.20	-	**Los demás surtidos.**			
8215.20.91	00	Los demás surtidos.	Kg	15	Ex.
	-	**Los demás:**			
8215.91	- -	**Plateados, dorados o platinados.**			
8215.91.01	00	Plateados, dorados o platinados.	Pza	35	Ex.

LEY DE LOS IMPUESTOS GENERALES DE IMPORTACION Y EXPORTACION

8215.99		--	Los demás.			
8215.99.99			Los demás.	Pza	15	Ex.
	01		Mangos de metales comunes.			
	99		Los demás.			

Capítulo 83
Manufacturas diversas de metal común

Notas.
1. En este Capítulo, las partes de metal común se clasifican en la partida correspondiente a los artículos a los que pertenecen. Sin embargo, no se consideran partes de manufacturas de este Capítulo, los artículos de fundición, hierro o acero de las partidas 73.12, 73.15, 73.17, 73.18 o 73.20 ni los mismos artículos de otro metal común (Capítulos 74 a 76 y 78 a 81).

2. En la partida 83.02, se consideran *ruedas* las que tengan un diámetro (incluido el bandaje, en su caso) inferior o igual a 75 mm o las de mayor diámetro (incluido el bandaje, en su caso) siempre que la anchura de la rueda o del bandaje que se les haya montado sea inferior a 30 mm.

CÓDIGO	DESCRIPCIÓN	UNIDAD	ARANCEL IMP	EXP
83.01	**Candados, cerraduras y cerrojos (de llave, combinación o eléctricos), de metal común; cierres y monturas cierre, con cerradura incorporada, de metal común; llaves de metal común para estos artículos.**			
8301.10	- Candados.			
8301.10.01	Candados.	Pza	15	Ex.
01	De los tipos utilizados en motocicletas, bicicletas y vehículos similares.			
02	De los tipos utilizados en vehículos automóviles, excepto motocicletas.			
03	Diseñados para utilizarse en maletas.			
04	Diseñados para puerta, cerraduras y otras cerraduras adecuadas para usar con puertas interiores o exteriores.			
05	Candados de combinación, excepto lo comprendido en los números de identificación comercial 8301.10.01.01, 8301.10.01.02, 8301.10.01.03 y 8301.10.01.04.			
99	Los demás.			
8301.20	- Cerraduras de los tipos utilizados en vehículos automóviles.			
8301.20.02	Cerraduras de los tipos utilizados en vehículos automóviles.	Kg	15	Ex.
01	Tapones para tanque de gasolina.			
99	Los demás.			
8301.30	- Cerraduras de los tipos utilizados en muebles.			
8301.30.01 00	Cerraduras de los tipos utilizados en muebles.	Kg	15	Ex.
8301.40	- Las demás cerraduras; cerrojos.			
8301.40.91	Las demás cerraduras; cerrojos.	Pza	15	Ex.
01	Cerraduras eléctricas y electrónicas, incluso digitales biométricas y de bluetooth.			
99	Las demás.			
8301.50	- Cierres y monturas cierre, con cerradura incorporada.			
8301.50.01 00	Monturas cierre de aleación de magnesio, con cerradura incorporada.	Kg	5	Ex.
8301.50.99 00	Los demás.	Kg	15	Ex.
8301.60	- Partes.			
8301.60.02	Partes.	Kg	Ex.	Ex.
01	Marcos o monturas de aleación de magnesio, sin la cerradura.			
99	Los demás.			
8301.70	- Llaves presentadas aisladamente.			
8301.70.02	Llaves presentadas aisladamente.	Kg	Ex.	Ex.
01	Llaves sin acabar.			
99	Las demás.			
83.02	**Guarniciones, herrajes y artículos similares, de metal común, para muebles, puertas, escaleras, ventanas, persianas, carrocerías, artículos de guarnicionería, baúles, arcas, cofres y demás manufacturas de esta clase; colgadores, perchas, soportes y artículos similares, de metal común; ruedas con montura de metal común; cierrapuertas automáticos de metal común.**			
8302.10	- Bisagras de cualquier clase (incluidos los pernios y demás goznes).			
8302.10.01 00	Con mecanismos de resortes, excepto lo comprendido en la fracción arancelaria 8302.10.02.	Kg	15	Ex.
8302.10.02 00	Para vehículos automóviles.	Kg	Ex.	Ex.
8302.10.99	Los demás.	Kg	35	Ex.
01	Bisagras de libro o piano.			
02	Bisagras bidimensionales u ocultas.			
03	Bisagras para vidrio.			
99	Los demás.			
8302.20	- Ruedas.			
8302.20.02	Ruedas.	Kg	15	Ex.
01	Para muebles.			
99	Los demás.			

Código			Descripción	Unidad	Imp	Ex
8302.30		-	**Las demás guarniciones, herrajes y artículos similares, para vehículos automóviles.**			
8302.30.91	00		Las demás guarniciones, herrajes y artículos similares, para vehículos automóviles.	Kg	15	Ex.
		-	**Las demás guarniciones, herrajes y artículos similares:**			
8302.41		- -	**Para edificios.**			
8302.41.06			Para edificios.	Kg	15	Ex.
	01		Herrajes para cortinas venecianas.			
	02		Cortineros.			
	03		Cerraduras sin llave, picaportes o pasadores.			
	04		Dispositivos compensadores para la sujeción de ventanas de guillotina.			
	99		Los demás.			
8302.42		- -	**Los demás, para muebles.**			
8302.42.91			Los demás, para muebles.	Kg	15	Ex.
	01		Cerraduras sin llave, picaportes o pasadores.			
	02		Reconocibles como diseñadas exclusivamente para asientos, incluso los transformables en camas.			
	04		Jaladeras de acero.			
	05		Jaladeras de aluminio.			
	06		Jaladeras de zamak o zinc.			
	91		Las demás jaladeras.			
	99		Los demás.			
8302.49		- -	**Los demás.**			
8302.49.99			Los demás.	Kg	15	Ex.
	01		Jaladeras de acero.			
	02		Jaladeras de aluminio.			
	03		Jaladeras de zamak o zinc.			
	91		Las demás jaladeras.			
	99		Los demás.			
8302.50		-	**Colgadores, perchas, soportes y artículos similares.**			
8302.50.01	00		Colgadores, perchas, soportes y artículos similares.	Kg	35	Ex.
8302.60		-	**Cierrapuertas automáticos.**			
8302.60.01	00		Cierrapuertas automáticos.	Kg	15	Ex.
83.03			**Cajas de caudales, puertas blindadas y compartimientos para cámaras acorazadas, cofres y cajas de seguridad y artículos similares, de metal común.**			
8303.00		-	Cajas de caudales, puertas blindadas y compartimientos para cámaras acorazadas, cofres y cajas de seguridad y artículos similares, de metal común.			
8303.00.01			Cajas de caudales, puertas blindadas y compartimientos para cámaras acorazadas, cofres y cajas de seguridad y artículos similares, de metal común.	Pza	15	Ex.
	01		Cajas de seguridad digitales, electrónicas, de combinación o biométricas.			
	99		Los demás.			
83.04			**Clasificadores, ficheros, cajas de clasificación, bandejas de correspondencia, plumeros (vasos o cajas para plumas de escribir), portasellos y material similar de oficina, de metal común, excepto los muebles de oficina de la partida 94.03.**			
8304.00		-	Clasificadores, ficheros, cajas de clasificación, bandejas de correspondencia, plumeros (vasos o cajas para plumas de escribir), portasellos y material similar de oficina, de metal común, excepto los muebles de oficina de la partida 94.03.			
8304.00.03	00		Clasificadores, ficheros, cajas de clasificación, bandejas de correspondencia, plumeros (vasos o cajas para plumas de escribir), portasellos y material similar de oficina, de metal común, excepto los muebles de oficina de la partida 94.03.	Kg	15	Ex.
83.05			**Mecanismos para encuadernación de hojas intercambiables o para clasificadores, sujetadores, cantoneras, clips, índices de señal y artículos similares de oficina, de metal común; grapas en tiras (por ejemplo: de oficina, tapicería o envase) de metal común.**			
8305.10		-	**Mecanismos para encuadernación de hojas intercambiables o para clasificadores.**			
8305.10.01	00		Mecanismos para encuadernación de hojas intercambiables o para clasificadores.	Kg	15	Ex.
8305.20		-	**Grapas en tiras.**			
8305.20.01	00		Grapas en tiras.	Kg	25	Ex.
8305.90		-	**Los demás, incluidas las partes.**			
8305.90.01	00		Clips u otros sujetadores.	Kg	15	Ex.
8305.90.02	00		Herrajes de 6 argollas con longitud de 13.0 cm o de 19.0 cm, con o sin gatillo, incluyendo las bases curvas para sujetarlos.	Kg	5	Ex.
8305.90.99	00		Los demás.	Kg	15	Ex.
83.06			**Campanas, campanillas, gongos y artículos similares, que no sean eléctricos, de metal común; estatuillas y demás artículos de adorno, de metal común; marcos para fotografías, grabados o similares, de metal común; espejos de metal común.**			
8306.10		-	**Campanas, campanillas, gongos y artículos similares.**			
8306.10.01	00		Campanas, campanillas, gongos y artículos similares.	Pza	15	Ex.
		-	**Estatuillas y demás artículos de adorno:**			
8306.21		- -	**Plateados, dorados o platinados.**			
8306.21.01	00		Plateados, dorados o platinados.	Pza	15	Ex.
8306.29		- -	**Los demás.**			
8306.29.99	00		Los demás.	Pza	15	Ex.
8306.30		-	**Marcos para fotografías, grabados o similares; espejos.**			
8306.30.01	00		Marcos para fotografías, grabados o similares; espejos.	Pza	15	Ex.
83.07			**Tubos flexibles de metal común, incluso con sus accesorios.**			
8307.10		-	**De hierro o acero.**			
8307.10.01	00		Constituidos de dos o más armazones de hierro o de acero y de dos o más capas de materias termoplásticas.	Kg	Ex.	Ex.

8307.10.99	00	Los demás.	Kg	5	Ex.
8307.90	-	**De los demás metales comunes.**			
8307.90.91	00	De los demás metales comunes.	Kg	5	Ex.
83.08		**Cierres, monturas cierre, hebillas, hebillas cierre, corchetes, ganchos, anillos para ojetes y artículos similares, de metal común, de los tipos utilizados para prendas de vestir o sus complementos (accesorios), calzado, bisutería, relojes de pulsera, libros, toldos, marroquinería, talabartería, artículos de viaje o demás artículos confeccionados; remaches tubulares o con espiga hendida, de metal común; cuentas y lentejuelas, de metal común.**			
8308.10	-	**Corchetes, ganchos y anillos para ojetes.**			
8308.10.01	00	Broches.	Kg	Ex.	Ex.
8308.10.99	00	Los demás.	Kg	5	Ex.
8308.20	-	**Remaches tubulares o con espiga hendida.**			
8308.20.01	00	Remaches tubulares o con espiga hendida.	Kg	35	Ex.
8308.90	-	**Los demás, incluidas las partes.**			
8308.90.91	00	Los demás, incluidas las partes.	Kg	5	Ex.
83.09		**Tapones y tapas (incluidas las tapas corona, las tapas roscadas y los tapones vertedores), cápsulas para botellas, tapones roscados, sobretapas, precintos y demás accesorios para envases, de metal común.**			
8309.10	-	**Tapas corona.**			
8309.10.01	00	Tapas corona.	Kg	5	Ex.
8309.90	-	**Los demás.**			
8309.90.01	00	Tapones o tapas, excepto los tapones sin cerradura para tanques de gasolina y lo comprendido en las fracciones arancelarias 8309.90.03, 8309.90.07 y 8309.90.08.	Kg	Ex.	Ex.
8309.90.03	00	Tapas de aluminio con rosca, para envases de uso farmacéutico.	Kg	Ex.	Ex.
8309.90.06	00	Cápsulas de aluminio para sobretaponar botellas.	Kg	Ex.	Ex.
8309.90.07	00	Tapas: con un precorte a menos de 10 mm de toda su orilla y una pieza de sujeción colocada sobre la tapa mediante un remache, llamadas tapas "abre fácil" ("full open"), de acero o aluminio, para envases destinados a contener bebidas o alimentos.	Kg	30	Ex.
8309.90.08	00	Tapas de aluminio, con una pieza de sujeción colocada sobre la tapa mediante un remache, reconocibles como diseñadas exclusivamente para envases destinados a contener bebidas o alimentos.	Kg	25	Ex.
8309.90.99		Los demás.	Kg	15	Ex.
	01	Tapones sin cerradura, para tanques de gasolina.			
	02	Sellos o precintos.			
	99	Los demás.			
83.10		**Placas indicadoras, placas rótulo, placas de direcciones y placas similares, cifras, letras y signos diversos, de metal común, excepto los de la partida 94.05.**			
8310.00	-	**Placas indicadoras, placas rótulo, placas de direcciones y placas similares, cifras, letras y signos diversos, de metal común, excepto los de la partida 94.05.**			
8310.00.01	00	Emblemas o monogramas para vehículos automóviles.	Kg	15	Ex.
8310.00.99	00	Los demás.	Kg	10	Ex.
83.11		**Alambres, varillas, tubos, placas, electrodos y artículos similares, de metal común o de carburo metálico, recubiertos o rellenos de decapantes o de fundentes, para soldadura o depósito de metal o de carburo metálico; alambres y varillas, de polvo de metal común aglomerado, para la metalización por proyección.**			
8311.10	-	**Electrodos recubiertos para soldadura de arco, de metal común.**			
8311.10.02	00	De cobre o sus aleaciones.	Kg	Ex.	Ex.
8311.10.03	00	De aluminio o sus aleaciones.	Kg	35	Ex.
8311.10.04	00	De níquel o sus aleaciones.	Kg	30	Ex.
8311.10.99		Los demás.	Kg	25	Ex.
	01	De hierro o de acero.			
	99	Los demás.			
8311.20	-	**Alambre "relleno" para soldadura de arco, de metal común.**			
8311.20.05		Alambre "relleno" para soldadura de arco, de metal común.	Kg	25	Ex.
	01	De cobre o sus aleaciones.			
	02	De aluminio o sus aleaciones.			
	03	De níquel o sus aleaciones.			
	04	De acero.			
	99	Los demás.			
8311.30	-	**Varillas recubiertas y alambre "relleno" para soldar al soplete, de metal común.**			
8311.30.01	00	De hierro o acero.	Kg	25	Ex.
8311.30.99		Los demás.	Kg	30	Ex.
	01	De cobre o sus aleaciones.			
	02	De aluminio o sus aleaciones.			
	99	Los demás.			
8311.90	-	**Los demás.**			
8311.90.01		De hierro o acero.	Kg	35	Ex.
	01	Alambre de soldadura para proceso SAW.			
	02	Varilla de soldadura para proceso TIG.			
	03	Microalambre o alambre para soldadura revestido de cobre en carrete.			
	04	Microalambre o alambre para soldadura revestido de cobre en tambor.			
	05	Microalambre o alambre para soldadura sin revestido de cobre en carrete.			
	06	Microalambre o alambre para soldadura sin revestido de cobre en tambor.			
	91	Los demás microalambres o alambres para soldadura revestidos.			

	92	Los demás microalambres o alambres para soldadura sin revestidos.			
	99	Los demás.			
8311.90.02	00	De cobre o sus aleaciones.	Kg	25	Ex.
8311.90.03	00	De aluminio o sus aleaciones.	Kg	Ex.	Ex.
8311.90.04	00	De níquel o sus aleaciones.	Kg	Ex.	Ex.
8311.90.05	00	Hilos o varillas de polvo de metal común aglomerado, para la metalización por proyección.	Kg	Ex.	Ex.
8311.90.99	00	Los demás.	Kg	30	Ex.

Sección XVI
MÁQUINAS Y APARATOS, MATERIAL ELÉCTRICO Y SUS PARTES; APARATOS DE GRABACIÓN O REPRODUCCIÓN DE SONIDO, APARATOS DE GRABACIÓN O REPRODUCCIÓN DE IMAGEN Y SONIDO EN TELEVISIÓN, Y LAS PARTES Y ACCESORIOS DE ESTOS APARATOS

Notas.
1. Esta Sección no comprende:
    a) las correas transportadoras o de transmisión de plástico del Capítulo 39, o de caucho vulcanizado (partida 40.10) y demás artículos de los tipos utilizados en máquinas o aparatos mecánicos o eléctricos o para otros usos técnicos, de caucho vulcanizado sin endurecer (partida 40.16);
    b) los artículos para usos técnicos de cuero natural o cuero regenerado (partida 42.05) o de peletería (partida 43.03);
    c) las canillas, carretes, bobinas y soportes similares, de cualquier materia (por ejemplo: Capítulos 39, 40, 44 o 48 o Sección XV);
    d) las tarjetas perforadas para mecanismos Jacquard o máquinas similares (por ejemplo: Capítulos 39 o 48 o Sección XV);
    e) las correas transportadoras o de transmisión, de materia textil (partida 59.10), así como los artículos para usos técnicos de materia textil (partida 59.11);
    f) las piedras preciosas o semipreciosas (naturales, sintéticas o reconstituidas) de las partidas 71.02 a 71.04, así como las manufacturas constituidas totalmente por estas materias, de la partida 71.16, excepto, sin embargo, los zafiros y diamantes, trabajados, sin montar, para agujas de fonocaptores (partida 85.22);
    g) las partes y accesorios de uso general, tal como se definen en la Nota 2 de la Sección XV, de metal común (Sección XV) y los artículos similares de plástico (Capítulo 39);
    h) los tubos de perforación (partida 73.04);
    ij) las telas y correas sin fin, de alambre o tiras metálicos (Sección XV);
    k) los artículos de los Capítulos 82 u 83;
    l) los artículos de la Sección XVII;
    m) los artículos del Capítulo 90;
    n) los artículos de relojería (Capítulo 91);
    o) los útiles intercambiables de la partida 82.07 y los cepillos que constituyan partes de máquinas (partida 96.03); los útiles intercambiables similares que se clasifican según la materia constitutiva de la parte operante (por ejemplo: Capítulos 40, 42, 43, 45 o 59, o partidas 68.04 o 69.09);
    p) los artículos del Capítulo 95;
    q) las cintas para máquina de escribir y cintas entintadas similares, incluso en carretes o cartuchos (clasificación según la materia constitutiva o en la partida 96.12 si están entintadas o preparadas de otro modo para imprimir), así como los monopies, bípodes, trípodes y artículos similares, de la partida 96.20.
2. Salvo lo dispuesto en la Nota 1 de esta Sección y en la Nota 1 de los Capítulos 84 y 85, las partes de máquinas (excepto las partes de los artículos comprendidos en las partidas 84.84, 85.44, 85.45, 85.46 u 85.47) se clasifican de acuerdo con las siguientes reglas:
    a) las partes que consistan en artículos de cualquier partida de los Capítulos 84 u 85 (excepto las partidas 84.09, 84.31, 84.48, 84.66, 84.73, 84.87, 85.03, 85.22, 85.29, 85.38 y 85.48) se clasifican en dicha partida cualquiera que sea la máquina a la que estén destinadas;
    b) cuando sean identificables como destinadas, exclusiva o principalmente, a una determinada máquina o a varias máquinas de una misma partida (incluso de las partidas 84.79 u 85.43), las partes, excepto las citadas en el párrafo precedente, se clasifican en la partida correspondiente a esta o estas máquinas o, según los casos, en las partidas 84.09, 84.31, 84.48, 84.66, 84.73, 85.03, 85.22, 85.29 u 85.38; sin embargo, las partes destinadas principalmente tanto a los artículos de la partida 85.17 como a los de las partidas 85.25 a 85.28 se clasifican en la partida 85.17, y las demás partes destinadas exclusiva o principalmente a los artículos de la partida 85.24 se clasifican en la partida 85.29;
    c) las demás partes se clasifican en las partidas 84.09, 84.31, 84.48, 84.66, 84.73, 85.03, 85.22, 85.29 u 85.38, según los casos, o, en su defecto, en las partidas 84.87 u 85.48.
3. Salvo disposición en contrario, las combinaciones de máquinas de diferentes clases destinadas a funcionar conjuntamente y que formen un solo cuerpo, así como las máquinas diseñadas para realizar dos o más funciones diferentes, alternativas o complementarias, se clasifican según la función principal que caracterice al conjunto.
4. Cuando una máquina o una combinación de máquinas estén constituidas por elementos individualizados (incluso separados o unidos entre sí por tuberías, órganos de transmisión, cables eléctricos o de otro modo) para realizar conjuntamente una función netamente definida, comprendida en una de las partidas de los Capítulos 84 u 85, el conjunto se clasifica en la partida correspondiente a la función que realice.
5. Para la aplicación de las Notas que preceden, la denominación *máquinas* abarca a las máquinas, aparatos, dispositivos, artefactos y materiales diversos citados en las partidas de los Capítulos 84 u 85.
6. A) En la Nomenclatura, la expresión *desperdicios y desechos eléctricos y electrónicos* se refiere a los ensamblajes eléctricos y electrónicos, a tarjetas de circuitos impresos y a artículos eléctricos o electrónicos que:
    a) han resultado inutilizables para su función original por rotura, corte u otros procesos o porque sería económicamente inconveniente la reparación, reconstrucción o restauración para restablecer sus funciones originales;
    b) son embalados o enviados de tal manera que los artículos no están protegidos, individualmente, de eventuales daños que pudieran ocurrir durante el transporte, carga o descarga.

B) Los envíos que contengan una mezcla de *desperdicios y desechos eléctricos y electrónicos* y de otros desperdicios y desechos, deben clasificarse en la partida 85.49.
C) Esta Sección no comprende los desechos municipales, tal como se definen en la Nota 4 del Capítulo 38.

Nota Nacional:
1. No obstante, lo dispuesto en la Nota 1, inciso k) de la Sección XVI de la Tarifa de la Ley de los Impuestos Generales de Importación y de Exportación, las herramientas y artículos necesarios para el montaje o mantenimiento con las que normalmente se comercializan las máquinas, se clasifican con ellas siempre que se presenten simultáneamente para su importación o exportación.

Capítulo 84
Reactores nucleares, calderas, máquinas, aparatos y artefactos mecánicos; partes de estas máquinas o aparatos

Notas.
1. Este Capítulo no comprende:
   a) las muelas y artículos similares para moler y demás artículos del Capítulo 68;
   b) las máquinas, aparatos o artefactos (por ejemplo, bombas), de cerámica y las partes de cerámica de las máquinas, aparatos o artefactos de cualquier materia (Capítulo 69);
   c) los artículos de vidrio para laboratorio (partida 70.17); los artículos de vidrio para usos técnicos (partidas 70.19 o 70.20);
   d) los artículos de las partidas 73.21 o 73.22, así como los artículos similares de otros metales comunes (Capítulos 74 a 76 o 78 a 81);
   e) las aspiradoras de la partida 85.08;
   f) los aparatos electromecánicos de uso doméstico de la partida 85.09; las cámaras digitales de la partida 85.25;
   g) los radiadores para los artículos de la Sección XVII;
   h) las escobas mecánicas de uso manual, excepto las de motor (partida 96.03).
2. Salvo lo dispuesto en la Nota 3 de la Sección XVI y la Nota 11 del presente Capítulo, las máquinas y aparatos susceptibles de clasificarse a la vez tanto en las partidas 84.01 a 84.24 o en la partida 84.86, como en las partidas 84.25 a 84.80, se clasifican en las partidas 84.01 a 84.24 o en la partida 84.86, según el caso.
   Sin embargo,
   A) No se clasifican en la partida 84.19:
      1°) las incubadoras y criadoras avícolas y los armarios y estufas de germinación (partida 84.36);
      2°) los aparatos humectadores de granos para la molinería (partida 84.37);
      3°) los difusores para la industria azucarera (partida 84.38);
      4°) las máquinas y aparatos para tratamiento térmico de hilados, tejidos o manufacturas de materia textil (partida 84.51);
      5°) los aparatos, dispositivos o equipos de laboratorio diseñados para realizar una operación mecánica, en los que el cambio de temperatura, aunque necesario, solo desempeñe una función accesoria.
   B) No se clasifican en la partida 84.22:
      1°) las máquinas de coser para cerrar envases (partida 84.52);
      2°) las máquinas y aparatos de oficina de la partida 84.72.
   C) No se clasifican en la partida 84.24:
      1°) las máquinas para imprimir por chorro de tinta (partida 84.43);
      2°) las máquinas para cortar por chorro de agua (partida 84.56).
3. Las máquinas herramienta que trabajen por arranque de cualquier materia susceptibles de clasificarse a la vez tanto en la partida 84.56 como en las partidas 84.57, 84.58, 84.59, 84.60, 84.61, 84.64 u 84.65 se clasifican en la partida 84.56.
4. Solo se clasifican en la partida 84.57 las máquinas herramienta para trabajar metal, excepto los tornos (incluidos los centros de torneado), que puedan efectuar diferentes tipos de operaciones de mecanizado por:
   a) cambio automático del útil procedente de un almacén de acuerdo con un programa de mecanizado (centros de mecanizado), o
   b) utilización automática, simultánea o secuencial, de diferentes unidades de mecanizado que trabajen la pieza en un puesto fijo (máquinas de puesto fijo), o
   c) desplazamiento automático de la pieza ante las diferentes unidades de mecanizado (máquinas de puestos múltiples).
5. En la partida 84.62, una *línea de hendido* para productos planos es una línea de producción que consiste en un desenrollador, un dispositivo de aplanado, un hendidor y un rebobinador. Una *línea de corte longitudinal* para productos planos se compone de un desenrollador, un dispositivo de aplanar y una cizalla.
6. A) En la partida 84.71, se entiende por *máquinas automáticas para tratamiento o procesamiento de datos* las máquinas capaces de:
      1°) registrar el programa o los programas de proceso y, por lo menos, los datos inmediatamente necesarios para la ejecución de ese o esos programas;
      2°) ser programadas libremente de acuerdo con las necesidades del usuario;
      3°) realizar cálculos aritméticos definidos por el usuario; y
      4°) ejecutar, sin intervención humana, un programa de proceso en el que puedan, por decisión lógica, modificar su ejecución durante el mismo.
   B) Las máquinas automáticas para tratamiento o procesamiento de datos pueden presentarse en forma de sistemas que comprendan un número variable de unidades individuales.
   C) Sin perjuicio de lo dispuesto en los apartados D) y E) siguientes, se considerará que forma parte de un sistema automático para tratamiento o procesamiento de datos cualquier unidad que cumpla con todas las condiciones siguientes:
      1°) que sea del tipo utilizado exclusiva o principalmente en un sistema automático para tratamiento o procesamiento de datos;
      2°) que pueda conectarse a la unidad central de proceso, sea directamente, sea mediante otra u otras unidades; y
      3°) que sea capaz de recibir o proporcionar datos en una forma (códigos o señales) utilizable por el sistema.
   Las unidades de una máquina automática para tratamiento o procesamiento de datos, presentadas aisladamente, se clasifican en la partida 84.71.

Sin embargo, los teclados, dispositivos de entrada por coordenadas X-Y y unidades de almacenamiento de datos por disco, que cumplan las condiciones establecidas en los apartados C) 2) y C) 3) anteriores, se clasifican siempre como unidades de la partida 84.71.

D) La partida 84.71 no comprende los siguientes aparatos cuando se presenten por separado, incluso si cumplen todas las condiciones establecidas en la Nota 6 C) anterior:
1°) las máquinas impresoras, copiadoras, de fax, incluso combinadas entre sí;
2°) los aparatos para emisión, transmisión o recepción de voz, imagen u otros datos, incluidos los aparatos para la comunicación con una red inalámbrica o por cable (tales como redes locales (LAN) o extendidas (WAN));
3°) los altavoces (altoparlantes) y micrófonos;
4°) las cámaras de televisión, cámaras digitales y las videocámaras;
5°) los monitores y proyectores, que no incorporen aparatos receptores de televisión.

E) Las máquinas que incorporen una máquina automática para tratamiento o procesamiento de datos o que funcionen en unión con tal máquina, y desempeñen una función propia distinta del tratamiento o procesamiento de datos, se clasifican en la partida correspondiente a su función o, en su defecto, en una partida residual.

7. Se clasifican en la partida 84.82 las bolas de acero calibradas, es decir, las bolas pulidas cuyo diámetro máximo o mínimo no difiera del diámetro nominal en una proporción superior al 1%, siempre que esta diferencia (tolerancia) sea inferior o igual a 0.05 mm.
Las bolas de acero que no respondan a esta definición se clasifican en la partida 73.26.

8. Salvo disposición en contrario y sin perjuicio de lo dispuesto en la Nota 2 anterior, así como en la Nota 3 de la Sección XVI, las máquinas que tengan múltiples utilizaciones se clasifican en la partida que corresponda a su utilización principal. Cuando no exista tal partida o no sea posible determinar la utilización principal, se clasifican en la partida 84.79.
En cualquier caso, las máquinas de cordelería o de cablería (por ejemplo: retorcedoras, trenzadoras, cableadoras) para cualquier materia, se clasifican en la partida 84.79.

9. En la partida 84.70, la expresión *de bolsillo* se aplica únicamente a las máquinas con dimensiones inferiores o iguales a 170 mm x 100 mm x 45 mm.

10. En la partida 84.85, la expresión *fabricación aditiva* (también denominada impresión 3D) se refiere a la formación, sobre la base de un modelo digital, de objetos físicos mediante la adición y la deposición sucesiva de capas de materia (por ejemplo: metal, plástico, cerámica), seguida de la consolidación y solidificación de la materia.
Salvo lo dispuesto en la Nota 1 de la Sección XVI y en la Nota 1 del Capítulo 84, las máquinas que cumplan con las especificaciones del texto de la partida 84.85 se clasifican en esta partida y no en otra partida de la Nomenclatura.

11. A) Las Notas 12 a) y 12 b) del Capítulo 85 también se aplican a las expresiones *dispositivos semiconductores* y *circuitos electrónicos integrados*, respectivamente, tal como se utilizan en esta Nota y en la partida 84.86. Sin embargo, para la aplicación de esta Nota y de la partida 84.86, la expresión *dispositivos semiconductores* también incluye los dispositivos semiconductores fotosensibles y los diodos emisores de luz (LED).

B) Para la aplicación de esta Nota y de la partida 84.86, la expresión *fabricación de dispositivos de visualización ("display") de pantalla plana* comprende la fabricación de los sustratos utilizados en dichos dispositivos. Esta expresión no comprende la fabricación del cristal o el montaje de las placas de circuitos impresos u otros componentes electrónicos de la pantalla plana. Los dispositivos de visualización (display) de pantalla plana no comprenden la tecnología del tubo de rayos catódicos.

C) La partida 84.86 también comprende las máquinas y aparatos de los tipos utilizados, exclusiva o principalmente, para:
1°) la fabricación o reparación de máscaras y retículas,
2°) el ensamblaje de dispositivos semiconductores o de circuitos electrónicos integrados,
3°) el montaje, manipulación, carga o descarga de semiconductores en forma de monocristales periformes u obleas ("wafers"), dispositivos semiconductores, circuitos electrónicos integrados y dispositivos de visualización (display) de pantalla plana.

D) Sin perjuicio de lo dispuesto en la Nota 1 de la Sección XVI y en la Nota 1 del Capítulo 84, las máquinas y aparatos que cumplan las especificaciones de la partida 84.86, se clasifican en dicha partida y no en otra de la Nomenclatura.

Notas de subpartida.
1. En la subpartida 8465.20, la expresión *centros de mecanizado* se aplica únicamente a las máquinas herramienta para trabajar madera, corcho, hueso, caucho endurecido, plástico rígido o materias duras similares, que pueden realizar diferentes tipos de operaciones de mecanizado por cambio automático de útiles procedentes de un almacén, de acuerdo con un programa de mecanizado.

2. En la subpartida 8471.49, se entiende por *sistemas* las máquinas automáticas para tratamiento o procesamiento de datos cuyas unidades cumplan con todas las condiciones establecidas en la Nota 6 C) del Capítulo 84 y constituidas, al menos, por una unidad central de proceso, una unidad de entrada (por ejemplo: un teclado o un escáner) y una unidad de salida (por ejemplo: un visualizador o una impresora).

3. En la subpartida 8481.20, se entiende por *válvulas para transmisiones oleohidráulicas o neumáticas*, las válvulas que se utilizan específicamente para la transmisión de un *fluido motor* en un sistema hidráulico o neumático, cuya fuente de energía es un fluido a presión (líquido o gas). Estas válvulas pueden ser de cualquier tipo (por ejemplo: reductoras de presión, de retención, de control). La subpartida 8481.20 tiene prioridad sobre las demás subpartidas de la partida 84.81.

4. La subpartida 8482.40 se aplica solamente a los rodamientos con rodillos cilíndricos de un diámetro constante inferior o igual a 5 mm y cuya longitud sea superior o igual a tres veces el diámetro del rodillo. Los rodillos pueden estar redondeados en sus extremos.

Notas Nacionales:
1. Para efectos de este Capítulo, la expresión "circuito(s) modular(es)" significa: un bien que consiste de uno o más circuitos impresos de la partida 85.34 con uno o más elementos activos ensamblados, y con o sin elementos pasivos.

2. Para efectos de esta Nota, la expresión "elemento(s) activo(s)" comprende diodos, transistores y dispositivos semiconductores similares, fotosensibles o no, de la partida 85.41, y los circuitos integrados y microensambles de la partida 85.42.

3. Para efectos del presente Capítulo, la expresión "unidades presentadas en un sistema" comprende:
a) Las unidades a que se refiere la Nota 6 B) y Nota 6 C) del Capítulo 84 de la Tarifa de la Ley de los Impuestos Generales de Importación y de Exportación, o
b) Cualquier otra máquina o aparato que se haya presentado junto con el sistema y haya sido clasificado en subpartida 8471.49.

4. Para efectos de la partida 84.14, se clasifican en dicha partida los ventiladores sin órganos distintos al motor, en caso que se presenten con dichos órganos, la clasificación se realizará con el órgano que le confiera su carácter esencial.
5. Para efectos de la partida 84.15, están comprendidos los aparatos para acondicionamiento de aire, ya sean formando un solo cuerpo o bien, como elementos separados, de igual forma, están incluidos los aparatos para vehículos automóviles para el transporte de personas. Sin embargo, los aparatos que alcanzan temperaturas igual o por debajo de los 0°C, se clasifican en la partida 84.18.
6. La partida 84.21 comprende a las máquinas o aparatos para filtrar, sin embargo, no se consideran como parte de este grupo los dispositivos muy sencillos (por ejemplo, recipientes con una tela filtrante), así como las placas filtrantes de pasta de papel que se clasifican en la partida 48.12, en general, las demás superficies filtrantes (materias cerámicas, textiles, fieltro, etc.) se clasifican según la materia constitutiva y según el grado de manufactura.
7. Para efectos de la subpartida 8422.11, las máquinas incluso eléctricas, de tipo doméstico, que se colocan en el suelo, no deben ser mayores de las siguientes dimensiones: anchura: 65 cm; altura: 95 cm; profundidad: 70 cm.
8. Para efectos de la partida 84.26, se encuentran incluidos los aparatos de elevación (más comúnmente llamadas grúas) si son fijos o se pueden mover por sus propios medios (autopropulsados). Sin embargo, esta partida no comprende a los aparatos de elevación montados en alguno de los vehículos de la Sección XVII.
9. La fracción 8443.99.99 comprende las siguientes partes de impresoras de las subpartidas 8443.31 y 8443.32:
    a) Ensambles de control o comando, que incorporen más de uno de los siguientes componentes: circuito modular, disco duro o flexible, teclado, interfase;
    b) Ensambles de fuente de luz, que incorporen más de uno de los siguientes componentes: ensamble de diodos emisores de luz, lámpara de láser de gas, ensambles de espejos poligonales, base fundida;
    c) Ensambles de imagen por láser, que incorporen más de uno de los siguientes componentes: tira o cilindro fotorreceptor, unidad receptora de tinta en polvo, unidad de relevado de tinta en polvo, unidad de carga/descarga, unidad de limpieza;
    d) Ensambles de fijación de imagen, que incorporen más de uno de los siguientes componentes: fusible, rodillo de presión, elemento calentador, dispositivo de distribución de aceite, unidad de limpieza, control eléctrico;
    e) Ensambles de impresión por inyección de tinta, que incorporen más de uno de los siguientes componentes: cabeza térmica de impresión, unidad de distribución de tinta, unidad pulverizadora y de reserva, calentador de tinta;
    f) Ensambles de protección/sellado, que incorporen más de uno de los siguientes componentes: unidad de vacío, cubierta de inyector de tinta, unidad de sellado, purgador;
    g) Ensambles de manejo de papel, que incorporen más de uno de los siguientes componentes: tira transportadora de papel, rodillo, barra de impresión, bandeja, rodillo compresor, unidad de almacenamiento de papel, bandeja de salida;
    h) Ensambles de impresión por transferencia térmica, que incorporen más de uno de los siguientes componentes: cabeza de impresión térmica, unidad de limpieza, rodillo alimentador o rodillo despachador;
    ij) Ensambles de impresión ionográfica, que incorporen más de uno de los siguientes componentes: unidad de generación y emisión de iones, unidad auxiliar de aire, circuitos modulares, tira o cilindro receptor, unidad receptora de tinta en polvo, unidad de distribución de tinta en polvo, receptáculo de revelado y unidad de distribución, unidad de revelado, unidad de carga/descarga, unidad de limpieza, o
    k) Combinaciones de los ensambles anteriormente especificados.
10. Para efectos de la partida 84.48, una máquina auxiliar se considera a aquella máquina que tenga una función propia, y que dicha función sea complementaria o correlativa a la función de la maquina principal.
11. Para efectos de las subpartidas 8458.11 y 8458.91, las maquinas CNC (Control Numérico Computarizado) o CN (Control Numérico) son aquellas en las que la operación sea a través de instrucciones preprogramadas por una máquina automática para tratamiento o procesamiento de datos o un microprocesador.
12. Para efectos de los distintos Tratados de Libre Comercio, el origen de cada una de las unidades presentadas en un sistema de la subpartida 8471.49 se determinará acorde con la regla de origen que resultaría aplicable a cada una de dichas unidades si éstas se presentaran por separado, y la tasa arancelaria del conjunto se determinará aplicando a cada una de dichas unidades (presentadas en el sistema) la tasa que les corresponda como si se presentasen por separado.
13. Para efectos de la partida 84.67, la expresión "de uso manual", son las herramientas para ser operadas por una persona y que sean portátiles.
14. En la partida 84.71, no se consideran los aparatos utilizados para la comunicación, o bien, utilizados en redes de comunicación (por ejemplo, LAN o WAN), los cuales están comprendidos en la partida 85.17.
15. Para efectos de la partida 84.76, la expresión "máquinas automáticas para la venta de productos" igualmente comprende al término "máquinas automáticas para la venta de servicios".
16. En la partida 84.84:
    Las juntas metaloplásticas básicamente están constituidas por dos o más hojas metálicas apiladas con un alma de cualquier materia no metálica. Sin embargo, las juntas simplemente reforzadas o sin hojas metálicas no se consideran de esta partida. Para los efectos de las subpartidas 8484.10 y 8484.20, las expresiones "juntas metaloplásticas" y "juntas mecánicas de estanqueidad" significan: "juntas o empaquetaduras metaloplásticas" y "juntas o empaquetaduras mecánicas de estanqueidad", respectivamente.
17. En este Capítulo, se entiende por robot industrial a la máquina o ingenio electrónico programable capaz de manipular objetos y realizar diversas operaciones en el sector industrial.

CÓDIGO	DESCRIPCIÓN	UNIDAD	ARANCEL	
			IMP	EXP
84.01	**Reactores nucleares; elementos combustibles (cartuchos) sin irradiar para reactores nucleares; máquinas y aparatos para la separación isotópica.**			
8401.10	- **Reactores nucleares.**			
8401.10.01 00	Reactores nucleares.	Kg	Ex.	Ex.
8401.20	- **Máquinas y aparatos para la separación isotópica, y sus partes.**			
8401.20.01 00	Máquinas y aparatos para la separación isotópica, y sus partes.	Kg	Ex.	Ex.
8401.30	- **Elementos combustibles (cartuchos) sin irradiar.**			
8401.30.01 00	Elementos combustibles (cartuchos) sin irradiar.	Kg	Ex.	Ex.
8401.40	- **Partes de reactores nucleares.**			
8401.40.01 00	Partes de reactores nucleares.	Kg	Ex.	Ex.

Código			Descripción	Unidad	Imp	Ex
84.02			**Calderas de vapor (generadores de vapor), excepto las de calefacción central diseñadas para producir agua caliente y también vapor a baja presión; calderas denominadas "de agua sobrecalentada".**			
	-		Calderas de vapor:			
8402.11	--		Calderas acuotubulares con una producción de vapor superior a 45 t por hora.			
8402.11.01	00		Calderas acuotubulares con una producción de vapor superior a 45 t por hora.	Kg	15	Ex.
8402.12	--		Calderas acuotubulares con una producción de vapor inferior o igual a 45 t por hora.			
8402.12.01	00		Calderas acuotubulares con una producción de vapor inferior o igual a 45 t por hora.	Kg	15	Ex.
8402.19	--		Las demás calderas de vapor, incluidas las calderas mixtas.			
8402.19.01	00		Para generación de vapor de agua.	Kg	15	Ex.
8402.19.99	00		Los demás.	Kg	15	Ex.
8402.20	-		Calderas denominadas "de agua sobrecalentada".			
8402.20.01	00		Calderas denominadas "de agua sobrecalentada".	Kg	15	Ex.
8402.90	-		Partes.			
8402.90.01	00		Partes.	Kg	Ex.	Ex.
84.03			**Calderas para calefacción central, excepto las de la partida 84.02.**			
8403.10	-		Calderas.			
8403.10.01	00		Calderas.	Pza	15	Ex.
8403.90	-		Partes.			
8403.90.01	00		Partes.	Kg	Ex.	Ex.
84.04			**Aparatos auxiliares para las calderas de las partidas 84.02 u 84.03 (por ejemplo: economizadores, recalentadores, deshollinadores o recuperadores de gas); condensadores para máquinas de vapor.**			
8404.10	-		Aparatos auxiliares para las calderas de las partidas 84.02 u 84.03.			
8404.10.01	00		Aparatos auxiliares para las calderas de las partidas 84.02 u 84.03.	Kg	Ex.	Ex.
8404.20	-		Condensadores para máquinas de vapor.			
8404.20.01	00		Condensadores para máquinas de vapor.	Kg	5	Ex.
8404.90	-		Partes.			
8404.90.01	00		Partes.	Kg	Ex.	Ex.
84.05			**Generadores de gas pobre (gas de aire) o de gas de agua, incluso con sus depuradores; generadores de acetileno y generadores similares de gases, por vía húmeda, incluso con sus depuradores.**			
8405.10	-		Generadores de gas pobre (gas de aire) o de gas de agua, incluso con sus depuradores; generadores de acetileno y generadores similares de gases, por vía húmeda, incluso con sus depuradores.			
8405.10.01	00		Celdas electrolíticas para producir cloro o hidrógeno y oxígeno.	Pza	Ex.	Ex.
8405.10.02	00		Generadores de atmósferas, sean oxidantes, reductoras o neutras, para tratamiento térmico de los metales.	Pza	15	Ex.
8405.10.99	00		Los demás.	Pza	10	Ex.
8405.90	-		Partes.			
8405.90.01	00		Partes.	Kg	Ex.	Ex.
84.06			**Turbinas de vapor.**			
8406.10	-		Turbinas para la propulsión de barcos.			
8406.10.01	00		Con potencia inferior o igual a 4,000 CP.	Pza	15	Ex.
8406.10.99	00		Los demás.	Pza	Ex.	Ex.
	-		Las demás turbinas:			
8406.81	--		De potencia superior a 40 MW.			
8406.81.01	00		De potencia superior a 40 MW.	Pza	Ex.	Ex.
8406.82	--		De potencia inferior o igual a 40 MW.			
8406.82.01	00		De potencia inferior o igual a 2.95 MW (4,000 CP).	Pza	15	Ex.
8406.82.99	00		Los demás.	Pza	Ex.	Ex.
8406.90	-		Partes.			
8406.90.01	00		Rotores terminados para su ensamble final.	Pza	Ex.	Ex.
8406.90.02	00		Aspas rotativas o estacionarias.	Pza	Ex.	Ex.
8406.90.99	00		Las demás.	Kg	Ex.	Ex.
84.07			**Motores de émbolo (pistón) alternativo y motores rotativos, de encendido por chispa (motores de explosión).**			
8407.10	-		Motores de aviación.			
8407.10.01	00		Motores de aviación.	Pza	Ex.	Ex.
	-		Motores para la propulsión de barcos:			
8407.21	--		Del tipo fueraborda.			
8407.21.02			Del tipo fueraborda.	Pza	Ex.	Ex.
		01	Con potencia igual o superior a 65 CP.			
		99	Los demás.			
8407.29	--		Los demás.			
8407.29.01	00		Con potencia inferior o igual a 600 CP.	Pza	5	Ex.
8407.29.99	00		Los demás.	Pza	Ex.	Ex.
	-		Motores de émbolo (pistón) alternativo de los tipos utilizados para la propulsión de vehículos del Capítulo 87:			
8407.31	--		De cilindrada inferior o igual a 50 cm^3.			
8407.31.01	00		Para acoplarse en bicicletas, con potencia hasta 1.5 CP y con peso unitario igual o inferior a 6 kg.	Pza	5	Ex.
8407.31.99	00		Los demás.	Pza	Ex.	Ex.
8407.32	--		De cilindrada superior a 50 cm^3 pero inferior o igual a 250 cm^3.			
8407.32.02	00		Para acoplarse en bicicletas, con potencia hasta 1.5 CP y con peso unitario inferior a 6 kg.	Pza	5	Ex.
8407.32.99			Los demás.	Pza	Ex.	Ex.

	01		Para motocicletas, motonetas o análogos.			
	99		Los demás.			
8407.33		- -	**De cilindrada superior a 250 cm³ pero inferior o igual a 1,000 cm³.**			
8407.33.04	00		De cilindrada superior a 250 cm³ pero inferior o igual a 1,000 cm³.	Pza	Ex.	Ex.
8407.34		- -	**De cilindrada superior a 1,000 cm³.**			
8407.34.03			De cilindrada superior a 1,000 cm³.	Pza	Ex.	Ex.
	01		De cilindrada inferior o igual a 2,000 cm³, excepto los reconocibles como diseñados exclusivamente para motocicletas.			
	99		Los demás.			
8407.90		-	**Los demás motores.**			
8407.90.91			Los demás motores.	Pza	Ex.	Ex.
	01		Con potencia igual o inferior a 15 CP, excepto con cigüeñal en posición vertical.			
	99		Los demás.			
84.08			**Motores de émbolo (pistón) de encendido por compresión (motores diésel o semi-diésel).**			
8408.10		-	**Motores para la propulsión de barcos.**			
8408.10.01	00		Con potencia igual o inferior a 600 CP.	Pza	5	Ex.
8408.10.99	00		Los demás.	Pza	Ex.	Ex.
8408.20		-	**Motores de los tipos utilizados para la propulsión de vehículos del Capítulo 87.**			
8408.20.01	00		Motores de los tipos utilizados para la propulsión de vehículos del capítulo 87.	Pza	Ex.	Ex.
8408.90		-	**Los demás motores.**			
8408.90.01	00		Con potencia igual o inferior a 960 CP.	Pza	5	Ex.
8408.90.99	00		Los demás.	Pza	Ex.	Ex.
84.09			**Partes identificables como destinadas, exclusiva o principalmente, a los motores de las partidas 84.07 u 84.08.**			
8409.10		-	**De motores de aviación.**			
8409.10.01	00		De motores de aviación.	Kg	Ex.	Ex.
		-	**Las demás:**			
8409.91		- -	**Identificables como destinadas, exclusiva o principalmente, a los motores de émbolo (pistón) de encendido por chispa.**			
8409.91.05	00		Pistones (émbolos) de aluminio, con diámetro exterior superior o igual a 58 mm, sin exceder de 140.0 mm, excepto los reconocibles para tractores agrícolas e industriales.	Kg	5	Ex.
8409.91.11	00		Cárteres, excepto los reconocibles para tractores agrícolas e industriales.	Kg	5	Ex.
8409.91.99			Los demás.	Kg	Ex.	Ex.
	01		Reconocibles como diseñadas exclusivamente para motocicletas, motonetas o análogos, excepto lo comprendido en los números de identificación comercial 8409.91.99.03 y 8409.91.99.04.			
	02		Pistones, camisas, anillos o válvulas, aun cuando se presenten en juegos ("kits"), excepto lo comprendido en el número de identificación comercial 8409.91.99.06.			
	03		Balancines, barras de balancines, punterías (buzos), válvulas con diámetro de cabeza igual o superior a 26 mm, sin exceder de 52 mm, incluso en juegos ("kits").			
	04		Carburadores, excepto lo comprendido en los números de identificación comercial 8409.91.99.08 y 8409.91.99.13.			
	05		Múltiples o tuberías de admisión y escape.			
	06		Camisas con diámetro interior igual o superior a 66.7 mm (2 5/8 pulgadas) sin exceder de 171.45 mm (6 ¾ pulgadas), largo igual o superior a 123.95 mm (4 7/8 pulgadas), sin exceder de 431.80 mm (17 pulgadas) y espesor de pared igual o superior a 1.78 mm (0.070 pulgadas) sin exceder de 2.5 mm (0.1 pulgadas).			
	07		Reconocibles para motores fuera de borda y para motores marinos con potencia superior a 600 CP.			
	08		Carburadores, para motocicletas con capacidad de cilindrada igual o superior a 550 cm³.			
	09		Varillas tubulares empujadoras de válvulas; tubos de protectores de varillas.			
	10		Tapas, asientos para resorte, o asientos para válvulas, guías para válvulas.			
	11		Tapas superiores del motor (de balancines) y laterales, tapa frontal de ruedas o engranes de distribución del motor.			
	12		Amortiguadores de vibraciones del cigüeñal (damper).			
	13		Carburadores de un venturi (garganta), excepto para motocicletas.			
	14		Identificables para la fabricación de punterías (buzos), excepto bolas calibradas y resortes (muelles) helicoidales.			
	15		Ejes ("pernos") para pistón (émbolo), excepto los reconocibles para tractores agrícolas e industriales y lo comprendido en el número de identificación comercial 8409.91.99.01.			
	16		Subensamble de cabeza (culata) del motor.			
	99		Los demás.			
8409.99		- -	**Las demás.**			
8409.99.01	00		Culatas (cabezas) o monobloques.	Kg	Ex.	Ex.
8409.99.02	00		Pistones (émbolos) de aluminio, con diámetro exterior superior o igual a 58 mm, sin exceder de 140 mm.	Kg	Ex.	Ex.
8409.99.03	00		Pistones, camisas, anillos o válvulas, aun cuando se presenten en juegos ("kits") excepto lo comprendido en las fracciones arancelarias 8409.99.02 y 8409.99.04.	Kg	Ex.	Ex.
8409.99.04	00		Balancines, barras de balancines, punterías (buzos), válvulas con diámetro de cabeza superior o igual a 26 mm, sin exceder de 52 mm, incluso en juegos ("kits").	Kg	Ex.	Ex.
8409.99.05	00		Bielas o portabielas.	Kg	Ex.	Ex.
8409.99.08	00		Ejes ("pernos") para pistón (émbolo), excepto lo comprendido en las fracciones arancelarias 8409.99.09 y 8409.99.10.	Kg	Ex.	Ex.
8409.99.09	00		Reconocibles para motores marinos con potencia superior a 600 CP.	Kg	Ex.	Ex.

Fracción		Descripción	Unidad		
8409.99.10	00	Reconocibles como diseñadas exclusivamente para tractores agrícolas e industriales, excepto lo comprendido en la fracción arancelaria 8409.99.11.	Kg	Ex.	Ex.
8409.99.11	00	Reconocibles como diseñadas exclusivamente para inyectores de combustible diésel.	Kg	Ex.	Ex.
8409.99.12	00	Gobernadores de revoluciones.	Kg	Ex.	Ex.
8409.99.13	00	Varillas empujadoras de válvulas, no tubulares (sólidas) para uso en motores de combustión interna.	Kg	Ex.	Ex.
8409.99.14	00	Esbozos de émbolos de acero, hierro gris o aluminio, con diámetro exterior superior a 140 mm.	Kg	Ex.	Ex.
8409.99.99	00	Las demás.	Kg	5	Ex.
84.10		**Turbinas hidráulicas, ruedas hidráulicas y sus reguladores.**			
		- Turbinas y ruedas hidráulicas:			
8410.11	- -	De potencia inferior o igual a 1,000 kW.			
8410.11.01	00	De potencia inferior o igual a 1,000 kW.	Pza	Ex.	Ex.
8410.12	- -	De potencia superior a 1,000 kW pero inferior o igual a 10,000 kW.			
8410.12.02	00	De potencia superior a 1,000 kW pero inferior o igual a 10,000 kW.	Pza	Ex.	Ex.
8410.13	- -	De potencia superior a 10,000 kW.			
8410.13.02	00	De potencia superior a 10,000 kW.	Pza	Ex.	Ex.
8410.90	-	Partes, incluidos los reguladores.			
8410.90.01	00	Partes, incluidos los reguladores.	Kg	Ex.	Ex.
84.11		**Turborreactores, turbopropulsores y demás turbinas de gas.**			
		- Turborreactores:			
8411.11	- -	De empuje inferior o igual a 25 kN.			
8411.11.01	00	De empuje inferior o igual a 25 kN.	Pza	Ex.	Ex.
8411.12	- -	De empuje superior a 25 kN.			
8411.12.01	00	De empuje superior a 25 kN.	Pza	Ex.	Ex.
		- Turbopropulsores:			
8411.21	- -	De potencia inferior o igual a 1,100 kW.			
8411.21.01	00	De potencia inferior o igual a 1,100 kW.	Pza	Ex.	Ex.
8411.22	- -	De potencia superior a 1,100 kW.			
8411.22.01	00	De potencia superior a 1,100 kW.	Pza	Ex.	Ex.
		- Las demás turbinas de gas:			
8411.81	- -	De potencia inferior o igual a 5,000 kW.			
8411.81.01	00	De potencia inferior o igual a 5,000 kW.	Pza	Ex.	Ex.
8411.82	- -	De potencia superior a 5,000 kW.			
8411.82.01	00	De potencia superior a 5,000 kW.	Pza	Ex.	Ex.
		- Partes:			
8411.91	- -	De turborreactores o de turbopropulsores.			
8411.91.01	00	De turborreactores o de turbopropulsores.	Kg	Ex.	Ex.
8411.99	- -	Las demás.			
8411.99.99	00	Las demás.	Kg	Ex.	Ex.
84.12		**Los demás motores y máquinas motrices.**			
8412.10	-	Propulsores a reacción, excepto los turborreactores.			
8412.10.01	00	Propulsores a reacción, excepto los turborreactores.	Pza	Ex.	Ex.
		- Motores hidráulicos:			
8412.21	- -	Con movimiento rectilíneo (cilindros).			
8412.21.01	00	Con movimiento rectilíneo (cilindros).	Pza	Ex.	Ex.
8412.29	- -	Los demás.			
8412.29.99	00	Los demás.	Pza	Ex.	Ex.
		- Motores neumáticos:			
8412.31	- -	Con movimiento rectilíneo (cilindros).			
8412.31.01	00	De aire, reconocibles como diseñados exclusivamente para bombas neumáticas.	Pza	15	Ex.
8412.31.99	00	Los demás.	Pza	Ex.	Ex.
8412.39	- -	Los demás.			
8412.39.99	00	Los demás.	Pza	Ex.	Ex.
8412.80	-	Los demás.			
8412.80.01	00	Motores de viento.	Pza	15	Ex.
8412.80.99	00	Los demás.	Pza	Ex.	Ex.
8412.90	-	Partes.			
8412.90.01	00	Partes.	Kg	Ex.	Ex.
84.13		**Bombas para líquidos, incluso con dispositivo medidor incorporado; elevadores de líquidos.**			
		- Bombas equipadas o diseñadas para equiparlas con dispositivo medidor:			
8413.11	- -	Bombas para distribución de carburantes o lubricantes, de los tipos utilizados en gasolineras, estaciones de servicio o garajes.			
8413.11.01	00	Distribuidoras con dispositivo medidor, aun cuando presenten mecanismo totalizador.	Pza	15	Ex.
8413.11.99	00	Las demás.	Pza	10	Ex.
8413.19	- -	Las demás.			
8413.19.01	00	Distribuidoras con dispositivo medidor, aun cuando se presenten con mecanismo totalizador, excepto de émbolo, para el manejo de oxígeno líquido, a presión entre 29 y 301 kg/cm² (28 y 300 atmósferas), con dispositivos medidor y totalizador.	Pza	15	Ex.
8413.19.03	00	Medidoras, de engranes.	Pza	15	Ex.
8413.19.99		Las demás.	Pza	Ex.	Ex.
	01	De émbolo, para el manejo de oxígeno líquido, a presión entre 29 y 301 kg/cm² (28 y 300 atmósferas), con dispositivos medidor y totalizador.			
	99	Las demás.			
8413.20	-	Bombas manuales, excepto las de las subpartidas 8413.11 u 8413.19.			
8413.20.01	00	Bombas manuales, excepto las de las subpartidas 8413.11 u 8413.19.	Pza	15	Ex.

8413.30		-	**Bombas de carburante, aceite o refrigerante, para motores de encendido por chispa o compresión.**			
8413.30.03	00		Para gasolina.	Pza	5	Ex.
8413.30.99			Los demás.	Pza	Ex.	Ex.
	01		Para inyección de diésel.			
	02		Para agua.			
	03		Reconocibles para naves aéreas.			
	04		Reconocibles para tractores agrícolas e industriales.			
	05		Para aceite.			
	99		Los demás.			
8413.40		-	**Bombas para hormigón.**			
8413.40.02	00		Bombas para hormigón.	Pza	Ex.	Ex.
8413.50		-	**Las demás bombas volumétricas alternativas.**			
8413.50.02	00		Para albercas.	Pza	5	Ex.
8413.50.99			Los demás.	Pza	Ex.	Ex.
	01		Con peso unitario igual o superior a 1,000 kg.			
	99		Los demás.			
8413.60		-	**Las demás bombas volumétricas rotativas.**			
8413.60.01	00		Sumergibles, con tubería de descarga de diámetro interior superior o igual a 63 mm, sin exceder de 610 mm.	Pza	15	Ex.
8413.60.04	00		Hidráulicas de paletas, para presión inferior o igual a 217 kg/cm² (210 atmósferas).	Pza	15	Ex.
8413.60.06	00		Para albercas.	Pza	5	Ex.
8413.60.99			Los demás.	Pza	Ex.	Ex.
	01		Motobombas, diseñadas exclusivamente para aparatos o unidades limpiaparabrisas de vehículos automóviles.			
	02		De engranes.			
	03		Para la dirección hidráulica de vehículos automotrices.			
	99		Los demás.			
8413.70		-	**Las demás bombas centrífugas.**			
8413.70.01	00		Portátiles, contra incendio.	Pza	Ex.	Ex.
8413.70.02	00		Extractoras o recirculatorias de agua, reconocibles como diseñadas exclusivamente para aparatos acondicionadores de aire.	Pza	5	Ex.
8413.70.05	00		Para albercas.	Pza	Ex.	Ex.
8413.70.07	00		Bombas de agua, reconocibles como diseñadas exclusivamente para el sistema de limpiaparabrisas, para uso automotriz.	Pza	Ex.	Ex.
8413.70.99			Las demás.	Pza	15	Ex.
	01		Sumergibles, con tubería de descarga de diámetro interior igual o superior a 63 mm, sin exceder de 610 mm.			
	02		Motobombas sumergibles.			
	03		Bombas de tipo centrífugo para manejo de petróleo y sus derivados.			
	99		Las demás.			
		-	**Las demás bombas; elevadores de líquidos:**			
8413.81		- -	**Bombas.**			
8413.81.01	00		De caudal variable, aun cuando tengan servomotor.	Pza	15	Ex.
8413.81.02	00		De accionamiento neumático, incluso con depósito, con o sin base rodante, para lubricantes.	Pza	15	Ex.
8413.81.03	00		Para albercas.	Pza	5	Ex.
8413.81.99	00		Los demás.	Pza	Ex.	Ex.
8413.82		- -	**Elevadores de líquidos.**			
8413.82.01	00		Elevadores de líquidos.	Pza	Ex.	Ex.
		-	**Partes:**			
8413.91		- -	**De bombas.**			
8413.91.13			De bombas.	Kg	35	Ex.
	01		Coladeras, incluso con elemento obturador.			
	02		Reconocibles como diseñadas exclusivamente para lo comprendido en los números de identificación comercial 8413.11.01.00 y 8413.19.01.00, excepto lo comprendido en los números de identificación comercial 8413.91.13.01 y 8413.91.13.08.			
	03		Reconocibles como diseñadas exclusivamente para bombas de inyección de diésel, excepto lo comprendido en el número de identificación comercial 8413.91.13.07.			
	04		Reconocibles como diseñadas exclusivamente para bombas de gasolina, utilizadas en motores de explosión.			
	05		Casco o carcasa, impulsor o propulsor, masa o cubo y difusor; reconocibles para las bombas de agua para motores de explosión o de combustión interna.			
	06		Reconocibles como diseñadas exclusivamente para lo comprendido en el número de identificación comercial 8413.70.99.99.			
	07		Tubos preformados, para inyección de diésel, incluso con recubrimientos, cuyo diámetro exterior sea igual o superior a 2.12 mm sin exceder de 9.63 mm y espesor de pared de 1.53 mm sin exceder de 2.04 mm, con sistema de conexión y resortes o adaptaciones.			
	08		Circuitos modulares, reconocibles como diseñadas exclusivamente para lo comprendido en el número de identificación comercial 8413.11.01.00.			
	99		Los demás.			
8413.92		- -	**De elevadores de líquidos.**			
8413.92.01	00		De elevadores de líquidos.	Kg	Ex.	Ex.

84.14		Bombas de aire o de vacío, compresores de aire u otros gases y ventiladores; campanas aspirantes para extracción o reciclado, con ventilador incorporado, incluso con filtro; recintos de seguridad biológica herméticos a gases, incluso con filtro.			
8414.10	-	**Bombas de vacío.**			
8414.10.06		Bombas de vacío.	Pza	Ex.	Ex.
	01	Rotativas, de anillo líquido, con capacidad de desplazamiento superior a 348 m³/hr.			
	02	Para acoplarse en motores para el sistema de frenos de aire.			
	03	Rotativas de anillo líquido, con capacidad de desplazamiento hasta de 348 m³/hr.			
	99	Los demás.			
8414.20	-	**Bombas de aire, de mano o pedal.**			
8414.20.01	00	Bombas de aire, de mano o pedal.	Pza	10	Ex.
8414.30	-	**Compresores de los tipos utilizados en los equipos frigoríficos.**			
8414.30.01	00	Motocompresores, excepto lo comprendido en las fracciones arancelarias 8414.30.04, 8414.30.07, 8414.30.08 y 8414.30.10.	Pza	15	Ex.
8414.30.02	00	Denominados abiertos, excepto lo comprendido en la fracción arancelaria 8414.30.06.	Pza	15	Ex.
8414.30.03	00	Reconocibles para naves aéreas.	Pza	Ex.	Ex.
8414.30.04	00	Motocompresores herméticos, con potencia superior a 1½ CP, sin exceder de 5 CP.	Pza	Ex.	Ex.
8414.30.05	00	Rotativos, de segunda etapa de compresión, con un desplazamiento volumétrico de hasta 15 m³ por minuto, para ser utilizados en sistemas de refrigeración de baja temperatura.	Pza	15	Ex.
8414.30.06	00	Abiertos, con capacidad de desplazamiento por revolución superior a 108 sin exceder de 161 cm³, sin bomba de aceite, accionados a platos magnéticos, para aire acondicionado de uso en automóviles.	Pza	Ex.	Ex.
8414.30.07	00	Motocompresores herméticos con potencia superior a ½ CP, sin exceder de 1½ CP, excepto lo comprendido en la fracción arancelaria 8414.30.10.	Pza	Ex.	Ex.
8414.30.08	00	Motocompresores herméticos reconocibles como diseñados exclusivamente para equipos de aire acondicionado, con potencia superior a ½ CP sin exceder de 5 CP.	Pza	Ex.	Ex.
8414.30.10	00	Motocompresores herméticos con potencia inferior a 1 CP, de un mínimo de 4.9 de eficiencia energética (BTU/Wh) y capacidad máxima de 750 BTU/h.	Pza	15	Ex.
8414.30.99	00	Los demás.	Pza	10	Ex.
8414.40	-	**Compresores de aire montados en chasis remolcable con ruedas.**			
8414.40.01	00	Compresores o motocompresores, con capacidad hasta 31.5 m³ por minuto y presión de aire hasta 17.6 kg/cm².	Pza	15	Ex.
8414.40.02	00	Compresores o motocompresores, con capacidad superior a 31.5 m³ por minuto.	Pza	Ex.	Ex.
8414.40.99	00	Los demás.	Pza	10	Ex.
	-	**Ventiladores:**			
8414.51	- -	**Ventiladores de mesa, suelo, pared, cielo raso, techo o ventana, con motor eléctrico incorporado de potencia inferior o igual a 125 W.**			
8414.51.01		Ventiladores, de uso doméstico.	Pza	15	Ex.
	01	Ventiladores de techo.			
	99	Los demás.			
8414.51.02	00	Ventiladores anticondensantes de 12 V, corriente directa.	Pza	15	Ex.
8414.51.99		Los demás.	Pza	10	Ex.
	01	Ventiladores de techo.			
	99	Los demás.			
8414.59	- -	**Los demás.**			
8414.59.01		Ventiladores de uso doméstico.	Pza	15	Ex.
	01	Ventiladores de techo.			
	99	Los demás.			
8414.59.99		Los demás.	Pza	10	Ex.
	01	Ventiladores de techo.			
	99	Los demás.			
8414.60	-	**Campanas aspirantes en las que el mayor lado horizontal sea inferior o igual a 120 cm.**			
8414.60.01	00	De uso doméstico.	Pza	Ex.	Ex.
8414.60.99	00	Los demás.	Pza	10	Ex.
8414.70	-	**Recintos de seguridad biológica herméticos a gases.**			
8414.70.01	00	Del tipo de campana aspirante.	Pza	10	Ex.
8414.70.02	00	Filtros.	Kg	5	Ex.
8414.70.99	00	Los demás.	Pza	Ex.	Ex.
8414.80	-	**Los demás.**			
8414.80.06	00	Motocompresores integrales, de 4 o más cilindros motrices, excepto los reconocibles exclusivamente para tractores agrícolas e industriales.	Pza	15	Ex.
8414.80.07	00	Compresores de cloro.	Pza	5	Ex.
8414.80.08	00	Bombas de aire, de dos impulsores rotativos, con capacidad de 2.0 a 48.5 m³, por minuto, excepto los reconocibles exclusivamente para tractores agrícolas e industriales.	Pza	15	Ex.
8414.80.10	00	Enfriadores circulares para hornos de sinterización.	Pza	15	Ex.
8414.80.99		Los demás.	Pza	Ex.	Ex.
	01	Eyectores.			
	02	Turbocompresores de aire u otros gases.			
	03	Compresores o motocompresores de aire, con capacidad de hasta 31.5 m³ por minuto, excepto lo comprendido en el número de identificación comercial 8414.80.99.07.			
	04	Reconocibles para naves aéreas.			
	05	Compresores de aire para frenos, de uso automotriz.			
	06	Compresores o motocompresores de aire, con capacidad superior a 31.5 m³ por minuto, excepto lo comprendido en el número de identificación comercial 8414.80.99.07.			

	07	Compresores o motocompresores con extensión de biela, reconocibles para producir aire libre de aceite.				
	08	Turbocargadores y supercargadores.				
	09	Compresores o motocompresores de tornillo sin fin, provistos de filtros, para producir aire libre de aceite.				
	99	Los demás.				
8414.90		- Partes.				
8414.90.10		Partes.	Kg	Ex.	Ex.	
	01	Bielas o émbolos.				
	02	Sellos mecánicos, reconocibles como diseñados exclusivamente para compresores de refrigeración denominados abiertos.				
	03	Partes para turbocargadores y supercargadores.				
	04	Rotores y estatores reconocibles como diseñados exclusivamente para lo comprendido en la subpartida 8414.30.				
	05	Impulsores o impelentes para compresores centrífugos.				
	99	Los demás.				
84.15		**Máquinas y aparatos para acondicionamiento de aire que comprendan un ventilador con motor y los dispositivos adecuados para modificar la temperatura y la humedad, aunque no regulen separadamente el grado higrométrico.**				
8415.10		- **De los tipos diseñados para ser montados sobre una ventana, pared, techo o suelo, formando un solo cuerpo o del tipo sistema de elementos separados ("split-system").**				
8415.10.01		De los tipos diseñados para ser montados sobre una ventana, pared, techo o suelo, formando un solo cuerpo o del tipo sistema de elementos separados ("split-system").	Pza	Ex.	Ex.	
	01	De sistemas de elementos separados (Mini Split y Multi Split).				
	02	De sistemas de elementos separados con flujo de refrigerante variable (Mini Split Inverter).				
	99	Los demás.				
8415.20		- **De los tipos utilizados en vehículos automóviles para sus ocupantes.**				
8415.20.01	00	De los tipos utilizados en vehículos automóviles para sus ocupantes.	Pza	5	Ex.	
		- Los demás:				
8415.81		- - **Con equipo de enfriamiento y válvula de inversión del ciclo térmico (bombas de calor reversibles).**				
8415.81.01	00	Con equipo de enfriamiento y válvula de inversión del ciclo térmico (bombas de calor reversibles).	Pza	15	Ex.	
8415.82		- - **Los demás, con equipo de enfriamiento.**				
8415.82.01	00	Equipos de aire acondicionado, de ciclo sencillo o reversible con compresor hermético cuya potencia sea inferior o igual a 5 CP.	Pza	10	Ex.	
8415.82.99	00	Los demás.	Pza	Ex.	Ex.	
8415.83		- - **Sin equipo de enfriamiento.**				
8415.83.01	00	Sin equipo de enfriamiento.	Pza	10	Ex.	
8415.90		- **Partes.**				
8415.90.02		Partes.	Kg	Ex.	Ex.	
	01	Gabinetes o sus partes componentes.				
	99	Los demás.				
84.16		**Quemadores para la alimentación de hogares, de combustibles líquidos o sólidos pulverizados o de gases; alimentadores mecánicos de hogares, parrillas mecánicas, descargadores mecánicos de cenizas y demás dispositivos mecánicos auxiliares empleados en hogares.**				
8416.10		- **Quemadores de combustibles líquidos.**				
8416.10.01	00	Tipo cañón de tiro forzado, con capacidad superior o igual a 175 kW, pero inferior o igual a 18,500 kW, para calentadores de aceite o calderas.	Pza	Ex.	Ex.	
8416.10.99	00	Las demás.	Pza	10	Ex.	
8416.20		- **Los demás quemadores, incluidos los mixtos.**				
8416.20.01	00	De combustibles gaseosos o mixtos, tipo cañón de tiro forzado con capacidad superior o igual a 175 kW pero inferior o igual a 18,500 kW, para calentadores de aceite o calderas.	Pza	Ex.	Ex.	
8416.20.99	00	Las demás.	Pza	10	Ex.	
8416.30		- **Alimentadores mecánicos de hogares, parrillas mecánicas, descargadores mecánicos de cenizas y demás dispositivos mecánicos auxiliares empleados en hogares.**				
8416.30.01	00	Trenes de gas de alimentación, reconocibles como diseñados exclusivamente para quemadores tipo cañón de tiro forzado.	Pza	Ex.	Ex.	
8416.30.99	00	Los demás.	Pza	10	Ex.	
8416.90		- **Partes.**				
8416.90.02		Partes.	Pza	35	Ex.	
	01	Reconocidos como diseñados exclusivamente para quemadores tipo cañón de tiro forzado.				
	99	Las demás.				
84.17		**Hornos industriales o de laboratorio, incluidos los incineradores, que no sean eléctricos.**				
8417.10		- **Hornos para tostación, fusión u otros tratamientos térmicos de los minerales metalíferos (incluidas las piritas) o de los metales.**				
8417.10.03	00	Para fusión, calentamiento, recalentamiento y/o tratamiento térmico de metales, excepto la oxicupola, con capacidad superior a 80 t/h y las industriales de operación continua.	Pza	15	Ex.	
8417.10.99		Los demás.	Pza	Ex.	Ex.	
	01	Para fusión de minerales metalúrgicos.				
	02	Para laboratorio.				
	03	Industriales de operación continua para la fusión, calentamiento, recalentamiento o tratamiento térmico de metales.				
	99	Los demás.				

Código			Descripción	Unidad		
8417.20		-	**Hornos de panadería, pastelería o galletería.**			
8417.20.02	00		Hornos de panadería, pastelería o galletería.	Pza	15	Ex.
8417.80		-	**Los demás.**			
8417.80.01	00		Horno túnel, para temperaturas entre 900°C y 1,200°C, reconocibles para cocer ladrillos, tejas u otros elementos cerámicos.	Pza	Ex.	Ex.
8417.80.02	00		Hornos de rodillo para la cocción de losetas cerámicas a temperaturas entre 900°C y 1350°C, reconocibles como diseñados para líneas continuas para la fabricación de losetas o baldosas, de pasta cerámica, con capacidad de producción superior a 415 m² por hora, incluyendo al menos los siguientes elementos: molino continuo, horno continuo y moldeadora por prensado, con o sin atomizador.	Pza	Ex.	Ex.
8417.80.03	00		Incineradores de residuos, equipados con sistema de emisión de rayos infrarrojos.	Pza	Ex.	Ex.
8417.80.04	00		Calentadores e incineradores catalíticos, reconocibles como diseñados para la eliminación de residuos tóxicos contaminantes.	Pza	5	Ex.
8417.80.05	00		Incineradores de desperdicios, excepto los comprendidos en la fracción arancelaria 8417.80.03.	Pza	5	Ex.
8417.80.99	00		Los demás.	Pza	15	Ex.
8417.90		-	**Partes.**			
8417.90.01	00		Partes.	Kg	Ex.	Ex.
84.18			**Refrigeradores, congeladores y demás material, máquinas y aparatos para producción de frío, aunque no sean eléctricos; bombas de calor, excepto las máquinas y aparatos para acondicionamiento de aire de la partida 84.15.**			
8418.10		-	**Combinaciones de refrigerador y congelador con puertas o cajones exteriores separados, o de combinaciones de estos elementos.**			
8418.10.01	00		Con peso unitario inferior o igual a 200 kg, excepto con cajones exteriores separados.	Pza	15	Ex.
8418.10.99	00		Los demás.	Pza	10	Ex.
		-	**Refrigeradores domésticos:**			
8418.21		- -	**De compresión.**			
8418.21.01	00		De compresión.	Pza	15	Ex.
8418.29		- -	**Los demás.**			
8418.29.01	00		De absorción, eléctricos.	Pza	15	Ex.
8418.29.99	00		Los demás.	Pza	10	Ex.
8418.30		-	**Congeladores horizontales del tipo arcón (cofre), de capacidad inferior o igual a 800 l.**			
8418.30.01	00		De absorción, eléctricos, con peso unitario inferior o igual a 200 kg.	Pza	15	Ex.
8418.30.02	00		De absorción o compresión con peso unitario superior a 200 kg.	Pza	15	Ex.
8418.30.04	00		De compresión, con peso unitario inferior o igual a 200 kg, excepto de uso doméstico.	Pza	15	Ex.
8418.30.99			Los demás.	Pza	10	Ex.
	01		De compresión, de uso doméstico.			
	99		Los demás.			
8418.40		-	**Congeladores verticales del tipo armario, de capacidad inferior o igual a 900 l.**			
8418.40.01	00		De absorción, eléctricos, con peso unitario igual o inferior a 200 kg.	Pza	15	Ex.
8418.40.02	00		De absorción, con peso unitario superior a 200 kg.	Pza	15	Ex.
8418.40.04	00		De compresión, excepto de uso doméstico.	Kg	15	Ex.
8418.40.99			Los demás.	Pza	10	Ex.
	01		De compresión, de uso doméstico.			
	99		Los demás.			
8418.50		-	**Los demás muebles (armarios, arcones (cofres), vitrinas, mostradores y similares) para la conservación y exposición de los productos, que incorporen un equipo para producción de frío.**			
8418.50.01	00		Vitrinas refrigeradoras, de compresión, con su equipo de refrigeración aun cuando no esté incorporado, de peso unitario superior a 200 kg, para autoservicio.	Pza	Ex.	Ex.
8418.50.03	00		Aparatos surtidores de agua refrigerada, incluso con gabinete de refrigeración incorporado, con o sin depósito (por ejemplo, un botellón), aunque puedan conectarse a una tubería, (por ejemplo, despachadores).	Pza	Ex.	Ex.
8418.50.99			Los demás.	Pza	10	Ex.
	01		Unidades surtidoras de bebidas carbonatadas, con equipo de refrigeración incorporado.			
	99		Los demás.			
		-	**Los demás materiales, máquinas y aparatos para producción de frío; bombas de calor:**			
8418.61		- -	**Bombas de calor, excepto las máquinas y aparatos para acondicionamiento de aire de la partida 84.15.**			
8418.61.01	00		Reconocibles como diseñados exclusivamente para unidades de transporte terrestre de productos perecederos, comprendiendo: compresor, evaporador y condensador.	Pza	Ex.	Ex.
8418.61.99	00		Los demás.	Pza	15	Ex.
8418.69		- -	**Los demás.**			
8418.69.01	00		Grupos frigoríficos de absorción.	Pza	15	Ex.
8418.69.04	00		Grupos frigoríficos de compresión, excepto lo comprendido en las fracciones arancelarias 8418.69.05 y 8418.69.06.	Pza	15	Ex.
8418.69.05	00		Grupos frigoríficos de compresión, reconocibles como diseñados exclusivamente para unidades de transporte terrestre de productos perecederos, comprendiendo: compresor, evaporador y condensador.	Pza	Ex.	Ex.
8418.69.06	00		Grupos frigoríficos de compresión, reconocibles como diseñados exclusivamente para unidades de transporte marítimo de productos perecederos, comprendiendo: compresor, evaporador y condensador.	Pza	15	Ex.
8418.69.07	00		Grupos frigoríficos por expansión de nitrógeno líquido, con peso unitario igual o inferior a 500 kg, reconocibles como diseñados exclusivamente para unidades de transporte de productos perecederos.	Pza	Ex.	Ex.

8418.69.08	00	Unidades condensadoras con compresor abierto para gases halogenados, sin motor, montadas sobre una base común.	Pza	15	Ex.
8418.69.09	00	Máquinas o aparatos para producir nieve carbónica.	Pza	15	Ex.
8418.69.10	00	Gabinete evaporativo de placas de contacto de aluminio o acero, para congelación rápida de productos alimenticios, sin equipo de compresión y con operación hidráulica de apertura y cierre de las placas.	Pza	Ex.	Ex.
8418.69.12	00	Cámaras frigoríficas desarmadas en paneles, con grupo eléctrico de refrigeración para ser incorporado en las mismas.	Pza	15	Ex.
8418.69.13	00	Instalaciones frigoríficas (unidades funcionales), excepto lo comprendido en las fracciones arancelarias 8418.69.14 y 8418.69.15.	Pza	15	Ex.
8418.69.14	00	Plantas para la elaboración de hielo, excepto lo comprendido en la fracción arancelaria 8418.69.15.	Pza	15	Ex.
8418.69.15	00	Plantas automáticas para la producción de hielo en cubos, escamas u otras formas, con capacidad superior a 4,000 kg, cada 24 horas.	Pza	15	Ex.
8418.69.99		Los demás.	Pza	10	Ex.
	01	Máquinas automáticas para la producción de hielo en cubos, escamas u otras formas.			
	02	Aparatos surtidores de agua caliente y fría (incluso refrigerada o a temperatura ambiente), con o sin gabinete de refrigeración incorporado o depósito (por ejemplo, un botellón), aunque puedan conectarse a una tubería (por ejemplo, despachadores).			
	99	Los demás.			
	-	**Partes:**			
8418.91	- -	**Muebles diseñados para incorporarles un equipo para producción de frío.**			
8418.91.01	00	Muebles diseñados para incorporarles un equipo para producción de frío.	Kg	Ex.	Ex.
8418.99	- -	**Las demás.**			
8418.99.03	00	Condensadores de casco y tubo horizontal o vertical.	Kg	Ex.	Ex.
8418.99.04	00	Ensambles de puertas que incorporen más de uno de los siguientes componentes: panel interior, panel exterior, aislamiento, bisagras, agarraderas.	Pza	Ex.	Ex.
8418.99.99	00	Las demás.	Kg	Ex.	Ex.
84.19		**Aparatos, dispositivos o equipos de laboratorio, aunque se calienten eléctricamente (excepto los hornos y demás aparatos de la partida 85.14), para el tratamiento de materias mediante operaciones que impliquen un cambio de temperatura, tales como calentamiento, cocción, torrefacción, destilación, rectificación, esterilización, pasteurización, baño de vapor de agua, secado, evaporación, vaporización, condensación o enfriamiento, excepto los aparatos domésticos; calentadores de agua de calentamiento instantáneo o de acumulación, excepto los eléctricos.**			
	-	**Calentadores de agua de calentamiento instantáneo o de acumulación, excepto los eléctricos:**			
8419.11	- -	**De calentamiento instantáneo, de gas.**			
8419.11.01	00	De calentamiento instantáneo, de gas.	Pza	10	Ex.
8419.12	- -	**Calentadores solares de agua.**			
8419.12.01	00	De uso doméstico, excepto los de placas, metálicas o plásticas y de agua de tubos evacuados.	Pza	10	Ex.
8419.12.99	00	Los demás.	Pza	5	Ex.
8419.19	- -	**Los demás.**			
8419.19.01	00	De uso doméstico.	Pza	10	Ex.
8419.19.99	00	Los demás.	Pza	5	Ex.
8419.20	-	**Esterilizadores médicos, quirúrgicos o de laboratorio.**			
8419.20.02		Esterilizadores médicos, quirúrgicos o de laboratorio.	Pza	Ex.	Ex.
	01	Reconocibles como diseñados exclusiva o principalmente para investigación de laboratorio.			
	99	Los demás.			
	-	**Secadores:**			
8419.33	- -	**Aparatos de liofilización, de criodesecación y secadores de pulverización.**			
8419.33.01	00	De los tipos utilizados para productos agrícolas.	Pza	10	Ex.
8419.33.99	00	Los demás.	Pza	Ex.	Ex.
8419.34	- -	**Los demás, para productos agrícolas.**			
8419.34.01	00	De vacío.	Pza	Ex.	Ex.
8419.34.02	00	De granos.	Pza	15	Ex.
8419.34.03	00	Discontinuos de charolas.	Pza	15	Ex.
8419.34.04	00	Túneles, de banda continua.	Pza	15	Ex.
8419.34.05	00	De tabaco.	Pza	Ex.	Ex.
8419.34.99	00	Los demás.	Pza	10	Ex.
8419.35	- -	**Los demás, para madera, pasta para papel, papel o cartón.**			
8419.35.91	00	Los demás, para madera, pasta para papel, papel o cartón.	Pza	Ex.	Ex.
8419.39	- -	**Los demás.**			
8419.39.99		Los demás.	Pza	Ex.	Ex.
	01	De vacío.			
	02	Túneles de banda continua.			
	99	Los demás.			
8419.40	-	**Aparatos de destilación o rectificación.**			
8419.40.04	00	Columnas para la destilación fraccionada del aire.	Pza	5	Ex.
8419.40.99		Los demás.	Pza	Ex.	Ex.
	01	Reconocibles como diseñados exclusiva o principalmente para investigación en laboratorio.			
	02	Aparatos de destilación simple.			
	03	Aparatos o columnas de destilación fraccionada y rectificación.			
	99	Los demás.			
8419.50	-	**Intercambiadores de calor.**			

8419.50.03	00	Cambiadores o intercambiadores de temperatura con serpentines tubulares, excepto los constituidos por tubos de grafito impermeabilizados con resinas polimerizadas.	Pza	35	Ex.
8419.50.99		Los demás.	Pza	Ex.	Ex.
	01	Pasterizadores y otras máquinas precalentadoras o preenfriadoras de la industria láctea, excepto lo comprendido en el número de identificación comercial 8419.50.99.02.			
	02	Recipientes calentadores o enfriadores, de doble pared o doble fondo con dispositivos para la circulación del fluido calentador o enfriador.			
	03	Pasterizadores, excepto lo comprendido en el número de identificación comercial 8419.50.99.01.			
	99	Los demás.			
8419.60	-	**Aparatos y dispositivos para licuefacción de aire u otros gases.**			
8419.60.01	00	Aparatos y dispositivos para licuefacción de aire u otros gases.	Pza	Ex.	Ex.
	-	Los demás aparatos y dispositivos:			
8419.81	- -	**Para la preparación de bebidas calientes o la cocción o calentamiento de alimentos.**			
8419.81.01	00	Cafeteras.	Pza	15	Ex.
8419.81.03	00	Cocedores a vacío, freidores o sartenes con capacidad superior o igual a 58 l, incluso con mecanismo de volteo.	Pza	15	Ex.
8419.81.99		Los demás.	Pza	Ex.	Ex.
	01	Aparatos para tratamiento al vapor.			
	99	Los demás.			
8419.89	- -	**Los demás.**			
8419.89.02	00	Esterilizadores o enfriadores, rotativos o continuos tipo atmosférico, para frutas, hortalizas o alimentos envasados, con peso unitario superior a 100 kg.	Pza	15	Ex.
8419.89.03	00	Torres de enfriamiento, excepto las reconocibles como diseñadas para la separación y eliminación de contaminantes.	Pza	5	Ex.
8419.89.09	00	Para hacer helados.	Pza	15	Ex.
8419.89.10	00	Cubas de fermentación.	Pza	15	Ex.
8419.89.11	00	Desodorizadores semicontinuos.	Pza	5	Ex.
8419.89.15	00	Aparatos de torrefacción.	Pza	5	Ex.
8419.89.17	00	Calentador para líquido térmico con o sin bomba para la circulación de fluido, con un rango de temperatura de 150°C a 375°C.	Pza	15	Ex.
8419.89.18	00	Máquinas para escaldar o enfriar aves.	Pza	15	Ex.
8419.89.19	00	Marmitas.	Pza	15	Ex.
8419.89.99		Los demás.	Pza	Ex.	Ex.
	01	Pasterizadores u otras máquinas precalentadoras o preenfriadoras, de la industria láctea, excepto los del tipo de la subpartida 8419.50.			
	02	Reconocibles como diseñados exclusiva o principalmente para investigación de laboratorio, excepto lo comprendido en el número de identificación comercial 8419.89.99.04.			
	03	Autoclaves.			
	04	Estufas para el cultivo de microorganismos.			
	05	Evaporadores de múltiple efecto, excepto los evaporadores reconocibles como diseñados exclusivamente para la fabricación de fructosa, dextrosa, glucosa y almidón.			
	06	Liofilizadores.			
	07	Evaporadores o deshidratadores, excepto los evaporadores reconocibles como diseñados exclusivamente para la fabricación de fructosa, dextrosa, glucosa y almidón y lo comprendido en el número de identificación comercial 8419.89.99.05.			
	08	Aparatos para tratamiento al vapor.			
	99	Los demás.			
8419.90	-	**Partes.**			
8419.90.04		Partes.	Kg	Ex.	Ex.
	01	Reconocibles como diseñadas exclusivamente para liofilizadores o para aparatos de vaporización o tratamiento al vapor.			
	02	Reconocibles como diseñadas exclusivamente para aparatos de destilación.			
	99	Los demás.			
84.20		**Calandrias y laminadores, excepto para metal o vidrio, y cilindros para estas máquinas.**			
8420.10	-	**Calandrias y laminadores.**			
8420.10.01	00	Calandrias y laminadores.	Pza	Ex.	Ex.
	-	Partes:			
8420.91	- -	**Cilindros.**			
8420.91.02		Cilindros.	Pza	Ex.	Ex.
	01	De calandrias o laminadores para tratamiento de papel o cartón, cuando el peso unitario sea superior a 5 kg.			
	99	Los demás.			
8420.99	- -	**Las demás.**			
8420.99.99	00	Las demás.	Kg	Ex.	Ex.
84.21		**Centrifugadoras, incluidas las secadoras centrífugas; aparatos para filtrar o depurar líquidos o gases.**			
	-	Centrifugadoras, incluidas las secadoras centrífugas:			
8421.11	- -	**Desnatadoras (descremadoras).**			
8421.11.02		Desnatadoras (descremadoras).	Pza	Ex.	Ex.
	01	Descremadoras con capacidad de tratamiento de más de 500 l de leche por hora.			
	99	Los demás.			
8421.12	- -	**Secadoras de ropa.**			
8421.12.02		Secadoras de ropa.	Pza	10	Ex.
	01	Centrífugas con canasta de eje de rotación vertical.			
	99	Los demás.			

LEY DE LOS IMPUESTOS GENERALES DE IMPORTACION Y EXPORTACION

8421.19		- -	Las demás.		
8421.19.01	00		Turbinadoras para el refinado del azúcar.	Pza	15 Ex.
8421.19.03	00		Centrífugas con canasta de eje de rotación vertical.	Pza	15 Ex.
8421.19.99			Los demás.	Pza	Ex. Ex.
	01		Centrífugas horizontales para la descarga continua de sólidos.		
	02		Centrífugas de discos con peso superior a 350 kg.		
	99		Los demás.		
		-	**Aparatos para filtrar o depurar líquidos:**		
8421.21		- -	**Para filtrar o depurar agua.**		
8421.21.01	00		Reconocibles para naves aéreas.	Pza	Ex. Ex.
8421.21.02	00		Depuradores de acción química a base de cloro (cloradores); depuradores magnéticos anticalcáreos para agua.	Pza	Ex. Ex.
8421.21.04	00		Módulos de ósmosis inversa.	Pza	Ex. Ex.
8421.21.99			Los demás.	Pza	5 Ex.
	01		Para albercas.		
	99		Los demás.		
8421.22		- -	**Para filtrar o depurar las demás bebidas.**		
8421.22.01	00		Para filtrar o depurar las demás bebidas.	Pza	Ex. Ex.
8421.23		- -	**Para filtrar lubricantes o carburantes en los motores de encendido por chispa o compresión.**		
8421.23.01	00		Para filtrar lubricantes o carburantes en los motores de encendido por chispa o compresión.	Kg	5 Ex.
8421.29		- -	**Los demás.**		
8421.29.01	00		Purificadores de líquidos o desaereadores, excepto columnas depuradoras de líquidos, utilizadas para la fabricación de fructosa, dextrosa, glucosa y almidón; y máquinas para filtrar o depurar ácido sulfúrico.	Pza	5 Ex.
8421.29.02	00		Columnas depuradoras de líquidos, utilizadas para la fabricación de fructosa, dextrosa, glucosa y almidón.	Pza	Ex. Ex.
8421.29.03	00		Depuradores ciclón.	Kg	5 Ex.
8421.29.06	00		Máquinas para filtrar o depurar ácido sulfúrico.	Pza	Ex. Ex.
8421.29.08	00		Filtros (dializadores) de sangre para riñón artificial, desechables.	Pza	Ex. Ex.
8421.29.99			Los demás.	Kg	Ex. Ex.
	01		Reconocibles como diseñados exclusivamente para tractores agrícolas e industriales.		
	02		Reconocibles para naves aéreas.		
	99		Los demás.		
		-	**Aparatos para filtrar o depurar gases:**		
8421.31		- -	**Filtros de entrada de aire para motores de encendido por chispa o compresión.**		
8421.31.01	00		Reconocibles como diseñados exclusivamente para tractores agrícolas e industriales.	Kg	Ex. Ex.
8421.31.02	00		Reconocibles para naves aéreas.	Kg	Ex. Ex.
8421.31.99	00		Los demás.	Kg	5 Ex.
8421.32		- -	**Convertidores catalíticos y filtros de partículas, incluso combinados, para purificar o filtrar gases de escape de motores de encendido por chispa o compresión.**		
8421.32.01	00		Convertidores catalíticos.	Pza	Ex. Ex.
8421.32.99	00		Los demás.	Kg	5 Ex.
8421.39		- -	**Los demás.**		
8421.39.02	00		Filtros secadores, aun cuando tengan deshidratante, reconocibles como diseñados exclusivamente para refrigeradores domésticos o comerciales.	Kg	Ex. Ex.
8421.39.03	00		Filtros para máscaras antigás.	Kg	Ex. Ex.
8421.39.05	00		Filtros de aire, reconocibles como diseñados exclusivamente para acondicionadores de aire.	Kg	Ex. Ex.
8421.39.06	00		Separadores de aceite, aun cuando tengan sistema de retorno de aceite al carter, reconocibles como diseñados exclusivamente para compresores.	Kg	Ex. Ex.
8421.39.07	00		Desgasificadores.	Kg	Ex. Ex.
8421.39.99			Las demás.	Kg	5 Ex.
	01		Depuradores ciclón.		
	02		Purificadores de aire, sin dispositivos que modifiquen temperatura y/o humedad, reconocibles como diseñados exclusivamente para campanas aspirantes de uso doméstico.		
	99		Las demás.		
		-	**Partes:**		
8421.91		- -	**De centrifugadoras, incluidas las de secadoras centrífugas.**		
8421.91.04			De centrifugadoras, incluidas las de secadoras centrífugas.	Kg	Ex. Ex.
	01		Reconocibles como diseñadas exclusivamente para las utilizadas en investigación de laboratorio.		
	99		Las demás.		
8421.99		- -	**Las demás.**		
8421.99.99			Las demás.	Kg	Ex. Ex.
	01		Reconocibles como diseñadas exclusiva o principalmente para filtros de motores de explosión o de combustión interna, excepto lo reconocibles como diseñadas exclusivamente para tractores agrícolas e industriales.		
	99		Las demás.		
84.22			**Máquinas para lavar vajilla; máquinas y aparatos para limpiar o secar botellas o demás recipientes; máquinas y aparatos para llenar, cerrar, tapar, taponar o etiquetar botellas, botes o latas, cajas, sacos (bolsas) o demás continentes; máquinas y aparatos de capsular botellas, tarros, tubos y continentes análogos; las demás máquinas y aparatos para empaquetar o envolver mercancías (incluidas las de envolver con película termorretráctil); máquinas y aparatos para gasear bebidas.**		
		-	**Máquinas para lavar vajilla:**		
8422.11		- -	**De tipo doméstico.**		

8422.11.01	00	De tipo doméstico.	Pza	10	Ex.
8422.19		- - **Las demás.**			
8422.19.99	00	Las demás.	Pza	15	Ex.
8422.20		- **Máquinas y aparatos para limpiar o secar botellas o demás recipientes.**			
8422.20.01	00	Para limpiar botellas y otros recipientes, excepto lavadoras tipo túnel, de banda continua para envases metálicos, con capacidad superior a 1,500 unidades por minuto y lo comprendido en la fracción arancelaria 8422.20.02.	Pza	15	Ex.
8422.20.02	00	Para lavar botellas de vidrio, cuya capacidad sea de 3 ml a 20 l.	Pza	5	Ex.
8422.20.99		Los demás.	Pza	Ex.	Ex.
	01	Lavadoras tipo túnel, de banda continua para envases metálicos, con capacidad superior a 1,500 unidades por minuto.			
	99	Los demás.			
8422.30		- **Máquinas y aparatos para llenar, cerrar, tapar, taponar o etiquetar botellas, botes o latas, cajas, sacos (bolsas) o demás continentes; máquinas y aparatos de capsular botellas, tarros, tubos y continentes análogos; máquinas y aparatos para gasear bebidas.**			
8422.30.08	00	Envasadoras rotativas de frutas.	Pza	5	Ex.
8422.30.99		Los demás.	Pza	Ex.	Ex.
	01	Para envasar o empaquetar leche, mantequilla, quesos u otros derivados de la leche, excepto lo comprendido en el número de identificación comercial 8422.30.99.08.			
	02	Para envasar, cerrar, capsular y/o empaquetar líquidos, excepto lo comprendido en los números de identificación comercial 8422.30.99.01, 8422.30.99.03, 8422.30.99.04 y 8422.30.99.08.			
	03	Para envasar mermeladas, extractos de tomate, crema de elote u otros alimentos pastosos.			
	04	Para envasar líquidos en ampolletas, aun cuando efectúen otras operaciones accesorias, reconocibles como diseñadas exclusiva o principalmente para la industria farmacéutica.			
	05	Envasadoras dosificadoras volumétricas o por pesada, de productos a granel, en sacos, bolsas o costales, incluso provistas de dispositivos de confección y/o cierre de los envases.			
	06	Para envasar al vacío, en envases flexibles.			
	07	Envasadoras de té en bolsitas, que coloquen etiquetas.			
	08	Para envasar leche, jugos, frutas y productos similares, que además formen y cierren sus propios envases desechables de cartón o de plástico.			
	99	Los demás.			
8422.40		- **Las demás máquinas y aparatos para empaquetar o envolver mercancías (incluidas las de envolver con película termorretráctil).**			
8422.40.02	00	De peso unitario igual o inferior a 100 kg, para introducir en cajas envases metálicos.	Pza	15	Ex.
8422.40.99		Los demás.	Pza	Ex.	Ex.
	01	Atadores o precintadores, incluso los de accionamiento manual.			
	02	Para empaquetar caramelos y demás productos de confitería.			
	03	Empacadoras (encajonadoras) o desempacadoras (desencajonadoras) de botellas.			
	99	Los demás.			
8422.90		- **Partes.**			
8422.90.05		Partes.	Kg	Ex.	Ex.
	01	Reconocibles como diseñadas exclusivamente para máquinas o aparatos de limpiar o secar recipientes o para máquinas envasadoras.			
	02	Reconocibles como diseñadas exclusivamente para aparatos para lavar vajillas.			
	99	Los demás.			
84.23		**Aparatos e instrumentos de pesar, incluidas las básculas y balanzas para comprobar o contar piezas fabricadas, excepto las balanzas sensibles a un peso inferior o igual a 5 cg; pesas para toda clase de básculas o balanzas.**			
8423.10		- **Para pesar personas, incluidos los pesabebés; balanzas domésticas.**			
8423.10.02		Para pesar personas, incluidos los pesabebés; balanzas domésticas.	Pza	15	Ex.
	01	De personas, incluidos los pesabebés.			
	99	Los demás.			
8423.20		- **Básculas y balanzas para pesada continua sobre transportador.**			
8423.20.01	00	Automáticas, con registro impresor, provistas con mecanismo automático de control de velocidad y con peso superior o igual a 740 kg.	Pza	Ex.	Ex.
8423.20.99	00	Los demás.	Pza	15	Ex.
8423.30		- **Básculas y balanzas para pesada constante, incluidas las de descargar pesos determinados en sacos (bolsas) u otros recipientes, así como las dosificadoras de tolva.**			
8423.30.02		Básculas y balanzas para pesada constante, incluidas las de descargar pesos determinados en sacos (bolsas) u otros recipientes, así como las dosificadoras de tolva.	Pza	15	Ex.
	01	Dosificadores o comprobadoras que funcionen por medio de peso patrón.			
	99	Los demás.			
		- **Los demás aparatos e instrumentos de pesar:**			
8423.81		- - **Con capacidad inferior o igual a 30 kg.**			
8423.81.03		Con capacidad inferior o igual a 30 kg.	Pza	15	Ex.
	01	Con capacidad inferior o igual a 30 kg excepto lo comprendido en el número de identificación comercial 8423.81.03.02.			
	02	De funcionamiento electrónico.			
8423.82		- - **Con capacidad superior a 30 kg pero inferior o igual a 5,000 kg.**			
8423.82.03		Con capacidad superior a 30 kg pero inferior o igual a 5,000 kg.	Pza	15	Ex.
	01	Con capacidad superior a 30 kg pero inferior o igual a 5,000 kg, excepto lo comprendido en el número de identificación comercial 8423.82.03.02.			
	02	De funcionamiento electrónico.			
8423.89		- - **Los demás.**			
8423.89.99	00	Los demás.	Pza	15	Ex.

LEY DE LOS IMPUESTOS GENERALES DE IMPORTACION Y EXPORTACION

8423.90		-	Pesas para toda clase de básculas o balanzas; partes de aparatos o instrumentos de pesar.			
8423.90.02	00		Pesas para toda clase de básculas o balanzas; partes de aparatos o instrumentos de pesar.	Kg	Ex.	Ex.
84.24			**Aparatos mecánicos (incluso manuales) para proyectar, dispersar o pulverizar materias líquidas o en polvo; extintores, incluso cargados; pistolas aerográficas y aparatos similares; máquinas y aparatos de chorro de arena o de vapor y aparatos de chorro similares.**			
8424.10		-	Extintores, incluso cargados.			
8424.10.03			Extintores, incluso cargados.	Pza	Ex.	Ex.
	01		Con capacidad igual o inferior a 24 kg, excepto los reconocibles para naves aéreas.			
	99		Los demás.			
8424.20		-	Pistolas aerográficas y aparatos similares.			
8424.20.01	00		Pulverizadores, espolvoreadores, esparcidores o aspersores, excepto los reconocibles para naves aéreas.	Pza	15	Ex.
8424.20.99			Los demás.	Pza	Ex.	Ex.
	01		Pistolas aerográficas para pintar o recubrir.			
	99		Los demás.			
8424.30		-	Máquinas y aparatos de chorro de arena o de vapor y aparatos de chorro similares.			
8424.30.04	00		Pistolas o inyectores de lodos, aun cuando se presenten con sus mangueras de cementación y circulación, reconocibles para remover residuos y sedimentaciones en presas o tanques almacenadores de lodos en pozos petroleros.	Pza	15	Ex.
8424.30.99			Los demás.	Pza	Ex.	Ex.
	01		Máquinas o aparatos para limpieza por chorro de agua fría y/o sobrecalentada, incluso con dispositivos para esparcir arenas, polvos o líquidos compatibles con agua.			
	02		Pulverizadores, espolvoreadores, esparcidores o aspersores, excepto lo comprendido en el número de identificación comercial 8424.30.99.01.			
	99		Los demás.			
		-	Pulverizadores para agricultura u horticultura:			
8424.41		- -	Pulverizadores portátiles.			
8424.41.02			Pulverizadores portátiles.	Pza	Ex.	Ex.
	01		Pulverizadores impulsados por motor.			
	99		Los demás.			
8424.49		- -	Los demás.			
8424.49.99			Los demás.	Pza	Ex.	Ex.
	01		Pulverizadores autopropulsados.			
	99		Los demás.			
		-	Los demás aparatos:			
8424.82		- -	Para agricultura u horticultura.			
8424.82.07			Para agricultura u horticultura.	Pza	Ex.	Ex.
	01		Aspersores de rehilete para riego.			
	02		Espolvoreadores portátiles impulsados por motor, excepto lo comprendido en el número de identificación comercial 8424.82.07.05.			
	03		Máquinas o aparatos para riego, autopropulsados, con controles de regulación mecánicos o eléctricos, incluso cañones de riego autopropulsados, sin tubería rígida de materias plásticas, ni tubería de aluminio con compuertas laterales de descarga.			
	04		Espolvoreadores, autopropulsados.			
	05		Máquinas para riego, excepto lo comprendido en el número de identificación comercial 8424.82.07.03.			
	06		Aspersoras manuales de uso exclusivo para la aplicación de agroquímicos.			
	99		Los demás.			
8424.89		- -	Los demás.			
8424.89.99			Los demás.	Pza	Ex.	Ex.
	01		Máquinas para el barnizado interior de envases metálicos.			
	99		Los demás.			
8424.90		-	Partes.			
8424.90.01	00		Partes.	Kg	Ex.	Ex.
84.25			**Polipastos; tornos y cabrestantes; gatos.**			
		-	Polipastos:			
8425.11		- -	Con motor eléctrico.			
8425.11.01	00		Con capacidad superior a 30 t.	Pza	Ex.	Ex.
8425.11.99	00		Los demás.	Pza	15	Ex.
8425.19		- -	Los demás.			
8425.19.99	00		Los demás.	Pza	15	Ex.
		-	Tornos; cabrestantes:			
8425.31		- -	Con motor eléctrico.			
8425.31.01	00		Con capacidad hasta 5,000 kg.	Pza	15	Ex.
8425.31.02	00		Tornos para el ascenso y descenso de jaulas o montacargas en pozos de minas, o diseñados para el interior de las minas, con capacidad superior a 5,000 kg.	Pza	5	Ex.
8425.31.99	00		Los demás.	Pza	Ex.	Ex.
8425.39		- -	Los demás.			
8425.39.01	00		Para elevadores o montacargas, accionados sin engranajes.	Pza	Ex.	Ex.
8425.39.02	00		Para elevadores o montacargas accionados con engranajes.	Pza	5	Ex.
8425.39.03	00		Reconocibles como diseñados exclusivamente para tractores agrícolas e industriales.	Pza	Ex.	Ex.
8425.39.99	00		Los demás.	Pza	15	Ex.
		-	Gatos:			
8425.41		- -	Elevadores fijos para vehículos automóviles, de los tipos utilizados en talleres.			

8425.41.01	00	Elevadores fijos para vehículos automóviles, de los tipos utilizados en talleres.	Pza	15	Ex.
8425.42	- -	**Los demás gatos hidráulicos.**			
8425.42.01	00	Tipo patín, aun cuando se presenten sin ruedas, con una o más bombas integrales, de peso mayor a 12 kg y capacidad de carga hasta 12 t.	Pza	15	Ex.
8425.42.02	00	Tipo botella con bomba integral, de peso unitario igual o inferior a 20 kg y capacidad máxima de carga de 20 t.	Pza	15	Ex.
8425.42.99	00	Los demás.	Pza	Ex.	Ex.
8425.49	- -	**Los demás.**			
8425.49.99	00	Los demás.	Pza	15	Ex.
84.26		**Grúas y aparatos de elevación sobre cable aéreo; puentes rodantes, pórticos de descarga o manipulación, puentes grúa, carretillas puente y carretillas grúa.**			
	-	**Puentes (incluidas las vigas) rodantes, pórticos, puentes grúa y carretillas puente:**			
8426.11	- -	**Puentes (incluidas las vigas) rodantes, sobre soporte fijo.**			
8426.11.01	00	Puentes (incluidas las vigas) rodantes, sobre soporte fijo.	Pza	Ex.	Ex.
8426.12	- -	**Pórticos móviles sobre neumáticos y carretillas puente.**			
8426.12.01	00	Pórticos móviles sobre neumáticos y carretillas puente.	Pza	5	Ex.
8426.19	- -	**Los demás.**			
8426.19.99	00	Los demás.	Pza	Ex.	Ex.
8426.20	-	**Grúas de torre.**			
8426.20.01	00	Grúas de torre.	Pza	Ex.	Ex.
8426.30	-	**Grúas de pórtico.**			
8426.30.01	00	Grúas de pórtico.	Pza	Ex.	Ex.
	-	**Las demás máquinas y aparatos, autopropulsados:**			
8426.41	- -	**Sobre neumáticos.**			
8426.41.01	00	Grúas, con brazo de hierro estructural (celosía), de accionamiento mecánico, autopropulsadas con peso unitario hasta de 55 t, excepto grúas, con pluma tipo celosía y operación diésel-eléctrica o diésel-hidráulica, con capacidad de carga de 40 a 600 t, inclusive.	Pza	5	Ex.
8426.41.02	00	Grúas, con brazo (aguilón) rígido, de accionamiento hidráulico, autopropulsadas, con capacidad de carga superior a 9.9 t sin exceder de 30 t.	Pza	5	Ex.
8426.41.99		Los demás.	Pza	Ex.	Ex.
	01	Grúas, con pluma tipo celosía y operación diésel-eléctrica o diésel-hidráulica, con capacidad de carga de 40 a 600 t, inclusive.			
	02	Grúas de patio, autopropulsadas sobre neumáticos, para maniobras portuarias, excepto lo comprendido en los números de identificación comercial 8426.41.01.00, 8426.41.02.00 y 8426.41.99.01.			
	99	Los demás.			
8426.49	- -	**Los demás.**			
8426.49.99		Los demás.	Pza	Ex.	Ex.
	01	Grúas con brazo de hierro estructural (celosía), de accionamiento mecánico, con peso unitario hasta 55 t.			
	99	Los demás.			
	-	**Las demás máquinas y aparatos:**			
8426.91	- -	**Diseñados para montarlos sobre vehículos de carretera.**			
8426.91.03	00	Grúas elevadoras aisladas del tipo canastilla, con capacidad de carga hasta 1 t y hasta 15 m de elevación.	Pza	5	Ex.
8426.91.99		Los demás.	Pza	Ex.	Ex.
	01	Grúas con brazo (aguilón) articulado, de accionamiento hidráulico con capacidad superior a 9.9 t a un radio de 1 m.			
	02	Grúas con accionamiento hidráulico, de brazos articulados o rígidos, con capacidad hasta 9.9 t a un radio de 1 m.			
	99	Los demás.			
8426.99	- -	**Los demás.**			
8426.99.03	00	Cargador frontal para montarse en tractores agrícolas (de rastrillo, cuchara de reja o de apilador).	Pza	5	Ex.
8426.99.04	00	Ademes caminantes.	Pza	15	Ex.
8426.99.99		Los demás.	Pza	Ex.	Ex.
	01	Grúas, excepto lo comprendido en el número de identificación comercial 8426.99.99.02.			
	02	Grúas giratorias.			
	99	Los demás.			
84.27		**Carretillas apiladoras; las demás carretillas de manipulación con dispositivo de elevación incorporado.**			
8427.10	-	**Carretillas autopropulsadas con motor eléctrico.**			
8427.10.01	00	Montacargas de carga frontal y unidad motriz trasera (denominado "counterbalance"), con capacidad de carga hasta 3,500 kg.	Pza	15	Ex.
8427.10.99		Las demás.	Pza	Ex.	Ex.
	01	Montacargas de carga frontal y unidad motriz trasera (denominado "counterbalance"), con capacidad de carga superior a 3,500 kg.			
	99	Las demás.			
8427.20	-	**Las demás carretillas autopropulsadas.**			
8427.20.01	00	Carretilla con motor de explosión o combustión interna con capacidad de carga hasta 7,000 kg, medida a 620 mm de la cara frontal de las horquillas, excepto lo comprendido en la fracción arancelaria 8427.20.04.	Pza	15	Ex.
8427.20.02	00	Con motor de explosión o combustión interna, con capacidad de carga superior a 7,000 kg, medida a 620 mm de la cara frontal de las horquillas, excepto lo comprendido en la fracción arancelaria 8427.20.05.	Pza	Ex.	Ex.

8427.20.03	00	Carretilla portadora con cabina, con motor de combustión interna (diésel), con plataforma, con ejes direccionables y capacidad de carga superior a 39 t.	Pza	Ex.	Ex.
8427.20.04	00	Montacargas de carga frontal y unidad motriz trasera (denominado "counterbalance"), con motor de explosión o combustión interna, con capacidad de carga hasta 7,000 kg.	Pza	15	Ex.
8427.20.05	00	Montacargas de carga frontal y unidad motriz trasera (denominado "counterbalance"), con motor de explosión o combustión interna, con capacidad de carga superior a 7,000 kg.	Pza	Ex.	Ex.
8427.20.99	00	Las demás.	Pza	5	Ex.
8427.90	-	**Las demás carretillas.**			
8427.90.91	00	Las demás carretillas.	Pza	15	Ex.
84.28		**Las demás máquinas y aparatos de elevación, carga, descarga o manipulación (por ejemplo: ascensores, escaleras mecánicas, transportadores, teleféricos).**			
8428.10	-	**Ascensores y montacargas.**			
8428.10.01	00	Ascensores y montacargas.	Pza	15	Ex.
8428.20	-	**Aparatos elevadores o transportadores, neumáticos.**			
8428.20.02	00	Con dispositivo dosificador, excepto para carga o descarga de navíos.	Pza	15	Ex.
8428.20.03	00	Para el manejo de documentos y valores.	Pza	15	Ex.
8428.20.99	00	Los demás.	Pza	Ex.	Ex.
	-	**Los demás aparatos elevadores o transportadores, de acción continua, para mercancías:**			
8428.31	- -	**Especialmente diseñados para el interior de minas u otros trabajos subterráneos.**			
8428.31.01	00	Especialmente diseñados para el interior de minas u otros trabajos subterráneos.	Pza	Ex.	Ex.
8428.32	- -	**Los demás, de cangilones.**			
8428.32.91	00	Los demás, de cangilones.	Pza	Ex.	Ex.
8428.33	- -	**Los demás, de banda o correa.**			
8428.33.91	00	Los demás, de banda o correa.	Pza	Ex.	Ex.
8428.39	- -	**Los demás.**			
8428.39.99		Los demás.	Pza	Ex.	Ex.
	01	Transportadores tubulares flexibles de impulso mecánico por tornillos espirales.			
	02	A base de dispositivos magnéticos o electromagnéticos.			
	99	Los demás.			
8428.40	-	**Escaleras mecánicas y pasillos móviles.**			
8428.40.02	00	Escaleras electromecánicas.	Kg	15	Ex.
8428.40.99		Los demás.	Pza	15	Ex.
	01	Escaleras móviles incluso montadas sobre ruedas.			
	99	Los demás.			
8428.60	-	**Teleféricos (incluidos las telesillas y los telesquís); mecanismos de tracción para funiculares.**			
8428.60.01	00	Teleféricos (incluidos las telesillas y los telesquís); mecanismos de tracción para funiculares.	Pza	Ex.	Ex.
8428.70	-	**Robots industriales.**			
8428.70.01	00	Robots industriales.	Pza	15	Ex.
8428.90	-	**Las demás máquinas y aparatos.**			
8428.90.01	00	Elevador de accionamiento hidráulico, de chapas.	Pza	Ex.	Ex.
8428.90.02	00	Paleadoras de accionamiento neumático o hidráulico, provistas para su desplazamiento de ruedas de ferrocarril.	Pza	Ex.	Ex.
8428.90.03	00	Transportadores-cargadores autopropulsados, de peso unitario superior o igual a 10,000 kg.	Pza	Ex.	Ex.
8428.90.06	00	Empujadores de vagonetas de minas, carros transbordadores, basculadores y volteadores, de vagones, de vagonetas, etc., e instalaciones similares para la manipulación de material móvil sobre carriles (rieles).	Pza	Ex.	Ex.
8428.90.99		Los demás.	Pza	15	Ex.
	01	Brazos de carga marinos o terrestres (garzas marinas o terrestres), reconocibles para la carga o descarga de petróleo o sus derivados en navíos o carros tanque.			
	99	Los demás.			
84.29		**Topadoras frontales (buldóceres), topadoras angulares ("angledozers"), niveladoras, traíllas ("scrapers"), palas mecánicas, excavadoras, cargadoras, palas cargadoras, compactadoras y apisonadoras (aplanadoras), autopropulsadas.**			
	-	**Topadoras frontales (buldóceres) y topadoras angulares ("angledozers"):**			
8429.11	- -	**De orugas.**			
8429.11.01	00	De orugas.	Pza	Ex.	Ex.
8429.19	- -	**Las demás.**			
8429.19.99	00	Las demás.	Pza	Ex.	Ex.
8429.20	-	**Niveladoras.**			
8429.20.01	00	Niveladoras.	Pza	15	Ex.
8429.30	-	**Traíllas ("scrapers").**			
8429.30.01	00	Traíllas ("scrapers").	Pza	Ex.	Ex.
8429.40	-	**Compactadoras y apisonadoras (aplanadoras).**			
8429.40.02		Compactadoras y apisonadoras (aplanadoras).	Pza	Ex.	Ex.
	01	Compactadoras, excepto de rodillos.			
	99	Los demás.			
	-	**Palas mecánicas, excavadoras, cargadoras y palas cargadoras:**			
8429.51	- -	**Cargadoras y palas cargadoras de carga frontal.**			
8429.51.03	00	Palas mecánicas, excepto autopropulsadas sobre orugas, con peso unitario superior a 55,000 kg.	Pza	15	Ex.
8429.51.99		Los demás.	Pza	Ex.	Ex.
	01	Palas mecánicas autopropulsadas sobre orugas, con peso unitario superior a 55,000 kg.			
	02	Cargadores frontales, de accionamiento hidráulico, montados sobre ruedas, con capacidad igual o inferior a 335 CP.			

	99	Los demás.			
8429.52		-- **Máquinas cuya superestructura pueda girar 360°.**			
8429.52.03		Máquinas cuya superestructura pueda girar 360°.	Pza	Ex.	Ex.
	01	Dragas o excavadoras, montadas sobre orugas, con peso unitario superior a 55,000 kg.			
	02	Dragas o excavadoras, excepto lo comprendido en el número de identificación comercial 8429.52.03.01.			
	99	Los demás.			
8429.59		-- **Las demás.**			
8429.59.01	00	Zanjadoras.	Pza	15	Ex.
8429.59.02	00	Dragas, con capacidad de carga de arrastre hasta 4,000 kg.	Pza	15	Ex.
8429.59.05	00	Dragas o excavadoras, excepto lo comprendido en la fracción arancelaria 8429.59.02.	Pza	15	Ex.
8429.59.99		Los demás.	Pza	Ex.	Ex.
	01	Retroexcavadoras de cucharón, de accionamiento hidráulico, autopropulsadas con potencia neta al volante igual o superior a 70 CP, sin exceder de 130 CP y peso igual o superior a 5,000 kg sin exceder de 20,500 kg.			
	02	Retroexcavadoras, incluso para acoplarse a máquinas motrices, excepto lo comprendido en el número de identificación comercial 8429.59.99.01.			
	99	Los demás.			
84.30		**Las demás máquinas y aparatos para explanar, nivelar, traillar ("scraping"), excavar, compactar, apisonar (aplanar), extraer o perforar tierra o minerales; martinetes y máquinas para arrancar pilotes, estacas o similares; quitanieves.**			
8430.10		- **Martinetes y máquinas para arrancar pilotes, estacas o similares.**			
8430.10.01	00	Martinetes y máquinas para arrancar pilotes, estacas o similares.	Pza	5	Ex.
8430.20		- **Quitanieves.**			
8430.20.01	00	Quitanieves.	Pza	10	Ex.
		- **Cortadoras y arrancadoras, de carbón o rocas, y máquinas para hacer túneles o galerías:**			
8430.31		-- **Autopropulsadas.**			
8430.31.03		Autopropulsadas.	Pza	Ex.	Ex.
	01	Perforadoras por rotación y/o percusión.			
	02	Cortadoras de carbón mineral.			
	99	Las demás.			
8430.39		-- **Las demás.**			
8430.39.01	00	Escudos de perforación.	Pza	5	Ex.
8430.39.99	00	Las demás.	Pza	Ex.	Ex.
		- **Las demás máquinas de sondeo o perforación:**			
8430.41		-- **Autopropulsadas.**			
8430.41.03		Autopropulsadas.	Pza	Ex.	Ex.
	01	Perforadoras por rotación y/o percusión, excepto lo comprendido en el número de identificación comercial 8430.41.03.02.			
	02	Equipos para perforación por rotación, de funcionamiento mecánico, con diámetro de barrena hasta 123 mm.			
	99	Las demás.			
8430.49		-- **Las demás.**			
8430.49.99	00	Las demás.	Kg	Ex.	Ex.
8430.50		- **Las demás máquinas y aparatos, autopropulsados.**			
8430.50.01	00	Excavadoras, cargadores frontales de accionamiento hidráulico, con capacidad igual o inferior a 335 CP.	Pza	15	Ex.
8430.50.02	00	Desgarradores.	Pza	15	Ex.
8430.50.99	00	Los demás.	Pza	10	Ex.
		- **Las demás máquinas y aparatos, sin propulsión:**			
8430.61		-- **Máquinas y aparatos para compactar o apisonar (aplanar).**			
8430.61.01	00	Explanadoras (empujadoras).	Pza	15	Ex.
8430.61.02	00	Rodillos apisonadores o compactadores.	Pza	15	Ex.
8430.61.99	00	Los demás.	Pza	10	Ex.
8430.69		-- **Los demás.**			
8430.69.01	00	Retroexcavadoras de cucharón, de accionamiento hidráulico.	Pza	15	Ex.
8430.69.02	00	Dragas, excavadoras y palas mecánicas, montadas sobre vagón de neumáticos.	Pza	15	Ex.
8430.69.03	00	Zanjadoras, excepto lo comprendido en la fracción arancelaria 8430.69.01.	Pza	15	Ex.
8430.69.04	00	Traíllas ("scrapers").	Pza	15	Ex.
8430.69.99	00	Los demás.	Pza	10	Ex.
84.31		**Partes identificables como destinadas, exclusiva o principalmente, a las máquinas o aparatos de las partidas 84.25 a 84.30.**			
8431.10		- **De máquinas o aparatos de la partida 84.25.**			
8431.10.01	00	De máquinas o aparatos de la partida 84.25.	Kg	Ex.	Ex.
8431.20		- **De máquinas o aparatos de la partida 84.27.**			
8431.20.02		De máquinas o aparatos de la partida 84.27.	Kg	Ex.	Ex.
	01	Conjuntos de partes identificables como destinados exclusivamente para la fabricación de los siguientes: a) mástil para montacargas; b) contrapeso para montacargas; c) ensamble de chasis; d) guarda del operador; e) horquillas para montacargas, para la fabricación de montacargas de las subpartidas 8427.10 y 8427.20.			
	99	Los demás.			
		- **De máquinas o aparatos de la partida 84.28:**			
8431.31		-- **De ascensores, montacargas o escaleras mecánicas.**			
8431.31.02		De ascensores, montacargas o escaleras mecánicas.	Kg	Ex.	Ex.
	01	Para elevadores (ascensores).			

	99		Las demás.			
8431.39		- -	**Las demás.**			
8431.39.99	00		Las demás.	Kg	Ex.	Ex.
		-	De máquinas o aparatos de las partidas 84.26, 84.29 u 84.30:			
8431.41		- -	**Cangilones, cucharas, cucharas de almeja, palas y garras o pinzas.**			
8431.41.04			Cangilones, cucharas, cucharas de almeja, palas y garras o pinzas.	Pza	Ex.	Ex.
	01		Cucharones, puntas, dientes o adaptadores para cucharones.			
	02		Reconocibles como diseñados exclusivamente para lo comprendido en el número de identificación comercial 8429.52.03.01.			
	03		Cuchillas o gavilanes.			
	99		Las demás.			
8431.42		- -	**Hojas de topadoras frontales (buldóceres) o de topadoras angulares ("angledozers").**			
8431.42.01	00		Hojas de topadoras frontales (buldóceres) o de topadoras angulares ("angledozers").	Pza	Ex.	Ex.
8431.43		- -	**De máquinas de sondeo o perforación de las subpartidas 8430.41 u 8430.49.**			
8431.43.03			De máquinas de sondeo o perforación de las subpartidas 8430.41 u 8430.49.	Kg	Ex.	Ex.
	01		Uniones de cabezas de inyección.			
	99		Las demás.			
8431.49		- -	**Las demás.**			
8431.49.99			Las demás.	Kg	25	Ex.
	01		Reconocibles como diseñadas exclusivamente para máquinas compactadoras, zanjadoras o retroexcavadoras de cucharón de accionamiento hidráulico, excepto el cucharón.			
	02		Reconocibles como diseñadas exclusivamente para lo comprendido en los números de identificación comercial 8429.51.99.01 y 8429.52.03.01.			
	99		Las demás.			
84.32			**Máquinas, aparatos y artefactos agrícolas, hortícolas o silvícolas, para la preparación o el trabajo del suelo o para el cultivo; rodillos para césped o terrenos de deporte.**			
8432.10		-	**Arados.**			
8432.10.01	00		Arados.	Pza	Ex.	Ex.
		-	Gradas (rastras), escarificadores, cultivadores, extirpadores, azadas rotativas (rotocultores), escardadoras y binadoras:			
8432.21		- -	**Gradas (rastras) de discos.**			
8432.21.01	00		Gradas (rastras) de discos.	Pza	Ex.	Ex.
8432.29		- -	**Los demás.**			
8432.29.99			Los demás.	Pza	Ex.	Ex.
	01		Desyerbadoras, cultivadoras, escarificadoras o niveladoras.			
	99		Los demás.			
		-	Sembradoras, plantadoras y trasplantadoras:			
8432.31		- -	**Sembradoras, plantadoras y trasplantadoras, para siembra directa.**			
8432.31.04			Sembradoras, plantadoras y trasplantadoras, para siembra directa.	Pza	Ex.	Ex.
	01		Sembradoras, con depósito rectangular y descarga múltiple para semillas de grano fino (grain drill).			
	02		Plantadoras.			
	03		Sembradoras, excepto lo comprendido en el número de identificación comercial 8432.31.04.01.			
	99		Las demás.			
8432.39		- -	**Las demás.**			
8432.39.99	00		Las demás.	Pza	Ex.	Ex.
		-	Esparcidores de estiércol y distribuidores de abonos:			
8432.41		- -	**Esparcidores de estiércol.**			
8432.41.01	00		Esparcidores de estiércol.	Pza	Ex.	Ex.
8432.42		- -	**Distribuidores de abonos.**			
8432.42.01	00		Distribuidores de abonos.	Pza	Ex.	Ex.
8432.80			**Las demás máquinas, aparatos y artefactos.**			
8432.80.91			Las demás máquinas, aparatos y artefactos.	Pza	Ex.	Ex.
	01		Cortadoras rotativas (desvaradoras), con ancho de corte igual o inferior a 2.13 m, para acoplarse a la toma de fuerza del tractor, con transmisión a dos cuchillas.			
	02		Sembradoras abonadoras, excepto con depósito rectangular y descarga múltiple para semillas de grano fino (grain drill).			
	99		Los demás.			
8432.90		-	**Partes.**			
8432.90.01	00		Partes.	Kg	Ex.	Ex.
84.33			**Máquinas, aparatos y artefactos de cosechar o trillar, incluidas las prensas para paja o forraje; cortadoras de césped y guadañadoras; máquinas para limpieza o clasificación de huevos, frutos o demás productos agrícolas, excepto las de la partida 84.37.**			
		-	Cortadoras de césped:			
8433.11		- -	**Con motor, en las que el dispositivo de corte gire en un plano horizontal.**			
8433.11.01	00		Con motor, en las que el dispositivo de corte gire en un plano horizontal.	Pza	15	Ex.
8433.19		- -	**Las demás.**			
8433.19.99	00		Las demás.	Pza	15	Ex.
8433.20		-	**Guadañadoras, incluidas las barras de corte para montar sobre un tractor.**			
8433.20.03			Guadañadoras, incluidas las barras de corte para montar sobre un tractor.	Pza	Ex.	Ex.
	01		Guadañadoras y/o segadoras, excepto lo comprendido en el número de identificación comercial 8433.20.03.02.			
	02		Guadañadoras y/o segadoras autopropulsadas con motor de potencia inferior o igual a 20 CP y no autopropulsadas, con ancho de corte hasta 2.50 m, incluso atadoras.			
	99		Los demás.			

8433.30		-	**Las demás máquinas y aparatos de henificar.**			
8433.30.91	00		Las demás máquinas y aparatos de henificar.	Pza	Ex.	Ex.
8433.40		-	**Prensas para paja o forraje, incluidas las prensas recogedoras.**			
8433.40.03			Prensas para paja o forraje, incluidas las prensas recogedoras.	Pza	Ex.	Ex.
	01		Empacadoras de forrajes.			
	99		Las demás.			
		-	Las demás máquinas y aparatos de cosechar; máquinas y aparatos de trillar:			
8433.51		- -	**Cosechadoras-trilladoras.**			
8433.51.01	00		Cosechadoras-trilladoras.	Pza	Ex.	Ex.
8433.52		- -	**Las demás máquinas y aparatos de trillar.**			
8433.52.91	00		Las demás máquinas y aparatos de trillar.	Pza	Ex.	Ex.
8433.53		- -	**Máquinas de cosechar raíces o tubérculos.**			
8433.53.01	00		Máquinas de cosechar raíces o tubérculos.	Pza	Ex.	Ex.
8433.59		- -	**Los demás.**			
8433.59.99			Los demás.	Pza	Ex.	Ex.
	01		Cosechadoras para caña.			
	02		Desgranadoras de maíz, incluso deshojadoras o que envasen los productos.			
	03		Cosechadoras de algodón.			
	04		Cosechadoras, excepto lo comprendido en los números de identificación comercial 8433.59.99.01 y 8433.59.99.03.			
	99		Los demás.			
8433.60		-	**Máquinas para limpieza o clasificación de huevos, frutos o demás productos agrícolas.**			
8433.60.04			Máquinas para limpieza o clasificación de huevos, frutos o demás productos agrícolas.	Pza	Ex.	Ex.
	01		Seleccionadoras o clasificadoras de frutas u otros productos agrícolas.			
	99		Los demás.			
8433.90		-	**Partes.**			
8433.90.04			Partes.	Kg	25	Ex.
	01		Reconocibles como diseñadas exclusiva o principalmente para lo comprendido en el número de identificación comercial 8433.51.01.00.			
	02		Reconocibles como diseñadas exclusiva o principalmente para lo comprendido en los números de identificación comercial 8433.20.03.01, 8433.20.03.02 y 8433.59.99.03.			
	99		Los demás.			
84.34			**Máquinas de ordeñar y máquinas y aparatos para la industria lechera.**			
8434.10		-	**Máquinas de ordeñar.**			
8434.10.01	00		Máquinas de ordeñar.	Pza	Ex.	Ex.
8434.20		-	**Máquinas y aparatos para la industria lechera.**			
8434.20.01	00		Máquinas y aparatos para la industria lechera.	Pza	Ex.	Ex.
8434.90		-	**Partes.**			
8434.90.01	00		Partes.	Kg	Ex.	Ex.
84.35			**Prensas, estrujadoras y máquinas y aparatos análogos para la producción de vino, sidra, jugos de frutos o bebidas similares.**			
8435.10		-	**Máquinas y aparatos.**			
8435.10.01	00		Máquinas y aparatos.	Pza	Ex.	Ex.
8435.90		-	**Partes.**			
8435.90.01	00		Partes.	Kg	Ex.	Ex.
84.36			**Las demás máquinas y aparatos para la agricultura, horticultura, silvicultura, avicultura o apicultura, incluidos los germinadores con dispositivos mecánicos o térmicos incorporados y las incubadoras y criadoras avícolas.**			
8436.10		-	**Máquinas y aparatos para preparar alimentos o piensos para animales.**			
8436.10.01	00		Máquinas y aparatos para preparar alimentos o piensos para animales.	Pza	Ex.	Ex.
		-	Máquinas y aparatos para la avicultura, incluidas las incubadoras y criadoras:			
8436.21		- -	**Incubadoras y criadoras.**			
8436.21.01	00		Incubadoras y criadoras.	Pza	Ex.	Ex.
8436.29		- -	**Los demás.**			
8436.29.99			Los demás.	Pza	Ex.	Ex.
	01		Bebederos, comederos o nidos (ponedores) para avicultura.			
	99		Los demás.			
8436.80		-	**Las demás máquinas y aparatos.**			
8436.80.91			Las demás máquinas y aparatos.	Pza	Ex.	Ex.
	01		Trituradoras o mezcladoras de abonos.			
	02		Silos con dispositivos mecánicos de descarga.			
	99		Los demás.			
		-	Partes:			
8436.91		- -	**De máquinas o aparatos para la avicultura.**			
8436.91.01	00		De máquinas o aparatos para la avicultura.	Kg	Ex.	Ex.
8436.99		- -	**Las demás.**			
8436.99.99	00		Las demás.	Kg	Ex.	Ex.
84.37			**Máquinas para limpieza, clasificación o cribado de semillas, granos u hortalizas de vaina secas; máquinas y aparatos para molienda o tratamiento de cereales u hortalizas de vaina secas, excepto las de tipo rural.**			
8437.10		-	**Máquinas para limpieza, clasificación o cribado de semillas, granos u hortalizas de vaina secas.**			
8437.10.04			Máquinas para limpieza, clasificación o cribado de semillas, granos u hortalizas de vaina secas.	Pza	Ex.	Ex.
	01		Seleccionadora electrónica de granos o semillas por color.			
	99		Los demás.			

8437.80		-	**Las demás máquinas y aparatos.**			
8437.80.91			Las demás máquinas y aparatos.	Pza	Ex.	Ex.
	01		Molinos.			
	99		Los demás.			
8437.90		**-**	**Partes.**			
8437.90.02			Partes.	Kg	Ex.	Ex.
	01		Cilindros o rodillos de hierro o acero.			
	99		Los demás.			
84.38			**Máquinas y aparatos, no expresados ni comprendidos en otra parte de este Capítulo, para la preparación o fabricación industrial de alimentos o bebidas, excepto las máquinas y aparatos para extracción o preparación de aceites o grasas, vegetales o de origen microbiano, fijos o animales.**			
8438.10		**-**	**Máquinas y aparatos para panadería, pastelería, galletería o la fabricación de pastas alimenticias.**			
8438.10.01	00		Artesas mecánicas, incluso con dispositivos de calentamiento o enfriamiento.	Pza	15	Ex.
8438.10.03	00		Automáticas para fabricar galletas.	Pza	15	Ex.
8438.10.04	00		Batidoras, reconocibles como diseñadas exclusivamente para la industria de la panificación.	Pza	15	Ex.
8438.10.99			Los demás.	Pza	Ex.	Ex.
	01		Máquinas de dividir o moldear la masa, incluso con sistema dosificador.			
	02		Para la fabricación de pastas alimenticias, excepto lo comprendido en los números de identificación comercial 8438.10.99.01 y 8438.10.99.04.			
	03		Para panadería, excepto lo comprendido en los números de identificación comercial 8438.10.99.01 y 8438.10.99.04.			
	04		Mezcladoras.			
	99		Los demás.			
8438.20		**-**	**Máquinas y aparatos para confitería, elaboración de cacao o la fabricación de chocolate.**			
8438.20.03			Máquinas y aparatos para confitería, elaboración de cacao o la fabricación de chocolate.	Pza	Ex.	Ex.
	01		Agitadores mezcladores, incluso con dispositivos de calentamiento o enfriamiento.			
	99		Los demás.			
8438.30		**-**	**Máquinas y aparatos para la industria azucarera.**			
8438.30.01	00		Cubas provistas de agitadores; desfibradores; trituradoras (desmenuzadoras), molinos.	Pza	15	Ex.
8438.30.99	00		Los demás.	Pza	Ex.	Ex.
8438.40		**-**	**Máquinas y aparatos para la industria cervecera.**			
8438.40.02			Máquinas y aparatos para la industria cervecera.	Pza	Ex.	Ex.
	01		Línea continua para la producción de mosto de cerveza, incluyendo los siguientes elementos: transportador-alimentador, molino, olla de cocimiento, unidad de macerado y unidad de refrigeración.			
	99		Las demás.			
8438.50		**-**	**Máquinas y aparatos para la preparación de carne.**			
8438.50.06	00		Mezcladoras de carne, de peso unitario igual o inferior a 100 kg.	Pza	15	Ex.
8438.50.99			Los demás.	Pza	Ex.	Ex.
	01		Máquinas rebanadoras y/o cortadoras, incluso para aserrar huesos.			
	02		Máquinas y aparatos para sacrificar, desplumar y extraer las vísceras de las aves.			
	03		Atadoras de embutidos y picadoras o embutidoras.			
	04		Aparatos para ablandar las carnes.			
	05		Mezcladoras de carne, de peso unitario superior a 100 kg.			
	99		Los demás.			
8438.60		**-**	**Máquinas y aparatos para la preparación de frutos u hortalizas.**			
8438.60.04	00		Peladoras de papas.	Pza	5	Ex.
8438.60.99			Los demás.	Pza	Ex.	Ex.
	01		Picadoras o rebanadoras.			
	02		Máquinas para deshuesar, descorazonar, descascarar, trocear o pelar frutas, legumbres u hortalizas.			
	99		Los demás.			
8438.80		**-**	**Las demás máquinas y aparatos.**			
8438.80.91			Las demás máquinas y aparatos.	Pza	Ex.	Ex.
	01		Rebanadoras, picadoras o embutidoras de pescados, crustáceos o moluscos.			
	02		Mezcladoras.			
	99		Los demás.			
8438.90		**-**	**Partes.**			
8438.90.06			Partes.	Kg	Ex.	Ex.
	01		De amasadoras, mezcladoras, batidoras, molinos o trituradoras.			
	02		Reconocibles como diseñadas exclusivamente para máquinas o aparatos de la industria azucarera.			
	03		Reconocibles como diseñadas exclusivamente para lo comprendido en los números de identificación comercial 8438.50.99.01, 8438.50.99.04, 8438.60.04.00 y 8438.80.04.01.			
	99		Las demás.			
84.39			**Máquinas y aparatos para la fabricación de pasta de materias fibrosas celulósicas o para la fabricación o acabado de papel o cartón.**			
8439.10		**-**	**Máquinas y aparatos para la fabricación de pasta de materias fibrosas celulósicas.**			
8439.10.06	00		Máquinas y aparatos para la fabricación de pasta de materias fibrosas celulósicas.	Pza	Ex.	Ex.
8439.20		**-**	**Máquinas y aparatos para la fabricación de papel o cartón.**			
8439.20.01	00		Máquinas y aparatos para la fabricación de papel o cartón.	Pza	Ex.	Ex.
8439.30		**-**	**Máquinas y aparatos para el acabado de papel o cartón.**			
8439.30.01	00		Máquinas y aparatos para el acabado de papel o cartón.	Pza	Ex.	Ex.

		-	Partes:		
8439.91		--	De máquinas o aparatos para la fabricación de pasta de materias fibrosas celulósicas.		
8439.91.01	00		De máquinas o aparatos para la fabricación de pasta de materias fibrosas celulósicas.	Kg	Ex. Ex.
8439.99		--	Las demás.		
8439.99.99	00		Las demás.	Kg	Ex. Ex.
84.40			**Máquinas y aparatos para encuadernación, incluidas las máquinas para coser pliegos.**		
8440.10		-	Máquinas y aparatos.		
8440.10.02			Máquinas y aparatos.	Pza	Ex. Ex.
	01		Para encuadernaciones llamadas "espirales".		
	99		Los demás.		
8440.90		-	Partes.		
8440.90.01	00		Partes.	Kg	Ex. Ex.
84.41			**Las demás máquinas y aparatos para el trabajo de la pasta de papel, del papel o cartón, incluidas las cortadoras de cualquier tipo.**		
8441.10		-	Cortadoras.		
8441.10.04			Cortadoras.	Pza	Ex. Ex.
	01		Guillotinas con luz de corte superior a 900 mm.		
	02		Guillotinas de accionamiento manual o de palanca.		
	03		Cortadoras plegadoras, cortadoras de bobinas o de rollos, embobinadoras o desembobinadoras.		
	99		Los demás.		
8441.20		-	Máquinas para la fabricación de sacos (bolsas), bolsitas o sobres.		
8441.20.01	00		Máquinas para la fabricación de sacos (bolsas), bolsitas o sobres.	Pza	Ex. Ex.
8441.30		-	Máquinas para la fabricación de cajas, tubos, tambores o continentes similares, excepto por moldeado.		
8441.30.01	00		Máquinas para la fabricación de cajas, tubos, tambores o continentes similares, excepto por moldeado.	Pza	Ex. Ex.
8441.40		-	Máquinas para moldear artículos de pasta de papel, de papel o cartón.		
8441.40.02	00		Máquinas para moldear artículos de pasta de papel, de papel o cartón.	Pza	Ex. Ex.
8441.80		-	Las demás máquinas y aparatos.		
8441.80.91	00		Las demás máquinas y aparatos.	Pza	Ex. Ex.
8441.90		-	Partes.		
8441.90.01	00		Partes.	Kg	Ex. Ex.
84.42			**Máquinas, aparatos y material (excepto las máquinas de las partidas 84.56 a 84.65) para preparar o fabricar clisés, planchas, cilindros o demás elementos impresores; clisés, planchas, cilindros y demás elementos impresores; piedras litográficas, planchas, placas y cilindros, preparados para la impresión (por ejemplo: aplanados, graneados, pulidos).**		
8442.30		-	Máquinas, aparatos y material.		
8442.30.03			Máquinas, aparatos y material.	Pza	Ex. Ex.
	01		Máquinas para componer por procedimiento fotográfico.		
	02		Máquinas, aparatos y material para componer caracteres por otros procedimientos, incluso con dispositivos para fundir.		
	99		Las demás.		
8442.40		-	Partes de estas máquinas, aparatos o material.		
8442.40.01	00		Partes de estas máquinas, aparatos o material.	Kg	Ex. Ex.
8442.50		-	Clisés, planchas, cilindros y demás elementos impresores; piedras litográficas, planchas, placas y cilindros, preparados para la impresión (por ejemplo: aplanados, graneados, pulidos).		
8442.50.01	00		Planchas trimetálicas preparadas.	Kg	15 Ex.
8442.50.03	00		Láminas (planchas flexibles) de aluminio, tratadas sin sensibilizar, para utilizarse en fotolitografía "offset".	Pza	5 Ex.
8442.50.99	00		Los demás.	Kg	Ex. Ex.
84.43			**Máquinas y aparatos para imprimir mediante planchas, cilindros y demás elementos impresores de la partida 84.42; las demás máquinas impresoras, copiadoras y de fax, incluso combinadas entre sí; partes y accesorios.**		
		-	Máquinas y aparatos para imprimir mediante planchas, cilindros y demás elementos impresores de la partida 84.42:		
8443.11		--	Máquinas y aparatos para imprimir, offset, alimentados con bobinas.		
8443.11.02			Máquinas y aparatos para imprimir, offset, alimentados con bobinas.	Pza	Ex. Ex.
	01		Máquinas para el estampado.		
	99		Los demás.		
8443.12		--	Máquinas y aparatos de oficina para imprimir, offset, alimentados con hojas en las que un lado sea inferior o igual a 22 cm y el otro sea inferior o igual a 36 cm, medidas sin plegar.		
8443.12.01	00		Máquinas y aparatos de oficina para imprimir, offset, alimentados con hojas en las que un lado sea inferior o igual a 22 cm y el otro sea inferior o igual a 36 cm, medidas sin plegar.	Pza	Ex. Ex.
8443.13		--	Las demás máquinas y aparatos para imprimir, offset.		
8443.13.01	00		Para oficina.	Pza	5 Ex.
8443.13.99	00		Los demás.	Pza	Ex. Ex.
8443.14		--	Máquinas y aparatos para imprimir, tipográficos, alimentados con bobinas, excepto las máquinas y aparatos flexográficos.		
8443.14.02			Máquinas y aparatos para imprimir, tipográficos, alimentados con bobinas, excepto las máquinas y aparatos flexográficos.	Pza	Ex. Ex.
	01		Rotativas.		
	99		Los demás.		
8443.15		--	Máquinas y aparatos para imprimir, tipográficos, distintos de los alimentados con bobinas, excepto las máquinas y aparatos flexográficos.		

8443.15.02	00	Máquinas y aparatos para imprimir, tipográficos, distintos de los alimentados con bobinas, excepto las máquinas y aparatos flexográficos.	Pza	Ex.	Ex.
8443.16	- -	**Máquinas y aparatos para imprimir, flexográficos.**			
8443.16.01	00	Máquinas y aparatos para imprimir, flexográficos.	Pza	Ex.	Ex.
8443.17	- -	**Máquinas y aparatos para imprimir, heliográficos (huecograbado).**			
8443.17.01	00	Máquinas y aparatos para imprimir, heliográficos (huecograbado).	Pza	Ex.	Ex.
8443.19	- -	**Los demás.**			
8443.19.99		Los demás.	Pza	Ex.	Ex.
	01	De cilindros, excepto rotativas o para impresión por serigrafía con dispositivo de alimentación y descarga automática.			
	02	Para impresión por serigrafía excepto con dispositivos de alimentación y descarga automática.			
	99	Las demás.			
	-	**Las demás máquinas impresoras, copiadoras y de fax, incluso combinadas entre sí:**			
8443.31	- -	**Máquinas que efectúen dos o más de las siguientes funciones: impresión, copia o fax, aptas para ser conectadas a una máquina automática para tratamiento o procesamiento de datos o a una red.**			
8443.31.01	00	Máquinas que efectúen dos o más de las siguientes funciones: impresión, copia o fax, aptas para ser conectadas a una máquina automática para tratamiento o procesamiento de datos o a una red.	Pza	Ex.	Ex.
8443.32	- -	**Las demás, aptas para ser conectadas a una máquina automática para tratamiento o procesamiento de datos o a una red.**			
8443.32.91		Las demás, aptas para ser conectadas a una máquina automática para tratamiento o procesamiento de datos o a una red.	Pza	Ex.	Ex.
	01	Impresora láser, con capacidad de reproducción superior a 20 páginas por minuto.			
	02	Impresoras de barra luminosa electrónica.			
	03	Impresoras por inyección de tinta.			
	04	Impresoras por transferencia térmica.			
	05	Impresoras de matriz por punto.			
	91	Las demás impresoras láser.			
	99	Los demás.			
8443.39	- -	**Las demás.**			
8443.39.02	00	Aparatos de fotocopia electrostáticos, por procedimiento directo (reproducción directa del original) excepto aparatos de fotocopia por sistema óptico.	Pza	15	Ex.
8443.39.06	00	Aparatos de termocopia.	Pza	15	Ex.
8443.39.91	00	Los demás aparatos de fotocopia de contacto.	Pza	15	Ex.
8443.39.99		Los demás.	Pza	Ex.	Ex.
	01	Máquinas para imprimir por chorro de tinta.			
	02	Máquinas que efectúen dos o más de las siguientes funciones: impresión, copia, fax.			
	91	Los demás aparatos de fotocopia por sistema óptico.			
	99	Los demás.			
	-	**Partes y accesorios:**			
8443.91	- -	**Partes y accesorios de máquinas y aparatos para imprimir por medio de planchas, cilindros y demás elementos impresores de la partida 84.42.**			
8443.91.02	00	Reconocibles como diseñadas exclusivamente para máquinas para impresión por serigrafía.	Kg	Ex.	Ex.
8443.91.99		Los demás.	Pza	Ex.	Ex.
	01	Máquinas auxiliares.			
	99	Los demás.			
8443.99	- -	**Los demás.**			
8443.99.05	00	Reconocibles como diseñadas exclusivamente para aparatos de fotocopia por sistema óptico y lo comprendido en la fracción arancelaria 8443.39.06.	Kg	Ex.	Ex.
8443.99.06	00	Circuitos modulares.	Kg	Ex.	Ex.
8443.99.10	00	Reconocibles como diseñadas para aparatos de fotocopia: alimentadores automáticos de documentos; alimentadores de papel; clasificadores.	Kg	Ex.	Ex.
8443.99.99		Los demás.	Pza	Ex.	Ex.
	01	Partes especificadas en la Nota Nacional 9 del Capítulo 84, reconocibles como diseñadas exclusivamente para las impresoras de las subpartidas 8443.31 y 8443.32, excepto circuitos modulares.			
	02	Partes reconocibles como diseñadas exclusivamente para aparatos de fotocopia electrostáticos, por procedimiento indirecto (reproducción del original mediante soporte intermedio), especificadas en la Nota Aclaratoria 5 del Capítulo 84.			
	03	Cartuchos de tinta reconocibles como diseñados exclusivamente para impresoras de inyección de burbuja.			
	99	Los demás.			
84.44		**Máquinas para extrudir, estirar, texturar o cortar materia textil sintética o artificial.**			
8444.00	-	**Máquinas para extrudir, estirar, texturar o cortar materia textil sintética o artificial.**			
8444.00.01	00	Máquinas para extrudir, estirar, texturar o cortar materia textil sintética o artificial.	Pza	Ex.	Ex.
84.45		**Máquinas para la preparación de materia textil; máquinas para hilar, doblar o retorcer materia textil y demás máquinas y aparatos para la fabricación de hilados textiles; máquinas para bobinar (incluidas las canilleras) o devanar materia textil y máquinas para la preparación de hilados textiles para su utilización en las máquinas de las partidas 84.46 u 84.47.**			
	-	**Máquinas para la preparación de materia textil:**			
8445.11	- -	**Cardas.**			
8445.11.01	00	Cardas.	Pza	Ex.	Ex.
8445.12	- -	**Peinadoras.**			

8445.12.01	00		Peinadoras.	Pza	Ex.	Ex.
8445.13		- -	**Mecheras.**			
8445.13.01	00		Mecheras.	Pza	Ex.	Ex.
8445.19		- -	**Las demás.**			
8445.19.99			Las demás.	Pza	Ex.	Ex.
	01		Manuares u otras máquinas de estirar, incluso los bancos de estirado.			
	99		Los demás.			
8445.20		-	**Máquinas para hilar materia textil.**			
8445.20.01	00		Máquinas para hilar materia textil.	Pza	Ex.	Ex.
8445.30		-	**Máquinas para doblar o retorcer materia textil.**			
8445.30.02			Máquinas para doblar o retorcer materia textil.	Pza	Ex.	Ex.
	01		Máquinas para torcer hilados.			
	99		Los demás.			
8445.40		-	**Máquinas para bobinar (incluidas las canilleras) o devanar materia textil.**			
8445.40.01	00		Máquinas para bobinar (incluidas las canilleras) o devanar materia textil.	Pza	Ex.	Ex.
8445.90		-	**Los demás.**			
8445.90.99			Los demás.	Pza	Ex.	Ex.
	01		Urdidores.			
	99		Los demás.			
84.46			**Telares.**			
8446.10		-	**Para tejidos de anchura inferior o igual a 30 cm.**			
8446.10.01	00		Para tejidos de anchura inferior o igual a 30 cm.	Pza	Ex.	Ex.
		-	**Para tejidos de anchura superior a 30 cm, de lanzadera:**			
8446.21		- -	**De motor.**			
8446.21.01	00		De motor.	Pza	Ex.	Ex.
8446.29		- -	**Los demás.**			
8446.29.99	00		Los demás.	Pza	Ex.	Ex.
8446.30		-	**Para tejidos de anchura superior a 30 cm, sin lanzadera.**			
8446.30.01	00		Para tejidos de anchura superior a 30 cm, sin lanzadera.	Pza	Ex.	Ex.
84.47			**Máquinas de tricotar, de coser por cadeneta, de entorchar, de fabricar tul, encaje, bordados, pasamanería, trenzas, redes o de insertar mechones.**			
		-	**Máquinas circulares de tricotar:**			
8447.11		- -	**Con cilindro de diámetro inferior o igual a 165 mm.**			
8447.11.01	00		Con cilindro de diámetro inferior o igual a 165 mm.	Pza	Ex.	Ex.
8447.12		- -	**Con cilindro de diámetro superior a 165 mm.**			
8447.12.01	00		Con cilindro de diámetro superior a 165 mm.	Pza	Ex.	Ex.
8447.20		-	**Máquinas rectilíneas de tricotar; máquinas de coser por cadeneta.**			
8447.20.02			Máquinas rectilíneas de tricotar; máquinas de coser por cadeneta.	Pza	Ex.	Ex.
	01		Telares rectilíneos o Tricotosas manuales, industriales, para tejido de punto, incluidos los cabezales, y con peso igual o superior a 30 kg por unidad.			
	99		Los demás.			
8447.90		-	**Las demás.**			
8447.90.99			Las demás.	Pza	Ex.	Ex.
	01		Para fabricar tules, encajes, bordados, pasamanería o malla (red), excepto máquinas tipo "tufting".			
	99		Las demás.			
84.48			**Máquinas y aparatos auxiliares para las máquinas de las partidas 84.44, 84.45, 84.46 u 84.47 (por ejemplo: maquinitas para lizos, mecanismos Jacquard, paraurdimbres y paratramas, mecanismos de cambio de lanzadera); partes y accesorios identificables como destinados, exclusiva o principalmente, a las máquinas de esta partida o de las partidas 84.44, 84.45, 84.46 u 84.47 (por ejemplo: husos, aletas, guarniciones de cardas, peines, barretas, hileras, lanzaderas, lizos y cuadros de lizos, agujas, platinas, ganchos).**			
		-	**Máquinas y aparatos auxiliares para las máquinas de las partidas 84.44, 84.45, 84.46 u 84.47:**			
8448.11		- -	**Maquinitas para lizos y mecanismos Jacquard; reductoras, perforadoras y copiadoras de cartones; máquinas para unir cartones después de perforados.**			
8448.11.01	00		Maquinitas para lizos y mecanismos Jacquard; reductoras, perforadoras y copiadoras de cartones; máquinas para unir cartones después de perforados.	Pza	Ex.	Ex.
8448.19		- -	**Los demás.**			
8448.19.99	00		Los demás.	Pza	Ex.	Ex.
8448.20		-	**Partes y accesorios de las máquinas de la partida 84.44 o de sus máquinas o aparatos auxiliares.**			
8448.20.01	00		Partes y accesorios de las máquinas de la partida 84.44 o de sus máquinas o aparatos auxiliares.	Kg	Ex.	Ex.
		-	**Partes y accesorios de las máquinas de la partida 84.45 o de sus máquinas o aparatos auxiliares:**			
8448.31		- -	**Guarniciones de cardas.**			
8448.31.01	00		Guarniciones de cardas.	Kg	Ex.	Ex.
8448.32		- -	**De máquinas para la preparación de materia textil, excepto las guarniciones de cardas.**			
8448.32.01	00		De máquinas para la preparación de materia textil, excepto las guarniciones de cardas.	Kg	Ex.	Ex.
8448.33		- -	**Husos y sus aletas, anillos y cursores.**			
8448.33.01	00		Husos y sus aletas, anillos y cursores.	Pza	Ex.	Ex.
8448.39		- -	**Los demás.**			
8448.39.99	00		Los demás.	Kg	Ex.	Ex.
		-	**Partes y accesorios de telares o de sus máquinas o aparatos auxiliares:**			
8448.42		- -	**Peines, lizos y cuadros de lizos.**			
8448.42.01	00		Peines, lizos y cuadros de lizos.	Kg	Ex.	Ex.
8448.49		- -	**Los demás.**			

8448.49.99	00	Los demás.	Kg	Ex.	Ex.
	-	**Partes y accesorios de máquinas o aparatos de la partida 84.47 o de sus máquinas o aparatos auxiliares:**			
8448.51	- -	**Platinas, agujas y demás artículos que participen en la formación de mallas.**			
8448.51.01	00	Platinas, agujas y demás artículos que participen en la formación de mallas.	Kg	Ex.	Ex.
8448.59	- -	**Los demás.**			
8448.59.99	00	Los demás.	Kg	Ex.	Ex.
84.49		**Máquinas y aparatos para la fabricación o acabado del fieltro o tela sin tejer, en pieza o con forma, incluidas las máquinas y aparatos para la fabricación de sombreros de fieltro; hormas de sombrerería.**			
8449.00	-	**Máquinas y aparatos para la fabricación o acabado del fieltro o tela sin tejer, en pieza o con forma, incluidas las máquinas y aparatos para la fabricación de sombreros de fieltro; hormas de sombrerería.**			
8449.00.01	00	Máquinas y aparatos para la fabricación o acabado del fieltro o tela sin tejer, en pieza o con forma, incluidas las máquinas y aparatos para la fabricación de sombreros de fieltro; hormas de sombrerería.	Pza	Ex.	Ex.
84.50		**Máquinas para lavar ropa, incluso con dispositivo de secado.**			
	-	**Máquinas de capacidad unitaria, expresada en peso de ropa seca, inferior o igual a 10 kg:**			
8450.11	- -	**Máquinas totalmente automáticas.**			
8450.11.01	00	De uso doméstico.	Pza	15	Ex.
8450.11.99	00	Las demás.	Pza	Ex.	Ex.
8450.12	- -	**Las demás máquinas, con secadora centrífuga incorporada.**			
8450.12.91		Las demás máquinas, con secadora centrífuga incorporada.	Pza	15	Ex.
	01	De uso doméstico.			
	99	Las demás.			
8450.19	- -	**Las demás.**			
8450.19.99	00	Las demás.	Pza	15	Ex.
8450.20	-	**Máquinas de capacidad unitaria, expresada en peso de ropa seca, superior a 10 kg.**			
8450.20.01	00	Máquinas de capacidad unitaria, expresada en peso de ropa seca, superior a 10 kg.	Pza	Ex.	Ex.
8450.90	-	**Partes.**			
8450.90.03		Partes.	Pza	Ex.	Ex.
	01	Muebles reconocibles como diseñados exclusivamente para lo comprendido en las subpartidas 8450.11 a 8450.20.			
	99	Las demás.			
84.51		**Máquinas y aparatos (excepto las máquinas de la partida 84.50) para lavar, limpiar, escurrir, secar, planchar, prensar (incluidas las prensas para fijar), blanquear, teñir, aprestar, acabar, recubrir o impregnar hilados, telas o manufacturas textiles y máquinas para el revestimiento de telas u otros soportes utilizados en la fabricación de cubresuelos, tales como linóleo; máquinas para enrollar, desenrollar, plegar, cortar o dentar telas.**			
8451.10	-	**Máquinas para limpieza en seco.**			
8451.10.01	00	Máquinas para limpieza en seco.	Pza	Ex.	Ex.
	-	**Máquinas para secar:**			
8451.21	- -	**De capacidad unitaria, expresada en peso de ropa seca, inferior o igual a 10 kg.**			
8451.21.02		De capacidad unitaria, expresada en peso de ropa seca, inferior o igual a 10 kg.	Pza	15	Ex.
	01	De uso doméstico.			
	99	Los demás.			
8451.29	- -	**Las demás.**			
8451.29.99		Los demás.	Pza	Ex.	Ex.
	01	Con capacidad de secado por carga inferior o igual a 70 kg, excepto las secadoras para madejas o bobinas textiles.			
	99	Los demás.			
8451.30	-	**Máquinas y prensas para planchar, incluidas las prensas para fijar.**			
8451.30.01	00	Máquinas y prensas para planchar, incluidas las prensas para fijar.	Pza	Ex.	Ex.
8451.40	-	**Máquinas para lavar, blanquear o teñir.**			
8451.40.01	00	Máquinas para lavar, blanquear o teñir.	Pza	Ex.	Ex.
8451.50	-	**Máquinas para enrollar, desenrollar, plegar, cortar o dentar telas.**			
8451.50.01	00	Máquinas para enrollar, desenrollar, plegar, cortar o dentar telas.	Pza	Ex.	Ex.
8451.80	-	**Las demás máquinas y aparatos.**			
8451.80.91		Las demás máquinas y aparatos.	Pza	Ex.	Ex.
	01	Para vaporizar, humectar, prehormar o posthormar.			
	99	Los demás.			
8451.90	-	**Partes.**			
8451.90.03		Partes.	Pza	Ex.	Ex.
	01	Cámaras de secado y otras partes de las máquinas de secado que incorporen cámaras de secado, reconocibles como diseñados exclusivamente para lo comprendido en las subpartidas 8451.21 u 8451.29.			
	99	Las demás.			
84.52		**Máquinas de coser, excepto las de coser pliegos de la partida 84.40; muebles, basamentos y tapas o cubiertas especialmente diseñados para máquinas de coser; agujas para máquinas de coser.**			
8452.10	-	**Máquinas de coser domésticas.**			
8452.10.01	00	Máquinas de coser domésticas.	Pza	15	Ex.
	-	**Las demás máquinas de coser:**			
8452.21	- -	**Unidades automáticas.**			

8452.21.06		Unidades automáticas.	Pza	Ex.	Ex.
	01	Cabezales.			
	02	Máquinas industriales con accionamiento por motoembrague de tipo electrónico.			
	03	Máquinas para coser calzado.			
	04	Máquinas industriales, excepto las cosedoras de suspensión y lo comprendido en los números de identificación comercial 8452.21.06.02 y 8452.21.06.03.			
	99	Las demás.			
8452.29	--	**Las demás.**			
8452.29.99		Las demás.	Pza	Ex.	Ex.
	01	Máquinas industriales para coser sacos o costales, manuales.			
	02	Máquinas industriales, con accionamiento por motoembrague de tipo electrónico.			
	03	Máquinas o cabezales de uso industrial, de costura recta, de aguja recta y un dispositivo de enlace de hilos rotativos y oscilante, doble pespunte, cama plana, y transporte únicamente por impelentes (dientes), excepto diferencial de pies alternativos, por aguja acompañante, triple o por rueda intermitente.			
	04	Máquinas para coser calzado.			
	05	Cabezales, excepto lo comprendido en el número de identificación comercial 8452.29.99.03.			
	06	Máquinas industriales, excepto lo comprendido en los números de identificación comercial 8452.29.99.01, 8452.29.99.02, 8452.29.99.03 y 8452.29.99.04.			
	99	Los demás.			
8452.30	-	**Agujas para máquinas de coser.**			
8452.30.01	00	Agujas para máquinas de coser.	Kg	Ex.	Ex.
8452.90	-	**Muebles, basamentos y tapas o cubiertas para máquinas de coser, y sus partes; las demás partes para máquinas de coser.**			
8452.90.01	00	Partes reconocibles como diseñadas exclusivamente para máquinas de coser domésticas, excepto muebles, basamentos y tapas o cubiertas para máquinas de coser, y sus partes.	Kg	5	Ex.
8452.90.99		Las demás.	Kg	Ex.	Ex.
	01	Muebles, basamentos y tapas o cubiertas para máquinas de coser, y sus partes.			
	99	Las demás.			
84.53		**Máquinas y aparatos para la preparación, curtido o trabajo de cuero o piel o para la fabricación o reparación de calzado u otras manufacturas de cuero o piel, excepto las máquinas de coser.**			
8453.10	-	**Máquinas y aparatos para la preparación, curtido o trabajo de cuero o piel.**			
8453.10.01	00	Máquinas y aparatos para la preparación, curtido o trabajo de cuero o piel.	Pza	Ex.	Ex.
8453.20	-	**Máquinas y aparatos para la fabricación o reparación de calzado.**			
8453.20.01	00	Máquinas y aparatos para la fabricación o reparación de calzado.	Pza	Ex.	Ex.
8453.80	-	**Las demás máquinas y aparatos.**			
8453.80.91	00	Las demás máquinas y aparatos.	Pza	Ex.	Ex.
8453.90	-	**Partes.**			
8453.90.01	00	Partes.	Kg	Ex.	Ex.
84.54		**Convertidores, cucharas de colada, lingoteras y máquinas de colar (moldear), para metalurgia, acerías o fundiciones.**			
8454.10	-	**Convertidores.**			
8454.10.01	00	Convertidores.	Pza	Ex.	Ex.
8454.20	-	**Lingoteras y cucharas de colada.**			
8454.20.02	00	Lingoteras y cucharas de colada.	Kg	Ex.	Ex.
8454.30	-	**Máquinas de colar (moldear).**			
8454.30.02		Máquinas de colar (moldear).	Pza	Ex.	Ex.
	01	Por proceso continuo.			
	99	Los demás.			
8454.90	-	**Partes.**			
8454.90.02		Partes.	Kg	Ex.	Ex.
	01	Reconocibles como diseñadas exclusivamente para lingoteras de hierro.			
	99	Los demás.			
84.55		**Laminadores para metal y sus cilindros.**			
8455.10	-	**Laminadores de tubos.**			
8455.10.01	00	Laminadores de tubos.	Pza	Ex.	Ex.
	-	Los demás laminadores:			
8455.21	--	**Para laminar en caliente o combinados para laminar en caliente y en frío.**			
8455.21.03		Para laminar en caliente o combinados para laminar en caliente y en frío.	Pza	Ex.	Ex.
	01	Trenes de laminación.			
	99	Los demás.			
8455.22	--	**Para laminar en frío.**			
8455.22.03		Para laminar en frío.	Pza	Ex.	Ex.
	01	Trenes de laminación.			
	02	Laminadores de cilindros acanalados.			
	99	Los demás.			
8455.30	-	**Cilindros de laminadores.**			
8455.30.03		Cilindros de laminadores.	Pza	Ex.	Ex.
	01	Forjados (terminados o sin terminar), con peso unitario hasta de 60 t.			
	02	De hierro o acero fundido con diámetro igual o superior a 150 mm, sin exceder de 1,450 mm, y peso igual o superior a 100 kg, sin exceder de 50,000 kg.			
	99	Los demás.			
8455.90	-	**Las demás partes.**			

8455.90.01	00	Obtenidas por fundición o por soldadura, con un peso individual inferior a 90 t, reconocibles como diseñadas exclusivamente para lo comprendido en la partida 84.55.	Kg	Ex.	Ex.
8455.90.99	00	Las demás.	Pza	Ex.	Ex.
84.56		**Máquinas herramienta que trabajen por arranque de cualquier materia mediante láser u otros haces de luz o de fotones, por ultrasonido, electroerosión, procesos electroquímicos, haces de electrones, haces iónicos o chorro de plasma; máquinas para cortar por chorro de agua.**			
	-	**Que operen mediante láser u otros haces de luz o de fotones:**			
8456.11	- -	**Que operen mediante láser.**			
8456.11.02		Que operen mediante láser.	Pza	Ex.	Ex.
	01	Para cortar.			
	99	Los demás.			
8456.12	- -	**Que operen mediante otros haces de luz o de fotones.**			
8456.12.02		Que operen mediante otros haces de luz o de fotones.	Pza	Ex.	Ex.
	01	Para cortar.			
	99	Los demás.			
8456.20	-	**Que operen por ultrasonido.**			
8456.20.02	00	Que operen por ultrasonido.	Pza	Ex.	Ex.
8456.30	-	**Que operen por electroerosión.**			
8456.30.01	00	Que operen por electroerosión.	Pza	Ex.	Ex.
8456.40	-	**Que operen mediante chorro de plasma.**			
8456.40.01	00	Que operen mediante chorro de plasma.	Pza	Ex.	Ex.
8456.50	-	**Máquinas para cortar por chorro de agua.**			
8456.50.01	00	Máquinas para cortar por chorro de agua.	Pza	Ex.	Ex.
8456.90	-	**Las demás.**			
8456.90.99	00	Las demás.	Pza	Ex.	Ex.
84.57		**Centros de mecanizado, máquinas de puesto fijo y máquinas de puestos múltiples, para trabajar metal.**			
8457.10	-	**Centros de mecanizado.**			
8457.10.01	00	Centros de mecanizado.	Pza	Ex.	Ex.
8457.20	-	**Máquinas de puesto fijo.**			
8457.20.01	00	Máquinas de puesto fijo.	Pza	Ex.	Ex.
8457.30	-	**Máquinas de puestos múltiples.**			
8457.30.02	00	Con mesa estática o pendular que realicen de manera alternativa o simultánea, dos o más operaciones, de peso unitario inferior o igual a 10,000 kg.	Pza	15	Ex.
8457.30.03	00	Con mesa de transferencia lineal o rotativa (máquinas "transfer") de peso unitario inferior o igual a 10,000 kg.	Pza	15	Ex.
8457.30.99		Los demás.	Pza	Ex.	Ex.
	01	De transferencia lineal o rotativa (máquinas "transfer") de peso unitario superior a 10,000 kg.			
	02	Máquinas complejas que realicen de manera alternativa o simultánea dos o más operaciones por deformación de material, incluso si cortan o perforan.			
	99	Los demás.			
84.58		**Tornos (incluidos los centros de torneado) que trabajen por arranque de metal.**			
	-	**Tornos horizontales:**			
8458.11	- -	**De control numérico.**			
8458.11.01	00	Paralelos universales, con distancia entre puntos hasta de 4.5 m y con capacidad de volteo hasta de 750 mm, de diámetro sobre la bancada.	Pza	15	Ex.
8458.11.99		Los demás.	Pza	Ex.	Ex.
	01	Semiautomáticos revólver, con torreta.			
	99	Los demás.			
8458.19	- -	**Los demás.**			
8458.19.01	00	Paralelos universales, con distancia entre puntos hasta de 4.5 m y con capacidad de volteo hasta de 750 mm de diámetro sobre la bancada.	Pza	15	Ex.
8458.19.99	00	Los demás.	Pza	Ex.	Ex.
	-	**Los demás tornos:**			
8458.91	- -	**De control numérico.**			
8458.91.02		De control numérico.	Pza	Ex.	Ex.
	01	Semiautomáticos revólver, con torreta.			
	99	Los demás.			
8458.99	- -	**Los demás.**			
8458.99.99	00	Los demás.	Pza	Ex.	Ex.
84.59		**Máquinas herramienta (incluidas las unidades de mecanizado de correderas) de taladrar, escariar, fresar o roscar (incluso aterrajar), metal por arranque de materia, excepto los tornos (incluidos los centros de torneado) de la partida 84.58.**			
8459.10	-	**Unidades de mecanizado de correderas.**			
8459.10.02		Unidades de mecanizado de correderas.	Pza	Ex.	Ex.
	01	Fresadoras; fileteadoras o roscadoras ("machueladoras").			
	99	Los demás.			
	-	**Las demás máquinas de taladrar:**			
8459.21	- -	**De control numérico.**			
8459.21.02	00	De control numérico.	Pza	Ex.	Ex.
8459.29	- -	**Las demás.**			
8459.29.99		Las demás.	Pza	Ex.	Ex.

	01	De banco o de columna, con transmisión por medio de bandas o de engranes y capacidad de taladrado igual o inferior a 38.10 mm de diámetro.			
	99	Las demás.			
	-	**Las demás escariadoras-fresadoras:**			
8459.31	- -	**De control numérico.**			
8459.31.01	00	De control numérico.	Pza	Ex.	Ex.
8459.39	- -	**Las demás.**			
8459.39.99	00	Las demás.	Pza	Ex.	Ex.
	-	**Las demás escariadoras:**			
8459.41	- -	**De control numérico.**			
8459.41.01	00	Máquinas para la reconstrucción de culatas de motor de explosión o de combustión interna, de un husillo, con cabezal flotante o de mesa neumática y portapiezas basculante en dos ejes.	Pza	15	Ex.
8459.41.99	00	Las demás.	Pza	Ex.	Ex.
8459.49	- -	**Las demás.**			
8459.49.01	00	Máquinas para la reconstrucción de culatas de motor de explosión o de combustión interna, de un husillo, con cabezal flotante o de mesa neumática y portapiezas basculante en dos ejes.	Pza	15	Ex.
8459.49.99	00	Las demás.	Pza	Ex.	Ex.
	-	**Máquinas de fresar de consola:**			
8459.51	- -	**De control numérico.**			
8459.51.01	00	De control numérico.	Pza	15	Ex.
8459.59	- -	**Las demás.**			
8459.59.99	00	Las demás.	Pza	Ex.	Ex.
	-	**Las demás máquinas de fresar:**			
8459.61	- -	**De control numérico.**			
8459.61.01	00	De control numérico.	Pza	Ex.	Ex.
8459.69	- -	**Las demás.**			
8459.69.99	00	Las demás.	Pza	Ex.	Ex.
8459.70	-	**Las demás máquinas de roscar (incluso aterrajar).**			
8459.70.91		Las demás máquinas de roscar (incluso aterrajar).	Pza	Ex.	Ex.
	01	Aterrajadoras.			
	02	De control numérico.			
	99	Las demás.			
84.60		**Máquinas herramienta de desbarbar, afilar, amolar, rectificar, lapear (bruñir), pulir o hacer otras operaciones de acabado, para metal o cermet, mediante muelas, abrasivos o productos para pulir, excepto las máquinas para tallar o acabar engranajes de la partida 84.61.**			
	-	**Máquinas de rectificar superficies planas:**			
8460.12	- -	**De control numérico.**			
8460.12.02		De control numérico.	Pza	Ex.	Ex.
	01	Con superficie de trabajo hasta 176 mm, por 475 mm.			
	99	Las demás.			
8460.19	- -	**Las demás.**			
8460.19.99	00	Las demás.	Pza	Ex.	Ex.
	-	**Las demás máquinas de rectificar:**			
8460.22	- -	**Máquinas de rectificar sin centro, de control numérico.**			
8460.22.01	00	Máquinas de rectificar sin centro, de control numérico.	Pza	Ex.	Ex.
8460.23	- -	**Las demás máquinas de rectificar superficies cilíndricas, de control numérico.**			
8460.23.91		Las demás máquinas de rectificar superficies cilíndricas, de control numérico.	Pza	Ex.	Ex.
	01	Para bujes y cojinetes de biela, de un husillo, con peso igual o inferior a 290 kg con motor hasta ½ CP y capacidad de 9 hasta 119.5 mm para el rectificado.			
	02	Para válvulas de motores de explosión o combustión interna, con peso igual o inferior a 108 kg, motor eléctrico hasta ½ CP y capacidad de 5.56 hasta 14.29 mm para el rectificado.			
	03	Para cilindros de motores de explosión o de combustión interna, de un husillo, con motor hasta de ¾ de CP y capacidad de 66.80 hasta 134.14 mm de diámetro, incluso con pedestal o montadas sobre banco neumático.			
	99	Las demás.			
8460.24	- -	**Las demás, de control numérico.**			
8460.24.91		Las demás, de control numérico.	Pza	Ex.	Ex.
	01	Para tapas de bielas y monoblocks de un husillo, aun cuando tengan cuchillas, con peso igual o inferior a 83 kg, con motor eléctrico, hasta ½ CP, y piedra abrasiva hasta 177.8 mm, de diámetro.			
	99	Las demás.			
8460.29	- -	**Las demás.**			
8460.29.99	00	Las demás.	Pza	Ex.	Ex.
	-	**Máquinas de afilar:**			
8460.31	- -	**De control numérico.**			
8460.31.02	00	De control numérico.	Pza	Ex.	Ex.
8460.39	- -	**Las demás.**			
8460.39.99	00	Las demás.	Pza	Ex.	Ex.
8460.40	-	**Máquinas de lapear (bruñir).**			
8460.40.03		Máquinas de lapear (bruñir).	Pza	Ex.	Ex.
	01	De control numérico.			
	99	Las demás.			
8460.90	-	**Las demás.**			
8460.90.99		Las demás.	Pza	Ex.	Ex.
	01	De control numérico.			

	02	Amoladoras (esmeriladoras) o pulidoras, accionadas eléctricamente, excepto lo comprendido en el número de identificación comercial 8460.90.99.01.			
	03	Biseladoras, excepto lo comprendido en el número de identificación comercial 8460.90.99.01.			
	99	Las demás.			

84.61 Máquinas herramienta de cepillar, limar, mortajar, brochar, tallar o acabar engranajes, aserrar, trocear y demás máquinas herramienta que trabajen por arranque de metal o cermet, no expresadas ni comprendidas en otra parte.

8461.20		- Máquinas de limar o mortajar.			
8461.20.02	00	Máquinas de limar o mortajar.	Pza	Ex.	Ex.
8461.30		- Máquinas de brochar.			
8461.30.02		Máquinas de brochar.	Pza	Ex.	Ex.
	01	De control numérico.			
	99	Las demás.			
8461.40		- Máquinas de tallar o acabar engranajes.			
8461.40.01	00	Máquinas de tallar o acabar engranajes.	Pza	Ex.	Ex.
8461.50		- Máquinas de aserrar o trocear.			
8461.50.02	00	Serradoras de disco o de cinta sinfín, excepto de control numérico.	Pza	15	Ex.
8461.50.03	00	Serradoras hidráulicas alternativas, excepto de control numérico.	Pza	15	Ex.
8461.50.99		Las demás.	Pza	Ex.	Ex.
	01	De control numérico.			
	99	Las demás.			
8461.90		- Las demás.			
8461.90.03	00	Máquinas de cepillar, de codo para metales, con carrera máxima del carro hasta 350 mm, excepto de control numérico.	Pza	15	Ex.
8461.90.99		Las demás.	Pza	Ex.	Ex.
	01	De control numérico.			
	99	Las demás.			

84.62 Máquinas herramienta (incluidas las prensas) de forjar o estampar, martillos pilón y otras máquinas de martillar, para trabajar metal (excepto los laminadores); máquinas herramienta (incluidas las prensas, las líneas de hendido y las líneas de corte longitudinal) de enrollar, curvar, plegar, enderezar, aplanar, cizallar, punzonar, entallar o mordiscar, metal (excepto los bancos de estirar); prensas para trabajar metal o carburos metálicos, no expresadas anteriormente.

		- Máquinas (incluidas las prensas), para trabajar en caliente, de forjar con matrices o forjado libre, o estampar, martillos pilón y otras máquinas de martillar:			
8462.11		- - Máquinas de forjar con matriz cerrada.			
8462.11.01	00	Hidráulicas con capacidad (de presión de trabajo) hasta 1,000 t.	Pza	15	Ex.
8462.11.99	00	Las demás.	Pza	Ex.	Ex.
8462.19		- - Las demás.			
8462.19.01	00	Hidráulicas con capacidad (de presión de trabajo) hasta 1,000 t.	Pza	15	Ex.
8462.19.99	00	Las demás.	Pza	Ex.	Ex.
		- Máquinas (incluidas las prensas) de enrollar, curvar, plegar, enderezar o aplanar, para productos planos:			
8462.22		- - Máquinas de conformar perfiles.			
8462.22.01	00	Prensas mecánicas con capacidad inferior o igual a 200 t.	Pza	15	Ex.
8462.22.99	00	Las demás.	Pza	Ex.	Ex.
8462.23		- - Prensas plegadoras, de control numérico.			
8462.23.01	00	Prensas mecánicas con capacidad inferior o igual a 200 t.	Pza	15	Ex.
8462.23.99	00	Las demás.	Pza	Ex.	Ex.
8462.24		- - Prensas para paneles, de control numérico.			
8462.24.01	00	Prensas para paneles, de control numérico.	Pza	Ex.	Ex.
8462.25		- - Máquinas de perfilar rodillos, de control numérico.			
8462.25.01	00	Máquinas de perfilar rodillos, de control numérico.	Pza	Ex.	Ex.
8462.26		- - Las demás máquinas de enrollar, curvar, plegar, enderezar o aplanar, de control numérico.			
8462.26.01	00	Enderezadoras de alambre o alambrón.	Pza	15	Ex.
8462.26.02	00	Dobladoras de tubos, accionadas con motor, para tubos con diámetro igual o inferior a 70 mm y espesor de pared igual o inferior a 6.5 mm.	Pza	15	Ex.
8462.26.03	00	Prensas mecánicas con capacidad inferior o igual a 200 t.	Pza	15	Ex.
8462.26.99		Los demás.	Pza	Ex.	Ex.
	01	Roladoras.			
	02	Prensas hidráulicas con capacidad (de presión de trabajo) hasta 1,000 t.			
	03	Para enderezar en frío, excepto lo comprendido en el número de identificación comercial 8462.26.99.02.			
	04	Dobladoras (plegadoras) de accionamiento mecánico, con motor.			
	99	Los demás.			
8462.29		- - Las demás.			
8462.29.01	00	Enderezadoras de alambre o alambrón.	Pza	15	Ex.
8462.29.03	00	Prensas hidráulicas con capacidad (de presión de trabajo) hasta 1,000 t, excepto de control numérico.	Pza	15	Ex.
8462.29.05	00	Dobladoras (plegadoras) de accionamiento mecánico, con motor, excepto de control numérico.	Pza	15	Ex.
8462.29.06	00	Dobladoras de tubos accionadas con motor, para tubos con diámetro igual o inferior a 70 mm y espesor de pared igual o inferior a 6.5 mm.	Pza	15	Ex.
8462.29.07	00	Prensas mecánicas con capacidad inferior o igual a 200 t.	Pza	15	Ex.
8462.29.99		Las demás.	Pza	Ex.	Ex.

	01		Roladoras.			
	02		Para enderezar en frío: tubos, barras, láminas o perfiles, excepto lo comprendido en el número de identificación comercial 8462.29.99.03.			
	03		Prensas hidráulicas con capacidad (de presión de trabajo) hasta 1,000 t.			
	04		Dobladoras (plegadoras) de accionamiento mecánico, con motor.			
	99		Las demás.			
		-	Líneas de hendido, líneas de corte longitudinal y demás máquinas (excepto las prensas) de cizallar, para productos planos, excepto las combinadas de cizallar y punzonar:			
8462.32		- -	Líneas de hendido y líneas de corte longitudinal.			
8462.32.01	00		Líneas de hendido y líneas de corte longitudinal.	Pza	Ex.	Ex.
8462.33		- -	Máquinas de cizallar, de control numérico.			
8462.33.01	00		Máquinas de cizallar, de control numérico.	Pza	15	Ex.
8462.39		- -	Las demás.			
8462.39.01	00		Cizallas o guillotinas; cortadoras de alambre o alambrón.	Pza	15	Ex.
8462.39.03	00		Prensas mecánicas con capacidad inferior o igual a 200 t.	Pza	15	Ex.
8462.39.99			Las demás.	Pza	Ex.	Ex.
	01		Prensas hidráulicas con capacidad (de presión de trabajo) hasta 1,000 t.			
	99		Las demás.			
		-	Máquinas (excepto las prensas) de punzonar, entallar o mordiscar, para productos planos, incluso las combinadas de cizallar y punzonar:			
8462.42		- -	De control numérico.			
8462.42.01			De control numérico.	Pza	Ex.	Ex.
	01		Máquinas complejas que realicen de manera alternativa o simultánea dos o más operaciones por deformación de material (incluso si cortan o perforan).			
	99		Las demás.			
8462.49		- -	Las demás.			
8462.49.01	00		Prensas hidráulicas con capacidad (de presión de trabajo) hasta 1,000 t.	Pza	15	Ex.
8462.49.02	00		Prensas mecánicas con capacidad inferior o igual a 200 t.	Pza	15	Ex.
8462.49.99			Las demás.	Pza	Ex.	Ex.
	01		Máquinas complejas que realicen de manera alternativa o simultánea dos o más operaciones por deformación de material (incluso si cortan o perforan).			
	99		Las demás.			
		-	Máquinas para trabajar tubos, tubería, perfiles huecos, perfiles y barras (excepto las prensas):			
8462.51		- -	De control numérico.			
8462.51.01	00		Dobladoras de tubos, accionadas con motor, para tubos con diámetro igual o inferior a 70 mm y espesor de pared igual o inferior a 6.5 mm.	Pza	15	Ex.
8462.51.02	00		Cizallas o guillotinas.	Pza	15	Ex.
8462.51.99			Las demás.	Pza	Ex.	Ex.
	01		Roladoras.			
	02		Para enderezar en frío: tubos, barras, láminas o perfiles.			
	03		Dobladoras (plegadoras) de accionamiento mecánico, con motor.			
	04		Máquinas complejas que realicen de manera alternativa o simultánea dos o más operaciones por deformación de material (incluso si cortan o perforan).			
	99		Las demás.			
8462.59		- -	Las demás.			
8462.59.01	00		Dobladoras (plegadoras) de accionamiento mecánico, con motor.	Pza	15	Ex.
8462.59.02	00		Dobladoras de tubos accionadas con motor, para tubos con diámetro igual o inferior a 70 mm y espesor de pared igual o inferior a 6.5 mm.	Pza	15	Ex.
8462.59.03	00		Cizallas o guillotinas; cortadoras de alambre o alambrón.	Pza	15	Ex.
8462.59.99			Las demás.	Pza	Ex.	Ex.
	01		Roladoras.			
	02		Para enderezar en frío: tubos, barras, láminas o perfiles.			
	03		Máquinas complejas que realicen de manera alternativa o simultánea dos o más operaciones por deformación de material (incluso si cortan o perforan).			
	99		Las demás.			
		-	Prensas de metal en frío:			
8462.61		- -	Prensas hidráulicas.			
8462.61.01	00		Prensas hidráulicas con capacidad (de presión de trabajo) hasta 1,000 t.	Pza	15	Ex.
8462.61.99			Las demás.	Pza	Ex.	Ex.
	01		De control numérico.			
	02		Para comprimir chatarra, excepto de control numérico.			
	99		Las demás.			
8462.62		- -	Prensas mecánicas.			
8462.62.01	00		Prensas mecánicas con capacidad inferior o igual a 200 t, excepto para punzonar o entallar.	Pza	15	Ex.
8462.62.99	00		Las demás.	Pza	Ex.	Ex.
8462.63		- -	Servoprensas.			
8462.63.01	00		Servoprensas.	Pza	Ex.	Ex.
8462.69		- -	Las demás.			
8462.69.99	00		Las demás.	Pza	Ex.	Ex.
8462.90		-	Las demás.			
8462.90.99	00		Las demás.	Pza	Ex.	Ex.
84.63			**Las demás máquinas herramienta para trabajar metal o cermet, que no trabajen por arranque de materia.**			
8463.10		-	**Bancos de estirar barras, tubos, perfiles, alambres o similares.**			

8463.10.01	00	Bancos de estirar barras, tubos, perfiles, alambres o similares.	Pza	Ex.	Ex.
8463.20	-	**Máquinas laminadoras de hacer roscas.**			
8463.20.01	00	Máquinas laminadoras de hacer roscas.	Pza	Ex.	Ex.
8463.30	-	**Máquinas para trabajar alambre.**			
8463.30.04		Máquinas para trabajar alambre.	Pza	Ex.	Ex.
	01	Línea continua para la fabricación de malla electrosoldada de alambre de acero, incluyendo los siguientes elementos: enderezadora-alineadora, acumulador (compensador), estación de soldadura eléctrica, cizalla y apiladora.			
	02	Máquinas para fabricar clavos, grapas o alambre de púas, de acero.			
	99	Las demás.			
8463.90	-	**Las demás.**			
8463.90.99	00	Las demás.	Pza	Ex.	Ex.
84.64		**Máquinas herramienta para trabajar piedra, cerámica, hormigón, amiantocemento o materias minerales similares, o para trabajar el vidrio en frío.**			
8464.10	-	**Máquinas de aserrar.**			
8464.10.01	00	Máquinas de aserrar.	Pza	Ex.	Ex.
8464.20	-	**Máquinas de amolar o pulir.**			
8464.20.01	00	Máquinas de amolar o pulir.	Pza	Ex.	Ex.
8464.90	-	**Las demás.**			
8464.90.99		Las demás.	Pza	Ex.	Ex.
	01	Para cortar.			
	99	Las demás.			
84.65		**Máquinas herramienta (incluidas las de clavar, grapar, encolar o ensamblar de otro modo) para trabajar madera, corcho, hueso, caucho endurecido, plástico rígido o materias duras similares.**			
8465.10	-	**Máquinas que efectúen distintas operaciones de mecanizado sin cambio de útil entre dichas operaciones.**			
8465.10.01	00	Máquinas que efectúen distintas operaciones de mecanizado sin cambio de útil entre dichas operaciones.	Pza	Ex.	Ex.
8465.20	-	**Centros de mecanizado.**			
8465.20.01	00	Centros de mecanizado.	Pza	Ex.	Ex.
	-	**Las demás:**			
8465.91	- -	**Máquinas de aserrar.**			
8465.91.01	00	De cinta sinfín, de disco o alternativas.	Pza	5	Ex.
8465.91.99	00	Los demás.	Pza	Ex.	Ex.
8465.92	- -	**Máquinas de cepillar; máquinas de fresar o moldurar.**			
8465.92.04		Máquinas de cepillar; máquinas de fresar o moldurar.	Pza	Ex.	Ex.
	01	Cepilladoras desbastadoras con anchura útil inferior a 1,000 mm, excepto para 3 o 4 caras o para moldurar.			
	02	Canteadoras o tupíes.			
	99	Las demás.			
8465.93	- -	**Máquinas de amolar, lijar o pulir.**			
8465.93.02		Máquinas de amolar, lijar o pulir.	Pza	Ex.	Ex.
	01	Lijadoras o pulidoras.			
	99	Las demás.			
8465.94	- -	**Máquinas de curvar o ensamblar.**			
8465.94.03	00	Máquinas de curvar o ensamblar.	Pza	Ex.	Ex.
8465.95	- -	**Máquinas de taladrar o mortajar.**			
8465.95.01	00	Taladradoras o escopleadoras.	Pza	15	Ex.
8465.95.99	00	Las demás.	Pza	Ex.	Ex.
8465.96	- -	**Máquinas de hendir, rebanar o desenrollar.**			
8465.96.01	00	Máquinas de hendir, rebanar o desenrollar.	Pza	Ex.	Ex.
8465.99	- -	**Las demás.**			
8465.99.02	00	Descortezadoras de rollizos.	Pza	5	Ex.
8465.99.99	00	Las demás.	Pza	Ex.	Ex.
84.66		**Partes y accesorios identificables como destinados, exclusiva o principalmente, a las máquinas de las partidas 84.56 a 84.65, incluidos los portapiezas y portaútiles, dispositivos de roscar de apertura automática, divisores y demás dispositivos especiales para montar en estas máquinas; portaútiles para herramientas de mano de cualquier tipo.**			
8466.10	-	**Portaútiles y dispositivos de roscar de apertura automática.**			
8466.10.03	00	Portatroqueles.	Kg	15	Ex.
8466.10.99		Los demás.	Kg	Ex.	Ex.
	01	Reconocibles como diseñados exclusivamente para rectificadoras de los productos metálicos.			
	02	Mandriles o portaútiles.			
	99	Los demás.			
8466.20	-	**Portapiezas.**			
8466.20.02		Portapiezas.	Kg	Ex.	Ex.
	01	Reconocibles como diseñadas exclusivamente para rectificadoras de productos metálicos.			
	99	Los demás.			
8466.30	-	**Divisores y demás dispositivos especiales para ser montados en las máquinas.**			
8466.30.03		Divisores y demás dispositivos especiales para ser montados en las máquinas.	Kg	Ex.	Ex.
	01	Cilindros neumáticos o hidráulicos reconocibles como diseñados exclusivamente para automatizar máquinas.			
	99	Los demás.			

Código		Descripción	UM	Imp	Exp
	-	**Los demás:**			
8466.91	- -	**Para máquinas de la partida 84.64.**			
8466.91.01 00		Para máquinas de la partida 84.64.	Kg	Ex.	Ex.
8466.92	- -	**Para máquinas de la partida 84.65.**			
8466.92.01 00		Para máquinas de la partida 84.65.	Kg	Ex.	Ex.
8466.93	- -	**Para máquinas de las partidas 84.56 a 84.61.**			
8466.93.03 00		Reconocibles como diseñadas exclusiva o principalmente para taladros de columna o banco con transmisión por bandas o engranados.	Kg	15	Ex.
8466.93.04 00		Cama, base, mesa, cabezal, contrapunto, arnés, cuna, carros deslizantes, columna, brazo, brazo de sierra, cabezal de rueda, "carnero", armazón, montante, lunetas, husillo, obtenidos por fundición, soldadura o forjado.	Pza	Ex.	Ex.
8466.93.99		Las demás.	Kg	Ex.	Ex.
	01	Reconocibles como diseñadas exclusiva o principalmente para tornos.			
	02	Reconocibles como diseñadas exclusivamente para rectificadoras de productos metálicos.			
	99	Las demás.			
8466.94	- -	**Para máquinas de las partidas 84.62 u 84.63.**			
8466.94.01 00		Cama, base, mesa, columna, cuna, armazón, corona, carro deslizante, flecha, bastidor, obtenidos por fundición, soldadura o forjado.	Pza	Ex.	Ex.
8466.94.99 00		Las demás.	Kg	Ex.	Ex.
84.67		**Herramientas neumáticas, hidráulicas o con motor incorporado, incluso eléctrico, de uso manual.**			
	-	**Neumáticas:**			
8467.11	- -	**Rotativas (incluso de percusión).**			
8467.11.02		Rotativas (incluso de percusión).	Pza	Ex.	Ex.
	01	Perforadoras por rotación y percusión para roca.			
	99	Las demás.			
8467.19	- -	**Las demás.**			
8467.19.99 00		Las demás.	Pza	Ex.	Ex.
	-	**Con motor eléctrico incorporado:**			
8467.21	- -	**Taladros de toda clase, incluidas las perforadoras rotativas.**			
8467.21.01 00		Taladros, con capacidad de entrada de 6.35, 9.52 o 12.70 mm.	Pza	15	Ex.
8467.21.02 00		Taladros, excepto lo comprendido en la fracción arancelaria 8467.21.01.	Pza	Ex.	Ex.
8467.21.03 00		Perforadoras por percusión y rotación (rotomartillos), con potencia inferior o igual a ½ CP.	Pza	15	Ex.
8467.21.99 00		Los demás.	Pza	5	Ex.
8467.22	- -	**Sierras, incluidas las tronzadoras.**			
8467.22.02 00		Sierras de disco con potencia del motor igual o inferior a 2.33 CP.	Pza	5	Ex.
8467.22.03 00		Sierra caladora, con potencia inferior o igual a 0.4 CP.	Pza	15	Ex.
8467.22.99 00		Los demás.	Pza	Ex.	Ex.
8467.29	- -	**Las demás.**			
8467.29.01 00		Esmeriladoras con un mínimo de 4,000 RPM a un máximo de 8,000 RPM, con capacidad de 8 a 25 amperes y de 100 a 150 V, con peso de 4 kg a 8 kg.	Pza	15	Ex.
8467.29.02 00		Destornilladores o aprietatuercas de embrague o impacto.	Pza	Ex.	Ex.
8467.29.03 00		Pulidora-lijadora orbital con potencia inferior o igual a 0.2 CP.	Pza	15	Ex.
8467.29.99 00		Los demás.	Pza	5	Ex.
	-	**Las demás herramientas:**			
8467.81	- -	**Sierras o tronzadoras, de cadena.**			
8467.81.01 00		Sierras o tronzadoras, de cadena.	Pza	Ex.	Ex.
8467.89	- -	**Las demás.**			
8467.89.02 00		Perforadoras por rotación y percusión, excepto hidráulicas.	Pza	15	Ex.
8467.89.03 00		Pizones vibradores de accionamiento por motor de explosión.	Pza	15	Ex.
8467.89.99		Las demás.	Pza	Ex.	Ex.
	01	Hidráulicas.			
	99	Las demás.			
	-	**Partes:**			
8467.91	- -	**De sierras o tronzadoras, de cadena.**			
8467.91.02		De sierras o tronzadoras, de cadena.	Kg	Ex.	Ex.
	01	Carcasas reconocibles para lo comprendido en la subpartida 8467.22.			
	99	Las demás.			
8467.92	- -	**De herramientas neumáticas.**			
8467.92.01 00		De herramientas neumáticas.	Kg	Ex.	Ex.
8467.99	- -	**Las demás.**			
8467.99.99		Las demás.	Kg	Ex.	Ex.
	01	Carcasas reconocibles para lo comprendido en las subpartidas 8467.21 y 8467.29.			
	91	Las demás partes de herramientas con motor eléctrico incorporado.			
	99	Las demás.			
84.68		**Máquinas y aparatos para soldar, aunque puedan cortar, excepto los de la partida 85.15; máquinas y aparatos de gas para temple superficial.**			
8468.10	-	**Sopletes manuales.**			
8468.10.01 00		Sopletes manuales.	Pza	15	Ex.
8468.20		**Las demás máquinas y aparatos de gas.**			
8468.20.91		Las demás máquinas y aparatos de gas.	Pza	Ex.	Ex.
	01	Sopletes.			
	99	Los demás.			
8468.80	-	**Las demás máquinas y aparatos.**			
8468.80.91 00		Las demás máquinas y aparatos.	Pza	Ex.	Ex.

LEY DE LOS IMPUESTOS GENERALES DE IMPORTACION Y EXPORTACION

8468.90		-	Partes.		
8468.90.01	00		Partes.	Kg	Ex. Ex.
84.70			**Máquinas de calcular y máquinas de bolsillo registradoras, reproductoras y visualizadoras de datos, con función de cálculo; máquinas de contabilidad, de franquear, expedir boletos (tiques) y máquinas similares, con dispositivo de cálculo incorporado; cajas registradoras.**		
8470.10		-	Calculadoras electrónicas que puedan funcionar sin fuente de energía eléctrica exterior y máquinas de bolsillo registradoras, reproductoras y visualizadoras de datos, con función de cálculo.		
8470.10.03			Calculadoras electrónicas que puedan funcionar sin fuente de energía eléctrica exterior y máquinas de bolsillo registradoras, reproductoras y visualizadoras de datos, con función de cálculo.	Pza	Ex. Ex.
	01		Con dispositivo para la impresión automática de datos.		
	02		Programables, excepto lo comprendido en el número de identificación comercial 8470.10.03.01.		
	99		Las demás.		
		-	**Las demás máquinas de calcular electrónicas:**		
8470.21		--	**Con dispositivo de impresión incorporado.**		
8470.21.01	00		Con dispositivo de impresión incorporado.	Pza	Ex. Ex.
8470.29		--	**Las demás.**		
8470.29.99	00		Las demás.	Pza	Ex. Ex.
8470.30		-	**Las demás máquinas de calcular.**		
8470.30.91	00		Las demás máquinas de calcular.	Pza	Ex. Ex.
8470.50		-	**Cajas registradoras.**		
8470.50.01	00		Cajas registradoras.	Pza	Ex. Ex.
8470.90		-	**Las demás.**		
8470.90.03	00		Máquinas de contabilidad.	Pza	5 Ex.
8470.90.99			Las demás.	Pza	Ex. Ex.
	01		Máquinas emisoras de boletos (tiques).		
	99		Las demás.		
84.71			**Máquinas automáticas para tratamiento o procesamiento de datos y sus unidades; lectores magnéticos u ópticos, máquinas para registro de datos sobre soporte en forma codificada y máquinas para tratamiento o procesamiento de estos datos, no expresados ni comprendidos en otra parte.**		
8471.30		-	Máquinas automáticas para tratamiento o procesamiento de datos, portátiles, de peso inferior o igual a 10 kg, que estén constituidas, al menos, por una unidad central de proceso, un teclado y un visualizador.		
8471.30.01			Máquinas automáticas para tratamiento o procesamiento de datos, portátiles, de peso inferior o igual a 10 kg, que estén constituidas, al menos, por una unidad central de proceso, un teclado y un visualizador.	Pza	Ex. Ex.
	01		Tableta electrónica ("Tablets").		
	99		Las demás.		
		-	**Las demás máquinas automáticas para tratamiento o procesamiento de datos:**		
8471.41		--	**Que incluyan en la misma envoltura, al menos, una unidad central de proceso y, aunque estén combinadas, una unidad de entrada y una de salida.**		
8471.41.01	00		Que incluyan en la misma envoltura, al menos, una unidad central de proceso y, aunque estén combinadas, una unidad de entrada y una de salida.	Pza	Ex. Ex.
8471.49		--	**Las demás presentadas en forma de sistemas.**		
8471.49.91	00		Las demás presentadas en forma de sistemas.	Pza	Ex. Ex.
8471.50		-	**Unidades de proceso, excepto las de las subpartidas 8471.41 u 8471.49, aunque incluyan en la misma envoltura uno o dos de los tipos siguientes de unidades: unidad de memoria, unidad de entrada y unidad de salida.**		
8471.50.01	00		Unidades de proceso, excepto las de las subpartidas 8471.41 u 8471.49, aunque incluyan en la misma envoltura uno o dos de los tipos siguientes de unidades: unidad de memoria, unidad de entrada y unidad de salida.	Pza	Ex. Ex.
8471.60		-	**Unidades de entrada o salida, aunque incluyan unidades de memoria en la misma envoltura.**		
8471.60.04			Unidades de entrada o salida, aunque incluyan unidades de memoria en la misma envoltura.	Pza	Ex. Ex.
	01		Periféricas, para efectuar operaciones bancarias, incluso con una o más cajas de seguridad.		
	02		Unidades combinadas de entrada/salida.		
	03		Lectores ópticos (scanners) y dispositivos lectores de tinta magnética.		
	99		Los demás.		
8471.70		-	**Unidades de memoria.**		
8471.70.01	00		Unidades de memoria.	Pza	Ex. Ex.
8471.80		-	**Las demás unidades de máquinas automáticas para tratamiento o procesamiento de datos.**		
8471.80.91			Las demás unidades de máquinas automáticas para tratamiento o procesamiento de datos.	Pza	Ex. Ex.
	01		Reconocibles como diseñadas exclusivamente para su incorporación física en máquinas automáticas de tratamiento o procesamiento de datos.		
	02		Unidades de control o adaptadores.		
	03		Máquinas para transferir datos codificados de un soporte a otro (Reproductoras o multiplicadoras).		
	99		Los demás.		
8471.90		-	**Los demás.**		
8471.90.99	00		Los demás.	Pza	Ex. Ex.
84.72			**Las demás máquinas y aparatos de oficina (por ejemplo: copiadoras hectográficas, mimeógrafos, máquinas de imprimir direcciones, distribuidores automáticos de billetes de banco, máquinas de clasificar, contar o encartuchar monedas, sacapuntas, perforadoras, grapadoras).**		
8472.10		-	**Copiadoras, incluidos los mimeógrafos.**		

Código		Descripción	Unidad	Imp.	Exp.
8472.10.01	00	Mimeógrafos.	Pza	Ex.	Ex.
8472.10.99	00	Los demás.	Pza	15	Ex.
8472.30	-	**Máquinas de clasificar, plegar, meter en sobres o colocar en fajas, correspondencia, máquinas de abrir, cerrar o precintar correspondencia y máquinas de colocar u obliterar sellos (estampillas).**			
8472.30.01	00	Plegadoras de papel y/o insertadoras en sobres de correspondencia o documentos.	Pza	Ex.	Ex.
8472.30.02	00	Para obliterar.	Pza	5	Ex.
8472.30.99	00	Las demás.	Pza	15	Ex.
8472.90	-	**Los demás.**			
8472.90.01	00	Máquinas para autenticar cheques.	Pza	Ex.	Ex.
8472.90.05	00	Para perforar documentos, con letras u otros signos.	Pza	Ex.	Ex.
8472.90.10	00	Para destruir documentos.	Pza	Ex.	Ex.
8472.90.12	00	Para contar billetes de banco, incluso con mecanismo impresor.	Pza	Ex.	Ex.
8472.90.13	00	De clasificar, contar y encartuchar monedas, excepto lo comprendido en la fracción arancelaria 8472.90.12.	Pza	5	Ex.
8472.90.14	00	Cajeros automáticos.	Pza	Ex.	Ex.
8472.90.16	00	Máquinas para tratamiento o procesamiento de textos.	Pza	Ex.	Ex.
8472.90.99		Las demás.	Pza	15	Ex.
	01	Perforadoras accionadas por palanca, para dos perforaciones en distancias de 7 u 8 cm, con peso unitario inferior o igual a 1 kg.			
	02	Engrapadoras o perforadoras, excepto lo comprendido en el número de identificación comercial 8472.90.99.01.			
	03	Máquinas de escribir automáticas electrónicas.			
	04	Máquinas de escribir automáticas excepto lo comprendido en el número de identificación comercial 8472.90.99.03.			
	91	Las demás máquinas de escribir, eléctricas.			
	99	Las demás.			
84.73		**Partes y accesorios (excepto los estuches, fundas y similares) identificables como destinados, exclusiva o principalmente, a las máquinas o aparatos de las partidas 84.70 a 84.72.**			
	-	**Partes y accesorios de máquinas de la partida 84.70:**			
8473.21	- -	**De máquinas de calcular electrónicas de las subpartidas 8470.10, 8470.21 u 8470.29.**			
8473.21.01	00	De máquinas de calcular electrónicas de las subpartidas 8470.10, 8470.21 u 8470.29.	Kg	Ex.	Ex.
8473.29	- -	**Los demás.**			
8473.29.99	00	Los demás.	Kg	Ex.	Ex.
8473.30	-	**Partes y accesorios de máquinas de la partida 84.71.**			
8473.30.04		Partes y accesorios de máquinas de la partida 84.71.	Kg	Ex.	Ex.
	01	Circuitos modulares.			
	02	Partes y accesorios, incluso las placas frontales y los dispositivos de ajuste o seguridad, reconocibles como diseñadas exclusivamente para circuitos modulares.			
	99	Los demás.			
8473.40	-	**Partes y accesorios de máquinas de la partida 84.72.**			
8473.40.04		Partes y accesorios de máquinas de la partida 84.72.	Kg	Ex.	Ex.
	01	Reconocibles como diseñadas exclusivamente para lo comprendido en el número de identificación comercial 8472.90.12.00.			
	02	Reconocibles como diseñadas exclusivamente para lo comprendido en el número de identificación comercial 8472.90.16.00.			
	99	Los demás.			
8473.50	-	**Partes y accesorios que puedan utilizarse indistintamente con máquinas o aparatos de varias de las partidas 84.70 a 84.72.**			
8473.50.03		Partes y accesorios que puedan utilizarse indistintamente con máquinas o aparatos de varias de las partidas 84.70 a 84.72.	Kg	Ex.	Ex.
	01	Circuitos modulares.			
	99	Los demás.			
84.74		**Máquinas y aparatos de clasificar, cribar, separar, lavar, quebrantar, triturar, pulverizar, mezclar, amasar o sobar, tierra, piedra u otra materia mineral sólida (incluidos el polvo y la pasta); máquinas de aglomerar, formar o moldear combustibles minerales sólidos, pastas cerámicas, cemento, yeso o demás materias minerales en polvo o pasta; máquinas de hacer moldes de arena para fundición.**			
8474.10	-	**Máquinas y aparatos de clasificar, cribar, separar o lavar.**			
8474.10.01	00	Clasificadoras de tamiz, de minerales tipo espiral o tipo rastrillo.	Pza	15	Ex.
8474.10.99	00	Los demás.	Pza	Ex.	Ex.
8474.20	-	**Máquinas y aparatos de quebrantar, triturar o pulverizar.**			
8474.20.04	00	Trituradores (molinos) de bolas o de barras.	Pza	Ex.	Ex.
8474.20.07	00	Quebrantadores giratorios de conos, con diámetro de tazón superior a 1,200 mm.	Pza	Ex.	Ex.
8474.20.08	00	Pulverizadora de carbón, para el sistema de inyección en un alto horno.	Pza	Ex.	Ex.
8474.20.99		Los demás.	Pza	5	Ex.
	01	Quebrantadores y trituradores de dos o más cilindros.			
	02	Quebrantadores de mandíbulas y trituradores de muelas.			
	03	Quebrantadores giratorios de conos, con diámetro de tazón inferior o igual a 1,200 mm.			
	04	Trituradores de martillos, de percusión o de choque.			
	99	Los demás.			
	-	**Máquinas y aparatos de mezclar, amasar o sobar:**			
8474.31	- -	**Hormigoneras y aparatos de amasar mortero.**			
8474.31.01	00	Hormigoneras y aparatos de amasar mortero.	Pza	15	Ex.

8474.32		-- Máquinas de mezclar materia mineral con asfalto.			
8474.32.01	00	Máquinas de mezclar materia mineral con asfalto.	Pza	Ex.	Ex.
8474.39		-- Los demás.			
8474.39.99		Los demás.	Pza	Ex.	Ex.
	01	Mezcladoras de arenas para núcleos de fundición.			
	99	Los demás.			
8474.80		- Las demás máquinas y aparatos.			
8474.80.01	00	Prensas de accionamiento manual.	Pza	15	Ex.
8474.80.04	00	Para la obtención de elementos prefabricados para construcción, de cemento o concreto.	Pza	15	Ex.
8474.80.99		Los demás.	Pza	Ex.	Ex.
	01	Para formación o endurecimiento de moldes de arena para fundición, excepto lo comprendido en el número de identificación comercial 8474.80.99.04.			
	02	Línea continua para la fabricación de losetas o baldosas, de pasta cerámica, con capacidad de producción superior a 415 m² por hora, incluyendo al menos los siguientes elementos: molino continuo, horno continuo y moldeadora por prensado, con o sin atomizador.			
	03	Máquinas para fabricar ladrillos, baldosas, azulejos u otros elementos análogos, de pasta cerámica, excepto lo comprendido en el número de identificación comercial 8474.80.99.02.			
	04	Línea de producción para la fabricación de corazones de arena reconocible como diseñada para la fabricación de monobloques y cabezas de motor, incluyendo al menos: dosificador, extractor y tanque.			
	99	Los demás.			
8474.90		- Partes.			
8474.90.03		Partes.	Kg	Ex.	Ex.
	01	Para quebrantadoras, cribas, trituradoras (molinos) o pulverizadoras.			
	02	Mecanismos para celda de flotación (rotor y estator).			
	99	Los demás.			
84.75		**Máquinas para montar lámparas, tubos o válvulas eléctricos o electrónicos o lámparas de destello, que tengan envoltura de vidrio; máquinas para fabricar o trabajar en caliente el vidrio o sus manufacturas.**			
8475.10		- Máquinas para montar lámparas, tubos o válvulas eléctricos o electrónicos o lámparas de destello, que tengan envoltura de vidrio.			
8475.10.01	00	Máquinas para montar lámparas, tubos o válvulas eléctricos o electrónicos o lámparas de destello, que tengan envoltura de vidrio.	Pza	Ex.	Ex.
		- Máquinas para fabricar o trabajar en caliente el vidrio o sus manufacturas:			
8475.21		-- Máquinas para fabricar fibras ópticas y sus esbozos.			
8475.21.01	00	Máquinas para fabricar fibras ópticas y sus esbozos.	Pza	Ex.	Ex.
8475.29		-- Las demás.			
8475.29.01	00	Para moldear por soplado o prensado, excepto para fabricar ampollas para lámparas incandescentes.	Pza	15	Ex.
8475.29.99	00	Los demás.	Pza	Ex.	Ex.
8475.90		- Partes.			
8475.90.01	00	Partes.	Kg	Ex.	Ex.
84.76		**Máquinas automáticas para la venta de productos (por ejemplo: sellos (estampillas), cigarrillos, alimentos, bebidas), incluidas las máquinas para cambiar moneda.**			
		- Máquinas automáticas para venta de bebidas:			
8476.21		-- Con dispositivo de calentamiento o refrigeración, incorporado.			
8476.21.01	00	Con dispositivo de calentamiento o refrigeración, incorporado.	Pza	15	Ex.
8476.29		-- Las demás.			
8476.29.99	00	Las demás.	Pza	15	Ex.
		- Las demás:			
8476.81		-- Con dispositivo de calentamiento o refrigeración, incorporado.			
8476.81.01	00	Con dispositivo de calentamiento o refrigeración, incorporado.	Pza	15	Ex.
8476.89		-- Las demás.			
8476.89.99	00	Las demás.	Pza	15	Ex.
8476.90		- Partes.			
8476.90.02	00	Partes.	Kg	15	Ex.
84.77		**Máquinas y aparatos para trabajar caucho o plástico o para fabricar productos de estas materias, no expresados ni comprendidos en otra parte de este Capítulo.**			
8477.10		- Máquinas de moldear por inyección.			
8477.10.01	00	Para materias termoplásticas, con capacidad de inyección hasta de 5 kg.	Pza	Ex.	Ex.
8477.10.99	00	Los demás.	Kg	Ex.	Ex.
8477.20		- Extrusoras.			
8477.20.01	00	De un husillo, para materias termoplásticas o de elastómeros granulados.	Pza	15	Ex.
8477.20.99		Los demás.	Pza	Ex.	Ex.
	01	De husillos gemelos, con capacidad de proceso igual o superior a 10.4 t/hr.			
	99	Los demás.			
8477.30		- Máquinas de moldear por soplado.			
8477.30.01	00	Máquinas de moldear por soplado.	Pza	Ex.	Ex.
8477.40		- Máquinas de moldear en vacío y demás máquinas para termoformado.			
8477.40.01	00	Máquinas de moldear en vacío y demás máquinas para termoformado.	Pza	Ex.	Ex.
		- Las demás máquinas y aparatos de moldear o formar:			
8477.51		-- De moldear o recauchutar neumáticos (llantas neumáticas) o moldear o formar cámaras para neumáticos.			

Código		Descripción	U	Imp	Exp
8477.51.01	00	De moldear o recauchutar neumáticos (llantas neumáticas) o moldear o formar cámaras para neumáticos.	Pza	Ex.	Ex.
8477.59	--	**Los demás.**			
8477.59.99	00	Los demás.	Pza	Ex.	Ex.
8477.80	-	**Las demás máquinas y aparatos.**			
8477.80.06	00	Sistemas automatizados para fabricar discos compactos ("Compact Disks"), que realicen las siguientes funciones: moldeo por inyección, aluminizado, laqueado, control de calidad e impresión del disco.	Kg	Ex.	Ex.
8477.80.99		Los demás.	Pza	Ex.	Ex.
	01	Para granular, moler o triturar, cortadoras o troqueladoras.			
	02	Batidoras, molinos mezcladores; pigmentadoras en seco para materiales plásticos granulados.			
	03	Máquinas que realicen dos o más operaciones citadas en los números de identificación comercial 8477.10.01.00, 8477.20.01.00, 8477.30.01.00, 8477.40.01.00, 8477.80.99.01 y 8477.80.99.04.			
	04	Para pintar o unir materiales moldeables o plásticos, excepto lo comprendido en el número de identificación comercial 8477.80.99.05.			
	05	Para unir y sellar por compresión (machimbrar) partes plásticas moldeadas.			
	99	Los demás.			
8477.90	-	**Partes.**			
8477.90.04		Partes.	Pza	Ex.	Ex.
	01	Base, cama, platinas, cilindro de bloqueo, "carnero" e inyectores, obtenidos por fundición, por soldadura o por forjado.			
	02	Tornillos de inyección.			
	99	Las demás.			
84.78		**Máquinas y aparatos para preparar o elaborar tabaco, no expresados ni comprendidos en otra parte de este Capítulo.**			
8478.10	-	**Máquinas y aparatos.**			
8478.10.01	00	Para colocar filtros o boquillas a los cigarrillos.	Pza	5	Ex.
8478.10.02	00	Automáticas para elaborar cigarrillos, incluso combinadas con alimentadoras de tabaco.	Pza	5	Ex.
8478.10.03	00	Conjuntos de dispositivos para aumentar la eficiencia de las máquinas para empaquetar cigarrillos.	Pza	5	Ex.
8478.10.04	00	Llenadores automáticos de bandejas, para máquinas de fabricar cigarrillos.	Pza	5	Ex.
8478.10.99	00	Los demás.	Pza	Ex.	Ex.
8478.90	-	**Partes.**			
8478.90.01	00	Partes.	Kg	Ex.	Ex.
84.79		**Máquinas y aparatos mecánicos con función propia, no expresados ni comprendidos en otra parte de este Capítulo.**			
8479.10	-	**Máquinas y aparatos para obras públicas, la construcción o trabajos análogos.**			
8479.10.01	00	Distribuidoras vibradoras de concreto.	Pza	15	Ex.
8479.10.03	00	Esparcidoras de asfalto remolcables, provistas de dispositivo calentador.	Pza	15	Ex.
8479.10.04	00	Esparcidoras de asfalto autopropulsadas, incluso con equipo fundidor de asfalto.	Pza	5	Ex.
8479.10.07	00	Esparcidoras de asfalto remolcables, excepto lo comprendido en la fracción arancelaria 8479.10.03.	Pza	5	Ex.
8479.10.99		Los demás.	Pza	Ex.	Ex.
	01	Esparcidoras de concreto.			
	02	Esparcidoras de asfalto o de grava.			
	03	Barredoras.			
	99	Los demás.			
8479.20	-	**Máquinas y aparatos para extracción o preparación de grasas o aceites, vegetales o de origen microbiano, fijos o animales.**			
8479.20.01	00	Máquinas y aparatos para extracción o preparación de grasas o aceites, vegetales o de origen microbiano, fijos o animales.	Pza	Ex.	Ex.
8479.30		**Prensas para fabricar tableros de partículas, fibra de madera u otras materias leñosas y demás máquinas y aparatos para el tratamiento de la madera o el corcho.**			
8479.30.01	00	Clasificadoras vibratorias, de viruta o astillas de madera o materiales fibrosos, granulosos, en forma de copos u hojuelas, de peso específico similar al de la madera.	Pza	15	Ex.
8479.30.02	00	Esparcidoras dosificadoras, diseñadas exclusivamente para la fabricación de tableros a base de astillas de madera aglomeradas.	Pza	15	Ex.
8479.30.99	00	Los demás.	Pza	Ex.	Ex.
8479.40	-	**Máquinas de cordelería o cablería.**			
8479.40.02		Máquinas de cordelería o cablería.	Pza	Ex.	Ex.
	01	Para torcer hilos metálicos aislados o sin aislar; revestidoras de alambre o cable.			
	99	Los demás.			
8479.50	-	**Robots industriales, no expresados ni comprendidos en otra parte.**			
8479.50.01	00	Robots industriales, no expresados ni comprendidos en otra parte.	Pza	Ex.	Ex.
8479.60	-	**Aparatos de evaporación para refrigerar el aire.**			
8479.60.01	00	Aparatos de evaporación para refrigerar el aire.	Pza	Ex.	Ex.
	-	**Pasarelas de embarque para pasajeros:**			
8479.71	--	**De los tipos utilizados en aeropuertos.**			
8479.71.01	00	De los tipos utilizados en aeropuertos.	Pza	Ex.	Ex.
8479.79	--	**Las demás.**			
8479.79.99	00	Las demás.	Pza	Ex.	Ex.
	-	**Las demás máquinas y aparatos:**			
8479.81	--	**Para el tratamiento del metal, incluidas las bobinadoras de hilos eléctricos.**			
8479.81.02	00	Toneles giratorios para el decapado, limpieza, pulido o abrillantado de piezas metálicas.	Pza	15	Ex.

8479.81.03	00	Máquinas de control numérico, para galvanizado continuo por inmersión, con velocidad superior a 300 pies por minuto, incluso cuando formen un solo cuerpo con hornos de atmósfera controlada y enfriadores por chorros de agua.	Pza	Ex.	Ex.
8479.81.04	00	Para limpieza, pulido o abrillantado de piezas metálicas con abrasivos en circulación, excepto lo comprendido en la fracción arancelaria 8479.81.02.	Pza	15	Ex.
8479.81.07	00	Para galvanizar, estañar o recubrir metales, excepto líneas continuas para galvanizar alambre de acero, por inmersión y lo comprendido en la fracción arancelaria 8479.81.03.	Pza	15	Ex.
8479.81.99		Los demás.	Pza	Ex.	Ex.
	01	Para el decapado de metales por inmersión.			
	02	Enrolladoras de alambres, cables o tubos flexibles, excepto lo comprendido en el número de identificación comercial 8479.81.99.03.			
	03	Enrolladoras de alambre de acero.			
	04	Líneas continuas para galvanizar alambre de acero, por inmersión.			
	99	Los demás.			
8479.82	- -	**Para mezclar, amasar o sobar, quebrantar, triturar, pulverizar, cribar, tamizar, homogeneizar, emulsionar o agitar.**			
8479.82.01	00	Mezcladoras, de aspas horizontales, provistas de dispositivos de tornillo de Arquímedes para descarga continua.	Pza	Ex.	Ex.
8479.82.02	00	Cubas u otros recipientes provistos de agitadores, incluso con sistemas de vacío o vidriados interiormente, excepto lo comprendido en las fracciones arancelarias 8479.82.01 y 8479.82.05.	Pza	15	Ex.
8479.82.04	00	Agitador-mezclador de hélice, excepto lo comprendido en la fracción arancelaria 8479.82.05.	Pza	15	Ex.
8479.82.05	00	Agitadores, reconocibles como diseñados para el tratamiento de desperdicios, residuos y aguas residuales.	Pza	5	Ex.
8479.82.99	00	Los demás.	Pza	Ex.	Ex.
8479.83	- -	**Prensas isostáticas en frío.**			
8479.83.01	00	Prensas isostáticas en frío.	Pza	Ex.	Ex.
8479.89	- -	**Los demás.**			
8479.89.03	00	Separadores o clasificadores de materiales o partes ferrosas, a base de dispositivos magnéticos o electromagnéticos.	Pza	5	Ex.
8479.89.04	00	Aparatos para la generación de una corriente controlada de aire ("cortinas de aire") para impedir la entrada de insectos, polvo y mantener la temperatura de un recinto.	Pza	15	Ex.
8479.89.06	00	Aparatos neumáticos o hidráulicos para automatizar máquinas, aparatos o artefactos mecánicos.	Pza	15	Ex.
8479.89.07	00	Para fabricar cierres relámpago.	Pza	15	Ex.
8479.89.08	00	Frenos de motor.	Pza	15	Ex.
8479.89.10	00	Acumuladores hidráulicos.	Pza	15	Ex.
8479.89.12	00	Sulfonadores de trióxido de azufre.	Pza	15	Ex.
8479.89.13	00	Vibradores electromagnéticos, incluso con alimentador.	Pza	15	Ex.
8479.89.14	00	Reactores o convertidores catalíticos tubulares.	Pza	15	Ex.
8479.89.19	00	Deshumectadores, con sistema de refrigeración incorporado, para condensar la humedad atmosférica.	Pza	5	Ex.
8479.89.20	00	Colectores de monedas y/o contraseñas, con torniquete, aun con dispositivo contador.	Pza	15	Ex.
8479.89.21	00	Prensas hidráulicas para algodón.	Pza	15	Ex.
8479.89.22	00	Para desmontar llantas.	Pza	15	Ex.
8479.89.26	00	Mecanismos de apertura y cierre de puertas, incluso con sus rieles, para cocheras ("garajes"), ya sean operados o no a control remoto inalámbrico.	Pza	5	Ex.
8479.89.27	00	Mecanismos de apertura y cierre de persianas, incluso con sus rieles, ya sean operados o no a control remoto inalámbrico.	Pza	5	Ex.
8479.89.99		Los demás.	Pza	Ex.	Ex.
	01	Para capsular, enrollar, conformar y/o moldear o desmoldear, incluso si llenan, cubren, cortan, troquelan, dosifican o empacan, reconocibles como diseñadas exclusiva o principalmente para la industria farmacéutica.			
	02	Distribuidores, dosificadores o microdosificadores.			
	03	Humectadores o deshumectadores de aire.			
	04	Bocinas de accionamiento neumático.			
	05	Rampas ajustables de accionamiento manual.			
	06	Enceradoras o pulidoras de pisos, con peso superior a 20 kg, para uso industrial.			
	07	Equipos para la obtención de metil ter butil éter por síntesis.			
	08	Compactadores de basura.			
	99	Los demás.			
8479.90	-	**Partes.**			
8479.90.18		Partes.	Kg	Ex.	Ex.
	01	Reconocibles como diseñadas exclusivamente para recolectores ciclón o de manga para polvo.			
	02	Reconocibles como diseñadas exclusivamente para prensas.			
	03	Reconocibles como diseñadas exclusivamente para microdosificadores y lo comprendido en el número de identificación comercial 8479.89.99.01.			
	04	Reconocibles como diseñadas exclusivamente para lo comprendido en el número de identificación comercial 8479.89.99.03.			
	05	Reconocibles como diseñadas exclusivamente para máquinas, aparatos o artefactos para la industria de aceites, jabones o grasas alimenticias.			
	06	Reconocibles como diseñadas exclusivamente para máquinas, aparatos o artefactos para el tratamiento de metales.			
	99	Los demás.			
84.80		**Cajas de fundición; placas de fondo para moldes; modelos para moldes; moldes para metal (excepto las lingoteras), carburos metálicos, vidrio, materia mineral, caucho o plástico.**			

8480.10		- **Cajas de fundición.**			
8480.10.01	00	Cajas de fundición.	Pza	Ex.	Ex.
8480.20		- **Placas de fondo para moldes.**			
8480.20.01	00	Placas de fondo para moldes.	Pza	Ex.	Ex.
8480.30		- **Modelos para moldes.**			
8480.30.03		Modelos para moldes.	Pza	Ex.	Ex.
	01	De materias plásticas artificiales, éteres y ésteres de la celulosa, y resinas artificiales.			
	99	Los demás.			
		- **Moldes para metales o carburos metálicos:**			
8480.41		- - **Para el moldeo por inyección o compresión.**			
8480.41.02		Para el moldeo por inyección o compresión.	Kg	Ex.	Ex.
	01	Moldes o sus partes, utilizados en la fundición de partes y piezas de vehículos automóviles.			
	99	Los demás.			
8480.49		- - **Los demás.**			
8480.49.99		Los demás.	Kg	Ex.	Ex.
	01	De acero, cilíndricos, para máquinas centrífugas de moldeo.			
	99	Los demás.			
8480.50		- **Moldes para vidrio.**			
8480.50.03		Moldes para vidrio.	Kg	Ex.	Ex.
	01	Moldes, patrones o sus partes, de metales comunes o sus aleaciones para proceso de prensado y/o soplado del vidrio.			
	99	Los demás.			
8480.60		- **Moldes para materia mineral.**			
8480.60.01	00	Moldes o formas de acero o aluminio, así como las partes de los mismos para el vaciado o colado en la industria de la construcción.	Kg	15	Ex.
8480.60.99	00	Los demás.	Kg	10	Ex.
		- **Moldes para caucho o plástico:**			
8480.71		- - **Para moldeo por inyección o compresión.**			
8480.71.03		Para moldeo por inyección o compresión.	Kg	Ex.	Ex.
	01	De metales comunes o sus aleaciones, para procesos de inyección de materias plásticas artificiales, con dimensiones máximas de 700 mm de alto, 600 mm de ancho, 700 mm de espesor y con un peso máximo de 2,000 kg, para ser utilizados en máquinas inyectoras de hasta 350 t de fuerza de cierre (moldes activos).			
	02	Moldes para formar el dibujo de los pisos en las llantas de caucho, insertables en los moldes de vulcanización.			
	99	Los demás.			
8480.79		- - **Los demás.**			
8480.79.99		Los demás.	Kg	Ex.	Ex.
	01	Para la vulcanización de llantas, cámaras, planchas o tacones de caucho.			
	02	De metales comunes o sus aleaciones, para procesos de extrusión-soplado de resinas termoplásticas destinadas a la fabricación de recipientes (moldes activos).			
	99	Los demás.			
84.81		**Artículos de grifería y órganos similares para tuberías, calderas, depósitos, cubas o continentes similares, incluidas las válvulas reductoras de presión y las válvulas termostáticas.**			
8481.10		- **Válvulas reductoras de presión.**			
8481.10.01	00	De diafragma, con regulación manual.	Kg	5	Ex.
8481.10.99		Los demás.	Kg	Ex.	Ex.
	01	Para gas, con elemento manométrico (tubo, fuelle, diafragma o cápsula), incorporado.			
	99	Los demás.			
8481.20		- **Válvulas para transmisiones oleohidráulicas o neumáticas.**			
8481.20.07	00	Tipo globo o tipo ángulo, de acero y/o hierro fundido, bridadas o roscadas, con diámetro de conexión hasta 152.4 mm inclusive, para amoniaco y/o gases halogenados, reconocibles como diseñadas exclusivamente para servicio de refrigeración.	Kg	5	Ex.
8481.20.10	00	Tipo globo o tipo ángulo, de bronce o latón con diámetro de conexión hasta 76.2 mm para gases halogenados, reconocibles como diseñadas exclusivamente para servicios de refrigeración.	Kg	5	Ex.
8481.20.12	00	Conjunto de válvulas (árboles de navidad o de Noel) reconocibles para la industria petrolera.	Kg	5	Ex.
8481.20.99		Los demás.	Kg	Ex.	Ex.
	01	De compuerta.			
	02	De cobre, bronce, latón o aluminio sin recubrimiento en su superficie.			
	03	De funcionamiento automático por medio de actuador.			
	04	De hierro o de acero, excepto lo comprendido en el número de identificación comercial 8481.20.99.01.			
	05	Neumáticas de accionamiento manual por palanca.			
	06	Válvulas gobernadoras del compresor, para control de presión de aire, de uso automotriz.			
	07	Camisas deslizables, reconocibles como diseñadas exclusivamente para controles superficiales de pozos petroleros.			
	99	Los demás.			
8481.30		- **Válvulas de retención.**			
8481.30.01	00	Válvulas de retención, que operen automáticamente, excepto trampas de vapor; y las reconocibles como diseñadas exclusivamente para el funcionamiento de máquinas, aparatos o artefactos mecánicos para sistemas hidráulicos de aceite en circuitos cerrados.	Kg	5	Ex.
8481.30.99		Los demás.	Kg	Ex.	Ex.
	01	Trampas de vapor.			

	02		Reconocibles como diseñadas exclusivamente para el funcionamiento de máquinas, aparatos o artefactos mecánicos para sistemas hidráulicos de aceite en circuitos cerrados.		
	99		Los demás.		
8481.40		-	**Válvulas de alivio o seguridad.**		
8481.40.04	00		De seguridad, y contra escape de gas, de uso doméstico, excepto automáticas o semiautomáticas, reconocibles como diseñadas exclusivamente para calentadores no eléctricos.	Kg	5 Ex.
8481.40.99			Los demás.	Kg	Ex. Ex.
	01		Reconocibles para naves aéreas.		
	02		Automáticas o semiautomáticas, reconocibles como diseñadas exclusivamente para calentadores no eléctricos.		
	99		Los demás.		
8481.80		-	**Los demás artículos de grifería y órganos similares.**		
8481.80.01	00		De bronce, reconocibles como diseñadas exclusivamente para laboratorio.	Kg	Ex. Ex.
8481.80.02	00		Grifería sanitaria de uso doméstico.	Kg	15 Ex.
8481.80.03	00		Reconocibles como diseñadas exclusivamente para tractores agrícolas e industriales.	Kg	Ex. Ex.
8481.80.04	00		Válvulas de compuerta, excepto lo comprendido en la fracción arancelaria 8481.80.24.	Kg	5 Ex.
8481.80.05	00		Bocas o válvulas regulables para riego agrícola o de jardín ("hidrantes") con diámetro igual o inferior a 203.2 mm.	Kg	Ex. Ex.
8481.80.06	00		De comando, reconocibles como diseñadas exclusivamente para automatizar el funcionamiento de máquinas, aparatos o artefactos mecánicos, con diámetro de conexión hasta de 19.05 mm (¾ de pulgada) y presión de trabajo hasta 35.15 kg/cm² (500 PSI).	Kg	Ex. Ex.
8481.80.07	00		Boquillas o espreas para aspersión.	Kg	10 Ex.
8481.80.08	00		Reconocibles como diseñadas exclusivamente para contadores volumétricos automáticos para medir cerveza.	Kg	Ex. Ex.
8481.80.09	00		Reconocibles para naves aéreas.	Kg	Ex. Ex.
8481.80.10	00		De asiento, de tres o más vías, cuya sección giratoria de la vía sea a través de accionamiento manual por palanca.	Kg	Ex. Ex.
8481.80.11	00		Operadas por electroimán, para máquinas de lavar ropa o vajilla.	Kg	Ex. Ex.
8481.80.12	00		Operadas con electroimán, reconocibles como diseñadas exclusivamente para refrigeración.	Kg	Ex. Ex.
8481.80.13	00		Válvulas de expansión, termostáticas y automáticas, reconocibles como diseñadas exclusivamente para refrigeración y aire acondicionado.	Kg	Ex. Ex.
8481.80.14	00		Automáticas o semiautomáticas, reconocibles como diseñadas exclusivamente para calentadores no eléctricos.	Kg	Ex. Ex.
8481.80.15	00		Reconocibles como diseñadas exclusivamente para el funcionamiento de máquinas, aparatos o artefactos mecánicos para sistemas hidráulicos de aceite en circuitos cerrados.	Kg	Ex. Ex.
8481.80.16	00		De comando, reconocibles como diseñadas exclusivamente para automatizar el funcionamiento de máquinas, aparatos o artefactos mecánicos, con diámetro de conexión superior a 19.05 mm, (¾ de pulgada) y presión de trabajo superior a 35.15 kg/cm² (500 PSI).	Kg	Ex. Ex.
8481.80.17	00		De acero inoxidable, con vástago, reconocibles como diseñadas exclusivamente para máquinas llenadoras de botellas.	Kg	Ex. Ex.
8481.80.18	00		De hierro o acero con resistencia a la presión superior a 18 kg/cm², excepto lo comprendido en la fracción arancelaria 8481.80.04.	Kg	5 Ex.
8481.80.19	00		De metal común, cromados, niquelados o con otro recubrimiento, excepto lo comprendido en las fracciones arancelarias 8481.80.01 y 8481.80.02.	Kg	Ex. Ex.
8481.80.20	00		De hierro o acero, con resistencia a la presión inferior o igual a 18 kg/cm², excepto lo comprendido en la fracción arancelaria 8481.80.04.	Kg	Ex. Ex.
8481.80.21	00		De cobre, bronce, latón o aluminio, sin recubrimiento en su superficie, excepto lo comprendido en la fracción arancelaria 8481.80.02.	Kg	5 Ex.
8481.80.22	00		Válvulas de funcionamiento automático por medio de actuador, excepto lo comprendido en las fracciones arancelarias 8481.80.06, 8481.80.15 y 8481.80.24.	Kg	Ex. Ex.
8481.80.23	00		De control hidráulico, excepto lo comprendido en la fracción arancelaria 8481.80.15.	Kg	Ex. Ex.
8481.80.24	00		Válvulas de funcionamiento automático por medio de actuador, de apertura controlada, de cuchilla, bola o globo.	Kg	Ex. Ex.
8481.80.25	00		Válvulas de aire para neumáticos y cámaras de aire.	Kg	Ex. Ex.
8481.80.99	00		Los demás.	Kg	10 Ex.
8481.90		-	**Partes.**		
8481.90.05			Partes.	Kg	Ex. Ex.
	01		Reconocibles como diseñadas exclusivamente para trampas de vapor.		
	02		Termocuplas o dispositivos electromagnéticos, reconocibles como diseñados exclusivamente para lo comprendido en el número de identificación comercial 8481.40.04.00.		
	03		Reconocibles como diseñadas exclusivamente para grifería sanitaria de uso doméstico.		
	99		Los demás.		
84.82			**Rodamientos de bolas, de rodillos o de agujas.**		
8482.10		-	**Rodamientos de bolas.**		
8482.10.02	00		En fila sencilla con diámetro interior superior o igual a 12.7 mm, sin exceder de 50.8 mm y diámetro exterior superior o igual a 40 mm, sin exceder de 100 mm, con superficie exterior esférica, excepto los de centro de eje cuadrado.	Kg	5 Ex.
8482.10.99			Los demás.	Kg	Ex. Ex.
	01		En fila sencilla con diámetro interior superior o igual a 50.8 mm, pero inferior o igual a 76.2 mm, diámetro exterior superior o igual a 100 mm, pero inferior o igual a 140 mm, y superficie esférica o cilíndrica, excepto los de centro de eje cuadrado o hexagonal y aquellos cuyos primeros dígitos del número de serie sean: 6013, 6014, 6212, 6213, 6214, 6215, 6312, 6313, 6314, 6315, 7013, 7014, 7015, 7212, 7213, 7214, 7215, 7312, 7313, 7314, 7315, 16013, 60TAC120B, 76TAC110B, 16014,		

			16115, BL212(212), BL213(213), BL214(214), BL215(215), BL312(312), BL313(313), BL314(314) y BL315(315), incluyendo los que contengan números y/o letras posteriores a los dígitos indicados.			
	02		Reconocibles para naves aéreas.			
	99		Los demás.			
8482.20		-	**Rodamientos de rodillos cónicos, incluidos los ensamblajes de conos y rodillos cónicos.**			
8482.20.01	00		Ensambles de conos y rodillos cónicos con números de serie: 15101, 331274, L44643, L44649, L68149, M12649, LM11749, LM11949, LM12749, LM29748, LM29749, LM48548, LM67048 o LM501349; rodamientos con los siguientes códigos (SET): LM11749/710 (SET 1), LM11949/910 (SET 2), M12649/610 (SET 3), L44649/610 (SET 4), LM48548/510 (SET 5), LM67048/010 (SET 6), L45449/410 (SET 8), LM12749/710 (SET 12), L68149/110 (SET 13), L44643/610 (SET 14), LM12749/711 (SET 16), L68149/111 (SET 17) o 15101/15245, JL 26749, LM 12748, LM104949, LM 12748/710 (SET 34), LM 104949/911 (SET 38), LM 29749/710, LM 501349, LM 501349/314, 25590, 25590/25523, HM 803146/110, 25580, 25580/25520, JLM 104948, JLM 104948, JLM 104948/910, 31594, 31594/31520, 02872 o 02872/02820; ensambles y rodamientos equivalentes a los comprendidos en esta fracción arancelaria, según las Normas Internacionales ANSI-ABMA Standard 19.1, ANSI-ABMA Standard 19.2 o ISO 355, incluyendo los que contengan números y/o letras posteriores a los números de serie y códigos indicados, excepto los reconocibles para naves aéreas.	Kg	5	Ex.
8482.20.03	00		Ensambles de conos y rodillos cónicos con números de serie: 387A, HM803146, HM803149, HM88542, JL26749, JL69349 o L45449; rodamientos con los siguientes códigos (SET): JL69349/310 (SET 11), LM501349/310 (SET 45), JL26749F/710 (SET 46), LM29748/710 (SET 56), 387A/382S (SET 75), HM88542/510 (SET 81) o HM803149/110 (SET 83); ensambles y rodamientos equivalentes a los comprendidos en esta fracción arancelaria, según las Normas Internacionales ANSI-ABMA Standard 19.1, ANSI-ABMA Standard 19.2 o ISO 355, incluyendo los que contengan números y/o letras posteriores a los números de serie y códigos indicados.	Kg	Ex.	Ex.
8482.20.99	00		Los demás.	Kg	Ex.	Ex.
8482.30		-	**Rodamientos de rodillos en forma de tonel.**			
8482.30.01	00		Rodamientos de rodillos en forma de tonel.	Kg	Ex.	Ex.
8482.40		-	**Rodamientos de agujas, incluidos los ensamblajes de jaulas y rodillos de agujas.**			
8482.40.01	00		Rodamientos de agujas, incluidos los ensamblajes de jaulas y rodillos de agujas.	Kg	Ex.	Ex.
8482.50		-	**Los demás rodamientos de rodillos cilíndricos, incluidos los ensamblajes de jaulas y rodillos.**			
8482.50.91	00		Los demás rodamientos de rodillos cilíndricos, incluidos los ensamblajes de jaulas y rodillos.	Kg	Ex.	Ex.
8482.80		-	**Los demás, incluidos los rodamientos combinados.**			
8482.80.91	00		Los demás, incluidos los rodamientos combinados.	Kg	Ex.	Ex.
		-	Partes:			
8482.91		- -	**Bolas, rodillos y agujas.**			
8482.91.02			Bolas, rodillos y agujas.	Kg	Ex.	Ex.
	01		Bolas de acero, calibradas, con diámetro igual o inferior a 17 mm.			
	99		Los demás.			
8482.99		- -	**Las demás.**			
8482.99.01	00		Pistas o tazas con números de serie: 15245, L68110, L68111, L45410, M12610, LM11710, LM11910, LM12710, LM12711, LM29710, LM48510, LM67010 o LM501314, incluyendo aquellas que contengan números y/o letras posteriores a esos números de serie, según las Normas Internacionales ANSI-ABMA Standard 19.1, ANSI-ABMA Standard 19.2 o ISO 355.	Kg	5	Ex.
8482.99.99			Las demás.	Kg	Ex.	Ex.
	01		Pistas o tazas con números de serie: 382S, HM803110, HM88510, JL26710, JL69310, LM104911 o LM501310, incluyendo aquellas que contengan números y/o letras posteriores a esos números de serie o sus equivalentes, según las Normas Internacionales ANSI-ABMA Standard 19.1, ANSI-ABMA Standard 19.2 o ISO 355.			
	02		Pistas o tazas internos y externos, excepto lo comprendido en el número de identificación comercial 8482.99.99.01.			
	99		Las demás.			
84.83			**Árboles de transmisión (incluidos los de levas y los cigüeñales) y manivelas; cajas de cojinetes y cojinetes; engranajes y ruedas de fricción; husillos fileteados de bolas o rodillos; reductores, multiplicadores y variadores de velocidad, incluidos los convertidores de par; volantes y poleas, incluidos los motones; embragues y órganos de acoplamiento, incluidas las juntas de articulación.**			
8483.10		-	**Árboles de transmisión (incluidos los de levas y los cigüeñales) y manivelas.**			
8483.10.08			Árboles de transmisión (incluidos los de levas y los cigüeñales) y manivelas.	Kg	Ex.	Ex.
	01		Flechas o cigüeñales.			
	02		Árboles de levas o sus esbozos.			
	03		Árboles de transmisión.			
	04		Árboles flexibles (chicotes) para transmitir movimiento rotativo o longitudinal en automóviles.			
	05		Reconocibles para naves aéreas.			
	06		Árboles flexibles (chicotes), excepto lo comprendido en el número de identificación comercial 8483.10.08.04.			
	07		Reconocibles como diseñados exclusivamente para tractores agrícolas e industriales, excepto lo comprendido en los números de identificación comercial 8483.10.08.04 y 8483.10.08.06.			
	99		Los demás.			
8483.20		-	**Cajas de cojinetes con rodamientos incorporados.**			
8483.20.01	00		Cajas de cojinetes con rodamientos incorporados.	Kg	Ex.	Ex.
8483.30		-	**Cajas de cojinetes sin rodamientos incorporados; cojinetes.**			
8483.30.04			Cajas de cojinetes sin rodamientos incorporados; cojinetes.	Kg	Ex.	Ex.

	01		"Chumaceras" de hierro o acero con oquedades para enfriamiento por circulación de líquidos o gases, aun cuando tengan cojinetes de bronce o de metal Babbit.			
	02		"Chumaceras" de hierro o acero con cojinetes de bronce o de metal Babbit, excepto lo comprendido en el número de identificación comercial 8483.30.04.01.			
	03		"Chumaceras" con cojinetes, excepto lo comprendido en los números de identificación comercial 8483.30.04.01 y 8483.30.04.02.			
	99		Los demás.			
8483.40		**-**	**Engranajes y ruedas de fricción, excepto las ruedas dentadas y demás órganos elementales de transmisión presentados aisladamente; husillos fileteados de bolas o rodillos; reductores, multiplicadores y variadores de velocidad, incluidos los convertidores de par.**			
8483.40.09			Engranajes y ruedas de fricción, excepto las ruedas dentadas y demás órganos elementales de transmisión presentados aisladamente; husillos fileteados de bolas o rodillos; reductores, multiplicadores y variadores de velocidad, incluidos los convertidores de par.	Kg	Ex.	Ex.
	01		Engranes o ruedas de fricción, con peso unitario igual o inferior a 25 g.			
	02		Engranes cilíndricos, de dientes helicoidales, o rectos.			
	03		Engranes de tornillos sinfín.			
	04		Engranes o ruedas de fricción con peso unitario superior a 2,000 kg.			
	05		Engranes, de acero inoxidable, con peso unitario inferior o igual a 100 g.			
	06		Cajas marinas.			
	07		Husillos fileteados de rodillos.			
	99		Los demás.			
8483.50		**-**	**Volantes y poleas, incluidos los motones.**			
8483.50.03			Volantes y poleas, incluidos los motones.	Kg	Ex.	Ex.
	01		Poleas tensoras, de lámina de hierro o acero troqueladas, para trociles.			
	99		Los demás.			
8483.60		**-**	**Embragues y órganos de acoplamiento, incluidas las juntas de articulación.**			
8483.60.01	00		Embragues.	Kg	Ex.	Ex.
8483.60.02	00		Acoplamientos elásticos, acoplamientos de acero forjado con peso unitario superior o igual a 600 kg.	Kg	15	Ex.
8483.60.99	00		Los demás.	Kg	10	Ex.
8483.90		**-**	**Ruedas dentadas y demás órganos elementales de transmisión presentados aisladamente; partes.**			
8483.90.03			Ruedas dentadas y demás órganos elementales de transmisión presentados aisladamente; partes.	Kg	Ex.	Ex.
	01		Reconocibles como diseñados exclusivamente para tractores agrícolas e industriales.			
	02		Ruedas dentadas para transmisión por cadena, con peso unitario superior a 25 g, sin exceder de 2,000 kg.			
	99		Los demás.			
84.84			**Juntas metaloplásticas; surtidos de juntas o empaquetaduras de distinta composición presentados en bolsitas, sobres o envases análogos; juntas mecánicas de estanqueidad.**			
8484.10		**-**	**Juntas metaloplásticas.**			
8484.10.01	00		Juntas metaloplásticas.	Kg	5	Ex.
8484.20		**-**	**Juntas mecánicas de estanqueidad.**			
8484.20.01	00		Juntas mecánicas de estanqueidad.	Kg	Ex.	Ex.
8484.90		**-**	**Los demás.**			
8484.90.99			Los demás.	Kg	Ex.	Ex.
	01		Reconocibles como diseñadas exclusivamente para tractores agrícolas e industriales.			
	02		Reconocibles para naves aéreas.			
	99		Los demás.			
84.85			**Máquinas para fabricación aditiva.**			
8485.10		**-**	**Por depósito de metal.**			
8485.10.01	00		Por depósito de metal.	Pza	Ex.	Ex.
8485.20		**-**	**Por depósito de plástico o caucho.**			
8485.20.01	00		Por depósito de plástico o caucho.	Pza	Ex.	Ex.
8485.30		**-**	**Por depósito de yeso, cemento, cerámica o vidrio.**			
8485.30.01	00		Por depósito de yeso, cemento, cerámica o vidrio.	Pza	Ex.	Ex.
8485.80		**-**	**Las demás.**			
8485.80.99	00		Las demás.	Pza	Ex.	Ex.
8485.90		**-**	**Partes.**			
8485.90.01	00		Partes.	Kg	Ex.	Ex.
84.86			**Máquinas y aparatos utilizados, exclusiva o principalmente, para la fabricación de semiconductores en forma de monocristales periformes u obleas ("wafers"), dispositivos semiconductores, circuitos electrónicos integrados o dispositivos de visualización (display) de pantalla plana; máquinas y aparatos descritos en la Nota 11 C) de este Capítulo; partes y accesorios.**			
8486.10		**-**	**Máquinas y aparatos para la fabricación de semiconductores en forma de monocristales periformes u obleas ("wafers").**			
8486.10.01	00		Máquinas y aparatos para la fabricación de semiconductores en forma de monocristales periformes u obleas ("wafers").	Pza	Ex.	Ex.
8486.20		**-**	**Máquinas y aparatos para la fabricación de dispositivos semiconductores o circuitos electrónicos integrados.**			
8486.20.03	00		Máquinas y aparatos para la fabricación de dispositivos semiconductores o circuitos electrónicos integrados.	Pza	Ex.	Ex.
8486.30		**-**	**Máquinas y aparatos para la fabricación de dispositivos de visualización (display) de pantalla plana.**			

8486.30.01	00	Máquinas y aparatos para la fabricación de dispositivos de visualización (display) de pantalla plana.	Pza Ex. Ex.
8486.40		**- Máquinas y aparatos descritos en la Nota 11 C) de este Capítulo.**	
8486.40.01	00	Máquinas y aparatos descritos en la Nota 11 C) de este Capítulo.	Pza Ex. Ex.
8486.90		**- Partes y accesorios.**	
8486.90.05		Partes y accesorios.	Pza Ex. Ex.
	01	Partes y accesorios reconocibles exclusivamente para lo comprendido en la subpartida 8486.10.	
	02	Partes y accesorios reconocibles exclusivamente para lo comprendido en la subpartida 8486.20.	
	03	Partes y accesorios reconocibles exclusivamente para lo comprendido en la subpartida 8486.30.	
	04	Partes y accesorios reconocibles exclusivamente para lo comprendido en la subpartida 8486.40.	
84.87		**Partes de máquinas o aparatos, no expresadas ni comprendidas en otra parte de este Capítulo, sin conexiones eléctricas, partes aisladas eléctricamente, bobinados, contactos ni otras características eléctricas.**	
8487.10		**- Hélices para barcos y sus paletas.**	
8487.10.02		Hélices para barcos y sus paletas.	Kg Ex. Ex.
	01	Hélices o propelas.	
	99	Los demás.	
8487.90		**- Las demás.**	
8487.90.01	00	Cilindros hidráulicos.	Kg 15 Ex.
8487.90.02	00	Válvulas de engrase por inyección.	Kg Ex. Ex.
8487.90.03	00	Guarniciones montadas de frenos.	Kg Ex. Ex.
8487.90.04	00	Reconocibles como diseñadas exclusivamente para tractores agrícolas e industriales, excepto lo comprendido en la fracción arancelaria 8487.90.02.	Kg Ex. Ex.
8487.90.05	00	Reconocibles para naves aéreas.	Kg Ex. Ex.
8487.90.06	00	Engrasadoras de copa tipo "Stauffer".	Kg Ex. Ex.
8487.90.07	00	Portamoldes o sus partes, aun cuando se presenten sin la cavidad para recibir el molde.	Kg Ex. Ex.
8487.90.99	00	Las demás.	Kg 5 Ex.

Capítulo 85
Máquinas, aparatos y material eléctrico, y sus partes; aparatos de grabación o reproducción de sonido, aparatos de grabación o reproducción de imagen y sonido en televisión, y las partes y accesorios de estos aparatos

Notas.
1. Este Capítulo no comprende:
    a) las mantas, cojines, calientapiés y artículos similares, que se calienten eléctricamente; las prendas de vestir, calzado, orejeras y demás artículos que se lleven sobre la persona, calentados eléctricamente;
    b) las manufacturas de vidrio de la partida 70.11;
    c) las máquinas y aparatos de la partida 84.86;
    d) las aspiradoras de los tipos utilizados en medicina, cirugía, odontología o veterinaria (partida 90.18);
    e) los muebles con calentamiento eléctrico del Capítulo 94.
2. Los artículos susceptibles de clasificarse tanto en las partidas 85.01 a 85.04 como en las partidas 85.11, 85.12, 85.40, 85.41 u 85.42 se clasifican en estas cinco últimas partidas.
    Sin embargo, los rectificadores de vapor de mercurio de cubeta metálica permanecen clasificados en la partida 85.04.
3. En la partida 85.07, la expresión *acumuladores eléctricos* también comprende los acumuladores presentados con elementos auxiliares, que contribuyan a la función de almacenamiento y suministro de energía del acumulador o destinados a protegerlo de daños, tales como conectores eléctricos, dispositivos de control de temperatura (por ejemplo, termistores) y dispositivos de protección de circuitos. Pueden también incluir una parte de la carcasa de protección de los aparatos a los que están destinados.
4. La partida 85.09 comprende, siempre que se trate de aparatos electromecánicos de los tipos normalmente utilizados en usos domésticos:
    a) las enceradoras (lustradoras) de pisos, trituradoras y mezcladoras de alimentos y extractoras de jugo de frutos u hortalizas, de cualquier peso;
    b) los demás aparatos de peso inferior o igual a 20 kg, excepto los ventiladores y las campanas aspirantes para extracción o reciclado, con ventilador incorporado, incluso con filtro (partida 84.14), las secadoras centrífugas de ropa (partida 84.21), las máquinas para lavar vajilla (partida 84.22), las máquinas para lavar ropa (partida 84.50), las máquinas para planchar (partidas 84.20 u 84.51, según se trate de calandrias u otros tipos), las máquinas de coser (partida 84.52), las tijeras eléctricas (partida 84.67) y los aparatos electrotérmicos (partida 85.16).
5. En la partida 85.17, se entiende por *teléfonos inteligentes* los teléfonos móviles (celulares) equipados con un sistema operativo diseñado para realizar las funciones de una máquina automática para tratamiento o procesamiento de datos, tales como la descarga y el funcionamiento simultáneo de varias aplicaciones, incluidas las aplicaciones de terceros, e incluso dotados de otras funciones tales como una cámara digital o un sistema de navegación.
6. En la partida 85.23:
    a) se consideran *dispositivos de almacenamiento permanente de datos a base de semiconductores* (por ejemplo, "tarjetas de memoria flash" o "tarjetas de memoria electrónica flash") los dispositivos de almacenamiento con un conector, que tienen, en la misma envoltura, una o más memorias flash (por ejemplo, "E^{2}PROM FLASH") en forma de circuitos integrados montados en una tarjeta de circuitos impresos. Pueden llevar un controlador en forma de circuito integrado y componentes pasivos discretos, tales como condensadores y resistencias;
    b) la expresión *tarjetas inteligentes* ("smart cards") comprende las tarjetas que tienen incluidos uno o más circuitos electrónicos integrados (un microprocesador, una memoria de acceso aleatorio (RAM) o una memoria de solo lectura (ROM)), en forma de microplaquitas (chips). Estas tarjetas pueden llevar contactos, una banda magnética o una antena integrada, pero no tienen ningún otro elemento activo o pasivo, de circuito.
7. En la partida 85.24, se entiende por *módulos de visualización ("display") de pantalla plana* los dispositivos o aparatos destinados a mostrar información, equipados con al menos una pantalla de visualización, que están diseñados para ser incorporados, antes de su utilización, en artículos comprendidos en otras partidas. Estas pantallas incluyen sin estar limitadas en su forma, a aquellas que son planas, curvas, flexibles, plegables o expandibles. Los módulos de visualización de pantalla plana pueden incorporar elementos adicionales, incluidos los necesarios para recibir señales de video y distribuir estas señales en píxeles en la pantalla.

Sin embargo, la partida 85.24 no comprende los módulos de visualización equipados con componentes para convertir señales de video (por ejemplo: un circuito integrado para escalador, un circuito integrado para un decodificador o un procesador de aplicación) o que hayan obtenido el carácter de mercancías de otras partidas.

Con el fin de clasificar los módulos de visualización de pantalla plana definidos en esta Nota, la partida 85.24 tiene prioridad sobre cualquier otra partida de la Nomenclatura.

8. En la partida 85.34, se consideran *circuitos impresos* los obtenidos disponiendo sobre un soporte aislante, por cualquier procedimiento de impresión (por ejemplo: incrustación, deposición electrolítica, grabado) o por la técnica de los circuitos de *capa*, elementos conductores, contactos u otros componentes impresos (por ejemplo: inductancias, resistencias, capacitancias), solos o combinados entre sí según un esquema preestablecido, excepto cualquier elemento que pueda producir, rectificar, modular o amplificar una señal eléctrica (por ejemplo, elementos semiconductores).

    La expresión *circuitos impresos* no comprende los circuitos combinados con elementos que no hayan sido obtenidos durante el proceso de impresión ni las resistencias, condensadores o inductancias discretos. Sin embargo, los circuitos impresos pueden estar provistos con elementos de conexión no impresos.

    Los circuitos de capa (delgada o gruesa), con elementos pasivos y activos obtenidos durante el mismo proceso tecnológico, se clasifican en la partida 85.42.

9. En la partida 85.36, se entiende por *conectores de fibras ópticas, de haces o cables de fibras ópticas*, los conectores que solo sirven para alinear mecánicamente las fibras ópticas extremo con extremo en un sistema de cable digital. No realizan ninguna otra función, tal como la amplificación, regeneración o modificación de la señal.

10. La partida 85.37 no comprende los mandos a distancia inalámbricos con dispositivo infrarrojo de los aparatos receptores de televisión u otros aparatos eléctricos (partida 85.43).

11. En la partida 85.39, la expresión *fuentes luminosas de diodos emisores de luz* (LED) comprende:
    a) Los *módulos de diodos emisores de luz (LED)* que son fuentes luminosas eléctricas basadas en diodos emisores de luz (LED), dispuestos en circuitos eléctricos y que contienen otros elementos tales como eléctricos, mecánicos, térmicos u ópticos. También contienen elementos discretos activos o pasivos o artículos de las partidas 85.36 u 85.42 con el fin de suministrar alimentación eléctrica o controlar la potencia. Los *módulos de diodos emisores de luz (LED)* no tienen un casquillo diseñado para permitir su fácil instalación o reemplazo en una luminaria ni para asegurar su contacto eléctrico y fijación mecánica.
    b) Las *lámparas y tubos de diodos emisores de luz (LED)* que son fuentes luminosas eléctricas constituidas por uno o más *módulos* de LED, contienen otros elementos tales como eléctricos, mecánicos, térmicos u ópticos. Se distinguen de los módulos de diodos emisores de luz (LED) porque tienen un casquillo diseñado para permitir su fácil instalación o reemplazo en una luminaria y para asegurar su contacto eléctrico y fijación mecánica.

12. En las partidas 85.41 y 85.42 se consideran:
    a) 1°) *Dispositivos semiconductores*, los dispositivos semiconductores cuyo funcionamiento se basa en la variación de la resistividad por la acción de un campo eléctrico o los transductores basados en semiconductores.

       Los dispositivos semiconductores también pueden comprender el ensamblaje de varios elementos, incluso equipados con dispositivos activos o pasivos cuyas funciones son auxiliares.

       Los *transductores basados en semiconductores*, a los fines de esta definición, son sensores basados en semiconductores, actuadores basados en semiconductores, resonadores basados en semiconductores y osciladores basados en semiconductores, que son tipos de dispositivos discretos basados en semiconductores, que realizan una función intrínseca y son capaces de convertir cualquier tipo de acción o de fenómeno físico o químico, en una señal eléctrica o convertir una señal eléctrica en una acción o cualquier tipo de fenómeno físico.

       Todos los elementos de los transductores basados en semiconductores se combinan indivisiblemente y también pueden incluir los materiales necesarios, unidos indivisiblemente, que permitan su construcción o funcionamiento.

       A los fines de la presente definición:
       1) La expresión *basados en semiconductores* significa construido o fabricado sobre un sustrato semiconductor o constituido por materiales semiconductores, fabricado por medio de tecnología de semiconductores, en los cuales el sustrato o material semiconductor desempeña un papel crítico e insustituible sobre la función y el rendimiento del transductor, y cuyo funcionamiento está basado en las propiedades semiconductoras físicas, eléctricas, químicas y ópticas.
       2) Los *fenómenos físicos o químicos* se refieren a fenómenos, tales como la presión, las ondas sonoras, la aceleración, la vibración, el movimiento, la orientación, la tensión, la intensidad de campo magnético, la intensidad de campo eléctrico, la luz, la radiactividad, la humedad, el flujo, la concentración de productos químicos, etc.
       3) Los *sensores basados en semiconductores* son un tipo de dispositivo semiconductor, constituido por estructuras microelectrónicas o mecánicas que se crean en la masa o en la superficie de un semiconductor y cuya función es detectar cantidades físicas o químicas y convertirlas en señales eléctricas producidas por variaciones resultantes en las propiedades eléctricas o en la deformación de la estructura mecánica.
       4) Los *actuadores basados en semiconductores* son un tipo de dispositivo semiconductor, constituido por estructuras microelectrónicas o mecánicas que se crean en la masa o en la superficie de un semiconductor y cuya función es convertir señales eléctricas en movimiento físico.
       5) Los *resonadores basados en semiconductores* son un tipo de dispositivo semiconductor, constituido por estructuras microelectrónicas o mecánicas que se crean en la masa o en la superficie de un semiconductor y cuya función es generar una oscilación mecánica o eléctrica de una frecuencia predefinida que depende de la geometría física de estas estructuras en respuesta a una señal eléctrica externa.
       6) Los *osciladores basados en semiconductores* son un tipo de dispositivo semiconductor, constituido por estructuras microelectrónicas o mecánicas que se crean en la masa o en la superficie de un semiconductor y que tienen la función de generar una oscilación mecánica o eléctrica de una frecuencia predefinida que depende de la geometría física de estas estructuras.

       2°) *Diodos emisores de luz (LED)*, los dispositivos semiconductores basados en materiales semiconductores que transforman la energía eléctrica en radiaciones visibles, infrarrojas o ultravioletas, incluso conectados eléctricamente entre sí e incluso combinados con diodos de protección. Los *diodos emisores de luz (LED)* de la partida 85.41 no incorporan elementos con el fin de suministrar alimentación eléctrica o controlar la potencia;
    b) *Circuitos electrónicos integrados:*
       1°) los circuitos integrados monolíticos en los que los elementos del circuito (diodos, transistores, resistencias, condensadores, bobinas de inductancia, etc.) se crean en la masa (esencialmente) y en la superficie de un material

semiconductor (por ejemplo: silicio dopado, arseniuro de galio, silicio-germanio, fosfuro de indio), formando un todo inseparable;

2°) los circuitos integrados híbridos que reúnan de modo prácticamente inseparable, mediante interconexiones o filamentos conectores, sobre un mismo sustrato aislante (vidrio, cerámica, etc.), elementos pasivos (resistencias, condensadores, bobinas de inductancia, etc.), obtenidos por la técnica de los circuitos de capa delgada o gruesa y elementos activos (diodos, transistores, circuitos integrados monolíticos, etc.), obtenidos por la técnica de los semiconductores. Estos circuitos también pueden llevar componentes discretos;

3°) los circuitos integrados multichip, formados por dos o más circuitos integrados monolíticos, interconectados de modo prácticamente inseparable, dispuestos o no sobre uno o más sustratos aislantes, con o sin bastidor de conexión, pero sin ningún otro elemento activo o pasivo, de circuito.

4°) los circuitos integrados de componentes múltiples (MCO), que son combinaciones de uno o más circuitos integrados monolíticos, híbridos o multichip y que contengan al menos uno de los componentes siguientes: sensores, accionadores, osciladores, resonadores, de silicio, incluso combinados entre sí, o componentes que realicen las funciones de los artículos susceptibles de clasificarse en las partidas 85.32, 85.33, 85.41, o inductores susceptibles de clasificarse en la partida 85.04, reunidos de modo prácticamente indivisible en un solo cuerpo como un circuito integrado, para formar un componente del tipo utilizado para ser montado en una tarjeta de circuito impreso (PCB) u otro soporte, conectados a través de clavijas, cables, rótulas, pastillas, almohadillas o discos.

A los fines de esta definición:

1) Los *componentes* pueden ser discretos, fabricados independientemente, luego se ensamblan en un circuito integrado de componentes múltiples (MCO) o se integran a otros componentes.

2) La expresión *de silicio* significa que el componente se fabrica sobre un sustrato de silicio o constituido de materias a base de silicio o fabricado en un chip de circuito integrado.

3) a) Los *sensores de silicio* están constituidos por estructuras microelectrónicas o mecánicas, que se crean en la masa o en la superficie de un semiconductor y cuya función es detectar magnitudes físicas o químicas y convertirlas en señales eléctricas cuando se producen variaciones de las propiedades eléctricas o una deformación de la estructura mecánica. Los *fenómenos físicos o químicos* se refieren a fenómenos, tales como la presión, las ondas sonoras, la aceleración, la vibración, el movimiento, la orientación, la tensión, la intensidad de campo magnético, la intensidad de campo eléctrico, la luz, la radiactividad, la humedad, el flujo, la concentración de productos químicos, etc.

b) Los *accionadores de silicio* están constituidos por estructuras microelectrónicas y mecánicas, que se crean en la masa o en la superficie de un semiconductor y cuya función es convertir las señales eléctricas en movimiento físico.

c) Los *resonadores* de silicio son componentes constituidos por estructuras microelectrónicas o mecánicas, que se crean en la masa o en la superficie de un semiconductor y cuya función es generar una oscilación mecánica o eléctrica de una frecuencia predefinida, que depende de la geometría física de estas estructuras en respuesta a una entrada externa.

d) Los *osciladores* de silicio son componentes activos constituidos por estructuras microelectrónicas o mecánicas, que se crean en la masa o en la superficie de un semiconductor y cuya función es generar una oscilación mecánica o eléctrica de una frecuencia predefinida, que depende de la geometría física de estas estructuras.

Para los artículos definidos en esta Nota, las partidas 85.41 y 85.42 tienen prioridad sobre cualquier otra de la Nomenclatura que pudiera comprenderlos, especialmente en razón de su función, excepto en el caso de la partida 85.23.

Notas de subpartida.

1. La subpartida 8525.81 comprende únicamente las cámaras de televisión, cámaras digitales y videocámaras, ultrarrápidas, que tienen una o más de las siguientes características:
   - velocidad de grabación superior a 0.5 mm por microsegundo;
   - resolución temporal inferior o igual a 50 nanosegundos;
   - frecuencia de imagen superior a 225,000 cuadros por segundo.

2. La subpartida 8525.82 se refiere a las cámaras resistentes a radiaciones que están diseñadas o reforzadas para que puedan funcionar en entornos sujetos a radiaciones elevadas. Estas cámaras están diseñadas para soportar una dosis total de radiación superior a 50×10^3 Gy (silicio) (5×10^6 rad (silicio)) sin degradación operativa.

3. La subpartida 8525.83 comprende las cámaras de televisión, cámaras digitales y videocámaras, de visión nocturna, que utilizan un fotocátodo para convertir la luz natural disponible en electrones que se pueden amplificar y convertir para producir una imagen visible. Esta subpartida excluye las cámaras termográficas (infrarrojas) (subpartida 8525.89, generalmente).

4. La subpartida 8527.12 comprende únicamente los radiocasetes, con amplificador incorporado y sin altavoz (altoparlante) incorporado, que puedan funcionar sin fuente de energía eléctrica exterior y cuyas dimensiones sean inferiores o iguales a 170 mm x 100 mm x 45 mm.

5. En las subpartidas 8549.11 a 8549.19, se consideran *pilas, baterías de pilas y acumuladores eléctricos, inservibles*, los que no son utilizables como tales a consecuencia de rotura, corte, desgaste o cualquier otro motivo o por no ser susceptibles de recarga.

Notas Nacionales:

1. Para efectos de este Capítulo:

   a) La expresión "circuito(s) modular(es)" significa: un bien que consiste de uno o más circuitos impresos de la partida 85.34 con uno o más elementos activos ensamblados, y con o sin elementos pasivos. Para efectos de esta Nota, el término "elementos activos" comprende diodos, transistores y dispositivos semiconductores similares, fotosensibles o no, de la partida 85.41, y los circuitos integrados y microensambles de la partida 85.42.

   b) La expresión "alta definición" aplicada a aparatos de la partida 85.28 y a tubos de rayos catódicos, se refiere a los bienes que tengan:

   A. Un espectro de pantalla, cuya relación sea igual o mayor a 16:9;
   B. Un campo visual capaz de proyectar más de 700 líneas, y
   C. La diagonal de la pantalla de video se determina por la medida de la dimensión máxima de la recta que cruza el campo visual de la placa frontal utilizada en el video.

   c) Se entenderá por aparato portátil el diseñado específicamente, para ser transportado fácilmente a mano y cuyo peso es igual o inferior a 15 kg.

2. La partida 85.01 comprende a los paneles o módulos fotovoltaicos (paneles solares) equipados con dispositivos incluso sencillos, (por ejemplo, diodos) y/o cables con terminales de conexión que permitan transformar la energía solar en energía eléctrica (conversión fotovoltaica) de corriente continua (también llamada corriente directa) que permita hacer funcionar, por ejemplo, un motor, un aparato de electrólisis o similar.
3. La partida 85.02 comprende también a los sistemas de cogeneración de electricidad y vapor que formen un solo cuerpo. Se considera que forman un solo cuerpo las máquinas de diferentes clases que están incorporadas unas a otras o montadas unas sobre otras, así como las máquinas montadas en un basamento, un armazón o un soporte común o colocadas en una carcasa (envuelta) común. Solo puede considerarse que los diferentes elementos constituyen un solo cuerpo, si están diseñados para fijarlos permanentemente unos a otros o al elemento común (basamento, bastidor, carcasa (envuelta), etc.). Esto excluye los ensamblados realizados con carácter provisional o que no correspondan al montaje normal de una combinación de máquinas. Si no forman un solo cuerpo, los elementos que los constituyan seguirán su propio régimen de clasificación arancelaria.
Para efectos de la partida 85.02, un grupo electrógeno es la combinación de un generador eléctrico acoplado y/o accionado por cualquier máquina motriz que no sea del tipo eléctrico.
4. Para efectos de la subpartida 8504.40, un convertidor eléctrico estático se considera a cualquier dispositivo que transforme o convierta algún parámetro del voltaje de entrada contra el voltaje de salida; por ejemplo, corriente alterna a corriente continua o viceversa, otro ejemplo sería la frecuencia o tensión de la corriente y otro sería polaridad diferente.
5. Para efectos de la subpartida 8506.10, también se comprenden las pilas formadas por un cátodo de manganeso, con un electrodo de carbón colector de iones, electrolito no alcalino y ánodo de zinc, llamadas comercialmente "de carbón-zinc".
6. Para efectos de la partida 85.07, un acumulador eléctrico se define como una pila eléctrica recargable, a diferencia de las pilas eléctricas no recargables comprendidas en la partida 85.06.
7. Para efectos de la partida 85.08, no se consideran como una aspiradora a los aparatos de limpieza para alfombras (partida 84.51 u 85.09).
8. Para efectos de la partida 85.13, y sin perjuicio del inciso c) de la Nota Nacional 1 del presente Capítulo, el concepto de "lámpara portátil" se entiende a las lámparas con el peso y tamaño adecuados para sostenerlo y utilizarlo con la mano o sobre la persona, o bien, para fijarlos sobre algún dispositivo móvil externo.
9. Para efectos de la partida 85.16, las mercancías con el carácter de mueble no se consideran como un aparato electrotérmico de uso doméstico, de los comprendidos en esta partida; dichas mercancías están comprendidas en el Capítulo 94.
10. En la partida 85.17 se encuentran comprendidos los dispositivos llamados "Smartwatch" que se configuren y/o funcionen exclusivamente con un teléfono inteligente "Smartphone".
11. La partida 85.18 comprende micrófonos, altavoces, auriculares y amplificadores eléctricos de audiofrecuencia de cualquier tipo, sin tomar en cuenta el uso, incluso si tienen conexión inalámbrica bluetooth; no se consideran pertenecientes a esta partida los altavoces y/o auriculares combinados con alguna función (por ejemplo, reproducción, receptor de radiodifusión, etc.). Se excluyen de esta partida las bocinas o altavoces inteligentes que puedan conectarse a una red (partida 85.17).
12. Para efectos de la partida 85.19, la expresión "Que utilizan un soporte semiconductor", hace referencia a la reproducción a partir de un soporte a base de semiconductores, (por ejemplo, "tarjetas de memoria flash" o "tarjetas de memoria electrónica flash") los cuales se definen de acuerdo a lo indicado en la Nota 6 del Capítulo 85 de la Tarifa de la Ley de los Impuestos Generales de Importación y de Exportación y que están comprendidos en la partida 85.23.
13. Para efectos de la partida 85.27, los aparatos presentados en forma de conjunto o formando un solo cuerpo para su venta al por menor, con múltiples funciones, que cuenten con la función de aparato receptor de radiodifusión, el aparato receptor de radiodifusión confiere al conjunto su carácter esencial.
14. Las partidas 85.28 y 85.29 comprenden las siguientes partes de receptores de televisión (incluyendo videomonitores y videoproyectores):
    a) Sistemas de amplificación y detección de intermedio de video (IF);
    b) Sistemas de procesamiento y amplificación de video;
    c) Circuitos de sincronización y deflexión;
    d) Sintonizadores y sistemas de control de sintonía;
    e) Sistemas de detección y amplificación de audio.
15. Para efectos de la partida 85.31, las simples luces fijas no se consideran como un aparato eléctrico de señalización, en tales casos, deberán seguir su propio régimen (partidas 83.10, 94.05, según corresponda).
16. La partida 85.41 no comprende a los paneles o módulos fotovoltaicos (paneles solares) equipados con dispositivos incluso sencillos, (por ejemplo, diodos) y/o cables con terminales de conexión que permitan transformar la energía solar en energía eléctrica (conversión fotovoltaica) de corriente continua (también llamada corriente directa) que permita hacer funcionar, por ejemplo, por un motor, un aparato de electrólisis o similar (partida 85.01).
17. Para efectos de la partida 85.42, un "Circuito electrónico integrado" es aquella unidad que cuenta con una gran cantidad de elementos pasivos y activos. Se excluyen de esta partida los circuitos electrónicos compuestos únicamente de elementos pasivos.
18. La fracción arancelaria 8543.40.01 comprende a los cigarrillos electrónicos y dispositivos personales de vaporización eléctricos o electrónicos similares, reutilizables o permanentes, constituidos por al menos una fuente de alimentación o batería (integrada o no); una unidad de calentamiento; una boquilla y una cámara de vaporización, contenedor o receptáculo, y/o cartuchos líquidos/sólidos remplazables, recargables o permanentes entre otros elementos; que, mediante el calentamiento de diversas sustancias o materias, líquidas/sólidas (por ejemplo: mezcla de propilenglicol, glicerina y aromatizantes o, en su caso, nicotina), por descomposición térmica generan aerosol, humo, vapor, etc., los cuales son inhalados vía oral.
Entre los citados dispositivos, generalmente, se pueden encontrar los siguientes:
    a) Sistemas Electrónicos de Administración de Nicotina (SEAN): Son dispositivos que basan su funcionamiento en generar un aerosol con base en una solución líquida compuesta por nicotina, saborizantes y otras sustancias, que al ser calentada genera un aerosol inhalable;
    b) Sistemas Similares sin Nicotina (SSSN): son dispositivos similares a los SEAN, sin embargo, los aerosoles generados no contienen nicotina, aunque pueden contener aromatizantes u otras sustancias, y
    c) Sistemas Alternativos de Consumo de Nicotina (SACN): son dispositivos que, mediante calentamiento de cartuchos o unidades desmontables de tabaco (laminado, granulado, picado y otras presentaciones), generan aerosoles que contienen nicotina. Se componen de una lanceta conectada a una batería para calentar un cartucho de tabaco especialmente preparado con humectantes, que al calentarse genera aerosol inhalable.
19. Para efectos de la partida 85.44, se consideran pertenecientes a esta partida los conductores eléctricos con la condición de estar aislados; a diferencia de los conductores desnudos, que siguen el régimen de su materia constitutiva.

20. Para efectos de la subpartida 8544.20, los cables coaxiales pueden estar constituidos por dos o más conductores, ya sean centrales o en el mismo cuerpo.

CÓDIGO		DESCRIPCIÓN	UNIDAD	ARANCEL	
				IMP	EXP
85.01		**Motores y generadores, eléctricos, excepto los grupos electrógenos.**			
8501.10		- Motores de potencia inferior o igual a 37.5 W.			
8501.10.10		Motores de potencia inferior o igual a 37.5 W.	Pza	Ex.	Ex.
	01	Para montarse en juguetes o en modelos reducidos para recreo.			
	02	Reconocibles para naves aéreas.			
	03	Para máquinas de afeitar o cortar el pelo, incluidas las esquiladoras.			
	04	Accionados exclusivamente por corriente continua.			
	05	Motores síncronos.			
	06	Motores de corriente alterna, asíncronos monofásicos, según la norma NMX-J-226, o sus equivalentes, excepto los diseñados exclusivamente para uso en giradiscos, grabadoras y tocacintas; motorreductores para uso en aparatos de fotocopia, de corriente alterna, de 100/125 voltios, con potencia igual o superior a 0.00745 kW, (1/100 de CP) y lo comprendido en los números de identificación comercial 8501.10.10.03 y 8501.10.10.07.			
	07	De corriente alterna, monofásicos con potencia igual o superior a 0.01 kW (1/75 de CP), excepto los asíncronos monofásicos reconocibles como diseñados exclusivamente para uso en giradiscos, grabadoras y tocacintas y lo comprendido en los números de identificación comercial 8501.10.10.03 y 8501.10.10.05.			
	99	Los demás.			
8501.20		- Motores universales de potencia superior a 37.5 W.			
8501.20.05		Motores universales de potencia superior a 37.5 W.	Pza	Ex.	Ex.
	01	Síncronos con potencia inferior a 4,475 kW (6,000 CP).			
	02	Con potencia inferior a 150 W (1/5 CP), excepto para máquinas de afeitar o cortar el pelo, incluidas las esquiladoras, los reconocibles para naves aéreas y lo comprendido en el número de identificación comercial 8501.20.05.01.			
	99	Los demás.			
		- Los demás motores de corriente continua; generadores de corriente continua, excepto los generadores fotovoltaicos:			
8501.31		- - De potencia inferior o igual a 750 W.			
8501.31.01	00	Generadores.	Pza	15	Ex.
8501.31.02	00	Reconocibles para naves aéreas.	Pza	Ex.	Ex.
8501.31.03	00	Motores con potencia inferior o igual a 264 W y voltaje de 12 V, de uso automotriz, para limpiaparabrisas, elevadores de cristales, radiadores y calefacción.	Pza	Ex.	Ex.
8501.31.04	00	Motores para máquinas esquiladoras.	Pza	Ex.	Ex.
8501.31.05	00	Motores con potencia superior o igual a 186 W (¼ CP), excepto lo comprendido en las fracciones arancelarias 8501.31.03 y 8501.31.04.	Pza	15	Ex.
8501.31.99	00	Los demás.	Pza	5	Ex.
8501.32		- - De potencia superior a 750 W pero inferior o igual a 75 kW.			
8501.32.01	00	Generadores.	Pza	15	Ex.
8501.32.02	00	Reconocibles para naves aéreas.	Pza	Ex.	Ex.
8501.32.03	00	Motores para ascensores o elevadores.	Pza	Ex.	Ex.
8501.32.04	00	Motores para trolebuses.	Pza	Ex.	Ex.
8501.32.05	00	Motores de potencia igual o inferior a 3.75 kW (5 CP).	Pza	15	Ex.
8501.32.06	00	Motores reconocibles como diseñados exclusivamente para la propulsión de vehículos eléctricos de la subpartida 8703.80.	Pza	Ex.	Ex.
8501.32.99	00	Los demás.	Pza	10	Ex.
8501.33		- - De potencia superior a 75 kW pero inferior o igual a 375 kW.			
8501.33.01	00	Generadores con capacidad hasta de 150 kW.	Pza	15	Ex.
8501.33.02	00	Reconocibles para naves aéreas.	Pza	Ex.	Ex.
8501.33.03	00	Generadores, excepto lo comprendido en la fracción arancelaria 8501.33.01.	Pza	Ex.	Ex.
8501.33.04	00	Motores para ascensores o elevadores.	Pza	Ex.	Ex.
8501.33.05	00	Motores para trolebuses.	Pza	Ex.	Ex.
8501.33.99	00	Los demás.	Pza	10	Ex.
8501.34		- - De potencia superior a 375 kW.			
8501.34.01	00	Generadores.	Pza	Ex.	Ex.
8501.34.05	00	Motores, con potencia inferior o igual a 2,611 kW (3,500 CP), excepto reconocibles para naves aéreas, para ascensores o elevadores, para trolebuses.	Pza	5	Ex.
8501.34.99	00	Los demás.	Pza	Ex.	Ex.
8501.40		- Los demás motores de corriente alterna, monofásicos.			
8501.40.05	00	Síncronos, con potencia igual o inferior a 4,475 kW (6,000 CP).	Pza	5	Ex.
8501.40.08	00	Motores de corriente alterna, asíncronos monofásicos, según normas NMX-J-75 o NMX-J-226, o sus equivalentes, excepto los motores para ascensores o elevadores; para máquinas de afeitar o cortar el pelo, incluidas las esquiladoras y lo comprendido en la fracción arancelaria 8501.40.05.	Pza	5	Ex.
8501.40.99		Los demás.	Pza	Ex.	Ex.
	01	Reconocibles para naves aéreas.			
	02	De potencia inferior o igual a 0.047 kW, excepto máquinas de afeitar o cortar el pelo, incluidas las esquiladoras.			

LEY DE LOS IMPUESTOS GENERALES DE IMPORTACION Y EXPORTACION

	99		Los demás.			
	-		**Los demás motores de corriente alterna, polifásicos:**			
8501.51		- -	**De potencia inferior o igual a 750 W.**			
8501.51.02	00		Asíncronos, trifásicos.	Pza	15	Ex.
8501.51.99			Los demás.	Pza	Ex.	Ex.
	01		Síncronos.			
	99		Los demás.			
8501.52		- -	**De potencia superior a 750 W pero inferior o igual a 75 kW.**			
8501.52.04	00		Asíncronos, trifásicos, excepto los reconocibles para naves aéreas; para trolebuses; para ascensores o elevadores.	Pza	15	Ex.
8501.52.99			Los demás.	Pza	Ex.	Ex.
	01		Para ascensores o elevadores.			
	02		Síncronos.			
	99		Los demás.			
8501.53		- -	**De potencia superior a 75 kW.**			
8501.53.04	00		Asíncronos, trifásicos, con potencia de salida inferior o igual a 8,952 kW (12,000 CP), excepto los reconocibles para naves aéreas; para trolebuses, ascensores o elevadores.	Pza	15	Ex.
8501.53.05	00		Síncronos, con potencia de salida igual o inferior a 4,475 kW (6,000 CP), excepto los reconocibles para naves aéreas y para trolebuses.	Pza	5	Ex.
8501.53.99			Los demás.	Pza	Ex.	Ex.
	01		Para ascensores o elevadores.			
	02		Síncronos, con potencia superior a 4,475 kW (6,000 CP).			
	03		Trifásicos asíncronos con potencia superior a 8,952 kW (12,000 CP).			
	99		Los demás.			
	-		**Generadores de corriente alterna (alternadores), excepto los generadores fotovoltaicos:**			
8501.61		- -	**De potencia inferior o igual a 75 kVA.**			
8501.61.01	00		De potencia inferior o igual a 75 kVA.	Pza	15	Ex.
8501.62		- -	**De potencia superior a 75 kVA pero inferior o igual a 375 kVA.**			
8501.62.01	00		De potencia superior a 75 kVA pero inferior o igual a 375 kVA.	Pza	15	Ex.
8501.63		- -	**De potencia superior a 375 kVA pero inferior o igual a 750 kVA.**			
8501.63.01	00		De potencia superior a 375 kVA pero inferior o igual a 750 kVA.	Pza	15	Ex.
8501.64		- -	**De potencia superior a 750 kVA.**			
8501.64.01	00		De potencia superior a 750 kVA, pero inferior o igual a 6,000 kVA, excepto lo comprendido en la fracción arancelaria 8501.64.03.	Pza	15	Ex.
8501.64.03	00		De potencia superior a 750 kVA, pero inferior o igual a 6,000 kVA, para producir electricidad a partir de fuentes de energía renovable.	Pza	5	Ex.
8501.64.99			Los demás.	Pza	Ex.	Ex.
	01		Generadores síncronos con potencia superior o igual a 6,000 kVA e inferior a 50,000 kVA, incluyendo: sistema de excitación, regulador de voltaje, sistema de protección y control y chumaceras.			
	99		Los demás.			
	-		**Generadores fotovoltaicos de corriente continua:**			
8501.71		- -	**De potencia inferior o igual a 50 W.**			
8501.71.01	00		De potencia inferior o igual a 50 W.	Pza	15	Ex.
8501.72		- -	**De potencia superior a 50 W.**			
8501.72.01	00		De potencia superior a 150 kW pero inferior o igual a 375 kW.	Pza	10	Ex.
8501.72.02	00		De potencia superior a 375 kW.	Pza	Ex.	Ex.
8501.72.99	00		Los demás.	Pza	15	Ex.
8501.80		-	**Generadores fotovoltaicos de corriente alterna.**			
8501.80.01	00		De potencia superior a 750 kVA pero inferior o igual a 6,000 kVA.	Pza	5	Ex.
8501.80.02	00		De potencia superior a 6,000 kVA.	Pza	Ex.	Ex.
8501.80.99	00		Los demás.	Pza	15	Ex.
85.02			**Grupos electrógenos y convertidores rotativos eléctricos.**			
	-		**Grupos electrógenos con motor de émbolo (pistón) de encendido por compresión (motores diésel o semi-diésel):**			
8502.11		- -	**De potencia inferior o igual a 75 kVA.**			
8502.11.01	00		De potencia inferior o igual a 75 kVA.	Pza	15	Ex.
8502.12		- -	**De potencia superior a 75 kVA pero inferior o igual a 375 kVA.**			
8502.12.01	00		De potencia superior a 75 kVA pero inferior o igual a 375 kVA.	Pza	15	Ex.
8502.13		- -	**De potencia superior a 375 kVA.**			
8502.13.01	00		De potencia superior a 375 kVA, pero inferior o igual a 1,500 kVA.	Pza	15	Ex.
8502.13.02	00		De potencia superior a 1,500 kVA pero inferior o igual a 2,000 kVA.	Pza	15	Ex.
8502.13.99	00		Los demás.	Pza	5	Ex.
8502.20		-	**Grupos electrógenos con motor de émbolo (pistón) de encendido por chispa (motor de explosión).**			
8502.20.01	00		Con potencia superior a 2,000 kVA.	Pza	Ex.	Ex.
8502.20.99			Los demás.	Pza	15	Ex.
	01		Con potencia superior a 1,500 kVA pero inferior o igual a 2,000 kVA.			
	99		Los demás.			
	-		**Los demás grupos electrógenos:**			
8502.31		- -	**De energía eólica.**			
8502.31.01	00		Aerogeneradores.	Pza	5	Ex.

8502.31.99	00	Los demás.	Pza	5	Ex.
8502.39	- -	**Los demás.**			
8502.39.01	00	Turbogeneradores (turbodinamos o turboalternadores), excepto lo comprendido en la fracción arancelaria 8502.39.03.	Pza	Ex.	Ex.
8502.39.02	00	Sistemas de cogeneración de electricidad y vapor, presentados como unidades móviles que formen un solo cuerpo.	Pza	Ex.	Ex.
8502.39.03	00	Turbogeneradores accionados por turbina a gas, excepto los accionados por turbina de vapor de agua.	Pza	Ex.	Ex.
8502.39.91	00	Los demás grupos electrógenos, para producir electricidad a partir de fuentes de energía renovable.	Pza	5	Ex.
8502.39.99	00	Los demás.	Pza	15	Ex.
8502.40	-	**Convertidores rotativos eléctricos.**			
8502.40.01	00	Convertidores rotativos eléctricos.	Pza	5	Ex.
85.03		**Partes identificables como destinadas, exclusiva o principalmente, a las máquinas de las partidas 85.01 u 85.02.**			
8503.00	-	**Partes identificables como destinadas, exclusiva o principalmente, a las máquinas de las partidas 85.01 u 85.02.**			
8503.00.05	00	Estatores o rotores con peso unitario superior a 1,000 kg, excepto los reconocibles como diseñados exclusivamente para motores de trolebuses.	Pza	Ex.	Ex.
8503.00.99		Las demás.	Kg	5	Ex.
	01	Reconocibles como diseñadas exclusivamente para motores para trolebuses.			
	02	Armazones o núcleos de rotores, incluso las láminas, excepto lo comprendido en el número de identificación comercial 8503.00.99.01.			
	03	Estatores o rotores con peso unitario inferior o igual a 1,000 kg, excepto lo comprendido en el número de identificación comercial 8503.00.99.01.			
	04	Blindajes de ferrita, para bobinas.			
	05	Reconocibles como diseñadas exclusivamente para aerogeneradores.			
	99	Las demás.			
85.04		**Transformadores eléctricos, convertidores eléctricos estáticos (por ejemplo, rectificadores) y bobinas de reactancia (autoinducción).**			
8504.10	-	**Balastos (reactancias) para lámparas o tubos de descarga.**			
8504.10.01	00	Balastos para lámparas.	Pza	5	Ex.
8504.10.99	00	Los demás.	Pza	Ex.	Ex.
	-	**Transformadores de dieléctrico líquido:**			
8504.21	- -	**De potencia inferior o igual a 650 kVA.**			
8504.21.01	00	Bobinas de inducción.	Pza	Ex.	Ex.
8504.21.02	00	Con peso unitario inferior o igual a 5 kg, para uso en electrónica.	Pza	Ex.	Ex.
8504.21.03	00	Con peso unitario inferior a 5 kg, excepto lo comprendido en la fracción arancelaria 8504.21.02.	Pza	Ex.	Ex.
8504.21.99		Los demás.	Pza	5	Ex.
	01	Para instrumentos para medición y/o protección.			
	99	Los demás.			
8504.22	- -	**De potencia superior a 650 kVA pero inferior o igual a 10,000 kVA.**			
8504.22.01	00	De potencia superior a 650 kVA pero inferior o igual a 10,000 kVA.	Pza	5	Ex.
8504.23	- -	**De potencia superior a 10,000 kVA.**			
8504.23.01	00	De potencia superior a 10,000 kVA.	Pza	5	Ex.
	-	**Los demás transformadores:**			
8504.31	- -	**De potencia inferior o igual a 1 kVA.**			
8504.31.03	00	De distribución, monofásicos o trifásicos.	Pza	5	Ex.
8504.31.04	00	Para instrumentos, para medición y/o protección.	Pza	5	Ex.
8504.31.99		Los demás.	Pza	Ex.	Ex.
	01	Para juguetes o modelos reducidos de la partida 95.03.			
	02	Transformadores para uso en televisión ("Multisingle flyback").			
	03	Con peso unitario inferior a 5 kg, para uso en electrónica, excepto lo comprendido en los números de identificación comercial 8504.31.99.01, 8504.31.99.02, 8504.31.03.00, 8504.31.04.00 y 8504.31.99.04.			
	04	Transformadores reconocibles como diseñados exclusivamente para uso en aparatos de grabación y/o reproducción de sonido o de imagen y sonido, en monitores, receptores de televisión, videojuegos o equipos similares.			
	99	Los demás.			
8504.32	- -	**De potencia superior a 1 kVA pero inferior o igual a 16 kVA.**			
8504.32.01	00	Para instrumentos de medición y/o protección.	Pza	Ex.	Ex.
8504.32.99		Los demás.	Pza	5	Ex.
	01	De distribución, monofásicos o trifásicos.			
	99	Los demás.			
8504.33	- -	**De potencia superior a 16 kVA pero inferior o igual a 500 kVA.**			
8504.33.02		De potencia superior a 16 kVA pero inferior o igual a 500 kVA.	Pza	5	Ex.
	01	De distribución, monofásicos o trifásicos.			
	99	Los demás.			
8504.34	- -	**De potencia superior a 500 kVA.**			
8504.34.01	00	De potencia superior a 500 kVA.	Pza	5	Ex.
8504.40	-	**Convertidores estáticos.**			
8504.40.01	00	Para soldadura eléctrica, con capacidad nominal igual o inferior a 400 amperes.	Pza	5	Ex.
8504.40.02	00	Equipos rectificadores de selenio.	Pza	Ex.	Ex.
8504.40.05	00	Equipos rectificadores de óxido de cobre, germanio o silicio.	Pza	Ex.	Ex.

8504.40.06	00	Convertidores de batería de corriente CC/CC para alimentación de equipos de telecomunicaciones.	Pza	Ex.	Ex.
8504.40.07	00	Para fuente de llamada, para centrales telefónicas.	Pza	Ex.	Ex.
8504.40.08	00	Eliminadores de baterías o pilas, con peso unitario inferior o igual a 1 kg, para grabadoras, radios o fonógrafos.	Pza	Ex.	Ex.
8504.40.09	00	Fuentes de poder reguladas, con regulación superior o igual al 0.1%, para la alimentación de amplificadores de distribución de audio y video, para sistemas de televisión por cables.	Pza	Ex.	Ex.
8504.40.11	00	Fuentes de alimentación de corriente continua, para mesa o bastidor ("Rack") inferior o igual a 500 voltios con precisión superior o igual al 0.1% e inferior o igual a 500 W de potencia con instrumentos indicadores de tensión y corriente con protección automática contra sobrecarga.	Pza	Ex.	Ex.
8504.40.13	00	Controladores de velocidad para motores eléctricos.	Pza	5	Ex.
8504.40.14	00	Fuentes de poder y/o fuentes de alimentación estabilizada, reconocibles como diseñadas exclusivamente para incorporación en los aparatos y equipos comprendidos en la partida 84.71, excepto lo comprendido en la fracción arancelaria 8504.40.16.	Pza	Ex.	Ex.
8504.40.15	00	Cargadores para baterías que tengan dispositivo de control de carga.	Pza	Ex.	Ex.
8504.40.16	00	Fuentes de voltaje, con conversión de corriente CA/CC/CA, llamadas "no break" o "uninterruptible power supply" ("UPS"), excepto reguladores automáticos de voltaje y lo comprendido en la fracción arancelaria 8504.40.14.	Pza	15	Ex.
8504.40.17	00	Convertidores estáticos para alimentar dispositivos electrónicos portátiles (teléfonos, reproductores de música, cámaras fotográficas, etc.).	Pza	Ex.	Ex.
8504.40.99	00	Los demás.	Pza	10	Ex.
8504.50		- **Las demás bobinas de reactancia (autoinducción).**			
8504.50.91		Las demás bobinas de reactancia (autoinducción).	Pza	Ex.	Ex.
	01	De repetición, reconocibles como diseñadas exclusivamente para telefonía.			
	02	Reconocibles como diseñadas exclusivamente para electrónica.			
	99	Las demás.			
8504.90		- **Partes.**			
8504.90.02	00	Circuitos modulares reconocibles como diseñados exclusivamente para lo comprendido en la fracción arancelaria 8504.40.14.	Kg	Ex.	Ex.
8504.90.07	00	Circuitos modulares reconocibles como diseñados exclusivamente para lo comprendido en las subpartidas 8504.40 y 8504.90, excepto lo comprendido en la fracción arancelaria 8504.90.02.	Kg	Ex.	Ex.
8504.90.08	00	Reconocibles como diseñadas exclusivamente para lo comprendido en las fracciones arancelarias 8504.40.05, 8504.40.06, 8504.40.07, 8504.40.08, 8504.40.09, 8504.40.14, 8504.40.16, 8504.40.17, excepto lo comprendido en las fracciones arancelarias 8504.90.02 y 8504.90.07.	Pza	Ex.	Ex.
8504.90.99		Las demás.	Kg	Ex.	Ex.
	01	Núcleos de ferrita.			
	02	Reconocibles como diseñadas exclusivamente para bobinas de frecuencia intermedia, de reactancia y de autoinducción para uso en electrónica o para transformadores de alta tensión ("fly-back") para televisión.			
	99	Las demás.			
85.05		**Electroimanes; imanes permanentes y artículos destinados a ser imantados permanentemente; platos, mandriles y dispositivos magnéticos o electromagnéticos similares, de sujeción; acoplamientos, embragues, variadores de velocidad y frenos, electromagnéticos; cabezas elevadoras electromagnéticas.**			
		- Imanes permanentes y artículos destinados a ser imantados permanentemente:			
8505.11		- - **De metal.**			
8505.11.01	00	De metal.	Kg	Ex.	Ex.
8505.19		- - **Los demás.**			
8505.19.99	00	Los demás.	Kg	Ex.	Ex.
8505.20		- **Acoplamientos, embragues, variadores de velocidad y frenos, electromagnéticos.**			
8505.20.01	00	Acoplamientos, embragues, variadores de velocidad y frenos, electromagnéticos.	Kg	5	Ex.
8505.90		- **Los demás, incluidas las partes.**			
8505.90.91		Los demás, incluidas las partes.	Kg	Ex.	Ex.
	01	Partes y piezas sueltas.			
	99	Los demás.			
85.06		**Pilas y baterías de pilas, eléctricas.**			
8506.10		- **De dióxido de manganeso.**			
8506.10.03		De dióxido de manganeso.	Kg	Ex.	Ex.
	01	Alcalinas.			
	99	Las demás.			
8506.30		- **De óxido de mercurio.**			
8506.30.01	00	De óxido de mercurio.	Kg	Ex.	Ex.
8506.40		- **De óxido de plata.**			
8506.40.01	00	De óxido de plata.	Kg	Ex.	Ex.
8506.50		- **De litio.**			
8506.50.01	00	De litio.	Kg	Ex.	Ex.

Código		Descripción	Unidad		
8506.60	-	**De aire-cinc.**			
8506.60.01	00	De aire-cinc.	Kg	Ex.	Ex.
8506.80	-	**Las demás pilas y baterías de pilas.**			
8506.80.91	00	Las demás pilas y baterías de pilas.	Kg	Ex.	Ex.
8506.90	-	**Partes.**			
8506.90.01	00	Partes.	Kg	Ex.	Ex.
85.07		**Acumuladores eléctricos, incluidos sus separadores, aunque sean cuadrados o rectangulares.**			
8507.10	-	**De plomo, de los tipos utilizados para arranque de motores de émbolo (pistón).**			
8507.10.01	00	Reconocibles para naves aéreas.	Pza	Ex.	Ex.
8507.10.99	00	Los demás.	Pza	15	Ex.
8507.20	-	**Los demás acumuladores de plomo.**			
8507.20.01	00	Reconocibles para naves aéreas.	Pza	Ex.	Ex.
8507.20.02	00	Recargables, de plomo-ácido, para "flash" electrónico hasta 6 voltios, con peso unitario igual o inferior a 1 kg.	Pza	Ex.	Ex.
8507.20.04	00	De plomo-ácido, con recombinación interna de gases, construcción sellada, con electrolito inmovilizado, para uso electrónico, con peso inferior a 9 kg y terminales de tornillo o tipo fastón.	Pza	Ex.	Ex.
8507.20.99		Los demás.	Pza	15	Ex.
	01	Del tipo utilizado como fuente de energía para la propulsión de vehículos eléctricos.			
	99	Los demás.			
8507.30	-	**De níquel-cadmio.**			
8507.30.01	00	De níquel-cadmio.	Kg	Ex.	Ex.
8507.50	-	**De níquel-hidruro metálico.**			
8507.50.01	00	De níquel-hidruro metálico.	Kg	Ex.	Ex.
8507.60	-	**De iones de litio.**			
8507.60.01	00	De iones de litio.	Kg	Ex.	Ex.
8507.80	-	**Los demás acumuladores.**			
8507.80.91	00	Los demás acumuladores.	Kg	Ex.	Ex.
8507.90	-	**Partes.**			
8507.90.01	00	Partes.	Kg	Ex.	Ex.
85.08		**Aspiradoras.**			
	-	Con motor eléctrico incorporado:			
8508.11	- -	**De potencia inferior o igual a 1,500 W y de capacidad del depósito o bolsa para el polvo inferior o igual a 20 l.**			
8508.11.01	00	De potencia inferior o igual a 1,500 W y de capacidad del depósito o bolsa para el polvo inferior o igual a 20 l.	Pza	20	Ex.
8508.19	- -	**Las demás.**			
8508.19.99		Las demás.	Pza	20	Ex.
	01	Aspiradoras, con peso superior a 20 kg, para uso industrial.			
	99	Las demás.			
8508.60	-	**Las demás aspiradoras.**			
8508.60.91	00	Las demás aspiradoras.	Pza	20	Ex.
8508.70	-	**Partes.**			
8508.70.01	00	Reconocibles como diseñadas exclusivamente para aspiradoras, con peso superior a 20 kg, para uso industrial.	Kg	7	Ex.
8508.70.02	00	Carcasas.	Pza	10	Ex.
8508.70.99	00	Las demás.	Kg	10	Ex.
85.09		**Aparatos electromecánicos con motor eléctrico incorporado, de uso doméstico, excepto las aspiradoras de la partida 85.08.**			
8509.40	-	**Trituradoras y mezcladoras de alimentos; extractoras de jugo de frutos u hortalizas.**			
8509.40.02	00	Exprimidoras de frutas.	Pza	Ex.	Ex.
8509.40.03	00	Batidoras.	Pza	Ex.	Ex.
8509.40.99		Las demás.	Pza	15	Ex.
	01	Licuadoras.			
	99	Las demás.			
8509.80	-	**Los demás aparatos.**			
8509.80.03	00	Cuchillos.	Pza	Ex.	Ex.
8509.80.04	00	Cepillos para dientes.	Pza	Ex.	Ex.
8509.80.07	00	De manicura, con accesorios intercambiables.	Pza	Ex.	Ex.
8509.80.09	00	Abridores de latas.	Pza	Ex.	Ex.
8509.80.99		Los demás.	Pza	15	Ex.
	01	Con dispositivos intercambiables, para uso múltiple.			
	02	Trituradoras de desperdicios de cocina.			
	99	Los demás.			
8509.90	-	**Partes.**			
8509.90.02	00	Carcasas.	Pza	Ex.	Ex.
8509.90.99		Las demás.	Kg	25	Ex.
	01	Vaso de vidrio para licuadora.			
	99	Las demás.			
85.10		**Afeitadoras, máquinas de cortar el pelo o esquilar y aparatos de depilar, con motor eléctrico incorporado.**			

8510.10		**- Afeitadoras.**			
8510.10.01	00	Afeitadoras.	Pza	15	Ex.
8510.20		**- Máquinas de cortar el pelo o esquilar.**			
8510.20.01	00	Máquinas de cortar el pelo o esquilar.	Pza	15	Ex.
8510.30		**- Aparatos de depilar.**			
8510.30.01	00	Aparatos de depilar.	Pza	15	Ex.
8510.90		**- Partes.**			
8510.90.01	00	Peines, para máquinas de cortar el pelo.	Kg	Ex.	Ex.
8510.90.02	00	Cabezales para máquinas de afeitar.	Kg	15	Ex.
8510.90.03	00	Hojas con o sin filo.	Kg	15	Ex.
8510.90.04	00	Partes reconocidas como diseñadas exclusivamente para máquinas rasuradoras o de afeitar, excepto lo comprendido en las fracciones arancelarias 8510.90.02 y 8510.90.03.	Kg	Ex.	Ex.
8510.90.99	00	Los demás.	Kg	10	Ex.
85.11		**Aparatos y dispositivos eléctricos de encendido o de arranque, para motores de encendido por chispa o por compresión (por ejemplo: magnetos, dinamomagnetos, bobinas de encendido, bujías de encendido o calentamiento, motores de arranque); generadores (por ejemplo: dínamos, alternadores) y reguladores disyuntores utilizados con estos motores.**			
8511.10		**- Bujías de encendido.**			
8511.10.03	00	Cuyo electrodo central sea de níquel, tungsteno; platino, iridio o de aleaciones de oro; o que contengan dos o más electrodos a tierra; excepto los reconocibles como diseñadas para naves aéreas, tractores agrícolas e industriales o motocicletas.	Kg	5	Ex.
8511.10.99		Las demás.	Kg	Ex.	Ex.
	01	Reconocibles como diseñadas para tractores agrícolas e industriales o motocicletas.			
	99	Las demás.			
8511.20		**- Magnetos; dinamomagnetos; volantes magnéticos.**			
8511.20.04		Magnetos; dinamomagnetos; volantes magnéticos.	Kg	Ex.	Ex.
	01	Magnetos, excepto los reconocibles para naves aéreas y los diseñados exclusivamente para tractores agrícolas e industriales o motocicletas.			
	99	Los demás.			
8511.30		**- Distribuidores; bobinas de encendido.**			
8511.30.05		Distribuidores; bobinas de encendido.	Pza	Ex.	Ex.
	01	Reconocibles como diseñadas exclusivamente para tractores agrícolas o industriales.			
	02	Distribuidores, excepto los reconocibles como diseñados exclusivamente para naves aéreas, motocicletas y lo comprendido en el número de identificación comercial 8511.30.05.01.			
	99	Los demás.			
8511.40		**- Motores de arranque, aunque funcionen también como generadores.**			
8511.40.04		Motores de arranque, aunque funcionen también como generadores.	Pza	Ex.	Ex.
	01	Reconocibles para naves aéreas.			
	02	Reconocibles como diseñadas exclusivamente para tractores agrícolas e industriales o motocicletas.			
	03	Motores de arranque, con capacidad inferior a 24 V y con peso inferior a 15 kg.			
	99	Los demás.			
8511.50		**- Los demás generadores.**			
8511.50.91		Los demás generadores.	Pza	Ex.	Ex.
	01	Dínamos (generadores).			
	02	Reconocibles para naves aéreas.			
	03	Reconocibles como diseñadas exclusivamente para tractores agrícolas e industriales o motocicletas.			
	04	Alternadores, con capacidad inferior a 24 V y peso menor a 10 kg.			
	99	Los demás.			
8511.80		**- Los demás aparatos y dispositivos.**			
8511.80.01	00	Reguladores de arranque.	Pza	15	Ex.
8511.80.02	00	Reconocibles para naves aéreas.	Pza	Ex.	Ex.
8511.80.03	00	Bujías de calentado (precalentadoras).	Pza	Ex.	Ex.
8511.80.04	00	Reconocibles como diseñados exclusivamente para tractores agrícolas e industriales o motocicletas.	Pza	Ex.	Ex.
8511.80.99	00	Los demás.	Pza	10	Ex.
8511.90		**- Partes.**			
8511.90.06		Partes.	Kg	Ex.	Ex.
	01	Platinos.			
	02	Inducidos o portaescobillas u otras partes o piezas, reconocibles como diseñadas exclusivamente para motores de arranque, dínamos o alternadores.			
	03	Colectores de cobre, con peso unitario inferior o igual a 2 kg.			
	99	Las demás.			
85.12		**Aparatos eléctricos de alumbrado o señalización (excepto los artículos de la partida 85.39), limpiaparabrisas, eliminadores de escarcha o vaho, eléctricos, de los tipos utilizados en velocípedos o vehículos automóviles.**			

8512.10		- **Aparatos de alumbrado o señalización visual de los tipos utilizados en bicicletas.**			
8512.10.03	00	Aparatos de alumbrado o señalización visual de los tipos utilizados en bicicletas.	Kg	Ex.	Ex.
8512.20		- **Los demás aparatos de alumbrado o señalización visual.**			
8512.20.01	00	Faros, luces direccionales delanteras y traseras, reconocibles como diseñados exclusivamente para motocicletas.	Kg	Ex.	Ex.
8512.20.02	00	Luces direccionales y/o calaveras traseras, excepto lo comprendido en la fracción arancelaria 8512.20.01.	Kg	Ex.	Ex.
8512.20.99	00	Los demás.	Kg	5	Ex.
8512.30		- **Aparatos de señalización acústica.**			
8512.30.01	00	Alarma electrónica contra robo, para vehículos automóviles.	Kg	5	Ex.
8512.30.99	00	Los demás.	Kg	Ex.	Ex.
8512.40		- **Limpiaparabrisas y eliminadores de escarcha o vaho.**			
8512.40.01	00	Limpiaparabrisas y eliminadores de escarcha o vaho.	Kg	Ex.	Ex.
8512.90		- **Partes.**			
8512.90.07		Partes.	Kg	Ex.	Ex.
	01	Del equipo farol dínamo de bicicleta.			
	02	Reconocibles como diseñadas exclusivamente para bocinas u otros avisadores acústicos, excepto los reconocibles como diseñados exclusivamente para motocicletas.			
	03	Hojas montadas para limpiaparabrisas, con longitud igual o superior a 50 cm.			
	04	Reconocibles como diseñadas exclusivamente para faros de automóviles.			
	05	Reconocibles como diseñadas exclusivamente para luces direccionales y/o calaveras traseras, excepto los reconocibles como diseñados exclusivamente para motocicletas.			
	99	Las demás.			
85.13		**Lámparas eléctricas portátiles diseñadas para funcionar con su propia fuente de energía (por ejemplo: de pilas, acumuladores, electromagnéticas), excepto los aparatos de alumbrado de la partida 85.12.**			
8513.10		- **Lámparas.**			
8513.10.01	00	De seguridad, para mineros.	Pza	Ex.	Ex.
8513.10.99	00	Las demás.	Pza	15	Ex.
8513.90		- **Partes.**			
8513.90.01	00	Partes.	Kg	Ex.	Ex.
85.14		**Hornos eléctricos industriales o de laboratorio, incluidos los que funcionen por inducción o pérdidas dieléctricas; los demás aparatos industriales o de laboratorio para tratamiento térmico de materias por inducción o pérdidas dieléctricas.**			
		- Hornos de resistencia (de calentamiento indirecto):			
8514.11		- - **Prensas isostáticas en caliente.**			
8514.11.01	00	Prensas isostáticas en caliente.	Pza	10	Ex.
8514.19		- - **Los demás.**			
8514.19.01	00	Hornos para panadería o industrias análogas.	Pza	15	Ex.
8514.19.02	00	De resistencia para temple de metales.	Pza	Ex.	Ex.
8514.19.03	00	Hornos industriales, excepto lo comprendido en las fracciones arancelarias 8514.19.01, 8514.19.02 y 8514.19.04.	Pza	15	Ex.
8514.19.04	00	Incineradores de residuos o desperdicios.	Pza	5	Ex.
8514.19.99	00	Los demás.	Pza	10	Ex.
8514.20		- **Hornos que funcionen por inducción o pérdidas dieléctricas.**			
8514.20.01	00	De inducción de baja frecuencia, para el recalentamiento de metales.	Pza	Ex.	Ex.
8514.20.02	00	De inducción de baja frecuencia, para fusión de metales.	Pza	Ex.	Ex.
8514.20.03	00	Hornos industriales, excepto lo comprendido en las fracciones arancelarias 8514.20.01, 8514.20.02, 8514.20.04 y 8514.20.05.	Pza	15	Ex.
8514.20.04	00	Sistema de fundición reconocible como diseñado para la fabricación de monoblocks y cabezas para motor, incluyendo al menos: horno de fusión, horno de precalentamiento (de espera y afinación) y escorificador de hornos de fundición.	Pza	Ex.	Ex.
8514.20.05	00	Incineradores de residuos o desperdicios.	Pza	5	Ex.
8514.20.99	00	Los demás.	Pza	10	Ex.
		- Los demás hornos:			
8514.31		- - **Hornos de haces de electrones.**			
8514.31.01	00	Hornos de haces de electrones.	Pza	Ex.	Ex.
8514.32		- - **Hornos de plasma y hornos de arco al vacío.**			
8514.32.01	00	Hornos de plasma y hornos de arco al vacío.	Pza	Ex.	Ex.
8514.39		- - **Los demás.**			
8514.39.01	00	Hornos para panadería o industrias análogas.	Pza	15	Ex.
8514.39.99	-	Los demás.	Pza	Ex.	Ex.
	01	Hornos de arco.			
	02	Hornos industriales, excepto lo comprendido en los números de identificación comercial 8514.31.01.00, 8514.39.99.01, 8514.39.99.04 y 8514.39.99.05.			
	03	Hornos de laboratorio.			
	04	Hornos para el calentamiento y el secado con rayos catódicos, láser, ultravioleta, infrarrojos y de alta frecuencia.			
	05	De olla de capacidad igual o superior a 120 Ton/Hr.			
	99	Los demás.			

8514.40		-	**Los demás aparatos para tratamiento térmico de materias por inducción o pérdidas dieléctricas.**			
8514.40.91			Los demás aparatos para tratamiento térmico de materias por inducción o pérdidas dieléctricas.	Pza	Ex.	Ex.
	01		Aparatos de tratamiento térmico, excepto para metales.			
	99		Los demás.			
8514.90		-	**Partes.**			
8514.90.04			Partes.	Kg	Ex.	Ex.
	01		Reconocibles como diseñadas exclusivamente para hornos de arco.			
	02		Reconocibles como diseñadas exclusivamente para lo comprendido en los números de identificación comercial 8514.10.03.00, 8514.20.02.00, 814.20.03.00, 8514.30.99.02.			
	99		Las demás.			
85.15			**Máquinas y aparatos para soldar (aunque puedan cortar), eléctricos (incluidos los de gas calentado eléctricamente), de láser u otros haces de luz o de fotones, ultrasonido, haces de electrones, impulsos magnéticos o chorro de plasma; máquinas y aparatos eléctricos para proyectar en caliente metal o cermet.**			
		-	Máquinas y aparatos para soldadura fuerte o para soldadura blanda:			
8515.11		- -	**Soldadores y pistolas para soldar.**			
8515.11.01	00		Para soldar o cortar, portátiles ("cautines").	Pza	15	Ex.
8515.11.99	00		Los demás.	Pza	10	Ex.
8515.19		- -	**Los demás.**			
8515.19.99	00		Los demás.	Pza	5	Ex.
		-	Máquinas y aparatos para soldar metal por resistencia:			
8515.21		- -	**Total o parcialmente automáticos.**			
8515.21.01	00		Para soldar metales por costuras o proyección.	Pza	Ex.	Ex.
8515.21.99	00		Los demás.	Pza	10	Ex.
8515.29		- -	**Los demás.**			
8515.29.99			Los demás.	Pza	Ex.	Ex.
	01		Para soldar metales por costura o proyección, no automáticos.			
	99		Los demás.			
		-	Máquinas y aparatos para soldar metal, de arco o chorro de plasma:			
8515.31		- -	**Total o parcialmente automáticos.**			
8515.31.01	00		Para soldar o cortar, de arco, tipo generador o transformador, inferior o igual a 1,260 amperes.	Pza	15	Ex.
8515.31.02	00		Para soldar o cortar, de arco, tipo generador o transformador, superior a 1,260 amperes.	Pza	Ex.	Ex.
8515.31.99	00		Los demás.	Pza	35	Ex.
8515.39		- -	**Los demás.**			
8515.39.01	00		Para soldar o cortar, de arco, tipo generador o transformador, inferior o igual a 1,260 amperes.	Pza	15	Ex.
8515.39.02	00		Para soldar o cortar, de arco, tipo generador o transformador, superior a 1,260 amperes.	Pza	Ex.	Ex.
8515.39.99	00		Los demás.	Pza	35	Ex.
8515.80		-	**Las demás máquinas y aparatos.**			
8515.80.91			Las demás máquinas y aparatos.	Pza	Ex.	Ex.
	01		Para soldar materias termoplásticas por radiofrecuencia o alta frecuencia.			
	02		Para soldar materias termoplásticas, excepto lo comprendido en el número de identificación comercial 8515.80.91.01.			
	99		Las demás.			
8515.90		-	**Partes.**			
8515.90.01	00		Pinzas portaelectrodos o sus partes, para soldadura por arco.	Kg	5	Ex.
8515.90.99	00		Las demás.	Kg	Ex.	Ex.
85.16			**Calentadores eléctricos de agua de calentamiento instantáneo o acumulación y calentadores eléctricos de inmersión; aparatos eléctricos para calefacción de espacios o suelos; aparatos electrotérmicos para el cuidado del cabello (por ejemplo: secadores, rizadores, calientatenacillas) o para secar las manos; planchas eléctricas; los demás aparatos electrotérmicos de uso doméstico; resistencias calentadoras, excepto las de la partida 85.45.**			
8516.10		-	**Calentadores eléctricos de agua de calentamiento instantáneo o acumulación y calentadores eléctricos de inmersión.**			
8516.10.02	00		Calentadores eléctricos de agua de calentamiento instantáneo o acumulación y calentadores eléctricos de inmersión.	Pza	10	Ex.
		-	Aparatos eléctricos para calefacción de espacios o suelos:			
8516.21		- -	**Radiadores de acumulación.**			
8516.21.01	00		Radiadores de acumulación.	Pza	15	Ex.
8516.29		- -	**Los demás.**			
8516.29.99			Los demás.	Pza	15	Ex.
	01		Estufas.			
	99		Los demás.			
		-	Aparatos electrotérmicos para el cuidado del cabello o para secar las manos:			

8516.31	--	**Secadores para el cabello.**			
8516.31.01	00	Secadores para el cabello.	Pza	15	Ex.
8516.32	--	**Los demás aparatos para el cuidado del cabello.**			
8516.32.91	00	Los demás aparatos para el cuidado del cabello.	Pza	15	Ex.
8516.33	--	**Aparatos para secar las manos.**			
8516.33.01	00	Aparatos para secar las manos.	Pza	Ex.	Ex.
8516.40	-	**Planchas eléctricas.**			
8516.40.01	00	Planchas eléctricas.	Pza	15	Ex.
8516.50	-	**Hornos de microondas.**			
8516.50.01	00	Hornos de microondas.	Pza	Ex.	Ex.
8516.60	-	**Los demás hornos; cocinas, hornillos (incluidas las mesas de cocción), parrillas y asadores.**			
8516.60.01	00	Hornillos (incluidas las mesas de cocción), parrillas y asadores.	Pza	5	Ex.
8516.60.03	00	Hornos.	Pza	10	Ex.
8516.60.99		Los demás.	Pza	15	Ex.
	01	Cocinas.			
	99	Los demás.			
	-	**Los demás aparatos electrotérmicos:**			
8516.71	--	**Aparatos para la preparación de café o té.**			
8516.71.01	00	Aparatos para la preparación de café o té.	Pza	Ex.	Ex.
8516.72	--	**Tostadoras de pan.**			
8516.72.01	00	Tostadoras de pan.	Pza	Ex.	Ex.
8516.79	--	**Los demás.**			
8516.79.01	00	Para calefacción de automóviles.	Pza	5	Ex.
8516.79.99	00	Los demás.	Pza	15	Ex.
8516.80	-	**Resistencias calentadoras.**			
8516.80.04		Resistencias calentadoras.	Kg	Ex.	Ex.
	01	A base de carburo de silicio.			
	02	Para desempañantes.			
	99	Las demás.			
8516.90	-	**Partes.**			
8516.90.07	00	Circuitos modulares reconocibles como diseñados exclusivamente para lo comprendido en la subpartida 8516.50.	Pza	Ex.	Ex.
8516.90.09	00	Panel superior con o sin elementos de calentamiento o control reconocibles como diseñados exclusivamente para cocinas y lo comprendido en las fracción arancelaria 8516.60.03.	Pza	Ex.	Ex.
8516.90.99	00	Las demás.	Kg	Ex.	Ex.
85.17		**Teléfonos, incluidos los teléfonos inteligentes y demás teléfonos móviles (celulares) y los de otras redes inalámbricas; los demás aparatos de emisión, transmisión o recepción de voz, imagen u otros datos, incluidos los de comunicación en red con o sin cable (tales como redes locales (LAN) o extendidas (WAN)), distintos de los aparatos de transmisión o recepción de las partidas 84.43, 85.25, 85.27 u 85.28.**			
	-	**Teléfonos, incluidos los teléfonos inteligentes y demás teléfonos móviles (celulares) y los de otras redes inalámbricas:**			
8517.11	--	**Teléfonos de auricular inalámbrico combinado con micrófono.**			
8517.11.01	00	Teléfonos de auricular inalámbrico combinado con micrófono.	Pza	15	Ex.
8517.13	--	**Teléfonos inteligentes.**			
8517.13.01	00	Teléfonos inteligentes.	Pza	Ex.	Ex.
8517.14	--	**Los demás teléfonos móviles (celulares) y los de otras redes inalámbricas.**			
8517.14.91		Los demás teléfonos móviles (celulares) y los de otras redes inalámbricas.	Pza	Ex.	Ex.
	01	Aparatos emisores con dispositivo receptor incorporado, móviles, con frecuencias de operación de 824 a 849 MHz pareado con 869 a 894 MHz, de 1,850 a 1,910 MHz pareado con 1,930 a 1,990 MHz, de 890 a 960 MHz o de 1700MHz y 2100MHz (4G), para radiotelefonía (conocidos como "teléfonos móviles (celulares)").			
	99	Los demás.			
8517.18	--	**Los demás.**			
8517.18.91	00	Los demás teléfonos para servicio público.	Pza	Ex.	Ex.
8517.18.99		Los demás.	Pza	15	Ex.
	01	De monedas (alcancía) para servicio público, incluso con avisador.			
	99	Los demás.			
	-	**Los demás aparatos de emisión, transmisión o recepción de voz, imagen u otros datos, incluidos los de comunicación en red con o sin cable (tales como redes locales (LAN) o extendidas (WAN)):**			
8517.61	--	**Estaciones base.**			
8517.61.01	00	Estaciones base.	Pza	Ex.	Ex.
8517.62	--	**Aparatos para la recepción, conversión, emisión y transmisión o regeneración de voz, imagen u otros datos, incluidos los de conmutación y encaminamiento ("switching and routing apparatus").**			
8517.62.17		Aparatos para la recepción, conversión, emisión y transmisión o regeneración de voz, imagen u otros datos, incluidos los de conmutación y encaminamiento ("switching and routing apparatus").	Pza	Ex.	Ex.
	01	Aparatos de redes de área local ("LAN").			

	02	Unidades de control o adaptadores, excepto lo comprendido en el número de identificación comercial 8517.62.17.01.			
	03	Aparatos de conmutación para telefonía o telegrafía, reconocibles como diseñados para ser utilizados en centrales de las redes públicas de telecomunicación.			
	04	Multiplicadores de salida digital o analógica de módems, repetidores digitales de interconexión o conmutadores de interfaz, para intercambio de información entre computadoras y equipos terminales de teleproceso.			
	05	Módems, reconocibles como diseñados exclusivamente para lo comprendido en la partida 84.71.			
	06	De telecomunicación digital para telefonía excepto módems.			
	07	Aparatos de transmisión-recepción y repetición para multiplicación de canales telefónicos.			
	08	Emisores, incluso con aparato receptor, fijos o móviles, en muy alta frecuencia (VHF) de 30 a 180 MHz, en frecuencia modulada (FM) o amplitud modulada (AM) para radiotelefonía o radiotelegrafía.			
	09	Emisores, incluso con aparato receptor, fijos o móviles, en ultra alta frecuencia (UHF) de 300 a 470 MHz, para radiotelefonía o radiotelegrafía.			
	10	Emisores, incluso con aparato receptor, fijos o móviles, en ultra alta frecuencia (UHF) de más de 470 MHz, a 1 GHz, para radiotelefonía o radiotelegrafía.			
	11	Emisores, incluso con aparato receptor, fijos o móviles, en súper alta frecuencia (SHF) o de microondas de más de 1 GHz, con capacidad superior a 300 canales telefónicos o para un canal de televisión, para radiotelefonía o radiotelegrafía.			
	91	Los demás módems.			
	99	Los demás.			
8517.69	- -	**Los demás.**			
8517.69.07	00	Mesas de atención para operadora, para centrales telefónicas automáticas.	Pza	15	Ex.
8517.69.13	00	Receptores de radiotelefonía o radiotelegrafía, fijos o móviles, en ultra alta frecuencia (UHF) de 300 a 470 MHz.	Kg	5	Ex.
8517.69.14	00	Receptores de radiotelefonía o radiotelegrafía, fijos o móviles, en ultra alta frecuencia (UHF) de más de 470 MHz, a 1 GHz.	Kg	Ex.	Ex.
8517.69.15	00	Receptores de radiotelefonía o radiotelegrafía, fijos o móviles, en muy alta frecuencia modulada, excepto los receptores de radiotelefonía en muy alta frecuencia (VHF), de 243 a 250 MHz.	Pza	15	Ex.
8517.69.16	00	Receptores de radiotelefonía o radiotelegrafía, fijos o móviles, en súper alta frecuencia (SHF) o de microondas de más de 1 GHz, con capacidad superior a 300 canales telefónicos o para un canal de televisión.	Pza	15	Ex.
8517.69.17	00	Receptores de radiotelefonía, fijos o móviles en banda civil de 26.2 a 27.5 MHz.	Pza	15	Ex.
8517.69.91	00	Los demás aparatos receptores.	Pza	10	Ex.
8517.69.92	00	Los demás videófonos.	Pza	15	Ex.
8517.69.99		Los demás.	Pza	Ex.	Ex.
	01	Videófonos en colores, excepto lo comprendido en el número de identificación comercial 8517.69.99.02.			
	02	Sistemas de intercomunicación para transmisión y recepción de voz e imagen (llamados videoporteros), formados por una o más de las siguientes unidades: monitor monocromático o a color, microteléfono (altavoz y un micrófono), y un aparato tomavista (cámara).			
	03	Sistemas de intercomunicación para transmisión y recepción de voz, compuestos por al menos: un microteléfono (altavoz y micrófono), y un teclado, o un altavoz, un micrófono y un teclado.			
	04	Sistema de telepresencia compuesto al menos por: pantalla(s), micrófono(s), altavoces, cámara(s).			
	99	Los demás.			
	- -	**Partes:**			
8517.71	- -	**Antenas y reflectores de antena de cualquier tipo; partes identificables para ser utilizadas con dichos artículos.**			
8517.71.01	00	Antenas y reflectores de antena de cualquier tipo; partes identificables para ser utilizadas con dichos artículos.	Pza	Ex.	Ex.
8517.79	- -	**Las demás.**			
8517.79.01	00	Reconocibles como diseñadas exclusivamente para equipos telefónicos que incorporen al menos un circuito modular.	Pza	Ex.	Ex.
8517.79.02	00	Reconocibles como diseñadas exclusivamente para aparatos comprendidos en las subpartidas 8517.62 (excepto digitales), y 8517.69 (que incorporen al menos un circuito modular).	Pza	Ex.	Ex.
8517.79.04	00	Circuitos modulares.	Pza	Ex.	Ex.
8517.79.91	00	Las demás partes que incorporen al menos un circuito modular.	Pza	Ex.	Ex.
8517.79.99		Los demás.	Kg	Ex.	Ex.
	01	Reconocibles como diseñadas exclusivamente para aparatos telefónicos (excepto de alcancía), telegráficos y de conmutación, excepto circuitos modulares constituidos por componentes eléctricos y/o electrónicos sobre tablilla aislante con circuito impreso.			
	02	Filtros de banda pasante de cuarzo, cerámicos o mecánicos, reconocibles como diseñados exclusivamente para equipos de radio-comunicación, excepto los filtros para equipos receptores de tipo doméstico.			

	91	Las demás partes, incluso las placas frontales y los dispositivos de ajuste o seguridad, reconocibles como diseñados exclusivamente para lo comprendido en el número de identificación comercial 8517.79.04.00.			
	99	Los demás.			
85.18		**Micrófonos y sus soportes; altavoces (altoparlantes), incluso montados en sus cajas; auriculares, incluidos los de casco, estén o no combinados con micrófono, y juegos o conjuntos constituidos por un micrófono y uno o varios altavoces (altoparlantes); amplificadores eléctricos de audiofrecuencia; equipos eléctricos para amplificación de sonido.**			
8518.10	-	**Micrófonos y sus soportes.**			
8518.10.04		Micrófonos y sus soportes.	Kg	Ex.	Ex.
	01	Reconocibles para naves aéreas.			
	02	A bobina móvil.			
	99	Los demás.			
	-	**Altavoces (altoparlantes), incluso montados en sus cajas:**			
8518.21	- -	**Un altavoz (altoparlante) montado en su caja.**			
8518.21.02		Un altavoz (altoparlante) montado en su caja.	Pza	15	Ex.
	01	Sistemas constituidos por un altavoz "subwoofer" con amplificador incorporado, y varios altavoces (un altavoz por caja), que se conectan a dicho amplificador.			
	02	Capaces de reproducir audio proveniente de soportes de almacenamiento digital extraíble o fuentes inalámbricas (por ejemplo: Wi-fi, Bluetooth).			
	99	Los demás.			
8518.22	- -	**Varios altavoces (altoparlantes) montados en una misma caja.**			
8518.22.02		Varios altavoces (altoparlantes) montados en una misma caja.	Pza	15	Ex.
	01	Sistemas constituidos por un altavoz "subwoofer" con amplificador incorporado, y varios altavoces (dos o más altavoces por caja), que se conectan a dicho amplificador.			
	02	Capaces de reproducir audio proveniente de soportes de almacenamiento digital extraíble o fuentes inalámbricas (por ejemplo: Wi-fi, Bluetooth).			
	99	Los demás.			
8518.29	- -	**Los demás.**			
8518.29.99	00	Los demás.	Pza	Ex.	Ex.
8518.30	-	**Auriculares, incluidos los de casco, estén o no combinados con micrófono, y juegos o conjuntos constituidos por un micrófono y uno o varios altavoces (altoparlantes).**			
8518.30.03	00	Microteléfono.	Pza	15	Ex.
8518.30.04	00	Auricular con cabezal combinado con micrófono (diadema), para operadora telefónica.	Kg	Ex.	Ex.
8518.30.99		Los demás.	Pza	Ex.	Ex.
	01	Reconocibles para naves aéreas.			
	02	Para conectarse a receptores de radio y/o monitores, o cualquier otra fuente de audio excepto los reconocibles para naves aéreas.			
	99	Los demás.			
8518.40	-	**Amplificadores eléctricos de audiofrecuencia.**			
8518.40.01	00	Reconocibles para naves aéreas.	Pza	Ex.	Ex.
8518.40.02	00	Para operación sobre línea telefónica.	Pza	Ex.	Ex.
8518.40.04	00	Procesadores de audio o compresores, limitadores, expansores, controladores automáticos de ganancia, recortadores de pico con o sin ecualizadores, de uno o más canales con impedancia de entrada y salida de 600 ohms.	Pza	Ex.	Ex.
8518.40.99		Los demás.	Pza	15	Ex.
	01	Preamplificadores, excepto los de 10 o más entradas cuando se presenten con expansor-compresor de volumen.			
	99	Los demás.			
8518.50	-	**Equipos eléctricos para amplificación de sonido.**			
8518.50.01	00	Equipos eléctricos para amplificación de sonido.	Pza	15	Ex.
8518.90	-	**Partes.**			
8518.90.01	00	Reconocibles como diseñadas exclusivamente para micrófonos.	Kg	Ex.	Ex.
8518.90.02	00	Reconocibles como diseñadas exclusivamente para cápsulas transmisoras (micrófonos), para aparatos telefónicos.	Kg	Ex.	Ex.
8518.90.99		Los demás.	Pza	Ex.	Ex.
	01	Reconocibles como diseñadas exclusivamente para bocinas de uso automotriz.			
	99	Los demás.			
85.19		**Aparatos de grabación de sonido; aparatos de reproducción de sonido; aparatos de grabación y reproducción de sonido.**			
8519.20	-	**Aparatos activados con monedas, billetes, tarjetas, fichas o cualquier otro medio de pago.**			
8519.20.01	00	Aparatos activados con monedas, billetes, tarjetas, fichas o cualquier otro medio de pago.	Pza	15	Ex.
8519.30	-	**Giradiscos.**			
8519.30.02	00	Giradiscos.	Pza	15	Ex.
	-	**Los demás aparatos:**			
8519.81	- -	**Que utilizan un soporte magnético, óptico o semiconductor.**			
8519.81.03	00	Reproductores de casetes (tocacasetes) con potencia superior o igual a 60 W, excepto lo comprendido en la fracción arancelaria 8519.81.12.	Pza	5	Ex.

8519.81.04	00	Reproductores con sistema de lectura óptica por haz de rayos láser (lectores de discos compactos), excepto los comprendidos en las fracciones arancelarias 8519.81.05 y 8519.81.06.	Pza	Ex.	Ex.
8519.81.05	00	Reproductores con sistema de lectura óptica por haz de rayos láser (lectores de discos compactos) reconocibles como diseñados exclusivamente para uso automotriz, excepto los comprendidos en la fracción arancelaria 8519.81.06.	Pza	Ex.	Ex.
8519.81.06	00	Reproductores con sistema de lectura óptica por haz de rayos láser (lectores de discos compactos), con cambiador automático incluido con capacidad de 6 o más discos, reconocibles como diseñados exclusivamente para uso automotriz.	Pza	Ex.	Ex.
8519.81.07	00	Reproductores de audio (en soportes de almacenamiento a base de semiconductores) digitales extraíbles, incluyendo los de tipo diadema.	Pza	Ex.	Ex.
8519.81.08	00	Aparatos para dictar, incluso con dispositivo de reproducción de sonido incorporado, que sólo funcionen con fuente de energía eléctrica exterior.	Pza	10	Ex.
8519.81.09	00	Aparatos de grabación y reproducción de sonido, en cinta magnética de ancho superior o igual a 6 mm, para estaciones difusoras de radio o televisión y estudios de grabación.	Pza	5	Ex.
8519.81.10	00	Aparatos de grabación con dispositivo de reproducción incorporado, portátiles, de sonido almacenado en soportes de tecnología digital.	Pza	Ex.	Ex.
8519.81.12	00	Reproductores de casetes (tocacasetes) de bolsillo; de tipo doméstico y/o para automóviles, con peso unitario igual o inferior a 3.5 kg.	Pza	Ex.	Ex.
8519.81.13	00	Contestadores telefónicos.	Pza	10	Ex.
8519.81.99	00	Los demás.	Pza	15	Ex.
8519.89		-- **Los demás.**			
8519.89.01	00	Tornamesas profesionales ("turn-table"), incluso con altavoces (altoparlantes), sin cambiador automático ni mueble, reconocibles como diseñadas exclusivamente para el uso de radiodifusoras y estudios profesionales de grabación.	Pza	5	Ex.
8519.89.99	00	Los demás.	Pza	Ex.	Ex.
85.21		**Aparatos de grabación o reproducción de imagen y sonido (vídeos), incluso con receptor de señales de imagen y sonido incorporado.**			
8521.10		- **De cinta magnética.**			
8521.10.02		De cinta magnética.	Pza	Ex.	Ex.
	01	De casetes con cinta magnética de ancho inferior o igual a 13 mm.			
	99	Los demás.			
8521.90		- **Los demás.**			
8521.90.01	00	Sistemas de grabación, archivo y reproducción de imágenes y sonido en televisión, compuestos por los siguientes elementos: a) unidad de manejo digital de audio y video, b) unidades de control automatizado de imágenes y sonido en medios magnéticos, c) ruteadores y, d) equipos de enlace.	Pza	Ex.	Ex.
8521.90.02	00	De disco o de elementos en estado sólido (chips), sin altavoces, excepto lo comprendido en las fracciones arancelarias 8521.90.03, 8521.90.04 y 8521.90.05.	Pza	Ex.	Ex.
8521.90.03	00	Unidades reproductoras de discos de video digitalizado (DVD), sin gabinete, reconocibles como diseñadas para su incorporación física en aparatos receptores de televisión.	Pza	Ex.	Ex.
8521.90.04	00	De disco, con amplificador incorporado, salidas para altavoces y procesador digital de audio, incluso con sintonizador de canales de televisión y/o sintonizador de bandas de radiodifusión, aun cuando se presenten con sus altavoces.	Pza	15	Ex.
8521.90.05	00	Aparatos de grabación, almacenada en soportes de tecnología digital, incluso con dispositivo de reproducción incorporado, excepto lo comprendido en la fracción arancelaria 8521.90.04.	Pza	Ex.	Ex.
8521.90.99	00	Los demás.	Pza	5	Ex.
85.22		**Partes y accesorios identificables como destinados, exclusiva o principalmente, a los aparatos de las partidas 85.19 u 85.21.**			
8522.10		- **Cápsulas fonocaptoras.**			
8522.10.01	00	Cápsulas fonocaptoras.	Kg	Ex.	Ex.
8522.90		- **Los demás.**			
8522.90.07	00	Circuitos modulares reconocibles como diseñados exclusivamente para lo comprendido en las partidas 85.19 y 85.21.	Pza	Ex.	Ex.
8522.90.99		Los demás.	Kg	Ex.	Ex.
	01	Mecanismos completos de aparatos para registro y/o reproducción de sonido, o de imagen y sonido, aun cuando tengan cabeza grabadora-reproductora y tapa de ornato incorporados, sin fuente de alimentación, sin amplificador de potencia y sin gabinete.			
	02	Partes y piezas mecánicas reconocibles como diseñadas exclusivamente para uso en videograbadoras, o en grabadoras y/o reproductoras de sonido a cinta magnética.			
	03	Reconocibles como diseñadas exclusivamente para los reproductores con puntillas o estiletes de piedras preciosas o sintéticas, sin estar adheridas a ninguna otra parte de las agujas fonográficas.			
	99	Los demás.			
85.23		**Discos, cintas, dispositivos de almacenamiento permanente de datos a base de semiconductores, tarjetas inteligentes ("smart cards") y demás soportes para grabar sonido o grabaciones análogas, grabados o no,**			

incluso las matrices y moldes galvánicos para fabricación de discos, excepto los productos del Capítulo 37.

- Soportes magnéticos:

8523.21 -- **Tarjetas con banda magnética incorporada.**

8523.21.02		Tarjetas con banda magnética incorporada.	Kg	Ex.	Ex.
	01	Sin grabar.			
	99	Las demás.			

8523.29 -- **Los demás.**

8523.29.05	00	Cintas magnéticas, grabadas, para reproducir fenómenos distintos del sonido o la imagen.	Kg	Ex.	Ex.
8523.29.07	00	Cintas magnéticas grabadas, para la enseñanza, con sonido o imágenes, técnicas, científicas o con fines culturales, reconocibles como diseñadas exclusivamente para instituciones de educación o similares.	Kg	Ex.	Ex.
8523.29.08	00	Cintas magnéticas grabadas, reconocibles como diseñadas exclusivamente para ser utilizadas en "video tape", excepto cuando se presenten en cartuchos o casetes.	Kg	Ex.	Ex.
8523.29.91	00	Las demás cintas magnéticas grabadas.	Kg	10	Ex.
8523.29.99		Los demás.	Kg	Ex.	Ex.
	01	Cintas magnéticas sin grabar de anchura inferior o igual a 4 mm.			
	02	Cintas magnéticas sin grabar de anchura superior a 4 mm pero inferior o igual a 6.5 mm.			
	03	Cintas magnéticas sin grabar de anchura superior a 6.5 mm.			
	04	Discos flexibles grabados, para reproducir fenómenos distintos del sonido o la imagen ("software"), incluso acompañados de instructivos impresos o alguna otra documentación.			
	99	Los demás.			

- Soportes ópticos:

8523.41 -- **Sin grabar.**

8523.41.01	00	Discos de escritura (conocidos como CD-R; DVD-R, y demás formatos), para sistemas de lectura por rayo láser.	Pza	10	Ex.
8523.41.99	00	Los demás.	Pza	Ex.	Ex.

8523.49 -- **Los demás.**

8523.49.99		Los demás.	Pza	Ex.	Ex.
	01	Discos para sistemas de lectura por rayos láser, para reproducir únicamente sonido.			
	99	Los demás.			

- Soportes semiconductores:

8523.51 -- **Dispositivos de almacenamiento permanente de datos a base de semiconductores.**

8523.51.01	00	Dispositivos de almacenamiento no volátil, regrabables, formados a base de elementos de estado sólido (semiconductores), por ejemplo: los llamados "tarjetas de memoria flash", "tarjeta de almacenamiento electrónico flash", "memory stick", "PC card", "secure digital", "compact flash", "smart media".	Pza	Ex.	Ex.
8523.51.99	00	Los demás.	Kg	10	Ex.

8523.52 -- **Tarjetas inteligentes ("smart cards").**

8523.52.03		Tarjetas inteligentes ("smart cards").	Kg	Ex.	Ex.
	01	Tarjetas provistas de un circuito integrado electrónico ("tarjetas inteligentes" ("smart cards")).			
	02	Partes.			

8523.59 -- **Los demás.**

8523.59.01	00	Tarjetas y etiquetas de activación por proximidad.	Pza	Ex.	Ex.
8523.59.99	00	Los demás.	Kg	Ex.	Ex.

8523.80 - **Los demás.**

8523.80.99	00	Los demás.	Pza	Ex.	Ex.

85.24 Módulos de visualización ("display") de pantalla plana, incluso que incorporen pantallas táctiles.

- **Sin controladores ("drivers") ni circuitos de control:**

8524.11 -- **De cristal líquido.**

8524.11.01	00	De cristal líquido.	Pza	Ex.	Ex.

8524.12 -- **De diodos emisores de luz orgánicos (OLED).**

8524.12.01	00	De diodos emisores de luz orgánicos (OLED).	Pza	Ex.	Ex.

8524.19 -- **Los demás.**

8524.19.99	00	Los demás.	Pza	Ex.	Ex.

- **Los demás:**

8524.91 -- **De cristal líquido.**

8524.91.01	00	De cristal líquido.	Pza	Ex.	Ex.

8524.92 -- **De diodos emisores de luz orgánicos (OLED).**

8524.92.01	00	De diodos emisores de luz orgánicos (OLED).	Pza	Ex.	Ex.

8524.99 -- **Los demás.**

8524.99.99	00	Los demás.	Pza	Ex.	Ex.

85.25 Aparatos emisores de radiodifusión o televisión, incluso con aparato receptor o de grabación o reproducción de sonido incorporado; cámaras de televisión, cámaras digitales y videocámaras.

8525.50 - **Aparatos emisores.**

8525.50.05		Aparatos emisores.	Pza	Ex.	Ex.

	01		De radiodifusión en bandas comerciales amplitud modulada (AM) o frecuencia modulada (FM).			
	02		De televisión.			
	03		Sistemas de transmisión de microondas vía satélite, cuya frecuencia de operación sea de 11.7 a 14.5 GHz.			
	99		Los demás.			
8525.60		-	**Aparatos emisores con aparato receptor incorporado.**			
8525.60.05	00		Fijos o móviles en ultra alta frecuencia (UHF) de 300 a 470 MHz.	Kg	Ex.	Ex.
8525.60.99			Los demás.	Pza	Ex.	Ex.
	01		Fijos o móviles en muy alta frecuencia (VHF) de 30 a 180 MHz, en frecuencia modulada (FM) o amplitud modulada (AM).			
	02		Equipos transmisores-receptores de televisión en circuito cerrado.			
	03		Fijos o móviles en muy alta frecuencia modulada, excepto los comprendidos en el número de identificación comercial 8525.60.99.01.			
	04		Fijos o móviles en ultra alta frecuencia (UHF) de más de 470 MHz a 1 GHz.			
	05		Sistemas de transmisión y recepción de microondas vía satélite, cuya frecuencia de operación sea de 11.7 a 14.5 GHz.			
	06		Transmisores-receptores fijos o móviles en ultra alta frecuencia (UHF) de 415 a 452 MHz, reconocibles como diseñados exclusivamente para tomar lecturas de contadores de agua.			
	99		Los demás.			
		-	**Cámaras de televisión, cámaras digitales y videocámaras:**			
8525.81		- -	**Ultrarrápidas, especificadas en la Nota 1 de subpartida de este Capítulo.**			
8525.81.01	00		Ultrarrápidas, especificadas en la Nota 1 de subpartida de este Capítulo.	Pza	Ex.	Ex.
8525.82		- -	**Las demás, resistentes a radiaciones, especificadas en la Nota 2 de subpartida de este Capítulo.**			
8525.82.91	00		Las demás, resistentes a radiaciones, especificadas en la Nota 2 de subpartida de este Capítulo.	Pza	Ex.	Ex.
8525.83		- -	**Las demás, de visión nocturna, especificadas en la Nota 3 de subpartida de este Capítulo.**			
8525.83.91	00		Las demás, de visión nocturna, especificadas en la Nota 3 de subpartida de este Capítulo.	Pza	Ex.	Ex.
8525.89		- -	**Las demás.**			
8525.89.99			Las demás.	Pza	Ex.	Ex.
	01		Cámaras de televisión giroestabilizadas.			
	02		Cámaras tomavistas para estudio de televisión, excepto las que se apoyan en el hombro y las portátiles.			
	03		Aparatos tomavistas para sistemas de televisión en circuito cerrado, excepto lo comprendido en los números de identificación comercial 8525.89.01.01 y 8525.89.01.02.			
	04		Videocámaras, incluidas las de imagen fija; cámaras digitales.			
	99		Las demás.			
85.26			**Aparatos de radar, radionavegación o radiotelemando.**			
8526.10		-	**Aparatos de radar.**			
8526.10.01	00		Radiosondas meteorológicas.	Pza	Ex.	Ex.
8526.10.99	00		Los demás.	Pza	5	Ex.
		-	**Los demás:**			
8526.91		- -	**Aparatos de radionavegación.**			
8526.91.01	00		Radiogoniómetros con capacidad para sintonizar la banda de radiofaros (beacon), comprendida entre 180 y 420 kilociclos y sensibilidad superior o igual a 20 microvoltios por metro, con una relación señal a ruido de 6 decibeles.	Pza	Ex.	Ex.
8526.91.99	00		Los demás.	Pza	5	Ex.
8526.92		- -	**Aparatos de radiotelemando.**			
8526.92.01	00		Transmisores para el accionamiento de aparatos a control remoto mediante frecuencias ultrasónicas.	Pza	Ex.	Ex.
8526.92.99	00		Los demás.	Pza	10	Ex.
85.27			**Aparatos receptores de radiodifusión, incluso combinados en la misma envoltura con grabador o reproductor de sonido o con reloj.**			
		-	**Aparatos receptores de radiodifusión que puedan funcionar sin fuente de energía exterior:**			
8527.12		- -	**Radiocasetes de bolsillo.**			
8527.12.01	00		Radiocasetes de bolsillo.	Pza	15	Ex.
8527.13		- -	**Los demás aparatos combinados con grabador o reproductor de sonido.**			
8527.13.02	00		Portátiles, que utilicen tecnología digital con base a semiconductores.	Pza	Ex.	Ex.
8527.13.99	00		Los demás.	Pza	15	Ex.
8527.19		- -	**Los demás.**			
8527.19.01	00		Portátiles, que utilicen tecnología digital con base a semiconductores.	Pza	Ex.	Ex.
8527.19.99	00		Los demás.	Pza	15	Ex.
		-	**Aparatos receptores de radiodifusión que solo funcionen con fuente de energía exterior, de los tipos utilizados en vehículos automóviles:**			
8527.21		- -	**Combinados con grabador o reproductor de sonido.**			
8527.21.01	00		Receptores de radio AM-FM, aun cuando incluyan transmisores-receptores de radio banda civil o receptor de señal satelital, o entradas para "Bluetooth" o "USB".	Pza	15	Ex.

8527.21.99	00		Los demás.	Pza	15	Ex.
8527.29		--	**Los demás.**			
8527.29.01	00		Receptores de radiodifusión, AM reconocibles como diseñados exclusivamente para uso automotriz.	Pza	15	Ex.
8527.29.99	00		Los demás.	Pza	15	Ex.
		-	**Los demás:**			
8527.91		--	**Combinados con grabador o reproductor de sonido.**			
8527.91.02			Combinados con grabador o reproductor de sonido.	Pza	15	Ex.
	01		Portátil, para pilas y corriente, con altavoces y gabinete incorporados.			
	02		Capaces de reproducir audio proveniente de soportes de almacenamiento digital extraíble o fuentes inalámbricas (por ejemplo: Wi-fi, Bluetooth).			
	99		Los demás.			
8527.92		--	**Sin combinar con grabador o reproductor de sonido, pero combinados con reloj.**			
8527.92.01	00		Sin combinar con grabador o reproductor de sonido, pero combinados con reloj.	Pza	15	Ex.
8527.99		--	**Los demás.**			
8527.99.99			Los demás.	Pza	15	Ex.
	01		Combinados exclusivamente con un aparato de grabación o reproducción de disco, de video (imagen y sonido) digitalizado, con amplificador incorporado, salidas para altavoces y procesador digital de audio, aun cuando se presenten con sus altavoces.			
	99		Los demás.			
85.28			**Monitores y proyectores, que no incorporen aparato receptor de televisión; aparatos receptores de televisión, incluso con aparato receptor de radiodifusión o grabación o reproducción de sonido o imagen incorporado.**			
		-	**Monitores con tubo de rayos catódicos:**			
8528.42		--	**Aptos para ser conectados directamente y diseñados para ser utilizados con una máquina automática para tratamiento o procesamiento de datos de la partida 84.71.**			
8528.42.02			Aptos para ser conectados directamente y diseñados para ser utilizados con una máquina automática para tratamiento o procesamiento de datos de la partida 84.71.	Pza	Ex.	Ex.
	01		En colores.			
	99		Los demás.			
8528.49		--	**Los demás.**			
8528.49.06	00		En blanco y negro o demás monocromos por cable coaxial.	Pza	Ex.	Ex.
8528.49.07	00		Incompletos o sin terminar (incluso los ensambles compuestos de las partes correspondientes entre las especificadas en los incisos a), b), c) y e) en la Nota Nacional 13 del Capítulo 85 más una fuente de poder), que no incorporen tubos de rayos catódicos.	Pza	Ex.	Ex.
8528.49.10	00		En colores.	Pza	Ex.	Ex.
8528.49.11	00		Sistemas audiovisuales integrados para control de accesos mediante múltiples pantallas (displays) de video de hasta 30 cm (12 pulgadas) con direccionamiento selectivo y automático.	Pza	Ex.	Ex.
8528.49.99	00		Los demás.	Pza	10	Ex.
		-	**Los demás monitores:**			
8528.52		--	**Aptos para ser conectados directamente y diseñados para ser utilizados con una máquina automática para tratamiento o procesamiento de datos de la partida 84.71.**			
8528.52.02			Aptos para ser conectados directamente y diseñados para ser utilizados con una máquina automática para tratamiento o procesamiento de datos de la partida 84.71.	Pza	Ex.	Ex.
	01		Con un campo visual medido diagonalmente, inferior o igual a 35.56 cm (14 pulgadas).			
	99		Los demás.			
8528.59		--	**Los demás.**			
8528.59.01	00		Con pantalla inferior o igual a 35.56 cm (14 pulgadas), excepto los de alta definición.	Pza	Ex.	Ex.
8528.59.02	00		Con pantalla superior a 35.56 cm (14 pulgadas), excepto los de alta definición.	Pza	Ex.	Ex.
8528.59.03	00		De alta definición.	Pza	15	Ex.
8528.59.04	00		Incompletos o sin terminar (incluso los ensambles compuestos de las partes correspondientes entre las especificadas en los incisos a), b), c) y e) en la Nota Nacional 13 del Capítulo 85 más una fuente de poder), que no incorporen pantalla plana o pantalla similar.	Pza	Ex.	Ex.
8528.59.99	00		Los demás.	Pza	10	Ex.
		-	**Proyectores:**			
8528.62		--	**Aptos para ser conectados directamente y diseñados para ser utilizados con una máquina automática para tratamiento o procesamiento de datos de la partida 84.71.**			
8528.62.01	00		Aptos para ser conectados directamente y diseñados para ser utilizados con una máquina automática para tratamiento o procesamiento de datos de la partida 84.71.	Pza	Ex.	Ex.
8528.69		--	**Los demás.**			
8528.69.99			Los demás.	Pza	Ex.	Ex.
	01		En colores, con pantalla plana.			

	02		Por tubo de rayos catódicos, excepto los de alta definición.			
	99		Los demás.			
		-	**Aparatos receptores de televisión, incluso con aparato receptor de radiodifusión o grabación o reproducción de sonido o imagen incorporado:**			
8528.71		--	**No diseñados para incorporar un dispositivo de visualización ("display") o pantalla de vídeo.**			
8528.71.01	00		Incompletos o sin terminar (incluso los ensambles compuestos de todas las partes especificadas en la Nota Nacional 13 del Capítulo 85 más una fuente de poder).	Pza	Ex.	Ex.
8528.71.02	00		Receptor de microondas o de señales de vía satélite, cuya frecuencia de operación sea hasta de 4.2 GHz y máximo 999 canales de televisión.	Pza	15	Ex.
8528.71.03	00		Sistema de recepción de microondas vía satélite, compuesto de localizador electrónico de satélites, convertidor de bajada, receptor cuya onda de frecuencia de operación sea de 3.7 a 4.2 GHz, amplificador de bajo ruido (LNA), guías de onda, polarrotor y corneta alimentadora.	Pza	Ex.	Ex.
8528.71.04	00		Sistema de recepción de microondas vía satélite, compuesto de un convertidor de bajada cuya frecuencia de operación sea de 11.7 a 14.5 GHz, y un receptor cuya frecuencia de operación sea de hasta 4.2 GHz.	Pza	Ex.	Ex.
8528.71.99	00		Los demás.	Pza	10	Ex.
8528.72		--	**Los demás, en colores.**			
8528.72.01	00		Con pantalla inferior o igual a 35.56 cm (14 pulgadas), excepto los de alta definición, los tipo proyección y los comprendidos en la fracción arancelaria 8528.72.06.	Pza	15	Ex.
8528.72.02	00		Con pantalla superior a 35.56 cm (14 pulgadas), excepto los de alta definición, los tipo proyección y los comprendidos en la fracción arancelaria 8528.72.06.	Pza	15	Ex.
8528.72.03	00		De tipo proyección por tubos de rayos catódicos, excepto los de alta definición.	Pza	15	Ex.
8528.72.04	00		De alta definición por tubo de rayo catódico, excepto los tipo proyección.	Pza	Ex.	Ex.
8528.72.05	00		De alta definición tipo proyección por tubo de rayos catódicos.	Pza	Ex.	Ex.
8528.72.06	00		Con pantalla plana, incluso las reconocibles como diseñadas para vehículos automóviles.	Pza	15	Ex.
8528.72.07	00		Incompletos o sin terminar (incluso los ensambles compuestos de todas las partes especificadas en la Nota Nacional 13 del Capítulo 85 más una fuente de poder), que no incorporen tubos de rayos catódicos, pantalla plana o pantalla similar.	Pza	Ex.	Ex.
8528.72.99	00		Los demás.	Pza	10	Ex.
8528.73		--	**Los demás, monocromos.**			
8528.73.91	00		Los demás, monocromos.	Pza	15	Ex.
85.29			**Partes identificables como destinadas, exclusiva o principalmente, a los aparatos de las partidas 85.24 a 85.28.**			
8529.10		-	**Antenas y reflectores de antena de cualquier tipo; partes identificables para ser utilizadas con dichos artículos.**			
8529.10.09			Antenas y reflectores de antena de cualquier tipo; partes identificables para ser utilizadas con dichos artículos.	Kg	Ex.	Ex.
	01		Antenas para aparatos receptores de radio o de televisión, excepto lo comprendido en los números de identificación comercial 8529.10.09.02 y 8529.10.09.07.			
	02		Antenas parabólicas para transmisión y/o recepción de microondas (de más de 1 GHz), hasta 9 m, de diámetro.			
	03		Guías de onda, flexibles o rígidas, con sus elementos de acoplamiento e interconexión.			
	04		Antenas de accionamiento eléctrico reconocibles como diseñadas exclusivamente para uso automotriz.			
	05		Partes componentes de antenas, excepto varillas de ferrita para antenas incorporadas y lo comprendido en el número de identificación comercial 8529.10.09.03.			
	06		Antenas, excepto lo comprendido en los números de identificación comercial 8529.10.09.01, 8529.10.09.02 y 8529.10.09.07.			
	07		Antenas llamadas "de conejo", para aparatos receptores de televisión.			
	99		Las demás.			
8529.90		-	**Las demás.**			
8529.90.09	00		Combinaciones de las partes especificadas en la Nota Nacional 13 del Capítulo 85, excepto las comprendidas en la fracción arancelaria 8529.90.19.	Pza	Ex.	Ex.
8529.90.13	00		Amplificadores para transmisores de señales de televisión.	Pza	Ex.	Ex.
8529.90.15	00		Amplificadores-distribuidores, regeneradores de pulsos o de subportadora, para sistemas de televisión por cable.	Pza	5	Ex.
8529.90.16	00		Amplificadores-distribuidores de video, con entrada diferencial, con compensación de cable o con restaurador de corriente continua, para sistemas de televisión, con o sin gabinete modular.	Pza	5	Ex.
8529.90.18	00		Sintonizadores de canales para televisión y videocasetera; sintonizadores de doble convergencia.	Pza	Ex.	Ex.
8529.90.19	00		Sintonizadores de canal, combinados con otras partes especificadas en la Nota Nacional 13 del Capítulo 85.	Pza	Ex.	Ex.
8529.90.20	00		Amplificadores de radiofrecuencia, banda ancha y monocanales, para sistemas de distribución de señales de HF, TV y/o FM.	Pza	5	Ex.

8529.90.21	00	Acoplador (combinador o defasador) para operar dos o más transmisores de radio o televisión a una salida común.	Pza	Ex.	Ex.	
8529.90.99		Las demás.	Kg	Ex.	Ex.	
	01	Reconocibles como diseñadas exclusivamente para monitores de los tipos utilizados exclusiva o principalmente con máquinas de la partida 84.71, excepto circuitos modulares constituidos por componentes eléctricos y/o electrónicos sobre tablilla aislante con circuito impreso.				
	02	Sintonizadores de AM-FM, sin circuito de audio.				
	03	Filtros de banda pasante de cuarzo, cerámicos o mecánicos, reconocibles como diseñados exclusivamente para equipos de radiocomunicación, excepto los filtros para equipos receptores de tipo doméstico.				
	04	Reconocibles como diseñadas exclusivamente para sistemas de transmisión y/o recepción de microondas vía satélite o para generadores de señales de teletexto.				
	05	Circuitos modulares reconocibles como diseñados exclusivamente para lo comprendido en las partidas 85.25 a 85.28.				
	06	Ensambles de transreceptores reconocibles como diseñados exclusivamente para lo comprendido en la subpartida 8526.10, no comprendidos ni especificados en otra parte.				
	07	Ensambles de pantalla plana, reconocibles como diseñados exclusivamente para lo comprendido en los números de identificación comercial 8528.59.01.00, 8528.59.02.00, 8528.69.99.01 y 8528.72.06.00.				
	08	Partes, incluso las placas frontales y los dispositivos de ajuste o seguridad, reconocibles como diseñados exclusivamente para circuitos modulares, no especificadas ni comprendidas en otra parte.				
	09	Filtros de los siguientes tipos: piezoeléctricos cerámicos, interferencia electromagnética o para resonador de frecuencia, reconocibles como diseñados exclusivamente para aparatos receptores de televisión a color, excepto lo comprendido en el número de identificación comercial 8529.90.99.03.				
	91	Las demás partes reconocibles como diseñadas exclusivamente para lo comprendido en las partidas 85.25 y 85.27.				
	99	Las demás.				
85.30		**Aparatos eléctricos de señalización (excepto los de transmisión de mensajes), seguridad, control o mando, para vías férreas o similares, carreteras, vías fluviales, áreas o parques de estacionamiento, instalaciones portuarias o aeropuertos (excepto los de la partida 86.08).**				
8530.10	-	**Aparatos para vías férreas o similares.**				
8530.10.01	00	Aparatos para vías férreas o similares.	Kg	Ex.	Ex.	
8530.80	-	**Los demás aparatos.**				
8530.80.02	00	Equipos controladores de semáforos.	Kg	5	Ex.	
8530.80.99	00	Los demás.	Kg	Ex.	Ex.	
8530.90	-	**Partes.**				
8530.90.01	00	Partes.	Kg	Ex.	Ex.	
85.31		**Aparatos eléctricos de señalización acústica o visual (por ejemplo: timbres, sirenas, tableros indicadores, avisadores de protección contra robo o incendio), excepto los de las partidas 85.12 u 85.30.**				
8531.10	-	**Avisadores eléctricos de protección contra robo o incendio y aparatos similares.**				
8531.10.01	00	Bocinas en o con caja tipo intemperie a prueba de humedad, gases, vapores, polvo y explosión.	Kg	Ex.	Ex.	
8531.10.02	00	Campanas de alarma, con caja tipo intemperie a prueba de humedad, gases, vapores, polvos y explosión.	Kg	Ex.	Ex.	
8531.10.03	00	Alarmas electrónicas contra robo o incendio, de uso doméstico o industrial, incluso en forma de sistema.	Pza	15	Ex.	
8531.10.04	00	Detectores acústicos, para sistemas de alarmas en bóvedas de seguridad; sistemas de seguridad a detección acústica y/o visual, con señalización local y remota, sin equipo de enlace por radiofrecuencia.	Kg	Ex.	Ex.	
8531.10.99		Los demás.	Kg	15	Ex.	
	01	Detectores electrónicos de humo, de monóxido de carbono, o de calor.				
	99	Los demás.				
8531.20	-	**Tableros indicadores con dispositivos de cristal líquido (LCD) o diodos emisores de luz (LED), incorporados.**				
8531.20.01	00	Tableros indicadores con dispositivos de cristal líquido (LCD) o diodos emisores de luz (LED), incorporados.	Kg	Ex.	Ex.	
8531.80	-	**Los demás aparatos.**				
8531.80.01	00	Sirenas.	Kg	5	Ex.	
8531.80.03	00	Zumbadores miniatura de corriente alterna, para aparatos telefónicos.	Kg	Ex.	Ex.	
8531.80.99		Los demás.	Kg	15	Ex.	
	01	Timbres, campanillas, zumbadores y otros avisadores acústicos.				
	99	Los demás.				
8531.90	-	**Partes.**				
8531.90.02	00	Circuitos modulares.	Pza	Ex.	Ex.	
8531.90.99	00	Las demás.	Kg	Ex.	Ex.	
85.32		**Condensadores eléctricos fijos, variables o ajustables.**				
8532.10	-	**Condensadores fijos diseñados para redes eléctricas de 50/60 Hz, para una potencia reactiva superior o igual a 0.5 kvar (condensadores de potencia).**				

8532.10.01	00	Fijos, monofásicos o trifásicos, con peso unitario superior a 1 kg.	Pza	5	Ex.
8532.10.99	00	Los demás.	Pza	Ex.	Ex.
	-	**Los demás condensadores fijos:**			
8532.21	- -	**De tantalio.**			
8532.21.01	00	De tantalio.	Pza	Ex.	Ex.
8532.22	- -	**Electrolíticos de aluminio.**			
8532.22.04		Electrolíticos de aluminio.	Pza	Ex.	Ex.
	01	De diámetro inferior o igual a 15 mm, encapsulados en botes de baquelita o de aluminio.			
	02	Capacitores electrolíticos con capacitancia de 0.1 µF hasta 10,000 µF y un voltaje de 10 V hasta 100 V, para uso en aparatos de conducción de señales, audio y video.			
	99	Los demás.			
8532.23	- -	**Con dieléctrico de cerámica de una sola capa.**			
8532.23.06		Con dieléctrico de cerámica de una sola capa.	Pza	Ex.	Ex.
	01	Condensadores de discos de cerámica, con terminales axiales.			
	02	Capacitores discoidales con capacitancia de 0.1 pF hasta 8,200 pF para uso específico como filtradores de ruidos en dispositivos de alta frecuencia.			
	99	Los demás.			
8532.24	- -	**Con dieléctrico de cerámica, multicapas.**			
8532.24.04	00	Con dieléctrico de cerámica, multicapas.	Pza	Ex.	Ex.
8532.25	- -	**Con dieléctrico de papel o plástico.**			
8532.25.02	00	Fijos de películas plásticas, excepto los reconocibles para naves aéreas y aquellos con dieléctrico de plástico, sin terminales, de montaje por contacto.	Pza	5	Ex.
8532.25.99		Los demás.	Pza	Ex.	Ex.
	01	Con dieléctrico de plástico, sin terminales, de montaje por contacto.			
	02	Capacitores fílmicos para uso en aparatos de recepción y transmisión de señales, audio y video.			
	99	Los demás.			
8532.29	- -	**Los demás.**			
8532.29.99		Los demás.	Pza	Ex.	Ex.
	01	De mica, de 1,000 o más voltios de trabajo.			
	99	Los demás.			
8532.30	-	**Condensadores variables o ajustables.**			
8532.30.05	00	Condensadores variables o ajustables.	Pza	Ex.	Ex.
8532.90	-	**Partes.**			
8532.90.01	00	Partes.	Kg	Ex.	Ex.
85.33		**Resistencias eléctricas, excepto las de calentamiento (incluidos reóstatos y potenciómetros).**			
8533.10	-	**Resistencias fijas de carbono, aglomeradas o de capa.**			
8533.10.03		Resistencias fijas de carbono, aglomeradas o de capa.	Kg	Ex.	Ex.
	01	Resistencias de carbón, aglomeradas o de capa, excepto lo comprendido en el número de identificación comercial 8533.10.03.02.			
	02	Resistencias de montaje por contacto; resistencias con terminales radiales.			
	-	**Las demás resistencias fijas:**			
8533.21	- -	**De potencia inferior o igual a 20 W.**			
8533.21.01	00	De potencia inferior o igual a 20 W.	Kg	Ex.	Ex.
8533.29	- -	**Las demás.**			
8533.29.99	00	Las demás.	Kg	Ex.	Ex.
	-	**Resistencias variables bobinadas (incluidos reóstatos y potenciómetros):**			
8533.31	- -	**De potencia inferior o igual a 20 W.**			
8533.31.02	00	De potencia inferior o igual a 20 W.	Kg	Ex.	Ex.
8533.39	- -	**Las demás.**			
8533.39.99	00	Las demás.	Kg	Ex.	Ex.
8533.40	-	**Las demás resistencias variables (incluidos reóstatos y potenciómetros).**			
8533.40.91		Las demás resistencias variables (incluidos reóstatos y potenciómetros).	Kg	Ex.	Ex.
	01	Reóstatos o potenciómetros, excepto los potenciómetros de carbón, de 1/10 a ½ watt de disipación, de diámetro inferior o igual a 30 mm.			
	02	Termistores.			
	03	Bancos de resistencias.			
	04	Varistores de óxidos metálicos.			
	05	Varistores o resistencias dependientes de la tensión aplicada ("VDR"), excepto lo comprendido en el número de identificación comercial 8533.40.91.04.			
	99	Los demás.			
8533.90	-	**Partes.**			
8533.90.03		Partes.	Kg	Ex.	Ex.
	01	Reconocibles como diseñados exclusivamente para lo comprendido en la subpartida 8533.40, metálicas o cerámicas, termosensibles.			
	99	Los demás.			
85.34		**Circuitos impresos.**			
8534.00	-	**Circuitos impresos.**			
8534.00.04		Circuitos impresos.	Pza	Ex.	Ex.

	01	De doble faz, con agujeros metalizados, con base de resinas epóxicas o de fibra de vidrio ("epoxy-glass"), excepto lo comprendido en los números de identificación comercial 8534.00.04.02 y 8534.00.04.03.			
	02	Denominados "multicapas": Cuatro o más capas de laminado metálico de cobre o aluminio, incluyendo las de las caras exteriores, con agujeros metalizados, con base de resinas epóxicas o de fibra de vidrio ("epoxy-glass"), con indicación visual del número total de capas que componen el circuito impreso.			
	03	De doble faz, con agujeros y pistas (líneas), metalizados con oro o plata.			
	99	Los demás.			

85.35 Aparatos para corte, seccionamiento, protección, derivación, empalme o conexión de circuitos eléctricos (por ejemplo: interruptores, conmutadores, cortacircuitos, pararrayos, limitadores de tensión, supresores de sobretensión transitoria, tomas de corriente y demás conectores, cajas de empalme), para una tensión superior a 1,000 voltios.

8535.10		- Fusibles y cortacircuitos de fusible.			
8535.10.01	00	Reconocibles para naves aéreas.	Kg	Ex.	Ex.
8535.10.02	00	Cortacircuitos de fusibles de más de 46 kV.	Kg	Ex.	Ex.
8535.10.03	00	Fusibles.	Kg	Ex.	Ex.
8535.10.99	00	Los demás.	Kg	15	Ex.
		- Disyuntores:			
8535.21		- - Para una tensión inferior a 72.5 kV.			
8535.21.01	00	Para una tensión inferior a 72.5 kV.	Kg	Ex.	Ex.
8535.29		- - Los demás.			
8535.29.99	00	Los demás.	Kg	Ex.	Ex.
8535.30		- Seccionadores e interruptores.			
8535.30.07		Seccionadores e interruptores.	Kg	Ex.	Ex.
	01	Interruptores.			
	02	Seccionadores-conectadores de navajas sin carga, con peso unitario superior a 2 kg sin exceder de 2,750 kg.			
	03	Interruptores de navajas con carga.			
	04	Seccionadores con peso unitario superior a 2 kg, sin exceder de 2,750 kg, excepto lo comprendido en el número de identificación comercial 8535.30.07.02.			
	99	Los demás.			
8535.40		- Pararrayos, limitadores de tensión y supresores de sobretensión transitoria.			
8535.40.01	00	Pararrayos (apartarrayos) tipo distribución autovalvulares de 3 a 13 kV nominales, para sistemas con neutro a tierra hasta 37 kV.	Kg	5	Ex.
8535.40.99		Los demás.	Kg	Ex.	Ex.
	01	Pararrayos (apartarrayos).			
	99	Los demás.			
8535.90		- Los demás.			
8535.90.08	00	Llaves magnéticas (arrancadores magnéticos), con potencia nominal hasta 200 CP.	Pza	Ex.	Ex.
8535.90.20	00	Llaves magnéticas (arrancadores magnéticos), con potencia nominal superior a 200 CP.	Pza	Ex.	Ex.
8535.90.99		Los demás.	Kg	Ex.	Ex.
	01	Conmutadores de peso unitario inferior o igual a 2 kg.			
	02	Conmutadores con peso unitario superior a 2 kg sin exceder de 2,750 kg.			
	03	Relevadores térmicos o por inducción.			
	04	Cajas de conexión, de derivación, de corte, extremidad u otras cajas análogas.			
	05	Conjuntos para terminales tipo cono de alivio integrado y/o moldeado, para cables de energía, hasta 35 kV, para intemperie.			
	06	Conjuntos completos para empalmes o uniones, para cables de energía hasta 35 kV.			
	99	Los demás.			

85.36 Aparatos para corte, seccionamiento, protección, derivación, empalme o conexión de circuitos eléctricos (por ejemplo: interruptores, conmutadores, relés, cortacircuitos, supresores de sobretensión transitoria, clavijas y tomas de corriente (enchufes), portalámparas y demás conectores, cajas de empalme), para una tensión inferior o igual a 1,000 voltios; conectores de fibras ópticas, haces o cables de fibras ópticas.

8536.10		- Fusibles y cortacircuitos de fusible.			
8536.10.03	00	Fusibles de alta capacidad de ruptura, de 20,000 amperes eficaces o más y cualquier corriente nominal, hasta 600 voltios de tensión, inclusive; excepto los reconocibles para naves aéreas.	Kg	15	Ex.
8536.10.04	00	Corta circuitos de fusible excepto los reconocibles para naves aéreas.	Kg	15	Ex.
8536.10.99		Los demás.	Kg	Ex.	Ex.
	01	Fusibles ultrarrápidos de láminas de plata, de alta capacidad de ruptura, especiales para protección de semiconductores, para corrientes nominales de hasta 2,500 amperes y tensión de operación de hasta 500 voltios.			
	02	Fusibles para telefonía.			
	99	Los demás.			
8536.20		- Disyuntores.			
8536.20.01	00	Reconocibles para naves aéreas.	Kg	Ex.	Ex.

8536.20.02	00		Llaves disyuntoras, térmicas, reconocibles como diseñadas exclusivamente para radio o televisión.	Kg	Ex.	Ex.
8536.20.99	00		Los demás.	Kg	5	Ex.
8536.30		-	**Los demás aparatos para protección de circuitos eléctricos.**			
8536.30.05	00		Protectores de sobrecarga para motores.	Pza	Ex.	Ex.
8536.30.99			Los demás.	Kg	Ex.	Ex.
	01		Protectores térmicos para circuitos eléctricos de aparatos de refrigeración o aire acondicionado.			
	02		Protectores para telefonía.			
	99		Los demás.			
		-	Relés:			
8536.41		- -	**Para una tensión inferior o igual a 60 V.**			
8536.41.03	00		Térmicos o por inducción.	Kg	5	Ex.
8536.41.99			Los demás.	Kg	Ex.	Ex.
	01		Solenoides de 6 y 12 V, para motores de arranque de uso automotriz.			
	02		Reconocibles para naves aéreas.			
	03		Relevadores fotoeléctricos.			
	04		Intermitentes para luces direccionales indicadoras de maniobras, para uso automotriz.			
	05		De arranque, excepto lo comprendido en el número de identificación comercial 8536.41.99.01.			
	06		Relevadores auxiliares de bloqueo de contactos múltiples, de reposición manual o eléctrica, con capacidad inferior o igual a 60 amperes.			
	99		Los demás.			
8536.49		- -	**Los demás.**			
8536.49.99			Los demás.	Kg	Ex.	Ex.
	01		De arranque.			
	02		Térmicos o por inducción.			
	03		Secundarios electromagnéticos, alimentados exclusivamente a través de transformadores de intensidad y/o tensión.			
	04		Relevadores auxiliares de bloques de contactos múltiples, de reposición manual o eléctrica, con capacidad inferior o igual a 60 amperes y tensión máxima de 480 V.			
	99		Los demás.			
8536.50		-	**Los demás interruptores, seccionadores y conmutadores.**			
8536.50.07	00		Interruptores automáticos, termoeléctricos, para el cebado de la descarga en las lámparas o tubos fluorescentes.	Kg	5	Ex.
8536.50.99			Los demás.	Kg	Ex.	Ex.
	01		Interruptores, excepto los comprendidos en el número de identificación comercial 8536.50.99.08.			
	02		Reconocibles para naves aéreas.			
	03		Interruptores de navajas con carga.			
	04		Seccionadores-conectores de navajas, sin carga, con peso unitario superior a 2 kg, sin exceder de 2,750 kg.			
	05		Interruptores reconocibles como diseñados exclusivamente para radio o televisión, excepto lo comprendido en el número de identificación comercial 8536.50.99.09.			
	06		Conmutadores sueltos o agrupados, accionados por botones, con peso hasta de 250 g, o interruptores simples o múltiples de botón o de teclado, reconocibles como diseñados exclusivamente para electrónica, excepto lo comprendido en el número de identificación comercial 8536.50.99.09.			
	07		Llaves magnéticas (arrancadores magnéticos) con potencia nominal inferior o igual a 200 CP.			
	08		Interruptores para dual, de pie o de jalón para luces; botón de arranque; reconocibles como diseñados exclusivamente para uso automotriz.			
	09		Microinterruptores de botón para aparatos electrodomésticos.			
	10		Selectores de circuitos.			
	99		Los demás.			
		-	Portalámparas, clavijas y tomas de corriente (enchufes):			
8536.61		- -	**Portalámparas.**			
8536.61.04	00		Portalámparas.	Kg	Ex.	Ex.
8536.69		- -	**Los demás.**			
8536.69.02	00		Tomas de corriente con peso unitario inferior o igual a 2 kg.	Kg	5	Ex.
8536.69.99			Los demás.	Kg	Ex.	Ex.
	01		Reconocibles para naves aéreas.			
	02		Clavijas.			
	99		Los demás.			
8536.70		-	**Conectores de fibras ópticas, haces o cables de fibras ópticas.**			
8536.70.01	00		Conectores de fibras ópticas, haces o cables de fibras ópticas.	Kg	Ex.	Ex.
8536.90		-	**Los demás aparatos.**			
8536.90.28	00		Cajas de conexión, de derivación, de corte, extremidad u otras cajas análogas.	Kg	5	Ex.
8536.90.99			Los demás.	Kg	Ex.	Ex.
	01		Zócalos para cinescopios.			
	02		Reconocibles para naves aéreas.			

	03		Arillos o barras para accionar el avisador acústico (claxon).			
	04		Arrancadores manuales a voltaje reducido, para aparatos hasta de 300 CP.			
	05		Controles fotoeléctricos, para iluminación.			
	06		Buses en envolvente metálica.			
	07		Terminales de vidrio o cerámica vitrificada.			
	08		Bornes individuales o en fila, con cuerpos aislantes, denominados tablillas terminales.			
	09		Zócalos para válvulas electrónicas, para transistores y para circuitos integrados, excepto los de cerámica para válvulas.			
	10		Conectores múltiples para la interconexión de aparatos y equipos telefónicos.			
	11		Clavijas ("plugs") reconocibles como diseñadas exclusivamente para uso en telefonía, de dos o más polos.			
	12		"Jacks" reconocibles como diseñados exclusivamente para uso en telefonía, aun cuando se presenten montados en plaquetas.			
	13		Bloques de terminales para interconexión de equipos, aparatos o cables telefónicos.			
	14		Conectores simples y múltiples, aislados en material de baja pérdida, para radiofrecuencia.			
	15		Conjuntos completos para empalmes o uniones, para cables de energía.			
	16		Ignitores electrónicos sin balastos, para lámparas de descarga.			
	17		Conectores hembra, con o sin dispositivos de anclaje, para inserción de circuitos impresos.			
	18		Conectores para empalmes de cables telefónicos.			
	19		Contactos sinterizados de aleaciones con metal precioso.			
	20		Atenuadores electrónicos de intensidad lumínica (dimmers) de más de 3 kW.			
	21		Conectores de agujas.			
	99		Los demás.			
85.37			**Cuadros, paneles, consolas, armarios y demás soportes equipados con varios aparatos de las partidas 85.35 u 85.36, para control o distribución de electricidad, incluidos los que incorporen instrumentos o aparatos del Capítulo 90, así como los aparatos de control numérico, excepto los aparatos de conmutación de la partida 85.17.**			
8537.10		-	**Para una tensión inferior o igual a 1,000 V.**			
8537.10.03	00		Cuadros de mando para máquinas de soldar por resistencia.	Kg	15	Ex.
8537.10.04	00		Cuadros de mando o distribución, operados mediante botones (botoneras).	Kg	5	Ex.
8537.10.05	00		Ensambles con la carcasa exterior o soporte, reconocibles como diseñados para lo comprendido en las partidas 84.21, 84.22, 84.50 y 85.16.	Pza	Ex.	Ex.
8537.10.06	00		Módulos reconocibles como diseñados exclusivamente para el control de señales de indicación en motores de vehículos automotrices.	Pza	Ex.	Ex.
8537.10.99			Los demás.	Kg	Ex.	Ex.
	01		Cajas de conexión, de derivación, de corte, extremidad u otras cajas análogas.			
	02		Cuadros de mando o distribución para elevadores o ascensores.			
	99		Los demás.			
8537.20		-	**Para una tensión superior a 1,000 V.**			
8537.20.02	00		Cuadros de mando para máquinas de soldar por resistencia.	Kg	15	Ex.
8537.20.99			Los demás.	Kg	Ex.	Ex.
	01		Cajas de conexión, de derivación, de corte, extremidad u otras cajas análogas.			
	99		Los demás.			
85.38			**Partes identificables como destinadas, exclusiva o principalmente, a los aparatos de las partidas 85.35, 85.36 u 85.37.**			
8538.10		-	**Cuadros, paneles, consolas, armarios y demás soportes de la partida 85.37, sin sus aparatos.**			
8538.10.01	00		Cuadros, paneles, consolas, armarios y demás soportes de la partida 85.37, sin sus aparatos.	Kg	Ex.	Ex.
8538.90		-	**Las demás.**			
8538.90.01	00		Partes moldeadas.	Pza	Ex.	Ex.
8538.90.05	00		Circuitos modulares.	Pza	Ex.	Ex.
8538.90.99			Las demás.	Kg	Ex.	Ex.
	01		Reconocibles como diseñadas exclusivamente para cortacircuitos de fusibles de más de 46 kV.			
	02		Cerámicos o metálicos reconocibles como diseñados exclusivamente para llaves magnéticas (arrancadores magnéticos), con potencia nominal hasta 200 CP, llaves magnéticas (arrancadores magnéticos), con potencia nominal superior a 200 CP, y lo comprendido en los números de identificación comercial 8536.30.05.00, 8536.50.99.07, termosensibles.			
	99		Las demás.			
85.39			**Lámparas y tubos eléctricos de incandescencia o de descarga, incluidos los faros o unidades "sellados" y las lámparas y tubos de rayos ultravioletas o infrarrojos; lámparas de arco; fuentes luminosas de diodos emisores de luz (LED).**			
8539.10		-	**Faros o unidades "sellados".**			
8539.10.99			Los demás.	Pza	Ex.	Ex.
	01		Con diámetro de 15 cm a 20 cm.			
	02		Proyectores (bulbos tipo "par" de vidrio prensado) espejados internamente, con peso unitario superior a 120 g, sin exceder de 2 kg.			

	99	Los demás.			
	-	**Las demás lámparas y tubos de incandescencia, excepto las de rayos ultravioletas o infrarrojos:**			
8539.21	- -	**Halógenos, de volframio (tungsteno).**			
8539.21.01	00	De incandescencia, de tubo de cuarzo ("halógenas" o "quartzline"), de 2,900°K (grados Kelvin) como mínimo.	Pza	Ex.	Ex.
8539.21.99	00	Los demás.	Pza	10	Ex.
8539.22	- -	**Los demás de potencia inferior o igual a 200 W y para una tensión superior a 100 V.**			
8539.22.01	00	Reconocibles como diseñadas exclusivamente para uso en aparatos de proyección cinematográfica y de vista fija.	Pza	Ex.	Ex.
8539.22.02	00	Con peso unitario inferior o igual a 20 g.	Pza	Ex.	Ex.
8539.22.03	00	Provistos de dos postes o espigas para su enchufe, con peso unitario superior a 120 g, sin exceder de 2 kg.	Pza	Ex.	Ex.
8539.22.04	00	Reconocibles para naves aéreas.	Pza	Ex.	Ex.
8539.22.05	00	De vidrio transparente azul natural, denominados "luz de día".	Pza	Ex.	Ex.
8539.22.99	00	Los demás.	Pza	10	Ex.
8539.29	- -	**Los demás.**			
8539.29.99		Los demás.	Pza	35	Ex.
	01	Con peso unitario inferior o igual a 20 g, excepto miniatura para linterna, cuyo voltaje sea igual o superior a 1.20 sin exceder de 8.63 V.			
	99	Los demás.			
	-	**Lámparas y tubos de descarga, excepto los de rayos ultravioletas:**			
8539.31	- -	**Fluorescentes, de cátodo caliente.**			
8539.31.01	00	Lámparas fluorescentes tubulares en forma de "O" o de "U".	Pza	Ex.	Ex.
8539.31.99	00	Las demás.	Pza	10	Ex.
8539.32	- -	**Lámparas de vapor de mercurio o sodio; lámparas de halogenuro metálico.**			
8539.32.04		Lámparas de vapor de mercurio o sodio; lámparas de halogenuro metálico.	Pza	Ex.	Ex.
	01	De vapor de sodio de alta presión.			
	02	Lámparas de vapor de mercurio.			
	03	De vapor de sodio de baja presión.			
	99	Los demás.			
8539.39	- -	**Los demás.**			
8539.39.01	00	Para luz relámpago.	Pza	5	Ex.
8539.39.02	00	Reconocibles para naves aéreas.	Pza	Ex.	Ex.
8539.39.03	00	Lámparas fluorescentes tubulares en forma de "O" o de "U".	Pza	Ex.	Ex.
8539.39.04	00	De luz mixta (de descarga y filamento).	Pza	Ex.	Ex.
8539.39.05	00	Lámparas de neón.	Pza	Ex.	Ex.
8539.39.06	00	Lámparas de descarga de gases metálicos exclusivamente mezclados o combinados, tipo multivapor o similares.	Pza	Ex.	Ex.
8539.39.99	00	Los demás.	Pza	10	Ex.
	-	**Lámparas y tubos de rayos ultravioletas o infrarrojos; lámparas de arco:**			
8539.41	- -	**Lámparas de arco.**			
8539.41.01	00	Lámparas de arco.	Pza	Ex.	Ex.
8539.49	- -	**Los demás.**			
8539.49.99		Los demás.	Pza	Ex.	Ex.
	01	De rayos ultravioleta.			
	99	Los demás.			
	- -	**Fuentes luminosas de diodos emisores de luz (LED):**			
8539.51	- -	**Módulos de diodos emisores de luz (LED).**			
8539.51.01	00	Para lo comprendido en la fracción arancelaria 8539.52.01 y para las máquinas de la partida 85.43.	Kg	Ex.	Ex.
8539.51.02	00	Para guirnaldas eléctricas de los tipos utilizados en árboles de Navidad.	Pza	Ex.	Ex.
8539.51.99	00	Los demás.	Pza	15	Ex.
8539.52	- -	**Lámparas y tubos de diodos emisores de luz (LED).**			
8539.52.01	00	Lámparas y tubos de diodos emisores de luz (LED).	Pza	Ex.	Ex.
8539.90	-	**Partes.**			
8539.90.07		Partes.	Kg	Ex.	Ex.
	01	Bases (casquillos) de uno y/o dos pernos o espigas para lámparas fluorescentes.			
	02	Bases (casquillos) para focos de incandescencia.			
	03	Filamentos metálicos.			
	04	Electrodos para cátodos de encendido de focos o tubos de descarga, cuyo diámetro máximo, en su sección mayor, sea inferior o igual a 1 mm.			
	99	Los demás.			
85.40		**Lámparas, tubos y válvulas electrónicos, de cátodo caliente, cátodo frío o fotocátodo (por ejemplo: lámparas, tubos y válvulas, de vacío, de vapor o gas, tubos rectificadores de vapor de mercurio, tubos de rayos catódicos, tubos y válvulas para cámaras de televisión), excepto los de la partida 85.39.**			
	-	**Tubos de rayos catódicos para aparatos receptores de televisión, incluso para videomonitores:**			
8540.11	- -	**En colores.**			
8540.11.06		En colores.	Pza	Ex.	Ex.

	01	Reconocibles como diseñados exclusivamente para alta definición con pantalla inferior o igual a 35.56 cm (14 pulgadas).			
	02	De pantalla plana superior o igual a 50.8 cm (20 pulgadas) pero inferior o igual a 68.6 cm (27 pulgadas).			
	99	Los demás.			
8540.12	- -	**Monocromos.**			
8540.12.02	00	Monocromos.	Pza	Ex.	Ex.
8540.20	-	**Tubos para cámaras de televisión; tubos convertidores o intensificadores de imagen; los demás tubos de fotocátodo.**			
8540.20.02	00	Tubos para cámaras de televisión; tubos convertidores o intensificadores de imagen; los demás tubos de fotocátodo.	Pza	Ex.	Ex.
8540.40	-	**Tubos para visualizar datos gráficos monocromos; tubos para visualizar datos gráficos en colores, con pantalla fosfórica de separación de puntos inferior a 0.4 mm.**			
8540.40.02	00	Tubos para visualizar datos gráficos monocromos; tubos para visualizar datos gráficos en colores, con pantalla fosfórica de separación de puntos inferior a 0.4 mm.	Pza	Ex.	Ex.
8540.60	-	Los demás tubos de rayos catódicos.			
8540.60.91	00	Los demás tubos de rayos catódicos.	Pza	Ex.	Ex.
	-	**Tubos para hiperfrecuencias (por ejemplo: magnetrones, klistrones, tubos de ondas progresivas, carcinotrones), excepto los controlados por rejilla:**			
8540.71	- -	**Magnetrones.**			
8540.71.01	00	Magnetrones.	Pza	Ex.	Ex.
8540.79	- -	**Los demás.**			
8540.79.99	00	Los demás.	Pza	Ex.	Ex.
	-	**Las demás lámparas, tubos y válvulas:**			
8540.81	- -	**Tubos receptores o amplificadores.**			
8540.81.03	00	Tubos receptores o amplificadores.	Pza	Ex.	Ex.
8540.89	- -	**Los demás.**			
8540.89.99		Los demás.	Pza	Ex.	Ex.
	01	Válvulas electrónicas.			
	99	Los demás.			
	-	**Partes:**			
8540.91	- -	**De tubos de rayos catódicos.**			
8540.91.05	00	De tubos de rayos catódicos.	Kg	Ex.	Ex.
8540.99	- -	**Las demás.**			
8540.99.99	00	Las demás.	Kg	Ex.	Ex.
85.41		**Dispositivos semiconductores (por ejemplo: diodos, transistores, transductores basados en semiconductores); dispositivos semiconductores fotosensibles, incluidas las células fotovoltaicas, aunque estén ensambladas en módulos o paneles; diodos emisores de luz (LED), incluso ensamblados con otros diodos emisores de luz (LED); cristales piezoeléctricos montados.**			
8541.10	-	**Diodos, excepto los fotodiodos y los diodos emisores de luz (LED).**			
8541.10.01		Diodos, excepto los fotodiodos y los diodos emisores de luz (LED).	Kg	Ex.	Ex.
	01	Diodos de silicio o de germanio.			
	99	Los demás.			
	-	**Transistores, excepto los fototransistores:**			
8541.21	- -	**Con una capacidad de disipación inferior a 1 W.**			
8541.21.01	00	Con una capacidad de disipación inferior a 1 W.	Kg	Ex.	Ex.
8541.29	- -	**Los demás.**			
8541.29.99	00	Los demás.	Kg	Ex.	Ex.
8541.30	-	**Tiristores, diacs y triacs, excepto los dispositivos fotosensibles.**			
8541.30.01		Tiristores, diacs y triacs, excepto los dispositivos fotosensibles.	Kg	Ex.	Ex.
	01	Tiristores unidireccionales o bidireccionales (triacs), encapsulados en plástico, de hasta 40 amperes.			
	99	Los demás.			
	-	**Dispositivos semiconductores fotosensibles, incluidas las células fotovoltaicas, aunque estén ensambladas en módulos o paneles; diodos emisores de luz (LED):**			
8541.41	- -	**Diodos emisores de luz (LED).**			
8541.41.01	00	Diodos emisores de luz (LED).	Kg	Ex.	Ex.
8541.42	- -	**Células fotovoltaicas sin ensamblar en módulos ni paneles.**			
8541.42.01	00	Células fotovoltaicas sin ensamblar en módulos ni paneles.	Kg	Ex.	Ex.
8541.43	- -	**Células fotovoltaicas ensambladas en módulos o paneles.**			
8541.43.01	00	Células fotovoltaicas ensambladas en módulos o paneles.	Kg	Ex.	Ex.
8541.49	- -	**Los demás.**			
8541.49.99	00	Los demás.	Kg	Ex.	Ex.
	-	**Los demás dispositivos semiconductores:**			
8541.51	- -	**Transductores basados en semiconductores.**			
8541.51.01	00	Transductores basados en semiconductores.	Kg	Ex.	Ex.
8541.59	- -	**Los demás.**			
8541.59.99	00	Los demás.	Kg	Ex.	Ex.
8541.60	-	**Cristales piezoeléctricos montados.**			
8541.60.01	00	Cristales piezoeléctricos montados.	Kg	Ex.	Ex.

8541.90		-	**Partes.**			
8541.90.02			Partes.	Kg	Ex.	Ex.
	01		Reconocibles como diseñadas exclusivamente para transistores o elementos análogos semiconductores.			
	99		Las demás.			
85.42			**Circuitos electrónicos integrados.**			
		-	**Circuitos electrónicos integrados:**			
8542.31		- -	**Procesadores y controladores, incluso combinados con memorias, convertidores, circuitos lógicos, amplificadores, relojes y circuitos de sincronización, u otros circuitos.**			
8542.31.03			Procesadores y controladores, incluso combinados con memorias, convertidores, circuitos lógicos, amplificadores, relojes y circuitos de sincronización, u otros circuitos.	Pza	Ex.	Ex.
	01		Para televisión de alta definición que tengan más de 100,000 puertas.			
	02		Circuitos integrados híbridos.			
	99		Los demás.			
8542.32		- -	**Memorias.**			
8542.32.02			Memorias.	Pza	Ex.	Ex.
	01		Circuitos integrados híbridos.			
	99		Los demás.			
8542.33		- -	**Amplificadores.**			
8542.33.02			Amplificadores.	Pza	Ex.	Ex.
	01		Circuitos integrados híbridos.			
	99		Los demás.			
8542.39		- -	**Los demás.**			
8542.39.99			Los demás.	Pza	Ex.	Ex.
	01		Circuitos integrados híbridos.			
	99		Los demás.			
8542.90		-	**Partes.**			
8542.90.01	00		Partes.	Kg	Ex.	Ex.
85.43			**Máquinas y aparatos eléctricos con función propia, no expresados ni comprendidos en otra parte de este Capítulo.**			
8543.10		-	**Aceleradores de partículas.**			
8543.10.02	00		Aceleradores de partículas.	Pza	Ex.	Ex.
8543.20		-	**Generadores de señales.**			
8543.20.06			Generadores de señales.	Pza	Ex.	Ex.
	01		Generadores de señales de radio, audio, video o estéreo, excepto generadores electrónicos de frecuencia de señalización, para centrales telefónicas y generadores de audiofrecuencia con distorsión armónica entre 0.3 y 0.1% o generadores de cuadros y/o fajas y/o puntos, para ajuste de aparatos de TV en blanco y negro y en color.			
	99		Los demás.			
8543.30		-	**Máquinas y aparatos de galvanoplastia, electrólisis o electroforesis.**			
8543.30.01	00		Máquinas y aparatos de galvanoplastia, electrólisis o electroforesis.	Pza	Ex.	Ex.
8543.40		-	**Cigarrillos electrónicos y dispositivos personales de vaporización eléctricos similares.**			
8543.40.01			Cigarrillos electrónicos y dispositivos personales de vaporización eléctricos o electrónicos similares, incluyendo aquellos novedosos y emergentes que utilicen tabaco calentado, los Sistemas electrónicos de administración de Nicotina (SEAN) Sistemas Similares Sin Nicotina (SSSN), y Sistemas Alternativos de Consumo de Nicotina (SACN) y similares.	Prohibida	Prohibida	Prohibida
8543.70		-	**Las demás máquinas y aparatos.**			
8543.70.01	00		Electrificadores de cercas.	Pza	5	Ex.
8543.70.08	00		Para electrocutar insectos voladores, mediante un sistema de rejillas electrizadas con voltaje elevado y que proyecte luz negra.	Pza	10	Ex.
8543.70.17	00		Ecualizadores.	Pza	15	Ex.
8543.70.99			Los demás.	Pza	Ex.	Ex.
	01		Decodificadores de señales de teletexto.			
	02		Aparatos de control remoto que utilizan rayos infrarrojos para el comando a distancia de aparatos electrónicos.			
	03		Detectores de metales portátiles, excepto los localizadores de cables; detectores de metales a base de tubos o placas magnetizadas para utilizarse en bandas transportadoras.			
	04		Reconocibles para naves aéreas.			
	05		Dispositivos eléctricos para vehículos que accionen mecanismos elevadores para cristales, cajuelas, asientos y/o seguros de puertas.			
	06		Preamplificadores-mezcladores de 8 o más canales, aun cuando realicen otros efectos de audio.			
	07		Controles automáticos de velocidad, para uso automotriz.			
	08		Detectores de metales, excepto lo comprendido en el número de identificación comercial 8543.70.99.03.			
	09		Amplificadores de bajo ruido, reconocibles como diseñados exclusivamente para sistemas de recepción de microondas vía satélite.			
	10		Amplificadores de microondas.			

	99	Los demás.			
8543.90		- **Partes.**			
8543.90.01	00	Circuitos modulares.	Pza	Ex.	Ex.
8543.90.02	00	Microestructuras electrónicas.	Pza	Ex.	Ex.
8543.90.03		De las reconocidas para lo comprendido en la fracción arancelaria 8543.40.01.	Prohibida	Prohibida	Prohibida
8543.90.99	00	Las demás.	Kg	Ex.	Ex.
85.44		**Hilos, cables (incluidos los coaxiales) y demás conductores aislados para electricidad, aunque estén laqueados, anodizados o provistos de piezas de conexión; cables de fibras ópticas constituidos por fibras enfundadas individualmente, incluso con conductores eléctricos incorporados o provistos de piezas de conexión.**			
		- Alambre para bobinar:			
8544.11		- - **De cobre.**			
8544.11.01	00	De cobre.	Kg	5	Ex.
8544.19		- - **Los demás.**			
8544.19.99		Los demás.	Kg	5	Ex.
	01	De aluminio o sus aleaciones, con aislamiento a base de cualquier esmalte, con diámetro del conductor inferior o igual a 0.361 mm.			
	99	Los demás.			
8544.20		- **Cables y demás conductores eléctricos, coaxiales.**			
8544.20.01	00	Cables coaxiales, de uno o más conductores eléctricos, aislados y con funda de malla de metal, aun cuando vengan recubiertos de materias aislantes, con o sin mensajero de acero, con una impedancia de 50 a 75 ohms.	Kg	5	Ex.
8544.20.02	00	Cables coaxiales de uno o más conductores concéntricos, aislados, aun cuando vengan recubiertos de materias aislantes, con o sin mensajero de acero, con una impedancia de 50 a 75 ohms, excepto lo comprendido en la fracción arancelaria 8544.20.01.	Kg	Ex.	Ex.
8544.20.03	00	Reconocibles para naves aéreas.	Kg	Ex.	Ex.
8544.20.99	00	Los demás.	Kg	5	Ex.
8544.30		- **Juegos de cables para bujías de encendido y demás juegos de cables de los tipos utilizados en los medios de transporte.**			
8544.30.01	00	Reconocibles para naves aéreas.	Kg	Ex.	Ex.
8544.30.99		Los demás.	Kg	5	Ex.
	01	Arneses reconocibles como diseñados exclusivamente para uso automotriz.			
	99	Los demás.			
		- **Los demás conductores eléctricos para una tensión inferior o igual a 1,000 V:**			
8544.42		- - **Provistos de piezas de conexión.**			
8544.42.05	00	Reconocibles para naves aéreas.	Kg	Ex.	Ex.
8544.42.99		Los demás.	Kg	5	Ex.
	01	Formas de cables cortados y atados (arneses), para la conexión de centrales telefónicas.			
	02	Cables termopar o sus cables de extensión.			
	03	Arneses y cables eléctricos, para conducción o distribución de corriente eléctrica en aparatos electrodomésticos o de medición.			
	04	De cobre, aluminio o sus aleaciones, excepto lo comprendido en los números de identificación comercial 8544.42.99.01 y 8544.42.99.03.			
	99	Los demás.			
8544.49		- - **Los demás.**			
8544.49.05	00	Reconocibles para naves aéreas.	Kg	Ex.	Ex.
8544.49.99		Los demás.	Kg	5	Ex.
	01	Formas de cables cortados y atados (arneses), para la conexión de centrales telefónicas.			
	02	Cables termopar o sus cables de extensión.			
	03	Cables eléctricos, para conducción o distribución de corriente eléctrica en aparatos electrodomésticos o de medición.			
	04	De cobre, aluminio o sus aleaciones, excepto lo comprendido en los números de identificación comercial 8544.49.99.01 y 8544.49.99.03.			
	05	Cables de cobre, para conducción de corriente eléctrica en sistemas de distribución de baja tensión e iluminación, de los utilizados en construcción.			
	99	Los demás.			
8544.60		- **Los demás conductores eléctricos para una tensión superior a 1,000 V.**			
8544.60.91		Los demás conductores eléctricos para una tensión superior a 1,000 V.	Kg	5	Ex.
	01	De cobre, aluminio o sus aleaciones.			
	02	De cobre, para una tensión inferior o igual a 35,000 Voltios.			
	99	Los demás.			
8544.70		- **Cables de fibras ópticas.**			
8544.70.01	00	Cables de fibras ópticas.	Kg	35	Ex.
85.45		**Electrodos y escobillas de carbón, carbón para lámparas o pilas y demás artículos de grafito u otros carbonos, incluso con metal, para usos eléctricos.**			
		- Electrodos:			
8545.11		- - **De los tipos utilizados en hornos.**			
8545.11.01	00	De los tipos utilizados en hornos.	Kg	Ex.	Ex.
8545.19		- - **Los demás.**			

8545.19.99	00	Los demás.	Kg	Ex.	Ex.
8545.20		**- Escobillas.**			
8545.20.01	00	Escobillas.	Kg	Ex.	Ex.
8545.90		**- Los demás.**			
8545.90.99	00	Los demás.	Kg	Ex.	Ex.
85.46		**Aisladores eléctricos de cualquier materia.**			
8546.10		**- De vidrio.**			
8546.10.01	00	Tubulares.	Kg	Ex.	Ex.
8546.10.02	00	Esbozos, en forma de campana, con diámetro superior o igual a 15 cm en la circunferencia mayor.	Kg	Ex.	Ex.
8546.10.03	00	Reconocibles para naves aéreas.	Kg	Ex.	Ex.
8546.10.99	00	Los demás.	Kg	5	Ex.
8546.20		**- De cerámica.**			
8546.20.01	00	Tubulares, excepto lo comprendido en la fracción arancelaria 8546.20.05.	Kg	Ex.	Ex.
8546.20.02	00	De suspensión.	Kg	Ex.	Ex.
8546.20.03	00	De porcelana o de esteatita para radio y televisión.	Kg	Ex.	Ex.
8546.20.04	00	Reconocibles para naves aéreas.	Kg	Ex.	Ex.
8546.20.05	00	Tubo cilíndrico exterior, de porcelana, para fusible limitador de corriente, liso, con una longitud superior o igual a 100 mm pero inferior o igual a 600 mm.	Pza	Ex.	Ex.
8546.20.99	00	Los demás.	Kg	5	Ex.
8546.90		**- Los demás.**			
8546.90.01	00	Tubulares.	Kg	Ex.	Ex.
8546.90.02	00	Reconocibles para naves aéreas.	Kg	Ex.	Ex.
8546.90.03	00	De resina, epóxica, no rígidos.	Kg	Ex.	Ex.
8546.90.99	00	Los demás.	Kg	5	Ex.
85.47		**Piezas aislantes totalmente de materia aislante o con simples piezas metálicas de ensamblado (por ejemplo, casquillos roscados) embutidas en la masa, para máquinas, aparatos o instalaciones eléctricas, excepto los aisladores de la partida 85.46; tubos aisladores y sus piezas de unión, de metal común, aislados interiormente.**			
8547.10		**- Piezas aislantes de cerámica.**			
8547.10.06	00	Elemento interno de fusible limitador de corriente, en forma cilíndrica o de estrella, de cerámica, con longitud superior o igual a 100 mm pero inferior o igual a 600 mm.	Pza	Ex.	Ex.
8547.10.99		Las demás.	Kg	Ex.	Ex.
	01	De porcelana para pasantes de transformadores de más de 132 kV.			
	02	Discos, tubos y otras formas de cerámica sin platear, reconocibles como diseñados exclusivamente para condensadores fijos o resistencias.			
	99	Las demás.			
8547.20		**- Piezas aislantes de plástico.**			
8547.20.04	00	Piezas aislantes de plástico.	Kg	Ex.	Ex.
8547.90		**- Los demás.**			
8547.90.99		Los demás.	Kg	Ex.	Ex.
	01	Bujes, reconocibles como diseñados exclusivamente para transformadores y/o disyuntores.			
	02	Tubos aisladores y sus piezas de unión, de metales comunes, aislados interiormente.			
	99	Los demás.			
85.48		**Partes eléctricas de máquinas o aparatos, no expresadas ni comprendidas en otra parte de este Capítulo.**			
8548.00		**- Partes eléctricas de máquinas o aparatos, no expresadas ni comprendidas en otra parte de este Capítulo.**			
8548.00.01	00	Microestructuras electrónicas.	Pza	Ex.	Ex.
8548.00.99		Los demás.	Kg	Ex.	Ex.
	01	Circuitos modulares constituidos por componentes eléctricos y/o electrónicos sobre tablilla aislante con circuito impreso, consignados en cantidad no mayor a 5 (cinco) unidades por destinatario y/o importador, por cada importación.			
	02	Reconocibles para naves aéreas.			
	03	Circuitos modulares constituidos por componentes eléctricos y/o electrónicos sobre tablilla aislante con circuito impreso, excepto lo comprendido en el número de identificación comercial 8548.00.99.01.			
	99	Los demás.			
85.49		**Desperdicios y desechos, eléctricos y electrónicos.**			
		- Desperdicios y desechos, de pilas, baterías de pilas o acumuladores eléctricos; pilas, baterías de pilas y acumuladores eléctricos, inservibles:			
8549.11		**-- Desperdicios y desechos de acumuladores de plomo y ácido; acumuladores de plomo y ácido inservibles.**			
8549.11.01	00	Desperdicios y desechos de acumuladores de plomo y ácido; acumuladores de plomo y ácido inservibles.	Kg	15	Ex.
8549.12		**-- Los demás, que contengan plomo, cadmio o mercurio.**			
8549.12.91	00	Los demás, que contengan plomo, cadmio o mercurio.	Kg	15	Ex.
8549.13		**-- Clasificados por tipo de componente químico, que no contengan plomo, cadmio o mercurio.**			

8549.13.01 00		Clasificados por tipo de componente químico, que no contengan plomo, cadmio o mercurio.	Kg	15	Ex.
8549.14	- -	**Sin clasificar, que no contengan plomo, cadmio o mercurio.**			
8549.14.01 00		Sin clasificar, que no contengan plomo, cadmio o mercurio.	Kg	15	Ex.
8549.19	- -	**Los demás.**			
8549.19.99 00		Los demás.	Kg	15	Ex.
	-	**De los tipos utilizados principalmente para la recuperación de metales preciosos:**			
8549.21	- -	**Que contengan pilas, baterías de pilas, acumuladores eléctricos, interruptores de mercurio, vidrio de tubos de rayos catódicos u otros vidrios activados, o componentes eléctricos o electrónicos que contengan cadmio, mercurio, plomo o bifenilos policlorados (PCB).**			
8549.21.01 00		Que contengan pilas, baterías de pilas, acumuladores eléctricos, interruptores de mercurio, vidrio de tubos de rayos catódicos u otros vidrios activados, o componentes eléctricos o electrónicos que contengan cadmio, mercurio, plomo o bifenilos policlorados (PCB).	Kg	15	Ex.
8549.29	- -	**Los demás.**			
8549.29.99 00		Los demás.	Kg	15	Ex.
	-	**Los demás ensamblajes eléctricos y electrónicos, y tarjetas de circuitos impresos:**			
8549.31	- -	**Que contengan pilas, baterías de pilas, acumuladores eléctricos, interruptores de mercurio, vidrio de tubos de rayos catódicos u otros vidrios activados, o componentes eléctricos o electrónicos que contengan cadmio, mercurio, plomo o bifenilos policlorados (PCB).**			
8549.31.01 00		Que contengan pilas, baterías de pilas, acumuladores eléctricos, interruptores de mercurio, vidrio de tubos de rayos catódicos u otros vidrios activados, o componentes eléctricos o electrónicos que contengan cadmio, mercurio, plomo o bifenilos policlorados (PCB).	Kg	15	Ex.
8549.39	- -	**Los demás.**			
8549.39.99 00		Los demás.	Kg	15	Ex.
	-	**Los demás:**			
8549.91	- -	**Que contengan pilas, baterías de pilas, acumuladores eléctricos, interruptores de mercurio, vidrio de tubos de rayos catódicos u otros vidrios activados, o componentes eléctricos o electrónicos que contengan cadmio, mercurio, plomo o bifenilos policlorados (PCB).**			
8549.91.01 00		Que contengan pilas, baterías de pilas, acumuladores eléctricos, interruptores de mercurio, vidrio de tubos de rayos catódicos u otros vidrios activados, o componentes eléctricos o electrónicos que contengan cadmio, mercurio, plomo o bifenilos policlorados (PCB).	Kg	15	Ex.
8549.99	- -	**Los demás.**			
8549.99.99 00		Los demás.	Kg	15	Ex.

Sección XVII
MATERIAL DE TRANSPORTE

Notas.
1. Esta Sección no comprende los artículos de las partidas 95.03 o 95.08 ni los toboganes, "bobsleighs" y similares (partida 95.06).
2. No se consideran *partes* o *accesorios* de material de transporte, aunque sean identificables como tales:
    a) las juntas o empaquetaduras, arandelas y similares, de cualquier materia (régimen de la materia constitutiva o partida 84.84), así como los demás artículos de caucho vulcanizado sin endurecer (partida 40.16);
    b) las partes y accesorios de uso general, tal como se definen en la Nota 2 de la Sección XV, de metal común (Sección XV), ni los artículos similares de plástico (Capítulo 39);
    c) los artículos del Capítulo 82 (herramientas);
    d) los artículos de la partida 83.06;
    e) las máquinas y aparatos de las partidas 84.01 a 84.79, así como sus partes, excepto los radiadores para los vehículos de la Sección XVII; los artículos de las partidas 84.81 u 84.82 y, siempre que constituyan partes intrínsecas de motor, los artículos de la partida 84.83;
    f) las máquinas y aparatos eléctricos, así como el material eléctrico (Capítulo 85);
    g) los instrumentos y aparatos del Capítulo 90;
    h) los artículos del Capítulo 91;
    ij) las armas (Capítulo 93);
    k) las luminarias y los aparatos de alumbrado, y sus partes, de la partida 94.05;
    l) los cepillos que constituyan partes de vehículos (partida 96.03).
3. En los Capítulos 86 a 88, la referencia a las *partes* o a los *accesorios* no abarca a las partes o accesorios que no estén destinados, exclusiva o principalmente, a los vehículos o artículos de esta Sección. Cuando una parte o un accesorio sea susceptible de responder a las especificaciones de dos o más partidas de la Sección, se clasifica en la partida que corresponda a su utilización principal.
4. En esta Sección:
    a) los vehículos especialmente diseñados para ser utilizados en carretera y sobre carriles (rieles), se clasifican en la partida apropiada del Capítulo 87;
    b) los vehículos automóviles anfibios se clasifican en la partida apropiada del Capítulo 87;
    c) las aeronaves especialmente diseñadas para ser utilizadas también como vehículos terrestres, se clasifican en la partida apropiada del Capítulo 88.
5. Los vehículos de cojín (colchón) de aire se clasifican con los vehículos con los que guarden mayor analogía:
    a) del Capítulo 86, si están diseñados para desplazarse sobre una vía guía (aerotrenes);
    b) del Capítulo 87, si están diseñados para desplazarse sobre tierra firme o indistintamente sobre tierra firme o sobre agua;

LEY DE LOS IMPUESTOS GENERALES DE IMPORTACION Y EXPORTACION

c) del Capítulo 89, si están diseñados para desplazarse sobre agua, incluso si pueden posarse en playas o embarcaderos o desplazarse también sobre superficies heladas.

Las partes y accesorios de vehículos de cojín (colchón) de aire se clasifican igual que las partes y accesorios de los vehículos de la partida en que éstos se hubieran clasificado por aplicación de las disposiciones anteriores.

El material fijo para vías de aerotrenes se considera material fijo de vías férreas, y los aparatos de señalización, seguridad, control o mando para vías de aerotrenes como aparatos de señalización, seguridad, control o mando para vías férreas.

Nota Nacional:
1. No obstante, lo dispuesto en la Nota 2, inciso c) de la Sección XVII de la Tarifa de la Ley de los Impuestos Generales de Importación y de Exportación, las herramientas y artículos similares (por ejemplo: kits de emergencia) con los que normalmente se comercializan los vehículos automóviles, se clasifican con ellos siempre que se presenten simultáneamente para su importación o exportación.

Capítulo 86
Vehículos y material para vías férreas o similares, y sus partes; aparatos mecánicos (incluso electromecánicos) de señalización para vías de comunicación

Notas.
1. Este Capítulo no comprende:
   a) las traviesas (durmientes) de madera u hormigón para vías férreas o similares y los elementos de hormigón para vías guía de aerotrenes (partidas 44.06 o 68.10);
   b) los elementos para vías férreas de fundición, hierro o acero de la partida 73.02;
   c) los aparatos eléctricos de señalización, seguridad, control o mando de la partida 85.30.
2. Se clasifican en la partida 86.07, entre otros:
   a) los ejes, ruedas, ejes montados (trenes de ruedas), llantas, bujes, centros y demás partes de ruedas;
   b) los chasis, bojes y "bissels";
   c) las cajas de ejes (cajas de grasa o aceite), los dispositivos de freno de cualquier clase;
   d) los topes, ganchos y demás sistemas de enganche, los fuelles de intercomunicación;
   e) los artículos de carrocería.
3. Salvo lo dispuesto en la Nota 1 anterior, se clasifican en la partida 86.08, entre otros:
   a) las vías ensambladas, placas y puentes giratorios, parachoques y gálibos;
   b) los discos y placas móviles y semáforos, aparatos de mando para pasos a nivel o cambio de agujas, puestos de maniobra a distancia y demás aparatos mecánicos (incluso electromecánicos) de señalización, seguridad, control o mando, incluso provistos de dispositivos accesorios de alumbrado eléctrico, para vías férreas o similares, carreteras, vías fluviales, áreas o parques de estacionamiento, instalaciones portuarias o aeropuertos.

CÓDIGO	DESCRIPCIÓN	UNIDAD	ARANCEL	
			IMP	EXP
86.01	**Locomotoras y locotractores, de fuente externa de electricidad o acumuladores eléctricos.**			
8601.10	- De fuente externa de electricidad.			
8601.10.01 00	De fuente externa de electricidad.	Pza	Ex.	Ex.
8601.20	- De acumuladores eléctricos.			
8601.20.01 00	De acumuladores eléctricos.	Pza	Ex.	Ex.
86.02	**Las demás locomotoras y locotractores; ténderes.**			
8602.10	- Locomotoras diésel-eléctricas.			
8602.10.01 00	Locomotoras diésel-eléctricas.	Pza	Ex.	Ex.
8602.90	- Los demás.			
8602.90.99 00	Los demás.	Pza	Ex.	Ex.
86.03	**Automotores para vías férreas y tranvías autopropulsados, excepto los de la partida 86.04.**			
8603.10	- De fuente externa de electricidad.			
8603.10.01 00	De fuente externa de electricidad.	Pza	Ex.	Ex.
8603.90	- Los demás.			
8603.90.99 00	Los demás.	Pza	Ex.	Ex.
86.04	**Vehículos para mantenimiento o servicio de vías férreas o similares, incluso autopropulsados (por ejemplo: vagones taller, vagones grúa, vagones equipados para apisonar balasto, alinear vías, coches para ensayos y vagonetas de inspección de vías).**			
8604.00	- Vehículos para mantenimiento o servicio de vías férreas o similares, incluso autopropulsados (por ejemplo: vagones taller, vagones grúa, vagones equipados para apisonar balasto, alinear vías, coches para ensayos y vagonetas de inspección de vías).			
8604.00.03	Vehículos para mantenimiento o servicio de vías férreas o similares, incluso autopropulsados (por ejemplo: vagones taller, vagones grúa, vagones equipados para apisonar balasto, alinear vías, coches para ensayos y vagonetas de inspección de vías).	Pza	5	Ex.
01	Vagones taller o vagones grúa.			
99	Los demás.			
86.05	**Coches de viajeros, furgones de equipajes, coches correo y demás coches especiales, para vías férreas o similares (excepto los coches de la partida 86.04).**			
8605.00	- Coches de viajeros, furgones de equipajes, coches correo y demás coches especiales, para vías férreas o similares (excepto los coches de la partida 86.04).			
8605.00.01 00	Coches de viajeros.	Pza	10	Ex.
8605.00.99 00	Los demás.	Pza	5	Ex.
86.06	**Vagones para transporte de mercancías sobre carriles (rieles).**			
8606.10	- Vagones cisterna y similares.			

Código		Descripción	Unidad		
8606.10.01	00	Vagones cisterna y similares.	Pza	5	Ex.
8606.30	-	**Vagones de descarga automática, excepto los de la subpartida 8606.10.**			
8606.30.01	00	Vagones de descarga automática, excepto los de la subpartida 8606.10.	Pza	Ex.	Ex.
		- Los demás:			
8606.91	- -	**Cubiertos y cerrados.**			
8606.91.02	00	Cubiertos y cerrados.	Pza	5	Ex.
8606.92	- -	**Abiertos, con pared fija de altura superior a 60 cm.**			
8606.92.01	00	Abiertos, con pared fija de altura superior a 60 cm.	Pza	5	Ex.
8606.99	- -	**Los demás.**			
8606.99.99	00	Los demás.	Pza	Ex.	Ex.
86.07		**Partes de vehículos para vías férreas o similares.**			
		- Bojes, "bissels", ejes y ruedas, y sus partes:			
8607.11	- -	**Bojes y "bissels", de tracción.**			
8607.11.01	00	Bojes y "bissels", de tracción.	Kg	Ex.	Ex.
8607.12	- -	**Los demás bojes y "bissels".**			
8607.12.91	00	Los demás bojes y "bissels".	Kg	Ex.	Ex.
8607.19	- -	**Los demás, incluidas las partes.**			
8607.19.02	00	Ejes montados con sus ruedas.	Kg	Ex.	Ex.
8607.19.03	00	Ruedas.	Kg	Ex.	Ex.
8607.19.99		Los demás.	Pza	Ex.	Ex.
	01	Partes de ejes o ruedas.			
	99	Los demás.			
		- Frenos y sus partes:			
8607.21	- -	**Frenos de aire comprimido y sus partes.**			
8607.21.02	00	Frenos de aire comprimido y sus partes.	Kg	Ex.	Ex.
8607.29	- -	**Los demás.**			
8607.29.99	00	Los demás.	Kg	Ex.	Ex.
8607.30	-	**Ganchos y demás sistemas de enganche, topes, y sus partes.**			
8607.30.01	00	Ganchos y demás sistemas de enganche, topes, y sus partes.	Kg	Ex.	Ex.
		- Las demás:			
8607.91	- -	**De locomotoras o locotractores.**			
8607.91.02		De locomotoras o locotractores.	Kg	Ex.	Ex.
	01	Reconocibles como diseñadas exclusivamente para locomotoras, excepto ejes, montados con sus ruedas, bojes, ruedas, llantas, forjadas para ruedas de locomotoras y chumaceras, inclusive.			
	99	Las demás.			
8607.99	- -	**Las demás.**			
8607.99.99	00	Las demás.	Kg	Ex.	Ex.
86.08		**Material fijo de vías férreas o similares; aparatos mecánicos (incluso electromecánicos) de señalización, seguridad, control o mando para vías férreas o similares, carreteras o vías fluviales, áreas o parques de estacionamiento, instalaciones portuarias o aeropuertos; sus partes.**			
8608.00	-	Material fijo de vías férreas o similares; aparatos mecánicos (incluso electromecánicos) de señalización, seguridad, control o mando para vías férreas o similares, carreteras o vías fluviales, áreas o parques de estacionamiento, instalaciones portuarias o aeropuertos; sus partes.			
8608.00.04		Material fijo de vías férreas o similares; aparatos mecánicos (incluso electromecánicos) de señalización, seguridad, control o mando para vías férreas o similares, carreteras o vías fluviales, áreas o parques de estacionamiento, instalaciones portuarias o aeropuertos; sus partes.	Kg	Ex.	Ex.
	01	Material fijo de vías férreas o sus partes componentes.			
	02	Aparatos de señalización, seguridad, control, mando o sus partes componentes.			
	99	Los demás.			
86.09		**Contenedores (incluidos los contenedores cisterna y los contenedores depósito) especialmente diseñados y equipados para uno o varios medios de transporte.**			
8609.00	-	Contenedores (incluidos los contenedores cisterna y los contenedores depósito) especialmente diseñados y equipados para uno o varios medios de transporte.			
8609.00.01	00	Contenedores (incluidos los contenedores cisterna y los contenedores depósito) especialmente diseñados y equipados para uno o varios medios de transporte.	Pza	15	Ex.

Capítulo 87
Vehículos automóviles, tractores, velocípedos y demás vehículos terrestres; sus partes y accesorios

Notas.
1. Este Capítulo no comprende los vehículos diseñados para circular solamente sobre carriles (rieles).
2. En este Capítulo, se entiende por *tractores* los vehículos con motor esencialmente diseñados para tirar o empujar otros aparatos, vehículos o cargas, incluso si tienen ciertos acondicionamientos accesorios en relación con su utilización principal, que permitan el transporte de herramientas, semillas, abonos, etc.
   Las máquinas e instrumentos de trabajo diseñados para equipar los tractores de la partida 87.01 como material intercambiable siguen su propio régimen, aunque se presenten con el tractor, incluso si están montados sobre éste.
3. Los chasis con cabina incorporada para vehículos automóviles se clasifican en las partidas 87.02 a 87.04 y no en la partida 87.06.
4. La partida 87.12 comprende todas las bicicletas para niños. Los demás velocípedos para niños se clasifican en la partida 95.03.

Nota de subpartida.
1. La subpartida 8708.22 comprende:
   a) los parabrisas, vidrios traseros (lunetas) y demás ventanillas, enmarcados;

b) los parabrisas, vidrios traseros (lunetas) y demás ventanillas, incluso enmarcados, que incorporen dispositivos de calefacción u otros dispositivos eléctricos o electrónicos, siempre que estén destinados exclusiva o principalmente a vehículos automóviles de las partidas 87.01 a 87.05.

Notas Nacionales:
1. Para efectos de este Capítulo, un vehículo ya presenta las características esenciales si:
   a) Solo le faltan las ruedas o neumáticos y batería;
   b) Si no tiene el motor o presenta el interior incompleto, o
   c) Si no tiene asiento o asientos ni ruedas.
2. Para efectos de este Capítulo, el "peso total con carga máxima" está formado por el peso del vehículo, el peso de la carga máxima prevista, el peso del conductor y el peso del carburante con el depósito lleno, dichos datos son los especificados por el fabricante.
3. Para efectos de este Capítulo, un tractor es aquel vehículo con motor creado para tirar, arrastrar y/o empujar otros aparatos, vehículos o cargas (por ejemplo, elementos de trabajo).
4. En las partidas 87.01, 87.02, 87.03, 87.04 y 87.05 el término "usados" se entiende como el vehículo automóvil, tractor y demás vehículos terrestres que cumplan con al menos una de las siguientes características:
   a) Cuyo número de serie, número de identificación vehicular (NIV) o año modelo sea por lo menos un año anterior al vigente;
   b) Que al momento de efectuar el despacho aduanero, la lectura del odómetro indique que el vehículo ha recorrido más de 1,000 kilómetros, o su equivalente en millas, en el caso de vehículos con peso total con carga máxima inferior a 5,000 kilogramos; o que ha recorrido más de 5,000 kilómetros, o su equivalente en millas, en el caso de vehículos con peso total con carga máxima superior o igual a 5,000 kilogramos.
5. Los vehículos de tipo familiar son aquellos que cuentan con hasta nueve asientos o plazas, incluido el conductor, el cual pueda transportar mercancías sin recibir una modificación en su estructura.
6. Para efectos de la partida 87.03, los vehículos pueden contar con cualquier tipo de motor que proporcione la fuerza motriz, por ejemplo, motor de gasolina, eléctrico, hibrido, etc. De igual forma, se consideran pertenecientes a esta partida los vehículos de tres ruedas, con las siguientes condiciones: presencia de una dirección tipo automóvil o, al mismo tiempo, marcha atrás y diferencial.
   Para efectos de las subpartidas 8703.21 y 8704.31, la expresión "dirección tipo automóvil", se refiere a vehículos de dos ruedas delanteras montadas sobre un eje fijo, en el que el sistema de dirección delantero permite que la rueda interior a la curva doble a un mayor ángulo y gire a una velocidad más lenta que la rueda exterior a la curva, lo que evita que se pierda el control del vehículo, independientemente de su accionamiento (volante, manubrio, manivela, etc.).
7. Para efectos de la partida 87.04, se entenderá como vehículos automóviles para transporte de mercancías a aquellos que estén equipados con algún artefacto propio para facilitar el transporte de las mercancías, por ejemplo, plataforma, caja, toldo, redilas, etc. Sin embargo, si dicho artefacto tiene alguna función propia o adicional, el medio de transporte se considerará como un vehículo automóvil para uso especial de la partida 87.05.
8. Para efectos de la partida 87.05, se entiende como "vehículos automóviles para usos especiales" a aquellos vehículos diseñados por el fabricante, o bien, al paso del tiempo modificados y equipados permanentemente de forma homogénea con artefactos para realizar tareas especiales, distintas a la del transporte de personas o mercancías.
   La partida 87.05 comprende los camiones grúa que no se destinen al transporte de mercancías, constituidos por un chasis de vehículo automóvil con cabina en el que se ha montado permanentemente una grúa rotativa. Sin embargo, se excluyen los vehículos automóviles de la partida 87.04 que se cargan ellos mismos.
   Para efectos de la subpartida 8705.10, se incluyen los camiones grúa que presenten doble cabina.
9. Para efectos de la partida 87.06, se entenderá como "chasis de vehículos automóviles equipados con su motor" a aquellos mecanismos a los que les falte la caja y la cabina.
10. Se consideran pertenecientes a la partida 87.11 los vehículos de dos ruedas, de motor eléctrico, en el que el conductor viaja de pie y la conducción se hace con el equilibrio del conductor, ya que cuenta con giroscopios.
11. En la partida 87.12, la expresión "Bicicletas para niños" comprende las bicicletas con rines de hasta 20 pulgadas de diámetro interior (rodada).
12. Para efectos de la partida 87.15, se entiende por "coches para transporte de niños" aquellos vehículos de 2 o más ruedas, con la condición de ser empujados a mano.
13. Para efectos de la partida 87.16, se consideran remolques aquellos vehículos que no son capaces de moverse por sus propios medios, por lo tanto, necesitan ser arrastrados o empujados por un vehículo, animal, a mano, etc.

CÓDIGO	DESCRIPCIÓN	UNIDAD	ARANCEL IMP	EXP
87.01	**Tractores (excepto las carretillas tractor de la partida 87.09).**			
8701.10	- **Tractores de un solo eje.**			
8701.10.01 00	Tractores de un solo eje.	Pza	Ex.	Ex.
	- **Tractores de carretera para semirremolques:**			
8701.21	- - **Únicamente con motor de émbolo (pistón), de encendido por compresión (diésel o semi-diésel).**			
8701.21.01 00	Usados.	Pza	50	Ex.
8701.21.99 00	Los demás.	Pza	20	Ex.
8701.22	- - **Equipados para la propulsión con motor de émbolo (pistón), de encendido por compresión (diésel o semi-diésel) y con motor eléctrico.**			
8701.22.01 00	Usados.	Pza	50	Ex.
8701.22.99 00	Los demás.	Pza	20	Ex.
8701.23	- - **Equipados para la propulsión con motor de émbolo (pistón), de encendido por chispa y con motor eléctrico.**			
8701.23.01 00	Usados.	Pza	50	Ex.
8701.23.99 00	Los demás.	Pza	20	Ex.
8701.24	- - **Únicamente propulsados con motor eléctrico.**			
8701.24.01 00	Usados.	Pza	50	Ex.
8701.24.99 00	Los demás.	Pza	20	Ex.

8701.29		-- Los demás.			
8701.29.01	00	Usados.	Pza	50	Ex.
8701.29.99	00	Los demás.	Pza	20	Ex.
8701.30		- Tractores de orugas.			
8701.30.01	00	Tractores de orugas con potencia al volante del motor superior o igual a 105 CP sin exceder de 380 CP, medida a 1900 RPM, incluso con hoja empujadora.	Pza	15	Ex.
8701.30.99	00	Los demás.	Pza	Ex.	Ex.
		- Los demás, con motor de potencia:			
8701.91		-- Inferior o igual a 18 kW.			
8701.91.01	00	Tractores de ruedas con toma de fuerza o enganche de tres puntos, para acoplamiento de implementos agrícolas, excepto aquellos cuyo número de serie o modelo sea al menos 2 años anterior al vigente.	Pza	5	Ex.
8701.91.02	00	Tractores de ruedas con toma de fuerza o enganche de tres puntos, para acoplamiento de implementos agrícolas, incompletos o sin terminar, con transmisión manual sincronizada de 12 por 12 e inversor de marcha, que no incorpore al menos nueve de los siguientes elementos: el conjunto de rines, toldo, brazos de levante, contrapesos, tubo de escape, eje delantero, soporte frontal, radiador, salpicaduras, barra de tiro, horquilla barra de tiro, escalón y soportes, excepto aquellos cuyo número de serie o modelo sea al menos 2 años anterior al vigente.	Pza	Ex.	Ex.
8701.91.99		Los demás.	Pza	Ex.	Ex.
	01	Tractores de ruedas con toma de fuerza o enganche de tres puntos, para acoplamiento de implementos agrícolas cuyo número de serie o modelo sea al menos 2 años anterior al vigente.			
	02	Tractores para vías férreas, provistos de aditamento de ruedas con neumáticos accionados mecánicamente para rodarlos sobre pavimento.			
	03	Tractores sobre bandas de hule, dotados de toma de fuerza para el acoplamiento de implementos agrícolas.			
	99	Los demás.			
8701.92		-- Superior a 18 kW pero inferior o igual a 37 kW.			
8701.92.01	00	Tractores de ruedas con toma de fuerza o enganche de tres puntos, para acoplamiento de implementos agrícolas, excepto aquellos cuyo número de serie o modelo sea al menos 2 años anterior al vigente y lo comprendido en la fracción arancelaria 8701.92.02.	Pza	5	Ex.
8701.92.02	00	Tractores de ruedas con toma de fuerza o enganche de tres puntos, para acoplamiento de implementos agrícolas, con potencia superior o igual a 32 CP.	Pza	Ex.	Ex.
8701.92.03	00	Tractores de ruedas con toma de fuerza o enganche de tres puntos, para acoplamiento de implementos agrícolas, incompletos o sin terminar, con transmisión manual sincronizada de 12 por 12 e inversor de marcha, que no incorpore al menos nueve de los siguientes elementos: el conjunto de rines, toldo, brazos de levante, contrapesos, tubo de escape, eje delantero, soporte frontal, radiador, salpicaduras, barra de tiro, horquilla barra de tiro, escalón y soportes, excepto aquellos cuyo número de serie o modelo sea al menos 2 años anterior al vigente.	Pza	Ex.	Ex.
8701.92.99		Los demás.	Pza	Ex.	Ex.
	01	Tractores para vías férreas, provistos de aditamento de ruedas con neumáticos accionados mecánicamente para rodarlos sobre pavimento.			
	02	Tractores de ruedas con toma de fuerza o enganche de tres puntos, para acoplamiento de implementos agrícolas cuyo número de serie o modelo sea al menos 2 años anterior al vigente.			
	03	Tractores sobre bandas de hule, dotados de toma de fuerza para el acoplamiento de implementos agrícolas.			
	99	Los demás.			
8701.93		-- Superior a 37 kW pero inferior o igual a 75 kW.			
8701.93.01	00	Tractores de ruedas con toma de fuerza o enganche de tres puntos, para acoplamiento de implementos agrícolas, con potencia superior a 53 CP, excepto aquellos cuyo número de serie o modelo sea al menos 2 años anterior al vigente.	Pza	5	Ex.
8701.93.02	00	Tractores de ruedas con toma de fuerza o enganche de tres puntos, para acoplamiento de implementos agrícolas, incompletos o sin terminar, con transmisión manual sincronizada de 12 por 12 e inversor de marcha, que no incorpore al menos nueve de los siguientes elementos: el conjunto de rines, toldo, brazos de levante, contrapesos, tubo de escape, eje delantero, soporte frontal, radiador, salpicaduras, barra de tiro, horquilla barra de tiro, escalón y soportes, excepto aquellos cuyo número de serie o modelo sea al menos 2 años anterior al vigente.	Pza	Ex.	Ex.
8701.93.99		Los demás.	Pza	Ex.	Ex.
	01	Tractores para vías férreas, provistos de aditamento de ruedas con neumáticos accionados mecánicamente para rodarlos sobre pavimento.			
	02	Tractores de ruedas con toma de fuerza o enganche de tres puntos, para acoplamiento de implementos agrícolas cuyo número de serie o modelo sea al menos 2 años anterior al vigente.			
	03	Tractores sobre bandas de hule, dotados de toma de fuerza para el acoplamiento de implementos agrícolas.			
	99	Los demás.			
8701.94		-- Superior a 75 kW pero inferior o igual a 130 kW.			
8701.94.01	00	Tractores de ruedas con toma de fuerza o enganche de tres puntos, para acoplamiento de implementos agrícolas, excepto lo comprendido en las fracciones arancelarias 8701.94.02, 8701.94.03 y 8701.94.04.	Pza	5	Ex.
8701.94.02	00	Tractores de ruedas con toma de fuerza o enganche de tres puntos, para acoplamiento de implementos agrícolas cuyo número de serie o modelo sea al menos 2 años anterior al vigente.	Pza	Ex.	Ex.
8701.94.03	00	Tractores de ruedas con toma de fuerza o enganche de tres puntos, para acoplamiento de implementos agrícolas, con potencia superior o igual a 140 CP, transmisión manual y tablero de instrumentos analógico, excepto lo comprendido en la fracción arancelaria 8701.94.02.	Pza	Ex.	Ex.
8701.94.04	00	Tractores de ruedas con toma de fuerza o enganche de tres puntos, para acoplamiento de implementos agrícolas, con potencia superior o igual a 106 CP pero inferior a 140 CP, con cabina	Pza	Ex.	Ex.

		con aire acondicionado y transmisión syncroplus o powerquad, excepto lo comprendido en la fracción arancelaria 8701.94.02.			
8701.94.05	00	Tractores de ruedas con toma de fuerza o enganche de tres puntos, para acoplamiento de implementos agrícolas, incompletos o sin terminar, con transmisión manual sincronizada de 12 por 12 e inversor de marcha, que no incorpore al menos nueve de los siguientes elementos: el conjunto de rines, toldo, brazos de levante, contrapesos, tubo de escape, eje delantero, soporte frontal, radiador, salpicaduras, barra de tiro, horquilla barra de tiro, escalón y soportes, excepto lo comprendido en las fracciones arancelarias 8701.94.02, 8701.94.03 y 8701.94.04.	Pza	Ex.	Ex.
8701.94.99		Los demás.	Pza	Ex.	Ex.
	01	Tractores para vías férreas, provistos de aditamento de ruedas con neumáticos accionados mecánicamente para rodarlos sobre pavimento.			
	02	Tractores sobre bandas de hule, dotados de toma de fuerza para el acoplamiento de implementos agrícolas.			
	99	Los demás.			
8701.95		-- **Superior a 130 kW.**			
8701.95.01	00	Tractores de ruedas con toma de fuerza o enganche de tres puntos, para acoplamiento de implementos agrícolas, con potencia superior a 180 CP, excepto aquellos cuyo número de serie o modelo sea al menos 2 años anterior al vigente.	Pza	5	Ex.
8701.95.02	00	Tractores de ruedas con toma de fuerza o enganche de tres puntos, para acoplamiento de implementos agrícolas, incompletos o sin terminar, con transmisión manual sincronizada de 12 por 12 e inversor de marcha, que no incorpore al menos nueve de los siguientes elementos: el conjunto de rines, toldo, brazos de levante, contrapesos, tubo de escape, eje delantero, soporte frontal, radiador, salpicaduras, barra de tiro, horquilla barra de tiro, escalón y soportes, excepto aquellos cuyo número de serie o modelo sea al menos 2 años anterior al vigente.	Pza	Ex.	Ex.
8701.95.99		Los demás.	Pza	Ex.	Ex.
	01	Tractores para vías férreas, provistos de aditamento de ruedas con neumáticos accionados mecánicamente para rodarlos sobre pavimento.			
	02	Tractores de ruedas con toma de fuerza o enganche de tres puntos, para acoplamiento de implementos agrícolas cuyo número de serie o modelo sea al menos 2 años anterior al vigente.			
	03	Tractores sobre bandas de hule, dotados de toma de fuerza para el acoplamiento de implementos agrícolas.			
	99	Los demás.			
87.02		**Vehículos automóviles para transporte de diez o más personas, incluido el conductor.**			
8702.10		- **Únicamente con motor de émbolo (pistón), de encendido por compresión (diésel o semi-diésel).**			
8702.10.05	00	Usados.	Pza	50	Ex.
8702.10.99		Los demás.	Pza	20	Ex.
	01	Con carrocería montada sobre chasis, excepto lo comprendido en el número de identificación comercial 8702.10.99.03.			
	02	Con carrocería integral, excepto lo comprendido en el número de identificación comercial 8702.10.99.04.			
	03	Para el transporte de 16 o más personas, incluyendo el conductor, con carrocería montada sobre chasis.			
	04	Para el transporte de 16 o más personas, incluyendo el conductor, con carrocería integral.			
8702.20		- **Equipados para la propulsión con motor de émbolo (pistón), de encendido por compresión (diésel o semi-diésel) y con motor eléctrico.**			
8702.20.05	00	Usados.	Pza	50	Ex.
8702.20.99		Los demás.	Pza	20	Ex.
	01	Con carrocería montada sobre chasis, excepto lo comprendido en el número de identificación comercial 8702.20.99.03.			
	02	Con carrocería integral, excepto lo comprendido en el número de identificación comercial 8702.20.99.04.			
	03	Para el transporte de 16 o más personas, incluyendo el conductor, con carrocería montada sobre chasis.			
	04	Para el transporte de 16 o más personas, incluyendo el conductor, con carrocería integral.			
8702.30		- **Equipados para la propulsión con motor de émbolo (pistón), de encendido por chispa y con motor eléctrico.**			
8702.30.05	00	Usados.	Pza	50	Ex.
8702.30.99		Los demás.	Pza	20	Ex.
	01	Con carrocería montada sobre chasis, excepto lo comprendido en el número de identificación comercial 8702.30.99.03.			
	02	Con carrocería integral, excepto lo comprendido en el número de identificación comercial 8702.30.99.04.			
	03	Para el transporte de 16 o más personas, incluyendo el conductor, con carrocería montada sobre chasis.			
	04	Para el transporte de 16 o más personas, incluyendo el conductor, con carrocería integral.			
8702.40		- **Únicamente propulsados con motor eléctrico.**			
8702.40.01	00	Trolebuses, excepto usados.	Pza	Ex.	Ex.
8702.40.02		Eléctricos, excepto usados.	Pza	Ex.	Ex.
	01	Con carrocería montada sobre chasis, excepto lo comprendido en el número de identificación comercial 8702.40.02.03.			
	02	Con carrocería integral, excepto lo comprendido en el número de identificación comercial 8702.40.02.04.			

	03	Para el transporte de 16 o más personas, incluyendo el conductor, con carrocería montada sobre chasis.			
	04	Para el transporte de 16 o más personas, incluyendo el conductor, con carrocería integral.			
8702.40.06	00	Usados.	Pza	50	Ex.
8702.40.07	00	Trolebuses usados.	Pza	15	Ex.
8702.90		**- Los demás.**			
8702.90.01	00	Trolebuses, excepto usados.	Pza	Ex.	Ex.
8702.90.06	00	Usados, excepto lo comprendido en la fracción arancelaria 8702.90.08.	Pza	50	Ex.
8702.90.08	00	Trolebuses usados.	Pza	15	Ex.
8702.90.99		Los demás.	Pza	20	Ex.
	01	Con carrocería montada sobre chasis, excepto lo comprendido en el número de identificación comercial 8702.90.99.03.			
	02	Con carrocería integral, excepto lo comprendido en el número de identificación comercial 8702.90.99.04.			
	03	Para el transporte de 16 o más personas, incluyendo el conductor, con carrocería montada sobre chasis.			
	04	Para el transporte de 16 o más personas, incluyendo el conductor, con carrocería integral.			
87.03		**Automóviles de turismo y demás vehículos automóviles diseñados principalmente para el transporte de personas (excepto los de la partida 87.02), incluidos los del tipo familiar ("break" o "station wagon") y los de carreras.**			
8703.10		**- Vehículos especialmente diseñados para desplazarse sobre nieve; vehículos especiales para transporte de personas en campos de golf y vehículos similares.**			
8703.10.04		Vehículos especialmente diseñados para desplazarse sobre nieve; vehículos especiales para transporte de personas en campos de golf y vehículos similares.	Pza	15	Ex.
	01	Con motor eléctrico, excepto los comprendidos en el número de identificación comercial 8703.10.04.02.			
	02	Vehículos especiales para el transporte de personas en terrenos de golf.			
	99	Los demás.			
		- Los demás vehículos, únicamente con motor de émbolo (pistón), de encendido por chispa:			
8703.21		**- - De cilindrada inferior o igual a 1,000 cm³.**			
8703.21.01	00	Motociclos de tres ruedas (trimotos) que presenten una dirección tipo automóvil o, al mismo tiempo, diferencial y reversa; motociclos de cuatro ruedas (cuadrimotos) con dirección tipo automóvil.	Pza	15	Ex.
8703.21.02	00	Usados, excepto lo comprendido en la fracción arancelaria 8703.21.01.	Pza	50	Ex.
8703.21.99	00	Los demás.	Pza	20	Ex.
8703.22		**- - De cilindrada superior a 1,000 cm³ pero inferior o igual a 1,500 cm³.**			
8703.22.02	00	Usados.	Pza	50	Ex.
8703.22.99	00	Los demás.	Pza	20	Ex.
8703.23		**- - De cilindrada superior a 1,500 cm³ pero inferior o igual a 3,000 cm³.**			
8703.23.02	00	Usados.	Pza	50	Ex.
8703.23.99	00	Los demás.	Pza	20	Ex.
8703.24		**- - De cilindrada superior a 3,000 cm³.**			
8703.24.02	00	Usados.	Pza	50	Ex.
8703.24.99	00	Los demás.	Pza	20	Ex.
		- Los demás vehículos, únicamente con motor de émbolo (pistón), de encendido por compresión (diésel o semi-diésel):			
8703.31		**- - De cilindrada inferior o igual a 1,500 cm³.**			
8703.31.02	00	Usados.	Pza	50	Ex.
8703.31.99	00	Los demás.	Pza	20	Ex.
8703.32		**- - De cilindrada superior a 1,500 cm³ pero inferior o igual a 2,500 cm³.**			
8703.32.02	00	Usados.	Pza	50	Ex.
8703.32.99	00	Los demás.	Pza	20	Ex.
8703.33		**- - De cilindrada superior a 2,500 cm³.**			
8703.33.02	00	Usados.	Pza	50	Ex.
8703.33.99	00	Los demás.	Pza	20	Ex.
8703.40		**- Los demás vehículos, equipados para la propulsión con motor de émbolo (pistón), de encendido por chispa y con motor eléctrico, excepto los que se puedan cargar mediante conexión a una fuente externa de alimentación eléctrica.**			
8703.40.02	00	Usados, excepto lo comprendido en la fracción arancelaria 8703.40.03.	Pza	50	Ex.
8703.40.03	00	Motociclos de tres ruedas (trimotos), de cilindrada inferior o igual a 1,000 cm³, que presenten una dirección tipo automóvil o, al mismo tiempo, diferencial y reversa; motociclos de cuatro ruedas (cuadrimotos) con dirección tipo automóvil.	Pza	15	Ex.
8703.40.99	00	Los demás.	Pza	20	Ex.
8703.50		**- Los demás vehículos, equipados para la propulsión con motor de émbolo (pistón), de encendido por compresión (diésel o semi-diésel) y con motor eléctrico, excepto los que se puedan cargar mediante conexión a una fuente externa de alimentación eléctrica.**			
8703.50.02	00	Usados.	Pza	50	Ex.
8703.50.99	00	Los demás.	Pza	20	Ex.
8703.60		**- Los demás vehículos, equipados para la propulsión con motor de émbolo (pistón), de encendido por chispa y con motor eléctrico, que se puedan cargar mediante conexión a una fuente externa de alimentación eléctrica.**			
8703.60.02	00	Usados, excepto lo comprendido en la fracción arancelaria 8703.60.03.	Pza	50	Ex.
8703.60.03	00	Motociclos de tres ruedas (trimotos), de cilindrada inferior o igual a 1,000 cm³, que presenten una dirección tipo automóvil o, al mismo tiempo, diferencial y reversa; motociclos de cuatro ruedas (cuadrimotos) con dirección tipo automóvil.	Pza	15	Ex.
8703.60.99	00	Los demás.	Pza	20	Ex.

8703.70		-	Los demás vehículos, equipados para la propulsión con motor de émbolo (pistón), de encendido por compresión (diésel o semi-diésel) y con motor eléctrico, que se puedan cargar mediante conexión a una fuente externa de alimentación eléctrica.		
8703.70.02	00		Usados.	Pza 50	Ex.
8703.70.99	00		Los demás.	Pza 20	Ex.
8703.80		-	Los demás vehículos, propulsados únicamente con motor eléctrico.		
8703.80.01	00		Eléctricos, excepto usados.	Pza Ex.	Ex.
8703.80.02	00		Usados.	Pza 15	Ex.
8703.90		-	Los demás.		
8703.90.02	00		Usados.	Pza 50	Ex.
8703.90.99	00		Los demás.	Pza 20	Ex.
87.04			**Vehículos automóviles para transporte de mercancías.**		
8704.10		-	Volquetes automotores diseñados para utilizarlos fuera de la red de carreteras.		
8704.10.02			Volquetes automotores diseñados para utilizarlos fuera de la red de carreteras.	Pza Ex.	Ex.
	01		Tipo "Dumpers" con capacidad útil de carga superior a 30,000 kg.		
	99		Los demás.		
		-	Los demás, únicamente con motor de émbolo (pistón), de encendido por compresión (diésel o semi-diésel):		
8704.21		- -	De peso total con carga máxima inferior o igual a 5 t.		
8704.21.01	00		Acarreadores de escoria, excepto para la recolección de basura doméstica.	Pza 5	Ex.
8704.21.04	00		Usados, excepto lo comprendido en la fracción arancelaria 8704.21.01.	Pza 50	Ex.
8704.21.99			Los demás.	Pza 20	Ex.
	01		De peso total con carga máxima inferior o igual a 2,721 kg.		
	02		De peso total con carga máxima superior a 2,721 kg, pero inferior o igual a 4,536 kg.		
	99		Los demás.		
8704.22		- -	De peso total con carga máxima superior a 5 t pero inferior o igual a 20 t.		
8704.22.01	00		Acarreadores de escoria, excepto para la recolección de basura doméstica.	Pza 5	Ex.
8704.22.07	00		Usados, excepto lo comprendido en la fracción arancelaria 8704.22.01.	Pza 50	Ex.
8704.22.99			Los demás.	Pza 20	Ex.
	01		De peso total con carga máxima superior o igual a 5,000 kg, pero inferior o igual a 6,351 kg.		
	02		De peso total con carga máxima superior a 6,351 kg, pero inferior o igual a 7,257 kg.		
	03		De peso total con carga máxima superior a 7,257 kg, pero inferior o igual a 8,845 kg.		
	04		De peso total con carga máxima superior a 8,845 kg, pero inferior o igual a 11,793 kg.		
	05		De peso total con carga máxima superior a 11,793 kg, pero inferior o igual a 14,968 kg.		
	99		Los demás.		
8704.23		- -	De peso total con carga máxima superior a 20 t.		
8704.23.01	00		Acarreadores de escoria.	Pza 5	Ex.
8704.23.02	00		Usados, excepto lo comprendido en la fracción arancelaria 8704.23.01.	Pza 50	Ex.
8704.23.99	00		Los demás.	Pza 20	Ex.
		-	Los demás, únicamente con motor de émbolo (pistón), de encendido por chispa:		
8704.31		- -	De peso total con carga máxima inferior o igual a 5 t.		
8704.31.01	00		Acarreadores de escoria, excepto para la recolección de basura doméstica.	Pza 5	Ex.
8704.31.02	00		Motociclos de tres ruedas (trimotos) que presenten una dirección tipo automóvil o, al mismo tiempo, diferencial y reversa; motociclos de cuatro ruedas (cuadrimotos) con dirección tipo automóvil.	Pza 15	Ex.
8704.31.05	00		Usados, excepto lo comprendido en las fracciones arancelarias 8704.31.01 y 8704.31.02.	Pza 50	Ex.
8704.31.99			Los demás.	Pza 20	Ex.
	01		De peso total con carga máxima superior a 2,721 kg, pero inferior o igual a 4,536 kg.		
	99		Los demás.		
8704.32		- -	De peso total con carga máxima superior a 5 t.		
8704.32.01	00		Acarreadores de escoria, excepto para la recolección de basura doméstica.	Pza 5	Ex.
8704.32.07	00		Usados, excepto lo comprendido en la fracción arancelaria 8704.32.01.	Pza 50	Ex.
8704.32.99			Los demás.	Pza 20	Ex.
	01		De peso total con carga máxima superior o igual a 5,000 kg, pero inferior o igual a 6,351 kg.		
	02		De peso total con carga máxima superior a 6,351 kg, pero inferior o igual a 7,257 kg.		
	03		De peso total con carga máxima superior a 7,257 kg, pero inferior o igual a 8,845 kg.		
	04		De peso total con carga máxima superior a 11,793 kg, pero inferior o igual a 14,968 kg.		
	99		Los demás.		
		-	Los demás, equipados para la propulsión con motor de émbolo (pistón), de encendido por compresión (diésel o semi-diésel) y con motor eléctrico:		
8704.41		- -	De peso total con carga máxima inferior o igual a 5 t.		
8704.41.01	00		Acarreadores de escoria, excepto para la recolección de basura doméstica.	Pza 5	Ex.
8704.41.02	00		Usados, excepto lo comprendido en la fracción arancelaria 8704.41.01.	Pza 50	Ex.
8704.41.99	00		Los demás.	Pza 20	Ex.
8704.42		- -	De peso total con carga máxima superior a 5 t pero inferior o igual a 20 t.		
8704.42.01	00		Acarreadores de escoria, excepto para la recolección de basura doméstica.	Pza 5	Ex.
8704.42.02	00		Usados, excepto lo comprendido en la fracción arancelaria 8704.42.01.	Pza 50	Ex.
8704.42.99	00		Los demás.	Pza 20	Ex.
8704.43		- -	De peso total con carga máxima superior a 20 t.		
8704.43.01	00		Acarreadores de escoria.	Pza 5	Ex.
8704.43.02	00		Usados, excepto lo comprendido en la fracción arancelaria 8704.43.01.	Pza 50	Ex.
8704.43.99	00		Los demás.	Pza 20	Ex.
		-	Los demás, equipados para la propulsión con motor de émbolo (pistón), de encendido por chispa y con motor eléctrico:		
8704.51		- -	De peso total con carga máxima inferior o igual a 5 t.		

Fracción		Descripción	Unidad		
8704.51.01	00	Acarreadores de escoria, excepto para la recolección de basura doméstica.	Pza	5	Ex.
8704.51.02	00	Motociclos de tres ruedas (trimotos) que presenten una dirección tipo automóvil o, al mismo tiempo, diferencial y reversa; motociclos de cuatro ruedas (cuadrimotos) con dirección tipo automóvil.	Pza	15	Ex.
8704.51.03	00	Usados, excepto lo comprendido en las fracciones arancelarias 8704.51.01 y 8704.51.02.	Pza	50	Ex.
8704.51.99	00	Los demás.	Pza	20	Ex.
8704.52	- -	**De peso total con carga máxima superior a 5 t.**			
8704.52.01	00	Acarreadores de escoria, excepto para la recolección de basura doméstica.	Pza	5	Ex.
8704.52.02	00	Usados, excepto lo comprendido en la fracción arancelaria 8704.52.01.	Pza	50	Ex.
8704.52.99	00	Los demás.	Pza	20	Ex.
8704.60	-	**Los demás, únicamente propulsados con motor eléctrico.**			
8704.60.01	00	Usados.	Pza	15	Ex.
8704.60.02	00	Eléctricos, excepto usados.	Pza	Ex.	Ex.
8704.90	-	**Los demás.**			
8704.90.99	00	Los demás.	Pza	15	Ex.
87.05		**Vehículos automóviles para usos especiales, excepto los diseñados principalmente para transporte de personas o mercancías (por ejemplo: coches para reparaciones (auxilio mecánico), camiones grúa, camiones de bomberos, camiones hormigonera, coches barredera, coches esparcidores, coches taller, coches radiológicos).**			
8705.10	-	**Camiones grúa.**			
8705.10.01	00	Camiones-grúa.	Pza	15	Ex.
8705.20	-	**Camiones automóviles para sondeo o perforación.**			
8705.20.01	00	Con equipos hidráulicos de perforación destinados a programas de abastecimiento de agua potable en el medio rural.	Pza	5	Ex.
8705.20.99	00	Los demás.	Pza	15	Ex.
8705.30	-	**Camiones de bomberos.**			
8705.30.01	00	Camiones de bomberos.	Pza	5	Ex.
8705.40	-	**Camiones hormigonera.**			
8705.40.01	00	Camiones hormigonera, excepto lo comprendido en la fracción arancelaria 8705.40.02.	Pza	20	Ex.
8705.40.02	00	Usados.	Pza	50	Ex.
8705.90	-	**Los demás.**			
8705.90.01	00	Con equipos especiales para el aseo de calles.	Pza	Ex.	Ex.
8705.90.02	00	Para aplicación de fertilizantes fluidos.	Pza	Ex.	Ex.
8705.90.99	00	Los demás.	Pza	15	Ex.
87.06		**Chasis de vehículos automóviles de las partidas 87.01 a 87.05, equipados con su motor.**			
8706.00	-	**Chasis de vehículos automóviles de las partidas 87.01 a 87.05, equipados con su motor.**			
8706.00.01	00	Chasis con motor de explosión, de dos cilindros de 700 cm³, de cuatro tiempos y con potencia inferior a 20 CP (15 kW).	Pza	Ex.	Ex.
8706.00.99	00	Los demás.	Pza	25	Ex.
87.07		**Carrocerías de vehículos automóviles de las partidas 87.01 a 87.05, incluidas las cabinas.**			
8707.10	-	**De vehículos de la partida 87.03.**			
8707.10.02	00	De vehículos de la partida 87.03.	Pza	Ex.	Ex.
8707.90	-	**Las demás.**			
8707.90.02	00	Para transporte de más de 16 personas, para ser montadas sobre chasis de largueros completos, para vehículos de dos ejes.	Pza	35	Ex.
8707.90.99		Las demás.	Pza	Ex.	Ex.
	01	Cajas de volteo.			
	02	Cajas "Pick-up".			
	99	Las demás.			
87.08		**Partes y accesorios de vehículos automóviles de las partidas 87.01 a 87.05.**			
8708.10	-	**Parachoques (paragolpes, defensas) y sus partes.**			
8708.10.01	00	Defensas para trolebuses.	Kg	Ex.	Ex.
8708.10.02	00	Defensas reconocibles como diseñadas exclusivamente para tractores agrícolas.	Kg	Ex.	Ex.
8708.10.03	00	Defensas completas, reconocibles como diseñadas exclusivamente para vehículos automóviles de hasta diez plazas.	Pza	5	Ex.
8708.10.99	00	Los demás.	Pza	10	Ex.
	-	**Las demás partes y accesorios de carrocería (incluidas las de cabina):**			
8708.21	- -	**Cinturones de seguridad.**			
8708.21.01	00	Cinturones de seguridad.	Pza	Ex.	Ex.
8708.22	- -	**Parabrisas, vidrios traseros (lunetas) y demás ventanillas especificados en la Nota 1 de subpartida de este Capítulo.**			
8708.22.01	00	Parabrisas, vidrios traseros (lunetas) y demás ventanillas especificados en la Nota 1 de subpartida de este Capítulo.	Pza	10	Ex.
8708.29	- -	**Los demás.**			
8708.29.01	00	Guardafangos.	Pza	Ex.	Ex.
8708.29.02	00	Capots (cofres).	Pza	Ex.	Ex.
8708.29.03	00	Estribos.	Pza	Ex.	Ex.
8708.29.04	00	Viseras, forros de tablero, paneles de puerta, coderas, sombrereras, incluso acojinadas.	Pza	Ex.	Ex.
8708.29.05	00	Para trolebuses.	Pza	Ex.	Ex.
8708.29.06	00	Para tractores de ruedas.	Pza	Ex.	Ex.
8708.29.07	00	Parrillas de adorno y protección para radiador.	Pza	Ex.	Ex.
8708.29.08	00	Biseles.	Pza	Ex.	Ex.
8708.29.09	00	Tapas de cajuelas portaequipajes.	Pza	Ex.	Ex.
8708.29.10	00	Marcos para cristales.	Pza	5	Ex.
8708.29.11	00	Aletas, excepto de vidrio, aun cuando se presenten con marco.	Pza	Ex.	Ex.
8708.29.12	00	Soportes o armazones para acojinados.	Pza	Ex.	Ex.

8708.29.13	00	Reconocibles como diseñados exclusivamente para capots (cofres).	Pza	Ex.	Ex.
8708.29.16	00	Toldos exteriores acojinados, techos corredizos centrales o laterales y sus partes; de accionamiento manual o electrónico.	Pza	Ex.	Ex.
8708.29.17	00	Juntas preformadas para carrocería.	Pza	Ex.	Ex.
8708.29.18	00	Reconocibles como diseñados exclusivamente para lo comprendido en la fracción arancelaria 8701.30.01.	Pza	Ex.	Ex.
8708.29.19	00	Ensambles de puertas.	Pza	Ex.	Ex.
8708.29.20	00	Partes troqueladas para carrocería.	Pza	5	Ex.
8708.29.22	00	Tableros de instrumentos, incluso con instrumentos de medida o control, para uso exclusivo en vehículos automóviles.	Pza	5	Ex.
8708.29.23	00	Dispositivos retractores y sus partes o piezas sueltas, para cinturones de seguridad.	Pza	Ex.	Ex.
8708.29.24	00	Dispositivos interiores (consolas), reconocibles como diseñados exclusivamente para vehículos automóviles hasta de diez plazas, aún cuando se presenten con palancas al piso para cambios de velocidades.	Pza	Ex.	Ex.
8708.29.99		Los demás.	Pza	35	Ex.
	01	Compuerta trasera abatible para cajas "Pick-up".			
	02	Panel lateral de carrocería.			
	03	Placa inferior (piso), incluso estampada o troquelada.			
	04	Techos.			
	05	Base para fijación de asientos, incluso estampada o troquelada.			
	06	Pared divisoria del compartimiento del motor y la cabina (pared de fuego), incluso estampada o troquelada.			
	07	Pilar (poste) de carrocería.			
	08	Refuerzos estructurales de carrocería.			
	99	Los demás.			
8708.30	-	**Frenos y servofrenos; sus partes.**			
8708.30.01	00	Para trolebuses.	Pza	Ex.	Ex.
8708.30.02	00	Reconocibles como diseñadas exclusivamente para tractores de ruedas.	Kg	Ex.	Ex.
8708.30.04	00	Guarniciones de frenos montadas, excepto lo comprendido en las fracciones arancelarias 8708.30.01, 8708.30.02 y lo reconocido como exclusivamente para lo comprendido en la fracción arancelaria 8701.30.01.	Pza	Ex.	Ex.
8708.30.06	00	Cilindros de ruedas para mecanismos de frenos; juegos de repuesto para cilindros de rueda y para cilindros maestros, presentados en surtidos (kits) para su venta al por menor.	Pza	Ex.	Ex.
8708.30.08	00	Frenos de tambor accionados por leva o sus partes componentes.	Pza	5	Ex.
8708.30.09	00	Cilindros maestros para mecanismos de frenos.	Pza	5	Ex.
8708.30.10	00	Frenos de tambor accionados hidráulicamente o sus partes componentes, excepto lo comprendido en la fracción arancelaria 8708.30.06.	Pza	5	Ex.
8708.30.11	00	Mangueras de frenos hidráulicos automotrices con conexiones.	Pza	5	Ex.
8708.30.99		Los demás.	Pza	Ex.	Ex.
	01	Mecanismos de frenos de disco o sus partes componentes.			
	02	Reconocibles como diseñados exclusivamente para el sistema de frenos de aire.			
	03	Reforzador por vacío para frenos ("booster") o sus partes y piezas sueltas.			
	04	Tubos preformados, para sistemas de frenos, de hierro o acero, soldado por procedimiento brazing, con diferentes tipos de recubrimiento, cuyo diámetro exterior sea igual o superior a 3.175 mm, sin exceder de 9.525 mm, y espesor de pared igual o superior a 0.450 mm pero inferior o igual a 2.03 mm, con sus terminales de conexión y resortes o adaptaciones.			
	99	Los demás.			
8708.40	-	**Cajas de cambio y sus partes.**			
8708.40.01	00	Reconocibles como diseñadas exclusivamente para lo comprendido en las fracciones arancelarias 8701.91.01, 8701.92.01, 8701.93.01, 8701.94.01, 8701.94.05 y 8701.95.01.	Pza	Ex.	Ex.
8708.40.02	00	Cajas de velocidades mecánicas, con peso inferior a 120 kg.	Pza	Ex.	Ex.
8708.40.03	00	Cajas de velocidades automáticas.	Pza	Ex.	Ex.
8708.40.04	00	Cajas de velocidades mecánicas con peso superior o igual a 120 kg.	Pza	Ex.	Ex.
8708.40.05	00	Reconocibles como diseñadas exclusivamente para lo comprendido en la fracción arancelaria 8701.30.01.	Pza	Ex.	Ex.
8708.40.07	00	Partes reconocibles como diseñadas exclusivamente para lo comprendido en las fracciones arancelarias 8708.40.02 y 8708.40.04, excepto engranes.	Pza	Ex.	Ex.
8708.40.08	00	Forja de flecha, para ser utilizada en cajas de velocidad de uso automotriz.	Pza	Ex.	Ex.
8708.40.99		Las demás.	Pza	5	Ex.
	01	Engranes.			
	99	Las demás.			
8708.50	-	**Ejes con diferencial, incluso provistos con otros órganos de transmisión, y ejes portadores; sus partes.**			
8708.50.01	00	Para trolebuses.	Pza	Ex.	Ex.
8708.50.02	00	Reconocibles como diseñadas exclusivamente para lo comprendido en las fracciones arancelarias 8701.91.01, 8701.92.01, 8701.93.01, 8701.94.01, 8701.94.05 y 8701.95.01.	Pza	Ex.	Ex.
8708.50.03	00	Reconocibles como diseñadas exclusivamente para lo comprendido en la fracción arancelaria 8701.30.01.	Pza	Ex.	Ex.
8708.50.04	00	Ejes con diferencial traseros sin acoplar a las masas, reconocibles como diseñados exclusivamente para lo comprendido en la partida 87.03.	Pza	Ex.	Ex.
8708.50.05	00	Acoplados a las masas, con o sin mecanismos de frenos y tambores, excepto lo comprendido en las fracciones arancelarias 8708.50.04 y 8708.50.91.	Pza	5	Ex.

Fracción		Descripción	Unidad	Gral	Esp
8708.50.06	00	Conjunto diferencial integral compuesto de caja de velocidades, diferencial con o sin flecha (semieje), y sus partes componentes, excepto lo comprendido en la fracción arancelaria 8708.50.91.	Pza	Ex.	Ex.
8708.50.07	00	Ejes con diferencial delanteros, excepto lo comprendido en las fracciones arancelarias 8708.50.06 y 8708.50.91.	Pza	5	Ex.
8708.50.10	00	Ejes portadores delanteros, y sus partes, excepto lo comprendido en la fracción arancelaria 8708.50.13.	Pza	Ex.	Ex.
8708.50.13	00	Ejes portadores reconocibles como diseñados exclusivamente para lo comprendido en la partida 87.03.	Pza	5	Ex.
8708.50.14	00	Vigas, muñones, brazos en forja para ejes delanteros de vehículos con capacidad de carga superior o igual a 2,724 kg (6,000 libras), pero inferior o igual a 8,172 kg (18,000 libras).	Pza	Ex.	Ex.
8708.50.15	00	Corona en forja para ejes traseros de vehículos con capacidad de carga superior o igual a 8,626 kg (19,000 libras), pero inferior o igual a 20,884 kg (46,000 libras).	Pza	Ex.	Ex.
8708.50.16	00	Fundiciones (esbozos) de mazas para eje delantero de vehículos con capacidad de carga superior a 2,724 kg (6,000 libras), pero inferior o igual a 8,172 kg (18,000 libras).	Pza	Ex.	Ex.
8708.50.18	00	Forjas para la fabricación de flechas de velocidad constante (homocinéticas).	Pza	Ex.	Ex.
8708.50.20	00	Reconocibles como diseñados exclusivamente para ejes cardán, excepto lo comprendido en las fracciones arancelarias 8708.50.22 y 8708.50.23.	Pza	5	Ex.
8708.50.22	00	Ensamble de toma de fuerza para control de tracción delantera-trasera (PTU).	Pza	Ex.	Ex.
8708.50.23	00	Ensamble diferencial hidráulico para estabilización de revoluciones ("Geromatic").	Pza	Ex.	Ex.
8708.50.24	00	Forjas o fundiciones de yugos, con peso unitario superior a 6.4 kg pero inferior o igual a 14 kg, para utilizarse en el eje trasero motriz.	Pza	Ex.	Ex.
8708.50.25	00	Forjas de flechas de entrada y salida para diferencial de eje trasero; forjas de flechas semi-eje para vehículos con capacidad de carga superior a 8,626 kg (19,000 libras), pero inferior o igual a 20,884 kg (46,000 libras).	Pza	Ex.	Ex.
8708.50.26	00	Conjuntos compuestos de las siguientes fundiciones: de portadiferencial, de caja para baleros, de caja diferencial, de caja cambiador y de caja piñón, todos ellos para integrar portadiferenciales de eje trasero de vehículos de carga.	Pza	Ex.	Ex.
8708.50.27	00	Fundiciones de mazas para eje diferencial trasero para vehículos con capacidad de carga superior a 8,626 kg (19,000 libras), pero inferior o igual a 20,884 kg (46,000 libras).	Pza	Ex.	Ex.
8708.50.28	00	Placas troqueladas (preformas), de acero, para la fabricación de fundas para ejes traseros con diferencial, de vehículos con capacidad de carga superior a 8,626 kg (19,000 libras), pero inferior o igual a 20,884 kg (46,000 libras).	Pza	Ex.	Ex.
8708.50.29	00	Forjas de crucetas para eje trasero motriz para vehículos con capacidad de carga superior o igual a 8,846 kg (19,501 libras), pero inferior o igual a 20,884 kg (46,000 libras).	Pza	Ex.	Ex.
8708.50.30	00	Forjas de piñón para ejes traseros motriz, para vehículos con capacidad de carga superior o igual a 7,258 kg (16,000 libras), pero inferior o igual a 20,884 kg (46,000 libras).	Pza	Ex.	Ex.
8708.50.91	00	Los demás ejes con diferencial reconocibles como diseñados exclusivamente para lo comprendido en la partida 87.03, excepto los comprendidos en las fracciones arancelarias 8708.50.04 y 8708.50.05.	Pza	Ex.	Ex.
8708.50.92	00	Los demás ejes con diferencial, excepto los comprendidos en la fracción arancelaria 8708.50.91.	Pza	Ex.	Ex.
8708.50.99		Los demás.	Pza	5	Ex.
	01	Fundas para ejes traseros.			
	02	Flechas semiejes, acoplables al mecanismo diferencial, incluso las de velocidad constante (homocinéticas) y sus partes componentes.			
	03	Juntas universales, tipo cardán para cruceta.			
	04	Ejes cardánicos.			
	99	Los demás.			
8708.70	-	**Ruedas, sus partes y accesorios.**			
8708.70.06	00	Tapones o polveras y arillos para ruedas, excepto las reconocidas como diseñadas exclusivamente para trolebuses y lo comprendido en la fracción arancelaria 8701.30.01.	Pza	5	Ex.
8708.70.99		Los demás.	Pza	Ex.	Ex.
	01	Reconocibles como diseñadas exclusivamente para lo comprendido en los números de identificación comercial 8701.91.01.00, 8701.92.01.00, 8701.93.01.00, 8701.94.01.00, 8701.95.01.00 y 8701.94.05.00.			
	02	Ruedas, de aleaciones metálicas de rayos o deportivos de cama ancha.			
	03	Rims (camas) sin neumáticos, con diámetro exterior inferior o igual a 70 cm, excepto lo comprendido en el número de identificación comercial 8708.70.99.02.			
	04	Rines de aluminio y de aleaciones de aluminio con diámetro superior a 57.15 cm (22.5 pulgadas).			
	99	Los demás.			
8708.80	-	**Sistemas de suspensión y sus partes (incluidos los amortiguadores).**			
8708.80.01	00	Para trolebuses.	Pza	Ex.	Ex.
8708.80.02	00	Reconocibles como diseñadas exclusivamente para lo comprendido en las fracciones arancelarias 8701.91.01, 8701.92.01, 8701.93.01, 8701.94.01, 8701.94.05 y 8701.95.01.	Pza	Ex.	Ex.
8708.80.03	00	Reconocibles como diseñados exclusivamente para lo comprendido en la fracción arancelaria 8701.30.01.	Pza	Ex.	Ex.
8708.80.04	00	Cartuchos para amortiguadores ("Mc Pherson Struts").	Pza	5	Ex.
8708.80.05	00	Partes reconocibles como diseñados exclusivamente para sistemas de suspensión, excepto lo comprendido en las fracciones arancelarias 8708.80.07, 8708.80.10 y 8708.80.12.	Pza	Ex.	Ex.
8708.80.06	00	Horquillas de levante hidráulico.	Pza	Ex.	Ex.
8708.80.07	00	Horquillas, brazos, excéntricos o pernos, para el sistema de suspensión delantera.	Pza	5	Ex.
8708.80.08	00	Partes componentes de barras de torsión.	Pza	5	Ex.
8708.80.09	00	Barras de torsión.	Pza	5	Ex.
8708.80.10	00	Rótulas, para el sistema de suspensión delantera.	Pza	5	Ex.
8708.80.11	00	Partes reconocibles como diseñados exclusivamente para amortiguadores.	Pza	5	Ex.

8708.80.12	00	Bujes para suspensión.	Pza	5	Ex.
8708.80.99	00	Los demás.	Pza	5	Ex.
	-	Las demás partes y accesorios:			
8708.91	- -	**Radiadores y sus partes.**			
8708.91.01	00	Reconocibles como diseñadas exclusivamente para lo comprendido en las fracciones arancelarias 8701.91.01, 8701.92.01, 8701.93.01, 8701.94.01, 8701.94.05 y 8701.95.01.	Pza	Ex.	Ex.
8708.91.02	00	Aspas para radiadores.	Pza	Ex.	Ex.
8708.91.03	00	Radiadores de aceites lubricantes para motores de émbolo (pistón) de encendido por compresión (motores Diesel o semi-Diesel).	Kg	Ex.	Ex.
8708.91.99	00	Los demás.	Pza	5	Ex.
8708.92	- -	**Silenciadores y tubos (caños) de escape; sus partes.**			
8708.92.03		Silenciadores y tubos (caños) de escape; sus partes.	Pza	Ex.	Ex.
	01	Reconocibles como diseñadas exclusivamente para lo comprendido en los números de identificación comercial 8701.91.01.00, 8701.92.01.00, 8701.93.01.00, 8701.94.01.00, 8701.95.01.00 y 8701.94.05.00.			
	99	Los demás.			
8708.93	- -	**Embragues y sus partes.**			
8708.93.05		Embragues y sus partes.	Pza	Ex.	Ex.
	01	Reconocibles como diseñadas exclusivamente para lo comprendido en los números de identificación comercial 8701.91.01.00, 8701.92.01.00, 8701.93.01.00, 8701.94.01.00, 8701.95.01.00 y 8701.94.05.00.			
	02	Embragues completos (discos y plato opresor), excepto lo comprendido en los números de identificación comercial 8708.93.05.01, 8701.30.01.00 y lo reconocido como exclusivamente para trolebuses.			
	99	Los demás.			
8708.94	- -	**Volantes, columnas y cajas de dirección; sus partes.**			
8708.94.12		Volantes, columnas y cajas de dirección; sus partes.	Pza	Ex.	Ex.
	01	Reconocibles como diseñadas exclusivamente para lo comprendido en los números de identificación comercial 8701.91.01.00, 8701.92.01.00, 8701.93.01.00, 8701.94.01.00, 8701.95.01.00 y 8701.94.05.00.			
	02	Volante de dirección con diámetro exterior inferior a 54.5 cm.			
	03	Cajas de dirección mecánica.			
	04	Columnas para el sistema de dirección.			
	05	Cajas de dirección hidráulica.			
	06	Semiejes y ejes de dirección, y sus partes.			
	07	Mecanismos de ajuste; para volantes de dirección.			
	91	Las demás partes reconocibles como diseñadas exclusivamente para sistemas de dirección, excepto lo comprendido en el número de identificación comercial 8708.94.12.06.			
	99	Los demás.			
8708.95	- -	**Bolsas inflables de seguridad con sistema de inflado (airbag); sus partes.**			
8708.95.02		Bolsas inflables de seguridad con sistema de inflado (airbag); sus partes.	Pza	Ex.	Ex.
	01	Bolsa de aire para dispositivos de seguridad.			
	02	Módulos de seguridad por bolsa de aire.			
	99	Los demás.			
8708.99	- -	**Los demás.**			
8708.99.04	00	Tanques de combustible, excepto los reconocidos como exclusivamente para trolebuses o lo comprendido en la fracción arancelaria 8701.30.01.	Pza	5	Ex.
8708.99.07	00	Bastidores ("chasis"), excepto los reconocidos como exclusivamente para trolebuses o lo comprendido en la fracción arancelaria 8701.30.01.	Pza	5	Ex.
8708.99.08	00	Perchas o columpios, excepto los reconocidos como exclusivamente para trolebuses o lo comprendido en la fracción arancelaria 8701.30.01.	Pza	5	Ex.
8708.99.09	00	Uniones de ballestas (abrazaderas o soportes), excepto los reconocidos como exclusivamente para trolebuses o lo comprendido en la fracción arancelaria 8701.30.01.	Pza	5	Ex.
8708.99.99		Los demás.	Pza	Ex.	Ex.
	01	Mecanismos de cambio de diferencial (dual).			
	02	Reconocibles como diseñadas exclusivamente para lo comprendido en los números de identificación comercial 8701.91.01.00, 8701.92.01.00, 8701.93.01.00, 8701.94.01.00, 8701.95.01.00 y 8701.94.05.00.			
	03	Acoplamientos o dispositivos de enganche para tractocamiones.			
	04	Engranes.			
	05	Ejes de rueda de doble pestaña que incorporen bolas de rodamiento.			
	06	Elementos para el control de vibración que incorporen partes de hule.			
	07	Tubos preformados, para sistemas de combustibles, aceites de evaporación del tanque de gasolina y de anticontaminantes, de hierro o acero, soldado por procedimiento "brazing", con diferentes tipos de recubrimiento, cuyo diámetro exterior sea igual o superior a 3.175 mm pero inferior o igual a 9.525 mm con sus terminales de conexión y resortes.			
	08	Tubos preformados, para combustibles, aceites de evaporación del tanque de gasolina y de anticontaminantes, incluso con recubrimientos, cuyo diámetro exterior sea igual o superior a 3.175 mm, sin exceder de 63.500 mm, y espesor de pared igual o superior a 0.450 mm pero inferior o igual a 2.032 mm, con sus terminales de conexión y resortes.			
	99	Los demás.			
87.09		**Carretillas automóvil sin dispositivo de elevación de los tipos utilizados en fábricas, almacenes, puertos o aeropuertos, para transporte de mercancías a corta distancia; carretillas tractor de los tipos utilizados en estaciones ferroviarias; sus partes.**			

	-	Carretillas:			
8709.11	- -	**Eléctricas.**			
8709.11.01	00	Eléctricas.	Pza	Ex.	Ex.
8709.19	- -	**Las demás.**			
8709.19.99	00	Las demás.	Pza	Ex.	Ex.
8709.90	-	**Partes.**			
8709.90.01	00	Partes.	Kg	Ex.	Ex.
87.10		**Tanques y demás vehículos automóviles blindados de combate, incluso con su armamento; sus partes.**			
8710.00	-	**Tanques y demás vehículos automóviles blindados de combate, incluso con su armamento; sus partes.**			
8710.00.01	00	Tanques y demás vehículos automóviles blindados de combate, incluso con su armamento; sus partes.	Pza	5	Ex.
87.11		**Motocicletas (incluidos los ciclomotores) y velocípedos equipados con motor auxiliar, con sidecar o sin él; sidecares.**			
8711.10	-	**Con motor de émbolo (pistón) de cilindrada inferior o igual a 50 cm³.**			
8711.10.03	00	Con motor de émbolo (pistón) de cilindrada inferior o igual a 50 cm³.	Pza	15	Ex.
8711.20	-	**Con motor de émbolo (pistón) de cilindrada superior a 50 cm³ pero inferior o igual a 250 cm³.**			
8711.20.05		Con motor de émbolo (pistón) de cilindrada superior a 50 cm³ pero inferior o igual a 250 cm³.	Pza	15	Ex.
	01	Motociclos de tres ruedas (trimotos) que no presenten una dirección tipo automóvil o, al mismo tiempo, diferencial y reversa.			
	02	Motocicletas, excepto los ciclomotores o los velocípedos.			
	99	Los demás.			
8711.30	-	**Con motor de émbolo (pistón) de cilindrada superior a 250 cm³ pero inferior o igual a 500 cm³.**			
8711.30.04		Con motor de émbolo (pistón) de cilindrada superior a 250 cm³ pero inferior o igual a 500 cm³.	Pza	15	Ex.
	01	Motocicletas.			
	99	Los demás.			
8711.40	-	**Con motor de émbolo (pistón) de cilindrada superior a 500 cm³ pero inferior o igual a 800 cm³.**			
8711.40.01	00	Motociclos de tres ruedas (trimotos) que no presenten una dirección tipo automóvil o, al mismo tiempo, diferencial y reversa.	Pza	Ex.	Ex.
8711.40.02	00	Esbozo de motocicleta conteniendo conjunto formado con bastidor (cuadro) y motor de émbolo (pistón) de cilindrada superior a 500 cm³ pero inferior o igual a 550 cm³, ensamblado o sin ensamblar.	Pza	Ex.	Ex.
8711.40.99		Los demás.	Pza	15	Ex.
	01	Motocicletas, excepto los ciclomotores o los velocípedos.			
	99	Los demás.			
8711.50	-	**Con motor de émbolo (pistón) de cilindrada superior a 800 cm³.**			
8711.50.03		Con motor de émbolo (pistón) de cilindrada superior a 800 cm³.	Pza	Ex.	Ex.
	01	Motociclos de tres ruedas (trimotos) que no presenten una dirección tipo automóvil o, al mismo tiempo, diferencial y reversa.			
	02	Motocicletas, excepto los ciclomotores o los velocípedos.			
	99	Los demás.			
8711.60	-	**Propulsados con motor eléctrico.**			
8711.60.01	00	Propulsados con motor eléctrico.	Pza	15	Ex.
8711.90	-	**Los demás.**			
8711.90.01	00	Sidecares para motociclos y velocípedos de cualquier clase, presentados aisladamente.	Pza	Ex.	Ex.
8711.90.99	00	Los demás.	Pza	15	Ex.
87.12		**Bicicletas y demás velocípedos (incluidos los triciclos de reparto), sin motor.**			
8712.00	-	**Bicicletas y demás velocípedos (incluidos los triciclos de reparto), sin motor.**			
8712.00.05		Bicicletas y demás velocípedos (incluidos los triciclos de reparto), sin motor.	Pza	35	Ex.
	01	Bicicletas de carreras.			
	02	Bicicletas para niños.			
	03	Bicicletas, excepto lo comprendido en los números de identificación comercial 8712.00.05.01 y 8712.00.05.02.			
	99	Los demás.			
87.13		**Sillones de ruedas y demás vehículos para personas con discapacidad, incluso con motor u otro mecanismo de propulsión.**			
8713.10	-	**Sin mecanismo de propulsión.**			
8713.10.01	00	Sin mecanismo de propulsión.	Pza	Ex.	Ex.
8713.90	-	**Los demás.**			
8713.90.99	00	Los demás.	Pza	Ex.	Ex.
87.14		**Partes y accesorios de vehículos de las partidas 87.11 a 87.13.**			
8714.10	-	**De motocicletas (incluidos los ciclomotores).**			
8714.10.01	00	Sillines (asientos).	Pza	Ex.	Ex.
8714.10.02	00	Reconocibles como diseñados exclusivamente para motocicletas con capacidad de cilindrada superior o igual a 550 cm³, excepto lo comprendido en la fracción arancelaria 8714.10.01.	Pza	Ex.	Ex.
8714.10.03	00	Bastidor (cuadro, armazón, chasis), excepto los comprendidos en la fracción arancelaria 8714.10.02.	Pza	5	Ex.
8714.10.99	00	Los demás.	Pza	Ex.	Ex.
8714.20	-	**De sillones de ruedas y demás vehículos para personas con discapacidad.**			
8714.20.01	00	De sillones de ruedas y demás vehículos para personas con discapacidad.	Pza	Ex.	Ex.
	-	Los demás:			
8714.91	- -	**Cuadros y horquillas, y sus partes.**			

8714.91.01		Cuadros y horquillas, y sus partes.	Pza	35	Ex.
	01	Cuadros, incluso combinados con horquilla (Tijera).			
	02	Partes para cuadro.			
	03	Horquillas (Tijera) y sus partes.			
8714.92	- -	**Llantas y radios.**			
8714.92.01 00		Llantas y radios.	Pza	Ex.	Ex.
8714.93	- -	**Bujes sin freno y piñones libres.**			
8714.93.01 00		Bujes sin frenos y piñones libres.	Pza	Ex.	Ex.
8714.94	- -	**Frenos, incluidos los bujes con freno, y sus partes.**			
8714.94.01 00		Masas de freno de contra pedal.	Pza	5	Ex.
8714.94.99 00		Los demás.	Pza	Ex.	Ex.
8714.95	- -	**Sillines (asientos).**			
8714.95.01 00		Sillines (asientos).	Pza	Ex.	Ex.
8714.96	- -	**Pedales y mecanismos de pedal, y sus partes.**			
8714.96.01 00		Pedales y mecanismos de pedal, y sus partes.	Pza	Ex.	Ex.
8714.99	- -	**Los demás.**			
8714.99.99 00		Los demás.	Pza	Ex.	Ex.
87.15		**Coches, sillas y vehículos similares para transporte de niños, y sus partes.**			
8715.00	-	Coches, sillas y vehículos similares para transporte de niños, y sus partes.			
8715.00.01 00		Coches, sillas y vehículos similares para transporte de niños.	Pza	10	Ex.
8715.00.02 00		Partes reconocibles como diseñadas exclusivamente para lo comprendido en la fracción arancelaria 8715.00.01.	Pza	5	Ex.
87.16		**Remolques y semirremolques para cualquier vehículo; los demás vehículos no automóviles; sus partes.**			
8716.10	-	**Remolques y semirremolques para vivienda o acampar, del tipo caravana.**			
8716.10.01 00		Remolques y semirremolques para vivienda o acampar, del tipo caravana.	Pza	15	Ex.
8716.20	-	**Remolques y semirremolques, autocargadores o autodescargadores, para uso agrícola.**			
8716.20.04		Remolques y semirremolques, autocargadores o autodescargadores, para uso agrícola.	Pza	15	Ex.
	01	Remolques o semirremolques tipo tolvas cerradas con descarga neumática para el transporte de productos a granel.			
	02	Abiertos de volteo con pistón hidráulico.			
	99	Los demás.			
	-	**Los demás remolques y semirremolques para transporte de mercancías:**			
8716.31	- -	**Cisternas.**			
8716.31.03		Cisternas.	Pza	15	Ex.
	01	Tanques térmicos para transporte de leche.			
	02	Tipo tanques de acero, incluso criogénicos o tolvas.			
	99	Las demás.			
8716.39	- -	**Los demás.**			
8716.39.03 00		Reconocibles como diseñados exclusivamente para el transporte de lanchas, yates y veleros de más de 4.5 m de eslora.	Pza	Ex.	Ex.
8716.39.04 00		Remolques tipo plataformas modulares con ejes direccionales, incluso con sección de puente transportador, acoplamientos hidráulicos y/o cuello de ganso y/o motor de accionamiento hidráulico del equipo.	Pza	35	Ex.
8716.39.08 00		Remolques o semirremolques de dos pisos, reconocibles como diseñados exclusivamente para transportar ganado bovino.	Pza	Ex.	Ex.
8716.39.99		Los demás.	Pza	35	Ex.
	01	Remolques o semirremolques tipo plataforma con o sin redilas, incluso los reconocibles para el transporte de cajas o rejas de latas o botellas o portacontenedores, o camas bajas, excepto con suspensión hidráulica o neumática y cuello de ganso abatible.			
	02	Remolques o semirremolques tipo madrinas o nodrizas, para el transporte de vehículos.			
	03	Semirremolques tipo cama baja, con suspensión hidráulica o neumática y cuello de ganso abatible.			
	04	Remolques y semirremolques tipo cajas cerradas, incluso refrigeradas.			
	05	Remolques o semirremolques tipo tanques de acero, incluso criogénicos o tolvas.			
	99	Los demás.			
8716.40	-	**Los demás remolques y semirremolques.**			
8716.40.91 00		Los demás remolques y semirremolques.	Pza	35	Ex.
8716.80	-	**Los demás vehículos.**			
8716.80.03 00		Carretillas, reconocibles como diseñadas para ser utilizadas en la construcción o en la albañilería.	Pza	15	Ex.
8716.80.99		Los demás.	Pza	15	Ex.
	01	Carretillas y carros de mano.			
	02	Carretillas de accionamiento hidráulico.			
	99	Los demás.			
8716.90	-	**Partes.**			
8716.90.03 00		"Conchas" reconocibles como diseñadas exclusivamente para lo comprendido en la fracción arancelaria 8716.80.03.	Pza	5	Ex.
8716.90.99		Los demás.	Pza	Ex.	Ex.
	01	Ejes de remolques y semirremolques o ejes con frenos electromagnéticos (ralentizador).			
	02	Rodajas para carros de mano.			
	99	Los demás.			

Capítulo 88
Aeronaves, vehículos espaciales, y sus partes

Nota.

1. En este Capítulo, se entiende por *aeronave no tripulada* cualquier aeronave, distinta de las de la partida 88.01, diseñada para vuelos sin piloto a bordo. Pueden estar diseñadas para transportar una carga útil o estar equipadas con cámaras digitales u otros dispositivos integrados permanentemente, para realizar funciones de utilidad durante su vuelo.
Sin embargo, la expresión *aeronave no tripulada* no comprende los juguetes voladores, diseñados exclusivamente para fines recreativos (partida 95.03).

Notas de subpartida.
1. En las subpartidas 8802.11 a 8802.40, la expresión *peso en vacío* se refiere al peso de los aparatos en orden normal de vuelo, excepto el peso de la tripulación, del carburante y del equipo distinto del que está fijo en forma permanente.
2. Para la aplicación de las subpartidas 8806.21 a 8806.24 y 8806.91 a 8806.94, se entiende por *peso máximo de despegue*, el peso máximo de los aparatos en orden normal de vuelo en el despegue, incluido el peso de la carga útil, el equipo y el carburante.

Notas Nacionales:
1. Para efectos de este Capítulo, se clasifican en la partida 88.06 las aeronaves no tripuladas, diseñadas para volar sin piloto a bordo, distintas de las comprendidas en la partida 88.01, de acuerdo con la Nota 1 del Capítulo 88. Las aeronaves no tripuladas que se clasifican en esta partida pueden ser capaces de realizar vuelos que estén programados para realizarse sin la intervención de un operador o capaces de realizar vuelos controlados a distancia únicamente y que sean operados por un operador desde otro lugar (por ejemplo, tierra, barco, otra aeronave o espacio) en todo momento durante la operación de vuelo, las aeronaves no tripuladas pueden tener varias formas y tamaños, normalmente están equipadas con una o más hélices o rotores accionados por motores, o alas fijas, y sistemas de comunicación para el mando y control por parte de un operador remoto.
2. Para efectos de la partida 88.06, las aeronaves no tripuladas pueden estar equipadas con cámaras digitales integradas de forma permanente u otro equipo que se utilice para funciones utilitarias como el transporte de carga o pasajeros, fotografía aérea, video, trabajo agrícola o científico, tareas de rescate, extinción de incendios, vigilancia o con fines militares o pueden estar diseñadas para transportar una carga útil. También pueden incorporar receptores del Sistema Global de Navegación por Satélite (GNSS) (por ejemplo, GPS, GLONASS o BEIDOU) para un vuelo estacionario estable y un vuelo de regreso al punto de despegue y sistemas para evitar obstáculos, reconocimiento de objetos y función de seguimiento.
Se excluyen de esta partida los modelos o juguetes voladores diseñados únicamente para fines recreativos o de diversión y que no estén diseñados para realizar funciones utilitarias. Se pueden distinguir, por ejemplo, por su altura limitada, bajo peso, velocidad máxima, distancia o tiempo que pueden volar, incapacidad para transportar una carga, o incapacidad para volar de forma autónoma o porque no están equipados con aparatos electrónicos sofisticados (por ejemplo, Sistemas de Posicionamiento Global GPS, requisitos de visibilidad nocturna o vuelo nocturno) (partida 95.03).
3. La partida 88.06 comprende los Drones con videocámara incluida y cuyo objetivo principal sea grabar, capturar o transmitir video y/o imágenes.

CÓDIGO	DESCRIPCIÓN	UNIDAD	ARANCEL IMP	EXP
88.01	**Globos y dirigibles; planeadores, alas planeadoras y demás aeronaves, no propulsados con motor.**			
8801.00	- Globos y dirigibles; planeadores, alas planeadoras y demás aeronaves, no propulsados con motor.			
8801.00.02 00	Globos y dirigibles; planeadores, alas planeadoras y demás aeronaves, no propulsados con motor.	Pza	15	Ex.
88.02	**Las demás aeronaves (por ejemplo: helicópteros, aviones), excepto las aeronaves no tripuladas de la partida 88.06; vehículos espaciales (incluidos los satélites) y sus vehículos de lanzamiento y vehículos suborbitales.**			
	- Helicópteros:			
8802.11	- - De peso en vacío inferior o igual a 2,000 kg.			
8802.11.01 00	Helicópteros para fumigar, hasta de 3 plazas.	Pza	Ex.	Ex.
8802.11.99 00	Los demás.	Pza	15	Ex.
8802.12	- - De peso en vacío superior a 2,000 kg.			
8802.12.01 00	Helicópteros para fumigar, hasta de 3 plazas.	Pza	5	Ex.
8802.12.99 00	Los demás.	Pza	15	Ex.
8802.20	- Aviones y demás aeronaves, de peso en vacío inferior o igual a 2,000 kg.			
8802.20.01 00	Aviones monomotores, de una plaza, reconocibles como diseñados exclusivamente para fumigar, rociar o esparcir líquidos o sólidos, con tolva de carga.	Pza	5	Ex.
8802.20.99 00	Los demás.	Pza	15	Ex.
8802.30	- Aviones y demás aeronaves, de peso en vacío superior a 2,000 kg pero inferior o igual a 15,000 kg.			
8802.30.01 00	Aviones monomotores, de una plaza, reconocibles como diseñados exclusivamente para fumigar, rociar o esparcir líquidos o sólidos, con tolva de carga.	Pza	5	Ex.
8802.30.02 00	Aviones con motor a reacción, con peso en vacío superior o igual a 10,000 Kg.	Pza	Ex.	Ex.
8802.30.99 00	Los demás.	Pza	15	Ex.
8802.40	- Aviones y demás aeronaves, de peso en vacío superior a 15,000 kg.			
8802.40.01 00	Aviones y demás aeronaves, de peso en vacío superior a 15,000 kg.	Pza	Ex.	Ex.
8802.60	- Vehículos espaciales (incluidos los satélites) y sus vehículos de lanzamiento y vehículos suborbitales.			
8802.60.01 00	Vehículos espaciales (incluidos los satélites) y sus vehículos de lanzamiento y vehículos suborbitales.	Pza	5	Ex.
88.04	**Paracaídas, incluidos los dirigibles, planeadores (parapentes) o de aspas giratorias; sus partes y accesorios.**			
8804.00	- Paracaídas, incluidos los dirigibles, planeadores (parapentes) o de aspas giratorias; sus partes y accesorios.			
8804.00.01 00	Paracaídas, incluidos los dirigibles, planeadores (parapentes) o de aspas giratorias; sus partes y accesorios.	Kg	35	Ex.

LEY DE LOS IMPUESTOS GENERALES DE IMPORTACION Y EXPORTACION

Código		Descripción	UM		
88.05		**Aparatos y dispositivos para lanzamiento de aeronaves; aparatos y dispositivos para aterrizaje en portaaviones y aparatos y dispositivos similares; aparatos de entrenamiento de vuelo en tierra; sus partes.**			
8805.10	-	Aparatos y dispositivos para lanzamiento de aeronaves y sus partes; aparatos y dispositivos para aterrizaje en portaaviones y aparatos y dispositivos similares, y sus partes.			
8805.10.01	00	Aparatos y dispositivos para lanzamiento de aeronaves y sus partes; aparatos y dispositivos para aterrizaje en portaaviones y aparatos y dispositivos similares, y sus partes.	Kg	5	Ex.
	-	Aparatos de entrenamiento de vuelo en tierra y sus partes:			
8805.21	- -	Simuladores de combate aéreo y sus partes.			
8805.21.01	00	Simuladores de combate aéreo y sus partes.	Pza	Ex.	Ex.
8805.29	- -	Los demás.			
8805.29.99	00	Los demás.	Pza	Ex.	Ex.
88.06		**Aeronaves no tripuladas.**			
8806.10	-	Diseñadas para el transporte de pasajeros.			
8806.10.01	00	De peso en vacío superior a 15,000 kg.	Pza	Ex.	Ex.
8806.10.02	00	Aviones con motor a reacción, con peso en vacío superior o igual a 10,000 Kg.	Pza	Ex.	Ex.
8806.10.99	00	Los demás.	Pza	15	Ex.
	-	Las demás, únicamente diseñadas para ser teledirigidas:			
8806.21	- -	Con un peso máximo de despegue inferior o igual a 250 g.			
8806.21.01	00	Drones con videocámara incluida y cuyo objetivo principal sea grabar, capturar o transmitir video y/o imágenes.	Pza	Ex.	Ex.
8806.21.99	00	Las demás.	Pza	15	Ex.
8806.22	- -	Con un peso máximo de despegue superior a 250 g pero inferior o igual a 7 kg.			
8806.22.01	00	Drones con videocámara incluida y cuyo objetivo principal sea grabar, capturar o transmitir video y/o imágenes.	Pza	Ex.	Ex.
8806.22.99	00	Las demás.	Pza	15	Ex.
8806.23	- -	Con un peso máximo de despegue superior a 7 kg pero inferior o igual a 25 kg.			
8806.23.01	00	Drones con videocámara incluida y cuyo objetivo principal sea grabar, capturar o transmitir video y/o imágenes.	Pza	Ex.	Ex.
8806.23.99	00	Las demás.	Pza	15	Ex.
8806.24	- -	Con un peso máximo de despegue superior a 25 kg pero inferior o igual a 150 kg.			
8806.24.01	00	Drones con videocámara incluida y cuyo objetivo principal sea grabar, capturar o transmitir video y/o imágenes.	Pza	Ex.	Ex.
8806.24.99	00	Las demás.	Pza	15	Ex.
8806.29	- -	Las demás.			
8806.29.01	00	Drones con videocámara incluida y cuyo objetivo principal sea grabar, capturar o transmitir video y/o imágenes.	Pza	Ex.	Ex.
8806.29.02	00	Aviones y aeronaves similares, de peso en vacío superior a 15,000 kg.	Pza	Ex.	Ex.
8806.29.99	00	Las demás.	Pza	15	Ex.
	-	Las demás:			
8806.91	- -	Con un peso máximo de despegue inferior o igual a 250 g.			
8806.91.01	00	Drones con videocámara incluida y cuyo objetivo principal sea grabar, capturar o transmitir video y/o imágenes.	Pza	Ex.	Ex.
8806.91.99	00	Las demás.	Pza	15	Ex.
8806.92	- -	Con un peso máximo de despegue superior a 250 g pero inferior o igual a 7 kg.			
8806.92.01	00	Drones con videocámara incluida y cuyo objetivo principal sea grabar, capturar o transmitir video y/o imágenes.	Pza	Ex.	Ex.
8806.92.99	00	Las demás.	Pza	15	Ex.
8806.93	- -	Con un peso máximo de despegue superior a 7 kg pero inferior o igual a 25 kg.			
8806.93.01	00	Drones con videocámara incluida y cuyo objetivo principal sea grabar, capturar o transmitir video y/o imágenes.	Pza	Ex.	Ex.
8806.93.99	00	Las demás.	Pza	15	Ex.
8806.94	- -	Con un peso máximo de despegue superior a 25 kg pero inferior o igual a 150 kg.			
8806.94.01	00	Drones con videocámara incluida y cuyo objetivo principal sea grabar, capturar o transmitir video y/o imágenes.	Pza	Ex.	Ex.
8806.94.99	00	Las demás.	Pza	15	Ex.
8806.99	- -	Las demás.			
8806.99.01	00	Drones con videocámara incluida y cuyo objetivo principal sea grabar, capturar o transmitir video y/o imágenes.	Pza	Ex.	Ex.
8806.99.02	00	Aviones y aeronaves similares, de peso en vacío superior a 15,000 kg.	Pza	Ex.	Ex.
8806.99.99	00	Las demás.	Pza	15	Ex.
88.07		**Partes de los aparatos de las partidas 88.01, 88.02 u 88.06.**			
8807.10	-	Hélices y rotores, y sus partes.			
8807.10.01	00	Hélices y rotores, y sus partes.	Pza	Ex.	Ex.
8807.20	-	Trenes de aterrizaje y sus partes.			
8807.20.01	00	Trenes de aterrizaje y sus partes.	Pza	Ex.	Ex.
8807.30	-	Las demás partes de aviones, helicópteros o aeronaves no tripuladas.			
8807.30.91	00	Las demás partes de aviones, helicópteros o aeronaves no tripuladas.	Pza	Ex.	Ex.
8807.90	-	Las demás.			
8807.90.99	00	Las demás.	Pza	5	Ex.

Capítulo 89
Barcos y demás artefactos flotantes

Nota.
1. Los barcos incompletos o sin terminar y los cascos de barcos, aunque se presenten desmontados o sin montar, así como los barcos completos desmontados o sin montar, se clasifican en la partida 89.06 en caso de duda respecto de la clase de barco a que pertenecen.

CÓDIGO		DESCRIPCIÓN	UNIDAD	IMP	EXP
89.01		**Transatlánticos, barcos para excursiones (de cruceros), transbordadores, cargueros, gabarras (barcazas) y barcos similares para transporte de personas o mercancías.**			
8901.10	-	Transatlánticos, barcos para excursiones (de cruceros) y barcos similares diseñados principalmente para transporte de personas; transbordadores.			
8901.10.01	00	Con longitud inferior o igual a 35 m de eslora.	Pza	5	Ex.
8901.10.99	00	Los demás.	Pza	Ex.	Ex.
8901.20	-	Barcos cisterna.			
8901.20.01	00	Con longitud inferior o igual a 35 m de eslora.	Pza	15	Ex.
8901.20.99	00	Los demás.	Pza	5	Ex.
8901.30	-	Barcos frigorífico, excepto los de la subpartida 8901.20.			
8901.30.01	00	Con longitud inferior o igual a 35 m de eslora.	Pza	15	Ex.
8901.30.99	00	Los demás.	Pza	5	Ex.
8901.90	-	Los demás barcos para transporte de mercancías y demás barcos diseñados para transporte mixto de personas y mercancías.			
8901.90.01	00	Con motor fueraborda.	Pza	15	Ex.
8901.90.02	00	Con longitud inferior o igual a 35 m de eslora.	Pza	15	Ex.
8901.90.03	00	Con casco de aluminio, para transportar hasta 80 personas y con capacidad de carga, en cubierta hasta 36 t, sin cabinas de refrigeración ni bodegas de carga.	Pza	10	Ex.
8901.90.99	00	Los demás.	Pza	5	Ex.
89.02		**Barcos de pesca; barcos factoría y demás barcos para la preparación o la conservación de los productos de la pesca.**			
8902.00	-	Barcos de pesca; barcos factoría y demás barcos para la preparación o la conservación de los productos de la pesca.			
8902.00.03		Barcos de pesca; barcos factoría y demás barcos para la preparación o la conservación de los productos de la pesca.	Pza	5	Ex.
	01	Pesqueros, con capacidad de bodega superior a 750 t.			
	99	Los demás.			
89.03		**Yates y demás barcos y embarcaciones de recreo o deporte; barcas (botes) de remo y canoas.**			
	-	Embarcaciones inflables, incluso con casco rígido:			
8903.11	- -	Equipadas o diseñadas para equiparlas con motor, de peso en vacío, sin motor, inferior o igual a 100 kg.			
8903.11.01	00	Equipadas o diseñadas para equiparlas con motor, de peso en vacío, sin motor, inferior o igual a 100 kg.	Pza	15	Ex.
8903.12	- -	No diseñadas para ser utilizadas con motor y de peso en vacío inferior o igual a 100 kg.			
8903.12.01	00	No diseñadas para ser utilizadas con motor y de peso en vacío inferior o igual a 100 kg.	Pza	15	Ex.
8903.19	- -	Las demás.			
8903.19.99	00	Las demás.	Pza	15	Ex.
	-	Barcos de vela, distintos de los inflables, incluso con motor auxiliar:			
8903.21	- -	De longitud inferior o igual a 7.5 m.			
8903.21.01	00	De longitud inferior o igual a 7.5 m.	Pza	15	Ex.
8903.22	- -	De longitud superior a 7.5 m pero inferior o igual a 24 m.			
8903.22.01	00	De longitud superior a 7.5 m pero inferior o igual a 24 m.	Pza	15	Ex.
8903.23	- -	De longitud superior a 24 m.			
8903.23.01	00	De longitud superior a 24 m.	Pza	15	Ex.
	-	Barcos de motor, distintos de los inflables, excepto los de motor fueraborda:			
8903.31	- -	De longitud inferior o igual a 7.5 m.			
8903.31.01	00	De longitud inferior o igual a 7.5 m.	Pza	15	Ex.
8903.32	- -	De longitud superior a 7.5 m pero inferior o igual a 24 m.			
8903.32.01	00	De longitud superior a 7.5 m pero inferior o igual a 24 m.	Pza	15	Ex.
8903.33	- -	De longitud superior a 24 m.			
8903.33.01	00	De longitud superior a 24 m.	Pza	15	Ex.
	-	Los demás:			
8903.93	- -	De longitud inferior o igual a 7.5 m.			
8903.93.01	00	De longitud inferior o igual a 7.5 m.	Pza	15	Ex.
8903.99	- -	Los demás.			
8903.99.99	00	Los demás.	Pza	15	Ex.
89.04		**Remolcadores y barcos empujadores.**			
8904.00		Remolcadores y barcos empujadores.			
8904.00.01	00	Remolcadores y barcos empujadores.	Pza	5	Ex.
89.05		**Barcos faro, barcos bomba, dragas, pontones grúa y demás barcos en los que la navegación sea accesoria en relación con la función principal; diques flotantes; plataformas de perforación o explotación, flotantes o sumergibles.**			
8905.10	-	Dragas.			
8905.10.01	00	Dragas.	Pza	Ex.	Ex.

8905.20		-	Plataformas de perforación o explotación, flotantes o sumergibles.		
8905.20.01	00		Plataformas de perforación o explotación, flotantes o sumergibles.	Pza	Ex. Ex.
8905.90		-	Los demás.		
8905.90.01	00		Unidades (artefactos) flotantes para el procesamiento o tratamiento de petróleo crudo o de gas.	Pza	Ex. Ex.
8905.90.99	00		Los demás.	Pza	5 Ex.
89.06			**Los demás barcos, incluidos los navíos de guerra y barcos de salvamento excepto los de remo.**		
8906.10		-	Navíos de guerra.		
8906.10.01	00		Navíos de guerra.	Pza	10 Ex.
8906.90		-	Los demás.		
8906.90.99	00		Los demás.	Pza	10 Ex.
89.07			**Los demás artefactos flotantes (por ejemplo: balsas, depósitos, cajones, incluso de amarre, boyas y balizas).**		
8907.10		-	Balsas inflables.		
8907.10.01	00		Balsas inflables.	Pza	10 Ex.
8907.90		-	Los demás.		
8907.90.99	00		Los demás.	Pza	10 Ex.
89.08			**Barcos y demás artefactos flotantes para desguace.**		
8908.00		-	Barcos y demás artefactos flotantes para desguace.		
8908.00.01	00		Barcos y demás artefactos flotantes para desguace.	Pza	Ex. Ex.

Sección XVIII
INSTRUMENTOS Y APARATOS DE ÓPTICA, FOTOGRAFÍA O CINEMATOGRAFÍA, DE MEDIDA, CONTROL O PRECISIÓN; INSTRUMENTOS Y APARATOS MEDICOQUIRÚRGICOS; APARATOS DE RELOJERÍA; INSTRUMENTOS MUSICALES; PARTES Y ACCESORIOS DE ESTOS INSTRUMENTOS O APARATOS

Capítulo 90
Instrumentos y aparatos de óptica, fotografía o cinematografía, de medida, control o precisión; instrumentos y aparatos medicoquirúrgicos; partes y accesorios de estos instrumentos o aparatos

Notas.
1. Este Capítulo no comprende:
   a) los artículos para usos técnicos, de caucho vulcanizado sin endurecer (partida 40.16), cuero natural o cuero regenerado (partida 42.05) o materia textil (partida 59.11);
   b) los cinturones, fajas y demás artículos de materia textil cuyo efecto sea sostener o mantener un órgano como única consecuencia de su elasticidad (por ejemplo: fajas de maternidad, torácicas o abdominales, vendajes para articulaciones o músculos) (Sección XI);
   c) los productos refractarios de la partida 69.03; los artículos para usos químicos u otros usos técnicos de la partida 69.09;
   d) los espejos de vidrio sin trabajar ópticamente de la partida 70.09 y los espejos de metal común o metal precioso, que no tengan las características de elementos de óptica (partida 83.06 o Capítulo 71);
   e) los artículos de vidrio de las partidas 70.07, 70.08, 70.11, 70.14, 70.15 o 70.17;
   f) las partes y accesorios de uso general, tal como se definen en la Nota 2 de la Sección XV, de metal común (Sección XV) y artículos similares de plástico (Capítulo 39); sin embargo, los artículos especialmente diseñados para ser utilizados exclusivamente como implantes de uso médico, quirúrgico, odontológico o veterinario se clasifican en la partida 90.21;
   g) las bombas distribuidoras con dispositivo medidor de la partida 84.13; las básculas y balanzas para comprobar o contar piezas fabricadas, así como las pesas presentadas aisladamente (partida 84.23); los aparatos de elevación o manipulación (partidas 84.25 a 84.28); las cortadoras de papel o cartón, de cualquier tipo (partida 84.41); los dispositivos especiales para ajustar la pieza o el útil en las máquinas herramienta o máquinas para cortar por chorro de agua, incluso provistos de dispositivos ópticos de lectura (por ejemplo, divisores ópticos), de la partida 84.66 (excepto los dispositivos puramente ópticos, por ejemplo: anteojos de centrado, de alineación); las máquinas de calcular (partida 84.70); las válvulas, incluidas las reductoras de presión, y demás artículos de grifería (partida 84.81); las máquinas y aparatos de la partida 84.86, incluidos los aparatos para la proyección o el trazado de circuitos sobre superficies sensibilizadas de material semiconductor;
   h) los proyectores de alumbrado de los tipos utilizados en velocípedos o vehículos automóviles (partida 85.12); las lámparas eléctricas portátiles de la partida 85.13; los aparatos cinematográficos de grabación o reproducción de sonido, así como los aparatos para reproducción en serie de soportes de sonido (partida 85.19); los lectores de sonido (partida 85.22); las cámaras de televisión, las cámaras digitales y las videocámaras (partida 85.25); los aparatos de radar, radionavegación o radiotelemando (partida 85.26); los conectores de fibras ópticas, haces o cables de fibras ópticas (partida 85.36); los aparatos de control numérico de la partida 85.37; los faros o unidades "sellados" de la partida 85.39; los cables de fibras ópticas de la partida 85.44;
   ij) los proyectores de la partida 94.05;
   k) los artículos del Capítulo 95;
   l) los monopies, bípodes, trípodes y artículos similares, de la partida 96.20;
   m) las medidas de capacidad, que se clasifican según su materia constitutiva;
   n) las bobinas y soportes similares (clasificación según la materia constitutiva, por ejemplo: partida 39.23, Sección XV).
2. Salvo lo dispuesto en la Nota 1 anterior, las partes y accesorios de máquinas, aparatos, instrumentos o artículos de este Capítulo se clasifican de acuerdo con las siguientes reglas:
   a) las partes y accesorios que consistan en artículos comprendidos en cualquiera de las partidas de este Capítulo o de los Capítulos 84, 85 o 91 (excepto las partidas 84.87, 85.48 o 90.33) se clasifican en dicha partida cualquiera que sea la máquina, aparato o instrumento al que están destinados;

b) cuando sean identificables como destinados, exclusiva o principalmente, a una máquina, instrumento o aparato determinados o a varias máquinas, instrumentos o aparatos de una misma partida (incluso de las partidas 90.10, 90.13 o 90.31), las partes y accesorios, excepto los considerados en el párrafo precedente, se clasifican en la partida correspondiente a esta o estas máquinas, instrumentos o aparatos;
c) las demás partes y accesorios se clasifican en la partida 90.33.
3. Las disposiciones de las Notas 3 y 4 de la Sección XVI se aplican también a este Capítulo.
4. La partida 90.05 no comprende las miras telescópicas para armas, los periscopios para submarinos o tanques de guerra ni los visores para máquinas, aparatos o instrumentos de este Capítulo o de la Sección XVI (partida 90.13).
5. Las máquinas, aparatos e instrumentos ópticos de medida o control, susceptibles de clasificarse tanto en la partida 90.13 como en la partida 90.31, se clasifican en esta última.
6. En la partida 90.21, se entiende por *artículos y aparatos de ortopedia* los que se utilizan para:
- prevenir o corregir ciertas deformidades corporales;
- sostener o mantener partes del cuerpo después de una enfermedad, operación o lesión.

Los artículos y aparatos de ortopedia comprenden los zapatos ortopédicos y las plantillas interiores especiales diseñados para corregir las deformidades del pie, siempre que sean hechos a medida, o producidos en serie, presentados en unidades y no en pares y diseñados para adaptarse indiferentemente a cada pie.
7. La partida 90.32 solo comprende:
a) los instrumentos y aparatos para regulación automática de caudal, nivel, presión u otras características variables de líquidos o gases, o para control automático de la temperatura, aunque su funcionamiento dependa de un fenómeno eléctrico que varía de acuerdo con el factor que deba regularse automáticamente, que tienen por función llevar este factor a un valor deseado y mantenerlo estabilizado contra perturbaciones, midiendo continua o periódicamente su valor real;
b) los reguladores automáticos de magnitudes eléctricas, así como los reguladores automáticos de otras magnitudes, cuyo funcionamiento dependa de un fenómeno eléctrico que varía de acuerdo con el factor que deba regularse, que tienen por función llevar este factor a un valor deseado y mantenerlo estabilizado contra perturbaciones, midiendo continua o periódicamente su valor real.

Notas Nacionales:
1. La partida 90.01 comprende fibras ópticas y haces de fibras ópticas, sin enfundar individualmente, así como los cables de fibras ópticas aunque se presenten con piezas de conexión, excepto los de la partida 85.44.

Los elementos de óptica con una montura o armazón provisional que no tengan otro objeto que la protección durante el transporte se considera sin montar.
2. La partida 90.17 comprende los instrumentos de dibujo, trazado o cálculo, incluidos los instrumentos manuales de medida de longitudes.
3. La partida 90.18 comprende instrumentos y aparatos de cualquier materia (incluidos los de metal precioso), caracterizados esencialmente por el hecho de que su uso normal exige, en la casi totalidad de los casos, la intervención de un profesional en la salud, ya se trate de diagnosticar, prevenir o tratar una enfermedad, de operar, y que dentro de sus características son su forma especial, la facilidad de desmontarlos para la asepsia, el carácter más cuidado de la fabricación, la naturaleza del metal constitutivo, o bien, por su presentación.

Esta partida también comprende las partes y accesorios de las máquinas, aparatos, dispositivos e instrumentos descritos en dicha partida, siempre que sean netamente identificables como tales.
4. En la subpartida 9019.10 se clasifican:
a) Los aparatos de mecanoterapia para el tratamiento de las enfermedades de las articulaciones o de los músculos mediante la reproducción mecánica de los diversos movimientos, pueden ser dispositivos relativamente simples que llevan, por ejemplo, muelles (resortes), ruedas, poleas u órganos similares.

Se excluyen de esta subpartida y se clasifican en la partida 95.06 los aparatos para cultura física como las bicicletas fijas, los extensores o ejercitadores, de cordones o cables elásticos, los aparatos llamados de remar, etc., también están excluidos los artículos puramente estáticos, tales como escalones, escalas, potros y paralelas de tipos especiales, que a veces se utilizan para la rehabilitación de las extremidades, estos artículos siguen su propio régimen;
b) Los aparatos para masaje que generalmente trabajan por fricción, vibración, etc., que se pueden accionar manualmente o con motor o, incluso, ser de tipo electromecánico (por ejemplo, aparatos de vibromasaje). Estos últimos aparatos pueden llevar elementos intercambiables para aplicaciones muy variadas (cepillos, esponjas, discos planos o de puntas, etc.). Entre los aparatos de masaje podemos encontrar desde los simples rodillos de caucho, hasta los aparatos de hidromasaje corporal, tanto total como parcial, mediante la acción del agua o una mezcla de agua y aire a presión. Por ejemplo, los baños de burbujas, que se presentan completos con bombas, turbinas o ventiladores-compresores, conductos, controles y todos los accesorios.

También se consideran aparatos de masaje los colchones para evitar o tratar las escaras.
5. En la partida 90.21 se clasifican los artículos y aparatos de ortopedia que se caracterizan por la presencia de almohadillas, cojines, ballenas y muelles (resortes) especiales adaptables al paciente, por la naturaleza de las materias constitutivas (cuero, metal, plástico, etc.), incluso, por la presencia de partes reforzadas, piezas rígidas de tejido o bandas de diferentes anchuras; que se utilizan para prevenir o corregir ciertas deformidades corporales; sostener o mantener partes del cuerpo después de una enfermedad, operación o lesión.
6. La partida 90.22 comprende las partes y accesorios identificables como exclusiva o principalmente diseñados para los aparatos de rayos X. Pero no comprende los dispositivos de protección diseñados para llevarlos sobre sí mismo el propio operador.
7. Se excluyen de la partida 90.25:
a) Los termómetros y pirómetros eléctricos cuando se presentan combinados con un aparato de regulación automática de los conductos de los hornos, hogares, etc. (partida 90.32);
b) Los papeles impregnados de sustancias químicas cuyo color varía en función de la humedad atmosférica (partida 38.22);
c) Los picnómetros, butirómetros y areómetros de vidrio (partida 70.17).
8. Se excluyen de la partida 90.27 los aparatos e instrumentos de vidrio incluso graduados o calibrados, excepto aquellos que son una combinación de elementos de vidrio con una gran proporción de elementos de otras materias, y aquellos que son una combinación de elementos de vidrio con instrumentos de medida propiamente dichos (manómetros, termómetros, etc.).

CÓDIGO	DESCRIPCIÓN	UNIDAD	ARANCEL	
			IMP	EXP

LEY DE LOS IMPUESTOS GENERALES DE IMPORTACION Y EXPORTACION

90.01		**Fibras ópticas y haces de fibras ópticas; cables de fibras ópticas, excepto los de la partida 85.44; hojas y placas de materia polarizante; lentes (incluso de contacto), prismas, espejos y demás elementos de óptica de cualquier materia, sin montar, excepto los de vidrio sin trabajar ópticamente.**			
9001.10		- Fibras ópticas, haces y cables de fibras ópticas.			
9001.10.02		Fibras ópticas, haces y cables de fibras ópticas.	Kg	Ex.	Ex.
	01	Haces y cables de fibras ópticas.			
	99	Los demás.			
9001.20		- Hojas y placas de materia polarizante.			
9001.20.01	00	Hojas y placas de materia polarizante.	Kg	Ex.	Ex.
9001.30		- Lentes de contacto.			
9001.30.02	00	Elementos de óptica (pastillas o botones) destinados a la fabricación de lentes de contacto, de materias plásticas, en bruto, con diámetro inferior o igual a 30 mm.	Pza	Ex.	Ex.
9001.30.99		Los demás.	Pza	10	Ex.
	01	De materias plásticas.			
	99	Los demás.			
9001.40		- Lentes de vidrio para gafas (anteojos).			
9001.40.03	00	Lentes de vidrio para gafas (anteojos).	Pza	5	Ex.
9001.50		- Lentes de otras materias para gafas (anteojos).			
9001.50.02		Lentes de otras materias para gafas (anteojos).	Pza	Ex.	Ex.
	01	De materias plásticas artificiales.			
	99	Los demás.			
9001.90		- Los demás.			
9001.90.99	00	Los demás.	Pza	Ex.	Ex.
90.02		**Lentes, prismas, espejos y demás elementos de óptica de cualquier materia, montados, para instrumentos o aparatos, excepto los de vidrio sin trabajar ópticamente.**			
		- Objetivos:			
9002.11	--	Para cámaras, proyectores o aparatos fotográficos o cinematográficos de ampliación o reducción.			
9002.11.01	00	Para cámaras, proyectores o aparatos fotográficos o cinematográficos de ampliación o reducción.	Pza	Ex.	Ex.
9002.19	--	Los demás.			
9002.19.99	00	Los demás.	Pza	Ex.	Ex.
9002.20		- Filtros.			
9002.20.01	00	Filtros.	Pza	Ex.	Ex.
9002.90		- Los demás.			
9002.90.99	00	Los demás.	Pza	Ex.	Ex.
90.03		**Monturas (armazones) de gafas (anteojos) o artículos similares y sus partes.**			
		- Monturas (armazones):			
9003.11	--	De plástico.			
9003.11.01	00	De plástico.	Pza	Ex.	Ex.
9003.19	--	De otras materias.			
9003.19.01	00	De otras materias.	Pza	Ex.	Ex.
9003.90		- Partes.			
9003.90.02	00	Partes.	Pza	Ex.	Ex.
90.04		**Gafas (anteojos) correctoras, protectoras u otras, y artículos similares.**			
9004.10		- Gafas (anteojos) de sol.			
9004.10.01	00	Gafas (anteojos) de sol.	Pza	10	Ex.
9004.90		- Los demás.			
9004.90.99	00	Los demás.	Pza	10	Ex.
90.05		**Binoculares (incluidos los prismáticos), catalejos, anteojos astronómicos, telescopios ópticos y sus armazones; los demás instrumentos de astronomía y sus armazones, excepto los aparatos de radioastronomía.**			
9005.10		- Binoculares (incluidos los prismáticos).			
9005.10.01	00	Binoculares (incluidos los prismáticos).	Pza	10	Ex.
9005.80		- Los demás instrumentos.			
9005.80.91	00	Los demás instrumentos.	Pza	10	Ex.
9005.90		- Partes y accesorios (incluidas las armazones).			
9005.90.01	00	Partes reconocibles como diseñadas exclusivamente para lo comprendido en las subpartidas 9005.10 a 9005.80, que incorporen lentes, prismas y espejos de las partidas 90.01 a 90.02.	Kg	Ex.	Ex.
9005.90.02	00	Partes y accesorios, reconocibles exclusivamente para lo comprendido en la fracción arancelaria 9005.10.01, excepto lo comprendido en la fracción arancelaria 9005.90.01.	Kg	5	Ex.
9005.90.99	00	Los demás.	Kg	Ex.	Ex.
90.06		**Cámaras fotográficas; aparatos y dispositivos, incluidos las lámparas y tubos, para la producción de destellos en fotografía, excepto las lámparas y tubos de descarga de la partida 85.39.**			
9006.30		- Cámaras especiales para fotografía submarina o aérea, examen médico de órganos internos o para laboratorios de medicina legal o identificación judicial.			
9006.30.01	00	Cámaras especiales para fotografía submarina o aérea, examen médico de órganos internos o para laboratorios de medicina legal o identificación judicial.	Pza	Ex.	Ex.
9006.40		- Cámaras fotográficas de autorrevelado.			
9006.40.01	00	Cámaras fotográficas de autorrevelado.	Pza	10	Ex.
		- Las demás cámaras fotográficas:			
9006.53	--	Para películas en rollo de anchura igual a 35 mm.			

Código		Descripción	Unidad		
9006.53.01	00	Cámaras fotográficas de los tipos utilizados para registrar documentos en microfilmes, microfichas u otros microformatos.	Pza	Ex.	Ex.
9006.53.99	00	Las demás.	Pza	10	Ex.
9006.59	- -	**Las demás.**			
9006.59.01	00	Para películas en rollo de anchura inferior a 35 mm, excepto las utilizados para registrar documentos en microfilmes, microfichas u otros microformatos.	Pza	10	Ex.
9006.59.02	00	Con visor de reflexión a través del objetivo, para películas en rollo de anchura inferior o igual a 35 mm.	Pza	10	Ex.
9006.59.99		Las demás.	Pza	Ex.	Ex.
	01	Cámaras fotográficas de los tipos utilizados para preparar clisés o cilindros de imprenta.			
	99	Las demás.			
	-	**Aparatos y dispositivos, incluidos lámparas y tubos, para producir destellos para fotografía:**			
9006.61	- -	**Aparatos de tubo de descarga para producir destellos (flashes electrónicos).**			
9006.61.01	00	Aparatos de tubo de descarga para producir destellos (flashes electrónicos).	Pza	5	Ex.
9006.69	- -	**Los demás.**			
9006.69.99	00	Los demás.	Pza	10	Ex.
	-	**Partes y accesorios:**			
9006.91	- -	**De cámaras fotográficas.**			
9006.91.03	00	De cámaras fotográficas.	Kg	Ex.	Ex.
9006.99	- -	**Los demás.**			
9006.99.99	00	Los demás.	Kg	Ex.	Ex.
90.07		**Cámaras y proyectores cinematográficos, incluso con grabador o reproductor de sonido incorporados.**			
9007.10	-	**Cámaras.**			
9007.10.01	00	Para películas cinematográficas (filme) de anchura inferior a 16 mm o para la doble 8 mm.	Pza	10	Ex.
9007.10.02	00	Giroestabilizadas.	Pza	5	Ex.
9007.10.99	00	Las demás.	Pza	Ex.	Ex.
9007.20	-	**Proyectores.**			
9007.20.01	00	Proyectores.	Pza	Ex.	Ex.
	-	**Partes y accesorios:**			
9007.91	- -	**De cámaras.**			
9007.91.01	00	De cámaras.	Kg	Ex.	Ex.
9007.92	- -	**De proyectores.**			
9007.92.01	00	De proyectores.	Kg	Ex.	Ex.
90.08		**Proyectores de imagen fija; ampliadoras o reductoras, fotográficas.**			
9008.50	-	**Proyectores, ampliadoras o reductoras.**			
9008.50.01	00	Proyectores, ampliadoras o reductoras.	Pza	Ex.	Ex.
9008.90	-	**Partes y accesorios.**			
9008.90.02	00	Partes y accesorios.	Kg	Ex.	Ex.
90.10		**Aparatos y material para laboratorios fotográficos o cinematográficos, no expresados ni comprendidos en otra parte de este Capítulo; negatoscopios; pantallas de proyección.**			
9010.10	-	**Aparatos y material para revelado automático de película fotográfica, película cinematográfica (filme) o papel fotográfico en rollo o para impresión automática de películas reveladas en rollos de papel fotográfico.**			
9010.10.01	00	Aparatos y material para revelado automático de película fotográfica, película cinematográfica (filme) o papel fotográfico en rollo o para impresión automática de películas reveladas en rollos de papel fotográfico.	Pza	Ex.	Ex.
9010.50	-	**Los demás aparatos y material para laboratorios fotográficos o cinematográficos; negatoscopios.**			
9010.50.91	00	Los demás aparatos y material para laboratorios fotográficos o cinematográficos; negatoscopios.	Pza	Ex.	Ex.
9010.60	-	**Pantallas de proyección.**			
9010.60.01	00	Pantallas de proyección.	Pza	15	Ex.
9010.90	-	**Partes y accesorios.**			
9010.90.01	00	Partes y accesorios.	Kg	Ex.	Ex.
90.11		**Microscopios ópticos, incluso para fotomicrografía, cinefotomicrografía o microproyección.**			
9011.10	-	**Microscopios estereoscópicos.**			
9011.10.01	00	Para cirugía.	Pza	Ex.	Ex.
9011.10.99	00	Los demás.	Pza	15	Ex.
9011.20	-	**Los demás microscopios para fotomicrografía, cinefotomicrografía o microproyección.**			
9011.20.91	00	Los demás microscopios para fotomicrografía, cinefotomicrografía o microproyección.	Pza	15	Ex.
9011.80	-	**Los demás microscopios.**			
9011.80.91	00	Los demás microscopios.	Pza	15	Ex.
9011.90	-	**Partes y accesorios.**			
9011.90.01	00	Partes y accesorios.	Kg	Ex.	Ex.
90.12		**Microscopios, excepto los ópticos; difractógrafos.**			
9012.10	-	**Microscopios, excepto los ópticos; difractógrafos.**			
9012.10.01	00	Microscopios, excepto los ópticos; difractógrafos.	Pza	Ex.	Ex.
9012.90	-	**Partes y accesorios.**			
9012.90.01	00	Partes y accesorios.	Kg	Ex.	Ex.
90.13		**Láseres, excepto los diodos láser; los demás aparatos e instrumentos de óptica, no expresados ni comprendidos en otra parte de este Capítulo.**			
9013.10	-	**Miras telescópicas para armas; periscopios; visores para máquinas, aparatos o instrumentos de este Capítulo o de la Sección XVI.**			
9013.10.01	00	Miras telescópicas para armas; periscopios; visores para máquinas, aparatos o instrumentos de este Capítulo o de la Sección XVI.	Pza	Ex.	Ex.

LEY DE LOS IMPUESTOS GENERALES DE IMPORTACION Y EXPORTACION

9013.20		-	Láseres, excepto los diodos láser.		
9013.20.01	00		Láseres, excepto los diodos láser.	Pza	Ex. Ex.
9013.80		-	Los demás dispositivos, aparatos e instrumentos.		
9013.80.91	00		Los demás dispositivos, aparatos e instrumentos.	Pza	Ex. Ex.
9013.90		-	Partes y accesorios.		
9013.90.01	00		Partes y accesorios.	Kg	Ex. Ex.
90.14			**Brújulas, incluidos los compases de navegación; los demás instrumentos y aparatos de navegación.**		
9014.10		-	Brújulas, incluidos los compases de navegación.		
9014.10.01	00		Brújulas, excepto lo comprendido en la fracción arancelaria 9014.10.03.	Pza	Ex. Ex.
9014.10.02	00		Reconocibles para naves aéreas.	Pza	Ex. Ex.
9014.10.03	00		Brújulas de funcionamiento electrónico, reconocibles como diseñadas exclusivamente para uso automotriz.	Pza	Ex. Ex.
9014.10.99	00		Los demás.	Pza	10 Ex.
9014.20		-	Instrumentos y aparatos para navegación aérea o espacial (excepto las brújulas).		
9014.20.01	00		Instrumentos y aparatos para navegación aérea o espacial (excepto las brújulas).	Pza	Ex. Ex.
9014.80		-	Los demás instrumentos y aparatos.		
9014.80.91			Los demás instrumentos y aparatos.	Pza	Ex. Ex.
	01		Sondas acústicas o sondas de ultrasonido.		
	99		Los demás.		
9014.90		-	Partes y accesorios.		
9014.90.02			Partes y accesorios.	Kg	Ex. Ex.
	01		Reconocibles como diseñados exclusivamente para lo comprendido en el número de identificación comercial 9014.10.03.00.		
	99		Los demás.		
90.15			**Instrumentos y aparatos de geodesia, topografía, agrimensura, nivelación, fotogrametría, hidrografía, oceanografía, hidrología, meteorología o geofísica, excepto las brújulas; telémetros.**		
9015.10		-	Telémetros.		
9015.10.01	00		Telémetros.	Pza	Ex. Ex.
9015.20		-	Teodolitos y taquímetros.		
9015.20.01	00		Teodolitos.	Pza	15 Ex.
9015.20.99	00		Los demás.	Pza	10 Ex.
9015.30		-	Niveles.		
9015.30.01	00		Niveles.	Pza	Ex. Ex.
9015.40		-	Instrumentos y aparatos de fotogrametría.		
9015.40.01	00		Instrumentos y aparatos de fotogrametría.	Pza	Ex. Ex.
9015.80		-	Los demás instrumentos y aparatos.		
9015.80.01	00		Aparatos para medir distancias geodésicas.	Pza	Ex. Ex.
9015.80.03	00		Celdas de presión, piezómetros o extensómetros.	Pza	Ex. Ex.
9015.80.04	00		Aparatos de control y medición de niveles del tipo eléctrico o electrónico.	Pza	Ex. Ex.
9015.80.05	00		Inclinómetros y extensómetros, para medir deformaciones del suelo, roca o concreto, eléctricos o electrónicos.	Pza	Ex. Ex.
9015.80.99			Los demás.	Pza	5 Ex.
	01		Instrumentos y aparatos necesarios para medir la capa de ozono y para monitorear, medir y prevenir sismos u otros fenómenos naturales.		
	99		Los demás.		
9015.90		-	Partes y accesorios.		
9015.90.01	00		Partes y accesorios.	Kg	Ex. Ex.
90.16			**Balanzas sensibles a un peso inferior o igual a 5 cg, incluso con pesas.**		
9016.00		-	Balanzas sensibles a un peso inferior o igual a 5 cg, incluso con pesas.		
9016.00.02			Balanzas sensibles a un peso inferior o igual a 5 cg, incluso con pesas.	Pza	Ex. Ex.
	01		Electrónicas.		
	99		Los demás.		
90.17			**Instrumentos de dibujo, trazado o cálculo (por ejemplo: máquinas de dibujar, pantógrafos, transportadores, estuches de dibujo, reglas y círculos, de cálculo); instrumentos manuales de medida de longitud (por ejemplo: metros, micrómetros, calibradores), no expresados ni comprendidos en otra parte de este Capítulo.**		
9017.10		-	Mesas y máquinas de dibujar, incluso automáticas.		
9017.10.01	00		Mesas o mármoles.	Pza	Ex. Ex.
9017.10.99	00		Los demás.	Pza	15 Ex.
9017.20		-	Los demás instrumentos de dibujo, trazado o cálculo.		
9017.20.01	00		Transportadores de ángulos.	Pza	Ex. Ex.
9017.20.99	00		Los demás.	Kg	15 Ex.
9017.30		-	Micrómetros, pies de rey, calibradores y galgas.		
9017.30.02			Micrómetros, pies de rey, calibradores y galgas.	Pza	Ex. Ex.
	01		Calibradores de corredera o pies de rey (Vernier).		
	99		Los demás.		
9017.80		-	Los demás instrumentos.		
9017.80.03	00		Comprobadores de cuadrante.	Pza	Ex. Ex.
9017.80.04	00		Metros de madera plegable.	Pza	Ex. Ex.
9017.80.99			Los demás.	Pza	15 Ex.
	01		Cintas métricas, de acero, de hasta 10 m de longitud (Flexómetros).		
	91		Las demás cintas métricas.		

	99	Los demás.			
9017.90		**- Partes y accesorios.**			
9017.90.02	00	Partes y accesorios.	Kg	Ex.	Ex.
90.18		**Instrumentos y aparatos de medicina, cirugía, odontología o veterinaria, incluidos los de centellografía y demás aparatos electromédicos, así como los aparatos para pruebas visuales.**			
		- Aparatos de electrodiagnóstico (incluidos los aparatos de exploración funcional o de vigilancia de parámetros fisiológicos):			
9018.11		**-- Electrocardiógrafos.**			
9018.11.01	00	Electrocardiógrafos.	Kg	Ex.	Ex.
9018.11.02	00	Circuitos modulares para electrocardiógrafos.	Kg	5	Ex.
9018.12		**-- Aparatos de diagnóstico por exploración ultrasónica.**			
9018.12.01	00	Aparatos de diagnóstico por exploración ultrasónica.	Pza	5	Ex.
9018.13		**-- Aparatos de diagnóstico de visualización por resonancia magnética.**			
9018.13.01	00	Aparatos de diagnóstico de visualización por resonancia magnética.	Pza	Ex.	Ex.
9018.14		**-- Aparatos de centellografía.**			
9018.14.01	00	Aparatos de centellografía.	Pza	Ex.	Ex.
9018.19		**-- Los demás.**			
9018.19.02	00	Electroencefalógrafos.	Pza	Ex.	Ex.
9018.19.05	00	Sistemas de monitoreo de pacientes.	Pza	Ex.	Ex.
9018.19.06	00	Audiómetros.	Pza	Ex.	Ex.
9018.19.99		Los demás.	Kg	Ex.	Ex.
	01	Electrodos desechables y/o prehumedecidos, para los aparatos electromédicos.			
	02	Circuitos modulares para módulos de parámetros.			
	99	Los demás.			
9018.20		**- Aparatos de rayos ultravioletas o infrarrojos.**			
9018.20.01	00	Aparatos de rayos ultravioletas o infrarrojos.	Pza	Ex.	Ex.
		- Jeringas, agujas, catéteres, cánulas e instrumentos similares:			
9018.31		**-- Jeringas, incluso con aguja.**			
9018.31.01	00	De vidrio o de plástico, con capacidad hasta 30 ml.	Kg	10	Ex.
9018.31.99	00	Los demás.	Kg	Ex.	Ex.
9018.32		**-- Agujas tubulares de metal y agujas de sutura.**			
9018.32.02	00	Para sutura o ligadura, excepto lo comprendido en la fracción arancelaria 9018.32.04.	Kg	Ex.	Ex.
9018.32.03	00	Desechables, sin esterilizar, empacar o envasar ni acondicionar para su venta al por menor, reconocibles como diseñadas exclusivamente para jeringas hipodérmicas desechables.	Kg	Ex.	Ex.
9018.32.04	00	Material de sutura quirúrgica, constituido por aguja provista de hilo (catgut u otras ligaduras, con diámetro superior o igual a 0.10 mm sin exceder de 0.80 mm) esterilizado, presentado en sobres herméticamente cerrados, excepto a base de polímeros del ácido glicólico y/o ácido láctico.	Kg	5	Ex.
9018.32.99		Los demás.	Kg	10	Ex.
	01	Para raquia, lavado de oídos y para ojos.			
	99	Los demás.			
9018.39		**-- Los demás.**			
9018.39.02	00	Catéteres inyectores para inseminación artificial.	Kg	Ex.	Ex.
9018.39.03	00	Cánulas.	Kg	Ex.	Ex.
9018.39.04	00	Sondas vaginales, rectales, uretrales, bucofaríngeas y epidulares.	Kg	15	Ex.
9018.39.06	00	Lancetas.	Kg	10	Ex.
9018.39.99		Los demás.	Kg	5	Ex.
	01	Catéteres intravenosos, para diálisis peritoneal, para anestesia o para embolectomía.			
	02	Equipos de plástico, incluso con partes de metal común para la toma y aplicación de soluciones inyectables.			
	99	Los demás.			
		- Los demás instrumentos y aparatos de odontología:			
9018.41		**-- Tornos dentales, incluso combinados con otros equipos dentales sobre basamento común.**			
9018.41.01	00	Tornos para dentista (transmisión flexible y colgante) eléctricos, con velocidad de hasta 30,000 RPM.	Kg	10	Ex.
9018.41.99	00	Los demás.	Kg	5	Ex.
9018.49		**-- Los demás.**			
9018.49.02	00	Espéculos bucales.	Kg	5	Ex.
9018.49.04	00	Fresas para odontología.	Kg	5	Ex.
9018.49.05	00	Pinzas para la extracción de piezas dentales "Daviers".	Kg	5	Ex.
9018.49.06	00	Pinzas gubia, sacabocado y hemostáticas, para cirugía, pinzas para biopsia.	Kg	5	Ex.
9018.49.99		Los demás.	Kg	10	Ex.
	01	Equipos dentales sobre pedestal.			
	02	Aparatos de turbina para odontología (pieza de mano), con velocidad igual o superior a 230,000 RPM.			
	99	Los demás.			
9018.50		**- Los demás instrumentos y aparatos de oftalmología.**			
9018.50.91	00	Los demás instrumentos y aparatos de oftalmología.	Kg	5	Ex.
9018.90		**- Los demás instrumentos y aparatos.**			
9018.90.01	00	Espejos.	Kg	5	Ex.
9018.90.02	00	Tijeras.	Kg	10	Ex.
9018.90.03	00	Aparatos para medir la presión arterial.	Kg	10	Ex.
9018.90.04	00	Aparatos para anestesia.	Kg	10	Ex.
9018.90.05	00	Equipos para derivación ventricular con reservorio para líquido cefalorraquídeo.	Kg	10	Ex.
9018.90.06	00	Estuches de cirugía o disección.	Kg	10	Ex.

9018.90.07	00	Bisturís.	Kg	10	Ex.
9018.90.08	00	Valvas, portaagujas y escoplos para cirugía.	Kg	5	Ex.
9018.90.09	00	Separadores para cirugía.	Kg	10	Ex.
9018.90.10	00	Pinzas tipo disección para cirugía.	Kg	10	Ex.
9018.90.11	00	Pinzas para descornar.	Kg	5	Ex.
9018.90.12	00	Pinzas, excepto lo comprendido en las fracciones arancelarias 9018.90.10 y 9018.90.11.	Kg	10	Ex.
9018.90.13	00	Castradores de seguridad.	Kg	5	Ex.
9018.90.14	00	Bombas de aspiración pleural.	Kg	5	Ex.
9018.90.15	00	Aparatos de succión, excepto lo comprendido en la fracción arancelaria 9018.90.14.	Kg	15	Ex.
9018.90.16	00	Espátulas del tipo de abatelenguas.	Kg	10	Ex.
9018.90.17	00	Dispositivos intrauterinos anticonceptivos.	Kg	10	Ex.
9018.90.18	00	Desfibriladores.	Pza	5	Ex.
9018.90.19	00	Estetoscopios.	Kg	15	Ex.
9018.90.20	00	Aparatos de actinoterapia.	Kg	5	Ex.
9018.90.25	00	Aparatos de diatermia de onda corta.	Pza	Ex.	Ex.
9018.90.27	00	Incubadoras para niños, partes y accesorios.	Pza	5	Ex.
9018.90.28	00	Aparatos de electrocirugía.	Pza	Ex.	Ex.
9018.90.31	00	Equipos para hemodiálisis (riñón artificial).	Pza	Ex.	Ex.
9018.90.99		Los demás.	Kg	Ex.	Ex.
	01	Partes y accesorios para tijeras, pinzas o cizallas.			
	02	Partes y accesorios de aparatos para anestesia.			
	99	Los demás.			
90.19		**Aparatos de mecanoterapia; aparatos para masajes; aparatos de psicotecnia; aparatos de ozonoterapia, oxigenoterapia o aerosolterapia, aparatos respiratorios de reanimación y demás aparatos de terapia respiratoria.**			
9019.10	-	**Aparatos de mecanoterapia; aparatos para masajes; aparatos de psicotecnia.**			
9019.10.02	00	Aparatos de masaje, eléctricos.	Pza	10	Ex.
9019.10.99		Los demás.	Pza	5	Ex.
	01	Aparatos de hidroterapia o mecanoterapia.			
	99	Los demás.			
9019.20	-	**Aparatos de ozonoterapia, oxigenoterapia o aerosolterapia, aparatos respiratorios de reanimación y demás aparatos de terapia respiratoria.**			
9019.20.01	00	Aparatos de ozonoterapia, oxigenoterapia o aerosolterapia, aparatos respiratorios de reanimación y demás aparatos de terapia respiratoria.	Kg	Ex.	Ex.
90.20		**Los demás aparatos respiratorios y máscaras antigás, excepto las máscaras de protección sin mecanismo ni elemento filtrante amovible.**			
9020.00	-	**Los demás aparatos respiratorios y máscaras antigás, excepto las máscaras de protección sin mecanismo ni elemento filtrante amovible.**			
9020.00.02	00	Caretas protectoras.	Kg	Ex.	Ex.
9020.00.03	00	Equipo de buceo.	Kg	10	Ex.
9020.00.99		Los demás.	Kg	5	Ex.
	01	Máscaras antigás.			
	99	Los demás.			
90.21		**Artículos y aparatos de ortopedia, incluidas las fajas y vendajes medicoquirúrgicos y las muletas; tablillas, férulas u otros artículos y aparatos para fracturas; artículos y aparatos de prótesis; audífonos y demás aparatos que lleve la propia persona o se le implanten para compensar un defecto o incapacidad.**			
9021.10	-	**Artículos y aparatos de ortopedia o para fracturas.**			
9021.10.06		Artículos y aparatos de ortopedia o para fracturas.	Kg	5	Ex.
	01	Corsés, fajas o bragueros.			
	02	Calzado ortopédico.			
	03	Aparatos para tracción de fractura.			
	04	Clavos, tornillos, placas o grapas.			
	91	Las demás manufacturas para uso en implantes, de acero y titanio.			
	99	Los demás.			
	-	**Artículos y aparatos de prótesis dental:**			
9021.21	- -	**Dientes artificiales.**			
9021.21.02		Dientes artificiales.	Kg	5	Ex.
	01	De acrílico o de porcelana.			
	99	Los demás.			
9021.29	- -	**Los demás.**			
9021.29.99	00	Los demás.	Kg	5	Ex.
	-	**Los demás artículos y aparatos de prótesis:**			
9021.31	- -	**Prótesis articulares.**			
9021.31.01	00	Prótesis articulares.	Kg	5	Ex.
9021.39	- -	**Los demás.**			
9021.39.01	00	Ojos artificiales.	Kg	5	Ex.
9021.39.02	00	Prótesis de arterias y venas.	Kg	5	Ex.
9021.39.04	00	Manos o pies artificiales.	Kg	5	Ex.
9021.39.99	00	Los demás.	Kg	Ex.	Ex.
9021.40	-	**Audífonos, excepto sus partes y accesorios.**			
9021.40.01	00	Audífonos, excepto sus partes y accesorios.	Pza	5	Ex.
9021.50	-	**Estimuladores cardíacos, excepto sus partes y accesorios.**			
9021.50.01	00	Estimuladores cardíacos, excepto sus partes y accesorios.	Pza	Ex.	Ex.

9021.90		-	Los demás.		
9021.90.99	00		Los demás.	Kg	Ex. Ex.
90.22			**Aparatos de rayos X y aparatos que utilicen radiaciones alfa, beta, gamma o demás radiaciones ionizantes, incluso para uso médico, quirúrgico, odontológico o veterinario, incluidos los aparatos de radiografía o radioterapia, tubos de rayos X y demás dispositivos generadores de rayos X, generadores de tensión, consolas de mando, pantallas, mesas, sillones y soportes similares para examen o tratamiento.**		
		-	Aparatos de rayos X, incluso para uso médico, quirúrgico, odontológico o veterinario, incluidos los aparatos de radiografía o radioterapia:		
9022.12		- -	Aparatos de tomografía regidos por una máquina automática para tratamiento o procesamiento de datos.		
9022.12.01	00		Aparatos de tomografía regidos por una máquina automática para tratamiento o procesamiento de datos.	Pza	Ex. Ex.
9022.13		- -	Los demás, para uso odontológico.		
9022.13.91	00		Los demás, para uso odontológico.	Pza	Ex. Ex.
9022.14		- -	Los demás, para uso médico, quirúrgico o veterinario.		
9022.14.91			Los demás, para uso médico, quirúrgico o veterinario.	Pza	Ex. Ex.
	01		Que contenga alguna de las siguientes tres características: a) generador de rayos X con capacidad igual o mayor a 50 kV y mayor o igual a 500 miliamperes por segundo; b) intensificador de imagen con diámetro mayor a 22.86 cm (9 pulgadas); o, c) mesa de rayos X con tamaño de cassette variable y un ángulo mayor a 90° sobre 15°.		
	99		Los demás.		
9022.19		- -	Para otros usos.		
9022.19.01	00		Para otros usos.	Kg	Ex. Ex.
		-	Aparatos que utilicen radiaciones alfa, beta, gamma o demás radiaciones ionizantes, incluso para uso médico, quirúrgico, odontológico o veterinario, incluidos los aparatos de radiografía o radioterapia:		
9022.21		- -	Para uso médico, quirúrgico, odontológico o veterinario.		
9022.21.03	00		A base de radiaciones ionizantes.	Kg	5 Ex.
9022.21.99	00		Los demás.	Pza	Ex. Ex.
9022.29		- -	Para otros usos.		
9022.29.01	00		Para otros usos.	Pza	Ex. Ex.
9022.30		-	Tubos de rayos X.		
9022.30.01	00		Tubos de rayos X.	Pza	Ex. Ex.
9022.90		-	Los demás, incluidas las partes y accesorios.		
9022.90.03	00		Partes y accesorios para aparatos de rayos X.	Kg	Ex. Ex.
9022.90.99			Los demás.	Pza	Ex. Ex.
	01		Unidades generadoras de radiación.		
	99		Los demás.		
90.23			**Instrumentos, aparatos y modelos diseñados para demostraciones (por ejemplo: en la enseñanza o exposiciones), no susceptibles de otros usos.**		
9023.00		-	Instrumentos, aparatos y modelos diseñados para demostraciones (por ejemplo: en la enseñanza o exposiciones), no susceptibles de otros usos.		
9023.00.01	00		Instrumentos, aparatos y modelos diseñados para demostraciones (por ejemplo: en la enseñanza o exposiciones), no susceptibles de otros usos.	Pza	Ex. Ex.
90.24			**Máquinas y aparatos para ensayos de dureza, tracción, compresión, elasticidad u otras propiedades mecánicas de materiales (por ejemplo: metal, madera, textil, papel, plástico).**		
9024.10		-	Máquinas y aparatos para ensayo de metal.		
9024.10.01	00		Máquinas y aparatos para ensayo de metal.	Pza	Ex. Ex.
9024.80		-	Las demás máquinas y aparatos.		
9024.80.91	00		Las demás máquinas y aparatos.	Pza	Ex. Ex.
9024.90		-	Partes y accesorios.		
9024.90.01	00		Partes y accesorios.	Kg	Ex. Ex.
90.25			**Densímetros, areómetros, pesalíquidos e instrumentos flotantes similares, termómetros, pirómetros, barómetros, higrómetros y sicrómetros, aunque sean registradores, incluso combinados entre sí.**		
		-	Termómetros y pirómetros, sin combinar con otros instrumentos:		
9025.11		- -	De líquido, con lectura directa.		
9025.11.01	00		Esbozos para la elaboración de termómetros de vidrio, sin graduación, con o sin vacío, con o sin mercurio.	Pza	Ex. Ex.
9025.11.99	00		Los demás.	Pza	15 Ex.
9025.19		- -	Los demás.		
9025.19.01	00		De vehículos automóviles.	Pza	Ex. Ex.
9025.19.02	00		Reconocibles para naves aéreas.	Pza	Ex. Ex.
9025.19.03	00		Electrónicos, excepto lo comprendido en las fracciones arancelarias 9025.19.01 y 9025.19.02.	Pza	Ex. Ex.
9025.19.04	00		Pirómetros.	Pza	Ex. Ex.
9025.19.99	00		Los demás.	Pza	15 Ex.
9025.80		-	Los demás instrumentos.		
9025.80.01	00		Aerómetros y densímetros.	Pza	15 Ex.
9025.80.99			Los demás.	Pza	Ex. Ex.
	01		Higrómetros.		
	02		Reconocibles para naves aéreas.		
	99		Los demás.		
9025.90		-	Partes y accesorios.		
9025.90.01	00		Partes y accesorios.	Kg	Ex. Ex.

LEY DE LOS IMPUESTOS GENERALES DE IMPORTACION Y EXPORTACION

90.26			Instrumentos y aparatos para medida o control de caudal, nivel, presión u otras características variables de líquidos o gases (por ejemplo: caudalímetros, indicadores de nivel, manómetros, contadores de calor), excepto los instrumentos y aparatos de las partidas 90.14, 90.15, 90.28 o 90.32.			
9026.10		-	Para medida o control de caudal o nivel de líquidos.			
9026.10.07			Para medida o control de caudal o nivel de líquidos.	Pza	Ex.	Ex.
	01		Medidores de combustible, de vehículos automóviles.			
	02		Medidores de flujo.			
	03		Indicadores de nivel tipo flotador, excepto lo comprendido en el número de identificación comercial 9026.10.07.01.			
	04		Reconocibles para naves aéreas.			
	99		Los demás.			
9026.20		-	Para medida o control de presión.			
9026.20.03	00		Reguladores medidores de la presión de aire a inyectar en neumáticos de vehículos, incluso con distribuidores de agua.	Pza	15	Ex.
9026.20.04	00		Reguladores de presión, acoplados a válvulas o manómetros.	Pza	5	Ex.
9026.20.99			Los demás.	Pza	Ex.	Ex.
	01		Manómetros, de funcionamiento eléctrico o electrónico.			
	02		Manómetros, vacuómetros o manovacuómetros con rango de medición igual o inferior a 700 kg/cm² con elemento de detección de tubo y diámetro de carátula igual o inferior a 305 mm, excepto de uso automotriz.			
	03		Reconocibles para naves aéreas.			
	04		Manómetros, vacuómetros o manovacuómetros, excepto lo comprendido en los números de identificación comercial 9026.20.99.01 y 9026.20.99.02.			
	99		Los demás.			
9026.80		-	Los demás instrumentos y aparatos.			
9026.80.91			Los demás instrumentos y aparatos.	Pza	Ex.	Ex.
	01		Medidores de flujo de gases.			
	99		Los demás.			
9026.90		-	Partes y accesorios.			
9026.90.01	00		Partes y accesorios.	Kg	Ex.	Ex.
90.27			Instrumentos y aparatos para análisis físicos o químicos (por ejemplo: polarímetros, refractómetros, espectrómetros, analizadores de gases o humos); instrumentos y aparatos para ensayos de viscosidad, porosidad, dilatación, tensión superficial o similares o para medidas calorimétricas, acústicas o fotométricas (incluidos los exposímetros); micrótomos.			
9027.10		-	Analizadores de gases o humos.			
9027.10.01	00		Analizadores de gases o humos.	Pza	Ex.	Ex.
9027.20		-	Cromatógrafos e instrumentos de electroforesis.			
9027.20.01	00		Cromatógrafos e instrumentos de electroforesis.	Pza	Ex.	Ex.
9027.30		-	Espectrómetros, espectrofotómetros y espectrógrafos que utilicen radiaciones ópticas (UV, visibles, IR).			
9027.30.01	00		Espectrómetros, espectrofotómetros y espectrógrafos que utilicen radiaciones ópticas (UV, visibles, IR).	Pza	Ex.	Ex.
9027.50		-	Los demás instrumentos y aparatos que utilicen radiaciones ópticas (UV, visibles, IR).			
9027.50.91	00		Los demás instrumentos y aparatos que utilicen radiaciones ópticas (UV, visibles, IR).	Pza	Ex.	Ex.
		-	Los demás instrumentos y aparatos:			
9027.81		- -	Espectrómetros de masa.			
9027.81.01	00		Espectrómetros de masa.	Pza	Ex.	Ex.
9027.89		- -	Los demás.			
9027.89.99			Los demás.	Pza	Ex.	Ex.
	01		Fotómetros.			
	02		Instrumentos nucleares de resonancia magnética.			
	99		Los demás.			
9027.90		-	Micrótomos; partes y accesorios.			
9027.90.01	00		Columnas de análisis para cromatógrafos de gases.	Pza	Ex.	Ex.
9027.90.02	00		Micrótomos.	Pza	Ex.	Ex.
9027.90.03	00		Circuitos modulares reconocibles como diseñados exclusivamente para lo comprendido en las subpartidas 9027.81 y 9027.89.	Pza	Ex.	Ex.
9027.90.99	00		Los demás.	Kg	Ex.	Ex.
90.28			Contadores de gas, líquido o electricidad, incluidos los de calibración.			
9028.10		-	Contadores de gas.			
9028.10.01	00		Contadores de gas.	Pza	Ex.	Ex.
9028.20		-	Contadores de líquido.			
9028.20.02	00		Contadores volumétricos automáticos, para medir cerveza.	Pza	15	Ex.
9028.20.03	00		Contadores de agua, excepto los equipados con dispositivos que permitan su lectura remota (lectura electrónica).	Pza	15	Ex.
9028.20.99			Los demás.	Pza	Ex.	Ex.
	01		Contadores de agua, equipados con dispositivos que permitan su lectura remota (lectura electrónica).			
	99		Los demás.			
9028.30		-	Contadores de electricidad.			
9028.30.01	00		Vatihorímetros.	Pza	5	Ex.
9028.30.99	00		Los demás.	Pza	Ex.	Ex.
9028.90		-	Partes y accesorios.			

9028.90.03		Partes y accesorios.	Kg	Ex.	Ex.
	01	Para vatihorímetros.			
	02	Reconocibles como diseñadas exclusivamente para lo comprendido en el número de identificación comercial 9028.20.03.00.			
	99	Los demás.			
90.29		**Los demás contadores (por ejemplo: cuentarrevoluciones, contadores de producción, taxímetros, cuentakilómetros, podómetros); velocímetros y tacómetros, excepto los de las partidas 90.14 o 90.15; estroboscopios.**			
9029.10	-	**Cuentarrevoluciones, contadores de producción, taxímetros, cuentakilómetros, podómetros y contadores similares.**			
9029.10.03	00	Taxímetros electrónicos o electromecánicos.	Pza	15	Ex.
9029.10.99		Los demás.	Pza	Ex.	Ex.
	01	Cuentarrevoluciones, aun cuando sean cuenta horas de trabajo.			
	99	Los demás.			
9029.20	-	**Velocímetros y tacómetros; estroboscopios.**			
9029.20.06		Velocímetros y tacómetros; estroboscopios.	Pza	Ex.	Ex.
	01	Velocímetros, incluso provistos de cuentakilómetros.			
	02	Tacógrafos electromecánicos con reloj de cuarzo, registrador e indicador de velocidad, recorrido, tiempo de marcha y parada, y/o revoluciones del motor de un vehículo.			
	03	Tacómetros electrónicos digitales para uso automotriz.			
	99	Los demás.			
9029.90	-	**Partes y accesorios.**			
9029.90.01	00	Partes y accesorios.	Kg	Ex.	Ex.
90.30		**Osciloscopios, analizadores de espectro y demás instrumentos y aparatos para medida o control de magnitudes eléctricas; instrumentos y aparatos para medida o detección de radiaciones alfa, beta, gamma, X, cósmicas o demás radiaciones ionizantes.**			
9030.10	-	**Instrumentos y aparatos para medida o detección de radiaciones ionizantes.**			
9030.10.01	00	Instrumentos y aparatos para medida o detección de radiaciones ionizantes.	Pza	Ex.	Ex.
9030.20	-	**Osciloscopios y osciógrafos.**			
9030.20.02	00	Osciloscopios y osciógrafos.	Pza	Ex.	Ex.
	-	Los demás instrumentos y aparatos para medida o control de tensión, intensidad, resistencia o potencia (distintos de los utilizados para medida o control de obleas ("wafers") o dispositivos semiconductores):			
9030.31	- -	**Multímetros, sin dispositivo registrador.**			
9030.31.01	00	Multímetros, sin dispositivo registrador.	Pza	Ex.	Ex.
9030.32	- -	**Multímetros, con dispositivo registrador.**			
9030.32.01	00	Multímetros, con dispositivo registrador.	Pza	Ex.	Ex.
9030.33	- -	**Los demás, sin dispositivo registrador.**			
9030.33.91		Los demás, sin dispositivo registrador.	Pza	Ex.	Ex.
	01	Voltímetros, indicadores, no digitales, para montarse en tableros.			
	02	Ohmímetros.			
	03	Amperímetros, indicadores, no digitales, para montarse en tableros.			
	99	Los demás.			
9030.39	- -	**Los demás, con dispositivo registrador.**			
9030.39.91	00	Los demás, con dispositivo registrador.	Pza	Ex.	Ex.
9030.40	-	**Los demás instrumentos y aparatos, especialmente diseñados para técnicas de telecomunicación (por ejemplo: hipsómetros, kerdómetros, distorsiómetros, sofómetros).**			
9030.40.91		Los demás instrumentos y aparatos, especialmente diseñados para técnicas de telecomunicación (por ejemplo: hipsómetros, kerdómetros, distorsiómetros, sofómetros).	Pza	Ex.	Ex.
	01	Sistema integral de monitoreo y diagnóstico, para componentes de sistemas de teleproceso.			
	99	Los demás.			
	-	Los demás instrumentos y aparatos:			
9030.82	- -	**Para medida o control de obleas ("wafers") o dispositivos semiconductores (incluidos los circuitos integrados).**			
9030.82.01	00	Para medida o control de obleas ("wafers") o dispositivos semiconductores (incluidos los circuitos integrados).	Pza	Ex.	Ex.
9030.84	- -	**Los demás, con dispositivo registrador.**			
9030.84.91	00	Los demás, con dispositivo registrador.	Pza	Ex.	Ex.
9030.89	- -	**Los demás.**			
9030.89.99		Los demás.	Pza	Ex.	Ex.
	01	Probadores de baterías.			
	99	Los demás.			
9030.90	-	**Partes y accesorios.**			
9030.90.05		Partes y accesorios.	Kg	Ex.	Ex.
	01	Circuitos modulares.			
	02	Reconocibles como diseñadas exclusivamente para los probadores de transistores o semiconductores y lo comprendido en las subpartidas 9030.10, 9030.20, 9030.40, 9030.82, 9030.84, excepto lo comprendido en el número de identificación comercial 9030.90.05.01.			
	99	Los demás.			
90.31		**Instrumentos, aparatos y máquinas de medida o control, no expresados ni comprendidos en otra parte de este Capítulo; proyectores de perfiles.**			
9031.10	-	**Máquinas para equilibrar piezas mecánicas.**			
9031.10.01	00	Máquinas para equilibrar piezas mecánicas.	Pza	Ex.	Ex.
9031.20	-	**Bancos de pruebas.**			
9031.20.02	00	Bancos de pruebas.	Pza	Ex.	Ex.

LEY DE LOS IMPUESTOS GENERALES DE IMPORTACION Y EXPORTACION

		-	Los demás instrumentos y aparatos, ópticos:			
9031.41		- -	Para control de obleas ("wafers") o dispositivos semiconductores (incluidos los circuitos integrados), o para control de máscaras fotográficas o retículas utilizadas en la fabricación de dispositivos semiconductores (incluidos los circuitos integrados).			
9031.41.01	00		Para control de obleas ("wafers") o dispositivos semiconductores (incluidos los circuitos integrados), o para control de máscaras fotográficas o retículas utilizadas en la fabricación de dispositivos semiconductores (incluidos los circuitos integrados).	Pza	Ex.	Ex.
9031.49		- -	Los demás.			
9031.49.99			Los demás.	Pza	Ex.	Ex.
	01		Instrumentos de medición de coordenadas.			
	02		Proyectores de perfiles.			
	99		Los demás.			
9031.80		-	Los demás instrumentos, aparatos y máquinas.			
9031.80.01	00		Controles fotoeléctricos.	Pza	5	Ex.
9031.80.02	00		Para verificar la alineación, equilibrio o balanceo de neumáticos o ruedas.	Pza	Ex.	Ex.
9031.80.07	00		Niveles.	Pza	15	Ex.
9031.80.99			Los demás.	Pza	Ex.	Ex.
	01		Para descubrir fallas.			
	02		Reconocibles para naves aéreas.			
	03		Para probar cabezas, memorias u otros componentes electrónicos de máquinas computadoras.			
	99		Los demás.			
9031.90		-	Partes y accesorios.			
9031.90.01	00		Reconocibles para lo comprendido en la fracción arancelaria 9031.80.02.	Kg	Ex.	Ex.
9031.90.99	00		Los demás.	Pza	Ex.	Ex.
90.32			**Instrumentos y aparatos para regulación o control automáticos.**			
9032.10		-	Termostatos.			
9032.10.01	00		Para refrigeradores.	Pza	Ex.	Ex.
9032.10.03	00		Automáticos para el control de la temperatura del agua, con dispositivos de seguridad para fallas de flama.	Pza	15	Ex.
9032.10.04	00		Para cocinas.	Pza	Ex.	Ex.
9032.10.99			Los demás.	Pza	5	Ex.
	01		Para estufas y caloríficos.			
	99		Los demás.			
9032.20		-	Manostatos (presostatos).			
9032.20.01	00		Manostatos (presostatos).	Pza	15	Ex.
		-	Los demás instrumentos y aparatos:			
9032.81		- -	Hidráulicos o neumáticos.			
9032.81.02	00		Hidráulicos o neumáticos.	Pza	Ex.	Ex.
9032.89		- -	Los demás.			
9032.89.01	00		Reconocibles para naves aéreas.	Pza	Ex.	Ex.
9032.89.02	00		Reguladores automáticos de voltaje, excepto para uso industrial, incluso combinados, en una misma envolvente o carcasa, con una fuente de voltaje con conversión de corriente CA/CC/CA, de las también llamadas "no break" o "uninterruptible power supply" ("UPS").	Pza	15	Ex.
9032.89.03	00		Reguladores electrónicos de velocidad, para motores de corriente continua, giradiscos, grabadoras y tocacintas.	Pza	Ex.	Ex.
9032.89.04	00		Reguladores para operar sobre grupos generadores rotativos.	Pza	Ex.	Ex.
9032.89.05	00		Aparatos controladores de flama, reconocibles para calderas y hornos con capacidad inferior o igual a 100 CP.	Pza	Ex.	Ex.
9032.89.06	00		Reguladores tipo inducción, excepto lo comprendido en la fracción arancelaria 9032.89.02.	Pza	15	Ex.
9032.89.99	00		Los demás.	Pza	5	Ex.
9032.90		-	Partes y accesorios.			
9032.90.02			Partes y accesorios.	Kg	Ex.	Ex.
	01		Termopares, reconocibles como diseñados exclusiva o principalmente para los termostatos identificados en el número de identificación comercial 9032.10.03.00.			
	99		Los demás.			
90.33			**Partes y accesorios, no expresados ni comprendidos en otra parte de este Capítulo, para máquinas, aparatos, instrumentos o artículos del Capítulo 90.**			
9033.00		-	Partes y accesorios, no expresados ni comprendidos en otra parte de este Capítulo, para máquinas, aparatos, instrumentos o artículos del Capítulo 90.			
9033.00.01	00		Partes y accesorios, no expresados ni comprendidos en otra parte de este Capítulo, para máquinas, aparatos, instrumentos o artículos del Capítulo 90.	Kg	Ex.	Ex.

Capítulo 91
Aparatos de relojería y sus partes

Notas.
1. Este Capítulo no comprende:
   a) los cristales para aparatos de relojería y pesas para relojes (régimen de la materia constitutiva);
   b) las cadenas de reloj (partidas 71.13 o 71.17, según los casos);
   c) las partes y accesorios de uso general, tal como se definen en la Nota 2 de la Sección XV, de metal común (Sección XV) y los artículos similares de plástico (Capítulo 39) o de metal precioso o chapado de metal precioso (plaqué), generalmente de la partida 71.15; los muelles (resortes) de aparatos de relojería (incluidas las espirales) se clasifican, sin embargo, en la partida 91.14;

d) las bolas de rodamiento (partidas 73.26 u 84.82, según los casos);
e) los artículos de la partida 84.12 construidos para funcionar sin escape;
f) los rodamientos de bolas (partida 84.82);
g) los artículos del Capítulo 85 sin montar aún entre sí o con otros elementos para formar mecanismos de relojería o partes reconocibles como destinadas, exclusiva o principalmente, a tales mecanismos (Capítulo 85).

2. Se clasifican únicamente en la partida 91.01 los relojes con caja totalmente de metal precioso o chapado de metal precioso (plaqué) o de estas materias combinadas con perlas naturales (finas) o cultivadas o con piedras preciosas o semipreciosas (naturales, sintéticas o reconstituidas), de las partidas 71.01 a 71.04. Los relojes de caja de metal común con incrustaciones de metal precioso se clasifican en la partida 91.02.

3. En este Capítulo, se consideran *pequeños mecanismos de relojería* los dispositivos con órgano regulador de volante-espiral, de cuarzo o cualquier otro sistema capaz de determinar intervalos de tiempo, con indicador o un sistema que permita incorporar un indicador mecánico. El espesor de estos mecanismos será inferior o igual a 12 mm y su anchura, longitud o diámetro serán inferiores o iguales a 50 mm.

4. Salvo lo dispuesto en la Nota 1, los mecanismos y otras partes susceptibles de utilizarse como mecanismos o partes de aparatos de relojería, o en otros usos, por ejemplo, en instrumentos de medida o precisión, se clasifican en este Capítulo.

Notas Nacionales:

1. En la partida 91.02:
   a) Para efectos de la subpartida 9102.99 los relojes de bolsillo que lleven una horquilla de apoyo no se consideran relojes de esta partida;
   b) Para efectos de la subpartida 9102.99 se llaman cronómetros los relojes de alta precisión que están regulados en diferentes posiciones y a temperaturas variables. También forman parte de este grupo los cronómetros de a bordo de bolsillo, pero no los cronómetros llamados de marina y similares de la partida 91.05;
   c) En la subpartida 9102.99 también se clasifican los contadores de tiempo de bolsillo;
   d) Se clasifican en la subpartida 9102.99 las pulseras, incluso sin montar, que se presenten con los relojes.

2. Para efectos de la partida 91.03, el espesor del mecanismo será inferior o igual a 12 mm y la anchura, la longitud o el diámetro serán inferiores o iguales a 50 mm.

3. Se clasifican en la subpartida 9105.99, los aparatos de relojería para redes eléctricas de distribución y unificación de la hora en las ciudades, consistiendo en un reloj central director regulado con precisión (reloj patrón) y relojes receptores regidos a distancia por el reloj patrón (relojes secundarios).

4. Se clasifican en la partida 91.06 los relojes secundarios que indican solamente los minutos y los segundos (para la regulación de los relojes, principalmente).
   Se excluyen de la partida 91.06 los aparatos del Capítulo 90, aunque tengan mecanismo de relojería, pero sin esfera horaria y principalmente: los mareógrafos y sismógrafos (partida 90.15).

5. La partida 91.07 comprende:
   a) Los aparatos de relojería que no tengan el carácter de relojes de la partida 91.05 y cuya función más común es la de conectar o desconectar automáticamente circuitos eléctricos en un momento establecido;
   b) Los relojes cambiadores de tarifa, de contacto, de conmutación o de tarificación;
   c) Los aparatos que están a veces regidos por termostatos, reguladores de presión, niveles de agua, etc.;
   d) Los interruptores para el cierre y apertura del circuito de alimentación de aparatos eléctricos (receptores de televisión, planchas, lavadoras, iluminación de billares, etc.) en los que la conexión se produce introduciendo monedas y la desconexión mediante un motor síncrono, determinándose el tiempo transcurrido entre las dos operaciones por el número de monedas introducidas por el usuario.

6. Para efectos de la partida 91.09, los mecanismos de esta partida se destinan principalmente a los aparatos de las partidas 91.04 a 91.07, pero quedan comprendidos aquí, aunque vayan a equipar aparatos de otros Capítulos (instrumentos de medida o de precisión, contadores, artefactos explosivos).

7. No se clasifican en la partida 91.12 las cajas que no son de los tipos utilizados habitualmente en relojería y sí de la clase utilizada en aparatos científicos, contadores de electricidad, etc. Éstas siguen su propio régimen.

8. Para los efectos de la partida 91.14, las piedras de relojería son casi siempre de dimensiones muy pequeñas, el diámetro rara vez es superior a 2 mm y el espesor a 0.5 mm.

CÓDIGO	DESCRIPCIÓN	UNIDAD	ARANCEL		
			IMP	EXP
91.01	**Relojes de pulsera, bolsillo y similares (incluidos los contadores de tiempo de los mismos tipos), con caja de metal precioso o chapado de metal precioso (plaqué).**			
	- Relojes de pulsera, eléctricos, incluso con contador de tiempo incorporado:			
9101.11	- - Con indicador mecánico solamente.			
9101.11.01 00	Con indicador mecánico solamente.	Pza	Ex.	Ex.
9101.19	- - Los demás.			
9101.19.99 00	Los demás.	Pza	Ex.	Ex.
	- Los demás relojes de pulsera, incluso con contador de tiempo incorporado:			
9101.21	- - Automáticos.			
9101.21.01 00	Automáticos.	Pza	Ex.	Ex.
9101.29	- - Los demás.			
9101.29.99 00	Los demás.	Pza	Ex.	Ex.
	- Los demás:			
9101.91	- - Eléctricos.			
9101.91.01 00	Eléctricos.	Pza	Ex.	Ex.
9101.99	- - Los demás.			
9101.99.99 00	Los demás.	Pza	Ex.	Ex.
91.02	**Relojes de pulsera, bolsillo y similares (incluidos los contadores de tiempo de los mismos tipos), excepto los de la partida 91.01.**			
	- Relojes de pulsera, eléctricos, incluso con contador de tiempo incorporado:			
9102.11	- - Con indicador mecánico solamente.			
9102.11.01 00	Con indicador mecánico solamente.	Pza	Ex.	Ex.

9102.12		-- Con indicador optoelectrónico solamente.			
9102.12.01	00	Con indicador optoelectrónico solamente.	Pza	Ex.	Ex.
9102.19		-- Los demás.			
9102.19.99	00	Los demás.	Pza	Ex.	Ex.
		- Los demás relojes de pulsera, incluso con contador de tiempo incorporado:			
9102.21		-- Automáticos.			
9102.21.01	00	Automáticos.	Pza	Ex.	Ex.
9102.29		-- Los demás.			
9102.29.99	00	Los demás.	Pza	Ex.	Ex.
		- Los demás:			
9102.91		-- Eléctricos.			
9102.91.01	00	Eléctricos.	Pza	Ex.	Ex.
9102.99		-- Los demás.			
9102.99.99	00	Los demás.	Pza	Ex.	Ex.
91.03		**Despertadores y demás relojes de pequeño mecanismo de relojería.**			
9103.10		- Eléctricos.			
9103.10.01	00	Eléctricos.	Pza	Ex.	Ex.
9103.90		- Los demás.			
9103.90.99	00	Los demás.	Pza	Ex.	Ex.
91.04		**Relojes de tablero de instrumentos y relojes similares, para automóviles, aeronaves, barcos o demás vehículos.**			
9104.00		- Relojes de tablero de instrumentos y relojes similares, para automóviles, aeronaves, barcos o demás vehículos.			
9104.00.04		Relojes de tablero de instrumentos y relojes similares, para automóviles, aeronaves, barcos o demás vehículos.	Pza	Ex.	Ex.
	01	Electrónicos, para uso automotriz.			
	99	Los demás.			
91.05		**Los demás relojes.**			
		- Despertadores:			
9105.11		-- Eléctricos.			
9105.11.02		Eléctricos.	Pza	Ex.	Ex.
	01	De mesa.			
	99	Los demás.			
9105.19		-- Los demás.			
9105.19.99	00	Los demás.	Pza	Ex.	Ex.
		- Relojes de pared:			
9105.21		-- Eléctricos.			
9105.21.01	00	Eléctricos.	Pza	Ex.	Ex.
9105.29		-- Los demás.			
9105.29.99	00	Los demás.	Pza	Ex.	Ex.
		- Los demás:			
9105.91		-- Eléctricos.			
9105.91.02	00	Eléctricos.	Pza	Ex.	Ex.
9105.99		-- Los demás.			
9105.99.99	00	Los demás.	Pza	Ex.	Ex.
91.06		**Aparatos de control de tiempo y contadores de tiempo, con mecanismo de relojería o motor sincrónico (por ejemplo: registradores de asistencia, registradores fechadores, registradores contadores).**			
9106.10		- Registradores de asistencia; registradores fechadores y registradores contadores.			
9106.10.02	00	Registradores de asistencia; registradores fechadores y registradores contadores.	Pza	Ex.	Ex.
9106.90		- Los demás.			
9106.90.99		Los demás.	Pza	Ex.	Ex.
	01	Parquímetros.			
	99	Los demás.			
91.07		**Interruptores horarios y demás aparatos que permitan accionar un dispositivo en un momento dado, con mecanismo de relojería o motor sincrónico.**			
9107.00		- Interruptores horarios y demás aparatos que permitan accionar un dispositivo en un momento dado, con mecanismo de relojería o motor sincrónico.			
9107.00.01	00	Interruptores horarios y demás aparatos que permitan accionar un dispositivo en un momento dado, con mecanismo de relojería o motor sincrónico.	Pza	Ex.	Ex.
91.08		**Pequeños mecanismos de relojería completos y montados.**			
		- Eléctricos:			
9108.11		-- Con indicador mecánico solamente o con dispositivo que permita incorporarlo.			
9108.11.01	00	Con indicador mecánico solamente o con dispositivo que permita incorporarlo.	Pza	Ex.	Ex.
9108.12		-- Con indicador optoelectrónico solamente.			
9108.12.01	00	Con indicador optoelectrónico solamente.	Pza	Ex.	Ex.
9108.19		-- Los demás.			
9108.19.99	00	Los demás.	Pza	Ex.	Ex.
9108.20		- Automáticos.			
9108.20.01	00	Automáticos.	Pza	Ex.	Ex.
9108.90		- Los demás.			
9108.90.99	00	Los demás.	Pza	Ex.	Ex.
91.09		**Los demás mecanismos de relojería completos y montados.**			
9109.10		- Eléctricos.			

9109.10.01	00	Eléctricos.	Pza	Ex.	Ex.
9109.90		- **Los demás.**			
9109.90.99	00	Los demás.	Pza	Ex.	Ex.
91.10		**Mecanismos de relojería completos, sin montar o parcialmente montados ("chablons"); mecanismos de relojería incompletos, montados; mecanismos de relojería "en blanco" ("ébauches").**			
		- Pequeños mecanismos:			
9110.11		- - **Mecanismos completos, sin montar o parcialmente montados ("chablons").**			
9110.11.01	00	Mecanismos completos, sin montar o parcialmente montados ("chablons").	Pza	Ex.	Ex.
9110.12		- - **Mecanismos incompletos, montados.**			
9110.12.01	00	Mecanismos incompletos, montados.	Pza	Ex.	Ex.
9110.19		- - **Mecanismos "en blanco" ("ébauches").**			
9110.19.01	00	Mecanismos "en blanco" ("ébauches").	Pza	Ex.	Ex.
9110.90		- **Los demás.**			
9110.90.99	00	Los demás.	Pza	Ex.	Ex.
91.11		**Cajas de los relojes de las partidas 91.01 o 91.02, y sus partes.**			
9111.10		- **Cajas de metal precioso o chapado de metal precioso (plaqué).**			
9111.10.02	00	Cajas de metal precioso o chapado de metal precioso (plaqué).	Pza	Ex.	Ex.
9111.20		- **Cajas de metal común, incluso dorado o plateado.**			
9111.20.01	00	Cajas de metal común, incluso dorado o plateado.	Pza	Ex.	Ex.
9111.80		- **Las demás cajas.**			
9111.80.91	00	Las demás cajas.	Pza	Ex.	Ex.
9111.90		- **Partes.**			
9111.90.01	00	Partes.	Kg	Ex.	Ex.
91.12		**Cajas y envolturas similares para los demás aparatos de relojería, y sus partes.**			
9112.20		- **Cajas y envolturas similares.**			
9112.20.02		Cajas y envolturas similares.	Pza	Ex.	Ex.
	01	De metal.			
	99	Las demás.			
9112.90		- **Partes.**			
9112.90.01	00	Partes.	Kg	Ex.	Ex.
91.13		**Pulseras para reloj y sus partes.**			
9113.10		- **De metal precioso o chapado de metal precioso (plaqué).**			
9113.10.02	00	De metal precioso o chapado de metal precioso (plaqué).	Kg	Ex.	Ex.
9113.20		- **De metal común, incluso dorado o plateado.**			
9113.20.02	00	De metal común, incluso dorado o plateado.	Kg	Ex.	Ex.
9113.90		- **Las demás.**			
9113.90.01	00	Pulseras.	Pza	Ex.	Ex.
9113.90.99	00	Las demás.	Kg	Ex.	Ex.
91.14		**Las demás partes de aparatos de relojería.**			
9114.30		- **Esferas o cuadrantes.**			
9114.30.01	00	Esferas o cuadrantes.	Kg	Ex.	Ex.
9114.40		- **Platinas y puentes.**			
9114.40.01	00	Platinas y puentes.	Kg	Ex.	Ex.
9114.90		- **Las demás.**			
9114.90.99	00	Las demás.	Kg	Ex.	Ex.

Capítulo 92
Instrumentos musicales; sus partes y accesorios

Notas.
1. Este Capítulo no comprende:
   a) las partes y accesorios de uso general, tal como se definen en la Nota 2 de la Sección XV, de metal común (Sección XV) y los artículos similares de plástico (Capítulo 39);
   b) los micrófonos, amplificadores, altavoces (altoparlantes), auriculares, interruptores, estroboscopios y demás instrumentos, aparatos y equipos accesorios utilizados con los artículos de este Capítulo, que no estén incorporados en ellos ni alojados en la misma envoltura (Capítulos 85 o 90);
   c) los instrumentos y aparatos que presenten el carácter de juguete (partida 95.03);
   d) las escobillas y demás artículos de cepillería para limpieza de instrumentos musicales (partida 96.03), y los monopies, bípodes, trípodes y artículos similares (partida 96.20);
   e) los instrumentos y aparatos que presenten el carácter de objetos de colección o antigüedades (partidas 97.05 o 97.06).
2. Los arcos, palillos y artículos similares para instrumentos musicales de las partidas 92.02 o 92.06, que se presenten en número correspondiente a los instrumentos a los cuales se destinen, se clasifican con ellos.
   Las tarjetas, discos y rollos de la partida 92.09 se clasifican en esta partida, aunque se presenten con los instrumentos o aparatos a los que estén destinados.

Notas Nacionales:
1. No se consideran cajas de música de la partida 92.08 los artículos que, con un mecanismo de caja de música incorporado, tienen esencialmente una función utilitaria u ornamental.
2. Se clasifican en la partida 92.09 los siguientes:
   a) Portapartituras y soportes;
   b) Aparatos para tocar mecánicamente un instrumento de música;
   c) Las tarjetas, discos y rollos para instrumentos de música automáticos. Estos artículos se clasifican aquí, incluso si se presentan con los aparatos a los que se destinan (véase la Nota 2 del Capítulo 92 de la Tarifa de la Ley de los Impuestos Generales de Importación y de Exportación).

CÓDIGO		DESCRIPCIÓN	UNIDAD	ARANCEL	
				IMP	EXP
92.01		**Pianos, incluso automáticos; clavecines y demás instrumentos de cuerda con teclado.**			
9201.10	-	Pianos verticales.			
9201.10.01	00	Pianos verticales.	Pza	Ex	Ex
9201.20	-	Pianos de cola.			
9201.20.01	00	Pianos de cola.	Pza	Ex	Ex
9201.90	-	Los demás.			
9201.90.01	00	Pianos automáticos (pianolas).	Pza	10	Ex.
9201.90.99	00	Los demás.	Pza	35	Ex
92.02		**Los demás instrumentos musicales de cuerda (por ejemplo: guitarras, violines, arpas).**			
9202.10	-	De arco.			
9202.10.01	00	De arco.	Pza	35	Ex
9202.90	-	Los demás.			
9202.90.01	00	Mandolinas o banjos.	Pza	10	Ex
9202.90.02	00	Guitarras.	Pza	35	Ex
9202.90.99	00	Los demás.	Pza	35	Ex
92.05		**Instrumentos musicales de viento (por ejemplo: órganos de tubos y teclado, acordeones, clarinetes, trompetas, gaitas), excepto los orquestriones y los organillos.**			
9205.10	-	Instrumentos llamados "metales".			
9205.10.01	00	Instrumentos llamados "metales".	Pza	35	Ex
9205.90	-	Los demás.			
9205.90.02	00	Órganos de tubo y teclado; armonios e instrumentos similares de teclado y lengüetas metálicas libres.	Pza	35	Ex
9205.90.03	00	Acordeones e instrumentos similares.	Pza	35	Ex.
9205.90.04	00	Armónicas.	Kg	25	Ex.
9205.90.99	00	Los demás.	Pza	Ex.	Ex.
92.06		**Instrumentos musicales de percusión (por ejemplo: tambores, cajas, xilófonos, platillos, castañuelas, maracas).**			
9206.00	-	Instrumentos musicales de percusión (por ejemplo: tambores, cajas, xilófonos, platillos, castañuelas, maracas).			
9206.00.01	00	Instrumentos musicales de percusión (por ejemplo: tambores, cajas, xilófonos, platillos, castañuelas, maracas).	Pza	10	Ex.
92.07		**Instrumentos musicales en los que el sonido se produzca o tenga que amplificarse eléctricamente (por ejemplo: órganos, guitarras, acordeones).**			
9207.10	-	Instrumentos de teclado, excepto los acordeones.			
9207.10.01	00	Órganos con "pedalier" de más de 24 pedales.	Pza	10	Ex.
9207.10.02	00	Órganos, excepto lo comprendido en la fracción arancelaria 9207.10.01.	Pza	35	Ex.
9207.10.99	00	Los demás.	Pza	15	Ex.
9207.90	-	Los demás.			
9207.90.99	00	Los demás.	Pza	Ex.	Ex.
92.08		**Cajas de música, orquestriones, organillos, pájaros cantores, sierras musicales y demás instrumentos musicales no comprendidos en otra partida de este Capítulo; reclamos de cualquier clase; silbatos, cuernos y demás instrumentos de boca, de llamada o aviso.**			
9208.10	-	Cajas de música.			
9208.10.01	00	Cajas de música.	Pza	35	Ex.
9208.90	-	Los demás.			
9208.90.99	00	Los demás.	Pza	35	Ex.
92.09		**Partes (por ejemplo, mecanismos de cajas de música) y accesorios (por ejemplo: tarjetas, discos y rollos para aparatos mecánicos) de instrumentos musicales; metrónomos y diapasones de cualquier tipo.**			
9209.30	-	Cuerdas armónicas.			
9209.30.01	00	Cuerdas armónicas.	Pza	Ex.	Ex.
	-	Los demás:			
9209.91	- -	Partes y accesorios de pianos.			
9209.91.01	00	Gabinetes, muebles o sus partes.	Kg	5	Ex.
9209.91.99	00	Los demás.	Kg	35	Ex.
9209.92	- -	Partes y accesorios de instrumentos musicales de la partida 92.02.			
9209.92.01	00	Partes y accesorios de instrumentos musicales de la partida 92.02.	Kg	Ex.	Ex.
9209.94	- -	Partes y accesorios de instrumentos musicales de la partida 92.07.			
9209.94.01	00	Gabinetes, muebles o sus partes, para pianos.	Kg	5	Ex.
9209.94.99	00	Los demás.	Kg	Ex.	Ex.
9209.99	- -	Los demás.			
9209.99.99	00	Los demás.	Kg	Ex.	Ex.

Sección XIX
ARMAS, MUNICIONES, Y SUS PARTES Y ACCESORIOS

Capítulo 93
Armas, municiones, y sus partes y accesorios

Notas.
1. Este Capítulo no comprende:
   a) los cebos y cápsulas fulminantes, detonadores, cohetes de señales o granífugos y demás artículos del Capítulo 36;
   b) las partes y accesorios de uso general, tal como se definen en la Nota 2 de la Sección XV, de metal común (Sección XV) y los artículos similares de plástico (Capítulo 39);
   c) los tanques y demás vehículos automóviles blindados de combate (partida 87.10);
   d) las miras telescópicas y demás dispositivos ópticos, salvo los montados en armas o presentados sin montar con las armas a las cuales se destinen (Capítulo 90);
   e) las ballestas, arcos y flechas para tiro, armas embotonadas para esgrima y armas que presenten el carácter de juguete (Capítulo 95);
   f) las armas y municiones que presenten el carácter de objetos de colección o antigüedades (partidas 97.05 o 97.06).
2. En la partida 93.06, el término *partes* no comprende los aparatos de radio o radar de la partida 85.26.

Notas Nacionales:
1. La partida 93.02 comprende las pistolas y revólveres miniatura que tengan la forma de otros objetos, con la condición de que se trate realmente de armas de fuego.
2. La partida 93.04 comprende entre otras, las armas similares que funcionan mediante la expansión de un potente muelle (resorte) y los botes aerosol conteniendo un gas lacrimógeno.

CÓDIGO	DESCRIPCIÓN	UNIDAD	ARANCEL IMP	EXP
93.01	**Armas de guerra, excepto los revólveres, pistolas y armas blancas.**			
9301.10	- Piezas de artillería (por ejemplo: cañones, obuses y morteros).			
9301.10.02 00	Piezas de artillería (por ejemplo: cañones, obuses y morteros).	Pza	5	Ex.
9301.20	- Lanzacohetes; lanzallamas; lanzagranadas; lanzatorpedos y lanzadores similares.			
9301.20.01 00	Lanzacohetes; lanzallamas; lanzagranadas; lanzatorpedos y lanzadores similares.	Pza	5	Ex.
9301.90	- Las demás.			
9301.90.99 00	Las demás.	Pza	5	Ex.
93.02	**Revólveres y pistolas, excepto los de las partidas 93.03 o 93.04.**			
9302.00	- Revólveres y pistolas, excepto los de las partidas 93.03 o 93.04.			
9302.00.02 00	Revólveres y pistolas, excepto los de las partidas 93.03 o 93.04.	Pza	15	Ex.
93.03	**Las demás armas de fuego y artefactos similares que utilicen la deflagración de pólvora (por ejemplo: armas de caza, armas de avancarga, pistolas lanzacohete y demás artefactos diseñados únicamente para lanzar cohetes de señal, pistolas y revólveres de fogueo, pistolas de matarife, cañones lanzacabo).**			
9303.10	- Armas de avancarga.			
9303.10.01 00	Para lanzar cápsulas con sustancias asfixiantes, tóxicas o repelentes.	Pza	5	Ex.
9303.10.99 00	Los demás.	Pza	15	Ex.
9303.20	- Las demás armas largas de caza o tiro deportivo que tengan, por lo menos, un cañón de ánima lisa.			
9303.20.91 00	Las demás armas largas de caza o tiro deportivo que tengan, por lo menos, un cañón de ánima lisa.	Pza	15	Ex.
9303.30	- Las demás armas largas de caza o tiro deportivo.			
9303.30.91 00	Las demás armas largas de caza o tiro deportivo.	Pza	15	Ex.
9303.90	- Las demás.			
9303.90.01 00	Cañones industriales desincrustadores, mediante cartuchos especiales con proyectil blindado.	Pza	10	Ex.
9303.90.99 00	Las demás.	Pza	15	Ex.
93.04	**Las demás armas (por ejemplo: armas largas y pistolas de muelle (resorte), aire comprimido o gas, porras), excepto las de la partida 93.07.**			
9304.00	- Las demás armas (por ejemplo: armas largas y pistolas de muelle (resorte), aire comprimido o gas, porras), excepto las de la partida 93.07.			
9304.00.01 00	Pistolas de matarife de émbolo oculto.	Pza	Ex.	Ex.
9304.00.99 00	Los demás.	Pza	15	Ex.
93.05	**Partes y accesorios de los artículos de las partidas 93.01 a 93.04.**			
9305.10	- De revólveres o pistolas.			
9305.10.01 00	Reconocibles como diseñadas exclusivamente para lo comprendido en la fracción arancelaria 9304.00.01.	Pza	Ex.	Ex.
9305.10.99 00	Los demás.	Pza	15	Ex.
9305.20	- De armas largas de la partida 93.03.			
9305.20.02 00	De armas largas de la partida 93.03.	Pza	15	Ex.
	- Los demás:			
9305.91	- - De armas de guerra de la partida 93.01.			
9305.91.01 00	De armas de guerra de la partida 93.01.	Pza	15	Ex.
9305.99	- - Los demás.			
9305.99.99 00	Los demás.	Pza	15	Ex.
93.06	**Bombas, granadas, torpedos, minas, misiles, cartuchos y demás municiones y proyectiles, y sus partes, incluidas las postas, perdigones y tacos para cartuchos.**			
	- Cartuchos para armas largas con cañón de ánima lisa y sus partes; balines para armas de aire comprimido:			
9306.21	- - Cartuchos.			
9306.21.01 00	Cartuchos cargados con gases lacrimosos o tóxicos.	Mll	5	Ex.
9306.21.99 00	Los demás.	Mll	15	Ex.

9306.29	- -	**Los demás.**			
9306.29.99	00	Los demás.	Kg	15	Ex.
9306.30	-	**Los demás cartuchos y sus partes.**			
9306.30.04	00	Partes.	Pza	5	Ex.
9306.30.99		Los demás.	Mll	15	Ex.
	01	Calibre 45.			
	02	Cartuchos para "pistolas" de remachar y similares o para "pistolas" de matarife.			
	99	Los demás.			
9306.90	-	**Los demás.**			
9306.90.03		Partes; bombas o granadas.	Pza	5	Ex.
	01	Bombas o granadas con gases lacrimosos o tóxicos.			
	02	Partes.			
9306.90.99	00	Los demás.	Mll	15	Ex.
93.07		**Sables, espadas, bayonetas, lanzas y demás armas blancas, sus partes y fundas.**			
9307.00	-	**Sables, espadas, bayonetas, lanzas y demás armas blancas, sus partes y fundas.**			
9307.00.01	00	Sables, espadas, bayonetas, lanzas y demás armas blancas, sus partes y fundas.	Pza	15	Ex.

Sección XX
MERCANCÍAS Y PRODUCTOS DIVERSOS

Capítulo 94
Muebles; mobiliario medicoquirúrgico; artículos de cama y similares; aparatos de alumbrado no expresados ni comprendidos en otra parte; anuncios, letreros y placas indicadoras, luminosos y artículos similares; construcciones prefabricadas

Notas.
1. Este Capítulo no comprende:
   a) los colchones, almohadas y cojines, neumáticos o de agua, de los Capítulos 39, 40 o 63;
   b) los espejos que se apoyen en el suelo (por ejemplo, espejos de vestir móviles) (partida 70.09);
   c) los artículos del Capítulo 71;
   d) las partes y accesorios de uso general, tal como se definen en la Nota 2 de la Sección XV, de metal común (Sección XV) y los artículos similares de plástico (Capítulo 39) ni las cajas de caudales de la partida 83.03;
   e) los muebles, incluso sin equipar, que constituyan partes específicas de aparatos para la producción de frío de la partida 84.18; los muebles especialmente diseñados para máquinas de coser, de la partida 84.52;
   f) las fuentes luminosas y los aparatos de alumbrado, y sus partes, del Capítulo 85;
   g) los muebles que constituyan partes específicas de aparatos de las partidas 85.18 (partida 85.18), 85.19 u 85.21 (partida 85.22) o de las partidas 85.25 a 85.28 (partida 85.29);
   h) los artículos de la partida 87.14;
   ij) los sillones de dentista con aparatos de odontología incorporados de la partida 90.18, ni las escupideras para clínica dental (partida 90.18);
   k) los artículos del Capítulo 91 (por ejemplo: cajas y envolturas similares para aparatos de relojería);
   l) los muebles, luminarias y aparatos de alumbrado que presenten el carácter de juguete (partida 95.03), billares de cualquier clase y muebles de juegos de la partida 95.04, así como las mesas para juegos de prestidigitación y artículos de decoración (excepto las guirnaldas eléctricas), tales como farolillos y faroles venecianos (partida 95.05);
   m) los monopies, bípodes, trípodes y artículos similares (partida 96.20).
2. Los artículos (excepto las partes) de las partidas 94.01 a 94.03 deben estar diseñados para colocarlos sobre el suelo.
   Sin embargo, se clasifican en estas partidas, aunque estén diseñados para colgar, fijar en la pared o colocarlos uno sobre otro:
   a) los armarios, bibliotecas, estanterías (incluidas las constituidas por un solo estante o anaquel, siempre que se presente con los soportes necesarios para fijarlo a la pared) y muebles por elementos (modulares);
   b) los asientos y camas.
3. A) Cuando se presenten aisladamente, no se consideran *partes* de los artículos de las partidas 94.01 a 94.03, las hojas, placas o losas, de vidrio (incluidos los espejos), mármol, piedra o cualquier otra materia de los Capítulos 68 o 69, incluso cortadas en formas determinadas, pero sin combinar con otros elementos.
   B) Cuando se presenten aisladamente, los artículos de la partida 94.04 se clasifican en dicha partida, aunque constituyan partes de muebles de las partidas 94.01 a 94.03.
4. En la partida 94.06, se consideran *construcciones prefabricadas* tanto las terminadas en fábrica como las expedidas en forma de elementos presentados juntos para montar en destino, tales como locales para vivienda, casetas de obra, oficinas, escuelas, tiendas, hangares, garajes o construcciones similares.
   Se consideran *construcciones prefabricadas* las unidades de construcción modular de acero, que normalmente tienen el tamaño y la forma de un contenedor de envío estándar, pero están en gran parte o completamente preequipadas. Estas unidades de construcción modular generalmente están diseñadas para ensamblarse juntas con el fin de constituir construcciones permanentes.

Notas Nacionales:
1. Para los efectos de las subpartidas 9401.61 y 9401.71 la expresión "Con relleno" debe entenderse como: "Tapizados (con relleno)".
   Se entenderá por asientos tapizados los que lleven, por ejemplo, una capa flexible de guata, estopa, crin animal, plástico o caucho celulares adaptada (fija o no) al asiento y recubierta con una materia, tal como tejido, cuero u hojas de plástico. Sin embargo, si se presentan aisladamente, los cojines rellenos o guarnecidos interiormente de cualquier materia, o bien, de caucho o plástico celular (recubiertos o no), se clasifican en la partida 94.04.
   Se excluyen de la partida 94.02, los sillones para dentista que lleven incorporados aparatos odontológicos de la partida 90.18, así como las escupideras fuente incluso sobre un basamento o una columna se clasifican en la partida 90.18.

2. En la partida 94.02 estará comprendido el mobiliario como mesas, camas, asientos, que sean reconocibles como de uso exclusivo para hospitales, clínicas, consultorios o quirófanos, pueden tener mecanismos de elevación, inclinación, rotación, incluso las camas pueden presentar aparatos para fracturas, lesiones, etc., pero siempre y cuando estén fijos a las camas, si los aparatos no están fijos sino solamente adaptados, corresponderán a la partida 90.21 y las camas sin mecanismo se clasifican en la partida 94.03.
3. De la partida 94.04 se excluyen los colchones, almohadas y cojines que no estén rellenos o guarnecidos, como por ejemplo los de agua (partidas 39.26, 40.16); los colchones y almohadones neumáticos (partidas 39.26, 40.16 o 63.06) y los cojines neumáticos (partidas 39.26, 40.14, 40.16, 63.06 o 63.07).
4. En las subpartidas 9405.61 y 9405.69 se clasifican los anuncios, letreros y placas indicadoras, luminosos (incluidos los paneles de carretera) y artículos similares tales como placas de anuncio, y placas de dirección de cualquier materia, siempre que estén equipadas con una fuente de iluminación fijada permanentemente.
5. Para efecto de las construcciones prefabricadas de la partida 94.06:
   a) Éstas se pueden presentar montadas o sin montar con los elementos necesarios para la edificación, incluso pueden presentarse parcialmente ensamblados (por ejemplo, paredes o cubiertas) o cortados con las dimensiones definitivas (vigas o durmientes, principalmente), o bien, en algunos casos, en longitudes indeterminadas para ajustarlos en el momento de montarlos (vigas de apoyo, materias aislantes, etc.);
   b) Pueden estar equipadas o sin equipar. Sin embargo, solo se admite el equipo fijo entregado normalmente con estas construcciones, que puede abarcar, por ejemplo, la instalación eléctrica (cables, tomas de corriente, interruptores, etc.), aparatos de calefacción o de climatización (calderas, radiadores, acondicionadores de aire, etc.), material sanitario (bañeras, duchas, calentadores de agua, etc.) o de cocina (fregaderos, campanas de humos, cocinas, etc.), así como los muebles empotrados o proyectados para empotrar (armarios, alacenas, etc.). Así mismo, están contempladas en esta partida las materias utilizadas para el montaje o el acabado de las construcciones prefabricadas (por ejemplo, clavos, pegamentos, yeso, mortero, hilos y cables eléctricos, tubos, pinturas, papel para decorar o moqueta) se clasifican con las construcciones, siempre que se presenten con ellas en cantidades apropiadas.

Se excluye de la partida 94.06, las partes de construcciones prefabricadas, así como los objetos para equiparlas, presentados aisladamente, aunque sean reconocibles como destinados a equipar estas construcciones prefabricadas, y en todos los casos deben seguir su propio régimen de clasificación.

CÓDIGO		DESCRIPCIÓN	UNIDAD	ARANCEL IMP	EXP
94.01		**Asientos (excepto los de la partida 94.02), incluso los transformables en cama, y sus partes.**			
9401.10	-	Asientos de los tipos utilizados en aeronaves.			
9401.10.01	00	Asientos de los tipos utilizados en aeronaves.	Pza	Ex.	Ex.
9401.20	-	Asientos de los tipos utilizados en vehículos automóviles.			
9401.20.01	00	Asientos de los tipos utilizados en vehículos automóviles.	Pza	Ex.	Ex.
	-	Asientos giratorios de altura ajustable:			
9401.31	- -	De madera.			
9401.31.01	00	De madera.	Pza	10	Ex.
9401.39	- -	Los demás.			
9401.39.99	00	Los demás.	Pza	35	Ex.
	-	Asientos transformables en cama, excepto el material de acampar o de jardín:			
9401.41	- -	De madera.			
9401.41.01	00	De madera.	Pza	10	Ex.
9401.49	- -	Los demás.			
9401.49.99	00	Los demás.	Pza	10	Ex.
	-	Asientos de ratán (roten), mimbre, bambú o materias similares:			
9401.52	- -	De bambú.			
9401.52.01	00	De bambú.	Pza	35	Ex.
9401.53	- -	De ratán (roten).			
9401.53.01	00	De ratán (roten).	Pza	10	Ex.
9401.59	- -	Los demás.			
9401.59.99	00	Los demás.	Pza	10	Ex.
	-	Los demás asientos, con armazón de madera:			
9401.61	- -	Con relleno.			
9401.61.01	00	Con relleno.	Pza	10	Ex.
9401.69	- -	Los demás.			
9401.69.99	00	Los demás.	Pza	10	Ex.
	-	Los demás asientos, con armazón de metal:			
9401.71	- -	Con relleno.			
9401.71.01	00	Con relleno.	Pza	35	Ex.
9401.79	- -	Los demás.			
9401.79.99		Los demás.	Pza	10	Ex.
	01	Sillones, bancos y sillas.			
	99	Los demás.			
9401.80	-	Los demás asientos.			
9401.80.91	00	Los demás asientos.	Kg	10	Ex.
	-	Partes:			
9401.91	- -	De madera.			
9401.91.01	00	De madera.	Kg	Ex.	Ex.
9401.99	- -	Las demás.			
9401.99.01	00	Reconocibles como diseñadas exclusivamente para tractores agrícolas e industriales.	Pza	Ex.	Ex.
9401.99.99		Las demás.	Kg	Ex.	Ex.
	01	Reconocibles como diseñadas exclusivamente para lo comprendido en el número de identificación comercial 9401.20.01.00.			

	99	Los demás.			

94.02 Mobiliario para medicina, cirugía, odontología o veterinaria (por ejemplo: mesas de operaciones o de reconocimiento, camas con mecanismo para uso clínico, sillones de dentista); sillones de peluquería y sillones similares, con dispositivos de orientación y elevación; partes de estos artículos.

9402.10	-	Sillones de dentista, de peluquería y sillones similares, y sus partes.			
9402.10.01	00	Partes.	Kg	15	Ex.
9402.10.99	00	Los demás.	Pza	15	Ex.
9402.90	-	Los demás.			
9402.90.01	00	Mesas de operaciones.	Pza	10	Ex.
9402.90.02	00	Parihuelas o camillas.	Pza	10	Ex.
9402.90.99	00	Los demás.	Pza	15	Ex.

94.03 Los demás muebles y sus partes.

9403.10	-	Muebles de metal de los tipos utilizados en oficinas.			
9403.10.03		Muebles de metal de los tipos utilizados en oficinas.	Pza	35	Ex.
	01	Llamados "estaciones de trabajo", reconocibles como diseñados para alojar un sistema de cómputo personal, conteniendo por lo menos: una cubierta para monitor, una cubierta para teclado y una cubierta para la unidad central de proceso.			
	02	Estantería, archiveros o libreros, excepto lo comprendido los archiveros de cajones, accionados electrónicamente.			
	03	Escritorios.			
	99	Los demás.			
9403.20	-	Los demás muebles de metal.			
9403.20.91		Los demás muebles de metal.	Pza	35	Ex.
	01	Gabinetes de seguridad biológica y flujo laminar con control y reciclado de aire, contenidos en un solo cuerpo, para uso en laboratorio.			
	02	Llamados "estaciones de trabajo", reconocibles como diseñados para alojar un sistema de cómputo personal, conteniendo por lo menos: una cubierta para monitor, una cubierta para teclado y una cubierta para la unidad central de proceso.			
	03	Camas, incluso las llamadas "bases", pintadas o latonadas.			
	04	Mesas, excepto las reconocibles como diseñadas exclusivamente para dibujo o trazado (restiradores), sin equipar.			
	05	Cunas y corrales para infantes.			
	99	Los demás.			
9403.30	-	Muebles de madera de los tipos utilizados en oficinas.			
9403.30.01	00	Muebles de madera de los tipos utilizados en oficinas, excepto lo comprendido en la fracción arancelaria 9403.30.02.	Pza	10	Ex.
9403.30.02	00	Llamados "estaciones de trabajo", reconocibles como diseñados para alojar un sistema de cómputo personal, conteniendo por lo menos: una cubierta para monitor, una cubierta para teclado y una cubierta para la unidad central de proceso.	Pza	15	Ex.
9403.40	-	Muebles de madera de los tipos utilizados en cocinas.			
9403.40.01	00	Muebles de madera de los tipos utilizados en cocinas.	Pza	10	Ex.
9403.50	-	Muebles de madera de los tipos utilizados en dormitorios.			
9403.50.01	00	Muebles de madera de los tipos utilizados en dormitorios.	Pza	10	Ex.
9403.60	-	Los demás muebles de madera.			
9403.60.01	00	Mesas, reconocibles como diseñadas exclusivamente para dibujo o trazado (restiradores), sin equipar.	Pza	35	Ex.
9403.60.02	00	Atriles.	Pza	25	Ex.
9403.60.03	00	Llamados "estaciones de trabajo", reconocibles como diseñados para alojar un sistema de cómputo personal, conteniendo por lo menos: una cubierta para monitor, una cubierta para teclado y una cubierta para la unidad central de proceso.	Pza	15	Ex.
9403.60.99	00	Los demás.	Pza	10	Ex.
9403.70	-	Muebles de plástico.			
9403.70.03	00	Muebles de plástico.	Pza	15	Ex.
	-	Muebles de otras materias, incluidos el ratán (roten), mimbre, bambú o materias similares:			
9403.82	- -	De bambú.			
9403.82.01	00	De bambú.	Pza	15	Ex.
9403.83	- -	De ratán (roten).			
9403.83.01	00	De ratán (roten).	Pza	15	Ex.
9403.89	- -	Los demás.			
9403.89.99	00	Los demás.	Pza	35	Ex.
	-	Partes:			
9403.91	- -	De madera.			
9403.91.01	00	De madera.	Kg	Ex.	Ex.
9403.99	- -	Las demás.			
9403.99.99		Las demás.	Kg	Ex.	Ex.
	01	Cabeceras de metal, pintadas o latonadas.			
	99	Los demás.			

94.04 Somieres; artículos de cama y artículos similares (por ejemplo: colchones, cubrepiés, edredones, cojines, pufs, almohadas), bien con muelles (resortes), bien rellenos o guarnecidos interiormente con cualquier materia, incluidos los de caucho o plástico celulares, recubiertos o no.

9404.10	-	Somieres.			
9404.10.01	00	Somieres.	Pza	35	Ex.

		-	**Colchones:**			
9404.21		- -	**De caucho o plástico celulares, recubiertos o no.**			
9404.21.02			De caucho o plástico celulares, recubiertos o no.	Pza	15	Ex.
	01		Colchonetas.			
	99		Los demás.			
9404.29		- -	**De otras materias.**			
9404.29.99	00		De otras materias.	Pza	25	Ex.
9404.30		-	**Sacos (bolsas) de dormir.**			
9404.30.01	00		Sacos (bolsas) de dormir.	Pza	15	Ex.
9404.40		-	**Cubrepiés, colchas, edredones y cobertores.**			
9404.40.01			Cubrepiés, colchas, edredones y cobertores.	Pza	35	Ex.
	01		De ancho inferior o igual a 160 cm.			
	02		De ancho superior a 160 cm pero inferior o igual a 210 cm.			
	03		De ancho superior a 210 cm pero inferior o igual a 240 cm.			
	99		Los demás.			
9404.90		-	**Los demás.**			
9404.90.99			Los demás.	Pza	15	Ex.
	01		Almohadas y cojines.			
	02		Almohadas y cojines para bebé.			
	99		Los demás.			
94.05			**Luminarias y aparatos de alumbrado (incluidos los proyectores) y sus partes, no expresados ni comprendidos en otra parte; anuncios, letreros y placas indicadoras, luminosos y artículos similares, con fuente de luz inseparable, y sus partes no expresadas ni comprendidas en otra parte.**			
		-	**Lámparas y demás luminarias, eléctricas, para colgar o fijar al techo o a la pared, excepto las de los tipos utilizados para el alumbrado de espacios o vías públicos:**			
9405.11		- -	**Diseñadas para ser utilizadas únicamente con fuentes luminosas de diodos emisores de luz (LED).**			
9405.11.01			Diseñadas para ser utilizadas únicamente con fuentes luminosas de diodos emisores de luz (LED).	Pza	15	Ex.
	01		Lámparas equipadas con baterías, clavijas e interruptores.			
	99		Los demás.			
9405.19		- -	**Las demás.**			
9405.19.99			Las demás.	Pza	15	Ex.
	01		Candiles.			
	02		De hierro o acero, excepto lo comprendido en los números de identificación comercial 9405.19.99.01.			
	99		Los demás.			
		-	**Lámparas eléctricas de mesa, oficina, cabecera o de pie:**			
9405.21		- -	**Diseñadas para ser utilizadas únicamente con fuentes luminosas de diodos emisores de luz (LED).**			
9405.21.01			Diseñadas para ser utilizadas únicamente con fuentes luminosas de diodos emisores de luz (LED).	Pza	15	Ex.
	01		Lámparas eléctricas de pie.			
	99		Las demás.			
9405.29		- -	**Las demás.**			
9405.29.99			Las demás.	Pza	15	Ex.
	01		Lámparas eléctricas de pie.			
	99		Las demás.			
		-	**Guirnaldas eléctricas de los tipos utilizados en árboles de Navidad:**			
9405.31		- -	**Diseñadas para ser utilizadas únicamente con fuentes luminosas de diodos emisores de luz (LED).**			
9405.31.01	00		Diseñadas para ser utilizadas únicamente con fuentes luminosas de diodos emisores de luz (LED).	Pza	Ex.	Ex.
9405.39		- -	**Las demás.**			
9405.39.99	00		Las demás.	Pza	Ex.	Ex.
		-	**Las demás luminarias y aparatos de alumbrado, eléctricos:**			
9405.41		- -	**Fotovoltaicos, diseñados para ser utilizados únicamente con fuentes luminosas de diodos emisores de luz (LED).**			
9405.41.01	00		Fotovoltaicos, diseñados para ser utilizados únicamente con fuentes luminosas de diodos emisores de luz (LED).	Pza	15	Ex.
9405.42		- -	**Los demás, diseñados para ser utilizados únicamente con fuentes luminosas de diodos emisores de luz (LED).**			
9405.42.91	00		Los demás, diseñados para ser utilizados únicamente con fuentes luminosas de diodos emisores de luz (LED).	Pza	15	Ex.
9405.49		- -	**Los demás.**			
9405.49.99	00		Los demás.	Pza	15	Ex.
9405.50		-	**Luminarias y aparatos de alumbrado, no eléctricos.**			
9405.50.02	00		Luminarias y aparatos de alumbrado, no eléctricos.	Pza	15	Ex.
		-	**Anuncios, letreros y placas indicadoras, luminosos y artículos similares:**			
9405.61		- -	**Diseñados para ser utilizados únicamente con fuentes luminosas de diodos emisores de luz (LED).**			
9405.61.01	00		Diseñados para ser utilizados únicamente con fuentes luminosas de diodos emisores de luz (LED).	Pza	25	Ex.
9405.69		- -	**Los demás.**			
9405.69.99	00		Los demás.	Pza	15	Ex.
		-	**Partes:**			
9405.91		- -	**De vidrio.**			
9405.91.01	00		Bombillas de borosilicato, para lámparas o linternas de combustible líquido o gaseoso.	Kg	Ex.	Ex.

LEY DE LOS IMPUESTOS GENERALES DE IMPORTACION Y EXPORTACION

9405.91.02 00	Bombillas para lámparas o linternas de combustible líquido o gaseoso, excepto lo comprendido en la fracción arancelaria 9405.91.01.	Kg	5	Ex.
9405.91.03 00	Elementos de vidrio para alumbrado y señalización.	Kg	5	Ex.
9405.91.04 00	Piezas moldeadas semiterminadas (esbozos), de vidrio sin contenido de plomo, en formas poliédricas, reconocibles como diseñadas exclusivamente para la elaboración de candiles y lámparas.	Kg	Ex.	Ex.
9405.91.99 00	Las demás.	Kg	15	Ex.
9405.92	**- - De plástico.**			
9405.92.01 00	De plástico.	Kg	5	Ex.
9405.99	**- - Las demás.**			
9405.99.99 00	Las demás.	Kg	15	Ex.
94.06	**Construcciones prefabricadas.**			
9406.10	**- De madera.**			
9406.10.01 00	De madera.	Kg	10	Ex.
9406.20	**- Unidades de construcción modular, de acero.**			
9406.20.01 00	Unidades de construcción modular, de acero.	Kg	10	Ex.
9406.90	**- Las demás.**			
9406.90.99 00	Las demás.	Kg	10	Ex.

Capítulo 95
Juguetes, juegos y artículos para recreo o deporte; sus partes y accesorios

Notas.
1. Este Capítulo no comprende:
    a) las velas (partida 34.06);
    b) los artículos de pirotecnia para diversión de la partida 36.04;
    c) los hilados, monofilamentos, cordones, cuerdas de tripa y similares para la pesca, incluso cortados en longitudes determinadas, pero sin montar en sedal (tanza) con anzuelo, del Capítulo 39, partida 42.06 o Sección XI;
    d) las bolsas para artículos de deporte y demás continentes, de las partidas 42.02, 43.03 o 43.04;
    e) los disfraces de materia textil, de los Capítulos 61 o 62; las prendas de vestir de deporte y prendas especiales de materia textil, de los Capítulos 61 o 62, incluso las que incorporen accesoriamente elementos de protección, tales como placas protectoras o acolchado en las partes correspondientes a los codos, las rodillas o la ingle (por ejemplo: prendas para esgrima o suéteres (jerseys) para porteros (arqueros) de fútbol);
    f) las banderas y cuerdas de gallardetes, de materia textil, así como las velas para embarcaciones, deslizadores o vehículos terrestres, del Capítulo 63;
    g) el calzado (excepto el fijado a patines para hielo o patines de ruedas) del Capítulo 64 y los tocados especiales para la práctica de deportes del Capítulo 65;
    h) los bastones, fustas, látigos y artículos similares (partida 66.02), así como sus partes (partida 66.03);
    ij) los ojos de vidrio sin montar para muñecas, muñecos u otros juguetes, de la partida 70.18;
    k) las partes y accesorios de uso general, tal como se definen en la Nota 2 de la Sección XV, de metal común (Sección XV) y los artículos similares de plástico (Capítulo 39);
    l) las campanas, campanillas, gongos y artículos similares, de la partida 83.06;
    m) las bombas para líquidos (partida 84.13), aparatos para filtrar o depurar líquidos o gases (partida 84.21), motores eléctricos (partida 85.01), transformadores eléctricos (partida 85.04), discos, cintas, dispositivos de almacenamiento permanente de datos a base de semiconductores, tarjetas inteligentes ("smart cards") y demás soportes para grabar sonido o grabaciones análogas, grabados o no (partida 85.23), aparatos de radiotelemando (partida 85.26) y dispositivos inalámbricos de rayos infrarrojos para mando a distancia (partida 85.43);
    n) los vehículos de deporte de la Sección XVII, excepto los toboganes, "bobsleighs" y similares;
    o) las bicicletas para niños (partida 87.12);
    p) las aeronaves no tripuladas (partida 88.06);
    q) las embarcaciones de deporte, tales como canoas y esquifes (Capítulo 89), y sus medios de propulsión (Capítulo 44, si son de madera);
    r) las gafas (anteojos) protectoras para la práctica de deportes o juegos al aire libre (partida 90.04);
    s) los reclamos y silbatos (partida 92.08);
    t) las armas y demás artículos del Capítulo 93;
    u) las guirnaldas eléctricas de cualquier clase (partida 94.05);
    v) los monopies, bípodes, trípodes y artículos similares (partida 96.20);
    w) las cuerdas para raqueta, tiendas (carpas) de campaña, artículos de acampar y guantes, mitones y manoplas de cualquier materia (régimen de la materia constitutiva);
    x) los artículos de mesa, utensilios de cocina, artículos de tocador y baño, alfombras y demás revestimientos para el suelo de materia textil, ropaje, ropa de cama y mesa, tocador y baño, cocina y artículos similares que tengan una función utilitaria (se clasifican según el régimen de la materia constitutiva).
2. Los artículos de este Capítulo pueden llevar simples guarniciones o accesorios de mínima importancia de metal precioso, chapado de metal precioso (plaqué), perlas naturales (finas) o cultivadas o piedras preciosas o semipreciosas (naturales, sintéticas o reconstituidas).
3. Salvo lo dispuesto en la Nota 1 anterior, las partes y accesorios identificables como destinados, exclusiva o principalmente, a los artículos de este Capítulo se clasifican con ellos.
4. Salvo lo dispuesto en la Nota 1 anterior, la partida 95.03 se aplica, entre otros, a los artículos de esta partida combinados con uno o más productos que no puedan ser considerados como juegos o surtidos conforme a la Regla General Interpretativa 3 b), y que por tanto, si se presentasen separadamente, serían clasificados en otras partidas, siempre que estos artículos se presenten juntos, acondicionados para la venta al por menor, y que esta combinación reúna las características esenciales de los juguetes.
5. La partida 95.03 no comprende los artículos que por su concepción, forma o materia constitutiva sean reconocibles como destinados exclusivamente para animales, por ejemplo, los juguetes para animales de compañía (clasificación según su propio régimen).

6. En la partida 95.08:
   a) la expresión *atracciones para parques de diversiones* designa a un aparato o combinación de aparatos que pueden transportar, encaminar o guiar a una o más personas en rutas acordadas o restringidas, incluidas las rutas acuáticas, o dentro de un área definida principalmente para fines de entretenimiento o diversión. Estas atracciones pueden ser parte de un parque de diversiones, un parque temático, un parque acuático o una feria. Estas atracciones para parques de diversiones no comprenden los equipos de los tipos que generalmente se instalan en residencias o en patios de recreo;
   b) la expresión *atracciones de parques acuáticos* designa a un aparato o combinación de aparatos colocados en un área definida que involucra agua, sin una ruta establecida. Las atracciones de parques acuáticos comprenden solo los equipos diseñados específicamente para su utilización en parques acuáticos;
   c) la expresión *atracciones de feria* designa a los juegos de azar, fuerza o destreza que generalmente requieren la presencia de un operador o supervisor y pueden instalarse en edificios permanentes o en puestos independientes en concesión. Las atracciones de feria no comprenden los equipos de la partida 95.04.

Esta partida no comprende los equipos clasificados más específicamente en otra parte de la Nomenclatura.

Nota de subpartida.
1. La subpartida 9504.50 comprende:
   a) las videoconsolas que permiten la reproducción de imágenes en la pantalla de un aparato receptor de televisión, un monitor u otra pantalla o superficie exterior;
   b) las máquinas de videojuego con pantalla incorporada, incluso portátiles.

Esta subpartida no comprende las videoconsolas o máquinas de videojuego activadas con monedas, billetes de banco, tarjetas bancarias, fichas o por cualquier otro medio de pago (subpartida 9504.30).

Notas Nacionales:
1. En la partida 95.03 están comprendidas, entre otras mercancías, las siguientes:
   a) Los juguetes que representen animales o criaturas no humanas, aunque tengan esencialmente características físicas humanas (por ejemplo, ángeles, robots, demonios o monstruos) incluidos los de teatro de marionetas;
   b) Los globos de juguete y las cometas, para el entretenimiento tanto de los niños como de los adultos, exceptuando los de la partida 88.01;
   c) Los libros y hojas compuestos principalmente por estampas para recortar, formando un conjunto y libros con ilustraciones móviles o que se levantan al abrir el libro, siempre y cuando el artículo constituya principalmente un juguete;
   d) Las tiendas (carpas) de juguete que utilizan los niños en casa y al aire libre;
   e) Los modelos reducidos y modelos similares para entretenimiento, incluso animados, de barcos, aeronaves, trenes, vehículos automóviles, pueden presentarse en forma de surtidos con las partes y accesorios necesarios para la construcción de dichos modelos, excepto de los conjuntos que tengan las características de los juegos de competición de la partida 95.04.
   f) Las muñecas o muñecos para el entretenimiento de los niños, y las muñecas para usos decorativos (excepto las muñecas o muñecos que están fijos sobre una base de forma permanente); entre las muñecas y muñecos comprendidos aquí, están por ejemplo las muñecas de salón, mascotas, fetiches, etc., así como las muñecas para teatro guiñol o para teatros de marionetas, y las muñecas que representan al ser humano deformado, como ejemplo polichinelas o monigotes. Entre las partes y accesorios de muñecas o muñecos se pueden citar las cabezas, cuerpos, extremidades, ojos (excepto los de vidrio sin montar de la partida 70.18), los mecanismos para cerrar o hacer girar los ojos, para la voz o sonidos y demás mecanismos, las pelucas, los vestidos, calzados y sombreros.

   Para efectos de esta partida, ciertos artículos que presentados aisladamente se clasificarían en otras partidas de la Nomenclatura, adquieren el carácter de juguetes por la circunstancia de su agrupación y de su presentación.

   Asimismo, tenemos que aquellos juguetes que son reproducción de artículos usados por los adultos, se distinguen, por la naturaleza de las materias constitutivas, por su construcción generalmente más rudimentaria, por sus dimensiones reducidas (adaptadas a la estatura de los niños) y por su rendimiento bastante pequeño que no permite el uso para un trabajo normal de adulto.

   En esta partida, se entiende por juguetes con motor los accionados mediante un dispositivo que almacene energía (electricidad, espiral, fricción, etc.) para ser liberada posteriormente transformada en movimiento; por ejemplo, los vehículos de retro impulso.

   Las expresiones "con mecanismos operados eléctrica o electrónicamente" y "de funcionamiento eléctrico o electrónico" se refieren a los artículos que cuentan con un mecanismo que por efecto de la electricidad ejecuta las operaciones que constituyen la razón de ser del juguete, o con un sistema electrónico programable que permite al juguete interactuar con el usuario.

   La expresión "Juguetes réplica de armas de fuego, que tengan apariencia, forma y/o configuración, de las armas de las partidas 93.02 y 93.03" abarca a toda clase de artículos que imiten o asemejen a un arma.

   Para los juguetes de ruedas, la propulsión se consigue normalmente apoyándose en el suelo directamente (patinetes sin pedales) o con un sistema de pedales, manivelas o palancas, también aquellos juguetes impulsados por un motor, o los arrastrados o empujados por otra persona.
2. En la partida 95.04 se clasifican las videoconsolas que permiten la reproducción de imágenes y sonido (utilizados con receptor de televisión o con pantalla incorporada) y los demás juegos de azar o de destreza con visualizador electrónico.
   Por el contrario, se excluyen los asientos con videojuegos (partida 94.01).
3. Para efectos de la subpartida 9506.31 el término "Palos de golf ("clubs") completos" debe entenderse como individuales o en juegos.

CÓDIGO	DESCRIPCIÓN	UNIDAD	ARANCEL	
			IMP	EXP
95.03	**Triciclos, patinetes, coches de pedal y juguetes similares con ruedas; coches y sillas de ruedas para muñecas o muñecos; muñecas o muñecos; los demás juguetes; modelos reducidos y modelos similares, para entretenimiento, incluso animados; rompecabezas de cualquier clase.**			
9503.00	- **Triciclos, patinetes, coches de pedal y juguetes similares con ruedas; coches y sillas de ruedas para muñecas o muñecos; muñecas o muñecos; los demás juguetes; modelos**			

LEY DE LOS IMPUESTOS GENERALES DE IMPORTACION Y EXPORTACION

reducidos y modelos similares, para entretenimiento, incluso animados; rompecabezas de cualquier clase.

9503.00.01	00	Triciclos o cochecitos de pedal o palanca.	Pza	15	Ex.
9503.00.02	00	Con ruedas, diseñados para que los conduzcan los niños, impulsados por ellos o por otra persona, o accionados por baterías recargables de hasta 12 V, excepto, en ambos casos, lo comprendido en la fracción arancelaria 9503.00.01.	Pza	15	Ex.
9503.00.04	00	Muñecas y muñecos que representen solamente seres humanos, incluso vestidos, que contengan mecanismos operados eléctrica o electrónicamente, excepto lo comprendido en la fracción arancelaria 9503.00.05.	Pza	15	Ex.
9503.00.05	00	Muñecas y muñecos que representen solamente seres humanos, de longitud inferior o igual a 30 cm, incluso vestidos, articulados o con mecanismos operados eléctrica o electrónicamente.	Pza	15	Ex.
9503.00.07	00	Trenes eléctricos, incluidos los carriles (rieles), señales y demás accesorios.	Kg	Ex.	Ex.
9503.00.08	00	Juguetes terapéutico-pedagógicos, reconocibles como diseñados exclusivamente para usos clínicos, para corregir disfunciones psicomotrices o problemas de lento aprendizaje, en instituciones de educación especial o similares.	Kg	Ex.	Ex.
9503.00.09	00	Modelos reducidos "a escala" para ensamblar, de madera de balsa.	Kg	Ex.	Ex.
9503.00.10	00	Modelos reducidos "a escala" para ensamblar, incluso los que tengan componentes electrónicos o eléctricos, excepto lo comprendido en la fracción arancelaria 9503.00.07.	Kg	15	Ex.
9503.00.11	00	Juegos o surtidos de construcción; los demás juguetes de construcción.	Kg	15	Ex.
9503.00.12	00	Juguetes que representen animales o seres no humanos, rellenos.	Pza	15	Ex.
9503.00.13	00	Juguetes que representen animales o seres no humanos, sin rellenar, de papel o cartón.	Kg	Ex.	Ex.
9503.00.15	00	Instrumentos y aparatos, de música, de juguete.	Kg	15	Ex.
9503.00.16	00	Rompecabezas de papel o cartón.	Kg	15	Ex.
9503.00.17	00	Rompecabezas de materias distintas a papel o cartón.	Kg	15	Ex.
9503.00.18	00	Juegos o surtidos reconocibles como diseñados exclusivamente para que el niño o la niña, representen un personaje, profesión u oficio, excepto juegos que imiten preparaciones de belleza, de maquillaje o de manicura.	Kg	15	Ex.
9503.00.20	00	Juguetes y modelos, con motor, excepto lo comprendido en las fracciones arancelarias 9503.00.02, 9503.00.04, 9503.00.05, 9503.00.07, 9503.00.09, 9503.00.10, 9503.00.11, 9503.00.12, 9503.00.15 y 9503.00.18.	Kg	15	Ex.
9503.00.21	00	Ábacos.	Kg	10	Ex.
9503.00.22	00	Preparaciones de materias plásticas, o caucho, reconocibles como diseñadas para formar globos por insuflado.	Kg	15	Ex.
9503.00.23	00	Juguetes inflables, incluso las pelotas de juguete fabricadas exclusivamente de materias plásticas, excepto lo comprendido en la fracción arancelaria 9503.00.22.	Kg	15	Ex.
9503.00.24	00	Juguetes destinados a niños de hasta 36 meses de edad, excepto lo comprendido en las fracciones arancelarias 9503.00.01, 9503.00.02, 9503.00.04, 9503.00.05, 9503.00.11, 9503.00.12, 9503.00.13, 9503.00.15, 9503.00.16, 9503.00.17, 9503.00.20 y 9503.00.23.	Kg	15	Ex.
9503.00.25	00	Juguetes réplica de armas de fuego, que tengan apariencia, forma y/o configuración de las armas de la subpartida 9301.90, o de las partidas 93.02 y 93.03, pero que no sean las armas comprendidas en la partida 93.04.	Kg	10	Ex.
9503.00.26	00	Juguetes reconocibles como diseñados exclusivamente para lanzar agua, excepto los comprendidos en la fracción arancelaria 9503.00.25.	Kg	Ex.	Ex.
9503.00.27	00	Partes o piezas sueltas para triciclos, patinetes, coches de pedal y juguetes similares con ruedas.	Kg	Ex.	Ex.
9503.00.28	00	Prendas, complementos (accesorios) de vestir, calzado, sombreros y demás tocados, para muñecas y muñecos que representen solamente seres humanos.	Kg	Ex.	Ex.
9503.00.29	00	Subensambles eléctricos o electrónicos, reconocibles como diseñados exclusivamente para los productos de las fracciones arancelarias 9503.00.04 y 9503.00.05.	Kg	Ex.	Ex.
9503.00.30	00	Partes y accesorios de muñecas y muñecos que representen solamente seres humanos, excepto lo comprendido en las fracciones arancelarias 9503.00.28 y 9503.00.29.	Kg	Ex.	Ex.
9503.00.31	00	Partes y accesorios de instrumentos y aparatos, de música, de juguete.	Kg	Ex.	Ex.
9503.00.32	00	Partes y accesorios reconocibles como diseñados exclusivamente para lo comprendido en la fracción arancelaria 9503.00.20.	Kg	Ex.	Ex.
9503.00.33	00	Motores, excepto eléctricos reconocibles como diseñados exclusivamente para montarse en juguetes o en modelos, reducidos.	Kg	Ex.	Ex.
9503.00.34	00	Partes y accesorios reconocibles como diseñados exclusivamente para los productos comprendidos en la fracción arancelaria 9503.00.24.	Kg	Ex.	Ex.
9503.00.35	00	Partes, piezas y accesorios, reconocibles como diseñadas para coches y sillas de ruedas para muñecas o muñecos, para los demás juguetes de rueda, o para lo comprendido en las fracciones arancelarias 9503.00.21, 9503.00.25 o 9503.00.26.	Kg	Ex.	Ex.
9503.00.91	00	Los demás juguetes con ruedas diseñados para que los conduzcan los niños; coches y sillas de ruedas para muñecas o muñecos.	Pza	15	Ex.
9503.00.92	00	Las demás muñecas y muñecos que representen solamente seres humanos, incluso vestidos, excepto lo comprendido en las fracciones arancelarias 9503.00.04 y 9503.00.05.	Pza	15	Ex.
9503.00.93	00	Los demás juguetes que representen animales o seres no humanos, sin rellenar.	Kg	15	Ex.
9503.00.99		Los demás.	Kg	15	Ex.
	01	Juegos que imiten preparaciones de belleza, de maquillaje o de manicura.			
	91	Los demás juguetes presentados en juegos o surtidos de dos o más artículos diferentes acondicionados para su venta al por menor.			
	99	Los demás.			
95.04		**Videoconsolas y máquinas de videojuego, juegos de sociedad, incluidos los juegos con motor o mecanismo, billares, mesas especiales para juegos de casino y juegos de bolos automáticos ("bowlings"), juegos activados con monedas, billetes de banco, tarjetas bancarias, fichas o por cualquier otro medio de pago.**			

Código		Descripción	Unidad	Imp.	Exp.
9504.20	-	**Billares de cualquier clase y sus accesorios.**			
9504.20.01	00	Tizas y bolas de billar.	Kg	5	Ex.
9504.20.99	00	Los demás.	Kg	10	Ex.
9504.30	-	**Los demás juegos activados con monedas, billetes de banco, tarjetas bancarias, fichas o por cualquier otro medio de pago, excepto los juegos de bolos automáticos ("bowlings").**			
9504.30.01	00	Partes y accesorios.	Kg	Ex.	Ex.
9504.30.02	00	Máquinas de funcionamiento eléctrico, electrónico, mecánico o combinación de ellos, a través de las cuales se realicen sorteos con números o símbolos, que están sujetos al azar.	Pza	15	Ex.
9504.30.99	00	Los demás.	Kg	15	Ex.
9504.40	-	**Naipes.**			
9504.40.01	00	Naipes.	Kg	15	Ex.
9504.50	-	**Videoconsolas y máquinas de videojuego, excepto las de la subpartida 9504.30.**			
9504.50.03	00	Partes y accesorios, para las videoconsolas y máquinas de videojuegos.	Kg	Ex.	Ex.
9504.50.04		Videoconsolas y máquinas de videojuego, excepto las de la subpartida 9504.30 y lo comprendido en la fracción arancelaria 9504.50.03.	Pza	Ex.	Ex.
	01	Videoconsolas y máquinas de videojuegos.			
	02	Cartuchos conteniendo programas para videoconsolas y máquinas de videojuegos.			
9504.90	-	**Los demás.**			
9504.90.01	00	Pelotas de celuloide.	Kg	Ex.	Ex.
9504.90.02	00	Bolas, excepto lo comprendido en la fracción arancelaria 9504.90.01.	Pza	Ex.	Ex.
9504.90.03	00	Bolos o pinos de madera; aparatos automáticos para acomodar los bolos o pinos y regresar las bolas a su lugar de lanzamiento ("bowlings"), sus partes o piezas sueltas.	Kg	10	Ex.
9504.90.04	00	Autopistas eléctricas.	Kg	Ex.	Ex.
9504.90.05	00	Partes sueltas y accesorios reconocibles como diseñadas exclusivamente para lo comprendido en la fracción arancelaria 9504.90.04.	Kg	Ex.	Ex.
9504.90.99	00	Los demás.	Kg	15	Ex.
95.05		**Artículos para fiestas, carnaval u otras diversiones, incluidos los de magia y artículos sorpresa.**			
9505.10	-	**Artículos para fiestas de Navidad.**			
9505.10.01	00	Árboles artificiales para fiestas de Navidad.	Kg	15	Ex.
9505.10.99	00	Los demás.	Kg	10	Ex.
9505.90	-	**Los demás.**			
9505.90.99	00	Los demás.	Kg	15	Ex.
95.06		**Artículos y material para cultura física, gimnasia, atletismo, demás deportes (incluido el tenis de mesa) o para juegos al aire libre, no expresados ni comprendidos en otra parte de este Capítulo; piscinas, incluso infantiles.**			
	-	Esquís para nieve y demás artículos para práctica del esquí de nieve:			
9506.11	- -	**Esquís.**			
9506.11.01	00	Esquís.	Par	Ex.	Ex.
9506.12	- -	**Fijadores de esquí.**			
9506.12.01	00	Fijadores de esquí.	Kg	Ex.	Ex.
9506.19	- -	**Los demás.**			
9506.19.99	00	Los demás.	Kg	Ex.	Ex.
	-	Esquís acuáticos, tablas, deslizadores de vela y demás artículos para práctica de deportes acuáticos:			
9506.21	- -	**Deslizadores de vela.**			
9506.21.01	00	Deslizadores de vela.	Pza	Ex.	Ex.
9506.29	- -	**Los demás.**			
9506.29.99		Los demás.	Kg	Ex.	Ex.
	01	Tablas, con peso inferior o igual a 50 kg.			
	99	Los demás.			
	-	Palos de golf ("clubs") y demás artículos para golf:			
9506.31	- -	**Palos de golf ("clubs") completos.**			
9506.31.01	00	Palos de golf ("clubs"), completos, en juegos.	Pza	10	Ex.
9506.31.99	00	Los demás.	Pza	Ex.	Ex.
9506.32	- -	**Pelotas.**			
9506.32.01	00	Pelotas.	Kg	Ex.	Ex.
9506.39	- -	**Los demás.**			
9506.39.01	00	Partes para palos de golf.	Pza	Ex.	Ex.
9506.39.99	00	Los demás.	Kg	Ex.	Ex.
9506.40	-	**Artículos y material para tenis de mesa.**			
9506.40.01	00	Artículos y material para tenis de mesa.	Pza	10	Ex.
	-	Raquetas de tenis, bádminton o similares, incluso sin cordaje:			
9506.51	- -	**Raquetas de tenis, incluso sin cordaje.**			
9506.51.01	00	Esbozos.	Pza	Ex.	Ex.
9506.51.99	00	Las demás.	Pza	10	Ex.
9506.59	- -	**Las demás.**			
9506.59.99	00	Las demás.	Kg	10	Ex.
	-	Balones y pelotas, excepto las de golf o tenis de mesa:			
9506.61	- -	**Pelotas de tenis.**			
9506.61.01	00	Pelotas de tenis.	Kg	10	Ex.
9506.62	- -	**Inflables.**			
9506.62.01	00	Inflables.	Kg	15	Ex.
9506.69	- -	**Los demás.**			
9506.69.99	00	Los demás.	Kg	15	Ex.

LEY DE LOS IMPUESTOS GENERALES DE IMPORTACION Y EXPORTACION

9506.70		- Patines para hielo y patines de ruedas, incluido el calzado con patines fijos.			
9506.70.01	00	Patines para hielo y patines de ruedas, incluido el calzado con patines fijos.	Par	Ex.	Ex.
		- Los demás:			
9506.91		- - Artículos y material para cultura física, gimnasia o atletismo.			
9506.91.03		Artículos y material para cultura física, gimnasia o atletismo.	Kg	Ex.	Ex.
	01	Partes, piezas y accesorios.			
	99	Los demás.			
9506.99		- - Los demás.			
9506.99.01	00	Espinilleras y tobilleras.	Kg	Ex.	Ex.
9506.99.02	00	Artículos para el tiro de arco, así como sus partes o accesorios reconocibles como destinados exclusiva o principalmente a dichos artículos.	Kg	10	Ex.
9506.99.03	00	Redes para deportes de campo.	Pza	Ex.	Ex.
9506.99.04	00	Caretas.	Pza	10	Ex.
9506.99.05	00	Trampolines.	Pza	Ex.	Ex.
9506.99.06	00	Piscinas, incluso infantiles.	Kg	15	Ex.
9506.99.99	00	Los demás.	Kg	Ex.	Ex.
95.07		**Cañas de pescar, anzuelos y demás artículos para la pesca con caña; salabardos, cazamariposas y redes similares; señuelos (excepto los de las partidas 92.08 o 97.05) y artículos de caza similares.**			
9507.10		- Cañas de pescar.			
9507.10.01	00	Cañas de pescar.	Pza	10	Ex.
9507.20		- Anzuelos, incluso montados en sedal (tanza).			
9507.20.01	00	Anzuelos, incluso montados en sedal (tanza).	Kg	10	Ex.
9507.30		- Carretes de pesca.			
9507.30.01	00	Carretes de pesca.	Kg	10	Ex.
9507.90		- Los demás.			
9507.90.99	00	Los demás.	Kg	10	Ex.
95.08		**Circos y zoológicos, ambulantes; atracciones para parques de diversiones y atracciones de parques acuáticos; atracciones de feria, incluidas las casetas de tiro; teatros ambulantes.**			
9508.10		- Circos y zoológicos, ambulantes.			
9508.10.01	00	Circos y zoológicos, ambulantes.	Pza	Ex.	Ex.
		- Atracciones para parques de diversiones y atracciones de parques acuáticos:			
9508.21		- - Montañas rusas.			
9508.21.01	00	Montañas rusas.	Pza	Ex.	Ex.
9508.22		- - Carruseles, columpios y tiovivos.			
9508.22.01	00	Carruseles, columpios y tiovivos.	Pza	Ex.	Ex.
9508.23		- - Autos de choque.			
9508.23.01	00	Autos de choque.	Pza	10	Ex.
9508.24		- - Simuladores de movimiento y cines dinámicos.			
9508.24.01	00	Simuladores de movimiento y cines dinámicos.	Pza	10	Ex.
9508.25		- - Paseos acuáticos.			
9508.25.01	00	Paseos acuáticos.	Pza	10	Ex.
9508.26		- - Atracciones de parques acuáticos.			
9508.26.01	00	Atracciones de parques acuáticos.	Pza	10	Ex.
9508.29		- - Las demás.			
9508.29.99	00	Las demás.	Pza	10	Ex.
9508.30		- Atracciones de feria.			
9508.30.01	00	Atracciones de feria.	Pza	Ex.	Ex.
9508.40		- Teatros ambulantes.			
9508.40.01	00	Teatros ambulantes.	Pza	10	Ex.

Capítulo 96
Manufacturas diversas

Notas.
    1. Este Capítulo no comprende:
       a)   los lápices de maquillaje o tocador (Capítulo 33);
       b)   los artículos del Capítulo 66 (por ejemplo: partes de paraguas o bastones);
       c)   la bisutería (partida 71.17);
       d)   las partes y accesorios de uso general, tal como se definen en la Nota 2 de la Sección XV, de metal común (Sección XV) y los artículos similares de plástico (Capítulo 39);
       e)   los artículos del Capítulo 82 (útiles, artículos de cuchillería, cubiertos de mesa) con mangos o partes de materias para tallar o moldear. Cuando se presenten aisladamente, estos mangos y partes se clasifican en las partidas 96.01 o 96.02;
       f)   los artículos del Capítulo 90 (por ejemplo: monturas (armazones) de gafas (anteojos) (partida 90.03), tiralíneas (partida 90.17), artículos de cepillería de los tipos manifiestamente utilizados en medicina, cirugía, odontología o veterinaria (partida 90.18));
       g)   los artículos del Capítulo 91 (por ejemplo: cajas y envolturas similares de relojes o demás aparatos de relojería);
       h)   los instrumentos musicales, sus partes y accesorios (Capítulo 92);
       ij)   los artículos del Capítulo 93 (armas y sus partes);
       k)   los artículos del Capítulo 94 (por ejemplo: muebles, luminarias y aparatos de alumbrado);
       l)   los artículos del Capítulo 95 (por ejemplo: juguetes, juegos, artefactos deportivos);
       m)   los artículos del Capítulo 97 (objetos de arte o colección y antigüedades).
    2.   En la partida 96.02, se entiende por *materias vegetales o minerales para tallar*:

a) las semillas duras, pepitas, cáscaras, nueces y materias vegetales similares para tallar (por ejemplo: nuez de corozo, de palmera-dum);
b) el ámbar (succino) y la espuma de mar, naturales o reconstituidos, así como el azabache y materias minerales análogas al azabache.
3. En la partida 96.03, se consideran *cabezas preparadas* los mechones de pelo, fibra vegetal u otra materia, sin montar, listos para su uso en la fabricación de brochas, pinceles o artículos análogos, sin dividirlos o que solo necesiten un complemento poco importante de mano de obra, tal como el igualado o acabado de puntas.
4. Los artículos de este Capítulo, excepto los de las partidas 96.01 a 96.06 o 96.15, constituidos total o parcialmente por metal precioso, chapado de metal precioso (plaqué), piedras preciosas o semipreciosas (naturales, sintéticas o reconstituidas), o que lleven perlas naturales (finas) o cultivadas, permanecen clasificados en este Capítulo. Sin embargo, también están comprendidos en este Capítulo los artículos de las partidas 96.01 a 96.06 o 96.15 con simples guarniciones o accesorios de mínima importancia de metal precioso, chapado de metal precioso (plaqué), de perlas naturales (finas) o cultivadas o piedras preciosas o semipreciosas (naturales, sintéticas o reconstituidas).

Notas Nacionales:
1. La partida 96.05 no comprende:
    a) Los surtidos o neceseres distribuidos por las compañías de transporte aéreo a los pasajeros cuyos equipajes no están disponibles, cada artículo sigue su propio régimen;
    b) Productos cosméticos, de perfumería o de baño, ni los juegos de manicura (estos últimos comprendidos en la partida 82.14).
2. En la subpartida 9609.10 se debe entender por lápices a aquellos artículos constituidos por una mina de cualquier material, que se presenten con una funda protectora rígida de madera, plástico o, a veces, formada por varias capas de papel enrolladas en espiral.
3. Para efectos de la subpartida 9609.20 y 9609.90, la composición de las minas para lápices, tizas, pasteles, etc., es muy variable según la utilización que se desee.
4. En la subpartida 9609.90, los pasteles, carboncillos y tizas destinados al dibujo o la escritura se pueden presentar descubiertos o recubiertos de una banda protectora de papel, cartón o materia plástica (pasteles, tizas y "crayones" a base de arcilla, creta, goma laca, cera, sulfato de calcio, etc.).
5. Para la partida 96.15 los rizadores, bigudíes y artículos para el tocador, no deben ser eléctricos (partida 85.16), sin embargo, pueden estar recubiertos de material textil o cuero.
6. En la partida 96.16 se debe entender por pulverizadores, aquellos que son para perfume, brillantina, etc., para tocador, ya sea de peluquería o de bolsillo; estos están constituidos por un frasco o depósito de vidrio, de plástico, metal u otra materia en la que se enrosca la montura; la montura tiene la cabeza que contiene una boquilla pulverizadora y un sistema neumático de pera (recubierto a veces con materia textil) o un pistón.
7. En la partida 96.19 los artículos son generalmente desechables. Muchos de estos artículos están constituidos por una capa interna, una parte central absorbente, y una capa exterior (ejemplo de plástico).

CÓDIGO	DESCRIPCIÓN	UNIDAD	ARANCEL	
			IMP	EXP
96.01	**Marfil, hueso, concha (caparazón) de tortuga, cuerno, asta, coral, nácar y demás materias animales para tallar, trabajadas, y manufacturas de estas materias (incluso las obtenidas por moldeo).**			
9601.10	- Marfil trabajado y sus manufacturas.			
9601.10.01 00	Marfil trabajado y sus manufacturas.	Kg	15	Ex.
9601.90	- Los demás.			
9601.90.99 00	Los demás.	Kg	15	Ex.
96.02	**Materias vegetales o minerales para tallar, trabajadas, y manufacturas de estas materias; manufacturas moldeadas o talladas de cera, parafina, estearina, gomas o resinas naturales o pasta para modelar y demás manufacturas moldeadas o talladas no expresadas ni comprendidas en otra parte; gelatina sin endurecer trabajada, excepto la de la partida 35.03, y manufacturas de gelatina sin endurecer.**			
9602.00	- Materias vegetales o minerales para tallar, trabajadas, y manufacturas de estas materias; manufacturas moldeadas o talladas de cera, parafina, estearina, gomas o resinas naturales o pasta para modelar y demás manufacturas moldeadas o talladas no expresadas ni comprendidas en otra parte; gelatina sin endurecer trabajada, excepto la de la partida 35.03, y manufacturas de gelatina sin endurecer.			
9602.00.01 00	Cápsulas de gelatina.	Kg	5	Ex.
9602.00.02 00	Ámbar de Chiapas.	Kg	15	Ex.
9602.00.99 00	Los demás.	Kg	15	Ex.
96.03	**Escobas y escobillas, cepillos, brochas y pinceles (incluso si son partes de máquinas, aparatos o vehículos), escobas mecánicas, sin motor, de uso manual, fregonas o mopas y plumeros; cabezas preparadas para artículos de cepillería; almohadillas o muñequillas y rodillos, para pintar; rasquetas de caucho o materia flexible análoga.**			
9603.10	- Escobas y escobillas de ramitas u otra materia vegetal atada en haces, incluso con mango.			
9603.10.01 00	Escobas y escobillas de ramitas u otra materia vegetal atada en haces, incluso con mango.	Pza	15	Ex.
	- Cepillos de dientes, brochas de afeitar, cepillos para cabello, pestañas o uñas y demás cepillos para aseo personal, incluidos los que sean partes de aparatos:			
9603.21	-- Cepillos de dientes, incluidos los cepillos para dentaduras postizas.			
9603.21.01 00	Cepillos de dientes, incluidos los cepillos para dentaduras postizas.	Pza	15	Ex.
9603.29	-- Los demás.			
9603.29.99 00	Los demás.	Pza	15	Ex.
9603.30	- Pinceles y brochas para pintura artística, pinceles para escribir y pinceles similares para aplicación de cosméticos.			

9603.30.01	00	Pinceles y brochas para pintura artística, pinceles para escribir y pinceles similares para aplicación de cosméticos.	Pza	15	Ex.
9603.40	-	**Pinceles y brochas para pintar, enlucir, barnizar o similares (excepto los de la subpartida 9603.30); almohadillas o muñequillas y rodillos, para pintar.**			
9603.40.01	00	Pinceles y brochas para pintar, enlucir, barnizar o similares (excepto los de la subpartida 9603.30); almohadillas o muñequillas y rodillos, para pintar.	Pza	15	Ex.
9603.50	-	**Los demás cepillos que constituyan partes de máquinas, aparatos o vehículos.**			
9603.50.91	00	Los demás cepillos que constituyan partes de máquinas, aparatos o vehículos.	Pza	Ex.	Ex.
9603.90	-	**Los demás.**			
9603.90.01	00	Plumeros.	Pza	35	Ex.
9603.90.99	00	Los demás.	Pza	15	Ex.
96.04		**Tamices, cedazos y cribas, de mano.**			
9604.00	-	**Tamices, cedazos y cribas, de mano.**			
9604.00.01	00	Tamices, cedazos y cribas, de mano.	Kg	Ex.	Ex.
96.05		**Juegos o surtidos de viaje para aseo personal, costura o limpieza del calzado o de prendas de vestir.**			
9605.00	-	**Juegos o surtidos de viaje para aseo personal, costura o limpieza del calzado o de prendas de vestir.**			
9605.00.01	00	Juegos o surtidos de viaje para aseo personal, costura o limpieza del calzado o de prendas de vestir.	Kg	15	Ex.
96.06		**Botones y botones de presión; formas para botones y demás partes de botones o de botones de presión; esbozos de botones.**			
9606.10	-	**Botones de presión y sus partes.**			
9606.10.01	00	Botones de presión y sus partes.	Kg	15	Ex.
	-	**Botones:**			
9606.21	- -	**De plástico, sin forrar con materia textil.**			
9606.21.01	00	De plástico, sin forrar con materia textil.	Kg	15	Ex.
9606.22	- -	**De metal común, sin forrar con materia textil.**			
9606.22.01	00	De metal común, sin forrar con materia textil.	Kg	15	Ex.
9606.29	- -	**Los demás.**			
9606.29.99	00	Los demás.	Kg	15	Ex.
9606.30	-	**Formas para botones y demás partes de botones; esbozos de botones.**			
9606.30.01	00	Formas para botones y demás partes de botones; esbozos de botones.	Kg	15	Ex.
96.07		**Cierres de cremallera (cierres relámpago) y sus partes.**			
	-	**Cierres de cremallera (cierres relámpago):**			
9607.11	- -	**Con dientes de metal común.**			
9607.11.01	00	Con dientes de metal común.	Kg	15	Ex.
9607.19	- -	**Los demás.**			
9607.19.99	00	Los demás.	Kg	15	Ex.
9607.20	-	**Partes.**			
9607.20.01	00	Partes.	Kg	15	Ex.
96.08		**Bolígrafos; rotuladores y marcadores con punta de fieltro u otra punta porosa; estilográficas y demás plumas; estiletes o punzones para clisés de mimeógrafo ("stencils"); portaminas; portaplumas, portalápices y artículos similares; partes de estos artículos (incluidos los capuchones y sujetadores), excepto las de la partida 96.09.**			
9608.10	-	**Bolígrafos.**			
9608.10.02		Bolígrafos.	Pza	15	Ex.
	01	De metal común.			
	99	Los demás.			
9608.20	-	**Rotuladores y marcadores con punta de fieltro u otra punta porosa.**			
9608.20.01	00	Rotuladores y marcadores con punta de fieltro u otra punta porosa.	Pza	15	Ex.
9608.30	-	**Estilográficas y demás plumas.**			
9608.30.01	00	Para dibujar con tinta china.	Pza	Ex.	Ex.
9608.30.99	00	Las demás.	Pza	15	Ex.
9608.40	-	**Portaminas.**			
9608.40.02	00	Lapiceros o portaminas sin cuerpo ni sujetador o clip, y con tapón, punta metálica o cono y con o sin portagomas.	Kg	10	Ex.
9608.40.99		Los demás.	Pza	15	Ex.
	01	De metal común.			
	99	Los demás.			
9608.50	-	**Juegos de artículos pertenecientes, por lo menos, a dos de las subpartidas anteriores.**			
9608.50.02		Juegos de artículos pertenecientes, por lo menos, a dos de las subpartidas anteriores.	Pza	15	Ex.
	01	De metal común.			
	99	Los demás.			
9608.60	-	**Cartuchos de repuesto con su punta para bolígrafo.**			
9608.60.01	00	Cartuchos de repuesto con su punta para bolígrafo.	Kg	Ex.	Ex.
	-	**Los demás:**			
9608.91	- -	**Plumillas y puntos para plumillas.**			
9608.91.02	00	Plumillas y puntos para plumillas.	Kg	Ex.	Ex.
9608.99	- -	**Los demás.**			
9608.99.03	00	Partes de metal común, chapeadas de oro.	Kg	5	Ex.
9608.99.06	00	Partes de metal común, chapeadas de plata.	Kg	Ex.	Ex.
9608.99.07	00	De metal, excepto partes.	Kg	Ex.	Ex.
9608.99.08	00	Barriles o cañones, tapas, tubos, de metal común.	Kg	Ex.	Ex.

9608.99.09	00	Depósitos de caucho, mecanismos, sujetadores de metal común, alimentadoras.	Kg	Ex.	Ex.
9608.99.10	00	Puntas, barras o contenedores para uso en plumones o marcadores, excepto lo comprendido en la fracción arancelaria 9608.99.11.	Kg	Ex.	Ex.
9608.99.11	00	Puntas de fibras acrílicas para uso en plumones o marcadores.	Kg	Ex.	Ex.
9608.99.12	00	De oro de plata o de platino, total o parcialmente, excepto partes.	Kg	Ex.	Ex.
9608.99.99	00	Los demás.	Kg	15	Ex.
96.09		**Lápices, minas, pasteles, carboncillos, tizas para escribir o dibujar y jaboncillos (tizas) de sastre.**			
9609.10	-	**Lápices.**			
9609.10.01	00	Lápices.	Pza	15	Ex.
9609.20	-	**Minas para lápices o portaminas.**			
9609.20.01	00	Minas, cuyo diámetro no exceda de 0.7 mm.	Kg	10	Ex.
9609.20.99	00	Los demás.	Kg	15	Ex,
9609.90	-	**Los demás.**			
9609.90.01	00	Pasteles.	Kg	10	Ex.
9609.90.99	00	Los demás.	Kg	15	Ex.
96.10		**Pizarras y tableros para escribir o dibujar, incluso enmarcados.**			
9610.00	-	**Pizarras y tableros para escribir o dibujar, incluso enmarcados.**			
9610.00.01	00	Pizarras y tableros para escribir o dibujar, incluso enmarcados.	Kg	15	Ex.
96.11		**Fechadores, sellos, numeradores, timbradores y artículos similares (incluidos los aparatos para imprimir etiquetas), de mano; componedores e imprentillas con componedor, de mano.**			
9611.00	-	**Fechadores, sellos, numeradores, timbradores y artículos similares (incluidos los aparatos para imprimir etiquetas), de mano; componedores e imprentillas con componedor, de mano.**			
9611.00.01	00	Partes.	Kg	Ex.	Ex.
9611.00.99	00	Los demás.	Kg	15	Ex.
96.12		**Cintas para máquinas de escribir y cintas similares, entintadas o preparadas de otro modo para imprimir, incluso en carretes o cartuchos; tampones, incluso impregnados o con caja.**			
9612.10	-	**Cintas.**			
9612.10.03	00	Bandas sin fin, entintadas, de nailon, reconocibles como diseñadas para incorporarse a cartuchos de plástico de unidades de impresión o impresoras, para cajas registradoras.	Pza	Ex.	Ex.
9612.10.99		Los demás.	Kg	Ex.	Ex.
	01	De nailon en cualquier presentación, excepto lo comprendido en el número de identificación comercial 9612.10.03.00.			
	02	Películas de polietileno carbonizadas en rollos superiores a 450 mm de ancho.			
	99	Los demás.			
9612.20	-	**Tampones.**			
9612.20.01	00	Tampones.	Kg	Ex.	Ex.
96.13		**Encendedores y mecheros, incluso mecánicos o eléctricos, y sus partes, excepto las piedras y mechas.**			
9613.10	-	**Encendedores de gas no recargables, de bolsillo.**			
9613.10.01	00	Encendedores de gas no recargables, de bolsillo.	Pza	15	Ex.
9613.20	-	**Encendedores de gas recargables, de bolsillo.**			
9613.20.01	00	Encendedores de gas recargables, de bolsillo.	Pza	15	Ex.
9613.80	-	**Los demás encendedores y mecheros.**			
9613.80.02	00	Encendedores de mesa.	Pza	15	Ex.
9613.80.99	00	Los demás.	Pza	Ex.	Ex.
9613.90	-	**Partes.**			
9613.90.01	00	Reconocibles como diseñadas exclusivamente para los encendedores de cigarrillos a base de resistencia para uso automotriz.	Kg	Ex.	Ex.
9613.90.02	00	Para encendedores a gas.	Kg	Ex.	Ex.
9613.90.99	00	Los demás.	Kg	5	Ex.
96.14		**Pipas (incluidas las cazoletas), boquillas para cigarros (puros) o cigarrillos, y sus partes.**			
9614.00	-	**Pipas (incluidas las cazoletas), boquillas para cigarros (puros) o cigarrillos, y sus partes.**			
9614.00.01	00	Escalabornes.	Kg	Ex.	Ex.
9614.00.03	00	Partes.	Kg	Ex.	Ex.
9614.00.99	00	Las demás.	Kg	15	Ex.
96.15		**Peines, peinetas, pasadores y artículos similares; horquillas; rizadores, bigudíes y artículos similares para el peinado, excepto los de la partida 85.16, y sus partes.**			
	-	Peines, peinetas, pasadores y artículos similares:			
9615.11	- -	**De caucho endurecido o plástico.**			
9615.11.01	00	De caucho endurecido o plástico.	Kg	15	Ex.
9615.19	- -	**Los demás.**			
9615.19.99	00	Los demás.	Kg	15	Ex.
9615.90	-	**Los demás.**			
9615.90.99	00	Los demás.	Kg	15	Ex.
96.16		**Pulverizadores de tocador, sus monturas y cabezas de monturas; borlas y similares para aplicación de polvos, otros cosméticos o productos de tocador.**			
9616.10	-	**Pulverizadores de tocador, sus monturas y cabezas de monturas.**			
9616.10.01	00	Pulverizadores de tocador, sus monturas y cabezas de monturas.	Kg	15	Ex.
9616.20	-	**Borlas y similares para aplicación de polvos, otros cosméticos o productos de tocador.**			
9616.20.01	00	Borlas y similares para aplicación de polvos, otros cosméticos o productos de tocador.	Kg	15	Ex.
96.17		**Termos y demás recipientes isotérmicos, montados y aislados por vacío, así como sus partes (excepto las ampollas de vidrio).**			
9617.00	-	**Termos y demás recipientes isotérmicos, montados y aislados por vacío, así como sus partes (excepto las ampollas de vidrio).**			

LEY DE LOS IMPUESTOS GENERALES DE IMPORTACION Y EXPORTACION

9617.00.01	00	Termos y demás recipientes isotérmicos, montados y aislados por vacío, así como sus partes (excepto las ampollas de vidrio).	Kg	15	Ex.
96.18		**Maniquíes y artículos similares; autómatas y escenas animadas para escaparates.**			
9618.00	-	**Maniquíes y artículos similares; autómatas y escenas animadas para escaparates.**			
9618.00.01	00	Maniquíes con peso superior o igual a 25 kg.	Kg	10	Ex.
9618.00.99	00	Los demás.	Kg	15	Ex.
96.19		**Compresas y tampones higiénicos, pañales y artículos similares, de cualquier materia.**			
9619.00	-	**Compresas y tampones higiénicos, pañales y artículos similares, de cualquier materia.**			
9619.00.01	00	De pasta de papel, papel, guata de celulosa o napa de fibras de celulosa.	Kg	5	Ex.
9619.00.02	00	De guata de materia textil.	Kg	10	Ex.
9619.00.03	00	Pañales y artículos similares, de otras materias textiles, excepto lo comprendido en la fracción arancelaria 9619.00.02.	Pza	20	Ex.
9619.00.04		Toallas sanitarias (compresas), tampones higiénicos y artículos similares, de otras materias textiles, excepto lo comprendido en la fracción arancelaria 9619.00.02.	Kg	10	Ex.
	01	Toallas sanitarias (compresas higiénicas).			
	02	Tampones higiénicos.			
	99	Los demás.			
9619.00.99	00	Los demás.	Kg	20	Ex.
96.20		**Monopies, bípodes, trípodes y artículos similares.**			
9620.00	-	**Monopies, bípodes, trípodes y artículos similares.**			
9620.00.01	00	Tripies de cámaras fotográficas.	Kg	10	Ex.
9620.00.02	00	De madera; de aluminio, excepto lo comprendido en la fracción arancelaria 9620.00.04.	Kg	15	Ex.
9620.00.03	00	De las materias indicadas en la Partida 68.15.	Kg	35	Ex.
9620.00.04	00	De máquinas o aparatos comprendidos en el Capítulo 84, excepto para las máquinas o aparatos de las partidas 84.28 u 84.71.	Kg	5	Ex.
9620.00.99	00	Los demás.	Kg	Ex.	Ex.

Sección XXI
OBJETOS DE ARTE O COLECCIÓN Y ANTIGÜEDADES

Capítulo 97
Objetos de arte o colección y antigüedades

Notas.
1. Este Capítulo no comprende:
   a) los sellos (estampillas) de correo, timbres fiscales, enteros postales, demás artículos franqueados y análogos, sin obliterar, de la partida 49.07;
   b) los lienzos pintados para decorados de teatro, fondos de estudio o usos análogos (partida 59.07), salvo que puedan clasificarse en la partida 97.06;
   c) las perlas naturales (finas) o cultivadas y piedras preciosas o semipreciosas (partidas 71.01 a 71.03).
2. No se clasifican en la partida 97.01 los mosaicos que presenten carácter comercial (por ejemplo: reproducciones en serie, vaciados, obras de artesanía), aunque hayan sido concebidos o creados por artistas.
3. En la partida 97.02, se consideran *grabados, estampas y litografías, originales,* las pruebas obtenidas directamente en negro o color de una o varias planchas totalmente realizadas a mano por el artista, cualquiera que sea la técnica o materia empleada, excepto por cualquier procedimiento mecánico o fotomecánico.
4. No se clasifican en la partida 97.03 las esculturas que presenten carácter comercial (por ejemplo: reproducciones en serie, vaciados, obras de artesanía), aunque hayan sido concebidas o creadas por artistas.
5. A) Salvo lo dispuesto en las Notas 1 a 4, los artículos susceptibles de clasificarse en este Capítulo y en otros de la Nomenclatura, se clasifican en este Capítulo;
   B) los artículos susceptibles de clasificarse en la partida 97.06 y en las partidas 97.01 a 97.05 se clasifican en las partidas 97.01 a 97.05.
6. Los marcos de pinturas, dibujos, collages o cuadros similares, grabados, estampas o litografías se clasifican con ellos cuando sus características y valor están en relación con los de dichas obras.
   Los marcos cuyas características o valor no guarden relación con los artículos a los que se refiere esta Nota, siguen su propio régimen.

Notas Nacionales:
1. Para efectos de la partida 97.01, es requisito que los artículos sean hechos totalmente a mano.
2. En la partida 97.05 se clasifican las colecciones de monedas y medallas que tengan un interés numismático, las que no constituyan colecciones o ejemplares para colecciones de interés numismático generalmente se clasifican en el Capítulo 71. Los objetos fabricados con fines comerciales para conmemorar, celebrar o ilustrar un acontecimiento o cualquier otra manifestación, incluso si se fabrican en cantidades limitadas o para una difusión restringida, no se clasifican en esta partida.

CÓDIGO	DESCRIPCIÓN	UNIDAD	ARANCEL	
			IMP	EXP

97.01		**Pinturas y dibujos, hechos totalmente a mano, excepto los dibujos de la partida 49.06 y artículos manufacturados decorados a mano; collages, mosaicos y cuadros similares.**			
	-	**De más de 100 años:**			
9701.21	- -	**Pinturas y dibujos.**			
9701.21.01	00	Pinturas y dibujos.	Pza	Ex.	Ex.
9701.22	- -	**Mosaicos.**			

433

9701.22.01	00	Mosaicos.	Pza Ex.	Ex.
9701.29	- -	**Los demás.**		
9701.29.99	00	Los demás.	Pza Ex.	Ex.
	-	**Los demás:**		
9701.91	- -	**Pinturas y dibujos.**		
9701.91.01	00	Pinturas y dibujos.	Pza Ex.	Ex.
9701.92	- -	**Mosaicos.**		
9701.92.01	00	Mosaicos.	Pza Ex.	Ex.
9701.99	- -	**Los demás.**		
9701.99.99	00	Los demás.	Pza Ex.	Ex.
97.02		**Grabados, estampas y litografías, originales.**		
9702.10	-	**De más de 100 años.**		
9702.10.01	00	De más de 100 años.	Pza Ex.	Ex.
9702.90	-	**Los demás.**		
9702.90.99	00	Los demás.	Pza Ex.	Ex.
97.03		**Obras originales de estatuaria o escultura, de cualquier materia.**		
9703.10	-	**De más de 100 años.**		
9703.10.01	00	De más de 100 años.	Pza Ex.	Ex.
9703.90	-	**Las demás.**		
9703.90.99	00	Las demás.	Pza Ex.	Ex.
97.04		**Sellos (estampillas) de correo, timbres fiscales, marcas postales, sobres primer día, enteros postales, demás artículos franqueados y análogos, incluso obliterados, excepto los artículos de la partida 49.07.**		
9704.00	-	**Sellos (estampillas) de correo, timbres fiscales, marcas postales, sobres primer día, enteros postales, demás artículos franqueados y análogos, incluso obliterados, excepto los artículos de la partida 49.07.**		
9704.00.02	00	Sellos (estampillas) de correo, timbres fiscales, marcas postales, sobres primer día, enteros postales, demás artículos franqueados y análogos, incluso obliterados, excepto los artículos de la partida 49.07.	Pza Ex.	Ex.
97.05		**Colecciones y piezas de colección que tengan un interés arqueológico, etnográfico, histórico, zoológico, botánico, mineralógico, anatómico, paleontológico o numismático.**		
9705.10	-	**Colecciones y piezas de colección que tengan un interés arqueológico, etnográfico o histórico.**		
9705.10.01	00	Bienes que hayan sido declarados monumentos arqueológicos de conformidad con el acuerdo que al respecto emita el Presidente de la República o el Secretario de Cultura, por conducto del titular del Instituto competente.	Pza Ex.	Prohibida
9705.10.02	00	Objetos de interés histórico o etnográfico, que no hayan sido declarados monumentos arqueológicos o históricos de conformidad con el acuerdo que al respecto emita el Presidente de la República o el Secretario de Cultura, por conducto del titular del Instituto competente.	Kg Ex.	Ex.
9705.10.99	00	Las demás.	Pza Ex.	Ex.
	-	**Colecciones y piezas de colección que tengan un interés zoológico, botánico, mineralógico, anatómico o paleontológico:**		
9705.21	- -	**Especímenes humanos y sus partes.**		
9705.21.01	00	Objetos de interés paleontológico, que no hayan sido declarados monumentos arqueológicos o históricos de conformidad con el acuerdo que al respecto emita el Presidente de la República o el Secretario de Cultura, por conducto del titular del Instituto competente.	Kg Ex.	Ex.
9705.21.99	00	Los demás.	Pza Ex.	Ex.
9705.22	- -	**Especies extintas o en peligro de extinción, y sus partes.**		
9705.22.01	00	Objetos de interés paleontológico, que no hayan sido declarados monumentos arqueológicos o históricos de conformidad con el acuerdo que al respecto emita el Presidente de la República o el Secretario de Cultura, por conducto del titular del Instituto competente.	Kg Ex.	Ex.
9705.22.99	00	Los demás.	Pza Ex.	Ex.
9705.29	- -	**Las demás.**		
9705.29.01	00	Objetos de interés paleontológico, que no hayan sido declarados monumentos arqueológicos o históricos de conformidad con el acuerdo que al respecto emita el Presidente de la República o el Secretario de Cultura, por conducto del titular del Instituto competente.	Kg Ex.	Ex.
9705.29.99	00	Las demás.	Pza Ex.	Ex.
	-	**Colecciones y piezas de colección que tengan un interés numismático:**		
9705.31	- -	**De más de 100 años.**		
9705.31.01	00	Objetos de interés histórico, que no hayan sido declarados monumentos arqueológicos o históricos de conformidad con el acuerdo que al respecto emita el Presidente de la República o el Secretario de Cultura, por conducto del titular del Instituto competente.	Kg Ex.	Ex.
9705.31.99	00	Las demás.	Pza Ex.	Ex.
9705.39	- -	**Las demás.**		
9705.39.01	00	Objetos de interés histórico, que no hayan sido declarados monumentos arqueológicos o históricos de conformidad con el acuerdo que al respecto emita el Presidente de la República o el Secretario de Cultura, por conducto del titular del Instituto competente.	Kg Ex.	Ex.
9705.39.99	00	Las demás.	Pza Ex.	Ex.
97.06		**Antigüedades de más de cien años.**		
9706.10	-	**De más de 250 años.**		
9706.10.01	00	De más de 250 años.	Pza Ex.	Ex.
9706.90	-	**Las demás.**		
9706.90.99	00	Las demás.	Pza Ex.	Ex.

LEY DE LOS IMPUESTOS GENERALES DE IMPORTACION Y EXPORTACION

Sección XXII
OPERACIONES ESPECIALES
Capítulo 98
Operaciones especiales

Notas.
1. Cuando por su naturaleza, composición, presentación o denominación, las mercancías pudieran ser clasificadas en otros Capítulos de la Nomenclatura, éstas se clasificarán en el presente Capítulo cuando correspondan a alguna de las siguientes operaciones especiales:
    a) importaciones o exportaciones de muestras y muestrarios que cumplan con lo previsto en el artículo 2o. fracción II, Regla Complementaria 7ª, inciso d), de la presente Ley (partida 98.01);
    b) importaciones de mercancías a que se refieren los incisos a) primer párrafo y b) primer párrafo de la Regla 8ª de las Complementarias para la interpretación y aplicación de la Tarifa de la Ley de los Impuestos Generales de Importación y de Exportación, realizadas por empresas que cuenten con registro de empresa fabricante (partida 98.02). Las mercancías a que se refiere el inciso a) segundo párrafo, gozarán de la tasa arancelaria establecida en las fracciones arancelarias de la partida 98.02 y deberán clasificarse en los Capítulos 01 al 97 de la Tarifa, según les corresponda;
    c) importaciones de material de ensamble para ser utilizadas en la fabricación de automóviles, camiones, autobuses integrales o tractocamiones (partida 98.03);
    d) importaciones o exportaciones de equipajes de pasajeros o menajes de casa, conforme a lo previsto en la Ley Aduanera, así como a las disposiciones de carácter general que al respecto dicte la Secretaría de Hacienda y Crédito Público (partida 98.04);
    e) importaciones de mercancías que en apoyo del sector pesquero merecen un tratamiento especial (partida 98.05);
    f) importaciones o exportaciones de mercancías que, en opinión de la Comisión de Comercio Exterior, merecen un tratamiento especial y que por sus características no puedan clasificarse de manera unitaria conforme a las reglas de clasificación de la nomenclatura de la Tarifa de la presente Ley (partida 98.06);
    g) las demás operaciones que en opinión de la Comisión de Comercio Exterior merecen un tratamiento especial (partida 98.07).

CÓDIGO	DESCRIPCIÓN	UNIDAD	ARANCEL IMP	EXP
98.01	**Importaciones o exportaciones de muestras y muestrarios.**			
9801.00	**- Importaciones o exportaciones de muestras y muestrarios.**			
9801.00.01 00	Importaciones o exportaciones de muestras y muestrarios.	Kg	Ex.	Ex.
98.02	**Maquinaria, partes o componentes para la fabricación de productos, conforme a la Regla 8a de las Complementarias.**			
9802.00	**- Maquinaria, partes o componentes para la fabricación de productos, conforme a la Regla 8a de las Complementarias.**			
9802.00.01 00	Mercancías para el Programa de Promoción Sectorial de la Industria Eléctrica, cuando las empresas cuenten con la autorización a que se refiere la Regla 8a de las Complementarias, para la interpretación y aplicación de la Tarifa de la Ley de los Impuestos Generales de Importación y de Exportación, conforme a los criterios que establezca la Secretaría de Economía.	Kg	Ex.	Ex.
9802.00.02 00	Mercancías para el Programa de Promoción Sectorial de la Industria Electrónica, cuando las empresas cuenten con la autorización a que se refiere la Regla 8a de las Complementarias, para la interpretación y aplicación de la Tarifa de la Ley de los Impuestos Generales de Importación y de Exportación, conforme a los criterios que establezca la Secretaría de Economía.	Kg	Ex.	Ex.
9802.00.03 00	Mercancías para el Programa de Promoción Sectorial de la Industria del Mueble, cuando las empresas cuenten con la autorización a que se refiere la Regla 8a de las Complementarias, para la interpretación y aplicación de la Tarifa de la Ley de los Impuestos Generales de Importación y de Exportación, conforme a los criterios que establezca la Secretaría de Economía.	Kg	Ex.	Ex.
9802.00.04 00	Mercancías para el Programa de Promoción Sectorial de la Industria del Juguete, Juegos de Recreo y Artículos Deportivos, cuando las empresas cuenten con la autorización a que se refiere la Regla 8a de las Complementarias, para la interpretación y aplicación de la Tarifa de la Ley de los Impuestos Generales de Importación y de Exportación, conforme a los criterios que establezca la Secretaría de Economía.	Kg	Ex.	Ex.
9802.00.05 00	Mercancías para el Programa de Promoción Sectorial de la Industria del Calzado, cuando las empresas cuenten con la autorización a que se refiere la Regla 8a de las Complementarias, para la interpretación y aplicación de la Tarifa de la Ley de los Impuestos Generales de Importación y de Exportación, conforme a los criterios que establezca la Secretaría de Economía.	Kg	Ex.	Ex.
9802.00.06 00	Mercancías para el Programa de Promoción Sectorial de la Industria Minera y Metalúrgica, cuando las empresas cuenten con la autorización a que se refiere la Regla 8a de las Complementarias, para la interpretación y aplicación de la Tarifa de la Ley de los Impuestos Generales de Importación y de Exportación, conforme a los criterios que establezca la Secretaría de Economía.	Kg	Ex.	Ex.
9802.00.07 00	Mercancías para el Programa de Promoción Sectorial de la Industria Bienes de Capital, cuando las empresas cuenten con la autorización a que se refiere la Regla 8a de las Complementarias, para la interpretación y aplicación de la Tarifa de la Ley de los Impuestos Generales de Importación y de Exportación, conforme a los criterios que establezca la Secretaría de Economía.	Kg	Ex.	Ex.
9802.00.08 00	Mercancías para el Programa de Promoción Sectorial de la Industria Fotográfica, cuando las empresas cuenten con la autorización a que se refiere la Regla 8a de las Complementarias, para la	Kg	Ex.	Ex.

		interpretación y aplicación de la Tarifa de la Ley de los Impuestos Generales de Importación y de Exportación, conforme a los criterios que establezca la Secretaría de Economía.			
9802.00.09	00	Mercancías para el Programa de Promoción Sectorial de la Industria de Maquinaria Agrícola, cuando las empresas cuenten con la autorización a que se refiere la Regla 8a de las Complementarias, para la interpretación y aplicación de la Tarifa de la Ley de los Impuestos Generales de Importación y de Exportación, conforme a los criterios que establezca la Secretaría de Economía.	Kg	Ex.	Ex.
9802.00.10	00	Mercancías para el Programa de Promoción Sectorial de las Industrias Diversas, cuando las empresas cuenten con la autorización a que se refiere la Regla 8a de las Complementarias, para la interpretación y aplicación de la Tarifa de la Ley de los Impuestos Generales de Importación y de Exportación, conforme a los criterios que establezca la Secretaría de Economía.	Kg	Ex.	Ex.
9802.00.11	00	Mercancías para el Programa de Promoción Sectorial de la Industria Química, cuando las empresas cuenten con la autorización a que se refiere la Regla 8a de las Complementarias, para la interpretación y aplicación de la Tarifa de la Ley de los Impuestos Generales de Importación y de Exportación, conforme a los criterios que establezca la Secretaría de Economía.	Kg	Ex.	Ex.
9802.00.12	00	Mercancías para el Programa de Promoción Sectorial de la Industria de Manufacturas del Caucho y Plástico cuando las empresas cuenten con la autorización a que se refiere la Regla 8ª de las Complementarias, para la interpretación y aplicación de la Tarifa de la Ley de los Impuestos Generales de Importación y de Exportación, conforme a los criterios que establezca la Secretaría de Economía, excepto las comprendidas en la fracción arancelaria 9802.00.38.	Kg	Ex.	Ex.
9802.00.13	00	Mercancías para el Programa de Promoción Sectorial de la Industria Siderúrgica cuando se trate de productores directos y las empresas cuenten con la autorización a que se refiere la Regla 8ª de las Complementarias, para la interpretación y aplicación de la Tarifa de la Ley de los Impuestos Generales de Importación y de Exportación, conforme a los criterios que establezca la Secretaría de Economía, excepto las comprendidas en el Anexo II del Decreto para el Fomento de la Industria Manufacturera, Maquiladora y de Servicios de Exportación.	Kg	Ex.	Ex.
9802.00.14	00	Mercancías para el Programa de Promoción Sectorial de la Industria de Productos Farmoquímicos, Medicamentos y Equipo Médico, cuando las empresas cuenten con la autorización a que se refiere la Regla 8a de las Complementarias, para la interpretación y aplicación de la Tarifa de la Ley de los Impuestos Generales de Importación y de Exportación, conforme a los criterios que establezca la Secretaría de Economía.	Kg	Ex.	Ex.
9802.00.15	00	Mercancías para el Programa de Promoción Sectorial de la Industria del Transporte, excepto el Sector de la Industria Automotriz y de Autopartes, cuando las empresas cuenten con la autorización a que se refiere la Regla 8a de las Complementarias, para la interpretación y aplicación de la Tarifa de la Ley de los Impuestos Generales de Importación y de Exportación, conforme a los criterios que establezca la Secretaría de Economía.	Kg	Ex.	Ex.
9802.00.16	00	Mercancías para el Programa de Promoción Sectorial de la Industria del Papel y Cartón, cuando las empresas cuenten con la autorización a que se refiere la Regla 8a de las Complementarias, para la interpretación y aplicación de la Tarifa de la Ley de los Impuestos Generales de Importación y de Exportación, conforme a los criterios que establezca la Secretaría de Economía.	Kg	Ex.	Ex.
9802.00.17	00	Mercancías para el Programa de Promoción Sectorial de la Industria de la Madera, cuando las empresas cuenten con la autorización a que se refiere la Regla 8a de las Complementarias, para la interpretación y aplicación de la Tarifa de la Ley de los Impuestos Generales de Importación y de Exportación, conforme a los criterios que establezca la Secretaría de Economía.	Kg	Ex.	Ex.
9802.00.18	00	Mercancías para el Programa de Promoción Sectorial de la Industria del Cuero y Pieles, cuando las empresas cuenten con la autorización a que se refiere la Regla 8a de las Complementarias, para la interpretación y aplicación de la Tarifa de la Ley de los Impuestos Generales de Importación y de Exportación, conforme a los criterios que establezca la Secretaría de Economía.	Kg	Ex.	Ex.
9802.00.19	00	Mercancías para el Programa de Promoción Sectorial de la Industria Automotriz y de Autopartes, cuando las empresas cuenten con la autorización a que se refiere la Regla 8a de las Complementarias, para la interpretación y aplicación de la Tarifa de la Ley de los Impuestos Generales de Importación y de Exportación, conforme a los criterios que establezca la Secretaría de Economía.	Kg	Ex.	Ex.
9802.00.20	00	Mercancías para el Programa de Promoción Sectorial de la Industria Textil y de la Confección excepto lo comprendido en la fracción 9802.00.24 y las comprendidas en el Anexo II, Apartado C del Decreto para el Fomento de la Industria Manufacturera, Maquiladora y de Servicios de Exportación, cuando las empresas cuenten con la autorización a que se refiere la Regla 8ª de las Complementarias, para la interpretación y aplicación de la Tarifa de la Ley de los Impuestos Generales de Importación y de Exportación, conforme a los criterios que establezca la Secretaría de Economía.	Kg	Ex.	Ex.
9802.00.21	00	Mercancías para el Programa de Promoción Sectorial de la Industria de Chocolates, Dulces y Similares, cuando las empresas cuenten con la autorización a que se refiere la Regla 8a de las Complementarias, para la interpretación y aplicación de la Tarifa de la Ley de los Impuestos Generales de Importación y de Exportación, conforme a los criterios que establezca la Secretaría de Economía.	Kg	Ex.	Ex.
9802.00.22	00	Mercancías para el Programa de Promoción Sectorial de la Industria del Café, cuando las empresas cuenten con la autorización a que se refiere la Regla 8a de las Complementarias, para la interpretación y aplicación de la Tarifa de la Ley de los Impuestos Generales de Importación y de Exportación, conforme a los criterios que establezca la Secretaría de Economía.	Kg	Ex.	Ex.
9802.00.23	00	Mercancías para el Programa de Promoción Sectorial de la Industria Siderúrgica cuando se trate de productores indirectos y las empresas cuenten con la autorización a que se refiere la Regla 8ª de las Complementarias, para la interpretación y aplicación de la Tarifa de la Ley de los Impuestos Generales de Importación y de Exportación, conforme a los criterios que establezca la Secretaría de Economía, excepto las comprendidas en el Anexo II del Decreto para el Fomento de la Industria Manufacturera, Maquiladora y de Servicios de Exportación.	Kg	5	Ex.

LEY DE LOS IMPUESTOS GENERALES DE IMPORTACION Y EXPORTACION

Fracción		Descripción	UM	Imp.	Exp.
9802.00.24	00	Hilados de filamento de nailon rígidos de título inferior o igual a 44.4 decitex (40 deniers) e inferior o igual a 1.33 decitex (1.2 deniers) por filamento e hilados de filamento de nailon rígidos de título igual a 44.4 decitex (40 deniers) y 34 filamentos de título igual a 1.30 decitex (1.17 deniers) por filamento, de la fracción arancelaria 5402.45.99; hilados rígidos, de filamentos de poliéster (no texturados), de título inferior o igual a 1.66 decitex (1.5 deniers) por filamento, de la fracción arancelaria 5402.47.91; hilados de filamentos de título igual a 75.48 decitex (68 deniers), teñidos en rígido brillante con 32 filamentos y torsión de 800 vueltas por metro e hilados de filamentos rígidos brillante, de poliéster catiónico de título igual a 305 decitex (274.53 deniers), con 96 filamentos y torsión de 120 vueltas por metro en S, de la fracción arancelaria 5402.62.02; fibra corta de poliéster de baja fusión (low melt), conformada por una fibra bicomponente de un centro de poliéster y una cubierta de copolímero de poliéster, con punto de fusión inferior a 180 grados centígrados, de la fracción arancelaria 5503.20.99, para el Programa de Promoción Sectorial de la Industria Textil y de la Confección, cuando las empresas cuenten con la autorización a que se refiere la Regla 8a de las Complementarias, para la interpretación y aplicación de la Tarifa de la Ley de los Impuestos Generales de Importación y de Exportación conforme a los criterios establecidos por la Secretaría de Economía.	Kg	Ex.	Ex.
9802.00.25	00	Mercancías para el Programa de Promoción Sectorial de la Industria Alimentaria cuando las empresas cuenten con la autorización a que se refiere la Regla 8ª de las Complementarias, para la interpretación y aplicación de la Tarifa de la Ley de los Impuestos Generales de Importación y de Exportación, conforme a los criterios que establezca la Secretaría de Economía, excepto las comprendidas en el Anexo II del Decreto para el Fomento de la Industria Manufacturera, Maquiladora y de Servicios de Exportación.	Kg	Ex.	Ex.
9802.00.26	00	Mercancías al amparo de la autorización a que se refiere la Regla 8ª de las Complementarias, para la interpretación y aplicación de la Tarifa de la Ley de los Impuestos Generales de Importación y de Exportación (TIGIE), conforme a los criterios que establezca la Secretaría de Economía, clasificadas en las fracciones arancelarias cuya unidad de medida de la TIGIE se indique como Kg y listadas en el Anexo II, Apartado A del Decreto para el Fomento de la Industria Manufacturera, Maquiladora y de Servicios de Exportación.	Kg	Ex.	Ex.
9802.00.27	00	Mercancías al amparo de la autorización a que se refiere la Regla 8ª de las Complementarias, para la interpretación y aplicación de la Tarifa de la Ley de los Impuestos Generales de Importación y de Exportación (TIGIE), conforme a los criterios que establezca la Secretaría de Economía, clasificadas en las fracciones arancelarias cuya unidad de medida de la TIGIE se indique como Kg y listadas en el Anexo II, Apartado B del Decreto para el Fomento de la Industria Manufacturera, Maquiladora y de Servicios de Exportación.	Kg	Ex.	Ex.
9802.00.28	00	Mercancías al amparo de la autorización a que se refiere la Regla 8ª de las Complementarias, para la interpretación y aplicación de la Tarifa de la Ley de los Impuestos Generales de Importación y de Exportación (TIGIE), conforme a los criterios que establezca la Secretaría de Economía, clasificadas en las fracciones arancelarias cuya unidad de medida de la TIGIE se indique como Kg y listadas en el Anexo II, Apartado C del Decreto para el Fomento de la Industria Manufacturera, Maquiladora y de Servicios de Exportación, excepto lo comprendido en la fracción 9802.00.24.	Kg	Ex.	Ex.
9802.00.29	00	Mercancías al amparo de la autorización a que se refiere la Regla 8ª de las Complementarias, para la interpretación y aplicación de la Tarifa de la Ley de los Impuestos Generales de Importación y de Exportación (TIGIE), conforme a los criterios que establezca la Secretaría de Economía, clasificadas en las fracciones arancelarias cuya unidad de medida de la TIGIE se indique como M y listadas en el Anexo II, Apartado C del Decreto para el Fomento de la Industria Manufacturera, Maquiladora y de Servicios de Exportación.	M	Ex.	Ex.
9802.00.30	00	Mercancías al amparo de la autorización a que se refiere la Regla 8ª de las Complementarias, para la interpretación y aplicación de la Tarifa de la Ley de los Impuestos Generales de Importación y de Exportación (TIGIE), conforme a los criterios que establezca la Secretaría de Economía, clasificadas en las fracciones arancelarias cuya unidad de medida de la TIGIE se indique como M² y listadas en el Anexo II, Apartado C del Decreto para el Fomento de la Industria Manufacturera, Maquiladora y de Servicios de Exportación.	M2	Ex.	Ex.
9802.00.31	00	Mercancías al amparo de la autorización a que se refiere la Regla 8ª de las Complementarias, para la interpretación y aplicación de la Tarifa de la Ley de los Impuestos Generales de Importación y de Exportación (TIGIE), conforme a los criterios que establezca la Secretaría de Economía, clasificadas en las fracciones arancelarias cuya unidad de medida de la TIGIE se indique como Par y listadas en el Anexo II, Apartado C del Decreto para el Fomento de la Industria Manufacturera, Maquiladora y de Servicios de Exportación.	Par	Ex.	Ex.
9802.00.32	00	Mercancías al amparo de la autorización a que se refiere la Regla 8ª de las Complementarias, para la interpretación y aplicación de la Tarifa de la Ley de los Impuestos Generales de Importación y de Exportación (TIGIE), conforme a los criterios que establezca la Secretaría de Economía, clasificadas en las fracciones arancelarias cuya unidad de medida de la TIGIE se indique como Pza y listadas en el Anexo II, Apartado C del Decreto para el Fomento de la Industria Manufacturera, Maquiladora y de Servicios de Exportación.	Pza	Ex.	Ex.
9802.00.33	00	Mercancías al amparo de la autorización a que se refiere la Regla 8ª de las Complementarias, para la interpretación y aplicación de la Tarifa de la Ley de los Impuestos Generales de Importación y de Exportación (TIGIE), conforme a los criterios que establezca la Secretaría de Economía, clasificadas en las fracciones arancelarias cuya unidad de medida de la TIGIE se indique como Kg y listadas en el Anexo II, Apartado D del Decreto para el Fomento de la Industria Manufacturera, Maquiladora y de Servicios de Exportación.	Kg	Ex.	Ex.
9802.00.34	00	Mercancías al amparo de la autorización a que se refiere la Regla 8ª de las Complementarias, para la interpretación y aplicación de la Tarifa de la Ley de los Impuestos Generales de Importación y de Exportación (TIGIE), conforme a los criterios que establezca la Secretaría de Economía, clasificadas en las fracciones arancelarias cuya unidad de medida de la TIGIE se indique como Pza	Pza	Ex.	Ex.

	y listadas en el Anexo II, Apartado D del Decreto para el Fomento de la Industria Manufacturera, Maquiladora y de Servicios de Exportación.				
9802.00.35 00	Mercancías al amparo de la autorización a que se refiere la Regla 8ª de las Complementarias, para la interpretación y aplicación de la Tarifa de la Ley de los Impuestos Generales de Importación y de Exportación (TIGIE), conforme a los criterios que establezca la Secretaría de Economía, clasificadas en las fracciones arancelarias cuya unidad de medida de la TIGIE se indique como G y listadas en el Anexo II, Apartado E del Decreto para el Fomento de la Industria Manufacturera, Maquiladora y de Servicios de Exportación.	G	Ex.	Ex.
9802.00.36 00	Mercancías al amparo de la autorización a que se refiere la Regla 8ª de las Complementarias, para la interpretación y aplicación de la Tarifa de la Ley de los Impuestos Generales de Importación y de Exportación (TIGIE), conforme a los criterios que establezca la Secretaría de Economía, clasificadas en las fracciones arancelarias cuya unidad de medida de la TIGIE se indique como Kg y listadas en el Anexo II, Apartado E del Decreto para el Fomento de la Industria Manufacturera, Maquiladora y de Servicios de Exportación.	Kg	Ex.	Ex.
9802.00.37 00	Mercancías al amparo de la autorización a que se refiere la Regla 8ª de las Complementarias, para la interpretación y aplicación de la Tarifa de la Ley de los Impuestos Generales de Importación y de Exportación (TIGIE), conforme a los criterios que establezca la Secretaría de Economía, clasificadas en las fracciones arancelarias cuya unidad de medida de la TIGIE se indique como Kg y listadas en el Anexo II, Apartado F del Decreto para el Fomento de la Industria Manufacturera, Maquiladora y de Servicios de Exportación.	Kg	Ex.	Ex.
9802.00.38 00	Mercancías al amparo de la autorización a que se refiere la Regla 8ª de las Complementarias, para la interpretación y aplicación de la Tarifa de la Ley de los Impuestos Generales de Importación y de Exportación (TIGIE), conforme a los criterios que establezca la Secretaría de Economía, clasificadas en la partida arancelaria 40.04.	Kg	Ex.	Ex.
98.03	**Material de ensamble para la fabricación de automóviles, camiones, autobuses integrales o tractocamiones.**				
9803.00	- Material de ensamble para la fabricación de automóviles, camiones, autobuses integrales o tractocamiones.			
9803.00.01 00	Partes y componentes para el ensamble de automóviles cuando se trate de empresas de la industria automotriz terminal que cuenten con autorización de depósito fiscal para ensamble y fabricación de vehículos conforme a la Ley Aduanera, siempre que se ajusten a los lineamientos que establezca la Secretaría de Economía.	Kg	10	Ex.
9803.00.02 00	Partes y componentes para el ensamble de camiones, autobuses integrales y tracto-camiones cuando se trate de empresas de la industria automotriz terminal que cuenten con autorización de depósito fiscal para ensamble y fabricación de vehículos conforme a la Ley Aduanera, siempre que se ajusten a los lineamientos que establezca la Secretaría de Economía.	Kg	10	Ex.
98.04	**Importaciones o exportaciones de equipajes de pasajeros o menajes de casa.**				
9804.00	- Importaciones o exportaciones de equipajes de pasajeros o menajes de casa.			
9804.00.01 00	Menajes de casa.	Kg	Ex.	Ex.
9804.00.99 00	Los demás.	Kg	Ex.	Ex.
98.05	**Mercancías del sector pesquero con tratamiento especial.**				
9805.00	- Mercancías del sector pesquero con tratamiento especial.			
9805.00.01 00	Dispositivos excluidores de tortugas marinas y sus partes, para redes de arrastre camaroneras.	Pza	Ex.	Ex.
98.06	**Importaciones o exportaciones de materiales y equipos sujetos a tratamiento especial.**				
9806.00	- Importaciones o exportaciones de materiales y equipos sujetos a tratamiento especial.			
9806.00.01 00	Mercancías importadas por un organismo de certificación en cantidad no mayor a 3 unidades, o el número de muestras que determine la Norma Mexicana NMX-Z12 o, en su caso, el número de muestras determinado por la Norma Oficial Mexicana correspondiente, destinadas exclusivamente a obtener la certificación del cumplimiento de una Norma Oficial Mexicana.	Pza	Ex.	Ex.
9806.00.02 00	Equipos anticontaminantes y sus partes, cuando las empresas se ajusten a los lineamientos establecidos por las Secretarías de Medio Ambiente y Recursos Naturales, y de Economía.	Pza	Ex.	Ex.
9806.00.03 00	Maquinaria, equipo, instrumentos, materiales, animales, plantas y demás artículos para investigación o desarrollos tecnológicos, cuando los centros públicos de investigación, universidades públicas y privadas, instituciones de investigación científica y tecnológica, personas físicas y morales, inscritos en el Registro Nacional de Instituciones y Empresas Científicas y Tecnológicas, se sujeten a los lineamientos establecidos por la Secretaría de Economía y el Consejo Nacional de Ciencia y Tecnología.	Kg	Ex.	Ex.
9806.00.04 00	Equipos y artículos reconocibles como destinados exclusivamente a compensar una disfunción corporal de personas con discapacidad, excepto lo comprendido en las fracciones arancelarias 8713.10.01 y 8713.90.99, y excepto los vehículos del Capítulo 87.	Pza	Ex.	Ex.
9806.00.05 00	Mercancías destinadas a la reparación o mantenimiento de naves aéreas o aeropartes.	Kg	Ex.	Ex.
9806.00.06 00	Mercancías, insumos, partes y componentes para el submontaje, montaje o producción de aeronaves o aeropartes destinadas a usos en materia de aviación civil, cuando las empresas cuenten con la aprobación de producción de productos aeronáuticos y sus artículos, en cualquiera de sus tipos, emitida por la Secretaría de Infraestructura, Comunicaciones y Transportes a través de la Agencia Federal de Aviación Civil.	Kg	Ex.	Ex.
9806.00.07 00	Archivos (expedientes) conteniendo, entre otros, diagnósticos médicos, radiografías, fluorangiografías, resultados de laboratorio, electrocardiogramas.	Kg	Ex.	Ex.

9806.00.08 00		Mercancías destinadas a procesos tales como reparación, reacondicionamiento o remanufactura, cuando las empresas cuenten con registro otorgado conforme a los lineamientos establecidos por la Secretaría de Economía.	Kg	Ex.	Ex.
9806.00.09 00		Insumos, materias primas, materiales auxiliares, envases y empaques que no estén sujetos al cumplimiento de regulaciones y restricciones no arancelarias en materia de sanidad animal y vegetal, salud pública, medio ambiente y seguridad nacional, que se destinen al régimen de recinto fiscalizado estratégico, por parte de las personas autorizadas para operar el régimen. Las mercancías objeto de almacenaje, consolidación de carga, así como las resultantes de los procesos de elaboración, transformación o reparación en el recinto fiscalizado estratégico, cuando se extraigan del recinto deberán ser clasificadas en términos de la Tarifa de esta Ley y cumplir, en su caso, con las regulaciones y restricciones no arancelarias que correspondan a esas mercancías, en los términos de las disposiciones que resulten aplicables.	Kg	Ex.	Ex.
9806.00.10 00		Maquinaria y equipo, que no estén sujetas al cumplimiento de regulaciones y restricciones no arancelarias en materia de sanidad animal y vegetal, salud pública, medio ambiente y seguridad nacional, que se destinen al régimen de recinto fiscalizado estratégico, por parte de personas autorizadas para operar el régimen. Cuando las mercancías se extraigan del recinto deberán ser clasificadas en términos de la Tarifa de esta Ley y cumplir, en su caso, con las regulaciones y restricciones no arancelarias que correspondan a esas mercancías, en los términos de las disposiciones que resulten aplicables.	Kg	Ex.	Ex.
98.07		**Las demás operaciones especiales.**			
9807.00	-	**Las demás operaciones especiales.**			
9807.00.01 00		Mercancías producidas en territorio nacional que retornen en el mismo estado en que fueron exportadas o retornadas del territorio nacional, de conformidad con los lineamientos establecidos por la Secretaría de Economía.	Kg	Ex.	Ex.

Artículo 2o.- Las Reglas Generales y las Complementarias para la aplicación e interpretación de esta Ley, son las siguientes:

I. **Reglas Generales.**
La clasificación de mercancías en la Tarifa de la Ley de los Impuestos Generales de Importación y de Exportación se regirá por las reglas siguientes:
1. Los títulos de las Secciones, de los Capítulos o de los Subcapítulos sólo tienen un valor indicativo, ya que la clasificación está determinada legalmente por los textos de las partidas y de las Notas de Sección o de Capítulo y, si no son contrarias a los textos de dichas partidas y Notas, de acuerdo con las Reglas siguientes:
2. a) Cualquier referencia a un artículo en una partida determinada alcanza al artículo incluso incompleto o sin terminar, siempre que éste presente las características esenciales del artículo completo o terminado. Alcanza también al artículo completo o terminado, o considerado como tal en virtud de las disposiciones precedentes, cuando se presente desmontado o sin montar todavía.
   b) Cualquier referencia a una materia en una partida determinada alcanza a dicha materia incluso mezclada o asociada con otras materias. Asimismo, cualquier referencia a las manufacturas de una materia determinada alcanza también a las constituidas total o parcialmente por dicha materia. La clasificación de estos productos mezclados o de estos artículos compuestos se efectuará de acuerdo con los principios enunciados en la Regla 3.
3. Cuando una mercancía pudiera clasificarse, en principio, en dos o más partidas por aplicación de la Regla 2 b) o en cualquier otro caso, la clasificación se efectuará como sigue:
   a) La partida con descripción más específica tendrá prioridad sobre las partidas de alcance más genérico. Sin embargo, cuando dos o más partidas se refieran, cada una, solamente a una parte de las materias que constituyen un producto mezclado o un artículo compuesto o solamente a una parte de los artículos en el caso de mercancías presentadas en juegos o surtidos acondicionados para la venta al por menor, tales partidas deben considerarse igualmente específicas para dicho producto o artículo, incluso si una de ellas lo describe de manera más precisa o completa;
   b) Los productos mezclados, las manufacturas compuestas de materias diferentes o constituidas por la unión de artículos diferentes y las mercancías presentadas en juegos o surtidos acondicionados para la venta al por menor, cuya clasificación no pueda efectuarse aplicando la Regla 3 a), se clasificarán según la materia o con el artículo que les confiera su carácter esencial, si fuera posible determinarlo;
   c) Cuando las Reglas 3 a) y 3 b) no permitan efectuar la clasificación, la mercancía se clasificará en la última partida por orden de numeración entre las susceptibles de tenerse razonablemente en cuenta.
4. Las mercancías que no puedan clasificarse aplicando las Reglas anteriores, se clasifican en la partida que comprenda aquellas con las que tengan mayor analogía.
5. Además de las disposiciones precedentes, a las mercancías consideradas a continuación se les aplicarán las Reglas siguientes:
   a) Los estuches para cámaras fotográficas, instrumentos musicales, armas, instrumentos de dibujo, collares y continentes similares, especialmente apropiados para contener un artículo determinado o un juego o surtido, susceptibles de uso prolongado y presentados con los artículos a los que estén destinados, se clasifican con dichos artículos cuando sean de los tipos normalmente vendidos con ellos. Sin embargo, esta Regla no se aplica en la clasificación de los continentes que confieran al conjunto su carácter esencial;
   b) Salvo lo dispuesto en la Regla 5 a) anterior, los envases que contengan mercancías se clasifican con ellas cuando sean de los tipos normalmente utilizados para esa clase de mercancías. Sin embargo, esta disposición no es obligatoria cuando los envases sean susceptibles de ser utilizados razonablemente de manera repetida.
6. La clasificación de mercancías en las subpartidas de una misma partida está determinada legalmente por los textos de estas subpartidas y de las Notas de subpartida así como, *mutatis mutandis,* por las Reglas anteriores, bien entendido que solo pueden compararse subpartidas del mismo nivel. A efectos de esta Regla, también se aplican las Notas de Sección y de Capítulo, salvo disposición en contrario.

II. **Reglas Complementarias.**
1ª Las Reglas Generales para la interpretación de la Tarifa de esta Ley son igualmente válidas para establecer dentro de cada subpartida la fracción arancelaria aplicable, excepto para la Sección XXII, en la que se clasifican las mercancías sujetas a operaciones especiales.
2ª La Tarifa del artículo 1o. de esta Ley está dividida en 22 Secciones que se identifican con números romanos, ordenados en forma progresiva, sin que dicha numeración afecte la codificación de las fracciones arancelarias. Las fracciones arancelarias son las que definen la mercancía y la cuota aplicable a la misma dentro de la subpartida que les corresponda, y estarán formadas por un código de 8 dígitos, de la siguiente forma:
   a) El Capítulo es identificado por los dos primeros dígitos, ordenados en forma progresiva del 01 al 98;
   b) El Código de partida se forma por los dos dígitos del Capítulo seguidos de un tercer y cuarto dígitos ordenados en forma progresiva;
   c) La subpartida se forma por los cuatro dígitos de la partida adicionados de un quinto y sexto dígitos, separados de los de la partida por medio de un punto. Las subpartidas pueden ser de primer o segundo nivel, que se distinguen con uno o dos guiones respectivamente, excepto aquellas cuyo código numérico de subpartida se representa con ceros (00);
   Son de primer nivel, aquellas en las que el sexto número es cero (0);
   Son de segundo nivel, aquellas en las que el sexto número es distinto de cero (0);
   Para los efectos de la Regla General 6, las subpartidas de primer nivel a que se refiere este inciso, se presentarán en la Tarifa de la siguiente manera:
   i) Cuando no existen subpartidas de segundo nivel, con 6 dígitos, siendo el último "0", adicionados de su texto precedido de un guion.
   ii) Cuando existen subpartidas de segundo nivel, sin codificación, citándose únicamente su texto, precedido de un guion.
   Las subpartidas de segundo nivel son el resultado de desglosar el texto de las de primer nivel mencionadas en el subinciso ii) anterior. En este caso el sexto dígito será distinto de cero y el texto de la subpartida aparecerá precedido de dos guiones, y
   d) Los seis dígitos de la subpartida adicionados de un séptimo y octavo dígitos, separados de los de la subpartida por medio de un punto, forman la fracción arancelaria. Las fracciones arancelarias estarán ordenadas del 01 al 99, reservando los

LEY DE LOS IMPUESTOS GENERALES DE IMPORTACION Y EXPORTACION

códigos noventas (90 a 99) para clasificar las mercancías que no estén comprendidas en las fracciones arancelarias específicas con terminación 01 a 89.

La cuota señalada en las fracciones arancelarias de la Tarifa de la presente Ley se entenderá expresada en términos de porcentaje exclusivamente, salvo disposición en contrario, y se aplicará sobre la base gravable del impuesto general de importación o la base gravable del impuesto general de exportación que corresponda.

3ª Para los efectos de interpretación y aplicación de la Tarifa, la Secretaría de Economía, conjuntamente con la de Hacienda y Crédito Público, darán a conocer, mediante Acuerdos que se publicarán en el Diario Oficial de Federación, las Notas Nacionales, así como sus modificaciones posteriores, cuya aplicación es obligatoria para determinar la clasificación arancelaria de las mercancías.

4ª Con objeto de mantener la unidad de criterio en la clasificación de las mercancías dentro de la Tarifa de esta Ley, la Secretaría de Hacienda y Crédito Público, previa opinión de la Comisión de Comercio Exterior, expedirá mediante publicación en el Diario Oficial de la Federación, los Criterios de Clasificación Arancelaria, cuya aplicación será de carácter obligatorio.

De igual forma, las diferencias de criterio que se susciten en materia de clasificación arancelaria, serán resueltas en primer término mediante procedimiento establecido por la misma Secretaría de Hacienda y Crédito Público.

5ª Las abreviaturas empleadas en la Tarifa de esta Ley son, las siguientes:

a) De cantidad:

Barr	Barril
Bq	Becquerel
CP	caballo de potencia
Cbza	Cabeza
cg	centigramo(s)
cm	centímetro(s)
cm^2	centímetro(s) cuadrado(s)
cm^3	centímetro(s) cúbico(s)
cN/tex	centinewton(s) por tex
cps	Centipoise
GHz	Gigahertz
°C	grado(s) Celsius
G; g	gramo(s)
hl	Hectolitros
h	hora(s)
Hz	hertz (hercio (s))
°K	grado(s) kelvin
kcal	kilocaloría(s)
Kg; kg	kilogramo(s)
kN	kilonewton(s)
kPa	kilopascal(es)
kvar	kilovolt(io(s))-ampere(s) (amperio(s)) reactivo(s)
KWH	kilovatio (kilowatt) hora
kVA	kilovolt(io(s))-ampere(s) (amperio(s))
kV	kilovolt(io(s))
kW	kilovatio(s) (kilowatt(s))
L; l	litro(s)
MPa	megapascal(es)
MHz	Megahertz
m	metro(s)
M^2; m^2	metro(s) cuadrado(s)
M^3; m^3	metro(s) cúbico(s)
µCi	Microcurie
mg	Miligramo
ml	Mililitro
mm	milímetro(s)
mN	milinewton(s)
Mll	Millar
MW	Megavatio
N	newton (s)
Pza	Pieza
PSI	libra por pulgada cuadrada
RPM	revoluciones por minuto
t	tonelada(s)
W	vatio(s) ; watt(s)
Wh	vatio-hora
V	volt(io(s))
vol.	volumétrico; volumen

b) Otros:

AE	arancel específico establecido en los términos de los artículos 4o., fracción I, y 12, fracción II, de la Ley de Comercio Exterior
AMX	arancel mixto establecido en los términos de los artículos 4o., fracción I, y 12, fracción III, de la Ley de Comercio Exterior
ASTM	Sociedad Americana para el Ensayo de Materiales ("American Society for Testing Materials")
BTU	unidad de energía inglesa
CA	corriente alterna
CC	corriente continua
DCI	Denominación Común Internacional
Ex.	Exenta del pago del impuesto general de importación o de exportación

IR	Infrarrojo(s)
ISO	Organización Internacional de Normalización ("International Organization for Standardization").
m-	*Meta*
o-	*Orto*
p-	*Para*
UV	ultravioleta(s)
X°	X grado(s)
%	por ciento

6ª Cuando se mencionen límites de peso en la presente Tarifa, se referirán exclusivamente al peso de las mercancías, salvo disposición expresa en contrario.

7ª No se considerarán como mercancías y, en consecuencia, no se gravarán:
  a) Los ataúdes y las urnas que contengan cadáveres o sus restos;
  b) Las piezas postales obliteradas que los convenios postales internacionales comprenden bajo la denominación de correspondencia;
  c) Los efectos importados por vía postal que al efecto establezca la Secretaría de Hacienda y Crédito Público, mediante reglas de carácter general;
  d) Las muestras y muestrarios que por sus condiciones carecen de valor comercial. Se entiende que no tienen valor comercial:
    - Los que han sido privados de dicho valor, mediante operaciones físicas de inutilización que eviten toda posibilidad de ser comercializados; o
    - Los que, por su cantidad, peso, volumen u otras condiciones de presentación, indiquen sin lugar a dudas, que solo pueden servir de muestras o muestrarios incluso acorde con lo que al efecto establezca la Secretaría de Hacienda y Crédito Público, mediante reglas de carácter general.

8ª Previa autorización de la Secretaría de Economía:
  a) Se consideran como *artículos completos o terminados*, aunque no tengan las características esenciales de los mismos, las mercancías que se importen en una o varias remesas o por una o varias aduanas, por empresas que cuenten con registro de empresa fabricante, aprobado por la Secretaría de Economía.
  Asimismo, podrán importarse al amparo de la fracción arancelaria designada específicamente para ello los insumos, materiales, partes y componentes de aquellos artículos que se fabriquen, se vayan a ensamblar en México, por empresas que cuenten con registro de empresa fabricante, aprobado por la Secretaría de Economía.
  b) Podrán importarse en una o más remesas o por una o varias aduanas, los artículos desmontados o que no hayan sido montados, que correspondan a artículos completos o terminados o considerados como tales.
  Los bienes que se importen al amparo de esta Regla deberán utilizarse única y exclusivamente para cumplir con la fabricación a que se refiere esta Regla, ya sea para ampliar una planta industrial, reponer equipo o integrar un artículo fabricado o ensamblado en México.

9ª Las autoridades aduaneras competentes de la Secretaría de Hacienda y Crédito Público podrán exigir en caso de duda o controversia, los elementos que permitan la identificación arancelaria de las mercancías; que los interesados deberán proporcionar en un plazo de 15 días naturales, pudiendo solicitar prórroga por un término igual. Vencido el plazo concedido, la autoridad aduanera clasificará la mercancía como corresponda, a partir de los elementos de que disponga.

10ª Se establecerán números de identificación comercial (NICO) en los que se clasifican las mercancías en función de las fracciones arancelarias y la metodología para la creación y modificación de dichos números, los cuales serán determinados por la Secretaría de Economía, con opinión previa de la Secretaría de Hacienda y Crédito Público. La metodología será publicada en el Diario Oficial de la Federación por conducto de la Secretaría de Economía.
  La clasificación de las mercancías estará integrada por las fracciones arancelarias y el número de identificación comercial, el cual estará integrado por 2 dígitos, los cuales se colocan en la posición posterior de la fracción arancelaria que corresponda que se declare, y que estarán ordenados de manera progresiva iniciando del 00 al 99, reservando los códigos noventas (90 a 99) para las mercancías que no estén comprendidas en los números de identificación comercial con terminación 01 a 89.
  La Secretaría de Economía, dará a conocer mediante Acuerdo publicado en el Diario Oficial de la Federación:
    a) Los números de identificación comercial de las fracciones arancelarias.
    b) Las tablas de correlación de las fracciones arancelarias de la Tarifa, así como de los números de identificación comercial.

ANOTACION ESPECIAL SOBRE LAS NOTAS NACIONALES Y EXPLICATIVAS

Artículo Segundo.- Las Notas Nacionales se considerarán como la interpretación oficial de la Tarifa de la Ley de los Impuestos Generales de Importación y de Exportación, y su aplicación será obligatoria para determinar la clasificación arancelaria.

Artículo Tercero.- Ante la necesidad de contar con un mecanismo adecuado para identificar, clasificar y regular las mercancías objeto de comercio, la OMA establece una nomenclatura internacional denominada Sistema Armonizado de Designación y Codificación de Mercancías (Sistema Armonizado o SA) cuya entrada en vigor fue el 1o. de enero de 1988, por lo que de conformidad con el Convenio Constitutivo del Consejo de Cooperación Aduanera, adoptado en la ciudad de Bruselas, Bélgica, el 15 de diciembre de 1950 y del Convenio Internacional del Sistema Armonizado de Designación y Codificación de Mercancías, como Miembros de la Organización Mundial de Comercio (OMC); el Sistema Armonizado y sus Notas Explicativas podrán ser utilizados como una herramienta auxiliar y como documento de consulta para definir los productos comprendidos en Acuerdos Comerciales, así como para interpretación y aplicación de la TIGIE, ya que las Notas Explicativas del SA permiten describir los aspectos científicos y comerciales de las principales mercancías que se importan y exportan, los procedimientos para su extracción o elaboración, así como los usos a los que comúnmente se destinan.

Escanea el QR para acceder a nuestros videos de YOUTUBE sobre Clasificación Arancelaria, con ejercicios prácticos guiados

Made in the USA
Columbia, SC
22 June 2025